정치사상사

이 도서의 국립중앙도서관 출판예정도서목록(CIP)은
서지정보유통지원시스템 홈페이지(http://seoji.nl.go.kr)와
국가자료공동목록시스템(http://www.nl.go.kr/kolisnet)에서 이용하실 수 있습니다.
(CIP제어번호: CIP2017029621)

정치사상사

헤로도토스에서 현재까지

앨런 라이언

남경태·이광일 옮김

ON POLITICS

A History of Political Thought
from Herodotus to the Present

문학동네

일러두기

1. 이 책의 앞부분(제15장 750쪽 아홉번째 줄까지)은 남경태가, 뒷부분은 이광일이 번역했다.
2. 이 책은 1권과 2권으로 나뉘는 원서의 구성과 순서를 똑같이 따랐다.
3. 역주는 본문 속 괄호 안에 넣고 "―옮긴이"라고 표시했다.

ON POLITICS

ON POLITICS

A History of Political Thought from Herodotus to the Present

정치를 생각하며

이 방대한 책은 완성하는 데 무척 오랜 시간이 걸렸다. 처음에 나는 이 책을 쓰는 데 적지 않은 시간이 필요하리란 걸 알았기에 상당히 망설였다. 1892년 R. W. 칼라일R. W. Carlyle과 A. J. 칼라일 형제는 중세 정치이론에 관한 책을 쓰기 시작했다. 모두 여섯 권으로 된 『서양 중세 정치이론의 역사*A History of Mediaeval Political Theory in the West*』는 1903년에 발간되기 시작해 1936년에 마지막 권이 나왔다. 로버트 칼라일은 완간 2년 전에 이미 사망했는데, 요절한 게 아니라 일흔다섯의 나이였고 인도 총독부에서 오랜 기간 근무하고 퇴임한 뒤였다. 이 책은 지금도 해당 주제를 공부하는 학생들의 필독서이지만, 요즘 같으면 학자들과 조교들이 팀을 이루어 작업했을 것이다. 35년 전 출판을 하는 한 친구가 내게 조지 세이빈George Sabine의 저서 『정치이론의 역사*History of Political Theory*』의 후속편을 써 보라고 권했을 때 나는 칼라일 형제가 떠올라 그 제안을 거절했다. 나를 도와줄 만한 형제가 없기 때문만은 아니었다. 당시 로버트 칼라일은 인도 업무를 처리하는 데 워낙 바빴던 탓에 대부분의 작업은 옥스퍼드 출신 역사가인 동생의 몫이었다. 그보다 더 중요한 이유로, 나는 지적 통합성을 유지하면서 방대한 책을 쓸 자신이 없었다. 헨리 포드Henry Ford가 투박하게 말했듯이, 만약 역사가 그저 그런 일들이 죽 이어지는 것이라면 정치에 관한 생각의 역사도 그저 그런 사상들이 죽 이어지는 것에 불과하지 않을까? 혹은 맥베스가 더 세련되면서도 더 절망적으로 표현했듯이, 역사란 소음과 분노로 가득할 뿐 아무 의미도 없는 이야기, 우리에게 아무런 지혜도 주지 않는 말싸움만 지속되는 이야기이지 않을까? 그러다가 갑자기 특정한 작가와 특정한 역사적 시대에 관한 흥미로운 저작이 생각났다. 이를테면 퀜틴 스키너Quentin Skinner의 『근대 정치사상의 토대Foundations of Modern Political Thought』나 공화주의의 역사를 다룬 존 포콕John Pocock의 『마키아벨리의 시기The Machiavellian Moment』 같은 저작 말이다. 그러자 나도 모르게 구상이 저절로 떠올랐다.

헤로도토스로 시작한 이유는 페르시아가 과연 그리스를 물리쳤느냐, 그리고 그 점에 관해 우리는 아무것도 할 수 없었느냐는 의문이 솟아났기 때문이다. 근대 세계, 근대 정치, 근대국가는 페르시아제국이 마라톤과 살라미스의 승자에게 가한 뒤늦은 복수였는지도 모른다. 그리스인들, 특히 아테네인들은 특유의 정치적 생활 방식을 보호하기 위해 싸웠다. 그들이 보기에 페르시아 대왕의 신민들은 모두 신분상으로는 노예가 아니지만 사실상 노예였다. 훗날 헤겔이 말했듯이 동방 전제 체제에서는 단 한 사람만이 자유를 누렸다. 하지만 페르시아는 세금, 사법, 군대제도가 발달한 강국이었으며, 페르시아 신민들은 그리스인들보다 더 잘살았다. 페르시아를 근대 국민국가nation-state의 원형으로 보는 것은 지나친 공상이 아니다. 대왕의 사자使者들에 관한 헤로도토스의 기록—"그들이 지시받은 임무를 신속하게 수행하는 동안 그 지역에는 비도, 눈도, 더위도, 밤의 어둠도 없었다"—

에 미국 우정공사가 깊은 감명을 받았기 때문만은 아니다. 근대국가의 본질은 중앙집권, 관료제, 국가만이 제공할 수 있는 공무의 효율적인 전달에 있다. 페르시아는 근대국가보다 공무가 적었고 대부분의 일을 정치적으로 종속되어 있으면서도 어느 정도 자율적인 관리들에게 '하청'을 주었지만, 원리는 근대국가와 다를 바 없었다. 우리 정치제도의 직계 조상인 초기 근대국가에 관해 루이 14세는 "짐이 곧 국가L'état, c'est moi"라고 말했다지만, 그는 국가가 자연인이 아니라 법인이라는 것을 잘 알고 있었다. 그는 국가의 포괄적 권위를 자기 개인의 위엄 속에 구현했던 것이다. 그는 국가를 대신해 왕국의 자원과 신민들의 삶에 관해 소상하게 파악하려 애썼으며, 그들의 삶과 자원을 잘 경영해 그들의 복지를 도모할 수 있었다.

페르시아 국가—나아가 로마제국 후기, 비스마르크 체제, 근대 유럽 국가—와 그리스 폴리스의 차이는 이 이야기를 관철하는 유일한 주제가 아니다. 낯익은 차이는 자유와 시민권에 관한 아테네와 로마의 생각 사이에서 찾아볼 수 있다. 아테네인들은 직접민주주의를 채택했는데, 로마인들은 그것을 혼돈의 제도라고 여겼다. 로마는 자유로운 남성 평민에게 정치적 역할을 부여했으나, 그것은 신중하게 조직되고 통제된 역할이었다. 로마식 자유는 우선 노예가 되지 않는 것이었고, 둘째로는 법정에서 자신의 권리를 확보할 수 있도록 법적 지위를 가지는 것이었고, 셋째로는 재산 소유에 따라 등급화된 정치적 권리와 의무를 가지는 것이었다. 또한 자유로운 개인이면 누구나 납세와 군역의 의무가 있었으며, 이것도 재산 소유에 따라 정해졌다. 로마가 팽창하자 로마 시민권은 정복된 도시들에까지 확대되었다. 처음에는 로마인들이 가졌던 투표권까지 확대되지는 않았으나, 키비스 시네 수프라기오civis sine suffragio(투표권이 없는 시민)도 역시 자유인이었다. 시민은 누구나 키비스 로마누스 숨civis Romanus sum("나는 로마 시민이다")이라고 말할 수 있었다. 이 말은 특히 법정에 선 경우, 관리에게 괴롭

힘을 당하게 된 경우, 공정한 재판 없이 구금된 경우에 강력한 힘을 발휘했다. 아테네인들은 민회에서 발언하고 투표하는 권리에 지나치게 집착한 탓에 키비스 시네 수프라기오가 완전한 자유인이라는 생각을 받아들이지 않았다. 또한 투표권을 가졌지만 법적 지위가 없는 시민이 완전한 자유인이라는 생각도 받아들이지 않았다. 아테네인들이 생각하는 자유는 순수한 정치적 평등, 이세고리아isegoria(무엇이든 말할 수 있는 표현의 자유—옮긴이), 민회에서의 동등한 권리였다. 그들은 아마 로마처럼 법적·정치적 직책에 제약을 두는 것을 과두정이라고 여겼을 것이다. 아테네와 로마의 차이는 1640년대 영국 내전 이후 유럽과 미국의 정치사상에서도 다른 형태로 재현되었다. 개인마다 재산, 교육, 시민적 자세, 능력, 공공 정신에 차이가 있음에도 불구하고 모든 시민의 정치적 평등을 실현하고자 했던 아테네인들을 우리가 얼마나 따를 수 있는지, 아니 얼마나 따르려는 마음을 먹을 수 있는지는 아직 답할 수 없는 문제다.

영국이나 미국처럼 번영하는 자유민주주의에서는 그 문제에 굳이 답하려 하지 않는다. 대다수가 알고 있듯이 '1인 1표'의 원칙에서도 정치적 평등이 충분히 보장되고 있으므로 더 깊이 파고들 필요가 없는 것이다. 우리는 1인 1표의 원칙이 로비 활동, 정치 기부금, 매스미디어 등을 이용해 영향력을 행사하는 방식과 훌륭하게 공존하고 있다는 것을 안다. 하지만 우리는 누구나 자신의 자원을 이용해 정부—정치적 평등이 분명하게 구현된 조직—에 영향력을 행사할 수 있다는 신념과, 정치적 자원의 과도한 불평등이 민주주의를 침해한다는 상식이 서로 어떻게 조화를 이루는지는 잘 알지 못한다. 부자에게 너무 큰 정치권력이 돌아가는 것을 의아하게 여긴다면, 먼 과거를 감상적으로 바라보아서는 안 된다. 아테네인들은 지도자에게 반항하고 때로는 지도자를 곧바로 해임해버리기도 했지만, 그럼에도 '명망가'의 지휘를 받았다. 또한 우리는 현대 세계에서 정치적 불평등의 근원이 단지 부자가 돈을 영향력으로 전환시키는 능력, 즉 돈으로 정치적 충성심을 매수하는 것 하나뿐이라고 생각해서도 안 된다. 경제적으로 부유하지 않은 사람들이라 해도 예컨대 노동조합원의 권리를 이용하거나 민족적·종교적 정체성에 편승해 조직을 이룬다면, 그 역시 막강한 힘을 가질 것이다. 근대 산업사회도 조직화된 사회와 그렇지 않은 사회는 정치적 효율성에서 차이가 있다. 돈은 조직의 원동력이지만 돈만 가지고 다 되는 것은 아니다. 민주주의는 조직화된 특수한 이해관계에 맞서 국민 전반—비조직화된 개인들—을 보호할 수 있을까? 이것은 근대 민주주의의 까다로운 난제다. 지적으로나 제도적으로나 우리는 루소가 『사회계약론*Du contrat social*』에서 그 문제를 제기했던 250년 전에 비해 그다지 멀리 나아가지 못한 셈이다.

로마는 비록 아테네 민주주의를 거부했지만, 정치적 시민권과 밀접하게 연관된 '로마식' 논의를 많이 했다. 마키아벨리도 아테네 민주주의를 마뜩잖게 여겼으나 용병보다 시민 군대를 선호했으며, 선대의 로마 저자들 그리고 이후의 수많은 저자들처럼 제도만 잘 갖춰진다면 부자들이 공화정을 전복하려는 성향을 가졌다 해도 청렴한 평민들이 충분히 그를 저지할 수 있으리라고 생각했다. 그것은 18~19세기 유럽에 널리 퍼진 반反귀족적·공화적 사고였으며, 미국 포퓰리즘의 변치 않는 주제이기도 하다. 많은 좌파 저자들은 대중의 정치 참여에 대해 소박한 견해를 가지고 있다. 즉 서민이 수적 우세를 이용해 부자의 이점을 상쇄하지 못한다면 근대 산업사회가 제공하는 경제적 이득의 분배에서 제 몫을 차지하지 못하게 되리라는 해묵은 사고다. 이것은 보편선거에 가장 명확하게 기여하는 주장이다. 자신이 살아가는 경제를 규제하는 규칙에 대해 서민 스스로가 적절한 발언권을 갖지 못한다면 결국 착취를 당하게 되리라는 것이다. 영국과 미국에서 노동조합 입법의 역사는 그 소박한 견해의 전형적 사례다. 하지만 대중의 정치 참여에 관한 주장이 모두 도움이 되는 것은 아니다. 정치적 색채와 무관하게 많은 저자들은 자신이 속한 사회의 경제적 생산을 담당하는 평범한 서민으로서 혜택을 누리는 단순한 소비자보다는 능동적 시민이 되는 편이 도덕적으로 더 우월하다고 생각한다. 아테네와 로마의 공화주의자들은 전부 그 점에 동의했다. 물론 그 능동적 시민이 정확히 누구를 가리키는지에 관해서는 깊은 의구심을 품었다. 하지만 적어도 여성은 아닐 테고 평범한 남성 노동자가 아니겠는가?

대중의 정치 참여에 관한 근대의 우려는 역사가 오래되었지만 그 형태는 늘 명확했다. 그리스 도시국가들은 과두파와 민주파가 벌이는 내전에 몹시 시달렸다. 로마 공화정의 마지막 100년 동안에는 민중의 이익을 옹호하는 민중파와 상류층의 이익을 옹호하는 벌족파의 다툼이 치열했다. 오늘날에도 지난 두 세기 동안 논쟁의 초점은 엘리트와 대중의 정치적 역할이었다. '대중'이란 비교적 근대적인 용어다. 낙관적으로 보면 자각한 프롤레타리아 대중이 사회주의 천년왕국으로 가는 혁명을 일으킨다고 말할 수도 있고, 경멸적으로 보면 무지한 대중의 저급한 취향을 비하할 수도 있다. 자유를 꿈꾸는 군중이라고 말할 때처럼 따스하게 바라볼 수도 있고, 그냥 형식적으로 많은 사람들을 뜻하는 말로 여길 수도 있다. 대중이라는 말은 산업혁명기에 인구 증가와 도시화가 급속히 진행되는 상황에서 생겨났다. 그러나 엘리트와 평민의 차이는 해묵은 것이다. 정치적 수완에 능한 사람이 대중을 마음대로 가지고 놀 수 있다는 생각은 아테네 민주주의에 대한 비판만큼이나 오래되었다. 그보다는 다소 온건하지만 플라톤이 정치가를 양치기에 비유한 견해도 있다. 양이 양치기의 의도를 알 수 없듯이 평민은 정치가의 의도를 알 수 없다는 것이다.

마키아벨리부터 현대에 이르기까지 많은 사상가들은 유능한 엘리트와 무능한 다수를 구분했다. 혹시 그런 구분을 중시하고 그런 용어를 사용하는 사람은 다 민주주의의 친구가 아니라고 생각할지 모르겠지만 실은 그렇지 않다. 어느 사회에서나 실제로 그 사회를 다스리는 역할을 맡은 사람은 소수일 수밖에 없다. 이 점을 인정한다면 엘리트가 다수에게서 충성을 받아내는 방식이 무척 다양하다는 점도 알 것이다. 전체주의 엘리트는 비밀경찰을 운영하고, 민주주의 엘리트는 여론조사와 홍보기관을 이용한다. 전체주의 엘리트나 군국주의 훈타junta(쿠데타 세력의 집권기구—옮긴이)는 종신 권력을 기도하고, 민주주의 엘리트는 유권자에 의해 쫓겨나도 어쩔 수 없다. 민주주의 엘리트도 유권자를 구워삶고 설득하고 심지어 미혹하기 위해 애쓰지만, 그렇다고 해서 법정을 매수하거나 군대를 정치에 끌어들이거나 비밀경찰을 투표소에 보내지는 않는다. 근대 민주주의의 본질을 아는 학자들은 민주주의를 경쟁하는 엘리트들에 의한 지배라고 말한다. 경쟁은 경쟁이 없는 엘리트의 지배, 대중 집회에 의한 지배, 직접민주주의의 어떤 방식보다 더 나은 정부를 낳는다. 우리는 어차피 엘리트의 지배를 받을 수밖에 없는데, '엘리트의 순환'이 가능하면 무능한 엘리트가 더 능력 있는 엘리트로 대체될 수 있다. 대중은 이 엘리트와 저 엘리트 중에 선택할 수밖에 없지만, 공개경쟁과 자유선거는 좋은 정부를 만들어낸다. 그러나 누가, 어떤 방식으로 정치 엘리트가 되는지는 쟁점으로 남는다. 서구 자유민주주의에서도 정치인들 사이에 치열한 경쟁이 일어날 수 있지만, 경쟁자 대열에 합류하는 통로는 제한적이다. 바로 그런 문제를 해결하기 위해 미국식 예비선거제도가 탄생했으나 지금까지 부분적인 성공을 거둔 데 불과하다.

이른바 엘리트민주주의, 즉 투표를 통해 경쟁의 방식으로 엘리트들이 권력을 획득하는 정부도 대개 '직업 정치인에 의한 지배'로 분류된다. 직업 정치인을 너무 쉽게 비방해선 안 된다. 현재의 자유민주주의보다 더 나쁜 정치제도도 많이 있다. 직업 정치인이 몇 가지 흥미로운 측면에서 자신을 지지하는 대중과 별로 닮은 데가 없다는 사실은 그 자체로 우려할 만한 일이 아니다. 의사가 자신이 치료하는 환자와 별로 닮지 않은 것과 마찬가지다. 만약 정치인이 자신을 지지하는 대중의 이익을 제대로 증진시키지 못한다면, 이것은 단순한 무능함의 문제라기보다 그에게 상충하는 압력이 작용했거나 거의 불가능한 임무가 주어졌기 때문이다. 그런데도 직업 정치인의 지배보다 더 아테네적인 것을 바라는 사람들은, 혹시 그럴 경우 직업 정치인의 역할이 축소되고 일반 시민의 할 일이 더 많아지는 게 아닐까 하는 의구심을 품을 것이다. 이제부터 그 문제를 살펴보자.

그 문제를 정식화하는 또다른 방법은 19세기 프랑스의 정치사상가인 뱅자맹 콩스탕Benjamin Constant이 제안했다. 자유의 고전적 개념과 근대적 개념의 차이에 관한 그의 강연은 자유주의의 성전聖典이다. 스파르타나 아테네 같은 고대 공화국의 시민들에게 자유는 자신의 주권을 가지는 문제였다. 즉 그것은 기본적으로 공적이고 정치적인 자유였다. 게다가 그 자유는 비용이 많이 들었다. 자유롭게 시민의 의무를 수행하려면 시민에게 노예가 필요했을 뿐만 아니라 모두가 모두를 감시하는 상호 감시의 사회였기 때문이다. 그와 달리 근대적 자유는 기본적으로 개인적이었다. 각자 누구의 눈치도 볼 필요 없이 자신의 경제적·학문적·종교적 관심을 추구할 수 있었다. 정치 영역 내의 자유라기보다는 정치 영역으로부터의 자유였다. 근대 자유민주주의의 국민은 직업, 교육, 종교의 근대적 자유를 최대한 누림으로써 자유주의로부터 이득을 취한다. 실제로 오늘날 많은 사람들은 민주주의를 이야기할 때, 투표권 같은 구체적인 제도보다 그런 자유를 더 명확하게 염두에 두고 있다. 그러므로 중요한 전국선거에서 투표권을 행사하는 사람이 절반도 안 되고 지역선거의 경우 투표율이 더 낮다는 것은 놀라운 일이 아니다. 정치 참여에 회의적인 사람은 대중의 참여보다 책임성이 더 중요하다고 주장한다. 특정 정당이나 후보를 지지하는 투표보다 반대하는 투표가 더 중요하다는 것이다. 바로 그것이 '자유민주주의'의 민주주의적 측면인데, 이는 자유주의적 자유가 없으면 실현될 수 없다. 과거에 있었던 이른바 '인민민주주의people's democracy'—1당 체제의 공산국가—혹은 '교도민주주의guided democracy'—독재—에서는 대중의 참여도가 무척 높았고 여당과 그 정책에 대해 열광적 지지를 표명할 기회가 많았다. 그런 체제에 부재했던 것은 대안을 검토할 기회, 투옥이나 고문, 처형의 위험을 감수하지 않고도 다른 정책이나 다른 정치적 리더십을 지지할 수 있는 기회였다. 자유민주주의는 비록 완전하다고는 할 수 없으나, 대중에게 상당한 책임성을 부여한다. 그래서 수백 년에 걸친 과거의 경험이 훌륭한 정부와 법치를 위해 필수 불가결한 것임을 말해준다.

현실 정치로부터 눈을 돌려 다른 측면에 주목할 필요도 있다. 민주주의를 말할 때면 흔히 정치적인 것보다 사회적인 것을 가리키는 경우가 많다. 이를테면 알렉시 드 토크빌Alexis de Tocqueville이 말한 조건의 평등이 그렇다. 이제부터 내가 하는 이야기에는, 근대 서구 세계가 우리 조상들이 알았더라면 크게 놀랐을 정도로 통합을 위해 노력했다는 것을 찬양하려는 의도가 없다. 사실 그 점은 찬양하는 게 지극히 당연하므로 내가 한마디 더 보탠다고 해도 별 쓸모가 없다. 스스로 상당한 정도로 '민주적'이라고 여기는 사회는 실제로 속물근성이 없고, 기업이나 정부에서 많은 여성들이 높은 지위에 오르며, 많은 이민자들을 통합하고 인종차별에 뿌리를 둔 경제적 불평등 같은 요소들을 줄이는 데 성공했다는 자부심을 가지고 있다. 그 사회는 예전에 인정되었던 인종, 혈통, 특히 성gender에 따른 특권을, 전부는 아니더라도 대부분 제거했다는 점에서 민주적이다. 이것을 '사회민주주의'라고 부르면 혼동이 생길 수 있다. 서유럽의 마르크스주의와 포스트마르크스주의 사회당들은 예나 지금이나 사회민주당Social Democrat이라고 자칭하기 때문이다. 그에 비해 지금 이 단락에서 말하는 민주주의란 자본주의와 자유시장을 가리킨다. 인종, 혈통, 성에 따른 특권이 거부된다면, 다른 개인들이나 사회 전반의 복지에 기여한 데 따르는 특권만이 남게 된다. 그 기여는 단순한 육체노동부터 명사들이 우리 삶에 도움을 주는 활동까지 무척 다양하다. 기여의 가치를 결정하는 확실한 방법은 시장에서의 평가를 따르는 것이다. 물론 현실의 모든 사회는 그런 가치를 완전하게 이해하지 못하며, 시장 역시 전혀 완전하지 않다. 그럼에도 불구하고 근대 자유민주주의의 핵심 가치가 정치적이라기보다 사회적이라는 생각은 결코 터무니없는 게 아니다.

이 책은 오래전에 죽은 사람들의 생각 속으로 들어가 그것을 우리의 목적에 맞게 새로이 고찰하는 게 가능하고 유용하다는 전제를 깔고 있다. 그렇다면 의문이 생긴다. 태양 아래 새로운 것은 없다는 견해를 취해야 할까? 아니면 더 신중하게, 투키디데스와 마키아벨리처럼 인간 본성이란 시대와 장소를 불문하고 다를 게 없으므로 선조들의 생각과 행동에서 지금 우리에게 도움이 되는 교훈을 끌어낼 수 있다는 견해를 취해야 할까? 답을 말하자면 '반드시 그렇지는 않다'. 이 책의 마지막 5분의 1은 지난 250년 동안 몇 차례의 혁명이 정치가 지배하고자 하는 세계를 극적으로 변화시켰다는 생각을 대단히 진지하게 받아들이고 있다. 특정한 질서도 없었고, 상호 연관된 과정의 어느 한 측면에 우선순위가 있었던 것도 아니다. 18세기 후반 이후 일어난 산업혁명, 인구혁명, 문맹 퇴치와 통신혁명, 정치혁명은 고대, 중세, 근대 초기와는 수많은 측면에서 전혀 다른 세계를 만들어냈다. 그 가운데 가장 중요한 차이는 기술력이 크게 향상된 것이다. 거칠게 말하면, 우리는 예전의 어느 때보다도 훨씬 많은 사람들을 살릴 수 있고 예전의 어느 때보다도 훨씬 많은 사람들을 죽일 수 있다.

농업의 발달로 우리는 잘 먹고살 수 있게 되었고, 깨끗한 물과 하수 시설 덕분에 전염병이 줄었으며, 의학의 발달로 예전에는 치료할 수 없었던 질병과 부상을 치료할 수 있게 되었다. 그러나 20세기에 벌어진 두 차례의 세계대전은 우리가 무수한 인명을 쉽게 살상할 수 있다는 것을 보여주었다. 조금 덜 거칠게 말하면, 지금 우리는 선조들보다 더 많은 것을 생산하는 능력을 갖추었지만, 유용한 것만이 아니라 우리가 원치 않는 것, 이를테면 환경을 파괴하는 온갖 오염도 생산하게 되었다. 이런 일들이 전 지구적 차원에서 벌어지기 때문에, 근대국가의 정부들은 선조들이 상상할 수도 없을 만큼 많고 복잡한 과제를 다루어야 할 뿐 아니라 규모가 훨씬 더 큰 악을 직면하고 있다. 그래서 이 책의 끝 부분에서 나는 상호 연관성이 높아지고 끊임없이 인구가 증가하는 우리 행성의 정치에 관한 우려와 성찰을 제시했다. 인구문제가 극복할 수 없는 운명인 것은 아니다. 그러나 70억 명이 사는 행성의 온갖 문제들을 관리하는 것은 20~30만 명의 도시국가가 자급자족하면서 적으로부터 스스로를 보호하고 지금 우리도 부러워할 만큼 풍요한 시민생활을 누리던 때의 그것과는 사뭇 다른 문제다.

정치학을 생각하며

나처럼 '정치사상'이나 '정치이론'이라고 말하는 주제에 관해 평생 동안 가르치고 글을 쓰는 사람은 많다. 하지만 놀랍게도 '정치사상'이 무엇인지에 관해서는 거의 합의된 바가 없다. 역사라고 할 수는 없지만, 오래전에 죽은 사상가들의 사상을 다룬다. 철학이라고 할 수는 없지만, 오늘날과 과거 사상가들의 주장을 다룬다. 사회학이라고 할 수는 없지만, 정치에 관해 글을 쓰는 사람들이 사회학을 잘 모른다고 올바르게 비판한다. 예전에 어느 동료는 정치이론가란 20여 권의 책에 집착하는 사람이라고 말한 적이 있다. 밀의 『자유론 *On Liberty*』이나 홉스의 『리바이어던 *Leviathan*』을 붙잡고 50년간 씨름하고 보니, 나는 20여 권도 좀 많이 잡은 게 아닌가 싶다.

정치이론가들은 서로에게 자신의 생각을 자주 말하지 않지만, 동시대의 사람들만이 아니라 오래전에 죽은 선조들과 수백 년의 시차를 두고 생산적인—때로는 성과 없는—대화를 나눈다고 확신한다. 그들은 그 대화를 엿듣고 동참하고 싶은 사람이라면 누구든 환영한다. 우리는 엘리시온의 들판 Elysian Fields(그리스신화에 나오는 영생의 낙원—옮긴이)을 엿보고, 냉소적인 마키아벨리가 소크라테스의 탈속적인 태도를 조롱하는 것에 이끌리고, 제퍼슨이 자기보다 알렉산더 해밀턴Alexander Hamilton이 미국의 운명을 더 정확히 예견했음을 시인하는 것을 듣는다(제퍼슨은 개별 주들의 권리를 옹호하는 입장이었고 해밀턴은 연방주의를 강력히 내세웠다—옮긴이).

그렇게 하다보면 죽은 사람의 견해에 우리의 견해를 슬쩍 삽입하게 될 위험이 있다. 이것은 과거의 위대한 사상가들과 대화하려 할 때 불가피하게 수반하게 되는 위험이다. 그들은 우리의 생각이 잘못이라고 말해줄 수 없는 것이다. 나는 이사야 벌린Isaiah Berlin을 무척 존경한다. 사상의 역사에 관한 그의 글은 내가 지금 하는 작업의 모델이 되고 있다. 그럼에도 불구하고 그의 저작을 읽다 보면 몽테스키외가 말하는 건지 벌린이 말하는 건지 잘 모를 때가 있다. 벌린이 마키아벨리를 끌어들인 장면에서는 과연 마키아벨리가 벌린의 의도를 인정했을까 하는 의문도 샘솟는다. 20세기 초의 철학자이자 역사가였던 R. G. 콜링우드R. G. Collingwood는 역사적 설명이란 과거의 사상을 새롭게 고찰하는 것이라고 주장했다. 벌린의 저작에 반영된 사상은 이 책의 본문에 서술한 바와 같다. 내 견해를 과거의 사상에 끼워넣지 않도록 조심하는 문제에 관해서는, 글을 쓰는 동안 동료들의 비판적 목소리를 늘 염두에 두려 애썼다는 것 이외에는 달리 말할 게 없다. 벌린의 저작을 대단히 생생하게 해주는 또 한 가지 요소는 여러 사상가들의 기질을 포착하는 그의 탁월한 능력이다. 다른 사람이 어떻게 생각했는지를 알고자 할 때 맞닥뜨리는 어려움은 그 사람을 직접 만났다면 어땠을지 알고

자 할 때의 어려움과 같다. 아마 그보다 더 어려울 것이다. 그럼에도 불구하고 우리 선조들의 전모를 알고 싶다면 그런 위험은 감수할 수밖에 없다.

'참여 지식인'이 줄어드는 현상을 안타깝게 여기는 현대의 많은 학자들처럼 나도 진지한 정치사상가들이 상아탑으로 물러가 동료들만을 위한 난해한 글—물론 그중에는 매우 흥미로운 글도 있다—을 쓰는 세태에 마음이 불편하다. 그래서 현대 정치의 전망에 관한 토론은 신문의 특집기사나 텔레비전의 말싸움에 맡겨져 있다. 그렇다고 아주 비관적인 것은 아니다. 앨런 블룸Allan Bloom의 어두운 저서 『미국 정신의 종말The Closing of the American Mind』 같은 책이 베스트셀러가 되었다는 사실은 미국 정신이 그의 생각과 달리 끝나지 않았음을 말해준다. 또한 나는 그다지 높이 평가하지 않지만, 프랜시스 후쿠야마의 『역사의 종말과 최후의 인간The End of History and the Last Man』이 성공한 것도 참여 지식인들이 여전히 시장에서 통하며 그들의 사상에 상당한 추종자가 있음을 증명한다. 역사서와 전기는 항상 인기 만점이다. 그런 저자를 두 명만 꼽아보면, 우리가 잘 아는 사이먼 샤마Simon Schama(BBC 다큐멘터리로 잘 알려진 현대 영국의 역사가—옮긴이)나 고든 우드Gordon Wood(미국의 독립과 건국을 주제로 많은 책을 쓴 현대 미국의 역사가—옮긴이)를 예로 들 수 있다. 한편 철학사를 다룬 책이 부러울 만큼 많은 독자들을 끌어모으기도 한다. 내가 열다섯 살 때 탐독한 버트런드 러셀의 『서양철학사History of Western Philosophy』가 그런 책이다. 그 책은 밀의 『자유론』과 더불어 내 인생을 변화시켰는데, 나중에 다시 읽었을 때도 유익한 경험이었다. 부정확한 것은 차치하고라도 심한 편견에 물든 책이었으나 대단히 재미있었다. 나는 러셀의 명료함을 본받으려 했지만, 그에게 노벨문학상을 안겨준 그 명쾌하고 쉽게 글을 쓰는 능력은 그저 부러울 따름이었다. 그의 편견 중 일부는 내게도 전해졌으나 그래도 나는 최선을 다해 편견에서 벗어나려 애썼다. 러셀을 본보기 삼을 수 없게 하는 한 가지 요소는 그도 역시 자신과 견해가 다른 사상가들을 자주 경멸했다는 점이다. 실은 이 책에서 나도 이따금 논란의 여지 없이 위대한 사상가들을 비판했다. 두 명만 예를 들면 플라톤과 마르크스다. 하지만 그들을 경멸하지는 않았다. 내 비판은 우리가 우리 자신을 다스리는 방법에 관한 그들의 논의에 국한 된다. 플라톤의 형이상학적 사유는 깊고 풍부하고 무척 흥미롭지만, 정치 적 혼란에 대한 해결책은 그렇지 않다. 경제 분석과 역사사회학에 관한 마 르크스의 사상은 대단히 매력적이지만, 사회주의경제를 관리하는 방법에 관한 그의 모호한 입장은 용납될 수 없다. 그 두 사람을 조롱하는 것은 생각 할 수 없는 일이지만 비판하는 것은 다른 문제다.

솔직히 말해 나는 정치에 열광하고 있다. 모든 형태의 정치에 관심이 많 고, 신문과 시사 프로그램에 탐닉한다. 또한 나는 회의적인 사람이다. 여느 사람들처럼 정치인의 동기, 지성, 능력에 회의를 품고 있지만, 여느 사람 들과 달리 정치에 관해 이야기하는 방식에 대해서도 회의적이다. 정부, 정 치인, 평론가, 일반 시민이 정치에 관해 이야기할 때 흔히 동원하는 견해들 은 대부분 별다른 내용이 없다. 오래전에는 통했으나 현대 세계에는 통하 지 않는 견해도 많다. 현대국가의 정부들은 거의 다 민주주의라고 자칭하 지만, 그 여러 가지 민주주의들은 서로 별로 닮지 않았을 뿐 아니라 2500년 전 아테네인들이 목숨을 걸고 지켰던 정치제도와도 크게 다르다. 현대 민 주주의는 진정한 민주주의일까, 아니면 뭔가 다른 것일까? (나중에 보겠지 만, 그 답은 '엄밀히 말하면 뭔가 다른 것'이다.) 왜 헷갈리는 명칭을 쓰는 지, 과연 명칭이 중요한지 의아한 심정이다. 물론 명칭 따위는 중요하지 않 다. 나와 같은 성을 쓰는 사람들은 많지만 그렇다고 해서 성 때문에 헷갈리 는 경우는 드물다.

하지만 새로운 제도를 낡은 명칭으로 부르는 것도 잘못이다. 자칫하면 불가능한 기대를 야기하고 불필요한 실망을 유발하게 된다. 더 나쁜 경우,

부유층이 정치제도를 악용해 자신의 이익을 도모할 수도 있다. 빈곤층은 '빵과 서커스'로 위안을 받아 기분이 좋을지 모르지만 실은 착취를 당하는 것이다. 우리는 속는다기보다 자기기만에 빠진다. 우리가 공화국의 시민이라기보다 왕국의 신민이라고 마음속으로 믿는다. 세계는 질서를 부여하는 자와 질서의 지배를 받는 자로 나뉘며, 우리는 후자에 속하면서도 마치 오두막에서 백악관까지 갈 수 있을 것처럼 여긴다. 로마제국의 주화와 갑옷에는 '세나투스 포풀루스쿠에 로마누스Senatus Populusque Romanus'라는 명문이 새겨져 있었지만, 그 '원로원과 로마 시민'이 살던 사회는 군대와 관료의 독재 체제였다.

그런 의문들을 제기한다고 해서 현대 정치를 폄하하려는 것은 아니다. 현대사회에서는 고대 세계에서보다 훨씬 안전한 삶을 산다. 현대 '민주주의'의 정치는 대체로 아테네의 정치보다 합리적이고, 로마의 정치보다 덜 폭력적이며, 르네상스기 이탈리아나 종교개혁기 독일의 정치보다 덜 혼란스럽고 덜 위험하다. 현대 서구 세계의 개인은 언론의 자유, 신앙의 자유, 직업의 자유 등 옛날의 평민은 꿈도 꾸지 못했던 많은 권리를 누리고 있다. 빈민이 투표권을 행사하고 여성이 정치적 역할을 담당하는 것은 과거에는 불가능하고, 위험하고, 사악하고, 불편한 일이었다(물론 그 네 가지가 동시에 느껴진 것은 아니지만). 그러나 우리는 민주주의를 찬양할 때 과연 무엇을 찬양하는 것인지 의심해보아야 한다. 만인의 자유와 정의를 신봉한다고 맹세할 때, 우리는 그것이 키케로나 마르실리우스가 말한 것처럼 이타적인 지배자가 공익을 추구할 때만 달성할 수 있는 자유와 정의인지, 혹시 미국 건국자들의 자유와 정의는 아닌지 의심해보아야 한다. 그런 의문을 탐구하는 최선의 방법은 우리의 견해와 신념을 다른 장소, 다른 시대 사상가들의 그것과 대조하는 것이다. 로마와 아테네는 자유에 대한 견해가 서로 크게 달랐고 우리와도 달랐다. 그런데 우리의 용어와 암묵적 의미는 로마와 아테네로부터 도출되었지만, 우리의 제도는 대부분 전혀 다른 원천에서 나왔다. 따라서 우리가 민주주의, 자유, 정의, 시민권에 관해 혼동을 겪지 않는다면 오히려 놀라운 일일 것이다.

이 책은 역사가, 철학자, 신학자, 현역 정치인, 자칭 혁명가 등이 하나의 의문에 답한 것을 다루고 있다. 인간은 어떻게 해야 스스로를 가장 잘 지배할 수 있을까? 이 의문은 숱한 다른 의문들을 낳는다. 우리가 우리 자신의 일을 처리한다는 게 대체 가능한 걸까? 많은 저자들은 우리가 우리 운명의 주인이 아니라 악의적인 운명의 장난감, 혹은 자신도 모르게 신의 섭리를 실현하는 대리자에 불과하다고 생각했다. 그렇다면 아마 정치보다는 기도가 인간의 조건에 대한 답일 것이다. 미래를 어느 정도 통제할 수 있다 해도, 무엇을 얼마나 통제할 수 있는지에 관해서는 거의 합의된 게 없다. 많은 저자들은 일부 사람들만이 자신의 운명을 통제할 수 있는 도덕적 자격이나 지적 능력을 가졌다고 생각했다. 이를테면 여성이 아니라 남성, 페르시아인이 아니라 그리스인, 노동하는 빈민이 아니라 재산 소유자, 이교도 아메리카 원주민이 아니라 그리스도교 유럽인, 노예가 아니라 자유 미국인이라는 것이다. 우리의 의문에 대한 2500년에 걸친 대답들이 바로 이 책의 주제를 이룬다. 예를 들면 이런 답들이다. "현인의 자유로운 분별력에 맡기라." "부자든 빈민이든 의사 결정을 독점하지 못하도록 하라." "신앙심이 독실한 지배자에게 절대권력을 부여하라." "따지지 말라. 기존의 권력을 받아들이고 자신의 불멸의 영혼을 생각하라." 이런 식의 답은 과거에도 있었고 지금도 있다. 하지만 그 정도의 답은 더 많은 의문을 낳을 뿐이다. 종교, 철학, 역사, 생물학, 사회학의 의문이다. 국가는 어떤 종류의 정의를 추구해야 하는가? 역사에 특정한 유형이 있는가? 우리는 생물학적으로 무한히 전쟁을 벌일 수밖에 없는 존재인가? 궁극적으로 인간 경험의 핵심은 무엇인가? 신념이 다르면 정치의 목적도 달라지게 마련이다. 물리적 생존, 바람직한 삶, 명예, 자유, 내세에서의 구원도 있고, 자본주의를 혁명적으로 타도함으로써 인간 본성을 해방하는 것도 있다. 이 모든 답들은 정치적 사고와 행위에 영향을 주었다.

더 심층적인 의문들은 우리가 우리 자신을 어떻게 다스리는가에 관한 견해를 조명해주는 선에서만 다루기로 한다. 플라톤이나 홉스 같은 철학자들의 경우에는 설명이 길고, 마키아벨리 같은 회의론자의 경우에는 그가 왜 심층적인 의문을 회피했는지만 설명하면 된다. 이 책은 정치가 주제이고, 철학, 종교, 생물학, 사회학은 부차적이다. 이 책은 또한 책에 관한 책이기도 하다. 즉 선조들이 쓴 책들을 다룬다. 선조들은 역사 이야기를 썼고, 철학 논의를 서술했고, 정치적 조언을 담은 안내서를 편찬했으며, 이 모든 것을 한꺼번에 한 적도 많았다. 하지만 항상 변함없었던 것은 독자에게 이러저러한 정치적 길을 따르도록 설득하려 했다는 점이다. 과거의 독자는 많은 것을 당연시했지만, 지금 우리는 그렇지 않다. 또한 과거의 독자는 책이 자신의 지역에서 어떤 함의를 가지는지 알고 있었지만, 우리가 그렇게 하려면 도움이 필요하다. 그러나 그런 도움이 전혀 없는 경우도 있다.

이 책이 독자들에게 선조가 남긴 문헌에 대한 관심을 일깨워주고, 자칫 난해해질 수 있는 사상을 파악하는 데 도움이 되기를 바란다. 이 책에는 원전을 간략하게 정리한 부분이 상당히 많지만, 그렇다고 해서 원전을 읽는 대체 효과를 주지는 않는다. 나는 독자들이 이 책을 읽으면서 그 저자들의 저작을 직접 접하고 싶은 마음이 들게 되기를 바란다. 곳곳에 주석을 배치한 의도는 다른 해석들과 다툼을 벌이려는 게 아니라 단지 독자에게 내가 정확히 인용했는지 확인할 기회를 주기 위해서다. 그런 이유에서 나는 또한 각 장별 권장도서를 수록했다. 관심 있는 독자는 권장도서를 통해 이 책에서보다 더 깊이 파고들 수 있을 것이다. 이 책은 여러 문헌과 저자를 다루지만, 교과서 방식보다 확장식 서술을 지향해 문헌들의 배경과 동기도 다룬다. 이 책의 성공 여부는 나중에 독자들 가운데 플라톤의 『국가*Politeia*』, 홉스의 『리바이어던』, 헤겔의 『정신현상학*Phänomenologie des Geistes*』을 읽으며 좌절하기보다 열중하는 사람이 얼마나 많으냐에 의해 결정될 것이다. 설령 그 책들을 접하고 좌절한다 하더라도, 아무쪼록 즐겁게 읽어나가면서 저자에게 질문을 던지고 저자와 논쟁을 벌이게 되기를 바란다.

1권

헤로도토스에서
마키아벨리까지

HERODOTUS TO MACHIAVELLI

제1부

고전적 이해

제1장
왜 헤로도토스인가?

그리스의 정치적 유산

우리는 2500년 전 그리스인이 자신들의 정치제도와 관행에 사용하던 용어들을 물려받았다. '정치' '민주주의' '귀족정치' '전제정치' 등이 다 그리스에서 사용하던 용어다. 또한 우리는 그리스의 정치 이념도 공유한다. 가장 중요한 것으로는 자유에 대한 열망, 자주성, 자치 등이 있다. 그리스인들은 그리스의 폴리스, 도시국가가 특이한 정치조직임을 잘 알고 있었다. 폴리스는 항상 내전이 발발하거나, 바깥의 강대국 또는 다른 도시국가에 정복될 위험에 처해 있었다. 폴리스는 언제 처음 생겨났는지는 밝혀지지 않았지만, 대체로 기원전 600년경부터 4세기 중반 마케도니아의 필리포스와 그의 아들 알렉산드로스대왕에게 정복될 때까지 번영했다. 알렉산드로스가 죽은 직후 기원전 322년 아테네가 마지막으로 독립을 쟁취하려다가 실패했으나 그 뒤에도 폴리스가 사라지지는 않았다. 그리스 도시들은 헬레니즘 군주들의 치하에서 기원전 2세기 중반까지 제한적으로 자치를 유지하다가 이후 로마 공화정과 로마제정의 지배를 받았다. 이 무렵에는 비참할 만큼 자치가 위축되었다. 그리스인들은 일찍이 기원전 5세기 초 20년간 페르시아제국의 침략을 맞아 군사행동과 국제관계에서의 자유를 수호했으나 결국 가장 귀중하게 여기던 가치를 잃었다.

우리는 과거 그리스인들이 스스로를 규정했던 것처럼 우리 자신을 규정하고 싶은 심정이다. 그래서 친구에게 미국은 참된 민주주의가 아니라고 설득하려 한다. 하지만 민주주의라는 용어를 만든 사람들의 이념과 야망, 그리고 그 용어에 내포된 의미와 우리 자신을 다스리는 최선의 방법에 관한 견해가 그들의 세계와 사뭇 다른 우리 세계에도 통할지는 미지수다. 우선 인구만 해도 차이가 크다. 펠로폰네소스전쟁이 시작된 해(기원전 431년) 아테네 민주사회의 인구는 성인 남성 시민이 5만 명, 자유 원주민이 20만 명이었고, 노예와 외국인을 합치면 총 30만 명가량이었다. 아테네와 아티카의 시골 지역은 면적이 1800제곱킬로미터로, 로도스 섬의 절반가량이었다. 인구의 4분의 1은 도시에 살았고 나머지는 시골에 살았다. 도시 주민들은 대부분 인근 농장에서 일하는 농부였다. 아테네는 다른 그리스 도시국가들보다 훨씬 컸다. 우리는 인구가 수억 명에 달하는 지금의 현대국가를 전혀 다른 환경에서 살았던 사람들에게서 물려받은 것으로 생각한다. 이 말은 언뜻 생각하면 그다지 놀랍게 여겨지지 않을지 모르지만, 신문 사설이나 정치인, 학자 들이 '민주주의'를 말할 때 저마다 의미가 다를 수도 있다는 점에 유의하도록 해줄 것이다.

이 책에서 탐구하는 전통은 그리스에서부터 시작한다. 그리스 사상가들은 아시아의 이웃과 다른 방식으로 스스로를 통치한다고 여겼으며, 페르시아와 다른 정치제도를 가졌다고 확신했다. 그들은 정치란 자치적 도시국가, 즉 법치가 통하는 폴리스나 공화국에서만 가능하다고 여겼다.[1] 페르시아에 정치가 부재한 이유는 황제가 시민의 지배자라기보다 노예 소유주였기 때문이다. 논점은 역사의 아버지이자 우리 논의의 출발점인 헤로도토스가 멋지게 다듬어주었다. 추방된 스파르타의 왕 데마라토스는 기원전 491년 페르시아 황제 다리우스 1세의 휘하로 들어갔다. 다리우스는 그를 페르가몬과 몇 개 도시의 지배자로 임명했다. 480년 다리우스의 아들로 제위를 계승한 크세르크세스는 그를 데리고, 일찍이 아버지가 그리스를 정복하려 했다가 아테네인들에게 당한 치욕을 복수하기 위해 모집한 방대한 군대를 시찰했다(페르시아전쟁은 기원전 492년과 490년의 1, 2차전을 다리우스가 치렀고 가장 규모가 컸던 기원전 480년의 3차전을 크세르크세스가 맡았다—옮긴이). 그때 황제는 데마라토스에게 이렇게 말했다. "그리스인들은 승산이 없으니 싸우지 못할 게 틀림없소." 데마라토스가 그렇지 않을 거라고 말하자 황제는 불쾌한 기색을 드러냈다. "1000명, 1만 명, 5만 명의 사람들이 어떻게 나의 군대만큼 방대한 군대에 맞서 싸울 수 있단 말이오? 더구나 그들은 한 명의 주인을 섬기지 않고 각자 자유롭게 제멋대로 행동하지 않소?" 페르시아군의 공격을 받으면 그리스인들도 매질에 못 이겨 짐짓 용기를 내서 전장에 나서겠지만, 승산이 없는 전쟁에서 제대로 싸우기를 기대하는 것은 터무니없다는 게 황제의 생각이었다. 하지만 데마라토스는 전혀 그렇지 않으며, 그들은 자유를 수호하기 위해 죽음을 각오하고 싸울 것이라고 말했다. 데마라토스는 이렇게 덧붙였다. "그들은 자유롭습니다. 물론 전적으로 자유로운 것은 아니죠. 그들에게도 주인이 있으니까요. 하지만 그 주인은 바로 법입니다. 그들은 폐하의 신민들이 폐하를 두려워하는 것보다 법을 더 두려워합니다. 이 주인이 무엇을 명하든 그들은 명에 따릅니다. 주인의 명은 간단합니다. 아무리 승산이 없다 해도 전투에서 물러서지 말라. 항상 대오를 유지하라. 승리가 아니면 죽음이다."[2] 그들은 신민이 아니라 시민이며, 노예가 아니라 자유인이었다. 그들에게도 규율이 있지만 그것은 자치의 규율이었다. 자유인은 매질에 못 이겨 전장에 나아가지 않았다. '공화국'도 왕이나 귀족, 혹은 민주적 집회의 지배를 받을 수 있지만, 그 본질은 자주성에 있었다. 그래서 공화국의 능동적 구성원은 시민이라는 생각이 생겨났다. 민주주의―'다수'가 지배한다는 생각―는 정치만의 특성이 아니었다. 스파르타인들은 수천 년 동안 훌륭한 제도를 이루고 살았다. 군주정, 귀족정, 민주정의 요소들이 혼합된 그들의 제도는 미국의 건국에 영향을 미쳤다. 그러나 그들은 사회적으로 억압받았고, 종교에 집착했으며, 주변 민족들을 헬로트helot라는 노예로 삼아 그 노동력에 의존했다. 민주주의라 해도 '다수'가 전부를 의미하지는 않았다. 아테네의 경우 주민의 일부분만 정치에 참여했다. 외국인과 노예는 참정권이 없었고, 여성은 공적 영역에서 완전히 배제되었다. 하지만 아테네인들은 시민권이 하층민까지 확대된다면 아무도 시민들의 동의가 없이는 통치할 수 없게 되는 마법 같은 일이 일어난다는 것을 깨달았다.

우리가 아는 정치사상이 아테네에서 생겨난 이유는 아테네인들이 무역을 했다는 것과도 관련이 있다. 무역을 통해 그들은 민족들마다 사회를 조직하는 방식이 크게 다르다는 것을 알았다. 만약 그들이 고향에 살면서 그런 방식으로 경제를 조직하지 않았더라면, 자신들의 사회와 대비되는 사회를 보지 못했을 것이다. 기회가 주어졌다고 해도 주의를 기울이지 않았을 것이다. 구약성서에 나오는 이스라엘인들은 이집트, 바빌로니아 같은 이웃 민족들을 잘 알고 있었는데, 그 이유는 그들이 이웃의 노예가 되는 경우가 잦았기 때문이다. 그 이야기는 이집트가 관료적 신정神政국가라는 사실을 경멸하고 있으며, 이집트인들이 야훼를 숭배하지 않는다는 것을 강조한다. 구약성서의 정치사는 정치를 피하기 위해 애쓴 민족의 역사다. 그들은 신이 직접 자신들을 다스린다고 여겼다. 신의 율법에 복종하거나 반항하는 것을 제외하고는 자신들의 운명을 결정할 여지가 거의 없었다. 신이 그들의 부탁을 듣고 왕을 선택하도록 허용했을 때에야 비로소 그들은 정치사회를 이루었다. 이때부터 그들은 관직을 얻으려는 경쟁이나 왕위 계승 같은 낯익은 문제를 접하게 되었다. 유대인들에게 정치는 전혀 은총이 아니었다. 그리스인들에게 정치는 발전이었으나, 플라톤을 제외한 많은 사람들은 결함을 가진 발전이라고 생각했다. 역사가들과 철학자들이 정치의 결함을 분석하기 시작했을 때, 논쟁을 즐기는 아테네인들에게서 정치사상의 역사가 시작되었다.

폴리스의 탄생

기원전 5세기의 아테네인들은 자신들의 제도가 어떤 역사를 거쳤는지 제대로 알지 못했으며, '실제의' 역사와 '허구의' 신화를 굳이 구분하려 하지도 않았다. 폴리스의 기원은 그들도 알지 못했기 때문에 우리도 알 수 없다. 기원전 4세기 중반 아리스토텔레스는 제자들을 시켜 그리스의 정체政體 158가지를 수집했는데, 그 가운데 아테네의 것만 지금까지 전한다. 그보다 더 이른 시기의 제도들은 신빙성이 없다. 폴리스가 형성된 과정에 관해서는 두 가지 견해가 있었다. 하나는 군사적 견해다. 분산되어 있던 집단들이 방어를 위해 성벽을 두른 도시에 살게 되었다는 것이다. 다른 하나는 정치적 견해다. 한 집단이 단일한 권력 아래 살아가는 데 동의했다는 것이다. 이 두 가지 견해는 시노이키스모스synoikismos, 즉 '집주集住'로 포괄된다. 어떤 정치적 집합체든 주민들이 공통의 권력을 받아들이는 것은 당연하지만, 초기 '도시국가'들이 반드시 도시를 기반으로 하지는 않았다. 스파르타가 그 점을 잘 보여준다. 우리는 스파르타를 도시로 여기지만 스파르타인들은 성벽으로 보호되지 않은 촌락을 이루고 산다는 사실에 자부심을 가졌다. 그들의 군대가 곧 성벽이었고 '모든 사람이 벽돌'이었다. 그럼에도 불구하고 그들은 하나의 정치체제에 속했다. 정치조직의 단일한 유형 같은 것은 없었다. 초기에는 대개 권력은 물론이고 시민권도 소규모의 귀족 집단들만 누렸다. '왕'이 있는 곳도 더러 있었다.

사회가 빈부에 따라 나뉘는 것은 당연했다. 민주주의의 아테네를 비롯해 모든 사회에서 에우파트리다이eupatridae라고 불리는 지배 가문들이 정치적 리더가 되었다. 그러나 계급 간의 다툼이 늘 골칫거리였다. 빈민은 부자에 의해 노예로 전락하게 될까봐 두려워했고, 부자는 빈민에게 토지와 재산을 빼앗길까봐 두려워했다. 여러 도시에서 참주僭主, tyrant들은 가난한 시민들을 부자들로부터 보호해준다거나, 반대로 부자들을 빈민으로부터 보호해준다는 제안으로 권력을 획득할 수 있었다. '참주'는 좋지 않은 의미를 가진 단어이지만, 지배자가 반드시 폭력적이거나 이기적이라는 뜻은 아니다(후대에 tyrant는 폭군이나 독재자를 뜻하는 용어가 되었기에 이후 '폭군'으로 번역하기도 했지만, 고대 그리스에서는 '왕'과 거의 같은 의미였다—옮긴이). 단지 지배자가 불법으로 권력을 획득했고 단독으로 통치하는 것을 가리킬 따름이다. 온화하고 합리적으로 다스린 참주들도 있었다. 기원전 6세기 말에 아테네를 지배했던 페이시스트라토스 부자父子가 그런 경우다. 아테네는 기원전 6세기 초에 민주주의를 채택했으나 솔론의 개혁 이후 빈부 갈등과 지배 가문들 간의 갈등이 걷잡을 수 없이 심해졌다. 페이시스트라토스 부자의 참주정치는 내전을 피했고 대체로 무난했다. 하지만 아테네가 번영을 구가했어도 그들은 사랑을 받지 못했다. 귀족 가문들은 자신들이 지배권을 가졌다고 여겼으며, 빈민들은 국정에 발언권을 얻고자 했다. 결국 510년 참주정치는 스파르타의 지원을 받은 내부 봉기로 타도되었다.

아테네 민주주의

참주정치가 급진적인 민주주의에 의해 대체된 데는 스파르타의 역할이 컸지만, 그것은 전혀 의도하지 않은 결과였다. 스파르타의 정책은 다른 그리스 도시국가들에 우호적인 과두정을 수립하는 것이었다. 아테네에서는 그 정책이 실패로 돌아갔다. 급진적인 아테네 민주주의는 중간에 몇 차례 중단되기도 했으나 거의 200년 동안 독립국의 정체로 유지되었다. 또한 민주주의는 이후 2000여 년 동안이나 급진파와 빈민에게 힘을 주었고 보수파와 부자에게 경고를 전했다. 그것은 로마 공화정, 미국과 더불어 정치적 창의성의 획기적인 지표였다. 그 과정을 시작한 것은 한 명의 귀족이었다. 기원전 508년부터 아테네 정치는 클레이스테네스가 지배했다. 개혁의 목표는 가난한 시민들을 정치에 참여시켜 군사적 준비를 갖추고 사회적 평화를 유지하는 데 있었다. 선거권을 가진 하층계급인 테테스thetes는 아테네 함대의 노잡이로 참여했다.

'가난한 시민'은 단지 아테네 내에 거주하는 사람을 가리키는 말이 아니었다. 아테네 사회는 노예제에 의존했고, 정치적 도덕의 근저에는 자유인과 노예, 아테네인과 외국인이라는 양극단이 있었다. 자유인과 노예의 구분은 신성불가침이었으며, 두 계급이 불법으로 결혼해 낳은 아이는 노예가 되었다. 귀화 제도 같은 것은 없었다. 외국인은 오래 거주한다고 해도 저절로 시민이 될 수는 없었다. 시민이 되려면 특수한 법률에 따라 큰 어려움을 겪어야 하고 많은 비용이 필요했다. 이렇게 민족적으로 배타적인 것은 그리스 도시들의 약점이었으며, 아테네인이 후대의 로마인보다 정치적으로 기민하지 못했던 한 가지 이유이기도 했다. 로마인들은 정복한 민족들을 로마 시민으로 받아들였던 것이다. 아테네 시민권은 혈통에 의해 주어졌다. 즉 시민을 부모로 둔 사람만 시민이 될 수 있었다. 이런 극명한 이항 대립은 남성과 여성의 차별로 이어졌다. 기원전 5세기에 아테네인들은 정치, 무역, 전쟁에서 창의성을 선보였으면서도 당시 그리스에서 보편적이지 않았던 여성 차별의 태도를 가지고 있었다. 그렇다고 해서 성적 순결주의를 부르짖은 것도 아니었다. 아테네 남성은 아무런 부끄러움도 없이 매춘부를 자주 찾았으며, 성인 남성과 소년의 동성애도 흔했다. 그러나 지체 높은 아테네 여성은 공식 석상에서 얼굴을 베일로 가렸다. 또한 도시의 종교 행사에 참여하는 경우가 아니면 여성은 바깥출입을 하지 말아야 했고, 남자 손님이 집을 방문하면 여자들의 구역에 머물러야 했다. 일하는 여성의 경우에는 제약이 덜했다. 아테네는 지중해 동부의 무역을 지배하게 되면서 외국인들이 대거 몰려드는 국제도시로 발돋움했다. 플라톤의 『국가』는 그 점에 관해 불평하고 있다. 아테네는 상업 경제, 금융과 보험제도를 개발했다. 플라톤과 아리스토텔레스는 둘 다 돈벌이에 관해 불만을 토로했다. 그러나 부자 외국인도 어디까지나 외국인에 불과했다. 여성은 시민의 딸, 누이, 어머니, 아내라는 의미에서만 시민일 뿐이었고, 정치적 역할을 가지지 못했다.

아테네 민주주의의 핵심은 에클레시아ecclesia, 즉 민회였다. 이것은 현대의 입법, 사법, 행정기구에 해당한다. 민회의 결정에 항의하려면 다음 민회, 혹은 민회의 일부인 법정을 통하는 것 이외에는 다른 방도가 없었다. 민회는 구성원 총수가 4만 명이었으나 주로 작은 기구들을 통해 활동했다. 500명으로 이루어진 법정도 그중 하나였다. 특히 불레boule라는 심의회를 구성하는 500명은 1년간 아테네의 행정을 담당했으며, 30명으로 이루어진 프리타니prytany는 한 번에 한 달 임기로 불레의 운영위원회를 구성했다. 두 기구 모두 엄격한 자격 심사를 거친 사람들 중에서 이름을 추첨해 인원을 발탁했다. 이후 두 세기에 걸쳐 새로운 위원회와 법정이 실험된 결과, 권력이 점차 낡은 귀족기구의 수중에서 민회로 이양되었다. 현대의 관점에서는 민회가 법정이면서 입법기구라는 사실이 이상하게 보이겠지만, 그것은 권력에 대한 아테네인들의 의심을 말해주는 중요한 요소였다. 누구든 공직을 남용하면 민회에 의해 고발되거나 해임될 수 있었다. 검사라는 직함은 없었고, 모든 사건을 개인이 법정에 제출했다. 기소권과 관련된 규칙은 상당히 복잡했다. 기소하는 사람은 부과되는 벌금의 일부분을 가질 수 있었으므로 아테네인들이 유독 소송을 즐겼다는 것은 놀라운 일이 아니다. 남용의 가능성이 큰 제도였으나 그래도 대단히 효과적이었다.

클레이스테네스는 시민권과 민회의 회원 자격을 합리화하고, 함대와 육군의 재정을 안정시켰다. 인구 대다수가 겨우 먹고사는 형편이었기 때문에 그 비용은 거의 다 부자들이 부담할 수밖에 없었다. 다행히 아테네에는 은광이 많았고 광산에서 부릴 노예도 많았다. 그리스 도시국가들은 늘 전쟁을 벌였다. 전쟁이 없으면 곧 다시 일어났고, 전투가 중단된 시기는 무장 휴전 상태였다. 클레이스테네스는 시민들을 10개의 '부족'으로 편제해 최악의 내부 갈등을 해소했다. 이것은 계급이나 친족 집단이 아니라 지리적 집단이었으며, 구성원이 어디에 살든 그 집단이 구성원의 정치적 권리를 결정했다. 지리적 단위는 아티카의 데모스dēmos, 즉 촌락이었다. 아테네인은 늘 자신의 신분을 이러저러한 데모스 출신의 아무개라고 밝히곤 했다. 각 공동체마다 불레의 구성원 50명이 할당되었다. 불레는 민회를 위해 법을 준비하고 관리들의 행동을 감독하는 중요한 기능을 수행했다. 한 번에 1년 이상 불레에서 일할 수는 없었으며, 나중에는 규칙이 더 엄격해져 누구도 평생 두 차례를 넘어 일할 수 없게 했다. 적은 수의 시민이 많은 직책을 담당해야 했으므로, 평민이라도 평생에 걸쳐 최소한 하루 동안은 아테네의 대통령에 상당하는 직책을 담당할 수 있었고, 한 달 동안은 '내각'의 구성원이 될 수 있었다. 이것은 모든 시민의 정치적 영향력을 동등하게 하려는 아테네인들의 열정을 반영하고 있다. 그 열정을 그들과 같은 강도로 공유하려면 우리 현대인들은 어떻게 해야 할까? 흥미로운 질문이지만, 우리가 과연 현재의 정치제도라도 대부분 유지할 수 있을지 의심스럽다.

10부족에서는 또한 스트라테고스stratēgos, 즉 장군도 배출했다. 이것은 선출직이었고 연임이 가능했다. 일부 공직은 종신 임기였는데, 선거가 아니라 상속이나 추첨으로 선발했다. 아테네는 상당한 해군력을 보유하고 도시의 미화에 많은 돈을 지출하는 도시였으므로 항구적 행정이 반드시 필요했다. 군사권에 관한 한 클레이스테네스와 그의 후계자들은 민주적 평등의 원칙을 적용하지 않았지만, 민회는 스트라테고스라고 해도 즉각 해임할 수 있었다. 그것이 아테네인과 우리의 중요한 차이다. 우리는 대표를 선출하지만 그들은 시민들 가운데서 무작위로 인물을 발탁했던 것이다. 물론 처음에는 추첨 대상을 적격자로 한했으나, 아테네 민주주의가 뿌리를 내리면서 적격성을 가문이나 재산으로 제한하는 관행이 사라졌다. 스트라테고스나 기타 행정직의 경우에는 민주주의의 원칙보다 경험, 전문성, 신뢰성이 더 우선시되었다. 펠로폰네소스전쟁 이전부터 전쟁 초기까지 아테네를 이끌었던 가장 유명한 스트라테고스인 페리클레스는 여러 차례 재선되었고 현대의 대통령과 같은 권한을 행사했다. 투키디데스는 그의 생애를 언급하면서 "명목상으로 민주주의였던 것이 실제로는 1인자에 의한 지배가 되었다"[3]고 말했다. 보수적 귀족이었던 투키디데스가 보기에는 찬양할 만한 것이었다. 현대 학자들은 당시 대다수 지도자들이 상류층 가문 출신이며, 아테네는 사실상 과두정이라는 점에서 현대 민주주의와 비슷하다고 주장하지만, 투키디데스는 그 점에 대해 불평하지 않았다. 그가 페리클레스를 '1인자'라고 말한 것은 그를 가장 현명하고 훌륭한 아테네인으로 여겼다는 뜻이다.

페리클레스는 선동으로 민회를 지배했고, 데모스 혹은 서민의 지도자를 자처했다. 그를 비난하는 사람들, 이를테면 플라톤은 그가 선동가라고 단언했다. 현대의 나쁜 의미로 보면, 그는 어리석은 대중을 부추겨 자신이 원하는 대로 움직이도록 조종하는 사람이었다. 클레이스테네스의 체제와 현대 민주주의의 차이는 직접민주주의와 대의민주주의의 차이만이 아니었다. 그것은 자유민주주의가 아니었다. 민회의 권한에 대해 헌법상의 규제가 없었고, 공적 생활과 사생활 간에 확고한 구별도 없었던 것이다. 아테네인들은 추첨에 따른 발탁을 가장 평등한 권력 분배 방식이라고 여겼다. 지금 우리가 배심원을 무작위로 선정하는 것과 크게 다르지 않다. 아테네식 평등은 정치적으로 편협했다. 에우파트리다이eupatridae(말 그대로는 '아버지를 잘 두었다'는 뜻으로, 아테네의 세습 귀족을 가리킨다―옮긴이), 즉 출신이 좋은 사람이 사회적 상위 신분이었다. 남성이 여성보다 우월했고, 아테네인이 외국인보다 우월했으며, 노예가 사회의 최하층이었다. 그럼에도 불구하고 민회의 권력은 막강했다. 민회는 페리클레스나 기타 장군들을 선뜻 해임했다. 아무리 공훈을 쌓은 사람이라 해도 기분에 따라 해임해버렸다. 그만큼 민회의 권력은 절대적이었고, 그 구성원들도 그 점을 알고 있었다. 그 결과는 충분히 예측할 수 있었다. 민회가 올바르게 처신하지 않을 경우에는 아첨꾼에게 홀리거나, 사기꾼에게 속거나, 말만 번드르르하고 교활한 자에게 끌려갈 수 있었다. 일단 궤도에서 이탈하면 민회는 대단히 잔인해졌다.

영욕의 민주주의

클레이스테네스의 민주주의가 30년 동안이나 지속된 것은 놀라운 일이었다. 갑자기 아테네는 생존을 위한 싸움에 돌입했기 때문이다. 기원전 5세기에는 두 차례의 큰 전쟁이 있었다. 하나는 그리스 전체의 승리였고, 다른 하나는 아테네의 파멸이었다. 페르시아전쟁은 중도의 휴지기를 포함해 기원전 500년부터 479년까지 20여 년간 지속되었다. 아테네와 그 동맹시들이 스파르타, 코린트, 기타 동맹시들과 싸운 펠로폰네소스전쟁은 기원전 431년에 시작되어 404년에 아테네의 참패로 끝났다. 기원전 479년 이후 아테네는 그리스의 해상 강국으로 떠올랐고, 에게해와 소아시아 서부 해안을 아우르는 해상 제국의 중심이 되었다. 아테네의 힘이 막강해지는 것을 두려워한 도시들, 특히 코린트와 스파르타는 따로 동맹을 꾸려 아테네를 상대로 펠로폰네소스전쟁을 일으켰다. 아테네는 전쟁에서 참패한 이후에도 기원전 5세기 후반에 독립국으로 부활해 두 차례나 에게 제국을 재건하려 했다. 하지만 기원전 338년 카에로네아 전투에서 그리스 동맹군이 마케도니아의 필리포스에게 참패했고, 기원전 322년 아모르고스 해전에서 아테네 함대가 마케도니아에 최종적인 패배를 당했다. 이것으로 독립국으로서의 민주주의 아테네는 수명을 다했다.

페르시아전쟁과 펠로폰네소스전쟁은 고대 세계의 위대한 역사가 두 사람의 재능을 이끌어냈다. 둘 다 정치 해설에 능한 사람이었다. 페르시아전쟁을 기록한 헤로도토스는 '역사의 아버지'이자 '거짓말의 아버지'라고 불렸다. 그는 터무니없는 이야기를 곧이곧대로 믿었다는 평판을 들었지만, 훗날의 연구에 따르면 옳은 부분을 말할 때는 대체로 옳게 말했으며, 수백 년 전의 상황에 관한 그의 추측도 근거가 충분하다는 점이 밝혀졌다. 펠로폰네소스전쟁을 기록한 투키디데스는 신빙성을 의심받은 적이 전혀 없었으며, 시대를 통틀어 가장 위대한 정치 분석가의 한 사람이다. 사실 그들의 역사는 공정하지 않다. 투키디데스와 헤로도토스는 귀족정치에 공감했으며, 민주주의를 취하면 불화와 불안이 일어나거나 야심에 찬 불한당들의 간계에 놀아나기 쉽다고 여겼다. 헤로도토스는 페르시아 군주정의 효율성에 깊은 인상을 받았다. 그래서 그는 야만족 애호가philobarbarian라는 비난을 샀다. 헤로도토스는 놀랍게도 아테네 민주주의가 특유의 응집력으로 페르시아를 물리쳤다고 말하는 반면, 투키디데스는 당연하게도 아테네 민회가 자멸을 초래한다고 말한다. 투키디데스의 역사는 아테네가 전쟁에서 패배하기 7년 전인 411년에 끝나지만, 이미 그의 이야기 속에 아테네의 패배는 예정되어 있었다.

헤로도토스는 그의 저서인 『역사 *Historiae*』에서 그리스와 페르시아가 싸울 수밖에 없는 이유를 설명했다. 그가 확실하게 밝힌 것은 아니지만 추측은 충분히 가능하다. 전쟁은 기원전 500년 밀레투스를 비롯한 소아시아 서해안의 그리스 도시들이 반란을 일으키면서 시작되었다. 이 도시들은 이미 기원전 6세기 초에 페르시아의 침공으로 복속되었으므로 반란을 일으키기 50여 년 전부터 페르시아 군주정의 지배를 받고 있었다. 반란을 일으킨 이유는 확실하지 않다. 페르시아의 지배를 받았다고 해서 그들의 삶이 크게 달라지지는 않았다. 물론 그들은 조공을 바쳐야 했고 도시와 도시의 관계도 페르시아의 통제를 받았다. 그러나 내부의 정치, 종교의식, 경제활동은 자치가 가능했다. 이후 헬레니즘 군주정이나 로마제국의 치하에서도 그것은 마찬가지였다. 그 세기 말에 페르시아의 지배는 특별히 가혹하지 않았고, 반란을 일으킨 도시들은 번영하는 중이었다. 그렇다면 그 반란은 가난과 억압에서 나온 게 아니라 번영과 자신감에서 나왔을 것이다.

아테네는 그 도시들의 원조 요청을 받고 삼단노선 스무 척을 보냈다. 아테네가 위험을 자초한 동기는 확실하지 않다. 아테네는 예전 식민지와의 의리, 이오니아의 충성을 내세웠으나 당시 그런 의리는 그다지 중시되지 않았다. 헤로도토스는 페르시아 전제정치와 아테네 민주주의의 충돌이 불가피하다고 보았다. 제2차세계대전 이후 많은 저자들은 헤로도토스를 좇아 귀족정치와 민주주의가 평화로이 공존할 수는 없다고 여겼다. 민주정치가 존재한다는 생생한 사실 때문에 종속 민족들은 자유를 꿈꾸게 되고, 억압 정권은 국민들이 이웃의 민주주의에 영향을 받지 않도록 하기 위해 국경을 팽창하려 한다는 것이다. 하지만 실제로는 그 긴장이 그리 크지 않았다. 페르시아는 자체의 목적을 위해 그리스와 자주 동맹을 맺었으며, 펠로폰네소스전쟁이 보여주듯이 그리스도 마찬가지였다.

소아시아의 반란은 기원전 494년에 진압되었으나 아테네인들은 위험한 적을 끌어들였다는 것을 깨달았다. 기원전 492년 다리우스 1세는 첫 침공을 시도했으나 엄청난 폭풍이 함대를 덮치는 바람에 이는 실패로 끝났다. 기원전 491년 페르시아는 에게해의 섬들과 그리스 본토의 도시들로부터 복종의 표시로 '흙과 물'을 요구했다. 다수가 그에 따랐다. 그러나 아테네와 스파르타는 단호하게 맞섰을 뿐 아니라 페르시아 대사들을 잡아 죽였다. 게다가 통역자도 그리스어를 모독했다는 이유로 처형했다. 스파르타는 대사들을 그냥 우물 안으로 던져버렸다. 다리우스는 기원전 490년에 재차 침공했다. 하지만 원정군이 마라톤 해안에 닿았을 때 아테네 호플리테스 hoplites(밀집대형을 이루고 전투에 임한 그리스 중장보병—옮긴이)는 병력이 훨씬 더 많은 페르시아군을 격파했다. 그것은 전혀 예상치 못한 승리였다. 아테네는 원래 육전에 능하지 못했다. 또한 스파르타는 자체 종교 행사가 한창이었던 탓에 '야만인'과의 싸움을 도와달라는 아테네의 요청에 부응하지 못했다. 예상 외로 플라타이아이가 전 병력에 해당하는 1000명의 호플리테스를 파견했는데, 이것이 큰 도움을 주었다. 마라톤전투는 페르시아측에 앞으로 무엇을 고려해야 할지 보여주었다. 또한 아테네와 동맹군이 스파르타 없이 승리했다는 사실은 스파르타측—이들은 전투가 끝난 뒤에 전장에 도착했다—에 아테네의 군사적 우위를 더이상 의심할 수 없다는 것을 보여주었다. 바야흐로 아테네는 에게해 일대의 패권자가 되려는 꿈을 품었다. 오만hubris이 고개를 치켜든 것이다.

페르시아의 위협은 마라톤전투로 끝나지 않았다. 다리우스의 아들로 페르시아 제위를 계승한 크세르크세스는 10년 뒤에 더 강력한 군대를 이끌고 침략해왔다. 기원전 480년 여름 페르시아 해군은 에보이아 연해에서 그리스 동맹 함대에 저지당했으나 패배하지는 않았다. 페르시아 육군은 테르모필라이 협곡에서 그리스군과 조우했다. 산악과 바다 사이의 좁은 공간이라 중과부적의 방어군으로서는 안성맞춤의 장소였다. 만약 배신자 에피알테스가 페르시아군에 그리스군의 뒤편으로 우회하는 산길을 알려주지 않았더라면, 페르시아군은 그리스 병력 7000명의 방어에 가로막혀 아마 전진을 포기했을 것이다. 위치가 뒤바뀌자 스파르타의 왕 레오니다스는 소규모의 후방 부대만 남기고 전군을 파견했다. 300명의 스파르타 결사대는 협곡을 방어하면서 그리스군 본대가 더 유리한 위치로 탈출할 수 있도록 시간을 끌어줌으로써 10년 전의 망설임을 만회했다. 그들은 결국 테스피아이군 700명, 테베군 수백 명 등과 함께 전멸했다. 그들의 묘비명은 이렇게 쓰여 있다. "여행자여, 스파르타에 가서 말하라. 여기 스파르타의 법에 충성한 우리가 잠들어 있다고."⁴ 당시 데마라토스는 크세르크세스의 진영에 있었다.

테르모필라이 전투는 스파르타적 가치관을 보여주는 개가였으나 군사적으로는 패배였다. 페르시아 육군은 보이오티아를 거쳐 아테네까지 진격했다. 아테네의 지도자인 테미스토클레스는 아테네 시민들을 설득해 시를 버리고 떠나게 한 뒤 페르시아 함대에 전갈을 보내 배신하겠다는 의사를 비쳤다. 그런 다음 기원전 480년 9월에 페르시아 함대를 살라미스해협으로 유인해 완전히 격파했다. 살라미스해전이 끝난 뒤 크세르크세스는 페르시아로 돌아가면서 휘하 장군 마르도니우스에게 육군을 맡겨 이듬해 그리스 공격을 계속하게 했다. 그러나 기원전 479년에는 페르시아군이 불리한 상황을 맞았다. 플라타이아이 전투에서 마르도니우스는 전사했다. 이때는 스파르타가 그리스군의 지휘를 맡았다. 결국 페르시아는 그리스 본토의 정복을 포기할 수밖에 없었다. 그래도 전투는 아직 끝나지 않았고 에게해 동부에서 수년간 더 지속되었다. 그것이 끝나면서 대규모 침공 위협도 종식되었다.

이후 75년 동안 급진적인 아테네 민주주의는 흥망을 거듭했다. 지난 2000여 년 동안 정치 분야 저자들은 이 역사에서 오만의 위험, 하층계급에 정치를 맡기는 어리석음, 권력의 부패한 성질 등 다양한 교훈들을 찾아냈다. 후대에 가장 큰 영향을 미친 교훈은 민주정치와 일상적인 분별력의 결합은 불가능하다는 것이었다. 문제의 본질은 단순했다. 아테네가 제국으로 탈바꿈해 세력을 팽창한 것이다. 페르시아전쟁이 끝나자 아테네는 강력한 해상 국가가 되어 에게해 섬 국가들의 동맹을 수립했다. 그 의도는 페르시아가 약해진 틈을 타서 페르시아의 해군력을 고갈시키고, 페르시아 영토를 약탈해 전쟁의 보상을 구하려는 데 있었다. 그것이 델로스 동맹이었다. 동맹은 군자금 금고가 설치된 델로스 섬을 근거지로 삼았다. 하지만 동맹은 이내 아테네 제국으로 바뀌었다. 동맹국들은 아테네의 조공국으로 전락했고, 그들이 내는 세금은 아테네 시를 치장하는 데 쓰였으며, 아테네 하층계급의 정치생활을 위한 보조금, 즉 아테네 민주주의를 유지하기 위한 기금으로 사용되었다. 아테네의 하층계급 시민들이 생계를 꾸리는 일에서 벗어날 시간을 마련해주려면 보조금을 지급해야 했던 것이다. 그들은 그 자금이 어디서 나오는지는 굳이 따지려 하지 않았다. 그들은 도덕 따위에 아랑곳하지 않고 국가가 자신들의 권력을 키워주는 것을 당연시했다. 권력을 가진 자는 그렇지 못한 자를 착취하게 마련이다. 하지만 전쟁이 발발할 경우 더 자발적인 도움을 얻으려는 마음에서 착취에 한도를 두기도 한다.

아테네의 행동에 제동을 건 것은 사리사욕이었다. 만약 스파르타가 2차 페르시아전쟁 이후 군대와 정치의 지휘권을 차지했다면, 아테네는 더 신중하게 처신했을 것이다. 동맹 섬들이 저항을 보였다면, 아테네는 조공을 받는 게 별로 보람 없는 일이라는 것을 깨달았을지도 모른다. 그러나 아테네의 앞길을 가로막는 것은 아무것도 없었다. 스파르타는 우유부단했고 조공국들은 너무 약했다. 아테네는 민주적 제도를 다른 곳에까지 확대하기 시작했다. 공직은 명문가 출신만이 맡을 수 있었다. 권력이 불레와 민회로 집중되자 민회나 심의회의 올바른 처신을 보장하는 조항은 원천 봉쇄되었다. 권력분립 같은 근대적 이념, 권력 행사를 헌법으로 규제해야 한다는 근대적 견해가 생겨날 여지는 전혀 없었다. 그 두 사상은 한 세기 반이 지나 아리스토텔레스의 『정치학Politica』에서 제시되며, 펠로폰네소스전쟁 이후 헌법도 그런 방향으로 수정되지만, 기원전 5세기 중반 아테네의 관행은 그렇지 않았다. 아테네의 민주주의는 급진적 민주주의였다. 헌법은 '민중'의 손에 절대권력을 부여했다. 개인의 안전과 현명한 국정 운영은 바로 민중의 분별에 달려 있었다.

오스트라키스모스ostrakismos(도편추방)의 관습은 아테네가 평민에게 권력을 부여하는 데 얼마나 적극적이었는지 잘 보여준다. 이 제도를 이용해 시민들은 누구든 마음대로 추방할 수 있었다. 아무리 유명한 인물이라 해도 어떤 이유든 붙이면 추방이 가능했다('오스트라키스모스'라는 용어는 시민들이 추방하고자 하는 사람의 이름을 도기 조각에 긁어서 새긴 데서 비롯되었다). 저명한 정치가이자 살라미스해전에서 전공을 세운 아리스티데스가 그 제도로 추방된 이야기는 잘 알려져 있다. 글을 모르는 어느 시민이 그에게 오더니 질그릇 조각에 아리스티데스라는 이름을 좀 써달라고 부탁했다. 아리스티데스가 그에게 아리스티데스라는 사람을 만난 적이 있느냐고 물으니, 그는 만난 적이 없지만 하도 '정의로운 사람'이라는 말을 많이 들어 신물이 난다고 했다. 아리스티데스는 자기 이름을 써주었다. 처벌은 관대했다. 규정에 따라 그는 10년간 추방되었으나 재산은 몰수되지 않았고 심의 없이 돌아올 권리도 가졌다. 보통 추방 기간이 길지는 않았다. 아리스티데스는 기원전 482년에 추방되었다가 2년 뒤에 복귀할 수 있었는데, 이 정도가 일반적이었다. 신분이 낮은 사람들은 부도덕하다거나, 이

웃과 사이가 나쁘다거나, 성미가 지나치게 까다롭다는 이유로 추방되기도
했다.

투키디데스와 그의 역사

아테네의 팽창은 몇 년 동안 다른 그리스 국가들과 간헐적으로 소규모
분쟁을 초래하다가 결국 기원전 431년에 전쟁으로 터졌다. 한 측은 아테네
와 그 해상 속국들이었고 다른 측은 코린트와 스파르타가 이끄는 동맹이었
다. 압도적인 군사력 차이를 감안한다면, 동맹측은 신속히 승리했어야 한
다. 그런 전력상의 불균형이 아니라고 해도, 아테네는 전염병이 시를 덮친
이듬해에, 혹은 재앙에 맞서 단합을 유지할 수 있는 인물인 페리클레스가
죽은 직후에 강화를 요구했다면 치욕을 모면할 수 있었을 것이다.

그러나 전쟁은 27년간이나 지속되었다. 아테네가 그 오랜 기간 동안 펠
로폰네소스 동맹을 막아낼 수 있었던 힘의 원천은 탁월한 창의력과 활력에
있었다. 또한 자금을 모으고 함대와 육군을 무장시킨 것, 걸핏하면 민회가
느닷없이 등을 돌리는 상황에서도 시에 충성을 다하는 유능한 장군을 임명
한 것이 한몫을 했다. 그로부터 2500년 뒤에도 학자들은 여전히 민주정치
와 효율적 행정 가운데 하나를 선택해야 한다는 사고의 덫에 빠져 있다. 아
테네는 그것이 잘못된 딜레마임을 보여주었다. 하지만 전쟁 기간에 아테네
는 극도로 나쁜 상황에 처해 있었다. 민주주의를 위해서도, 아테네인을 위
해서도, 더 일반적으로 인간 본성 자체를 위해서도 좋지 않았다.

펠로폰네소스전쟁은 투키디데스가 기록을 남긴 덕분에 카이사르의 원
정 이전의 어느 전쟁보다도 그 내막이 상세하게 밝혀져 있다. 투키디데스
는 정치사상가들에게 큰 존경을 받고 있다. 그들은 펠로폰네소스전쟁에서

투키디데스가 제시한 교훈을 끌어내지만, 그가 서술한 역사가 민주주의의 결함을 탁월하게 지적하고 있다는 점을 항상 기억하지는 않는다. 투키디데스는 실제로 그렇게 썼다. 그는 원래 귀족이자 장군이었으나, 기원전 424년 그리스 북부의 암피폴리스가 스파르타에 항복하는 사태를 막기 위해 그 도시에 가려 했다가 실패하는 바람에 민회로부터 해임되고 추방을 당했다. 추방은 역사가에게 유용했다. 전쟁을 아테네의 시각에서만큼 펠로폰네소스의 시각에서도 바라볼 수 있게 해주었기 때문이다. 추방으로 그는 아테네에 대한 애정을 잃었다. 그의 책에 나오는 문구들 가운데 독자들의 마음에 깊이 남은 것은 세 가지다. 첫째는 개전 첫해가 끝날 무렵의 장례 연설이다. 이 연설에서 페리클레스는 아테네 병사들의 죽음을 기리고, 아테네를 '헬라스Hellas(그리스는 로마인들이 부르던 명칭이고, 그리스인들이 그리스를 가리킬 때는 트로이전쟁의 빌미가 된 헬레네의 이름에서 나온 헬라스라는 명칭을 썼다—옮긴이)의 스승'이라고 찬양했으며, 오늘날과 비슷한 측면에서 민주주의 생활 방식을 옹호했다. 페리클레스가 아테네의 용기, 자유로운 사고, 지성을 옹호한 것은, 그 앞부분에서 투키디데스가 설명하는 것처럼 코린트측과 마지못해 전쟁에 끌려들어간 스파르타 동맹국들 사이에 논쟁이 벌어진 것과 대비를 이룬다. 코린트는 스파르타에 아테네와의 전쟁에 참여하라고 촉구하지만 스파르타는 승리한다는 확신이 없었다. 양측 모두 아테네가 기지를 발휘해 역습해올까봐 두려워했다. 그 불안 때문에 그들은 성의껏 아테네에 조공을 바친 것이었다.

두번째 사건은 아테네가 멜로스 섬의 주민들을 학살하고 노예로 삼은 것이고, 마지막은 재앙으로 끝난 시라쿠사 원정이다. 오늘날 우리는 정부가 인권을 침해한다면 '비민주적'이라고 생각한다. 하지만 아테네가 멜로스 섬에서 저지른 후안무치한 짓을 생각하면 선뜻 판단하기가 어렵다. 아테네는 분명히 민주적이면서도 나쁜 짓을 자주 저질렀다. 민주주의 강국들이 제2차세계대전에 참전했다는 것을 미래 세대가 어떻게 볼지는 알 수 없지만, 민간인을 폭격하고 일본을 상대로 핵무기를 사용한 것을 알면 후손들도 선뜻 판단하지 못할 것이다. 또한 우리는 민주주의국가들이라면 서로 전쟁을 벌이지 않으리라고 확신한다. 20세기 내내 북아메리카, 유럽, 영국 연방의 자유민주주의는 굳은 동맹을 이루었다. 그러나 펠로폰네소스전쟁에서 민주적 아테네는 민주적 시라쿠사와 싸웠다. 투키디데스는 아테네 민주주의가 전쟁에 열중했다고 보았다. 그 이유는 후대의 로마도 그렇듯이, 고대의 전쟁이 큰 수익을 낳았기 때문이다. 약탈은 농사를 짓는 것보다 더 수지가 맞았다. 가까스로 연명하는 빈민도 부자가 되려는 마음까지는 없었지만 약탈의 이익에는 탐닉했다. 투키디데스는 민주주의의 호전성이 보편적인 특성이라고 여겼다. 그는 당대의 독자들에게 자신이 쓴 역사가 '영원할 것'이라고 말했다. 인간 본성은 시대와 장소를 불문하고 똑같으며, 인간의 정치적 열정과 야망은 근절할 수 없다. 따라서 어느 시대든 정치에 종사하는 사람이라면 누구나 투키디데스가 말하는 펠로폰네소스전쟁에 대한 이야기를 읽고 교훈을 끌어낼 수 있다. 역사에 민감한 19세기 평원인디언 Plains Indian(미국 중부와 캐나다 남서부 일대에 살던 북아메리카 원주민 부족들을 통칭하는 이름—옮긴이)이라면 투키디데스가 말하는 민주주의의 호전적이고 팽창적인 성격에 공감할 것이다. 실제로 20세기에 국제관계를 연구하는 학자들은 투키디데스를 읽으며 재미와 교훈을 얻는다.

페리클레스의 장례 연설

투키디데스는 흥미로운 글솜씨를 선보인다. 『펠로폰네소스전쟁사 *History of the Peloponnesian War*』(책을 완성하지 못하고 죽었기 때문에 후대 학자들이 붙인 제목이라 그리스어 원제가 없다—옮긴이)에는 사건을 진전시키는 역할을 하는 연설들이 군데군데 배치되어 전쟁 관련자들의 성격을 드러내고 있다. 그 연설이 실제로 있었느냐는 당연한 질문에 대해, 투키디데스는 연설을 한 사실이 확실한 경우에는 그것을 인용했고 확실하지 않은 경우에는 그 정황과 필요를 감안해 자신이 대신 말했다고 대답한다. 페리클레스의 장례 연설은 링컨의 게티즈버그 연설보다 길고 2500년이나 더 오래되었지만, 두 연설은 민주정치만이 아니라 민주사회의 정신을 옹호하는 역사상 가장 위대한 발언으로 폭넓게 인정된다. 링컨이 페리클레스의 연설을 모델로 삼았는지는 확실하지 않으나 두 연설에는 공통적인 수사가 보인다. 두 사람은 자신의 말이 전사자들의 명예를 드높이는 데 전혀 도움이 되지 않는다고 말한다. 그들의 행동이 그 자체로 말하기 때문이라는 것이다. 또한 두 사람은 전사자와 더불어 조국의 건국자들을 찬양한다. 그들이 목숨으로 지키려 한 사회와 정체를 찬양한다. 죽은 이에 대한 슬픔에 젖은 나머지 고유한 정체와 생활 방식을 존속해가야 한다는 결의가 약해지면 안 된다고 말한다. 두 연설 모두 청중에게 무엇을 위해 싸우는지 일깨워주려는 정치적 의미가 부각되어 있다. 링컨의 연방은 전쟁으로 피폐해졌다. 페리클레스의 아테네인들은 예상했던 것보다 악화된 상황에 고통을 겪고 있었다. 그는 아테네인들에게 시골을 버리고 도시로 이주하라고 설득했다. 아테네군이 아티카의 시골을 파괴하는 스파르타 동맹군을 막지 못했으므로 해군을 통해 식량과 물자를 확보하려는 것이었다. 그것은 현명한 전략이었으나 모두에게 시련을 안겨주었다. 부자들의 집과 영지가 파괴되었고, 농부들은 스파르타 동맹군의 약탈에 견딜 수 없었다. 군사적 교착상태에 빠진데다 전염병이 창궐하자 아테네인들은 분노했다. 결국 페리클레스는 벌금형을 받고 해임되었다. 얼마 안 가 그는 공직에 복귀했으나 기원전 429년 말에 전염병에 걸려 죽었다.

아테네의 국장國葬은 오랜 전통이었다. 전사자를 추념하고 그 유해를 케라메이코스 묘지에 매장하는 행사였다. 페리클레스의 연설은 그 자신의 것인지, 투키디데스의 것인지, 혹은 두 가지가 합쳐진 것인지는 알 수 없으나 통상적인 유형과 달랐다. 우선 그는 서툰 추도사로 전사자의 명예가 손상되어서는 안 된다고 말했다. 그런 다음에 조상들을 찬양했다. 여기까지는 전통적인 연설이었다. 이후 그는 전사자들이 목숨으로 지켜낸 아테네 시를 찬양하기 시작했다. "우리의 정부 형태는 소수가 아닌 다수의 이익을 위해 운영되기 때문에 민주주의라고 불립니다. 사적 분쟁이 일어났을 때 누구나 법에 의해 동등한 권리를 누립니다. 하지만 평판을 얻은 사람은 우수성의 권리에 따라 공직을 담당할 자격을 가지고 있습니다. 그것은 순번제가 아니라 업적에 따릅니다. 또한 가난에 관해서도, 만약 누가 시에 기여할 실질적 능력을 가졌다면 무명인들에 의해 저지되는 일이 없어야 할 것입니다."[5]

페리클레스는 업적에 따라 공직자를 임명하고 지배자에게 합법적으로 책임을 묻는 제도의 장점을 칭찬하는 데 그치지 않았다. 계속해서 그는 자유롭고 개방적인 사회의 활기를 강조했다. "공적 생활에서 우리는 자유롭게 행동합니다. 남들의 의심은 그들의 일상적 습관 때문이라고 간주하고, 이웃이 적절히 처신한다면 이웃에게 화를 내지 않으며, 처벌이 없지만 고통을 유발하는 고뇌의 표정을 짓지 않습니다."[6] 하지만 그가 말하는 사회는 정치적으로 활기찬 사회였다. "정치에 관심이 없는 사람은 그저 남의 일에 상관하지 않는 사람이 아닙니다. 여기서 살 자격이 없는 사람입니다." 이렇게 참여민주주의가 활성화되고 정치적 관심이 팽배한 사회의 모습은 20세기에 민주주의의 성공과 실패를 판단하는 기준이다. 20세기 후반의 개혁가들은 우리가 고대 아테네와 같은 활발한 참여민주주의를 현대 산업 사회에서 어디까지 구현할 수 있을지를 놓고 의견이 분분했지만, 그 이념에 등을 돌리는 사람은 거의 없었다.

페리클레스의 연설에서 현대의 독자가 숙고할 만한 대목은 두 가지다. 아테네 전사자들을 칭송하는 그의 열렬한 연설에는 "온 세상이 명사들의 무덤"이라는 유명한 구절이 있다. 그는 아테네 병사들이 전장에서 용맹스러웠다고 찬양했다. 그들은 전장에서 용감했고, 패배했을 때도 굽히지 않았으며, 동료 병사들에게 굳은 충절을 보였다. 그들의 명성은 그들이 목숨을 바친 전쟁을 유발한 군사적 팽창과 밀접한 관계가 있었다. 아테네인들이 명성을 평화로운 의미로 받아들였다면 더 행복하게 살았으리라고 볼 수도 있다. 투키디데스는 그들이 어느 정도 자제하는 편이 나았으리라고 생각했다. 현대의 독자에게 실망을 주는 대목은 페리클레스가 청중 속의 여성들에게 말하는 장면이다. 그는 그들에게 죽은 영웅들을 애도하라고 말하는데, 여성의 공적 역할은 그것밖에 없다. "그대들이 스스로의 본성에 충실을 기할수록, 그리고 좋은 면에서든 나쁜 면에서든 그대들의 평판이 남자들의 입에 오르내리지 않을수록 그대들의 명성은 높아질 것이오."[7] 이것은 현대 민주주의의 이념이 아니다.

'멜로스의 대화편'

투키디데스는 사건의 참여자들이 직접 했던 연설 또는 '상황에 따라 필요한' 연설을 중심으로 역사를 구성했다. 그 덕분에 그 방대한 책은 놀라우리만큼 생생하다. 전략적 분쟁의 가장 유명한 사례는 아테네와 멜로스의 다툼이다. 기원전 416년 아테네는 멜로스측에 항복과 조공을 요구했다. 조공은 아테네의 전쟁 자금으로 사용될 터였다. 하지만 멜로스는 중립의 권리를 요구하면서 그에 따르지 않았다. 그러자 아테네는 전투에 참여할 수 있는 연령의 모든 남자를 죽이고 아녀자들을 노예로 팔아넘기겠다고 집요하게 협박했다. 이것은 평판이 좋은 사회가 저지른 가장 잔혹한 만행으로 잘 알려져 있지만, 동시에 고삐 풀린 권력의 양상을 보여주는 좋은 역사적 사례이기도 하다. "정의란 같은 힘을 가진 세력들이 대립할 때 결정되는 것이고, 현실은 힘센 측이 강요하고 약한 측이 따르는 것"[8]이라는 아테네측의 주장을 놓고 이후 일반인들도 철학자들도 많은 토론을 벌였다. 그러나 모두가 아테네를 반대한 것은 아니다.

투키디데스는 멜로스가 단지 중립 유지만을 바랐다고 말했으나 그것은 사실이 아니다. 멜로스는 전쟁 초기부터 스파르타를 지원했다. 멜로스인들은 아테네가 장차 어떻게 나올지 알고 있었다. 아테네는 전에도 도시 주민 전원을 학살할 뻔한 적이 있었다. 레스보스 섬의 미틸레네는 전쟁 초기부터 기원전 427년까지 반란을 일으켰는데, 이때 스파르타는 멜로스에 호플리테스와 해군을 지원했다. 도시가 항복하자 아테네는 섬의 성인 남자들을 죽이고 아녀자들을 노예로 삼기로 결정했다. 그런데 레스보스에 있는 병사들에게 그 지시를 전달하기 위해 함대가 떠나자마자 아테네 민회는 곧바로 마음을 바꿔 살육 명령을 취소하는 함대를 또다시 보냈다. 다행히도 첫번째 함대가 천천히 이동하는 동안 두번째 함대가 그 함대를 추월했다. 10년이 지나도록 전쟁을 질질 끌게 되자 아테네는 다른 생각을 하지 않았다. 여기에는 스파르타의 전례가 있었다. 기원전 426년 스파르타는 플라타이아이를 정복했을 때 주저 없이 도시를 파괴했다. 투키디데스는 스파르타의 그 행동이 테베 주민들의 부추김 때문이라고 말한다. 실제로 몇 년 뒤 테베는 플라타이아이를 완전히 파괴해버렸다. 그렇다 해도 학살을 실행한 것은 스파르타였다. 스파르타는 전투에 참여할 수 있는 연령에 달한 플라타이아이의 모든 남자들에게 스파르타를 도우라고 명했다. 그러나 플라타이아이는 고집스럽게 거부했다. 결국 전원이 처형되었고 아녀자들은 노예로 팔렸으며, 플라타이아이는 멸망하고 말았다. 펠로폰네소스전쟁이 끝날 무렵 스파르타는 아테네도 똑같은 방식으로 처리할 것을 진지하게 고려했다.

아테네와 멜로스의 토론은 교묘하게 구성되었다. 자신의 힘이 약하다는 것을 아는 멜로스는 아테네의 공격을 모면하기 위한 논거를 샅샅이 뒤진다. 그러나 내세울 만한 논점은 두 가지뿐이다. 하나는 아테네의 이익이고, 다른 하나는 아테네의 정의감이다. 멜로스는 아테네측에 독립적 중립국들로 아테네 제국에 맞서는 대항 세력을 만들겠다고 말한다. 하지만 아테네는 그 위험을 대수롭지 않게 여긴다. 멜로스는 스파르타가 지원해줄 것이라고 말하지만, 아테네는 스파르타가 먼 거리에서 그런 모험을 감행하지는 않으리라는 것을 알고 있으므로 그 위험도 일축한다. 문제는 작고 힘없는 국가의 독립성을 침해하려는 아테네의 명백한 부당함이다. 아테네측의 견해는 간단하다. 강자가 명하고 약자가 따르는 것이 자연법칙이라는 것이다. 멜로스는 굴복을 거부했고, 아테네는 그 섬을 공격했다. 오랜 포위와 강력한 저항 끝에 필연적인 결과가 발생했다. 멜로스는 결국 기아 상태에 몰려 항복했다. 전투에 참여할 수 있는 연령의 남자들은 전부 살해되었고 아녀자들은 노예로 팔렸다. 500명의 아테네 이주민들이 그 자리를 차지했다. 그 사건은 민주주의가 본질적으로 평화를 애호하고 인도적이고 정의롭다고 생각하는 사람에게 숙고할 거리를 던져준다. 민주주의도 대학살을 저지른다는 것을 과소평가하면 안 된다.

개전 후 15년이 지나도록 아테네도, 스파르타도 우세를 잡지 못했다. 이 결과는 아테네의 승리나 다름없었다. 스파르타는 아테네 시와 제국을 파괴하는 게 목표였던 데 반해 아테네는 기존의 상태를 유지하는 게 목표였기 때문이다. 적어도 페리클레스의 목표는 그랬다. 많은 그리스 도시들이 아테네의 지배에서 벗어났지만, 스파르타는 자유와 자결에 우호적이지 않았다. 스파르타가 헬로트를 어떻게 다룰지는 뻔했다. 스파르타 병사들은 전투에서 한껏 자제력을 보였으나 아무래도 본국이 아닌지라 타락하지 않을 수 없었다. 스파르타의 정책은 아테네보다 더 노골적으로 사리사욕에 기반을 두고 있었다. 만약 아테네가 패배를 모면하는 데 만족했다면 펠로폰네소스 동맹은 그 목표를 좌절시키는 데 만족해야 했을 것이다. 그것은 대단한 성공이었을 테고, 아테네의 민주제도, 경제적 자원, 군사적 상상력이 얼마나 강력한지 보여주었을 것이다.

알키비아데스와 시칠리아의 재앙

아테네는 스스로 무너졌다. 아테네가 몰락한 원인은 개인들의 경쟁, 내부의 불화, 자체 역량에 대한 지나친 과대평가였다. 막심한 피해를 불러온 시칠리아 원정은 알키비아데스의 야심에서 비롯되었다. 그는 시대를 통틀어 가장 총명하면서도 가장 자멸적이고 변덕스러운 정치가 중 한 사람이었다. 페리클레스가 후원했고 소크라테스가 총애했던 알키비아데스—소크라테스는 그의 매력적인 외모와 철학적 재능을 사랑했다—는 명성을 열렬히 추구했으며, 그것을 얻는 데 아무런 제약도 느끼지 않았다. 그는 기원전 415년에 아테네를 배신하고 스파르타측으로 넘어갔다가, 나중에는 다시 스파르타를 배신하고 아테네로 돌아왔다. 그가 중년의 나이가 되었을 때 그를 너무 위험한 인물이라고 판단한 스파르타는 기원전 404년 페르시아를 설득해 그를 살해했다. 그는 대단히 용감하고 총명한 장군이자 야심에 찬 지도자였다. 그런가 하면 아테네 해군의 뛰어난 노잡이였으며, 페르시아에 스파르타를 도와 아테네를 무너뜨리는 방법과 아테네 소수파를 지원해 아테네 민주주의를 침해하는 방법을 보여준 전략가였다. 또한 그는 영리하고 매력적이고 파렴치한 선동가가 남에게 잘 속는 평범한 사람들을 농락할 때 얼마나 광범위한 재앙을 초래하는지 잘 보여주는 표상이었다.

페리클레스가 죽은 뒤 아테네 정계는 불안해졌다. 소수의 선동가들은 에클레시아의 지지를 얻기 위해 치열한 경쟁을 벌였고, 전쟁은 기약 없는 교착상태에 빠져들었다. 기원전 421년 니키아스의 평화—니키아스는 평화조약을 맺은 아테네의 정치가였다—로 5년간의 휴전이 이루어졌지만, 그 기간 동안 전쟁의 양측은 전쟁이 재개될 것에 대비해 입지를 강화하는 데 여념이 없었다. 아테네는 그 일환으로 기원전 415년부터 413년까지 시칠리아를 원정했다. 원래 아테네는 지중해 서부에는 관심이 없었다. 제국이 있는 곳은 에게해였다. 그러나 시칠리아와 이탈리아 남부의 그리스 식민지가 코린트와 스파르타를 지원하게 놔둘 수는 없었다. 시칠리아 원정은 그런 이유에서 계획되었다. 원정군의 지휘관은 라마코스, 알키비아데스, 니키아스였다. 라마코스는 노련하고 호전적인 장군이었다. 만약 시라쿠사를 즉각 전면 공격하자는 그의 제안이 받아들여졌다면, 원정은 필경 성공했을 것이다. 하지만 그의 두 동료는 오래전부터 서로 사이가 좋지 않았다. 알키비아데스는 전쟁 양측에 5년간의 휴식을 준 니키아스의 평화조약을 조롱하면서 더 공격적인 정책을 옹호했다. 두 사람은 기원전 416~415년에 힘을 합쳐 선동가인 히페르볼로스를 타도한 적이 있기는 하지만, 그들을 한 팀으로 편성한 것은 잘못이었다. 니키아스는 신중한 노장군이었고 알키비아데스는 그 반대였다.

투키디데스는 아테네가 시칠리아의 크기와 시라쿠사의 자원이 어느 정도인지도 알지 못한 채 무모하게 펠로폰네소스전쟁과 같은 규모로 2차전에 뛰어들었다고 말한다. 그것은 불공평하다. 점차 아테네에 이길 수 없는 전쟁임이 드러났다. 알키비아데스는 시칠리아의 도시들을 자기편으로 끌어들이려 했지만, 그들은 아테네가 자신들을 종속국으로 만들까봐 두려워한 나머지 동맹을 결성해 맞섰다. 그 원정에 아테네는 막대한 자원을 쏟아부었다. 이는 니키아스의 주장에 따른 것이었는데, 그는 자원을 적게 투입할 경우 패배하게 될까봐 우려했거나, 아니면 민회가 전쟁 비용을 보고 원정을 취소하기를 바랐을 것이다. 원정중에 알키비아데스는 신성모독의 혐의로 소환 명령을 받았다. 함대가 출발하기 전날 밤 헤르마herma(다산의 신 헤르메스 숭배와 연관된 남근 조각상으로, 도시 주변 곳곳에 세웠다—옮긴이)가 손상되는 일이 일어났다. 알키비아데스가 원정을 떠난 뒤 그의 정적들은 그가 그 신성모독의 부정한 짓을 획책했다고 고발했다. 부재중에 자신이 사형선고를 받았음을 알게 된 알키비아데스는 스파르타측으로 도망쳤다. 그 뒤 라마코스가 작은 전투에서 전사하자 아테네군은 우유부단한 니키아스의 지휘를 받게 되었다. 군대는 시라쿠사를 포위하는 데 실패했고, 보급품이 끊긴 해군은 시라쿠사의 큰 항구에서 참패했다. 결국 군대는 항복할 것이냐, 굶어죽을 것이냐를 놓고 선택해야 했다. 병사들은 항복을 택했고 시라쿠사의 채석장에서 죽을 때까지 노예로 일했다.

놀랍게도 아테네의 전쟁활동은 그것으로 끝나지 않았다. 아테네는 벼락치기로 함선을 건조해 함대를 복원했으나 스파르타 육군이 또다시 아티카를 유린하는 것은 전혀 막지 못했다. 기원전 411년까지 진행된 이 원정에는 알키비아데스의 솜씨와 조언이 큰 몫을 했다. 시칠리아의 재앙으로 아테네 상류층은 민중정부를 더욱 증오하게 되었다. 기원전 411년에는 잠시 과두정 쿠데타가 일어났다. 테테스—주로 함대의 노잡이로 일하는 최하층 시민—의 투표권을 폐지하고 과두정을 복원하고자 한 이 쿠데타의 결과로 솔론과 클레이스테네스의 체제가 들어섰다. 그러나 과두파 사이에는 이견이 있었고, 하층계급의 권리를 제한하려는 것은 노잡이들의 위협으로 수위가 약해졌다. 결국 민주주의가 복원되었다. 알키비아데스도 잠시 부활했으나, 사실 그는 아테네에 과두정이 들어설 경우 페르시아의 지원을 약속함으로써 쿠데타를 도발하는 데 이용된 것뿐이었다. 아테네가 최종적으로 패배한 것은 두 가지 큰 실수 때문이었다. 첫번째는 키지쿠스의 해전에서 알키비아데스의 활약으로 승리한 뒤 스파르타의 강화 제의를 거절한 것이다. 소아시아에서 몇 차례 작은 승리를 거두자 전쟁 지도부는 아테네의 힘에 관해 오판했다. 두번째 실수는 기원전 406년 아르기누사이 해전에서 아테네가 마지막 승리를 거둔 뒤 또다시 스파르타가 제의한 강화를 거절한 것이다. 그 승리는 결국 자멸을 초래했다. 전투 직후 승리한 함대는 다친 병사들을 구조하지 못했다. 민회는 장군들을 재판에 회부했는데, 그것은 불법이었다. 사형은 아레오파고스Areopagos(아테네의 귀족 회의가 열리던 낮은 언덕―옮긴이) 회의의 권한이었기 때문이다. 10명이 사형선고를 받고 곧바로 처형되었다. 이는 아테네 지도자들과 평민의 불화가 드러난 사건이었으므로 만약 그때 스파르타가 수를 썼더라면 더 치명적인 결과를 빚었을 것이다. 하지만 그러지 않아도 아테네는 최후를 맞았다. 스파르타와 페르시아는 마침내 동맹을 맺었다. 페르시아의 자금과 스파르타 장군 리산드로스의 지휘력에 힘입어 스파르타는 아이고스포타미에서 아테네 함대를 격파하고 아테네 시를 단단히 포위했다. 결국 아테네는 기원전 404년에 항복했다. 아테네의 유명한 '긴 성벽'이 파괴되었고, 함대는 겨우 함선 12척으로 제한되었다. 그리고 30인 참주Thirty Tyrants의 잔혹한 과두정이 성립되었다.

지금 우리에게 있어 펠로폰네소스전쟁이 가지는 중요성은 명백하다. 첫째, (투키디데스의 설명에 의해) 이는 이후 모든 시대와 관련되는 민주주의의 강점과 약점을 잘 보여준다. 아테네의 각종 방책, 애국심, 활력, 결의는 대단했지만, 다른 한편으로 아테네는 변덕, 잔인함, 불화도 대단했다. 민주주의의 지지자들은 민주주의를 실시하면 보통 사람이 상당한 용기와 창의성을 발휘할 수 있고, 유능한 장군, 조직자, 공공 정신이 투철한 정치가를 발탁할 수 있다고 주장했다. 반면 민주주의의 반대자들은 엄청난 행운이 따르지 않는다면 민주주의는 파벌주의, 혼돈, 군사적 재앙으로 치닫게 된다고 말했다.

둘째, 펠로폰네소스전쟁은 그리스 국가들이 마케도니아와 로마제국의 성장 이후에 살아남지 못한 주요한 이유를 말해준다. 그리스 도시국가들은 모두 같은 그리스에 속한다는 의식과 더불어 아테네, 테베, 스파르타 등 각 도시마다의 편협한 민족성도 견지했다. 그리스 국가들은 페르시아를 상대할 때 서로 연합한 것처럼 마케도니아와 로마를 상대할 때도 국경이나 정치 체제의 차이를 극복하고 공동으로 대처해야 했다. 지금 우리가 보기에는 그것이 명백하다. 그러나 스파르타가 페르시아와 연합해 아테네를 쉽게 물리친 것은, 같은 그리스인에 대한 증오가 얼마나 빠르게 강력한 외적에 대한 두려움의 극복으로 이어졌는지를 보여준다. 스파르타만 그랬던 게 아니다. 기원전 4세기에는 페르시아와 아테네의 동맹이 스파르타의 군사적 헤게모니를 무너뜨렸다. 또한 그리스인들이 내부의 격심한 지역주의와, 광범위한 정치적·군사적 통합의 필요성을 조화시키는 방법을 발견하지 못했다는 것도 사실이 아니다. 그들은 현대 세계의 가장 성공적인 정치적 발명인 연방 국가 체제를 찾아낸 장본인이다. 미국의 건국자들은 장기간 지속되었던 리키아 동맹—에게해 동부 도시국가들의 집단—을 자신들이 수립한 새 공화국의 근거로 삼았다.[9] 그뿐만이 아니다. 그 아메리카합중국도 1860년대에 살벌한 남북전쟁을 거치면서 살아남았다. 따라서 기원전 4세기에 그리스 국가들이 분파적 이해관계를 극복하고 그리스 민족의 더 큰 이해관계를 추구하지 못한 것은 결코 놀라운 일이 아니다.

소크라테스의 처형

기원전 404년 전쟁이 끝난 뒤 잠시 동안 크리티아스와 테라메네스가 이끄는 난폭한 과두정이 들어섰다. 테라메네스는 기원전 411년의 과두정에서 이름을 떨친 온건주의자였으며, 민주주의의 순탄한 복귀를 위해 애썼다. 반면 크리티아스는 극단주의자였다. 훗날 30인 참주라고 알려진 사람들은 500명가량을 제외한 모든 시민들에게서 정치적 발언권을 박탈하고, 5000명의 부자 시민들에게만 재판을 받을 권리를 허용하고, 재판 없이 수많은 적들을 살해했다. 실제로 그들은 민주주의의 반대자들과 더불어, 테라메네스를 처형해버렸다. 그들은 그를 확실히 제거하기 위해 재판 없이 처형할 수 있도록 시민권을 박탈했다. 30인 참주는 불과 1년 남짓 지배하다가 투철한 민주주의자이자 뛰어난 장군인 트라시불로스에게 타도되었다. 기원전 403년 아테네 민주주의가 부활했으나 예전보다 한결 온건했다. 참정권도 제한되었고 민회의 권력도 축소되었다. 승자인 트라시불로스는 과두정의 참주들을 처형하지 않고, 시에 그대로 머물든가 떠나든가 마음대로 선택하게 했다. 그가 수립한 체제는 마케도니아의 필리포스가 침공할 때까지 번영을 누렸다. 그러나 집권 초기에 그는 소크라테스를 불경죄로 재판에 회부했다. 소크라테스에게 내려진 사법적 살인은 멜로스의 파괴와 더불어 아테네 민주주의를 비난할 때 늘 손에 꼽히는 사건이다. 하지만 헤겔이나 니체처럼 소크라테스를 존경하면서도 그를 침묵시킨 아테네의 처사가 옳았다고 생각하는 학자들도 있다.

소크라테스의 재판과 함께 서구 정치사상의 역사가 시작된다. 소크라테스의 죽음은 플라톤의 빛나는 철학적 이력을 촉발했다. 플라톤의 대화편들 가운데 정치를 집중적으로 다룬 것은 다섯 편에 불과하지만, 대부분의 저작들이 아테네 민주주의의 관행과 관련된다. 설령 플라톤이 없었다 해도 소크라테스의 죽음은 국가 권위의 한계나 법적으로 구성된 권위에 복종하는 시민의 의무에 관한 까다로운 문제들을 후대에 제기했을 것이다. 소크라테스는 기원전 399년에 불경죄로 사형에 처해졌다. 죄목의 본질은 신의 존재를 부정하고 젊은이들을 타락시켰다는 것이다. 사실 소크라테스는 신앙심이 대단히 독실한 사람이었으나 다만 전통에서 벗어났다는 게 문제였다. 그는 저서를 전혀 남기지 않았고 글쓰기 자체를 반대했기 때문에 지금 우리에게 전하는 것은 그의 사상을 다른 사람이 기록한 문헌밖에 없다. 그는 신의 존재가 인간이 생각하는 것과는 다르다고 주장했던 것으로 보인다. 즉 그는 신이 전지전능하다고 믿었다. 그러나 시인들은 신이 간통과 살인을 저지르고, 걸핏하면 화를 내고, 잘 용서할 줄 모르고, 허영심이 가득하고, 감상적이고, 어리석다고 묘사했다. 호메로스의 『일리아스Ilias』는 그런 비판의 명확한 타깃이다. 그 작품은 서사시이므로 현대의 독자는 그냥 모험담으로 읽을 수도 있다. 그러나 『일리아스』는 그리스인들에게는 거의 경전이나 다름없었으며, 신과 영웅에 대한 『일리아스』의 묘사를 조롱하는 것은 위험한 일이었다. 더 중요한 사실은 아테네인들이 상당히 세련되었으면서도 미신을 많이 믿었다는 점이다. 펠로폰네소스전쟁중에 민회는 신성모독을 금지하는 새로운 법을 통과시켰다. 여느 고대인들처럼 신을 무시하면 신의 분노를 산다고 생각한 것이다. 바로 그 법에 따라 알키비아데스가 사형선고를 받았고 소크라테스도 재판을 받아 처형되었다.

정치는 그 재판의 배후에도 숨어 있다. 알키비아데스의 사건에서 보듯이 소크라테스는 얼마 전까지만 해도 민주주의의 적들과 친교를 맺은 탓에 시민들에게 배척을 당한 바 있었다. 시민들은 원래 그를 죽이려 하지 않았다. 재판에서 소크라테스는 가르침을 중단하는 게 어떻겠냐는 제의를 받았으나 수락하지 않았다.[10] 또한 그는 자기변호를 위한 연설을 할 때 사형보다 가벼운 벌을 달라고 말할 기회가 있었지만, 오히려 배심원들에게 고결하게 살아가도록 도와줄 테니 그 대가를 달라고 요구함으로써 그들의 분노를 샀다. 그 자신이 설명했듯, 배심원들이 선량한 사람에게 가할 수 있는 위해란 단지 고결하게 살지 못하도록 하는 것뿐이라고 그는 보았다. 죽음으로는 덕을 위축시키지 못했다. 어쨌거나 그는 늙은 몸이었고, 조금 일찍 죽는 것은 말하자면 축복이었다. 그랬으니 당연한 일이지만, 그는 500명의 배심원들에게서 아슬아슬한 차이로 신성모독의 유죄판결을 받았으나 사형선고를 받을 때는 더 큰 표 차이가 났다.

사형선고가 내려진 뒤에도 소크라테스는 시를 떠나 망명하라는 권고를 받았다. 그때 그의 대답은 많은 후대 사람들을 놀라게 했다. 자신은 아테네 사람이고 법을 지키는 사회의 구성원이라는 것이었다. 그에게는 평생토록 자신을 보호해준 법을 어기는 게 독배를 마시고 죽는 것보다 나쁜 일이었다.[11] 결국 그는 후대 사람들을 당혹게 하는 여러 가지 문제들을 남겼다. 그의 천재 제자는 아테네 민주주의, 나아가 모든 정치 형태에 대한 복수를 꿈꾸었다. 그가 바로 플라톤이었다.

제2장
플라톤과 반反정치

플라톤의 역설

정치사상사에 관한 설명은 거의 다 플라톤으로 시작한다. 그것은 사실
역설이다. 플라톤의 정치사상은 반反정치적이기 때문이다. 플라톤의『국
가』를 읽는 사람들은 그가 상상하는 폴리스에 정치가 없다는 것을 깨닫고
놀란다. 그러나 유럽 역사에는 일상적 정치로 갈등을 쉽게 해소할 수 있을
만큼 고도의 사회적 조화가 전반적으로 구현되어 있었으므로 '평범한 정
치'로 갈등을 해소하는 사상의 흐름도 있었다. 1513년 출판된 토머스 모어
Thomas More의『유토피아*Utopia*』가 그런 반정치적 유토피아의 시조는 아
니었다. 올림포스와 발할라Valhalla(그리스의 올림포스에 해당하는 북유럽 신들의 거주
지─옮긴이)에는 신들의 불화가 있지만, 유대-그리스도교의 신이 다스리는
천상의 왕국에는 정치가 없으리라고 봐도 좋을 것이다. 유토피아 사상가들
은 경제적·정치적 경쟁 없이도, 또한 지배자가 동료나 일반인에게 군이 자

신의 결정을 이해시키지 않고도 사회질서가 유지되고 사람들의 욕구를 충족시킬 수 있기를 바란다. 유럽 정치사상의 창시자는 반정치적 사상의 창시자이기도 하다. 펠로폰네소스전쟁이 가져온 혼돈만으로도 정치에 대한 플라톤의 혐오감이 충분히 설명된다고 생각하는 사람들이 있을 것이다. 당시에는 누구라도 아테네의 정치에 절망했을 것이다. 그것은 사실이다. 그러나 아테네 민주주의에 실망한 모든 사람이 그렇게 정치를 포기하기 위해 유려한 철학적 합리화를 제시하지는 않았다. 과두정을 원하는 사람들도 많았고, 스파르타의 정체를 옹호한 사람들, 수십 년 뒤 아리스토텔레스가 『정치학』에서 서술한 온건한 정부를 원한 사람들도 있었다.

여기서는 플라톤의 정치사상을 일부만 간결하게 다룰 것이다. 그것도 주로 『고르기아스Gorgias』와 『국가』라는 두 흥미진진한 대화편에 집중하기로 한다. 비판적이기는 하지만 경멸적인 입장은 아니다. 20세기의 비평가들 중에는 플라톤을 너무 현대적 관점으로 해석해 그가 인종주의, 전체주의, 파시즘 등 정치범죄를 범했다고 비난하는 사람들이 있다. 하지만 그런 시대착오적 비난은 진지하게 고려할 가치가 없다. 히틀러와 무솔리니 이야기는 당연히 플라톤의 대화편과 무관하다. 더 그럴듯한 비판은 플라톤이 어떤 형태든 정치의 불가피성을 진지하게 받아들이지 않는다는 것이다. 플라톤의 형이상학은 매혹적이다. 또한 어떤 세속의 운명이 앞에 펼쳐진다고 해도 정의로운 사람이 부정한 사람보다 더 낫다는 그의 신념도 흥미롭다. 그의 정치사상은 정치가 해결해야 하는 갈등과 그 해결 방법에 관한 공상을 버리라는 지침으로 전락하기도 한다.[1] 이런 비판을 받는 철학자가 플라톤만은 아니다. 2000여 년 뒤에 카를 마르크스도 공산주의사회의 정치에 대해 상술하지 않으려 했다. 자본주의를 폐지하면 경제 갈등이 해소되고, 아울러 정부와 정치도 필요가 없어질 것이라고 보았기 때문이다. 마르크스와 엥겔스는 그들의 선배 격인 프랑스의 앙리 드 생시몽처럼, 강압적 정부가 필요한 일만을 관리하는 정부로 대체되리라고 믿었다.[2] 그들이 미지의 미래를 예언하지 않으려 한 것까지는 좋았다. 그러나 공산주의사회에 관해 그 첫 단계가 프롤레타리아독재라는 점 이외에는 말하려 하지 않았던 것은 결국 참담한 결과를 낳았다.

플라톤이 지름길을 택한 데는 중요한 이유가 있다. 철학자, 정치이론가, 많은 지배자 들이 그를 추종하고자 했기 때문이다. 그러나 아리스토텔레스는 플라톤이 정치를 너무 정화하려 한 나머지 아예 말살해버렸다고 불평했다. 아리스토텔레스가 말했듯이 국가는 어느 정도의 통합성을 넘어설 경우 국가가 아닌 것이 되어버린다.[3] 플라톤이 유럽 정치사상에 끼친 영향을 설명하기란 쉽지 않다. 『티마이오스Timaeus』를 필두로, 플라톤의 형이상학은 거의 초기부터 그리스도교 사상에 영향을 끼쳤다. 그러나 12세기 서유럽에서 문화적 르네상스로 고전 학문이 부활했을 때, 학자들이 정치적 혜안을 얻기 위해 주목한 것은 플라톤의 『국가』보다 아리스토텔레스의 『정치학』이었다. 르네상스 시대에 부활한 플라톤에 대한 관심은 그의 형이상학에 관한 것이었다. 물론 『국가』가 라틴어로 번역되었고 많은 학자들이 그리스 원어로 그 책을 읽을 수 있게 되었지만, 정말 중요시되었던 것은 그의 형이상학 대화편들이었다. 『국가』가 언제쯤 현재와 같은 위상을 차지하게 되었는지는 단정하기 어렵다. 부분적으로는 공직에 진출하려는 청년들을 교육하는 데 열중했던 빅토리아시대의 소산일 것이다. 그 뒤부터 많은 학자들은 『국가』를 교육에 대한 저작으로 간주했다. 『국가』에 담긴 정치적 메시지는 칼리폴리스kallipolis('아름다운 나라'라는 뜻의 그리스어—옮긴이), 즉 이상적 도시국가에 살기에 적합하도록 우리를 계몽해야 할 필요가 있다는 것이다.

플라톤과 마르크스를 비교하는 것은 솔깃한 일이다. 실제로 나도 그 두 사람을 비교했다. 플라톤과 마찬가지로 마르크스가 생각한 미래도 국가, 법, 강제력, 권력 경쟁이 사라지고 정치가 합리적 조직으로 대체된 세상이었다. 그래도 지나친 비교는 삼가야 할 것이다. 마르크스는 미래에서의 정치의 필요성을 없애기 위해 현재에서의 급진적 정치 행위를 기대했다. 프롤레타리아혁명을 실현하려면 정치조직이 필요하다. 마르크스의 유토피아는 평등주의적이다. 모든 사람이 합리적 조직의 요구에 자유롭게 동의할 수 있다. 또한 마르크스의 유토피아는 물질적 풍요를 전제 조건으로 한다. 공산주의는 중노동이 필요치 않은 부유한 사회에서만 가능하다. 플라톤은 철학의 이름으로 정치를 폐지했다. 철학자만이 지배할 수 있다. 그 이유는 철학자가 이성의 요구에 자유로이 동의할 수 있는 지혜를 가지고 있기 때문이다. 풍요함에 관해 말하자면, 플라톤의 이상적 사회는 역사상 실재한 스파르타보다 더 스파르타적이다. 플라톤은 『법률Nomoi』에서와 달리 『국가』에서는 노동에 대해 거의 논의하지 않지만, 노예와 일반 노동자의 존재를 전제하고 있다. 세 가지 금속의 신화가 설명하듯이 우주는 위계질서로 나뉘어 있으며, 단지 소수만이 지배자의 금의 영혼을 소유하고 있다(은은 관리, 구리는 농부와 기술자를 가리킨다―옮긴이).

플라톤의 정치 저작에 단 한 가지 관심사만 있는 것은 아니다. 그는 『국가』에서 언급한 유토피아가 달성되지 못할 경우를 대비해 『법률』에서 차선의 국가를 조직하는 방법에 대해 집요하고도 상세하게 서술해놓았기 때문이다. 『법률』에는 제도에 관한 서술도 풍부하다. 그중 일부는 아리스토텔레스의 저작에도 다시 나타나는데, 아리스토텔레스는 『국가』만이 아니라 『법률』에도 비판적 입장을 취하고 있다.[4] 아리스토텔레스는 플라톤의 두 저작이 다 국가의 정체政體에 대해 충분히 논의하지 못했다는 불만을 토로했는데, 이는 『국가』라는 제목이 잘못되었음을 나타낸다. 그리스어 원제는 폴리테이아politeia다(흔히 쓰는 영어 제목은 Republic, 즉 공화국이다―옮긴이). 이 말은 '정체'라는 뜻으로, 아리스토텔레스는 그것을 국가에 작용하는 다양한 합법적 힘들 간의 적절한 균형점을 찾는 이론으로 이해한다. 플라톤은 그 주제를 다루지 않는다. 그의 주된 관심사는 정치인들의 무지다. 왕이 철학자이거나 철학자가 왕이 아니면 아무것도 잘될 수 없다는 생각은, 지식이 구원의 근원이고 무지가 파멸의 근원이라는 믿음과 같다. 여기서 당연히 제기되는 다음 문제는 대체 무엇에 대한 지식이냐는 것이다. 정치가는 무엇을 알아야 하고, 철학자는 무엇을 알기에 지배자의 자격을 가진 걸까? 또한 플라톤은 왜 탐욕, 분노 등 인간이 쉽게 빠지는 위험한 감정들보다 지식의 결여가 더 큰 문제라고 생각했을까? 그렇게 보면 알키비아데스의 경우에도 무지보다 야망을 탓하는 게 옳을 것이다. 그는 철학에서 두각을 나타냈으나 정치적으로는 위협이 되었으니까.

플라톤과 소크라테스의 관계가 이 문제에 답을 줄 수 있다. 역사적 인물로서의 소크라테스는 플라톤만큼이나 잘 알려지지 않았다. 소크라테스는 아리스토파네스의 희극 『구름 Nephelai』에서는 조롱을 당하지만, 플라톤의 대화편에서는 초인적 지혜를 갖춘 인물로 등장한다. 또한 크세노폰(소크라테스의 제자로, 페르시아의 소아시아 원정에 용병으로 참여해 유명한 원정기를 썼다—옮긴이)도 플라톤만큼 과장하지는 않지만 소크라테스를 존경할 만한 인물로 묘사했다.[5] 소크라테스는 자신이 아테네를 계몽하는 소명을 부여받았다고 믿었다. 신들이 그에게 거리로 나가 젊은이들과 중요한 문제를 토론하라고 명했다는 것이다. 그랬으니 그가 사람들에게 얼마나 불편한 존재였을지는 뻔하다. 『고르기아스』와 같은 대화편의 경우 결말이 모호한 것을 보면 실제로 소크라테스와의 토론이 어땠을지 말해준다. 그는 자신이 아무것도 모른다고 주장한 것으로 유명하다. 델포이의 신탁이 그를 아테네에서 가장 현명한 사람이라고 일컬었을 때 그는 처음에 어리둥절했으나 이내 신탁이 옳다고 생각하게 되었다. 다른 사람들은 저마다 많은 것을 안다고 생각하는 데 반해 그는 자신이 아무것도 모른다는 것을 알고 있었기 때문이다.

소크라테스가 주장했다고 알려졌고 플라톤이 옹호한 가르침들 가운데 몇 가지를 보자. 알면서도 악을 저지르는 사람은 없다. 악은 잘못이다. 나쁜 일은 저지르기보다 당하는 편이 낫다. 덕은 하나이기도 하고 여럿이기도 하다. 소크라테스는 플라톤과 달리 수학에 관심이 없었다. 소크라테스는 도덕을 중시하는 신비주의자였다. 과학적 탐구에도 별로 관심이 없었다. 일설에 의하면, 소크라테스는 자연세계에 관한 고찰은 너무 어렵고 윤리와도 무관하다고 여겼다. 그는 자신의 사상을 글로 남겨 후대에 전하는 데 관심이 없었고, 글의 발명이 오히려 지성을 약화시킨다고 믿었다. 그래서 후대의 학자들은 플라톤이 전하는 소크라테스가 아니라 소크라테스가 실제로 어떻게 생각했는지 알아내는 데 애를 먹었다. 그것을 알기 위한 노력은 끊이지 않았으나 합의를 이루지는 못하고 있다.

현대 독자들이 『고르기아스』와 『국가』에서 가장 터무니없다고 여기는 대목은 소크라테스의 것임이 가장 명확한 부분이다. 이를테면 지식과 덕이 일치한다는 주장, 알면서도 악을 저지르는 사람은 없다는 주장이 그런 예다. 『국가』에서 보이는 반민주주의 사상이 어느 정도까지 소크라테스의 생각이었는지는 알 수 없다. 소크라테스는 플라톤처럼 민주주의가 모든 종류의 정부들 중 차악의 형태이며, 참주정보다 조금 나을 뿐이고 종종 참주정으로 전락한다고 믿었을 것이다. 그의 친구들은 민주주의에 위협을 느끼는 귀족이었다. 또한 민주주의가 부활한 뒤 소크라테스가 처형당한 배경에는 그가 과두정을 이끈 30인 참주들과 사이가 좋았다는 이유도 있다. 터무니없는 일은 그가 바로 그 30인 참주 때문에 죽을 뻔한 적이 있었다는 것이다. 그는 참주들이 어떤 무고한 사람을 처형하기 위해 체포하도록 도와달라는 명령을 받았으나 그것을 거부했다.[6] 소크라테스에게 그 불법적인 임무를 맡긴 목적은 그를 과두정의 악행에 연루시키려는 데 있었으므로 참주들은 그의 반대를 허용할 리 없었다. 과두정이 무너짐에 따라 그는 잠시 무사한 듯했지만, 과두정을 이은 민주주의 체제는 또다시 그를 처형해버렸다.

플라톤의 생애

셰익스피어의 경우처럼 플라톤도 후대에 막대한 영향을 미쳤으나 그의 생애에 관한 믿을 만한 정보는 부족하다. 플라톤은 기원전 428년경에 태어났고 80년 후에 죽었다. 그는 아테네의 명문가에서 태어났고, 일가친척들은 펠로폰네소스전쟁 끝 무렵에 아테네 민주주의를 잠시 대체했던 과두정의 일원이었다. 플라톤의 외종숙인 크리티아스와 외숙인 카르미데스는 기원전 404~403년의 과두정에서 가장 극단적이고 폭력적인 지도자들이었는데, 둘 다 과두정이 무너지는 가운데 살해되었다. 플라톤은 『일곱번째 편지』에서, 과두정에 참여하라는 제의를 받았지만 그 폭력성에 질려 거부했다고 밝힌 바 있다. 이후 플라톤은 아테네의 정계에 진출하지 않았다. 그는 민주주의를 싫어했으나 살인이 난무하는 과두정은 더욱 싫어하는 귀족이었다. 처음에는 민주주의의 회복을 법치의 부활로 여기고 환영했지만, 소크라테스를 처형하는 사법적 살인을 보고는 이내 환상에서 벗어났다.

기원전 399년 소크라테스의 재판과 처형은 유럽 사상사에서 중대한 순간이었다. 이미 당대에도 이 사건은 소크라테스의 학생들과 제자들에게는 큰 위기였다. 많은 소크라테스 지지자들이 그리스의 다른 지역, 시칠리아나 이탈리아 등지로 자발적인 망명의 길을 떠났다. 플라톤도 그중 한 사람이었으나 그는 몇 년 뒤 아테네에 돌아와 기원전 387년에 아카데메이아를 설립하고, 죽을 때까지 그곳에서 학생들을 가르쳤다. 이후 수많은 교육과 연구 센터들이 아카데메이아를 기려 같은 이름을 달게 되지만(영어와 프랑스어의 아카데미는 그리스어의 아카데메이아를 어원으로 한다—옮긴이), 정작 아카데메이아라는 명칭은 아테네에 있던 작은 숲의 이름에서 따온 것이다. "기하학을 모르는 사람은 누구도 가까이 오지 말라"는 아카데메이아의 신조는 플라톤이 단순한 믿음보다 지식에 집착했다는 것을, 그리고 기하학과 수학의 추상적인 영역에서만 참된 지식을 얻을 수 있고 다른 지식은 그것을 기반으로 해야 한다고 확신했다는 것을 말해준다. 아카데메이아는 전에 없던 기관이었지만, 일단 설립된 이후에는 전쟁으로 중단된 시기를 제외하고 내내 존속했다. 그러다가 916년 뒤인 기원후 529년 유스티니아누스 황제가 비그리스도교 사상을 숙청한다는 명령을 내리면서 탄압을 받았다. 아카데메이아의 목표는 젊은 귀족 자제들에게 윤리와 지성의 올바른 습관을 익히게 하는 데 있었다. 플라톤의 철학에서는 정신 훈련과 인격 도야를 완전히 같은 것으로 취급했다. 그 젊은이들이 나중에 주요 공직을 차지했다.

여러 학파가 경쟁을 벌였고 새로 생겨나는 학파도 있었지만, 정치에서 이름을 떨치고자 하는 야심 찬 젊은이들을 개별 교사가 가르치는 전통은 그 이전에도 있었다. 그들은 바로 플라톤이 대화편에서 줄곧 적대적으로 다룬 소피스트들이다. 하지만 소크라테스도 어떤 의미에서는 소피스트라고 할 수 있다. 소피스트라는 말은 '현명한 사람'이라는 뜻인데(소피스트 sophist의 어원인 'sophia'는 지혜라는 뜻으로, '지혜를 사랑한다'는 뜻의 철학philosophia이라는 말에도 포함되어 있다—옮긴이), 신탁에 의하면 소크라테스는 아테네에서 가장 현명한 사람이었다. 신들의 명을 받들어 소크라테스는 아테네인이라면 누구와도, 소피스트에게서 조언을 구할 수 있는 어떤 문제에 대해서라도 토론하겠노라고 말했다. 하지만 그와 소피스트 사이에는 중대한 차이가 있었다. 소피스트들이 세속적 출세를 바라는 의뢰인의 욕망에서 출발해 법정이나 민회의 논쟁에서 승리하는 데 필요한 기술을 가르쳤다면, 소크라테스는 세속적 야망을 하찮게 보고 그 대신 불멸의 영혼을 행복하게 하라고 가르쳤다. 또한 소피스트들은 가르침에 대한 대가를 챙겼으나 소크라테스는 그러지 않았다. 플라톤은 소크라테스의 노력을 계승하고자 했다.

플라톤은 거의 정치에 참여하지 않았을 뿐 아니라, 오히려 섣불리 참여했다가 목숨을 잃을 뻔한 적도 있었다. 시라쿠사의 참주 디오니소스 1세가 망명중인 플라톤과 한때 가깝게 지내다가 나중에 그를 못마땅하게 여긴 나머지 노예로 팔아버리려고 했다는 이야기도 전한다. 플라톤은 기원전 387년 가까스로 허락을 얻어 아테네로 돌아온 뒤 아카데메이아를 설립했다. 『일곱번째 편지』에 기록된 일이 사실이라면, 기원전 366년에 그는 디오니소스 1세의 아들이자 후계자인 디오니소스 2세를 가르쳐 철학자-군주로 만들어달라는 제의를 받았다. 하지만 이번에도 일이 꼬여 플라톤은 우여곡절 끝에 시칠리아를 탈출했다. 몇 년 뒤 그는 세번째로 참주를 철학자-군주로 만들어달라는 제의를 받았으나 또다시 디오니소스와 불화를 빚고 어렵사리 탈출했다. 그로부터 수천 년의 세월이 흐른 뒤, 1930년대 초반 나치를 옹호했다는 불행한 악명을 얻은 실존주의 철학자 마르틴 하이데거 역시 히틀러를 철학자-군주로 만들겠다는 생각에서 프라이부르크 대학의 총장직을 수락했다. 10개월이 지나 그가 결국 포기했을 때 한 동료는 그에게 재치 있는 인사를 건넸다. "마르틴, 시라쿠사 Syracuse(시칠리아섬에 있는 도시—옮긴이)에서 잘 돌아왔나?" 이런 모험들을 제외하면, 플라톤은 학생들을 가르치고 집안 대소사를 처리하며 시간을 보냈다. 아테네 사회에서는 법정 다툼이 빈번했으므로 아무리 재산이 없는 사람이라 해도 걱정거리가 전혀 없지는 않았을 것이다. 하지만 플라톤은 『국가』에서 어느 철학자에게 조언했듯이 아테네 정치를 아예 무시했다. 플라톤이 우리에게 남긴 것은 대화편들이다. 이 문헌들이 언제 저술되었는지는 아직 정확히 밝혀지지 않았다. 통상적인 '초기' '중기' '후기'의 구분에 대해서도 의견이 분분하다. 대화편에 등장하는 인물들이 대부분 특정 시기와 장소에 실재했다는 점은 매력적이지만, 그들은 논의된 시점보다 훨씬 이전이거나 전혀 다른 시대의 인물들이다. 그런 점에서 대화편은 창작물이지 세미나 보고서가 아니다. 물론 무척 흥미진진한 것은 사실이다.

플라톤은 매우 탁월한 저자였다. 예술을 정치적으로 통제해야 한다는 신넘이나 『국가』의 유토피아에서 시인을 추방해야 한다는 제안은, 재능 없는 저자라면 깨닫지 못했을 예술의 영향력에 대한 믿음을 보여준다. 하지만 그의 대화편에서 느껴지는 문학적 즐거움은 일정하지 않다. 소크라테스가 논쟁의 중심에서 자신의 철학적 삶을 열렬히 옹호하는 대화편들은 소크라테스가 그저 플라톤의 원숙한 가르침을 전달하는 인물의 역할만 맡고 있는 대화편들보다 훨씬 생생하다. 하지만 항상 그런 것도 아니다. 예컨대 『향연Symposion』(플라톤의 시대에만 해도 '잔치'라는 뜻이었는데, 훗날 '토론회'를 뜻하는 심포지엄symposium으로 바뀌었다— 옮긴이)은 후기의 저작이고 극적 효과가 많다. '정치적' 성격이 강한 대화편들 가운데 『고르기아스』와 『프로타고라스Protagoras』는 1권 이후의 『국가』보다 더 대화의 성격이 강한가 하면, 『국가』는 『법률』이나 『정치가Politikos』보다 더 생동감이 넘친다. 여기서 나는 『고르기아스』와 『국가』를 집중적으로 다룰 텐데, 이제 그 이유를 설명할 때가 되었다.

『고르기아스』

'플라톤이 무엇을 생각했는지'를 간단히 요약하기란 불가능한 일이다. 대화가 문학적 장치로서 가진 매력은 작가가 자신에게 완전히 몰입되지 않고 여러 각도에서 생각을 할 수 있도록 해준다는 데 있다. 가장 '소크라테스다운' 대화편에서 플라톤은 그 점을 십분 활용한다. 우리가 『고르기아스』와 『국가』에 초점을 맞추는 것은 플라톤 자신이 천착했던 문제들에 의해 정당화된다. 이를테면 이런 문제들이다. 우리의 지배자들은 무엇을 알아야 하는가? 자신은 물론 자신이 다스리는 폴리스를 위해 어떤 정의를 추구해야 하는가? 지혜롭게 다스리기 위해서는 어떤 훈련을 받아야 하는가?

만약 지혜로운 사람이 지배하지 못한다면 어떤 일이 벌어지는가?

플라톤이 『고르기아스』를 쓴 시기는 기원전 380년쯤이었지만, 더 이전이었을 수도 있다. 책 제목은 아테네에서 학생들을 가르치던 시칠리아 출신의 유명한 웅변가 고르기아스의 이름에서 따왔다. 이 책은 세 부분으로 나뉜다. 첫 부분에서 소크라테스는 젊은이들에게 수사학을 가르칠 때 무엇을 가르치는지 고르기아스에게 묻는다. 그 다음에는 소크라테스와 고르기아스의 제자인 폴로스가 나누는 긴 대화가 이어지는데, 여기서 소크라테스는 권력자로 보이는 사람이라 해도 실은 전혀 권력이 없다고 주장한다. 권력자는 자신이 '진정으로' 원하는 것, 즉 정의로운 삶을 실현하지 못하기 때문이다. 그래서 결국 정의를 행하는 것이 불의를 행하는 것보다 언제나 더 낫다는 주장을 낳게 된다. 소크라테스는 스스로 그 주장이 모호하다는 것을 인정하면서도, 칼리클레스와 논쟁할 때 그 주장을 강력히 내세운다. 당시에는 '수사적'이라는 말이 별로 나쁜 의미를 내포하지 않았다. 소크라테스가 그랬듯이 우리는 수사학을 '그냥 수사적'이라고 받아들이지만, 소크라테스 시대의 아테네에서 그것은 소수 의견이었다. 수사학은 잘 속는 사람을 속이는 수단이라는 의미가 전혀 없었다. 그저 교훈적이고 설득력 있는 연설을 하는 기술이었을 뿐이다. 그리스와 로마에서 수사학을 가르친다는 것은 중요하고 명예로운 일이었다. 그리스도교로 개종하기 전 아우구스티누스도 제국의 관리에 필요한 경력을 쌓기 위해 잠시 수사학을 가르친 적이 있었다. 아테네와 로마의 정치적 상황은 크게 달랐으나 대중을 설득하는 능력이 정치적 성공에 매우 중요하다는 것은 같았다. 고전고대classical antiquity(그리스·로마 시대—옮긴이)의 민회는 법정인 동시에 토의 및 입법기구였다. 입법, 사법, 행정의 현대적 구분은 없었다. 당시 사람들도 현대의 변호사가 그렇듯 배심원에게 중요한 사건에 대해 말하는 방식에 익숙했다. 재산, 사회적 지위, 심지어 생명마저도 당사자 혹은 대변인의 수사적 능력에 달려 있었다. 300년 뒤, 키케로는 플라톤의 철학적 쟁점들을 상당 부분 계승했지만, 수사학의 가치에 관해서는 생각이 달랐다. 키케로는 뛰어난 웅변가가 정치가나 철학자보다 위대하다고 생각했다. 웅변가는 정치가와 철학자의 능력을 다 갖추어야 하기 때문이다. 그런 편견은 키케로 자신의 자만심에 기인한 것이었으나, 그래도 고대 세계, 나아가 그 너머까지도 통용된다.

그와 반대로 소크라테스는 수사학을 하찮게 보는 전통의 출발점이었다. 『고르기아스』에 그의 견해가 분명하게 드러난다. 젊은이들의 도덕을 타락시킨다는 혐의로 아테네 민회가 소크라테스를 재판에 회부했을 때 그의 경멸감은 최고조에 다다랐다. 소크라테스는 배심원들만이 아니라 아테네 사회의 수사적 관습도 비웃었다. 사람들은 소크라테스가 거리에서 감수성이 예민한 젊은이들과 위험한 주제에 관해 이야기하지 않기를 바랐지만, 그는 풀려나면 자신이 할 일은 바로 그 위험한 주제에 관해 토론하는 것이라고 공언했다. 신이 자신에게 그런 의무를 내렸다는 게 그의 주장이었다. 민회의 발언자들이 얼마나 청중에게 영합했는지는, 선동가들이 민회에 아부하면서도 동시에 경멸하는 태도를 못마땅하게 여긴 플라톤에게서만이 아니라 민회 자체를 풍자한 소크라테스에게서도 확인할 수 있다.[7]

『고르기아스』에서 소크라테스가 집중포화를 퍼붓는 주요 대상은 폴로스와 칼리클레스, 특히 칼리클레스다. 칼리클레스 역시 고르기아스의 제자였는데, 폴로스의 경우처럼 사적인 정보는 그 정도가 고작이다. 이들에 맞서 플라톤이 펼치는 논지는 30년쯤 뒤 『국가』에서 트라시마코스를 상대로 펼치는 논지와 비슷하다. 다시 말해 불의를 행하는 것보다는 불의를 당하는 편이 낫다는 것, 그리고 정의롭지 못한 사람은 아무리 큰 세속적인 성공을 거둔다 해도 불행하다는 것이다. 하지만 이 대화편은 고르기아스의 교사 자격을 해명하고 수사학을 비난하면서 시작한다. 플라톤은 수사학자를 철학자의 영역에서 추방해야 했다. 그것은 마치 그가 건설하려는 국가, 즉 철학자가 다스리고 교육제도를 엄격히 검열하는 폴리스에서 시인을 추방해야 했던 것과 같았다. 젊은이들이 반드시 배워야 하는 것은 정의의 본질인데, 정의가 무엇인지 아는 사람만이 그것을 가르칠 수 있었다. 정의가 무엇인지 아는 사람이라면 단연 철학자였다. 다른 모든 사람들은 부수적일 따름이었다.

귀족 자제를 어떻게 양육할 것인가는 고대 세계에서 대단히 중요한 일이었다. 그것은 우리 시대에 특권층 자제를 양육하는 것보다 더 중요했다. 명사의 자식이 실망스럽게 성장하는 것은 흔한 일이었으며, 우수한 젊은이들이 명성을 더럽히고 자신과 도시 전체를 몰락시키는 일도 잦았다. 소크라테스가 총애했던 젊은이 알키비아데스가 좋은 예다. 알키비아데스는 훌륭한 아버지 밑에서 자랐고 페리클레스를 후견인으로 두었으나 늘 골칫거리였다. 페리클레스의 친아들들은 아버지의 지혜와 용기를 물려받지 못한 하잘것없는 자들이었다. 훌륭한 아버지에게서 악하거나 무능한 아들이 태어날 수 있다면, 덕망 있는 사람도 자신이 가르치지 못하는 것을 알거나, 자신이 무엇을 하는지 모르면서 좋은 행실을 보일 수도 있을 것이다. 덕망 있는 아버지의 아들이 타락하거나 방탕해진다면 좋은 교육을 받지 못했음이 분명하다. 온전한 교육을 받았다면 훨씬 나았을 것이다. 장차 정치가가 될 젊은이들을 가르치기 전에 알아야 할 것은 무엇인가? 정의롭고 선하게 살기 위해 우리가 배워야 할 것은 무엇인가?

고르기아스는 자신이 상류층 젊은이들을 성공으로 인도하는 교사라고 소개한다. 소크라테스는 귀를 쫑긋 세우고 고르기아스가 팔아먹는 그 대단한 기술이 무엇인지 알고자 한다. 하지만 그는 이내 고르기아스를 굴복시킨다. 고르기아스는 신발을 만들거나 농사를 짓는 것처럼 일상적 건강과 안녕에 필요한 구체적인 기술을 가르치지는 못한다는 것을 시인할 수밖에 없다. 그것은 오늘날에도 철학과 수사학의 본질에 관한 첫번째 질문이다. 철학에는 예를 들어 배관 설비나 자동차 수리에서와 같은 구체적인 요소가 전혀 없지만, 철학을 하는 사람들에게는 철학이 중요하게 여겨진다. 고르기아스는 철학보다 수사학을 가르치는 사람이지만 같은 질문에 취약하다. 의술이나 목공 같은 기술, 천문학과 같은 학문을 가르치는 것이 아니라면, 고르기아스는 수사학이 정확히 무엇에 관한 학문인지 설명해야 한다. 이 질문의 숨겨진 의미는, 수사학은 정의가 행해지도록 보장하는 학문이어야 한다는 것이다.

　반대로 따져보면, 수사학은 고유한 장점이 있든 없든 어떤 사안을 자신이 원하는 대로 청중에게 제시하는 기술이라고 할 수 있다. 아리스토파네스의 희극 『구름』은 소크라테스를 여느 소피스트들과 다르게 보지 않으며, 그에게도 똑같은 비난을 퍼붓는다. 페이디피데스라는 젊은이가 엄청난 노름빚을 지게 되자 그의 아버지인 농부 스트레프시아데스는 자식을 프론티스테리온phrontisterion, 즉 '사색의 학교'에 입학시킨다. 소크라테스에게서 좋은 것을 나쁘게, 나쁜 것을 좋게 보이게 함으로써 아테네 배심원을 현혹하는 능력을 배우라는 것이었다.[8] 역사 속의 실존 인물 소크라테스라면 당연히 그 잘못된 기록을 바로잡으려 했을 것이다. 그의 제자 플라톤은 수사학을 철학의 정반대라고 보았다. 철학의 목적은 사물의 외양이 어떻든 간에 그 실제 모습을 있는 그대로 이해하는 것이다. 철학이 필요한 이유는 바로 외양에 현혹되기 쉽기 때문이다. 철학은 외양을 꿰뚫어보고 숨겨진 사실을 간파하는 기술이다. 소크라테스는 고르기아스와의 논쟁이 끝나는 대목에서 수사학은 결코 기술이 아니라고 말한다. 수사학은 유용한 목적도 없고 인간의 삶에 아무런 기여도 하지 못한다는 것이다. 한발 양보해, 그는 만약 수사학도 기술이라면 그저 시장에서나 통용되는 기술일 뿐이라고 말한다. 이를테면 건강에 좋지 않은 빵을 만드는 기술과 비슷한데, 소크라테스는 그것을 '싸구려 입맛'에 영합하는 것이라고 비난한다. 고르기아스의 직업에 대한 진실은 민주주의 정치와 정치가가 어떤 점에서 잘못되었는지 보여준다. 즉 아첨과 속임수의 정치가 진실의 정치를 몰아내는 격이다.[9]

소크라테스는 고르기아스의 제자들이 법정과 민회에서 성공하지 못했다고 말하지 않는다. 엉터리 빵장수라고 해서 먹고살지 못하는 것은 아니다. 소크라테스는 다만 고르기아스의 제자들이 거둔 성과가 그들 자신과 도시에 좋지 않다고 말할 따름이다. 그들의 나쁜 점은 늘 똑같다. 즉 그들은 나쁜 것을 좋게 포장하는 데 기반을 두고 있다. 고르기아스의 기술은 불의를 조장한다. 현대 독자들의 눈에는 소크라테스가 고르기아스를 대하는 태도가 대단히 모욕적으로 보일 수도 있지만, 사실 그의 비판은 고르기아스 개인만을 향한 비판이 아니다. 고르기아스가 자신의 기술을 매춘부처럼 파는 것은 그가 악하기 때문이 아니다. 민주주의에서는 모든 것이 진실보다 과시와 외양을 바탕으로 하기 때문이다. 고르기아스는 무지한 탓에 죄를 짓는 것이다. 무지는 치유가 불가능하지는 않지만, 민주주의에서는 치유될 가능성이 낮다. 민주주의에서는 지식이 아니라 무지가 성공하는 경우가 많다.

소크라테스가 실제로 공격하는 것은 무절제한 사리사욕의 추구가 성공을 가져온다는 그리스의 통념이다. 고르기아스는 자신이 참주, 혹은 그 이상의 권력을 가졌다고 말한다. 참주는 사람들에게 무언가를 강요해야 하지만 자신은 그것을 사람들에게 설득할 수 있다는 이유에서다. 하지만 소크라테스는 그것 역시 허상이라고 주장한다. 사리사욕을 채웠다고 해서 그것을 성공이라고 볼 수는 없다. 소유할 만한 가치가 있는 것은 오로지 정의로운 영혼밖에 없다. 부당한 방법으로 적을 죽이고 재산을 몰수하는 것은 성공이 아니라 내적 죽음일 뿐이다. 그렇게 행동한 사람이라 해도 자신의 진정한 이익이 뭔지 안다면 아마 자신이 저지른 죄에 대해 처벌을 받고자 할 것이다. 하지만 예상할 수 있듯이, 고르기아스의 제자 폴로스는 그런 입장을 완전히 불신한다. 폴로스는 소크라테스를 비웃고 그의 의견에 동의할 사람은 아무도 없을 것이라고 말한다. 소크라테스는 조롱이나 다수 의견이 진리로 향하는 좋은 길잡이가 될 수는 없다고 주장하면서, 폴로스에게 자신의 논증 방식에 어떤 오류가 있는지 말해보라고 요구한다.

또한 소크라테스는 폴로스에 맞서, 정의롭지 못한 사람은 아무리 세속적 성공을 거둔다고 해도 정의로운 사람보다 행복하지 못하다는 견해를 극단적으로 옹호한다. 고르기아스의 제자답게 폴로스는 수사학으로 대응한다. 폴로스는 소크라테스가 아무도 믿지 않는 것을 믿는다고 조롱한다. 소크라테스는 흔들리지 않는다. 폴로스는 성공한 악한의 예로 삼촌, 사촌, 동생을 죽이고 왕위에 오른 마케도니아의 왕 아르켈라오스를 꼽는다. 절대권력을 가지고 무엇이든 자기 마음대로 할 수 있는 사람, 적을 죽이고 재산을 빼앗고 적의 부인과 딸을 취할 수 있는 사람을 불행하다고 할 수는 없을 것이다. 불행하다는 생각 자체가 터무니없다. 바로 여기서 제기되는 두 가지 쟁점은 전통적 정치를 혐오하는 플라톤 사상의 핵심을 이룬다. 첫번째 쟁점은 상대적으로 단순한데, 사람들이 정치권력을 추구하도록 만드는 동기가 무엇이냐는 것이다. 폴로스는 그것이 이기적 동기임을 당연시하고, 우리 대다수가 그렇듯이 그 자신이 보편적 진리라고 믿는 것에 호소한다. 이를테면 우리는 남의 지배를 받기보다 남을 지배하기를 더 좋아한다는 것이다. 우리 대다수가 그렇듯이, 폴로스는 만약 우리가 절대권력을 가진다면 섹스, 돈, 명성 등 자신의 욕구를 무제한으로 충족시키려 할 것이라고 가정한다. 물론 폴로스의 견해가 옳지 않다면, 우리는 굳이 법제도를 만들어 지배자들을 억제하려 애쓸 필요도 없을 것이다. 권력은 부패하게 마련이며 절대권력은 절대적으로 부패한다는 액턴Acton(19세기 영국의 자유주의 역사가—옮긴이)의 명언도 그런 불안을 나타낸다. 현대 독자에게 이상하게 여겨지는 것은 폴로스가 절대권력의 소유자에게 대단히 노골적으로 공감한다는 점이다.

두번째 쟁점은 더 심오하고 철학적이다. 소크라테스는 폴로스의 권력 개념을 논박한다. 역설적으로 말하면, 권력을 가졌다는 것은 곧 원하는 것을 이룰 수 있다는 뜻이지만, 폴로스가 이해하는 의미에서 원하는 것을 이룬다는 것은 진정으로 원하는 것을 이루는 게 아니므로 권력의 행사가 아니다. 소크라테스를 비판하는 사람들의 분노에 공감하게 할 만한 대목이다. 하지만 다행히도 단순한 설명이 존재한다. 소크라테스는 원하는 일을 하는 것과 자신의 이익에 부합하는 일을 하는 것을 상식적으로 구분한다. "벌레를 진짜 먹으려는 건 아니지?" 우리는 벌레를 먹으려 하는 아이에게 이렇게 말한다. 이 말의 진정한 의도는 "벌레를 먹으면 병에 걸릴 거야"다. 소크라테스는 대다수의 정치 지도자들을 움직이는 것이 일종의 광기거나 영혼의 병이라고 생각했다. 고르기아스와 폴로스는 자신을 다스릴 줄 몰랐다. 그들은 훌륭한 삶을 이해하지 못하기에 그것을 추구할 수 없으며, 그렇기 때문에 다른 사람들을 다스릴 수도 없다.

고르기아스와 폴로스를 공격하는 근저에는 『고르기아스』와 『국가』를 지지하는 논거가 있다. 소크라테스는 우리가 정의를 가르쳐야 한다고 주장한다. 정의는 외양에 치중하는 게 아니다. 성공적인 삶을 위해서는 반드시 정의가 무엇인지 알아야만 한다. 가장 중요한 점은 정의가 사회적으로 유용할 뿐 아니라 정의를 행하는 사람 자신에게도 유익하다는 것이다. 정의는 그 소유자에게 어떤 방식으로라도 유익하다. 플라톤을 읽는 사람이라면 누구나 이 가르침의 일부분이라도 지지하고자 한다. 비록 플라톤이 말하는 것과 같은 극단적인 형태로는 누가 봐도 불가능하지만, 어쩌면 그래서 더욱더 지지하고자 하는지도 모른다. 이런 주장은 좀더 약한 형태라면 지지하기 쉽지만, 강한 형태라면 어느 정도까지만 옹호가 가능하다. 『고르기아스』와 『국가』의 주장은 극단적이라 할 만큼 강했다. 그러나 바로 그 극단적인 주장을 위해 소크라테스는 목숨을 바쳤다. 여기서 사소하지만 한 가지 설명이 필요한 게 있다. 플라톤을 번역한 사람들은 하나같이 그리스어 '디케dike'를 '정의justice'로 번역하는 게 썩 좋지 않다고 말한다. 디케는 영어의 정의보다 더 포괄적이며, 적어도 지금의 맥락에서는 '총체적인 공정함'이라고 보는 게 최선일 것이다. 사실 영어의 '공정함righteousness'은 성서적 어감이 너무 강해 별로 만족스럽지 못하다. 하지만 그리스어 '아디코스adikos'는 확실히 공정하지 않은 사람을 뜻하며, 영역본 성서에서는 정의로운just 사람을 공정한righteous 사람만큼이나 자주 언급한다.

고르기아스가 패퇴하고 폴로스가 토론을 포기하자 칼리클레스가 논쟁을 이어간다. 소크라테스의 실제 모습에 가장 충실한 대화편이 주는 한 가지 재미는 플라톤이 물불 가리지 않는 철학자 싸움꾼의 입을 빌려 소크라테스가 반박하기 힘든 주장을 펼친다는 점이다. 『고르기아스』에서는 칼리클레스가, 『국가』에서는 트라시마코스가 그런 역할을 하는데, 둘 다 논지도 같고 요란하게 떠드는 것도 같다. 논쟁을 시작하는 양상도 비슷하다. 둘 다 소크라테스를 침이나 흘리고 가냘프게 우는 어린아이라고 비웃으며 유모 없이 돌아다니면 안 된다고 공격한다. 소크라테스는 악을 행하기보다 당하는 편이 더 낫다는 입장이지만, 『고르기아스』와 『국가』에서는 한 걸음 더 나아가 악한 사람은 벌을 면하는 것보다 처벌을 받는 편이 더 낫다고 말한다. 결과와 무관하게, 정의로운 대우가 최선이고 정의롭게 행동하는 것이 언제나 최선의 길이다. 칼리클레스는 폴로스가 주장한 상식적 견해를 지지한다. 그에 따르면 불행을 겪는 선한 사람은 죄를 짓고도 무사히 넘어가는 악인보다 처지가 더 나쁘다. 또한 칼리클레스는 현대 독자에게라면 상식으로 받아들여지지 않겠지만, 호메로스의 영웅들에게서 흔히 볼 수 있으며 그 시대 독자들에게 훨씬 설득력이 큰 견해를 지지한다. 그것은 곧 훌륭한 삶이란 다른 사람들의 이해관계와 무관하게 오로지 자신의 온갖 충동들을 만족시키는 삶이라는 견해다. 『일리아스』에 나오는 신들이 그랬는데, 사람들도 누구나 신처럼 살고 싶었을 것이다. 이 견해는 두 가지로 해석할 수 있다. 하나는 개인에게 좋은 삶이란 부도덕한 삶이거나, 적어도 도덕이나 정의와는 무관한 삶이라는 것이다. 다른 하나는 자연에 따르는 정의란 그저 처벌만 면할 수 있으면 된다는 것인데, 이는 직관에 어긋난다. 그것은 바로 아테네인들이 멜로스인들에게 한 말이다. 플라톤은 우리가 일반적으로 이해하는 대로 자연이 정의의 편이라는 이론에 충실했다. 실제로 우주 자체가 정의로 인해 질서정연하게 만들어져 있다는 것이다. 물론 플라톤과 아테네인들이 틀렸다고 생각할 수도 있다. 『국가』에서 글라우콘은 그 가정에 따라 정의의 본질을 다르게 설명한다.

칼리클레스는 기민하게도 소크라테스가 곧바로 인정하는 논지를 펼친다. 철학자는 원래 형편없는 정치가다. 평범한 정치인도 논쟁에서나 법정에서 영리한 철학자에게 쉽게 승리할 수 있을 것이다. 소크라테스도 이에 동의한다. 『국가』에서 플라톤은 진리의 빛이 너무 눈부신 나머지 철학자가 외양에 불과한 세계에서 방향을 잃고 헤맨다는 비유를 즐겨 썼으나 『고르기아스』에서는 그것을 사용하지 않는다. 그저 정치가의 세속적인 기준으로 보면 철학자가 안쓰럽다는 점에 소크라테스가 동조한 것을 언급하는 정도에 그친다. 철학자가 세상 물정에 어두운 것은 사실이다. 사실 소크라테스는 자신이 아테네에서 보기 드문 참된 정치가라고 주장한다. 그러나 참된 정치가가 부패한 환경에서 할 수 있는 일은 아무것도 없다.

칼리클레스는 틀렸다. 악은 악을 행하는 사람에게도 나쁘다. 소크라테스의 주장은 『고르기아스』에서나 『국가』에서나 비슷하다. 두 논의 모두 야기하는 문제가 있다. 소크라테스의 주장이 과연 사후에 처벌과 보상이 따르는 내세의 존재에 호소하지 않고 버틸 수 있느냐는 문제다. 그러나 소크라테스는 현세에서나 내세에서 일어날 수 있는 결과에 대해 끝내 언급하지 않는다. 지혜로운 사람은 오로지 현세에서 정의 자체를 위해 헌신할 따름이다. 그에게는 정의롭지 못한 삶이 어떤 고통보다 더한 불행을 초래하기 때문이다. 하지만 플라톤은 장차 내세에서 우리의 영혼이 감정 받고 영혼의 우수함에 비례해 영원한 행복이나 고통을 겪게 되리라고 상상한다. 그는 세계의 지배자들 중 소수만이 내세에서 쾌적하게 지내리라고 추측한다. '정의로운 자' 아리스티데스가 바로 그런 사람이다. 소크라테스는 그가 심판의 날을 편안하게 맞을 것이라고 예상한다. 그러나 사후 세계의 처벌이 현세에서 악행의 대가로 얻는 세속적 이익보다 중요하다는 주장은, 그런 처벌이 없다고 해도 현세에 정의롭지 못한 사람의 처지가 정의로운 사람보다 더 나쁘다는 주장과 사뭇 다르다. 소크라테스는 바로 후자의 입장을 취하고 있다.

소크라테스는 칼리클레스가 선악의 본질에 관해 잘못 생각하고 있음을 보여준다. 이를 위해 그는 칼리클레스에게 더 강하고 좋고 현명하다고 여기는 게 무엇인지를 집요하게 캐묻고, 첫눈에 단순하게 보이는 것에서 역설적인 결과가 나오는 것을 보여준다. 칼리클레스는 이렇게 말한다. "나는 우월하고 지혜로운 사람이 열등한 사람들을 다스리고 가장 좋은 몫을 차지하는 것이 바로 자연의 권리라고 생각합니다."[10] 우월하고 지혜로운 사람이 열등한 사람을 다스리는 것은 피지배자의 이익을 위해서가 아니라 지배자 자신의 이익을 위해서다. 그럼 우월하고 지혜로운 사람은 남들만이 아니라 자기 자신도 다스릴까? 소크라테스가 이렇게 묻자 당연히 그렇지 않다는 경멸 섞인 반응이 나온다. 지배를 받는다는 것은 자신에 의한 지배일지라도 수치스러운 일이다. 욕망을 제어하는 것은 단지 연약함을 나타낼 뿐이다. 이것은 칼리클레스의 치명적인 실수였다. 그는 악행을 할 때도 성공하려면 자제력이 필요하다는 것을 인정했어야 한다. 그런데 그는 무엇이든 자기 마음대로 할 수 있고 엄청난 욕구를 가진 사람이야말로 우러러볼 만한 사람이라는 주장으로 돌아가버린다. 그 다음에는 만족이 좋은 것이고 불만족이 나쁜 것이라는 주장으로 넘어간다. 여기서 소크라테스는 덫을 놓는다. 우리의 욕구가 충족 불가능할수록 불만족도 커질 수밖에 없다. 소크라테스는 그것은 구멍 난 항아리에 물을 채우려는 것과 마찬가지라고 말한다.

소크라테스는 절제심을 가진 사람이 무절제한 사람보다 불만을 덜 느낀다고 주장하는 데서 멈추지 않는다. 거기서 멈추면 칼리클레스의 반박에 취약해진다. 그는 불만족의 회피가 존재의 핵심이라면 막대기나 돌멩이도 훌륭하게 존재하는 것으로 볼 수 있다고 주장하기 때문이다. 소크라테스는 칼리클레스에게 여러 가지 질문들을 던지는데, 그 과정에서 칼리클레스도 다른 사람들과 마찬가지로 좋은 만족과 나쁜 만족을 구분한다는 게 드러난다. 칼리클레스는 선한 사람이 되기 위한 검사를 받아야 한다. 선한 사람의 만족만이 선한 것이기 때문이다. 결국 칼리클레스에 따르면 조용하고 사색적인 사람의 즐거움은 올바르지 못한 사람의 즐거움이므로 가치가 떨어지는 게 된다. 이런 논리는 칼리클레스보다 덜 충동적인 철학자라고 해도 올바른 사람이 자기 발전에 성공한다는 이론을 거부하라고 강요하지는 않는다. 다만 자기 발전을 도모하려면 전통적인 기준에서 선한 사람의 자질이 어느 정도 필요하다는 점에는 동의하게 할 수 있다.

『고르기아스』에서 플라톤은 『국가』에서처럼 덕의 본성을 계속 추구하지 않는다. 그 대신 소크라테스는 정치가와 대중의 관계에 대해 장황하게 이야기한다. 이 점은 이 대화편이 기원전 380년 이전, 아마도 소크라테스가 처형된 뒤 얼마 지나지 않은 무렵에 쓰였으리라는 설에 힘을 실어주는 대목이기도 하다. 이후 대화편은 고르기아스의 질문으로 시작된 정치 영역으로 돌아간다. 소크라테스는 자신만이 참된 정치가의 기술을 익혔고 아테네에서 유일하게 참된 정치인이라고 주장한다. 소크라테스가 아테네 정치와 거리를 두었던 것을 감안하면 매우 역설적인 주장이다. 그러나 그 주장은 철학과 수사학의 관계, 나아가 정치인과 대중이 서로에게 가진 책무에 관한 최종 논쟁으로 이어진다. 참된 정치가는 '가장 좋은 몫'을 차지할 권리를 가지기는커녕 아무런 대가도 없이 봉사한다. 하지만 참된 정치가는 젊은이들을 당혹스러운 이해 불가의 상태로 몰아가는 게 바로 공공 업무라고 아테네 배심원을 설득하려 들지 않는다. 이런 경우 소크라테스는 설령 무고한 사람이 악한의 박해를 받아 죽는다고 해도 그의 손은 악한의 손보다 깨끗하다는 생각에 만족하겠노라고 말한다.

『국가』

『고르기아스』는 논쟁의 내용만이 아니라 형식에서도 독자에게 어려움을 안겨준다. 우리가 원하는 것은 결론인데, 우리에게 남은 것은 수수께끼 뿐이다. 가르치기 위한 보조 도구라면 무엇보다 좋겠지만, 교사가 없는 상황에서 우리는 플라톤의 제자들과 독자들이 이 책을 읽고 어떤 결론을 내렸는지 알 길이 없다. 그에 비해 『국가』는 다르다. 1권은 정의를 행하는 것이 불의를 행하는 것보다 언제나 나은가를 다루는 독립적인 부분으로, 『고르기아스』처럼 열린 결말의 형식을 취하며 대화자들의 분량이 일정하다. 주제를 너무 활짝 열어놓은 나머지 정의正義의 정의定義를 찾는 일부터 새로 시작해야 할 판이다. 2권부터는 중간에 잠시 트라시마코스와 폴레마르코스가 재등장하는 것을 제외하고는 화자가 세 명만 나온다. 이런 구도는 다소 불충분한 문학적 장치지만, 그런대로 소크라테스에게 최선의 국가에 대한 논의를 재개하고 더 심도 있게 이를 다룰 수 있도록 해주는 역할을 한다.

소크라테스는 매우 긴 대목에서 논의를 장악하고, 이따금 글라우콘과 아데이만토스가 끼어든다. 정의와 그 정치적 함의에 대한 플라톤의 이론은 결코 직선적인 형태가 아니다. 논의가 꼬이고 굴곡이 많으며, 때로는 형이상학과 인식론의 샛길로 한참 들어가야 한다. 하지만 이것은 명백하게 우리가 스스로를 어떻게 다스려야 할 것인가에 대한 질문의 답이다. 『국가』는 철학자가 우리를 지배해야 한다는 것뿐 아니라 지배 엘리트의 교육과 생활방식에 관해서도 상세히 논의하고 있다. 또한 『고르기아스』에 없는 대목도 있다. 이를테면 정의가 무엇인지를 설명하는 데서 더 나아가 정의로운 사람은 어떤 일이 있든 행복하다는 이론을 옹호하는 부분이다.

정의로운 사회와 정의로운 정치질서의 본질은 아직도 많은 정치이론가의 주요 관심사다. 이들은 정의의 본질이 무엇이고 정의로운 사회에 어떤 제도가 필요한지에 대해 전혀 합의를 이루지 못하고 있다. 플라톤이 철학자-군주의 정부에 대한 확고한 논거를 제시하지 않았다는 것은 잘 알려진 사실이다. 하지만 그가 21세기 자유민주주의에서 통용되는 정의관과 다른 정의 개념을 가졌다는 것은 별로 알려지지 않았다(그리스어의 디케와 우리의 '정의'에 어감의 차이가 있다는 것을 감안하더라도). '형사상의 정의'라는 영역을 제외하면, 우리는 정의를 주로 경제적인 용어로 바라보며, 사회 정의에 충실한 국가는 모종의 경제적 평등을 구현하는 것이 목표라고 생각한다. 플라톤이 기대하는 정의의 지배란 정치체제가 전반적으로 정의를 실현하며, 정의로운 개인의 영혼이 가지는 자질이 정치체제의 조직과 행동을 통해 구현될 수 있는 지배를 가리키는 것이었다. 그러나 민주 시민의 영혼을 지배하는 심리적 혼돈에 대해 플라톤이 말한 많은 것이 그랬듯이, 그가 아테네 민주주의의 정치를 비판한 것은 현대 민주주의를 비판한 사람들에 의해 되풀이되었다.

『국가』의 표면상 주제는 『고르기아스』의 후반부 주제와 마찬가지로, 악을 행하기보다 당하는 편이 과연 언제나 더 나은가, 그렇지 않은가다. 이에 대해 플라톤은 그렇다고 말하지만,『국가』는 대체로 정의로운 폴리스를 탐구하며, 개인의 정의와 국가의 정의가 동일하다는 전제를 취하고 있다. 정의로운 개인을 이해하기 위해서는 정의로운 사회를 이해해야 한다. 플라톤은 이 주장을 근거로 삼고, 정의는 소규모보다 대규모로 관찰하기가 더 쉬우므로 개인보다 폴리스에서 먼저 정의를 찾아보자고 제안한다.[11] 좋은 주장은 아니더라도 괜찮은 수사적 장치다. 폴리스의 정의가 무엇인지를 확정하기 위해 그는 우회로를 택해 칼리폴리스, 즉 아름다운 도시 혹은 유토피아를 상정한다. 그가 특히 주목하는 것은 완벽하게 정의로운 사회의 지도자들이 받아야 하는 교육, 그리고 과열되고 변덕스럽고 철저히 세속적인 아테네 민주주의와 전혀 다른 사회의 사회·경제제도다. 플라톤이 그토록 질서와 안정을 강조하는 것을 보면, 철학자-군주가 다스리는 국가에서는 과연 아무런 변화도 없느냐는 의문이 솟는다. 자칫 변화가 전혀 없을 것이라고 생각할지 모르지만, 플라톤은 그렇지 않다면서 여러 국가들이 최선과 최악의 상태를 오가는 순환적인 역사 과정을 설명한다.『고르기아스』를 끝맺을 때와 마찬가지로 이 설명의 끝 부분에서도 플라톤은 참주의 비참한 영혼을 설명하고, 시와 철학과 갈등, 내세에서 우리가 겪을 운명을 거듭 논의한다.

『국가』는 소크라테스가 거리에서 친구들을 만나는 것으로 시작한다. 친구들이 그날 밤 소크라테스에게 자신들과 함께 있다가 달의 여신을 기리는 새로운 축제를 보러 가자고 강권하는 것을 보면, 그 장면에는 뭔가 사건이 얽혀 있다. 아테네는 축제의 도시로 알려졌으며, 아테네인들은 매년 120차례나 축제를 즐겼다. 친구들은 달빛을 받으면서 말을 타고 릴레이 경기를 벌일 수 있을 뿐 아니라 많은 젊은이들과 대화할 수 있다며 소크라테스를 유혹한다. 소크라테스가 동의하자 일행은 근처 어느 집으로 가서 이야기를 나누며 축제가 시작되기를 기다린다. 이 장면의 등장인물과 배경에는 흥미로운 요소가 있다. 책의 대부분에서 대화를 이끌어가는 두 인물은 플라톤의 실제 형제인 글라우콘과 아데이만토스다. 장소는 지극히 선량한 부자 노인 케팔로스의 아들인 폴레마르코스의 집이다. 케팔로스는 분별 없는 전통적인 덕의 가능성과 더불어 그 덕이 스스로를 설명하지 못하는 무능함을 상징한다. 역사 속의 폴레마르코스는 30인 참주의 희생자이므로, 여기서 그는 장차 자신을 죽이려고 하는 사람들의 사촌들과 조카들을 접대하고 있는 셈이다. 축제는 벤디스 여신의 신전에서 열리는데, 이곳은 30인 참주가 타도되고 크리티아스가 죽은 장소였다. 플라톤이 왜 이런 배경과 등장인물들을 택했는지는 추측만 가능하다. 일행 중 『고르기아스』의 칼리클레스와 비슷한 가장 거친 인물은 칼케돈의 트라시마코스인데, 그는 소피스트라는 것 이외에는 거의 알려진 게 없는 인물이다.

토론은 소크라테스가 케팔로스에게 노년의 삶에 대해 묻는 것으로 시작한다. 케팔로스는 소포클레스의 말을 인용해, 성적 욕망에서 벗어나는 것은 잔인한 노예주에게서 풀려나는 것과 같다고 말하면서 노년의 평안함을 찬양한다. 하지만 소크라테스는 케팔로스가 부자이기 때문에 평안하다고 생각하는 사람들이 많을 것이라며 그를 자극한다. 케팔로스는 적극 부인한다. 극단적 빈곤은 견디기 어렵지만, 불행한 사람은 아무리 부자라고 해도 불행한 법이다. 선한 사람은 부자든 빈민이든 우리의 가장 귀중한 자산이다. 소크라테스는 그 말에 동의하면서도 케팔로스에게 부의 진정한 가치가 무엇인지 묻는다. 여기서 정의의 첫번째 규정이 생겨난다. 소크라테스가 훨씬 이후에 내리게 되는 것들을 제외한 모든 규정은 규정으로서 결함이 있지만, 각각의 규정은 특정한 상황에서의 정의로운 행동을 설명한다. 예외가 있다면 정의란 강자가 자신의 이익에 따라 지배하는 것이라는 트라시마코스의 견해다. 이것은 항상 잘못이다. 케팔로스는 부유하다는 의미가 남을 속이거나 남의 것을 훔치지 않아도 된다는 뜻이라며, 자신은 장차 죽음을 맞았을 때 진실을 전부 밝히고 빚을 다 갚고서 편하게 죽을 수 있다고 말한다. 이 두 가지가 고전적 의미의 정의다. "아무도 해치지 말고, 정직하게 살고, 모두에게 합당한 제 몫을 주어라."

소크라테스는 언뜻 어리석어 보이는 질문을 던진다. 케팔로스는 정의란 진실을 말하고 빚을 갚는 것이라고 주장하지만, 빌린 것을 갚는 게 언제나 좋은 일일까? 칼을 빌렸는데 그사이에 칼 주인이 미쳐버려 돌려받은 칼로 스스로에게 위해를 가할 가능성이 있다면 어떨까? 진실을 말하기 위해 우리는 그 미친 친구에게 미쳤다고 솔직히 밝혀야 할까? 케팔로스가 자기 아들에게 논쟁을 넘기자 아들은 정의에 관해 고전적인 규정을 내린다. 모두에게 합당한 제 몫을 주어라. 소크라테스의 정의에도 나중에는 그 내용이 포함되지만, 이 시점에 그는 다른 질문을 던진다. "모두에게 합당한 제 몫을 주라"는 것은 형식적인 원칙일 뿐이므로 우리는 무엇이 모두에게 합당한 몫인지를 알아야 한다고 폴레마르코스에게 따진 것이다. 폴레마르코스는 그리스의 전통적인 답을 제시한다. 정의란 친구에게 이익을 주고 적에게 해를 가하는 것이다. 친구에게는 이득이, 적에게는 피해가 가야 한다. 부와 권력이 좋은 이유는 친구에게 이익을 주고 적을 해할 수 있기 때문이다. 아테네인들은 펠로폰네소스전쟁에서 자신들의 행위를 해명하라는 요구를 받았을 때, 자신들이 힘을 가졌기 때문에 친구를 돕고 적에게 위해를 가할 수 있었노라고 태연하게 말했다. 이익은 친구의 몫이고 피해는 적의 몫이다. 이 원칙은 국가에나 개인에게나 마찬가지로 통용된다.

하지만 소크라테스는 그것을 거부한다. 누구에게든 위해를 가하는 것은 옳지 않다. 그에 따르면 어떤 사람을 현재의 상태보다 나빠지도록 만드는 것은 결코 옳은 일이 될 수 없다. 그는 현대의 독자들이 당혹스러워할 만큼 한참이나 우회해 이 결론에 도달한다. 『고르기아스』에서 정당하게 벌을 받는 사람은 징벌로 해를 입지 않는다고 확고히 주장했던 것과는 사뭇 다르다. 여기서 소크라테스는 친구를 돕고 적을 해하는 정의를 누가 잘 행할 것이냐고 묻는다. 이 질문은 우리에게 이상하게 들린다. 우리는 '정의를 행하는 것'이 이를테면 자동차를 고치거나 밭을 가는 일과 큰 공통점이 있다고 생각하지 않기 때문이다. 우리는 '정의를 행하는 것'을 하나의 기술이라고 여기지 않는다. 하지만 플라톤은 그것을 일종의 기술이라고 본다. 기술이라면 그 종류가 중요하다. 모두가 정의로워야 하고, 정의롭게 사는 것은 모두가 할 수 있는 일이어야만 하기 때문이다. 그런데 실용적 활동은 대개 특정한 기술의 영역에 속하며, 그 영역에서는 다른 사람보다 나은 기술을 가진 사람이 있게 마련이다. 여기서, 모든 다양한 실용적 기술들이 곳곳에 배치되어 있다면 정의로운 사람은 어떤 기술을 구사해야 하느냐는 의문이 제기될 수 있는데, 이것은 답변이 불가능하다. 선원은 배를 몰고 의사는 수술을 하듯이 모든 활동에는 전문가와 전문 영역이 있다. 그렇다면 정의가 함축하는 전문성은 뭘까?

만약 모든 행위가 고유의 테크네techné, 혹은 '기술'(어떤 기법이나 실용적 기술)의 지배를 받는다면 도덕이 설 수 있는 여지가 있을까? 그 답에 관해서는 아리스토텔레스가 플라톤보다 더 명확히 제시하고 있다. '기교'나 기술을 사용하는 방법을 바로 도덕이 통제한다는 것이다. 친구를 이롭게 하고 적을 해롭게 하는 게 정의라는 주장에 맞서, 소크라테스는 누가 그런 정의를 가장 잘 행할 수 있는지 묻는다. 친구를 낫게 하고 적을 죽이는 일이라면 의사가 가장 잘할 것이며, 바다에서 친구를 살리고 적을 빠뜨려 죽이는 일이라면 선원이 가장 잘할 것이다. 할 일이 있는 곳에는 의학이나 항해술처럼 그 일과 관련된 기술도 있게 마련이다. 이 경우 정의가 어떤 것인지 모호해진다. 소크라테스가 농담하는 것처럼, 정의는 아무런 쓸모도 없어 보인다. 정의는 아무것도 이루지 못하는 반면 여러 가지 기술들은 구체적으로 유용한 결과를 낳기 때문이다.

플라톤은 현대 저자들처럼 '정의로움'이나 '정의를 행하는 것'이 기술과 무관하다고 말하지는 않는다. 정의는 정의를 행하는 사람과 정의로운 대우를 받는 사람의 영혼에 작용을 가한다. 플라톤의 견해는 한동안 모호한 상태였다가, '정의란 자신의 본분에 충실한 것'이라는 결론으로 이어진다. 그것을 과연 기술이라고 할 수 있는지는 확실치 않지만, 우리의 영혼을 조화롭게 만드는 데 일종의 기술이 필요하다는 생각은 어느 정도 설득력을 가진다. 그의 직접적인 목적은 정의가 친구를 이롭게 하고 적을 해롭게 하는 것이라는 주장을 무너뜨리는 데 있다. 소크라테스에 의하면, 누군가를 해하는 것은 그의 처지를 더 나쁘게 만드는 것인데, 정의의 핵심은 누군가의 처지를 더 나쁘게 만드는 것과 무관하다. 징벌은 물론 그것을 받는 당사자가 좋아하지는 않겠지만, 정당하게 부과되기만 한다면 당사자의 처지를 나쁘게 만드는 게 아니므로 그에게 해로운 게 아니다. 징벌은 오히려 그것을 받는 사람을 개선한다는 점에서 합당하다. 정의란 친구를 이롭게 하고 적을 해롭게 한다는 그리스의 전통적 견해에 대한 소크라테스의 적대감은 이를테면 투키디데스가 아테네인들이 당연시한다고 여겼던 도덕적 입장과 크게 상충하는 것이었다. 하지만 소크라테스의 견해가 완전히 새로운 것만은 아니다. 호메로스에게서는 그런 점을 볼 수 없지만 소포클레스에게서는 그 전조가 보인다.

이제 트라시마코스가 토론의 분위기를 달군다. 『고르기아스』의 칼리클레스처럼 트라시마코스는 소크라테스가 사람들이 어떻게 행동하는지도 모르면서 헛소리를 한다고 비난하는 것으로 논의에 뛰어든다. 안타깝기 그지없는 인물이다. 철학적으로 말하면 플라톤은 트라시마코스를 칼리클레스보다 더 혹독하게 다룬다. 처음에 그는 도덕적 기준이란 없다고 말하다가 나중에는 명확한 도덕을 옹호하게 된다. 직관에 반하기는 하지만 그래도 도덕이기는 하다. 일관성 없는 조합을 보여주기 때문에 그는 손쉬운 공격 대상이 된다. 그래서 트라시마코스는 도덕적 판단이란 무의미하며, 명석한 사람이라면 그 뻔한 속임수를 꿰뚫어 본다고 주장하고 나선다. 명석한 사람은 자신의 이익을 위해 행동하는데, 친절하고 관대하게 행동하고 싶다면 그렇게 행동할 것이고 그렇지 않다면 그리 행동하지 않을 것이다. 그는 차라리 남들의 헛소리를 들어줄지언정 도덕 같은 문제로 마음을 어지럽히는 일은 절대로 하지 않을 것이다. 그것이 철학적 무도덕주의의 입장이다. 이것은 일관성이 있는데다 옹호하기 쉬운 견해로, 2000년 뒤 니체가 널리 퍼뜨렸다.

또한 플라톤은 트라시마코스에게 매우 특이한 도덕을 옹호하라는 더 까다로운 과제를 부여한다. 그에 따라 트라시마코스는 우리가 자기 발전을 위한 행동에 참여하도록 되어 있다고 주장한다. 칼리클레스의 주장에도 그런 요소들이 있었다. 두 사람은 우리가 본성에 따라 행동하지 못하는 게 잘못이고 전통적인 도덕적 기준을 지키는 게 잘못이라고 주장하는데, 그것은 곧 또다른 도덕이다. 심지어 한 사람은 성공적인 행동이란 다른 모든 사람들을 무시하고 최대한 '나쁘게' 처신하는 것이라고 단언한다. 이번에도 역시, 이런 종류의 견해를 옹호하는 게 불가능하지는 않다. 적어도 어떤 사람들, 이를테면 아킬레우스처럼 위대한 영혼을 가졌고 자신감에 넘치는 영웅이라면, 평범한 우리로서는 감히 범접하지 못할 규범에 따라 살아야 한다. 더 엄격한 도덕이 필요한 경우다. 그럼 아킬레우스처럼 위대한 영혼을 갖지 못한 우리는 어떻게 되는 걸까? 간단하다. 영웅의 도덕은 우리와 전혀 무관하다. 우리는 영웅의 계획을 위한 원료를 제공할 수는 있지만, 흥미롭고 중요한 것은 영웅의 계획이지 우리가 아니다. 니체가 말했듯이, 양은 독수리를 싫어하지만 그래서 어쩌라고?[12] 인도주의자나 천성이 나약한 사람들이 좋아할 만한 견해는 아니지만, 그렇다고 모순된 논리는 아니다.

트라시마코스는 자가당착에 빠진다. 결국 그는 정의란 강자의 이익에 부합할 수밖에 없다고 단언한다. 이것은 우위를 점한 측이 자기 마음대로 옳고 그름을 규정한다는 주장으로 이해될 수 있다. 부자는 재산의 보존을 정의로 볼 것이고, 빈민은 가난한 사람에게 자선을 베푸는 것을 정의로 볼 것이다. 혹은 진정으로 강자의 이익에 부합하는 것이 진정한 정의라는 주장도 가능하다. 전자는 무도덕주의이고 후자는 비정통적인 도덕이다. 트라시마코스의 전제는 전자와 관련되지만, 이후에 이어지는 주장은 후자의 기반에서만 의미를 가진다. 그는 우리가 그리스 도시국가의 정부 형태를 알게 되면 누구의 이익을 위해 입법이 진행되는지 이해할 수 있다고 지적한다. 즉 민주주의라면 빈민을 위해, 참주정이라면 참주를 위해 법이 제정되는 것이다. 이것은 사람들이 저마다 자신에게 맞게 정의를 규정한다는 주장이다. 그런 다음에 트라시마코스는 명백히 부당한 주장의 덫에 빠져든다. 소크라테스는 먼저 피지배자가 지배자에게 복종할 의무가 있다는 점, 다시 말해 그것이 곧 정의로운 행동이라는 점에 트라시마코스가 동의하게 한다. 뒤이어 소크라테스는 지배자도 때로 자신의 이익에 관해 실수를 저지른다는 점에 트라시마코스의 동의를 구한다. 그 두 전제를 합치면, 때로 피지배자가 강자의 이익에 맞지 않게 행동하는 것도 정의롭다는 결론이 도출된다. 바꿔 말하면 정의롭지 않은 게 정의로운 일이 되는데, 이는 명백한 모순이다.

『고르기아스』에서처럼, 소크라테스는 논의를 우회시켜 일상생활에 도움이 되는 기술들을 다룬다. 문제는 이 기술들이 누구의 이익을 증진시키느냐에 있다. 의술은 의사가 아니라 환자를 이롭게 한다. 선장이 선원들을 감독하는 것은 전체 승무원과 승객들의 이익을 위해서다. 정의가 지배자의 덕목이라면, 지배자는 자신보다 피지배자의 안녕을 고려해야 한다. 정의는 강자가 아니라 약자의 이익을 도모하는 것이다. 칼리클레스처럼 트라시마코스도 소크라테스는 유모 없이 바깥에 돌아다니지 못하게 해야 한다고 응수한다. 지배자를 양치기에 비유할 수 있겠지만, 양치기가 양을 돌보는 이유는 양을 살찌워 잡아먹기 위해서다. 트라시마코스는 자신이 규정한 정의 개념을 포기하고 일반적인 정의 개념을 수용하는 치명적인 실수를 저질렀다. 그렇다면 정의는 (아직 엄밀하게 규정되지는 않았어도) 사람들이 약속을 지키고, 진실을 말하고, 의무를 다하고, 법을 지키는 것과 같은 익숙한 가치라고 볼 수 있다. 트라시마코스는 정의를 새롭게 재규정하기를 포기한 것이다. 이제 그는 더 단순한 논지를 고수해야 한다. 이를테면 (일상적인 방식으로) 정의를 행하는 것은 순전히 바보들을 위한 것이다. 하지만 이 새로운 논지도 현대의 독자들에게는 이상하게 여겨지는데, 그 이유는 트라시마코스가 정의에 대한 공격을 포기하지 않기 때문이다. 정의를 행하는 것이 우리에게 나쁘다면, 정의는 덕이 아니다.

그래서 트라시마코스는 또다른 카드를 빼든다. 정의는 바보들을 위한 것이다. 정의롭지 않은 사람은 늘 정의로운 사람보다 우위에 있으며, 정의로운 사람은 무자비한 사람이나 영리한 사람에게 방해를 받을 경우 나쁜 결과에 맞닥뜨린다. 트라시마코스는 여전히 정의가 강자의 이익에 부합한다는 종전의 주장에 매력을 느낀다. 아주 큰 범죄를 저지르는 사람들은 벌을 받지 않을뿐더러 동경의 대상이 되기도 한다. 소매치기는 멸시를 받지만 신전 도굴꾼은 찬양을 받는다. 나쁜 짓도 규모가 크면 칭송을 받는다. 훗날 어느 해적은 알렉산드로스대왕 앞에서 대왕과 자신의 차이가 저지른 범죄의 규모일 뿐이라고 말해 유명해진 적이 있었다. 그의 소규모 도적질은 해적질인 반면 알렉산드로스의 대규모 제국 약탈은 영광스러운 업적으로 여겨졌다는 것이다. 현대의 통상적인 견해로 보면, 트라시마코스가 바랄 수 있는 최선의 희망은, 일단 전통적인 정의 개념을 받아들인 다음 이기적으로 보면 정의로워야 할 이유가 없으므로 마음이 약하고 어리석은 이들이나 정의를 행한다고 주장하는 것밖에 없다. 우리는 트라시마코스가 전통적인 정의 개념에 동의하지 않는다는 것을 안다. 그는 "전통을 기반으로 사안을 논의하자"는 소크라테스의 제안을 받아들이지 않기 때문이다. 트라시마코스는 불의로 성공한다면 불의가 덕이고, 정의로 성공하지 못한다면 정의는 덕이 아니라고 생각한다. 이것은 정의 자체가 없다는 회의적인 입장도 아니고, 정의는 덕이지만 사리사욕에 어긋난다는 전통적인 입장도 아니다. 정의가 사리사욕에 어긋난다면 덕이 아니라는 견해일 뿐이다. 불의는 덕이 되고 정의는 악덕이 된다. 플라톤의 독자들은 현대의 우리와 달리 그것을 그다지 이상하게 여기지 않았을 것이다. 그리스의 윤리 기준은 우리와 달랐다. '선한 삶'이란 그 삶을 사는 개인을 이롭게 해야 했다. 그렇기에 소크라테스도 선한 사람은 어떤 상황에서든 행복하다고 주장해야 했던 것이다.

소크라테스는 『고르기아스』에서 칼리클레스에게 했던 말을 반복한다. 세속적 운명이 어떻다 해도 정의로운 사람의 영혼은 선한 상태에 있고, 영혼이 선한 상태에 있다는 것은 행복하다는 의미다. 이것이 바로 에우다이모니아eudaemonia(행복)의 문자 그대로의 뜻이다. 소크라테스는 또한 더 전통적인 견해도 내놓는다. 개인의 운명과 무관하게, 한 집단이 목표를 이루기 위해서는 정의가 반드시 필요하다는 것이다. 자기들끼리 물건을 훔치는 도둑들은 다른 사람들에게서 더 잘 훔치기 위해 자기들끼리는 정의를 실천하는 강도들보다 훨씬 더 나쁘다. 이제 우리는 소크라테스의 의견이 얼마나 취약한지 알게 되었다. 정의는 개인과 공동체 양측에 두루 이익이 되어야 한다. 정의의 일반적 규칙이 개인들을 협력하도록 한다는 것, 그 결과 평균적이고 전반적으로 볼 때 더 나은 성과를 거두게 해준다는 것을 증명하기란 어렵지 않다. 모두가 서로의 권리를 존중하는 공동체는 모두가 서로 속이고 훔치려 하는 공동체보다 더 번영할 것이다. 문제는 개인의 관점에서 보면, 다른 모두가 정의를 존중하므로 자기 혼자만 나쁘게 행동해도 아무 탈 없이 넘어가는 그런 공동체야말로 그 개인에게 가장 이익이 되는 것처럼 여겨진다는 점이다. 이런 식으로 생각하는 사람에 의해 야기되는 이른바 '무임승차 문제'를 다룬 현대의 문헌들이 엄청나게 많다. 즉 다른 사람들의 선행에 '무임승차'하려는 사람의 경우다('무임승차'라는 용어는 물론 전철이나 버스를 이용하면서 요금을 내지 않는 행위를 가리킨다. 다른 사람들이 각자 제 몫의 요금을 내는 한 버스나 전철은 계속 운행될 것이며, 무임승차자는 자신의 몫을 내지 않으면서 계속 그 이익을 누릴 수 있다). 단 5분만 생각해봐도 알 수 있다. 모두가 그런 마음을 먹고 있다고 의심하기 시작한다면, 상호 불신으로 협력이 전혀 불가능해질 것이다. 이는 또한 무임승차하려는 마음을 먹은 사람이 실제로 그렇게 행동하지 못하도록 하기 위해 우리가 서로를 감시해야 한다는 뜻이기도 하다.

논의를 더 진전시키면, 감시하는 사람을 어떻게 감시할 것이냐는 까다로운 문제로 이어진다. 쿠이스 쿠스토디에트 입소스 쿠스토데스quis custodiet ipsos custodes(누가 감시자를 감시할 것인가)? 우리는 모두 정의 자체를 위해 정의롭게 행동할 수 있다고 바랄 만한 충분한 이유가 있다. 반면, 정의의 교훈을 위반할 때 우리의 이익이 가장 잘 실현되는 경우가 흔히 있다고 염려할 만한 이유도 충분하다. 이 문제가 특히 첨예하게 대두되는 분야는 각자가 자신의 이익을 추구한다고 가정되는 경제관계 부문이다. 거래를 할 때 서로 속이지 않으리라는 보장을 어떻게 할 수 있을까? 인간은 자신의 욕구를 극대화하려는 합리적 행위자라는 전제를 기반으로 정치를 분석하고자 한다면, 누구라도 이 문제에 맞닥뜨리게 마련이다. 만약 국가가 시장에서 상호작용하는 사람들을 감시하고 정의의 요구에 부응하도록 강요한다면, 그 다음에는 그 국가기구의 담당자들이 정직하게 행동하는 것을 어떻게 감시할 것이냐는 문제가 남는다. 표면적으로는 국가기구의 담당자들이 우리를 강탈하려는 유인을 충분히 가졌다고 볼 수 있다. 이 문제는 트라시마코스와 소크라테스의 논쟁에도 등장하는데, 심지어 현재까지도 이 문제가 해결되었다고 말할 수 없다.

트라시마코스 이후의 논의

소크라테스는 정의와 사리사욕 간의 갈등이 피상적인 것에 불과하다는 점을 증명하는 작업에 착수한다. 역사상 가장 큰 영향력을 남긴 유토피아가 창조된 과정은 출발부터 놀랍다. 도입부가 끝날 무렵 트라시마코스가 투덜거리며 논의를 중단한다. 소크라테스는 트라시마코스에게 완승을 거두었으나 정의를 규정하는 데는 별다른 진전을 보지 못했다고 시인한다. 그때 글라우콘이 논의를 재개하면서 중대한 질문을 던진다. 정의는 언제나 개인에게 이로운가? 만약 나쁜 행동을 하고도 무사할 수 있다면, 그렇게 행동할 충분한 이유가 있는 게 아닌가? 만약 우리의 몸을 보이지 않게 만들어주는 '기게스의 반지' 같은 것이 있다면, 우리라고 해서 다른 남자의 부인과 동침한 뒤 왕을 살해하고 대신 나라를 다스리려 하지 않으리라는 보장이 있는가?(신화에 나오는 리디아의 왕 기게스는 원래 양치기였는데, 마법의 반지를 발견해 바로 앞에서 말한 용도로 이용했다고 한다.) 글라우콘은 소크라테스에게, 정의로운 사람은 어떤 경우에도 부정한 사람보다 낫다는 점을 증명하라는 불가능한 과제를 부여한다. 설령 부정한 사람이 고결하다는 평판을 받고 영화롭게 살다가 죽어 존경까지 받는다 해도, 또한 정의로운 사람이 사악하다는 평판에 시달리다 고통과 경멸 속에서 죽는 한이 있다 하더라도.

플라톤의 답변은 완벽한 폴리스의 창건으로 이어진다. 그러려면 폴리스 지도자들에 대한 교육이 필요하다. 먼저 글라우콘은 정의의 기원에 관해 상식적인 견해를 제시한다. 글라우콘의 견해는 1651년 토머스 홉스의 『리바이어던』이 출간된 이후 많은 정치사상가들이 진지하게 연구하게 되지만, 『국가』에서는 아무런 호응도 얻지 못한다. 그 이유는 확실치 않으나, 아마 당시 그리스인들에게 인간이 대부분 이기적이라는 사실은 새로울 게 없었고 아테네인처럼 상업에 능한 사람들은 일찍부터 계약에 익숙했기 때문일 것이다. 글라우콘은 인간이 남보다 자신의 행복을 우선시하는 이기적인 존재라고 말한다. 나쁜 짓을 하고도 무사히 넘어갈 수 있다면, 우리는 언제든 필요하면 서슴지 않고 나쁜 짓을 할 것이다. 그러나 남을 착취하기보다 남에 의해 고통을 당하지 않는 것을 더 바라기 때문에, 스스로 절제하고 남들에게도 똑같이 절제를 요구하기로 동의한 것뿐이다. 도덕이나 도덕적 행동은 일종의 보험이다. 정의는 "위해를 가하지도, 당하지도 않는다"는 합의로부터 나온다. 글라우콘은 철학적으로 노련하다. 그는 그게 실제 합의는 아니더라도 충분히 했음직한 합의라고 본다. 그것은 부정의 황금률을 구현한다. 즉 우리는 "남이 하지 않을 만한 행동을 하지 않는다"는 것이다. 정의를 가상의 계약으로 설명하는 것은 수백 년 동안 정치이론가들에게 꽤나 인기를 끌었고 지금도 마찬가지다. 하지만 글라우콘은 그와 같은 사상의 전통을 세우는 데 실패했다. 그의 견해는 소크라테스에게 무시 당했고, 이후 정의의 규칙을 자연의 명령으로 설명하는 후대의 자연법 이론가들에게서도 외면을 받았다.

글라우콘의 견해에 따를 경우, 우리는 처벌의 위협으로부터 안전하다면 얼마든지 나쁜 행동을 할 수 있다. 이 생각은 보기보다 그다지 걱정스러운 게 아니다. 우리는 기게스의 반지를 갖고 있지 않고 처벌의 위협으로부터 안전하지 못하다. 우리는 어릴 때 부모나 다른 어른들에게 잘 보여야 하는 의존적인 상태로 살아가며, 이 과정에서 무제한적인 이기심을 제어하는 교육을 받는다. 우리는 양심을 얻고, 그 뒤부터는 양심에 따라 자신을 억제한다. 도덕에 관한 이런 사고방식은 피시스physis와 노모스nomos, 즉 자연과

도덕의 틈을 메우지 못한다. 우리가 자연에 순응하면 저절로 정의로워지리라는 것을 증명할 수는 없는 것이다. 그러므로 플라톤이 추구하는 목적은 달성되지 못한다. 글라우콘의 견해에서 도덕은 인간의 인위적인 발명품이다. 아마도 가장 중요한 인간의 발명품일 것이다. 도덕은 정치, 정부, 법 등 우리의 안전과 행복을 보장하는 다른 위대한 발명품들의 토대가 되기 때문이다. 플라톤은 도덕이 자연질서 속에 각인되어 있다고 여겼다. 그는 자연이 도덕과 무관하고, 인간의 천성이 이기적이고, 법(노모스)이란 관습의 문제에 불과하다는 소피스트의 견해를 경멸했다. 소피스트들에게 그 견해가 얼마나 널리 퍼졌는지는 확실하지 않다. 하지만 소피스트들 중 관습에 따라 사는 것이 인간의 본성이라고 주장함으로써 아리스토텔레스의 중용을 미리 예견한 사람이 아무도 없었다는 것은 놀라운 일이다. 정의가 관습에 의존한다는 주장의 명백한 난점은 우리가 어떻게 관습에 동의하고 그에 맞춰 살게 되었는지에 관해 어느 정도 설명해야 한다는 데 있다. 현대 사상가들은 진화 과정에서 우리 내부에 공정함에 대한 감각이 각인되었다고 주장하며, 대다수 영장류가 '불공정'에 대해 인간처럼 반응한다는 사실을 지적한다.[13] 진화론은 플라톤의『국가』보다 2500년이나 늦게 나온 이론이다. 플라톤은 소피스트들을 정면으로 공격한다.

소크라테스는 글라우콘과 아데이만토스에게, 폴리스에서의 정의를 살펴본다면 정의의 본질을 전체적으로 파악하기 더 쉬울 것이라고 설득한다. 그러자 두 사람은 잘 만들어진 폴리스를 서술하는 작업에 착수한다. 사회는 분업에 의존한다. 이것은 플라톤만이 아니라 마르크스 등 많은 사람들도 가졌던 생각인데, 스토아학파의 견해와는 상충한다. 스토아학파는 사회가 자연적 사회성에서 생겨나며, 우리는 서로를 필요로 하기 때문에 모여 산다고 본다. 플라톤의 구도는 현대 진화론과 공명하는 부분이 있는데, 그보다 한층 더 공리주의적이다. 여기에는 또한 정의를 '자신의 본분에 충실한 것'이라고 보는 플라톤의 정의관도 구현되어 있다. 아주 단순한 사회에 사는 사람들은 각자 자신이 가장 잘하는 일을 한다. 우리가 모여 사는 이유는 분업의 혜택을 누리기 위해서다. 농사는 잘 짓지만 구두를 만들 줄 모르는 사람의 경우, 수확한 밀을 구두장이의 신발과 교환하면 더 편안하게 걸어다닐 수 있을 것이다. 이것은 플라톤이 실제로 추구한 것보다 더 '소비 중심주의적인' 세상을 암시한다. 플라톤은 최소한의 전문화를 원할 뿐 아니라 스파르타적 검소함에 젖어 있다. 사람들의 취향이 검소하면 자급자족을 이루기가 훨씬 더 쉬워진다. 글라우콘은 소크라테스가 묘사하는 사회는 돼지 무리와 같다며 항의한다. 소크라테스는 물론 반박한다. 사회는 필연적으로 소박한 안락을 추구하는 상태에서 빠르게 벗어나 탐욕과 팽창을 지향하게 마련이며, 결국 영토와 부를 차지하기 위한 끝없는 전쟁을 초래하게 된다는 것이다. 이런 생각을 제기한 뒤 소크라테스는 『국가』의 핵심적 주장을 바꾼다. 만약 번영이 전쟁을 의미하고 자기방어를 위해서는 싸워야 한다면, 필요한 것은 군인이다. 이왕 군인이 필요하다면 잘 훈련된 군인이 좋다. 자국민을 보호하고 적만을 공격하며 국내에서 착취적인 정권을 수립하지 않는 군인이 좋다. 누구를 보호해야 하고 누구를 공격해야 할지 잘 아는 군인이 좋다. 소크라테스는 훌륭한 경비견이 바로 그렇다고 말한다. 그러므로 좋은 경비견은 철학자다. 그런 개에 해당하는 인간은 틀림없이 철학자일 것이다. 이제 우리는 『국가』가 교육에 대한 문헌이 되는 시점에 와 있다.

관리자들과 그들에 대한 교육

소크라테스는 능력주의를 옹호하는 정치 교육론으로 잘 알려진 대목을 두 쪽에 걸쳐 선보인다. 질서가 잘 잡힌 폴리스는 분업을 필요로 한다. 지배 엘리트는 젊은 시절에 군사적 방어를 담당하고, 나이가 든 이후에는 사회를 관리한다. 이들은 철학 연구에 소질이 있고 수학 10년, 논리학 5년을 공부한 사람들 가운데서 선발한다. 내친김에 말하자면, 플라톤의 아카데메이아에 다니는 사람들은 그의 정치적 견해에 그다지 동조하지 않았으며, 아카데메이아를 나온 뒤 다양한 정치적 지위를 가지고 국가를 다스렸다. 극소수지만 여성 제자도 있었다. 칼리폴리스에서는 모두가 자신에게 가장 적합한 일을 전문적으로 할 수 있다. 그들의 기술은 타고난 재능에 따르는 것이지만 개발도 필요하다. 또한 타고난 재능에 맞게 엘리트를 교육하는 일은 국가의 가장 중요한 과업이다. 플라톤을 좋아하지 않는 사람들은 그가 맨 처음 하고자 한 일이 바로 시인과 예술가를 폴리스에서 추방하는 것이었다고 불만을 토로한다. 플라톤을 싫어하지 않는 사람들도 그 발상에는 몸을 사린다. 플라톤의 주장은 단순하다. 교육의 첫 단계는 그리스인들이 '음악'이라고 부르는 것이다(그리스어의 무시케mousike는 '음악music'보다 더 범위가 넓어 춤, 시, 제례를 두루 포괄하는 의미를 지녔다). 소크라테스처럼 플라톤은 조기교육이 어린이의 영혼에 중대한 영향을 미친다고 생각했으며, 그는 어린이에게 용기를 고취시키고 진리를 존중하는 태도를 길러주고자 했다. 소크라테스는 그리스의 전통적인 시가 신들을 음탕하고, 남을 속이고, 허영심이 많은 저질스러운 존재로 묘사하면서 헐뜯었다고 주장한 탓에 처형을 당했다. 소크라테스와 플라톤은 둘 다 그리스 시의 아름다움을 부정하지 않았다. 플라톤은 그 자신도 꽤 훌륭한 시인이었으나 대부분의 예술이 매력적인 거짓에 불과하다고 생각했다. 거짓은 철학 국가에서 설 자리가 없었다(비판적 독자라면 '고결한 거짓말'의 개념을 고안한 플라톤의 의견치고는 이상하다고 생각할 수도 있다). 그래서 플라톤은 시인들에게 화환을 씌워주고 명예를 높여준 뒤 국경선으로 데려가 다른 곳에서 직업활동을 계속할 수 있도록 쫓아내려 했다. 어린이에게 시, 극, 춤을 가르치는 것은 당연하지만, 그것도 엄격한 스파르타식 원칙 아래에서만 이루어져야 했다.

이런 측면을 제외한다면 플라톤의 예술관은 우리의 관심사가 아니다. 『국가』의 바탕을 이루고 있는 플라톤의 인식론은 일상적 모습의 경험세계를 참된 세계의 왜곡된 상이라고 보았다. 참된 지식이란 사물을 바로 그 사물이도록 만드는 본질인 형상의 세계에 대한 지식이다. 형상은 우리 주변에서 보이는 일시적인 사물과 반대로 영원불변이다. 이것은 동굴의 우화로 설명된다. 동굴의 우화는 철학자들이 왜 국가를 다스리고 싶어하지 않는지, 왜 현실에 존재하는 국가를 다스릴 수 없는지 설명하는 데서 등장한다. 예술은 이중적으로 왜곡된 재현이다. 그 이유는 이미 허상인 세계의 허상을 그리기 때문이다. 플라톤이 시인과 화가의 활동에 반대하는 주장을 펼치는 데 시인과 화가의 온갖 교묘한 장치를 사용하는 것은 흥미로운 일이다. 그는 단지 수사학을 비난하는 과정에서 자신이 가진 모든 수사적 장치를 동원한 게 아니다. 그가 그렇게 노골적으로 나왔기 때문에 독자들은 문자 그대로 받아들여야 할 것과 풍자로 해석해야 할 것을 구분하지 못하게 된 것이다. 한 가지 크게 당혹스러운 것은, 소크라테스처럼 플라톤도 설령 우리가 진, 선, 미의 지식에 도달한다고 해도 우리는 우리가 아는 것을 말하지 못하리라고 생각했다는 점이다. 우리는 진리를 가리키는 비유, 우화, 장치에 의존할 수밖에 없으나 그것이 무엇인지 직접 말하지는 못한다. 소크라테스는 다른 대화편들에서도 몇 차례, 자신이 말하는 게 아니라 자신이 제어하지 못하는 어떤 힘이 말하는 것이라고 주장한다. 『국가』에서 철학적 진리에 대한 그의 논의는 언제나 비유와 대조로 가득하며, 경험적 추측과의 차이를 강조한다. 그래서 우리는 무엇이 철학적 진리인지보다 무엇이 철학적 진리가 아닌지를 더 잘 알게 된다.

지배계급의 교육에 관한 한 플라톤은 자신의 제안에 대단히 충실한 듯하다. 특히 그는 여자도 남자와 똑같은 교육을 받아야 한다고 주장했다. 그의 말을 곧이곧대로 받아들여야 하는 한 가지 이유는 리쿠르고스가 도입했다고 알려진 스파르타 청년의 훈련법에서 찾을 수 있다. 이것은 어린이를 국가의 필요에 복속시키려는 목적을 가졌으므로 플라톤이 제시한 것보다 군사적 성격이 더 강했으나, 훈련의 요체는 다를 바 없었다. 즉 정치적 통합을 위해 자기 절제의 교훈을 끊임없이 반복하는 것이었다. 『국가』에서 플라톤이 제기하는 것은 스파르타에서 리쿠르고스가 도입했다고 알려진 것과 일치한다. 또한 펠로폰네소스전쟁이 끝나고 등장한 친親스파르타 과두정의 가문에 속한 어떤 사람이 스파르타의 교육법에 매력을 느꼈다는 설도 충분히 가능하다. 다만 한 가지 아주 큰 차이가 있다. 『국가』에서 가장 중시하는 것은 전장에서 목숨을 걸고 싸우는 중장보병의 육성이 아니라 철학교육이라는 점이다. 플라톤의 독자들이 『국가』를 읽고 어떻게 생각했는지는 알 수도 없고 추측도 불가능하다. 표면적으로 보면, 그가 그렇게 스파르타의 느낌이 짙게 묻어나는 제안들을 내세운 것은 경솔했다. 아테네는 기원전 5세기에 이어 기원전 4세기에도 여전히 스파르타와 간헐적으로 싸움을 계속했으며, 아테네의 민주주의자들은 플라톤의 친척들이 기원전 404년 스파르타에 잔인한 과두정을 수립했다는 사실을 잊지 않았다.

그래도 플라톤은 예술을 멸시하지는 않았다. 예술은 지대한 영향력을 가졌기 때문에, 그는 예술을 통해 신들이 언제나 선하고 고결하다는 올바른 메시지를 전달하고자 했다. 그의 권고 사항들 중에는 우스꽝스러운 것도 있다. 이를테면 어린이에게 겁쟁이나 약골의 역할을 맡기면 품성을 해칠 수 있으므로 금해야 한다는 것이다. 그러나 이런 가르침은 분명히 스파르타에 기원이 있으며, 후대 저자들 중 감찰관 카토나 장 자크 루소의 견해가 이와 일맥상통한다. 플라톤은 처음에 시와 연극을 위주로 촘촘하게 구성된 교과과정을 통해 덕을 가르치고, 이후에는 젊은 남녀를 선발해 체력 훈련과 전쟁 기술을 습득시키는 교육법을 상상해보라고 한다. 여기서 여성도 똑같은 훈련을 받는다는 점을 강조할 필요가 있다. 이것 또한 아테네적이라기보다 스파르타적인 발상이다. 플라톤에게는 품성이 중요할 뿐 성별은 사소한 문제였다. 하지만 스파르타인들은 여성이 남성과 함께 싸울 것을 기대하지는 않았다. 결국에는 가장 적합한 사람들이 철학적 훈련을 받게 될 테고, 이들이 유토피아에서 지혜롭고 정의롭게 지배할 수 있을 것이다.

플라톤은 덕망 있는 엘리트를 훈련해야 할 필요성을 논하면서 두 가지 논거를 제시한다. 첫째는 인간이 가진 다양한 종류의 영혼과 관련이 있으며, 시민들에게 재능의 위계를 우화적으로 가르치는 '고결한 거짓말'을 설명한다. 둘째 논거는 첫째를 토대로 하다가 나중에는 정의란 무엇인지에 대한 답을 내놓는다. 영혼은 구리, 은, 금으로 나누어볼 수 있다. 구리의 영혼을 지닌 사람은 생산자이고, 은은 전사(플라톤은 보조자라고 했다)이며, 관리자는 금의 영혼을 지닌 사람, 철학자-군주다. 플라톤은 완벽한 능력주의에 따라 엘리트를 선발하는 사회를 상상하고, 엘리트 부모들이 엘리트 아이를 낳을 수 있도록 보장하는 정교한 방식을 제안한다. 그러면서도 그는 평범한 사람들도 나름대로 쉽게 이해할 수 있는 그런 사회의 청사진을 가지게 되기를 기대한다. 올더스 헉슬리의 『멋진 신세계』를 읽은 사람이라면 그 야심을 이해할 것이다. 태어날 때부터 생산자로 규정된 어느 등장인물은 자신이 "베타라서 정말 다행"이라고 말한다. 그는 알파가 더 똑똑하고 일도 훨씬 많이 한다고 생각한다.[14] 버트런드 러셀은 헉슬리가 『멋진 신세계』의 아이디어를 자신에게서 훔쳤다고 여겼다. 러셀은 현대 과학으로 무장한 인류가 최후의 세계대전을 벌여 결국 자멸에 이를지 모른다는 두려움에서 평화를 사랑하는 사람들을 생산하기 위한 우생학을 고려했다. 헉슬리는 유토피아를 섬뜩하게 풍자한다. 플라톤은 엘리트계급이 사람들에게 자신들이 날 때부터 유전적으로 만들어졌다고 믿도록 강요하지는 않는다고 생각했는데, 이 점은 매우 중요하다. 플라톤의 신화가 '고결한' 거짓말인 이유는 심원한 진리를 담고 있기 때문이다. 따라서 우리는 사람들 앞에서 말할 수 있다. 우리는 다양한 금속의 영혼을 갖고 태어나며, 사회적 지위가 그 금속의 우월함을 반영한다. 이것이 바로 고결한 거짓말, 반드시 필요한 신화다. 플라톤은 고결한 거짓말을 더 심원한 진리로 만들기 위해 억지를 부리지 않는다. 이를테면 이상사회의 질서와 자연질서 사이에 우주적 대칭이 존재한다든가 하는 가정 따위는 없다. 플라톤은 우리가 본래 서로 다른 사회적 역할에 맞도록 되어 있다는 것, 그리고 아테네 민주주의의 여러 가지 잘못된 점들 중 하나는 잘못된 사람들이 결국 권력을 차지하게 된다는 것을 전제로 받아들인다.

피시스와 노모스를 조화시키려면, 우리는 우주의 자연적 조화를 반영하는 사회구조를 만들어낼 수 있다고 생각해야 한다. 플라톤 철학의 핵심은 우리가 타고난 품성에 잘 어울리는 사회적 지위를 차지할 때 행복과 보람을 느낄 수 있다는 것이다. 조화로운 자연적 위계를 가정하지 않는다면 『국가』의 논의는 호소력을 잃는다. 능력주의가 지지를 얻으려면, 타고난 지도자가 책임을 맡아야 사회가 잘 운영되고 일반인들은 권력과 책무를 지는 자리보다 종속적인 지위에 있을 때 더 행복하다는 믿음이 널리 퍼져야 한다. 이것은 칼리클레스와 트라시마코스의 견해에 맞서 싸울 또다른 이유를 제시했다. 그들은 누구나 권력으로부터 이득을 취하고자 하므로 권력을 행사하고자 한다고 가정했다. 함대의 선원들은 이웃과의 전쟁에서 승리해 이익을 얻고자 했고, 민회에서 정치권력을 장악해 지도자들에게 호전적 정책을 강요할 수 있게 되기를 바랐다. 그들은 플라톤이 생산자계급에 각별히 중요하다고 생각한 절제의 미덕을 보여주지 못한 것이다. 2000년 뒤 영국 내전이 끝난 뒤에 저술활동을 했던 토머스 홉스는 투키디데스의 책을 번역했고 그 자신도 민주주의에 상당히 적대적이었으나, 혁명적인 주장을 제기했다. 인간은 본래 평등하게 태어났고, 타고난 귀족도, 생산자와 지배자의 태생적 구분도 없으며, 모든 정치적 위계는 인간의 발명품일 뿐이라는 것이다.[15] 우리가 지배자에게 절대적으로 충성해야 하는 것은 그가 태생적 지배자이기 때문이 아니라 평화를 지키기 위해서다. 그러나 아리스토텔레스 등 다른 고전 저자들도 플라톤과 같은 우주론을 가지고 있었다. 플라톤의 우주론은 이후 신이 세상을 관장한다는 그리스도교 사상을 강화시켰고 거꾸로 그리스도교 사상에 의해 강화되기도 하면서 사회·정치질서에 뚜렷한 영향을 남겼다.

플라톤의 논의는 다르게 구성될 수도 있고 평이한 사회학적 진술로 바꿀 수도 있다. 이를테면 폴리스—혹은 현대국가—가 최선으로 기능하기 위해서는 힘없는 노동자, 자신의 직분을 잘 아는 군인계급, 당연히 지배권을 가졌다고 여기는 교육받은 지배계급으로 이루어진 명확한 계급 구조가 필요하다는 논리다. 이런 사례로 현대 중국을 제시하는 것도 불가능하지는 않다. 하지만 이것은 경험적 증거 이외에 철학적 근거를 필요로 하지 않는 사회학적 주장일 뿐이다. 그것은 설령 사실이라 해도 그저 사회과학의 사실에 불과하다. 거꾸로 생각하면 이렇게 완벽하게 구조화된 사회는 유토피아라기보다 디스토피아일 것이며, 무슨 일이 있어도 피해야 한다. 그것이 바로 올더스 헉슬리가 『멋진 신세계』에서 그려낸 세상이다.

정의의 규정

앞서 말한 세 가지 계급 구조를 염두에 두면 이제 정의 자체를 볼 수 있다. 주요한 덕은 절제, 용기, 이성, 정의다. 우리는 어떤 계급이 어떤 덕을 구현하는지 알고 있다. 생산자에게 적합한 덕은 절제다. 생산자는 이를테면 사회의 위장과 같이 육체적인 측면을 돌보고 신체활동을 원활하게 유지한다. 그들의 덕목은 자제심이다. 보조자에게 적합한 덕은 용기다. 그들은 사회의 심장이며, 그것도 용감한 심장이어야 한다. 또한 관리자에게 어울리는 덕은 지혜다. 이렇게 세 가지 계급과 세 가지 덕을 찾아낸 것으로 논의는 끝난 듯하다. 그렇다면 정의는 어디에 있을까? 정의는 전체를 아우르는 가장 중요한 덕이다. 모든 것이 제자리에 있고 모든 사람과 모든 계급이 제 몫을 다하는 것, 바로 그것이 다름아닌 정의다.

이것은 우리 현대 독자들이 받아들이기 어렵다. 우리는 정의를 여러 가지 덕들 가운데 하나로 생각하는 반면 플라톤은 '총체적인 올바름'과 같은 뜻으로 사용하기 때문이다. 앞서 우리는 그리스어 디케가 우리의 정의라는 개념보다 더 포괄적인 의미를 가진다는 것을 본 바 있다. 아리스토텔레스는 두 가지 정의를 애써 구분했다. 하나는 총체적인 올바름을 포괄하는 정의고, 다른 하나는 더 협소하고 더 통상적인 의미의 정의다. 예를 들어 정의와 자비가 상충할 수 있다는 견해는 플라톤의 구분에 따르면 광의의 정의가 아니라 협의의 정의와 관련된다. 광의의 의미에서는 정의와 자비가 상충할 수 없다. 즉 '올바른' 결과는 '정의로운' 결과다. 플라톤이 생각하는 '올바름'의 궁극적 기준은 우리의 영혼이 제자리를 지키고, 우리가 본성에 따라 행동하고, 우주와 사회의 질서에 최대한 기여하는 것이다. 현대의 자유주의와 이보다 더 크게 어긋날 수도 없을 것이다.

소크라테스가 말하는 철학적 기반을 가진 독재는 일반적인 의미에서 귀족 지배를 옹호하는 것과는 다르다. 지배자는 지배 행위에 대한 세속적 보상을 받지 않으며, 권력 행사는 자기희생이다. 『국가』의 독자들은 플라톤이 묘사하는 지배 엘리트의 상세한 사생활이 얼마나 황폐한지 알고 크게 놀랐다. 플라톤이 그린 관리자는 아무런 재산도 없고 가족도 없다. 그들의 자식들은 전체 계급의 자식들이다. 플라톤은 돈이나 사유재산이 없으면 관리자가 폴리스 전체를 '자신의 것'이라고 볼 테고 오로지 집단의 견지에서 사고하게 되리라고 주장한다. '나'와 '내 것'이 없고 '우리'와 '우리 것'만 있다. 관리자의 이익은 전체의 이익에 기여하며, 그 반대는 성립하지 않는다. 글라우콘과 아데이만토스는 관리자가 과연 행복할 수 있을지 의아해하지만, 소크라테스는 답을 두 가지로 제시한다. 첫째, 관리자의 행복은 사회 전체의 행복보다 덜 중요하다. 둘째, 관리자는 의무를 수행하는 과정에서 자신의 본성을 충족시키기 때문에 행복할 것이다. 그러나 아리스토텔레스는 둘 다 답이 아니라고 생각했다.

이쯤에서 정의에 대한 이러한 견해들의 비정치적 혹은 반정치적 성격을 다시 한번 강조할 필요가 있다. 정의에 대한 견해 가운데는 플라톤이 고찰하지 않으려 했던 두 가지 중요한 것이 있다. 첫째는 법치이고, 둘째는 정치적 경쟁이다. 법치에 의하면 정부가 존재하는 주된 이유는 개인들이 공정한 대우를 받고, 강도나 폭행을 당하지 않고, 자신의 재산을 안전하게 유지하고, 생활이 권력자의 변덕보다 법에 의해 통제되도록 보장하는 데 있다. 플라톤의 『국가』에서는 법이 사라진다. 철학자-군주가 지배하면 법이 규제하는 갈등들도 사라지기 때문이다. 그에 따라 정의의 중요한 측면도 사라진다. 정치적 맥락에서 정의의 또다른 의미는 권력의 공정한 배분과 관련된다. 이를테면 신분이 높은 사람이 다스려야 할지, 다수가 다스려야 할지가 그런 문제다. 그 문제에 대해 플라톤은 철학자가 다스려야 한다고 답한다. 무식하고 무지한 사람이 국정을 맡으면 그 자신까지 포함해 누구에게도 이익이 되지 않는다. '다수'의 사람들이 스스로의 뜻대로 삶을 영위해가는 가운데 정당한 이해관계가 유지될 수 있다는 생각은 플라톤에게 없다. 그것은 정당하면서도 상충하는 이해관계가 성립하지 않기 때문에 비정치적 정치가 된다. 지배자는 과제와 보상을 올바르게 분배하고 수여하는 방법을 알아야 한다.

마지막 생각들

『국가』의 뒷부분 3분의 2에는 플라톤의 형이상학적 신념에 관한 대단히
흥미로운 설명이 있다. 형이상학적 견해는 우리의 논의와 직접적인 연관이
없으므로 여기서는 다루지 않기로 한다. 그러나 거기 포함된 세 가지 주장
은 우리의 관심을 끈다. 첫째, 철학자가 지배할 수 있고 지배해야 하는 이
유는 무엇인가? 둘째, 완벽한 국가는 왜 영원히 지속되지 못하는가? 그리
고 셋째는 정의로운 사람이 부정한 사람보다 언제나 더 행복하다는 것을
보여주려는 플라톤의 마지막 시도다. 철학자의 지배가 필요한 이유는 플라
톤이 안정을 옹호하는 평범한 정치적 주장을 버리고, 그 대신 자연의 질서
를 반영하는 폴리스를 설립해야 한다는 철학적 주장을 채택했기 때문이다.
철학적 능력은 신의 질서를 인식하는 데 있으므로, 폴리스는 철학의 지도
를 받아야만 완벽해질 수 있다. 철학에 친숙하지 않은 독자는 다른 점에 주
목해도 된다. 그 주장의 흥미로운 점은, 자연질서에 관한 플라톤의 상세한
사상보다는 철학자의 지배를 옹호하는 주장과, 다양한 종류의 신정神政 체
제를 지지하는 후대의 주장이 유사하다는 데 있다.
  정치의 주요 과제가 사회·경제·정치질서를 신이 정한 자연질서에 맞
추는 것이라는 전제를 받아들인다면, 그 질서를 이해하는 사람이 핵심적
인 역할을 맡아야 할 것이다. 그는 직접 세속적 지배자가 될 수도 있고, 그
게 아니라면 세속적 지배자의 영적 지도자가 될 수도 있다. 그 권력이 어떻
게 행사되어야 하느냐에 관한 문제는 중세 그리스도교 세계에서 뜨거운 쟁
점이었으며, 이슬람 세계에서는 아직도 해결되지 않고 있다. 중세 유럽에

서 교황이 왕을 해임시킬 수 있느냐는 것도 그것과 맥을 같이하는 문제였다. 현대 세계의 예를 보면, 이란은 공공연한 신정국가인 반면 이스라엘은 사실상 신정국가이면서도 그렇게 공언하지는 않는다. 영국은 국교가 있지만 미국보다 훨씬 세속적이며, 미국은 헌법으로 국교를 금지하고 있는데도 정치인들은 신앙심이 깊은 사람들의 표를 얻기 위해 부단히 노력한다. 플라톤의 답은 철학자가 군주여야 하고 군주가 철학자여야 한다는 것이었다. 그런데 한 가지 큰 어려움은, 플라톤 자신이 몸소 보여주었듯이 철학자들이 그 일을 맡지 않으려 한다는 점이다. 동굴의 우화에서 플라톤은 인간의 상태를 어두운 동굴 안에서 앞만 보고 앉아 있는 사람에 비유한다. 그 앞의 벽에는 뒤편에서 걷는 사람들이 만든 그림자가 어른거리는데, 인간은 그 그림자를 현실로 받아들인다. 동굴 밖으로 나온 철학자는 처음에 강한 햇빛에 눈을 뜨지 못하다가 이내 사물들을 있는 그대로 바라볼 수 있게 된다. 진리를 찾기 위해 길고 험난한 여정을 거친 철학자가 허상의 세계로 돌아가고자 할까? 물론 그렇지 않다. 사실 그런 저항은 매우 바람직하다. 정부는 야망에 사로잡히지 않은 사람에게 맡겨질 때가 최선이기 때문이다. 그것은 다른 한편으로, 유토피아 바깥에서는 철학자가 지배자로서 성공할 수 없다는 사실을 암시한다.

유토피아 정부는 복잡하지 않다. 플라톤의 유토피아에서는 아무런 일도 일어나지 않는다. 비판하는 입장에서 보기에는 단점이지만 플라톤 자신이 보기에는 장점이다. 유토피아는 이웃의 탐욕을 불러일으키기에는 너무 빈곤하며, 유토피아의 군인들은 그런 이웃의 침략을 방어할 만큼 충분히 강하다. 모든 사람이 자신의 본성에 맞는 일을 하므로 아무도 다른 일을 하려는 욕구가 없고 새로운 취향도 생겨나지 않는다. 관리자들은 적재적소에 필요한 인력을 양육하도록 지배 엘리트를 조직한다. 그들이 어떤 계산을 하고 어떻게 그 일을 하는지에 관해, 안타깝게도 플라톤은 알아보기 힘든 몇 가지 방정식을 제시하는 듯한 제스처를 보이는 것 이외에는 아무것도 밝히지 않았다. 어쨌든 그 계산이 옳다면 영원히 평화가 지배할 것이다.

'구리의 영혼을 가진' 평범한 사람들에 대한 두 가지 포괄적인 질문이 남아 있다. 첫째, 그들은 과연 정의로운 삶을 살 수 있을까? 그럴 수 없다고 생각할 수도 있다. 그들의 영혼은 구리로 이루어졌고 그에 따른 덕은 절제이기 때문이다. 하지만 그럴 수 있다는 대답도 가능하다. 그들이 올바른 사회적 지위를 차지하고 자신에게 주어진 일을 제대로 한다면, 그들은 올바르고 정의롭게 사는 것이기 때문이다. 그들은 자신의 본분에 충실하다. 이 두 가지 생각을 염두에 두면, 그들도 정의롭다고 추론할 수 있다. 하지만 철학자만큼 정의롭지는 못하다. 물론 도덕적 능력이 계급과 관련되어 있다는 주장을 불쾌하게 여기는 사람도 더러 있을 것이다. 둘째 질문을 보자. 평범한 사람들은 무슨 일을 할까? 그들은 다른 곳과 다를 바 없이 살아가지만, 정치적 소동으로부터 영향을 받지 않는다. 그들은 싸울 필요가 없다. 정치에 참여할 수도 없고 참여할 만한 정치도 없다. 그들은 농사를 짓고, 수공업을 하고, 가족을 돌보고, 복잡한 일 없이 행복하게 지낸다고 봐야 할 것이다. 그들은 안전하고 자신의 본분에서 벗어나지 않기 때문이다. 그들은 스파르타 대군주들의 강압에 눌린 메세니아의 헬로트가 아니라 보이지 않는 노동계급이다.

국가의 쇠락

유토피아가 만들 수 있는 것이라면 그것은 영원히 존속하지 않을까? 그러나 플라톤은 아니라고 말한다. 뭔가 잘못될 것이다. 출산율 계산이 잘못될 수도 있고 관리자들이 능력이나 신념을 잃게 될 수도 있다. 그러므로 주기적인 정치적 변화는 어쩔 수 없다. 쇠락은 순환의 경로를 따른다. 첫째, 권력의 기반으로서 명예가 지혜를 대체한다. 지혜로운 엘리트는 '명예정치 timocracy'(공적이나 명예를 가진 사람들이 주도하는 일종의 귀족정치—옮긴이), 즉 명예에 기반한 귀족이 된다. 이것은 결국 부자가 열등한 사람들을 억압하는 과두정으로 전락한다. 이런 명예정치에 가장 잘 어울리는 국가는 단연 스파르타다. 하지만 스파르타는 차선의 국가이며, 완벽을 향해 나아간다기보다는 완벽으로부터 멀어지고 있다. 우리의 영혼이 유토피아의 상황을 반영하듯이, 명예 지상주의자의 영혼은 명예 지상 국가의 가치를 반영한다. 이 점은 과두정과 그 정치 담당자에게도 마찬가지다. 그들은 타락한 명예정치가로서, 명예 대신 부를 추구한다. 과두정 국가는 하나가 아닌 둘이다. 부자의 국가와 빈민의 국가가 서로 싸우는 것이다. 이럴 경우 필연적으로 혁명이 발생하면서 민주주의로 이행하게 된다.

민주주의의 원칙은 자유인데, 플라톤은 자유에 대해 노골적으로 적대적이다. 아테네에서 생각하는 정치적 자유나 민주적 자유는 이세고리아, 즉 자격 있는 모든 시민이 민회에서 발언할 수 있는 동등한 권리였다. 엘레우테리아eleutheria라는 용어는 주인이 없고 노예가 아니라는 더 일반적인 의미를 가졌다. 그리스인들이 페르시아의 공격을 막아낼 수 있었던 것은 엘레우테리아 때문이었으며, 아테네의 민주주의자들은 이세고리아를 자신들의 고유한 자유라고 여겼다. 플라톤은 민주주의란 모든 사람들이 제멋대로 행동하는 순전한 방종의 원칙이라고 불평한다. 노예들은 무례하고 당나귀들은 보도에서 시민들을 밀친다. 마침내 순환의 최저점에 이르면 민주주의가 과잉되어 부자와 권력자가 소외되고 참주가 등장한다. 최악의 정부 형태인 참주정을 극복하려면 참주가 어떻게든 철학자가 되고 순환이 새로 시작되어야 한다. 유토피아가 아니라면 철학자는 정치에 참여하지 말아야 하지만, 참주의 자식을 가르쳐 철학자-군주로 길러내는 것은 가능하다. 플라톤은 시라쿠사에서 그런 실험을 하려고 했으나 결국은 가까스로 목숨만 건져 도망쳐 나왔다.

역사를 순환적으로 이해하려는 이론에 대한 열망은 정치사상사에서 반복적으로 나타나는 특징이다. 순환이론은 정치적 변화의 분석에 그다지 기여하지 못했으나, 플라톤의 순환이론은 다른 목적에 기여했다. '명예정치'에 대한 그의 설명은 스파르타를 지향하고 있다. 마치 스파르타가 완벽하기는커녕 타락하는 첫 단계에 있다는 것을 보여주는 듯하다. 귀족들이 돈에 집착할 때 명예정치가 타락한다는 사실은 스파르타에서 명확히 드러났다. 훌륭한 사람의 지배와 탐욕스러운 부자의 지배가 다르다는 것은 그리스 독자들에게 애써 설명할 필요가 없었다. 민주주의를 모두가 제멋대로 행동하는, 자유에 중독된 체제로 묘사한 것은 아테네에 지나친 모욕이고 완전히 부당한 처사였다. 하지만 그것은 상류층의 흔한 불평이었다. 플라톤의 불평은 '늙은 과두주의자'라고 알려진 작가의 주장과 매우 유사하다. 이것은 또한 시민들 각자가 모두 나름대로 재미있게 살기 때문에 다른 사람에게 신경을 쓸 필요가 없는 페리클레스의 도시국가에 대한 의도치 않은 찬사이기도 하다. 플라톤의 공격은 오히려 아테네 민주주의를 매우 유쾌한 것으로 보이게 하므로 현대 독자들이 보기에 실패로 여겨진다. 우리가 가장 진지하게 고려해야 하는 것은 참주정치에 대한 설명이다. 이것은 불의보다 정의를 선호하는 플라톤의 주장에 결정적인 연결 고리를 제공하기 때문이다.

플라톤은 시민들의 영혼이 국가의 성격을 반영한다고 가정한다. 민주주의 시민들은 새로운 것을 열렬히 환영하면서도 무엇을 하겠다고 굳게 결심하는 법이 없고 결정을 고수하지도 않는다. 그것이 펠로폰네소스전쟁의 참화를 낳았고, 애초에 전쟁을 유발한 지나친 경솔함을 낳았다. 참주는 트라시마코스가 말하는 영웅이며, 누구의 견제도 받지 않고 무엇이든 하고 싶은 것을 하는 사람이다. 플라톤은 참주가 지배하는 상황의 진정한 공포를 탁월하게 그려낸다. 참주는 살인과 속임수로 권좌에 오르며, 자신의 지배를 유지하기 위해 끊임없이 신민들의 공포를 유발한다. 이는 곧 증오도 유발한다는 뜻이다. 그 자신도 잘 알고 있듯이 참주는 세계의 적이고 세계 또한 그의 적이다. 그는 잠시도 마음의 평화를 얻을 수 없다. 먹는 음식에 독이 들었을지도 모르고, 한밤중에 칼을 맞을지도 모른다. 권좌에 오르는 과정에서 제거하지 않은 오랜 친구들이 느닷없이 암살자로 표변할 수도 있다. 그의 삶은 덧없고, 예상보다 일찍 그가 두려워하는 운명을 맞게 될지도 모른다. 참주의 삶은 세속적인 기준에서 봐도 좋을 게 없다. 늘 그렇듯이 비판적인 독자는 플라톤이 너무 과장한다고 불평하겠지만, 그것은 요점이 아니다.

플라톤은 처음에 철학과 시의 해묵은 불화를 어색하게 끌어들이다가 결론에 이르러서는 『고르기아스』의 끝부분에서처럼 내세에서 정의로운 사람과 부정한 사람이 겪는 운명을 다룬다. 사후에 사람들은 영혼의 최종 심판을 받고 영원한 보상을 얻는다. 내세는 바로 정의로운 삶과 부정한 삶의 궁극적 보상이 이루어지는 곳이다. 키케로는 이 대목을 기반으로, 『공화정에 관하여 De republica』의 6권에 수록된 '스키피오의 꿈'에서 조국을 위해 헌신한 로마의 정치인들이 불멸의 축복을 받으리라고 말한다. '스키피오의 꿈'을 발판으로 삼아 이후 수 세기 동안 환생에 대한 논의, 그리고 그리스도교 우주론과 플라톤주의 우주론의 양립 가능성에 대한 논의가 전개되었다. 그러나 『국가』에서 표면상으로 제시된 논의의 좁은 맥락에서 에르의 신화(전사였던 에르가 죽었다가 되살아나 저승에서의 경험을 이야기해주는 신화—옮긴이)가 어떤 의미를 가지는지에 관해서는 별로 다뤄진 게 없다. 단지 플라톤이 트라시마코스가 제기한 도전에 응하지 못했다는 것, 혹은 트라시마코스의 도전에는 응했다 해도 글라우콘의 도전에는 응하지 못했다는 것을 보여주는 정도에 그칠 따름이다. 즉 플라톤은 차분하고 침착하고 냉철한 참주(그런 사람이 심리학적으로 존재 가능하다고 가정하자)라 해도 현세에서 그에게 희생된 사람들보다 그가 더 나쁘다는 것을 보여주지 못했다. 이마누엘 칸트가 말했듯이, 우리가 내세를 갈망하는 이유는 바로 현세에서는 덕과 행복이 거의 무관하기 때문이다. 정치적으로 더 중요한 측면은 따로 있다. 플라톤은 참주의 진면모를 드러내지 못했고 또 그럴 수밖에 없었지만, 참주의 삶이 무익하다는 점에 관해서는 상당한 설득력을 보여준다. 히틀러와 스탈린의 삶을 관조해보면, 우리가 그들을 전혀 부러워하지 않는다는 것을 알 수 있다. 이것만으로도 트라시마코스를 제압하기에는 충분하다. 물론 트라시마코스의 주장만큼이나 극단적인 소크라테스의 주장을 증명하는 데는 도움이 되지 않는다.

이제 『국가』가 야기하는 마지막 생각을 보자. 플라톤이 설명하는 이상적인 정부는, 정치를 다루는 기술의 문제보다는 영혼을 다루는 기술의 문제의 영역이다. 그것은 정치에 관한 구도와 거리가 멀다. 규제할 만한 경제생활도 없고, 억눌러야 할 범죄도 없고, 해소해야 할 이해 갈등도 없고, 화해시켜야 할 정책 다툼도 없고, 완화하거나 수용하거나 억눌러야 할 가치의 충돌도 없다. "수많은 중대한 문제들에 관해 한마음이 될 수 없음에도 불구하고 어떻게 함께 살아갈 수 있을까?" 이 질문에 대해 플라톤의 답변은 전제를 부정하는 것이다. "모든 중대한 문제에 관해 언제나 한마음이 됩시다." 이것이 답이다. 『멋진 신세계』는 플라톤식 유토피아가 20세기에 취할 법한 타락한 형태에 대한 패러디다. 또 홉스의 『리바이어던』은 평화를 위해서는 우리가 얼마나 합의를 위해 노력해야 하는지 모색한 결과물이다. 아리스토텔레스 이후로는 플라톤이 정의로운 정부를 수립하는 문제를 해결했다기보다 해소했다는 사실이 공인되었다. 어떤 측면에서 플라톤의 천재성은 조화에 대한 우리의 갈망—그 갈망을 어떻게 포기하겠는가?—과 일상의 정치를 더 생산적으로 만드는 노력이 얼마나 상충하는지를 명백히 보여준 데 있다. 아리스토텔레스는 이 논점을 추구하면서 비非유토피아 정부에서 어떤 종류의 정의를 실현할 수 있는지를 보여주고자 했다. 그렇다면 이제 아리스토텔레스를 살펴볼 차례다.

제3장
아리스토텔레스: 정치는 철학이 아니다

생애와 시대

플라톤과 달리 아리스토텔레스는 당대의 정치에 휩쓸렸다. 실제로 그는 기원전 323년 마케도니아의 지배에 맞서 반란을 일으킨 아테네인들이 그의 충성심을 의심해 추방된 상황에서 죽었다. 그는 알렉산드로스대왕의 스승이었으며, 기원전 334년 알렉산드로스가 페르시아제국을 정복하러 떠날 때 그리스의 치안을 유지하기 위해 섭정으로 임명한 마케도니아 장군 안티파트로스의 장인이기도 했다. 고대 역사가들은 아리스토텔레스가 제자에게 헌신했다고 말하지는 않는다. 플루타르코스는 그가 알렉산드로스에게 독약을 주었다고 믿는다. 하지만 그 독약이 알렉산드로스의 때 이른 죽음을 초래한 원인인지 아닌지는 알 수 없다(안티파트로스가 범인이라는 소문도 있었다. 알렉산드로스가 등을 돌리고 자신을 처형할까 두려워 선제공격을 가했다는 것이다). 아리스토텔레스는 그리스와 마케도니아 접경, 지금의 살로니카에서 동쪽으로 약간 떨어진 스타기로스라는 작은 마을에서 기원전 384년에 태어났다. 그는 기원전 367년에 아테네로 와서 플라톤의 아카데메이아에 들어가 거기서 20년간 살았다. 그가 아테네에 온 때부터 세상을 떠난 기원전 322년까지 45년 동안 아테네의 역사는 부침이 심했다. 펠로폰네소스전쟁의 참화를 딛고 일어나 부활했다가, 기원전 338년 카이로네아 전투를 시작으로 마케도니아 군대에 패배하면서 그리스 도시국가들은 정치적 독립을 잃었다. 그러던 중 기원전 323년 알렉산드로스대왕이 죽은 것을 기화로 아테네는 반기를 들었고 기원전 322년에 아모르고스 해전을 일으켰다.

플라톤이 죽으면서 아리스토텔레스의 아카데메이아 생활도 끝났다. 아리스토텔레스가 싫어하는 사람들이 아카데메이아를 장악하자 그는 친구 크세노크라테스와 함께 아테네를 떠났다. 그는 레스보스에 머물면서 참주 헤르메이아스의 지원을 받았다. 노예 출신으로 수완이 무척 좋았던 헤르메이아스는 페르시아 왕에게서 아타르네오스 시의 지배권을 사들인 적도 있었다. 아카데메이아에 있을 때 헤르메이아스는 뛰어난 철학자로 명망이 높았다. 아리스토텔레스는 훗날 헤르메이아스가 페르시아를 침공하려는 마케도니아를 지원하기 위해 음모를 꾸몄다는 혐의로 페르시아 왕에게 고문을 당하고 처형된 이후, 그의 조카딸과 결혼했다. 헤르메이아스가 아리스토텔레스를 마케도니아의 필리포스에게 소개했는지 여부는 확실하지 않지만, 기원전 342년에 아리스토텔레스는 왕의 부름을 받고 펠라로 가서 어린 알렉산드로스의 스승이 되어 기원전 336년까지 그를 가르쳤다. 아마 그 기간 내내 스승으로 일하지는 않았을 것이다. 기원전 340년 초에 알렉산드로스는 아버지의 부재중에 마케도니아를 다스렸고, 2년 뒤에는 카이로네아 전투에서 아버지의 군대를 지휘했기 때문이다.

기원전 335년 아리스토텔레스는 아테네로 돌아가 자신의 학교인 리케이

온을 세웠다. 아테네가 마케도니아의 지배에 맞서 두번째 반란을 일으켰다가 실패한 직후였다. 예상 외로 필리포스도, 알렉산드로스도 아테네를 테베처럼 잿더미로 만들지 않았다. 반마케도니아 항쟁의 가장 비타협적인 지도자였던 데모스테네스도 추방하기는커녕 아테네에 계속 살게 허용했다. 당시 아카데메이아의 원장은 크세노크라테스였는데, 아리스토텔레스가 친구와 경쟁을 벌였던 것 같지는 않다. 학교를 세우는 과정에서 신의 없는 모습을 보인 적도 없으며 게다가 그의 학교는 독특한 특징이 있었다. 그것은 바로 경험적 연구에 집중한다는 점이었다. 특히 아리스토텔레스는 학생들에게 그리스의 정치체제 158가지를 설명하고 분석하게 함으로써 경험적 정치학을 창시했다. 아리스토텔레스 철학의 '자연주의'는 지금 우리가 세계에 대한 과학적이고 경험적인 접근과 이해라고 여기는 것과도 비슷하고, 자연을 인간의 힘이 미치지 못하는 미와 질서의 근원으로 간주하는 종교적인 접근과도 비슷하다. 그 결과 그의 정치 분석은 실용적 지혜를 담고 있으면서도 최선의 상태란 '자연에 의한' 상태임을 보여주려는 플라톤적 시도 또한 적절히 수용하고 있었다.

아테네로 돌아온 뒤에도 아리스토텔레스는 평온한 삶을 살지 못했다. 대다수 아테네인들은 마케도니아의 헤게모니에 몹시 적대적이었다. 데모스테네스가 자살한 기원전 322년까지 아테네 정치의 핵심 문제는 마케도니아의 헤게모니에 어떻게, 어디까지 저항할 수 있느냐였다. 안티파트로스는 점령군의 지휘관으로서 인기가 없었는데, 사실 그것은 당연했다. 또한 아리스토텔레스는 외국인이라는, 그것도 환영받지 못하는 외국인이라는 자괴감에 빠졌다. 그가 느낀 이런 어색함은 플라톤과 이소크라테스의 제자였고 아테네의 재정과 도시 관리를 담당했던 리쿠르고스와 친교를 맺으면서 다소 누그러졌다. 리쿠르고스는 겉으로 내세우기로는 민주파였고, 데모스테네스의 친구였으나 실은 온건한 귀족정치가였다. 유산계급의 경제적 이

익을 보호하고 그 이익이 민주적 헌법에 어긋나지 않도록 노력한 리쿠르고
스에 대해서는 아리스토텔레스도 『정치학』에서 칭찬한 바 있었다. 그러나
아리스토텔레스의 입장은 점점 더 유지하기가 어려워졌다. 기원전 323년
6월 알렉산드로스가 서른두 살의 나이로 바빌론에서 예기치 않게 사망하
자―말라리아나 간 질환 때문이라는 설도 있고 독살설도 있다―노골적인
반란이 터졌다. 아리스토텔레스는 에보이아의 칼키스에 은거했다. 그는 그
곳에서 1년 뒤에 죽었다. 마침 그 시기는 안티파트로스가 아모르고스에서
승리하면서 정치적·군사적 독립을 쟁취하려는 아테네의 희망이 완전히 꺾
인 때였다.

아리스토텔레스의 정치적 편견

현대 독자들은 아리스토텔레스의 일부 견해에 격렬히 반대한다. 특히 명
백한 비난의 대상이 되는 것은 노예제와 여성의 지적·정치적 능력에 관한
그의 견해다.[1] 당연하지만 이 두 가지 견해는 서로 연관되어 있다. 우월한
자―가장으로서의 남성―와 열등한 자―아내와 노예―의 관계는 근본
적이고 자연스러운 인간관계다. 아리스토텔레스는 시민의 자격을 가진 남
성의 가족 안에서는 노예가 천한 일을 담당해야 한다고 생각했다. 천한 일
은 정치생활을 하는 남성에게 어울리지 않는다. 노예와 평민 노동자는 시
민이 정치생활을 할 수 있도록 자유롭게 해준다. 가장이 가족을 다스리는
방식은 정치적이기도 하고 그렇지 않기도 하다. 시민들은 각자 동등한 관
계다. 주인과 노예, 남편과 아내, 부모와 자식의 관계는 동등하지 않지만,
아내는 확실히 자유로운 반면 노예는 그렇지 않다.[2] 아버지는 자식에게 '왕
과 같은' 지배력을 행사하며, 아내에게는 '법적' 지배력을 행사한다. 그렇

다고 해서 남편과 아내가 마치 시민이 정부를 제어하는 것처럼 가족을 다스리는 것은 아니다. 아리스토텔레스가 이 관계의 정당성을 어떻게 논의하는지에 관해서는 나중에 보기로 하자. 여기서 주목할 것은 두 가지다. 첫째는 노예의 획득이 전쟁이나 사냥 기술의 일부라는 충격적인 사실이다.[3] 고대 세계는 노예제에 크게 의존했다. 국가나 해적 왕국은 '인간 사냥'을 적법한 사업이자 나름의 생계 수단으로 간주했다. 적의 습격 범위 내에 사는 촌락 주민들이나 뱃길로 먼 거리를 여행해야 하는 사람들에게는 적에게 사로잡혀 팔릴지 모른다는 것이 대단히 현실적인 위험이었다. 아리스토텔레스는 전쟁에서 포로를 사로잡아 노예로 파는 관행을 규제하는 방안들을 제안했으나 그 관행 자체를 비판하지는 않았다. 하지만 그는 노예제가 부당하고 순리에 어긋난다고 생각하는 학자들이 많다는 사실을 인정했으므로 아마 내심으로는 노예제를 비판하는 입장이었을 것이다.

두번째로 주목할 것은, 아리스토텔레스가 자연질서에서 노예제의 존재를 정당화하면서, 태생적 노예와 주인이 자제력에서 차이가 있다고 본다는 점이다. 아리스토텔레스는 노예 출신의 헤르메이아스를 제자이자 보호자로 두었고 그가 예기치 않은 죽음을 맞았을 때 추도식을 거행하고 그의 조카딸과 결혼한 바 있다. 그랬던 그가 헤르메이아스를 어떻게 여겼을지는 상상만 할 수 있을 따름이다. 헤르메이아스는 마지막으로 이런 말을 남겼다. "나는 철학자로서 모자란 짓은 결코 하지 않았다." 아리스토텔레스가 여성을 보는 시각은 노예를 보는 시각과 비슷하다. 즉 여성은 가정에서 자신에게 부여된 종속적인 역할을 할 수 있을 만큼 이성적이지만, 정치 분야에서 독자적인 판단을 내릴 만한 이성적 능력은 갖추지 못했다는 것이다. 여성, 노예, 아이는 아고라나 에클레시아가 아니라 질서정연한 가정에 있어야 한다. 아리스토텔레스가 고대 그리스 세계의 기준으로 보아도 진부하기 짝이 없는 견해를 가지고 있었다는 사실에 독자들이 분노하는 이유에 관해서는 생각해볼 가치가 있다. 그럴 만도 한 것이, 그의 글은 대단히 현실적일 뿐 아니라 정치 자체를 송두리째 거부한 플라톤과 정반대로 정치가 실제로 행해지는 과정에 대한 관심을 보여준다. 아리스토텔레스는 지식을 갖춘 여성들과 자주 대화했고, 자신의 여성관을 바꿀 기회가 많았다. 또한 헤르메이아스를 계기로 노예제의 정당성을 숙고할 기회도 있었다. 현대 독자들은 아마 아리스토텔레스가 그 자신이 내세운 경험적 방법을 철두철미 적용했다면 그런 맹점을 바로잡을 수 있었으리라고 생각할 것이다.

목적론: 자연과 정치

아리스토텔레스는 시대착오적이라는 우리의 충고에 귀를 기울이지 않을 것이다. 그의 '자연관'은 우리와 달랐고, 사물의 자연질서에 대한 탐구도 완전하게 경험적이지는 않았다. 헤르메이아스는 분명히 '태생적 노예'가 아니었지만, 그렇다고 해서 태생적 노예가 없었던 것은 아니다. 아리스토텔레스는 "국가는 자연의 피조물이며, 인간은 태생적으로 정치적 동물"[4] 이라는 유명한 말을 남겼다. 따라서 우리는 아리스토텔레스의 자연관에서 시작해야 한다. 아리스토텔레스는 잘 알려진 형상인, 질료인, 동력인, 목적인의 4인자론을 주장했다. 식물, 동물, 인간, 제도 등 모든 실체들의 행동은 그 목적telos에 의해 설명된다. 목적이나 용도에 따른 설명이기 때문에 목적론적 설명이다. 17세기의 과학혁명은 자연과학에서 목적론적 설명을 배제했다. 물리적 원인에 대한 우리의 견해는 기본적으로 어떤 일이 일어나도록 만드는 선행조건을 초점으로 한다. 즉 우리는 물리적 자연에 '특유한' 모종의 상태가 있다고 생각하지 않는다. 현대의 자연관은 아리스토텔레스의 자연관과 크게 다르다. 우리는 인간의 계획에 의해 영향을 받지 않는 사물의 존재 방식을 가리킬 때 '자연스럽다'는 말을 쓰지만, 아리스토텔레스는 인간의 계획을 사물에 포함시켜 '자연스러운' 형태와 '부자연스러운' 형태로 나누었다. 이를테면 여성이 남성과 동등한 정치적 권리를 가지는 우리 사회는 부자연스러운 사회가 된다. '자연스러운' 생명 형태는 자연의 목적을 충족시키기 때문에 선하다. 오늘날 그런 아리스토텔레스의 견해는 로마가톨릭교회의 가르침에 남아 있다. 그에 따르면 신은 자연의 창조자이며, 자연법과 신의 법은 서로를 보강한다. 하지만 아리스토텔레스는 신이 자연을 창조한 게 아니라 자연 자체가 신이라고 보았다. 그래서 그의 견해는 '자연스러움'과 '부자연스러움'을 '평범함'과 '특이함' 혹은 '도덕적 선'과 '도덕적 악'으로 보는 회의적 견해에 매우 가깝다.

『정치학』은 전반에 걸쳐 자연이 사회적 규범의 근거라는 점을 당연시하고 있다. '태생적' 노예가 있느냐는 아리스토텔레스의 물음은, 남들에게 노예로 봉사하는 것을 세계 속에서 자신의 고유한 역할로 삼은 사람이 있는지를 묻는 것이다. 그런 사람이 있다면 노예제가 있는 이유와 노예가 노예인 것이 좋은(자연스러운) 이유가 다 설명된다. 무엇이 '자연스러운지' 알면 사물이 존재하는 방식과 존재해야 하는 방식을 다 알 수 있다. 게다가 자연은 위계적이다. 모든 사물은 선을 지향하며, 최고의 사물은 최고의 선을 지향한다. 인간 존재는 생물들의 위계에서 맨 꼭대기에 있다. 우리는 어떻게 하면 최고의 선을 추구할 수 있느냐는 관점에서 인간 행동을 이해해야 한다. 아리스토텔레스는 자신도 편견에 빠질 여지가 있다는 점을 감안해 선한 정치의 모델을 명시하지 않았다. 즉 지금 자치가 어떻게 이루어지고 있는지를 연구하면 자치를 어떻게 해야 하는지 알 수 있다는 것이다.

자연이 지향하는 것을 알아내려면 자연이 하는 일을 관찰해야 한다. 자연도 늘 선을 성취하는 것은 아니다. 자라지 못한 나무, 병든 아이, 불행한 결혼, 내전이 벌어진 국가는 얼마든지 있다. 그러나 우리는 사물의 상태가 좋은 때를 보고, '병들었다'든가 '불행하다'는 말에 포함된 기준을 발견한다. 그러므로 정치학은 규범의 요소가 많이 개입된 일종의 자연사natural history와 같다. 아리스토텔레스는『자연학Physica』에서 모든 설명이 갖춰야 할 기준을 제시했는데, 이후 그것이 2000년 동안이나 표준으로 간주되었다. 4인자—형상, 질료, 동력, 목적—는 정치 분석에도 적용된다. 국가의 형상은 정체이고, 질료는 시민이고, 목적은 시민들이 전반적으로 최선의 삶을 영위할 수 있도록 하는 것이고, 국가가 탄생한 원인은『정치학』의 앞부분에 나오듯이 자급자족의 추구다.『정치학』의 후반부에서 아리스토텔레스는 혁명을 논의하는데, 이것은 국가가 사라지는 원인에 대한 설명인 동시에 국가가 현재의 형태로 존속하는 원인에 대한 설명이다.

아리스토텔레스는 현실의 모든 지식이 기하학이나 수학을 닮아야 한다는 플라톤의 생각에 동조하지 않았다. 플라톤은 감각세계가 실재의 조잡한 그림자에 지나지 않는다고 여겼다. 인간의 손으로 그린 등변삼각형을 정밀하게 측정해보면 어떤 것도 완벽하게 등변은 아니라는 것을 알 수 있다. 한 변이 다른 변보다 길 수도 있고 각도들이 서로 조금씩 다를 수도 있다. 플라톤이 보기에 경험세계는 초경험적 실재의 어설픈 모사물이다. 기하학은 완벽한 기하학적 도형을 연구한다. 아리스토텔레스는 관찰세계를 경멸하지 않았다. 세계는 우리가 지각하는 그대로지만, 우리의 감각은 때로 우리를 속인다. 황달에 걸린 사람은 사물을 실제와 다르게 노란색으로 본다. 따라서 훌륭한 설명은 '외양에 빠지지 않는 것'이다. 세계가 왜 우리가 보고, 듣고, 느끼고, 맛보고, 냄새 맡는 것과 같은지를 설명해야 한다. 특히 17세기에 갈릴레이는 당대 사람들에게 지구가 태양의 둘레를 돈다는 자신의 견해를 납득시켰다. 비록 그는 아리스토텔레스의 천문학과 물리학을 뒤집었지만, 스스로 아리스토텔레스의 제자라고 주장했으며, 태양이 왜 지구의 둘레를 도는 것처럼 보이는지 설명하는 것을 의무로 여겼다. 그는 아리스토텔레스의 물리학을 대부분 거부했으나—아리스토텔레스는 지구가 우주의 확고한 중심이라고 생각했다—훌륭한 설명이라면 사물이 왜 눈에 보이는 것처럼 보이는지 답해야 한다는 아리스토텔레스의 주장을 받아들였다.

정치학 연구는 일종의 자연사다. 토머스 홉스는 아리스토텔레스의 정치학을 혐오했으며, 『리바이어던』에서는 플라톤을 좇아 기하학에 입각한 정치학을 구성했다. 그러나 그는 아리스토텔레스의 생물학을 높이 평가했다. 그런 '생물학적' 측면이 중요한 이유는 홉스와 플라톤이 갈망하는 정치기하학이 어긋나기 때문만은 아니다. 아리스토텔레스는 정치 분석이 "주제가 허용하는 만큼의 정확성만을 지향해야 한다"고 주장했다. 정치적 지혜는 기하학만큼 정확할 수 없고, 또 그러려고 해서도 안 된다. 수목 재배를 예로 들 수 있다. 대다수 나무들은 굳은 토양에서 적절한 물을 줄 때 가장 잘 자라지만, 일부 나무들은 진흙탕에 뿌리를 내려야 번성한다. 과학자들은 이런 나무와 저런 나무의 차이를 분석함으로써 더 심층적인 이해를 얻는다. 그것은 농부에게 도움이 될 수도 있고 안 될 수도 있다. 그러나 아리스토텔레스의 윤리와 정치에 관한 책은 농부의 요구—정치로 말하면 정치가와 시민의 요구—가 중요하다고 말한다. 우리가 윤리와 정치의 지식을 추구하는 이유는 행동을 위해서다. 아리스토텔레스는 플라톤이 모든 지식을 마치 똑같은 목표에 기여하는 것처럼 취급했다고 불만을 토로한다. 우리가 윤리와 정치에서 진리를 추구하는 이유는 무엇을 해야 할지 알기 위해서다. 윤리와 정치는 실용적인 학문이다. 우리는 특정한 행동과 인물, 생활양식을 왜 찬양하거나 비난하는지 성찰함으로써 윤리에 대한 이해를 증진시키고자 한다. 하지만 그렇게 하는 이유는 호기심을 충족하기 위해서가 아니라 더 잘 살기 위해서다.

이런 자연관과 과학관에는 우리에게 매우 중요한 한 가지 측면이 있다. 오늘날 우리는 개인의 권리나 요구를 고찰하면서 어떤 국가가 개인들에게 충성을 요구할 정당한 권리를 가지는지, 혹은 개인들의 행복을 가장 잘 증진시킬 수 있는지를 묻는다. 아리스토텔레스의 용어를 빌리면, 즉 개인은 국가에 '선행'한다. 하지만 아리스토텔레스의 생각은 다르다. 개인은 자연적으로 폴리스 속에서 살도록 되어 있으므로 폴리스가 개인에 '선행'한다. 그 결과, 정치학은 지배적 학문 혹은 지배적 예술이 된다. 정치학의 목적은 최선의 국가가 탄생하고 번영하는 조건을 찾아내는 것이기 때문이다. 손은 그 주인인 인간이 번영을 누리는 데 이바지하는 역할로써 설명되듯이, 시민의 자질은 국가가 번영하는 데 이바지하는 역할로써 설명된다. 연극을 예로 들어보자. 배우는 누구나 리어왕이나 햄릿의 역할을 맡고자 한다. 첫째 이유는 리어왕이 최고의 비극 영웅들 중 하나이기 때문이고, 둘째 이유는 햄릿의 우유부단과 고뇌를 연기하려면 배우가 가진 모든 역량이 필요하기 때문이다. 리어왕과 햄릿 왕자는 셰익스피어의 연극에 나오는 등장인물이다. 우리는 연극을 이해함으로써 그들을 이해한다. 마찬가지로 우리는 폴리스를 이해함으로써 시민을 이해한다. 배우라면 누구나 햄릿이나 리어왕을 연기하고자 하듯이, 자주적이고 지성적인 사람이라면 누구나 아리스토텔레스적 폴리스에서 살아가는 시민의 역할을 하고자 할 것이다.

윤리학과 『정치학』

아리스토텔레스는 폴리스가 '자연적으로' 존재한다고 주장했다. 자연은 우리가 모두 함께 선한 삶을 살아가도록 정해놓았기 때문이다. 그러므로 우리는 선한 삶에 관한 그의 견해를 출발점으로 삼을 수 있겠다. 폴리스의 핵심 가치는 정의이므로 우리는 아리스토텔레스가 말하는 정의, 우리가 정의를 추구하는 동기가 플라톤의 정의와 어떻게 다른지 알아야 한다. 『정치학』에서 아리스토텔레스는 『니코마코스 윤리학*Ethica Nicomachea*』에서 제시한 정의에 관한 설명에 의존한다. 윤리학은 '선하게 살기 위한' 연구다. 선하게 사는 방법을 알기 위해서는 삶의 목표를 알아야 한다. 어떤 행동이 얼마나 선한지 아는 것은 곧 그 행동이 그 목표를 얼마나 달성했는지 아는 것이기 때문이다. 인간의 삶은 행복에 도달할 때 선해진다. 하지만 그 행복은 특정한 종류의 행복, 말하자면 이성이 승인한 행복이다. 그래야만 우리는 자연이 우리에게 행사하도록 명한 능력을 행사하는 것이며, '선한 삶'을 사는 것이다. 가령 내가 마피아 보스인데 방금 경쟁자의 모든 가족, 남녀, 아이들 할 것 없이 다 살해했다고 하자. 그 경우 나는 행복할지도 모른다. 하지만 행복하다면 그것은 내가 비열한 인물이기 때문이다. 이성적인 사람이라면 학살로써 행복을 얻으려 하지는 않는다.

자연은 우리가 선한 인간의 행복을 누리도록 해준다. 이 주장은 순환적으로 보인다. 선한 삶이 무엇인지 물으면 행복한 삶이라고 답한다. 행복이 뭐냐고 물으면 올바른 사람이 올바른 방법으로 얻는 즐거움이라고 답한다. 올바른 사람이 누구냐고 물으면 이성에 따라 덕이 있는 삶을 사는 사람이라고 답한다. 덕이 뭐냐고 물으면 올바른 품성을 가진 사람에게 행복을 가져다주는 생각과 행동의 습관이라고 말한다. 이렇게 논의는 순환하지만 악순환은 아니다. 논의를 진전시키려면, 구체적인 덕―이성, 절제, 성실, 용기, 정의 등―을 검토하고, 그것이 선한 삶에 어떻게 기여하는지 알아내야 한다. 아리스토텔레스가 하려는 일이 바로 그것이다. 아리스토텔레스는 덕의 실천이 올바른 삶에 잘 부합한다는 사실에 힘을 얻어 자신의 이론에 확신을 가질 수 있었다. 여기서 또다시 우리는 우리의 도덕관과 아리스토텔레스의 윤리관이 정확히 일치하지는 않는다는 점에 주목할 필요가 있다. 그가 건강한 폴리스에서 촉진된다고 생각한 미덕들 중에는 지금 우리가 도덕적이라고 여기지 않는 것도 많다. 이를테면 충분한 교양, 훌륭한 취향, 대중 앞에서의 처신 같은 미덕이다. 그것들은 특정한 사회생활을 공고히 하는 데 중요하고, 나아가 폴리스의 응집력을 보존하는 데도 중요하지만, 현대적 의미에서 도덕적 자질은 아니다.

아리스토텔레스는 플라톤과 마찬가지로 성공한 폴리스는 정의를 바탕으로 한다고 여기지만, 그의 정의관은 플라톤과 다르다. 『니코마코스 윤리학』은 플라톤이 모든 덕들을 정의 하나에 몰아넣었다고 비판한다. 아리스토텔레스는 여러 덕 중 하나인 정의와 일반적인 덕으로 간주되는 '정의'를 명확히 구분한다. 물론 '포괄적인 올바름'도 있다. 그러나 통상적인 의미의 정의란 각자의 공과에 따라 좋은 것과 나쁜 것을 분배하는 일, 모두에게 합당한 것을 주는 일과 관련된다. 정치적 맥락으로 바꿔 말하면, 정의란 정치적인 덕에 따라 권위와 권력을 분배하는 것을 가리킨다. 정의로운 국가의 주민들은 정의로울 수밖에 없다. 국가가 정의로우려면 시민들이 정의롭게 살아야만 한다. 플라톤의 유토피아는 철학자만이 진정으로 정의로울 수 있다는 점에서 결함이 있다. 그러므로 우리는 평범한 이성적 인간이 정의를 실천할 수 있고 또 그렇게 하기를 원한다는 점을 보여줄 수 있어야 한다. 플라톤의 『국가』는 정의를 실천하는 사람이 이익을 얻는다는 견해를 옹호하지만, 그 점을 논증하는 데는 한계가 있다는 점을 알지 못했다. 플라톤의 주장은 대담하기는 해도 설득력은 떨어진다. 정의로운 사람이 그렇지 않은 사람보다 반드시 더 행복하다고 말할 때 그 행복의 관념이 평범한 행복과 너무 동떨어져 있기 때문이다. 아리스토텔레스는 플라톤의 결함을 바로잡는다.

정의로운 사람이 정의를 추구하는 것은 선한 삶을 살아가기 위한 방편이다. 정의를 원하고 정의로운 품성을 얻으려는 것은 이성적이지만, 정의로운 사람이 부정한 사람보다 반드시 더 나으리라는 보장은 없다. 자연은 정의가 만개하도록 하려 하지만, 특정한 개인은 아무리 훌륭하게 행동한다고 해도 불운을 겪을 수 있고 쇠락할 수 있다. 정의로운 사람들의 사회는 부정한 사람들의 사회보다 언제나 더 나을 것이다. 또한 이성적인 사람은 그런 사회를 바랄 것이다. 그러나 그런 사회의 모든 개인이 잘 살 것이라고 보장할 수는 없다. 정의의 실천은 다른 덕들의 뒷받침을 받을 때 더 쉬워진다. 고결한 사람은 자신의 가족과 친구들이 정의로운 사회에서 살아가기를 바랄 텐데, 그렇기 때문에 그 자신이 정의를 추구하기가 더 쉬워진다. 설령 정의롭지 못한 사람이라 해도 다른 모든 사람들이 정의롭게 행동하기를 바라는 만큼은 정의를 믿는다. 강도도 자신이 강도를 만나기는 원치 않고 도둑도 자신의 집이 털리기를 바라지는 않는다. 하지만 선한 사람은 순수한 마음에서 정의를 바란다. 그는 정의로써 행복해지며, 정의는 그가 바라는 행복을 위해 절실하게 필요하다. 그는 친구들의 신뢰와 동료들의 존경을 원하는데, 그러려면 당연히 그 자신부터 정의로운 사람이어야 한다. 다시 말해 신뢰와 존경을 적절하게 고취하는 사람이 되어야 하는 것이다.

아리스토텔레스가 얼마나 옳은지 판단하기란 어렵다. 인간이 근본적으로 '효용 극대화'를 추구하는 자기중심적인 존재라면, 사람들이 각자 자신의 이기적 행복을 얻기 위한 수단으로 서로를 대하는 것 이외에 달리 어떻게 상호작용하는지 알기 어렵다. 이것이 폴로스, 칼리클레스, 트라시마코스의 세계관이다. 아리스토텔레스는 인간이 어떤 것을 특별히 극대화한다고 생각하지 않았다. 우리는 여러 가지 목표를 추구하며, 각 목표마다 나름의 의미가 있다. 하지만 목표들에는 서열이 있다. 이를테면 이성적 인간은 세속적 이익을 추구하는 것보다 인격의 도야를 더 중시한다. 명예를 존중하고 남들이 자신을 어떻게 바라보는지에 매우 신경을 쓴다. 그렇다고 해서 그저 도구적으로만 사는 것은 아니다. '탐욕이 곧 이익'이라는 말은 아리스토텔레스의 견해와 부합하지 않는다. 참된 이익은 올바른 삶에서 찾을 수 있다. "기본적으로 이기적인 생물이 자신보다 남들에게 이득이 되는 정

의나 정직 같은 덕에 신경을 쓸 이유가 있을까?" 이런 질문은 일반적이지
않으며, 전제부터 잘못된 물음이다.

　인간은 자신의 행복을 추구하지만 그것이 늘 성공하지는 않는다. 실패하
고 잘못되는 경우도 많다. 현명한 사람이 자신에게 유익한 것을 원하듯이,
우리에게 유익한 것은 우리가 원하는 것과 연관되어 있다. 그러나 트라시마
코스에게서 보듯이(소피스트였던 트라시마코스는 강자가 정의를 규정한다고 주장했다—
옮긴이) 우리에게 유익한 것이 반드시 우리가 원하는 것으로만 한정되지는
않는다. 잘못된 욕망(예컨대 마약이나 알코올의존증, 도박)은 이익과 무관
하다. 잘못된 욕망은 우리 이익의 추구를 침해한다. 사소한 실수도 마찬가
지다. 만약 내가 독을 강장제인 줄 알고 마신다면 건강을 회복하기는커녕
죽게 될 것이다. 더 복잡한 실수도 있다. 패배한 적을 엄하게 다루면 그렇
지 않은 경우보다 더 고분고분하게 만들 수 있다고 생각한다든가, 한 번 적
을 협박해 효과를 본 뒤 앞으로도 늘 그렇게 하면 효과를 거두리라는 결론
을 섣불리 내리는 경우를 들 수 있다. 또한 성격적인 결함에서 생기는 실수
도 있다. 겁쟁이는 상황을 실제보다 더 위험한 것으로 오판하는 바람에 용
기를 내야 할 시점을 찾지 못한다.

정치 분석

　이제 정확한 정치 분석이 불가피해졌다. 우리는 가능한 한 모든 정치체
제들을 조사하고, 성공과 실패의 원인이 무엇인지 판단해야 한다. 정치 분
석을 통해 우리는 부패한 정부와 선한 정부를 구분할 수 있고, 어떤 체제
가 훌륭한 정치가들을 지원하는지 확인할 수 있다. 왜 다른 민족은 다른 종
류의 체제를 채택하는지, 우리가 '정치'라고 부르는 것이 왜 모든 사회에서

번영하지 못하고 일부 사회에서만 번영하는지 알 수 있다. 아리스토텔레스는 제자들에게 그리스 도시들의 정치제도를 알아보도록 했다. 지금 전하는 것은 그중에서 『아테네의 헌법Athenaion Politeia』 하나뿐이다. 매우 난삽한 책으로, 아리스토텔레스가 썼는지 어떤지는 확실치 않으나 제자가 쓰지는 않았다. 그럼에도 불구하고 매우 흥미로운 책이다.

『정치학』은 여덟 권으로 구성되어 있는데, 마지막 두 권은 앞의 권들과 사뭇 다르다. 여기에는 앞의 권들에서 시간 낭비라고 치부한 이상국가와 교육제도가 서술되어 있다. 사실 이 부분은 상당히 불완전하다. 특히 어린이 교육을 다룬 마지막 권은 분량이 몇 쪽밖에 되지 않는다. 그에 비해 앞의 여섯 권은 논증이 치밀하다. 첫째 권은 정치단체를 다른 단체들과 구분하고, 정치단체의 조직 원리가 가족, 가정의 조직 원리와 다른 점을 다룬다. 둘째 권은 이상국가를 이론과 실천의 측면에서 논의한다. 3권과 4권은 여러 가지 정치체제와 시민의 자격을 다루며, 5권과 6권은 혁명적 격변과 그것을 방지, 전환, 완화하는 정치체제의 건설을 검토한다.

그럼에도 불구하고 『정치학』은 산만한 저작이다. 여러 가지 주제들이 제시되고, 중복 논의되는 것도 많다. 예를 들어 시민권의 본성은 단골 주제다. 1권은 권위의 여러 형태를 다루면서 시민권을 논의하고 있으며, 시민-시민 관계가 주인-노예, 남편-아내, 부모-자식 관계와 다르다고 말한다. 2권에서는 플라톤의 정체 모델에 관해 비판하기 시작한다. 시민의 자격은 3권과 4권의 주제이며, 5권과 6권에서도 어떤 사람이 정치권력을 가져야 하는지 고찰하는 대목에서 다시 그 주제를 다루고 있다. 『정치학』을 천천히 읽으면 중복되는 논의들을 곰곰이 생각해보는 즐거움을 느낄 수 있다. 이제부터는 플라톤의 『국가』, 그리고 2000년 동안 아리스토텔레스에 대해 다른 사람들이 해온 논의에 초점을 맞추기로 한다. 나의 논의는 아리스토텔레스의 순서를 따르지 않는다. 우선 2권은 제외한다. 『정치학』에서 아리스토텔

레스가 이상국가론을 비판한 것과 나중에 그가 그 분야를 다시 탐구한 것을 다루면서 끝맺기 위해서다.[5]

정치적 인간

『정치학』의 첫 부분에서 아리스토텔레스는 인간이 본래 폴리스에 살도록 되어 있는 생물이라고 선언한다. 그 전에 그는 그보다 조금 덜 유명한 세 가지 주장을 제시한다. 첫째, 그는 모든 조직이 존재의 목적을 가지며, 폴리스는 가장 포괄적인 조직이므로 가장 포괄적인 목적을 위해 존재한다고 주장한다. 폴리스는 인간 조직의 궁극적 형태이고, 사회생활의 가장 높은 목적을 충족하기 위해 존재한다. 둘째, 다른 조직들은 폴리스의 보호가 필요하지만 폴리스는 상위의 다른 조직을 필요로 하지 않는다. 폴리스는 자급자족적이고 구성원들의 완벽한 삶을 가능케 한다. 셋째, 그런 조직을 통치하는 올바른 방법은 폴리스에 걸맞은 것이어야 한다. 폴리스는 '정치적으로' 통치되어야 한다. 아리스토텔레스는 합법적 지배자인 '정치가'의 권위와 정복자, 남편, 아버지, 노예주의 권위를 혼동하는 작가들을 비판한다. 타깃은 플라톤이다. 폴리스의 권위는 폴리스에 고유한 것이므로 다른 관계의 권위와 혼동하면 안 된다. 국가는 큰 가족이 아니고, 가족은 작은 국가가 아니다. 국가는 가부장적으로 통치되는 씨족에서 성장해 나왔으므로 처음에는 군주정을 취할 수 있다. 그러나 씨족에서 성장했다고 해도 국가의 목표는 씨족의 목표가 아니다. 무릇 조직은 기원이 아니라 목적의 견지에서 이해해야 한다. 국가의 목적은 가족이나 씨족의 목적과 다르다. 아리스토텔레스에 따르면 폴리스는 "성장할 때는 그냥 삶을 지향하지만 존재할 때는 선한 삶을 지향한다".

아리스토텔레스는 그리스 도시국가를 염두에 두었다. 그가 쓴 글은 대부분 어느 국가에나 적용될 수 있으며, 놀랄 만큼 잘 들어맞는 경우도 많다. 아리스토텔레스 자신의 관심은 아테네인들을 비롯해 그리스인들이 기원전 6세기 후반에 만들어낸 국가의 성공적 기능에 있었다. 인간은 본래 폴리스를 이루어 살게 되어 있다는 그의 말은 곧 폴리스가 인간의 잠재력을 최대한 발휘하고 마음껏 선한 삶을 살아갈 수 있게 하는 환경을 제공한다는 의미다. 그런데 표면상으로 보면 이것은 그가 다른 곳에서(심지어 『정치학』에서) 최선의 삶은 철학자의 명상하는 삶이라고 주장한 것과 상충하는 듯하다.[6] 아리스토텔레스는 이 긴장을 해소하는 그럴듯한 두 가지 방법을 제시했는데, 여기에는 제자들의 역할이 컸을 것이다.

첫째, 철학자의 길을 따르고자 하는 사람이 드물다는 점에 유의해야 한다. 철학이 요구하는 취향과 성향을 가진 사람이라면 철학자의 삶에 큰 성취감을 느낄 것이다. 철학자의 삶을 좇은 사람은 누구도 다른 길을 좇으려 하지 않을 것이다. 하지만 그런 취향과 성향을 가진 사람은 많지 않다. 대다수는 폴리스가 최선의 삶을 영위할 수 있는 환경을 제공한다는 것을 알게 된다. 그렇다고 해서 그들이 '열등한' 사람인 것은 아니다. 그들의 삶에도 용기, 정의, 성실, 정직, 절제 같은 덕들이 있다. 그들은 최선의 명상하는 삶이 아니라 최선의 행동하는 삶을 살 뿐이다. 또한 그것은 비타 콘템플라티바vita contemplativa(명상하는 삶)가 비타 악티바vita activa(행동하는 삶)보다 낫다는 소박한 진리―실은 진리라고 할 수도 없지만―와도 무관하다.

둘째, 철학자의 성취는 약간 색다르다는 점에 주목할 필요가 있다. 아리스토텔레스는 폴리스를 필요로 하지 않는 인간을 가리켜 짐승이거나 신이라고 말한다. 동물은 언어와 이성이 없기 때문에 정치사회를 형성하지 못한다. 또한 신은 개별적으로 자급자족하므로 정치조직이 필요 없다.[7] 철학자는 신의 생각을 알고자 하는데, 이것이 성공하면 자급자족이 되기 때문에 그의 삶에 대한 평가도 통상적인 범주를 벗어난다. 이것이 바람직스럽고 누구나 원하는 상태인지, 아니면 선택의 여지가 없는 불가피한 상태인지는 여기서 다루기 어려운 심층적인 문제다. 그래도 그것은 절대적인 것에 대한 철학적 탐구와 모두스 비벤디modus vivendi(생활양식), 즉 더불어 살아가는 방식에 대한 정치적 탐구 사이의 긴장을 말해준다.

아리스토텔레스는 『정치학』의 첫째 권에서 그런 접근의 함의를 설명한다. 폴리스는 촌락들의 집단이고—그는 아테네의 데모스를 염두에 두었을 것이다—촌락은 가정의 집단이므로, 그는 먼저 가정의 본성을 분석한다. 가정에서 드러난 경제생활과 정치생활의 관계에 주목하면서 여기서 행사된 권력을 정치적 권력과 구분한다. 가족 내에서는 남성 가장이 여성과 아이를 다스린다. 아리스토텔레스는 여성이 불완전하다고 말하지는 않았지만, 여성은 자신의 이성에 의한 통치보다 교육받은 남성의 통치를 받는 게 더 낫다고 여겼다. 그러므로 여성은 자기 남편의 다스림을 받는 편이 좋고, 남성 시민들처럼 공직을 맡는 것은 좋지 않다. 남성은 가장으로서 아내, 자식, 노예에게 가정의 권력을 행사한다. 남편/아버지로서 그의 권력은 무력에 기반을 두지 않으며, 자신의 편협한 이해관계에 따라 행사되지도 않는다. 하지만 노예에 대한 권력은 '주인'으로서 가지는 것이기 때문에 독재권력이다. 가장이 가족을 다스리는 목적은 가족이 가족으로서 번영하도록 하려는 데 있다. 아리스토텔레스가 후대에 물려준 사상에 따르면, 인간 집단을 뒷받침하는 권력의 범위와 성격은 그 집단이 가진 기능에 의해, 다시 말해 그 집단의 성격에 의해 결정된다. 로크는 1690년에 간행된 『둘째 논문 Second Treatise』에서, 2000년 전의 바로 그 사상에 의거해 정부권력을 분석한다. 로크의 영향력 때문이든, 아니면 다른 수단에 의해서든 그의 사상은 미국 헌법에 반영되었다. '제한된 정부'의 정신이라든가, 권력이 추구하는 목표를 기준으로 권력을 측정하는 방식이 로크의 사상을 보여준다.[8]

노예제

권력이 기능을 따른다는 주장은 아리스토텔레스의 독자들을 가장 곤혹스럽게 하는 관계, 즉 노예제까지 연장된다. 아리스토텔레스는 인간(여기서 인간이란 남자만을 가리킨다)이 사회의 정치생활에 참여할 만큼 여유를 가지려면 시민의 존엄성을 떠받치는 육체노동을 노예가 담당해야 한다고 생각했다. 남북전쟁 이전에 남부에서 노예제를 옹호한 사람들은 아리스토텔레스의 그 논증을 근거로 삼았다. 하지만 그들은 철학적 의미보다 성서의 가르침에 더 의존했으며, 때로 북부의 '자유노동'이 얼마나 비참한지 지적하기도 했다. 아리스토텔레스는 물론 미국 북부의 사정을 알지 못했다. 그는 그저 노예가 '움직이는 도구', 즉 주인이 원하는 일을 하는 도구라고 말할 뿐이다. 그리스의 노예제는 미국 남부나 로마 라티푼디움의 노예제보다 대체로 양호한 편이었다. 전쟁에서 패배하면 남녀노소 할 것 없이 노예가 되었으므로 노예가 주인보다 교육을 많이 받은 경우도 흔했고 가정노예의 형편도 대개 그리 나쁘지 않았다. 플라톤은 아테네에서 노예와 시민을 구분할 수 없다며 불평한 적이 있었는가 하면, 아리스토파네스의 희극에는 쾌활한 노예가 빈둥거리는 모습이 자주 등장한다. 하지만 아테네의 번영에 중요한 일익을 담당한 라브리온의 은광에서 일하는 노예들은 달랐다. 광부들은 과로나 납중독으로 죽어갔다. 아테네인들도 시라쿠사에서 패배하고 시칠리아의 채석장에서 일할 때 똑같은 형편에 처했다. 그들은 자신들의 처지를 불평하지도 않았고, 기존의 노예들에 대한 처우도 개선하지 않았다. 결국 그리스 고전 세계든 로마 세계든 폭넓은 인도주의 따위는 없었던 것이다.

노예를 살아 있는 도구로 여긴다고 해서, 주인이 마치 쟁기나 삽을 다루는 것처럼 노예를 다룰 수 있는 것은 아니다. 주인과 노예의 관계가 태생적인 만큼 주인의 지능과 노예의 지능은 워낙 차이가 크다. 노예는 주인의 지시를 따르는 정도의 지능밖에 없으며, 주인의 지능을 통한 지도가 필요하다. 주인과 노예가 외형상으로 쉽게 구분된다면 아주 좋을 것이다. 실제로 아리스토텔레스는 자연의 의도는 노예와 주인을 다르게 만드는 것이라고 말한다. 노예는 힘이 세지만 육체노동에나 알맞은 매력 없는 신체를 가져야 하고, 주인의 신체는 매력적이고 운동에 알맞지만 그다지 튼튼하지는 않아야 한다. 그런데 안타깝게도 자연은 자주 실패한다.[9] 아리스토텔레스는 노예제가 '인습'임을 어느 정도 인정한다. 상당수, 아니 대다수 노예들이 노예가 된 것은 잘못이다. 하지만 그는 노예제를 무너뜨리고 싶어하지는 않다. 그가 말하는 정치가 가능하려면 노예제가 필수적이다. 관계가 잘 풀리면 주인과 노예 사이에 우호가 싹틀 수도 있다. 주인은 노예의 행복에 도움이 되는 방식으로 노예를 대우하기 때문이다. 그래서 아리스토텔레스는 이상국가를 논의하면서 타협을 제시한다. 그리스인은 그리스인이 아니라 외국인을 노예로 삼아야 한다. 외국인은 노예근성을 가진 반면 헬라스인은 그렇지 않기 때문이다.[10] 간략하게 전하는 이 발언은 그리스인이 이웃 민족들보다 우수하다는 아리스토텔레스의 억측과 현대 인종주의의 닮은 점을 보여준다. 또한 그가 계몽주의 시대까지 당연한 것으로 간주된 노예제를 정당화하는 데 지적으로 곤란한 점이 거의 없었다는 것을 말해준다.

아리스토텔레스의 색다른 견해는 종종 독자들에게 그가 실은 노예제에 반대했으리라는 믿음을 준다. 하지만 그것은 다른 데서 좀처럼 보이지 않는 그의 자기모순이다. 노예를 움직이는 도구라고 생각한다면 노예주는 삽을 잘 관리하는 것처럼 노예를 관리해야 한다. 삽은 평소에 잘 닦아주고 날을 갈아주어야 흙을 파기에 좋다. 그러나 삽과 친구가 될 수 있다고 생각하는 사람은 아무도 없다. 주인과 노예가 좋은 사이로 지낼 수 있다는 생각은 노예가 단지 도구에 불과하다는 생각과 충돌한다. 모순은 그것만이 아니다. 당연하지만, 아리스토텔레스는 태생적으로 노예인 사람들에게는 노예제가 좋다고 생각한다. 그러나 이상국가를 논의할 때 아리스토텔레스는 노예에게도 해방의 전망이 필요하다고 주장한다. 물론 노예가 되기에 딱 알맞은 사람에게는 노예 해방이 좋지 않다. 남북전쟁 이전에 노예제를 옹호하는 사람들은 더 일관적인 관점을 취해 해방 노예가 생존할 수 없다고 주장했다. 노예에게 자유가 좋은 것이라면 정당한 전쟁에서 사로잡힌 포로만이 노예가 되는 게 온당하다. 또한 노예로 사는 징벌도 해방으로 종식될 수 있다. 아리스토텔레스는 노예제를 다룰 때 남편이 아내에게 권력을 행사하는 경우와 같은 어려움을 겪는다. 그 관계가 독단적이거나 폭력적인 게 아니라면, 우월한 측은 열등한 측보다 더 이성적일 것이다. 하지만 열등한 측도 우월한 측만큼 이성적일 수 있다. 그 이론에는 열등한 측도 이성적인 인간으로 다스려지기에 충분할 정도의 지성을 가져야 한다는 점이 내재해 있다. 만약 노예와 여자가 지적으로 주인이나 남편과 차이가 없다면 아리스토텔레스의 이론은 유지되기 어렵다. 노예제를 정당화하려는 그의 노력은 그가 감내할 수 있는 것보다 더 많은 문제들을 낳는다. 전혀 불가능한 일이지만 만약 쟁기가 스스로 움직일 수 있다면 노예가 필요하지 않다는 그의 말도 또다른 곤혹스러움을 안겨준다.[11] 노예 대신 기계를 이용할 수 있다고 해도 모두가 그렇게 하고자 하는 것은 아니다. 미국 남부의 주들이 노예를 포기하기로 결심하는 데는 남북전쟁이 필요했다. 남부의 노예주들이 귀족적이라고 여기는 생활 방식을 보존하기 위해 경제적 효율성을 버린 것을 반드시 비합리적인 행위라고 볼 수는 없다.

　난관에 봉착해도 아리스토텔레스가 고집을 부린 이유는 정치학이 가진 본성의 또다른 측면에서 찾을 수 있다. 그는 7권에서 두번째로 정치학을 정의하면서, 정치가 가능한 민족이 많지 않은 데는 풍토적, 문화적·경제적 원인이 있다고 말한다. 춥고 황량한 스키타이족의 땅에서는 삶이 너무 가혹한 탓에 공적 토론과 정치적 타협을 할 만한 여유가 없다. 생존에 온 힘을 쏟는 민족들은 정치를 제대로 행할 수 없다. 그들은 땅에 의존해 살아가며, 정주 공동체를 형성하지 않는다. 또한 그들의 부족적 조직은 정치생활을 부양하지 못한다. 반대로, 너무 더워 무기력해지는 지역에 사는 민족은 정치에 필요한 활발한 토론을 하는 것이 불가능하며, 결국 전제 체제에 빠져들게 된다. 예를 들어 페르시아인들은 정치적으로 자치를 시행하지 못했다. 거기에는 이중적 측면이 있다. 우선 그들은 페르시아 황제 휘하의 총독에 의해 삶이 좌지우지되기 때문에 자치를 하지 못한다. 또한 총독이 국민을 다스리는 방식은 공적 토론이나 논의로 결정되는 게 아니라 비밀스럽고 무책임하게 결정된다. 아리스토텔레스는 지금 우리가 페르시아 군주정의 '정치'를 논할 수 없다고 단언하지는 않는다. 다만 그는 일을 실행하고 통제하는 방식에서 페르시아와 그리스가 다르다는 점을 분명히 지적할 따름이다. 늘 양극단의 중간에서 적절한 행동 노선을 찾았던 아리스토텔레스의 습관으로 보면 당연한 결론이지만, 그는 그리스인들이 본성, 기후, 경제의 측면에서 볼 때 정치를 행하기에 적합하다고 본다. 그리스에는 무정부 상태가 아닌 자유, 독재가 아닌 질서가 존재하거나 그것이 가능하다.[12]

경제활동

경제활동은 정치생활을 풍부하게 해줄 수도 있고 위축시킬 수도 있다. 아리스토텔레스는 어떤 종류의 생산과 소비가 시민을 부양하는 데 가장 적합한지 고찰한다. 예상할 수 있듯이 그는 과도한 내핍과 요란한 돈벌이, 소비 사이의 중용을 추구한다. 스파르타인들은 자신들이 노예로 삼아 살해와 폭력의 위협으로 억압한 헬로트가 위험을 초래하지 않을까, 또 시민들이 안락한 삶으로 인해 타락하지 않을까 전전긍긍했다. 그래서 스파르타는 대외무역을 최소화했으며, 젊은이들에게 군대생활을 시켜 공공 정신을 유지하고 편안한 개인생활을 동경하지 않도록 했다. 하지만 그 방책은 일부분만 통했다. 억압적 규율에 물든 스파르타인들은 탐욕스러웠다. 스파르타 교육과 군국주의는 개인에게 바람직스러운 도덕을 내면화시키지 못했다. 도시 전체가 일종의 신병 훈련소였으며, 거기서 배출된 병사들은 선, 악, 중립 이성을 위해 목숨을 걸었으나 의무에 대한 지적인 헌신은 없었다. 스파르타인들은 뇌물에 잘 넘어갔고, 군국주의가 덜한 국가에 비해 문화적으로 세련되지 못했다.

아리스토텔레스는 플라톤과 스파르타인들처럼 공공 정신이 충만한 시민들을 배출하는 것을 목표로 삼았고, 사적 경제활동으로 공공 정신이 파괴되는 것을 피했다. 그러나 그의 방책은 그다지 철저하지 않았다. 플라톤은 신체의 편안함을 경멸하는 스파르타의 자세를 찬양했으나 아리스토텔레스는 그러지 않았다. 더 큰 차이로, 그는 플라톤이 내세우는 사유재산의 폐지에 회의적이었다. 공공 잔치와 축제에서 공동 사용이 공공 정신을 증진시킨다는 데는 그도 동의했다. 그러나 공동 생산이 효율적이라는 것에는 반대했다. 플라톤은 아내, 자식, 재산 공동체가 성립하면 보통 '내 가족'이나 '내 재산'에 집착하던 감정이 '우리의' 공동 가족과 재산으로 전이되리라고 믿었지만 아리스토텔레스는 그 생각을 조롱했다. 오늘날 많은 수의 공공 공간을 지닌 국가가 말해주는 진실을 그는 포착했다. 지금 우리는 우리 모두의 것을 우리 각자의 것이라고 생각하지 않는다. 오히려 모두의 것은 누구의 것도 아니라고 여겨 소홀히 한다. 자신의 가족을 부양하려는 유인을 가지려면 먼저 가족의 관점에서 생각해야 한다. 자신의 농장과 농작물을 더 생산적인 방식으로 돌보려는 유인을 가지기 위해서는 그것들을 자신의 소유로 여겨야 한다. 아리스토텔레스는 사적 생산과 공동 사용을 지지한다.

더 뿌리깊은 것은 본래 비천하고 나쁜 일도 있다는 생각이다. 어떤 종류의 경제활동은 그 자체로 나쁘다. 그 근저에는 낯익은 생각이 있다. 자연은 우리에게 무엇이 필요한지, 어떤 음식과 음료, 어떤 집과 옷이 필요한지 말해준다. 적절한 양의 음식, 음료, 집, 위안이 필요하다는 것은 제대로 성장한 사람이라면 누구나 안다. 그런 욕구에 대해 아주 상세하게 설명할 수는 없겠지만, 실은 설명할 필요도 없다. 우리는 이유를 정확히 알지 못해도 어떤 일이 비천한지 안다. 정확한 이유는 몰라도 점잖은 사람은 어떤 직업에 종사하고 어떤 일을 피하는지 안다. 현대 경제학자들은 아리스토텔레스와 중세 저자들처럼 경제활동의 올바른 목적이나 목표를 따지지 않는다. 우리는 그들처럼 사물의 정당한 가격을 이야기하지는 않지만, 어떤 가격이나 소득이 터무니없이 높거나 낮을 경우 아주 명확하지는 않아도 확실하게 알아챈다. 노동조합은 늘 하루 노동의 정당한 대가에 집착하는데, 이것은 아리스토텔레스의 경제학과 별로 다르지 않다. 아리스토텔레스는 우리의 자연적 욕구가 만족의 한계를 정한다고 생각했다. 우리는 음식, 음료, 옷, 집을 마련하기 위해 일한다. 생산의 목적은 소비다. 따라서 돈은 수상쩍은 것이다. 공식 화폐는 그리스 사회에서 비교적 늦게 발명되었다. 가장 오래된 주화의 연대는 기원전 600년경이다. 플라톤과 아리스토텔레스처럼 보수적인 도덕가들은 화폐에 대해 회의적이었다. 돈이 그것과 외형적으로 전혀 무관한 사물에 상당하는 '가치'를 가진다는 것은 '부자연스럽다'. 신발 한 켤레의 가치가 175달러이고 그 금액이 빵 100개에 해당한다면, 뭔가 그 물건들의 가치를 정하는 게 있다고 생각하기 쉽다. 그게 무엇이든 사람들이 우리에게 신발이나 빵 대신 은 조각을 주는 것은 아니다. 돈의 가치 자체가 설명의 대상인 것이다.

그 시절부터 지금까지 두 가지 그럴듯한 견해가 설명으로 간주되고 있다. 하나는, 우리가 사용하는 물건을 만들려면 짐승을 잡거나, 땅을 파거나, 무엇을 찾는 것과 같은 인간의 노력이 필요하다는 생각을 바탕으로 한다. 다른 하나는, 우리가 돈을 주고 사는 것이 곧 우리가 원하는 것이라는 사실을 바탕으로 한다. 전자는 생산자의 노력으로 가치를 측정하고, 후자는 구매자의 욕망으로 가치를 측정한다. 양자 모두 모든 상황에 통용되지는 않으며, 따로 떼어서는 소용이 없고 결합해야만 의미를 가진다. 만약 내가 신발을 만드는 솜씨가 부족하다면 신발을 만드는 데 많은 노력을 들여야 하겠지만 아무도 그 신발을 신으려 하지 않을 것이므로 시장에서의 가치는 거의 없다. 만약 내가 우연히 다이아몬드를 주웠다면 비싸게 팔 수 있겠지만 내가 그것을 위해 많은 노력을 지출한 것은 아니다. 이 두 가지 생각을 합치면, 모든 물건의 값은 수요에 대한 희소성을 나타낸다는 결론이 나온다. 누구나 생존을 위해 빵이 필요하며, 일단 굶주림이 해소된 뒤에야 다이아몬드에 대한 필요를 느낀다. 하지만 빵은 대량생산이 쉽고 다이아몬드는 그렇지 않다.

아리스토텔레스는 물건이 시장에서 팔리는 가격의 배후에 그 가격을 결정하는 진정한 혹은 자연적인 가치가 있다는 생각의 전통을 만들었다. 돈과 고리대금에 관한 그의 논의는 후대의 경제사상에 큰 영향을 미쳤다. 가장 중요한 것으로, 중세에 대금업을 경멸하게 된 것은 그의 영향이 크다. 물론 반유대주의는 그와 무관하다. 중세에 그리스도교도는 이자를 받고 돈을 빌려주는 일이 금지되었고 유대인은 대부분의 경제활동을 할 수 없는 처지였다. 그래서 유대인은 대금업에 종사해 주변의 미움을 샀다. 아리스토텔레스는 착취 행위와 과도하게 높은 이자율을 격렬히 비난하지 않는다. 그는 자신이 쉽게 접할 수 있었던 생물학적 비유를 이용해, 생명에 진정으로 유용한 사물은 유기적이고 그런 사물을 만들고 이용하는 것은 생산과 소비의 자연적 순환에 속한다고 주장했다. 돈의 유용성은 그 순환을 촉진하는 데 있다. 돈 자체는 나무나 식물처럼 증식과 번식을 하지 못하는 금속 조각에 불과하다. 그러므로 고리대금은 부자연스럽다. 이자를 받고 돈을 빌려주는 일을 하는 사람은 번식이 불가능한 금속을 번식하게 하려는 것이나 마찬가지다. 대금업은 부자연스러운 생계 방식이므로 비난을 받아 마땅하다.[13]

어찌 보면 아리스토텔레스는 졸부들을 공격하는 듯하다. 하지만 그의 불평은 사회적 논쟁에 가깝다. 대부분의 생산활동은 자연적인 주기에 따른다. 이를테면 우리는 먼저 뭔가를 만들고 나서 그것을 소비한다. 그런데 돈을 만드는 일은 시작과 끝이 없다. 그것은 자연적인 종말이 없다. 은행업과 돈벌이는 사회질서를 매끄럽게 돌아가도록 하는 용매와 같다. 돈이 발명된 이래 시인, 극작가, 사회이론가 들은 늘 그 점을 강조했고, 지금도 재정 시장의 변수가 너무 많아 많은 사람들이 빈곤에 내몰릴 위기에 처했을 때 그 점이 강조된다.

경제활동에 관한 견해나 자급자족을 찬양하는 태도로 미루어보면 당연하겠지만, 아리스토텔레스는 적당하게 부유한 사람들이 폴리스를 가장 잘 다스릴 수 있다고 믿었다. 바꿔 말하면 농장을 생계 수단으로 살아가지만 농장에서 일을 많이 하지는 않는 사람, 공직에 부적당할 만큼 잘못된 일을 하지 않는 사람이다. 그는 농부들과 적당한 부자들이 주요 시민층을 형성하는 체제를 설명하면서, 그들이 여가 시간을 어느 정도 가져야 한다고 말한다. 그들이 아고라에서 '정치활동'에 너무 많은 시간을 투여할 수 없다면 정해진 법규, 즉 법의 지배에 의존해야 한다. 아리스토텔레스는 처음으로 '인간에 의한 통치가 아니라 법에 의한 통치'를 언급한 사람이다. 아리스토텔레스가 말하는 '농부'란 노예 한두 명을 거느리고 자기 농장을 경작하는 소지주나 소작인을 가리키며,[14] 때로는 실제로 밭에서 일하는 사람을 가리키기도 한다. 또한 이상국가에서 농부란 개인이나 국가가 부리는 노예일 수도 있다.[15] 정치를 가사와 구분하고 공동의 행복한 삶의 여건을 만들어내기 위한 중요한 기술로 규정한 뒤에 그는 2권에서 이상국가를 논의하기 시작한다. 하지만 그는 자신의 주요 관심사인 시민권, 법치, 정지 상태의 회피 같은 문제들을 고찰하는 토대를 놓았다. 먼저 그 논의를 살펴본 다음 이상국가로 돌아가기로 하자.

시민권과 헌법

이상국가와 유토피아 실험을 명확히 정리한 뒤, 아리스토텔레스는 그의 저작을 2500년 동안이나 살아 있도록 해준 주제들로 나아간다. 시민권의 본성, 선한 법의 특질, 혁명의 원인, 격변 예방법 같은 주제들인데, 그것들의 연관성은 헌법이 시민들에게 권력을 배분한다는 데 있다. 정치권력의 획득과 행사를 지배하는 법칙은 모든 헌법의 핵심 요소다. 정치 공동체의 주민들이 정치적 권리와 의무의 배분에 얼마나 만족하는지는 그 공동체가 안정적이냐, 갈등에 시달리느냐를 가름하는 결정적 요소다. 불만을 최소화하는 권리, 의무, 권력의 분배 방식은 지금 우리가 추구하는 목표다.

문제는 시민이 공동체의 일원으로서 가지는 자질과 개인으로서 가지는 자질 사이의 연관이다. 예를 들어 충성심은 개인으로서나, 집단의 성원으로서나 미덕이다. 하지만 집단이 나쁜 목적에 전념할 경우 집단에 대한 충성심은 그 (나쁜) 목적을 달성하는 데 이용될 것이므로 미덕이라고 보기 어렵다. 범죄학자들은 도둑에게 명예심이 별로 없다고 말한다. 도둑에게도 명예심이 있다고 믿는다면 그것은 도둑질을 더 잘하는 도둑이 명예롭다는 것일 뿐이다. 그저 선한 사람이 되는 것만으로 선한 시민이 될 수 있느냐는 문제는 이후 2000년 동안 열띤 논쟁거리였다. 고대의 이념에서 영감을 끌어낸 저자들 가운데 마키아벨리는 조국에 충성하는 사람이라면 때로 선한 사람이 감히 하지 못하는 방식으로 행동해야 한다고 주장했다. 반면에 마키아벨리가 옳을지 모른다고 우려한 루소는 플라톤을 좇아 작고, 소박하고, 고립되고, 영리를 추구하지 않는 공화국의 장점을 강조했다. 이 공화국은 이웃으로부터 거의 고립되어 있기 때문에, 인도주의와 폭넓은 정의를 팽개치고 개인적 헌신과 집단적 이기심의 조합에 불과한 애국심을 앞세우는 군사적 분규를 일으키지 않는다. 현대 국민국가는 그런 우려를 불식시키지 못했다. 우리는 젊은이들을 훈련시켜 군대에 충원하는 방법은 알지만 시민생활에 맞도록 재교육하는 방법은 알지 못한다.

시민에게 필요한 자질에 관한 아리스토텔레스의 생각은 부유한 아테네인이 다른 사회계층을 대하는 태도, 나아가 경제적 이익이 정치적 행동에 영향을 미친다는 현실적인 견해를 반영하고 있다. 아리스토텔레스가 생각하는 시민이란 현대 세계의 시민처럼 특정한 정부의 보호를 받고 그 체제가 부여하는 정치적 권리를 행사하는 사람이 아니다. 대다수 현대국가에서는 거주 외국인이 잘못된 행동을 할 경우 추방할 수 있지만 시민은 추방할수 없다. 그리스 도시국가들은 걸핏하면 지도적 시민들을 추방했다. 반대로 스위스 여성들은 비록 최근까지도 투표권이 없었지만 현대적 의미에서어엿한 시민이었다. 스위스 여권을 소지했고 현대국가 주민의 통상적인 법적 권리를 누렸기 때문이다. 아리스토텔레스의 관점에서 보면 그들은 (노예가 아니라는 점에서) 자유롭지만 온전한 시민은 아니다. 그가 생각하는 시민의 권리는 지배와 피지배에 관한 (경제적이 아니라) 정치적인 동등권이다. 단지 국가의 구성원이라는 것은 아리스토텔레스와 그리스인들이 생각하는 시민의 핵심 요소가 아니다. 그 시대에는 여권도 없었고, 우리의 정체성과 자격에 관한 의문을 야기하는 복지제도도 없었다. 그렇다고 해서 시민의 자격이 중요하지 않았다는 것은 아니다. 아테네인들이 멜로스 섬의 남자 주민들을 살해하고 그들의 처자식들을 노예로 삼았을 때 시민의 자격은 결코 사소한 문제가 아니었다.

아리스토텔레스는 누가 안전하게 지배와 피지배의 권리를 가질 수 있느냐는 문제에 주의를 집중한다. 그 문제에 대해 중용에서 덕을 찾으려 한 그의 취향은 적절하다. 인간은 짐승도 아니고 신도 아니기 때문에 인간의 사회제도는 신들의 완벽한 자급자족과 짐승의 무신경한 자급자족 사이의 중용에 해당해야 한다. 정치는 사람들 사이의 평등(혹은 불평등) 형태를 취한다. 아리스토텔레스는 시민권을 결정하는 법적 제도를 고려해 익숙한 입장을 취한다. 만약 한 사람과 다른 사람들 사이에 신과 인간, 혹은 인간과 짐승의 차이와 같은 차이가 있다면, 그 사람은 절대권력을 가지는 게 마땅하다.[16] 물론 그런 차이는 없다. 반대로, 만약 부자와 빈민, 노예와 자유인, 남자와 여자, 어른과 아이, 원주민과 외국인 사이에 아무런 차이도 없다면, 모두가 어느 도시에 살든 상관없이 시민이 될 수 있다. 하지만 그들 사이에는 중대한 차이가 있다. 시민권이 의미하는 평등은 중용의 입장에서 찾아야 한다.

아리스토텔레스는 모두가 법의 보호를 필요로 한다는 이유로 모두가 (현대적) 시민의 권리를 가져야 한다고 주장하지는 않았다. 노예, 외국인, 여성은 아테네 시민보다 권리가 훨씬 적었다. 아리스토텔레스 자신도 아테네에 외국인으로 거주하는 처지였지만 권리가 적다고 어려움을 겪지는 않았다. 실제로 그는 자신의 입장에서 사람들에 관해 놀랄 만큼 차분하게 말한다. "우리는 그들을 제한된 의미에서만 시민이라고 부른다. 그래서 시민 명부에 오르지 못하는 어린이나 국가의 의무로부터 해방된 노인도 시민이라고 부를 수 있다."[17] 또한 그는 인간이 어느 국가에서 태어난 시민이든 상관없이 인권의 근거를 이루는 공통의 속성을 가졌다고 말하지 않았다. 후대의 스토아학파는 대체로 반대의 입장이었는데, 오늘날 자유민주주의에서는 일반적인 것이지만 아리스토텔레스의 생각은 달랐다. 그는 좋은 시민과 나쁜 시민이 있다는 것을 당연시했으며, 올바른 교육을 받고 경제적으로 자립적인 원주민이자 자유인이 최고의 시민이라고 여겼다. 자연은 여성이 남편의 지배를 받도록 정했으므로 여성에게 시민권을 부여하는 것은 자연에 어긋나는 조치였다. 스스로의 의사와 무관하게 반복적 육체노동에 종사하는 남성은 정치 문제에 대해 견해를 밝힐 자격이 없었다. 아리스토텔레스는 후대에 여성 참정권에 반대한 사람들처럼 여성이 남성과 달리 군대에 복무할 수 없으므로 동등한 정치적 지위를 요구할 수 없다고 주장하지는 않았다. 또한 그는 정신적 능력이나 직업과 무관하게 모든 사람들이 정부의 잘못으로 위험을 겪을 수 있다는 사실 때문에 누구나 정부의 활동에 발언권을 가진다고 말하지도 않았다. 그가 생각한 기준은 본성적으로 '자율적'인 사람이냐는 것이었다. 자치의 능력이 없는 사람은 정치 공동체의 자치에 참여할 수 없었다.

아테네인들은 그리스인이라면 누구나 정치에 관심이 없을 수 없다고 믿었다. 최소한 자기방어를 하려 해도 권력 담당자를 늘 예의 주시해야 했다. 그리스인들은 2500년 뒤 트로츠키가 했던 말을 이해했다. "당신은 정치에 관심이 없다고 말하지만 정치는 당신에게 관심이 있다." 그러나 오늘날 영국이나 미국 같은 나라의 '시민들'이 보여주는 정치에 대한 무관심, 정치인과 정치제도에 대한 무지는 이해하지 못할 것이다. 또한 서로 마주보고 있는 작은 공동체들의 입장에서는 이것이 매우 놀라운 현상일 것이다. 폴리스에서 정치는 주로 계급전쟁의 형태를 취했다. 상류층이 자신들의 부와 지위를 보호하기 위해 시민의 자격을 제한하려 하고, 하층민이 자기방어를 위해 정치권력을 확장하려 하는 것은 당연했다. 아테네 민주주의의 전사前史는 부와 신분에서 자격에 미달하는 사람들이 정치에 참여하고 공직의 권리를 획득하려는 지난한 투쟁이었다. 아테네 민주주의가 자리를 잡은 뒤에도 투쟁은 끝나지 않았다. 평민들은 정치과정을 장악하려 했고, 과두파는 적들이 얻은 성과를 철회하려 애썼다. 이 투쟁은 정치로 쉽게 억제할 수 없는 폭력성을 드러내기도 했다. 투키디데스는 아테네와 펠로폰네소스 동맹의 전쟁이 다른 지역의 내전으로 번졌을 때 그리스 전역에서 벌어진 학살을 언급한다. 그에 따르면 당시 부자들과 빈민들은 앞다투어 유랑민들을 강제로 끌어들여 지역에 정착시켰다.[18] 30인 참주의 단명한 체제에 참주들이 행사했던 폭력은 악명이 높았다. 그들이 폭력을 동원해 서로를 타도하는 동안 그리스 전역에는 만행이 빈발했다. 그리스 정치를 형성한 그 난폭한 오랜 역사를 감안하면 아리스토텔레스가 정치적 중용에 집착한 것도 당연했다. 실제로 그는 중용을 지키는 사람이 시민이 되어야 하고 분쟁을 완화하는 제도적 장치가 필요하다고 여겼다.

시민의 자격이 뭐냐는 문제를 뒤집으면 가장 좋은 헌법의 형태가 뭐냐는 문제가 된다. 아리스토텔레스가 이해하는 헌법의 본질은 현대의 이해와 다를 바 없다. 즉 헌법이란 폴리스가 각 기관에 기능을 배분하고, 정치적 의사 결정에 참여할 권리를 가진 사람을 선발하고, 폴리스에 영향을 미치는 결정을 내리는 방법을 정하기 위해 시행하는 규칙들의 묶음이다. 아리스토텔레스는 플라톤이 넘어간 것과 같은 유혹을 느꼈으나 그에 반발했다. 만약 '최선의 인물'이 지배한다면 다른 사람들은 모두 잘 복종할 것이다. 최고의 인물이 한 사람이라면 판바실레우스panbasileus, 즉 절대권력을 누리는 한 명의 지배자가 있어야 한다. 그는 정의상으로 늘 최선의 일을 하기 때문에 그를 억제할 이유 따위는 있을 수 없다. 하지만 그보다는 최선의 인물이 다수일 가능성이 더 많은데, 그 경우 이상적 귀족정이 된다. 아리스토텔레스는 자연에 의해 최선의 인물이 세습적 지배 엘리트를 형성하게 되어 있으며, 적절한 자질이 한 세대에서 다음 세대로 전승되도록 보장되어 있다고 가정함으로써 문제를 혼란스럽게 만든다. 아테네를 포함해 모든 지역의 역사가 보여주듯이, 어려움은 정치적 지혜와 안목의 유전적 전승을 믿을 수 없다는 데 있다. 덕 있는 사람이 왜 사악한 아들을 두는가? 플라톤은 이 수수께끼에 매달렸으나 아리스토텔레스는 달랐다. 그는 동물의 경우 바람직스러운 자질이 쉽게 전승되는 데 비해 인간의 경우 훌륭한 품성이 유전되지 않는다는 점에 주목했다. 또한 그는 귀족 지배의 '자연스러움'이 귀족정의 반대자보다 상류층에게 더 명백하게 받아들여진다는 점을 알았다.

아리스토텔레스는 자신의 우려를 해소하는 해결책에 매우 근접했다. 그의 전제는 옳았다. 정치적 지배의 재능은 널리 퍼진 게 아니므로 정치는 본래 '귀족적'이다. 또한 정치적 재능은 상속되기 어려우므로 세습적 귀족정은 불완전하다. 정치적 재능을 가지지 못한 많은 사람들은 다른 사람에게서 그것을 찾아내 비세습적 귀족정을 선택한다. 그것이 바로 현대의 대의정치다. 아리스토텔레스가 그것을 주장하지 않은 이유는 상당히 교훈적이다. 전제는 옳았다. 아리스토텔레스는 신발을 신는 사람이 신발을 만드는 방법을 알지는 못해도 신발의 어느 부분이 발에 꼭 끼는지는 안다고 굳게 믿었다. 나아가 그는 여러 가지 상황을 맞아 여러 사람의 머리가 한 사람의 머리보다 더 지혜롭다는 점을 지적했다. 그의 시대는 현대의 대의정치가 발명되기 2000년 전이었다. 그러나 대의정치의 본질은 민주적 시민층이 스스로 지배자를 선택할 수 있도록 허용한다는 점이다. 우리가 바라는 것처럼 제대로 진행된다면 그 결과로 선출 귀족정이 생겨난다. 그것은 바로 아리스토텔레스가 다수의 상식과 소수의 재능을 결합하기 위해 필요하다고 본 제도다. 18세기 말과 19세기 초에 20년 터울로 글을 썼던 제임스 매디슨James Madison과 제임스 밀James Mill은 대의제야말로 현대의 위대한 발견이라고 생각했다. 그 덕분에 민주적인—더 정확히 말하면 대중적인—정부가 대대적으로 가능해졌다. 아리스토텔레스는 시민들이 서로 직접 알지 못하는 국가를 전혀 국가라고 여기지 않았다. 그래서 국가는 반드시 규모가 작아야만 했다. 시민이 수천 명밖에 안 된다면 대의제도 자체가 필요 없다. 아테네가 그렇듯이 선거의 목적은 단지 공직자를 선출하는 것뿐이다. 시민층의 올바른 규모에 관한 그의 논의에는 아테네가 너무 크다는 생각이 내재해 있다. 대의민주주의의 관념이 현대의 사상가들에게 선뜻 떠오른 것은 아니다. 대의제는 수백 년 동안 존재한 이후에야 비로소 민주주의의 형태를 만들어내는 방법으로서, 다시 말해 '대의민주주의'로서 눈에 띄게 된 것이다. 루소는 선출 귀족정을 최선의 정부 형태로 제안했지만, 현대적 선출 귀족정의 바탕을 이루는 대의의 관념을 비난했다. 몇 년 뒤 매디슨은 현대적 논의를 명료하게 인식했으며, 제퍼슨도 민주주의의 '순수한' 형태와 '대의적' 형태를 구분했다.

아리스토텔레스의 헌법 분류

귀족정은 원칙적으로 최선의 정부 형태다. 판단력, 용기, 정의감, 중용을 갖춘 최선의 인물들이 통치하는 체제다. 그들은 시민으로서 우수하다. 그리고 그들의 수중에 권력을 준 헌법도 헌법으로서 우수하다. 참된 귀족정은 소수의 정예 인물들이 다수의 이익에 맞도록 지배하는 법치체제다. 하지만 경험적으로 보면 귀족정은 안타깝게도 자주 과두정으로 빠져버린다. 과두정은 공공 정신이 아니라 계급적 오만이 지배하며, 중용이 방기되고 지배층이 다른 사회 계급들을 억압하는 체제다. 아리스토텔레스가 어떻게 나름대로 그 어려움을 해결했는지 알기 위해서는 그 유명한, 그가 구분한 정부 형태를 먼저 살펴봐야 한다. 그는 참여하는 사람들의 수에 따른 정부 형태와 그 정부의 선악을 여섯 가지로 구분한다.

세 가지 선한 정부 형태는 왕정, 귀족정, 폴리테이아politeia(원래 정치, 정체,

국가라는 뜻으로 플라톤의 저서 제목이기도 한데, 공화정과 같은 의미지만 저자의 표기를 그대로 썼다—옮긴이)다. 여기서는 하나, 소수, 다수의 지배자가 최고 권력을 소유하며, 공동의 이익을 위해 통치한다. 세 가지 악한 정부 형태는 독재, 과두정, 민주정으로, 여기서는 하나, 소수, 다수의 지배자가 자신의 편협한 이익을 위해 통치한다.[19] '민주주의'가 현대 대의정부의 대표로 지지를 받게 되었을 때, 나쁜 대중적 정치 형태를 '중우정치ochlocracy' 혹은 폭민暴民정치라고 부르기 시작했다. 아리스토텔레스는 서슴없이 단언한다. 민주주의의 어원인 데모스는 '가난한 다수'를 뜻한다. 그는 여느 그리스 사상가들처럼 가난한 다수는 자신들의 이익에 따라 정치권력을 행사한다고 보았다. 헌법을 제정할 때 고려해야 할 사항은 편협한 계급적 이익이 아니라 공동의 이익을 위해 권력을 행사할 사람들에게 권력이 돌아가도록 하는 것이다. 민주파는 가난하거나 비천한 직업을 가진 사람이라고 해서 시민의 자격이 박탈되어서는 안 된다고 믿었다. 그러나 아리스토텔레스는 그들이 두 가지 이유에서 틀렸다고 보았다. 빈민과 단순 직업을 가진 사람은 전 사회의 이익을 통찰할 만한 여유가 없다. 계급으로서 빈민은 부자를 증오하며, 온갖 수단을 동원해 부자의 재산을 가로채려 한다. 해결책은 균형 잡힌 폴리테이아의 '제한 민주주의'나 '확대 귀족정'이다. 제한 민주주의는 클레이스테네스가 실시한 민주주의보다 제한적인 민주주의로, 최하층 계급에게 대부분의 공직을 허용하지 않는 제도다. 반대로, 확대 귀족정은 신분과 재산의 요건을 과두파가 원하는 만큼 엄격하게 정하지 않는 제도다. 바탕에 깔린 생각은 복잡하지 않다. 헌법이 지나치게 제한적이면 분노를 낳고 너무 폭넓어도 마찬가지다. 그 중간의 어느 지점에 답이 있다.

이제 아리스토텔레스가 시민의 우수함과 헌법 형태의 우수함을 어떻게 연결하는지 명확히 알 수 있다. 어떤 사람이 다른 사람보다 우수하다는 것은 분명한 사실이지만, 동료들이 무조건 복종할 만큼 다른 모든 사람들보다 명명백백하게 우수한 사람은 아무도 없다. 덕이 있는 사람이라 해도 절대권력을 가지게 되면 더 현명해지고 도덕적으로 행동하기보다 오히려 더 타락하기 쉽다. 제약이 없는 군주의 지배는 독재가 된다. 억제되지 않은 민주정부는 부자들에게 겁을 주어 내란을 유발한다. 그렇지 않은 경우에는 집단적 독재가 된다. 필요한 것은 훗날 억제와 균형이라고 불리게 되는 것, 그리고 공직의 업무에 적합한 인물을 발탁하는 과정이다. 그럼에도 불구하고 아리스토텔레스의 관점은 우리와 다르다. 현대의 정치적 논의는 개인의 인권에 대한 관심을 중시한다. 우리는 동료들에게 권력을 행사하면서 인권을 존중할 수 있는 책임 있는 사람들을 발탁하는 제도를 기대한다. 하지만 아리스토텔레스는 그렇지 않다. 그는 목적론의 견지에서 세계를 바라보기 때문에, 플라톤처럼 어떻게 국가가 제대로 기능하도록 보장할 수 있는지를 묻는다. 시민의 우수함과 헌법의 우수함은 그런 측면에서 이해된다. 그렇기 때문에 아리스토텔레스는 집단적 지성과 집단적 양식에 초점을 맞추는 것이다. 설령 '다수'를 신뢰할 수 없다 해도 다수의 지성이 한 사람의 지성보다 낫다는 것은 분명한 사실이다.

대의제도의 존재와 유권자의 절반가량이 이따금 투표소에 가는 것을 민주주의라고 여기는 현대인들에게는 놀랍게도, 아리스토텔레스는 추첨이 민주적 선출 방식이라는 급진적 민주주의관을 받아들였다.[20] 게다가 그다지 성찰할 줄 모르는 현대인들을 놀라게 하는 또 한 가지는 그가 옳다는 것이다. 만약 우리가 실현하고자 하는 것이 모두에게 동등한 영향력, 정치권력의 동등한 몫이라면, 정치적 지위를 담당할 인물을 추첨이라는 임의적인 절차로 발탁하는 방식은 대단히 효율적이다. 많은 사람들이 그 결론을 터무니없게 여긴다는 사실은 아리스토텔레스만큼 정치권력의 동등함을 바라지 않는다는 것을 의미한다. 사람들은 귀족정과 민주주의의 결함을 제거하고 장점을 취하고자 한다. 그 일에 성공한다면 우리는 폴리테이아를 실

현하게 될 것이다. 그것이 바로 아리스토텔레스가 '전체적인 최선'이라고
말하는 국가로, 정치 공동체를 괴롭히는 문제들을 해결할 수 있는 가능성
이다.

정지 상태의 회피

아리스토텔레스가 폴리스는 인간에게 공통적인 최선의 삶을 제공하기
위해 존재한다고 본 점을 감안하면 그는 목표를 높이 잡은 듯하다. 하지만
그의 목표는 혁명을 회피하는 데도 있었다. 폴리테이아가 최선의 현실적인
국가라는 사실은 결코 사소한 문제가 아니다. 실용성은 국가의 핵심 가치
다. 아리스토텔레스의 혁명이론, 혹은 더 적절히 말한다면 혁명 회피의 이
론은 여러 가지 이유에서 흥미롭다. 그 이유들 중 하나는 그 이론 자체로도
설득력이 충분한데다 2500년 뒤에 완벽하게 통하기 때문이다. 아리스토텔
레스의 혁명 개념에는 두 가지 부분이 있다. 한편으로는 그가 말하는 정지
상태stasis, 즉 정치가 더이상 진행되지 못하는 상황을 가리키며, 다른 한편
으로는 그런 식의 난국에 흔히 뒤따르는 유혈의 내전을 가리킨다.

정지 상태는 무엇보다 영국의 모든 공무원들이 자기 삶의 목적으로 간주
하는 '현상 유지'의 정반대다. 정지 상태는 현상을 유지할 수 없을 때 생겨
난다. 하지만 권력투쟁은 만사가 꽉 막힌 뒤에도 멈추지 않는다. 기존의 지
배 엘리트나 단독 지배자가 대중의 신뢰를 잃거나, 대중의 관심을 끌고 불
만분자를 복종하도록 강압하는 힘을 잃으면, 내전의 시기를 거쳐 다른 지
배자로 대체될 수밖에 없다. 그래서 아리스토텔레스는 다른 쪽으로까지 생
각을 전개해나간다. 후대의 학자들이 '헌법의 위헌적 변화'라는 말로 요약
하는 측면이다. 이것은 그냥 만사가 꽉 막힌 상태가 아니라 새로운 지배 집

단이 권력을 잡은 상태다. 이러한 혁명관을 채택하면 마르크스 같은 사상가들이 우리에게 '진짜' 혁명이라고 가르친 것, 즉 봉기, 학살, 대중 동원을 포함하는 사태만이 아니라 마르크스의 제자들이 단순한 쿠데타로 간주한 것, 즉 대중 동원이 없고 한 지배자가 다른 지배자로 바뀌는 사태, 폭력을 수반하지만 대중의 개입이 없는 사태도 설명할 수 있다.

아리스토텔레스는 무엇보다 두 가지 상황에 촉각을 곤두세웠다. 첫째는 민주파와 과두파 사이의 긴장이었다. 그가 거기에 관심을 두는 것은 당연했다. 그 긴장은 그리스 도시국가의 정치적 특징이었을 뿐 아니라 대단히 격렬하고 긴 유혈 사태로 이어졌기 때문이다. 그는 이 문제에 관해 다소 도식적이지만 흥미로운 견해를 보였다. 그의 첫번째 통찰력은 경제적·사회적 이해관계의 충돌만이 아니라 불의도 혁명을 유발한다고 본 점이다. 아리스토텔레스는 두 가지 서로 다른 정의관이 다툼을 벌인다고 보았다. 민주적 정의관은 정치적 권리가 동등하면 경제적 이득도 동등해야 한다는 주장에 힘을 실어주었다. 이것은 민주주의에서 혁명이란 기본적으로 경제적이라는 것을 말해준다. 즉 혁명은 빈민의 욕구 혹은 잘살고자 하는 욕망에서 비롯되는 것이다. 마르크스와 달리 아리스토텔레스는 다수가 순전히 욕구로 인해 폭동으로 이끌린다고 생각하지 않았다. 그는 정치적 지위가 동등하면 모든 것이 동등해야 한다고 믿는 사람들이 경제적 불평등의 철폐를 혁명의 과업으로 삼는 것이 바로 민주주의의 냉혹한 현실이라고 보았다. 아리스토텔레스는 경제적 평등을 열망하지 않았다. 그가 생각하는 정치의 바탕에는, 지성이나 기타 덕목에서 차이가 생겨나는 것은 당연하며, 따라서 보상도 각기 다른 게 당연하다는 믿음이 있다. 그는 부자라면 마땅히 자신의 재산과 사회적 지위를 누릴 자격이 있다고 믿었다. 핵심은, 모두의 소망을 충족시켜 정치적 안정을 유지하는 일이었다.

민주주의적 정의관이 경제적 상위자들과 같은 정치적 권리를 가진 사람들의 경제적 혁명을 유발할 수 있는 반면, 과두 혁명은 그 정반대로 진행된다. 과두적 정의관에 따르면 재산이 동등하지 않을 경우에는 모든 것이 동등하지 않으며, 부를 가진 사람들은 다수에게서 정치적 권리를 빼앗고 권력을 독점해야 한다. 아리스토텔레스가 보기에 아테네의 역사는 그런 생각에 대한 생생한 증거였을 것이다. 그러나 그는 수많은 다른 사례를 제시할 수도 있었다. 펠로폰네소스전쟁은 그리스 전역과 에게해 일대에서 과두파와 민주파가 벌인 격렬한 투쟁이었다. 도시국가마다 과두파와 민주파로 분열되었고 각기 같은 성향의 무리에게서 지원을 받았다.

아리스토텔레스의 섬세한 안목은 정지 상태의 폐해를 피하는 처방에서 확인할 수 있다. 다소 나쁜 국가라고 해도 자기 보존의 규칙을 영리하게 적용하면 이득을 취할 수 있다. 아리스토텔레스는 심지어 독재 체제에도 독재권력을 유지해야 한다고 충고했다. 그의 충고는 시대를 통틀어 유효하고 타당하다. 독재자를 무력하게 하는 것은 지배의 불법성이나 그의 사악한 행동인데, 전자는 정의상 바로잡을 방법이 없다. 그래서 독재자는 이중 전략을 채택해야 한다. 한편으로는 적들이 단결해 자신에게 맞서지 않도록 하기 위해 적들을 분열시켜야 하고, 다른 한편으로는 합법적 수단으로 권좌에 오른 정당한 군주처럼 올바르고 고결하게 처신해야 한다. 마키아벨리를 비롯해 역사에서 군주에게 충고했던 사람들과 마찬가지로, 아리스토텔레스는 지나친 탐욕과 방종을 버리라고 충고한다. 적절하게 이기적인 독재자는 훨씬 후대의 관용어로 말하자면 육신의 쾌락과 사적 원한의 충족을 버리고 자신의 권력을 보호한다. 특히 상류층 남자들의 아내와 자식에게 성적으로 접근하는 짓을 삼가야 한다. 다른 사람들의 적법한 정치적 권한을 박탈하는 것과 그들의 아내와 딸의 순결을 짓밟아 가족의 자존심과 명예를 모욕하는 것은 전혀 다른 문제다. 다른 사람들의 재산을 빼앗을 때도 똑같은 충고가 적용된다. 『고르기아스』에서 폴로스가 상상하는 독재자는

156

오래가지 못할 것이다.

그 충고는 아리스토텔레스의 관심이 독재자의 사악함을 간접적으로 가르치기보다 국가가 어떻게 매끄럽게 기능하는지를 분석하는 데 있음을 말해준다. 이디 아민Idi Amin(1970년대 우간다의 독재자—옮긴이)과 같은 잔인한 지배자를 '독재자'로 여기는 현대의 경향에 비추어보면, 아리스토텔레스가 독재자에게 그 지위를 유지하는 방법에 관해 적극적으로 충고하는 모습은 상당히 충격적으로 여겨질 것이다. 아리스토텔레스의 후원자이자 처삼촌이었던 헤르메이아스는 선한 사람이었으나 엄연히 독재자였다. 모두가 시칠리아의 플라톤처럼 불운하지는 않았다. 게다가 아리스토텔레스의 시절에는 군사력을 장악하는 문제에서 지배자와 피지배자 간에 오늘날과 같은 불균형이 없었다. 현대의 독재자는 군대의 충성을 확보하고 있는 한 마음껏 활개를 칠 수 있지만, 당시의 독재자는 늘 조심하고 경계해야 했다.

독재자에게 전하는 그의 충고를 감안하면, 아리스토텔레스가 다른 정부들에도 늘 힘을 잃지 말고 약점을 보완하라는 충고를 했으리라고 추측할 수 있다. 민주주의는 빈민에게 권력을 넘길 수밖에 없는 상황에서 전통적 지배 엘리트에게 고통이 가중되면 혁명이 발발할 위험성을 가지고 있다. 그러므로 권력의 평등과 더불어 부의 평등을 구현하려는 시도는 피해야 한다. 공공생활의 모든 부담을 부자의 등에 지우려는 유혹에서 벗어나야 한다. 나아가 부자가 정치제도에서 올바른 위치를 점할 수 있도록 해주어야 한다. 민주주의가 귀족정의 특성과 균형을 이룰수록 그 정부도 안전해지고 수명이 길어진다. 과두정의 경우에는 반대다. 과두정은 민주파의 비위를 덜 거스르는 특성들을 강화해야 하며, 아울러 빈민이 노예에 가까운 상태로 내몰려 혁명을 일으키게 되는 위험을 회피하려 노력해야 한다.

이런 충고를 전하면서 아리스토텔레스는 흔히 혼합정체론으로 알려진 경험적 정체이론의 전통을 시작했다. 하지만 이 전통에서 그의 위치는 모호하다. 대체로 혼합정체론은 하나의 '혼합'정체 내에 군주정, 귀족정, 민주정의 이점들을 구현하는 방책을 제공한다. 두 세기가 지난 뒤 폴리비오스는 그 방책을 채택한 로마인들을 칭찬했다. 더 후대에는 영국 정치가 국왕, 상원, 하원의 혼합을 만족스러운 혼합정체로 제시했으며, 미국에서는 행정, 입법, 사법의 3권이 분립되어 서로 제어하고 견제하는 제도를 선보였다. 아리스토텔레스의 관심은 다른 데 있었다. 안정된 정치제도에 관한 그의 방책은 정치권력과 경제적 이익을 조화시키는 것이었다. 그것은 20세기 정치학의 성과를 예고한다. 사회적 부의 대부분을 소유한 대다수의 시민들에게 정치권력을 주는 정치제도는 안정적일 확률이 매우 높다. 그러려면 사회학자들이 부의 '마름모꼴' 분배라고 말하는 것이 필요하다. 매우 가난한 사람들이 거의 없다면 매우 부유한 사람들도 거의 없고 대다수 사람들이 '안락한 삶'을 영위할 수 있다. 잃을 게 많은 중류층이 수적으로 빈민보다 앞서면 부자의 재산을 빼앗기 위해 빈민과 연합하지 않는다. 반대로 그들의 수가 충분히 많아지면 부유층이 하층의 권리와 부를 침식하려 드는 것을 제지하게 된다. 미국의 정치사회학자들은 미국이 제2차세계대전 이후 그런 행복한 상태에 도달한 것을 근거로 미국 민주주의의 탄력성을 설명했다. 이것은 사실 군주정, 귀족정, 민주정의 요소들을 결합한 정부라는 의미에서 혼합정체에 대한 설명이 아니라 정치적 안정을 취하려면 경제적 기반이 필요하다는 논거다. 그럼에도 불구하고 미국 정부와 참된 혼합정부는 아리스토텔레스가 추구하는 양극단의 중용을 나타낸다. 그는 학자들이 혼합정부를 찬양한다는 것을 인정한다. 청동이라는 합금이 이를 구성하는 금속들보다 강하듯이 혼합이라는 것은 확실히 이득을 준다. 하지만 아리스토텔레스의 관심은 의지할 만한 '최선의 인물'이 없을 경우 어떻게 하느냐에 있었다.

1인 지배는 독재로, 민주주의는 폭민정치로 전락하기가 너무 쉽다. 독재자는 오만하고 횡포해지기 쉬우며, 빈민은 무지하고 선동가에 이끌리기 쉽다. 아리스토텔레스가 혼합정부의 장점에 솔직하게 동의하지 못한 한 가지 이유는 그 제도가 스파르타 때문에 유명해졌다는 데 있다. 스파르타는 군사 부문의 우수성 하나에만 전념한 나머지 시민들에게 폭넓은 우수성을 고취하는 데 실패했다. 그 대신 아리스토텔레스는 중류층의 양식과 안정성에 의존한다. 그의 폴리테이아는 중류층에게 힘의 우위를 부여해 사태를 장악하도록 해준다. 그렇기 때문에 부와 소득의 분배는 정치권력의 분배를 지원해야 하는 것이다. 1961년 시모어 마틴 립셋Seymour Martin Lipset은 안정적인 자유민주주의 정부의 조건을 정확하게 설명한 유명한 저서에서, 아리스토텔레스의 영향을 솔직하게 인정하고 책의 제목을 『정치적 인간 Political Man』으로 정했다.[21] 단테가 아리스토텔레스를 '지혜의 거장'이라고 부른 것은 6세기가 지났어도 타당히다.

이 주제에 관한 현대의 연구는 번영하는 현대 경제에서처럼 중간층이 빈민보다 수적으로 많으면 빈민을 거지로 전락시키는 게 좋을 리 없다는 점을 강조한다. 설령 빈민이 어느 정도의 자원을 차지하더라도 중간층의 구성원들이 피해를 볼 게 거의 없으므로 부정을 저지를 만한 유인이 되지는 못한다. 아리스토텔레스는 그런 관점에서 논의하지 않는다. 그보다 그는 중간층의 지위를 점한다는 것이 중간층의 성격에 미치는 영향에 초점을 맞춘다. 중간층의 생활 조건이 사회적·경제적으로 적당하면 그에 따라 그들의 욕망도 적당해진다. 즉 형편이 더 나은 부자들을 끌어내리려 하거나 더 나쁜 빈민들을 짓밟으려 하지 않는다. 여기서 우리는 어떤 주제든 그 주제가 허용하는 만큼의 정확도만을 지향해야 한다는 원칙을 떠올리게 된다. 아리스토텔레스의 견해는 모든 시대와 장소, 혹은 다양한 경제에 두루 통하지 않는다. 현대 자유민주주의의 중간층은 그리스 사회의 중간층과 다르다. 작고 가난한 농업경제에서의 논의를 정교하면서도 광범위한 공적 영역을 가진 현대 산업경제에 그대로 적용할 수는 없다. 아리스토텔레스가 염두에 둔 중간층은, 히틀러를 권좌에 올림으로써 마르크스주의자들에게서 '미쳐 날뛰는 소시민wildgewordene Kleinbürger'이라고 비난을 들은 겁에 질린 중간층이 아니다. 아리스토텔레스의 분석은 탁월하지만 그렇다고 해서 그것을 우리에게 그대로 적용할 수는 없다. 그럼에도 불구하고 그의 견해는 대단히 시사적이다.

이상국가

아리스토텔레스의 천재성은 우리에게 '최선의 현실적 국가'를 구성하는 방법을 보여준 데 있다. 이것은 단순한 현실성이 아니다. 정치의 목표는 세속적인 것만이 아니다. 정치가 생겨나는 이유는 생존을 위해서지만, 그것이 지속되는 이유는 선한 삶을 위해서다. 선한 삶은 다양하게 정의된다. 이를테면 정의의 추구, 정치 토론에 필요한 능력의 확장도 있고, 성공한 국가가 보호할 수 있는 모든 공적·사적 덕목들, 즉 군사적 용기, 결혼의 신의, 우리 자손의 신체적·심리적 행복을 위한 노력 등 무수히 많다. 이 계획을 성공시키기 위해 국가는 아리스토텔레스가 본질적으로 정치라고 간주한 것을 수행해야 한다. 여기서 본질이란 다양한 관심을 가진 다양한 사람들을 통합하는 것이다. 기원전 4세기부터 그리스인들의 공동체는 시대에 뒤떨어져 그런 통합을 이루지 못했다.

아리스토텔레스가 벌과 소의 단순한 군집과 인간의 정치적 성격을 구분한 것은 잘 알려져 있다. 최근의 진화론으로 보면, 그는 벌과 개미의 군집 생활이 상당히 복잡하다는 점을 간과했으나 그래도 그가 염두에 둔 구분은 충분히 유효하다. 군집하는 동물들은 말이 없이 뭉친다. 서로를 필요로 하는 욕구는 토론을 허용하지 않는다. 반면 인간이 정치사회로 통합하려면 그 조건의 타당성에 관한 합의가 있어야 한다. 이 합의는 많은 토론을 낳는다. 훗날 홉스는 자신의 목적을 위해 그것을 비틀어 크게 잘못된 주장으로 나아갔다. 즉 아리스토텔레스는 개미와 벌이 자연적으로 정치적이라고 말했으며, 인간은 타당성의 원칙에 따라 합의에 의해 정치 공동체를 이루었기 때문에 자연적으로 정치적이지 않다고 주장한 것이다.[22] 어쩌면 아리스토텔레스의 영향력은 홉스가 자신의 목적을 위해 그것을 왜곡하고 도용함으로써 더욱 강력하게 증명되었다고 볼 수도 있다.

정치가 수많은 이해관계와 신념을 억압하지 않고 오히려 그 다양성으로부터 통일을 일구어낸다는 사실은, 아리스토텔레스가 2권에서 플라톤의 『법률』과 『국가』에 관한 탁월한 논의를 통해 끌어내는 교훈이다. 이 책은 이상적 공동체의 이론과 실천을 논의하지만 가장 큰 주목을 받는 것은 플라톤의 유토피아관이다. 아리스토텔레스가 아카데메이아의 학생이었을 무렵 플라톤이 『법률』을 집필하는 과정에 함께 참여했다는 것이 사실이라면, 아리스토텔레스가 7권과 8권에서 서술하는 이상국가와 플라톤이 『법률』에서 언급하는 정체가 유사한 이유를 쉽게 알 수 있다. 하지만 2권에서 아리스토텔레스는 『국가』와 『법률』을 격렬하게 비판한다. 그는 플라톤이 분열을 무척 고민했다고 말한다. 그것은 이상할 게 없었다. 아테네는 언제나 내전의 위기를 맞고 있었기 때문이다. 사회계급과 사회계급이 맞섰고, 이웃과의 끊임없는 전쟁으로 도시의 자부심이 고양되었다. 사회적 응집력, 국외에서 벌어지는 전쟁 때문에 국내의 평화가 유지될 수 없는 사회의 견인력은 무시할 수 없었다. 그러나 폴리스를 단일한 질서의 원형으로 만들어 평화를 확보하려는 플라톤의 시도는 잘못이다.

왜냐하면 그것은 도시를 도시 이상의 것으로 만들기 때문이다. 도시의 본질은 각 부분들이 끊임없이 변화하지만 서로 유기적인 관계를 유지한다

는 데 있다. 아리스토텔레스는, 플라톤이 지나치게 합리주의적 정치를 주
창했고 그 결과로 전체주의적 국가가 등장할 수 있다고 처음으로 비판을
제기했는데, 이것은 오늘날 특별한 반향을 가지는 비판이다. 플라톤은 더
나은 정치가 아니라 정치가 없는 사회를 지지한다. 그는 정치를 과도하게
정화시킨 나머지 죽음으로 내몰았다. 그럼에도 불구하고 아리스토텔레스
는 이런 사고방식의 매력을 느꼈다. 그 매력의 핵심에는 자급자족을 향한
충동이 있었다. 아리스토텔레스의 분석에서 자급자족이 중심에 있다는 것
은 명백하다. 폴리스는 논리적으로 개인에 앞서며, 개인보다 더 자급자족
적이다. 개인이 폴리스에 사는 이유는 개별적인 자급자족이 불가능하기 때
문이다. 이것은 단지 물리적 생존의 문제만이 아니라 도덕적 문제이기도
하다. 공동의 규율이 없으면 인간은 동물보다 더 나빠진다. 도시의 필요를
느끼지 못하는 존재는 신이거나 짐승이다. 그러므로 도시의 통합이 완전할
수록 자족의 정도도 커지고 시간과 분쟁의 파괴력에 더 잘 견딘다고 생각
할 만한 유혹에 빠지게 된다.

  플라톤이 통합을 너무 강조함으로써 정치를 폐기한다는 광의의 주장과,
플라톤의 연구에 대한 아리스토텔레스의 구체적인 비판은 둘 다 충분한 근
거가 있다. 앞에서 우리는 그가 가족을 옹호하고 사유재산의 필요성을 인
정하는 것을 보았다. 그는 또한 플라톤처럼 가정생활을 폐지하고 후견인
제도를 채택한다면 결국 후견인이 시에 충성하는 방향으로 가지 않겠느냐
는 회의를 피력한 바 있다. 어떤 방식의 돈벌이는 확실히 부자연스러우며,
사용을 위한 재산이 교환이나 획득을 위한 재산보다 더 자연스럽다는 것
은 틀림없는 사실이다. 하지만 그 점을 인정한다고 해서 사유재산이 그 자
체로 바람직하지 못하다고 주장하는 것은 아니다. 아리스토텔레스는 젊은
이들을 공동으로 식사하게 하는 스파르타의 전통을 받아들이면서도, 그것
이 사적 소유의 종식을 의미한다거나 그런 스파르타식 절약 정신이 우리에

게 유익하다고 생각하지는 않았다. 아리스토텔레스는 결국 『국가』에 서술된 사회가 행복하리라는 플라톤의 믿음에 강력히 반대하기에 이르렀다. 원래 플라톤은 재산, 가족, 사생활이 없어져도 후견인은 폴리스에 봉사하면서 행복할 거라고 말했다. 하지만 이후 그는 그 주장을 철회하고 그 대신 도시가 행복할 것이라고 말했다. 시민 다수가 행복하지 않으리라는 것을 암묵적으로 시인한 셈이다. 이에 대해 아리스토텔레스는 부분에 존재하지 않는 행복이 전체에 존재할 수는 없다고 반박했다. 시민이 행복하지 않으면 폴리스도 행복하지 않다.

그러나 아리스토텔레스는 『정치학』의 끝 부분에서 특유의 이상국가론을 전개한다. 7권과 8권에서 그가 정확히 무엇을 말하고 있는지는 좀 모호하다. 『정치학』의 많은 부분이 그렇지만, 여기서는 특히 다른 데서 다루었던 내용을 반복하고 있기 때문이다. 심지어 저작의 일관성마저 흔들릴 정도다. 2권에서 유토피아의 형성을 경멸적으로 다룬 것은 7권과 8권의 기획이 과연 큰 의미를 가지는지 의심케 한다. 정치란 통제할 수는 있어도 제거할 수는 없는 온갖 어려움을 뚫고 선한 삶의 무대를 마련하는 기술이라는 그 저작의 주장은 이상국가의 수립이 미심쩍은 일이라는 것을 시사한다. 이것은 외딴 섬의 경제학자를 조롱하는 유명한 농담에서 제기되는 문제와 같다. 깡통 따개가 없는 상황에서 경제학자는 통조림을 여는 데 끝내 실패하자 이런 글을 남겼다. "미지수 x를 깡통 따개라고 하자."

그럼에도 불구하고 『정치학』의 마지막 두 권은 아리스토텔레스가 생각하는 완벽함이라는 게 무엇인지 보여준다는 점에서 흥미롭다. 플라톤처럼 그도 정치학의 핵심 문제를 뒤집는다. 즉 "인간의 취약함과 불완전성을 감안할 때, 정치가는 어떻게 질서를 유지하고 공동의 선을 추구하는가?"라는 질문을 버리고, "정치가는 어떻게 시민들을 선하고 순종적으로 만들 수 있는가?"라는 질문에 답하는 것이다. 아리스토텔레스는 도시 계획가의 이상

국가를 보여준다. 폴리스는 모든 시민들이 서로 알고 지낼 수 있도록 인구가 1만 명을 넘어서는 안 된다. 이런 맥락에서 아리스토텔레스는 잘 알려진 것처럼 국가란 너무 작아서도 안 되고 너무 커서도 안 된다고 말했다. 그러고는 조금 경솔하지만, 길이가 5피트인 배도 없고 500피트인 배도 없다는 사실을 예로 든다. 독자들은 초대형 유조선이나 중국식 국가를 뭐라고 불러야 할지 당혹스러울지도 모른다. 농업경제로 사회를 부양하고, 노예가 농장 노동력을 담당하며, 시민들은 공동의 식탁에서 배불리 먹는다. 아리스토텔레스는 공동의 식탁을 어디에 설치해야 하는지, 특히 도시 관리들이 차리는 공동의 식탁을 어디에 놓을지 상세하게 논의하는데, 이것은 그 자체로도 놀랍지만 스파르타가 플라톤과 더불어 아리스토텔레스의 상상력에 얼마나 큰 영향을 미쳤는지 말해준다. 또한 그것은 축제 같은 행사를 조직하는 일을 맡았던 리쿠르고스와의 친분을 보여주기도 한다.

  더 중요한 것은, 아리스토텔레스가 정치를 통해 화해될 수 있는 온갖 정당한 이해관계들을 강조했다고 해서 그것을 현대의 정치적 자유주의가 내세우는 사회적·도덕적·종교적 다원론의 선구로 볼 수는 없다는 점이다. 아리스토텔레스는 공동체 내의 다양한 요소들이 사회·정치생활의 혜택과 부담을 함께 나누는 정의에 관해 확고한 견해를 가지게 되리라는 사실을 인정하지만, 정의의 본질이나 선한 삶의 본질에 관해 다양하고 화해 불가능한 견해를 가지는 것도 당연하다는 사실은 인정하지 않는다. 그 시각은 권위주의적이며, 그 한 가지 측면은 사생활 같은 개념에 대한 아리스토텔레스의 무관심이다. 아리스토텔레스가 보기에는 국가가 시민들의 성생활과 가정생활을 규제하는 것이 지극히 온당하다. 그는 남녀가 아이를 가지는 연령을 엄격히 규제하는 규칙을 정했으며, 여자가 인구정책을 거슬러 임신하거나 건강하지 못한 아이를 가질 경우 강제 낙태를 승인했다. 그 과정에서 그는 유산을 유도하는 시기를 태아에게 생명과 의식이 생겨나기

전, 즉 태동초감胎動初感(태아의 움직임이 처음으로 느껴지는 것—옮긴이)의 시기라고 주장했는데, 이것은 이후 오랜 논쟁의 출발점이 되었다.

요컨대 아리스토텔레스가 생각한 자유로운 사회, 정치적 자유, 자유인의 관념은 우리에게 크게 낯설지 않지만, 그렇다고 우리의 관념과 똑같지도 않다. 이 점은 『정치학』 맨 끝에 수록된 교육에 관한 단편적인 언급에서 생생하게 볼 수 있다. 아리스토텔레스는 아마 최초로 자유주의 교육론을 설파한 저자일 것이다. 그 교육론에 따르면 교육의 목적은 지식 그 자체로 귀중한 지식을 알게 하고, 그 지식을 익히는 젊은이들을 신사로 길러내는 데 있다. 자유주의 교육을 신사 교육으로 정의하는 입장은 현대에도 전승되었다. 추기경 뉴먼Cardinal Newman은 19세기 중반에 간행된 『대학의 이념*The Idea of a University*』에서 대학의 목적이 '신사'를 배출하는 것이라고 천명했다. 반면 그보다 150년 전에 로크가 내세운 공리주의적이고 직업적인 교육은 낡은 아리스토텔레스적 도식을 타파해 충격을 주었다. 그러나 자유주의 교육론의 '자유'는 정치적 자유주의와 무관하다. 그것은 '직업과 무관하고 자유로운 영혼에 적합하다'는 뜻이며, 그 사회적 함의는 노골적으로 귀족적이다.

현대인에게 색다르게 여겨지는 충고도 있다. 좋은 가문의 젊은이는 악기를 익혀야 하지만 직업 연주가로 오해되지 않을 정도의 솜씨에 머물러야 한다는 것이다. 이것은 단순한 속물적 사고가 아니며, 좋은 가문의 바이올린 연주자가 메뉴인Menuhin이나 하이페츠Heifetz로 오해되지 않도록 해야 한다는 문제가 아니다. 직업적 음악가는 평판이 나쁜 경우가 많았고, 매춘부들이 여흥을 제공하는 파티에 불려가 연주하는 적도 많았다. 오늘날 우리는 남자들만의 파티에 스트립 댄서와 현악 4중주단을 함께 부르지는 않는다. 그럼에도 불구하고 아리스토텔레스가 사회적 구분을 유지하려 애썼고 '숭고한 정신'을 가진 사람의 사회적 지위를 강조한 것을 보면, 그는 자신이 좋아하는 폴리테이아, 즉 정치 참여가 허용될 만큼 훌륭하고 성실한 중간층 인구가 많은 국가에서도 진짜 귀족, 다시 말해 타고난 귀족의 지배를 갈망했다는 것을 알 수 있다. 그런 태도는 2500년 뒤에도 어느 정도 알려졌으나 그 세계관에서 누락된 사람들, 즉 여성, 서민 노동자, 외국인, 노예에 대한 그의 무관심은 다행히도 덜 알려진 편이다. 하지만 아리스토텔레스 이후 수백 년 동안에도 평범한 삶과 평범한 행복에 대한 관심은 별로 없었다. 키케로의 저작이 그 점을 분명히 보여준다.

제4장
로마의 통찰력: 폴리비오스와 키케로

폴리비오스와 키케로

이 장에서 다루는 인물들은 대부분 철학자가 아니다. 키케로는 정치가였으나 철학자로서는 완숙했고 정치가로서는 자신이 생각한 것보다 완숙하지 못했다. 폴리비오스는 군인이자 외교관이었고, 헤로도토스와 투키디데스에 이어 그리스 3대 역사가의 한 사람으로 꼽힌다. 정치사와 군사軍史의 저자로서 그를 지성적으로 계승한 사람들로는 로마의 역사가들인 타키투스와 리비우스가 있다. 폴리비오스의 저작인 『로마제국의 성장 The Rise of the Roman Empire』(원제는 Historiae, 즉 '역사'다―옮긴이)은 일부분만 전한다. 하지만 로마인들의 정치적·군사적 대성공에 대한 그의 설명은 키케로와 후대 저자들에게 로마식 '혼합'공화정을 이해하게 해주며, 그런 혼합공화정이 어떤 위험에 처하게 되는지 말해준다. 현대 공화정은 아테네 민주주의보다 로마 공화정으로부터 더 큰 영향을 받았기 때문에 우리 역시 폴리비오스의 계승자다. 폴리비오스는 펠로폰네소스 북서부 아카이아 출신의 그리스 귀족으로 고등교육을 받은 사람이었다. 젊은 시절에는 군대에 복무하고 조국의 정계에서 활동했다. 그는 기원전 2세기 초, 200~190년 사이에 태어났다. 당시 로마의 군사력은 마케도니아왕국을 보호국의 지위로 강등시켰으며, 마케도니아 왕들은 독립을 쟁취하려 했다. 이 마케도니아전쟁의 끝 무렵인 기원전 168년에 폴리비오스는 아카이아 상류층의 일원으로 이탈리아에 끌려와 심문을 받고 볼모가 되었다.

18년간 망명생활을 하는 동안 그는 다행히 소小 스키피오 아프리카누스와 친해졌고, 그의 가정교사로 일하면서 평생지기가 되었다. 스키피오는 마케도니아인들과 싸운 피드나 전투에서 결정적 승리를 거둔 로마 장군의 아들이었으며, 그 전투에 직접 참전하기도 했다. 한니발을 물리친 대大 스키피오 아프리카누스의 손자로 입양된 그는 기원전 146년 카르타고를 최종적으로 파괴했다. 그것이 폴리비오스의『로마제국의 성장』의 마지막 장면이다. 스키피오는 키케로의『공화정에 관하여』에서 핵심 인물이자 가공 인물의 역할을 맡아, 로마 공화정의 제도가 노쇠해 내전으로 무너지기 전 마지막 번영의 시절에 공화주의의 가치관을 명확히 설명한다. 폴리비오스는 로마에 망명해 있는 동안 친구의 비서로 일하면서 로마 공화정에 관해 속속들이 알게 되었다. 기원전 150년에 그는 귀국이 허용되었으나 스키피오의 곁에 계속 머물렀고 3차 포에니전쟁에서도 그를 수행해 카르타고의 파괴를 목격했다. 이후 폴리비오스는 또 한 차례 로마에 반대하는 무분별한 반란이 나쁜 결과를 남기고 끝난 뒤, 조국과 로마의 조정자로 일하면서 조국에 봉사했다. 빼어난 활약 덕분에 그의 사후 그리스 전역에는 그를 기리는 수많은 조각상들이 건립되었다. 약탈과 방화를 당해 잿더미로 변한 카르타고의 운명은 폴리비오스의 노력이 얼마나 귀중한 것이었는지 보여준다. 그의 만년에 관해서는 자세히 알려지지 않았으나 그는 여든두 살이던 기원전 118년 말에서 떨어져 죽었다고 전한다. 사색적인 철학자보다는 군인이나 정치가에게 더 잘 어울리는 이야기다.

키케로는 폴리비오스보다 90년 뒤의 인물이다. 그는 기원전 106년에 로마에서 멀지 않은 아르피눔이라는 도시에서 태어났다. 그의 가문은 성공한 지방 귀족이었으나 원로원 엘리트는 아니었고 에퀴테스equites에 속했다. 에퀴테스는 말과 무구를 자비로 마련하는 '기사'였는데, 훗날 중세 유럽의 기사계급으로 발전한다. 이 무렵에는 부자들도 여러 부류로 나뉘었다. 원로원 의원은 사법과 행정의 고위직인 정무관magistratus으로 국한되었다. 게다가 원로원 의원은 경제활동의 제약을 받았으므로 잘사는 사람이라 해도 큰 부자가 아닌 사람은 쿠르수스 호노룸cursus honorum, 즉 고위직으로 가는 길에 나설 때 신중하게 생각해야 했다. 하지만 키케로의 아버지는 아들에게 큰 기대를 걸었다. 그는 아들을 로마로 보내 호모 노부스homo novus, 즉 '새로운 사람'으로 속하게 된 세계에서 출세하는 방법을 깨치게 했다. 키케로는 그의 가문에서 최초로 공직을 꿈꾼 인물이었다. 열여섯 살 때인 기원전 90년에는 로마와 이탈리아 동맹시들 간에 벌어진 동맹시전쟁에 병사로 참전하기도 했지만, 키케로는 늘 궁정과 정치에서 이름을 날리고자 했다. 그래서 그는 로마, 아테네, 로도스에서 최고의 연설가들에게서 수사학을 배웠다. 그중에는 저명한 스토아 학자인 디오도투스도 있었는데, 키케로는 늙은 디오도투스를 자기 집에 불러들여 만년을 편히 보내게 해주었다. 키케로의 철학에 대한 열정과 재능은 논란의 여지가 없지만, 그는 철학 훈련 덕분에 위대한 법정 연설가가 될 수 있었다고 말했다. 기원전 79~77년에 아테네에서 수사학을 공부한 뒤 그는 서로 경쟁하는 철학 학파인 소요학파와 플라톤학파를 섭렵하면서 양측의 논거를 논박하는 능력을 키웠다. 그는 아무것도 확실하지 않을 경우 해당 사례에 가장 적합해 보이는 주장을 옹호해야 한다는 교훈을 끌어냈다. 그를 비판한 사람들이 왜 그의 정직함을 의심했는지 쉽게 알 수 있는 대목이다.

키케로는 허영심이 많고 이기적인 사람이었다. 야심만만한데다 자신이 장차 로마 공화정을 구원할 것으로 여겼고, 마치 천사라도 되는 것처럼 글을 썼다. 사생활에서는 너그러운 친구이자 헌신적인 아버지였으나 늘 정치적으로 출세할 길을 찾았다. 처음에는 급속히 정치적으로 성장했다. 그는 기원전 75년에 재무관의 직위를 얻었고, 66년에는 법무관, 63년에는 집정관이 되었는데, 다 최연소 기록이었다. 하지만 공화정은 이미 최후의 순간으로 치닫고 있었다. 그가 재무관이 되었을 무렵 로마는 두 차례의 유혈 내전을 겪은 뒤 기원전 82년부터 루키우스 코르넬리우스 술라 장군의 독재하에 있었다. 술라는 100여 년 전 한니발을 물리친 이후 독재관의 직책을 그대로 부활시키지 않고, 훗날 카이사르 아우구스투스가 실시하게 되는 원수정principatus을 연상케 하는 형태로 부활시켰다. 종전에는 독재의 시한이 여섯 달로 제한되었다(로마 공화정 시대의 독재란 현대 정치에서의 독재와 같은 tyranny 가 아니라 dictatorship, 즉 독재관이 임기 동안 전권을 행사한다는 의미였다—옮긴이). 기원전 82년에 술라는 스스로 종신 임기의 독재관이 되었다. 하지만 놀랍게도 그는 단기간의 정체개혁을 시행한 뒤 자기 발로 내려왔다. 하지만 그 개혁보다 성과가 큰 것은, 자신의 군대로 하여금 본래 기능과 반대로 도시에 등을 돌리게 한 것이었다.

키케로는 시칠리아 속주에서 재무관으로 재직하면서 속주의 재정을 신중하게 관리해 좋은 평판을 얻었고, 시칠리아 총독인 베레스를 강탈죄로 기소해 명성을 얻었다. 그 사건은 키케로가 거둔 승리의 전형이었다(베레스가 키케로의 기소에 겁을 집어먹고 망명하는 바람에 판결은 나지 않았다). 키케로의 적들은 그가 뇌물을 받고 베레스에게 가해야 할 형벌의 양을 줄여주었다고 주장했다. 사실 그런 기소가 성공한 것은 유례없는 일이었다. 그런 사안은 대개 원로원 의원급으로 구성된 배심원단이 맡아 동급의 피고인을 무죄로 방면해주는 게 상례였다.

기사 가문에서 재무관 직위에 오른 사람이 나오기까지는 대개 몇 세대를 거쳐야 했다. 그러나 키케로는 마흔의 나이에 법무관으로 재무 법정의 책임자가 되었으며, 마흔세 살에는 집정관이 되었다. 그가 집정관으로 재직하던 시절에 카틸리나가 이끄는 세력이 반란을 일으켰다. 카틸리나에 관해 전하는 이야기는 대부분 소문이긴 한데, 그는 개인적으로 용맹하긴 했으나 정치와 돈에 욕심이 많았고 성적으로 타락한 인물로 알려졌다. 그는 베스타의 처녀를 겁탈한 죄로 재판을 받은 적이 있었다. 베스타의 처녀들은 난로의 여신인 베스타의 신성한 불을 보살피는 일을 맡아 평생 순결을 서약한 여성들이었으므로 그의 행위는 엄청난 중죄였다. 당시 그는 무죄로 방면되었는데, 그의 적들은 그가 뇌물을 썼다고 말했다. 카틸리나는 권력을 잡아 독재관이 되려 했을 뿐 아니라 자신에게 반대하는 원로원 의원들과 관리들을 살해할 거라고 떠벌렸다. 키케로가 원로원을 움직여 유죄판결을 받아내자 카틸리나는 로마로 달아나 군대를 규합했다. 그가 없는 동안 키케로는 원로원을 설득해 체포한 공모자들을 즉결 처형해도 좋다는 동의를 얻어냈다. 이는 두 가지 측면에서 명백히 불법이었다. 원로원은 죄수를 처형할 권한이 없었던데다, 정당한 절차를 밟지 않은 판결과 처형이었기 때문이다. 하지만 내란이 일어날 조짐이 있었으므로 뭔가 조치가 필요했다. 키케로가 말했듯이 주먹은 가깝고 법은 멀었다inter armas silent leges. 그는 지지자들에게서 공화정을 구했다는 찬양을 받았으며, 평생토록 독자와 청중에게 자신의 업적을 일깨웠다. 세네카는 "원인 없이 결과 없다non sine causa, sed sine fine"는 말을 남겼다.[1] 카틸리나는 도망쳤으나 그것은 겁이 나서가 아니라 공화정에 반대하는 군대를 모으기 위해서였다. 그는 철저한 악인이었을지 모르지만 매우 용감한 사나이였다. 그의 군대가 키케로의 군대와 충돌했을 때 그는 휘하 병사들로부터 멀리 떨어진 곳에서 수많은 적병들에게 포위된 채 용감히 싸우다 전사했다.

그의 죽음을 애도한 사람들은 포풀라레스populares라고 불리는 가난한 로마인들의 지도자들이었다. 카틸리나는 그들의 채무를 탕감해주고 지지를 얻어냈다. 키케로는 채무 탕감이나 재산 평등화 조치에 반대하는 상류층의 옹호자, 즉 옵티마테스optimates에 속했다. 키케로는 심하게 보수적이지는 않았으나, 로마의 곤경이 그라쿠스 형제─티베리우스와 가이우스─가 빈민을 위해 토지개혁을 하면서 시작되었다고 생각하는 보수파였다. 키케로는 그라쿠스 형제의 암살범을 찬양했지만, 그의 저작 어디에도 공화정의 몰락을 빚은 사회경제적 원인에 대한 깊은 이해는 보이지 않는다. 그는 정치가와 시민의 개인적 자질을 중시한 도덕가였을 뿐 정치 안정의 경제적·문화적 조건에 관심을 가진 사회학자는 아니었다.

원로원은 키케로의 배후에서 통합을 이루지 못했다. 그가 집정관에서 물러나자 비로소 그의 적들이 뭉쳤다. 기원전 60년 카이사르, 폼페이우스, 크라수스가 3두 체제를 이루었을 때 키케로는 그들과 함께하기를 거부했다. 그들은 포풀라레스의 지지를 얻으려 했고, 키케로는 옵티마테스의 지도자인 소小 카토와 동맹을 맺었다. 기원전 58년에 호민관 클로디우스는 그를 추방하고 재산을 몰수했으나, 얼마 안 가 폼페이우스가 그를 다시 불러들이고 재산도 복구하게 해주었다. 3두 체제는 그에게 별 도움이 되지 않았다. 로마의 패권은 군대를 동원해 도시에 반기를 들고 군중을 규합해 원로원과 지도적 정치인들을 위협하는 능력에 달려 있었다. 키케로는 변호사로서의 역량이 그다지 뛰어나지 않았고 정치적 판단력도 기민하지 못했다. 다른 많은 사람들처럼 그는 계속 패배자의 편에 속했다. 기원전 50년대 후반의 내전에서는 폼페이우스의 부하로 율리우스 카이사르에게 대항했다. 기원전 48년에 폼페이우스가 패배한 뒤 키케로는 기원전 46년에 카이사르에게서 사면을 받았다. 뛰어난 작가이기도 했던 카이사르는 키케로의 문학적 능력을 높이 평가했다. 그러나 키케로는 만족하지 않았다. 그는 기원전 44년의 카이사르 암살에 동참하지 않았지만—암살자들은 키케로가 말이 많은 사람이라 비밀을 지키지 못하고 거사를 누설하고 말 것이라고 여겼다—그 사건에 동조했다.

카이사르의 암살은 1인 지배로부터 공화정을 구하기 위해 일으킨 사건이었으나 결과적으로 공화정은 그 사건으로 붕괴했다. 이것으로 촉발된 내전들은 기원전 31년 카이사르의 양자이자 후계자인 옥타비아누스가 악티움해전에서 마르쿠스 안토니우스를 격파하면서 끝났다. 이로써 카이사르의 가장 중요한 지지자들, 즉 20년 동안이나 카이사르의 부관이었던 마르쿠스 안토니우스와 카이사르가 자신의 후계자로 임명한 소년—옥타비아누스는 카이사르가 암살될 때 겨우 열여덟 살이었다—이 벌인 권력 다툼은 끝났다. 카이사르 암살자들은 카이사르가 로마의 빈민들에게서 얼마나 큰 인기를 누렸는지 과소평가했으며, 그의 장례식이 끝난 뒤 곧바로 일어난 소란의 와중에 거의 다 살해되었다. 키케로도 얼마 뒤 살해되었다. 그는 마르쿠스 안토니우스가 공화정을 복구하는 데 최대의 변함없는 위험인물이라고 여기고 원로원에서 몇 차례 그를 비방하는 격한 연설을 했다.『필리포스 탄핵 연설*Philippics*』은 데모스테네스가 마케도니아의 필리포스를 공격한 연설을 모방한 것이었는데, 결국 키케로 자신의 목숨을 앗아갔다. 마르쿠스 안토니우스는 기원전 43년에 잠시 옥타비아누스와 동맹을 이루었을 때 서로에게 각자 자신의 적들을 마음껏 살해할 수 있는 권리를 부여했다. 이해할 수 있는 일이지만, 두 사람은 카이사르가 내전 이후 적들을 관대하게 대한 것이 결국 스스로의 암살을 초래했다는 결론을 내렸다. 그들은 그 전철을 밟고 싶지 않았다. 또한 그들은 부자들의 재산을 빼앗아 자신의 지지자들에게 나눠주고자 했는데, 그러려면 적지 않은 출혈이 불가피했다. 전하는 바에 따르면 원로원 의원 300명과 에퀴테스 2000명이 살해되었다고 한다. 키케로를 살해할 때 안토니우스는 잔인한 폭력에 탐닉했다. 그는 키케로의 머리와 두 손을 잘라낸 다음 원로원의 연단에 못으로 박아 놓고 모든 사람들에게 독재에 반대할 경우 뒤따를 위험을 상기시켰다. 키케로는 용감하게 행동했다. 도망치려 했다가 적들에게 사로잡히기도 했다. 그는 자신을 태운 들것의 장막 밖으로 머리를 내밀고 어서 목을 치라고 말했다. 그의 삶과 죽음이 보여주듯이 키케로는 로마 정치에 큰 관심을 가졌다. 시골에서 조용하게 사는 즐거움에 관해 아름다운 문체로 글을 썼으면서도 요란한 원로원과 법정을 갈망했다.[2] 그의 정치이론은 성찰적이지만 초연함과는 거리가 멀었다.

철학자가 아니라 정치가를 위한 정치

플라톤과 아리스토텔레스에서 폴리비오스와 키케로로 넘어가는 것은 정치에 관한 다른 사고방식으로 넘어가는 것이다. 간단하게 말하면 철학으로부터 통치술로 전환하는 것이다. 사실 이렇게 말하면 너무 간단하다. 키케로는 플라톤으로부터 단순히 저작들의 제목—『공화정에 관하여De republica』(플라톤의 『국가』는 공화국 또는 공화정으로도 번역된다—옮긴이), 『법률에 관하여De legibus』(플라톤의 『법률』에서 제목을 차용했다—옮긴이)—만 취한 게 아니다. 『의무에 관하여De officiis』는 그리스 철학자 파나이티오스의 저작을 본보기로 삼았으며, 실제로 주로 도덕철학을 다루고 있다. 그럼에도 불구하고 키케로는 철학자들의 고민이 무엇인지, 그들이 가진 세계관의 토대가 무엇인지보다 로마의 정치가가 그리스 현인들의 사상을 어떻게 이용할 수 있는지에 더 큰 관심을 두었다. 플라톤과 아리스토텔레스는 정치의 본질에 관해 견해가 달랐으나 둘 다 철학자인 것은 명백했다. 물론 그 시절의 그들

174

을 '직업적 철학자'라고 부를 수는 없지만, 그들은 철학을 가르치고 철학적 문제를 사유했다. 플라톤이 시칠리아의 디오니시오스 1세와 디오니시오스 2세에게 충고한 것은 곧 철학을 가르친 것이다. 그는 '현상 유지'를 위한 방법을 알려주는 데는 관심이 없었다. 물론 아리스토텔레스가 어느 정도의 현상 유지에 관해 충고한 것을 보면 철학과 정치의 차이가 절대적인 것은 아니다. 마찬가지로, 키케로가 통치술의 가장 중요한 측면이 지도적 시민들의 좋은 품성을 지키는 것이라고 주장하면서 덕목들을 설명하려 할 때도 철학과 정치의 차이는 모호해진다.

정치이론이 철학적 분석, 도덕적 판단, 정체적 숙고, 실용적 충고의 혼합이라면, 통치술과 철학의 차이가 첨예해지는 것은 극단적인 경우다. 홉스의 『리바이어던』은 플라톤의 『국가』처럼 대단히 순수한 정치철학에 속한다. 폴리비오스의 『로마제국의 성장』과 마키아벨리의 『군주론*Il Principe*』은 실용성, 역사, 경험을 중심으로 하며, 플라톤과 홉스는 정치가들이 즐겨 구사하는 임시변통의 해법으로부터 벗어나는 방법을 가르쳐준다. 오직 경험으로부터만 배울 수 있다거나 우리가 배우는 게 다 어림짐작이라고 주장하는 사람은 없다. 반대로 통치술은 현역 정치인, 정치가, 지배자에게 초점을 맞추며, 정치가가 운용해야 하는 정체와 제도의 실용성을 중시한다. 경험이 중요한 것은 말할 것도 없고, 지혜로운 사람은 경험의 교훈이 '어느 정도' 타당하다는 것을 인정한다. 철학은 정치가가 자기 행동의 도덕성을 평가하고 정체가 다른 지배 형태의 정당성을 평가한다고 본다. 통치술은 경험의 교훈을 가르치기 때문에 경험적 편향이 강하다. 마키아벨리의 『군주론』과 『로마사 논고*Discorsi*』는 철학자를 조롱하고 경험의 가르침을 강조한다. 폴리비오스는 아무도 실천하려 하지 않은 유토피아를 고찰할 여유가 없었다. 그는 이렇게 주장한다. "나는 잘 알려진 플라톤의 공화국을 정체에 관한 논의에 끌어들여야 한다고 생각하지 않는다. 정식으로 등록되지 않았거나 축제와 경기에 참여하기 위한 훈련을 받지 않은 예술가나 운동선수를 인정하지 않는 게 온당하듯이, 플라톤식 정체도 그것이 실제로 적용된 사례를 들지 못한다면 장점을 겨루는 이 경쟁에 끌어들여서는 안 된다."[3]

이런 견지에서 보면 플라톤의 대화편『정치가』는 통치술에 기여한다기보다 그것을 풍자적으로 논평한 것이라 볼 수 있다. 대화편의 등장인물들은 정치가를 정의하고 정치가가 자신의 직무에 충실하기 위해 무엇을 알아야 하는지 논의한다. 하지만 그 직무란 공화정이 알키비아데스, 술라, 카이사르 같은 야심가에 의해 타락하는 것을 막는 일이다. 소크라테스식 정치가의 논쟁술은 로마 원로원을 설득해 카틸리나 일당을 처형하자는 동의를 얻어내는 것과 무관하다. 그 바탕에는 '국민의 행복이 최고의 법salus populi suprema lex est', 즉 공화정의 보존이 다른 모든 불법행위를 정당화한다는 논리가 있다. 플라톤이 상상하는 정치가는 신과 같은 우수한 인물로서 인간을 가축처럼 감독하는 존재이며, 소크라테스식 통치술은 영혼을 돌본다. 소크라테스는 아테네에서 유일하게 진정한 정치가로 자처하면서도『고르기아스』의 신념을 지키려 하지 않았다. 여기서의 논의와 관련시켜보면 그의 통치술은 통치술이 아니고 그 자신도 정치가가 아니다.[4]

아리스토텔레스는 독재자와 과두파에게 적대적인 공공 여론에 맞서 자신의 지위를 유지하는 방법에 관해 충고했다. 그러나『정치학』은 통치술에 관한 문헌이 아니며, 그의 충고는 대체로 마키아벨리가 노골적으로 권하는 폭력이나 속임수와 다르다.『정치학』은 선한 삶의 본성에 관한 철학적 설명을 바탕으로 그리스 폴리스의 본성을 다룬 문헌이다. 그 책은 정치가의 기술과 기질이 왜 유용한지 설명하지만, 그것을 상세히 논의하거나 독자에게 그것을 획득하라고 권장하지는 않는다. 아리스토텔레스의 이념은 그 자신이 밝혔듯이 인간에 의한 지배가 아니라 법에 의한 지배다.[5] 그는 통치술이 아니라 정치생활을 이론으로 만든 것이다. 그는 정치라는 분야의 자율성을 제시했으며, 플라톤보다 더 일상적이고 현실적인 가치들을 강조했다. 또한 정치가의 존재를 철학적으로 정당화하고, 정치 지도자를 철학자-군주로 대체하면 안 되는 이유를 설명했다. 플라톤이 시도한 정치의 정화에 내포된 결함을 설명하고 나면 현실에서 철학의 역할을 정교하게 설명하는 일은 불필요해진다. 『니코마코스 윤리학』에 나오는 윤리와 정치에 관한 설명으로도 충분할뿐더러, 그런 방면의 연구는 젊은이보다 어느 정도 차분해진 연령에 도달한 사람들에게 필요하기 때문이다.[6] 플라톤과 달리 아리스토텔레스는 수사학을 단지 나쁜 것을 좋게 만드는 기술이라고 치부하지 않았으나 『정치학』에서 그것을 다루지는 않았다. 연설을 핵심 주제로 삼은 사람은 키케로였다.

키케로는 로마 동포들에게 플라톤과 스토아학파는 정의, 용기, 절제, 지혜에 관해 말한 것을 가르치려 했지만, 자신은 학생이자 교사로서 그리스의 지혜를 전할 뿐이라고 주장했다. 그리스인들의 철학적 지혜를 당대 로마인들에게 전하려는 목적은 정치적이었다. 그가 가르치고자 한 젊은이들은 철학자가 아니라 정치가였으며, 철학의 가치는 로마 공화정에 얼마나 유용한가에 의해 결정되었다. 최고의 그리스 사상을 익히면 젊은이들은 품성이 좋아질 수 있고 로마 공화정을 위협하는 탐욕, 잔인함, 허영, 근시안에 물들지 않을 수 있었다. 『의무에 관하여』는 키케로가 자신의 아들 마르쿠스를 위해 쓴 책이다. 그는 매우 평범한 젊은이인 아들에게 큰 기대를 걸었다. 여러 가지 덕목을 다룬 이 작은 책자는 암브로시우스가 그리스도교도들에게 추천했으며, 중세 유럽에서도 여러 차례 필사되고 권장되었다. 에라스뮈스와 루터의 중요한 동맹자인 필리프 멜란히톤Philipp Melanchton은 그 저작의 포켓판 발간을 촉구했다. 그 책의 라틴어 원본이나 번역본은 19세기까지도 상류층 젊은이에게 훌륭한 교육 안내서로 널리 읽혔다. 그 책은 명백히 플라톤, 아리스토텔레스, 스토아학파로부터 차용했으나 타깃은 로마 상류층이었다. 수백 년 뒤 유럽의 지배 엘리트는 로마 조상들을 모방하면서 키케로가 가르친 덕목을—설령 그대로 실천하지는 않았더라도—높이 찬양했다. 또한 그 책은 키케로의 라틴어가 아름다우면서도 읽기 쉽다는 것을 보여주었고, 고전을 연구하는 모든 사람들에게 본보기가 되었다. 플라톤의 정치 저작에서 제목을 취한 정치 문헌들—『공화정에 관하여』와 『법률에 관하여』—은 일부분만 전하지만 그리스적 사유와 로마적 취지를 뚜렷이 보여준다.

폴리비오스의 독창성

키케로의 목적과 신념을 더 잘 이해하려면, 먼저 폴리비오스가 『로마제국의 성장』이라는 얇은 책에서 명료하게 설명한 로마의 정치제도와 그 성공을 살펴보아야 한다.[7] 그런 다음에는 키케로의 정치 저작을 그가 살았던 난세의 상황에 비추어보아야 한다. 로마인들은 이웃들에게 군사적 우위를 점하고 있었다. 그럼에도 불구하고 그들은 여러 부족 사이에서 살아가는 하나의 작은 이탈리아 부족에 불과했다. 그들이 알려진 세계the known world, 즉 지중해의 패권을 차지하는 과정은 처음에 느리게 시작되었다. 기원전 3세기까지 로마는 상층(파트리키우스)과 하층(플레브스)의 내부 다툼에 휘말려 있었으며, 이탈리아반도 내의 경쟁자들과 북부에서 침략해오는 갈리아인이 일으키는 군사 문제를 처리하느라 여념이 없었다. 기원전 3세기에 이르러서야 로마는 북쪽으로 알프스에서부터 남쪽으로 시칠리아의 메시나해협에 이르는 이탈리아반도 전역을 장악했다. 상상을 즐기는 사람은 만약 알렉산드로스가 페르시아보다 서유럽에 관심을 가졌다면 어떻게 되었을까 궁금할 것이다.

로마는 시칠리아에 코가 닿을 만큼 가까이 접근하면서부터 서부 지중해의 최강국인 카르타고와 충돌을 빚었다. 기원전 146년 로마는 카르타고의 역사 기록마저 남지 않을 정도로 카르타고를 철저히 파괴했다. 로마가 알려진 세계를 지배할 만큼 성장하는 과정을 기록한 폴리비오스는 기원전 264년 1차 포에니전쟁이 발발한 때부터 기원전 146년 도시가 함락된 때까지 118년간의 역사를 서술했다. 카르타고는 커다란 무역도시를 보유한 해상 강국으로서 시칠리아, 사르데냐, 코르시카, 북아프리카 상당 부분과 에스파냐 남부를 영토로 거느렸다. 카르타고의 정체와 제도는 로마와 별로 다르지 않았던 것으로 보인다. 즉 민회의 역할이 중요하면서도 세심하게 통제된 귀족적 과두정이었을 것이다. 2차 포에니전쟁(기원전 218~202)에서 활약한 카르타고의 한니발은—스키피오 아프리카누스를 제외한다면—어느 로마인보다도 뛰어난 장군이었다. 하지만 그는 후대의 나폴레옹과 히틀러가 그랬듯이, 보급선이 불안정한 상태로 본국으로부터 먼 곳에서 싸우는 것은 파멸로 가는 지름길임을 보여주었다. 카르타고는 약화되었고 로마는 이제 에스파냐와 북아프리카를 손에 넣었다. 카르타고가 최종적으로 파괴된 것은 한참 뒤인 기원전 146년, 로마의 가혹한 침탈에 맞서 카르타고의 독립을 지키기 위해 반란이 일어났을 때였다. 이것이 3차 포에니전쟁이다. 1차 포에니전쟁으로 로마는 동부 지중해의 그리스권, 기원전 323년 알렉산드로스대왕이 죽은 뒤 그의 제국이 분할되어 생긴 헬레니즘 왕국들과 적대관계에 돌입했다. 카르타고는 원래 그리스의 소아시아 식민지였다. 로마와 싸우면서 카르타고는 마케도니아의 필리포스 5세와 동맹을 맺었으며, 로마는 마케도니아에 적대적인 그리스 국가들과 동맹을 맺었다. 마케도니아전쟁이 끝난 뒤인 기원전 168년 로마는 동부 지중해를 장악했고 그리스 왕국들은 분쇄되었다. 바야흐로 로마는 제국으로 발돋움했다.

폴리비오스의 『로마제국의 성장』은 그런 사건들을 다룬다. 그 가운데 우리의 관심을 끄는 것은 6권이다. 여기서 그는 로마 공화정이 다른 모든 정부 형태보다 우수한 이유를 설명한다. 핵심은 혼합정부론이다. 이 이론은 아리스토텔레스가 예견했으나 개발하지는 못했으며, 많은 사상가들을 거쳐 미국 헌법을 작성한 사람들에게까지 이어졌다. 존 애덤스John Adams는 혼합정부론을 특히 찬양했다. 미국 헌법은 폴리비오스의 이론에 대한 가장 인상적인 찬사에 해당한다. 물론 그 이론을 주창한 사람이 폴리비오스 혼자만은 아니다. 사실 『페더럴리스트*The Federalist*』(미국의 독립 직후 뉴욕주의 유권자들을 헌법에 찬성하도록 설득하기 위해 발행된 85편의 연작 논설—옮긴이)에는 그의 이름이 나오지 않는다. 폴리비오스는 혼합정체론의 원리를 찾아 기원전 8세기 스파르타의 정체가 수립된 때까지 거슬러올라갔으며, 리쿠르고스가 혼합정체론을 최초로 정립한 인물이라고 보았다. 리쿠르고스가 스파르타의 안정을 가져온 인물로서 누리는 명성은 그가 실존 인물이 아닐지도 모른다는 점을 상쇄하고도 남는다. 아리스토텔레스는 스파르타의 정체가 가진 장점을 이렇게 언급한다. "어떤 사람들은 최선의 정체란 모든 기존 형태들의 혼합으로 이루어진다고 말한다. 그들은 라케다이몬(Lacedaemon, 스파르타의 옛 이름—옮긴이)의 정체가 과두정, 군주정, 민주정의 혼합이라는 이유로 그것을 찬양한다."[8] 아리스토텔레스가 혼합정체를 언급하는 부분에는 그것의 장점이 어디서 나오는지에 관한 설명이 없다. 사실 그는 '최선의 인물'에 의한 지배를 이상적으로 여겼기 때문에 혼합정체론을 개발할 이유가 없었다. 비록 그가 현실적으로 본 국가는 순수한 귀족정보다 시민권이 더 폭넓게 확대된 폴리테이아였지만, 그의 이상은 어디까지나 진정한 귀족정이었다.[9]

아리스토텔레스는 폴리비오스처럼 혼합정부가 어떤 단일한 형태보다 확실히 우월하다고 애써 설명하지 않았다. 혼합공화정이론은 엄밀히 말해서 군주정, 귀족정, 민주정의 요소들이 단일한 정체 내에 통합된 것이 최선의 정부라고 보는 견해다. 이것이 폴리비오스와 키케로의 이론이다. 아리스토텔레스가 지지한 정부―폴리테이아 혹은 정체―는 순수한 귀족정이 아니라, 초라한 가문 출신 사람들을 '최선의 인물'의 주변으로 대거 끌어들이는(하지만 더 급진적인 민주정의 경우보다는 수가 적다) 폭넓은 귀족정(혹은 엄격히 제한된 민주정)이다. 아리스토텔레스가 설명한 폴리테이아는 그리스의 상황에 맞게 수용되었다. 그의 시대 사람들은 시민권을 '지배-피지배'의 권리, 공직을 차지할 수 있는 권리로 여겼으며, 정치적으로 동등한 대우를 중시했다. 귀족정에 비해 유능하고 좋은 자질을 갖춘 시민들을 덜 배제할 수 있고, 순수한 민주정에 비해 무능한 자들을 줄일 수 있고, 흔히 혁명으로 치닫는 계급 갈등을 회피할 수 있다. 이것이 혼합이라면 모든 정체가 혼합이다. 이를테면 군주도 자문단을 거느리며, 의회에도 집행위원회와 의장 등이 있다.

그는 혼합이 각 구성 요소들보다 대체로 좋은 것처럼 말했다. 청동이 그것을 구성하는 주석과 구리보다 훨씬 강한 합금이라는 사실은 혼합이 원래의 재료들보다 강하다는 유력한 논거가 되었다. 금속의 경우만 그런 게 아니다. 노새는 말과 당나귀보다 튼튼하다. 이것은 두 가지 의문을 제기한다. 첫째, 혼합정체의 강점은 무엇인가? 둘째, 혼합정체가 순수한 정체의 약점 대신 장점을 통합하리라고 기대할 수 있는 이유가 무엇인가? 군주정의 장점은 한 사람이 확고하게 정책 결정권을 가진다는 데 있다. 반면 민주정의 장점은 다양한 견해가 제출될 수 있으므로 그중에서 현명한 선택을 할 수 있다는 데 있다. 키케로도 바로 그렇게 주장한다. 일이 잘 풀려 양쪽의 장점이 결합된다면, 의사 결정권자는 다수의 집단적 지혜로부터 도움을 받을 수 있을 것이다. 하지만 일이 안 풀린다면 어떨까? 다수의 무책임과 변덕이 그들을 이끄는 사람의 오만과 야심에 의해 더 악화되지 않을까? 플라톤은 민주주의적인 아테네인들이 선동가에게 넘어갔을 때가 바로 그런 경우라고 생각했다. 일이 잘못되면 아무리 단호한 리더라도 우유부단한 추종자들에 의해 무기력해지지 않을까? 폴리비오스는 정확히 그런 질문을 던졌다. 그는 로마 혼합정체가 순수 형태의 장점을 잃지 않으면서 그 결함을 해소한 과정을 설명했다. 그는 로마가 지역 문제를 잘 해결한 과정에 대한 설명을 안정적 정부의 일반론으로 발전시켰다.

폴리비오스는 플라톤이『국가』에서 서술한 것과 같은 정체 변화의 순환론이라는 틀 안에서 혼합정부론을 설명함으로써 자신에게도, 독자들에게도 어려움을 안겼다. 그 어려움이란 군주정, 귀족정, 민주정의 요소들을 결합한 혼합정부가 왜 특별히 안정적인지(다양한 이해관계를 수용하므로 현상 유지에 도움이 되기 때문이다), 그리고 왜 특별히 정당한지(사회의 모든 요소가 나름대로 정의에 기여하도록 할 수 있기 때문이다) 설명하는 데 스스로 만족해버릴 수 있다는 점이다. 그보다는 차라리 그 문제를 그대로 놔두고, 그런 정부 형태가 우선적으로 수립될 수 있는 조건에 관한 다른 문제에 천착하는 편이 나을 것이다. 하지만 폴리비오스는 변화를 부패로 보는 고전적인 견해를 이어받았다. 그와 그를 계승한 많은 사람들이 끌어낸 추론은 어떤 정체든 출발점부터 올바르게 수립되어야 한다는 것이다. 모든 정치제도는 시간이 지나면 타락한다. 무엇이든 어설프게 시작하면 결국 곤경만 겪게 된다. 리쿠르고스 같은 인물을 기대하거나 그런 사람이 나타나주기를 바라야 한다. 오늘날까지 전하는 또 한 가지 수사 어구가 있다. 미국인들이 좋아하는 어구인데, '필라델피아의 기적'(필라델피아는 미국 독립 시기에 대륙회의가 구성되고 연방헌법이 제정된 도시다—옮긴이)이 있었다거나, 미국의 건국자들이 초인적 현인이었다는 것이다.

폴리비오스는 플라톤의 이론을 언급하지만, 좋은 정체를 나쁜 정체로 전환시키는 그의 구도는 아리스토텔레스와 더 비슷하다. 즉 좋은 정부 형태—군주정, 귀족정, 폴리테이아—가 나쁜 대립물—독재, 과두정, 폭민정―로 바꾸는 것이다. 폴리비오스는 철학자-군주를 찾는 데 전혀 관심이 없었고 완벽함이 왜 영원할 수 없는지 설명하는 데도 인색했다. 유토피아는 존재한 적이 없기 때문에 흥미를 끌지 못하고 교훈을 줄 수도 없다. 폴리비오스는 인간의 일이 불완전하다는 것을 알았고, 로마제국도 세월이 가면 쇠락할 것이라고 믿었다. 스키피오는 자신이 카르타고의 파괴를 명했으면서도 정작 그 사태가 일어나자 눈물을 보였다. 베르길리우스의 『아이네이스Aeneis』는 트로이를 주제로 같은 성찰을 보여준다. 카르타고도 그런데 로마는 어떨까? 문제는 로마인들이 불가피한 숙명처럼 보이는 것을 어떻게 극복했는지에 있다. 그들은 어설픈 정체로 출발했다. 왕을 선출하는 제도였고 견제 장치도 없었다. 그럼에도 불구하고 고대 로마의 왕들은 독재자가 되지 않았고 그 대신 폐위되었다. 당시에도 혼합정체는 로마의 리쿠르고스가 도입한 게 아니라 꾸준하면서도 시행착오가 반복되는 과정을 통해 진화했다. 로마인들은 어떻게 그럴 수 있었을까? 폴리비오스의 영향을 크게 받은 리비우스가 자극을 준 덕분에 마키아벨리는 바로 그 문제를 제기했다.[10] 지금 우리가 일체의 역사 순환론을 거부한다 해도 그 문제는 여전히 중요하다. 국가는 출발이 부실해도 회복할 수 있는데, 어떻게 그게 가능한지 알아내야 한다. 폴리비오스가 보기에 로마가 바로 그랬다. 그의 과제는 사실을 이론에 부합시키는 것이었다.

인간 신체와 정치체의 유사성에 매료된 저자들이 대개 그렇듯이, 폴리비오스도 표면상으로는 출발이 반드시 좋아야 한다는 견해를 가지고 있었다. 몸이 약한 아이는 건강한 어른으로 자라기 어렵다. 리쿠르고스는 스파르타의 정체가 올발랐다고 단정했다. "리쿠르고스의 입법과 그가 보여준 선견지명은 매우 훌륭해 그의 지혜는 인간보다 신에 가깝다고 볼 수밖에 없다."[11] 하지만 폴리비오스는 스파르타의 경제제도가 부적절한 점을 꼼꼼히 비판했다. 스파르타는 사회 평화를 유지하고 강력한 방어군을 양성할 수 있었지만, 팽창과 알려진 세계의 정복을 가져오는 경제제도를 바라는 사람은 무역에 우호적이고 부의 축적을 지향하는 로마의 경제제도를 선호할 것이다.[12] 스파르타는 자국의 자금이 아니라 페르시아의 돈으로 펠로폰네소스전쟁에서 승리했다.

건국 초반이 결정적으로 중요하다는 생각은 매우 끈질긴 믿음이다. 미국 헌법의 초안을 작성한 사람들은 처음에 '저절로 굴러가는 기계'를 만들고자 했다. 그들은 신생국의 헌법이 미래를 결정한다는 전통적 신념과 폴리비오스와 같은 해법이 필요하다는 믿음을 피력했다. 그 헌법이 데모스(민중)에게 절대권력을 부여한다고 해서 평화와 번영이 확실히 보장되는 것은 아니다. 하지만 부유한 상류층이 정치권력을 독점하고 하층계급을 착취할 경우에는 계급전쟁이 불가피해진다. 리더십에 관해서는 한 사람이 충성의 구심점이 되어야 한다. 전쟁중에 조지 워싱턴이 보여준 것과 같은 리더십이 없었다면 나라가 방향타를 잃었을 것이다. 그러나 만약 워싱턴이 조지 3세(미국 독립 시기 영국의 왕—옮긴이)처럼 지배하고자 했다면, 미국은 독재국가가 되어 또다른 혁명만이 치유책이 되었을 것이다. 정치체와 인간 신체의 비유를 모두가 진지하게 받아들이지는 않는다. 몸이 약한 아이가 건강하고 수명이 긴 어른으로 자랄 가능성이 적다고 해서 잘못된 정체가 무조건 수명이 길고 건강한 정부를 구성하지 못하는 것은 아니다. 하지만 그럴 확률이 커지는 것은 사실이다.

로마는 그 규칙을 깨고 번영을 누렸다. 실제로 로마는 (알려진) 세계 전체를 정복했다. 처음부터 최선의 정체를 수립하지는 못했지만, 시행착오와 내전의 시련을 거치면서 그것에 도달했다. 하지만 계급 갈등이 고질적이었고, 기원전 4세기 중반에야 비로소 파트리키우스가 고위직의 세습적 독점권을 포기했다. 그것은 건국이 잘못된 국가가 대국으로 성장할 수는 없다는 일반론의 명백한 예외였기 때문에, 마키아벨리는 그 문제를 놓고 오랫동안 숙고했다. 스파르타는 (실존 여부가 불확실하지만) 리쿠르고스라는 인물에 의해 처음부터 완성형의 이득을 누린 좋은 사례였다. 키케로는 양쪽을 다 주장했다. 그는 스키피오 아프리카누스의 입을 빌려 대ㅅ 카토의 주장을 인용한다. "로마는 한 사람이 아니라 다수의 재능으로 형성되었으며, 한 사람의 생애가 아니라 여러 세대에 걸쳐 이루어졌다."[13] 하지만 그는 로물루스(로마의 전설적 건국자—옮긴이)가 도입한 원래 정체는 리쿠르고스의 경우처럼 혼합정체였다는 것을 시인했다. 다른 곳에서 그는 리산드로스가 펠로폰네소스전쟁에서 스파르타의 승리를 이끌 수 있었던 것은 수백 년전 리쿠르고스가 창건한 정체 덕분이라고 말한다. 스파르타의 제도가 전적으로 리쿠르고스의 독창성에 의존한 것은 사실이다. 리쿠르고스는 군주정, 귀족정, 민주정의 요소들을 섞은 정체를 수립했다. 2인으로 된 세습 군주들은 게루시아gerousia라는 원로원의 자문을 받았으며, 그들의 결정은 에포로스ephoros라는 행정관 다섯 명의 동의를 얻어야 했다. 또한 최종 권력은 민회에 있었다. 이후 2000년 동안 그 모델의 변형은 한편으로 순수한 민주주의의 적, 다른 편으로 순수한 군주정의 적이 즐겨 이용하게 된다.

로마의 특수성에 대한 설명

폴리비오스는 뛰어난 역사가였다. 역사를 정확하게 서술하겠다는 결의로 보면 그는 투키디데스와 비슷했다. 그래서 그는 로마 정체의 역사를 신중하게 다루었는데, 어떤 면에서 그런 태도는 로마가 세계의 패권을 차지하는 과정에서 정치제도가 어떤 역할을 했는지 설명을 유보한 것에 대해 독자들에게 사과하는 의미가 있었다. 그의 『역사』는 48권으로 되어 있다. 그 대부분은 지금 전하지 않지만 독자들을 48권 가운데 6권까지 기다리게 한 것은 그다지 큰 불친절로 보이지는 않는다. 그러나 폴리비오스가 주저한 것은 옳았다. 로마가 어떻게 성공했는지는 명확하지 않았고, 이후 어떻게 될지도 불명확했기 때문이다. 그는 우선 정체의 유형을 흔히 왕정, 귀족정, 민주정으로 구분하는 것에 이의를 제기한다. 그리고 아리스토텔레스처럼 1인 지배의 좋은 형태만을 왕정이라고 부를 수 있고 다른 것들은 독재나 전제라고 말한다. 마찬가지로, 최선의 인물에 의한 지배는 귀족정이며, 그렇지 않을 경우에는 소수파의 지배 혹은 과두정으로 전락한다. 또한 법에 따른 민중 전체에 의한 지배는 민주정이지만, 무법적이고 변덕스러운 민중 정부는 폭민정치다. 그럴 경우 군주정이 독재로, 귀족정이 과두정으로, 민주정이 폭민정치로 타락하는 순환이 시작된다. 폴리비오스는 '군주정'과 '왕정'을 또 구분함으로써 설명을 복잡하게 만든다. 군주정은 지배자의 개인적 용기와 자질에 의존하는 1인 지배의 일반적 형태이며, 왕정은 공동체의 자발적 동의에 의존하는 1인 지배의 특수한 형태로서 법의 제약을 받으므로 법적 군주정이라고 부를 수 있다. 그것은 유용하고 필요한 구분이고 1인 지배의 부족적 형태가 법적 구조를 가진 형태로 바뀔 때 중요한 의미를 가지지만, 여기서는 그냥 넘어가도 좋겠다.

정치 변화의 동력에 관한 폴리비오스의 구상은 너무 엄격하게 받아들이지 않는다면 나름대로 설득력을 가지며, 로마 역사를 정당화해준다. 자신의 재능으로 성장한 지배자는 (적어도 처음에는) 동료들과 똑같이 살고 적대를 야기하지 않지만, 왕좌를 물려받은 지배자는 다른 사람들과 자신을 구분하고 질시를 유발한다. 그는 왕의 무례함에 모욕을 느낀 상류층의 반발을 사게 된다. 폴리비오스는 스파르타와 로마가 집단적 군주정을 취했다는 것을 알고 있었다. 군주가 타도되면 왕위 찬탈자가 대신 지배한다. 그런 귀족정이 과두정으로 전락한다는 것은 귀족정에 대한 가장 흔한 비판이며, 현대의 그 후예에게도 적용된다. 현대 민주 세계에서 선출된 귀족이 권좌를 점유하는 경우가 바로 그런 예다. 독자들은 과두정이 타도되면 반드시 민주정이 뒤따른다는 폴리비오스의 주장을 납득하기 어려울 것이다. 그는 군주독재의 기억이 모든 사람들의 마음속에 생생한 탓에 과두정에서 군주정으로 순환의 역전이 일어날 수 없다고 말하지만, 경험적으로 보면 그렇지 않다. 그래서 아테네와 로마의 특별한 경험은 원칙이 될 수 있다. 폴리비오스를 좇아 '과두정-민주정-독재'가 아마 가장 흔한 순환일 것이라고 말할 수 있다고 해도, 우리는 분노한 대중이 독재자에게 쏠리는 상황을 너무 많이 보았다.

　많은 사람들이 민주주의를 고집하면서도 한 사람의 지배자를 추종하는 것은 율리우스 카이사르가 로마 민중의 인기를 모으기 훨씬 전부터 낯익은 모습이었다. 사실 그것은 항상 나쁜 것만도 아니었다. 투키디데스는 아테네가 명목상으로만 민주정일 뿐 실은 군주정이라고 말했다. 페리클레스가 정무를 돌볼 무렵이었는데, 그는 그것을 불평하지 않았다. 아테네인들이 알키비아데스에게 속았을 때 문제는 데모스가 한 사람을 추종했다는 점이 아니라 알키비아데스가 사기꾼이라는 점이었다. 펠로폰네소스전쟁이 끝났을 때 아테네 민회가 솔론, 클레이스테네스, 페리클레스 같은 한 사람에게 권력을 양도했더라면 친스파르타적 과두정에 빠지지는 않았을 터였다. 안타깝게도 아테네는 그렇게 하지 못했다. 로마의 경우 기원전 27년 옥타비아누스가 카이사르 아우구스투스(원래는 인명이었으나 제정이 성립된 이후에는 황제를 가리키는 일반명사가 되었다—옮긴이)에 올라 원수정을 수립했을 때 1인 지배를 수용한 것은 살인과 내전을 중지시키기 위해서였을 것이다. 120년 뒤의 사례도 폴리비오스의 분석과는 맞지 않는다. 공화정의 소멸을 초래한 위험은 그보다 훨씬 전에 뚜렷이 드러났다. 로마가 동부 지중해를 정복한 것은 정치·사회 엘리트의 수중에 막대한 부를 안겨주었으며, 군사 지도자가 그 부를 이용해 자신의 군대를 유지하고 무력으로 권력을 장악할 위험을 되살려냈다. 부자나 대담한 지도자—예컨대 율리우스 카이사르—가 쿠데타를 성공시킬 가능성은 확연했다. 로마인들은 아마 많은 귀족 착취자 계층의 먹이가 되느니 한 사람의 먹이가 되는 편이 더 낫다고 여겼을 것이다. 폴리비오스는 그런 종류의 정치적 포식이 일어날 가능성을 우려했다. 키케로는 『의무에 관하여』를 쓸 무렵인 기원전 44년에 그것이 실현되었다고 한탄했다.

로마의 성공

최전성기에 달했을 때 로마는 잠시 평형상태를 이루었다. 군대는 세계 최강이었고, 상층계급은 탐욕 대신 공공 정신이 충만했으며, 평민은 번영을 누렸다. 여기서 두 가지 의문이 생긴다. 로마의 제도는 실제로 어떻게 운영되었을까? 폴리비오스 같은 사람들이 소개하는 로마의 제도가 어떻게 가능했을까? 이 두 의문에 대한 답은 가장 중요한 지점에서 중첩된다. 그것은 로마식 자유, 그리고 그것이 국가의 정당성을 확보하는 데 기여한 역할에 대한 로마식 이해다. 그 이유를 개괄하려면 한 걸음 뒤로 물러나야 한다. 혼합공화정은 안정을 가져왔으나 그것은 3세기 전 페르시아제국과 같은 안정이 아니라 자유로운 제도가 주는 안정이었다. 로마에서는 독재자도, 과두정 지배자도, 군중도 동료들의 자유를 위협하지 않았다. 로마 시민들은 노예가 아니었고, 독재자의 변덕에 휘둘린 게 아니라 법의 지배를 받았다. 그들의 자유는 모든 로마인들에게 목숨을 걸고 보존해야 할 것을 주었다. 데마라토스가 다리우스에게 스파르타인은 죽음을 무릅쓰고 자신의 자유를 지킬 것이라고 말했던 것과 같다. 그것은 방종이 아니라 법 아래의 자유였으며, 로마와 스파르타는 자유로운 제도에 필요한 자기 규율을 확산시키기 위해 애썼다. 스파르타와 로마는 고도로 군사화된 사회였기 때문에, 로마인들의 규율은 그저 잘 훈련된 병사의 규율에 불과하다고 생각할 수도 있다. 하지만 원칙적으로 그것은 법치를 뒷받침하는 자기 규율이었다. 자유를 법 아래의 자유로 이해하는 로마식 사고는 르네상스 이후 근대 공화국의 본보기가 되었다. 그 영향으로 마키아벨리는 『로마사 논고』에서 로마의 위대함을 논했으며, 『군주론』의 끝부분에서는 메디치 가문에 이탈리아를 야만인들로부터 해방시키라고 권고했다. 그가 당대의 이탈리아인들에게 바라는 것은 로마인들이 공화정을 잃었을 때 함께 잃어버린 자유를 되찾는 일이었다. 그 사상은 미국 독립과 프랑스혁명으로 부활했으며, 현대 공화정제도의 상당 부분을 설명한다.

과거에 자유가 아니었던 것이 이제는 과거에 자유였던 것만큼이나 중요해졌다. 그것은 현대적 개념의 개인적 자유나 현대적 개념의 레세페르 laissez-faire(방임), 레세알레laissez-aller(방종)가 아니다. 또한 아테네 민주주의의 자유와도 다르다. 로마의 저자들은 평민에 의한 직접 지배가 혼돈을 초래할 것이라고 확신했다. 아테네는 시민들을 재산으로 분류했는데, 로마는 그것을 극단으로 밀어붙였다. 하층계급도 어느 정도 정치적 권리를 가졌지만, 정무관의 선출과 법에 투표하는 형식적인 권리 이외에는 보잘것없었다. 공직의 피선거권은 부유층, 에퀴테스에 국한되었다. 게다가 공화정은 다른 국가에 종속되지 않은 만큼 그 자체로 자유로웠다. 외부의 지배를 받지 않았으므로 그 주민들도 자유국가의 자유 시민이었다. 로마인은 누구나 다른 로마인의 사적인 억압을 받지 않았다. 바울이 『사도행전』에서 로마의 입법 당국과 접촉한 이야기는 그것이 얼마나 중요했는지 말해준다. 노예는 당연히 자유가 없었지만, 노예의 존재는 모든 자유인이 다른 사람의 자의적인 부당한 대우를 피할 권리를 가졌다는 사실이 얼마나 중요한지 강조해주었다. 투표권이 없는 지방의 시민, 즉 키비스 시네 수프라기오도

자유로운 신분이었다. 현대의 자유주의적·개인주의적 의미에서 보면 로마 사회는 자유와 거리가 멀었다. 국가의 요구가 가볍지 않았기 때문이다. 사적 영역과 공적 요구를 가르는 구분이 선명하지 않았으며, 켄소르 모룸 censor morum(도덕 검열)이 있어 불명예스러운 행동을 한 로마인에게서 공직이나 시민권을 박탈할 수 있었다. 그러나 모든 로마 자유인은 지금 우리가 소극적 자유라고 부르는 것을 누렸다. 나쁜 행동에 대해 법으로 정해진 처벌 이외에는 더이상 불이익을 당하지 않았다. 게다가 지위에 따라서는 적극적 자유도 누릴 수 있었다. 이를테면 공직에 진출하고 법을 제정할 권리가 그런 자유에 속했다.[14] 다른 국가들과 비교하면, 로마의 주권은 공화정이 무너졌을 때도 무사했다. 하지만 제국의 휘하에서 여러 공화정부 형태가 존속하기는 했어도 실은 다 유명무실했다. 비록 다수의 시민들이 해방된 노예였다 해도 노예와 자유인의 중요한 차이는 여전히 유효했다.

　폴리비오스는 로마의 정체에서 집정관을 군주정의 요소로, 원로원을 귀족정의 요소로, 민회를 민주정의 요소로 보았는데, 후대에 그 생각이 일반화되었다. 현대 미국 독자는 미국 헌법의 기원도 거기에 있다고 생각하겠지만 좀더 신중할 필요가 있다. 폴리비오스는 현대와 같은 행정, 사법, 입법의 3권분립을 염두에 두지 않았다. 그는 현대 3권분립 원칙에서처럼 견제와 균형을 중시했지만, 권력을 분립하는 특별한 제도가 필요하다고 생각하지는 않았다. 또한 로마의 정체는 상원과 하원으로 구성된 입법부, 분리되고 독립된 사법부에 부응하는 행정부의 노선에 따라 조직된 것도 아니었다. 그저 군주정, 귀족정, 민주정의 요소들이 하나의 느슨한 체계로 혼합되었을 뿐 지금 우리와 같은 행정, 입법, 사법 기능을 한 것은 아니었다. 실제로 지금 이해하는 것과 같은 권력분립의 관념은 몽테스키외의 시대까지 명확하지 않았다. 아마 몽테스키외 자신도 그다지 명확히 사고하지 않았을 것이다.

심지어 폴리비오스는 로마의 정체가 느슨하다고 보았다. 집정관은 1년에 한 번, 두 명씩 선출되었다. 이들은 각자 상대방의 법안을 거부할 수 있었고, 전장에서 로마 군대를 지휘하는 역할을 맡았다. 또한 집정관은 휘하 정무관의 법안을 거부할 수도 있었다. 집정관이 되는 것은 로마 권력의 정점에 오르는 것이었다. 초기 공화정 시대에 파트리키우스와 플레브스의 오랜 다툼에서 최대 쟁점 가운데 하나는 플레브스에게 집정관에 오를 자격을 부여하는 문제였다. 비록 대다수 로마인들은 집정관의 자격이 없었지만 그래도 집정관은 선출직이었기 때문에 평민의 요구에 어느 정도 부응할 수밖에 없었다. 집정관이 되기 위한 경쟁은 쿠르수스 호노룸, 고위직으로 가는 길이었다. 집정관이 되려면 재무관과 법무관 같은 하급 관직들을 거쳐야 했다. 그래야 질서정연한 경쟁이 가능할뿐더러 최고위직에서 능력을 발휘할 수 있고 신중하게 처신할 만큼 연륜도 갖출 수 있었다. 그래도 야망을 가진 사람들은 집정관 직책을 노렸으며, 선거를 앞두고 명망가들의 막후 협상이 벌어지는 게 다반사였다.

원로원은 한두 가지 관직을 가진 최고위층 출신으로 구성되었다. 원로원 의원은 임명직이었는데, 처음에는 로마의 왕이 임명하다가 나중에 집정관이 임명했다. 초기에는 의원 수가 100명이었으나 공화정 후기에는 300명으로 늘었고, 카이사르가 독재관일 무렵에는 900명에 이르렀다. 이 마지막 단계는 율리우스 카이사르가 원로원을 경멸하게 된 계기를 설명해준다. 의원 수가 그렇게 많으면 과거와 같은 원로원의 행정 기능을 수행할 수 없기 때문이다. 의원들은 급료를 받지 않았으며, 경제활동에 종사할 경우 지위를 내려놓아야 했다. 따라서 초기에는 상인이 아니라 지주만 원로원 의원이 될 수 있었고, 나중에는 부자만 의원이 되었다. 원로원은 집정관이 로마에 없을 때 전적인 행정권을 행사했으며, 세금의 징수와 지출을 감독하고 외교를 처리했다. 역사를 통틀어 원로원의 주된 관심사는 군사와 외교였다. 권력분립은 근대의 관념이다. 심지어 제임스 매디슨은 1787년 필라델피아 회의에서 미국 헌법이 제정될 때까지도 미국 상원(상원senate과 원로원senatus은 어원이 같다—옮긴이)이 그런 집행 기능을 행사한다고 여겼다.[15] 전장의 장군은 원로원과 사이가 좋지 않으면 보급품과 지원군이 끊겼고 모든 면에서 애를 먹었다. 결국 원로원은 장군의 명령을 철회시킬 수 있었다. 그러나 원로원은 정당한 근거 없이 비애국적 행위를 저질렀을 경우 비난을 면하기 어려웠다. 원로원은 원칙적으로 입법이나 사법의 권력을 소유하지 않았지만, 원로원의 판단에 따른 권고senatus consulta는 법과 같은 효력을 가졌다. 원로원은 호민관이 소환하는 민회에 법안을 건의했다. 민회의 동의가 있어야 법안은 법률이 될 수 있었다. 범죄의 재판은 원로원이 아니라 민회가 맡았다. 원로원은 민회에 앞서 중대 사안에 재판이 필요하다는 법령을 내렸고, 민회는 그 법안을 청취하는 데 동의해야 했다. 법적인 견지에서만 보면, 로마 민중이 최종적 권한을 가지며 그것이 곧 로마인의 자유라는 폴리비오스의 말은 옳았다. 로마인들은 정무관을 선출하고, 법을 승인하고, 범죄를 재판했다(민사사건은 특별히 임명된 부자 배심원들 앞에서 재판이 이루어졌다). 하지만 폴리비오스도 강조했듯이 더 중요한 것은 정체의 모든 요소들이 효과적으로 기능하려면 사람들의 협력과 동의가 필요했다는 점이다. 집정관은 원로원을 적대할 수 없었고, 민중은 직접 권력을 소유하지는 않았으나 선거를 통해 어떤 인물을 발탁할지 결정했다. 원로원은 전장의 병사들이 위태로워지는 경우가 발생하면 스스로 불명예를 뒤집어썼다. 이렇듯 각 요소들의 균형이 로마 정체의 가장 뚜렷이 드러나는 특성이었다.

시민

바울은 매질을 당할 지경에 처했을 때 '키비스 로마누스 숨', 즉 로마 시민권을 주장했다. 그렇다면 현대인들은 시민권이란 법과 질서를 집행하는 병사들에게서 폭력을 당하지 않을 권리를 가리킨다고 생각할 것이다. 혹은 영화나 수많은 역사화에서 본 강인한 로마 군단을 떠올리는 사람도 있을 것이다. 로마 시민은 정치사상사에서 중요한 역할을 담당하지만, 시민권에 따르는 복잡한 권리와 의무나 시민이 누릴 수 있는 다양한 지위에 별로 신경을 쓰지 않았다. 실은 당연한 일이다. 로마 역사가들이 다룬 것은 소수의 엘리트였을 뿐이고, 일반 시민은 익명의 병사, 농민, 도시 거주자로 등장하는 게 고작이다. 폴리비오스의 독자들은 로마 시민권을 이해하고 있었다. 간략한 서술로 수백 년에 걸쳐 진화한 제도를 제대로 평가할 수는 없지만 그래도 두세 가지 핵심 요소를 추출하는 것은 가능하다. 로마인들은 그리스 도시국가들이 실패한 일을 이루었다고 여겼다. 로마의 지배를 로마와 인근 지역에서 이탈리아 전역으로, 나아가 알려진 세계 전체로 확산시키는 과정에서 그들은 피정복 민족들을 시민의 권리와 의무를 강조하는 자신들의 제도로 편입시켰다. 이것은 두 가지 성과를 낳았다. 소극적으로는, 피정복민이 국가에 의해 여러 가지 착취를 당하지 않도록 해주었다. 그 덕분에 대중의 분노, 납세 회피, 나아가 노골적인 반란과 봉기를 방지할 수 있었다. 또한 긍정적으로는, 로마에 대한 충성심과 로마가 이용할 수 있는 재능을 갖춘 야심찬 속주민들이 군사적·정치적 경력을 쌓을 수 있는 길을 열어주었다.

로마인들은 피정복지의 주민들에게 시민권을 부여하는 정책이 옳다고 믿었으나 그 정책을 시행할 때는 신중을 기했다. 그리스 도시국가의 경우처럼 로마 시민권은 국가의 군사적·재정적 필요를 기반으로 했다. 17~60세의 모든 남자 시민은 군대 복무의 의무가 있었다. 로마 군대는 상비군이나 용병이 아니라 시민군이었기 때문에, 필요할 때 군단이 모집되는 식이었다. 게다가 징집된 이후에는 길면 18년까지 복무했다. 공화정 후기에는 인력난이 심각해 지원병이 필요했으나 이후 로마 병사는 지원병이 아니었다. 비상시에는 노예주가 자신의 노예를 입대시키기도 했다. 시민의 수는 정기 인구조사를 통해 측정되었다.

　시대에 따라 다소 가변적이지만, 시민은 원로원 의원, 에퀴테스, 민중의 세 가지 계층order, 혹은 오르디네스ordines가 있었다. 원로원 의원과 에퀴테스는 부와 야망을 갖추고 교육도 받은 귀족을 형성했고, 그 아래에 서민, 포풀루스populus가 있었다. 파트리키우스는 세습 귀족으로서 정치권력을 독점했지만, 예전에는 권력이 없었던 플레브스에게 유스 수프라기ius suffragi(투표권)와 유스 호노룸ius honorum(공직을 맡을 권리)을 양보하지 않을 수 없었다. 키케로의 시대에 파트리키우스의 혈통은 거의 내세울 수도 없을 만큼 정치적으로 무의미했다. 포풀루스는 재정 상태, 세금 납부 능력, 군사 능력을 반영해 다섯 계급으로 나뉘었다. 누가 로마의 지위에 영향을 줄 수 있는지를 판별하는 것은 감찰관의 몫이었다. 에퀴테스는 비겁한 행동, 의무 태만, 나쁜 성격 등 다양한 이유로 강등될 수 있었다. 시민이 자신의 시민권을 통째로 박탈당하는 경우는 드물지만 전혀 없지는 않았다. 감찰관은 또한 시민을 35개의 트리부스tribus로 나누었는데, 이 구분은 징병의 토대가 되었고 선거, 입법, 일부 사법제도에도 적용되었다. 트리부스의 구분은 지리에 따라 결정되었으며, 각 트리부스는 재정 상태와 연령에 따라 10개의 백인대centuria로 나뉘었다. 원로 백인대는 46세 이상으로 구성되었다. 이 350개의 백인대에 에퀴테스 18개 백인대가 추가되었다. 이것은 민중의 특성과 과두제의 특성을 결합한 제도였다. 각 백인대는 한 단위로 투표에 참여했는데, 백인대 내의 다수결에 따라 한 표를 행사했다. 가장 형편이 나은 백인대는 가장 형편이 나쁜 백인대보다 구성원의 수가 약간 적었으므로 부유한 시민의 표는 가난한 시민의 표보다 영향력이 컸다. 빈민의 군사적 부담은 훨씬 더 컸다.

병사는 자신의 갑옷과 무기를 직접 마련했고 경우에 따라서는 말도 준비했다. 급료가 있었지만 생계를 충당하는 용도였다. 로마도 그리스처럼 상류층이 호플리테스, 즉 중장보병을 구성했다. 로마 군단에서 중장부대는 보병대의 전열을 맡았고, 스파르타 병사와 같은 용기를 지녀야 했다. 군대 복무와 정치는 직접적인 연관을 가졌다. 우선 공직에 나서려면 군대 복무가 필수적이었다. 또한 군사제도는 오늘날까지 이어지는 로마의 보수주의를 드러냈다. 대다수 장군들은 도시의 트리부스보다 시골의 트리부스에서 병력을 충원하고자 했다. 무장을 갖춘 강인한 자유민의 이미지는 로마에서부터 영국, 이후 미국으로 이어지는 유산이었다. 미국 수정헌법 2조에 나오는 '규율을 갖춘 시민군'은 바로 로마 병사를 가리키는 것이나 다름없었다. 로마인들은 빈민들로 충원된 현대 직업군인의 군대 같은 것을 바라지 않았다. 기원전 2세기 후반까지도 그랬다. 물론 군대가 가는 길에는 다종다양한 직업을 가진 민간인들이 따랐다. 그중에는 전쟁에서 이겼을 때 전리품을 구입하려는 상인들도 있었다.

세심하게 구분된 시민권제도는 기원전 2세기 후반까지 통용되었다. 또한 로마가 정복한 도시들은 처음에 시네 수프라기오만 허용되었다. 즉 주민들은 시민권을 가졌으나 투표권은 갖지 못했다. 이런 제도를 이용해 로마는 먼저 인근 부족들을 흡수한 다음 시민권을 이탈리아 전역으로 확대했다. 더러 자체의 관습과 제도를 보존한 도시들도 있었다. 그 주민들은 일종의 복수국적자인 셈이었다. 그런 상황을 우려한 사람들도 있었는데, 19세기 말과 20세기 초에 '외국계 미국인'을 우려한 것과 비슷했다. 반대로 키케로 같은 사람은 두 개의 파트리아이(국적)에 속하면 오히려 시민의 감각이 향상된다고 보았다. 키케로가 태어난 아르피눔 시는 기원전 316년에 시네 수프라기오가 허용되었고 주민들이 완전한 시민권을 누리게 된 것은 기원전 188년부터였다. 그 덕분에 키케로의 많은 적들은 그가 '진짜' 로마인이 아니라 촌놈이라고 조롱했다. 가벼운 조롱이었으나 그것은 로마 보수주의가 얼마나 뿌리깊은지, 로마가 법, 제도, 개인의 계보에 얼마나 집착했는지를 보여준다.

기원후 212년 후반에 그 제도는 근본적으로 변했다. 당시 카라칼라 황제는 시민권을 제국 내의 모든 자유인에게 부여했다. 그 의도는 로마 시민권의 혜택이나 제국 행정의 너그러움을 강조하려는 것보다 과세 기반을 넓히려는 데 있었다. 시민이 된다는 것이 중요한 이유는 노예가 되지 않는다는 데도 있었지만 그보다 완전한 시민권과 (원수정이 되기 전까지는) 정치적 권리를 가진다는 데 있었다. 여자도 남자와 똑같은 시민권을 가졌으나 투표권과 공직을 맡을 권리는 없었다. 또한 여성은 재산을 소유하고 법에 따라 판매나 임대를 통해 처분할 권리도 가졌다. 로마 정치는 사적 연고에 크게 의존했으므로 여성 상속자가 중요했다. 정치적·경제적 이유에서 하는 결혼(혹은 이혼)은 입양제도와 더불어 로마 정치의 두드러진 특징이었다.

시민의 정치적 권리는 투표와 공직을 맡을 권리였다. 이 권리들을 가진 시민은 옵티모 유레optimo iure—'1류 시민'이라고 할 수 있다—였다. 하지만 시네 수프라기오를 가진 시민, 즉 미노레 유레minore iure—2류 시민—도 중요한 권리들을 누렸다. 특히 중요한 것은 유스 프로보카티오니스ius provocationis, 즉 정무관이 중대 범죄에 관해 내린 선고에 맞서 민회에 상소할 수 있는 권리였다. 바울은 시민권을 주장했다가 "그대가 카이사르에게 상소하였으니 그대를 카이사르에게 보내겠다"는 말을 들었는데, 그때 그가 행사한 것이 바로 유스 프로보카티오니스였다. 그 밖의 시민권에 포함된 특권들 가운데는 십자가에서 처형되지 않을 권리, 증거를 구실로 고문을 당하지 않을 권리, 매질을 당하지 않을 권리 등이 있었다. 상소가 실패한 뒤 유죄판결이 내려지면 매질이나 참수를 당할 수 있었지만, 그것은 다른 문제였다. 그보다는 덜 극적이지만 시민권에는 또한 거래에 참여할 권리, 결혼할 권리, 시민 법정을 통해 소송을 제기할 권리, 유언으로 재산을 물려줄 권리도 있었다. 이처럼 정치의 개념이 그리스에서 비롯되었다면 법제도의 개념은 로마에서 비롯되었다.

이런 배경에서 우리에게 매우 낯선 로마 생활 방식이 생겨났다. 파트리아 포테스타스patria potestas, 즉 남자가 가장으로서 가족 구성원들에게 절대적 권한을 가지는 것도 그런 예다. 법적으로 이 부권父權은 아버지가 미혼의 자식들에게 행사했다. 자식의 나이와는 상관이 없었다. 자식만이 아니라 재산도 아버지의 권력 아래 있었다. 여자는 결혼할 때 아버지의 마누스manus(손)를 떠나 남편의 권위 아래로 들어갔다. 이혼은 어렵지 않았으나 그 경우 자식은 아버지의 것이었다. 노예에 대한 파테르파밀리아스pater-familias(가부장권)는 당연히 절대적이었다. 현실은 그렇지 않지만 원칙적으로 아버지는 자식을 노예로 팔 수도 있고 자신의 이익을 위해 어떤 이유로든 죽일 수도 있었다. 아테네와 흥미로운 대조를 이루는 점은, 여자가 넓은 의미의 사회생활에서 배제되지 않았다는 사실이다. 비록 여자는 정치 게임의 볼모로 이용되었지만 딸은 큰 사랑을 받았다. 적어도 시인과 웅변가 들의 증언을 믿는다면 그렇다. 칠순이나 팔순까지 사는 데 익숙한 우리로서는 자식과 손자가 중년의 나이까지 아버지와 할아버지의 영향력 아래에 있다는 생각을 이해하기 어렵다. 고대 세계의 평균수명으로 미루어보면, 중년의 아들에게까지 독재를 행사한 아버지는 드물었을 것이다. 이런 가부장적 가족제도는 가난한 사람이 스스로 부자에게 복속되는 '피호관계clientela'의 관습을 낳았다.

키케로

폴리비오스와 리비우스의 역사와 더불어 키케로의 논쟁적인 연설과 글, 편지는 로마의 법과 정치제도를 이해하는 데 가장 중요한 역사적 자원이다. 여기서 우리는 엄밀하게 해석된 그의 정치이론에만 초점을 맞추기로 한다. 그는 그리스 철학을 로마의 사회적·정치적 목적에 응용하려 했으나 웅변의 역할을 정치 분야에까지 연장하는 것은 피했다. 그 덕분에 그의 저서들은 수사학 연구를 위한 일종의 편람이 되었다. 키케로가 『공화정에 관하여』와 『법률에 관하여』를 쓴 것은 기원전 50년대 폼페이우스, 크라수스, 카이사르의 3두 체제에 좌절했을 때였다. 『의무에 관하여』는 카이사르가 암살된 이후의 저작이다. 이 저작들에서 다루는 역사는 매우 다르고 앞의 두 권은 특히 복잡하다. 『법률에 관하여』는 미완성작으로, 고대에는 독자가 없었으나 중세에 널리 알려져 인문주의자와 법학자를 교육하는 중요한 자원이 되었다. 『공화정에 관하여』는 고대에 유명세를 떨쳤다가 이후 홀연히 사라졌다. 19세기에 아우구스티누스의 저작 원고에서 그 일부분이 복구되었다. 그것은 당시 기술로 팰림프세스트palimpsest(종전의 글씨를 지우고 재사용한 양피지—옮긴이)에서 문구를 복원한 훌륭한 사례였으나, 당대의 위대한 로마 역사가인 테오도어 몸젠Theodor Mommsen은 정치적 식견과 지적 흥미가 전혀 없는 저작이라고 폄하했다. 키케로의 독자들을 사로잡은 것은 『의무에 관하여』였다. 키케로는 교묘한 솜씨로 스토아학파, 플라톤, 아리스토텔레스에게서 얻은 덕에 관한 견해들을 결합하고, 그것들 간의 차이를 적절히 얼버무려 로마 정치가만이 아니라 세계 시민에게 적용할 수 있도록 만들었다. 인간 존재가 세속적 국가의 시민일 뿐 아니라 자연과 인간의 법칙에 의해 지배되는 세계 시민이라는 견해는 스토아학파에 기원을 두고 있었다. 하지만 그리스도교 유럽에 크게 호소한 것은, 키케로의 저작에서 그가 바로 명예 교부임을 알 수 있다는 점이었다. 아우구스티누스는 자신의 마음이 처음으로 신을 향하게 된 것이 키케로의 영향이었다고 말했다.

키케로는 그리스 사상을 자신이 꿈꾸는 이상화된 로마 공화정에 꿰어 맞추었다. 그가 생각하는 모레스mores(도덕과 사회적 관행)에 의하면 신사 같은 정치가가 정당한 공화정에서 권력을 장악해야 했다. 마키아벨리의 『군주론』에 익숙한 독자들은 키케로의 조언에서 흥미로운 유사성을 볼 수 있을 것이다. 정치가로 자처하는 사람들에게 주는 키케로의 진심 어린 조언은 1600년 뒤 마키아벨리에게 풍자의 대상이 되었다. 키케로의 철학이 그리스적인 요소를 절충한 것이라면, 그의 정체이론은 폴리비오스의 영향을 크게 받은 것이라고 볼 수 있다. 키케로는 폴리비오스가 죽은 직후에 태어났고 그의 역사를 읽었다. 또한 키케로는 폴리비오스의 친구이자 고용주였던 소小 스키피오를 무척 존경했다. 하지만 두 사람은 확연한 차이를 보인다. 폴리비오스는 로마의 균형 능력을 찬양했고 키케로는 공화정의 붕괴를 한탄했다. 공화정에 관한 키케로의 설명에는 한편으로 초인에 의지하기보다 훌륭한 제도에서 훌륭한 인물이 발탁되면 국가가 제 기능을 할 수 있다는 '정체 중심'의 사고가 있는가 하면, 다른 한편으로 붕괴할 지경에 처한 국가를 재건하려면 진정으로 위대한 인물이 필요하다는 '영웅적' 사고도 있다. 키케로는 자신이 그런 영웅이라고 믿었을 만큼 오만했고, 다들 그 점을 알고 있었다. 카틸리나의 음모를 진압했을 때 그는 공화정을 구했다고 여기지 않았을까?

키케로의 책에서 뚜렷이 드러난 수사적 긴장감도 그 전통을 부각시키는 데 기여했다. 그는 영웅적 건국자와 재건국자를 둘 다 강조하는 동시에 안정적이고 예측 가능한 정부도 강조한다. 영웅적 건국자는 균형 잡힌 정체를 가진 혼합공화정을 수립하지만, 그것을 실제로 작동시키는 것은 평범한 사람들이다. 공화주의 저자들은 현대적 의미에서의 리더십을 고민하지 않았다. 현대 저자들은 정치가 끊임없는 위기 상태에서 존재한다고 확신한다. 그것은 정치 세계의 자연적 조건이기 때문이기도 하고, 지도자가 자신의 집권을 정당화하기 위해 위기를 조장하기 때문이기도 하다. 공화주의 이론가들이 고민한 것은 공화정의 수립과 지속이었다. 공화정의 수립에 관한 설명, 특히 신화에 가까운 설명에 따르면 공화정이 탄생하자마자 창건자는 무대에서 사라져버린다. 마치 공화정을 수립하는 데 성공한 뒤에는 새로운 창건자가 필요하지 않다는 것을 강조하는 듯하다. 술라가 독재관에서 물러났을 때 그에게는 롤 모델이 있었던 것이다.

『공화정에 관하여』와『법률에 관하여』는 일부분만 전하는 탓에 일관된 문헌으로 읽기 어렵다. 그 책들에서 키케로의 관심은 그리스 철학과 폴리비오스의 혼합정체론을 결합해 안정된 공화정부를 수립하는 방법을 보여주는 데 있다. 그 과정에서 그는 크게 허세를 부릴 뿐 아니라 로마의 모스 마이오룸mos maiorum, 즉 '조상의 관습'이 플라톤, 아리스토텔레스, 스토아학파의 지혜를 아우른다고 주장하지만, 그 말은 별로 설득력이 없다. 초기 로마 공화정의 반지성적 성격을 감안한다면 그가 찬양하는 지혜를 가진 조상들은 그 찬사를 좋아하지 않겠지만, 그 덕분에 키케로는 자신의 철학적 신념으로부터 슬며시 빠져나올 수 있다. 덕이 온당한 위치를 점할 때 공화적 관습을 유지하는 것도 편견 없이 바라볼 수 있다.『공화정에 관하여』에서 그는 주요 화자인 소小 스키피오 아프리카누스에게 로마 공화정의 역사적 근거를 최대한 제공하는 과제를 부여한다. 초점은 이상국가에 대한 철학적 관심으로부터 현실에서 최선의 국가를 창건하는 역사적 설명으로 옮겨간다. 스키피오는 플라톤의 실명을 언급하지는 않지만, 유토피아를 건설하는 데 집착했다는 이유로 그를 비난한다. 그렇게 보면 스키피오는 역사적 사실을 앞세워 폴리비오스처럼 그런 사고에 반대했다고 믿기 쉽다. 키케로는 정치의 주제가 이상이 아니라 실용적인 최선을 찾는 데 있으며, 정치의 방법은 철학적 제1원리 같은 게 아니라 분별 있는 행동을 역사적으로 분석하는 것이라고 생각한다. 하지만 그는 그것을 자기 입으로 말하지 않고, 주인공이 대신 말하게 한다. 『공화정에 관하여』의 끝 부분에는 특별한 구절이 있다. 스키피오가 할아버지인 대大 스키피오 아프리카누스에 의해 천국으로 들어올려지는 꿈을 꾸는 장면이다. 이것은 플라톤의 『국가』에 나오는 에르의 신화를 각색한 것이다. 플라톤식 이야기답지 않게 스키피오는 용감하게 조국을 위해 헌신하고 카르타고를 파괴함으로써 영예를 얻으라는 격려를 받는다. 하지만 그와 동시에 그는, 세상은 넓고 많은 사람들이 그를 모른다는 것을 명심해야 한다는 말을 듣는다. 따라서 진정으로 가치 있는 선은 천국에서, 천구들의 음악이 울려퍼지는 가운데서 얻어야 한다. 세속적 성공이 헛된 것이라는 주장이 키케로의 그리스도교 독자들에게서 공감을 받은 것은 물론이다. 19세기까지 『공화정에 관하여』에서 유일하게 전하는 부분은 바로 그 스키피오의 꿈이 나오는 대목이었다. 그 이유는 전혀 비정치적인 데 있었다. 아우구스티누스 시대의 이교도 철학자이자 인류학자인 마크로비우스는 그 저작에 기다란 해설을 붙여 플라톤과 키케로의 우주론에 내포된 수점술數占術(수를 이용해 운명과 미래를 예언하는 것─옮긴이)의 측면을 부각했다. 아우구스티누스가 키케로를 어떻게 이용했는지는 잠시 후에 살펴보기로 하자.

공화정의 본질과 정치의 목적에 관한 키케로의 주장은 공화주의 전통을 확고하게 정의했다. 그것은 결코 작은 성과가 아니었다. 국가의 본질에 관한 그의 정의는 훗날 표준으로 자리잡았다. 레스 푸블리카res publica(공적인 것)는 레스 포풀리res populi(민중의 것)다. 레스 푸블리카는 거의 번역할 필요가 없을 정도다. '공적인 것'은 다소 투박하고 모호하다. 레스 푸블리카는 기본적으로 제도 전체를 가리키며, 모든 사람의 이익을 추구하는 제도를 유지하는 모레스를 향한다. 그렇기 때문에 레스 푸블리카는 레스 포풀리, 즉 민중의 국가다. 민중이 공화정을 '소유'하지 않는다면 공화정은 없다. 키케로는 폴리비오스보다 한 걸음 더 나아가 진정한 공화정의 특성을 명료하게 정의하는 한편, 정의가 없으면 국가가 대규모 도둑떼로 전락한다는 아우구스티누스의 유명한 말을 예고한다. 부패한 국가는 국가라고 볼 수 없다. 정부의 제도가 사적 이익을 추구하는 방향으로 왜곡된다면 레스 푸블리카는 있을 수 없다. 이것은 명백한 문제를 제기한다. 레스 푸블리카가 가능하려면, 다시 말해 모든 사람의 공동 이익을 추구하는 것이 정치의 과제가 되도록 하려면 어떤 조건이 필요할까?

키케로는 아리스토텔레스를 좇아 공동 이익이 이성에 따른 행복의 추구라고 말한다. 정치는 그에 걸맞은 사회적·경제적·정치적 조건을 숙성시켜야 한다. 키케로는 사회를 도구적으로 설명하는 플라톤을 거부하고, 아리스토텔레스와 스토아학파를 좇아 인간 존재는 본성상 사회적이며, 서로 간의 협력으로부터 얻는 현실적 보상과 무관하게 그저 함께하는 데서 즐거움을 느낀다고 말한다. 우리는 모두 공동 이익을 공유하며 그것을 추구하고자 한다. 그럼에도 불구하고 때로는 우리의 개인적 이해관계가 타인이나 공동의 이해관계와 상충할 수도 있다. 좋은 제도는 공동의 이해관계가 개인적 이해관계에 침식되지 않도록 하고, 개인적 이해관계의 충돌이 파멸로 나아가지 않도록 방지한다. 그런 제도가 과연 무엇인지가 정치이론의 주제다.

『공화정에 관하여』는 일반론을 제공하기보다 로마 공화정의 성공을 최대한, 즉 기원전 133년까지 찬양하는 데 주력하고 있으며, 특히 혼합정체의 장점을 찬양한다. 기원전 133년 티베리우스 그라쿠스가 엉성하게 추진한 농업개혁은 티베리우스의 암살을 초래했다. 국내 정치에서 수십 년 만에 처음으로 중대한 폭력 사태가 발생한 것인데, 이로써 시작된 갈등은 결국 공화정 자체의 파멸로 귀결되었다. 키케로의 설명은 폴리비오스에게 없는 강점을 가지고 있다. 키케로는 스키피오의 입을 통해 로마가 타르퀴니우스의 왕정을 축출하고 고전적 공화정제도를 발전시킨 역사를 이야기한다(기원전 6세기 로마의 왕이었던 타르퀴니우스는 원로원을 탄압했다가 축출되었다. 이후 로마에는 왕정이 사라졌다─옮긴이). 나아가 그는 로마가 시행착오를 거치며 어떤 제도가 로마인을 위해 최선인지 깨칠 기회를 얻었다는 점에서, 스파르타보다 성공했다고 주장한다. 이것이 리쿠르고스를 찬양하는 키케로의 입장과 어떻게 부합하는지는 명확하지 않다. 그럼에도 불구하고 스키피오는 훌륭한 사례가 된다. 물론 한 사람의 위인이 지리멸렬하게 다투는 다수의 대중보다 더 많은 것을 성취할 수도 있다. 그러나 엄정한 실험은 문제를 고찰하는 다양한 시각을 주며, 위인이 자칫 간과할 수 있는 진실을 드러낸다. 폴리비오스의 설명에는 틀림없이 이런 생각이 근저에 깔려 있었을 것이다. 그는 로마의 성공에 당혹감을 드러내면서도, 스스로 이해할 수 없다고 털어놓은 현상에 관해 매우 그럴듯한 시행착오적 설명을 제시했기 때문이다. 하지만 폴리비오스나 창건자의 업적에 집착하는 많은 사람들과 마찬가지로, 키케로는 토대를 놓는 순간부터 제대로 해야만 성공이 확실해진다고 보았다.

키케로는 때로 감상적이지만 로마 정치를 폴리비오스보다 냉정하게 바라본다. 군주정, 귀족정, 민주정의 혼합에서 민주적 요소를 강조한 폴리비오스는 로마 평민의 실제 역량을 과대평가했다. 키케로의 대변인인 스키피오는 로마 최초의 인구조사를 통해 민회의 투표 단위로서 이른바 백인대가 조직되는 과정을 전혀 이상할 게 없다는 식으로 말한다. 개인이 개인으로서 투표한 게 아니라 투표의 주체가 백인대였다. 각 백인대마다 한 표씩 행사했다. 백인대는 소수의 부유한 시민을 여러 백인대에 배치해 훨씬 많은 가난한 시민들을 투표에서 이길 수 있도록 조직되었다. 한 백인대 안에서 다수 의견이 정해지면 투표가 중단되었기 때문에 하층계급은 투표할 기회가 많지 않았다. 로마 정치는 금권정치였다. 스키피오는 이런 체제를 옹호했으므로, 왕이 폭군으로 돌변하는 사태를 쉽게 방지할 수만 있다면 군주정이 최선의 정부라는 생각을 여러 차례 피력했다. 하지만 군주정은 가장 위험한 정부 형태이기 때문에 최선의 현실적인 정부가 될 자격이 없다. 키케로가 어떻게 스키피오의 입을 통해 제기한 모든 이론을 충실히 따를 수 있는지는 확실하지 않다. 결국은 금권정치이거나 금권정치가 아닌 것으로 귀결된다. 키케로의 스키피오는 로마 민중이 자유를 바란다면 그것은 훌륭한 지배자를 원하는 게 아니라 어떤 지배자도 원하지 않는 것이라고 주장한다. 로마의 평민은 비록 아테네의 평민에 비해 정치에 참여할 기회가 적었지만, 로마의 리베르타스libertas(자유)는 민중에게 자치를 요구했다. 그것은 로마에 왕정이 복귀하는 것을 금지한다. 어떤 로마 황제도 감히 렉스rex(왕)로 자칭하지는 못했다.

키케로는 또한 폴리비오스가 제시한 혼합정부의 장점을 더 상세히 설명하면서 거기에 긍정적인 가치를 부여한다. 폴리비오스는 혼합정부의 소극적 장점에 집중했다. 이를테면 정부기구의 한 요소가 약화되려 하면 다른 요소가 그것을 막아준다는 것이다. 혼합정부는 퇴보를 방지하거나 그 주기를 늦춘다. 귀족 위원회의 동의를 필요로 하는 왕은 폭군으로 돌변하기가 그만큼 어렵다. 사법 위원회의 결정을 다른 기관이 거부할 수 있다면, 스파르타의 에포르ephor(왕에게 자문하고 왕의 전횡을 견제하는 역할을 맡은 고대 스파르타의 선출직 공직자―옮긴이)처럼 독단적인 결정을 내리거나 악의적으로 행동할 가능성이 적다. 민회에 의해 기본적인 규칙이 비준되면, 부자는 재산(특히 채무)에 관련된 규칙을 정할 때 평민을 탄압하고 반란을 억압하는 방식을 취하려 하지 않게 된다. 이것이 곧 견제와 균형의 이론인데, 이것은 결코 하찮은 게 아니다. 이런 견제와 균형이 없다면, 후대의 권력분립이론이나 혼합정부의 전통적 이론도 큰 의미를 가질 수 없을 것이다.

견제와 균형은 키케로가 부가한 긍정적 요소를 포함하지 않는다. 1인 지배에는 장점이 있다. 결정이 확고하고 의견 분열이 없다는 점이다. 진정한 귀족정에 의한 지배에도 장점이 있다. 명확한 논의가 가능하고, 정치에 집중하는 엘리트의 도움을 얻을 수 있다는 점이다. 또한 다수의 지배에도 장점이 있다. 모든 견해를 검토할 수 있고, 실제로 다수 대중의 지지를 얻을 수 있으며, 이기적 이해관계가 토론을 왜곡시킬 가능성이 줄어든다는 점이다. 문제는, 어떻게 하면 그 정부 형태들의 단점을 피하고 바람직한 요소들을 보장할 수 있느냐는 것이다. 키케로의 견해에 따르면, 잘 구성된 혼합정부는 한 사람과 같은 단호함, 소수의 전문성, 다수의 상식과 충성을 보장한다. 그의 견해는 2000년 동안이나 되풀이되었다. 하지만 이를 2000년간의 상투적 문구라고 치부하기 전에, 우리는 그 이론의 현대판이 '다수'를 더 많이 포괄한다는 점을 명심해야 한다. 키케로는 엄연히 부자와 좋은 신분의 엘리트가 다수를 감독해야 한다고 말했지만, 그것은 현대 세계에서 흐지부지되어버렸다. 우리의 정부 개념에 의하면 대통령이나 총리는 내각의 도움과 견제를 받아 의회의 요구에 따르며, 의회는 전체 성인 인구를 대표하고 그에 부응한다. 이런 정부 개념은 키케로가 상상할 수 없을 정도로 무한히 일반인을 향해 열려 있다.

좋은 법과 좋은 시민

만약 최선의 현실적 정부가 계급전쟁과 군 지휘관들의 불화로 해체되기 이전의 로마 공화정이라면, 두 가지 문제를 살펴볼 필요가 있다.『공화정에 관하여』와『법률에 관하여』는 법과 법치의 본성을 다룬다. 또『의무에 관하여』는 정치에서 누가 적극적 역할을 해야 하고 어떤 덕목이 필요한지를 서술한다. "법이란 무엇인가?"라는 물음과 "누가 다스려야 하는가?"라는 물음이 서로 매끄럽게 들어맞는 이유는 키케로의 스토아적 자연법 개념에 바탕을 두고 있기 때문이기도 하고 그의 설명 솜씨가 워낙 뛰어나기 때문이기도 하다. 키케로는 현대적 법 개념을 가지고 있지 않았다. 그는 개별 국가의 실정법과 모든 것에 앞서는 자연법(나아가 만민법, 즉 유스 겐티움jus gentium)의 관계에 관한 현대적 논의를 시작했으며, 로마 법체계의 혼란스럽고 낡은 측면을 예리하게 비판했다. 하지만 그는 현대적 관념의 입법권을 분석하지 않았고 지금 우리처럼 입법자의 임무와 판사의 임무를 명확히 구분하지 않았다. 또한『법률에 관하여』에서 그의 관심은 우리의 예상과 달리 주로 종교와 제식 행위의 규제에 있었다.

『법률에 관하여』는 일부분만 전하기 때문에, 우리는 키케로가 과연 자신의 계획이 그 모태가 되는 연구와 어떻게 다른지를 의식하고 있었는지 알 수 없다. 플라톤의『법률』은『국가』에서 말한 이상국가를 실현할 수 없을 경우 차선의 국가를 어떻게 만들 것인가에 답한다. 키케로의『법률에 관하여』는 자연법—키케로는 이것을 도덕법이나 신의 법과 동일시한다—과 개별 국가의 법이 어떤 관계에 있는지를 탐구한다. 그런데도 그는 자연법으로 어떻게 그가 강조하는 정교한 로마 법규를 조명할 수 있는지에 관해서는 전혀 말하지 않는다. 자연법에 관한 그의 설명은 스토아학파에 기원을 두고 있으며, 후대에 끝없는 분석의 대상이 되었다. 법은 올바른 이성의 산물이고 인류의 타고난 사회성에 근거한다. 법은 모든 사람을 동등하게 대하며, 특정한 집단의 단순한 명령이나 발언은 법이 되지 못한다. 이 마지막 주장은 키케로의 자연법 이론에서 핵심을 이룬다. 법은 올바른 이성에 근거해 정확하게 만들어져야만 법이라고 할 수 있다. 이것은 중세와 이후 시대의 법체계에서 가장 중요하면서도 열띤 논쟁을 부른 주장—정의를 침해하는 법은 법이 아니다injusta lex nulla lex est—의 토대가 되었다. 이런 근거에서 유대인의 모든 민권과 정치적 권리를 박탈한 나치의 법은 법으로서 합당하지 않다는 판단이 가능하다. 지나치게 부당하므로 법으로 간주될 수 없기 때문이다. 하지만 이런 입장은, 설령 악하거나 잘못된 것이라 해도 공식 법제도가 법으로 인정하는 것은 무조건 법이라는 이른바 실증주의적 견해와 정면으로 배치된다. 실망스럽게도 키케로는 그다지 폭넓게 고민하지는 않은 듯하다. 악법은 법이 아니라는 일반론을 주장하기보다 로마의 상황에서 생겨난 구체적인 악법의 사례만을 고려한 것으로 보인다.

『공화정에 관하여』와 『법률에 관하여』가 둘 다 일부분만 전하는 것을 감안하면, 후대 사람들이 『의무에 관하여』에 주목한 것은 당연하다. 이 책은 현대 독자에게 잡다한 느낌을 준다. 절충적이면서도 스토아적인 입장에서 여러 가지 덕과 그 사회적·정치적 목적을 명쾌하고 적절하게 서술한 문헌이다. 그러나 키케로가 내세운 도덕적 지침과 정치적 조언의 공공연한 타깃이었던 그의 아들 마르쿠스에게는 안쓰러움을 느끼지 않을 수 없다. 그는 아버지의 허풍을 커다란 짐으로 여겼을 게 틀림없다. 하지만 그 저작의 설득력은 왜 그것이 그리스도교 저자들에게서 환대를 받았는지 말해준다. 그 내용은 키케로가 자주 드러낸 견해를 바탕으로 하고 있다. 철학자들 간의 논쟁은 대개 용어를 두고 벌어진다. 그렇다면 거기서 공통점을 찾는 게 중요하다. 말하자면 '여러 가지 공식, 한 가지 답'의 관념인데, 이것은 다민족 제국을 이루었던 그리스도교 이전 시대의 로마인들에게만이 아니라, 이교도나 같은 신앙이라 해도 다른 방식으로 해석하는 그리스도교도가 공존했던 후대의 그리스도교도들에게도 통용된다. 그 책은 대단히 정치적인 문헌이다. 그 이유는 책 전체에 걸쳐 충고를 듣는 젊은이가 장차 최선을 다해 공화정에 기여할 준비를 갖춘 공공 정신이 투철한 상류층 시민이라는 것을 가정하고 있기 때문이다.

키케로는 의무에 관해 설명할 때, 의무와 이기심을 확연히 구별하면서 도덕이 때로 개인에게는 비도덕적 요소를 가질 수도 있다는 점을 인정한다. 그가 에피쿠로스학파를 배척하는 이유는 그들이 그렇게 하지 못했다고 보기 때문이다. 그들은 도덕을 이기심으로 와해시키고 우리의 의무가 우리 자신에게 유용한 것이라고 설명했다. 유익하다는 게 반드시 명예로운 것은 아니다. 정당하거나 용감하게 행동한다고 해서 그 행동이 반드시 자신에게 유익한 것은 아니라는 점은 자명한 상식이다. 하지만 유용함과 명예로움 사이에 해소될 수 없는 깊은 갈등이 있는 것은 아니다. 우리는 자연스럽게 도덕적으로 선한 삶에 이끌린다. 키케로는 지혜, 정의, '영혼의 위대함' 혹은 용기, 절제의 네 가지 주요한 덕목을 말한다. 이것들은 우리가 스스로에게 중요하다고 여기는 모든 것을 올바르게 획득하기 위한 근거이자, 의무와 욕망의 갈등을 조화시키는 근거다. 부정하게 행동하는 것이 우리의 궁극적 관심일 수는 없으며, 결국에는 덕과 유용성의 갈등이 드러나게 마련이다. 하지만 키케로는 일상생활의 현실을 충분히 존중하므로 그 갈등이 통제에서 벗어나도록 놔두지는 않는다. 그런 자세를 취했기 때문에 그는 철학적 명상이 궁극적 행복이라는 플라톤의 주장을 거부한 것이다. 그는 그것을 종교적 교리로 받아들일 수도 있다고 시인하지만, 현명한 행동이 이론적 지식보다 낫고 그 현명한 행동이란 공동체에서 하는 행동이라는 견해를 결코 굽히지 않는다.

윤리학의 토대는 이성과 타고난 사회성이다. 이성은 인간 존재의 고유한 특성이다. 인간만이 사물의 본성을 추구하며, 인간만이 자신의 본성과 거기서 나오는 의무를 성찰할 수 있다. 키케로는 사회성을 특히 강조한다. 우리가 서로에게 이끌리는 이유는 자신의 약점을 보완하기 위해서가 아니라 친구들 자체를 원하기 때문이다. 키케로가 말하는 의무는 타인에 대한 의무와 더불어 자신에 대한 의무도 포함하지만,『의무에 관하여』는 무엇보다도 정의를 요구하는 근거로서 흥미롭다. 후대의 저자들이 매우 중요하게 받아들인 논의는 이 문헌에서 처음으로 명료한 모습을 취하고 있다. 예를 들어 키케로는 플라톤의 주장을 인용해 우리가 스스로를 위해서만 사는 게 아니라고 말하면서도, 거기서 플라톤과 전혀 다르게 우리가 친구들, 조국, 인류를 위해 산다는 생각을 끌어낸다. 플라톤이 우리를 심원한 철학적 진리로 끌어당긴다면, 키케로는 우리를 사회적 연관의 동심원으로 끌어들이는 것이다.

정의는 각자에게 각자의 몫을 주고, 공동의 것을 공동의 것으로, 사적인 것을 사적인 것으로 보전하려는 욕망이다. 키케로는 정의와 박애를 어떻게 구분하느냐는, 대단히 낯익은 문제를 제기한다. 사람들에게 마땅히 가질 자격이 있는 것을 주는 행위와, 자격이 없는 사람들에게도 너그러운 마음에서 베푸는 행위를 어떻게 구분해야 할까? 여기서 키케로는 특이한 태도를 보인다. 우리의 것이 아닌 것을 남에게 베풀어서는 안 된다고 말하는 것이다. 심지어 우리의 것이라 해도 장차 우리가 선을 행할 수 있는 능력을 위태롭게 할 수 있다면 남에게 베풀지 말아야 한다고 말한다. 그는 우리의 행동 방식이 남의 눈에 어떻게 비치는지에 끊임없이 신경을 쓰며, 명예롭고 예의 바른 것의 관념을 늘 앞세운다. 우리는 단지 이기적인 이유에서만 정의롭게 행동하지는 않지만, 정의로움은 우리가 다른 사람들의 눈에 좋게 보이는지 확인하는 한 가지 방법일 뿐임을 명심해야 한다. 남에게 좋게 보이는 게 목표라는 것은 지극히 키케로적인 생각이다. 다만 그 경우에 우리를 좋게 보는 사람이 올바른 판단력을 가진 사람이어야만 한다. 잘못된 것이나 괴상한 것을 칭찬할 필요는 없으니까.

키케로는 또다시 그리스 철학을 로마의 모스 마이오룸에 동화시킨다. 로마의 역사와 당대 로마의 정치는 어디서나 쉽게 볼 수 있고, 그에 대한 온갖 비판도 횡행한다. 그런 상황에 걸맞게 키케로는 정직함이 엄중히 요구되는 장황한 토론에 참여할 때면 집정관 시절에 알게 된 사건을 자주 인용했는데, 거기서 변호사로서의 재능이 빛을 발했다. 하지만 키케로가 로마의 전통적 가치를 가장 열렬히 옹호한 것은 레굴루스의 운명을 논할 때다. 마르쿠스 아틸리우스 레굴루스는 1차 포에니전쟁에서 집정관이자 장군이었다. 몇 차례 승리를 거두기도 했으나 기원전 255년에는 패배해 포로로 잡혔다. 몇 년간 포로생활을 하던 중, 전하는 바에 따르면 기원전 250년에 카르타고는 그를 가석방시켜 로마로 돌려보냈다고 한다. 그 대가로 카르타고는 그에게 포로 교환의 협상을 맡겼는데, 그는 그 임무를 성사시키지 못하면 카르타고로 돌아가야 했다. 그러나 로마에서 그는 포로 교환에 반대하고, 카르타고와 계속 싸워야 한다고 동포들을 독려했다. 그런 다음 그는 약속을 지키기 위해 카르타고로 돌아가 고문을 받은 끝에 죽고 말았다. 못이 가득 박힌 통 속에 넣어 언덕에서 아래로 굴리고, 눈꺼풀을 자르고 햇빛에 눈동자를 노출시키는 등의 고문이었다. 그런데 키케로는 놀랍게도 그가 의무를 다했을 뿐이라며 적에게 속박된 상태에서 한 약속이라도 지켜야 한다고 주장했다. 레굴루스가 카르타고에 돌아가 희생된 것은 옳은 행위였다. 그는 카르타고측에 그렇게 하겠노라고 약속했기 때문이다. 반대로 칸나이 (2차 포에니전쟁중인 기원전 216년 한니발의 카르타고군이 로마군을 격파한 장소—옮긴이)에서 사로잡힌 인질들이 체포자에게 돌아가는 의무를 회피하려 한 것은 잘못이었다. 키케로에 따르면, 레굴루스의 행동은 공화정이었기에 가능하고 필수적인 것이므로 크게 칭찬을 받을 만한 게 아니다.[16] 이는 우리가 우리의 의무를 다하기 위해 치르는 대가가 매우 클 수도 있다는 점을 말해준다. 하지만 고결한 원칙과 로마의 관습을 결부시킬 때마다 반드시 그런 희생이 따르지는 않는다. 키케로는 로마의 피호관계를 관대함의 일환으로 간주한다. 말하자면 우리는 과거에 우리에게 잘해준 사람에게 은혜를 갚아야 한다는 것이다. 그의 정치적 우려는 이방인에게 베푸는 각별한 관대함이 언뜻 너그러워 보일지 몰라도 실은 숨은 동기가 있을지 모른다고 말하는 데서 드러난다. 이를테면 그런 행동은 부적절한 목적을 위해 정치적 지지를 확보하려는 것일 수도 있다.

『의무에 관하여』가 성공한 데는 키케로가 책을 쓰는 방식이 주효한 역할을 했다. 그 방식에는 그의 문체만이 아니라 그의 정치적·지성적 스타일도 포함된다. 굳이 레굴루스를 언급하지 않더라도, 의무의 요구는 대체로 지식인이나 부자만이 따를 수 있다. 그래서 키케로는 훗날 마키아벨리가 반대로 바꿔 써먹은 유명한 은유를 말한다. 즉 용기는 필요하지만 인간의 용기는 사자의 사나움이 아니며, 지혜는 필요하지만 인간의 지성은 여우의 잔꾀가 아니라는 것이다.[17] 술라는 여우의 잔꾀와 사자의 사나움을 결합한 인물로 알려져 있는데, 마키아벨리는 군주란 바로 그런 인물이어야 한다고 믿었다.[18] 키케로는 인간이 하등한 동물을 본받아서는 안 되고, 인간의 고유한 행동이 어떤 것인지 늘 물어야 한다고 여겼다. 이성을 가졌다는 측면에서 인간은 신과 통하지만 철학자를 위한 지침 같은 것은 없다. 하지만 친구에 대한 의무를 잘 알고 있는 훌륭한 가문 출신의 사람에게 필요한 선한—다시 말해 점잖고, 명예롭고, 훌륭한—행동을 위한 방책은 있다. 플라톤의 철학적 깊이에 비할 수는 없지만, 그 점은 키케로가 지금 우리에게 여전히 설득력을 발휘하는 여러 가지 이유 가운데 하나다.

키케로는 로마 공화정의 수호자가 아니었고 그렇게 될 수도 없었다. 마지막으로, 로마 정치에 관한 그의 성찰에서 우리가 유념할 것이 있다. 그것은 장차 공화정이 부활하겠지만 로마제국에서는 아니라는 점, 그리고 정신적·도덕적 미래는 모스 마이오룸이나 로마의 전통적 신앙이 아니라 그리스도교와 함께한다는 점이다. 그리스도의 재림이 임박했다는 기대감으로 살았던 초기 그리스도교도들은 운이 좋으면 인색한 관용, 운이 나쁘면 순교만 안겨주는 세계의 정치에 관해 별로 말할 게 없었다. 기원후 311년 콘스탄티누스가 개종했어도(밀라노칙령이 내려진 313년을 저자가 311년으로 착각한 듯하다. 또한 콘스탄티누스는 밀라노칙령을 내릴 때 그리스도교로 개종한 게 아니라 죽기 직전에 세례를 받고 개종했다는 설이 있다—옮긴이) 그리스도교의 성격이 확연한 정치철학이 갑자기 만개한 것은 아니다. 그리스도교가 제국의 '공식' 신앙이 된 것은 382년 테오도시우스 황제가 이교 숭배를 불법화하면서부터의 일이다. 놀랍게도 그런 상황에서 세속 정치에 관한 그리스도교의 태도를 말해주는 최초의 저작이 탄생했으며, 이것은 16세기 이후까지도 생명력을 유지하게 된다. 아우구스티누스의 『신국 *De Civitate Dei*』은 그리스도교 정치신학의 걸작 이상의 의미를 갖는다. 그것은 바로 키케로를 타깃으로 삼은 책이었다.

제5장
아우구스티누스의 두 도시

아우구스티누스의 생애와 시대

아우구스티누스는 후대 유럽의 역사에 엄청난 영향을 끼친 인물이다. 여기서는 그의 정치이론에만 초점을 맞추겠지만, 사실 정치이론은 그가 남긴 113권가량의 책과 무수한 편지, 설교의 극히 일부분에 불과하다. 그러나 거기에 제시된 논의는 그리스도교 유럽만이 아니라 현대 세계를 휩쓸었다. 영원을 바라보는 그리스도교도가 어떻게 이 세속적 삶의 정치를 진지하게 받아들일 수 있을까? 국가의 의무는 교회를 보호하고, 이단을 억압하고, 시민들이 하나의 참된 신앙을 고수하도록 하는 것일까? 그리스도교 지배자가 없다면 우리는 우리 지배자에게 복종할 의무가 면제되는 걸까? 아니면 "누구나 자기를 지배하는 권위에 복종해야 합니다"[1]라는 바울의 명령에 따라야 할까? 더 일반적으로 보면, 정당한 전쟁의 본질, 사형의 불법성, 세속적 정의의 한계 같은 문제들에 대한 아우구스티누스의 독특한 분석은 지금까지도 논쟁의 대상이 되고 있다. 이 문제들에 관한 그의 견해가 황폐한 신학에 뿌리를 둔 것은 사실이지만 그렇다고 해서 존속할 만한 나름의 장점이 없는 것은 아니다. 우리가 타락한 존재라는 생각에 약간이라도 공감한다면 그의 견해가 그다지 유쾌하지는 않을지 몰라도 호소력은 매우 크다는 점을 깨달을 수 있을 것이다.

아우구스티누스는 354년에 북아프리카의 타가스테에서 로마 시민으로 태어났다. 민족적으로는 베르베르족(모로코에서 이집트까지 북아프리카 전역에 흩어져 사는 토착 유목민—옮긴이)이었을 것이라는 추측이 일반적이다. 그의 아버지는 하급 관리인 데쿠리온decurion(십인대장—옮긴이)이었다. 이 직함은 원래 로마가 각 속주에서 거느린 보조 군대에서 사용했는데, 민간인으로 치면 사무관에 해당한다. 가족의 신분 서열보다 더 중요한 것은 그의 부모가 열한 살의 아우구스티누스를 기숙학교에 보낼 만큼 부유했다는 사실이다. 그의 어머니 모니카는 신앙심이 독실하지만 교육을 받지 않은 그리스도교도였고, 아버지는 그리스도교도가 아니었으나 임종 때 개종했을 수도 있다. 가톨릭교는 305~306년 디오클레티아누스의 치세에 마지막 대규모 박해를 받고서 얼마 뒤에 로마제국의 공식 종교가 되었다. 아우구스티누스는 어린 시절에 세례를 받지 않았는데, 당시 유아세례는 보편적이지 않았다. 그의 말에 따르면 그의 어린 시절은 무척 비참했다고 한다. 『신국』에서 그는 어린 시절을 다시 보내느니 차라리 죽는 게 낫다고 말한다. 그러나 그것은 그가 인간의 삶을 고통스럽고 긴 여행에 비유할 때 한 말이므로, 그의 어린 시절이 다른 사람의 어린 시절이나 그의 이후 삶에 비해 더 비참했다는 확고한 증거가 되지는 못한다. 실제로 그는 그렇다고 단정하는 대신 그 문제를 그럴듯하게 치장한다. "만약 죽을 것이냐, 어린 시절로 돌아갈 것이냐를 선택해야 한다면, 누가 둘째 대안을 거부하고 죽음을 택하지 않겠는가?"[2]

그는 어릴 때 공부를 싫어했다고 털어놓았다. 공부의 고통을 겪기보다는 차라리 그리스어 공부를 거부한 대가로 기꺼이 벌을 받으려 했다고 한다. 또한 그는 주변 사람들이 다 라틴어를 쓰기 때문에 라틴어는 쉬웠고 그리스어는 외국어이기 때문에 그렇지 않았다고 말하는데, 이것은 완전히 옳은 말이다. 우리는 흔히 익히려 애쓴 언어에 관해 많은 것을 생각하게 마련이다. 그는 분명히 매우 영리했고 그 자신이 말한 대로 고집이 셌다. 그가 그리스어를 얼마나 익혔는지는 알 수 없다. 큰 어려움 없이 그리스어를 읽을 수 있는 정도는 되었겠지만 그는 라틴어를 훨씬 좋아했다. 그는 원래 제국의 행정 분야에 진출할 생각이었다. 그러려면 연설 솜씨를 익혀야 했으므로 그는 열여섯 살에 카르타고로 가서 수사학을 배웠다. 거기서 그는 애인을 사귀어 아데오다투스라는 아들까지 낳았다. 훗날 그는 젊은 시절 육욕의 자극에 굴복한 것이 끔찍스럽다고 회상했다. 현대의 독자들은 그의 『고백록』을 완전히 용인할 뿐 아니라 오히려 그가 애인의 이름을 밝히지 않았고 10여 년 뒤에는 그녀를 버렸다는 것에 더 크게 놀란다(그와 같은 신분에 그런 양육과 교육을 받았다면 누구나 그렇게 했겠지만). 결국 그는 자신의 경력에 도움이 될 만한 상속녀와 결혼하겠다고 결심하기에 이르렀다.[3]

그는 북아프리카에서 수사학을 가르치다가 로마로 갔다. 서른 살 때는 밀라노에서 수사학 교수로 명성을 떨쳤는데, 그것은 속주 총독으로 나아가는 디딤돌이었다. 그 무렵 로마는 더이상 제국의 수도가 아니었다. 4세기 초에 디오클레티아누스는 밀라노를 서방 수도로 삼았고 콘스탄티누스는 비잔티움에 동방 수도를 건설했다. 콘스탄티누스의 치세에 제국의 전체 수도는 비잔티움이 되었으며, 명칭도 콘스탄티노플로 바뀌었다. 그러나 4세기 후반 제국은 사실상 동방과 서방으로 분리되었고, 서방 수도는 밀라노였다가 나중에 라벤나로 옮겨졌다. 밀라노에서 학생들을 가르치던 아우구스티누스는 로마 귀족의 일원이 되는 데 필수적인 유리한 결혼을 할 수 있는 기회를 얻었다. 그러나 상당한 정신적 고뇌를 거친 끝에 그는 그 야심을 버리고, 386년에 그리스도교 세례를 받은 뒤 교회에 헌신하기로 결심했다. 그에게 세례를 준 밀라노 주교 암브로시우스는 지성적으로나 정치적으로나 당대의 힘있는 성직자였다. 그러나 아우구스티누스를 개종 혹은 재개종시킨 사람은 신앙심이 독실한 평신도 친구들이었다(그는 어린 시절에 그리스도교도로서 교육을 받았으나 카르타고에서 신앙을 버렸다). 그 무렵 그는 고전 세계 후기의 각종 종교와 유사종교 분야를 섭렵했다. 한때는 마니교에 입문하기도 했으나 이내 마니교가 지성적으로 설득력이 없고 미신과 신화에 가깝다는 것을 깨달았다. 그 뒤 그는 이교도 철학자 플로티노스의 금욕적 신플라톤주의에 매료되어 그것을 그리스도교 신앙으로 가기에 알맞은 관문으로 여겼다. 그리스도교로 개종한 뒤 그는 북아프리카로 돌아가 처음에는 타가스테에서 소규모의 독신 그리스도교 공동체를 설립했다. 이후 그는 히포로 가서 391년에 사제 서품을 받았고, 395년에 주교가 되어 396년에는 주교직을 이어받았다. 그는 인생의 후반부를 히포의 주교로 보내면서 이단으로 여겨지는 분파, 교회를 위험에 빠뜨리는 세력과 끊임없이 논쟁을 벌였으며, 많은 책과 소책자를 통해 참된 교회와 신앙에 관한 자신의 견해를 피력했다.

주교 시절에 그가 처음으로 쓴 것은 분야를 정하기 어려운 『고백록』이라는 책이다. 397~400년에 쓴 이 책은 오늘날까지도 독자들의 열렬한 관심을 받고 있다. 그가 그리스도교 신앙을 가지게 된 과정을 기록한 책이지만, 현대적 의미에서나 고대적인 의미에서나 자서전과는 거리가 멀다. 그보다는 자신을 구원해준 신에게 끊임없이 올리는 기도에 가까운데, 그 가운데 그가 저지른 구체적인 잘못들을 회상하고 장황하게 자기비판하는 내용이 섞여 있다. 거기서 확장된 불가사의한 인간 존재에 대한 성찰이 더해지면서 『고백록』은 더욱 인상적인 책이 되었다. 앞의 10권은 얼추 연대순에 따른 아폴로기아 프로 비타 수아apologia pro vita sua(삶에 대한 변명)이며, 마지막 세 권은 시간, 삼위일체, 천지창조를 다루고 있다. 아우구스티누스의 감동적인 문체에 충분히 공감하는 독자들은 그리스도교도든 무신론자든 그 책에 깊이 빠져들게 된다.[4]

4세기 후반, 교회에서 주교는 고위 성직자가 아니었다. 아프리카 교회만 해도 주교의 수가 700명이나 되었다. 하지만 주교는 자기 지역의 일상적인 세속 행정에서 핵심 인물이었으며, 재판을 비롯한 여러 가지 업무를 담당했다. 전혀 수지가 맞지 않는 삶은 아니었으나 고된 것은 사실이었다. 더구나 아우구스티누스는 제국을 방어하고 신민들을 보호하는 서방로마제국의 힘이 계속해서 쇠퇴하는 시대에 그런 삶을 살았다. 이윽고 410년 아우구스티누스가 나머지 생애 내내 책을 쓰는 과업에 전념하도록 만든 파괴적인 사건이 일어났다. 『신국』의 집필은 413년에 시작되어 여러 차례 중단되는 우여곡절 끝에 427년에 끝났다. 410년 알라리크가 이끄는 서고트군이 로마를 유린했다. 그때 영원의 도시(로마의 별명—옮긴이)는 점점 비중을 잃고 무너져가는 서방로마제국의 취약한 옛 수도임이 여실히 드러났다. 그 사건은 군사적 의미보다 상징적 의미를 가졌으나 그 상징적 중요성은 무척 컸다. 아우구스티누스는 비록 언급하지 않았지만, 로마의 지배력은 다른 지역에서도 그랬듯 북아프리카에서도 쇠퇴하고 있었다. 로마의 통제력은 해안에서 멀리 떨어진 곳일수록 약화되었으며, 로마를 위해 평화를 유지하는 군대들이 점차 제국 행정의 통제로부터 벗어났다. 이것은 야만족의 침략 이외의 또다른 위험이었다. 아우구스티누스의 만년에 에스파냐를 장악한 반달족은 아프리카 속주도 자신들의 먹이라는 것을 깨달았다. 그들은 곧바로 좁은 해협을 건너 먹잇감을 차지했다. 아우구스티누스가 죽을 무렵인 430년, 히포는 포위된 상태였고 사방에서 온 난민들이 득시글거렸다. 결국 도시는 그 이듬해 함락되어 불에 탔다.

아우구스티누스가 책상에 앉은 모습을 묘사한 르네상스 회화작품들은 셀 수 없을 만큼 많지만, 그는 주교로서의 일상 업무를 서재에서 수행하지 않았다. 그는 거의 매일 아침 토지, 상속, 기타 일상생활과 관련된 온갖 소송에서 판결을 내렸다. 성직자로서의 그의 임무는 평신도는 물론이고 특히 성직자들을 바른 길로 인도하고, 신도들과 영적으로 잘 아는 내밀한 관계를 유지하는 것이었다. 아우구스티누스는 많은 저술을 통해 그리스도교 역사에서 바울에 버금가는 굵은 족적을 남겼지만, 그렇게 될 줄은 꿈에도 알지 못했다. 사실 어느 누구도 믿을 수 없는 일이었다. 그리스도교 교회의 지적 성격은 로마보다 그리스에 더 가까웠다. 암브로시우스와 아우구스티누스는 초기 라틴 교부였지만, 그런 고풍스러운 지위는 원래 그들이 얻고자 한 게 아니었다. 그리스어는 철학의 언어였다. 아우구스티누스는 그리스 철학에 대한 지식을 키케로와 신플라톤주의자인 플로티노스의 라틴어 번역을 통해 간접적으로 얻었다. 아마 콘스탄티노플이나 예루살렘의 교회들이 진정한 지적 권력을 가진 그리스도교 신학의 원천이었을 것이다.

서방제국의 로마인으로서 아우구스티누스는 가톨릭교회의 타고난 지적 지도자가 아니었다. 아프리카인으로서 그는 속주민이었고 아프리카 교회 역시 속주 교회였다. 아프리카 교회는 이탈리아 교회에 비해 그리스도교의 요구를 더 금욕적으로 받아들였다. 로마의 가정들에 그리스도교만이 아니라 이교의 관습도 부분적으로 허용한 귀족적 방임주의를 수용하지 않았고 교리상의 느슨함을 용납하지 않았다. 당시를 돌이켜보면 가톨릭 교리가 정교 신앙으로 구체화되는 것을 확인할 수 있다. 아우구스티누스 시대의 사람들은 정교 신앙을 열린 질문으로 생각하고, 거기서 그리스도교가 의지의 자유, 예정설, 원죄, 구원의 요건 등의 사안들을 다룬다고 보았을 것이다. 아우구스티누스의 방대한 저작 『신국』은 그 모든 사안들에 대해 단호하고 강경한 견해를 취하고 있으므로 그 견해가 성공한 것은 놀랄 일이 아니다.

그 지적 영향력은 엄청나다. 하지만 아우구스티누스의 견해를 수용하려면 지성, 감정, 도덕상의 큰 대가를 치러야 한다. 그런데도 그것이 어느 정도 진척을 보았다는 것은 놀라운 일이다.

아우구스티누스는 그리스도교 이전에 다른 신앙을 가졌다는 이유로 두고두고 자신을 질책했다. 하지만 그 신앙은 그의 그리스도교 세계관에 지대한 영향을 미쳤다. 그를 신플라톤주의자나 마니교도라고 말한다면 잘못이다. 그러나 기질로 보나 지적으로 보나 그가 마니교와 신플라톤주의에 매력을 느꼈다는 것은 분명한 진실이다. 이것은 사실 아우구스티누스의 기질과 지성의 문제만이 아니었다. 그리스도교 교리는 동방 신비 종교의 신비주의와 그리스 철학의 합리주의로부터 큰 영향을 받았다. 아우구스티누스의 『신국』으로 들어가는 길 혹은 나오는 길을 쉽게 찾기 위해서는, 일단 독실한 그리스도교도라면 누구나 세속 정치를 고찰할 때 당면할 수밖에 없는 딜레마에서 출발해야 한다. 먼저 젊은 시절 아우구스티누스의 견해와 씨름하고, 그가 키케로의 『공화정에 관하여』와 벌이는 대결을 통해 『신국』으로 들어가야 하는 것이다. 그러자면 아우구스티누스에게 가해졌던 교리상의 압력에 깊은 주의를 기울일 필요가 있다. 그러나 플라톤도 그가 마음에 둔 진리만이 세속 사회를 구원할 수 있다고 보았듯이, 아우구스티누스도 신의 은총 이외에는 어느 것도 인간을 구원할 수 없다고 보았다. 그는 자신의 그리스도교 신앙에 내재하는 진리가 우리 세속 정치의 가치를 다소나마 해명하는 열쇠이며, 또한 그것으로 정치를 진정한 신의 왕국의 비非정치로부터 분리하는 간극을 설명할 수 있다고 믿었다. 철학자와 신학자가 자신들의 생각이 체계적 전체로서 성립하거나 붕괴한다고 확신하는 상황에서 우리가 할 수 있는 일은 오로지 그들이 구축한 구조물을 탐구하는 것밖에 없다.

정치와 종교

기원전 43년 키케로가 죽은 뒤부터 4세기 후 아우구스티누스가 태어날 때까지 그 사이에는 대규모 격변들이 잇달았다. 가장 중대한 변화는 로마 공화정이 붕괴하고 로마가 점차 제국으로 변모한 것이다. 여기서 그 4세기의 변화를 총괄하는 것은 불가능한 일이지만, 중요한 변화들은 간략하게 개괄할 수 있겠다. 율리우스 카이사르가 암살된 뒤 벌어진 내전이 끝나고 카이사르의 양자이자 손자인 옥타비아누스가 승자로 떠올라 '원수정'을 수립함으로써 1인 지배가 제도화되었다. 그래도 '왕'의 관념에 대한 로마의 적대감이 워낙 강렬했던 탓에 공화정의 제도가 놀라울 만큼 오랫동안 유지될 수 있었다. 지금 우리가 로마제국의 행정과 정부 구조라고 생각하는 것은 실상 상당히 늦게 탄생했다. 3세기에 이르러 제국 전체가 군사적 재앙과 경제적·행정적 혼란에 빠져들었을 무렵, 때마침 정치 구조의 근본적 변화가 일어난 덕분에 제국은 서방에서 한 세기 더, 동방에서는 1000년 더 존속할 수 있었다.

황제들이 연이어 군사적 무용에 힘입어 권좌에 오르게 되면서 중앙집권적이고 관료적이고 획일적인 행정제도, 즉 우리가 제국 체제라고 규정할 수 있는 체제가 탄생했다. 알려진 세계를 지배하려는 제국의 야망은 변함이 없었으나 서방제국은 점점 잡다한 지역 정권들로 쪼개졌고 제국에 복속된 것도 법적 허구에 불과했다. 불화가 발생할 때마다 언제나 지켜졌던 로마식 합의 이념은 복종과 질서를 강조하는 방향으로 바뀌었다. 앞서 보았던 대비를 적용하면, 시민들은 신민들이 되어갔고, 황제는 점점 동방제국의 황제처럼 '페르시아적' 지배자의 풍모를 가지기 시작했다. 그리스도교 지배자는 신과 같은 명예를 누릴 수 없었지만, 이교도 지배자는 달랐다. 그리스도교 황제들이 다스리는 콘스탄티노플의 정교한 궁중 의식도 거의 다를 바 없었다.

　이교 제국이 그리스도교 제국으로 변모하는 현상은 콘스탄티노플에서 시작되었다. 이후 그 현상은 동방제국과 서방제국을 함께 통치했던 마지막 황제인 테오도시우스가 4세기 후반에 이교 신앙을 탄압하면서 더욱 공고해졌고, 세월이 갈수록 점점 더 중요해졌다. 로마제국을 이루었던 지역들과 민족들이 그리스도교로 개종한 것은 서방제국의 쇠락을 견뎌내는 결과를 가져왔으며, 그 덕분에 서방제국이 무너진 이후 살아남은 '야만족'의 왕국들은 비잔티움제국이 그랬듯이 그리스도교 사회로 발달할 수 있었다. 다소 공교롭게도, 야만족의 유럽이 그리스도교화되자 교황은 일개 주교의 지위에서 벗어나 서방 교회 전체의 수장으로 발돋움했다. 그들이 공통으로 가진 법과 문화의 유일한 언어는 라틴어였다. 그리스 그리스도교(동방정교)를 제외한 서방 그리스도교의 언어인 라틴어는 점차 서방 문화의 보편 언어가 되어 서방 가톨릭교회에 독특한 정체성을 부여했다.

　8세기에 피핀과 샤를마뉴가 프랑크왕국을 세울 때까지, 서방제국이 있던 지역을 아우르는 권위를 가진 기구는 오로지 가톨릭교회밖에 없었다. 이것이 로마 지배의 보편성이라는 관념을 지탱했는데(가톨릭은 원래 '보편적'이라는 뜻이다—옮긴이), 공화정 시대의 로마인들이라면 그런 정신적 측면을 낯설게 여겼을 것이다. 하지만 그럴 필요는 없었다. 돌이켜보면 교황이 베드로의 계승자로 부각된 것은 필연적인 듯하지만, 콘스탄티누스가 그리스도교를 제국의 종교로 삼았을 때 세인의 이목이 집중된 곳은 로마보다 그의 도시였다. 이후 밀라노와 라벤나가 로마에 못지않게 중요했다. 지금 와서 보면, 마치 교회와 국가가 별개의 기구로서 탄생하는 데 필요한 요소들이 만들어지는 것을 보는 듯하다. 교회와 국가는 서로 협력하면서도 다른 목적을 추구했고, 때로는 교리 문제, 성직자의 특권, 다른 방향의 충성을 놓고 갈등을 초래할 위험이 있었다. 만약 로마제국의 서방과 동방이 서로 별개의 길로 나아가지 않았더라면, 그리스도교의 역사는 사뭇 달라졌을 것이다. 아울러 신앙과 세속의 분업을 자연스럽게 여기는 우리의 태도도 크게 달라졌을 것이다.[5]

종교의 정치적 역할 혹은 정치의 종교적 역할에 관한 이론적 분석은 두 개념의 모호함으로 인해 더욱 어려워졌다. 정치와 종교는 간단히 정의하기가 쉽지 않을뿐더러 그 모호함이 없어지기를 바랄 수도 없다. 종교와 정치는 그 본질상 무엇이 종교적인 것이고 무엇이 정치적인 것인지 확실하게 단정하기 어렵다. 정치를 단순한 권력투쟁으로 보는 시각은 아리스토텔레스가 생각한 정치, 즉 폴리스의 시민들이 지배자이자 피지배자가 되는 정치와 무관하다. '신과 같은 지배자'를 찾고자 하는 사회의 정치는 그렇지 않다. 종교의 관념도 경계가 매우 모호하다. 그래서 우리는 습관적으로 '조직화된 종교'와 더 일반적인 '종교적' 세계관을 구분하는데, 많은 저자들은 첫번째를 두번째의 적이라고 생각한다.[6] 우리의 당면한 목적을 위해 중요한 대비는 그리스도교 정치와 이교 정치의 대비다. 그것은 곧 신학적으로 복잡하고 철두철미 일신교적인 그리스도교가 가진 정치적 의미와, 신학적으로 단순하고 다신교적인 그리스와 로마 세계의 '시민' 종교가 가진 정치적 의미의 차이다. 이 차이는 이교 지배자들이 토착 신을 섬기지 않으려는 유대인과 그리스도교도들 때문에 얼마나 큰 어려움을 겪었는지 설명해주며, 그들의 박해가 순전히 '종교적' 동기에서만 나오지 않았음을 말해준다. 또한 그 차이는 그리스도교 정치신학의 가장 근원적인 부분을 조명해준다.[7]

그리스도교 정치신학의 발상은 불확실한 데가 있다. 만약 인간이 현세에 잠시 머무는 존재일 뿐이고 현세가 천국으로 가는 도중에 놓인 눈물의 골짜기일 뿐이라면, 세속의 정치는 거의 가치가 없다. 폴리스에서의 삶은 선한 삶이 될 수 없다. 진정한 성취는 내세에서만 있을 뿐이며, 여기 이 세상에서 우리는 영원을 준비해야 한다. 이런 '금욕주의적' 요소는 어떤 면에서, 그리스도가 현세에서 짧은 생애를 보내면서도 공동체의 일상생활에 참여한 것과 어울리지 않는다. 그는 정치에 직접 참여하지는 않았어도 자신의 왕국이 '이 세상에 속하지 않는다'고 분명히 주장했다. 그러면서도 그는 병자를 치료하고, 군중에게 설교하고, 도덕을 가르쳤으며, 그의 가르침을 받아들이는 사회에 지대한 정치적 영향을 남겼다. 로마의 유대 속주는 그 점을 전혀 모르지 않았는데, 그리스도가 결국 처형된 이유는 거기에도 있었다. 하지만 그리스도가 죽은 뒤 두 세기가 지날 때까지도 그리스도교는 비정치적 혹은 무정치적이었다. 그리스도의 부활이 임박했다는 믿음은 세속 정치에 대한 관심을 약화시켰다. 게다가 처음에 그리스도교는 주로 로마의 정치와 공공생활에서 아무런 역할도 못하는 빈민, 노예, 주변인 들에게 먹혔다. 동방의 수많은 그리스권 도시들은 로마의 용인으로 예전 제도를 보존하고 있었으며, 여기에도 '토착 정치'가 있었다. 또한 사법 행정이라든가 통상적 정부 서비스의 제공, 사냥에 대한 세금이나 제물의 비용 등 상류층에게 반강제적으로 부담시키는 공공 의무 같은 것도 공공생활의 큰 부분이었다. 그리스도교는 빈민의 종교로서 공공생활에 기여하는 게 전혀 없었다.

하지만 로마에서나, 속주에서나 제국의 시민생활이 그리스도교도들과 충돌을 빚는 것은 명백했다. 그들은 징벌을 각오하고 맞섰으며, 잔혹한 죽음을 감수하면서까지 황제나 로마의 신들을 섬기는 제례를 거부했다. 기근이나 재앙이 발생할 경우 그들은 언제든 희생양으로 이용될 수 있었다. 박해가 줄어들고 그리스도교가 공공 의무의 일정 부분을 부담해야 하는 상류층에도 침투하기 시작했을 때, 그리스도교도가 국가와 어떤 관계를 맺어야 하느냐는 것은 더이상 회피하기 어려운 문제가 되었다. 마지막으로 콘스탄티누스 황제가 그리스도교로 개종하고 제국이 그리스도교화되자, 국가

가 종교를 어떻게 지원하고 그리스도교도가 그리스도교 국가나 비그리스
도교 국가를 어떻게 지원할 것인지에 관한 수많은 문제들이 자주 제기되고
그에 대한 답을 요구했다. 그리스도교 사상가들은 여러 가지 까다로운 문
제들에 대해 견해를 구성해야 했다. 신의 율법은 시민의 법, 나아가 자연법
lex naturae이나 만민법jus gentium과 어떤 관계를 가지는가? 그리스도교도는
판사가 사형을 선고하듯이 피를 요구할 수 있는가? 그리스도교도는 군대
에 복무해야 하는가? 초기 그리스도교는 평화주의적 성향이 압도적이었지
만 콘스탄티누스의 그리스도교는 반대였다. 그리스도교도가 선한 시민이
되려면 어떤 도덕적 희생을 얼마나 겪어야 하는가? 이런 문제들을 전부 아
우구스티누스가 제기하거나 답하지는 않았지만, 그는 이후 세대들이 그렇
게 할 수 있는 지적 장치를 제공했다.

마니교

이야기는 역설로 가득하다. 아우구스티누스는 이교 철학을 맹렬히 비판
했고 오직 그리스도교에서만 구원을 찾을 수 있다고 철석같이 믿었지만,
그가 지적으로 타당한 그리스도교로 가는 길을 찾은 것은 키케로의 철학
저작과 신플라톤주의를 통해서였다. 두 도시에 관한 그의 구상은 키케로의
『공화정에 관하여』 결론 부분에 소개된 스키피오의 꿈에 등장하며, 스키피
오의 꿈은 또한 플라톤이 철학자가 스스로를 발견하는 두 영역, 즉 세속의
공화국과 철학에 의해 드러난 현실을 대조하는 대목에 등장한다. 초기에
아우구스티누스는 마니교에 이끌렸다.

그는 마니교의 '듣는 자'로서 신앙을 추구하기 시작했다. 듣는 자란 신앙
에 통달한 사람─일루미나티─을 섬기고 식사 시중을 드는 영적인 동료

여행자였다. 당시에는 마니교가 이단으로 매도되지 않았다. 중세 서유럽의 교황과 같은 통합적이고 권위 있는 그리스도교 신앙의 원천은 없었으며, 정통과 이단에 관한 확실한 견해를 강요할 수 있는 권위도 존재하지 않았다. 관용이 촉구되지도 않았고, 세속적 권위와 정신적 권위가 확고히 구분되지 않았다. 전근대사회에는 그런 견해가 없었다. 교회와 세속 당국은 마음에 들지 않는 사상들을 억압했다. 때로 산발적이고 모순된 형태를 취하는 경우도 많았다. 억압할 방도가 없거나 굳이 억압할 만한 구체적인 이유가 없을 경우에는 관용을 보이기도 했는데, 계획적이라기보다는 우연의 결과였다. 마니교는 그리스도의 사도라고 자처하던 3세기 페르시아의 현인 마니가 창시한 종교다.[8] 이 종교의 매우 중요한 지적인 힘은 악의 문제에 대한 답에 있었다. 문제는 간단하고 명확하다. 신이 사랑을 주면서 어디에나 있는 존재라면 이 세상에 왜 고통이 있는가? 훗날 아우구스티누스는 인간이 죄를 지었기 때문에 고통이 따른다고 주장했지만, 이것은 원죄의 교리와 아담의 타락이 인류에게 상속된다는 것을 완전히 수용할 때에야 가능한 답이다. 이교의 다신교라면 그런 문제가 없다. 악은 야만적인 사실이며, 그 자체로 받아들여진다. 신들이 악을 줄이려 애쓴다고 생각하면 그것으로 충분하다.

마니교에는 한 가지 비그리스도교적―아울러 비유대교적―전제가 있다. 모든 물질이 그렇듯이 물질세계는 악이다. 그렇기 때문에 우리가 사는 세계에 고통이 가득한 것이다. 구약성서에 나오는 신은 선한 존재이며 순수한 영혼이다. 그러나 창세기에서와 달리 물질세계는 신의 창조물이 아니라 악마의 작품이다. 이런 이유에서 마니교는 인간이나 동물의 성적 열정을 부정적으로 바라보았다. 창조된 세계는 악이며, 우리의 신체적 본성과 성적 재생산도 그렇다. 이것은 마니교가 채식주의에 전념하는 한 가지 이유였다. 아우구스티누스의 시대에 마니교는 멜론 같은 과일을 신의 거주지인 태양과 동일시하면서 숭배하기도 했다. 태양숭배 하면 조로아스터교였다. 마니교에서 보이는 조로아스터교의 요소 때문에 아우구스티누스는 마니교에서 금세 멀어졌다. 마니의 저작에는 또한 별과 행성, 식蝕 같은 현상에 관한 주장이 있지만 내용은 명백히 오류다. 아우구스티누스는 이교 저술가들이 식 같은 천체 현상을 세심하게 관측했다는 것을 알았으며, 그들의 예측이 항상 옳고 마니가 틀렸다는 것을 깨달았다. 그러자 그의 신앙은 무너져버렸다.[9]

그럼에도 불구하고 마니교는 강렬한 매력을 가진다. 마니교는 신에게 죄 없는 고통의 책임을 묻지 않는다. 죄 없는 고통은 그리스도교를 늘 좌초의 위기에 빠뜨리는 암초와 같다. 이 불완전한 세계가 자비롭고 전능한 존재의 창조물이라는 그리스도교 신앙을 비판하는 사람들은 어린이의 고통스러운 죽음이야말로 신이 세계를 창조하지 않았다는 것을 말해주는 확고한 증거라고 주장한다. 신은 전능하지 않거나 자비롭지 않다는 것이다. 그것을 억지로 무시하면서 또다른 가능성, 즉 어린이에게 고통을 받을 만한 죄가 있다는 것을 인정하려는 사람은 거의 없다. 하지만 아우구스티누스는 나중에 우리 모두가 아담의 죄에 물든 세계로 들어가 원래 받도록 되어 있는 고통을 받을 것이라고 주장했다.[10] 신은 선의 원천이지만 악마에게 맞서지 못한다는 마니교의 견해가 그다지 놀랍지 않을 수도 있다. 그러나 마니교가 중세 후기까지 존속했다는 것은 많은 사람들이 그렇게 생각했음을 말해준다.

신앙심이 독실했던 아우구스티누스의 어머니 모니카는 아들이 '듣는 자'였을 때 아들을 집안에 들이지 않았다. 그러나 마니교와 그리스도교는 공통적인 점도 많았는데, 사실 그것은 당연했다. 당시에는 이교 철학자들도 그리스도가 기적을 행한 사람, 혹은 그들이 숭배하는 마기magi(조로아스터교의 사제인 마구스magus의 복수형. 그리스도교 성서에 나오는 동방박사도 마기로 표현되었다―옮긴이)라고 여겼기 때문이다. 하지만 그때도 인간이 말 그대로 신의 아들일 수 있다는 생각이나 신체가 부활한다는 교리는 터무니없고 어리석다고 간주되었다. 마니교도들은 영지주의Gnosticism(2세기에 생겨나 초기 그리스도교에 큰 영향을 주었으나 나중에 교부들에게 이단으로 규정된 종파―옮긴이) 이교도들이 그랬던 것처럼 그리스도를 위대한 스승으로 여겼다. 중요한 교리를 체현한 사람들이 그렇듯이 그리스도는 신에게서 나왔으나 그렇다고 말 그대로 신의 아들인 것은 아니었다. 또한 그리스도는 십자가에서 신체적 고통을 겪을 수 없었다. 그가 그랬던 것처럼 보이는 것은 착각이었다. 그리스도는 순수한 영혼이었고, 인간의 눈에 보이는 신체의 모습은 신의 영혼이 임시 목적을 위해 취한 외양에 불과했다. 그리스도의 중요한 사명은 사회를 계몽하는 것이었으며, 그가 스승으로서 한 일은 그의 삶에 핵심적이었다. 부활은 그리스도의 영혼이 세속적 외양으로부터 해방되는 것이었다. 다른 사람의 경우에도 부활이란 영혼이 신체로부터 탈출하는 것을 가리킨다.

영지주의 종파는 수도 많고 다양했으며, 마니교는 많은 지역 종파들을 끌어안았다. 그래서 아우구스티누스가 『고백록』에서 마니교를 믿었다고 털어놓은 게 정확히 어떤 종파를 가리키는지는 알 수 없다. 그의 설명에 맞서는 다른 설명이란 없다. 페르시아의 서쪽, 모든 지역에서 그리스도교가 승리했고, 정치 지배자들은 마니교에 내포된 무정부주의적 요소에 혐오감을 품었다. 이는 곧 마니교의 문헌적 유산이 드물다는 뜻이다. 그다지 꼼꼼하게 파악할 필요는 없다. 그리스도교 정통이 신체의 성육신Incarnation(그리스도가 인간의 모습을 취한 것을 가리키는 그리스도교의 용어―옮긴이)과 부활을 수용하자, 영지주의는 그리스도교의 그 두 가지 핵심 요소와 불화를 빚었다. 그에 따라 그리스도교의 본질적인 투쟁이라고 할 수 있는 신의 본성에 대한 삼위일체식 설명과 비삼위일체식 설명 간의 투쟁이 격렬하게 전개되었다. 하지만 실제로 투쟁을 벌인 당사자는 마니교와 영지주의가 거부한 교리를 채택한 그리스도교도들이었다.

　대부분의 종교 신앙은 지적 일관성을 견지하려 하지 않고 다른 두 요소를 중시한다. 하나는 강력한 감정을 위한 피뢰침을 제공하는 능력이고, 다른 하나는 그 종교가 제시하는 인간 조건의 설득력이다. 아우구스티누스에게 마니교는 그의 품성에서 강력한 요소, 자신의 내부에 나쁜 욕망이 가득하다는 느낌에 호소했다. 하지만 이것은 그의 사적인 '악의 문제'에 불과했고, 그의 종교적 감수성은 지속적인 정치적 결과를 낳는 죄의식에 초점을 맞추었다. 그가 자신과 비슷한 감수성을 지닌 바울에게서 영감을 찾았을 때에야 비로소 그는 마니교가 제시하는 답보다 더 만족스러운 답을 찾을 수 있었다.

　마지막으로 마니교의 그럴듯한 특징은 영적 삶의 '이단' 교리인데, 이것은 그리스도교 세계관에 쉽게 수용될 수 있었다. 마니교는 언뜻 보면 물질 세계에 대해 강렬한 적대감을 요구하는 듯하다. 육체가 악하고 정신이 선하다면, 자살로 육체와 결별하는 것이 행복으로 가는 길처럼 보인다. 혹은 적어도 세속의 악으로부터 해방되는 길로 보인다. 하지만 현실적으로는 아무리 독실한 교도라 해도 생활상의 육욕을 줄이는 데 만족했다. 이를테면 성적 금욕, 거친 채소 식단, 물 마시기, 리넨 옷 입기, 짐승 가죽과 모피 사용 금지 정도다. 중세에 마니교 성직자인 페르펙티perfecti는 그렇게 살아가도록 특별히 부름을 받았다고 스스로 느끼는 사람들만이 그럴 의무를 가진다고 믿었다. 나머지 대다수 사람들은 통상적인 삶을 계속 살아갈 수 있었다. 우리는 어차피 물질적 세상에 갇혀 있으므로 탐욕, 육욕, 분노, 기타 육신의 죄에 과도하게 빠지지만 않는다면 죄를 지을 일이 없다. 이렇게 일상 생활에서 나오는 욕구의 한계를 수용하는 태도는 『신국』의 전반에 걸쳐 자주 보인다.

마니교에서 그리스도교로

아우구스티누스가 마니교에서 벗어나 그리스도교로 가는 과정에 대해 설명한 부분을 보면, 인간이 처한 상황에서 미신과 무관한 지성을 추구하도록 하는 데 신플라톤주의 철학이 결정적 역할을 했다는 것을 알 수 있다. 여기서 키케로가 한 역할과 신플라톤주의자인 플로티노스와 포르피리오스가 한 역할을 구분하기란 쉽지 않다. 일단 후자의 영향이 더 깊고 컸으리라고 믿기 쉽다. 그들은 플라톤과 똑같은 문제에 천착했고, 그와 똑같이 격렬하고 단호하고 세세하게 반응했다. 키케로의 저작은 분명히 정치에 관한 아우구스티누스의 사상에 더 큰 영향을 미쳤다. 그는 열아홉 살에 키케로의 저작을 읽었는데, 그것은 오래전에 사라져 내용이 알려지지 않은 『호르텐시우스Hortensius』라는 책이었다. 그러니 『신국』은 키케로의 정치 저작들에 노골적으로 의존하고 있다. 아우구스티누스는 로마가 리비도 도미나티오니스libido dominationis(권력 자체를 위한 권력욕)에 시달리고 있으며, 이것은 세속적 정의를 추구하는 데도 유해하다고 비판했는데, 이런 불만은 키케로의 『공화정에 관하여』에 그대로 나온다. 『신국』에서는 가장 '정치적인' 논의가 여러 책에 나뉘어 있으며, 이것을 집필하는 데도 여러 해가 걸렸다. 그러나 아우구스티누스는 결국 키케로가 2권에서 시작하고 21권에서 끝맺은 논의로 돌아온다. 논증 방법도 똑같다. 즉 로마를 키케로의 기준으로 바라보는 것이다.

아우구스티누스가 신플라톤주의자들에게서 배운 것은 궁극적 현실의 선함과 일상적 경험세계의 비참함을 조화시키는 방법이었다. 이 세상은 신이 마음의 빛으로 밝히는 참된 세계의 그림자에 불과하기 때문에 눈물의 골짜기일 수밖에 없다. 마니에게서 터무니없는 우주론적 신화를 제거하면, 궁극적 현실이 하나이고 완벽하고 불가분하고 부동의 것이라는 생각,

그 반면 우리가 사는 세계는 파편적이고 혼란스럽고 자연적 재앙이나 인간의 열정과 무분별함이 초래한 재앙에 끊임없이 시달린다는 생각을 받아들일 수 있게 된다. 악은 세계의 긍정적인 힘이 아니라 결핍일 뿐이다. 인간의 궁극적 불행은 신으로부터의 분리에 있다는 관념도 같은 종류의 사고다. 인격신을 믿는 그리스도교와 유대교 신봉자들, 그리고 중심 '정신' 혹은 '지성'이 세계를 움직인다는 관념을 가진 신플라톤주의자들 사이에는 적어도 대화의 여지가 있었다. 아우구스티누스 자신도 철학 독해에서 『요한복음』의 첫 대목에 나오는 통찰력을 발견했다고 주장했다. "한처음, 천지가 창조되기 전부터 말씀이 계셨다. 말씀은 하느님과 함께 계셨고 하느님과 똑같은 분이셨다."[11]

하지만 아우구스티누스는 바울을 읽고서 개종(재개종)되었다. 그는 점점 불행을 느꼈고 스스로 확신을 품지 못했다. 마침내 그는 성서를 펴고 거기서 명하는 것을 읽으라는 신의 전갈을 받았다고 믿었다. 그래서 그는 성서를 펴고 사도 서간의 한 구절을 읽은 뒤 그것을 직접적인 명령으로 삼아 스스로를 주 예수그리스도로 무장시켰다. 그 전환은 지성적 측면보다 감정적 측면에서 더 확연히 드러났다. 감정적 측면에서 그것은 마치 벼락처럼 내리쳤는데, 『고백록』은 바로 그 인상을 전달하고 있다. 그래도 개종은 아우구스티누스가 속주 총독으로 나아가는 출세의 사다리를 오르는 것 이외에 다른 일을 해야 하는지에 관해 뭔가 말해주지는 않았다. 대다수 그리스도교도들은 일상생활을 살아가는 평신도였고, 소수만이 은둔자나 수도원 공동체의 성원이 되었다. 아우구스티누스는 원래 은둔자가 되어, 플로티노스가 명상을 위해 시골로 은퇴했을 때처럼 그리스도교식 평온한 삶을 살아갈 생각이었다. 또한 그는 모니카가 죽은 뒤 아프리카로 돌아가 곧바로 사제가 되지 않았다. 그는 타가스테에 소규모 공동체를 설립했으나 이후 히포의 신도들에 의해 거의 강제로 사제가 되었다.

현실 정치와 이론 정치: 『신국』을 위한 도발

학자로서의 평온한 삶을 포기하지 않으려는 아우구스티누스의 태도는 진심이었다. 그는 정치에 몸담지 않는 것을 행복하게 여겼다. 그는 토론을 즐겼고 그의 저작도 논쟁으로 가득했지만, 그가 싸우기로 마음먹은 적수는 지적·도덕적·정신적 잘못을 저지른 사람으로 국한되었다. 그는 신학적 진리를 위해 싸우는 전사였다. 따라서, 『신국』은 방대한 저작이고 때로 '엉성하고 산만한 괴물'이라고도 불리지만,[12] 아우구스티누스의 '정치이론'을 담고 있다고 볼 수는 없다. 그 저작은 만년의 지적 구성물이지 아우구스티누스의 창작물이 아니다. 『신국』은 주로 신학 논쟁과 중요한 철학적 쟁점들을 다루고 있다. 그 가운데 일부는 역사에 관한 논쟁이다. 현대 세계에서 정치이론으로 간주하는 것, 심지어 그리스도교 정치이론에서 핵심적이라고 볼 수도 있는 것, 이를테면 국가가 종교적 획일성을 강요하는 권리에 대한 설명은 『신국』에서 별로 중시되지 않는다. 그 이유는 아우구스티누스의 태도에서 찾을 수 있다. 그는 세속적 지배자가 참된 신앙을 갖고 있고 자기 백성들을 그 신앙으로 이끌 의지가 있다면 그대로 좋은 일이라고 치부하며 넘어간다. 그가 양심의 가책을 느낀 것은 사용된 수단이다. 예를 들어 400년대 초 그의 교회를 위협하고 폭력을 일삼았던 북아프리카의 종파인 도나투스파에 고문을 가하는 것을 그는 바라지 않았다. 그러나 세속적 지배자들이 가능하다면 자신의 신민들을 신에게로 이끌어야 한다는 것을 당연시했다. 하긴, 그들이 달리 어떻게 행동하겠는가?[13]

『신국』은 410년 로마가 약탈된 사건을 계기로 쓰게 되었다. 물론 이것이 '로마제국의 멸망'은 아니다. 서방제국은 이미 두 세기 동안이나 군사적으로 방어해왔고, 마지막 황제인 열여섯 살의 황제 로물루스 아우구스툴루스가 폐위된 것은 476년이었다. 또한 로마 행정의 요소들은 서방제국이 멸망한 뒤에도 한 세기 동안 더 존속했다. 비잔티움제국은 1453년까지 존속했다. 알라리크와 서고트족이 로마에 가한 물리적 피해도 특별히 심하지는 않았다. 적어도 로마가 카르타고를 유린한 것에는 미치지 못했다. 하지만 심리적 충격은 다른 문제였다. 게다가 그 사건은 로마의 파괴에 그리스도교가 어떤 역할을 했느냐는 논쟁을 불러일으켰다. 아우구스티누스는 이 문제에 답했다. 앞선 시대에, 그리스도교가 제국의 공식 종교로 자리잡기 전에 박해를 받았던 이유는 로마의 전통 신들을 섬기지 않으려는 그리스도교도들의 태도가 국가를 위험하게 했기 때문이다. 그리스도교도들은 이교가 세속의 불행이 신들을 모욕하거나 무시한 데 따르는 신들의 분노 때문이라고 간주한다며 그 신들을 섬기지 않으려는 태도를 보였는데, 이는 말 그대로 동료 시민의 안녕에 위협이 되었다.[14] 그리스도교도의 다른 위협은 거의 제기되지 않았다. 다만 네로는 로마의 화재에 대한 희생양을 찾기 위해 사람들의 지지를 별로 받지 못하던 그리스도교도들에게 책임을 떠넘겼다. 이후에도 여러 가지 재앙에 직면했을 때 그렇게 처리하는 경우가 많았다.

아우구스티누스는 전통 신들에 대한 그리스도교의 적대감이 장차 로마가 파멸할 조짐이라는 주장에 신속하게 대응하지 않았다. 그는 알라리크의 침략군이 로마를 약탈한 지 3년이 지난 413년에 『신국』을 쓰기 시작했다. 그가 당면한 목적이 무엇이었든, 그 작업은 유익한 도전이었음이 드러났다. 아우구스티누스는 키케로를 뒤집어 그리스도교 정치신학을 만들어낸 것이다. 키케로는 『공화정에 관하여』의 끝 부분에 스키피오의 꿈이라는 환상적인 이야기를 수록했는데, 몇 쪽밖에 안 되는 이 서정적인 대목은 소小 스키피오 아프리카누스가 천국에 영혼이 머물고 있는 대大 스키피오 아프리카누스와 만나는 장면을 형상화한 것이었다. 대 스키피오는 내세에 관해 플라톤이 『국가』의 끝부분에서 말한 것과 거의 비슷하게 설명했다. 또한 이것은 훗날 스토아학파와 신플라톤주의자들이 합의한 사상과도 상당 부분 비슷했다. 이를테면 세속적 욕망은 덧없고, 인간의 영화는 무상하고, 육체의 삶은 하찮다는 것이다. 이 대목은 아우구스티누스가 『신국』 전체에서 다뤄야하는 긴장을 예시하고 있다. 하지만 그는 마크로비우스가 그랬듯이 스키피오의 꿈을 영혼의 환생 같은 주제에 관한 성찰의 원천으로만 여겼다. 『신국』에서 아우구스티누스가 비판하는 것은 스키피오가 설명하는 로마의 역사와 참된 공화국이다. 소 스키피오는 『공화정에 관하여』의 대표적인 옹호자였으며, 참된 레스 푸블리카(공적인 것)의 기준과 필요조건을 제시한 바 있다. 그것은 참된 포풀루스의 존재인데, 세속적 정의를 집행하는 공화정이 그들의 공동 이익을 지켜준다. 정의가 없다면 레스 포풀리(민중의 것)도 없고, 따라서 레스 레푸블리카(공화국의 것)도 없다. 정의의 기준은 보편적이다. 그것은 자연법에 의해 주어져 있으며, 자연법은 자신의 이성을 사용할 줄 아는 모든 인간이 알고 있다. 인간은 이성을 가졌다는 점에서 짐승과 다르고, 사교성만이 아니라 정의의 실행에 기반을 둔 공동체를 건설할 능력을 가졌다는 점에서 여타의 군거 동물과 다르다.[15]

아우구스티누스는 이 주장들을 수용함으로써 동시에 전복한다. 그는 인간이 이성을 가졌다는 점을 부인하지 않지만, 『신국』을 쓸 무렵에는 이성이 인간에게 늘 올바르게 행동하도록 해준다고 믿지 않게 되었다. 우리에게는 자유의지가 매우 제한되어 있으며, 전반적으로 볼 때 이성은 우리가 이러저러한 죄의 길을 가늠하는 데 도움을 줄 따름이다. 또한 아우구스티누스는 정의에 관한 키케로의 설명이 정의의 본질에 관한 정확한 설명이라는 것을 부인하지 않는다. 즉 모든 사람을 정당하게 대우하려는 확고한 의지가 바로 정의다. 아우구스티누스가 부인하는 것은 과거든 현재든 미래든 현실의 모든 국가가 키케로적 의미에서 참된 레스 푸블리카가 될 수 있다는 것, 따라서 현실의 모든 사람들은 키케로적 의미에서 현실의 정의를 실행하는 정치 공동체의 포풀루스가 될 수 있다는 것이다. 『신국』은 두 가지 주장을 내세우는데, 하나는 단순하고 하나는 까다롭다. 단순한 주장은 이교 국가의 경우 참된 유일신을 정당하게 대우하지 않기 때문에 키케로적 정의를 실행하지 못한다는 것이다. 마찬가지로 이교 국가는 참된 공동의 이익을 가질 수 없으므로 참된 레스 포풀리가 될 수 없다. 하지만 이것은 부당한 임시방편의 주장으로 보인다. 정치 공동체 성원들 간의 정의는 신에 대한 정의와 꼭 일치하지는 않기 때문이다. 그럼에도 불구하고 그것은 그리스도교가 옛 신들의 숭배를 금지함으로써 로마의 몰락을 초래했다고 비난하는 사람들에게 항변하는 데 유용한 수단이다. 그렇게 비난하는 사람들은 옛 신들의 숭배를 금지한 그리스도교 황제들이 옛 신들에게서 온당한 몫의 숭배를 박탈함으로써 신들을 부당하게 대했다는 불만을 토로했다. 그에 대한 보복으로 옛 신들이 로마를 보호해주지 않았다는 것이다. 아우구스티누스가 내세운 최선의 효과적인 반박 가운데 하나는 옛 신들이 발 벗고 거래에 나선 적이 없다는 것이다. 신봉자들이 아무리 정성껏 신들을 섬겼어도 신들은 어떤 국가도 보호하지 않았다. 아우구스티누스는 로마가 옛 신앙에 무척 집착했을 때 겪은 무수한 재앙들을 열거한다. 『신국』은 전반적으로 행운과 불행은 정의로운 자에게든 부정한 자에게든 똑같이 닥친다고 주장한다.[16]

보다 까다로운 주장은 그리스도교 국가라 해도 반드시 참된 정의를 실행할 수 있는 것은 아니라는 것이다. 물론 이 견해에 따르면 이교 국가가 맞닥뜨릴 수밖에 없는 곤경은 회피할 수 있다. 그리스도교 국가는 참된 유일신만을 섬기고 정당하게 대우할 수 있다. 그러나 현실적 정의는 모든 사람을 정당하게 대우하는 것인데, 그렇게 할 수 있는 존재는 신밖에 없다. 따라서 참된 세속적 정의는 우리의 힘이 미치지 못하는 곳에 있다. 적어도 우리가 과연 그 정의를 구현할 수 있을지는 알 수 없다. 정의가 인간사의 토대가 아니라면 무엇이 그 역할을 할까? 답은 사랑이다. 하지만 그것은 매우 까다로운 의미에서의 사랑이다. 사랑이라는 말을 아우구스티누스가 쓴 라틴어, 리비도libido와 슬쩍 등치시켜보는 것은 솔깃한 생각이다. 아우구스티누스가 말하는 사랑은 강렬한 애정과 관련된 일상적 의미의 사랑을 포함한다. 사랑은 성적 욕망도 포함하지만, 그 밖에도 어려운 공리를 깔끔하게 증명하는 방법을 발견하려는 수학자의 욕망, 전쟁에서 승리하려는 장군의 욕망도 포함한다. 또한 아우구스티누스는 우리가 어떤 일을 하는 이유가 그것을 원하기 때문이라는 진부한 말도 하지 않는다. 그 말은 사실이지만 따분하다. 아우구스티누스가 말하는 사랑은 세계에 능동적으로 작용하는 힘이다. 그는 사랑하는 두 사람 사이의 관계에도 세 행위자—사랑하는 사람, 사랑받는 사람, 그리고 '사랑 자체'—가 있다고 말한다. 리비도 혹은 능동적 욕망은 세계, 특히 사회·정치 세계를 움직이게 한다. 또한 그것은 우리를 장악할 수 있는 능동적 힘이라는 점도 중요하다. 로마의 불행은 『신국』을 집필하는 계기가 되었지만, 로마는 그 무렵 로마를 지배했던 리비도 도미난디libido dominandi(정복욕)에 의해 살아났다. 성적 열정이 탐닉으로 변할 수 있듯이 명예욕도 마찬가지다.

아우구스티누스는 악이 능동적 힘이라는 마니교의 견해에 빠져들지 않고, 그 대신 플로티노스의 견해를 받아들여 악을 결핍으로 간주했다. 악은 선의 상실이지 적극적인 힘이 아니다. 악을 신과 신의 은총으로부터 소외되는 것이라고 보는 관점은, 일자一者(신플라톤주의에서 말하는 최고의 존재로, 세상 만물은 일자의 유출로 생성된다—옮긴이)로부터 멀어질수록 세계는 더 악해지고 비현실적으로 변모한다는 신플라톤주의의 주장을 그리스도교식으로 각색한 것이다. 그러나 아우구스티누스는 잘못 이끌릴 경우 인류를 곤경에 빠뜨릴 수 있는 힘들을 세계에서 제거하려 하지 않았다. 그중 가장 중요한 힘이 사랑이다. 그 힘들의 존재는 개별 행위자를 침해하지 않는다. 실제로 아우구스티누스는 고대 세계와 다른 방식으로 개인의 의지를 강조했다. 아우구스티누스에게 의지의 문제는 대단히 중요했다. 그는 어떤 기준으로 봐도 강인한 의지를 가진 사람이었으며, 젊은 시절 일부러 잘못을 저지를 만큼 예민한 감각의 소유자였다. 이것은 플라톤 전통과의 철저한 결별이었으며, 신플라톤주의의 비인격적인 일자와 구약성서의 인격신을 동일시하는 것에 못지않게 중요했다. 일찍이 소크라테스는 우리가 실수로 악을 저지를 뿐이라면서 선에 대한 앎이 부족한 탓에 인간의 사악함이 생겨난다고 주장함으로써 그 시대 사람들을 깜짝 놀라게 했다. 하지만 아우구스티누스는 바울에게 내재해 있던 견해를 명료하게 드러냈다. 즉 우리는 악을 저지를 의지를 가졌기 때문에 내놓고 죄를 짓는 것이다.

일부 학자들은 아우구스티누스가 『고백록』에서 하는 이야기에 당혹스러워하기도 한다.[17] 어린 시절 그는 친구들과 함께 동네 과수원에서 배를 훔쳤다. 하지만 결과는 신통치 않았다. 배의 상태가 워낙 나빠 먹지 못하고 전부 돼지에게 주었다. 이 비행은 이중의 상징적 의미를 가진다. 우선 의도적인 범죄다. 꼭 배를 얻겠다는 게 아니라 순전한 악행일 따름이다. 그는 규칙을 깨고 싶었고 무의미한 도둑질로 그 욕망을 충족시키고자 했다. 아담은 그 사과가 필요하지 않았다. 그는 이브에게 미혹되었다고 말했으나 그것은 핑계에 불과했다. 그는 신이 자신에게 부여한 몇 가지 규칙들 가운데 가장 중요한 것을 깨고 싶었다. 우리는, 혹은 아담은, 혹은 아우구스티누스는 왜 이렇게 행동하고 싶어할까? 아우구스티누스는 두 가지 이유를 생각한다. 첫째는 단순한 자존심이다. 우리는 의지를 가졌을 뿐 아니라 그 의지를 실현할 소망도 가진 존재다. 신이 욥에게 온갖 부당한 재난을 가한 의도는 바로 그의 자존심을 꺾으려는 게 아니면 뭐란 말인가? 그로부터 12세기가 지나 토머스 홉스가 등장할 때까지, 우리의 불행에서 의지의 역할과 자존심의 중요성에 관해 그렇게 예리한 통찰력을 보여준 사람은 없었다.

둘째 이유는 다른 사람들과의 사교를 위해서다. 아담은 이브에게 '미혹'

되었다기보다는, 그녀와 좋은 관계를 유지하는 데 필요하다면 무슨 일이든 할 테세였다. 우리는 동료들이 없으면 생존할 수 없다. 아우구스티누스는 동네 건달들을 인정하고자 했고 그들의 악행에 동참했다. 그는 불안의 심층적 원인을 찾는 학자들보다 당대 세계의 폭도와 약탈자의 동기를 더 확실하게 이해하고 있었다. 그는 대담하게 자신의 행동을 스스로 선택하고 그것을 즐길 줄 알았다. 이것은 마니교도 아니고(행동한 것은 그의 신체가 아니라 그 자신이었으므로) 플라톤과도 무관하다(실수가 아니라 의도적인 비행이었으므로). 의지의 자유에 대한 아우구스티누스의 견해는 매우 까다로우므로 여기서 상세히 다루기란 어렵다. 그러나 참된 의지의 자유, 다시 말해 선과 악을 스스로 선택하는 능력이 아담에게 있었고 그것이 바로 천지창조와 인간의 타락을 결정하는 선택이었다는 것은 여기서 확실히 짚고 넘어갈 필요가 있다.[18] 타락한 인간은 신의 은총을 받지 못하면 여러 가지 악들을 선택할 수밖에 없다. 신의 은총은 신이 그냥 주는 선물이다. 그럼에도 불구하고 우리는 선택을 하는데, 선택의 주체는 바로 우리다.

이런 통찰력으로 무장한 아우구스티누스는 반대자들을 일사천리로 물리친다. 그러면서도 그는 14년에 걸쳐 22권의 책, 1200쪽 분량의 문헌을 저술했다. 로마의 몰락은 그리스도교도의 탓이 아니었다. 로마가 몰락한 원인은 로마인들이 옛 신들을 소홀히 해 신들이 로마를 버렸기 때문이 아니다. 『신국』의 대부분은 그 문제를 초점으로 삼는다. 하지만 아우구스티누스는 로마 역사가들을 섭렵하면서 로마의 영광에 관한 이야기들을 속속들이 밝히기 때문에 독자로서는 그 사실을 깨닫기 어렵다. 그는 수많은 전통적 주제들을 무시해버린다. 여러 정부 형태의 장점 같은 것을 논하려 하지 않는다. 폴리비오스식 분류나 아리스토텔레스식 분류는 그의 관심사가 아니다. 또한 그는 아리스토텔레스가 지대한 관심을 보였던 정지 상태의 방지에도 관심이 없다. 어떻게 그럴 수 있느냐고 의아해할 수도 있겠지만, 아우구스티누스의 세계는 시민들의 활동이 활발한 아테네 폴리스가 아니라 관료적 제국이었다. 제국은 야만족의 침략으로 재앙을 당했으나 정지 상태 같은 것에 굴복하지는 않았다. 어쨌든 영원한 정부를 건설하려는 노력은 무익한 짓이다. 예외가 없지는 않지만 평화는 대체로 전쟁보다 좋다. 하지만 항구적인 평화를 유지하는 것은 인간의 힘으로 불가능하며, 인간은 그 사실을 인정하면서 살아가야 한다. 실제로 인간은 사물의 영원한 계획에서 보면 어떤 사물이 올해에 소멸할지 10년 뒤에 소멸할지는 그다지 중요하지 않다는 것을 안다는 정도의 위안에 만족할 수밖에 없다. 그렇다면 로마의 영광, 특히 로마의 리베르타스는 무의미해진다. "생명은 유한하고 며칠이면 다 소모되어 끝난다는 사실을 감안할 때, 곧 죽을 인간이 어떤 지배하에서 살아간다는 게 무슨 차이가 있을까? 그저 지배자가 강제로 불경스럽고 사악한 것을 강요하지만 않으면 되지 않겠는가?"[19] 로마는 여러 민족을 정복했어도 피정복 민족들에 큰 피해를 주지 않았지만, 동시에 로마의 번영도 그들에게 아무런 실질적 이득을 주지 않았다.

신국의 시민들

이상의 내용을 완벽하게 이해하려면 가장 명확한 질문에서 출발해야 한다. 신의 도시(신국)란 어떤 곳이며, 그 시민들은 누구인가? 또 세속의 도시는 어떤 곳이며, 그 시민들은 누구인가? 아우구스티누스의 대답에 따르면 신국의 시민들은 신이 은총을 통해 구원받은 자의 무리에 들어오도록 허락한 사람들이다. 세속의 도시는 그 밖의 나머지로 정의된다. '세속의 도시'도 '신의 도시'처럼 지리적 실체라기보다는 개념적 실체다. 구약성서의 현인들은 천국의 도시에 사는 시민들이며, 미래에 신의 은총을 받게 될 아직 태어나지 않은 사람들도 마찬가지다. 물리적인 세속의 도시에 사는 주민들 가운데는 소명을 받은 사람도 있고 그렇지 않은 사람도 있다. 소명 여부는 세속의 판결로 확실하게 알 수 없다. 소명은 인간의 눈으로 식별할 수 있는 게 아니고, 선행으로 얻을 수 있는 것도 아니다. 우리는 모두 죄인이며, 신은 마땅히 우리 모두를 영원한 징벌에 처할 수 있다. 여기서 아우구스티누스가 사용한 논거는 14세기 뒤에 프랑스혁명을 반동적 입장에서 거세게 비판했던 조제프 드 메스트르Joseph de Maistre가 주요하게 내세운 논거가 된다. 볼테르는 신이 왜 1755년에 리스본을 지진으로 파괴하려 했는지 물은 바 있다. 파리에도 춤과 악행이 있지 않았던가? 이때 메스트르의 대답은 아우구스티누스의 대답이나 다름없다. 우리는 모두 아담의 죄로부터 무고하지 않다. 우리는 태어날 때부터 신을 섬기지 않는 자존심을 가지고 있다. 우리는 아이가 아무 죄도 없다고 말하지만 갓난아기도 죄가 없지 않다. 엄마의 젖을 원하고 목이 터져라 우는 붉은 얼굴의 아기는 나름의 좌절감에서 세계에 폭력을 가하고 싶지만 그럴 만한 힘이 없을 뿐이다.[20] 아기가 가진 욕망의 내용은 몹시 나쁘다. 신이 일부를 구원하고 다수에게 영원한 형벌을 가할 때 그들이 형벌을 받는 이유를 설명하는 것은 신의 죄가 아니라 그들의 죄다. 우리는 신이 원래 전부 벌할 수 있는데도 일부를 구했다는 데 감사해야 한다.

현세에 살면서 구경꾼에 불과한 우리 인간은 신국의 구성원이 누구인지 알지 못한다. 이런 연관에서 완전히 무력한 주장은 정치적 관계가 구원받은 자와 소명받은 자의 구분을 토대로 해서는 안 된다는 것이다. 온갖 인간 공동체들의 혼합적 성격에 관한 아우구스티누스의 주장은 그의 시대에 지역 갈등의 강력한 논거였을 뿐 아니라 그리스도교 정치의 본질을 설명하는 데도 매우 중요하다. 아우구스티누스는 국가가 제공할 수 있는 제한된 세속의 재화를 제공하는 지배자라면 누구나 우리의 복종을 받을 자격이 있다고 주장하면서, 두 가지 유명한—아울러 논쟁적인—논지의 토대를 놓았다. 첫째는 아퀴나스의 견해로서, 그리스도교도는 비그리스도교 지배자에게 복종해야 한다는 것이다. 둘째는 17세기 유럽에서 인기가 바닥이었던 주장인데, 그리스도교 국가도 여느 국가와 똑같은 방식으로 다스려져야 한다는 것이다.[21] 그가 천착했던 지역 문제는 그의 시대와 종교에 국한되었다. 아프리카에서 가톨릭교회의 통일을 저해하는 커다란 위협은 이른바 도나투스파였다. 이것은 4세기 중반 카르타고의 주교였던 도나투스를 리더로 삼고 그의 이름을 딴 종파였다. 그들은 극단적인 엄격주의자로서, 소명받은 자의 교회만을 원했다. 그들의 소명 기준은 마지막 박해 기간에 보여준 개인적 행위였다. 그들은 박해에 굴복한 사람의 경우 성사에 참여할 자격이 없다고 간주했으며, 종파 구성원들은 재세례를 받아야 한다고 주장했다.

도나투스파는 황제의 칙령과 교회 회의에 의해 여러 차례 유죄판결을 받았고, 박해를 겪으면서 더욱 극단화되었다. 4세기 말 무렵 그들은 자신들이 세계에서 유일한 그리스도교 교회이며, 반대자들을 강제로 개종시킬 권리가 있다고 확신했다. 그들은 아우구스티누스의 시대 20년 동안 주교직을 독점하면서 그의 영혼에 시련을 안겼다. 또한 그들은 그가 성직을 맡은 이후 그에게 국가의 폭력을 이용해 이단을 복종시키라고 강력하게 촉구했다. 아우구스티누스를 괴롭히는 적대적 분파는 그들만이 아니었다. 키르쿰켈리온Circumcellion(그냥 '인근 마을에 사는 사람들'이라는 뜻이다)은 도나투스파 중에서도 특히 사나운 분파였다. 그들의 정치적 관심은 그를 강압해 성직자가 아니라 성사가 유효하다는 견해를 명확히 밝히도록 하는 데 있었다. 중요한 것은 성사를 집행하는 것이지 성직자의 도덕적 순수성이 아니라는 것이다. 이것은 직접적인 정치적 견해는 아니지만 정치적 함의가 명백하다. 중요한 것이 법과 그 효과라면, 우리는 정치 지도자들의 품성을 조사할 게 아니라 그들이 신민의 삶에 미친 영향을 살펴보아야 한다.

가톨릭교회를 포함해 온갖 인간 공동체의 혼합적 성질을 설명하는 아우구스티누스의 학설에 의하면, 세속의 존재는 어떤 것도 '지상에 있는 신의 도시'라고 주장할 수 없다. 또한 그리스도교 금욕주의가 아무리 환영을 받는다고 해도—아우구스티누스 자신도 사제가 된 때부터 독신 공동체와 함께 살았다—그것으로 혼합적 세속 공동체와 구원받은 자의 도시의 차이를 좁힐 수는 없다. 금욕주의 공동체라고 해서 소명받은 사람들의 공동체라고 주장하지는 못한다. 이것은 교회 대 국가의 권위에 중대한 의미를 가진다. 아우구스티누스는 지배자나 신민이 부도덕하게 행동했을 때 훈계하는 것이 교회의 과제라고 철석같이 믿었다. 그것이 교회의 의무이기 때문에, 그렇게 하지 않는다면 결국 불의를 저지르는 게 된다.[22] 하지만 대체로 교회는 세속의 책무를 이행하려 해서는 안 된다. 그렇다고 해서 교회의 인력이 세속 행정의 의무를 수행하지 말아야 한다는 말은 아니다. 아우구스티누스는 주교가 자기 교구의 민간 사건을 처리하는 책무를 담당하지 않는다면 사실상 제국이 제대로 기능할 수 없다고 생각했다. 황제가 이 부담을 주교에게 지웠기 때문에 주교는 그리스도교 신앙이 허용하는 한도에서 그 의무를 이행해야 했다. 그러므로 교회기구는 고유한 기능인 신도들의 영혼을 돌보는 일에 전념해야 하지만, 불행한 자와 곤궁한 자를 돌보는 일도 그리스도교의 의무였다.

아우구스티누스는 조심스럽게 행보해야 했다. 그리스도는 추종자들에게 카이사르의 것은 카이사르에게 주라고 명한 바 있다. 그리스도가 직접 내린 명령을 거스르지 못하는 사람들은 세금을 내고 시 당국에 복종해야 했다. 아우구스티누스의 시대에 이르면 초기 교회의 평화주의가 바뀌어, 만약 그리스도교도가 제국의 군대와 맞서 싸워야 한다면 그렇게 하리라는 합의가 이루어져 있었다. 그럼에도 불구하고 그들은 정치에 빠져들지는 않으려 했다. 독재자에게 저항하지도 않았고, 아주 극단적인 상황이 아니면 합법적 지배자에게 반기를 들지 않았으며, 반기를 들어도 수동적인 불복종에 그쳤다. 그리스도를 부인하라는 것과 같은 강도 높은 명령을 받았을 때에야 비로소 그들은 거부하고 나섰다. 그리스도교도와 관련이 있다는 의심을 받는 사람들이 이교 신들을 섬기고 그 제례용 고기를 먹어야 할 때, 혹은 황제의 신앙에 충성을 서약해야 할 때에는 박해에 맞서 순교가 자주 일어났다. 시 당국은 황제의 신앙에 충성을 서약하는 것을 로마 신민에게 요구할 수 있는 충성의 가장 손쉬운 선언으로 간주했다. 하지만 유대인과 그리스도교도에게 그것은 쉽지 않은 일이었다. 아우구스티누스는 그것이 그토록 필요하다면 해야 하며, 그들에게 힘이 있다면 거부하고 결과를 감수해야 한다고 생각했다. 어떤 경우에도 반란을 일으키거나, 폭군을 살해하거나, 제국의 세속적 평화를 교란해서는 안 된다고 보았다.[23]

키케로의 저작에는 폭군 살해를 찬양하는 대목이 많다. 그라쿠스 형제의 살해 사건, 키케로 자신이 직접 참여한 카틸리나 추종자들의 사건, 이후 율리우스 카이사르의 암살 사건 등이 그런 예다. 이 점을 염두에 두면 고전 시대의 정치 세계와 그리스도교 정치 세계 사이의 간극이 보인다. 이유는 상세히 말할 필요도 없지만, 이 차이가 아무리 크다 해도 그 의미를 과장해서는 안 된다. 키케로의 사상은 현세적이고 아우구스티누스의 사상은 내세적이다. 키케로의 공화정은 존중, 감탄, 충성을 바칠 가치가 충분하고 공화정의 성공은 위대한 선이지만, 아우구스티누스가 보기에는 모든 세속의 국가들이 폭력적이고 자기기만적인 사람들의 놀이터일 뿐이고 세속적 영광은 덧없다. 얼핏 생각하면 아우구스티누스는 세속적 삶에 관해 아무것도 말하지 않은 듯하고 국가를 오로지 경멸스럽게만 바라본 듯하지만, 우리는 그를 그렇게 바라보려는 유혹을 버려야 한다.

제한된 선으로서의 정치

뭔가 잘못되었다. 세계는 신의 창조물이다. 세상을 경멸하는 것은 신성모독이다. 아우구스티누스는 고전 철학자들처럼 신체를 통째로 경멸하지 않았다. 그들은 정신을 끌어올리고 신체를 업신여겼다. 아우구스티누스의 비범한 지성을 고려하면, 그는 정신을 끌어올릴 필요가 없었고 신체를 깎아내릴 이유가 없었다. 그는 확실히 신체에 관해 호기심을 가졌다. 그가 섹스에 집착했다는 믿음을 유발한 사실들 중 하나는 타락하기 이전의 아담과 타락한 이후의 인간을 비교하는 토론을 자주 유도했다는 점이다. 타락하기 이전의 아담은 우정과 애정을 위해 이브와 성교를 했을 테고, 오직 그가 원할 때만 발기했을 것이다. 그러나 타락한 인간은 욕망에 이끌리며, 원치 않을 때 발기하고, 원할 때 발기하지 못한다.[24] 사실 아우구스티누스는 사기, 악의, 노골적인 폭력에 비해 성적 절제에 관해서는 별로 관심이 없었다.

남성의 성기가 가진 묘한 특징은 우리—다시 말해 타락한 남성으로서의 우리—가 진정으로 통제하고자 하는 것을 통제하지 못한다는 것을 보여준다. 정신과 신체의 불일치는 의미심장한 사실이다. 또한 이런 생각을 남성의 경우에만 국한할 수도 없다. 아우구스티누스는 알라리크의 서고트족이 로마를 약탈할 때 강간을 당한 여성들이 결코 모욕이나 치욕을 겪은 게 아니라고 강조했다. 강간의 희생자와 간통을 저지른 자는 엄청난 차이가 있다. 설령 일부 여성들이 자신의 의지에 반해 성적 흥분을 경험했다 하더라도 그것을 부끄러워할 필요는 없다. 그저 신체가 자체의 의지에 따라 행동한 것에 불과하기 때문이다. 타르퀴니우스에게 강간을 당한 뒤 자살한 로마의 여인 루크레티아에 관해 아우구스티누스는 그녀가 두 가지 잘못을 저질렀다고 주장했다. 자신이 강간으로 인해 치욕을 당했다고 생각한 게 한 가지 잘못이고, 자살한 게 또 한 가지 잘못이다. 강간을 당한 그녀는 공격의 희생자일 뿐 아무 죄도 없다. 그런데 자살을 함으로써 그녀는 죄 없는 여성을 죽였고 진짜 살인자가 되고 말았다. 아우구스티누스는 루크레티아의 사례를 지나치다 싶을 만큼 길게 다루었으며, 자살을 찬양한 로마의 역사가들이나 시인들과 달리 많은 사례들을 이용해 자살이 살인이라는 점, 감탄이 아니라 개탄해야 할 것이라는 점을 논증했다.[25]

세속의 왕국은 이 세계에 평화를 촉진하기 위해 존재한다. 이 세계에서 취하는 선(이익, 재화)은 신과의 통일에서 얻는 궁극적인 선과 무관하지만 그것을 무시해서는 안 된다. 현세의 평화는 우리가 장차 신과 함께함으로써 누리게 될 평화와 무관하지만 그 평화도 대단히 중요한 선이다. 우리와 우리가 사는 세계는 신의 창조물이다. 이 세계에 사는 동안 우리는 세계의 현실에 순응해야 한다. 그런 현실 가운데 하나는 종교가 세속의 악을 막아주기에는 너무 허약하다는 점이다. 그리스도교도는 로마의 몰락에 책임이 없었고 마르스(로마의 군신―옮긴이)는 로마의 번영에 책임이 없었다. 세속적 성공과 실패는 세속적 원인을 가진다. 신의 재앙은 정의로운 사람에게나 부정한 사람에게나 똑같이 닥치므로 재앙의 원인을 해당 지역의 악함에서 찾는 것은 잘못이다. 아우구스티누스가 『신국』 전체에 걸쳐 자주 내세우는 더 폭넓은 주장은 로마의 성공조차 찬양할 만한 것은 아니라는 것이다. 국가가 존재하는 이유는 우리가 세속적인 것을 원하고, 그 욕망을 충족하기 위해 세속적 장치를 필요로 하기 때문이다. 국가가 보호하는 중요한 세속적 요소인 재산은 제한적이지만 현실적인 가치를 가진다. 메움 에트 투움meum et tuum(네 것과 내 것)을 관장하는 법이 없으면 유혈 분쟁이 터질 것이고 기아도 생겨날 것이다. 마찬가지로 재산이 가진 가치는 상대적 가치일 뿐이다. 그래서 재산으로 말미암아 탐욕과 물욕, 도둑질 등 아름답지 못한 부작용도 생겨난다.[26] 국가가 없으면 소유권이 안정될 수 없다. 따라서 법치를 유지하는 데 필요한 최소한의 정치와 법 장치, 그리고 우리가 먹고살 수 있도록 해주는 경제가 존재해야 한다.

그런 체제라 해도 궁극적 정의를 실현할 수는 없다. 다시 말해 모든 사람에게 온당한 각자의 몫을 주지는 못한다. 그 이유는 최후의 심판이 올 때까지 알 수 없기 때문만이 아니다. 재산은 세속적인 것을 사랑하는 우리의 마음을 기반으로 하며, 단기적 충동보다 장기적 행복에 맞춰 행동하려는 우리의 지성에 의거해 생겨난 제도다. 재산이나 재산을 유지하는 법제도가 가치를 가지는 것은 그런 의미에서다. 자신을 죽이지 않으려면 자신을 소홀히 해서는 안 된다. 그러므로 일상적인 법이나 관습의 정의를 존중하고 양심적으로 추구해야 한다. 아우구스티누스는 독자를 힘들게 한다. 그는 한편으로 "물론 더 현실적인 정의에 따르면, 나중에 생겨난 국가보다 고대의 로마인들이 만든 더 나은 국가가 분명히 있었다"[27]고 주장하는가 하면, 다른 한편으로 "키케로의 대화편에서 스키피오가 제시하는 정의에 걸맞은 로마 국가가 도대체 있었던가?"[28]라며 부정적인 입장을 취하기도 한다. 부정적인 대답은 늘 그렇듯이, 어떤 사회든 참된 유일신의 숭배로부터 멀어지면 모든 사람들을 정당하게 대우하지 못한다는 생각에 기반을 두고 있다. 신을 믿지 않는 공화국은 레스 푸블리카가 아니다. 유일하게 중요한 레스 포풀리는 참된 유일신의 숭배이기 때문에, 악마를 숭배하는 정치체제에는 레스 포풀리가 없으며, 국민의 다수는 참된 포풀루스가 아니다. 그런 견지에서 볼 때 유일하게 참된 포풀루스는 신국의 시민이다. 더 '현실적으로' 보면, 세속의 정의가 불의보다 낫다는 것은 자명한 사실이다.

로마는 세속적이면서도 지나치지 않은 이익을 합리적으로 추구하는 데만 전념하지 않았다. 로마는 세계를 정복했다. 기원전 2세기 중반의 로마 공화정을 정치적 성공의 절정이라고 여겼던 폴리비오스나 키케로와 달리 아우구스티누스는 그 전반적인 기획이 리비도 도미난디, 즉 정복욕의 발로였다고 단호하게 공격한다. 플라톤과 마찬가지로 그는 제국의 야망이 자멸을 초래한 어리석음이라고 보았다. 인간이 합리적인 존재라면 제국을 건설하지 않고 아주 작은 국가를 무수히 건설할 것이다. 아우구스티누스는 그것을 레그나regna, 즉 '왕국'이라고 말하지만 실은 정치제도를 총칭하는 의미다. 작고 무해한 정치체제에서는 자기들끼리 평화롭게 살아갈 수 있으며, 항구적인 평화도 가능하다. 한 도시에 포함된 수많은 가구들이 누구도 남을 지배하지 않으면서 평화롭게 공존할 수 있는 것과 마찬가지다.[29] 이것은 그리스도교 평화주의의 부활이 아니었다. 아우구스티누스는 정당한 전쟁도 있다는 것을 서슴없이 인정하며, 싸워야 할 때 싸우지 않는 것을 심각한 죄라고 본다. 그래도 그것은 좀 놀라운 주장이기는 하다. 고대 그리스 도시국가들의 사례에서 보듯이, 작은 국가가 많이 있다고 해서 반드시 평화로운 공존이 가능한 것은 아니다.

국가, 징벌, 정당한 전쟁

국가의 중요한 특징은 강제력을 행사한다는 점이다. 개인은 호소하고 탄원할 수 있다. 국가는 명령을 발하거나 회수하며, 반항하는 사람에게는 폭력을 사용할 수 있다. 징벌은 두 가지 목적을 가진다. 징벌의 위협은 나쁜 사람들에게 바르게 행동할 동기를 준다. 그들의 의지는 세속적 유인에만 순응할지도 모르지만, 우리는 세속적 형벌을 근거로 비행의 유혹에 빠지지 않을 수 있으며, 그럼으로써 평화를 촉진할 수 있다. 타락 이후 우리는 자유의지가 제한되었으나 아우구스티누스는 적절한 도움을 통해 우리가 더 노골적이고 반사회적인 악을 선택하지 않도록 할 수 있다는 가능성을 과소평가하지 않는다. 정치사회가 존재하는 궁극적 원인은 바로 죄다. 타락이 없었다면 우리는 소박하고 평등하고 공산주의적인 공동체에서 재산도,

법도, 정치권력도 없이 살았을 것이다. 우리의 타락한 본성은 규제를 필요로 한다. 아우구스티누스의 소규모 독신 공동체에서 이루어지는 일상 행동으로 미루어보면, 그는 분명히 질책과 격려를 통해 동료들의 의지를 좋은 방향으로, 악으로부터 먼 방향으로 이끌 수 있다고 믿었다. 『신국』에서 그가 논하는 것도 바로 그것이다.[30] 협박이 통하지 않으면 징벌로 죄인을 개선한다. 아우구스티누스는 죄인의 개선을 바랐기 때문에 사형에는 반대했다. 그는 로마 국가의 잔인함에 겁을 먹지 않았지만, 그가 이해하는 징벌의 목적에 의하면 사형은 완전히 잘못된 것이었다. 징벌을 가하는 것은 교육 과정이어야 한다. 아버지는 아들에게 좋은 습관을 들여 행동을 규제하도록 하기 위해 매질을 가하지만, 목적이 달성되면 더이상의 매질은 필요가 없다. 이와 마찬가지로, 징벌을 성공적으로 부과하는 국가는 죄인이 좋은 행동을 하게끔 훈련시킨다. 좋은 행동이 습관화되면 더이상의 징벌은 필요가 없어진다. 반면 죄인을 죽인다면 그에게서 회개의 가능성을 박탈하는 것이다.[31]

아우구스티누스의 논의는 더 깊이 들어가 죄인과 더불어 법정과 사형집행인도 다룬다. 죄인은 회개의 상태로 이끌어야 하지만, 아우구스티누스는 죄인이 선한 마음 상태로 죽는 게 거의 불가능하다고 본다. 로마식 처형의 잔인함을 고려하면 그럴 가능성이 짙다. 그 논의를 지지하는 다른 사항들도 있다. 로마의 형사 절차에서 피고인은 보통 고문에 처해졌다. 즉 심문관이 솔직한 대답이라고 간주하는 내용을 털어놓을 때까지 고문을 받는 것이다. 또한 구체적 증거도 비슷한 효과를 예상할 수 있었다. 로마 시민이 가장 귀중히 여기는 특권은 자신의 증언으로 인해 고문을 받지 않는다는 것이었다. 아우구스티누스는 누구도 부당하게 유죄판결을 받아서는 안 된다는 입장을 고수했다. 그가 보기에 재판관의 임무는 좋은 시절이라 해도 끔찍한 것이었다. 확실성을 보장할 수 없기 때문에 재판관은 자신이 과연 (세속적) 정의를 집행한 것인지 확신하지 못했다. 아무 죄도 짓지 않은 사람을 매질하거나 사형에 처한다는 것을 생각만 해도 아우구스티누스는 몸을 떨었다. 똑같은 추론이 죄인에게도 적용되었다. 무고한 사람이 죄를 범하지 않았는데도 고문을 받다가 죽을 수도 있다. 혹은 고문의 고통을 피하기 위해 거짓으로 죄를 지었다고 자백할 수도 있다. 무고한 사람을 죽음으로 몰고 가거나 위증하게 하는 것은 엄청난 악이다. 이 악은 재판관의 양심에 호된 채찍질을 가한다. 아우구스티누스는 신체에 가해지는 고문보다 죄가 우리 영혼에 가져오는 충격을 더욱 두려워했다.

이것은 현대 인도주의적 충동의 표현이 아니다. 현대 인도주의의 범위는 아무래도 논쟁의 여지가 있다. 인정하기 싫지만, 우리는 들짐승이 죄인을 찢어 죽이는 것을 즐겨 구경했던 로마인들과 닮은 점이 많다. 아우구스티누스는 신체적 고통에 겁을 먹지 않았다. 그에게 전적으로 낯선 것은 위선이었다. 그는 사형집행인, 군인, 경찰이 존재하는 현실을 두려워하지 않았다. 다른 사람의 목숨을 빼앗음으로써 생계를 이어가려면 분명히 독특한 기질이 필요하다. 하지만 그렇다고 해서 사형집행인이 신의 도구가 아니라고 할 수는 없다. 그 역시 이 슬픔에 찬 현세에 살고 있다. 또한 우리는 비록 더 나은 형편에 있기는 하지만, 죄수를 먹이고 재우는 비용을 용납할 수 없는 사회, 부자만이 벌금을 낼 여유가 있는 사회에서는 신체의 징벌과 사형이 거의 불가피하다는 사실을 무시해서는 안 된다. 폭력적인 빈민은 국가의 폭력에 시달리며, 가난한 도둑과 강도도 마찬가지다. 아우구스티누스의 두려움은 그들의 고통 자체가 아니라 그들이 하지 않은 일 때문에 고통을 겪는다는 점에 있다.

그와 같은 징벌의 관념을 고려하면, 국가가 엄격한 아버지처럼 행동하는 것도 이해할 수 없는 일은 아니다. 국가는 자식이 싫어도 명에 따르도록 강요하는 아버지와 같다. 이런 징벌 관념은 아우구스티누스가 말하는 정당한 전쟁의 전제를 제공한다. 그 바탕에는 국가가 구성원을 징벌하는 권리와 다른 국가를 징벌하는 권리가 유사하다는 논리가 있기는 하지만—현대 세계는 대체로 그런 유사성을 거부한다—그의 견해는 후대에 지대한 영향력을 미쳤다. 이 문제의 가장 낯익은 부분은 실제로 매우 낯익다. 정당방위는 늘 싸움의 정당한 근거가 된다. 누구든 먼저 공격을 받으면 싸움을 마다할 이유가 없다. 정당방위는 항상 타당한 카수스 벨리casus belli(전쟁의 이유)다. 또한 우리가 저항하기 전에 적이 문간에 들이닥칠 때까지 기다릴 필요는 없다. 적의 공격 기도를 사전에 꺾을 수도 있는 것이다. 이 주장은 중세 후기에 정당한 전쟁의 표준적인 근거가 되었으며, 현대의 정책에도 UN 헌장에 정해진 범위 내에서 통용되고 있다. 그보다 덜 통상적인 주장은 정당한 전쟁을 통해 국가가 다른 국가와 국민의 범죄를 징벌한다는 것이다. 언뜻 보면 여기에는 아우구스티누스에게 낯설었을 집단 죄의식의 관념이 있는 듯하다. 또한 무고한 사람이 죽는 것을 대수롭지 않게 여기는 태도가 사형에 반대하는 입장과 어울리지 않는 것으로 보이기도 한다. 국가는 말하자면 세계 평화의 명분으로 행동한다. 현세에서 정의라고 불릴 수 있는 것을 실현하기 위해 어느 정도 적절한 예방책을 취하는 것이다. 아우구스티누스는 과연 그런 권리 혹은 의무를 정하는 인민의 법칙이 있다고 믿었을까?

정당한 전쟁은 각자에게 온당한 몫을 주려는 의도에서 촉발된다. 이 경우 공격자에게는 마땅히 징벌이 따른다. 국가가 정의를 촉진하기 위해 행동해야 한다는 관념은 로마식 관념과 상충하지 않았다. 하지만 그 관념은 아우구스티누스가 로마의 실제 동기라고 여긴 것과 상충했다. 로마에는 카수스 벨리가 없으면 전쟁에 나서지 않는 전통이 있었다. 즉 법에 준하는 정당화가 이뤄져야만 공격에 나선다는 것인데, 이것은 사실 필요한 구실을 만들어내기 위해 상황을 조작하는 전통이나 다름없었다. 아우구스티누스가 세속적 정의의 불충분함을 주장하면서도 '정당한 전쟁'이라고 부를 수밖에 없는 것을 옹호할 때는 분명히 수사적인 어색함이 보인다. 또한 현세에는 진정한 정의가 없다는 것을 강조하면서 동시에 '정의'를 집행하는 기관—예컨대 법정, 경찰, 감옥—에서 우리의 역할을 해야 한다고 주장할 때도 마찬가지로 어색함이 있다. 그러나 아우구스티누스는 어쨌든 신의 도시, 즉 현세에서는 '순례자'로서만 경험할 수 있는 구원받은 자의 사회와 더불어 세속의 도시도 이야기하고 있다. 또한 그는 이 세계가 천상의 도시만큼 정의롭지 않으며, 국가와 개인의 가치를 판단하는 우리의 능력이 제한적이라는 것을 우리에게 매우 적절히 일깨워준다.[32]

아우구스티누스의 입장에는 또 한 가지 묘한 점이 있다. 키케로 같은 선배나 토머스 홉스 같은 냉혹한 후배와 달리 아우구스티누스는 우리가 죄인이라고 믿었다. 키케로는 많은 로마인들이 나쁘게 행동한다고 여겼으나, 그것을 '죄'의 견지에서 논하지는 않았다. 홉스는 확고한 정부가 없을 경우 우리가 서로에게 분노를 유발하고 위해를 가하고 자존심 같은 이유 때문에 나쁘게 행동하는 경우도 많다고 생각했으나, 그래도 원죄의 관념은 단호하게 거부했다. 그러나 아우구스티누스가 보기에 원죄는 우리에게 가장 중대한 현실이다. 구원을 받는 사람도 있고 받지 못하는 사람도 있지만, 우리는 모두 죄인이다. 이것은 정치권력과 정치생활에 대한 사고방식에 명확한 성격을 부여한다. 그렇지 않고 원죄의 교리가 제공한 틀이 부재한다면, 그 사고방식은 어둡고 염세적이고 속되며, 경험적으로만 매우 그럴듯해 보였을 것이다. 정부와 정부에 수반되는 법과 법집행기구가 없으면, 우리는 타인에 의해 강도, 폭행, 살해를 당할지 모른다는 두려움 때문에 나쁘게 행동할 수밖에 없다. 정부가 없고 법이 집행되지 않으면 우리는 당연히 적이 우리를 공격하기 전에 적에게 선제공격을 하고자 하는 유혹에 빠지게 마련이다. 우리는 우리에 대한 적의 두려움이 점점 커지면 적이 선제공격으로 나올 가능성이 커진다는 것을 알고 있다. 그래서 홉스가 등장한다.

원죄의 부재, 이 악순환을 끊는 것은 정부 수립이다. 타인이 법을 두려워한다는 것을 안다면 우리는 타인을 두려워하지 않을 것이다. 타인 역시 우리가 법을 두려워한다는 것을 안다면 우리를 두려워하지 않을 것이다. 우리가 서로에게 위협이 되는 이유는 우리가 서로를 두려워하기 때문이다. 그 두려움이 제거되면 우리는 평화를 유지하고 서로 협력할 수 있다. 아우구스티누스는 이 (홉스식) 논의의 모든 단계를 예상하고 있지만 거기서 멈출 수 없다. 그는 '현실적 의미에서' 로마가 최선을 다해 (일종의) 세속적 정의를 실시했다고 인정하면서 논의를 잠시 중단한다. 하지만 중단은 했어도 거기서 멈추지는 않는다. 이 주장이 시사하듯이 인류가 냉정한 자제력을 갖춘 합리적 존재라면, 우리 역사는 실제보다 훨씬 덜 불행했을 것이다. 우리의 문제는 절도와 폭력을 지향하는 이른바 과잉 욕구 때문에 고통을 겪는다는 것이다. 그것은 바로 원죄에서 비롯되는 악이다. 배를 훔치는 악행을 저지른 소년은 장차 자라서 이웃에게 강도질을 하고 약탈과 명예를 노리고 다른 나라를 침략하는 사람이 될 공산이 크다. 아우구스티누스는 이 죄를 아담에게 사과를 먹게 만든 죄와 동일시한다. 사과는 여기에도 없었고 저기에도 없었다. 다만 사과를 먹게 한 의지만이 있었을 따름이다. 아우구스티누스는 폭력과 약탈을 진압하는 국가를 찬양하지만, 폭력과 약탈을 지향하는 충동이 아직 남아 있다는 것을 우리에게 상기시킨다. 그것은 사라진 게 아니라 억눌려 있을 뿐이다.

그렇다면 아우구스티누스에게 세속도시는 세속적인 것을 사랑하는 사람들의 도시라는 의미가 된다. 그는 세속도시들 중 어떤 도시가 낫고 그곳이 왜 나은지 상세하게 설명할 이유가 없었지만, 다른 도시보다 훨씬 나은 도시가 있다는 것은 분명했다. 평화와 질서가 좋다는 것은 확실하다. 혼란과 전쟁이 나쁘다는 것도 확실하다. 이것은 비교가 거의 불가능하다. 상대적으로 좋은 세속도시는 심층적인 의미에서 정당하지는 않아도 '질서정연'

하다. 이것은 강력한 사상이다. 생각을 우아하게 훔치는 것은 대개 공화주의자의 사고에 더 잘 맞는다. 마키아벨리와 루소가 꿈꾸었던 '질서정연'한 공화국은 키케로가 서술한 공화정의 이상화된 형태였으며, 미국 공화정의 건국자들도 동경했다. 아우구스티누스의 논의는 혼합공화정과 튼튼한 토대를 갖춘 국가의 구체적인 이점을 언급하지 않는다. 아우구스티누스는 어떤 국가든 평화가 유지되고, 합의가 이루어지고, 법이 준수되면 '질서정연' 할 수 있다고 생각한다. 절대군주정이 그것을 구현한다면 무덤 같은 침묵이 있을 뿐이라는 루소의 주장은 아우구스티누스에게 낭만에 찬 허튼소리로 여겨졌을 것이다.

현대의 시각으로 보면 정당한 전쟁, 징벌, 개인과 국가의 관계에 관한 아우구스티누스의 설명에서 한 가지 더 당황스럽고 흥미로운 요소는 개인이 정치를 현재의 권력자에게 맡겨야 한다는 주장이다. 아우구스티누스가 (거의) 모든 상황에서 지배자에게 저항하면 안 된다고 주장하는 근거는 흥미로울 뿐 아니라 위험하기도 하다. 그것은 그 주제에 관해 다른 저자들이 말한 거의 모든 내용과 어긋난다. 홉스는 우리의 생명이 위협을 당하지 않는 한 어떤 상황에서도 우리는 우리의 군주에게 복종해야 하고, 우리의 생명이 위협을 당하는 상황에서는 우리 자신을 구하기 위해 할 수 있는 일을 해야 한다고 말했다. 이것은 로크와 같은 저항의 학설이 아니며, 키케로와 같은 폭군 살해는 더더욱 아니다. 로크는 군주가 권위의 근간을 이루는 계약을 어길 경우 우리가 군주에게 저항할 수 있다고 말한다. 키케로는 폭군을 죄인으로 여기고 죽여야 한다고 본다. 홉스는 완전히 세속적인 견해를 피력했다. 개인이 어떤 지배에 복종할지 자유로이 택한다면 어떤 국가도 생존할 수 없으므로 우리는 우리의 생명이 위험에 처하지 않는 한 우리의 지배자에게 복종해야 한다는 것이다. 아우구스티누스는 그 세속적 논의를 예견하고 있다. 하지만 우리가 결국 죽는 존재라는 사실이 그다지 중요하지 않다는 그의 신념으로 미루어보면, 그는 정당방위의 권리에 의거해 지배자에게 불복할 최후의 권리를 내세우지는 않는다는 것을 알 수 있다. 아우구스티누스는 바울의 주장을 받아들여, 현재의 권력자는 신이 임명했으므로―앞에서 말한 조건을 제외하고―불복종은 곧 신을 모욕하는 것이라고 보았다.

그럼에도 불구하고 이것은 왕의 신성한 권리와 신정국가를 옹호하는 게 아니며, 사제에게 정치권력을 주자는 것도 아니다. 아우구스티누스는 후대의 저자들과 달리 왕이 신의 임명을 받았다든가, 왕의 통치권이 왕에게 고유한 것이라고 주장하지 않는다. 그는 다만 신이 지배자를 창조했고 그 지배자의 권력은 신의 섭리에서 나온 질서의 일부분이므로 그대로 수용해야 한다고 주장할 따름이다. 이 논의는 극단적일 만큼 냉혹하다. 『신국』 4권의 유명한 구절을 보면 그 냉혹성을 알 수 있다. "정의가 부재한다면, 국가란 성공한 대규모 강도 집단과 다를 게 무엇이겠는가?" 아우구스티누스는 강도라 해도 계획을 성사시키기 위해서는 어느 정도 정의의 규칙을 준수해야 한다고 말한다. 강도는 강도질이 나쁘고 부당한 짓이라는 것을 누구보다도 잘 안다. 그들 자신이 강도질을 당하고 싶지 않기 때문이다. 이런 근거에서, 많은 학자들은 아우구스티누스가 키케로를 좇아 진정한 국가란 정의에 기반을 둔다고 주장한다는 추론을 이끌어냈다. 설령 나쁜 의도를 추구한다고 해도 질서와 조화를 얻으려면 정의가 필요하게 마련인데, 하물며 선한 목적을 위해 만들어진 조직이라면 더 말할 것도 없지 않은가?

만약 아우구스티누스가 그 노선으로 나아갔더라면, 설득력은 더 얻었겠지만 독창성과 흥미는 더 떨어졌을 것이다. 실제로 마그나 라트로키니아 magna latrocinia('대규모 강도 집단')에 불과한 국가도 있고, 정의에 기초한 합법적 체제도 있다. 나치 정권이 전자에 속한다면 영국과 미국은 후자에 속한다. 아우구스티누스는 노골적인 짓을 하지 않았다. 그는 알렉산드로스대왕에게 사로잡힌 한 해적의 용감하면서도 무모한 태도를 즐겨 인용했다. 위대한 정복자가 그에게 왜 해적질을 하느냐고 묻자 해적은 자신이 알렉산드로스와 다를 바 없다고 대답했다. 다만 알렉산드로스는 선박을 많이 가진 반면 그는 한 척밖에 없어 형편이 좋지 않았을 뿐이다. 그래서 그는 해적이라는 비난을 받았고 알렉산드로스는 영웅이라는 찬양을 받았다. 아우구스티누스의 견해는 국가의 본성을 마그나 라트로키니아로 보는 편에 가깝다. 하지만 그래도 그는 국가의 보호 아래 이 세속생활의 제한된 선을 추구할 수 있다고 본다.

요컨대 정말 아우구스티누스다운 견해에 따르면, 국가란 과도한 무질서를 수반하지 않으면서 인간의 세속적 열망을 충족시키기 위해 만들어진 조직이다. 그 열망은 늘 무질서로 향하는 경향이 있는데, 아무리 많은 법도 그것을 종식시키지는 못한다. 물론 징벌과 징벌의 위협은 인간의 의지를 올바른 방향으로 이끌 수 있다. 그 이유는 우리가 생명, 자유, 재산을 소중히 여기고 죽음, 감금, 벌금의 위협에 복종하기 때문이다. 일반적으로 말해서 국가는 대규모 강도 집단과 다를 바 없다. 강한 국가는 전쟁을 벌이고 지배욕에 의해 움직인다. 우리보다 현명하고 야망이 작은 생물이라면 수많은 소규모의 자족적인 국가들을 이루었을 것이고, 우리처럼 서로 싸우지도 않았을 것이다. 그러나 비겁한 주교도 성사를 집전할 수는 있다. 우리가 주교의 품성을 따지지 않고 그가 집전하는 성사를 그냥 수용하듯이, 세속의 지배자에게 복종하는 이유는 그가 지배자이기 때문이지 훌륭한 사람이라서가 아니다. 지배자가 순하고 자비로운 사람이라면 우리에게는 행운이다. 하지만 그렇지 않다 해도 우리는 불평하지 못한다. 이런 견해의 결함은 히틀러나 스탈린 같은 미치광이의 학살극을 방지하지 못한다는 점이다. 그저 그들은 결국 파멸하리라는 생각밖에 할 수 없는데, 그들의 희생자들에게는 이런 생각이 거의 위안이 되지 못한다.

아우구스티누스는 사람들이 그에게 바라는 저항을 권장하지도 않지만, 그의 사상에 내재하는 관용과 종교적 자유의 힘을 이용하지도 않는다. 생각해보라. 그가 사형을 혐오하는 근저에는, 가톨릭교회와 그 적—특히 아프리카의 도나투스파—의 투쟁에서 지는 측이 승자의 견해를 받아들이고 사랑과 논증에 의해 원래의 자리로 돌아와야 한다는 그의 소망이 있었다. 개인적 차원에서 그는 결국 도나투스파에 분노하게 될 것이다. 가톨릭 세력을 개종시키고 위축시키기 위해 서슴없이 폭력과 협박을 구사하는 사람들에게 누가 인내심을 발휘하겠는가? 세속정부가 그들을 통제하면서 제국정부에 끊임없이 호소해 유리한 판결을 얻어내고 유죄판결을 거부할 수 있는 권리를 가졌다는 것을 누가 부인하겠는가? 키르쿰켈리온은 더 나빴다. 아우구스티누스가 세속정부에 그들을 탄압하라고 촉구한 것은 당연한 일이다.

아우구스티누스의 반응에서 사적인 부분은 중요하지 않다. 그보다 중요한 것은 따로 있다. 세속도시의 제한된 용도에 관한 아우구스티누스의 설명과, 교회를 포함한 모든 세속 조직의 혼합적 성격에 관해 그가 말한 모든 내용을 연관시켜보면, 자연스럽고 즉각적인 결론이 나온다. 그것은 국가의 과제가 외부를 돌보는 데 있다는 것, 즉 평화를 지키고, 재산을 단속하고, 법정을 만들어 분쟁을 해소하는 것과 같은 유용한 과제를 수행하는 것이라는 생각이다. 심층적인 것, 삶의 의미나 덕의 궁극적 보상 같은 문제는 다른 데서 해결책을 찾아야 한다. 강제는 국가의 자연스럽고 고유한 수단이지만, 무력은 토론이 아니다. 우리는 사람들에게 겁을 주어 우리가 원하는 대로 행동하게 만들 수는 있어도, 그런 식으로 우리가 원하는 것을 자발적으로 믿게 할 수는 없다. 훗날 이것은 프로테스탄트적 관용의 관념을 낳은 토양이 된다. 교회는 공동으로 예배하고 신앙의 문제를 토론하기 위한 자발적인 조직인 반면, 국가는 외부의 문제를 처리하기 위한 강제적이고 비자발적인 조직이다.

아우구스티누스는 아마 이런 결론을 이해하지 못했을 것이다. 그는 그리스도교가 여러 신들의 숭배를 적대시하는 것이 로마 국가에 재앙을 초래할까봐 두려워하던 이교의 전통을 가지고 있었다. 그는 극단적인 강제 조치를 지지하지 않았으며, 특히 사형은 최종적인 조치이기 때문에 반대했다. 그럼에도 불구하고 어떤 사람은 그를 프로테스탄티즘의 아주 먼 창시자라고 간주할지도 모르지만, 그는 종교가 어떤 방식으로든 국가 통제의 '금지 구역'이라고 생각한 적이 없었다. 그것은 별로 놀랄 일이 아니다. 현대적 관용의 관념이 생겨난 것은 무려 1000여 년 뒤의 일이다. 사정이 크게 달라진 이유는 유럽 세계가 16~17세기의 종교전쟁 이후 피폐해졌기 때문이기도 하고, 새로운 원칙을 수용했기 때문이기도 하다. 로마 황제들은 종교 관습을 무의식적으로 보호했는데, 이후 교회는 그 정책의 희생자가 아니라 수혜자가 되었다.

위험하고도 새로운 변화는 강제가 형식적인 계율의 집행에서 더 나아가 이단의 탄압으로 확장되었다는 점이다. 소크라테스에게서나 구약성서에서 신의 분노를 겪은 사람들은 이단으로 비난을 받지 않았다. 신을 모욕하거나 잘못된 신들을 숭배했다는 이유에서 신성모독으로 사형에 처해질 수는 있었으나, 이단의 개념은 그리스도교만의 발명품이었다. 그것이 제기한 위험은 그리스도교도들이 서로 거리낌없이 박해할 수 있도록 허용했다는 점이다. 아우구스티누스는 진실을 받아들이도록 강요당하는 것이 부담이라기보다 은혜라고 여겼다. 신체 형벌이 사랑의 마음에서, 즉 범죄자에게 분별력을 되찾아주려는 의도에서 집행될 수도 있다고 생각하는 사람들은 흔히 그런 견해를 갖고 있다. 그것이 그가 알라리크의 병사들에게 강간을 당한 여성들이 모욕을 겪은 게 아니라고 주장하면서—신체에 닥친 사고는 영혼의 온전함을 해치지 않기 때문이다—신체와 영혼을 명확히 구분했던 것과 일치하는지는 또다른 문제다. 또한 그것이 과거에 그리스어를 배우기보다 차라리 야만적인 매질을 감수하고자 했던 적이 있는 사람의 펜에서 나온 그럴듯한 견해인지도 또다른 문제다. 어쨌든 그것은 그리스도교 정통 신앙의 일부분이 되었다. 그리스도교도에게 억지로 그 정통 신앙을 받아들이게 할 수 있었던 것은 거의 전적으로, "사람들을 억지로라도 데려다가 내 집을 채우도록 하여라"는 그리스도의 가르침 덕분이었다. "누가 뺨을 치거든 다른 뺨마저 돌려대 주라"는 그리스도의 가르침을 그리스도교도들에게 자발적인 군대 복무를 유도하기 위해 은유적이고 초월적인 의미로 곡해했던 아우구스티누스는, 이제 내키지 않아하는 결혼식 하객들의 우화에 나오는 코게레 인트라레cogere intrare('데려다가 채우라')를 곡해해 세속의 지배자들이 왜 정통 신앙을 신민에게 강요하는지 설명하려 했다. 그것은 위험한 유산이었다. 이로써 그리스도교 신민이 이단인지 아닌지를 지배자의 판단에 맡기는 것일 뿐 아니라, 교회가 그리스도교 지배자의 정통 신앙을 감시할 자격을 가지고 이에 대해 지배자가 저항하는 것을 불가피하게 만들기 때문이다.

제2부

그리스도교 세계

제2부 서문

아우구스티누스가 후대의 그리스도교 사상에 미친 영향력을 고려하면, 그의 죽음으로 고전적 정치사상이 끝났다고 단정하기는 무리인 듯싶다. 그보다는, 그와 더불어 그리스도교 정치사상이 출범했다고 보는 편이 낫지 않을까? 여기에 확고한 결론은 없지만, 정치사상사를 바라보는 한 가지 유익한 방법이 있다. 아우구스티누스의 정치 세계는 로마제국이었다. 서방의 경우 제국은 명백히 쇠퇴하는 중이었으며, 수많은 '야만족' 전사들의 침략으로 제국은 점차 해체되고 있었다. 동방에서는 제국이 아직 쇠퇴하지 않았을 뿐 아니라 6세기 황제 유스티니아누스의 치세에는 북아프리카, 이탈리아, 시칠리아, 에스파냐, 달마티아 등 침략자들에게 빼앗긴 영토를 상당 부분 수복했다. 하지만 그것은 오래가지 못했다. 유스티니아누스는 첫 언어로 그리스어가 아닌 라틴어를 사용한 마지막 황제였다. 그의 사후, 그가 정복한 영토도 이내 사라졌다. 아우구스티누스는 서방제국에 시선을 고정했다. 그의 논쟁에서 타깃은, 앞에서 살펴보았듯이 키케로가 생각하는 적법한 공화정이었다. 로마의 제국적 야망이 없었더라면 인류는 작고 수많은 왕국—레그나—들을 이루어 서로 간섭하지 않고 평화롭게 잘 살았으리라는 그의 신랄한 주장을 논외로 친다면, 그가 비판한 것은 로마식 정치관이었다.

　서방제국이 해체된 이후 기나긴 후유증을 겪던 서유럽에서 유일한 통합의 힘은 가톨릭 그리스도교밖에 없었다. 정치적으로 유럽 세계는 수백 년 동안, 현대 세계라면 군벌이라고 불렸을 법한 지도자들이 권력을 장악한 왕국들로 분할된 상태였다. 역설적이지만 국가의 현대적 이미지, 즉 권력이 통합되고, 법을 통해 명령을 집행하고, 권력을 보유하고 휘하 관리들의 도움으로 그 권력을 행사하는 개인이나 집단이 중심 역할을 하는 것을 국가의 본질로 간주하는 태도를 조장한 것은 세속정부보다 교회였다. 또한 제국의 영토와 제국적 국가관을 물려받은 것은 야만족의 왕국이 아니라 교황이었다. 이것은 단지 교황이 제국 관리의 의상과 장신구를 흉내내는 정도가 아니었다(실제로 그런 경우도 있었다). 그보다는 법이 지배하는 정치적 공동체라는 로마의 관념이 중세 유럽으로 전승된 수단이 바로 교회라는 점을 말해주는 것이었다.

　그렇다고 해서 세속적 정치 발전이 중요하지 않았다는 것은 아니다. 1066년 정복자 윌리엄이 영국을 침략한 뒤 자신의 위치를 비교적 순조롭게 굳힐 수 있었던 한 가지 이유는 이미 그곳에 중앙집권적 국가가 존재했기 때문이다. 이 국가는 군사적으로 유능하고, 법과 질서를 집행할 역량을 갖추고, 개인의 권리와 재산을 보장하고, 명확히 근대적인 통치체제를 갖추고 있었다. 왕권은 병사들을 전장으로 이끌 의무를 가졌으나 그 군대는 야만족의 무리가 아니라 봉건적 징집병이었다. 이 무렵에 메로빙거왕조와 카롤링거왕조가 등장했다가 퇴장했다. 800년에는 샤를마뉴가 제위에 올랐고, 962년에는 오토 1세가 제위에 오르면서 신성로마제국의 '진정한' 효시로 간주되는 오토제국이 탄생했다.

아우구스티누스부터 아퀴나스까지 8세기 동안의 정치사상은 분석하기가 대단히 어렵다. 사상가들은 사회를 그리스도교화된 전체로 보았기 때문에, 정치를 자체의 규칙과 목적을 가진 별개의 활동으로 간주하지 않았다. 다양한 현대 사상에서마다 각각 중세의 원천들을 찾아내려 애쓰는 것은 스웨터를 풀어 기다란 색실로 만들려는 것, 혹은 과자를 도로 밀가루 반죽으로 만들려는 것과 같다. 그렇지만 차이는 있다. 인간 본성에 관한 현대적 견해는 중세 초기와 사뭇 다르다. 그 이유는 자명하고도 알기 쉽다. 중세 정치사상이 종교에 의해 만들어졌다면 우리의 정치사상은 세속화를 기반으로 하며, 중세에는 신과 원죄를 믿은 반면 우리는 그렇지 않기 때문이다. 또한 우리는 신과 죄에 관한 견해가 정치, 공공 정책, 정부 구조에 영향을 미치지 않아야 한다고 생각하지만, 중세 조상들의 관점에서는 종교 이외의 어떤 것도 정치적 견해를 구성할 수 없었다.

그것은 진짜 간극이 아니다. 원죄를 믿든 믿지 않든, 정치판은 우리에게 원죄가 충동케 할 만한 행동을 부추긴다는 것은 누구나 알고 있다. 그래서 그저 적을 짓밟는 즐거움 때문에 무의미한 다툼에 빠지고, 자신의 이득을 위해 동료 시민을 착취하고, 악의와 잔인함을 표출하고, 아우구스티누스가 개탄한 리비도 도미난디를 드러내는 것이다. 데이비드 흄David Hume은 종교적 회의론자였고 18세기 계몽주의의 핵심 인물이었지만, "모든 사람을 악한으로 가정해야 한다는 것이 정당한 정치적 공리"[1]라고 주장했다. 또 철저한 무신론자였던 버트런드 러셀은 원죄의 현실에 관한 깊은 신념을 갖지 않은 사람이 학교를 운영해서는 안 된다고 주장했다. 인간의 타락을 말하는 게 아니다. 그의 주장은, 별다른 이유도 없이 불친절하고 부정하며 배신적인 행위를 저지르려는 욕망이 어린이에게도 뿌리깊이 내재해 있으며, 이 섬뜩한 진실을 인정하지 않는 교사는 아이들을 가르치기가 어려우리라는 뜻이다.[2] 지크문트 프로이트는 어린이도 성욕에 시달리며, 관능적 만족에 대한 모호하면서도 매우 절실한 욕구가 태어날 때부터 우리에게 내재해 있다고 주장함으로써 20세기 초의 독자들을 충격에 빠뜨렸다. 러셀과 프로이트는 아우구스티누스의 종교 신앙을 공유하지는 않았으나 인간 본성에 관한 견해는 공유했다. 학자들은 흔히 아우구스티누스가 묘하게 '현대적'이라고 말하지만, 그는 단지 시야가 넓었을 뿐이다. 정치는 어차피 타락한 인간 본성을 다루지 않을 수 없는데, 현대 세계가 나쁘게 행동하고도 무사히 넘어가는 자에게 보상을 제공한다는 것을 감안하면 앞으로 더욱 그럴 것이다.

그보다 더 낯선 것은 본래 인간 본성—신이 인간을 창조할 때 부여한 본성—이란 아담이 창조될 때부터 타락할 때까지의 기간에만 존재했다는 아우구스티누스의 믿음이다. 우리가 특별히 한정하지 않고 보통 인간 본성이라고 말하는 것은 타락 이후의 인간 본성이다. 타락한 인간 본성이 바로 정치가 다뤄야 하는 것이다. 타락의 관념은 우리가 자주 나쁘게 행동한다는 것을 인정할 때보다 더욱 세속 정치의 평가절하를 조장한다. 그 결과 그리스도교가 로마제국에서 공인되고 로마 정부에서 공직을 차지했을 때도, 그리스도교도가 그런 일을 맡아야 하고 그것도 양심적으로 수행해야 한다는 도덕적 의무를 고집하는 어색한 측면이 드러났다.

그리스도교도들은 정치를 불완전하면서도 건설적인 동기가 죄에 물든 파괴적인 동기를 억누르는 영역으로서 진지하게 받아들인다. 하지만 고전적 정치철학자들이나 역사가들과 달리 그리스도교는 정치를 높이 평가하지 않는다. 현세의 삶이 단지 다른 곳에서 보내게 될 삶의 서론에 불과하다면, 정치는 종교보다 하찮아지며, 국가가 우리에게 해줄 수 있는 가장 중요한 일은 우리가 훌륭한 그리스도교도로 살아가도록 돕는 게 된다. 마찬가지로 현대 자유주의도 고전적 애국주의와 대비될 수 있다. 궁극적 가치가

사적 문화 영역과 사적 관계의 가치라면, 정치 영역은 사적 이익을 보호해 주는 면에서만 의의가 있을 뿐이다. 하지만 그리스도교의 정치에 대한 평가절하는 그것으로 끝이 아니다. 아퀴나스가 아리스토텔레스의 『정치학』을 흡수한 이후에는 다시 정치를 (세속적) 인간 조직의 가장 고도한 형태라고 말할 수 있게 되었다. 그럼에도 불구하고 우리가 페레그리니peregrini, 즉 세속의 삶을 통과하는 순례자라는 아우구스티누스의 주장은 정치생활이 가장 고결한 미덕의 삶이라는 아리스토텔레스의 견해와 상충한다. 세속도시는 기껏해야 그리스도교도가 가장 깊이 충성하는 천국 도시의 희미한 그림자에 불과하다. 아우구스티누스는 폴리비오스와 키케로가 찬양한 로마 공화정이 '어느 정도의 미덕'을 드러냈다는 데 동의한다. 그의 생각에 따르면 신은 우리가 진정한 신의 도시를 어떻게 느껴야 하는지 우리에게 보여주려는 의도를 가지고 있다.[3] 초기 교회에서 그리스도교도가 다른 도시의 시민이라는 믿음은 반反율법주의(그리스도교도는 법을 철폐하러 왔기 때문에 국법에 구속되지 않는다는 관념) 혹은 무정부주의(그리스도교 공동체에서 살아야 하며 주변의 정치 세계에 신경쓸 필요가 없다는 관념)에 가까웠다. 종교개혁 시기에 초기 교회의 순수성을 회복하려는 경향도 비슷한 결과를 낳았다.

하지만 그 무렵, 지금 우리가 소유한 고대 세계 문학과 철학의 상당 부분이 복원되었다. 고전적 도시국가가 중세 이탈리아의 여러 공화국으로 부활하면서 전성기에 달했다가 쇠퇴했다. 북유럽에서는 관료제가 지배하는 근대적 군주국이 등장하고 있었다. 이 과정을 지연시킨 것은 신성로마제국의 영토 내에서는 종교 분쟁이었고, 프랑스에서는 백년전쟁과 종교 분쟁의 후유증이었고, 영국에서는 왕가들 간에 벌어진 장미전쟁이었다. 그러나 변화의 방향은 명확했다. 새로운 군주 체제가 절대주의를 취해야 하는지, 혹은 가톨릭이어야 하는지 프로테스탄트여야 하는지는 오로지 지역별로 힘의

균형에 의해 결정될 터였다. 그것이 미래의 국가 형태였고 다른 모든 것은
주변적일 뿐이었다.

제6장
아우구스티누스부터 아퀴나스까지

중세 정치이론은 존재했는가?

이 장은 종교, 특히 그리스도교가 정치에 관한 관념에 미친 영향을 주제로 하는 네 개의 장 가운데 하나다. 이웃한 장들과 달리 지금 이 장은 개별 사상가들보다 세속 당국과 종교 당국을 부심케 한 문제들에 초점을 맞춘다. 이를테면 지배자의 권위와 신민의 의무, 법과 재산, 노예제의 중세적 관념, 교회와 국가의 관계 등이다. 끝부분에는 여러 학자들이 정치사상의 명백한 부활이라고 간주한, 1159년에 간행된 솔즈베리의 존John of Salisbury 의 저서 『정치가들Policraticus』을 다룬 짧은 종결부가 있다. 정치사상의 부활을 언급한다는 것은 곧 중세 정치사상이라는 게 과연 있었느냐는 의심을 내포하고 있다. 그런 게 있었다는 것을 부인하는 저자들도 있다. 있었다고 해도 그 전과 후의 정치사상이 서로 달랐다는 데는 모든 학자들이 동의한다. 단순히 용어상의 문제가 아니다. 그리스인들은 공화정이 붕괴할 때까지의 로마인들처럼 도시국가—엄밀히 말하면 폴레이스poleis—의 정치를 논했다. 그 시민들은 현대적 의미의 개별 인권을 주장하지는 못했으나, 도시와 국가의 정치에 참여할 권리와 자신들의 삶에 통용되는 법을 만들 권리를 가졌다는 것을 명확히 알고 있었다. 군주정, 귀족정, 민주정의 장점과 참주정, 과두정, 폭민정의 위험에 관해 논의할 여지가 있었으며, 실제로 그런 논의가 불가피했다.

기원전 27년에 성립된 카이사르 아우구스투스의 원수정 이후 로마 공화정이 제정으로 대체된 것은 지적으로나 교리적으로나 그 분야를 지배하는 중요한 정치적 모델을 남겼다. 그것은 바로 군주정이었다. 게다가 로마제국은 앞선 헬레니즘 시대의 군주정들과 마찬가지로 페르시아의 관습을 좇아 지배자를 신에 준하는 존재로 만들었다. 4세기 이후 콘스탄티누스를 계승한 그리스도교 황제들은 이교 선배들처럼 스스로를 신격화하지는 않았어도 그에 버금갈 정도로 처신했다. 서방 교회는 그 관습을 저지하려 하지 않았으며, 오히려 교황은 로마제국의 왕좌, 왕관, 복식을 모방했다. 이윽고 교황의 성사와 빈민 구제를 돕는 조수였던 추기경들이 로마 원로원을 모방한 추기경단을 구성했다. 반면 동방제국에서는 세속적 권위와 영적 권위가 황제에게로 통합되었다. 황제는 콘스탄티노플 총대주교를 임명하는 확고부동한 권리를 가졌다. 서방에는 원래 교황을 임명하는 방식이 확정되어 있지 않았다. 그러다가 1059년에 개혁에 나선 교황청은 추기경단이 교황을 선출하는 방식이 유일하게 적법하다고 주장했다. 교황청이라는 하나의 초국적 기관과 많은 왕국들이 병존하는 상황은 고전적 선례가 전혀 없는 의문을 제기했다. 그것은 바로 세속적 권력과 영적 권력의 관계였다. 왕이 주교를 임명해야 하는가? 교황이 왕을 임명해야 하는가? 적어도 그 임명을 축복해야 하는가?

지적 자원의 면에서 사상가들은 여전히 고전 철학에 의존했다. 12세기까지 그들은 플라톤과 아리스토텔레스의 정치 저작을 직접 읽지 못하고 간접적으로 접한 게 고작이었다. 그 결과 현대 서유럽과 유럽인 이주 지역의 정치제도가 유럽 중세에 뿌리를 두게 되었지만, 우리는 그리스와 로마에서 그것을 차용했다고 생각한다. 현대 대의정치의 뿌리는 중세의 법 집행과 군대 충원 제도에 있다. 이것을 흔히 봉건제라고 말하며, 이는 선사시대의 더 오랜 부족 조직 형태에 기원을 두고 있다. 하지만 우리는 그리스 민주주의와 로마 공화주의의 언어를 통해 그것들을 말한다. 우리가 아는 대의정치는 중세에 지역과 집단의 대표를 선출하면서 시작되었다. 지금도 우리는 지리적 선거구를 통해 입법부를 선출한다. 하지만 이제 우리는 개별 시민권의 견지에서 대의제를 바라본다. 영국 의회정치는 '왕과 추밀원'의 군주정제도로부터 진화한 반면, 미국은 영국식 대의제를 사뭇 다른 전통에서 형성된 틀에 결합시켰다. 그 전통은 키케로의 이념에 기반을 둔 공화정인데, 아마 리키아 동맹의 사례에서도 부분적으로 영향을 받았을 것이다. 여기서 명백한 역설이 나온다. 고전 사상은 비록 다른 곳에 기원을 두었다 해도 중세의 제도와 관습에 지대한 영향을 미쳤다는 것이다. 폴리비오스의 혼합정부론은 왕이 귀족 회의의 자문을 받아 통치하고 '평민'을 대표하는 기구로부터 과세의 동의를 구해야 한다는 중세적 관념과 쉽게 부합한다. 그리스인들은 기원전 4~3세기에 여러 가지 동맹에서 상호 방위를 위해 대의제도를 시행했으며, 리키아 동맹은 오랜 기간 제 역할을 했다. 만약 그럴 수 있는 기회만 있다면, 기원전 4세기의 아테네인이나 기원전 2세기의 로마인은 기원후 10세기의 앵글로색슨인에게 그리스와 로마의 시민권 개념을 설명할 수도 있을 것이다.

중세의 권력 개념

 중세 정치사상을 다루는 일부 저자들은 권력의 상향이론과 하향이론을 확실히 구분한다.[1] 상향이론은 정치권력을 개인이나 집단 혹은 전체 '국민'이 지배자에게 부여한 것으로 간주한다. 반면 하향이론은 권력을 지배자가 타고난 것, 혹은 신과 같은 더 높은 존재로부터 받은 것으로 간주한다. 하향이론이 군주정에 더 적합하며, 신이 왕중왕으로 간주되는 세계에도 더 잘 맞는다. 하지만 중세 초기 유럽의 봉건제는 상향의 개념과 하향의 개념을 영주와 가신의 계약관계로 결합했다. 공화제는 권력의 상향 모델을 잘 보여주는 사례가 된다. 그러나 절대권력을 대대적으로 옹호하는 입장이라 해도 원칙적으로는 그 권력을 국민이 (영구적으로) 양도한 권력으로부터 끌어낼 수 있다. 유스티니아누스 황제가 6세기 초에 바로 그렇게 했다. 시민이 절대권력을 일정 기간 동안 지도자에게 양도하는 상황을 상상하는 데는 아무 무리가 없지만, 그럴 경우 그 양도의 취소 가능성에 관한 까다로운 문제가 제기된다.

 476년 서방로마제국의 마지막 황제인 열여섯 살의 로물루스 아우구스툴루스가 폐위된 때부터 제2차세계대전이 끝날 때까지, 유럽에서 가장 흔한 정부 형태는 1인 지배 체제였다. 지배자가 왕이든, 공작이든, 백작이든, 주교든, 교황이든 1인이 지배하는 것은 똑같았다. 물론 다른 체제도 있었다. 이탈리아와 아드리아해 일대의 도시국가들은 키케로가 좋아했음직한 공화정을 취했다. 아테네식 민주주의를 실시한 나라는 없었고 일부 비슷한 나라가 있었다. 대다수는 귀족 가문이 다스렸는데, 이들은 통치권을 국민에게서 조건부로 받은 게 아니라 상속으로 획득했다고 생각했다. 또한 많은 사람들이 왕이나 교황 같은 대군주의 덕택으로 살아갔다. 정치 단위는 대부분 작았지만, 800년에 교황 레오 3세는 768년부터 프랑크족의 왕이었던 샤를마뉴를 로마인들의 황제로 임명했다. 이 신성로마제국의 첫 형태는 단명했다. 962년 독일의 오토가 제위에 오르면서, 볼테르의 조롱에 따르면 '신성하지도 않고, 로마도 아니고, 제국도 아닌' 나라의 연속적인 역사가 시작되었다. 그 근거지는 독일이었으나 황제의 지위는 선출직이었다. 지리적으로 독일에는 군주-주교국에서부터 왕국, 자유도시에 이르기까지 다양한 정치적 실체들이 존재했다. 이것들은 19세기에 독일이 강제로 프로이센에 통합될 때에야 비로소 최종적으로 사라졌다.

유럽 전역의 대학, 길드, 코뮌 등 부수 기관들은 대략 10세기 이후부터 다양한 자치 형태를 갖췄다. 이 기관들이 정치적으로 특이하지는 않았다. 그러나 그것들의 자치권이 흔히 상위 권력의 시혜나 양보로 합리화되는 것에서 하향식 권력 개념의 장점을 볼 수 있다. 파도바의 마르실리우스는 14세기에야 비로소 지배자가 신민의 동의에 의해 지배한다는 학설을 명확히 정식화했다. 심지어 그는 사람들이 현명하고 훌륭한 한 사람을 발탁해 통치를 맡겨야 한다고 주장했다. 권력이 신에게서 교황과 왕에게로 내려오고, 다시 그들의 종자들, 또 그 아래로 이어진다는 하향이론은 중세 지배자와 그리스도교 세계관에 적합했다. 그리스도교 세계관은 정치적인 의미를 초월한 위계적이고 교회정치적인 권력 개념에 바탕을 두었다. 모든 권력은 신에게서 오며, 신에 의해 정해진다. 그리스도는 특별한 '왕'이었다. 그는 아테네식 통치 위원회에서 하루 임기로 발탁된 의장이 아니라 '왕'이었다.[2]

284년 아드리아 동해안 출신으로 처음 황제가 된 디오클레티아누스는 그리스도교와 거리가 먼 황제 숭배의 신앙을 확립하고 그리스도교 신민들을 탄압했다. 그러나 콘스탄티누스가 그리스도교로 개종하고 324년에 그리스도교를 제국의 종교로 삼은 이후에는 황제의 신격화가 불가능해졌다. 그럼에도 불구하고 콘스탄티누스와 그의 후계자들은 황제 숭배의 부활을 제외하고 모든 면에서 자기 마음대로 행동했다. 나중에는 콘스탄티노플 황궁에서 정교한 무대장치를 이용해 방문객들에게 초인적 존재를 영접하는 듯한 인상을 연출하기도 했다. 황제는 데이 그라티아dei gratia, 즉 신의 은총을 받은 지배자였다. 비잔티움제국이 서방에 미친 영향은 크지 않았지만 콘스탄티노플에 근거지를 둔 제국은 스스로를 룸Rhum이라고 불렀으며, (유일한) 로마제국으로 자처했다. 1050년경에는 비잔티움이 이탈리아를 침공하리라는 전망이 희미하게 감돌았다. 당시 시칠리아를 차지하고 있었던 비잔티움이 이제 이탈리아의 나머지마저 점령하려는 것이었다. 시칠리아는 8~10세기에 아라비아의 정복으로 빼앗겼으나 이후에도 비잔티움은 남부의 몇 개 고립된 지역을 장악했다. 유스티니아누스는 6세기에 이탈리아를 고트족에게서 탈환했으므로 그의 후계자들도 그렇게 하지 못하리라는 법은 없었다. 하지만 이탈리아의 대부분은 유스티니아누스가 죽고 몇 년 뒤에 롬바르드족의 침공으로 함락되었고, 두 로마제국은 점점 멀어졌다. 비잔티움제국은 그리스어를 사용했고 서방의 링구아 프랑카lingua franca(원래는 '프랑크어'라는 뜻인데, 점차 '공용어'를 가리키는 의미로 바뀌었다—옮긴이)는 라틴어였다. 새 로마는 그리스식이었고 서유럽에게는 점점 낯설어졌다.

  샤를마뉴가 로마 황제로서 대관식을 치른 800년 크리스마스 이후 서유럽은 로마의 상속자로 자처했다. 비잔티움제국은 슬라브족과 이슬람 세력의 공략으로 서서히 무너지고 있었기 때문에 세계 제국 로마의 상속자라고 자처할 근거도 점차 약해졌다. 더욱이 성사나 교리의 측면에서 동방 교회는 서방 가톨릭교회와 점점 멀어졌고 그 영향력도 더욱 약해졌다. 교리상의 차이는 때에 따라 중요하기도 했고 사소하기도 했다. 예를 들어 서방의 그리스도교는 확고한 삼위일체론을 취한 반면 그리스 그리스도교는 성령을 제3의 '위격位格'으로 간주하지 않았다. 두 교회는 교회정치의 주요 쟁점들에 대한 대응도 크게 달랐다. 이를테면 최종 권력이 교회에 있는가 국가에 있는가, 신민과 지배자의 의무는 무엇인가, 세속 당국과 종교 당국 간에 과제는 어떻게 분배되는가 등의 쟁점들이다. 로마가톨릭교회와 그리스 정교회의 마지막 불화는 1054년에 이르러서야 발생했지만, 그 전에 이미 성인의 조각상과 성화의 숭배, 그리고 총대주교에 대한 교황의 권력 행사 혹은 그 반대 방향의 권력 행사를 놓고 벌어진 갈등은 불화를 예고하고 있었다. 오늘날에도 그 불화는 해소되지 않았지만 1054년의 파문과 저주는 취소되었다.

정치적으로, 동방 황제가 콘스탄티노플 총대주교를 임명하는 관행은 로마 교황이 반드시 피하고자 하는 것이었다. 비잔티움 황제가 최고 권력을 가졌다는 것은 의심할 나위가 없었다. 콘스탄티노플 총대주교는 황제의 임명을 받는 처지였다. 서방에서는 사실상 독일 왕들—나중에는 프랑스 왕들—이 교황을 임명하거나 폐위하는 시기가 있었지만, 그것은 비정상적인 현상이었다. 왕권은 명령이 아니라 무력에 의해 행사되었다. 실제로 14세기에 프랑스 왕국은 무력을 이용해 교황청을 감독하기 쉽도록 아비뇽으로 옮기기도 했다. 교황의 목적은 늘 정치적 행동의 자유를 보존하는 데 있었다. 여기에는 서방 왕국들이 수가 많고, 대체로 규모가 작고, 지배자들이 교황보다 가난하다는 사실이 큰 도움이 되었다. 비잔티움이 모든 권력을 한 사람의 수중에 통합한 것은 서방이 보기에 좋지도 않았고 가능하지도 않았다. 게다가 콘스탄티노플 총대주교는 모든 가톨릭교회에 권력을 행사하는 교황과 달리 모든 정교회에 권력을 행사하지는 못했다. 로마의 시선으로 보면 총대주교는 자기 교회의 주인이라기보다 황제의 하인이나 다름없었다.

수동적 복종과 정치적 의무: 누가 판단하는가?

정치권력에 대한 그리스도교의 견해는 바울이 『로마서』에서 선언한 것에 근거한다. "모든 권위는 다 하느님께서 세워주신 것"이다. 정치권력에 복종하는 것은 양심 자체를 위해서도, 또 지옥 불에 대한 두려움 때문에도 필요하다. 물론 이 고압적인 명령으로 모든 의문이 풀리는 것은 아니다. 여기에 없는 것은 신의 보편적 세계정부와 어느 특정한 군주가 가진 통치권의 관계. 아우구스티누스가 보기에 정부는 인간의 타락한 본성 때문에 필요해졌다. 정부는 인간의 세속적 욕망을 다스린다. 그 욕망을 이용해 세속적 형벌로 위협하거나 세속적 보상을 약속하는 것이다. 정부의 형태와 인력의 지역적 편차는 더 큰 쟁점에 비하면 중요하지 않다. 고전 철학은 자급자족을 중대한 미덕으로 여겼으므로 자급자족을 기반으로 하는 폴리스를 가장 완벽한 제도라고 보았다. 그리스도교도들은 인간이 지상에서 결코 자급자족할 수 없고 오직 신의 왕국에서만 참된 평화와 정의를 찾을 수 있다고 생각했다. 여기서 우리는 그저 현존하는 권력에 복종할 수밖에 없다.[3] 어떻게 특정한 지배자가 등장하게 되었는지는 중요하지 않다. 로마제국의 속주민들은 그 대답에 만족했을지 모르지만, 서유럽의 새 왕과 지배자들이 거느린 더 힘센 신민들에게는 그 대답이 만족스럽지 않았다. 그들 중 누구라도 현재 왕좌에 있는 자보다 자신이 더 왕의 자격을 갖추었다고 생각하면 그것을 증명하기 위해 반란을 일으킬 수 있었다.

모든 권위는 다 하느님께서 세워주신 것이다. 그렇다면 우리는 지배자에게 징벌의 두려움 때문만이 아니라 양심상으로도 복종해야 한다. 비난은 커다란 불충이다. 왕은 신의 부섭정副攝政이며, 왕의 직책은 신이 정한 것이다. 설령 지금의 왕이 이교도이거나 이단이라 해도 당연히 그에게 복종해야 한다. 그런 입장이 정치 영역에 반영된 게 아우구스티누스의 주장이다. 그는 종교활동에서 우리는 성무와 성사를 존중하면 될 뿐 어떤 사람이 그 일을 담당하는지에 관해서는 신경쓰지 않는다고 말했다.[4] 하지만 그 주장은 현직 지배자가 과연 권리에 의해 지배하느냐 하는 문제에는 답하지 못했다. 왕들 가운데는 폭군도 있었고, 전임자를 살해하고 왕좌에 오른 왕도 있었다. 비잔티움 황제들은 친척을 죽이고 즉위하는 일이 다반사였다. 황제의 직위는 신이 정한 것이지만, 그렇다고 해서 그 점이 현재의 왕에게 어디까지 복종해야 옳은지의 문제에 답을 주지는 못했다. 우리가 불복종에 나서야 하는 지점은 분명히 어딘가 있었다. 16세기까지 전승된 전통적 견해에 따르면, 지배자가 신민에게 그리스도를 부인하라고 명했다고 해도 신민은 따를 필요가 없었다. 그 이외에는 지배자에게 복종해야 했다. 하지만 따르지 않을 수 있다고 해서 적법한 지배자를 타도할 수 있는 적극적 권리를 가진 것은 아니었다. 수동적 복종과 짝을 이루는 것은 수동적 불복종이었다. 그에 필요한 순교를 얼마나 감수할지는 로마제국에서의 박해가 끝난 뒤에도 논쟁거리가 되었다. 엄격주의자들은 순교를 선뜻 포용하는 게 모든 그리스도교도의 의무라고 생각했지만, 반대파는 그럴 수 없다고 생각했다. 신은 우리의 입술에 있는 것보다 우리의 마음에 있는 것을 살필 것이다. 설령 말로 그리스도를 부인한다 해도 우리 마음속에는 그리스도에 대한 충절이 남아 있다. 아우구스티누스는 순교와 이교도의 자살을 구분하고 후자를 개탄했다.[5] 로마 당국은 실제로 그리스도교 신민들이 선뜻 순교할 자세가 되어 있다고 생각한 듯하다.[6]

그리스도교에 대한 직접적 공격이 복종의 의무를 파기하면서도 반란을 허용하지는 않는다면, 참된 신앙을 공격하지 않는 왕들에게 우리가 어떤 의무를 가지는지가 쟁점이 된다. 신이 그들 모두를 임명하는지, 아니면 적법한 수단으로 왕좌를 획득한 왕들만 임명하는지는 명확하지 않았다. 혹은 석법한 혈통이 문제가 되지 않는 곳이 어디인지, 신이 선한 목적으로 통치하는 사람만 임명하는지, 자신과 부하들의 이익을 위해 통치하는 사람은 배제하는지도 명확하지 않았다. 만약 지배자가 본래 하도록 되어 있는 일을 하느냐가 중요한 문제라면, 무법적으로 통치하면서 백성들을 살해하고 그들의 아내들을 유혹하고 그들의 재산을 훔치는 폭군은 정부의 목적에 전혀 기여하지 못하므로 우리는 그가 신의 명령을 상실했다는 결론을 내릴 수 있다.[7] 이것은 까다롭기로 유명한 문제를 낳는다. 지배자가 신의 보증을 잃은 것을 누가 판단하는가? 신민에게서 지배자에 대한 복종을 해제해줄 권리를 누가 가지고 있는가? 당연히 교황은 이단이나 도덕적 타락을 이유로 자신이 왕의 신민에게서 충성을 면제해줄 수 있으며, 자신이 왕을 파문할 경우 신민의 복종 의무도 사라진다고 주장했다. 영국 왕 존은 13세기 초에 교황의 금지 명령이 얼마나 강력한지 깨달았다. 반면 교황에게 반항해도 괜찮다는 것을 깨달은 사람들도 있었다. 16세기 종교개혁 이후 영국 교회는 프로테스탄트가 되었다. 1570년에 교황은 엘리자베스 여왕을 이단으로 몰아 폐위시켰다. 여왕은 끄떡도 없었다. 오히려 그로 인해 영국은 가톨릭 교회의 정치 간섭을 더욱 혐오하게 되었다. 1688~89년 혁명 이후 영국 군주의 대관식 선서에는 교황이 군주를 이단으로 몰아 폐위시킬 수 있는 '빌어먹을 교리'를 '이단과 불경'으로 비난하는 대목이 포함되었다.[8]

폭군에 대한 초헌법적 방어는 폭군 살해, 정치적 살해다. 폭군 살해가 고결한 행위라는 고전 로마의 견해는 수동적 복종을 믿는 사람에게는 받아들여지지 않았다. 어쨌든 폭군 살해는 우리가 특별한 경우 지배자의 권위를 부인하지 않으면서, 나아가 지배자의 정통성도 부인하지 않으면서 지배자의 명령에 저항할 수 있느냐는 문제에 답하지 못한다. 우리는 왕이 신민에게 특별한 종교 신앙을 받아들이도록 명령할 권리가 없다고 생각한다. 신민들은 종교 분야에서 왕의 명령을 최대한 거역할 수 있다. 그러면서도 신민들은 왕을 폭군으로 몰아 살해할 권리가 있다고 여기지는 않으며, 왕이 월권 행위를 하는 경우가 아니라면 왕에게 거역할 권리가 없다고 생각한다. 만약 연방정부가 우리에게 일요일마다 영국성공회에 가라고 명령한다면 우리는 그 명령이 위헌이든 아니든 상관없이 그냥 무시해도 된다. 하지만 세금을 납부하는 일부터 교통 규칙을 준수하는 일까지, 우리는 반드시 세심하게 따라야 한다. 1944년 히틀러를 암살하려는 계획을 꾸몄던 사람들은 국가수반을 죽일 의도였기 때문에 독일의 통상적인 법 따위에는 복종할 필요가 없었다. 폭군이 아닌 지배자는 특정한 분야에서 월권행위를 하면서도 더 일반적인 범위에서는 폭군이 되지 않을 수 있다. 우리는 좋은 목적에 기여하는 범위 내에서 나쁜 정부와도 협력해야 한다. 또한 폭군 살해를 옹호한다고 해도, 왕이 지배권을 상실했을 때 과연 어떤 세속 법정이 권위 있게 나설 수 있는지는 알 수 없다. 대다수 중세 저술가들에게 한 가지 명백한 사실은 개개인이 스스로 판단하면 안 된다는 것이었다. 17세기 후반, 달리 선택의 여지가 없었다는 로크의 주장은 그런 전통과의 진정한 결별이었다.[9]

"누가 판단하는가?" 이 문제는 지속적인 쟁점들을 낳았다. 만약 왕이 평신도기구를 책임진다면 우리는 누가 그것을 구성하는지 결정해야 한다. 그리고 기구의 견해와 왕의 견해가 충돌하는 일도 틀림없이 발생할 텐데, 그 경우 어떻게 할 것인지도 판단해야 한다. 그런 기구의 가능성은 로마 역사에서 전례를 찾아볼 수 있는 추론이었다. 집정관은 원로원의 동의가 있어야만 행동할 수 있었으며, 원로원도 마찬가지였다. 후대의 사례들은 더 많다. 게르만족은 군사 지도자를 선출했고 무능할 경우에는 해임했다. 전쟁에서 지휘관의 리더십을 가진 사람들은 자신의 군사적 능력과 리더십의 여러 측면을 판단할 권리를 가지고 있었다. 봉건적 토지 소유관계가 확립된 뒤에는 지배자의 권력 행사에 시한이 있고 동의가 필요하다는 관념이 뿌리를 내렸다. 소작인은 충성을 맹세하고 군대 복무를 하는 대가로 자신의 토지를 안전하게 점유하고 영주로부터 공평한 정의를 누렸다. 이 위계의 정점에는 왕이 있었다. 왕의 행동은 봉건 왕국의 지도적 인물들에 의해 평가를 받았을 것이다. 왕이 그들의 평가를 수용하지 않겠다고 거부할 경우, 어떻게 내전으로 돌입하지 않고서 그들의 견해를 강요했는지는 밝혀지지 않왔다. 아마 왕이 거느린 고위직 소작인들―예를 들면 1215년 존 왕에게서 대헌장을 얻어낸 영국의 '귀족들'―이 최후의 방편으로 왕을 폐위하고 신민들에게서 충성을 면제했을 것이다. 하지만 그 결말에는 모두가 겁을 먹었다. 자칫하면 반란을 유발할 수 있었고 세상이 무정부 상태에 빠질 수 있었기 때문이다. 그럼에도 불구하고 14세기 말에 이르면, 왕만이 아니라 교황도 휘하에서 조언과 동의를 해주는 사람들에 의해 평가될 수 있다는 관념이 싹텄다. 특히 교황이 공의회에 책임을 지기를 바라는 사상가들이 그런 관념을 옹호했다. 기구에 대한 책임성은 로마의 선례가 있듯이 하나의 제도에만 통용되는 관념이 아니었다.

교황과 왕

왕의 정통성을 평가하는 과제를 담당한 것은 봉건귀족만이 아니었다. 세속 지배자가 악함을 이유로 폐위될 경우 교회가 확실한 역할을 맡았다. 복음서들은 그리스도가 베드로에게 '매고 푸는 힘'(절대권력을 가리킨다―옮긴이)을 내주었다고 암시했다. 즉 그가 무엇이든지 땅에서 매면 하늘에도 매여 있을 것이며 땅에서 풀면 하늘에도 풀려 있을 것이다.[10] 이는 왕이나 세속 당국의 현실적 능력은 아니더라도 도덕적 적합성을 결정하는 것이 바로 교회임을 나타낸다. 아우구스티누스는 주교에게 군주를 훈계하는 일을 맡겼으나 왕의 직책에서 물러나게 하기를 바라지는 않았다. 그는 테오도시우스 황제가 밀라노에서 암브로시우스의 바실리카에 들어가기 전에 고해하고 회개했다는 암브로시우스의 유명한 주장을 논할 때도, 암브로시우스의 권위보다 테오도시우스의 선한 마음을 더 강조한다.[11] 논의를 위험한 극단으로 밀어붙이기란 쉬운 법이다. 신이 어떤 조건에서 현존 권력을 임명하는

지, 또 어떤 조건에서 복종이 중단되는지 아는 사람이 있다면 그 사람은 틀림없이 교회의 권위자일 것이다. 암묵적으로 이것은 교황에게 라티오네 페카티ratione peccati(죄로 인해)를 구실로 왕을 해임하는 권한을 부여했으며, 교황은 당연히 그 권한을 내세웠다. 교황의 관점에서 볼 때 그에 따르는 위험은 있었다. 모든 권력은 신에게서 나온다는 생각이 반대 방향으로 생각할 가능성도 열어주기 때문이다. 그리스도는 왕이자 사제였다. 왕이 대관식에서 머리에 기름을 붓는 것은 권력의 기원이 신에게 있음을 상징했다. 왕이 신의 임명을 받는다면, 왕이 소유한 권력도 교회와 관련이 있다는 뜻이다. 교황이 라티오네 페카티로 왕을 폐위시킬 수 있다면, 왕도 역시 교황이 교회법을 위반하거나 교회를 잘못 관리할 경우 그 책임을 물어 교황을 폐위시킬 수 있다. 왕과 교황이 세속기관과 종교기관에 두루 미치는 권력을 가졌다면, 주교가 휘하 성직자에게 행사하는 권력, 교황이 휘하 주교에게 행사하는 권력의 원천과 범위를 놓고 갈등이 일어날 가능성이 충분하다. 주교구는 지리적 실체다. 오늘날의 정부들이 흔히 그렇듯이 지배자는 교회의 세속기구를 자신의 권력 아래 있는 것으로 간주했다. 교리상으로 지배하지는 않을지라도 실제로는 교회를 지배했다. 그러나 재산을 소유한 기관으로서의 교회는 또다른 문제였다.

평화롭고 합법적인 수단으로 개인을 해임할 수 있는 법적 장치를 만든다는 구상은 몇 세기 동안이나 무시되었으며, 오늘날에도 지배자가 폭력과 뇌물로 자신의 지위를 유지하고 총부리 앞에서만 강제로 물러나는 지역에서는 이런 생각이 여전히 무시되고 있다. 교황들과 왕들은 대부분 부정하거나 무능한 인물이었고 때로는 둘 다인 경우도 많았다. 또한 많은 왕들과 일부 교황들은 공정하거나 부정한 수단으로 쫓겨났다. 하지만 온당한 절차를 밟는 경우는 별로 없었는데, 이미 법적으로 중요한 이유 때문에 권력을 상실한 뒤였기 때문이다. 한 개인에게 법적인 책임을 물을 때는 보통 업무

수행을 비난하기보다 직책의 획득을 비난했다. 특히 전자가 후자를 어느 정도 설명해주는 경우가 아니라면 말할 것도 없었다. 그 측면에서 교황이 매우 특별한 어려움을 제기한 것도 놀라운 일이 아니다. 교황이 가진 절대적이고 무제한적인 권위의 이미지는 폐위의 법적 과정조차 금지하는 듯했고 심지어 사임조차 금지하는 듯했다. 교황의 권력에 관한 이론에 따르면 모든 교황은 그리스도에게서 직접 권력을 받았다. 교황은 베드로의 계승자였으며, 베드로 이전에는 교황이 없었다. 교황은 모두 절대적인 존재였다. 어떤 교황도 후계자를 구속할 수 없었으며, 한 교황이 내준 허가는 다른 교황에게 통용되지 않았다. 교황으로 선출될 때 교황은 베드로의 플레니투도 포테스타티스plenitudo potestatis, 즉 그리스도가 부여한 매고 푸는 힘을 받았다. 하지만 세속 귀족들은 추기경단과 달리 왕이 내준 허가가 후임 왕들을 구속하지 않는다는 생각을 거부했다. 그들은 절대군주정보다 법치에 관심이 있었다. 추기경들은 교황이 될 수 있는 신분이었으므로 동기가 달랐다.

자연법과 관습법

중세 법의 역사는 가볍게 접할 수 없는 방대하고 매력적인 주제다. 그런 만큼 여기서는 제대로 다룰 수 없다. 부족적 관습과 게르만족 왕들의 칙령에서부터 법이 진화되는 과정, 11세기에 발견된 유스티니아누스의 성과, 11세기 볼로냐에서 시작된 교회법과 민법의 법률가들을 육성하는 기관의 설립, 이런 사실들을 여기서는 전부 그냥 넘어가야 한다. 하지만 회피할 수 없는 한 가지 과제가 있다. 그것은 그리스도교 사상이 법과 법적 권위에 관한 논의에 미친 영향이다. 성서의 신이든 다른 신이든, 신이 입법자인 것은 확실하다. 하지만 타락의 교리는 신의 법, 자연법, 관습법 등 온갖 형태의 법과 우리의 관계에 관해 명백한 문제를 제기한다. 타락한 인간이 과연 법이 무엇인지 알 수 있는지도 명확하지 않으며, 알 수 있다 해도 법의 요건을 피하는 방법을 찾지 않고 법에 순순히 따를지 또한 명확하지 않다. 그리스도교 시대 전반에 걸쳐 세속의 법과 그리스도가 부여한 법을 화해시키는 문제는, 그리스도가 '카이사르'에 대한 철저한 복종을 촉구하면서도 이율배반처럼 보이는 견해를 가졌다는 사실로 인해 더욱 악화되었다.[12] 중세 그리스도교 법 개념을 가장 쉽게 이해하는 방법은 두 가지 핵심적인 사회적·법적 관습인 노예제와 빈곤이 제기한 문제들을 살펴보는 것이다. 그리스도교 사상가들은 관습법, 지역법의 배후에 과연 자연법이 있느냐는 고전적 문제를 물려받았는데, 그 문제를 두 가지로 이해했다. 고전적 견지에서는 이성의 법과 지역법의 관계로 이해했으며, 그리스도교의 견지에서는 신의 명령과 지역법의 관계로 이해했다. 플라톤과 아리스토텔레스는 성문법에 앞서 이성이 인지하는, 모든 인간에게 두루 통용되는 자연법이 있다고 말했다. 아리스토텔레스는 이렇게 썼다. "어떤 이들은 정의가 하나라고 말한다. 불이 여기서도, 페르시아에서도 똑같이 타는 것과 마찬가지다."[13] 관습과 자연법의 관계는 복잡하다. 결혼 관습은 아무리 다양해도 그 목적은 비슷하지만, 어린이의 행복과 가족 재산의 보존은 어떻게 실현된다 해도 도덕적으로 바람직하다. 다양한 관습은 자연법의 보편적 요구를 충족시킬 수 있다. 그런 견해를 가졌다고 해서 고대에든 후대에든 누구나 똑같은 자연법 개념을 가진 것은 아니다. 로마 학자들은 모든 사람의 자연적 평등을 천명하면서 출발했는데, 이것을 플라톤과 아리스토텔레스라면 거부했겠지만 스토아학파와 그리스도교는 수용했다.

지역법의 권위가 제기하는 문제들은 지금의 우리에게도 낯익다. 특정한 사회의 법이 법인 이유는 그것이 그 지역을 다스리는 자의 명령이기 때문인가, 지역 관습이기 때문인가, 아니면 자연법에 부합하기 때문인가? 19세기에 찰스 네이피어Charles Napier 장군이 수티(남편이 죽으면 아내를 순장하는 인도의 관습)를 금지하려 했을 때 지역 관습에 따르면 그렇게 해야 한다는 반대에 부딪혔다. 그러자 그는 영국 관습에 따르면 여성을 살해하는 사람에게는 교수형을 내려야 한다고 응수했다.[14] 아우구스티누스라면 틀림없이 기꺼이 자신을 희생하려는 과부도 살인의 죄를 범했다고 생각할 것이다. 중세 사상가들이 물려받은 전통은 현대 법이론의 방향과 연장선상에 있다. 법이란 최고 입법자의 명령이라는 견해가 있는가 하면, 인류의 행복을 위해 이성의 명령을 따른 것이 곧 법이라는 견해도 있다. 유스티니아누스의 『로마법대전Corpus juris civilis』은 첫째 견해를 담고 있다. 그의 권력 개념은 그 자신의 권력이나 법의 권력이나 확고하게 '하향식'이었다. 그는 헬레니즘의 왕권 개념을 물려받았다. 그는 독재자—아우토크라토르autokrator와 코스모크라토르kosmokrator—였고 세상의 단독 지배자였다. 유스티니아누스의 법전은 법을 지배자의 의지가 반영된 것이라고 간주했다. 법의 효력은 지배자의 의지에 따른 법 계보의 문제였다. 왕이 말하면 그것이 곧 법이다Dicet rex et fiat lex. 이것은 법의 적법성을 최고 입법자의 명령에서 찾는 견해다. 또한 오늘날 대다수 사람들이 받아들이는 견해이기도 하다. 다만 지금은 성문법으로 입법부를 제어하는 법제도를 위해 필요한 만큼의 제한이 가해졌다. 최고 입법자는 여러 사람들로 구성된 최고 입법부일 수도 있지만, 법이 법 제정권을 가진 사람이나 기구의 명령으로부터 권력을 획득한다는 생각은 무척 흥미롭다.

그러나 『로마법대전』은 다양한 전통에 속하는 이전 학자들의 연구를 토대로 편찬되었다. 그들은 기원후 2~3세기의 학자들이었다. 비록 로마 공화정은 오래전에 사라졌지만, 그들은 전통적인 로마의 법 개념이라고 믿는 것을 기록으로 남겼다. 그들은 키케로처럼 지역법의 배후에는 어떤 법을 따를지 기준을 정하는 자연법lex naturae과 만민법jus gentium이 있다고 여겼다. 키케로는 로마 관리들이 적용한 법의 난해함과 모호함에 불만을 토로했다. 하지만 모호함은 그런 기준의 개방성을 반영하고 있었으며, 정의를 구현할 다른 방법이 없을 경우 사법 관리들에게 정당한 위안을 줄 수 있었다. 법의 지배를 받는 사람들이 법적 의무만이 아니라 도덕적 의무도 따라야 한다면, 법은 그에 걸맞은 도덕적 기준도 충족시켜야 했다. 자연법과 만민법의 차이는 항상 일관적이지는 않다. 그러나 중요한 구분은, 모든 이성적 인간이 이해할 수 있는 법―"이성적 인간이 안전과 정의를 확보하고 공통의 이익을 더 잘 추구하기 위해 준수해야 할 규칙은 무엇인가?"라는 질문에 대한 답―과, 여러 국가체에 관한 공통의 법―"인간사회를 조정하는 공통의 원칙은 무엇인가?"라는 질문에 대한 답―의 구분이다. 유스 키빌레ius civile(시민법)는 로마라는 특정한 사회의 법이었다. 그것은 포풀루스 로마누스populus Romanus(로마인)가 스스로에게 부여한 법이었다. 훗날 서유럽 그리스도교권의 주민들은 새로운 포풀루스 로마누스로 자처하면서 자신들의 일을 조정하는 데 유스 키빌레를 적용하게 되었다.

둘째 질문에 대한 답은, "어떤 사회는 이렇게 하고 어떤 사회는 저렇게 한다"고 경험적으로 잘라 말할 수 있는 게 아니다. 하나의 사회 속에 공통의 법이 존재하는 것처럼 합리적 원칙에 내재하는 다양한 관행을 면밀하게 조사해야 한다. 자연법은 유용한 자원의 획득, 이용, 처분을 관장하는 규칙이 있어야 한다고 명한다. 한마디로 말하면 그것은 재산법이다. 따라서 재산권은 자연법의 명령이다. 거의 모든 사회의 공통 관습에 따르면, 사유재산을 인정하고, 노동과 구매에 의한 재산 획득을 승인하고, 가문의 특정한 구성원이 다른 사람들보다 유리한 입장에서 자기 재산의 상속자가 되는 게 일반적인 현상이다. 이것은 만민법의 명령이다. 물론 자연법과 만민법이 항상 완벽하고 엄격한 적합성을 가진 것은 아니다. 노예제의 정당성에 관해 스토아학파가 이해하는 자연법은 모든 사람이 평등하고 아무도 태생적으로 노예인 사람은 없다고 천명했다. 하지만 노예제는 만민법의 일부분으로 적법하다. 만민법은 순수한 황금시대가 아닌 상태에서 살아가는 사람들을 위한 법이다. 만민법의 가장 정교한 특성은 국가들의 거래에서 채택되는데, 이를테면 사자使者의 처우, 포로의 귀환 같은 문제다. 그러므로 만민법은 불문不文의 국제법이라는 특성을 가지고 있었다. 이 점 역시 노예제가 자연법의 일부분이 아니라 만민법의 일부분임을 나타낸다. 그 이유는 노예제가 주로 정당한 전쟁에서 사로잡은 포로에 뿌리를 두고 있기 때문이다.

중세 유럽에 전승된 전통은 난삽하지만 철학적으로는 상당히 도발적이었다. 어떤 학자들은 이성을 가졌든 가지지 않았든 모든 생물이 자연법의 지배를 받느냐는 문제에 관심을 가지게 되었다. 이에 대해 아리스토텔레스는 제한된 면에서 그렇다고 했다. 인간이 아닌 동물은 본능에 의해 자기 종의 생물에게 정해진 방식대로 그들을 번영으로 이끄는 '법칙'을 따랐다. 그들은 자신들이 따르는 법칙을 이해하지 못하기 때문에 고결하다고 말할 수는 없지만 인간처럼 법을 위반하지는 않았다. 회의론자라면 아리스토텔레스가 타락하기 전 아담의 선함을 단지 동물의 순수함에 불과한 것으로 여긴다고 생각할 것이다. 더 흔한 것으로는, 이성의 명령을 인지할 수 있는 생물만이 자연법을 따를 수 있다는 견해가 있다. 이 견해에 의하면 자연법은 이성적 생물, 즉 인간에게만 통용된다. 인간만이 자연법을 이해할 수 있고, 자신의 의지로 그것을 따르거나 따르지 않을 수 있기 때문이다. 유스티니아누스의 『로마법대전』을 편찬한 사람들이 법전의 근거로 삼은 로마 학자들은 다 같은 생각을 가진 사람들이 아니었다. 가장 유명한 사람은 3세기 초의 법학자이자 황제 자문관이었던 울피아누스다. 그는 모든 생물이 자연법을 따르는 반면 인간은 만민법을 따른다고 생각했다. 그러나 그렇게 이해된 만민법은 다른 저자들이 자연법이라고 말하는 것의 상당 부분을 수용했다.

사유재산의 기원과 정당화

최초의 그리스도교 공동체들은 그리스도의 재림이 임박했다고 여겼다. 그들은 각자가 가진 것을 공동의 몫으로 내놓고 거기서 필요한 만큼 가져가는 소박한 형태의 공산주의를 시행한 것으로 보인다. 만약 재림이 실제로 임박했다면, 재산의 본질에 관해 논의할 여지는 거의 없었다. 그러나 기부를 받고 토지와 건물을 소유한 교회와 수도원이 생기면, 소유권의 본질에 관한 낯익은 문제들에 답할 필요가 있었다. 10세기가 넘어갈 무렵 교황청은 많은 재산을 소유했고, 막강한 정치적 기관이었다. 또한 서유럽에서 법적으로 가장 복잡한 기관이었으며, 교황청의 행정적 필요는 법이론의 부흥을 추동한 배후의 동력이었다. 세속적 법이론의 필요성은 분명하다. 그 이론이 어떤 명칭을 가지느냐보다 중요한 것은 자연법과 만민법에 관련된 문제에 답해야 한다는 것이다. 특히 중요한 문제는 재산의 본질과 사적 소유권의 정당화였다. 현대의 관점에서 보면 노예제, 즉 인간을 재산으로 삼는 제도는 특별히 까다로운 문제다. 그러나 중세 초기 사고에서 노예제는 일반적인 사유재산의 문제에 비하면 덜 까다로웠다. 타락 이전에는 노예제가 불가능했다. 흐르는 역사의 반대편, 신의 왕국에서는 유대인도, 그리스도교도도, 노예도 모두 자유로웠다. 이 눈물의 골짜기 같은 세상에서 노예제는 타락이 초래한 또하나의 불행한 결과다. 초기 교회는 노예를 부려 교회 소유의 밭을 갈게 했다. 수도원 공동체에서는 그것이 금지되었는데, 그 이유는 노예제가 잘못이었기 때문이 아니라 수도원 생활에서 노동이 필수였기 때문이다. 노예와 주인의 관계에 대해서는, 노예가 주인에게 복종해야 하고 주인이 노예를 친절하게 대해야 한다는 것 이외에는 특별한 게 없었다. 또한 형법은 민법에 관한 지적·정치적 난점을 제기하지 않았다. 그리스도교도가 사형집행인의 칼을 휘둘러야 하느냐에 관해서는 논란이 많았고, 그리스도교 재판관은 자신이 지금 무고한 사람을 징벌하는 게 아니라는 것을 어떻게 확신할지 알지 못했다. 형법의 필요성과 본질에 관해서는 아무런 논의도 없었다. 자연법을 황금률—"남이 너에게 해주기를 바라는 대로 남을 대하고, 남이 너에게 하지 않기를 바라는 것은 너도 남에게 하지 말라"—에 일치시켜 자연의 명령과 그리스도의 명령을 한데 묶으면, 신체에 대한 폭행이 불가능해지고 과거에 사유재산이 있었다면 도둑질도 불가능해지는 것을 쉽게 알 수 있었다. 또한 징벌의 견해를 도출하는 것도 어렵지 않았다. 우리는 무력과 도둑질로부터 자신을 방어할 수 있으며, 남이 우리에게서 받아낼 것을 남에게서 받아낼 수 있다. 더 심원한 문제는 무엇보다 재산권을 설명하는 일이었다.

재산의 중요성은 명확하다. 사람들은 무엇이 자신의 것인지 알고자 하며, 재산을 어떻게 획득하고 이전하는지 알아야 한다. 농사를 지을 때도, 장사를 할 때도, 재산을 자식이나 다른 사람에게 물려줄 때도 재산에 관해 알아야 한다. 그보다는 약간 덜 명확하지만, 기근에 가까운 흉년이 두 차례 이상 일어나지 않았던 사회에서는 가진 자가 못 가진 자에 대해 가지는 의무를 설명해야 한다. 내 곳간에는 곡식이 가득한데, 너는 굶주리고 있다. 이 경우 나는 그 곡식을 전부 소유할 수 있을까, 아니면 네 권리로 인해 내 소유권이 축소되어야 마땅할까? 재산의 토대를 일관되게 설명하지 않으면, 소유자와 비소유자가 같은 것에 대해 어떤 권리, 어떤 종류의 권리를 가졌는지 말하기가 어려워진다. 그리스도가 가진 것을 전부 팔아 가난한 자에게 주라고 촉구했을 때, 그리스도교도에게는 경제활동의 적절한 한계를 어디까지로 봐야 하는지가 큰 문제였다. 아무도 뭔가를 획득하지 않는다면 자선으로 내줄 것도 없다. 하지만 탐욕스럽고 이기적인 자는 얼마든지 몰래 부를 축적할 수 있고, 가난한 자에게 조금이나마 베풀 계기를 찾으려 하지 않을 수도 있다. 바울의 모든 제자들이 기억하듯이 모든 악의 근원은 돈 자체에 있는 것이 아니라 돈을 사랑하는 마음에 있다. 부를 획득할 때 절제하고 자선에 관대한 것은 그리스도교 경제학의 확고한 근간을 이룬다.[15]

소유권의 본질에 관해서는 합의가 충분하지 않았다. 로마법은 유스 인렘ius in rem(사물에 대한 권리)과 유스 아드 페르소남ius ad personam(사람에 대한 권리)을 명확히 구분했다. 모든 권리는 어떤 의미에서 사람에 대한 권리다. 사람만이 우리의 권리를 존중하거나 조롱할 수 있기 때문이다. 내 말에 대한 나의 소유권은 사물에 대한 권리지만, 그 말을 훔치거나, 부정하게 팔아넘기거나, 내 허가를 받지 않고 타고 나가거나 하는 일이 벌어지려면 다른 사람이 개입해야 한다. 소유권은 세계 전체에 맞서는 이익이다. 모두가 나의 소유권을 존중할 의무를 가진다. 사물에 대한 권리와 세계에 맞서는 이익은 구체적인 다른 사람에 대해 가지는 권리와 크게 다르다. 만약 내가 너에게 돈을 빚지고 있다면, 네가 빚을 청구할 수 있는 사람은 나뿐이며, 너는 내가 돈을 갚을 의무가 있는 유일한 사람이다. 로마법에서 소유자는 말하자면 소유한 물건에 대한 주권자다. 그 물건의 운명은 주권자의 수중에 있다.

봉건시대에 북유럽과 서유럽에서 발달한 관습법에서는 소유권이 그다지 뚜렷하지 않았다. 어떤 학자들은 봉건제에서 소유권 같은 것이 없었다고 말하는데, 너무 극단적인 주장이다. 어떤 의미에서 왕은 자신이 다스리는 모든 영토를 소유했다. 이론적으로 봉건적 토지 소유는 차지인借地人과 영주의 연쇄관계에서 점차 위로 올라가 봉건적 최상위자인 종주권자 왕에게서 끝나는 방식이었기 때문이다. 왕 밑의 차지인들은 왕이나 왕 휘하의 다른 차지인에게서 받은 토지의 소유권과 이용권을 가졌다. 처분권은 다른 문제였다. 원칙적으로 처분권은 상위자에게 있었고, 그 휘하의 차지인은 상위자의 허락이 있어야만 처분권을 행사할 수 있었다. 하지만 현실적으로는 묵인의 대가로 현물이나 화폐를 지불하면 되었다. 차지인은 처분에 대한 수수료를 내고, 새 차지인은 소유에 대한 수수료를 내는 식이었다. 이와 같이 소유권은 다른 사람의 권리에 맞서 이용권과 점유권을 포괄하게 되었지만, 그래도 로마법의 사물에 대한 절대적 권리는 아니었다. 영국법의 경우에는 1925년까지 부동산의 자유 보유권이 그러했다. 지금도 등기된 권리 없이 보유한 부동산은 그에 해당한다. 소유권은 경쟁자보다 '더 나은 권리'를 가졌다는 것을 의미했다.

그런 권리는 누군가 더 나은 권리를 가진 사람이 등장하면 취약해질 수밖에 없었다. 이를테면 오래전에 연락이 끊긴 친척이 느닷없이 나타나 자신이 과거에 그 재산을 소유했던 사람의 적법한 상속자라고 주장하는 것이다. 영국의 수많은 희곡과 소설 들이 바로 그런 장치에 의존하고 있다. 그렇게 보면 부동산 물권 보험회사title insurance company(부동산 소유권의 하자에 대해 보험을 해주는 회사—옮긴이)들은 일상생활을 덜 극적으로 만들기 위해 존재하는 셈이다. 다양한 소유권 형태의 중요성은 어려운 시절을 당해 부자가 자신의 자원을 빈민과 나누어야 하는 의무를 놓고 활발한 논의가 벌어질 때 가시화된다. 학자들은 굶주리는 빈민이 부자의 곳간에 있는 곡식을 소유한다고 말하기도 하며, 부자의 소유권과 빈민이 자선을 요구할 수 있는 권리를 확연하게 구분하기도 한다. 훗날 로크는 빈민이 부자의 잉여에 대해 '권리'를 가진다고 말했는가 하면, 흄은 기근이 들 경우 정치 당국이 곳간을 강제로 열 것이기 때문에 그 점은 별로 중요하지 않다고 말했다.[16] 중세 전반에 걸쳐 중요했던 한 가지 쟁점은 교회가 소유한 재산이었다. 처음에 많은 그리스도교도들은 걸식하는 생활 방식에 매료되었다. 말 그대로 그리스도의 가르침대로 내일을 생각하지 않고 임박한 재림을 기대하면서 살아가는 것이었다. 교회는 기관이 되었고, 기관은 운영비가 필요했다. 그래서 교회는 교도들이 자발적으로 납부하는 돈에 의존하게 되었다. 평신도들은 지역 교회에 기부하기 시작했고, 귀족들은 로마나 밀라노, 라벤나 같은 주요

도시들에서 상당한 규모로 기부했다.

긴급한 질문들이 등장했다. 교회는 뭔가를 소유해야 하는가? 그런 목적을 가진 '교회'는 정체가 무엇인가? 주교구의 주교는 자선과 기부로 얻은 재화를 자신의 사적 재산으로 소유할 수 없었다. 그러므로 교회가 공동 소유자여야 했다. 공동기구가 가진 처분권을 행사하기에 적합한 사람은 주교이거나 부제副祭들의 집단이었다. 구성원들이 개인적으로가 아니라 집단적으로 소유한 재산을 위원회가 집사처럼 관리하는 것이다. 이런 공동 모델이 바람직한 교회의 재산 소유 방식으로 자리잡았다. 교황은 교회 재산의 소유자가 아니라 관리자였다. 고전 세계에서는 공공 소유 재산을 관리할 때 그런 제도가 편리했다. 봉건제 환경에서 생겨난 문제는 개념적인 게 아니라 정치적인 것이었다. 평신도가 자기 재산을 교회에 바쳤다고 해도 그 평신도의 봉건적 상급자가 소유권을 가지는 것은 아니었다. 평신도 차지인이 자기 재산을 상속자에게 물려주면, 상속자는 애초에 재산을 내준 상급자에게 화폐나 현물을 납부한 다음에 재산을 상속했다. 이 납부는 결과적으로 임차에 대한 납부가 된다. 임차 계약이 갱신되거나 새 임차인이 임차했을 때 납부하는 것과 같다.

교회는 영원불멸이었다. 상속자도 없었고, 교회 재산이 한 소유자에게서 다른 소유자에게로 넘어가는 일도 없었으며, 어떤 봉건적 부담금도 없었다. 지주는 큰 손해를 보았다. 가장 기분이 언짢은 지주는 바로 왕이었다. 게다가 약은 수의 유혹도 있었다. 만약 누가 자기 재산을 적절한 조건으로 교회에 바쳤다면, 그는 상속자에게 소득과 상당한 정도의 재산 통제권, 혹은 교회의 안락한 직책을 남겨줄 수 있었다. 교회의 재산 소유권으로 야기된 문제는 그것만이 아니었다. 그 밖에 십일조와 교회의 면세가 쟁점으로 등장했다. 십일조는 교회의 이익을 위해 세속 재산에 부과된 세금이었다. 교회가 어떻게 세금을 징수할 권리를 얻었는지는 확실히 알 수 없다. 세속

정부는 교회를 보호했으므로 아마 많은 세속 지배자들은 속인만이 아니라 교회에도 세금을 부과할 수 있었을 것이다. 기부된 재산에 일상적 과세가 면제된 것은 20세기 미국에서 처음으로 제기된 쟁점이 아니었다.

　이 문제들은 수백 년 동안 교회-국가 관계에 나쁜 영향을 주었으며, 오늘날까지도 불편을 초래하고 있다. 한 예로, 미국 학생들은 상당수 독일인들이 교회를 위해 정부에 세금을 납부한다는 것을 알고 나서 당혹감을 감추지 못했다. 재산권의 역사, 양도불능재산에 관한 법Statute of Mortmain (1279)—영국 왕이 기부자나 수령자 모두 그다지 좋아하지 않는 종교기관에 기부하기 위해 적용한 법(원래는 에드워드 1세의 치세에 가신이 영주의 동의 없이 교회에 토지를 팔거나 기증하는 것을 금지한 법—옮긴이)—같은 장치는 지금 우리의 관심사가 아니다. 우리의 관심거리는 그와 같은 변화의 결과로 사상가들이 재산권을 도덕적으로 정당화하게 되었다는 점이다. 정통 학설에 따르면 처음에 재산은 공동소유였다. 이것은 로마 법률가들의 견해가 아니라 스토아 철학자들의 견해였다.[17] 신은 인간에게 세상을 주면서 공유하게 했다. 이성과 자연법은 모두, 세계를 특정한 개인이 아니라 전 인류에게 집단적으로 준 선물로 보았다. 아리스토텔레스가 이유를 상세히 설명했듯이, 게다가 그의 저작을 읽지 않은 사람들도 상식으로 충분히 알 수 있듯이, 인류의 상속재산을 개인들의 몫으로 분할하는 것은 정당했다. 그렇게 하면 각자가 개인적으로 가진 것을 돌볼 수 있는 동기가 생겼고, 자신의 생산물이 자신과 가족에게 돌아갈 수 있었다. 그러나 이런 생각을 받아들이려면 재산제도의 목적인 공동의 이익이라는 압도적으로 중요한 관념이 존재해야 했다. 굶주리는 사람이 부자의 곳간에 있는 곡식을 소유한다고 말할 수는 없다 해도, 빈민이 굶어죽도록 내버려둬도 된다는 부자의 생각은 착각이라고 확실하게 말할 수 있다. 부자의 행동이 용납할 수 없을 정도가 되면 그의 권리도 무효가 되는 것이다.

외부의 (무)영향

서방로마제국이 붕괴한 역사는 크게 보아 게르만족이 침략한 역사와 같다. 서방 그리스도교권의 이후 역사는 주로 그전까지 유목민이거나 반유목민이었던 민족들이 훗날 프랑스, 독일, 영국이 되는 지역에 정주하면서 시작된 왕국들의 역사다. 그러나 물리적 영향은 무척 크고 정치사상에 미친 영향은 크지 않은 한 가지 현상이 있는데, 그것은 이슬람의 성장이다. 북아프리카와 근동에 이슬람 국가들이 등장한 것은 8세기부터 오늘날까지 유럽의 정치에 영향을 미쳤다. 11세기 후반부터 13세기까지 전개된 십자군, 11세기부터 15세기 후반까지 진행된 에스파냐 레콩키스타reconquista(국토수복운동), 오스만제국의 흥망, 그 잔해에서 등장한 후속 국가들의 불안정성 등이 그것이다. 신앙으로서의 이슬람교는 서양 정치사상에 전혀 영향을 미치지 못했다. 이슬람 학자들은 이슬람 공동체의 정치조직이나 이슬람교도와 비교도의 관계에 관해 할 말이 많았지만, 그들의 사상은 이슬람권 바깥에서는 힘을 쓰지 못했다. 설령 서양 사상가들이 그들에게 관심을 기울였다 해도 신성과 세속의 서양식 구분은 이슬람에서 설 자리가 없었다. 또한 서양에서는 교회와 국가의 관계에 신경을 썼지만 서양식 교회 관념이 없는 신앙에서는 그렇지 않았다. 서양의 철학, 의학, 기술은 전부 아라비아 학자들에게 큰 영향을 받았다. 특히 아라비아 학자들은 그리스 문헌을 보존하고 번역하는 데 힘썼는데, 그러지 않았다면 그것들은 후대에 전해지지 못했을 것이다. 그러나 우리 자신을 통치하는 방법에 관한 새로운 사상을 아라비아 학자들의 저작에서 찾는 일은, 설령 그렇게 할 만한 동기가 있었다고 해도 쉽게 행하기 어려웠을 것이다.

이슬람의 영향은 군사 분야에 있었다. 이슬람 정복의 첫 물결은 에스파냐를 휩쓸었고 프랑스 남부까지 진출했다. 무어Moor(원래 유럽인들이 아프리카 북서부에 살던 민족들을 총칭하던 이름인데, 이슬람이 북아프리카를 정복한 이후에는 이슬람교도들을 가리키는 명칭으로 사용되었다—옮긴이) 전사들은 북쪽 멀리 루아르 강변의 투르까지 갔다가 732년 푸아티에 전투에서 샤를 마르텔Charles Martel에게 패퇴했다. 기번Gibbon은 이 전투의 의의를 무척 높이 평가했다. 만약 샤를 마르텔이 패배했더라면, "아라비아 함대는 해전 한 번 치르지 않고서 템스강 어귀까지 쳐들어왔을 것이다. 아마 지금 옥스퍼드에서는 코란의 해석을 가르칠 것이며, 옥스퍼드의 강단에서는 할례를 받은 사람들에게 마호메트의 계시가 얼마나 신성한 진리인지 보여주고 있을 것이다".[18] 이슬람은 북아프리카를 계속 점령했고, 11세기에는 시칠리아로 진출했으며, 에스파냐는 수백 년을 더 지배했다. 비잔티움제국은 서서히 붕괴하다가 마침내 1453년에 콘스탄티노플이 함락되었다. 이슬람은 제1차세계대전이 끝날 때까지 그리스와 발칸을 장악했다.

정복지에서 유대인과 그리스도교도가 아닌 사람들은 이슬람교로의 개종과 죽음을 놓고 엄혹한 선택을 해야 했다. 유대인과 그리스도교도, 즉 '경전을 가진 사람들'은 이슬람 지배자의 정치적 권위를 받아들이고 자신의 열등한 지위를 인정하는 의미에서 추가 세금을 납부하면 관용을 누릴 수 있었다. 다양한 신앙과 문화를 단일한 정치적 우산 아래 수용하는 이슬람식 '해법'—이것이 나중에 밀레 제도millet system(오스만제국의 종교적 관용 정책—옮긴이)가 되었다—은 상당한 장점이 있었다. 이슬람 지배자들은 이슬람교도가 아닌 신민들에게 큰 폭의 자율권을 허락했다. 유대인은 그리스도교 유럽에서보다 오히려 이슬람 치하에서 훨씬 더 안전했다. 그럼에도 불구하고 이슬람식 다원주의는 서양 독자에게 의미 있는 정치사상을 만들어내지 못하다가, 수백 년 뒤에 오스만식 다원주의와 서양식 다원주의를 비교하는 사람들의 관심을 촉발했다. 이슬람 철학과 관련된 사상가들—파라비Fārābi, 아비센나Avicenna, 아베로에스Averroës—은 플라톤, 아리스토텔레스, 신플라톤주의의 형이상학에 흥미를 느꼈다. 14세기의 이븐 할둔Ibn Khaldūn은 아마 폭넓은 관심을 가진 최초의 이슬람 정치 저자일 것이다. 그의 도덕적·정치적 견해는 아리스토텔레스에 크게 의존했다. 그는 독창적인 정치사회학자였으며, 훗날 엘리트 순환론이라고 알려진 이론의 내용을 설득력 있게 제시했다. 그러나 그는 독창적인 정치사상가는 아니었다.[19]

아랍어권 학자들처럼 유대 학자들도 고전 그리스 사상의 걸작들을 보존하고 번역하고 그에 관해 주해를 썼다. 그러나 서양의 사상가들에게 익숙한 왕, 주교, 교황, 귀족에 관한 관념을 제시할 이유는 없었다. 10세기 무렵까지 그들은 무엇보다도 서유럽에서 형성된 의학과 수학 지식을 확산시켰다. 그들은 그리스도교 이웃들이 특유의 도덕·정치사상이라고 간주할 만한 것을 제공하지는 않았다. 만약 그들이 그렇게 했다면 놀라운 일이었을 것이다. 또 만약 그들이 그렇게 했는데 그리스도교 이웃들이 그것을 바탕으로 뭔가를 했다면 더욱 놀라운 결과였을 것이다. 그러나 디아스포라diaspora(기원후 1세기에 이스라엘이 해체된 이후 유럽 전역으로 유대인들이 흩어진 현상을 가리키는 용어―옮긴이)의 유대인들은 세속적 권위를 생각할 필요가 거의 없었다. 아무런 발언권도 없는 정부 치하에서 가까스로 관용을 누리는 버려진 자로 살아가는 운명이었기 때문에, 그들은 의로운 공동체로서 생존하는 문제에 관해, 그리고 자살로 박해를 피할 만큼 무기력한 신민들에 관해 스스로 할 말이 많았다. 그러나 그들을 박해하는 그리스도교도의 정치적 딜레마와 관련된 것은 전혀 없었다.

끝으로, 우리가 뭔가를 너무 명확하게 기억하는 탓에 오히려 간과하기 쉬운 것이 있다. 중세 사상가들은 거의 다 처음에는 신학자였다가 나중에 철학자가 되고 마지막에는 정치 사색가가 된다. 아우구스티누스가 위대한 정치사상가인 이유는 당대의 정치적 문제들에서 자극을 받은 위대한 사상가였기 때문이지만 그것은 그가 이룬 최소한의 성과였다. 중세 사상에서 가장 영향력이 큰 인물들 가운데 한 사람으로 '아레오파고스의 가짜 디오니시우스'가 있었다. 시리아의 수도사로 아우구스티누스보다 약간 후대 사람이다. 신플라톤주의가 12~13세기까지 전승된 것은 바로 그를 통해서였다. 이 사상이 훗날 정치이론에 중요해진 이유는, 우주 전체가 위계적으로 구성되어 있고 인간은 '존재의 거대한 사슬'의 일부로서 모든 생물의 권리와 의무를 지시한다는 사상으로 이어졌기 때문이다. 이것은 아퀴나스가 13세기 후반에 고전 학문과 그리스도교 학문을 종합하는 데 필요한 구성요소였다. 그럼에도 불구하고 가짜 디오니시우스는 신학의 역사에 속하는 인물이며, 정치사상의 역사에서는 특별히 포괄적인 부분에 속한다고 할 수 있다.[20]

교황 절대주의와 서임권 논쟁

중세 초기 정치사상의 지적 장치들 가운데 가장 중요한 요소는 5세기 후반 교황이 쓴 겨우 두 문단짜리 눈에 띄는 산문이었다. 겔라시우스 1세는 492년에서 496년까지 4년 동안 재위한 교황인데, 그때는 마침 대단히 어려운 시기였다. 서방의 마지막 로마 황제는 16년 전에 폐위되었고, 가톨릭교회는 이단과 이교도에 포위되었다. 로마는 전염병에 시달렸고, 교리상 콘스탄티노플 총대주교의 상급자였던 교황의 권위가 크게 흔들렸다. 총대주교는 황제의 비호를 받았다. 황제는 총대주교를 임명하는 위치였으므로 자연히 교황의 권위가 총대주교보다 높은 것을 바라지 않았다. 이 논쟁의 일환으로 494년 겔라시우스는 아나스타시우스 황제에게 편지를 보냈는데, 이것이 훗날 두 자루 검의 교리라고 알려진 내용이다. 편지에서 그는 세속권력보다 영적 권력이 우위에 있다고 주장했다. 그 이유는 종국적으로 교황은 황제의 도덕에 관해 신과 교감하기 때문이었다. 두 자루 검의 교리는 간단하다. 신은 교황과 황제에게 모두 권위를 부여한다. 각자는 자기 영역에서 절대적인 존재다. 각자는 상대방의 권위를 지켜주어야 한다. 여기까지는 다툼의 여지가 없다. 그러나 콘스탄티노플의 황제는 자신의 권위가 총대주교나 교황의 권위보다 높다고 생각했다. 물론 겔라시우스는 정반대였다.

겔라시우스의 편지에서 중요한 대목은 겨우 두 문단밖에 되지 않는다. 그중에서도 주목해야 할 부분은 두 개의 짧은 도입 문장 중 두번째 것이다. "황제 폐하, 이 세상을 주요하게 지배하는 권력은 두 가지가 있습니다. 그것은 사제의 신성한 권위와 왕권입니다. 둘 가운데 더 강력한 것은 사제의 권위입니다. 왜냐하면 사제는 백성들의 왕에게조차 신성한 판결을 내려야 하기 때문입니다."[21] 계속해서 편지는 퀴드 프로 쿠오quid pro quo(응분의 대가)가 있다고 기술한다. 사제는 세속권력이 세속의 평화와 번영을 유지하기 위해 만든 법을 준수하고, 황제는 신앙의 측면에서 교황의 권위를 기꺼이 승인해야 한다는 것이다. 후대에는 이것을 교회와 국가의 협약이라는 견지에서 바라보고 있다. 하지만 겔라시우스와 13세기 초까지 계승된 교황들에게 그 의미는 달랐다. 그것은 확실히 모두가 인정하는 분업의 선언이었다. 더 논쟁적으로 보면, 그것은 황제가 콘스탄티노플에서 서슴없이 행사한 권위를 부정하고 교황의 자율성을 천명하는 내용이었다. 나아가 교황은 예루살렘, 안티오크, 콘스탄티노플 등지의 모든 총대주교들보다 자신이 우위에 있음을 내세우고 있었다(당시 총대주교구로 간주되는 도시는 모두 다섯 군데로, 앞의 세 도시와 더불어 로마, 알렉산드리아가 포함되었다―옮긴이). 하지만 그 주장에는 난관이 많았다. 그 와중에 교황은 황제의 자질을 판단하는 권리를 주장했고, 암묵적으로 다른 세속 지배자들의 자질도 평가하게 되었기 때문이다. 중세 후기까지 어느 정도 인정된 사법적 허구 가운데 하나는 그리스도교권의 모든 지배자가 황제의 휘하에 있다는 것이었다. 이것은 훗날 신성로마제국의 황제가 선출되는 배경이 되었다.

잠재되어 있던 제도적 갈등이 터져나온 것은 11세기 중반의 이른바 서임권 논쟁에서다. 이 무렵 주교는 단지 교회의 지배자일 뿐 아니라, 상당한 영토와 기타 재산을 통제하는 봉건귀족의 일원이기도 했다. 또한 주교는 세속의 대군주에게 군사적 지원도 해야 했다. 직접 군대를 거느리고 전투에 참전해 싸우다 죽는 주교도 있었다. 이렇게 여러 역할들이 맞물린 탓에 두 가지 관습이 발달했다. 하나는 '사유 교회proprietary church'의 탄생이다. 이것은 교회를 설립하고 재산을 기부한 평신도 기증자가 교회를 소유하고 자신이 선택한 성직자를 교회의 책임자로 앉히는 방식이다. 또 한 가지 관습은 '속인의 서임권'이었다. 주교는 봉건 차지인이 영주에게서 봉토를 받는 것과 같은 방식으로 세속 지배자에 의해 주교직에 '서임'되었다. 그 결과 주교는 자신에게 주교구를 수여한 왕의 신하가 되었다. 두 가지 관습 모두 세속 당국에는 좋았다. 시끄러운 사회에서 많은 경제적·군사적 자원이 성직자의 수중에 있다면, 그것을 세속적 목적에서 이용하는 것이 보장되어야 했다.

신앙심이 독실한 귀족들과 군주들은 수도원을 창건하거나 재건하고, 토지와 건물을 기증했다. 그런데 그런 관습은 교회의 권위를 향상시켰으나 동시에 교회의 영적인 사명을 위태롭게 했다. 주교구는 돈을 주고 매입할 만한 귀중한 재산이었지만, 사제나 주교의 성직 매매는 엄하게 금지되어 있는 중대한 죄였다. 하지만 그것은 이미 널리 행해지는 관습이 되어버렸다. 교황의 삼중관三重冠 자체도 자주 매매되었다. 성직 매매는 개혁가들의 타깃이 되었으며, 사제라기보다 속인 영주처럼 살아가는 주교의 생활양식도 공격 대상이었다. 개혁운동은 서서히 진행되었으나, 10세기 수도원 생활의 개혁으로 시작해 개혁적 교황들이 연이어 등장하면서 더욱 힘을 얻었다. 때마침 미성년 황제인 하인리히 4세가 재위한 시기였으므로 교황 레오 9세(재위 1049~1054), 니콜라우스 2세(재위 1059~1061), 그레고리우스 7세(재위 1073~1085)는 세 가지 일을 성사시켰다. 첫째는 교황이 오로지 추기경단에 의해서만 선출되도록 한 것이다. 레오 9세가 그 토대를 놓았고, 1059년 니콜라우스 2세가 소집한 라테란공의회에서 그런 선출 방식을 결정했다. 그 주요 목적은 추기경을 다수 배출하는 로마 귀족들의 영향력을 위축시키는 것이었으나 그와 더불어 황제의 영향력도 줄이려는 의도가 있었다. 황제는 본래 독일 왕이었으며, 교황의 입장에서 그의 존재 가치는 걸핏하면 이탈리아 북부와 중부를 침략해 교황령을 위협하는 롬바르드 족을 통제하는 능력에 있었다. 1070년대 그레고리우스 7세와 하인리히 4세가 서임권을 놓고 벌인 분쟁은 역설적이게도, 1040년대에 무려 세 명의 교황 후보가 난립했을 때 이 문제를 해결하기 위해 황제 하인리히 3세가 공의회를 소집하면서 시작된 개혁 과정의 종말을 고했다. 1046년 수트리공의회에서 베네딕투스 9세, 실베스테르 3세, 그레고리우스 6세가 축출되면서 간신히 난국을 피할 수 있었다. 신앙심이 깊은 하인리히 3세는 그레고리우스 6세에게서 제관을 받기를 거부했다. 그레고리우스는 베네딕투스 9세에게서 삼중관을 사들였고, 따라서 성직 매매의 죄를 지었기 때문이다. 그러나 황제는 자신이 발탁한 인물을 교황 클레멘스 2세로 앉혔다. 그는 콘스탄티노플의 황제가 콘스탄티노플 총대주교를 임명하듯이 신성로마제국 황제는 자신이 지목한 인물을 교황으로 선출할 수 있다는 원칙을 포기하려 하지 않았다.

교황의 둘째 목표는 속인의 서임권을 폐지하는 데 있었다. 다시 말해 속인이 서임에 관여하지 않고 대주교나 교황이 본래의 권한으로 주교를 서임하도록 보장하는 것이었다. 하인리히 4세는 앞에서 말한 이유들 때문에 그것을 거부했다. 교황 그레고리우스가 그를 파문하자 이탈리아와 독일은 거의 내전 상태에 접어들었다. 원래 우세했던 측은 그레고리우스였으므로 1077년에 하인리히는 굴복할 수밖에 없었다. 그는 교황이 소유한 카노사 성 바깥의 눈밭에 서서 용서를 구했다. 그러나 그레고리우스는 지나치게 무리하는 바람에 로마에서 쫓겨나 망명생활을 하던 중에 죽었다. 결국 이 분쟁은 양 당사자인 그레고리우스 7세와 하인리히 4세가 둘 다 죽은 뒤에야 1122년에 보름스협약이라는 뻔한 타협으로 끝났다. 황제측은 주교를 임명하는 문제에서는 양보했으나 주교에게 세속 재산을 부여하는 문제에 관해서는 황제나 그의 대리인이 임석하고 관여할 수 있었다. 교회는 주교 임명권을 얻었고, 왕권은 주교구의 토지와 재산에 관한 권리를 얻었다. 이 협약은 어느 한 측에 원하는 모든 것을 주지 않았으나, 그 결과 교황은 군주에 가까운 위치를 보장받았다. 교황은 영적 문제에서 교회의 절대적 수장일 뿐 아니라 이탈리아 중부의 상당한 세속적 권력자로 발돋움했다. 교황의 셋째 목표는 그리스도교권 내에서 가톨릭교회의 우위를 확보하는 것이었다. 하지만 이것은 대실패로 끝났다. 레오 9세는 콘스탄티노플 교회와 결별하고서야 교황위에 올랐는데, 그 상처는 오늘날까지도 치유되지 않았다. 1054년 교황 사절단은 콘스탄티노플 총대주교에게서 교황의 우위에 대한 인정을 얻어내기 위해 콘스탄티노플로 갔다. 그러나 목적을 이루지 못하자 그들은 총대주교인 미카일 케룰라리우스를 파문했고 총대주교 또한 앙갚음으로 그들을 파문했다. 결국 교황은 쪼그라든 세력권에서 정치적 자율성과 영적 우위를 확보하는 데 그쳤다.

오로지 교회와 국가의 갈등에만 초점을 맞춰 중세 정치사상을 설명하는 것은 쉬운 일이다. 실제로 누대에 걸쳐 학자들은 그렇게 해왔다. 하지만 그럴 경우, 정치사상의 점진적인 진화가 일상생활에서 일어나는 긴급사태를 통해 교회와 관료 양측에 두루 영향을 미친다는 사실이 간과된다. 예를 들면 현직 법률가들은 상급자와 하급자의 관계, 상급자의 의지와 법의 관계에 관한 여러 가지 사상을 발전시켰다. 1265년에 처음 소집된 영국 의회와 같은 기관이 갑자기 불쑥 생겨난 것은 아니다. 교회에서 이른바 공의회운동이 일어난 것도 아무런 근거 없이 일어난 게 아니다. 그럼에도 불구하고 이런 발전은 사상의 역사보다 일반 역사로 분류되는 게 보통이다. 그 이유는 그것이 현실적인 요구 또는 그에 대한 대응으로 시작되었기 때문이다. 거꾸로, 어떤 지적 독창성이 분출될 때 당시에는 이를 설명하기도 어렵고 그 영향력을 가늠할 수도 없지만, 오랜 기간이 지나면 그 가치가 충분히 입증되는 경우도 있다.

솔즈베리의 존

그런 예가 바로 솔즈베리의 존이 남긴 『정치가들』이라는 저작이다. 당시에는 누구나 고전적 정치사상가의 저작은 물론이고 중세 후기나 근대 세계와 연관된 사상을 풍부하게 담은 저작을 쓸 수 있었다. 이 사실은 고대가 끝난 이후 아무런 문헌적 증거도 남기지 않고서 비슷비슷한 사상들이 널리 유통되었으리라는 것을 말해준다. 물론 그 사상들은 신학적·교회학적 논의의 형태를 취했지만 그래도 구술 전통의 일부분일 뿐이었다. 존은 1110년 경 솔즈베리에서 태어나 샤르트르의 주교로 삶을 마감했다. 그는 순교한 캔터베리 대주교 토머스 아 베켓Thomas à Becket의 절친한 친구였으며, 대주교의 전기를 썼다. 베켓이나 베켓보다 앞서 캔터베리 대주교를 지낸 시어벌드Theobald와의 친분으로 인해 그는 추방을 당하기도 했다. 그는 교회-국가의 갈등이 최고조에 달했던 시기에 살았지만, 이른바 12세기 르네상스를 촉발한 고전 철학의 새로운 번역본과 축약본을 이용할 수 있었다.[22] 그러나 그는 올바른 의미에서 학자는 아니었고, 발췌문의 선집이나 화보집에 크게 의존했다.

『정치가들』은 어느 정도 낯익은 장르의 저작이며, 지배자들에게 본연의 의무를 상기시키기 위한 편람이다. 하지만 훈계조라기보다는 아부의 느낌이 강하다. 뒤의 장에서 다루는 크리스틴 드 피장Christine de Pizan의 『정치체에 관한 책Le Livre du Corps de Policie』과 마찬가지로 『정치가들』도 그리스, 로마, 성서의 역사에 나오는 예시적인 이야기들에 크게 의존해 저자가 원하는 도덕을 부각하고 강조한다. 이 저작이 유명세를 얻은 이유는 폭군 살해의 고대 학설을 부활시켰다는 데 있다. 논의는 복잡하지 않지만 결론은 과감하다. 존은 군주와 폭군의 중대한 차이점들을 반복해서 논의한다. 심지어 성직자 폭군이라는 새로운 범주를 도입하기도 한다.[23] 저작의 근본 전제는 모든 중세 사상가들과 같다. 정치권력은 신에게서 비롯된다. 진정한 왕권은 신이 준 것이며, 그것을 거부하면 우리의 신체만이 아니라 우리의 영혼도 위험해진다. 하지만 이것이 전적으로 자명한 이치가 아니라는 점은 쉽게 알 수 있다. 유스티니아누스의 『로마법대전』에서도 처음에는 왕의 말이 곧 법이라고 주장하다가 나중에 가서야 왕은 포풀루스에게서 권력을 받았기 때문에 법이 왕의 신민들을 구속하는 것이라고 했다. 권력의 행사를 데이 그라티아Dei gratia(신의 은총)로 보는 입장과 복스 포풀리vox populi(민중의 목소리)의 표현으로 보는 입장 사이의 긴장이 뚜렷이 드러났지만, 유스티니아누스의 법전 편찬자들은 그것을 간과했다. 솔즈베리의 존에게는 왕권이 민중에 의해 주어지는 것이라는 관념이 없다. 왕권은 오로지 신에게서 오는 것이다. 그렇기 때문에 그것은 권능이다. 이것은 전통적인 지혜로 자리잡았다. 4세기가 지난 뒤 존 포티스큐John Fortescue는 영국을 레갈레 에트 폴리티쿰regale et politicum, 즉 '왕과 정치'의 왕국이라고 말했다. 이 말은 군주가 법에 의해 지배한다는 뜻이다. 영국의 법은 민중의 동의로 만들어진다. 또한 영국은 정치체다. 그 이유는 공동 이익을 향한 민중의 공동 의지가 영국을 국왕이 수반으로 군림하는 통일체로 만들기 때문이다. 그것은 물리적 신체라기보다 코르푸스 미스티쿰corpus mysticum(신비의 신체)이다. 하지만 이것은 레스 푸블리카가 공적인 것인 이유가 공동 이익을 확보하기 위해 존재하기 때문이라고 했던 키케로의 주장과 거의 다를 게 없다. 중요한 차이는 왕의 신민들이 시민이 아니라 신민이라는 점이다. 그들은 독자적으로 행동할 권리를 가지지 못했다.[24]

존의 견해에 의하면 신이 왕에게 권력을 부여한 목적은 늘 법을 준수하면서 행동하고, 법과 정의를 위해 노력하라는 데 있다. 또한 신이 왕을 임명한 취지인 백성들의 행복을 돌보는 것도 왕의 몫이다. 이것은 법치주의가 아니다. 하지만 이것으로 존이 상당 부분 만들어놓은 중요한 차이로 향하는 문이 열린다. 왕과 폭군 사이에는 엄청난 차이가 있다. 여기에는 이론의 여지가 없다. 칼라일이 중세 정치사상을 다룬 기념비적인 역사서에서 지적했듯이, 아우구스티누스는 세속의 왕이 과연 백성들에게 참된 정의를 베풀 수 있는지에 관해 확답을 회피했다. 그러나 후대의 중세 저자들은 그것에 관해 일말의 의심도 품지 않았다. 그들은 전반적으로, 정의 없는 국가는 대규모 강도 집단일 뿐이라는 아우구스티누스의 말을, 적법하게 구성된 국가의 경우 강도 집단이 아니라 정의가 행해질 수 있고 실제로 행해지는 왕국이라는 의미라고 생각했다. 솔즈베리 존의 견해도 바로 그랬다.[25] 그렇게 볼 경우 아우구스티누스는 덜 흥미롭지만 더 유용해진다.

참된 왕은 정의를 베풀고 복종을 받는다. 우리는 왕을 신의 대리인으로 여기고 복종해야 한다. 그런데 왕이 신의 대리인이라는 증거는 그가 정의를 행한다는 데 있다. 신이 왕에게 권력을 부여한 데는 왕이 정의를 베풀고 신이 왕을 임명한 목적에 부합하는 일을 해야 한다는 조건이 따른다. 이것은 아우구스티누스가 말하는 정치보다 더 현명하고, 덜 무정부적이고, 덜 냉혹한 정치의 설명이다. 동시에 지적인 관심이 떨어지고 도덕적으로 덜

벅차다. 존이 끌어내는 결론은 사뭇 극적이다. 지배자 혹은 지배자를 자칭하는 자가 정의를 행하지 않는다면 그는 왕이 아니라 폭군이다. 적법한 지배는 군주정이고 부당한 지배는 폭정이다. 폭군은 신의 권위를 배후에 가지고 있지 않다. 게다가 진짜 중요한 사실은, 만약 폭군이 백성들의 저항을 받아 살해된다 해도 그는 정당한 불평을 제기할 수 없으며, 백성들은 잘못을 저지르지 않은 것이라는 점이다.[26] 문제는 이 생각을 얼마나 억압할 수 있느냐. 답은 간단하지 않다. 키케로를 되새겨보라. 그가 보기에 폭군 살해는 용납되는 일일 뿐 아니라 도덕적으로나 정치적으로 칭찬받아 마땅한 일이다. 폭군 살해는 그 일을 실행할 수 있는 위치에 있는 사람들의 적극적인 의무다. 키케로가 카틸리나의 추종자들을 진압한 것은 옳은 행위였고 브루투스 일당이 카이사르를 암살한 것도 그랬다. 또한 존은 '소문난 폭군'을 살해하는 것은 칭찬받을 행동이라고 말한다.

그럼에도 불구하고 존은 로마 공화정의 이념을 부활시키려 하지 않았다. 그는 로마 공화정의 역사보다 구약성서에서 사례를 취했으며, 네로나 칼리굴라 같은 로마 황제들을 논할 때면 그리스도교도들은 어쩔 수 없이 그들의 폭정을 견뎠다고 말한다. 구약성서를 다룰 때도 그는 이스라엘 백성들이 신의 말씀을 거역하고 일으킨 반란으로 사울이 고통을 겪는 것은 당연하다고 생각한다. 존은 로마의 폭군 살해보다 온건한 입장이었다. 지배자의 말은 법이지만, (실제로) 법일 때에만 그렇다. 군주의 변덕은 법이 아니라 악의 허가다. 군주가 평등과 정의에 의해 인도될 경우, 그가 사회의 이익을 위해 행하는 것은 법이 된다. 하지만 이것은 입헌주의가 아닌데, 왜냐하면 왕과 교황을 명확히 그런 방향으로 이끄는 제도 수립에 관한 언급도 없고 단지 법의 지배를 옹호할 뿐이기 때문이다. 교황은 세르부스 세르보룸 데이servus servorum Dei(신의 종복들 중의 종복)이며, 왕은 법에 따르면 공동 이익의 종복이다. 왕은 진정한 권위를 소유하며, 레기부스 압솔루투스legibus absolutus를 누린다. 즉 자신이 신민들에게 부여한 법으로부터 면제되는 것이다. 다만, 그러려면 그 면제는 공익에 기여해야만 한다. 데이 그라티아에 의한 통치와 법에 의한 통치 사이에 갈등은 없다. 신은 법에 의해 우주를 지배하며, 신을 섬기는 왕은 신이 우주를 통치하는 법을 섬긴다.[27]

그렇다면 존이 폭군 살해를 어떻게 이해했는지는 다소 모호해진다. 폭군으로 변하는 군주는 백성들이 그에게 저항하거나 그를 살해한다면 권력을 상실할 테고 그에 대해 불평할 수도 없다. 하지만 그렇다고 해서 군주가 폭군으로 변할 경우 그를 죽이는 게 누군가의 의무이고 그것이 정치적 미덕으로 간주된다고 여기는 것은 또다른 이야기다. 존은 수동적 복종의 그리스도교 전통과 폭군 살해의 고전적 전통 사이에서 갈등했다. 그가 폭군을 살해한 과거의 전통을 인정한 것은 틀림없다. 그는 로마 역사와 더불어 구약성서를 올바르게 인용하면서 폭군 살해가 위업으로 찬양되었다는 점을 명확히 한다. 그는 분명히 폭군의 경우 폐위되지 않을 권리를 상실한다고 보았다. 그러나 구약성서는 아니더라도 그리스도교의 틀은 고전적 학설과 불편한 관계에 놓인다. 아우구스티누스도 말했듯이 폭군은 결국 우리의 죄에 대한 신의 징벌이라고 할 수 있다. 그렇다면 우리는 악에 저항할 마음을 먹지 말고 꾹 참아야 할 것이다. 놀라운 것은, 그렇다고 해도 존은 성직자 지도자의 위치를 논하면서 수백 년 전 공화주의 저자들의 논의를 끌어댄다는 점이다. 폭군을 살해하는 것은 적법하다. 만약 성직자 폭군이 있다면 그를 살해하는 것도 역시 적법하다. 바알의 사제들을 살해하는 구약성서의 이야기는 사제들이 권력을 악하게 행사할 경우 징벌을 받아야 한다는 것을 보여준다.

요컨대 12세기의 존 같은 저자는 매우 다양한 지적 자원을 활용해 세속권력과 교회권력의 제약성에 관해, 또 평범한 사람들이 넘어서는 안 되는 경계에 관해 몇 가지 인상적인 주장을 펼칠 수 있었다. 여기에서 도출할 수 있는 명백한 교훈이 있다. 우리는 그런 사상가들과 우리의 유사성을 너무 과장해서 받아들일 필요도 없지만, 그렇다고 그들의 사상이 멀리 떨어진 시공의 것이기라도 한 양 마치 불가사의한 생활상을 담고 있는 마야 상형 문자를 해독하듯 접근할 필요도 없다는 것이다.

제7장
아퀴나스와 종합

철학의 부활

이 장의 주인공은 아퀴나스지만, 주제는 고전 철학, 법, 정치사상의 재발견이 그리스도교 정치사상에 미친 영향이다. 아퀴나스가 처한 상황은 아우구스티누스와 정반대였다. 아우구스티누스는 로마제국이 그리스도교화된 지 얼마 되지 않은 시대에 살았다. 그래서 그의 지적 자원은 주로 이교였다. 반면 아퀴나스의 유럽은 그리스도교권이었고 정체성은 그리스도교였다. 아우구스티누스의 시대부터 아퀴나스의 시대까지 8세기 동안은 유럽이 서방제국의 몰락으로 쇠퇴와 혼돈에 빠져들었다가 회복하는 과정이었다. 유럽의 통합성은 정치적인 데 있는 게 아니라 정신적인 데(그리스도교) 있었다. 유럽의 지적 통합성은 라틴어가 법과 학문, 종교의 언어로 보편적으로 사용된다는 점과 교회의 존재가 보편적이라는 점에 근거하고 있었다. 그런 환경에 고전 철학을 다시 끼워넣는 일은 이교의 미신에 맞서 싸우는 일과는 사뭇 달랐다.

　이교 철학의 통찰력을 이성적 인간이 신봉하는 그리스도교와 통합하려 했던 아퀴나스의 시도는 대담한 기획이었다. 아리스토텔레스의 재발견에 관해 교회 당국이 취할 수 있는 최선책은 그저 우려하는 것이었고 최악은 완전히 적대시하는 것이었다. 아리스토텔레스의 저작은 아퀴나스가 사망하기 불과 4년 전인 1270년에 또다시 금지되었다. 그렇게 보면 아퀴나스의 연구는 대단히 용감한 것이었다. 하지만 아퀴나스의 정치사상을 탐색하는 현대 독자들에게는 별로 그렇게 보이지 않는다. 아퀴나스가 가톨릭교회의 '공식' 철학자가 되었다는 사실로 미루어 그에게 뭔가 놀라운 게 있지 않나 하고 생각했다가는 이내 실망하게 마련이다. 부분적으로 보면, 정치에 관한 그의 사상이 그의 방대한 연구에 비해 아주 작은 부분에 불과하기 때문이기도 하다. 그러나 더 큰 이유는 그의 정치사상이 거의 항상 현명하지만 마치 농도가 묽어진 아리스토텔레스처럼 읽힌다는 데 있다. 그의 논의가 흥분을 불러일으키는 경우는 아리스토텔레스의 견해가 그리스도교 정통과 불화를 빚어 화해가 특히 어려울 때뿐이다. 무기력하기는 했지만 무미건조하지는 않았던 아우구스티누스와는 확연한 차이가 있다. 바로 그게 핵심이다. 아우구스티누스는 정치와 국가를 우리의 죄의식, 타락한 본성과 확고하게 결부시킨다. 아퀴나스는 인간이 타락한 존재라는 것을 한 번도 논박하지 않지만, 아리스토텔레스를 좇아 국가가 적어도 상대적으로 유익한 사회생활의 형태들을 보호한다고 생각한다. 하지만 아리스토텔레스와 달리 그는 우리가 정치 공동체 안에서 완벽해질 수 있다고 믿지는 않는다. 그럼에도 불구하고 우리는 고결하고 행복하고 보람찬 삶을 영위할 수는 있다. 그것은 그다지 놀랍지 않다. 그는 윤리적·정치적 논쟁에서 세속적 존재에 대한 아우구스티누스의 지극히 부정적인 견해를 깨끗이 지워버렸기 때문이다. 그는 아리스토텔레스를 그리스도교의 틀 속에 가져다 앉힌 것을 제외하고는 그에게서 크게 벗어나지 못했지만, 다른 사람들은 곧 그 일을 해냈다.

현대 독자들이 겪는 어려움은 『신학대전Summa Theologiae』의 문체 때문에 더욱 가중된다. 아퀴나스는 결코 문장력이 뛰어난 저술가는 아니었다. 그가 많은 글을 무척 빠르게 썼다는 점을 감안할 때―그는 때로 한 번에 필경사 다섯 명을 데려다놓고 구술하기도 했다―만약 그 '천사 박사'(아퀴나스가 천사에 관한 연구로 얻은 별명―옮긴이)가 우아하고 매력적인 글솜씨까지 선보였다면, 그것은 초자연적인 축복이었을 것이다. 현대 독자들에게 더 큰 문제로 작용하는 점은 중세 스콜라 철학이 강요한 문체다. 아무리 원문과 그 구성에 충실하게 번역한다 해도, 아퀴나스의 견해는 우선 질문에 대한 대답이 있고, 그 답이 유발한 하위 질문이 뒤따르며, 또다시 그 하위 질문에 대한 답이 뒤따르는 방식으로 전개된다. 그의 문체는 21세기의 글쓰기 방식이 아니라 중세 대학의 강의와 학문 습관을 반영하고 있다. 그것은 스콜라 논문체인데, 15세기부터 17세기까지 가톨릭 신학과 중세 철학을 비판하고 '스콜라적'(쓸데없이 현학적이고 형식적이라는 의미로 사용된다―옮긴이)이라는 말을 부정적인 의미로 만든 사람들은 바로 그 문체를 파괴하고자 했다. 그들의 노력이 대성공을 거둔 덕분에 21세기 독자는 문체, 내용, 논증 방식 등 오늘날 교육의 거의 모든 측면에서 아퀴나스를 편하게 여기지 못하게 되었다.[1] 우리는 한 걸음 물러나 그런 현명한 정치적 견해가 제자리를 찾을 수 있도록 하는 계획을 강구할 필요가 있다. 또한 과거에 도미니쿠스 파는 설령 귀족 가문 출신이라 해도 자신의 견해를 내세울 때마다 위험에 빠지곤 했다는 사실도 잊으면 안 된다. 우리는 그 견해를 '현명하다'고 여기지만 당시 그의 상급자들은 그 견해를 전혀 좋아하지 않았다.

아퀴나스의 생애와 시대

아퀴나스는 장수하지 못했다. 그는 1224년 혹은 1225년에 태어나 1274년에 죽었다. 그의 가문은 나폴리 북쪽 아퀴노 출신의 귀족이었다. 그의 고향인 로카세카에는 가문 소유의 성이 있었는데, 거기서 그의 형제들은 그가 스무 살이 되었을 때 도미니쿠스 수도회에 가입하지 못하도록 설득하기 위해 그를 1년간이나 억류했다. 초기 교육을 위해 그는 어린 시절에 삼촌이 대수도원장으로 있는 몬테카시노의 베네딕투스 수도원으로 보내졌다. 1238년 그는 나폴리의 신생 대학으로 갔다. 거기서 그는 도미니쿠스회를 발견했고, 1244년에는 그 수도회에 가입하기로 결심했다. 그의 가문은 그를 몬테카시노의 베네딕투스회에 가입시킬 생각이었다. 몬테카시노 대수도원장은 13세기 이탈리아의 권력자였고 누구나 그 지위를 선망했다. 결국 토마스의 고집이 가문을 이겼다. 1년 뒤 가문에서는 그가 파리 대학으로 떠나는 것을 허락했다.

그는 수련 기간 동안 학식이 풍부한 독일 신학자인 알베르투스 마그누스 Albertus Magnus와 함께 처음에는 파리에서, 나중에는 쾰른에서 공부했다. 그가 아리스토텔레스의 『윤리학』과 '가짜 디오니시우스'의 저작에 관한 알베르투스의 강의를 받아 적은 노트는 지금도 전한다. 젊은 시절 아퀴나스는 워낙 몸집이 비대해—만년에 그가 앉았던 탁자는 허리둘레만큼 크게 파여 있었다—동료들에게서 '황소'라는 놀림을 받곤 했다. 하지만 그는 비범하리만큼 영리했으며, 알베르투스는 "그 황소의 울부짖음이 온 세상에 퍼질 것"이라고 말했다. 하지만 토마스주의Thomism(토마스 아퀴나스의 사상—옮긴이)가 훗날 가톨릭교회의 공식 철학이 될 줄은 알베르투스도 예상하지 못했다. 1252년 아퀴나스는 파리로 돌아가 연구를 계속한 끝에 1256년 리켄티움 도켄디licentium docendi(교수 자격—옮긴이)를 획득했다. 그 학위를 취득하기 위한 요건들 중 하나는 페트루스 롬바르두스Petrus Lombardus의『명제집Libri Quattuor Sententiarum』에 관한 주해를 책으로 쓰고 강의하는 것이었다. 학위를 따낸 뒤 그는 강의를 하면서 논쟁에 참여했다. 또한 그는 두 권의 '대전大典' 가운데 첫째 것, 즉『대이교도대전Summa contra Gentes』을 집필하기 시작했다. 이것은 선교사들이 이슬람교도와 유대인을 개종하는 데 사용하도록 하기 위한 책이었다. 콘스탄티노플을 약탈하는 엉뚱한 전과를 올린 4차 십자군의 당혹스러운 활동(1215)에도 불구하고(4차 십자군은 베네치아의 농간에 놀아나 성지에 가지도 못하고 콘스탄티노플에 라틴제국을 세워 60년 가까이 지배했다―옮긴이) 이슬람 세계를 개종시키려는 노력은 13세기에 더욱 격화되었고, 도미니쿠스회가 바로 그 작업을 담당했다.

3년 뒤 그는 나폴리의 도미니쿠스 수도원으로 갔다가 이후 교황청에 부속된 오르비에토의 도미니쿠스 수도원으로 옮겼다. 1265년 그는 로마에서 스투디움 게네랄레studium generale(중세 대학―옮긴이)를 창립했으며, 거기서『군주의 통치에 관하여De regimine principum』를 쓰고『신학대전』의 집필을 시작했다. 이 시기에 그는 뫼르베케의 기욤Guillaume de Moerbeke과 함께 연구했다. 당시 기욤은 아리스토텔레스를 그리스어 원본으로 번역하기 시작했는데, 예전의 번역자들이 아리스토텔레스의 저작을 아랍어로 번역했다가 다시 라틴어로 번역하는 과정에서 생겨난 부정확하고 부적절한 부분은 무시할 수밖에 없었다(중세 내내 유럽 그리스도교권에서 플라톤은 적극적으로 연구된 데 비해 아리스토텔레스는 배척되었으며, 이슬람권에서는 반대로 아리스토텔레스가 집중적으로 연구되었다. 그래서 아리스토텔레스의 저작들 중에는 그리스어 원본이 없어지고 아랍어 번역본만 전하는 것도 많았다―옮긴이). 1269년에 그는 파리로 돌아가 교수로 지내면서 파리 대학의 총장을 역임했다. 3년 뒤 그는 나폴리로 돌아갔으나 1273년 12월에 건강을 잃고서 더이상 집필 활동이 불가능하다고 선언하기에 이르렀다. 심지어 그는 이렇게 말했다고 한다. "지금까지 내가 쓴 것은 전부 내게는 하찮아 보인다."[2] 그는 아마 발작을 일으킨 것으로 보이는데, 그런데도 그의 상사들은 그를 리옹공의회에 파견했다. 도중에 그는 사고를 당해 1274년 3월 7일에 세상을 떠났다. 그는 1323년에 성인으로 축성되었으나 토마스주의가 가톨릭교회의 공식 철학으로 자리잡기까지는 오랜 기간이 걸렸다. 프로테스탄트 종교개혁이 일어나 교황이 수중에 가진 모든 지적 자원을 적극 활용해야겠다고 마음먹었을 때에야 비로소 토마스주의는 철학적으로 세련된 가톨릭 신앙과 동급으로 인정되었다.

도미니쿠스 수도회는 1216년에 창립되었다. 프란체스코회가 빈곤과 소박한 삶, 빈민을 위한 봉사를 내세운 반면, 도미니쿠스회는 처음부터 학식을 강조한 수도회였다. 도미니쿠스라는 명칭은 카니스 도미니canis Domini, 즉 '하느님의 개'라는 말에서 생겨났는데, 전투적 교회의 지적 무기로서 원래 프랑스 남부에서 횡행하던 알비파와 같은 이단에 맞서 교회를 방어하기 위해 창설되었다. 세속 당국의 칼로는 충분하지 않았다. 교회는 신앙을 위해 선뜻 개종 사업에 나설 수 있는 지식인들을 필요로 했다. '전도사들의 수도회'(도미니쿠스회의 별명—옮긴이)는 바로 그 사업에 적극적으로 임했다. 도미니쿠스회는 특히 교황의 명을 받고 십자군에 전도사로 참여했다. 이들은 이단, 이슬람과 싸우고, 교황과 황제 사이에 다툼이 벌어졌을 때 황제 프리드리히 2세와 싸우는 십자군이었다. 도미니쿠스회의 수도사들은 성무를 수행하지 않을 때면 공부를 해야 했다. 처음에는 성서와 신학만을 연구해야 했으나 이런 제약은 곧 풀렸다. 그들은 언어학 분야에서 명성을 날렸다. 수도사들은 전도사로 파견된 지역의 언어에 능통했으며, 얼마 안 가 그리스어는 물론 아랍어와 히브리어로도 전도했다. 아퀴나스가 도미니쿠스회에 가입하기로 마음먹은 것은 옳은 결정이었다.

13세기 유럽의 지적 풍토

아퀴나스는 주로 파리 대학에서 강의하며 생애 대부분을 보냈다. 중세 유럽의 대학은 원래 유능한 법률가들을 필요로 했던 왕들이 세웠으며, 처음에 학생들은 로마법을 중점적으로 연구했다. 교회는 나름의 법제도, 교회법, 고도로 훈련된 법률가들을 보유하고 있었으며, 세속 당국도 나름의 숙련된 법률가들이 필요했다. 9세기에 창립된 볼로냐 대학은 파리와 옥스퍼드를 포함해 모든 유럽 대학들의 선구였다. 대학들은 점차 학자 공동체로 발전했고, 다루는 분야도 법, 의학, 신학만이 아니라 수학과 '자연철학' (중세와 근대에 '과학'을 가리키는 말로 쓰였다. 17세기에 간행된 뉴턴의 유명한 저서도 원제는 『자연철학의 수학적 원리』였다—옮긴이)—물리학과 천문학—도 포함하게 되었다. '학사' 수준에 도달한 학생들을 고급한 연구로 끌어올리는 제도가 시행되면서 낮은 수준과 높은 수준의 연구 방식이 생겨났다. 그 단계에서 학생들은 리켄티움 스투덴디licentium studendi, 즉 고급 분야를 연구할 수 있는 허가를 얻고, 여기서 더 나아가 '석사' 수준인 리켄티움 도켄디를 취득하면 가르칠 수 있는 허가를 얻는다. 교회법과 민법이 여전히 핵심이었지만 여기에 의학도 추가되었고 13세기에는 과학과 수학도 발달했다. 그럼에도 불구하고 이곳은 그리스도교 유럽이었으므로 신학이 학문의 여왕이었고 최고의 학술 분야였다. 으레 그렇듯이 영역 다툼도 있었다. 윤리학과 정치학의 소유권을 놓고 법률가—특히 교회법 전문가—와 철학자와 신학자가 다투었다. 중세 대학에서는 직업적 교육과 비직업적 교육의 갈등은 없었다. 모든 학문이 직업적이었기 때문이다.

신학은 학문의 여왕이었으나 사색은 위험했고 그리스도교와 무관한 성찰도 그랬다. 당국은 아직 미숙한 정신을 가진 젊은이들이 이교 사상에 노출될까봐 우려했다. 비정통 사상이 넘어서는 안 되는 경계가 명확하지는 않았지만, 이단의 판결을 받으면 투옥되거나 더 나쁜 일을 당할 수 있었다. 그러나 그리스도교 신앙에 철학적으로 접근하려는 태도가 점점 성장하는 것은 막을 수 없었다. 그도 그럴 것이, 그리스도교 교회의 공인된 교리 대부분은 그리스철학을 적극 활용했던 교부들에 의해 철저하게 탐구되었기 때문이다. 아우구스티누스부터 기원후 1000년 무렵까지의 시기는 흔히 암흑시대라고 불리지만, 북유럽을 제외하면 그 말은 모욕이나 다름없다. 당시 학생들의 지적 자원은 후대에 생각하는 것처럼 결코 빈약하지 않았다. 하지만 편중된 것은 사실이었으며, 그리스와 로마 사상을 왜곡한 것도 사실이었다.

초기에는 그리스 사상의 경험적이고 과학적인 측면이 제대로 전승되지 않았다. 더 신비적인 그리스철학의 부분, 현대의 독자에게는 그리스도교의 원형으로 보이는 그 부분은 어느 정도 알려졌고 그리스도교 유럽과 잘 어울렸다. 4~5세기에 아우구스티누스와 '가짜 디오니시우스'는 신플라톤주의에 새로운 생명의 숨결을 불어넣었다. 플라톤의 대화편 중 유통된 라틴어 번역본은 단 세 권뿐이었지만, 그 가운데는 『티마이오스』가 있었으므로 학생들은 플라톤의 형이상학을 확실하게 알 수 있었다. 그러나 플라톤의 정치적 저술은 알지 못했다. 교부들의 글은 페트루스 롬바르두스의 『명제집』에 수록되어 널리 읽혔다. 이 책과 세비야의 이시도루스Isidorus가 쓴 백과사전식 저작들은 초기 교회와 제국의 철학적 자원에 접근하는 통로를 제공했다. 1100년 이후 아라비아 학자들이 아리스토텔레스의 저작들을 라틴어로 번역해 서양 세계에 소개하면서 아리스토텔레스는 금세 위대한 철학자의 지위를 차지했다. 번역자들은 아리스토텔레스를 다소 '플라톤식으로' 소개했다. 그들의 관심은 정치학이나 과학보다 종교에 있었다. 그들은 아리스토텔레스의 정치학과 윤리학에 관해 언급할 때 그와 플라톤의 거리를 좁히고자 했다. 그 노력은 실패하지 않았다. 아리스토텔레스가 그리스어로 온전하게 소개되었다면 오히려 받아들여지기 어려웠겠지만, 아비센나와 아베로에스가 신플라톤주의적으로 각색한 덕분에 아리스토텔레스가 한층 쉽게 받아들여졌다. 그렇다 해도 교회는 자주 아리스토텔레스의 연구를 금지하곤 했다.

아리스토텔레스의 저작은 12세기에 대학에도 도입되었다. 처음에는 아라비아 학자들이 그리스어에서 라틴어로 번역한 책들이 전해졌다. 당시 서양에는 그리스어를 아는 학자가 드물었던 것이다. 그리스어에서 라틴어로 직접 번역이 이루어질 때 아퀴나스는 번역자들과 함께 작업하겠다고 나섰다. 아리스토텔레스의 『정치학』은 뫼르베케의 기욤이 그리스어에서 직접 번역한 최초의 저작들 가운데 하나였다. 기욤은 아퀴나스가 바로 그 목적을 위해 발탁한 도미니쿠스회의 동료 수도사였다. 이로부터 두 세기가 지난 뒤에야 서유럽에서는 원어로 그리스어 문헌을 읽을 수 있을 만큼 그리스어를 익힌 사람들이 크게 늘었다.

이성 대 계시: 신앙과 철학

형이상학적이고 종교적인 질문은 실제 정치에서의 정치적 선택과 관련해 중요한 문제였다. 신정神政은 종교적 정통성을 정치적 정당성의 토대로 삼지만, 현대의 세속국가들은 다양한 종교적 신념들이 곧 정치적 충성이나 정치적 정당성과 같다고 주장한다. 참된 신앙이 단 하나뿐이라고 생각하는 사회는 흔히 종교의 불화가 끔찍한 정치적 결과를 초래한다고 믿기 쉽다. 느긋한 입장의 세속정부는 종교적 다양성에 관해 아무런 어려움도 느끼지 않는다. 아리스토텔레스의 형이상학을 진지하게 받아들이면, 그리스도교도에게는 영적·지적·정치적 어려움이 야기된다. 그 문제는 맨 처음부터 시작된다. 아리스토텔레스는 세계가 영원하고 무한하며, 세계의 존재가 합리적 필연성을 가진다고 믿었다. 그리스도교는 유대교의 창조설에 의거하는데, 그에 따르면 천지창조는 전적으로 신의 의지에 따른 것이다. 세계는 본질적으로 신이 처음 창조할 때부터 역사적 실체였으며, 타락으로 시작해 재림, 최후의 심판, 신의 왕국의 부활로 끝나는 역사다. 플라톤과 신플라톤주의의 신화는 아리스토텔레스의 과학보다 그런 사고에 더 잘 어울렸다.

아리스토텔레스의 철학은 명백하게 철학이었으나 그리스도교는 명백하게 그렇지 않다. 유대교나 이슬람교처럼 그리스도교는 역사적이고 구체적인 교의이며, 계시에 의존한다. 진리는 역사 속의 특정한 순간에 특정한 집단과 개인에게 신의 계시로서 주어진다. 철학자에게 성서에 나오는 신의 섭리 이야기는 명확한 어려움을 야기하는 게 사실이다. 계시의 도움을 받지 않는 합리적인 탐구자가 보기에는 신이 세계를 창조한 이유도 명확하지 않다. 신이 스스로 행동의 자유를 제한해야 했다고 가정한다면 신성모독이 되며, 천지창조가 독단적이었다고 가정한다면 신의 지성을 모욕하는 게 된다. 아리스토텔레스는 세계를 창조하려면 원인이 없는 최초의 원인이 필요하다고 주장했다. 하지만 그 최초의 원인은 야훼와 같은 인격적인 것이 아니다(그래서 그것을 보통 부동의 원동자prime mover라고 부른다—옮긴이). 아리스토텔레스의 생각을 철학자들이 이해하기란 쉽지 않았다. 하지만 아리스토텔레스의 사상은 우주의 기원을 설명하는 존재의 동기에 관한 답할 수 없는 질문을 제기하지는 않는다.

아퀴나스는 아리스토텔레스의 형이상학을 그리스도교 신앙과 화해시키려 했다. 그리스도교와 철학의 미묘한 관계에 관한 그의 설명은 당시 절실하게 필요한 것이었다. 신앙에 지나치게 의존하면 비합리주의에 빠지게 되고, 이성에 지나치게 의존하면 회의론에 빠지게 된다. 이성은 자연의 빛이지만, 자연적 이성은 우리를 너무 먼 곳으로 데려갈 수 있다. 아퀴나스가 남긴 유명한 말들 중에는 그라티아 나투람 논 톨리트 세드 페르페키트gratia naturam non tollit sed perfecit가 있는데, "은총은 자연을 파괴하는 게 아니라 완성한다"는 뜻이다.[3] 인간 이성은 우리가 알아야 할 것을 전부 밝혀줄 수 없지만, 우리는 신이 준 그 도구를 나름의 한계 내에서 효과적으로 이용할 수 있다. 아퀴나스가 적절한 범위 안에서 이성의 이용을 확신한 것은 아우구스티누스의 더 극단적인 태도와 크게 대비된다. 아우구스티누스는 이성이 기본적으로 우리를 미혹시킨다고 주장한 바 있으며, 명석하게 논증하다가 오히려 논증의 명석함을 잃어버리는 철학자의 예를 들었다.

아퀴나스는 아우구스티누스의 회의론도 피했고 홉스 같은 후대 저술가들의 한층 더 극단적인 회의론도 피했다. 홉스는 우리가 수브 스페키에 아이테르니타티스sub specie aeternitatis, 즉 영원의 관점에서 세계를 보는 게 어떤 것인지 전혀 알지 못하므로, 이성은 종교 문제에서 아무런 역할도 하지 못한다는 입장을 취했다. 아퀴나스는 신앙과 이성의 균형을 주장했다. 우리는 신앙이 다루는 문제에 관해 어느 정도 알 수는 있어도 충분한 앎을 얻지는 못한다. 이성은 우리가 신앙의 필요성을 인정하도록 해주며, 우리가 믿는 신앙이 옳다는 느낌을 준다. 하지만 존재의 궁극적 신비에 대한 완전한 계시는 우리가 내세에 신을 보게 될 것임을 말해준다. 그때까지 우리는 궁극적 진리가 어떤 것일지 유추를 통해 추론할 수밖에 없다.

철학 안에서, 그리고 아퀴나스의 『신학대전』 안에서 보면, 윤리학과 정치학은 이중적으로 종속된 관계다. 신의 본성과 창조의 본성을 탐구하는 사람, 신의 창조물들이 신과 어떤 관계를 가지고 서로 간에 어떤 관계에 있는지를 고찰하는 사람은 윤리학과 정치학에 어느 정도 관심을 가질 수밖에 없다. 또한 윤리학과 정치학은 철학의 일부가 아니라 더 고등한 철학의 분야에 속한다. 철학은 필연적인 진리를 다룬다. 사물이 왜 다른 상태가 아니라 지금과 같은 상태인지를 설명한다. 철학의 목적은 진리를 증명하는 데 있다. 아퀴나스는 아리스토텔레스를 좇아, 우리는 주제가 허용하는 만큼의 확실성만을 목표로 삼을 수 있다고 보았다. 윤리학과 정치학은 이론적 지식보다 실용적 지식을 추구하며, 그 결론이 진리인지는 전반적으로 혹은 대체로 인정될 뿐 확실한 증명이 어렵다. 이를테면 기하학의 영역이 아니라 지혜와 양식의 영역이다. 아퀴나스는 1270년대 초 파리 대학의 제자들을 위해 아리스토텔레스의『니코마코스 윤리학』과『정치학』의 주해를 썼으나 정치학만을 전적으로 다룬 저작을 남기지는 않았다. 굳이 그런 책을 꼽으라면『군주의 통치에 관하여』일 것이다. 이 책은 원래 키프로스 왕에게 선물로 줄 생각이었으나 아퀴나스가 첫 장과 둘째 장의 일부까지만 썼을 때 그만 키프로스 왕이 죽고 말았다. 나중에 이 책은 톨로메오 다 루카 Tolomeo da Lucca가 확장하고 완성했다. 두 대전, 즉『대이교도대전』과『신학대전』에는 브라반트 공작부인이 유대인 백성들에게 얼마나 과세할 수 있는지 문의해왔을 때 보낸 답신을 비롯해 흥미로운 내용이 많이 있다.

정치적 배경: 교회와 제국

정치학과 정치이론은 아퀴나스의 전공 분야가 아니긴 하지만, 그의 삶에 불안정한 배경을 제공한 교황령과 제국의 적대가 그의 저작에서 명확히 드러나지 않는 것은 놀라운 일이다. 황제 프리드리히 2세는 그의 먼 친척이었고, 도미니쿠스회는 십자군의 전도사였다. 그 십자군에는 교황 인노켄티우스 4세가 프리드리히 2세를 상대로 시작한 것도 있었다. 교황과 후임 황제들의 갈등을 짧고 일관되게 설명하기란 불가능하다. 완벽하게 일관된 설명이 과연 가능한지도 확실치 않다. 정치사상가들은 교황과 황제 간에 지속된 외교적·군사적 충돌이 앞 장에서 제기한 문제—그리스도가 세속의 지배자들에게 부여한 궁극적 권위는 누가 소유하는가?[4]—로부터 필연적으로 생겨나는 것이라고 믿고 싶은 유혹을 느낄 것이다. 그렇다면 이해관계가 충돌할 때 이념의 역할이 크게 과장될 것이다. 충돌의 주된 원인은 영토와 자금이었다. 이탈리아 중부에서 교황은 세속의 강력한 정치적 존재였다. 교황령은 1871년 이탈리아가 재통일될 때까지 북동쪽의 라벤나에서 남서쪽의 로마까지 이르는 S자 모양의 기다란 영토를 거느렸다. 프리드리히 2세는 시칠리아의 왕이자 이탈리아 북부 대부분을 장악한 봉건 대군주였다. 그의 관심은 이탈리아 중부 너머까지 세력권을 확대하는 데 있었고, 교황의 관심은 그런 그를 막는 데 있었다. 동맹의 유지는 전적으로 뇌물과 강압에 의존했지만, 정통성에 관한 여러 가지 견해들도 관련이 있었다. 교황과 황제가 절대적이고, 각자 자신의 서열 혹은 영역을 가지고 있다는 합의—800년 신성로마제국의 건국에도 내재해 있었다—가 효력을 발휘하려면, 먼저 두 영역의 경계가 어딘지에 관해 합의된 견해가 필요했다. 양측다 상대방을 폐위시키는 권한을 가질 수 없었지만 서로 그런 권한을 가졌다고 주장했다.

정치권력과 교회권력에 관한 견해들 중에는 교황과 황제가 다 반대한 것도 있었다. 세속권력, 권력의 '상향'이론에 호소한다는 이유에서였다. 공화주의이론과 자연법이론에 따르면 권력은 법률을 제정하고 다듬고 시행하기 위한 다양한 법적 장치를 합법적으로 채택하는 공동체에서 발생한다. 이것은 교황의 관점에서든, 군주의 관점에서든 절대주의의 나쁜 토대였다. 키케로의 저작은 민간 법률가들에게 인기가 높았으며, 상향이론의 가장 낯익고 영속적인 형태였다. 자연법은 공공 정의의 기준을 정한다. 포풀루스는 엘리트에게 자연법에 따라 법을 제정할 권한을 부여한다. 정부 형태는 별로 중요하지 않다. 정부는 그 정부 아래에서 살아가는 사람들과 잘 맞아야 하며, 정의를 공동 이익의 추구와 통합해야 한다. 포풀루스는 모든 중세 저자들이 동의한 대로 군주제를 안착시킬 만큼 현명했다. 그럼에도 불구하고 권력의 원천은 명백히 민중에게 있었다.

이런 견해는 12세기부터 16세기까지, 혹은 그 이후까지 일종의 자치정부를 가졌던 수많은 이탈리아 도시국가들을 통해 뚜렷이 확인된다. 예를 들어 베네치아공화국은 나폴레옹에 의해 멸망할 때까지 오래 존속했다. 교황과 황제는 이탈리아 도시국가들이 진정으로 자치를 누린다는 사실을 부인하고, 실은 자신들이 대군주의 자격으로 그들에게 자치권을 어느 정도 부여했을 뿐이라고 주장했다. 곤혹스러운 문제는 황제에 대한 교황의 권한, 혹은 교황에 대한 황제의 권한이 어디까지인가 하는 것이었다. 교황측은 극단적 경우를 주장할 수밖에 없었다. 즉 신성로마제국 황제는 레오 3세가 샤를마뉴의 대관식을 치러주었을 때 교황이 만들어낸 직위였기 때문에 교황에게 복속된 존재라는 것이었다. 어떻게 교황이 황제를 만들어낼 수 있었느냐는 문제에 대해서는 이른바 '콘스탄티누스의 증여'라는 것으로 답했다. 원래 콘스탄티누스가 제국을 교황에게 바쳤는데, 교황이 콘스탄티누스와 그의 후계자들에게 돌려주었다는 것이다(교황측은 그런 내용을 담은 콘스탄티누스의 증여라는 문서가 8세기에 발견되었다고 주장했으나 훗날 그 문서는 위조된 것임이 밝혀졌다—옮긴이).[5] 롬바르드족의 침략으로부터 교황령을 보호하기 위한 황제의 도움이 더이상 필요하지 않자, 황제는 이제 교황의 정치적 독립을 위협하는 세력이 되었다. 남쪽에서 황제는 시칠리아왕국을 차지함으로써 시칠리아섬과 더불어 이탈리아 본토 대부분을 장악했는데, 이것이 '두 시칠리아왕국'(이탈리아 남부의 나폴리왕국과 시칠리아왕국이 연합한 것인데, 19세기 후반 이탈리아가 통일될 때까지 존속했다—옮긴이)이다. 또 북쪽에서 황제는 이탈리아 북부 일대의 대군주로, 즉 이 지역에 있는 많은 도시국가들의 봉건적 상급자로 군림했다. 이탈리아 남부까지 장악한 황제는 언제든 알프스 너머로 군대를 보내 이탈리아 북부를 뚫고 내려와 적대적인 교황을 몰아내고 우호적인 인물로 교체할 수 있었다. 실제로 이탈리아 남부를 확고히 장악하지 않은 상태에서도 침략군은 이탈리아 서해안을 따라 로마까지 내려올 수 있었다. 만약 교황을 로마에서 쫓아낸다면, 추기경단을 협박하거나 뇌물로 달래 교황을 폐위시키기란 어렵지 않았을 것이다.

그렇게 보면 상황은 황제에게 유리한 듯했지만 실은 그렇지도 않았다. 황제는 선출직이었고, 교황의 가장 강력한 무기는 선제후(황제 선출권을 가진 신성로마제국의 제후로 보통 트리어, 마인츠, 쾰른의 대주교, 작센 공작, 라인의 팔라틴 백작, 브란덴부르크 변경백, 보헤미아 왕, 일곱 명이었다―옮긴이)인 독일 군주들에게 내부 불화를 조장하는 것이었다. 게다가 황제는 북이탈리아에서 환영을 받지 못했다. 도시국가들은 자치권을 소중히 여겼으므로 언제든 명목상의 대군주에 맞설 태세를 갖추고 있었다. 13세기 초의 교황 인노켄티우스 3세는 정치 공작에 능한 인물이었다. 그는 우호적인 황제 후보를 등에 업고 마음껏 권력을 휘두른 다음 황제를 배신했다. 시칠리아를 독일 영토에 병합하려는 황제의 행동을 저지하기 위해 동맹을 맺은 것이다. 황제는 미래의 프리드리히 2세를 위해 시칠리아를 획득하려 했다. 어쨌든 그 덕분에 프리드리히 2세는 겨우 세 살에 시칠리아 왕이 되었다. 장성했을 무렵 프리드리히는 중세의 모든 군주들을 통틀어 가장 영리하고, 학식이 풍부하고, 매력적인 군주가 되었다. 게다가 6개 국어에 능통한 뛰어난 군주이기도 했다. 인노켄티우스는 프리드리히를 왕으로 인정하되, 자신을 봉건적 상급자로서 받들고 황제로 선출될 경우 시칠리아왕국을 포기한다는 조건을 붙임으로써 도덕적 우위를 획득했다. 또한 그는 프리드리히에게서 시기를 특정하지 않고 십자군 원정을 떠나겠다는 약속을 얻어냈다. 프리드리히의 할아버지인 프리드리히 바르바로사(프리드리히 2세의 할아버지인 프리드리히 1세―옮긴이) 황제는 교황 알렉산데르 3세와 오랜 기간 다투다가 결국 1190년 3차 십자군 원정에서 죽었다. 설령 살아남았다고 해도 그는 아마 이탈리아 문제로 무척 고민했을 것이다. 프리드리히 2세는 교황을 상급자로 대우할 의사가 전혀 없었다. 인노켄티우스 3세가 죽은 뒤 그는 1220년에 스스로 제위에 올라 대관식을 치르고, 시칠리아부터 알프스까지 이탈리아 전역을 통일하겠노라고 선언했다. 그는 자신의 권력이 남부에만 겨우 미치는 독일에서는 거의 살지 않았고, 그나마 1237년 이후에는 한 번도 독일로 돌아가지 않았다. 그러면서 개 짖는 소리나 개구리 우는 소리와 비슷한 말을 쓰는 나라는 누구도 통치할 수 없다고 말했다. 그의 야심은 시칠리아를 기반으로 삼고 이탈리아에 세속의 다언어 왕국을 수립한 뒤 교황령과 북부 도시국가들을 합병하는 것이었다.[6]

프리드리히는 1250년에 죽었다. 그의 시도가 아주 아슬아슬하게 실패하는 바람에 그와 교황은 상당량의 자원을 소진해야 했다. 그가 죽은 뒤 제위는 사반세기 가까이 공석으로 남았다. 그런 상태로 50년쯤 지나자 프랑스 왕이 예전의 황제보다 더 교황의 독립을 위협하는 세력으로 떠올랐다. 이것은 정치이론보다 정치 현실에 더 중요했다. 1576년 장 보댕Jean Bodin의 『국가론Six Livres de la République』이 나오면서 누구나 주권국가의 근대적 개념을 명확히 깨우쳤고, 분할 불가능한 주권의 견지에서 주권국가의 통합성을 이론적으로 이해하게 되었다. 그 덕분에 왕은 "짐이 곧 국가다 L'état, c'est moi"라고 말할 수 있었다. 중세는 국민국가nation-state(국민이 국가의 주역인 현대국가—옮긴이)의 세계가 아니라 그리스도교의 세계였다. 13세기 후반과 14세기 초반에 교황에게 주어진 문제는 프랑스 카페왕조의 성장이었다. 원래 프랑스 왕은 휘하의 강력한 봉건 가신들보다도 힘이 약했는데, 후임 군주들은 가신들에게 확고한 상급자의 지위로 뛰어올랐다. 13세기 후반 필리프 4세—단려왕端麗王 필리프—는 군사적·외교적으로 선공에 나서 교황을 제압했다. 교황이 내린 파문과 파면 명령은 왕의 힘이 미약한 경우에만 효력을 발휘했다. 이를테면 왕이 힘센 휘하 귀족들을 통제하지 못한다거나, 상당한 규모의 군대를 장기간의 원정에 투입할 수 없는 처지에 놓였을 때였다. 그러나 필리프 4세는 그다지 인기 있는 왕이 아니었음에도 휘하 귀족, 재정, 군대를 잘 통제했고 상황을 장악하고 있었다. 반면 프리드리히 2세는 그런 자원을 통제하지 못했으므로 유럽 최초의 세속국가를 세우겠다는 그의 시도는 실패로 끝날 수밖에 없었다. 필리프와 같은 시대의 영국 왕 에드워드 1세는 필리프에 못지않게 유능한 군주였고 필리프와 마찬가지로 교황의 재정과 정치적 요구에 부응할 의사가 별로 없었다. 하지만 교황에게는 다행스럽게도 영국 왕은 이탈리아에 전혀 관심이 없었다.

아퀴나스의 정치이론

아퀴나스의 저작은 지역 정치에 대한 관심에서 나온 게 아니라 신학과 철학 연구를 종합하고 요약하려는 목적에서 생겨난 것이었다. 신이 내린 법이라는 그리스도교적 개념이 자연법에 관한 고전적 관념과 만나는 가장 고급한 단계에 이르면, 신의 법과 자연법이 어떤 관계에 있고 이 관계는 실정법에 어떤 의미를 가지느냐 하는 문제에 맞닥뜨리게 된다. 인간이 법으로 규제하는 제도들 가운데 가장 중요한 것은 재산이다. 프란체스코회가 부와 부의 남용을 비판하는 상황에서 중대한 문제는 사적 소유가 과연 정당하고 자연스러운가, 그리고 그 한계는 어디까지인가라고 할 수 있다. 예를 들면 이런 것들이다. 인간이 곧 재산인 노예제는 정당한가? 아리스토텔레스와 성서를 지적 배경으로 삼은 만큼 아퀴나스는 여러 가지 문제들을 회피할 수 없었다. 인간은 어떤 형태의 정치권력을 정당하게 도입할 수 있는가? 어떤 것이 다른 것들보다 더 자연스러운가? 즉 다른 것들보다 더 정당하거나 조금이라도 더 바람직한 것이 있는가? 지배자와 피지배자의 행동이라는 견지에서 볼 때 그리스도교의 진리는 정치 행위에 어떤 차이를 낳는가?

마지막 질문은 분명히 아리스토텔레스로서는 제기할 수 없는 것이었다. 하지만 고전 정치철학자들은 종교적 주장을 문자 그대로의 진리로 받아들이지는 않았어도 종교의 정치적 중요성은 항상 강조했다. 아리스토텔레스는 현실적 국가와 이상적 국가의 성직자제도에 큰 관심을 가졌다. 16세기 이전까지는 세속 당국이 신민들의 종교 관습에 무관심하다고 생각하는 사람은 아무도 없었다. 개인적 종교 관습에 법이 개입하지 못한다며 신앙의 자유를 부르짖는 것은 상상할 수 없는 일이었다. 로마제국은 극히 다양한 종교 관습들을 인정했다. 제국의 정치적 통합성에 부합하면 그것으로 충분했고, 신도들은 자신의 신앙을 통해 국가에 대한 충성심을 굳게 다질 수 있다고 간주되었다. 그러나 종교가 국가사업과 무관하다는 생각은 여전히 터무니없는 것이었다. 프리드리히 2세도 시칠리아왕국에서는 유대인과 이슬람교도에게 자유로운 신앙생활을 허용했으나 롬바르디아에서는 이단을 화형에 처했다.

자연법을 논하는 과정에서 아퀴나스는, 타락 이후 인류의 사회제도와 타락하지 않았을 경우 인류가 갖추었을 사회제도를 구분하는 그리스도교의 견해와, 사회·정치세계를 자연세계의 연속적인 것으로 보는 이교 견해 사이의 긴장을 완화해야 했다. 이 대비는 과거 순수의 황금시대에 인간의 삶이 더 소박하고 합리적이고 행복했다는 일반적인 고전적 견해로 인해 다소 희미해졌다. 황금시대에 인간은 자유롭고 평등하고 순진했다. 이후 인간이 불순해졌다는 스토아적 관념은 타락이라는 그리스도교적 관념과 중첩되었으며, 그 결과 세파에 닳고 닳은 것은 곧 덕의 상실과 동일시되기에 이르렀다. 그럼에도 불구하고 유대교와 그리스도교에서 상상한 극적인 타락은 고전적인 전례가 없다. 스토아철학에는 죽음이 죄와 더불어 세계로 들어온

322

다는 생각에 해당하는 것이 없으며, 타락의 본질이 신에 대한 반역이라는 사고도 없다. 스토아철학에서는 신을 창조의 모든 부분에 내재하는 세계의 영혼으로 간주하므로 그런 생각은 거의 불가능했다. 우리 각자가 애증이 뒤섞인 신과 사적인 관계를 가지고 있다는 관념은 고전적인 사고와 전혀 무관하다. 신의 개입—즉 은총—만이 우리를 우리 자신으로부터 구원할 수 있다는 관념도 마찬가지다. 또한 그리스도교는 욕망으로부터 초연한 상태를 가리키는 스토아철학의 개념인 아파테이아apatheia를 전혀 설명할 수 없다. 아파테이아는 우리를 육신과 혼란스러운 욕망의 굴레로부터 자유롭게 하고, 협박과 속임에 넘어가지 않도록 하며, 오로지 이성에만 이끌리도록 한다. 그리스도교도는 아파테이아가 우리 정신과 마음을 맑게 해주고 신의 목소리를 들을 수 있도록 해준다는 의미에서 그것을 좋게 볼 수 있다. 하지만 그것을 유일한 해결책으로 여기지는 않는다. 해결책은 신의 은총밖에 없다. 그런데 스토아철학에는 은총을 다룰 수 있는 여지가 없다.

만약 그리스도교의 속죄 관념이 고전적 선례들과 가장 크게 다른 점이라면, 그리스도교의 구상은 모든 고전적 자연법이론들과 불화를 빚는 게 아니라 아리스토텔레스에게서 쉽게 발견할 수 있는 요소와 충돌한다. 한 가지 난제는 불평등의 자연스러움(혹은 부자연스러움)이다. 그리스도교는 자연적 평등과 인습적 불평등을 확연하게 구분했다. 아리스토텔레스의 자연법에 의하면, 자연세계에서 볼 수 있는 위계는 사회에서 보는 빈부의 위계를 포함한다. 귀족들은 자연적으로 일반 사람들보다 우월하다. 물론 자연도 때로 실수를 저지른다. 이를테면 상류층 아이가 하층민의 아이보다 저열한 경우도 있다. 자연적 불평등의 학설에 관해 아리스토텔레스의 가장 극단적인 주장 가운데 하나는 자연에 의한 노예가 있다는 것이다. 그가 노예 상태에 있는 것이 그의 주인만이 아니라 그 자신에게도 이익이 되는 경우다.[7] 그렇게 보면, 스토아철학은 전 인류의 자연적 평등을 출발점으로 삼고 노예제를 부자연스러우면서도 불가피하게 여긴다는 점에서 그리스도교와 매우 비슷했다.

아퀴나스는 아리스토텔레스의 자연관을 쉽게 차용하지 못했지만 그 대신 자연과 인습의 관계에 대한 아리스토텔레스의 접근은 선뜻 수용할 수 있었다. 그는 아리스토텔레스와 반대로 정통 그리스도교의 주장을 받아들였다. 그에 따르면 신은 세계를 인간이 공유하도록 내주었으므로 엄밀한 의미에서 재산, 노예제, 자연에 의한 정치권력은 없다.[8] 그러나 아퀴나스는 사유재산을 옹호하는 아리스토텔레스와 아무런 마찰도 빚지 않았다. 실제로 그는 세속적 사안과 관련해 아리스토텔레스의 자연주의를 받아들이면서도 별다른 부담을 느끼지 않았다. 아리스토텔레스처럼 그는 관찰과 성찰이 적절한 한도 내에서 우리에게 일상생활을 영위하는 데 필요한 거의 모든 것을 말해준다고 생각했다. 그는 아리스토텔레스의 신학이 시사하는 바가 매우 크다는 것을 알았다. 그래서 아퀴나스는 아리스토텔레스보다 훨씬 더 열렬하게, 만물이 창조된 이유는 그 사물에 유익하고 특유한 것을 성취하기 위해서라고 주장한다. 예를 들어 사과는 특정한 종류의 음식을 제공하기 위해 존재하는데, 그 과정에서 특유의 둥근 모양과 붉은 색깔을 가지도록 예정되어 있다. 우리는 식물이 '번성'한다고 말하는데, 이는 그것이 장차 그 식물 종류의 훌륭한 사례가 될 운명을 가졌음을 알고 있다는 의미다.

그래서 아퀴나스는 그리스도교 정교의 입장과 마찬가지로, 만약 우리가 죄로 타락하지 않았다면 국가를 이루고 정치적으로 살아갈 필요가 전혀 없었으리라고 생각했다. 하지만 그는 거기서 더 나아가 아리스토텔레스와 마찬가지로, 우리가 지상에서 가능한 한 선하게 살아가기 위해서는 정치가 필요하다고 생각했다.[9] 죄로 인해 강압적 국가가 필요할 수도 있지만, 질서 정연한 국가는 그런 유감스러운 필요성 이상의 의미를 가진다. 우리는 아리스토텔레스가 가장 중요한 선이라고 간주한 것, 즉 절대적 자급자족에 도달하지 못한다. 그러려면 신을 만날 때까지 기다려야 할 것이다. 그럼에도 불구하고 아퀴나스는 폴리스를 가장 고등한 형태의 인간 조직이라고 본 아리스토텔레스의 견해를 거의 그대로 수용하고 있다. 사실 그 견해를 전적으로 수용할 수는 없다. 가장 고등한 공동체는 신실한 그리스도교 공동체라는, 현명하고도 충분한 이유가 있기 때문이다. 하지만 우리는 아우구스티누스가 말했듯이 그저 시련의 시기가 끝나기만을 기다리는 페레그리니(순례자)가 아니다. 우리가 존재하는 이유는 선한 삶을 영위하기 위해서이며, 아리스토텔레스가 말했듯이 개인은 더불어 선한 삶을 살아갈 타인들을 필요로 한다. 가족이 더 큰 공동체의 지원을 필요로 하는 것, 촌락이 주민들의 행동과 다른 촌락과의 관계를 규제하기 위해 법제도를 필요로 하는 것과 마찬가지다. 정치제도는 그 모든 것들을 실현하고 선한 삶을 가능케 하기 위해 반드시 필요하다.[10]

『군주의 통치에 관하여』에서 아퀴나스는 최선의 정부 형태가 군주정이라는 것을 논증하는 데 주력한다. 이 문헌은 어느 왕에게 보내는 논문이었으므로 달리 주장할 수도 없었다. 그래도 그는 고도의 추상화를 통해 왕권은 완전히 개인적인 것이 아니라는 점을 보여준다. 공동 이익의 통합성을 구현하기 위해서는 한 사람의 지배가 더 좋다. 한 사람이 오히려 군중이나 많은 집단보다 더 효율적이고 일관적으로 공동 이익을 추구할 수 있다.[11] 『신학대전』에서 아퀴나스는 아리스토텔레스가 설명한 폴리테이아를 논한다. 폴리테이아는 귀족정과 민주정을 혼합해 상층과 하층에 두루 정의를 집행함으로써 평화를 유지하는 법치국가였다. 묘하게도 아퀴나스가 폴리테이아를 다루는 것은 신이 구약성서에 나오는 유대인의 정부를 지원하는 장면을 논의하는 맥락에서다. 하지만 그는 아리스토텔레스가 폴리테이아를 최선의 현실적 국가라고 찬양한 것을 서슴없이 받아들인다.[12] 대체로 그는 아리스토텔레스가 추상적으로 생각한 것처럼 귀족정이 가능하다면 그것이 폴리테이아보다 낫다고 생각하지만, 아리스토텔레스보다 더 나아가 귀족정보다 군주정이 효율성의 측면에서 더 낫다고 본다. 좋은 정부와 나쁜 정부를 구분한 아리스토텔레스의 견지에서 볼 때 민주주의는 비효율성이라는 측면에서 전제정치보다 나아야 한다. 즉 다수의 잘못된 정치는 한 사람의 잘못된 정치보다 악함의 측면에서 덜 효율적이다. 논의에서 드러나는 극단적인 무미건조함이 서술 전반에 확연히 드러나는 특징이다.

그렇다면 국가는 '자연적으로' 존재하는 게 아니냐는 질문도 가능할 것이다. 아리스토텔레스가 바로 그렇게 주장한 바 있다. 그렇기도 하고 그렇지 않기도 하다. 인간이 국가와 같은 방식으로 스스로를 조직하기에 적합하다는 측면에서 보면 국가는 자연스럽다. 실제로 정치조직이 보호하고 촉진하는 참된 이익이 있으며, 정치생활을 영위하는 데 필요하고 또 정치생활에서 생겨나는 미덕들도 있다. 반면 타락이 없었다면 인간이 정치 공동체를 이루어 살지 않았을 것이라는 측면에서 보면 국가는 자연스럽지 않다. 이 경우 논의는 섬세하게 전개된다. 아담은 국가와 비공식적 결사체를 구분하는 강압적 권력 같은 것을 필요로 하지도 않았고 행사하지도 않았다. 그러나 아담은 재산이나 정치권력과 비슷한 것을 소유하고 있었다. 그는 하등한 창조물을 자신의 이익에 따라 이용할 권리를 가졌고, 죄를 짓지만 않는다면 에덴동산에서 자신의 처자식에게 아버지의 권위를 행사할 수 있었다. 그는 확대가족을 지배하는 권위 있는 족장이 되었을 것이며, 구성원들도 그의 권위를 인정했을 것이다. 강제적인 법은 필요치 않았을 뿐 아니라 존재하지도 않았을 것이다. 아퀴나스는 아우구스티누스의 이런 주장을 인용하면서 이의를 제기한다. "신은 자신의 모습을 본떠 만든 자신의 합리적 창조물이 비합리적 창조물에 대해 신과 같은 권한을 가지게 할 의사가 없었다. 인간은 인간 위에 군림하는 게 아니라 짐승 위에 군림한다."[13] 그 과정에서 아퀴나스는 부모가 자식을 다스리고 남편이 아내를 다스린다는 아리스토텔레스의 자연적 위계와 매우 비슷한 발상을 수용한다.

법의 변형들

아퀴나스는 법에 관해 논의할 때마다 제기되는 분류학적 문제에 큰 흥미를 느꼈다. 우선 그는 영원한 법이 존재한다고 주장한다. 이것은 신이 합리적으로 이해할 수 있는 원칙에 따라, 그리고 합리적으로 인정할 수 있는 목적에서 우주를 만들었다는 사실에서 알 수 있다. 신은 입법자이고 세계에 앞서 존재했기 때문에 영원한 법이란 있을 수 없다는 반대에 대해, 아퀴나스는 법이란 입법자가 신민들에게 강요하는 지침이 아니라 현실적 이성의 원칙이라고 대답한다. 신은 영원하며, 신이 우주를 만드는 계획에 내재하는 원칙도 영원하다. 하지만 이성의 영원한 법은 자연법과 동일하지 않다. 명칭은 자연법이지만 이것은 엄밀히 말해 인간만이 따를 수 있는 법이다. 자연법을 식별하려면 이성이 있어야 하기 때문이다. 자신의 이익을 낳는 행동의 원칙을 따르는 동물은 부분적으로만 자연법을 따른다. 아퀴나스에 의하면 비이성적 동물은 자연법의 인도와 지배를 받지만, '동물에게는' 자연법이 없고 동물은 우리처럼 자연법을 따르지 않는다.[14] 자연법의 내용에 관해 아퀴나스는, 그 교훈이 단순하고 보편적이며 결국에는 '선을 추구하고 악을 피하는 것'으로 귀착된다고 주장한다. 혹은 "남에게 대접을 받고자 하는 대로 너희도 남을 대접하라"는 황금률의 변형일 수도 있다. 더 구체적으로, 남이 우리에게 하지 말았으면 하는 일을 남에게 하지 말라는 말도 마찬가지다. 궁극적 원칙이 소박하다고 해서 그 의미마저 소박한 것은 아니다. 여기서 상식이 개입한다. 특정한 사안에 대해 지나치게 억지스럽지 않은 추론이 필요하다. 남에게서 빌린 물건을 돌려주는 것은 자명한 의무이며 일반적인 규칙이다. 하지만 이 규칙이 무너지는 경우도 있다. 이를테면 남에게서 무기를 빌렸는데, 그가 그 무기를 이용해 자신의 조국과 싸우라고 제의하는 경우다. 그렇게 보면 사유재산의 정당성에 의문이 솟는다. 사유재산제도의 정당성은 특정한 사안에서 개인의 권리를 결정하는 것과 밀접한 연관이 있다.

나아가 아퀴나스는 법의 여러 가지 형태들을 구분한다. 유대인과 그리스도교도는 한층 직접적이고 지역화된 방식으로 신에게서 법을 받았다. 이것은 신의 실정법이다. 아퀴나스는 유대인이 신에게서 법을 받았다는 사실을 의심하지 않았다. 이것은 낡은 법이었다. 그가 답하기 더 어려운 문제는 신의 실정법이 하나뿐이냐 여럿이냐 하는 것이었다. 그 답은 두 가지 방향을 취한다. 한편으로 신은 모든 인간을 다스리고, 모든 인간에게 입법자이며, 하나의 법만 부여한다고 말할 수 있다. 다른 한편으로 그리스도는 새 법을 주기 위해 왔다고 말했는데, 이는 낡은 법과 새 법이 서로 다르다는 것을 의미한다. 아퀴나스는 이 딜레마 속에서 능숙하게 길을 찾아낸다. 법이 하나라는 것은 유일신이 법을 부여한다는 뜻이다. 이것은 법이 단일한 주권으로부터 나온다는 의미에서 법제도의 통일성을 설명한 19세기 법철학자들을 연상케 한다. 법이 여럿이라는 것은 여러 공동체에 연속해서 전해진다는 뜻이다. 똑같은 사람이라 해도 어린 시절과 어른이 되었을 때의 모습이 크게 다를 수 있듯이, 단일한 법이라 해도 구약성서에서 유대인에게 주어진 불완전한 법과 후대의 그리스도교도에게 주어진 완전한 법은 다르다.[15]

아퀴나스는 신의 법과 영원한 법이 왜 있어야 하는지 설명하면서, 신과 이성이 함께 보증하는 영원한 법은 모든 이성적 생물에게 기준이 되지만 신의 실정법이 통용되는 많은 사안에는 통하지 않는다고 주장한다. 그러므로 복음에 포함된 새로운 법은 자체 내에 자연법을 포함하지만, 그 반대는 성립하지 않는다. 자연법이 변화될 수 있느냐는 문제를 다루는 아퀴나스에게도 똑같은 고려 사항이 적용된다. 그 찬반은 명확하다. 한편으로 이성의 불변의 원칙은 정당하다. 하지만 다른 한편으로 신은 구약성서에서 자연법과 모순되는 특별한 지시를 내렸고, 인정법人定法(자연법과 달리 인간이 정하는 법―옮긴이)은 자연법으로 설명되지 않는 사유재산과 같은 제도를 도입한다. 해법은 역시 자연법이 불변이라는 것이다. 다만 부차적인 결과에 관해서가 아니라 주요한 원칙에 관해서 불변이다. 자연법의 목적을 달성하기 위해 뭔가를 더하거나 뺀다면, 변화와 불변이 모두 가능하다.

이것은 우리에게 낯익은 쟁점들을 제기한다. 우리는 법 없이 살아갈 수 있는가? 인간의 실정법은 영원한 법, 자연법, 신의 법을 따라야만 올바른 법이 될 수 있고 우리에게 복종을 요구할 수 있는가? 여기에 답하려면 무엇이 인정법에 권위를 부여하는지, 또 그 권위는 어떻게 우리를 지배하는 다른 형태의 법에 의해 제약되는지 해명해야 한다. 중세에는 서로 긴장관계에 있는 두 가지 가능성에 주목했다. 한편으로 지배자는 신이 부여한 지배자로서의 권위에 따라 법을 반포했다. 이것은 하향식 권력 개념인데, 어느 누구(홉스를 제외한 거의 모든 사람들)도 어디서 신의 법이 쟁점이 되는지 알지 못하는 듯하다. 이 견해에 따르면 법은 군주의 명령이다. 다른 한편으로 지배자는 민중 혹은 공동체로부터 법을 제정할 권한을 양도받았다는 주장도 강력히 제기되었다. 이것은 상향식 권력 개념인데, 법치를 강조하는 지배자의 권력을 설명해준다. 이 견해에 따르면 법은 정치 공동체의 의지의 표현이다. 키케로와 아리스토텔레스가 실정법의 기준을 정하기 위해 받아들였던 자연법의 권위는 다르게 설명되어야 한다. 만약 우리가 우리 자신의 이익과 공동 이익을 추구할 의무를 가진다면, 우리는 그 이익을 돌보는 지배자에게 복종해야 할 의무가 있다.

그래도 자연법이 인정법의 정당성을 어디까지 제약하느냐의 문제는 남는다. 아퀴나스는 초지일관 아리스토텔레스의 사상을 적용하고자 한다. 하지만 아리스토텔레스는 현대식 정치적 의무의 개념을 갖고 있지 않았고, 자연법과 모순을 빚는 법을 과연 법이라고 할 수 있느냐는 문제에 명쾌한 답을 내놓지 못했다. 명확하고 상식적인 견해는 모든 이성적 동물에게 통용되는 일반적 규칙과 그 규칙이 적용되는 구체적인 상황을 구분하는 것이다. 자연법의 근거를 이루는 모든 중요한 고려 사항들을 위반하는 법은 (도덕적인) 구속력을 전혀 가질 수 없다. 그러나 그 법이 의도는 좋지만 자연법을 충족시키는 헛된 시도라고 불평한다면, 복종에 유리한 고려 사항들이 더 큰 힘을 가지게 된다.

그럼에도 불구하고 아퀴나스의 견해는 아리스토텔레스와 다르다. 여느 그리스도교 저자들과 마찬가지로 아퀴나스도 원죄를 가진 인간의 정치 세계와 그에 앞선 타락 이전 세계의 간극에 대해 비고전적인 사고를 가지고 있다. 그는 우리가 사는 타락한 세계에서 인정법의 필수 불가결한 역할이 있다고 말한다. 인정법을 도입해 우리를 지배하는 다른 법들을 보완하는 것은 적어도 유용하다(아퀴나스는 유용하다는 의미로 '필수 불가결하다'는 말을 쓴다).[16] 아퀴나스가 유용함을 이해했다고 해서 18~19세기의 공리주의를 연상하면 안 된다. 법의 가치는 일상적 행복을 촉진하는 유용함에만 있는 게 아니기 때문이다. 선한 삶에 대한 아퀴나스의 견해는 제러미 벤담Jeremy Bentham보다 아리스토텔레스에 더 가깝다. 다만 아퀴나스는 고전적 덕보다 그리스도교의 덕과 '덕에 따르는 선한 삶'이라는 관념에 의존했다는 점을 감안해야 한다. 인정법의 목적은 단지 인간들 서로 간의 관계를 깔끔하게 조직하려는 것만이 아니라 인간을 덕에 맞게 행동하도록 하려는 데 있다. 좁게 보면 공리주의적 요소가 없지는 않지만 그것은 핵심이 아니다.

아퀴나스는 세비야의 이시도루스의 주장—그는 아마 아우구스티누스와 기타 많은 사람을 인용했을 것이다—을 인용해, 인간이 올바르게 처신하는 이유는 오로지 징벌의 위협 때문이라고 말한다. 또한 그는 이것이 강압적인 법을 만드는 이유로서 충분하다는 데 동의한다. 그래도 그는 현대 저자와 달리 여러 가지 고려 사항에 의지하지는 않는다. 우리는 아퀴나스처럼 반사회적이고 사악한 행동을 억압하는 형법의 유용성에도 깊은 인상을 받지만, 대다수는 경제활동을 지원하는 민법의 유용성에 더 깊은 인상을 받는다. 아퀴나스는 경제활동에 그다지 관심이 없었다. 그는 돈벌이에 관해 아리스토텔레스의 견해를 받아들여 금전상의 이득을 위한 거래를 적대시했고, 특히 고리대금을 호되게 비판했다.[17] 말하자면 18세기 고전 경제학자가 아니라 13세기 도미니쿠스 수도사처럼 사고한 것이다. 아퀴나스는 인간이 자급자족하지 못하기 때문에 서로 협력해야 한다는 아리스토텔레스의 주장을 받아들이지만, 그 경우에도 그가 논의하는 자급자족이란 덕 있는 삶을 영위할 때의 자급자족이다. 인간이 서로에게 도움을 주는 이유는 협업함으로써 서로의 물질적 욕구를 충족시켜줄 수 있기 때문이기도 하지만 그보다 더 중요한 이유는 '상호작용을 통한 덕의 함양'[18]을 실현하기 위해서다.

법은 부정해지면 권위를 잃는다. 즉 부정한 법은 법이 아니다lex injusta nulla lex. 또한 법은 원래 정한 목적에 소용되지 않을 때 권위를 잃는다. 아퀴나스가 재산권을 다루는 방식이 그 점을 잘 보여준다. 그는 자연에 의해 사유재산이란 존재하지 않는다는 스토아-그리스도교적 견해를 취했다. 신은 인간에게 세상을 주면서 생명의 이익을 위해 이를 공유하도록 했는데, 우리에게 원죄의 본성이 없다면 내 것과 네 것의 규칙은 필요하지 않다. 아퀴나스는 경제성장이나 재산 증식에 전혀 관심이 없다. 훌륭한 아리스토텔레스주의자로서 그는 우리가 가능한 한 많이 가지려 할 게 아니라 그저 '만족할 만큼' 가지려 노력해야 한다고 생각한다. 아리스토텔레스가 옹호한 중용은 아퀴나스의 시금석이다. 굶어죽으려 하는 고행자는 과식으로 죽으려 하는 폭식가와 마찬가지로 잘못을 저지르는 것이다. 현대 경제학의 토대인 효용 극대화의 전제는 아퀴나스에게 낯설게 느껴질 것이다.

사유재산의 미덕

아퀴나스가 사유재산의 도덕성에 관심을 가진 이유는 우리와 같기도 하고—못 가진 자의 빈곤과 많이 가진 자의 탐욕의 대비—우리에게 낯설기도 하다. 도미니쿠스회와 프란체스코회는 재산에 관해 상반되는 견해를 취했다. 프란체스코회는 개인적으로든 수도회 차원에서든 무소유를 주장했다. 반면 도미니쿠스회는 개인적으로는 아니더라도 수도회 차원에서는 소유할 것을 소유한다는 입장이었다. 프란체스코회는 처음부터 적어도 공식적으로는 도미니쿠스회보다 더 고행과 금욕을 강조했다. 수도사들은 수도회가 아무것도 소유하지 않고 오직 교황이 허락한 것만을 이용한다고 주장했다. 그 차이는 중요했다. 아모르 하벤디amor habendi, 즉 소유욕이 모든 악의 근원이라고 보는 그리스도교의 맥락에서, 타락 이전의 상황은 신이 하사한 것을 아담이 이용할 수 있었던 시대였다. 하지만 그것은 개인이 다른 모든 이를 배제하고 자신의 소유물을 독점할 수 있는 권리를 누린다는 의미의 소유권은 전혀 아니었다. 프란체스코회측에 선전상의 이점이 점점 커질 것은 당연했다.

아퀴나스는 재화와 토지의 사적 소유권이 정당하다고 주장하는데, 이것은 곧 재산에 대한 잘 알려진 비판을 어느 정도 수용하면서도 모든 소유가 불법이라는 결론을 내리지는 않아도 된다는 주장이다. 논의는 활기와 설득력을 더해간다. 신은 세계의 유일한 주인이므로 외부세계에 대해 한 가지 지배 형태—소유권보다 주권으로 이해하는 게 더 낫다—만 가진 게 아니다. 그럼에도 불구하고 신은 세계를 인간에게 내주면서 이용하고 개선하도록 했다. 또한 신은 인간에게 열등한 생물들에 대한 지배권을 주었다. 그것은 곧 외부세계에서 인간의 삶에 유용한 것이면 무엇이든 전유할 권리가 있다는 의미다. 개인의 사유재산이 가지는 장점에 대해 아퀴나스는 그것이 다른 종류의 재산보다 더 효율적이라는 아리스토텔레스적 견해를 상기시킨다. 사람들은 공동재산보다 자신의 재산을 더 잘 돌보며, 자기가 어떤 것을 돌봐야 하는 책임을 가지고 있는지 누구나 알기 때문이다. 더 흥미로운 것은 따로 있다. 그는 개인들에게 공평하게 재산 분배를 하면 각자 자신의 몫에 만족해 평화가 유지된다고 말한다. 사유재산이 인정되는 곳보다 재산이 공유되는 곳에서 불화가 더 많이 일어난다. 그는 농민 공동체를 염두에 두었을지 모르지만, 그보다는 아마 합의된 규칙이 없는 상황에서 사람들은 손에 움켜쥔 것을 놓치지 않으려 애쓴다는 의미였을 것이다.[19]

그 반면 재산의 이용은 가능한 한 공동 이용이어야 한다. 아퀴나스는 아리스토텔레스의 사고를 그리스도교의 목적에 접목시킨다. '사적 소유와 공동 이용'은 스파르타가 없어도 스파르타의 미덕을 견지하려 한 아리스토텔레스의 노력이었다. 아리스토텔레스가 염두에 둔 것은 모든 남자들이 함께 식사해야 하는 스파르타의 군사적 관습이었다. 하지만 아퀴나스는 그런 것을 전혀 생각하지 않았다. 그는 법이 공동 이익을 지향한다는 관념에서 출발한다. 재산은 법에 의거해야 정당성을 얻는다. 그러므로 재산 분배는 법적 소유자의 이기적인 이해관계가 아니라 공동 이익에 기여해야 한다. 아퀴나스가 공동 이용을 옹호한 것은 바로 자선을 뜻한다. 인간은 필요할 때 진정으로 남들과 공유할 수만 있다면 재산을 자기 마음대로 이용해도 된다. 그러나 자신의 법적 소유권을 단단히 움켜쥔 채 남들의 생존 수단을 부인하면 결국 그 소유권도 무효가 된다. 이런 입장은 플라톤과 아리스토텔레스가 관심을 가졌던 스파르타의 관습보다 현대 복지국가의 도덕에 더 가깝다.

아퀴나스는 절도를 다루면서 그 문제를 다시 논의한다. 절도가 잘못된 행위인 것은 자명하다. 재산의 본질은 소유자가 재산을 통제한다는 데 있다. 재산의 이용은 소유자의 허락에 의존한다. 절도를 금지하는 규칙이 없으면 재산이 있을 수 없으므로 절도는 명백하게 잘못된 짓이다. 아퀴나스는 절도가 잘못된 행위라는 점을 다른 조건에서 고찰하지만, 여기에는 중요한 문제가 있다. 절도라도 하지 않으면 굶어죽을 지경에 처한 사람이 절도를 저지르는 경우를 어떻게 봐야 할 것인가? 아퀴나스는 과감하게 대답한다. 부자의 남는 재산은 굶는 사람의 소유이며, 필요의 권리에 의해 남의 것을 수취하는 행위는 절도가 아니라는 것이다.[20] 이 논의는 3세기 후에 로크가 통치에 관해 쓴 『첫째 논문 First Treatise』에서 축약된 형태로 재현된다.[21] 이 인상적인 주장은 아퀴나스가 특유의 방식으로 서술해 의미를 획득한다. 부자의 재산을 보호하는 것이 빈민 자신의 복지에 필수적일 경우 빈민은 부자의 재산으로부터 필요한 것을 수취하는 행위를 하지 말아야 한다. 일찍이 성 바실리우스는, 부자란 극장에 들어와 좌석에 앉을 경우 다음 관객의 자리가 없어지는 결과를 낳는 사람이라고 말한 바 있다. 그 말이 틀렸다고 말하려면, 부자의 재산이 빈민의 재산 획득을 방해하지 않아야 하며, 부자의 부가 오히려 빈민의 번영을 보장해야 한다.[22]

그런 조건이 무너지면 논의도 무너진다. 빈민은 더이상 부자의 재산에 손대지 말아야 할 의무를 갖지 않는다. 기근이 들었을 때 빈민은 누구의 도움도 받을 수 없을 경우 자구책을 마련할 권리가 있다. 심지어 아퀴나스는 부자의 남는 재산이 굶는 빈민의 '소유'라고 말한다. 통상적인 의미로, 그 말은 빈민이 부자의 남는 재산을 차지한다는 뜻이 아니다. 환자가 자신을 치료해야 하는 공공 병원을 소유하지 않는 것과 같다. 아퀴나스는 극단적인 상황을 맞으면 인간은 모든 것을 공유하는 자연 상태로 돌아간다고 생각했을 것이다. 혹은 '소유'의 이러저러한 종류를 지금 우리처럼 정밀하게 구분하지 않았을 수도 있다. 하지만 후대의 논의는 엄격한 의미의 소유권과 이용권을 정확히 구분한 도미니쿠스회와 프란체스코회의 강조점을 제대로 다루지 못했다. 둘 가운데 옳은 것은 아마 전자의 사고일 것이다.

전쟁

재산은 그것을 보장해주는 법 없이는 상상할 수 없다. 그래서 법정과 징벌이 필요하다. 또한 재산을 보호하는 국가 없이는 재산의 존재를 상상하기 어렵다. 그러나 국가는 하나가 아니라 여럿이며, 서로 전쟁을 벌이는 일도 허다하다. 아퀴나스는 전쟁에서의 정의에 관해 가장 영향력 있는 이론가들 중 한 사람이다. 그는 전쟁에서의 정의를, 우리에게 다른 사람들의 죽음을 초래할 권리를 부여하는 게 무엇인가라는 더 큰 문제의 일부로 다루는데, 대단히 그럴듯한 논리다. 정치는 평화와 통합을 보존하기 위해 존재하기 때문에, 전쟁 상태는 정치적인 상태의 정반대에 해당한다. 하지만 그것은 어느 정도 억제가 가능하다. 아퀴나스는 아우구스티누스가 말하는 정의로운 전쟁의 개념을 점진적으로 따르면서 자주 그의 권위를 인용한다. 전쟁이 합법적이려면 세 가지 요건이 필요하다. 첫째, 권한을 가진 개인이나 개인들이 전쟁을 공식적으로 선언해야 한다. 사적인 복수나 약탈은 전쟁이 아니고 정당화될 수도 없다. 개인은 법정에서 부정의 배상을 요구할 수 있으므로 전쟁에 의지할 필요도 없고, 전쟁을 벌일 권한도 가질 필요가 없다.[23] 둘째, 전쟁의 원인이 정당해야 한다. 전쟁은 정당방위여야 하지만, 정당방위가 한 방향으로 연장되면 절박한 공격을 예방하기 위한 선제공격이 되며, 다른 방향으로 연장되면 후속 조치가 된다. 부당하게 빼앗긴 영토를 수복하려는 경우를 예로 들 수 있다. 셋째, 전쟁은 정당한 의도로 치러

야 한다. 즉 평화를 복구하고 악을 징벌한다는 목적이 늘 우리 마음속에 있어야 한다.[24]

논의의 특징은 상식이다. 아퀴나스는 주교와 사제가 전쟁에 적극적으로 참여하는 것을 반대하지만, 전쟁에서 그들이 아무런 역할도 하지 못한다고 말하지는 않는다. 그들은 병사들을 독려하거나 부상자들을 위무할 수 있다. 사실 그것은 중세 유럽에서 활발한 쟁점이었다. 당시 주교는 세속권력을 행사하면서 봉건 군대나 자신의 사병私兵들을 이끌고 전장으로 갔다. 이런 경우 아퀴나스가 아리스토텔레스의 전제로부터 확고한 원칙을 추출하려면 바깥으로부터 상당한 보완이 필요했다. 아리스토텔레스처럼 그도 한 가지 과제에 주로 투입된 사람이 그것과 상반되는 다른 과제에 투입되어서는 안 된다고 믿었다. 하지만 그는 때로 전장에 뛰어드는 주교가 평화 시기에 훨씬 더 나쁜 주교가 된다고 보지 않고 달리 생각했다. "전쟁이라는 일은 불안한 측면이 매우 크기 때문에 성직자의 본래 의무인 성무를 계획하거나, 신을 찬양하거나, 사람들을 위해 기도를 드리는 일로부터 정신을 크게 전환해야 한다."[25] 주교의 전쟁 참여에 대한 더 명확한 반대는 복음서에 나온다. 그러나 한쪽 뺨을 맞으면 다른 쪽 뺨을 내밀라는 가르침은 싸움에 나서는 것을 사제만이 아니라 모두에게 금한다. 아퀴나스는 아우구스티누스를 좇아 그런 반대는 이미 제거해버렸다.

국가와 그리스도교

아리스토텔레스를 추종했음에도 불구하고 정치에 대한 아퀴나스의 설명은 근대적이거나 고전적인 게 아니라 그리스도교적이고 중세적이다. 그가 연구한 아리스토텔레스는 종교의 정치적 역할을 논해야 하는 시점에 그에게 도움이 되지 않았다. 교황의 세속권력, 비그리스도교 지배자에게 바치거나 거부해야 하는 충성, 유대인, 비신도, 이교도의 처리 등 그리스도교적 배경이 없었기 때문이다. 아리스토텔레스는 종교적 관용을 옹호하지 않았지만, 이단의 개념은 그에게 낯설었다. 아퀴나스보다 4세기 뒤에 근대적 관용의 이념이 등장하기 위해서는 이단에 대한 그리스도교적 집착이 관용의 이념에 힘을 실어주고 그 이념에 필요한 것을 조명해주어야 했다. 우리는 이단을 화형에 처하기보다 관용하는 편이 더 낫다고 생각할 뿐 아니라, 이단으로 하여금 배교보다 화형을 택하도록 만드는 신념과 헌신성에 깊은 인상을 받는다. 이단은 자신의 이념을 열정적으로 수호하므로 우리는 그들을 억압하는 것이 나쁘다고 생각한다.

아퀴나스는 그런 것을 생각하지 않았다. 그리스도교 정부는 이교 정부가 할 수 없는 일을 할 수 있다. 시민들에게 그리스도교의 진리를 인간으로서 최대한 깊이 깨닫도록 할 수 있으며, 시민들이 스스로 위안을 구하고 은총과 영원한 삶의 희망을 가지도록 할 수 있다. 하지만 그리스도교 국가는 개인들을 직접 깨달음이나 올바른 도덕관으로 이끌 수는 없다. 그것은 교회의 몫이다. 국가는 교회를 주변의 모든 악으로부터 보호하고 도덕적 사안에서 교회의 인도를 따름으로써 참된 신앙을 촉진할 수 있다. 그렇다면 세속권력과 교회권력의 관계가 문제로 대두된다. 여기서 아퀴나스의 견해는 다른 곳에서와 마찬가지로 극단적이지 않다. 그는 성직자가 형사 법원에서 면책권을 가진다거나, 교회 재산은 교회의 동의가 있어야만 과세가 가능하다는 교황측의 주장을 거부하지 않는다. 하지만 그는 교황이 교황령 이외의 곳에서 세속권력을 가지는 것에 대해서는 반대한다.[26] 그럼에도 불구하고 그는 교회가 유대인에 대해 세속권력을 가지지만 그 대신 비신도에 대해서는 권리를 주장할 수 없다고 말한다.[27] 그리스도교 정부의 일상 정치에서는 교회권력과 국가권력이 서로 경쟁하지 않는다. 세속의 일들은 대체로 세속 당국에 맡겨야 한다. 교황이 세속 정치에 영향력을 행사하면 그것은 라티오네 페카티다. 물론 매우 중대한 도덕적 쟁점이 생겨날 경우에는 교황이 정치에 정당하게 개입한다. 가장 흔한 예는 왕실 결혼이 깨져 교황의 허가가 필요해지는 경우다. '죄'란 융통성이 있는 정당화다. 우리는 라티오네 페카티 때문에 교황이 자칫 세속 군주에 대한 전횡적인 권력 행사로 나아가지 않을까 우려한다. 따지고 보면 대부분의 정치적 논쟁에는 도덕적 측면이 있다. 아퀴나스는 그런 종류의 교황정치를 절대로 옹호하지 않았다. 아퀴나스가 죽고 나서 30년 뒤에 교황 보니파키우스 8세는 세속적 사안들에 대해 광범위한 사법권을 주장했다가 결국 교황권을 파멸로 이끌었다(보니파키우스는 프랑스 왕 필리프 4세에게 체포되어 수모를 당하고 죽었다―옮긴이). 아퀴나스는 그렇게 교황의 역할을 세속적 사안에까지 확장하는 데 지적 기여를 하지 않았다.

독자들은 국가가 우리의 세속적 관심을 촉진하기 위해 존재하고 교회가 내세에 대한 우리의 관심을 촉진하기 위해 존재한다는 점을 왜 아퀴나스가 강조하지 않았는지 의아해할 것이다. 만약 그랬다면 그는 교회와 국가의 관할권 분리 같은 현대적 사고도 수용할 수 있었을지 모른다. 그 의문에 대한 한 가지 대답은 아퀴나스만이 아니라 아무도 그렇게 한 사람이 없었다는 것이다. 관용, 교회와 국가의 분리 같은 17세기 관념은 13세기에는 생각할 수 없었다. 13세기 견해에 따르면 관할권은 분리되는 게 아니라 상호 연결되고 중첩되는 것이었다. 교회와 국가의 분리에 크게 집착하는 미국인들은 그 분리를 유지하기 위해 모호한 법체계도 상당수 묵인한다. 아퀴나스는 국가가 시민들에게 덕을 함양하게 하려는 것을 당연시했다. 덕의 본질은 주로 이성을 통해 알려지지만, 그리스도교적 계시는 우리가 덕을 잘 이해할 수 있도록 도와준다. 그리스도교 지배자는 그리스도교도가 이해하는 덕을 장려한다. 게다가 그리스도교 지배자가 신민들의 그리스도교 신앙이 느슨해지도록 놔두거나 자신의 관할 구역 내에서 교회가 혼돈과 무질서에 빠지도록 놔둔다면 그것은 몹시 수치스러운 일이었다. 통일성을 유지해야 한다는 교리는 평신도들보다 로마의 주교를 포함한 교회와 사제들이 더 잘 이해했으므로 그런 사안에서는 세속의 지배자도 대체로 교회의 권위를 인정해야 했다. 모든 사람이 한 가지 일에 몰두할 때 모든 게 매끄럽게 돌아간다. 교회가 세속적 기능을 장악한 것은 군주가 신학적 권위를 가진 것처럼 터무니없는 일이었다. 양측 모두 교회와 국가가 행사하는 권위의 영역을 확고히 구분하지 않았다. 왕은 교회의 도덕적 인도를 받아 통치해야 했고, 교회는 국가의 세속적 지원을 얻어 영혼의 구원을 도모해야 했다.

아퀴나스는 비신도가 그리스도교도에게 권력을 행사할 권리에 관해서도 온건한 입장을 취했다. 사실상 그리스도교도는 서유럽 바깥으로 여행할 경우 비그리스도교 정부의 보호에 의존했다. 여기서 흥미로운 의문이 솟는다. 그들은 비그리스도교 지배자에게 어느 정도까지 도덕적으로 복종해야 했을까? 이에 관해 아퀴나스는 일찍이 그리스도가 이교 로마제국의 권위를 인정한 전통을 되새겼다. 아퀴나스는 아우구스티누스처럼 신이 우리를 사악한 지배자들의 지배 아래 놔둔 이유는 우리가 죄인이라는 사실을 납득시키기 위해서라고 생각하지 않았다. 그는 일찍이 교부들이 이교도 황제들을 다룰 것을 각오했다는 데 주목했다. 베드로는 광기 어린 사악한 네로의 치하에 살면서도 그가 그리스도에게서 받은 매고 푸는 힘이 네로를 폐위시키는 데 사용될 수 있으리라는 것을 전혀 암시하지 않았다.[28] 논지는 간단하다. 세속의 지배자는 자신이 수행하도록 되어 있는 기능을 수행할 때 사람들의 복종을 받아야 한다는 것이다. 그렇지 않으면 사정이 복잡해진다. 하지만 정의를 행하고 적법하게 행동하는 근본적 의무는 초법적 행위에 호소할 경우 득보다 실이 많으므로 피해야 한다는 것을 나타낸다. 여기서 한 가지 예외가 있다. 자주 논의되는 사례인데, 지배자가 그리스도교의 가르침에 명백하게 어긋난 행동을 요구할 경우다. 아우구스티누스는 그런 상황에서 우리는 순전히 수동적인 불복종만 할 수 있다고 보았다. 아퀴나스의 견해는 더 복잡하다. 그에 의하면 그런 지배자는 우리를 자신의 명령에 복종하게 할 권리를 상실하게 되며, 우리는 자연 상태로 돌아가 안정적이고 적법하고 비억압적인 정부를 다시 구성하기 위해 도덕적으로 인정할 수 있는 모든 일을 정당하게 행할 수 있다. 아퀴나스의 견해가 어떤 바탕에서 나왔는지 알려면, 먼저 세속 정치에서 그리스도교 신앙의 역할이 가진 다른 두 가지 측면을 살펴보고 다음으로 폭군의 처리에 관한 그의 논의를 검토해야 한다.

그렇다면 첫째는 이단의 문제이고 둘째는 유대인의 처리다. 아퀴나스는 이교도에게 그리스도교 신앙을 강요하는 것에 반대하는 많은 논의가 있다고 주장한다.[29] 신앙은 자발적으로 택하는 것이며, 강요된 고백은 신앙이 아니다. 그는 자주 복음서의 상징적 해석을 토대로 논의를 전개한다. 그러므로 제자들에게 가라지를 뽑다가 밀까지 뽑을지 모르니 가라지를 뽑지 말라고 한 그리스도의 가르침은, 잠재적 그리스도교도를 죽일지 모르니 이교도를 죽이지 말라는 뜻으로 이해해야 한다. 물론 콤펠레 인트라레compelle intrare('끌고 오라')라는 가르침도 큰 비중을 가지는 것은 사실이다. 결혼 잔치를 베풀던 중 하객이 너무 적은 것을 보고 하인들에게 거리로 나가 '사람들을 억지로라도 데려다가 오라'고 명하는 우화는 수백 년에 걸쳐 수많은 유혈 사태를 불렀다. 그것은 마치 그리스도교도들에게 비그리스도교도를 교회에 강제로 데려오라고 명하는 듯하다. 아퀴나스는 조심스럽게 처신했다. 우리는 확실히 이교도가 그리스도교 신앙을 훼손하지 못하도록 해야 한다. 이교도가 소수 포함된 국가의 그리스도교 지배자는 다수 그리스도교도의 신앙이 동요되는 사태를 막기 위해 이교도의 발언과 행동의 자유를 제한할 수도 있다.

순전히 이교도라는 이유만으로 그들을 살해할 권한은 없다. 이교도를 살해하는 것은 그 자체로 선한 행동이 아니다. 그런데도 아퀴나스는 이교도를 그리스도교 신앙으로 이끄는 온건한 강요의 유용성을 논의하다가 느닷없이 이교도의 처형을 고려하는 쪽으로 넘어간다. 온건한 강요 방식의 논의는 자유주의 성향의 독자라면 좋아하겠지만, 그것은 복잡하지도 않고 현실성도 없다. 강요는 통하며, 온건한 강요는 더 잘 통한다. 야만스러운 처형은 저항을 야기하지만 온건한 강요는 그렇지 않다. 많은 사람은 강제로 신앙을 취하게 된 것을 환영하며, 그런 조치 덕분에 곧고 정확한 사고를 가지게 되었다고 인정한다. 통속적인 요즘식 비유로 말하자면, 술에 취한 사람은 친구들이 그에게서 자동차 열쇠를 빼앗아가려 할 때 설령 빼앗기지 않으려고 다툼을 벌인다 해도 결국에는 친구들에게 고마워할 것이다. 마찬가지로, 막 개종한 그리스도교도는 강제로라도 빛을 보고 올바른 방향을 알게 된 데 감사할 것이다.

이단은 또다른 문제다. 그들은 단순한 비신도가 아니라 원래 가졌던 신앙을 등진 배교자다. 그들은 자유로운 상태로는 정해진 의무를 이행하지 않으므로 강제로 의무를 이행하도록 해야 한다. 물론 이것으로 교회가 이단을 야만적인 방식으로 처리하는 행위를 설명하지는 못한다. 그러나 아퀴나스는 단호하다. 이단은 죽을죄를 저지른 것이며, 스스로에게 영원한 죽음을 선고한 것이다. 이단의 죄는 자신의 죄로 인해 처형되는 사기꾼이나 야바위꾼보다 더 나쁘다. 그래서 즉결 처형도 정당화된다. 하지만 교회가 그 사명에 걸맞은 자제와 자비를 베풀기 때문에 그런 일은 사실상 일어나지 않는다. 또한 이단을 죽이기 전에 그가 회개하고 신앙의 품으로 돌아올 수 있도록 몇 차례 기회를 준다. 이단은 단순히 신앙이 없는 것보다 훨씬 더 나쁘다. 그러므로 아무리 그리스도교도였던 적이 없는 비신도가 그리스도교도에게 일상적으로 정치권력을 행사한다든가, 그리스도교도가 그에게 복종하고 그의 법에 구속되는 일이 벌어진다 해도, 이단은 그것과는 또다른 문제다. 이단의 군주는 배교의 혐의로 폐위될 수 있다. 아퀴나스는 이단을 폐위시켜야 한다고 주장하지 않지만, 교황 그레고리우스 7세가 황제 하인리히 4세를 폐위시킨 일은 타당하다고 말한다.[30] 교황이 황제를 파문한 것은 옳았고, 파문당한 지배자는 신민들에게 권력을 행사하지 못했다. 혹시 아퀴나스는 자신의 먼 친척이자 그의 생애 첫 25년간의 황제였던 프리드리히 2세가 무려 네 차례나 파문을 당한 사실을 떠올렸는지도 모른다. 그중 첫번째 파문은 약정된 십자군 원정에 참여하지 못했다는 이유였고, 두번째는 파문당한 동안에 십자군에 나갔다는 이유였다.

그리스도교도였던 적이 없는 비신도들 가운데 유대인은 특별한 경우에 해당한다. 아퀴나스는 유대인이 '교회의 노예'라는 교회법의 주장을 받아들인다. 하지만 교회는 물리적으로 그 주장을 실현할 수 있는 힘이 있는 교황령에서조차 그렇게 행동하지 않았으며, 그것은 실상 다른 교회법과 모순을 빚는 교회법이었다. 아퀴나스가 그런 교회법을 받아들인 것이 더욱 이상한 이유는 또 있다. 그는 유대인의 개종에 관심이 없었고, 유대인이 단지 그리스도교도가 아니라는 이유만으로 범죄를 저지른다고 생각하지는 않았던 것이다. 만약 유대인이 그리스도교로 개종한다면 실은 애초에 약속한 것을 고수하는 것이며, 오히려 예전의 신앙으로 퇴보할 경우 징벌을 받을 수 있다. 그렇지 않으면 그들은 전통적인 방식으로 살아갈 수 있도록 허락을 받아야 한다. 그 이유는 다르게 행동할 경우 보람이 있는 것보다 말썽이 더 크기 때문이기도 하고, 그들의 존재 자체가 낡고 불완전한 신앙을 그리스도교가 완성시켰다는 것을 예증하기 때문이기도 하다. 이것은 유대인과 그들의 신앙에 대한 우호적인 태도를 보여주는 게 아니었다. 아퀴나스가 유대인의 종교의식을 관용해야 한다고 주장한 것은 그가 인용하는 아우구스티누스의 더 놀라운 주장에 의해 강화된다. 그것은 바로 온 세상이 육

욕에 사로잡히는 것을 막기 위해 우리는 매춘을 허용한다는 주장이다.[31]

이런 생각들은 브라반트 공작부인이 유대인으로부터 공물을 거두는 일의 합법성에 관해 제기한 질문에 아퀴나스가 대답하는 과정에서 한층 정교하게 다듬어졌다. 그는 유대인 정부에 관한 서신으로 응답했다.[32] 그는 유대인이 영구적인 노예라고 본다. 따라서 그들의 재산은 지배자의 것이며, 간신히 생존하는 데 필요한 것 이외에는 전부 빼앗을 수 있다. 공작부인은 그 대답을 듣고 그다지 만족스럽지 못했을 것이다. 그녀는 자신의 관할권 내에 있는 유대인들이 소유한 모든 것을 고리대금제도로 수취했는데, 고리대금이 불법이기 때문에 고리대금의 이윤이 다 소진된 재산을 빼앗아 자신의 목적을 위해 이용할 수 있었다. 아퀴나스는 그녀에게, 유대인들에게서 정당하게 재산을 빼앗을 수는 있지만 고리대금의 이자를 지급한 사람들의 재산은 돌려줘야 한다고 답했다. 그런 사람을 찾을 수 없다면 재산이 자선으로 사용되어야 하며, 세수입으로 수취되어서는 안 되는 것이었다. 아퀴나스는 당대의 기준으로 볼 때 엄격하거나 미신에 사로잡힌 사람이었다. 그는 유대인이 그저 유대인이라고 해서, 혹은 중세 반유대주의에서 흔히 주장한 것처럼 유대인이 그리스도를 살해했다는 오명을 물려받았다는 이유에서 유대인을 살해해도 좋다고 말하지는 않았다. 또한 지배자가 유대인을 자기 마음대로 처리할 수 있다고 말하지도 않았다. 그러나 노예제를 수용하고 부자와 빈민으로 나뉜 세상을 인정하는 것으로 볼 때, 아퀴나스는 전 인류의 자연적 평등과 자유, 현실 세계의 불평등을 아주 쉽게 화해시키는 방법을 보여주고 있다.

폴리테이아, 왕권, 폭정

『군주의 통치에 관하여』는 온건한 군주정을 소박하게 옹호하는 내용이다. 정부는 평화와 통합을 위해 존재하며, 왕이 다스리는 게 가장 좋다. 더 큰 것의 통합은 더 작은 것의 통합을 용이하게 하고, 1인 지배는 대대수 정부에 알맞다. 정부의 목적은 불변이다. 정부는 법을 이용해 평화와 통합을 보존해야 한다. 법은 공동의 이익을 지향하는데, 그것은 단순히 사회 구성원들의 다양한 사적 이익을 합한 게 아니라 덕 있는 삶을 공동으로 영위하는 행복을 가리킨다. 아리스토텔레스라면 혁명을 피하기 위해 사회 세력들 간의 균형을 유지하려는 관심이 어디로 사라져버렸는지 의아해했을 것이다. 아퀴나스는 자신에게 알려진 여러 가지 권위―성서, 키케로와 아리스토텔레스의 사상, 교회법의 전통―를 끌어내는데, 그 목적은 정치사회학이 아니라 군주들의 귀감을 책으로 쓰기 위해서다. 그러니까 장르로 보면 정치이론이 아니라 도덕적 가르침이다.

그럼에도 불구하고 아퀴나스는 중요한 일을 한다. 그는 정당한 권력의 하향이론과 상향이론 간의 대조를 교묘하게 처리한다. 정부의 통합성은 왕의 지배하에서 가장 잘 보존된다. 그러나 왕의 권력은 정치 공동체의 권력이다. 아퀴나스는 현명한 왕이 귀족들의 조언과 동의를 얻어 교회의 가르침에 맞게 통치하는 것을 당연시한다. 이것은 폴리비오스의 혼합정체론이 아니다. 폴리비오스의 논의는 아리스토텔레스가 혁명의 방지를 논의하는 '사회학적' 양식과 맥을 같이하기 때문이다. 아퀴나스는 도덕적 논점을 만들고 있었다. 그에 따르면 왕의 법을 법으로 만들어주는 것은 왕의 사적 의지가 아니라 말하자면 왕의 대의적 의지―아퀴나스는 그렇게 부르지 않지만―라고 할 수 있다. 전횡적인 의지는 법치정부에 어울리지 않는다. 만약 지배자가 통합과 평화 대신 분열과 추문의 근원이라면 그의 통치권은 손상된다. 그리스도교 도덕은 법적으로 제한된 권력이론을 위한 토대를 제공하며, 정부를 본질적으로 대의정부라고 설명할 수 있게 해준다.

아퀴나스에게 이것은 폭군의 폐위와 폭군 살해의 찬양이라는 문제의 해결책을 제공한다. 폭군이 폐위될 수 있다는 것은 그도 전혀 의심하지 않는다. 1인 지배는 그 고유한 원칙에 부응한다면 최선의 정부 형태지만, 그 반대인 1인 실정 혹은 폭정은 최악의 정부 형태다. 『군주의 통치에 관하여』에 가득한 유용한 정부에 관한 견해는 폭군의 폐위를 결정하는 단순하면서도 적절한 원칙을 제공한다. 폭군을 제거할 수 있다면 그렇게 해야 한다. 폭군의 지배를 참고 견뎌야 하는 경우는 오로지 폭군을 타도하려는 시도가 더 나쁜 악을 유발하게 될 때뿐이다. 아우구스티누스처럼 수동적 복종이나 수동적 불복종의 주장은 없다. 또한 키케로처럼 정치적 살해에 대한 열정도 없다. 왕의 권력은 공동체의 합의에 근거하므로 왕을 왕위에서 몰아내는 것도 개인의 행위가 아니라 공동체의 행위여야 한다. 이 명백하게 현명한 견해는, 아퀴나스는 언급하지 않았어도 다른 사람들이 언급한 의문을 제기한다. 누가 공동체를 대변하는가? 1680년 로크는 혁명을 논의할 무렵 '하늘에 대한 호소'라는 말을 만들었다. 한 세기 뒤에 많은 미국 혁명가들이 그랬듯이. 하늘에 대한 호소는 한 개인이 혁명 과정을 시작하기 위해 해야 하는 일이지만, 정치 공동체 전체를 대표하는 일이기도 하다. 당연하게도 학자들은 로크를 아퀴나스의 제자라고 간주했다.

폭군은 자신에게 주어진 신뢰를 상실했으므로 자신이 욕되게 만든 지위에서 물러나야 한다. 자발적으로 물러나지 않으면 강제로라도 물러나게 해야 한다. 필요한 것은 구체적으로 그 과정에 착수하는 인물이다. 과정이 진행되면 알게 되겠지만, 일단 답이 주어진 다음에는 거기서 멈추기가 어려워진다. 결국 왕의 행위를 승인하고 불허할 수 있는 개인이나 집단이 스스로 주권자가 되겠다고 나서게 마련이다. 왕의 절대주의를 옹호하는 사람들은 주권자 위에 주권자가 있다는 생각도 터무니없고 '아래' 사람이 왕을 몰아낼 권리를 가졌다는 생각도 터무니없다고 주장할 수 있었다. 하지만 비평가들은 그 전제를 받아들여 주권자를 쫓아낼 수 있는 인물이 주권자 권력의 원천이어야 하며, 그는 오직 그 대리인으로서만 통치할 수 있다는 결론을 내린다. 그 노선을 따라 교회 내에서 공의회운동이 일어났고, 이탈리아 도시국가들에서 공화주의이론이 부활했다. 그리고 오랜 세월이 지난 뒤 바로 그 노선에서 현대 대의민주주의가 성장했다.

제8장
14세기 공위 시대

가지 않은 길—후대의 변화

이 장에서는 14세기 사상가 세 사람의 관심사를 다룬다. 보편적 군주정을 옹호한 단테Dante, 대의제도와 법치제도가 교회와 국가를 다 지배해야 한다고 주장한 파도바의 마르실리우스Marsilio da Padova, 북이탈리아의 반半자치적인 도시 공화국들을 분석하고 대변한 삭소페라토의 바르톨루스Bartolo da Sassoferrato가 그들이다. 그 뒤에는 교회개혁을 위한 공의회운동이 아주 짧은 종결부로 이어진다. 또한 오컴의 윌리엄William of Ockham도 짧은 논의를 보태며, 공의회운동의 이론가들인 니콜라우스 쿠자누스Nikolaus Cusanus와 장 제르송Jean Gerson도 다룬다. 사실 그들이 당대의 정치 현장에 영향을 미친 것은 전혀 없었다. 종전의 황제들은 이탈리아를 제국 체제로 통합하려 애썼으나, 13세기 초기 합스부르크 황제들은 그것을 포기했다. 14세기 초 룩셈부르크의 하인리히Heinrich von Luxemburg와 바이에른의 루트비히Ludwig von Bayern의 시도는 성공하지 못했다. 루트비히의 후계자인 카를 4세는 고향인 보헤미아에만 관심을 가졌으나, 교황으로 임명해주겠다는 약속에 따라 로마에 단 하루 머물던 중 교황이 아니라 도시의 지사에 의해 황제로 임명되었다. 이로써 서방로마제국의 정치적·군사적 권역에서 새 로마제국을 건설하려는 꿈은 사라졌다.

마르실리우스와 바르톨루스가 주목한 도시국가들은 점점 귀족 지배자들에게 장악되었고, 지배자들은 점점 교황과 외국인 군주들의 지원에 의존했다. 법치적으로 운영되는 교회를 주창했던 공의회주의자들은 14세기 초에 잠시 성공을 거두었다가 이내 실패했다. 이후 그들은 16세기 종교개혁에 휩쓸렸다. 그 뒤 로마가톨릭교회는 군주정과 위계적 조직을 유지했으며, 반면 프로테스탄트 교회들은 무한히 다양한 정치 형태를 선보였으나 로마가톨릭교회에 필적할 만한 것은 없었다.

그럼에도 불구하고 이 장에서 논의되는 사상들을 단지 '가지 않은 길'이라는 이유로 도외시한다면 그것은 잘못이다. 오랜 세월이 흐른 뒤 충격적인 방식으로 그 길을 간 경우도 있다. 나폴레옹이 처음이고 히틀러는 더 끔찍하게 그 뒤를 이었다. 그들은 프리드리히 2세와 단테가 상상했던 규모로 유럽식 제국을 수립하고자 했다. 오늘날 EU도 그 길로 가는 게 아니냐는 비난을 이따금 받는다. 지금 서방 세계에 널리 확산된 대의정치는 마르실리우스에게 그다지 놀라운 게 아닐 것이다. 지금 미국의 각 주들과 연방정부의 관계, 혹은 유럽연합과 회원국들의 관계는 삭소페라토의 바르톨루스와 반독립적 도시국가의 법적 지위를 숙고하던 당시 법학자들에게 풍요한 연구 재료가 되겠지만, 그들에게 정말 환상적인 것으로 보이지는 않을 것이다. 공의회운동은 폭넓은 의미의 정치가 아니라 거의 전적으로 교회정치에만 관심을 가졌지만, 그 주창자들은 21세기 대의민주주의에 거의 놀라움을 느끼지 않을 것이다. 오늘날 우리가 이용하는(아직 이용하지 않는 곳도 있지만) 선거제도의 이론적 분석은 니콜라우스 쿠자누스와 더불어 시작되었다.

교회와 국가

14세기 벽두에 정치사상이 발달하게 된 배경은 교회와 국가, 특히 교황령과 제국의 낯익은 다툼에 있었다. 교황 보니파키우스 8세와 프랑스의 단려왕 필리프 사이에도 다툼이 있었고 나중에는 교황령과 제국도 다툼을 벌였다. 후임 교황들과 영국, 프랑스, 에스파냐 왕들 간의 다툼은 거의 언제나 왕들이 교회 재산에 과세하려는 데서 비롯되었으며, 타협의 여지가 충분했다. 교황령과 제국의 다툼은 거의 제로섬 게임이나 다름없었다. 어느한 측이 중부 이탈리아를 지배할 수 있었지만 둘 다는 아니었다. 교황은 황제의 선출에 특별한 역할을 할 수 있었고, 황제는 교황령에 관해 특별한 역할을 할 수 있었다. 이 때문에 논쟁이 이데올로기적·이론적·신학적으로더욱 예리해졌을 뿐 아니라 마냥 늘어지고 까다로워졌다. 신성로마제국은교회가 만들어냈으므로 황제의 대관식을 현직 교황이 치러주는 것은 황제로서의 지위에 필수적이었다. 그러다가 1356년 카를 4세는 이른바 금인칙서Golden Bull를 반포했다. 칙서의 내용은 일곱 명의 선제후를 임명하고 그들이 외부의 아무런 간섭 없이 다수결로 황제를 선출한다는 것이었다.

그때까지 교황들은 자신이 준 것은 언제든 도로 가져갈 수 있다는 입장이었다. 사실 교황에게는 그럴 만한 역사적 권위도 어느 정도 있었다. 샤를마뉴의 아버지인 피핀은 프랑크족의 왕으로 선출되기에 앞서 로마로 귀족들을 파견해 메로빙거왕조의 마지막 왕인 힐데리히를 폐위하도록 해달라며 교황에게 허가를 요청했다. 힐데리히가 죄인도 이단도 아니지만 그저 '쓸모없다'는 이유였다. 교황은 동의했다. 파도바의 마르실리우스가 교회의 심기를 거스른 여러 가지 사례들 중 하나는『권력의 이전에 관하여*De translatione imperii*』라는 논문이었다. 그에 따르면 힐데리히의 폐위와 피핀의 선출은 교황의 승인을 얻었지만, 그 자체로도 프랑크 정치사회의 적절한 구성원의 행위로서 법적으로 유효하고 정당하다.[1] 겔라시우스가 제기한 두 자루의 검 이론(두 자루의 검이란 각각 황제의 세속권력과 교황의 교회권력을 가리킨다. 5세기의 교황 겔라시우스는 세상이 교황의 영적 권위와 황제의 정치권력으로 다스려진다는 중세 특유의 권력분점이론을 정립했다―옮긴이)은 교회법과 민법 법률가들에게 열띤 토론의 대상이 되었다. 하지만 까다로운 문제들―이를테면 영적 검이 우월하다는 것은 그 검을 가진 사람이 세속의 지배자에게 명할 수 있다는 뜻인가, 만약 그렇다면 교황은 모든 사람에게, 특히 황제에게 어떤 일이든 명할 수 있는가 하는 문제―에 관해서는 명확한 합의가 이루어지지 못했다. 교황이 일상적인 사법적·행정적 역할의 측면에서 세속의 지배자를 대신할 수 있다는 주장은 없었다. 검은 한 자루가 아니라 엄연히 두 자루였다. 또한 영적 검이 우월하다는 것, 그런 의미에서 영혼이 신체보다 우월하고 신성한 사안이 세속의 사안보다 우월하다는 것도 부인된 적이 없었다. 그래서 성직자에 앞서는 세속 법정의 권리, 교회 법정의 강제력, 과세 문제 등의 쟁점들은 전혀 해소되지 못했다.

13세기 말과 14세기 초에 이르면 교황권이 이탈리아 바깥의 세속 정치에서는 거의 힘을 쓰지 못한다는 점이 명료해졌다. 그 점을 분명히 해준 것은 독일 황제가 아니라 프랑스 왕이었다. 아퀴나스가 세상을 떠난 1274년에는 예측하지 못한 사실이었다. 1250년 프리드리히 2세가 좌절 끝에 죽은 뒤 제위는 20년간이나 공석으로 남아 있다가 1272년에야 비로소 새 황제가 선출되었다. 교황은 세속 지배자들과의 모든 다툼에서 승리했거나 최소한 승부를 유리하게 이끌었다. 1209년 인노켄티우스 3세는 영국에 성무 금지령을 내려 존 왕에게 강제로 교황을 봉건적 상급 군주로 인정하도록 하는 굴욕을 안겼다. 13세기 중반 그레고리우스 9세와 그의 후임자인 인노켄티우스 4세는 시칠리아에서 알프스까지를 권역으로 삼고 이탈리아의 세속 국가를 수립하려는 프리드리히 2세의 희망을 무너뜨렸다. 하지만 13세기 말과 14세기 초에 프랑스의 필리프 4세는 교황 보니파키우스 8세에게 압승을 거두었다. 심지어 프랑스 왕은 교황을 물리적으로, 조직적으로 납치해 교황청을 아비뇽으로 옮겨버렸다. 이른바 바빌론유수(기원전 6세기 바빌로니아가 이스라엘의 유대인들을 바빌론으로 강제 이주시켜 수십 년 동안 억류한 사건—옮긴이)에 비유되는 아비뇽유수라고 알려진 사건인데, 1378년까지 지속되었다. 아비뇽이 위치한 콩타브네생은 법적으로 프랑스혁명 때까지 교황령에 속했지만, 현실적으로 교황청은 프랑스 왕의 수중에 있었다. 이것이 라이벌인 로마 귀족들의 수중에 교황청이 있는 것보다 더 좋으냐 나쁘냐는 별개의 문제다.

교황은 이탈리아를 통일하고 유럽 통합을 실현하려는 후임 황제들의 노력을 좌절시키는 데 성공했으나 실은 실망스러운 결과였다. 존 왕이 인노켄티우스 3세 앞에서 굴욕을 겪은 뒤 영국 왕들은 어떻게 하면 파문이 철회될 수 있는지에 별로 관심을 두지 않았다. 교회는 주교를 원하는 대로 발탁하는 것과 같은 사소한 자유를 누렸지만, 주교 임명에 대한 왕의 거부권은 여전히 남아 있었다. 또한 교황의 허락을 얻어야만 성직자에게 과세할 수 있다는 인노켄티우스의 주장에도 불구하고 프랑스와 영국의 왕은 휘하 성직자들에게 서슴없이 과세했다. 가톨릭교회의 힘은 막강했다. 어떤 유럽 국가보다도 부유했고—유럽 모든 토지와 동산의 4분의 1을 소유했다—대다수 세속 지배자들보다 더 튼튼한 그리스도교권의 충성을 확보하고 있었다. 하지만 그것은 파괴적인 성격을 가진 자산이었다. 군주처럼 살아가는 주교들은 교회가 빈민을 위해 부를 맡아놓은 것이라는 주장이 거짓임을 폭로했고, 프랑스와 영국에서 거둔 세금을 이탈리아에서 황제와 싸우는 데 사용하는 교황 앞에서는 민족적 정체성과 충성심이 성장하고 있었다. 보니파키우스 8세가 인노켄티우스 3세를 모방해 프랑스와 영국 왕에게 법을 제시한 것은 80년 동안 제국 바깥에서 평화를 유지시킨 암묵적 타협을 침해했다. 그는 승산이 없는 싸움을 시작한 것이었다.

교황의 최대 약점은 로마 자체였다. 로마는 끊임없는 혼란에 휩싸여 있었다. 귀족 가문들이 교황의 삼중관을 차지하기 위해 음모를 꾸미고, 뇌물을 먹이고, 서로 다투었다. 가에타니 가문과 콜론나 가문은 교황을 이용해 일확천금을 꿈꾼 것으로 악명이 높았다. 교황들은 하인리히 4세부터 프리드리히 2세까지 여러 황제들의 힘을 약화시키기 위해 독일 군주들의 분열을 조장했다. 1300년대 초에 필리프 4세도 교황을 상대로 똑같은 술책을 부렸다. 콜론나와 가에타니 두 가문이 서로 혐오하는 것을 이용해 교황을 약화시킨 것이다. 보니파키우스 8세는 가에타니 가문이었다. 그가 몰락한 뒤에도 교황은 19세기에 이탈리아의 통일이 이루어질 때까지 여전히 군사적·정치적 권력을 행사했다. 그러나 교황이 세속 지배자에게 도전할 수 있는 능력은 보니파키우스의 허세가 무너지면서 사라졌다. 교황령은 점점 이탈리아의 여느 군주 국가들과 다를 바가 없어졌다.

필리프 4세는 1303년 결정적인 승리를 거두었다. 단테가 『제정론*De monarchia*』을 쓰기 10년 전이었다. 1294년 보니파키우스 8세는 특별한 상황에서 교황으로 선출되었다. 1292년부터 1294년까지 추기경들이 누구를 교황으로 선출할지 합의하지 못한 탓에 교황위는 공석으로 남았다. 이 사태는 연로한 피에트로 다 무로네Pietro da Murrone가 교황으로 선출되면서 종식되었다. 소박한 은둔자였던 그는 졸지에 교황 켈레스티누스 5세가 되었다. 하지만 그는 교황의 직함에 따르는 요구를 처리하지 못하고 불과 몇 달 뒤에 자리에서 물러났다. 그는 후임자에게 체포되었다가 탈출했으나 다시 사로잡혔고 결국 10개월 뒤에 죽었다. 그의 후임으로 보니파키우스가 선출되었다. 그는 나이가 많은데다 비뇨기 질환에 몹시 시달렸으며, 당연하게도 비열한 인물이었다. 그런데도 그는 놀라울 만큼 활동적이었고, 극단적인 교회정치적 견해를 가지고 있었다. 그가 교황으로 선출된 과정에는 논란이 많았다. 원래 켈레스티누스는 물러날 권리가 없었으므로 교황위가 공석이 되는 일은 불가능했다. 그때까지 교황의 역사를 통틀어 그는 유일하게 물러난 인물이었다. 단테는 켈레스티누스가 비겁하게 교황위에서 물러났다는 이유로 그를 지옥의 가장 낮은 칸에 배치했다("che fece per viltate il gran rifiuto").[2] 단테는 분명 켈레스티누스의 양위가 보니파키우스 8세의 선출을 야기했다는 데서 그렇게 표현했을 것이다. 보니파키우스의 시절에 결국 단테가 우려했던 모든 것이 무너졌고 단테 자신도 망명해야 했기 때문이다. 이후 교황들은 켈레스티누스의 예를 좇기보다 현직에서 비참하고 불편하게 죽는 경우가 많았다.

보니파키우스는 즉각 성직자에게 과세하는 문제를 놓고 영국의 에드워드 1세, 프랑스의 필리프 4세와 불화를 빚었다. 양측은 각자 가장 부유한 신민, 즉 성직자들에게서 기금을 모아 상대방과 전쟁을 벌이고자 했다. 평화를 되찾으려는 건전한 욕망에서 그랬는지, 아니면 성직자의 세금을 자신의 국고에 거둬들이고 싶은 별로 건전하지 못한 욕망에서 그랬는지 알 수 없지만, 보니파키우스는 두 군주의 자금줄을 차단하려 들었다. 그는 『클레리키스 라이코스Clericis laicos』라는 교황교서를 반포해, 성직자에게 과세하려면 교황의 허가가 있어야 한다는 인노켄티우스 3세의 주장을 재천명했으며, 허가 없이 세속 당국에 세금을 납부한 성직자를 파문했다. 계속해서 필리프 4세에게 보낸 『아우스쿨타 필리Ausculta fili』와 후속 교서인 『우남 상크탐Unam Sanctam』은 왕과 황제에 대한 법적 권위를 내세우는 보니파키우스의 가장 명확한 태도를 보여준다. 하지만 에드워드 1세는 그것을 일축했다.

필리프는 더 공세적으로 나서서 화폐와 귀금속의 수출을 금지했다. 파산의 위기에 처하자 보니파키우스는 한발 물러났으나 내부에도 문제가 있었다. 콜론나 가문의 추기경들은 그가 교황으로 선출된 것이 유효하지 않다고 주장하는가 하면, 1297년 6월에는 그가 선임자를 살해했다고 고발했다. 보니파키우스는 다시 뒤로 물러나 비상시에는 필리프가 교황의 허가 없이도 성직자에게 과세할 수 있다는 데 동의했다. 이로써 교황은 재정이 복구되었고 1300년에는 대사면의 해를 성공적으로 경축했다.

그러나 긴장이 느슨해진 보니파키우스에게 1년 뒤 또다른 시련이 닥쳤다. 1301년 필리프는 파미에르 주교를 신성모독, 이단, 반역의 죄로 체포하고, 파리로 데려와 궁정 법정에서 재판하고, 유죄판결을 내린 뒤 투옥했다. 성직자는 교회 법정에서만 재판을 받는다는 유서 깊은 '성직자의 특권'을 침해하는 처사였다. 게다가 필리프는 교황에게 재판 절차를 승인하라고 요구했다. 이로써 속인 군주가 주교를 임명하거나 파면하는 권리를 가질 수 있느냐는 해묵은 논쟁이 다시 촉발되었다. 왕측의 입장은 확고했다. 세속의 지배자가 주교의 반역 앞에 속수무책일 수는 없다는 것이었다. 하지만 세속적인 동시에 종교적인 죄도 얽혀 있으므로 왕이 영적 범죄에도 사법권을 가질 수 있다는 것처럼 보이기도 했다. 교황의 승인을 요청하는 문제는 어떤 측면에서 보면 교황의 이단 탄압을 인정하는 듯하지만, 다른 측면에서 보면 프랑스 내에서 교황의 역할을 통째로 모욕하는 것이었다.

분노한 보니파키우스는 교황교서 『아우스쿨타 필리』를 반포했다. 교서의 제목을 문자 그대로 옮기면 '들어라, 아들아'라는 뜻인데, 보니파키우스가 프랑스 왕에게 매우 통속적인 어조로 고통스럽게 유감을 토로하고 있다. "비록 우리의 공적이 변변치 않다 해도 신께서는 우리를 왕과 왕국보다 위에 놓으셨도다. 우리에게 신의 이름으로, 신의 가르침에 따라 뿌리 뽑고, 끌어내리고, 없애고, 새로 만들고, 씨를 뿌리는 사도의 의무를 부과하셨도다."[3] 『아우스쿨타 필리』는 교황이 왕보다 우월한 세속적 사법권을 가졌다고 거창한 말로 천명하지는 않지만, 왕에게 그런 의사를 알리는 데는 충분했다. 왕은 성직자, 귀족, 평민 들로 전국 회의를 소집해—처음으로 소집된 삼부회로서 중요한 의미를 가진다—교황의 주장을 논박하고 프랑스에서는 국왕이 교회를 통제한다고 선언했다. 또한 그는 파렴치하기 그지없는 선전전을 전개하면서, 교황의 위조된 서신과 교황을 '얼간이'라고 표현한 왕의 (위조된) 답신을 널리 퍼뜨렸다. 대다수 주교들과 모든 속인 대표들은 왕을 지지하고 나섰다. 교황은 두 자루 검의 교리를 40여 년 동안이나 잘 알고 있다면서, 세속적 사안에 성직자의 사법권을 내세우는 '어리석음' 따위는 생각해본 적이 없다고 주장했다.[4]

사태는 쉽게 진정되지 않았다. 하지만 1302년 여름 프랑스 군대가 플랑드르에서 쿠르트레의 시민군에게 참패를 당하면서 잠시 소강상태로 접어들었다. 그 뒤 11월에 보니파키우스는 교서 『우남 상크탐』을 반포해 스스로를 영적 권력의 정점에 올려놓았다. 이런 태도는 주권을 주장하는 것으로 오해되기 쉽지만, 인노켄티우스 3세가 프리드리히 2세와 존에게 강제로 승인하게 한 봉건적 종주권과는 달랐다. 하지만 그것을 빌미로 왕은 교황이 봉건적 대군주로 군림하려 한다고 주장했다. 사실 『우남 상크탐』은 아퀴나스의 저술에 크게 의존했으므로 교황이 그런 의도를 가졌으리라고는 상상할 수 없었다. 교황은 그저 왕을 라티오네 페카티로서, 즉 죄로 인해 폐위할 권한을 내세울 따름이었다. 이것은 8세기 전에 교황의 영적 권위를 주창한 겔라시우스의 최종 결론이었다. 라티오네 페카티에 의거해 권위를 주장하는 것의 명백한 난점은 정부의 조치 중에 도덕적 문제를 야기하지 않는 게 거의 없다는 점이다. 이를테면 도로 교통 계획 같은 평범한 사안도 이러저러한 집단에 부당한 짐을 지울 수 있다. 불공정은 도덕적 실패다. 이 교리는 대체로 특별히 비열한 성격이거나 노골적으로 이단적인 견해를 가진 군주에게만 적용된다고 간주되었다. 1570년 교황 비오 5세가 영국 여왕 엘리자베스 1세를 폐위한다고 선언했을 때도 바로 그 교리를 근거로 삼았다. 여왕은 그 뒤로도 33년을 더 재위했지만, 그 허울뿐인 반역 선동에 자극을 받아 수많은 가톨릭 신민들을 사법적으로 살해했다. 오늘날 가톨릭 주교들이 신도들을 선동해 낙태의 권리를 지지하는 정치인들에게 투표하지 못하게 하는 것은 가능할지 몰라도, 보수적 교황이 미국 대통령을 라티오네 페카티로 해임하려 하는 것은 도저히 상상할 수 없는 일이다.『우남 상크탐』에 격노한 필리프는 즉각 또다른 회의를 소집했다. 회의는 보니파키우스의 교황 선출을 무효로 선언하고 교황을 이단으로 몰아붙였다. 그렇게 주장하는 근거가 무엇인지는 명확하지 않았다. 한편 교황은 교황대로 왕을 파문할 채비를 갖추었다.

선제공격은 필리프측에서 가했다. 로마 부근에는 프랑스 군사력이 없었지만, 그는 쉽게 용병들을 고용해 강력한 전술을 펼칠 수 있었다. 1303년 여름 보니파키우스가 로마를 떠나 아냐니에 있는 가에타니 요새로 갔을 때 필리프의 최고 자문관인 기욤 드 노가레Guillaume de Nogaret는 용병대와 콜론나 병력을 거느리고 그 도시를 공격했다. 늙고 병든 보니파키우스는 그 습격으로 큰 충격을 받아 몇 주일 동안 고통에 시달리다가 죽었다. 노가레와 시아라 콜론나Sciarra Colonna도 목숨을 잃을 뻔했다. 그들은 아냐니 성을 손쉽게 점령한 뒤 어떻게 해야 할지 몰라 하루 동안 다음에 취할 행동을 놓고 말다툼을 벌였다. 그동안 분노한 시민들은 병력을 조직해 침략자들을 공격했다. 노가레 일당은 간신히 도망쳤다. 그러나 필리프는 바라던 모든 것을 얻었다. 보니파키우스의 후임자는 겨우 몇 달밖에 살지 못했고 그가 죽은 뒤 추기경들은 프랑스인 클레멘스 5세를 교황으로 선출했다. 클레멘스는 로마로 가지 않고 아예 아비뇽에 교황청을 세웠다.

교황의 약점은 황제에게 도움이 되지 않았다. 프랑스 왕들은 황제를 선출하는 독일 군주들을 노련한 솜씨로 이리저리 분열시켜 공세적인 제국 정책을 불가능하게 만들었다. 오랫동안 선제후들은 황제 후보에 합의하지 못했다. 이리하여 1250년 프리드리히 2세가 죽은 뒤부터 1272년 합스부르크의 루돌프가 황제로 선출될 때까지 공위 시대가 이어졌다. 그 뒤 선출된 새 황제는 이탈리아에 야심이 없었으나 다음 황제인 룩셈부르크의 하인리히(1308~13)는 그렇지 않았다. 그는 프리드리히 2세 이래 처음으로 로마에서 대관식을 치른 황제였다. 그러나 그 장소는 성베드로대성당이 아니었고 대관식을 집전한 사람도 교황이 아니었다. 하인리히의 이탈리아 원정은 순조롭게 시작되었으나 이내 교착상태에 빠졌다. 병사들은 말라리아에 걸려 죽거나 뿔뿔이 흩어졌고, 황제는 병에 걸려 죽었다. 피렌체에서 단테는 그 원정에 정치적 변화의 희망을 걸었다. 그리고 거기서 영감을 얻어『제정론』을 썼다.

단테

유럽 문화사에서 단테의 지위는 그의 시, 특히『신곡 La divina commedia』에 의거한다.[5] 하지만 그는 정치에 관심이 많았다. 1265년에 태어난 단테는 야심찬 젊은이 시절에 공직자가 되기 위한 길드에 가입했다. 1300년 6월 그는 피렌체를 다스리는 여섯 명의 '행정장관' 중 한 명이 되었다. 그들은 1년 동안 그 공직을 유지하면서 그 가운데 두 달 동안 국정을 돌보았다. 1301년 단테는 외교 임무로 로마에 갔다. 그가 자리를 비운 동안 쿠데타가 일어나 이른바 구엘프 흑파가 권력을 장악했다. 단테는 돌아올 경우 죽임을 당할지도 몰랐으므로 어쩔 수 없이 망명해야 했다. 피렌체는 늘 제국에 반대하고 교황 편을 들었으므로 구엘프파에 속했다. 하지만 구엘프파와 기벨린파의 구분은 그다지 뚜렷하지 않았다(중세 후기부터 해체기인 16세기까지 북이탈리아의 자치도시들은 교황을 지지하는 구엘프파와 황제를 지지하는 기벨린파로 나뉘었으며, 때로는 한 도시 내에 두 파가 공존하기도 했다—옮긴이). 보니파키우스 8세가 교황에 선출되자 피렌체 구엘프파는 두 파로 갈라졌다. 단테가 속한 백파는 보니파키우스에게 적대적이었고 구엘프 흑파는 교황을 지지했다.

피렌체의 정치는 거칠었다. 단테는 구엘프 흑파 때문에 망명해야 했으므로 보니파키우스 8세를 결코 용서하지 않았다. 그는 망명생활을 견딜 수 없었고 안전한 안식처를 구하기도 어려웠다. 교황권과 교황의 정치적 간섭에 대한 그의 비판이 워낙 노골적이면서도 사나웠던 탓에 누가 그에게 은신처를 제공한다면 그것은 곧 교황의 동맹자들에게는 복수의 초대장이나 다름없었다. 그는 피렌체의 동맹 세력들을 대수롭지 않게 여겼는데, 그 점은 그들도 마찬가지였다. 피렌체에 평화가 다시 찾아왔을 때도 단테는 명예롭게 귀국할 기회를 얻지 못하고 1321년 베로나에서 망명중에 죽었다. 훗날 피렌체의 산타크로체에 그의 무덤이 축조되었으나, 베로나측이 은혜를 모르는 고향 도시에 단테의 시신을 돌려주지 않으려 한 탓에 그 무덤은 빈 채로 남았다. 『신곡』에서 아담과 이브가 낙원으로부터 추방된 일이 강렬하게 묘사된 것은 흔히 망명 시절 단테가 겪은 고통을 반영한다고 이야기된다. 『제정론』은 신정神政 체제의 야망에 대한 그의 철학적·정치적 반론이자 그가 갈망하던 정치 세계의 꿈이다. 『제정론』은 세 권의 책으로 나뉘어 보편적 군주정의 사례를 세 가지 토대, 즉 철학(아리스토텔레스), 로마 역사, 성서의 토대에서 논의한다. 논의의 관점에서 보면 1부와 3부는 내용이 쉽지 않으며, 중간에서는 앞의 논의와 뒤의 논의를 지지하는 사실적 증거를 예시하고 있다.

그 문헌의 가치에 관해 학자들은 견해가 엇갈린다. 『신곡』을 단테가 유럽 문화에 남긴 최대의 유산이라고 생각하는 단테학자들은 『제정론』을 별로 좋게 말하지 않는다. 하지만 그런 그들의 태도는 그 문헌의 정치적 내용과는 하등 관계가 없다. 단테는 『제정론』을 철학적 라틴어로 썼는데, 그들이 보기에 단테의 업적은 이탈리아어로 위대한 시를 썼다는 데 있었다. 어떤 언어로 쓰였든 간에, 그 문헌은 문장별로 상세하게 분석하기가 쉽지 않다. 이 세상에서 합법적인 정치권력은 황제의 권력밖에 없고 교회권력 등 다른 모든 권력은 그 아래에 있다는 주장을 그 문헌이 대단히 설득력 있게 옹호했다고 보기는 어렵다. 단테의 입장은 어리석다기보다 유토피아적이었다. 그는 일종의 초超군주정을 생각했지만, 그것은 룩셈부르크의 하인리히나 그의 후계자들이 단테의 고향 피렌체 같은 이탈리아 도시국가들을 일상적으로 관리하고 교회의 일상생활을 통제해야 한다는 뜻이 아니었다. 또한 그는 보편적 군주정이 전 세계를 꼼꼼하게 관장해야 한다는 생각도 없었다. 권력의 정점에 있을 때 로마는 제국의 도시들을 대체로 자치에 맡겨두었다. 이런 로마야말로 바로 단테가 염두에 둔 사례였다. 그럼에도 불구하고 단테는 극단적인 경우를 주장했다. 로마식 모델로 되살아난 제국만이 인류가 번영할 수 있는 환경을 제공한다는 것이다. 그가 부정적인 대상으로 여긴 것은 교회가 세속권력을 담당하는 것이었다. 당연한 일이지만, 『제정론』은 교황측으로부터 배척을 받았다. 1559년 금서목록이 만들어지자마자 그 책은 목록에 올랐고 1891년에야 금서에서 풀렸다.

『제정론』 첫째 권의 특이한 삼단논법을 보면, 독자들은 그 문헌을 망명 시인의 이론적 연습이자 철학적 꿈이라고 오해하기 쉽다. 비현실적으로 보이는 것은 사실이다. 게다가 둘째 권에서 로마 역사를 다루는 부분도 실제 로마 역사를 서술했다기보다는 신화를 상세히 기술한 것에 가깝다. 하지만 교황의 격한 반응은 단테의 적들이 그 책을 심각하게 받아들였다는 증거다. 1부에서 단테는 오로지 이성만을 바탕으로 군주정을 정당화하며, 3부에서는 교황이 세속권력보다 우위에 있다는 전거가 성서에 없다고 논증한다. 단테가 경멸하는 것은 교황의 영적 권력이 아니라 그것이 세속의 분야까지 지나치게 뻗어가는 현상이다. 또한 그는 교회와 국가의 분리를 옹호하지 않는데, 마르실리우스의 『평화 옹호자Defensor pacis』도 거기까지 나아가지는 않았다. 훌륭한 그리스도교도로서 단테는 교황이 세속 문제에 고유한 권력을 행사해야 한다고 생각했고, 그것에 관해 일관적인 설명을 덧붙였다. 그가 거부한 것은 교황이 황제와 기타 군주들보다 법적·정치적 상급자라는 보니파키우스 8세의 주장이었다. 교황과 군주, 양측의 적절한 관계는 아퀴나스를 비롯해 수많은 사람들이 이미 상세하게 밝힌 바 있다. 도덕적으로 올바른 군주는 영적 힘을 가진 교황에게서 영적 자문을 구하며, 자신의 권력을 이용해 교회의 세속적 이해관계를 지켜준다. 교황의 세속권력은 정직한 교황이 정의로운 지배자에게 행사하는 도덕적 권력이다. 그동안 교회가 그 한계를 제대로 지키지 못한 탓에 끊임없는 불행이 이탈리아를, 더 전반적으로는 세계를 덮쳤다.

딱딱한 구성을 풀어놓으면 단테의 논의는 무척 매력적이다. 여기에는 5세기 뒤에 등장하게 될 칸트, 헤겔, 마르크스의 역사철학을 예감케 하는 흥미로운 사상들이 있다. 역사 발전의 관념이 전혀 없었던 아리스토텔레스의 사상에서 단테가 그런 요소들을 끌어냈다는 것은 놀라운 일이다. 하지만 섭리 같은 그리스도교의 개념은 아리스토텔레스에게 없는 자원을 단테에게 제공했다. 단테는 사회에서 살아가는 목적이 인류에게 인간 고유의 완성을 구현하도록 하는 데 있다고 전제한다. 여기서 무엇보다 중요한 것은 두 가지다. 하나는 이성적인 삶에 도달하는 개인의 능력이고, 다른 하나는 도덕적 법칙으로 스스로를 다스리는 능력이다. 이 완성은 평화가 없으면 이루어질 수 없으므로 평화의 유지는 지배자의 근본 의무다. 특별히 난폭한 그 시대에 단테도 여느 사상가들과 마찬가지로 평화를 갈망했다.[6] 정부의 지상 과제는 정의로운 통치다. 그래야만 지배자의 신민들이 평화의 축복을 이용해 자신의 능력을 최대한 계발할 수 있다. 평화와 정의는 선한 정부와 선한 삶의 조건이다.

이것은 정치의 목적이 그냥 삶이 아니라 선한 삶에 있다고 주장한 아리스토텔레스의 신중한 모방이다. 독자는 단테가 그런 전제로부터 어떻게 황제의 권력을 옹호하는 근거를 끌어낼 수 있는지 의아할 것이다. 아리스토텔레스는 최선의 삶이 그리스 도시국가에서 이루어진다고 보았다. 그의 견해에 따르면 최선의 삶은 오직 그리스인들에게만 가능했다. 단테는 수백 년 뒤 그의 영향을 받은 칸트의 『세계시민의 관점에서 본 보편사의 이념 *Idee zu einer allgemeinen Geschichte in weltbürgerlicher Absicht*』의 핵심을 이루는 전제를 추가함으로써 논의를 더욱 풍부하게 한다. 완성의 성취는 한 개인이나 집단의 노력으로 될 수 없다. 종種 전체가 함께 달성해야만 한다. 뭔가를 성취하려면 당연히 서로 간의 동료애와 도움이 필요하지만, 완성을 지향한다면 작고 제한된 조직에 만족할 수는 없다. 우리는 인류 전체가 완성을 추구하는 보편적 인간의 상태를 상상해야 한다. "인류 안에 무수한 개인들이 있어야 하며, 이들을 통해 이 잠재성이 실현될 수 있다."[7] 우리가 충성을 바쳐야 하는 대상은 이러저러한 왕, 백작, 공작이 아니라 바로 보편적 군주정이다. 단테가 어떻게 이 생각을 피렌체 시에 대한 열렬한 사랑과 조화시킬 수 있었는지는 의아하지만, 많은 사상가들은 세계시민주의와 조국에 대한 깊은 애정 사이에서 아무런 긴장감도 느끼지 않았다.

논의는 단테의 화려한 논리적 증명에 의해 가로막힌다. 그가 왜 그토록 단호하게—그것도 거의 혼자서—삼단논법의 규칙을 준수하면서 아리스토텔레스가 비난했던 실수를 전혀 저지르지 않았다는 것을 보여주려 애썼는지는 추측하기 어렵다. 그냥 그가 1290년대에 깊이 연구했던 철학에 대한 열정을 반영하는 것일지도 모른다. 보편적 군주정이 이성의 요구임을 스스로 만족스럽게 증명한 뒤, 단테는 둘째 권에서 로마제국이 존재한 것은 신의 의지였다는 점을 보여준다. 하지만 이 과정은 불안을 유발한다. 경험적으로 고려할 때 단테의 역사적 분석은 확실히 엉터리다. 신랄한 비평가는 신뢰할 수 없는 사실들이 내재적으로 불안정한 결론을 거의 지지하지 못한다고 불평할 수 있다. 그러나 단테가 무엇을 하려 했는지 이해하려면, 우리는 그가 그다지 뛰어난 역사가가 아니었다고 불평할 게 아니라 그가 역사 속에서 섭리의 역할에 관한 열망에 부응하려 했다는 것을 알아야 한다.

아우구스티누스가 『신국』에서 로마를 다룬 것이 그 계획을 조명해준다. 그는 로마가 신의 섭리에 따른 구도에 포함된다고 주장했다. 로마제국은 폭력의 큰 대가를 치러야 했으나 타락한 인간에게 제한된 폭의 기여를 했다. 그러나 로마 지배자들은 결국 자신의 지배욕에 사로잡혔다. 아우구스티누스는 그 시대의 이교도들처럼 신들이 로마를 총애했다고 생각하지 않았다. 이교의 신에 대한 불신이 어느 정도 허용되는 분위기에 맞게 그는 로마가 특정한 신들의 선의를 입었다는 것을 더욱 강력하게 불신했다. 모든 정치적 계획이 그렇듯이 로마는 부득이한 선택faute de mieux이었다. 말하자면 죄인들의 삶을 비교적 덜 폭력적이고 덜 고통스럽게 만들기 위한 발명품이었던 것이었다. 그럼에도 불구하고 로마가 존재한 것은 신의 의지 덕분이었다. 훌륭한 시민들의 애국심, 용기, 정직함은 신국의 시민들이 가져야 하는 덕을 보여주었다.

단테는 정부에 한층 더 적극적인 역할을 부여했다. 그는 로마가 더 큰 악을 방지하기 위해 더 가벼운 악을 행한 유일하게 성공적인 사례라고 여기지 않았다. 그보다는 로마를 신의 의도가 발현된 것이라고 보았다. 인간은 평화와 정의의 정부가 보호하는 가운데 모든 능력을 개발해야 한다. 문제는 제국이라는 게 과연 선하냐에 있지 않다. 그 점은 이성이 보여주었다. 그는 바로 로마제국이 선하다는 것을 논증해야 했다. 로마제국이 성장하는 과정에서 숱한 유혈과 폭력이 발생한 것을 감안한다면, 꾀까다로운 사상가에게 그것은 쉽지 않은 일이었다. 단테의 가장 대담한 주장은 로마가 합법적으로 권력을 획득했다는 것이었다. 말하자면 로마는 결투의 권리에 의해 권력을 장악했다는 것이다.[8] 이것은 기묘하게 시대착오적인 주장이었다. 어떤 역사가들은 중세에 결투에 의한 심판이 별로 없었고 결투는 문학의 발명이라고 말하며, 또 어떤 사람들은 이따금 결투가 있었다고도 말한다. 하지만 고전 역사와 신화를 보면, 서로 전력이 엇비슷한 두 군대가 마주쳤을 때 전부의 목숨을 걸고 싸우는 게 아니라 두 명의 전사나 전사 집단이 결투를 벌여 승패를 결정하는 사례가 적지 않았다. 단테는 신들이 영웅의 성공을 보고 웃는다는 고전적 생각과, 더 그리스도교적이고 법률적인 관념, 즉 힘이 정의를 만드는 게 아니라 적절한 조건에서의 성공이 신의 총애를 나타낸다는 관념을 결합했다.

이성은 제국의 계획을 지지했고 역사를 통해 행동하는 신은 로마제국의 계획을 승인했다. 이제 단테는 신이 황제가 아닌 교황에게 권력을 주었다는 성서의 관념을 뒤엎고 제국의 계획을 옹호하는 결론을 내릴 수 있었다. 하지만 『제정론』의 셋째 권에서 그는 한 걸음 더 나아가 교황의 역사적 권리를 부인했다. 특히 교황이 8세기 중반 혹은 9세기에 만들어진 악명 높은 위조문서, 이른바 콘스탄티누스의 증여에 의지하는 것을 비난했다. 문서의 내용은 콘스탄티누스가 서방로마제국에 대한 권력을 교황 실베스테르 1세와 그의 후계자들에게 넘겨주었다는 것이었다. 그 문서가 날조되었다는 것은 널리 알려졌으나 교황측은 그것이 진본이라는 주장을 16세기까지 이어갔다. 그 문서의 신빙성은 16세기에 들어서야 역사 연구를 통해 완전히 무너진 것이다. 교황은 한층 확고한 토대 위에서 교황령에 대한 세속적 주권의 기원을 피핀과 샤를마뉴의 양도까지 더듬어 올라갔다. 이후 후대 황제들도 계속 그것을 추인했다는 것이다. 단테는 그 증여의 신빙성을 논하기보다 법적 효력을 의문시했다. 『신곡』에서 그는 그 문서가 교회를 타락시키는 효과에 집중한다. 그것이 무효인 이유는 황제가 스스로 황제의 권력을 팽개치는 자기부정의 행위를 보이지는 않기 때문이다. 물론 그렇다고 해서 황제가 폐위될 수 없다고 주장하는 것은 아니다. 황제는 분명히 폐위될 수 있고 새 황제를 선출하는 것도 가능하다. 그런 일이 일어난다면 황제는 자신의 권력을 포기하게 되며, 새 황제를 선출하는 과정에서 황제의 권력이 후임자에게 양도된다. 황제의 명령으로도 할 수 없는 것은 황제의 권력을 양도하고 황제가 자신과 후임자의 권력을 스스로 포기하는 일이었다. "누구도 자신이 가진 지위 때문에 그 지위와 상충하는 일을 할 권리는 없다. 만약 그렇지 않다면 서로 같은 두 가지 일이 그 자체의 본성으로 인해 대립하게 될 텐데, 그것은 불가능하다." 그것은 판단하기 쉬운 논증이 아니다. 황제는 후임자를 발탁할 수 있었고, 권력을 동방 황제와 서방 황제에게 분점시키기도 했으며, 심지어 4두 체제를 수립하기도 했다. 하지만 황제의 권력을 이용해 그 권력을 다른 기관으로 증여하는 것을 승인한다는 것은 일관적이지 못한 측면이 있다.[9]

그 밖에도 단테는 표준적인 신약성서 해설에 전념한다. 그는 교황의 권리를 옹호하는 예증으로 사용된 구절들이 실은 정치권력과 물리적 강제에 대한 예수의 태도를 말해주는 데 불과하며, 깊은 의미를 가진 비유로 해석되어서는 안 된다고 말한다. 유명한 '두 자루 검'의 구절도 원래는 그런 뜻이 아니었다. 그리스도는 제자들에게 자신의 인기가 바닥을 칠 경우 너희는 스스로를 방어할 태세를 갖추어야 한다고 말했다. 그 말은 제자들이 열두 자루의 검을 입수해 한 사람이 한 자루씩 가져야 한다는 뜻이었다. 그런데 그가 제자들에게 검을 얼마나 마련했는지 묻자 제자들은 두 자루라고 대답했고 그리스도는 "그거면 됐다"고 말했다. 즉 두 자루의 검은, 필요할 경우 그들 자신을 방어하기에 충분하다는 뜻이었다. 겔라시우스는 그 구절을 곡해해 그리스도가 세속권력과 종교권력을 둘 다 인정했다면서 종교권력이 더 우월하다고 주장했는데, 그것은 성서에 나오지 않는 근거 없는 주장이었다. 베드로에게 매고 푸는 힘을 주었다는 것은 더 큰 문제를 야기하지만, 단테는 그것도 일축해버린다. 그리스도는 베드로에게 땅에서 그가 매고 푸는 것은 무엇이든지 천상에서도 매이고 풀려 있을 것이라고 말했다. 이 말은 실제로 플레니투도 포테스타티스plenitudo potestatis, 즉 절대권력을 부여했다는 이야기처럼 들린다. 하지만 단테는 그 반대라고 말한다. 그 말은 여기 지상에서 할 수 있는 모든 일에 관한 한 베드로의 힘은 제한되어 있다는 의미다. 그가 할 수 없는 일은 많다. 예컨대 그는 타당하게 맺어진 결혼을 그저 말 한마디로 무효화할 수 없다. '무엇이든'이라는 말에 결혼의 무효화는 포함되지 않는데 황제의 폐위는 포함된다면 그것은 괴상한 생각이다.[10] 어쨌든 그리스도의 시대, 혹은 복음서를 쓸 무렵에는 황제가 알려진 세계에 대해 독자적인 정치권력을 소유한다는 사실을 누구도 의심하지 않았다. 만약 그리스도가 그것을 부정할 의도였다면 실제로 그렇게 했을 것이다.

교황권에 맞서 왕권을 옹호하기 위해 아리스토텔레스의 전제를 이용할 때 문제가 될 수 있는 것은, 그 경우 정치 공동체가 나름대로 좋은 것이고 그것의 보호를 의무로 여겨야 한다는 게 당연시된다는 점이다. 그 결과 군주정의 특별한 지위가 위축된다. 그렇다고 해도 군주정이 완전히 무너지는 것은 아니다. 아리스토텔레스와 그의 사상은 반反군주정이 아니다. 또한 아퀴나스만이 아니라 파리의 장Jean de Paris도, 또 당대의 많은 저자들도 1인 지배가 대체로 다른 정치체제보다 낫다고 가정했다. 만약 아리스토텔레스가 정치질서의 본래 가치를 옳게 파악했다면, 최선의 형태가 군주정이라는 것도 옳을 것이다. 공동의 이익을 일관적으로 추구하는 법치정부는 전부 수용할 수 있는 정부다. 그중에서도 군주정은 최선이다. 반면 오로지 지배자나 지배층의 사익만 추구하는 무법 정부는 어느 것도 수용할 수 없는 정부다. 그중에서도 전제정은 최악이다. 그럼에도 불구하고 아리스토텔레스에게는 정치 공동체가 어떤 특정한 법의 형태보다도 앞선다는 생각이 잠재되어 있었다. 여기서 한 걸음만 더 가면 지배자가 피지배자의 조언과 동의를 얻어 통치하는 게 당연하다는 생각으로 이어지게 된다. 학자들은 아리스토텔레스의 제자들이 군주정부보다 이탈리아 도시국가 자치정부에 관해 덜 논의했다는 사실에 놀라움을 나타낸다. 하지만 당대의 주요 쟁점은 교황이 세속권력을 주장한다는 사실이었으므로 세속 군주정의 권위를 옹호하려 한 것은 당연한 일이었다.

파도바의 마르실리우스

교황에 대한 공격으로 더 큰 논란을 부른 사람은 파도바의 마르실리우스였다. 그는 주요 저서인 『평화 옹호자』에서는 장황하게, 『옹호자 축약본 Defensor minor』과 『권력의 이전에 관하여』 같은 후기 저작들에서는 간략하게 그 문제를 다루었다. 마르실리우스는 1270년대 후반에 파도바에서 태어났다. 그의 가문인 마이나르디니는 저명한 법률가 가문이었으나 그는 의학을 공부했다. 성장기에 관해서는 알려지지 않았지만, 1313년에 그는 파리 대학에서 통상적인 세 달 학기 동안 학장을 역임했다. 이후 그는 베로나의 델라 스칼라 가문과 밀라노 비스콘티 가문의 업무를 자주 돌보았다. 그가 언제 『평화 옹호자』를 쓰기 시작했는지는 확실하지 않은데, 1315년경일 것이라는 추측이 일반적이다. 이 책은 1324년에 익명으로 출간되었으나 얼마 안 가 그가 저자라는 말이 새어나갔다. 마르실리우스는 파리가 안전하지 않다고 판단했다. 만약 교황과 프랑스 왕이 화해하고 교회가 그에게 등을 돌린다면, 그는 세속 당국으로부터 아무런 도움도 얻지 못하게 될 터였다. 그는 바이에른의 루트비히 황제의 궁정으로 도피했다. 거기서 그는 1327~28년 루트비히의 지난한 이탈리아 원정에 참여했고, 잠시 로마에서 루트비히의 대리인 노릇을 하기도 했다. 1330년대 내내 그는 늘 궁정에 가까이 있으면서도 큰 영향력을 행사하지는 못했다. 1340년경 그는 『옹호자 축약본』을 썼는데, 그 목적은 루트비히가 티롤 백작부인의 결혼을 취소하고 그녀를 자기 아들과 결혼시키려 한 조치를 옹호하는 한편 『평화 옹호자』의 주요 이념을 재확인하려는 데 있었다. 그는 이후 얼마 안 가서, 아마 1342년에 죽었을 것이다.

『평화 옹호자』는 대다수 번역본의 분량이 500쪽에 달하는 방대한 책이다. 교황에 반대하는 기조가 워낙 뚜렷한 탓에 교황 요한네스 22세는 그 책을 읽기도 전에 다섯 가지 문제점을 들면서 이단이라고 선언했다. 이 책에서 마르실리우스는 세속권력의 이론을 그에 수반되는 영적 권력의 설명으로부터 세심하게 분리해 전개하고 있다. 두 영역의 권력관은 동의에 의한 정부의 학설에 의존한다. 그에 못지않게 중요한 것으로, 동의에 의한 정부의 설명은 대의제이론으로 보강된다. 정치이론을 다룬 대다수 책들처럼 '쿠이 보노?cui bono?'—누구에게 이득이 되는가?—라는 흥미로운 문제가 대두되지만, 여느 때와 달리 이 경우에는 답하기가 쉽지 않다. 마르실리우스는 오랜 기간 바이에른의 루트비히를 위해 일했고 그 저서도 그에게 헌정했지만, 책을 쓴 시기는 루트비히가 황제로 취임한 1328년 이전이었다. 1313년 룩셈부르크의 하인리히가 죽은 뒤 후계자 선정을 놓고 10년간의 내전이 벌어졌다. 단테의 『제정론』은 교황에 반대하고 황제의 편을 든 문헌이었다. 『평화 옹호자』는 교황에 반대하지만 황제의 편을 들지는 않았다. 그러나 이후의 두 저작인 『옹호자 축약본』과 『권력의 이전에 관하여』는 분명히 황제의 편을 들고 있다.

『평화 옹호자』는 교황이 교회에 절대권력을 행사하거나 세속 정치에 개입하는 것에 반대한다는 점에서 부정적인 사례다. 마르실리우스의 논의가 성직자나 교회에 반대되는 것은 아니다. 그는 오랜 기간 치밀하게 연구한 결과 세속권력의 토대가 피지배자의 동의에 있다고 보았다. 이 동의는 이탈리아 도시국가들만이 아니라 북유럽 도시들에서도 낯익은 대의제를 통해 확보된다. 마르실리우스는 더욱 대담하게, 이것은 도시와 왕국을 다스리는 방식이기 때문에 동시에 교회를 다스리는 방식이기도 하다고 주장했다. 비록 요한네스 22세는 그것을 이단으로 보았지만, 실은 완전히 새로운 주장도 아니었다. 초기 교회는 수많은 공의회를 열어 교리상의 문제를 비롯한 각종 쟁점들을 해결했다. 그중 하나인 니케아공의회는 심원하고 까다로운 사안인 삼위일체의 문제를 해결한 것으로 특히 잘 알려져 있다. 공의회는 대개 세속 지배자들이 소집했지만 교회정치에 관련된 사안은 합의를 이루지 못했다. 한 가지 이론의 여지가 없는 사실은 공의회가 막중한 책임성을 가졌고 공의회를 소집하는 일이 세속 지배자의 몫이라는 것은 어떤 교황에게도 불만일 수밖에 없었다는 점이다.

여기서 혁신은, 여러 가지 대의제를 낳은 정치제도가 많은 현실적 문제들을 해결할 수 있다는 주장에 있지 않다. 새로운 것은 마르실리우스가 아리스토텔레스의 정치이론을 이용해, 권력이 도덕적으로 정당하려면 대중의 동의에 기초해야 한다고 주장했다는 점이다. 그는 아마 그런 생각이 현실적 힘을 가지게 만든 최초의 저자일 것이다. 위계적 권력이론과 대중적 권력이론이 적어도 지적으로는 조화를 이룰 수 있다는 생각은 낯설지 않았다. 많은 저자들은 권력이 공동체에서 발생한 다음 지배자에게 부여된다고 생각했다. 마치 일찍이 유스티니아누스가 자신의 권력이 인민에게서 생겨나 무조건적으로, 또 철회의 가능성도 없이 황제에게 양도된다고 생각한 것과 같았다. 유스티니아누스는 절대적 주권자였지만 그의 주권은 원래 인민의 소유였다가 인민이 양도한 것이다. 위조된 콘스탄티누스의 증여에 나오는 이론에 의하면 제국의 종주권은 콘스탄티누스의 것이었다. 그는 그것을 나중에 교황에게 양도했고, 교황은 그에게 제국의 세속 국정에 대한 관리를 위탁했다. 그렇다면 이렇게 정리할 수 있다. 권력은 처음에 '인민에게서' 비롯되었고, 인민의 양도에 의해 황제의 것이 되었다가, 황제의 양도에 의해 교황의 것이 되었다가, 교황의 위임에 의해 황제의 것이 되었다. 어떤 사람들은 신이 권력의 유일한 원천이라고 주장했지만, 신이 지배자에게 권력을 부여하는 것은 선한 지배자가 백성들의 동의를 얻어 지혜롭게 통치할 때만 타당하다는 단서가 붙었다. 위계가 강력한 조직인 가톨릭교회에서 선거란 신이 선거의 임무를 담당한 사람들의 목소리를 크게 해줌으로써 자신의 선택을 널리 알리는 과정으로 이해되기 쉬웠다. 인민의 목소리는 곧 신의 목소리였다 vox populi, vox Dei. 우리가 신의 권력을 발견하는 것은 신이 인민의 목소리를 통해 권력을 부여할 때에만 가능하지만, 그래도 권력은 엄연히 신의 것이었다. 신이 권력의 원천일 뿐 아니라 세속의 지배자를 직접 임명한다고 보는 순수한 신권이론은 여러 가지 가능성들 중 하나다.

마르실리우스는 『평화 옹호자』를 구성하는 세 논문 가운데 첫째 논문을 구성할 때 그가 자명하다고 여기는 것에 의지하고 있다. 그것은 곧 인간이 자급자족의 삶을 위해 함께 모여 정치적 공동체를 이룬다는 점이다. 국가—왕국regnum—는 자급자족을 성취하는 유일한 조직이기 때문에 가장 고도한 형태의 조직이다. 이것은 바로 아리스토텔레스의 논지와 같다. 아리스토텔레스에 따르면 우리가 모여 사는 이유는 생존을 위해서지만 정치를 행하는 이유는 훌륭한 삶을 위해서다. 아퀴나스도 거기까지는 아리스토텔레스를 좇았다. 마르실리우스는 거기서 더 나아간다. 궁극적인 자급자족은 내세에나 가능하지만, '시민의 행복'은 세속적 자급자족에 있다. 아리스토텔레스와 전혀 무관하고 아퀴나스가 알았더라면 아마도 격분했을 마르실리우스의 주장은, 평화와 시민의 행복을 저해하는 커다란 위협이 바로 교황이라는 것이다. 그는 첫 대목에서부터 책의 취지를 밝히고 있다. 아리스토텔레스의 시대보다 훨씬 이후에 생겨났기 때문에 아리스토텔레스도 전혀 알 수 없었던 갈등과 혼란의 원인을 드러내고자 한다는 것이다.[11] 또한 마르실리우스는 기능적 관점에서 정부의 구성 요소들을 분석하는 데서도 아리스토텔레스를 넘어서고 있다. 그가 생각하는 정부의 주요 구성 요소는 사법부, 군대, 종교조직이다. 아리스토텔레스의『정치학』제1권은 정부를 분석하면서 더 제한된 형태의 조직과 구분했는데, 마르실리우스는 그 사상을 더욱 확장한 셈이다. 그는 세속의 지배가 종교적 기능을 가진다고 말한다. 세속의 지배자는 시민의 신체적 안녕만이 아니라 영적 안녕도 지켜주어야 하기 때문이다. 성직자의 기능은 올바른 정부의 기능에 속한다. 이것은 그다지 신선한 생각이 아니었다. 아리스토텔레스는 이상적인 폴리스를 설계하는 과정에서 성직자기구의 수립을 논의한 바 있으며, 마르실리우스가 인용하는 키케로도 정부가 성공하려면 올바르게 구성된 성직자기구가 필요하다고 말했다. 그러나 마르실리우스가 다양한 종류의 권력과 제도의 기능을 분석한 것은 오늘날 우리가 아는 것과 같은 제도 분석의 단초에 해당한다.

마르실리우스는 스스로 '중용의' 지배라고 말하는 것을 옹호했다.[12] 그에 따르면 '국가'라는 말은 몇 가지 의미를 가지는데, 전부 다 아리스토텔레스에게서 나온다. 그의 의도는 '중용의' 정부에 공통적인 요소를 전반적으로 논의하려는 데 있다. 중용의 군주정이 비현실적인 열망이라는 말은 전혀 없다. 중용의 정부는 현대적 의미의 제한적 정부가 아니다. 제한적 정부의 현대적 개념은 두 가지를 강조한다. 어떤 정부도 해서는 안 되는 일이 있다는 것과, 국가의 강제 권력이—지나치면 안 되지만—반드시 필요하고 유용한 제한적 행동 영역이 있다는 것이다. 중세 저자들도 분명히 정부가 해서는 안 되는 일이 있다고 생각했지만, 주로 종교 분야의 일이 그렇다고 여겼다. 신민들에게 그리스도를 거부하라고 명령한 지배자는 충성을 받을 자격이 없으며, 백성들을 참된 신앙으로부터 멀어지게 하는 지배자는 통치권을 상실한다. 그러나 아리스토텔레스를 재발견한 이후 그의 목적론적 틀에 익숙해진 중세 저자들은 신민의 권리와 지배자의 권리를 굳이 대립시키려 하지 않았다. 정부의 과제는 모든 선을 최대한 행하는 것이었다. 논쟁을 즐기는 사람들은 흔히 특정한 지배자가 특정한 방식으로 행동하지 못하는 이유는 그 행동이 그의 정부에서 알려지고 합의된 관습과 법에 어긋나기 때문이라고 주장했다. 하지만 그들은 신민들이 정부의 권력을 제한하는 권리를 가졌다는 생각을 받아들이지 않았다. 마르실리우스는 '중용의 군주정'이 법에 따라 행동해야 한다고 주장했다. '인간이 아니라 법이 다스려야 한다'는 생각을 옹호한 아리스토텔레스와 같은 입장이었다. 그러나 마르실리우스는 법으로 어찌할 수 없는 생활의 영역도 있다는 현대적 사고에까지 이르지는 못했다.

이런 차이는 마르실리우스가 대의기구와 선거제도를 설명하는 데 영향을 미친다. 현대 세계에서 그것들은 정부가 한계를 넘지 않도록 제어하는 장치다. 이것은 마르실리우스를 정당화하는 게 아니다. 그는 지혜로운 지배를 보장하는 것이 가장 중요하다고 생각한다. 선거와 제한적 정부 사이에 필연적 연관이 없다는 것은 언뜻 생각해도 명백하다. 이를테면 한 개인이 어떤 권력을 행사하느냐와 그 권력을 어떻게 획득하느냐는 서로 별개의 문제다. 교황은 선출되는 존재였지만 플레니투도 포테스타티스, 즉 절대권력을 주장했다. 마르실리우스는 제한적 정부가 아니라 지혜로운 정부를 원했다. 19~20세기 독재자들은 국민투표를 통해 권력을 획득했다. 마르실리우스는 독재자가 아니라 중용의 지배자를 원한다. 지혜로운 자는 온건할 것이며, 계몽된 기구 편제의 목적은 지혜로운 지배자를 배출하는 데 있다. 마르실리우스가 『평화 옹호자』의 첫 부분에서 줄기차게 논의하는 문제는 바로 지혜로운 지배자의 정부를 어떻게 이룰 것이냐다.

선거에 대한 그의 생각도 우리의 생각과 전혀 다르다. 마르실리우스는 대담한 주장으로 많은 독자들을 놀라게 했다. 이를테면 인민의 동의가 정부의 '유효한 근거'일 뿐 아니라—정부는 피지배 공동체의 합의에서 탄생했다—공동체의 지속적인 동의가 법을 법으로 만든다고 주장한 것이다. 다른 방식의 논의에서 보면 그 주장은 전례가 없지 않았다. 약간만 주의를 기울이면 키케로에게서도 추출할 수 있다. 그러나 마르실리우스가 주창한 것과 같은 주의설(主意說, 지성보다 의지의 역할을 더 중시하는 이론—옮긴이)의 형태는 전례가 없는 것이었다. 그는 지속적 동의가 정당성에 필수적이라고 여겼다. 올바른 정부가 인민의 의지와 동의에 따라 공동의 이익을 위해 법을 만든다는 생각은 새로울 게 없다. 그것은 로마의 이미지에서 핵심적인 요소였다. 하지만 그 생각은 마르실리우스가 누구의 동의에 의지할 것인지를 물을 때 더욱 과감해진다. 이 물음에 대해 그는 악하고 둔한 사람과 사회에 아무런 이해관계가 없는 아주 가난한 사람을 제외한 모든 사람의 동의가 필요하다고 대답한다. 대중을 악하고 둔하게 보는 통상적인 귀족적·위계적 입장에 대해 그는 이렇게 반박한다. "대다수 시민들은 대부분의 시간 동안 악하지도, 둔하지도 않다." 나아가 그는 아리스토텔레스와 마찬가지로, 법을 직접 제정할 능력이 없는 시민이라 해도 법이 자신에게 제시되면 그 장점을 판단할 수 있다고 말한다.[13]

마르실리우스가 정당성의 근거를 합의에 두기 위해 아리스토텔레스를 끌어댄 것을 만약 아리스토텔레스가 알았다면 깜짝 놀랐을 것이다. 하지만 마르실리우스가 아리스토텔레스의 폴리테이아—'특정한 다수'가 아니라 그냥 다수에 의한 선한 정부—를 선택한 것은 완벽하고도 정확했다. 출발부터 대담하게 가져간 뒤, 그는 곧장 동의의 민주주의적 개념으로 향한다. 다른 사람들처럼 그는 한 사람의 머리보다 여러 사람의 머리가 더 낫고, 지혜로운 지배자도 조언이 필요하며, 최선의 정부는 많은 사람들이 참여해야 한다고 주장한다. 현대 용어로 말하자면 다두정多頭政(여러 명의 지배자가 다스리는 정치체제―옮긴이)에 해당한다.[14] 이런 논리는 파도바와 같은 이탈리아 도시국가의 정부, 혹은 다른 지역의 경우 의회나 조정기관을 가진 정부를 지지한다. 또한 세속국가가 아닌 기관―이를테면 교회―에 그런 정부 형태를 도입하자는 주장이기도 하다. 어쨌든 사람과 정책에 대한 지원이 커지면 그만큼 인민의 선택에 더 노골적으로 의존하게 마련이다. 여기서 '인민'이란 충분한 수의 사람들을 가리키는데, 그냥 양적인 의미가 아니라 중요 인물들이 대표를 구성하고 여론을 강력하게 대변하기에 충분한 사람들이라는 뜻이다. 마르실리우스가 그런 의미에서 적절한 사람들의 동의어로 사용하는 말은 발렌티오르 파르스valentior pars인데, 말 그대로는 '더 나은 부분'이라는 뜻이다. 다수의 의지가 인민 전체를 속박한다는 주장이 아니라 중요한 사람의 수가 충분히 필요하다는 주장이다. '충분하다'는 말은 아주 적은 수일 수도 있다. 예를 들어 황제의 정통성이 문제시될 경우에는 선제후만으로도 발렌티오르 파르스를 구성하기에 충분하다. 마르실리우스는 신성로마제국 황제로 선출된 바이에른의 루트비히에게 큰 신세를 졌다. 또한 1338년 황제의 선출이 선제후의 다수결에 의해 정해지고 교황의 인가가 필요 없다는 선제후 여섯 명의 선언에서 마르실리우스의 영향력을 찾아볼 수 있다는 것도 충분히 가능한 생각이다. 이 견해는 1356년의 금인칙서로 보존되었다.

이후 한층 선명하게 정리된 논의는 이렇다. '중용의' 정부는 적법한 지배자가 자유로운 시민들을 통치하는 방식으로 구성되며, 시민들은 자신들의 정부에 관련된 일에서 적극적 역할을 한다. 이것은 아리스토텔레스의 폴리테이아 이론과 매우 비슷하다. 다만 거의 언제나 적절한 1인 지배를 배후에 깔고 있다는 점이 다를 뿐이다. 아리스토텔레스의 폴리테이아에서는 시민들이 '지배와 피지배를 번갈아' 경험하지만 마르실리우스는 '중용의 군주정'을 논하는 데 많은 시간을 들인다. 그런 탓에 그의 유일한 관심사는 어떻게 하면 부자, 지혜로운 사람, 공동체의 안정된 구성원 들이 동의하는 1인 지배를 구현할 것이냐인 것처럼 보이기도 한다.

물론 그는 자신이 몹시 싫어하는 것을 주로 공격했다.『평화 옹호자』에서 적법한 국가권력이론의 세 배나 되는 분량을 차지하는 것은 교황의 정치권력에 대한 비난이다. 그 논조는 반복적이고, 사납고, 광범위하고, 설득력도 있다. 하지만 납득하지 않는 사람들은 격분했다. 예를 들어 가톨릭교회의 적대는 오늘날까지도 지속되고 있다. 마르실리우스는 교황이 권력을 주장하는 시발점부터 공격하기 시작한다. 즉 그리스도가 베드로에게 매고 푸는 힘을 주었다는 대목이다. 마르실리우스는 그리스도가 베드로에게만 그런 힘을 주지는 않았다고 말했는데, 그렇게 생각한 사람이 그가 처음은 아니다. 그리스도의 권력이 다른 제자들에게도 두루 주어졌으리라고 생각한 사람들도 많았다. 만약 제자들의 권력 계승이 주교와 사제 들에게도 전반적으로 통용된다면, 교회도 권력을 가지는 것은 당연하다. 이것은 교회 정부가 성립하기 위한 근거가 된다.[15] 마르실리우스는 상당한 권력을 주장하는 교황을 위축시키는 데 만족하지 않고 더 나아가, 교회는 지금과 같이 많은 재산을 보유할 자격이 없다고 주장했다. 또한 급진적인 프란체스코 수도사답게 그는 사도들이 추종자들에게 의지해 은신처를 얻고 후원을 받는 것이 14세기 교회의 적절한 모델이라고 주장했다.

그 결론은 급진적이었다. 교회는 합법적인 강제 권력을 갖지 않았다. 대다수 사람들처럼 마르실리우스도 강제 권력은 입법 기능의 필수적인 특징이라고 보았다. 교회는 강제할 권리를 갖지 못하면 법을 만들 권리도 없었다. 이는 곧 교회법이 엄밀히 말해 법이 아니었다는 의미다. 교회는 신도들에게 모두가 동의한 권력, 즉 파문할 권력을 행사했다. 하지만 다른 사람들은 교회가 세속권력을 파문한 이후에도 추가 제재를 가할 수 있는 권리를 가졌다고 여긴 데 반해 마르실리우스의 생각은 달랐다. 파문은 제한된 제재 조치였으나 이것조차 교황보다는 교회의 권리였다. 이윽고 세속권력에 대한 교황의 요구를 공격하는 결정타가 가해졌다. 마르실리우스는 그리스도가 사도들에게 부여한 권능은 지배권이 아니라 가르치고 조언하는 권능이라고 주장함으로써 새로운 지평을 열었다. 이쯤 되면 350년 뒤 존 로크가 『관용에 관한 서신Letter Concerning Toleration』에서 주장한 교회의 본질에 관한 견해와 상당히 흡사하다. 즉 교회는 구성원들이 신앙의 조항들에 관해 합의함으로써 생겨난 자발적 결사체라는 주장이다. 그러므로 교회의 목적은 구성원들에게 신앙의 여러 요소와 그것이 행위에 미치는 결과를 존중하고, 촉진하고, 익히도록 하는 데 있다. 로크는 교회를 두고 청빈의 필요성에 별로 관심을 보이지 않았다. 그러나 자선, 탈속, 속세의 쾌락에 대한 경멸, 육욕, 악마를 설교하는 사람들의 도덕적 권위가 재산에 의해 깎인다는 생각이 팽배하면 교회의 청빈은 자연히 정당화된다.

바르톨루스와 이탈리아 도시국가

영국이나 프랑스와 같은 독자적 왕국들과 달리 이탈리아 북부와 중부의 소국과 도시 들은 적어도 형식적으로는 제국이나 교회 어느 한 측에 종속된 상태였다. 하지만 그들은 사실상 명목상의 대군주가 지배의 고삐를 단단히 죄려 하면 저항했다. 특히 제국의 황제들이 롬바르디아의 도시국가들에 영향력을 행사하려 할 때마다 거센 저항이 잇달았다. 이탈리아 중북부 도시국가들의 정치제도와 법적 지위는 그 시대의 역사와 정치를 제대로 기술할 수 없는 당대 사람들로서는 분석하기 어려웠다. 하지만 도시들이 교황의 도움을 받아 황제로부터 독립을 지켜낸다거나, 황제의 도움으로 교황에 맞서 독립을 수호한다거나, 이익을 노리고 간섭하는 외부 세력의 도움을 얻어 독립을 유지하는 변화들에 관한 설명은 쉽지 않다 해도, 그들이 어떤 곤경에 처했는지는 이해하기 어렵지 않다. 레그눔 이탈리쿰regnum Italicum(이탈리아 왕국)이 차지한 지역은 롬바르드족이 정복한 곳이었는데, 9~10세기에 교황의 요구에 따라 게르만족의 왕들이 해방시켰다. 형식적으로 보면 대다수 도시와 주민 들은 대부분 제국의 신민이었다. 교황령에 속한 도시와 주민 들은 교황의 신민이었는데, 엄밀히 말하면 그것도 제국이 교황에게 종주권을 내준 결과라고 볼 수 있었다. 이 신민들은 교황이 직접 지배하기도 했고, 교황이 임명한 대리인, 즉 '교황 대리'가 지배하기도 했다. 지금 우리의 목적을 위해 중요한 것은 밀라노, 피사, 아레초, 페루자 같은 도시들의 법적 지위가 본래 황제의 보편적 주권 아래 있었지만, 실제로 황제의 영향력은 무척 빈약하거나 아예 없었다는 점이다.

　대다수 도시들은 12세기부터 명목상 제국을 대군주로 섬겼지만, 황제의 실질적 통제를 받지는 않았고 그럴 의사도 없었다. 각 도시들은 행동의 자유를 누렸으며, 어느 도시도 이웃 도시에 신경을 쓰지 않았다. 제국이 황제의 권력을 집행할 목적으로 위협적인 원정을 전개할 때면 도시들도 상호협력으로 대응했지만, 여느 때는 경쟁과 불신이 뒤섞인 태도로 서로를 대했다. 마치 1500년 전 고대 그리스의 도시국가들과 비슷했다. 이후 수 세기에 걸쳐 그들은 교황측의 지원을 받으면서 독립을 위협하는 프리드리히 바르바로사, 프리드리히 2세, 그리고 그 후임 황제들을 막아냈다. 교황의 관심사는 명백했다. 만약 독일 황제가 시칠리아왕국과 레그눔 이탈리쿰을 장악한다면, 교황령은 위기에 빠질 것이다. 이렇게 도시국가들의 독립이 교황에게 매력적인 환경이 되리라고는 아무도 상상하지 못했다. 더 흥미로운 것은 도시국가 자체의 이데올로기였다. 그들은 자유를 수호한다고 주장했는데, 그들이 생각하는 자유란 고대의 로마 공화정이 누렸고 공화정이 제정으로 바뀌었을 때 로마인들이 잃어버렸던 리베르타스였다. 최소한 그것은 그들이 문자 그대로의 의미에서 자율적이었다는 것, 다시 말해 스스로 법을 제정할 권리가 있다는 것을 뜻했다. 이것은 제국이 법적 독자성을 가지듯이 도시국가들도 자체적으로 법을 제정할 능력을 가졌다는 의미였다. 나중에 보겠지만, 삭소페라토의 바르톨루스는 도시국가들이 충분히 그럴 권리를 가졌다고 주장했다. 하지만 법을 제정하는 권리에 관해 편협한 법률중심주의적 견해를 가진 사람들은 그것을 주권국가의 증거로 보지 않고, 황제의 임시 허가에 의해 법적 능력을 위임받은 것일 뿐이라고 보았다.

유스티니아누스 법전의 관점을 채택한다면, 전 세계에서 유일하게 정당한 입법자는 황제 한 사람밖에 없다. 다른 모든 사법권은 어떤 형태로든 황제의 암묵적인 허가에 의해 정해져야 한다. 이런 편협한 견해를 고집하는 것은 어리석은 일이지만—무엇보다도 프랑스와 영국이 나름의 법제도를 가지게 된 것은 황제의 시혜에 의해서였거나 황제에게서 강탈했기 때문이라고 보는 게 그렇다—황제가 이탈리아 도시들에 대한 영향력을 계속 고집할 경우에는 어쨌거나 고집의 근거가 되었다. 그러나 황제에게는 나름의 문제가 있었다. 황제는 도시들에 맞서 법을 자기편으로 끌어들이고 싶었지만, 교황의 법적 권력이 황제보다 앞선다고 주장하는 교회법을 인정하고 싶지는 않았다. 교회 법률가들은 도시국가들이 자율적 입법권을 가졌다는 데는 동의하지만, 황제는 교황이 치러주는 대관식을 통해서만 입법권을 가질 수 있다고 주장했다. 마르실리우스와 단테는 바로 그것을 거부한 것이다.

도시들은 자신들의 법적 지위에 대한 일관적인 설명과 주권의 승인이 필요했다. 또한 행정과 경제를 지원하는 정부 형태도 필요했다. 11세기에 그들은 초기 로마 공화정의 여러 가지 요소들을 부활시켰다. 특히 폭정을 예방하기 위해 아주 짧은 임기로 정무관을 임명한 것이 대표적인 예다. 로마인들은 섬기던 왕들을 쫓아내고 1년 단임의 집정관을 선출했는데, 먼저 시작한 도시들이 피사, 밀라노, 아레초였다. 도시국가들은 여러 가지 면에서 고대 도시국가의 진정한 라이벌이었다. 생존을 위한 필수 조건은 농촌 후배지後背地를 확보하는 것이었다. 그들의 콘타디니contadini(소작농)는 봉건 영주의 소작농과 달리 자신의 농토를 어느 정도 소유한 농부였거나 혹은 도시 출신 지주의 소작인이었다. 12세기의 기록을 보면 예상 외로 프랑스, 독일, 영국에 대지주나 봉건 권력자가 없었다는 놀라운 사실을 알 수 있다. 그런 상황이 변하면서 정치제도도 달라졌다. 상업과 금융에서 쌓인 부가 귀족의 지위로 전환되었고, 부와 지위가 권력으로 전환되었다. 도시들은 고대의 조상들이 직면했던 낯익은 문제에 맞닥뜨렸다. 하나는 폭정을 예방하는 것이고, 다른 하나는 계급전쟁과 몰수 계획을 회피하는 것이었다. 폭정을 예방하기 위한 장치는 예상할 수 있는 부정적 결과들을 초래했다. 지도자들이 급히 바뀐 탓에 정책의 일관성 유지가 어려워졌고, 공직을 차지하기 위한 경쟁이 극단적인 파벌주의와 제로섬 정치를 낳은 것이다.

전문 지식의 부재를 보완하기 위해 고안된 해결책은 거의 언제나 심의회였다. 심의회의 동의를 얻어 포데스타podesta(장관 혹은 시장—옮긴이)가 통치하는 방식을 취하는 것이었다. 일반적인 유형은 이중 심의회인데, 하나는 많은 구성원들이 공적으로 모여 구성되고 거부권 정도의 권한밖에 없었다. 다른 하나는 구성원의 수가 더 적고 비밀 회합을 통해 정책을 결정하는 심의회였다. 파벌주의의 문제점을 완전히 해결하려면 도시가 그토록 중시하는 자유를 포기해야 했다. 도시들은 로마식 리베르타스를 원했다. 혹은 그것을 원한다는 것을 뒤늦게 깨달았다. 리베르타스는 곧 안정된 법치정부, 다른 권력체로부터의 독립성, 자기 도시의 위대함을 말해주는 것이었다. 로마처럼 그들도 치열한 파벌 싸움을 벌였다. 귀족 가문들이 고위직을 놓고 다투기도 했고, 1인 지배를 어쩔 수 없이 수용하거나 열광적으로 받아들일 때도 다툼이 벌어졌다. 도시국가들 가운데 가장 규모가 크고 성공적인 베네치아에서는 이미 1279년부터 상인 귀족 가문의 지배 체제가 구축되었다. 이런 베네치아를 제외하면, 다른 도시국가들은 결국 세습 공작이나 백작의 지배를 받는 운명으로 귀착될 수밖에 없었다. 또한 그 권력자들은 대개 자신의 권좌를 유지하기 위해 교황권이나 제국 같은 강력한 외부 세력의 지원을 필요로 했고, 나중에는 프랑스나 에스파냐 군주정과도 결탁해야 했다. 그리스 도시국가들의 운명이 마케도니아와 로마의 손아귀에 있었을 때와 닮은꼴인데, 당대의 기록자들도 그 점을 놓치지 않았다.

그럼에도 불구하고 그들의 운명이 완전히 고정된 것은 아니었다. 그래서 마키아벨리처럼 지성과 열정을 갖춘 당대의 사상가는 어리석게도 15세기 말에 피렌체가 포퓰리즘의 활기를 되찾아 새로운 로마가 되리라고 희망했다. 마키아벨리의 희망을 어떻게 바라보든, 11세기부터 16세기 초까지 4세기 동안 도시국가는 고대 세계의 좋고 나쁜 여러 가지 정치적 측면들을 부활시켰다. 그들의 정치제도를 고려하면, 마르실리우스가 중용의 정부를 분석하기 위한 길잡이로 아리스토텔레스의 『정치학』을 받아들인 것은 당연하게 여겨진다. 또한 마르실리우스가 세속권력과 세속의 부에 대한 교황의 갈망에 맞서 싸웠던 것을 고려하면, 그가 교황을 변호하는 성서 해석을 논박하기 위해 그토록 지대한 노력을 기울였던 것도 이상한 일이 아니다. 그보다 더 현대 독자들을 난감하게 하는 것은 14~15세기 저자들이 이탈리아 도시국가들의 적법성을 위해 민법의 의미에 각별한 주의를 기울였다는 점이다. 이것은 보기보다 별로 이상하지 않을지도 모른다. 현대 미국 정치의 기반이 되는 적법성의 쟁점들도 결코 그보다 덜 복잡하지 않다. 교회법과 민법이 공통되는 부분은 물론이고 여러 도시들의 다양한 관행도 법적 해결이 필요했다. 고등교육을 받은 대다수 이탈리아인들은 지적 훈련 과정에서 자연스럽게 교회법과 민법에 관심을 가지게 되었고, 정부와 상인의 현실적 요구도 그들이 활동할 수 있는 시장을 창출했다.

가장 저명한 법이론가가 바로 삭소페라토의 바르톨루스다. 1313년에 태어나 1357년에 죽은 그는 타고난 법학 교수라고 부를 만한 인물이다. 그는 페루자와 볼로냐에서 공부했고, 피사에서 가르쳤으며, 이후 페루자로 돌아와 마흔세 살의 이른 나이에 세상을 떠났다. 그는 로마법의 여러 가지 측면과 유스티니아누스의 『로마법대전』에 관해 기다란 논평을 썼다. 오늘날까지도 그는 법적 충돌에 관한 연구의 위대한 창시자로 통한다. 정치이론가들은 그가 주로 아주 짧으면서도 영향력 있는 폭정에 관한 논의를 남겼다고 기억하지만, 반半자치적 국가의 법적 지위에 관한 그의 견해에는 풍부한 통찰력이 담겨 있으며, 수백 년 뒤에 중요해지는 관념들이 많다. 바르톨루스의 태도는 우아하면서도 솔직했다. 독일 황제는 사실상 북이탈리아 도시들에 대한 영향력을 상실했다. 진정한 주권자는 실제적 권력과 그 권력을 행사할 수 있는 법적 권한을 둘 다 장악해야 했다. 법적 권한을 내세우는 것은 오랜 기간이 지나면서 그 권한에 예속되었던 사람들이 그것을 무시해버릴 경우 아무런 효과도 없다. 마치 후대에 법적 실증주의라고 알려진 것과 매우 흡사하다. 즉 특정한 장소의 법은 현지에서 공인된 입법 과정을 포함하며, 입법 권한에 적법성을 부여하는 것은 바로 법의 효력이라는 것이다. 바르톨루스의 논의는 그보다 더 정교하다. 그는 로마의 법률가였으므로 입법 공동체가 포풀루스 로마누스의 상속자이고 그 이름으로 로마법이 제정된다는 관념을 쉽게 거부할 수 없었다. 로마법을 채용한 나라들, 영국을 제외한 유럽 대부분 나라들의 법제도는 이후 수 세기 동안 바르톨루스의 영향을 받다가 18세기 말부터 민법이 성문화되면서 그의 영향력에서 벗어나기 시작했다.

황제의 요구는 정치적 관례의 문제로 치부하고 대체로 무시할 수 있었지만, 그렇다고 해서 모든 도시들이 황제 같은 대군주에게 충성을 바치거나 표명하지 않고서 마음대로 자치할 수 있는 처지는 아니었다. 모든 도시들이 바르톨루스가 우아하게 말하는 키비타스 프린켑스 수아이civitas princeps suae(독자적인 최고의 도시)인 것은 아니었다. 바르톨루스가 글을 쓸 무렵 로마냐Romagna(교황령이 있는 지역—옮긴이)의 많은 도시들은 자발적으로든 강제적으로든 교황을 대군주로 섬겼다. 게다가 바르톨루스가 태어날 무렵 룩셈부르크의 하인리히가 이탈리아를 침략한 탓에 레그눔 이탈리쿰이 다시 독일 황제의 세력권으로 돌아가기는 어려워졌다. 분열된 주권을 논의하기란 쉬운 일이 아니었다. 민법은 유스티니아누스 법전을 바탕으로 만들어졌으므로 관습도 법의 원천이 될 수 있다는 생각과는 어울리지 않았다. 그 문제를 다룰 때 바르톨루스가 보여준 지나치게 형식적인 측면은 호감을 주지 못하지만, 역사가들이 그에게 감탄한 것은 충분히 이해할 수 있다.

그의 짧은 논문 『도시의 정부에 관하여De regimine civitatis』는 두 가지 점에서 흥미롭다. 첫째는 도시가 어떻게 자율적인 입법 주체가 될 수 있는지 설명하면서 아리스토텔레스식 정치관을 보여준다는 점이다. 도시는 주민들이 자체적으로 법을 부여할 때 존재한다. 이것은 레스 푸블리카가 존재하려면 포풀루스가 필요하다는 키케로의 주장, 다시 말해 법적 수단을 통해 이익을 추구하는 민중이 있어야 한다는 주장과 상통한다. 또한 선한 왕이 시행해야 하는 정의의 규정—'각자에게 온당한 몫을 주겠다는 영구불변의 확고한 의지'—도 키케로에게서 나왔다. 아퀴나스와 마르실리우스처럼 바르톨루스도 아리스토텔레스를 읽고 군주정이 가능하다면 절대적으로 최선이라고 믿었다. 또한 거의 같은 이유에서 그는 지배자 1인의 통합된 의지가 다수의 불안정한 통합성에 비해 평화와 바른 질서를 더 잘 보장할 수 있다고 보았다. 그가 옹호하는 것은 '군주'정부다. 여기서 '왕권'이란 보편적 주권을 주장하는 황제부터 도시와 후배지를 통치하는 공작이나 백작에 이르는 여러 가지 형태의 1인 지배를 포괄한다.

바르톨루스의 주장은 아리스토텔레스의 독자들이라면 전혀 놀라울 게 없지만, 독특한 목적에 기여했다. 그는 아리스토텔레스의 폴리테이아 개념을 폴리크라티아policratia라는 명칭으로 부활시켰다. 폴리크라티아란 시민권을 가진 사람들 대부분이 적극적으로 참여하고, 공동의 이익을 지향하는 정부를 가리킨다. 바르톨루스는 인민정부에 대한 상식적인 열정을 품었다. 이것은 권력자도 빈민도 절대권력을 행사하지 못하고, 도시에 확고한 이해관계를 가진 사람들이 권력을 가지는 정부다. 아리스토텔레스를 좇아 그는 정부를 여섯 가지 형태로 구분한다(일곱째로, 아리스토텔레스와 무관하지만 아리스토텔레스가 정한 원칙에 따라 구분된 '괴물'이 있는데, 이것에 관해서는 잠시 후에 논의하기로 한다). 좋은 정부는 공동의 이익을 지향하고, 나쁜 정부는 지배 도당의 이익을 지향한다. 최선은 군주정이고 최악은 폭정이다. 이탈리아에 가장 좁은 의미, 문자 그대로의 의미에서 폭군, 즉 불법적인 방법으로 권력을 획득한 지배자가 득시글거린다는 점을 감안하면, 절박한 문제는 어떻게 1인 지배자의 폭정, 이기적이고 탈법적인 통치를 막을 것이냐였다.

합법성에 관해 법률가처럼 생각했던 바르톨루스는 선출에 의한 왕권이야말로 신이 승인한 권력에 가장 가깝다고 주장한다. 그 생각의 배후에는 폭군이 자신의 가까운 친척들을 동원해 세습 지배 가문을 형성하는 관행에 대한 혐오가 있다. 지배자가 어떻게 자신이 정한 지혜와 정의의 높은 기준에 맞춰 살아갈 수 있는지에 관해 바르톨루스는 에지디우스 콜론나Egidius Colonna의 (비교적 설득력 있는) 견해를 차용한다. 지배자가 지혜와 정직함을 유지하기 위해 필요한 것은 지혜로운 충고, 현명한 조언, 독자적인 회의 기구다. 지배자는 정의와 합법성으로 통치하겠다는 확고한 불변의 의지를 가져야 하기 때문에, 집단적 지혜에 의존하는 게 중요하다. 하지만 도시의 통합성은 단일한 권위의 중심을 필요로 한다. 이 점을 이탈리아 도시국가보다 더 명확하게 보여주는 곳은 없다.

　바르톨루스의 글에서 가장 흥미로운 측면은 당대 로마의 무정부적 상태에 대한 적대감이다. 로마의 정치적 상황은 그냥 나쁜 게 아니라 괴물이었다. 무릇 정부라면 어느 정도의 정치적 통합성이 있게 마련인데, 로마에는 그런 게 전혀 없었다. 인민의 정부든, 귀족의 정부든, 왕의 정부든 정부라면 수장이 필요하다. 수장은 개인일 수도 있고 기관일 수도 있지만, 어쨌든 법이 무엇인지, 어떤 정책을 추구하는지에 답할 수 있어야 한다. 로마는 서로 다투는 폭군들로 혼돈에 빠져 있었고, 이름뿐인 지배자 혹은 도시 지사는 완전히 무능했다. 마키아벨리는 16세기 초에 이탈리아 정치가 혼란스러운 이유를 교황이 악행을 저지른 탓으로 돌림으로써 스스로의 인기 하락을 부채질했지만, 14세기의 시점이면 교황은 아비뇽에 있었고 프랑스 왕의 확고한 통제를 받았으며, 프랑스인이 압도적 대다수인 추기경단의 도움으로 교회를 관장하는 처지였다. 비난해야 할 것은 교황과 추기경들의 존재가 아니라 부재였던 것이다.

　바르톨루스가 로마의 상황을 혐오한 이유는 마키아벨리처럼 역사적 향수를 느꼈기 때문이기도 하다. 고대 지중해 세계를 지배했던 위대한 안정화의 힘이 이제는 무력함과 무질서의 원천이 된 것이다. 바르톨루스는 교황권 자체에 대해 적의를 드러내지는 않았다. 죽기 직전에 쓴 폭정에 관한 논문에서 바르톨루스는 교황이 주권을 주장하는 지역에서 폭정이 야기하는 법적 문제를 길게 숙고했으며, '그 사태 이후의 합법성'이 어떻게 가능할지에 관해 간략하게 고찰했다. 그 무렵 교황 특사 에지디오 알보르노츠 Egidio Albornoz는 이탈리아 북부와 중부의 폭군들을 '교회 목사'로 전환시키기 위해 열심히, 노련하게 활동하는 중이었다.

　폭정을 과도정부로서 수용할 수 있다고 주장하는 점에서 바르톨루스는 마키아벨리의 선배 격이다. 교황이나 황제가 나중에 폭군을 '목사'로, 일종의 교회 섭정으로 전환하면 그 정부를 합법화할 수 있다는 것이다. 바르톨루스는 도시정부를 논의하면서 폭정을 군주정의 타락으로 간주하고 경멸했지만, 그것으로는 지속적인 폭군의 행위를 어떻게 봐야 하느냐는 현실적인 문제에 답할 수 없었다. 만약 폭군—좁게 정의하면 자격 없이 권력을 획득한 자를 가리킨다—이 오랜 기간 통치를 잘했다면, 그의 권력 아래 이루어진 모든 합의를 법률상 무효라고 몰아붙이는 것은 터무니없는 일이다. 폭군의 행위는 완전한 합법성을 결여하고는 있지만, 전부가 불법적인 것은 아니다. 억압, 불법, 그리고 바르톨루스가 특히 큰 관심을 보였던 부당한 과세와, 정적에 대한 부당한 추방과 탄압은 별개의 사안이다. 강탈로 이득을 얻은 자는 법적 기억상실증의 수혜를 입으면 안 된다.

바르톨루스는 폭군을 목사로 전환시키려는 교황과 황제의 정책을 그다지 환영하지 않았으나 달리 방도가 없으므로 그 정책을 정당화할 수밖에 없었다. "세심한 선원이 더 중요한 화물을 구하기 위해 덜 중요한 화물을 바다로 내던지는 것처럼, 또 신중한 가장이 더 귀중한 물건을 구하기로 결정하는 것처럼, 정의로운 대군주는 중요하고 절박한 개혁을 완수하기 위해 폭군과 타협해 그를 자신의 부관으로 만든다." 폭군의 지배를 받는 신민들의 행복을 위해서는 그런 조치가 필요할 것이다. 마치 의사가 환자의 죽음을 막기 위해 때로 위험한 치료를 감행하는 것과 같다. 논조는 불만스럽다. 선출이라는 온당한 절차를 통해 직위를 얻고 공동의 이익을 위해 애쓰는 지배자의 이상은 폭군의 결격사유를 백일하에 드러낸다. 또한 폭정은 워낙 음험한 탓에 잘 보이지 않는 경우도 있다. 공적 지위를 가지지 않은 사람이 불법 권력을 행사하면서 폭군이 되기도 한다. 바르톨루스는 이탈리아 도시 정치의 파벌주의—그는 구엘프파와 기벨린파에 관해 논문을 썼다—에서 파벌의 지도자는 형식적인 공직에 있으면서 도시의 진정한 권력자로 군림하며, 잘못될 경우 폭군으로 변질된다고 보았다. 여러모로 현대의 마피아를 연상케 한다.

바르톨루스가 말하고 있는 세계는, 그가 도시정부에 관해 글을 쓰기 몇 년 전에 암브로조 로렌체티Ambrogio Lorenzetti가 그림으로 표현한 좋은 정부와 나쁜 정부의 우화를 본 사람이면 쉽게 상상할 수 있다. 좋은 정부 아래서는 정의의 여신이 평화, 용기, 절제, 아량 등 미덕들의 도움을 받아 지배한다. 정의의 여신이 앉은 옥좌 위에는 지혜가 떠다닌다. 나쁜 정부 아래서는 부정이 악마의 모습으로 묘사된 폭군의 형상으로 지배하며, 분노, 탐욕, 불화, 배반, 잔학 등 악덕들이 폭정을 돕는다. 정의로운 정부의 대가는 번영, 자발적 납세자, 이웃들에게서 존경을 받는 성공적인 국가이며, 부정한 정부의 대가는 기근과 죽음이다. 그 프레스코화가 그려진 1338~39년에 시에 나인들은 잠시 폭군의 지배기가 끝나고 자유를 되찾은 것을 축하하는 중이었다. 그 프레스코화가 정치이론가의 관심을 끄는 요소는, 안정되고 평화로운 정부의 요구에 관한 그리스도교, 아리스토텔레스, 스토아학파, 키케로 등의 다양한 사상들이 크게 이질적인 느낌을 주지 않고 조화롭게 묘사되었다는 점이다. 그러나 그것은 어디까지나 14세기의 지적 자원일 뿐이다. 그것들은 이미 좋은 경우든 나쁜 경우든 적절한 상황에서 모두 이용되었다. 곤란한 상황이 발생하는 경우는 오직 하나뿐이다. 어느 한쪽이 신뢰를 잃거나 한 가지 전통이 여타의 전통들과 극적으로 다른 방향을 취할 때다.

공의회주의와 오컴

지금까지 우리는 동의에 의한 정부의 학설을 약간 변형하면 교회정부에도 쉽게 적용할 수 있다는 것을 보았다. 역사적 사실로 볼 때 공의회운동은 교황이 아비뇽에서 '바빌론유수'를 겪은 충격적인 상태의 산물이었다. 교황이 프랑스 왕의 수족으로 전락하면서, 유럽 정치에 영향을 행사하던 교황의 힘은 현저히 약화되었다. 따라서 교황은 프랑스와 영국이 벌인 백년전쟁의 후유증을 가라앉히는 데도 거의 힘을 쓰지 못했고, 영국은 교황을 전혀 공정한 중개자로 간주하지 않았다. 교황이 인기를 잃은 또다른 이유는 점점 권위주의적이고 중앙집권적이고 부패한 존재로 비쳤기 때문이기도 했다. 1377~78년 그레고리우스 11세의 임기가 끝날 무렵 교황청이 로마로 복귀했을 때, 로마는 으레 그렇듯이 혼돈의 상태에 빠져 있었다. 로마의 귀족들은 이탈리아인이 아닌 외국인 추기경들에게 몹시 적대적이었다. 그 추기경들 대다수는 기쁜 마음으로 아비뇽에 돌아갔으나, 교황청이 로마로 복귀한 직후 그레고리우스 11세가 죽자 후임자인 우르바누스 6세는 아비뇽으로 가지 않겠다고 버텼다. 그러자 프랑스 추기경들은 반기를 들고 우르바누스의 선출을 무효라고 선언하면서 클레멘스 7세를 대립교황으로 선출했다. 그들은 이탈리아에서 쫓겨나 아비뇽으로 돌아갔다. 이제 교황은 두 명이 되었다. 프랑스, 나폴리왕국, 레온과 아라곤 같은 에스파냐의 왕국들은 아비뇽을 지지했고, 영국, 제국, 북이탈리아는 로마를 지지했다.

그 분열을 치유하는 확실한 방법은 전체 교회의 공의회를 소집해 평화와 통일을 복구하는 것이었다. 현실적으로 세속 군주들이 그 문제를 완전히 해결하기까지는 거의 70년이 걸렸다. 법치정부, 대의정부를 유럽의 표준으로 수립하려는 운동은 결국 관료적으로 조직된 절대군주정의 힘을 강화하는 결과를 빚었다. 이 공의회운동은 현실적 (비)효율성보다 지적 관심이 더 중요하다. 즉각적인 대답을 필요로 하는 절박하면서도 반박할 수 없는 문제는, 교회 공의회를 소집할 권한을 누가 가졌느냐였다. 로마의 교황과 아비뇽의 교황 모두 자신을 폐위시킬지도 모르는 공의회를 소집하고 싶지는 않았다. 황제는 언감생심이었다. 교회 전체를 통틀어 어디에 권한이 있느냐에 관해 뭔가 설명이 필요했다.

명확한 원천은 마르실리우스였다. 실제로 그는 명확한 원천이자 폭넓은 지지를 받았다. 정치 공동체가 그 본질상 모종의 대의 과정을 거쳐 지배자에게 위임되는 권력을 발생시키는 기구라면, 그것이 과연 교회에도 해당하는지 따져보기 위해서는 약간의 상상력이 필요했다. 필요한 논의는 부정적 논의였다. 즉 그리스도가 베드로와 후임 교황들에게 대의제 원칙을 일축하는 절대권력을 부여하지 않았음을 보여주는 것이다. 위임에 의해 본래의 권한을 행사하는 공동체로서 교회에 아무런 방해도 없었다면, 공의회는 분열을 극복할 수 있는 확실한 수단이었을 것이다. 오컴의 윌리엄도 유용한 자원이었다. 그는 교황권을 혐오한다는 측면에서는 마르실리우스보다 타협적이었으나 지적으로는 더 급진적이었다. 오컴은 1280년대에 영국에서 태어났다. 그는 프란체스코회의 탁발 수도사가 되어 옥스퍼드에서 연구하고 가르쳤다. 아비뇽의 교황 요한네스 22세가 그를 소환해 그의 연구를 설명하라고 다그쳤을 때, 오컴은 마르실리우스처럼 바이에른의 루트비히의 궁정으로 피신해 대립교황을 다룬 논문을 썼다.[16] 철학적으로 경험론자였던 그는 교회가 (여타의 조직처럼) 코르푸스 미스티쿰, 즉 신비의 신체(기구)라는 교리에 대해 분명하게 회의적인 입장을 취했으며, 현실에서 교회란 단지 개별 신도들의 집단일 뿐이라고 주장했다. 교황은 교회의 신비스러운 통일을 대표하지 않는다. 만약 그런 대표가 필요하다면, 우리가 집단적으로 교회라고 부르는 개인들로부터 위임받아야만 한다.

분열을 해소하기 위해 공의회를 소집해야 한다는 압력은 매우 어지러운 결과를 낳았다. 1409년 피사에서 열린 첫 공의회는 경쟁하는 두 교황 중 어느 측도 물러나도록 설득하지 못했을 뿐 아니라 오히려 또다른 대립교황 알렉산데르 5세를 선출함으로써 혼돈을 가중했다. 그러나 알렉산데르는 얼마 안 가 죽고 요한네스 23세가 뒤를 이었다. 몇 년 뒤에 열린 콘스탄츠공의회(1414~18)는 세 교황을 전부 폐위하고 새로 마르티누스 5세를 선출했는데, 훗날 그는 유일하게 합법적인 교황으로 인정되었다. 콘스탄츠공의회가 성공한 데는 장 제르송(1363~1429)의 공이 컸다. 그는 거의 20년 동안이나 줄기차게 중도적 입장을 강조했다. 그 입장이란 마르실리우스와 오컴, 모든 급진주의자들처럼 전체가 부분에 대해, 혹은 공동체가 그 수장에 대해 권한을 내세우지 않고, 다만 전체의 공의회에 비상권력을 부여하자는 것이었다. 공의회는 급진적 견해를 취했으며, 『항크 상크탐*Hanc sanctam*』에서는 교황이 아니라 그리스도에게서 직접 권한을 받았다고 선언했다. 실제로 공의회는 황제 지기스문트의 지원 덕분에 힘을 발휘했다. 지기스문트는 여러 가지 이유로 교회의 통합을 바라고 있었으며, 자기 고향인 보헤미아에서 후스파의 반란 같은 일은 다시 겪고 싶지 않았다. 그럼에도 불구하고 콘스탄츠공의회는 공의회가 교회의 최고지배기구라고 선언하면서 자주 공의회를 열어야 한다고 주장했다.

하지만 현실은 그렇지 못했다. 콘스탄츠공의회의 후속 공의회는 바젤공의회(1431~49)였다. 이 공의회는 니콜라우스 쿠자누스(1401~64)의 중요한 논문 『가톨릭의 일치에 관하여*De concordantia catholica*』[17]를 낳았으나, 공의회 자체는 지리멸렬하게 분열되어 불명예스럽게 끝났다. 니콜라우스의 저작은 경쟁하는 두 원칙의 균형을 맞춰, 모든 그리스도교도의 동의와 교황의 지위를 교회의 정점으로서 인정하자는 내용이었다. 그 저작은 모든 당파들을 만족시키는—그것 자체가 불가능한 일이지만—정치제도를 서술하려 하지는 않았다는 점에서 '정치' 저작이라고 할 수는 없지만, 개인들이 인물, 사상, 원칙을 대변하는 다양한 방식을 다룬 철학적 성찰이다. 신학적으로 보면 니콜라우스는 신비주의자였으나, 신성로마제국 황제의 선출 방식을 고안할 만큼 전문 지식을 갖춘 뛰어난 인물이었다. 그 방식은 300년 뒤에 재발견되었는데, 오늘날 선호도에 가중치를 부여하는 '보르다 계산법Borda count'과 비슷하다. 바젤공의회 이후 교황은 예의 그 전제적이고 위계적인 자세로 복귀했다. 설령 결과가 달랐다 해도 과연 16세기의 종교개혁을 막을 수 있었을지는 의문이다. 오컴과 마르실리우스는 교회개혁을 원했지만, 콘스탄츠에서 제르송은 한 세기 뒤의 종교개혁을 예감하게 하는 교회개혁론을 펼친 얀 후스Jan Hus를 고발했다. 니콜라우스는 바젤공의회에 참석해 주교직에 관한 자신의 논지를 강조했다. 그들은 모두 교회통합을 원했을 뿐 극적인 변화를 바란 것은 아니었다.

제9장
인문주의

인문주의란 무엇인가?

지금부터 세 개의 장에 걸쳐 우리는 혼란스러운 상황에 처했던 한 시대의 정치사상을 세 가지 서로 다른 관점에서 고찰할 것이다. 15세기 말과 16세기 초는 서구 그리스도교권을 단일한 실체라고 말할 수 있는 마지막 시기다. 16세기 중반 이후 가톨릭권과 프로테스탄트권 사이에는 신앙고백의 분열이 일어났는데, 이 문제는 지금도 해소되지 않고 있다. 이전 시대의 폭력 사태는 사라졌지만 불신마저 사라지지는 않았다. 가톨릭권과 프로테스탄트권의 정치사와 정치적 열망도 역시 서로 엇나갔다. 하지만 신앙고백과 정치사의 연관은 프로테스탄트 신전가들이 주장하는 것처럼 긴밀하지는 않았다. 이 세 개 장에서 다루는 주제들 중 두 가지는 낯익은 것이다. 지금 우리 정치사상의 기원에 관해 설명하려면 한편으로 마키아벨리, 다른 한편으로 루터와 칼뱅을 반드시 짚고 넘어가야 한다. 나머지 셋째는 최근까지도 덜 연구된 부분인데, 여기서는 그것으로 시작하자.

인문주의를 이해하고 인문주의가 정치에 미친 영향을 분석하기란 쉽지 않다. 학자들은 편이 갈린다. 어떤 이들은 도덕과 정치의 고전을 읽으면서 이른바 '시민 인문주의'라는 정치운동을 찾아내고, 공화주의의 장점을 부활시키는 데 주력했다.[1] 공화주의의 부활은 피렌체를 중심으로 이루어졌다. 그 이유는 피렌체가 전제 왕국이나 교황령이나 제국의 속국이 아닌 자치 공화국이라는 이미지를 가지고 있었을 뿐 아니라 상인 귀족이 시정을 확고히 장악하고 있었기 때문이다. 인문주의와 공화주의가 본래부터 쌍둥이와 같다는 생각을 비판하는 사람들은 인문주의자들이 대개 정치에 관심을 가지기보다 라틴어와 그리스어 문헌들을 찾아내고, 저자를 확인하고, 진짜 원전인지 위조인지 가려내는 데 관심이 많다고 주장한다. 그만큼 위조가 만연했다. 위조를 판단하는 문헌 비평은 근대 역사학의 단초가 되었다. 이것이 공화주의에 대한 열정과 연관성이 있는지는 확실하지 않다. 물론 '선택적 친화력'은 말할 수 있다. 이를테면 고전고대에 대한 관심이 커진 탓에 14~15세기 이탈리아의 정치가 로마 공화정 시대의 정치와 묘한 대비를 이룬다는 관념이 강해질 수 있다. 하지만 그래도 연관성은 희박하다. 그런 반응은 마르실리우스에게서도 강하게 나타났다. 그는 인문주의자들이 싫어하는 스콜라철학과 삼단논법에 집착했다. 또한 군주가 보여야 하는 '덕목'─비르투virtù─에 관한 마키아벨리의 견해는 전통적인 인문주의 견해와 크게 달랐다.[2] 인문주의자라는 요건은 공화주의 열정을 고취하기에 필요하지도, 충분하지도 않았다. 많은 인문주의자들은 전통과 위계를 중시했다. 인문주의가 낳은 특징적인 정치적 결과물은 '군주의 귀감', 즉 군주 교육에 관한 책자였다.[3]

인문주의는 교육받은 법률가에 대한 필요성에서 생겨났다. 전문적이고 공식적인 법률 교육은 우아한 글을 쓰는 데는 관심이 없었다. 그러나 이른바 딕타토레스dictatores, 즉 문서를 초안하고, 상인 같은 사람들을 위해 계약서를 작성하고, 이탈리아 도시들의 정부 통신문을 다루는 사람들은 글에 능숙해야 했다. 그들은 고상한 편지를 쓰는 교육을 받아야 했는데, 그런 교육은 또한 법률가가 되기 위한 사전 교육의 일환이 되었다. 문학 문헌에 익숙해지자 문학적 자질에 대한 관심이 배양되었으며, 고전 문헌의 원저자를 찾아내고 해석하는 역사적·철학적 방법이 빠르게 발달했다. 문학과 어학을 할 줄 안다는 것은 귀족과 왕족에게 자부심의 원천이 되었다. 군주와 왕녀들은 아우구스티누스에게도 쉽지 않았던 그리스어를 강제로 배웠다. 유명한 예로, 영국 여왕 엘리자베스 1세는 어지간한 학자보다 뛰어났다.

인문주의를 면밀하게 분석하면 여기서 무시된 구분―예를 들어 종전의 이탈리아 인문주의와 후대의 북유럽 인문주의의 차이―이 뚜렷해지며, 문학적 인문주의자의 매우 다양한 정치적 충성이 명확히 드러난다. 여기서 우리가 할 수 있는 일이라고는 단지 인문주의 저자들이 정치적 사안을 논의하는 몇 가지 방식, 특히 새로운 문학 형식을 이용하는 방식을 조사하는 것뿐이다. 이를테면 정치적 유토피아를 유쾌하게 사용하는 것은 하나의 새로움이었고, 짧은 논쟁적 평론 방식이 발명된 것도 그렇다. 프로테스탄트 종교개혁은 뿌리깊은 원죄에 대한 아우구스티누스의 확신에 새 생명을 불어넣었고, 개혁신학자들은, (교황의 면죄부는 말할 것도 없지만) 선행이 구원을 가져오지 않는다는 점을 강조했다. 그런가 하면 그리스인들의 유토피아적 사색에서 영감을 받은 사상가들도 있었다. 흥미롭게도 인문주의는 주제곡을 변형시킨 비인문주의 변주곡도 낳았다. 마키아벨리는 군주가 어떻게 처신해야 하느냐에 관해 인문주의와 견해를 달리했지만, 그래도 유토피아적 사색을 버리지는 않았다. 피렌체에서 로마 공화정의 시민적 덕목이 부활하기를 바랐던 그의 희망은 유토피아라는 용어의 남용이기도 하고 그렇지 않기도 하다. 그러나 그의 책『군주론』은 '군주의 귀감'이라는 전통과 매우 모호한 관계를 가지고 있다.

인문주의는 보통 페트라르카Petrarca로부터 시작된 문학운동이라고 알려져 있다. 이런 관점은 시와 문학이 인문주의적 감수성 안에 위치한다는 것을 강조하지만, 인문주의적 정치사상을 밝혀주지는 않는다. 또다른 관점으로, 우리는 스콜라철학에 대한 인문주의의 반감을 출발점으로 삼을 수도 있다. 인문주의는 삼단논법의 형식주의와 모든 도덕적·정치적 사안을 신학의 문제로 환원시키는 논법에서 벗어나려 했지만, 그렇다고 해서 그것을 합리주의적 논증에 대한 욕구라거나 이교 사상에 대한 갈망이라고 볼 수는 없었다. 마키아벨리는 당대의 사상가들이 고대의 관습을 성찰하고 그리스도교로부터 상당히 벗어난 결론을 도출하기를 바랐는데, 그런 점에서 매우 예외적인 경우다. 아리스토텔레스로부터 등을 돌린 인문주의자들은 대부분 종교화된 플라톤주의로 시선을 돌렸기 때문이다. 이런 입장은 수학적 신비주의를 지향한 플라톤의 학문이 채택되고 강조되는 만큼 비정통적이었지만, 신플라톤주의와 그리스도교 신학의 오랜 연계에 어긋나지는 않았다.

누가 인문주의자이고 누가 아닌지를 판단하려 하는 것은 헛된 일이다. 고전문학에 엄청난 열정을 드러내야 하는 걸까? 삼단논법의 추론을 지극히 혐오해야 하는 걸까? 모든 종류의 계몽을 거부하지 않았던 피코 델라미란돌라Pico della Mirandola는 명백한 인문주의자였지만, 그리스어 실력이 부족하고 라틴어 산문 표현에 능숙하지 못한 중세 스콜라 학자들을 너그러이 용서했다. 더 간단하고 효과적인 분류도 있다. 아퀴나스와 토마스주의 정치이론가들에게 공통적인 엄격한 격식에 따라 자신의 사상을 전개하는 저자들, 이를테면 프란시스코 데 비토리아Francisco de Victoria 같은 사람은 분기점의 한편에 있는 후기 스콜라 사상가이며, 다른 편에는 평론가, 유토피아 사상가, 시인 들이 있다. 마키아벨리는 스콜라철학에 반대하지만 인문주의자로서는 모호하다. 콜루초 살루타티Coluccio Salutati와 레오나르디 브루니Leonardi Bruni는 논란의 여지가 없는 명백한 인문주의자다. 하지만 브루니는 아내 공유제를 주창한 플라톤의 우생학적 입장에 혐오감을 느낀 나머지 플라톤의 『국가』를 라틴어로 번역하는 데 반대한 바 있다. 그 밖에 『인간의 존엄성에 대한 연설De hominis dignitate oratio』을 쓴 피코 델라미란돌라, 에라스뮈스Erasmus와 몽테뉴Montaigne도 확고한 인문주의자다. 여기서 나는 크리스틴 드 피장으로 출발해 토머스 모어를 강조하는 입장을 취한다. 피장은 당대 사람들이 진지하게 받아들인 거의 유일무이한 지식인 여성이며, 모어는 인문주의자이자 강력한 정치가, '유토피아'라는 제목의 얇은 책을 쓴 저자다.

크리스틴 드 피장

크리스틴 드 피장이 중세 후기─그녀는 1363년경에 태어나 1430년 이후에 사망했다─에 주목을 받은 여성 저자로서 희소 가치가 충분하다는 사실은 굳이 강조할 필요도 없다. 그녀는 글을 쓰는 일로 생활함으로써 당대 사람들을 놀라게 했는데, 당시에는 남성이든 여성이든 그런 전례가 거의 없었다. 실은 그럴 수밖에 없었다. 그녀의 아버지는 왕실 고용인이었고 궁정에서 일을 잘했으나 비천한 출신이었다. 그녀는 열여섯 살에 결혼했지만 남편과 아버지가 얼마 후 죽는 바람에 스물네 살의 나이에 아이 셋이 달린 과부로, 과부가 된 어머니까지 돌봐야 하는 처지가 되었다. 궁정에 친구들이 있기는 했으나 가진 재산이 전혀 없었으므로, 왕과 귀족 후원자들을 위해 글을 쓰는 일만이 유일한 호구지책이었다. 그녀가 살았던 시대는 마침 프랑스와 영국이 백년전쟁을 벌인 최악의 시기였다. 그녀가 태어날 무렵 영국은 1356년의 푸아티에 전투에서 프랑스군을 격파하고 샤를의 아버지 장 2세를 사로잡았는데, 이후 프랑스 왕 샤를 5세(재위 1364~80)는 프랑스의 국세를 회복시키기 시작했다. 그러나 샤를은 일찍 죽었고 그의 아들이 왕위를 이었다. 친애왕으로도 알려졌고 광인왕으로도 알려진 샤를 6세는 열두 살에 왕위를 계승했고 1422년에 죽었는데, 20대 중반부터 광기의 발작에 시달렸다. 증상에 관한 설명을 보면 그는 정신분열증이었던 듯하다. 그 결과로 왕실 내에서 치열한 다툼이 일어나 프랑스는 통치 불가능한 상태에 빠졌다. 만약 영국에서 마침 불화가 일어나지 않았다면 프랑스는 영국의 공격을 전혀 막아내지 못했을 것이다. 결국 샤를은 또 한 차례 참패를 당한 뒤 1415년 아쟁쿠르에서 마지못해 영국의 헨리 5세를 자신의 후계자로 승인해야 했다. 크리스틴 드 피장은 프랑스가 잔 다르크Jeanne d'Arc의 활약으로 전쟁에서 우위를 되찾았을 무렵 세상을 떠났다. 그녀의 마지막 작업은 잔 다르크에게 보내는 찬사였는데, 잔이 부르고뉴 공작의 배신으로 영국군에게 처형되기 전에 썼다.

크리스틴 드 피장은 『부인들의 도시에 관한 책Le Livre de la cité des dames』과 『세 가지 덕목에 관한 책Le Livre des trois vertus』— 때로 『부인들의 도시의 보물』이라고도 불린다 — 의 저자로 유명하다. 하지만 여기서 우리가 주목할 저작은 그것들이 아니라 『정치체에 관한 책』이다. 이것보다 더 유명한 책들은 여권주의 선언서이며, 초점이나 취지가 정치에 있지 않다. 그 책들은 400년 뒤에 나오는 메리 울스턴크래프트Mary Wollstonecraft의 『여성의 권리를 옹호함Vindication of the Rights of Woman』처럼 — 그녀의 다른 저작 『남성의 권리를 옹호함Vindication of the Rights of Man』는 제외하고 — '여성들의 싸움'이라는 '장르'에 속한다. 그것은 여성의 지성, 세심함, 자제심, 정의감을 하찮게 보고 여성을 어리석고 변덕스럽고 이기적이고 무익한 존재로 묘사한 중세 문학 장르였다. 『부인들의 도시에 관한 책』은 그런 어리석음에 맞서는 반대 전통에 속한다. 또한 그것은 신과 이성이 같은 편이라는 인문주의의 신념을 예증한다. 즉 여성도 남성에 못지않게 덕을 쌓을 수 있다는 것이다. 책의 대부분은 여성의 덕을 보여주는 사례로 이루어져 있으며, 이따금 네로 같은 남성의 사악함도 소개된다.[4] 여기에는 어떤 정치적 함의도 없다. 누구나 알고 있듯이 여성은 재산을 관리하고, 도시의 군사적 방어를 조직하는 등 유능한 남성이 할 수 있는 모든 일을 했다. 누구나 알고 있듯이 가난하고 배우지 못한 사람이 상급자보다 더 용감하게 싸우고 전투를 주도하는 경우도 많으며, 일상생활에서도 흔히 더 나은 감각을 보여준다. 하지만 플라톤을 제외하고는 누구도, 정치적 능력이 혈통이나 성과 무관하고 혈통과 성이 정치권력을 가져다주지 않는다는 결론을 내린 바 없다.

『정치체에 관한 책』은 1407년경에 쓰였다. 이 책은 당시 왕세자인 루이 드 귀엔Louis de Guyenne에게 전하는 충고를 담고 있다. 책은 전반적인 정치체, 군주, 귀족, '일반 사람들'을 다룬다. 하지만 군주를 다루는 부분은 귀족을 다루는 부분의 두 배이며, 평민을 다루는 부분의 세 배일 뿐 아니라, 평민에게 전하는 충고는 주로 군주에 대한 의무를 말하고 있다. 왕세자는 8년 뒤에, 아버지보다 5년 앞서 죽었다. 당시 그녀는 이 책만이 아니라 여러 책들을 소나기처럼 쏟아냈다. 인간 운명의 변화 가능성에 관한 성찰을 담은 책도 있었는가 하면, 샤를 5세의 전기, 그리고 나중에 출간된『프랑스의 고통에 대한 탄식 Les Lamentations sur les maux de la France』—베리 공작에게 프랑스를 휩쓰는 내전의 공포를 막으라고 촉구하는 내용—과 왕세자가 죽기 1년 전 그에게 바친『평화의 책 Le Livre de la Paix』도 있었다. 크리스틴이 자신의 책들에 어떤 우선순위를 부여했는지는 알 수 없다. 그녀는 후원자를 위해 책을 썼는데, 그 후원자들 가운데 왕세자는 그녀가『평화의 책』을 쓸 무렵 사실상 부르고뉴 공작의 포로였다.『정치체에 관한 책』은 짧고 가볍지만 흥미롭다. 정치체의 관념은 고대까지 거슬러올라가지만—플라톤도 『국가』에서 길게 다룬 바 있다—도덕과 정치적 충고를 담은 공식 문헌에는 자주 나오지 않았다. 일반적으로는, 지혜의 중심인 머리가 신체 전체에 지시를 내리듯이 지혜로운 왕은 공동체 전체에 지시를 내린다는 정도로 생각하는 게 보통이었다.

플라톤의 경우 그 관념은 다소 논쟁적인 결과를 빚었다. 플라톤은 영혼과 덕목을 삼분한 다음, 그 가운데 절제를 배에 할당하고 노동계급에게 필요한 덕목으로 지정했다. 그 구분에 따르면 민주주의의 주된 특징은 탐욕이었다.[5] 여기서 피장이 사용한 은유는 묘하게도 평민에게 더 우호적이었다. 지배자는 머리이고, 기사와 귀족은 가슴, 팔, 손처럼 신체를 움직이는 데 필요한 요소이며, 평민은 배, 다리, 발처럼 생존 수단을 만들어내는 요소다.[6] 이 은유를 멀리까지 밀고 가는 게 어리석다는 것은 성직자가 평민과 같은 지위라는 사실로 알 수 있다. 누구나 성직자는 허리 위쪽 어딘가에 위치하리라고 예상할 것이고, 실제로 성직자는 지혜를 제공한다는 의미에서 이따금 머리를 연상시키기도 하기 때문이다. 책의 셋째 부분은 프랑스 도시들의 '세 신분'에게 전하는 훈계다. 특히 파리의 경우에는 협력과 통합의 유지를 권고한다. 여기서 성직자는 첫번째 신분이며, 높은 학식과 신앙심의 원천으로서 '사람들에게서 존경을 받을 만한 고귀한 귀족'이다.[7]

덕목들을 정치체에 분배한 플라톤의 방식과 군주의 귀감이라는 방식을 결합하려 하면, 결국 군주의 교육과 연관되게 마련이다. 크리스틴은 그 책을 당시 열한 살이던 왕세자에게 바쳤다. 그러므로 그녀는 지배자의 아들에 대한 교육으로 시작해 그 아들이 성장한 뒤 처신하는 방법으로 넘어가고 있는 것이다. 그녀가 전하는 조언은 복잡하지 않다. 군주는 아들을 훌륭한 학자에게 맡겨야 하지만, 덕을 갖춘 학자가 먼저이고 그다음이 현명한 학자다. 젊은이가 배워야 하는 지혜는 고전적 지혜이며, 익혀야 하는 덕은 그리스도교의 덕과 키케로(혹은 스토아철학)식 덕의 일상적 결합이다. 이것은 전혀 놀랍지 않다. 그보다 더 놀라운 것은 크리스틴이 고전적 사례, 주로 로마와 공화정의 사례를 그리스도교 군주의 행동에 알맞은 것으로 곧장 연결시키며, 집정관, 독재관, 장군, 원로원 의원에 대한 로마의 관념을 그대로 15세기 프랑스인의 지도적 원리로 받아들인다는 점이다. 그 이유는 그녀가 상류층 도덕 교육에 널리 사용되던 발레리우스 막시무스Valerius Maximus의 책 『기억할 만한 공적과 격언Facta et dicta memorabilia』에 크게 의존했기 때문이다. 주요 덕목들—정의, 용기, 절제, 분별력—의 중요성은 명확해 보인다. 그런 덕들을 가진 덕분에 잘 살았다는 사람에 관한 좋은 이야기가 있으면 굳이 애쓰지 않아도 핵심을 강조할 수 있다. 그녀는 자신이 여성이기에 다른 데서 권위를 빌려야 한다고 생각했을지도 모른다.[8] 한편, 바탕으로 삼은 책의 존재는 당혹스러운 모럴moral을 더 강화할 수도 있는데 마키아벨리의 『군주론』과 『로마사 논고』에서 그랬다.

가볍게 읽을 수 있고 지적으로도 그다지 부담스럽지 않은 짧은 책에 관해 말할 내용은 얼추 네 가지다. 첫째, 이 책에는 같은 종류의 다른 책들에 흔히 결여된 인간적 느낌이 있다. 크리스틴은 군주의 교사가 늘 침착해야 하고, 옷을 깔끔하게 입어야 하고, 허튼소리를 하지 말아야 한다고 주장하면서도 군주 역시 아이들의 놀이를 하고 아이가 누리는 즐거움을 누려야 한다는 점을 강조한다. 군주는 문법과 논리학만 익혀서는 안 된다. 둘째 특징은 크리스틴이 당대 교회의 부패를 대단히 맹렬하게 비판한다는 점이다. 군주에게 그리스도교 덕목의 견지에서 행동을 다스리라고 가르치는 것은 당연하다. 또한 군주에게 군주 자신의 이익이 아니라 백성들 전체의 이익을 돌보라고 가르치는 것도 당연하다. 백성들의 이익을 추구하는 군주와 자신의 이해관계에만 신경을 쓰는 군주의 차이는 모든 사람들에게 중요했으며, 합법적 군주와 불법적 폭군을 구별하는 기준이었다. 현명한 자문관을 발탁하고, 적절한 세금을 징수하고, 전투에서 용감하고, 평화시에 자비롭게 행동하라는 충고는 이런 종류의 책이면 다 말하는 내용이었다. 하지만 성직자들과 주교들이 교회를 성전보다 마구간에 더 가까운 곳으로 타락시킴으로써 자신들과 자신들의 종교를 부끄럽게 만든 부정한 처신을 격렬하게 공격한 것은 그녀가 진정으로 분노했다는 인상을 준다.[9] "그들은 진짜 악마이고 지옥의 심연이다. 지옥의 입은 아무리 많은 것을 먹거나 취한다고 해도 결코 채워지거나 충족될 수 없으며, 그들은 돈과 사치품에 대한 커다란 탐욕을 가졌기 때문에 결코 그들의 욕망이 충족되거나 만족될 수 없다. 그들은 사람들에게 엄청난 악을 저지르고 있는 것이다!" 그녀는 교회 대분열Great Schism 29년째 되는 해에 그 책을 썼으므로 그녀의 분노는 이해하지 못할 바가 아니다.

그 책의 셋째 특징은 평민에게 공감한다는 점이다. 피장은 평민의 삶이 중요하며, 평민의 복지가 지배 엘리트의 주요 관심사여야 한다는 점을 명확히 밝히고 있다. "모든 신분들 가운데 평민은 가장 필요한 존재다. 평민은 인간을 먹이고 양분을 공급하는 토지의 경작자다. 그들이 없으면 토지는 금세 죽어버릴 것이다."[10] 하지만 그녀가 평민의 정치적 역할을 논의하는 대목은 무척 짧다. 그 내용도 세 신분—성직자, 상인, 기술자—의 구성원들에게 정부의 안녕에 기여하고 권력을 가진 사람들에게 적당한 진지함과 경의를 표하라는 충고에 불과하다. 그녀가 평민의 운명에 공감하는 것을 평민이 정치적 역할을 담당해야 한다는 생각으로 비화시키면 안 된다. 자신이 비천한 출신임에도 크리스틴은 초지일관 평민이 스스로를 다스릴 수는 없다고 믿었다. 평민은 절대 자치가 불가능하다. 1인 지배가 최선이라고 본 아리스토텔레스가 옳았다. 평민이 지배자에게 복종해야 한다는 그녀의 설명은 정치권력의 본질과 기원에 관한 성서의 표준 설명을 유일한 근거로 한다. 권력은 신이 주는 것이다. 불만 없이 (적절한) 세금을 납부하는 것은 카이사르의 것을 카이사르에게 주는 방법이다.

넷째 특징은 기사계급의 덕목과 의무에 관한 그녀의 논의가 오히려 그리스도교로부터 상당히 벗어나 있다는 점이다. 크리스틴은 거의 전적으로 이교와 고전, 주로 로마와 공화정의 사례에 의거해 기사계급의 적절한 행동을 촉구한다. 그들이 존경을 받으려면 자격을 갖춰야만 한다. 또한 자격을 갖추려면 로마 공화정의 영웅들이 그랬듯이 용기와 인내심을 보여야 하고 승리의 경제적 이익에 무관심해야 한다. 현대의 독자들은 발레리우스로부터 출발한 이야기들의 흐름을 따분하게 여길지도 모르지만, 그것들은 흥미가 없지 않을 뿐 아니라 교훈문학의 표준 레퍼토리에 포함된다. 그녀가 전장에서 보여준 로마의 야만 행위를 즉각 수용한 것은, 다른 저작들에서 평화를 탄원한 것이나, 10년 뒤 아쟁쿠르 전투에서 전사하거나 포로로 잡힌 남자들의 아내들이 겪는 고통에 관해 성찰한 것과 어긋난다. 또한 로마 영웅들의 사기와 속임수를 발레리우스가 칭찬한 것에 그녀가 기꺼이 동조한 것도, 정직과 신의는 필수 불가결한 덕목이며 그것이 없으면 존경을 받지 못한다고 주장한 것과 어긋난다. 하지만 『정치체에 관한 책』을 그저 이것저것 주워 맞춘 조잡한 책이라고 보는 것은 오해다. 책의 긴장감은 몇 가지 다른 장르들을 한꺼번에 구사하면서 재미와 설득력을 담은 글을 쓴다는 게 얼마나 어려운 일인지 잘 보여준다. 그리스도교 성서는 전쟁에서 무용보다 겸손을 더 찬양하고, 이교 철학자들은 자족하기를 바랐다. 그러나 백년전쟁은 한참을 더 끌었고, 결국 영국은 칼레를 제외한 모든 곳에서 축출되었다.

후기 인문주의자들: 피코의 연설

피코 델라미란돌라는 너무 일찍 요절하는 바람에 주요 저작을 남기지 못했다. 그는 1463년에 태어나 1494년에 죽었다. 『인간의 존엄성에 대한 연설』은 그 젊은이의 저작이다. 피코는 스물네 살 때 추기경단 앞에서 논리학, 형이상학, 신학, 물리학, 자연사의 모든 쟁점에 관한 900가지 주제를 증명하겠다는 계획의 일환으로 그 연설을 집필했다. 그는 느닷없이 등장한 허풍쟁이가 아니라 학문의 길을 가기 위해 가문의 영지에서 자신의 몫까지 포기한 귀족이었다. 그는 절충주의를 신봉했다. 즉 진리는 지적·영적·종교적 전통을 전부 취합해야만 도출해낼 수 있는 것이라고 믿었다. 그의 관심 범위는 대단히 폭넓었다. 플라톤과 신플라톤주의자들에 대한 열정이야 그렇다 치더라도, 그가 헤르메스 트리스메기투스Hermes Trismegistus—이집트의 마구스일 것으로 추측된다—를 믿은 것은 우리를 놀랍게 한다. 칼데아 신학과 유대 중세 카발라 학문(둘 다 가톨릭교회에서는 이단시하는 신앙이었다—옮긴이)을 신봉한 것도 마찬가지다. 그럼에도 불구하고 그는 독실한 그리스도교도였으며, 카발라에 대한 그의 관심도 유대교를 존중하려는 태도를 나타내는 게 아니라 히브리인 자신들의 문헌을 근거로 '냉혹한 히브리인'이라는 이미지를 논박하기 위해서였다.

『인간의 존엄성에 대한 연설』은 단지 피코의 저작이라는 사실을 넘어, 인문주의 사상 전체를 대표하면서도 인문주의의 지적·문체적 특징을 분명하게 표현한 책으로 볼 수 있다. 현대 독자들의 열정을 북돋우는 대목은 신이 인간에게 스스로의 힘으로 가장 고결하고 가장 똑똑한 존재가 되라고 명하는 몇 개 문단이다. 그것은 월터 페이터Walter Pater(19세기 영국의 심미주의자—옮긴이)의 악명 높은 명령, 즉 우리는 '단단한 보석 같은 불길 속에 타버리기 위해' 애써야 한다는 명령의 원천이었다. 인간의 과제가 자기 창조라는 관념은 이단에 가까웠다. 그리스도교 사상이나 고전 사상에는 그런 관념이 들어설 여지가 없었다. 고전 사상은 모든 것이 고정된 본성을 가지고 있으며, 완성이란 그 본성을 충족시키는 것이라는 관념에 매우 투철했다.

또한 그리스도교는 원죄의 관념을 철저히 신봉했다. 피코는 실제로 이단의 죄를 선고받았으나 그런 열정 때문이 아니었다. 그 이유는 성변화^{聖變化}
(빵과 포도주가 예수의 살과 피로 변화한다는 그리스도교의 믿음 — 옮긴이)의 본질, 영구적 형벌, 그리고 지옥으로 떨어질 때 실제로 그리스도가 현존했는지의 여부 등 그가 제기한 열세 가지 주장 때문이었다. 그는 스스로를 적극적으로 옹호했으나, 고발자들의 입장도 공감하지 못할 것은 아니다.

피코가 끌어낸 이미지는 플라톤보다 더 오래되었으며, 이는 플라톤의 대화편 『프로타고라스』에 창조 이야기로 등장한다. 신은 모든 동물에게 고유한 생존 수단을 주었다. 이를테면 날개, 부리, 발톱, 호신용 비늘, 빠른 속도 등이 그것이다. 하지만 인간은 그런 수단이 없고 지능에 의거해 번영했다. 더 중요한 것으로, 인간은 정치사회를 발명하고 정의를 실행해야 했다.[11] 인간이 동물들과 같은 개체적 생존 수단을 가지지 못했기 때문에 정치사회를 이루어 살아야 한다는 생각은 주기적으로 반복되었다. 피코는 시대에 앞선 낭만주의자가 아니었다. 그는 18~19세기 낭만주의자들처럼 자기완성을 역사적 사명이라고 생각하지 않았으며, 인간의 완성을 정치적으로 촉진되어야 할 것으로 여기지도 않았다. 그는 조상들의 마법적 지혜와 이국적 신비주의에 지나치게 매료된 나머지 자기 창조를 먼 미래에나 실현될 수 있는 것으로 보았다. 피코가 후대에 등장하는 정치적 유토피아의 '선구자'와 같은 느낌을 주는 이유는 많은 사상가들이 재미있게 그를 읽고 영감을 받았기 때문이다. 그중 한 사람이 『유토피아』의 저자인 토머스 모어였다. 그는 1510년에 피코의 조카인 프란치스코가 쓴 피코의 전기를 영어로 번역했다.

피코는 자신이 제기한 900개 주제에 관한 공적 토론에 참여하는 게 금지되었으며, 『인간의 존엄성에 대한 연설』도 그의 사후 2년이 지난 1496년에야 출간되었다. 당대의 근엄한 독자들은 신학이 신의 직접적인 시선 속으로 우리를 데려갈 수 있다는 그의 주장에 크게 놀랐을 것이다. 그것은 보통 내세의 축복으로 간주된다. 피코는 우리가 스스로 세라핌seraphim(가장 높은 계급의 천사—옮긴이)의 아래 서열인 케루빔cherubim이 될 수 있을 뿐 아니라 신에게 접근해 신을 정관靜觀할 수 있다고 보았다. 그 정치적 의미는 모호하며, 피코도 깊이 탐구하지 않았다. 우리는 그에게서 철학자-군주를 찾는 플라톤주의자를 연상할 수 있겠지만, 그리스도교 플라톤주의자도 얼마든지 정치로부터 등을 돌리고 신의 진정으로 신비스러운 시선을 얻고자 하는 학자 공동체의 공간 정도만 요구할 수도 있다. 이것은 몽테뉴처럼 반反정치적 자세를 취하며 노골적으로 차분한 삶을 옹호하는 것과는 다르다. 몽테뉴는 우리가 완벽하게 조용히 지낼 수 있다면 축복을 받는 꿈이 등장하지 않으리라고 기대했다. 그는 평화와 해방 자체를 추구했던 것이다. 축복의 꿈을 실현하려면 칼데아 신학, 히브리 카발라를 파고들어야 했으며, 피코는 아라비아 신플라톤주의자들의 신학적 사색도 서슴없이 연구했다. 그것들이 바로 그의 진정한 관심사였다.

에라스뮈스

에라스뮈스는 인문주의 기질과 문학, 정치, 철학 등 인문주의의 모든 범위를 정의한다. 그는 1469년 훗날 사제가 되는 아버지와 의사의 딸인 어머니 사이에서 사생아로 태어났다. 네덜란드 태생의 그는 니콜라우스 쿠자누스와 토마스 아 켐피스Thomas à Kempis를 배출한 데벤터르의 학교에서 고전 교육을 받았다. 부모도, 돈도 없었으므로 그는 대학을 다닐 수 없어 수도원에서 공부를 계속했다. 영적인 사명감은 가지지 않았으나 그는 명상의 삶에 매력을 느꼈으며, 인내와 자제가 학문을 손상시키지 않는다는 것을 깨달았다. 형식적으로 그는 평생토록 수도원의 교단 내에 머물렀지만, 더 넓은 세계를 갈망했다. 1492년 캉브레 주교의 비서로 일할 무렵 그는 후원자가 절실하게 필요한 일에 뛰어들었다. 그가 정치사상에 기여한 주요 저작인 『그리스도교 군주 교육론Institutio Principis Christiani』은 오스트리아의 필리프 대공을 위한 『찬사Panegyric』와 늘 함께 인쇄되는 책으로, 그를 경제적으로 안정시켜준 오랜 과정의 일환이었다. 『찬사』는 그가 1504년에 써서 장차 황제가 되는 카를 5세의 아버지에게 바친 책이다. 그러므로 이 책은 그 열여섯 살짜리 아들에게 전하는 적절한 가르침을 담고 있었다. 경제적 동기가 있다고 해서 반드시 평판이 깎이는 것은 아니다. 현대 독자들이 보기에 과장과 아부는 설득력이 떨어진다. 하지만 근대 초 저자들과 독자들에게 그것은 어느 정도의 풍자와 곡해가 섞인 문학적 수사였다. 저자는 자신의 책을 헌정받는 사람이 덕과 지혜, 용맹을 갖춘 학문의 후원자라고 찬양하면서도 진정한 찬사와 아첨을 구분하라고 촉구했으며, 아직 아무도 도달하지 못한 높은 덕을 가진 군주에 대한 설명을 제시했다.

『그리스도교 군주 교육론』의 관심이 무엇인지는 우리가 마키아벨리의 『군주론』을 살펴볼 때 더욱 명확해질 것이다. 이 책은 『군주론』보다 3년 뒤에 집필되었으며―『군주론』은 1513년이고 『그리스도교 군주 교육론』은 1516년이다(『군주론』이 출간된 것은 1536년이지만 집필이 시작된 것은 1513년이다―옮긴이)―당시 에라스뮈스는 마키아벨리처럼 고용을 원하고 있었다. 에라스뮈스는 책의 내용을 솔직하게 표현한 반면, 마키아벨리는 장르를 변형시켜 지금까지도 해석자들을 난감하게 만들고 있다. 군주의 귀감을 바라보는 에라스뮈스의 관점에서 뚜렷한 특징은 평화가 최고의 이익이라는 것이다. 역설적이지만 카를 5세는 훗날 제위에 올라 전쟁과 강압적 외교로 악명을 날렸다. 이후 에라스뮈스는 영국의 헨리 8세에게 그 책을 바쳤는데, 헨리 역시 당시에나 후대에나 평화적 취향이 명확하지 않았던 군주다. 하지만 에라스뮈스는 진정으로 평화를 옹호했다. 그의 평화주의는 온갖 유형의 잔인한 행위를 몹시 혐오한 것으로도 충분히 알 수 있다. 그의 절친한 친구인 토머스 모어도 그에 못지않게 전쟁을 혐오했지만, 모어는 이단을 잡아내 화형에 처하는 것에 행복을 느낄 정도는 아니더라도 적극적으로 동조했다. 그에 비해 에라스뮈스는 온갖 종류의 분쟁이 일어나고 혐오스러운 처형 방식이 생겨나는 원인이 종교적 불화 때문만은 아니라고 주장했다.

『그리스도교 군주 교육론』이 현대의 독자들을 크게 동요시키는 이유는 카를 5세를 집요하게 찬양하기 때문이 아니라 크세노폰의 다음과 같은 주장에 호소하기 때문이다. "자유롭고 자발적인 신민들에 대한 절대적 지배에는 인간 본성을 넘어선 것, 완전히 신성한 뭔가가 있다."[12] 한편에 절대주의의 사고, 다른 편에 자유와 자발성이 공존한다는 생각은 우리로서는 받아들이기가 어렵다. 그것은 마르실리우스의 사상과 사실상 다르지 않다. 즉 대중의 동의는 정부를 정당화하지만, 현대의 헌법이 하는 것처럼 정부를 제약하지는 않는다. 물론 선한 지배자는 제약을 받을 필요가 없는 신성한 자질을 보여주지만, 오로지 동의하는 신민들을 통치할 때에만 그럴 수 있을 뿐이다. 이것은 유스티니아누스의 주장과도 무관하다. 유스티니아누스에 의하면 로마 황제가 절대적 입법권을 가지는 이유는 그 권리를 먼저 소유했던 '인민'으로부터 받았기 때문이다. 유스티니아누스는 절대권력의 기원을 설명하지만 에라스뮈스는 절대권력의 본질을 설명한다. 중요한 차이는 마르실리우스에게서 나타난다. 그에 따르면 폭군은 공동의 이익을 무시하고 반항적인 신민을 강압한다. 반면 절대군주는 자신의 사적 이익이 아니라 전체적 이익의 관점에서 자발적인 신민을 다스린다. 에라스뮈스는 좀 더 플라톤화된 마르실리우스인 양 권력과 지혜를 연관시키며, 선한 군주는 플라톤식 관리자이고 부와 권력에서가 아니라 지혜에서 최고라고 주장한다.[13]

이런 주장은 플라톤의 『국가』가 정치적 입론에 본격적으로 이용된 후기 고전 시대 이래로 최초일 것이다. 그 저작은 1469년 마르실리오 피치노 Marsilio Ficino의 번역으로 지식인들에게 전해졌다. 에라스뮈스는 지식인의 특징이 그리스어와 라틴어를 능숙하게 구사하는 능력이라고 생각했는데, 이것은 1453년 오스만이 콘스탄티노플을 정복하면서 가능해졌다. 당시 콘스탄티노플의 고전학자와 철학자가 대거 서방으로 피신한 덕분이었다. 그래도 지식인들은 여전히 플라톤을 라틴어 번역으로 읽는 경향이 있었다. 하지만 그리스어 번역이든, 라틴어 번역이든 군주가 철학자이고 철학자가 군주인 유토피아 국가에 대한 플라톤의 구상은 이제 과거와 달리 정식 교과과정에 포함되었다. 『그리스도교 군주 교육론』과 비슷한 시기에 출간된 모어의 『유토피아』는 익살스럽게 쓴 책이지만, 플라톤의 야망을 재구성하려는 진지한 의도를 담고 있다. 에라스뮈스도 친구 모어처럼 철학적 성향을 가진 지배자가 통치하기를 바랐다.

에라스뮈스는 군주의 교사가 '어떤 바보 같은 조신朝臣'과 이 점을 놓고 토론하는 장면을 상상한다. 그 조신은 에라스뮈스의 군주 교육 계획이 철학자를 만들 뿐 군주를 만들지는 못할 것이라며 반대한다. "지배자가 철학을 하거나 철학자가 정치를 맡을 경우 국가가 축복을 받으리라는 것이 플라톤의 현명하지 못한 명제였다고 생각하면 안 된다. 많은 훌륭한 사람들이 그것을 찬양했다."[14] 여기서는 에라스뮈스의 해석이 중요한데, 그의 해석은 스콜라철학에 대한 인문주의의 적대감을 보여준다. 철학자는 '논리학이나 과학에 능하지 못한 사람'이 아니라 실제와 외양을 구분할 줄 알고 선을 향해 단호하게 나아가는 사람이다. 실제로 "철학자가 되는 것은 그리스도교도가 되는 것과 같다. 단지 용어만 다를 뿐이다". 외양과 실제를 구분하는 군주의 능력을 강조하는 것은 플라톤에게서 취한 중대한 명제이며, 교육 프로그램의 가장 주요한 관심사다.

이처럼 여론은 믿을 게 못 된다. 대중은 환상에 사로잡히기 쉬우며, 플라톤의 유명한 동굴의 우화에 나오는 죄수처럼 묶여 있는 탓에 실제를 볼 수 없고 무엇이 동굴 벽에 비친 그림자에 불과한지를 알지 못한다. 역시 군주는 참된 행복이란 덕을 추구해야만 얻을 수 있다는 것을 배워야 한다. 육욕의 쾌락, 섹스와 폭식의 육체적 즐거움은 선한 인간의 흔들리지 않는 행복에 비하면 아무것도 아니다. 이 학설은 어떤 측면에서 지나치게 엄격한 감이 있다. 아마 스토아 철학자라면 덕을 가진 사람만이 자유롭다고 주장할 것이다. 그런 사람만이 육욕의 유혹을 경멸하고 합리적 본성의 나침반에 따라 행동할 수 있기 때문이다. 또한 그리스도교도라면 세속의 즐거움은 유혹과 망상이며, 우리를 천국으로 가는 길로부터 떼어내 불구덩이로 이끌기 위해 악마가 놓은 덫이라고 주장할 것이다. 에라스뮈스는 그 모든 것을 알고 있다. 그렇기 때문에 철학자는 그리스도교도이며, 단지 용어만 다를 뿐이다.

군주는 아첨의 위험성을 일찌감치 깨달아야 한다. 진정한 찬사는 덕의 길을 가도록 고취하므로 좋은 것이다. 그러나 아첨은 독약과 같다. 일시적으로 감각을 만족시킬 뿐 판단력을 흐리게 한다. 이런 생각은 군주가 자문관을 올바르게 발탁하는 일이 얼마나 중요한지 일깨워준다. 늘 군주가 듣고자 하는 말만 하고, 경솔하거나 무분별한 길을 갈 경우에 맞닥뜨리게 될 위험을 상기시키지 않는 자문관은 아무런 쓸모도 없다. 자신의 이익에만 신경을 쓰고 나라의 이익에는 눈을 감는 자문관은 모두에게 위험한 존재다. 에라스뮈스의 친구 토머스 모어는 철학자가 주는 주의에 몹시 냉소적인 입장이었지만―그 무렵에는 플라톤의 『일곱번째 편지』가 널리 알려져 그가 디오니시우스의 수중에서 죽임을 당하거나 노예가 될 처지에서 가까스로 탈출했다는 이야기가 낯익은 경고로 자리잡았다―에라스뮈스는 개의치 않거나 개의치 않는 척한다.

우리는 또다시 낯익은 생각이 새로운 용어로 표현되는 것을 본다. 앞에서 접했던 것과는 출처도 다르다. 여기에는 모든 것을 움직이는 중대한 두 가지 이분법이 있다. 첫번째는 폭정과 적법한 지배의 차이에 관한 반복적인 주장이다. 현실이 그렇게 흘러왔기 때문에, 우리는 프랑스와 에스파냐 군주정이 루이 14세와 루이 15세의 절대주의에 적합하다고 생각하는 경향이 있다. 그 옹호자들은 신권설을 근거로 삼는다. 그러나 후대의 절대군주정 옹호자들은 동의에 의한 정부라는 관념에 맞서 신권설에 호소한 반면, 에라스뮈스는 신민의 동의가 지배자를 정당화한다는 기존의 견해를 고수했다. 또한 그는 1인 지배에 관한 문제를 제기하지도 않는다. 그는 철학자의 일반적인 의견에 따르면 군주정이 최선의 정부 형태라고 주장한다. 하지만 키케로나 카이사르 시대까지의 로마 저자들이라면 그 주장에 동의하지 않았을 것이라고 말하지는 않는다. 에라스뮈스는 지성의 역사를 쓰려던 게 아니라 그림을 그리고 있었던 것이다. 그는 군주의 교사에게 폭군의 사악함을 강조하기 위해 폭군을 동물의 형상으로 그리라고 권한다. 한편에는 정당한 지배자의 그림이 있다. 그는 지혜롭고 덕 있는 모습이고, 백성들의 사랑을 받으며, 백성들이 그의 지배를 기꺼이 인정함으로써 정당화되고 있다. 다른 한편에는 폭군이 있다. 그는 게걸스럽게 먹이를 먹는 곰보다 더 나쁜 모습으로, 사자나 독사보다 더 위험한 생물로 묘사된다. 덕 있는 지배자가 신의 미덕을 가진다면, 우리는 폭군이 무엇을 가지는지 알고 있다.

그러므로 폭군은 백성 전체의 이익이 아니라 자신의 이익에 따라 통치하며, 신민의 동의를 구하려 하지 않고 어떻게 해서든 신민에게 복종을 강요한다. 『그리스도교 군주 교육론』은 도덕주의적 저작이지만 그것에 그치지는 않는나. 에라스뮈스는 군주가 백성들에게 과도하지 않게 세금을 부과해야 한다고 촉구하는데, 그것은 중과세에 시달리지 않는 백성들이 가까스로 연명하는 백성들보다 더 잘살 뿐 아니라 정부를 위해 더 많은 자원을 제공할 수 있다는 지극히 현실적인 입장에 의한 것이다. 또한 그는 아리스토텔레스 이후 낯익은 주장이 되었지만, 자신의 안전과 행복에 신경을 쓰는 군주는 신민들에게 증오의 대상이 되지 않는다고 지적한다. 과도한 세금으로 신민들을 괴롭히면 반란을 야기할 따름이다.

합법성은 매우 중요하다. 폭군은 자기 친구가 법을 위반하면 용서하지만, 자신의 적에 대해서는 잔인하게 법을 집행한다. 정당한 군주는 법에 따라 다스리며, 자비에 의한 용서 이외에는 일절 예외를 두지 않는다. 크리스틴 드 피장에 비해 에라스뮈스는 폭군 살해를 찬양하지 않으며, 폭군을 살해하는 사람이 인류의 은인이라고 생각하지도 않는다. 키케로가 인문주의에 어떤 영향을 주었든 간에, 그것은 무수하게 반복되는 폭군 살해의 찬양으로 이어지지는 않았다. 하지만 그렇다고 저항권을 명시적으로 부인하는 것은 아니다. 또한 지배자가 아무리 악을 행한다 해도 폭군 살해는 안 된다고 주장하는 것도 아니다. 신민들을 소외시키는 지배자는 자신의 목숨을 위태롭게 할 수 있지만, 그렇다고 해서 신민들이 반란의 악을 저지를 권한을 가진 것은 아니다. 여기에는 최소한의 평화가 유지되는 한 어떤 체제의 만행에도 참고 복종하라는 아우구스티누스식 명령의 느낌은 전혀 없다.

에라스뮈스가 강조하는 두번째 중대한 대조는 평화를 추구하는 군주와 전쟁에 열중하는 군주의 차이다. 이 저작의 가장 확연한 특징—모어에게서도 비슷한 것을 발견할 수 있지만—은 평화를 추구하는 방법에 관한 정교한 논의다. 에라스뮈스는 고대인들이 치국治國의 기술을 평화의 기술과 전쟁의 기술로 나누었음을 알게 됐다. 그러나 이는 잘못이다. 정치가의 모든 기술은 평화의 기술이다. "정치가는 평화의 기술로써 평화의 목적을 위해 최고의 노력을 경주해야 한다. 전쟁 계획과 장비는 전혀 사용되지 않을 수도 있다."[15] 이 생각에는 나중에 홉스에게서도 발견하게 되는 왜곡이 있다. 오늘날 우리는 전쟁에 반대하는 논의를 인도주의적 견지에서 바라보는 데, 에라스뮈스에게도 그런 인도주의적 논의가 있다. 하지만 핵심적 논의는 문명이 그 자체로 선하다는 것이다. 선한 사회는 번영하며 쾌적하다. 사람들은 과로에 시달리지 않고, 무거운 세금에 짓눌리지 않으며, 독단적이고 비합리적인 법을 두려워하지 않는다. 하지만 사회를 진정으로 문명화하는 것은 그 사회가 육성하는 학문의 수준이다. 전쟁을 끔찍하게 만드는 것은 단지 전쟁이 학문에 적대적이기 때문만이 아니라―군대가 강의실에 주둔한 상황에서 강의가 제대로 행해질 수 없다는 것은 진부한 생각이 아니다―적을 죽인다는 계획이 이성이 다스리는 사회에서 살아간다는 계획과 정면으로 충돌하기 때문이다.

군주에게는 평화의 기술이 필요하다. 그 상세한 내용은 잘 알려져 있고 표준적이다. 이를테면 군주는 관대해야 하지만, 그렇다고 공적 신용을 파괴하는 방식으로 관대해서는 안 된다. 군주는 뇌물에 넘어가지 않는 정무관을 임명해야 하고, 법을 가혹할 정도는 아니더라도 엄격하게 적용해야 하며, 믿음을 사야 한다. 얼추 이런 내용이다. 에라스뮈스의 논의에는 평범함에서 벗어난 것들이 있는데, 한 가지는 형벌에 관한 논의다. 그는 형벌이라는 것 자체를 싫어하지만, 그의 원칙은 복종을 확보하는 두 가지 방법―채찍과 당근―이 있을 경우 더 온건한 방법을 선택하는 것이다. 훈계와 설득은 벌을 받은 사람을 자신이 새로 깨달은 바에 따라 행동하고자 하는 자유로운 행위자로 만드는 반면, 잔인한 형벌은 벌을 받은 사람을 음울하고 적개심에 불타는 동물로 만든다. 평범하지 않은 또 한 가지 논의는 법으로써 일을 권장하고 게으름을 제지할 수 있다고 보는 점이다. 에라스뮈스는 거지를 공화국에서 쫓아내려 했던 플라톤을 비판하면서, 즐거운 마음으로 구걸하는 사람은 드물다고 말한다. 고령과 질병으로 무능력자가 생길 수밖에 없다면, 그 해결책은 무능력자를 추방하는 게 아니라 수용하는 제도를 만드는 것이다. 반대로, 게으름을 쉽게 용납해서도 안 된다. 마르세유 주민들은 성물聖物이나 팔면서 게으르게 살고자 했던 사제들의 무리를 시에 들이기를 거부했는데, 그것은 올바른 결정이었다.

마찬가지 맥락에서 수도원의 수를 제한하는 것도 옳다. 수도원 생활은 일종의 게으름이기 때문이다. 대학에서의 삶도 대부분 그렇다. 에라스뮈스는 케임브리지를 방문했고 소르본에서 몇 년을 보냈는데, 그곳의 정통 교수단과 갈등을 빚었다. 성직자의 나태함에서 시선을 돌린 그는 하인들을 고찰한다. 단지 과시용으로 거느린 종자와 하인은 유용한 고용으로 전환되어야 한다. 이런 생각은 군인들에게로 이어진다. "군인생활도 뚜렷한 게으름에 속한다. 게다가 군인은 고귀한 모든 것을 완전히 파괴하고 악의 구덩이를 열어놓기 때문에 매우 위험하기도 하다. 그러므로 군주가 자신의 왕국에서 그런 범죄의 온상을 완전히 몰아낸다면, 이후 법으로 징벌을 가해야만 하는 경우가 매우 적어질 것이다."[16]

16세기는, 20세기는 물론이고 17세기보다도 덜 잔인했으나 전쟁이 끊임없이 지속된 세기였다. 왕조들 간의 동맹이 결성되고 해체되는가 하면 결혼으로 뭉쳤다가 결혼이 깨지면 흩어졌다. 결혼이 깨지는 경우는 어느 한 측이 동맹의 장애물을 제거하고자 할 때다. 합스부르크 가문은 결혼 동맹을 통해 세력권을 유럽 전역으로 넓혔다. 카를 5세는 왕위를 계승해 에스파냐를 통합했고, 후임 교황들을 견제했으며, 유럽에서 가장 강력한 군주가 되어 군사적·정치적 힘을 과시했다. 그러면서도 그는 포르투갈의 이사벨과 결혼해 이베리아 왕국들을 재통합하려 했으며, 마지막 행동으로 아들인 펠리페를 영국 여왕 메리 튜더와 결혼시켰다. 만약 그 부부가 아이를 낳았더라면 가톨릭 영국(영국은 헨리 8세의 치세에 종교개혁으로 영국성공회가 성립했으나 딸인 메리의 치세에 잠시 가톨릭으로 복귀했다—옮긴이)은 에스파냐의 속국이 되었을 것이다. 그러므로 에라스뮈스가 당대의 정치에서 결혼 동맹의 역할을 비난한 것은 대담한 태도였다. 실제로 그것은 보기보다 훨씬 더 대담했다. 그가

『그리스도교 군주 교육론』을 헨리 8세에게 바치자 카를 5세는 헨리 8세의 누이인 메리와의 약혼을 깨버렸다(그의 나이를 감안하면 약혼에서 풀려났다고 말할 수도 있을 것이다. 이후 메리의 결혼 편력에는 카를의 라이벌인 프랑스 왕 프랑수아 1세와의 짧은 결혼, 그리고 서퍽 공작과의 연애결혼이 포함된다). 에라스뮈스의 얇은 책이 집필된 시기는 그런 사건들이 헨리와 합스부르크의 관계를 냉담한 적대 관계로 만든 지 불과 2년이 지났을 무렵이다.

결혼 동맹에 대한 비난은 에라스뮈스가 전쟁을 비난하는 맹렬한 기세에 비하면 아무것도 아니었다. 정당한 전쟁의 관념은 완전히 사라졌다. 물론 정당한 전쟁이 있을 수도 있다. 하지만 그렇다 해도 우리는 온갖 힘을 다해 싸우지 않도록 노력해야 한다. 에라스뮈스는 사악한 나라를 응징하기 위해 정의로운 전쟁을 할 수도 있다는 아우구스티누스의 견해를 직접 논박하지는 않지만 명백히 무시하고 있다. 그리스도는 평화의 군주였으므로 그리스도교 군주는 평화의 군주라는 평판을 얻기 위해 애써야 한다. 카를 5세가 1525년 파비아 전투에서 프랑수아 1세를 포로로 잡고, 1527년에는 제국의 군대가 로마를 유린하자, 그 젊은 군주에게 품은 에라스뮈스의 희망은 무너지고 말았다. 에라스뮈스는 자신이 평화 옹호론자로 보인다는 것을 알았다. 1512년 그는 『평화의 호소Querela pacis』를 출간했으며, 플랑드르 분리파와 플랑드르의 지배자인 에스파냐 국왕의 화해를 도모하는 평화파의 일원이 되었다. 또한 그는 군주가 자신의 권리라고 여기는 것을 고수해서는 안 된다고 주장하면 곧바로 반박에 부딪히리라는 것을 알았다. 우리도 마찬가지로, 우리의 권리를 고수하지 못하면 누구의 권리도 지켜지지 못할 것이기 때문이다.

이에 대해 에라스뮈스는 유일하게 가능한 대응을 보여준다. 끊임없이 전쟁이 벌어지는 세계에서는 어떤 권리도 안전하지 않다는 것이다. 거래와 타협의 방책이 절실하게 필요하다. 평화적 협상을 통해 우리의 권리 대부분을 확보하는 것이 전쟁으로 전부를 확보하려 하는 것보다 더 낫다. 나아가 에라스뮈스는 이렇게 말한다. "군주가 자신의 적에게 보복하려면 먼저 자신의 신민들을 적대해야만 한다."[17] 보급품과 병사를 징발하는 것은 고통스러운 일이다. 시민들을 도시 성벽 안에 가두고 적으로부터 보호하는 것은 적에게 포위된 상태보다 별반 나을 게 없다. 우리가 왜 전쟁을 벌이려는 성향을 가지는지에 관해 에라스뮈스는 두 가지 잔혹한 견해를 제시한다.

평화를 설교해야 할 성직자가 오히려 전쟁을 조장하고 다닌다. 교황 율리우스 2세와 레오 10세가 북이탈리아와 나폴리왕국이 제국이나 다른 세력에 통합되는 것을 막으려는 의도에서 전쟁을 시작하자 에라스뮈스는 이처럼 맹렬히 비난하고 나섰다. 신성로마제국은 이제 사실상 합스부르크왕조의 제국이 되었다. 나폴리왕국은 에스파냐의 수중에 있었고, 북이탈리아는 교황, 프랑스, 제국(혹은 에스파냐)의 군대들이 활개를 치는 전장으로 변했다. 에라스뮈스는 세속의 정치적 이해관계를 좇는 교황과 주교들을 단호하게 비판했다. 그리스도교도가 싸워야 한다면 그 상대는 튀르크여야 할 것이다. 하지만 그것도 너무 서둘러서는 안 된다. 그리스도교권에 평화를 안착시키지 못한다면 튀르크를 물리치는 것도 의미가 없기 때문이다. 한 가지 새로운 점은 에라스뮈스가 민족주의에서 비롯된 적대를 비난했다는 것인데, 아마 역사상 처음일 것이다. 민족주의적 적대란 한 민족이 다른 민족을 그저 남이라는 이유만으로 증오하는 것을 가리킨다. "오늘날 영국인은 대체로 프랑스인을 단지 프랑스인이라는 이유만으로 증오한다. 스코틀랜드인은 그저 스코틀랜드인이기 때문에 영국인을 증오한다. 그런 식으로 이탈리아인은 독일인을 증오하고 슈바벤인은 스위스인을 증오한다. 지방이 지방을 증오하고 도시가 도시를 증오하는 식이다."[18]

그런 식으로 행동하는 사람들은 결국 어리석음에 이끌려 폭풍 속으로 뛰어들게 된다. 에라스뮈스는 이런 결론을 내리면서 우리에게 또 한 가지 사실을 일깨워준다. 인문주의 사상의 특징은 새로운 형식의 문학적 표현이다. 그 형식은 진지한 논의를 진지하지 않은 문학적 형식으로 표현할 수 있게 해준다. 에라스뮈스의 가장 인상적인 저작은 자조적이고 진지하면서도 우스꽝스러운 『우신예찬*Moriae encomium*』일 것이다. 그 자신도 아마 남들이 믿지 않으리라고 예상했겠지만, 그는 불과 한 주일 만에 그 책을 썼다고 말한다. 1509년 토머스 모어와 함께 지낼 무렵인데, 대륙을 여행한 뒤 병을 치료하던 중이었고 가지고 다니던 책들도 없는 상태였다. 아마 그렇기 때문에 그의 조롱은 최고의 인문주의적 방식으로 확장되어 익살스러운 저작을 쓴 모든 진지한 저자들의 권위를 인용하는 데까지 이르렀을 것이다. 라틴어 제목은 광기라는 뜻의 그리스어와 집 주인의 성(모어—옮긴이)을 결합한 동음이의어이며, 구성은 익살이 연장되면서 점점 진지해지는 방식을 취하고 있다. 책은 어리석음의 여신이 아무도 자신을 위해 발언해주는 사람이 없다고 불평하는 것으로 시작한다. 하지만 사람들은 여신의 온갖 변덕을 충실히 추종하므로 그녀의 주장은 매우 부당하다. 결국 그녀는 자화자찬의 연설을 하게 된다.[19] 이 과정에서 그녀는 도취, 깊은 잠, 무지, 어리석음 등 친구들의 도움을 얻는다. 그 덕분에 에라스뮈스는 당대의 사회, 종교, 정치를 마음껏 조롱할 수 있게 된다. 말하는 것은 여신뿐이므로 너무 진지하게 받아들일 필요가 없는 것이다.

지금까지 어떤 학자도 그가 어디까지 가려는 것인지 정확히 판단하지 못했다. 에라스뮈스가 그것을 알았더라면 틀림없이 무척 즐거워했을 것이다. 아마 그는 순전히 어리석음의 견지에서 글을 쓰는 지적 활동을 소박하게 즐겼을 것이다. 무엇을 잘하기는 어렵다. 저자가 자신의 의도와 정반대로 말하면서 진지한 쟁점을 다루기란 결코 쉽지 않다. 어리석음의 여신 자신도 이따금 넋이 나가 진지한 사람처럼 말하는 것을 사과하고 있다. 에라스뮈스는 그 책이 큰 인기를 끈 것에 놀랐지만, 튜더 시대 영국에서는 학생들에게 교사의 흉내를 내도록 하는 것이 널리 행해지던 교육법이었다. 학생들에게 좋아하는 믿음을 거스르면서 논의하게 하는 것은 오늘날에도 자주 사용되는 주요한 교육법이다. 어리석음의 여신은 에라스뮈스의 낯익은 타깃, 이를테면 타락하고 영적으로 파산한 교회를 공격할 때 자못 진지해진다. 그리고 대학에서 논리학이나 강의하는 쓸모없는 게으름뱅이에 관해서는 비교적 너그러운 태도를 취한다. 그 장광설은 진지한 의도를 담은 이중적 의미의 걸작이다. 어리석음의 여신은 자신이 단지 어리석은 여성일 뿐이라는 사실이 제공하는 기회를 포착해 모골이 송연해질 만한 신학적 견해를 제시한다.[20]

그녀는 대중이 플라톤의 동굴 우화에 나오는 죄수처럼 육욕에 사로잡혀 있다고 말한다. 대중은 환상을 볼 뿐이며, 육욕의 수중에서 놀아난다. 신플라톤주의는 초기 가톨릭 신학에 영감을 주었다. 하지만 육욕이 영혼의 감옥이라는 메시지를 독자들에게 전하라고 플라톤에게 직접 호소하는 것은 이단적이다. 어쨌든 에라스뮈스가 플라톤에게 호소한 것은 도발을 위해 계산된 행위였다. 어리석음의 여신을 대변인으로 이용함으로써 에라스뮈스는 독자들에게 그리스도교가 상식적으로 보면 미쳤다고 여겨지는 세계관을 채택했다는 점을 상기시킬 수 있었다. 그러므로 상식적인 관점에서 미친 것처럼 보이는 사람들이 실은 상식으로 얻을 수 있는 것보다 더 깊은 진실을 볼 수도 있다. 에라스뮈스는 불만의 목소리에 대비했다. 바울은 십자가에 못박힌 그리스도를 설교하면서 그리스인들에게 그것은 '어리석음'이라고 말했다. 에라스뮈스가 보기에, 그리스도교 신비주의가 평균적인 감각을 가진 사람에게 광기와 같다고 말하는 것은 바로 그 전통에 따르고 있다. 하지만 논의가 완전히 편안하지는 않았다. 그는 그리스도교를 광인의 신앙으로 보았거나(실제로 그렇게 여기지는 않았다), 그리스도교의 진리가 플라톤이 제시한 것과 똑같은 진리이며(그런 생각은 당연했다), 나중에『그리스도교 군주 교육론』에서 말했듯이 '단지 용어만 다를 뿐'이라고 보았다.[21] 어떤 경우든 학회만이 아니라 교회의 필요성도 명확하지 않다. 확실히 타락과 탐욕으로 가득한 교회는 필요치 않다. 에라스뮈스는 가톨릭교회를 저버리지 않았으며, 자유의지를 주제로 루터와 논쟁을 벌이기도 했다. 하지만 비평가들은 언제나 그를 프로테스탄트에게 영감을 준 인물로, 가톨릭 개혁가로 간주했다. 그는 절대군주들의 후원을 받았으나 근대의 자유로운 기질을 매우 순수한 형태로 보여준 인물이었다.

토머스 모어

에라스뮈스의 가장 친한 친구 토머스 모어는 기사이자 대법관이자 가톨릭 순교자였으나 아마『유토피아』로 더 잘 알려졌을 것이다. 모어는 수수께끼 같은 인물이다. 그 시대에 가장 똑똑한 사람들 중 하나였던 그는 법률가로서 뛰어난 역량을 보여 정계에 진출했고, 헨리 8세 치세에 튜더 궁정의 위험한 세계로 뛰어들었다. 1520년대에 그는 하원의 대변인으로 활동했으며, 국왕의 대신들 가운데 가장 강력한 인물로 떠올랐고, 1529년에는 왕의 신임을 잃은 추기경 울지Wolsey의 뒤를 이어 대법관이 되었다. 그를 움직인 것은 야심이 아니었다. 그는 기민하고 신랄한 기지에다 법정보다는 수도원에 더 걸맞은 독실한 신앙심을 겸비한 인물이었다. 그는 에라스뮈스보다 10년쯤 연하로, 1474년에 태어나 에라스뮈스가 죽기 한 해 전인 1535년에 헨리 8세에 의해 사법적으로 죽임을 당했다. 국왕이 영국성공회의 수장임을 인정하는 선서를 거부한 탓에 반역죄로 기소된 것이었다. 모어의 처형에 많은 사람들이 반대한다는 것을 알았던 왕은 그가 처형대에서 자신의 행동을 정당화하는 발언을 하지 못하게 했다. 모어는 끝까지 왕의 명령에 따랐다. 그는 이렇게 말했다. "나는 국왕의 훌륭한 종복으로 죽지만 신이 으뜸이다."

모어를 수수께끼의 인물로 만드는 것은, 한편으로 주변의 정치와 사회에 대해 회의론의 입장을 취했으면서도—이 점은 『유토피아』 전체에 드러나 있다—다른 한편으로는 튜더 정계에 만연한 폭력과 사기에 잘 적응했고 끝까지 그런 태도를 고수했다는 점이다. 만약 그가 가톨릭 신앙을 위해 순교하지 않았다면, 그는 국왕이 한 모든 일을 정당화할 수 있는 인물이라는 평판을 얻었을 것이다. 공교롭게도 그는 왕과 불화를 빚기 몇 년 전에 헨리 8세가 '신앙의 수호자'라는 명칭을 얻는 데 일조한 바 있었다. 그것은 헨리가 성사에 관한 루터의 견해를 비난하자 교황이 그의 공을 인정하기 위해 부여한 명칭이었다. 때는 바야흐로 1520년이었는데, 루터와의 논쟁이 늘 그렇듯이 격렬한 반응을 유발했다. 이에 대해 모어는 익명으로 쓴 답신에서 저속하고 심한 욕설로 루터를 공격했다. 묘하게도 당시 모어는 헨리에게 교황의 권위를 열렬히 인정하고 나서지 말라고 촉구했다. 교황에 대한 영국인의 감정은 무척 냉담했다. 50명으로 구성된 추기경단에 영국인 추기경은 단 한 명뿐이었고, 역사상 영국인이 교황에 오른 적은 단 한 번도 없었다. 그러므로 영국인은 이탈리아인들이 프랑스나 에스파냐의 이해관계에 따라 영국성공회를 좌지우지하는 것을 두고 볼 이유가 없었다.

『유토피아』는 흥미로운 책이지만 모어의 삶은 그 책을 당혹스럽게 만든다. '유토피아'는 모어가 만들어낸 말이다. 그는 뛰어난 고전학자였으며, 에라스뮈스와 공동으로 그리스의 풍자 작가인 루키아노스의 몇 개 저작을 라틴어로 번역했다. 루키아노스의 가장 잘 알려진 저작들 중 하나는 『진실한 이야기』인데, 이것은 일어나지 않은 사건들을 상세하게 서술한 책이다. 두 사람이 번역한 터무니없는 이야기들 중 하나로 『메니포스가 지옥에 가

다』가 있다. 견유학파 철학자인 메니포스가 저승을 여행하는 이야기다. '유
토피아'는 outopia로 읽히며, '아무데도 없는 곳'이라는 뜻이다. 모어는 그
말과 eutopia, 즉 '좋은 곳'이라는 말의 유사성을 이용해 말장난을 한다. 유
토피아섬을 흐르는 주요한 강의 이름은 아니드루스Anydrus인데, 이 이름은
'물이 없다'는 뜻이다. 그곳에 갔다 온 이야기를 모어와 그의 플랑드르 친
구 페터 힐레스에게 전하는 사람은 라파엘 히슬로다이우스라는 인물이다.
그의 성인 히슬로다이우스hythlodaeus란 '터무니없다'는 뜻이다. 이리하여
존재하지 않는 섬에 관한 터무니없고 도저히 믿을 수 없는 이야기가 생겨
났다. 플라톤은 『국가』의 첫째 권 다음에서 이상국가의 계획에 관해 설명하
는데, 그 지루한 설명과 흥미로운 『유토피아』는 극명한 대조를 이룬다. 이
는 『유토피아』를 쓴 것이 장차 『국가』와 같은 책을 쓰기 위한 연습의 일환
이었음을 나타낸다. 아울러 그는 플라톤의 구상을 옹호하는 동시에 내적
비판을 제시하려 한다. 라파엘 히슬로다이우스는 유토피아의 모든 것을 인
정하면서 사실상 플라톤을 대변하고 있으며, 가공인물인 '모어'(토머스 모어
는 자신을 실명으로 등장시켰다―옮긴이)는 상식을 옹호하는 입장이다. 물론 여기
서 두 사람은 각각 모어의 두 부분을 구성하면서 서로 논쟁을 벌이고 있는
것이다.

　『유토피아』가 모어의 정치적 이상을 어디까지 드러내는지는 쉽게 판단
할 수 없는 문제다. 으레 그렇듯이 소박한 견해가 가장 그럴듯한 답이다.
모어는 부자와 권력자 들의 허세와 화려한 생활을 혐오했고 빈민들의 비
참한 처지에 분노했다. 모어의 영국에서 지각이 있는 사람이라면 사회적
스펙트럼의 한편에 있는 부자와 권력자, 그리고 반대편에 있는 기아에 시
달리는 빈민 사이의 엄청난 간극을 간과하지 못할 것이다. 이 시기에 영국
의 부는 대부분 양모 무역에 집중되었다. 전반적으로 경제적 이득은 컸지
만, 이것이 가난한 노동자들에게 미친 영향은 무척 가혹했다. 그들은 농장

이 목초지로 변화고 공유지에 양을 기르기 위한 울타리가 설치되면서 농토에서 쫓겨났다. 튜더 정부는 실업에 대처하기 위해 절도와 부랑에 엄청난 벌금을 매겼다. 대륙에서의 전쟁으로 신체 건강한 사람들이 일거리를 찾아 대거 대륙으로 건너갔지만, 그것은 항구적인 도움이 되지 못했다. 전쟁이 끝나고 일자리를 잃은 병사들은 실업 상태의 노동자보다 더 강력한 범죄자가 되었으며, 점점 공포를 확산시켰다.

모어의『유토피아』는 분명히 16세기 초 영국이 시달리던 온갖 악에 대한 당대의 비판이다. 유토피아섬에 관한 이야기는『유토피아』의 둘째 권에야 등장하며, 첫째 권은 모어의 비난을 주요 내용으로 하는 긴 서문에 해당한다. 여기서 그는 양이 인간을 잡아먹고 일자리를 잃은 사람들을 절도죄로 처형하는 부당함을 비난하고—교수형으로 신속하게 죽을 것이냐, 서서히 굶어죽을 것이냐를 놓고 선택하게 하는 셈이다—신민들을 핍박해 다른 민족을 약탈하는 전쟁으로 내모는 군주들의 가혹하고 사악한 처사를 비난한다. 첫째 권에서는 또한 모어가 공직에서 은퇴해 공부하는 삶을 살아갈지, 아니면 공직에 전념할지에 관해 길게 논의하고 있다. 실제로 당시 모어는 바로 그 문제를 고민하는 중이었다. 첫째 권의 고민은 2권의 마지막 부분에 다시 등장한다. 여기서 라파엘 히슬로다이우스는 부의 폭정과 빈민의 고통에 관해 장황하게 연설한다. 앉아서 연설을 듣던 모어는 화려한 생활과 귀족이 없는 세상에 산다면 얼마나 끔찍할까 생각한다.[22] 모어가 유토피아 사회의 주된 특징에 진정으로 매료되었던 것은 분명하다. 하지만 그의 시대와 그의 나라에서 유토피아로 나아가는 변화가 일어날 가능성은 거의 전무했다.

유토피아 사회의 주된 특징은 무엇일까? 가장 명확한 특징, 다른 특징들의 뿌리가 되는 것은 돈의 폐지다. 모어는 익살스럽게도 유토피아인들이 금으로 요강을 만든다고 말한다. 유토피아의 아이들은 보석을 가지고 노는데,

어른들은 아이들이 어서 자라 그런 놀이에서 벗어나기를 바란다. 350년 뒤에 윌리엄 모리스William Morris(19세기 영국의 작가이자 예술가―옮긴이)는 『출처 없는 뉴스News from Nowhere』에서 똑같은 이미지를 이용했지만, 그는 요강 이야기를 변형시켜 의사당 터에 거대한 분뇨 더미를 쌓았다. 유토피아인들은 생필품을 공동으로 비축하는 공산주의경제를 채택한다. 현대의 독자들은 강요된 노동에 겁을 먹겠지만 모어는 그렇지 않았다. 4년 동안 그는 카르투지오 수도회의 규율에 자발적으로 복종했으며, 수도회에서 요구하는 고된 노동에도 선뜻 따랐다. 어쨌든 근저에 흐르는 논리는 명확하다. 인간은 노동을 해야만 한다. 자연은 자신이 가진 자연의 선물―지성과 에너지―을 이용하고, 자연이 비옥한 토양을 통해 제공하는 선물을 얻고, 자신에게 필요한 식물과 과일, 동물을 획득하는 사람에게만 자비로운 어머니다.

노동은 반드시 필요한 것이므로 국가의 규율 아래 노동하는 데는 아무런 불만이 없다. 문제는 수도원 경제와 변덕스러운 시장의 낯익은 제도 아래에서 노동의 보수가 유토피아 공산주의보다 더 관대하게, 더 정의롭고 안전하게 배분되느냐의 여부다. 그것은 일단 제기되고 나면 반드시 답이 필요한 문제다. 16세기 영국에서 자발적인 노동자들은 일터에서 쫓겨났고, 물건을 훔친 죄로 교수형을 당하거나 부랑한다는 죄로 매질을 당했다. 한편 부자들은 과시욕으로 쓸모없는 하인들의 무리를 유지했는데, 주인이 죽거나 곤궁해지면 하인들은 실업자로 전락했다. 부자들의 경우, 그들의 성격상 불완전고용 상태에 놓여 어떤 규율에도 종속되지 않는 것은 좋지 않았다. 막스 베버Max Weber의 명저 『프로테스탄티즘의 윤리와 자본주의 정신Die protestantische Ethik und der Geist des Kapitalismus』에 대해, 비평가들은 프로테스탄티즘이 본격 도래하기 전에 이미 가톨릭교도들이 프로테스탄티즘 윤리를 흡수했다고 이야기하기도 했다. 모어는 그런 사람들 중 하나였다.

노동은 규율이며, 실질적인 평등은 정의의 명령이다. 인간의 삶에는 두려움과 근심이 완전히 없을 수 없다. 누구나 다 결국에는 죽는다. 누구나 건강을 잃을 수 있고, 일상생활에서 고통과 좌절을 맛보기도 한다. 하지만 설령 고기가 풀처럼 지천으로 널려 있다고 해도 굶주림은 커다란 악이다. 힘이 있을 때는 노동을 통해 소박하면서도 품위 있는 생활수준—유토피아에는 좋은 와인이 있다—을 유지하고, 더이상 노동을 할 수 없게 되었을 때 공짜로 생활할 수 있다는 것은 그 자체로 충분히 만족스러우며, 지성적인 성찰의 삶을 위한 기반이 된다. 이런 배경에서, 유토피아 같은 사회가 제공하는 안전이 여러모로 매우 유리하다는 모어의 믿음은 이해하기 쉬워진다. 실제로 논박이 불가능해진다.

모어는 절도죄로 사형에 처하는 것을 터무니없는 악이라며 거부했다. 굶주리는 부랑자에게 부랑을 포기하기를 기대할 수는 없다. 에라스뮈스처럼 모어도 지나치게 가혹한 조치는 범죄자나 범죄자가 아닌 사람 모두를 잔인하게 만든다고 보았다. 현대의 독자들은 그의 대안을 인도적 방식의 본보기로 여기지 않겠지만, 16세기 초의 기준으로 보면 온건한 방식이었다. 유토피아에서는 도둑질을 하면 노예가 된다. 평생토록 힘든 노동에 시달려야 하지만, 선행으로 감형이 가능하므로 개선의 유인은 있다. 노예는 잔인한 대우를 받지는 않으나, 다른 모든 사람들이 필요한 만큼만 일하는 데 반해—모어는 하루 여섯 시간이면 충분하다고 보았다—형벌의 일환으로 하루종일 일해야 한다. 모어 이후로 유토피아에서의 삶이 어떻게 운영되는지 상세하고 구체적으로 제시하는 긴 전통이 생겨났다. 그 열정(혹은 과도한 열정)의 타락한 형태를 상세히 다룬 것으로는 현대판 유토피아에 해당하는 에드워드 벨러미Edward Bellamy(19세기 미국의 사회주의 작가—옮긴이)의『뒤를 돌아보면서Looking Backward』(1883)를 들 수 있다. 여기서도 우리는 돈이 존재하지 않고 사회적 의무로서 노동을 강조하는 세계에 대한 욕망을 발견한다. 하지만 이 작품은 우리가 그런 세계를 어디까지 실현할 수 있는지에 관해 더 세련된 견해를 담고 있는 반면, 현명한 지배자가 일상생활의 상세한 부분까지 지시를 통해 보편적 만족을 이끌어낼 수 있다는 무모한 가정을 세워두고 있다는 면에서 여전히 고답적이다.[23]

유토피아 제도는 민족주의와 당시 유럽 정치를 지배하기 시작한 무역 경쟁—이것은 오늘날까지 이어진다—에 대한 비판으로서 관심을 모은다. 유토피아에는 중앙정부라고 할 만한 게 없다. 수도는 있으나 도시들의 규모와 구조가 다 같다. 수도에는 의사당이 있지만 라파엘 히슬로다이우스가 전하는 유토피아 정부의 상세한 내용은 주로 지방행정에 집중된다. 가장 뚜렷한 특징은 엄밀한 정연함이다. 가족 집단들이 지도자들을 선택하고, 지도자들이 회의기구를 구성해 시장을 발탁한다. 법은 거의 없고 법률가도 없다. 지식인들이 많지만 그들은 교양 학문을 공부하고, 이웃을 등치는 방법보다 더 깊이 있는 문제를 고민한다. 유토피아의 틀을 어느 정도 제시하는 국가가 있다면 그것은 베네치아일 것이다. 하지만 모어는 플라톤의 『국가』가 남긴 제도적 간극을 메우는 문제에 그다지 관심이 없다. 이런 종류의 유토피아에서 평범한 의미의 정치는 여론의 희생물이 되기 쉽다. 정치적 구속과 경쟁을 표현하고 통제하는 제도는 없다. 베네치아는 그런 힘들을 명령으로 폐지하기보다는 통제하는 방법을 택했다.

종교는 상세하게 서술된다. 유토피아인들은 유니테리언주의Unitarianism (신의 단일한 신성과 인간 이성의 힘을 강조하는 종교운동—옮긴이)를 예감하게 하는 일종의 일신론을 신봉한다. 그들은 자신들의 신을 미트라스라고 부르는데, 그것이 실제로 그 신의 이름이라는 언급은 아무데도 없다. 신앙의 공통 요소는 거의 없다. 어쨌든 신은 존재하며, 우주는 신의 질서에 따라 인간의 삶에 이익을 주고 영원한 행복을 실현하도록 구성되어 있다. 구원을 염두에 두고 행동하는 사람은 지상에서 선하고 행복한 삶을 영위하게 된다. 죽음은 신과의 친교로 들어가는 관문이므로 두려워할 게 전혀 없다. 다양한 신앙이 번영한다. 유토피아 종교에서 유일하게 절대적인 것은 종교적 불관용에 대한 절대 금지다. 모어는 신랄한 농담을 전한다. 어느 그리스도교 개종자가 다른 신앙들이 다 잘못되었다면서 거부한 죄로 추방을 당했다는 이야기다.[24] 모어의 전형적인 충심은 사람들을 개종시키려는 난폭한 시도를 신성모독이 아니라 평화의 침해로 규정한다고 말할 때 명확히 드러난다. 신성모독은 유토피아에서 통용되지 않는 범주다. 이단을 화형에 처한 그에게, 그것은 대단히 위험한 교리가 되겠지만 동시에 그의 이력의 묘한 지점을 보여준다. 무신론자는 용인되지만 신뢰를 얻지는 못한다. 그들은 공적인 개종 대상은 아니지만 공직을 맡을 수는 없다. 그들은 사제들과 토론도 할 수 있다. 그들이 사제들에게 유용한 지적 활동을 제공한다기보다 그 과정에서 빛을 보게 되기를 바라는 의도에서다. 그럼에도 불구하고 『유토피아』는 예상치 못한 결말로 끝난다. 라파엘은 유토피아의 한 가지 결함이 그리스도교의 메시지에 유의하지 못한 것이라고 말한다. 하지만 그는 동시에 유토피아가 그리스도교로 개종했다는 좋은 소식을 전한다. 이것은 많은 학자들이 언급하듯이 모어 특유의 그리스도교적 인도주의로 볼 수도 있다. 다른 한편으로는 독자들에게 개종에 뒤이어 종교 불화와 분파주의가 따를지 모른다는 의구심, 유토피아인들이 미트라 신앙을 고수하기 위해 더 나은 것을 포기했을지 모른다는 의구심을 심어줄 수도 있다. 유토피아의 창건자인 유토포스가 유토피아섬을 손쉽게 정복할 수 있었던 이유는 유토피아가 종교 갈등에 시달리고 있었기 때문이다.[25]

　음악과 함께 예배를 드리고, 기도는 계몽을 지향하며, 사제들은 교육을 받고 평화의 하인이라는 이유에서 큰 존경을 받는다. 모어는 사제들에게 전쟁 수행에서 실질적 역할을 부여한다. 에라스뮈스가 열정을 보인 곳에서 모어는 풍자적인 태도를 취하지만, 근저에 깔린 사고는 서로 같다. 유토피아인들은 전쟁을 경멸한다. 또한 그들은 사냥도 경멸한다. 그 귀족 스포츠는 군주를 위한 편람에서 전쟁을 위한 좋은 훈련으로 늘 찬양되었다. 하지만 사냥은 전쟁처럼 학살의 한 형태일 뿐이다. 여느 민족과 달리 유토피아인들은 적을 맞아 무력보다 사기와 뇌물로 승리를 확보하고자 한다. 유혈의 승리는 유혈의 패배만큼이나 좋지 않다. 유토피아인들은 뇌물로 적을 물리친다. 그들이 금과 은을 많이 가지고 있기에 쉬운 일이다. 금과 은은 그들에게 필요하지 않으므로 적을 매수하는 데 이용할 수 있다. 20세기에 미국이 베트남에서 겪은 진통을 본 사람들은 미국이 모어의 유토피아에서처럼 행동했더라면 피와 돈을 덜 희생하고도 충분히 베트콩을 파멸시킬 수 있었으리라고 생각했다. 모어는 정의로운 전쟁이라는 전통적 견해와 결별한다. 오히려 유토피아인들은 다른 민족을 독재정부로부터 해방시키기 위한 민족해방전쟁을 즐겁게 수행한다. 이런 점에서 그들은 '정권 교체'를 전쟁의 정당한 이유로 내세우는 것을 금지하는 UN 헌장을 뛰어넘는다. 또한 그들은 한 민족이 다른 민족을 토착 독재자로부터 해방시킬 수 있다는 유토피아적 확신을 보여준다. 그들은 자기방어의 필요성을 넘어 자기 이익을 증진하기 위해 전쟁을 벌이지 않는다. 어쨌든 그들은 같은 시대 유럽인들과 확연하게 다르다. 당시 유럽은 한 세기 반에 걸쳐 진행될 종교 갈등, 그리고 아메리카, 아시아, 아프리카에서 다섯 세기에 걸쳐 진행될 제국주의를 앞두고 있었다.

그들은 사제들을 이용해 파괴를 최소화한다. 사제는 군대가 패배한 적을 죽이지 못하도록 막고, 쓰러진 자를 보호하며, 전투의 종결을 선언함으로써 전투를 끝낼 권한을 가지고 있다. 진시에 사제들은 군대와 함께 가서 인도주의를 유지하는 데 힘쓴다. 신에게 자신의 적들을 죽여달라고 기도하는 게 사제의 역할이 아니다. 유토피아에서 분쟁을 다루는 일상적인 방식은 전장에까지 연장된다. 시민들이 전투에서 적을 죽이기를 꺼리게 된 것이다. 그들은 가지고 있는 부를 이용해 용병을 고용하고, 후한 급료로 충성심을 확보한다. 그들은 용병의 사망률이 높은 것을 알고 소수만 고용하는 게 낫다고 판단한다. 모어는 유토피아인들이 외딴 부족을 용병으로 고용하고자 한다고 말한다. 예를 들면 자폴레테스족이 그 후보다. 이들은 전장에서 겪을 위험을 모르는 게 아니라 그것에 거의 무관심하다. 그들은 탐욕스럽고 난폭하며, 오로지 고용주에게만 충성한다. 양심의 가책도 없이 서로를 죽이는가 하면, 냉철한 유토피아인과 달리 자극과 흥분을 몹시 좋아한다. 유토피아인들은 그들을 경멸하지만, 모어는 그들에게 다른 고용의 기회가 있는지 독자들이 의아심을 품을 만한 여지를 주지 않는다. 그만큼 그는 전쟁을 비난하고 있는 것이다.

진지하게 살펴보면, 이 대목은 모어가 그 시대의 정치와 종교로부터 초연했던 것이 단지 심리적 자제의 문제가 아니었음을 나타낸다. 하지만『유토피아』를 어떻게 하면 가장 진지하게 받아들일지는 그리 자명하지 않다. 유토피아 건설은 단지 청사진을 제시하는 것과는 다른 점에서 유용하다. 이른바 '디스토피아'라고 불리는 작품, 이를테면 헉슬리의『멋진 신세계』는 디스토피아 세계가 곧바로 닥친다거나, 우리가 그것을 막기 위해 즉각적인 조치를 취해야 한다고 말하지 않는다. 그보다는 우리가 진보라고 생각하는 것에 내포된 의미에 관한 우리의 자의식을 예리하게 만들어주는 역할을 한다.『유토피아』는 평화주의, 사회적 서열의 폐지, 종교 해체를 위한 청사진이 아니다. 이 작품의 희극적 요소는 모어가 불만분자로서, 예의 주시해야 할 인물로서 비난을 받지 않도록 해줄 뿐 아니라, 작품 자체도 정치적으로 바람직한 것을 서술한 책으로 취급되지 않도록 해준다.『유토피아』는 플라톤의『국가』와 달리 현실로부터 풍자의 거리를 두고 있다. 그러나 여러 가지 의문을 야기하는 것은 사실이다. 남들이 굶주릴 때 더 많은 부를 소유한다면 그것은 우리에게 이득인가? 국가는 명예를 위해 싸워야 하는가? 우리는 종교적 반대자를 관용할 수 없는가? 그 밖에도 무수한 의문들이 있다.

그런 개괄이 우리에게 가르쳐주는 것에 관해 저자가 어떤 의도를 품었는지는 전기 작가의 주요한 고민거리다. 무릇 모든 저작은 저자의 통제를 어느 정도 벗어나게 마련이다. 또한 저자의 진의를 무심결에 드러내는 경우도 많다. 우리가 노력해야 할 것은 저작으로부터 저자의 의도를 멋대로 추측하려는 충동을 억제하는 일이다. 현대의 독자는 『유토피아』에서 완벽한 사회에 대한 욕망이 전체주의를 낳을 수도 있다는 위험성을 발견할 것이다. 유토피아 주민들은 허가 없이 여행하지 못한다. 또 혼전 성교를 할 경우 남자든 여자든 평생 결혼을 하지 못하는 형벌을 받는다. 모어가 말하듯이 모두가 늘 다른 사람의 시선 속에 있다는 것을 명확하게 의식한다.[26] 우리는 머뭇거린다. 오웰Orwell의 『1984년』 이후 상호 감시는 우리에게 빅브라더를 뜻하게 되었다. 아무리 평화와 안전을 위해서라지만 그것은 너무 큰 희생으로 여겨진다. 하지만 모어가 우리와 같은 회의를 품었다고 가정하면 안 된다. 런던탑의 작은 방에서 재판과 처형을 앞두고 책을 쓴 모어는 자유의 박탈을 불평하지 않고 오히려 간소한 생활에 감사를 표했다. 그것은 틀림없이 자신의 가족을 위안하려 한 당당한 노력이었을 것이다. 그는 남들이 부러워하는 행복한 결혼생활을 했고 자식들에게서 깊은 사랑을 받았다. 『유토피아』에는 또한 세속적 관심으로부터 벗어난 삶에 대한 동경이 반영되어 있다. 플라톤을 찬양한 사람이라면 당연하겠지만.

몽테뉴

에라스뮈스와 모어가 현대 독자들과 통하는 이유는 그들의 회의론 때문이다. 16세기에 도덕적·정치적 목적을 위해 회의론을 이용한 전형적인 인문주의자는 몽테뉴였다. 이것은 역설이다. 그의 『수상록Les Essais』은 정치조직이나 일상생활의 운영에 관해 간접적으로만 다루기 때문이다. 그 저작은 자아의 탐구, '시험 분석assay'이다. 몽테뉴가 가장 잘 아는 인물, 즉 자기 자신을 증거로 삼아 인간 심리를 탐구하려는 것이다. 또한 이 책은 아우구스티누스의 『고백록』처럼 고백을 담고 있는 것도 아니다. 몽테뉴는 자신의 약점을 고백하거나 신의 자비를 찬양하면서 구원을 호소하는 데는 관심이 없었다. 아우구스티누스처럼 몽테뉴도 인간은 스스로에게 불가사의한 존재라고 생각했다. 하지만 아우구스티누스와 같은 깊은 고뇌는 없다. 그보다는 무엇을 받아들일 때 인내, 자제, 신중함이 자기 이해를 위해 필수적이라는 점을 인정하고 있다.

하지만 이 스토아적이고 회의적이며 성찰적인 관심은 직접적인 정치적의미와 영감으로 연결된다. 실제로 영어 번역본 이외의 다른 번역본에서는그의 『수상록』을 '도덕적·정치적' 문헌이라고 간주한다. 몽테뉴는 1533년에 태어나 16세기 중반에 벌어진 프랑스 내전에 참여했다. 그러므로 용기,배신, 협상의 위험 등에 관한 그의 논의에는 경험의 목소리가 배어 있다.[27]이 종교전쟁(16세기 후반 가톨릭 지배층과 신교 시민층이 30년에 걸쳐 싸운 위그노전쟁을가리킨다—옮긴이)은 왕과 귀족 가문들 간의 갈등, 중앙집권화하는 군주와 지역에 권력과 위신의 기반을 둔 귀족 간의 내재하는 투쟁으로 더욱 악화되었다. 몽테뉴는 귀족 가문 출신으로 법을 공부했고 보르도 법원에서 법률고문으로 일했지만 공무를 무척 싫어했다. 결국 그는 법원에서의 지위를팔아 소득을 올렸다. 그러나 그렇게 얻은 경제적 여유는 그를 비참하게 만들었다. 그의 『수상록』은 불행의 기록이 아니지만 불행이 집필의 계기가 된것은 사실이다. 행복의 토대가 되는 교훈들은 세상이 우리에게 지나치게간섭해서는 안 된다고 우려한다는 측면에서 스토아적이고, 도덕적 기반으로 보면 그리스도교적이며, 개인으로서의 개인에 매료된 측면에서 보면 근대적이다.

정치에 관해서는, 정치가 주는 기회를 즐기기보다 정치가 가져오는 위험을 우려해야 한다. 지배자는 반드시 필요하고 군주정은 최선의 지배 형태이지만, 현명한 사람은 군사적 영광의 추구를 삼가고 매우 관용적인 그리스도교의 토대 위에 훌륭한 공중도덕을 확립하고자 한다. 그 밖에 최대의 이익을 가져오는 것은 우정, 침착한 태도, 그리고 철학과 종교가 우리에게 가르쳐주는 것들에 대한 탐구다. 우리는 어떤 저술가가 무언가를 발명해냈다고 믿어버리는 유혹에 빠지지 않도록 조심해야 한다. 하지만 그럼에도 몽테뉴가 현대적 의미의 개성과 현대적 사생활의 개념을 발견했다고 말하지 않기란 어려운 일이다. 실제로 그의 『수상록』은 그가 실제로 아는 한 가지 주제, 즉 그 자신에 관해 공공연하게 밝히고 있으며, 이는 최초의 근대적 자서전이라고 볼 수 있다.

여기서 우리는 사적인 측면과 공적인 측면 간의 새로운 갈등이 등장하는 것을 보기 시작한다. 이것은 사리사욕과 공공 정신 간의 전통적인 긴장도 아니고, 현세의 관심과 내세의 관심 간의 그리스도교적 긴장도 아니며, 진리의 추구와 동료들에 대한 의무 수행 간의 플라톤적 긴장도 아니다. 그것은 분명히 내밀한 관계의 즐거움, 가정의 행복, 자신의 삶을 자기 식대로 살아가면서 느끼는 차분한 만족과 공공생활의 즐거움─현실적으로는 같지만 실은 크게 다르다─간의 근대적 갈등이다. 바야흐로 개인과 시민 간의 긴장을 새롭게 독해해야 하는 시대가 열렸다.

제10장
종교개혁

종교개혁

'르네상스'처럼 '종교개혁'도 다소 모호한 용어지만, 이 말을 쓰지 않으면 설명이 대단히 장황해지게 된다. 종교개혁이라는 개념은 단일한 정의가 가능한데도(그 점에서는 르네상스도 마찬가지다) 지리적으로나, 시대적으로나, 교리적으로나 말끔히 정리되지 않는다. 하지만 1500년 이전까지 서유럽 그리스도교도들에게 신앙의 구분이 없었다가 1550년 이후 여러 갈래로 나뉘게 되었다는 것은 분명한 사실이다. 그 정치적 결과는 막중했다. 대표적인 프로테스탄트 사상가들의 교리는 대부분 이미 한 세기 전부터 얀 후스와 존 위클리프John Wyclif가 주창한 것들이었다. 루터는 아우구스티누스의 맹렬하면서도 급진적인 사상에 크게 의존했다. 또한 초기 교회의 순수성으로 회귀해야 한다는 주장도 널리 공감대를 얻고 있었다. 하지만 여기서 신학적 독창성에 대해 이야기하려는 것은 아니다. 우리가 다룰 주제는 바로 새로운 신학이 정치권력의 정당화에 끼친 영향이다. 지배자와 피지배자가 종교적 신의로 화합하지 못할 때, "우리가 어떻게 우리를 다스릴 것인가?"라는 질문에 대한 답은 한층 시급해진다.

한 세기 전, 교회 대분열 시기를 전후해 교회의 통치 구조에 극적인 변화가 생겼을 수도 있었으나 실제로는 그렇지 않았다. 종교개혁은 15세기가 아니라 16세기 초에 일어났다. 종교개혁이 하필 그 장소에서, 그 시점에 발생한 것은, 값비싼 전쟁을 치르며 자금난에 시달리다 교회의 재산을 노리게 된 서유럽 군주들의 교황에 대한 뿌리깊은 정치적 적대감이 교황에 대한 광범위한 도덕적·영적·신학적 반감에서 이념적 기반을 찾았기 때문이다. 신앙의 분열은 교회들이 국가의 교회로 변모하는 긴 과정의 산물이자 그 과정을 촉진시킨 중요한 요소였다. 교황이 그리스도교의 통일성을 보존하지 못한 것은 유럽 전역에서 교회에 반대하는 운동이 일어났기 때문이라기보다 이탈리아에서 교황의 지위를 유지하기 위해 맺은 여러 가지 정치적 동맹의 탓이 컸다. 교황의 세속성에 대한 불만, 그리고 더 타협적이고 대중과 친화적인, 혹은 폭넓은 의미에서 민주적인 교회조직에 대한 소망은 새로울 게 없었다. 결정적인 요인은 세속의 지배 세력들이 바야흐로 자국의 종교를 장악할 태세를 갖추었다는 점이다.

가장 극적인 사례는 영국이다. 헨리 8세는 아들 상속자를 원했기 때문에 로마와 결별했다. 그는 형수였던 아라곤의 캐서린과의 결혼에서 딸만 하나 얻고 여러 차례 유산을 겪은 것이 근친혼을 금지하는 교회의 가르침을 어겼기 때문이라고 믿었을지도 모른다(에스파냐 합스부르크의 왕녀인 캐서린은 원래 헨리의 형 아서의 아내였으나, 아서가 열여덟 살로 죽자 헨리는 아버지 헨리 7세의 명으로 형수와 결혼했다—옮긴이). 물론 그렇지 않을 수도 있다. 그는 신앙심이 매우 독실했으며, 사냥을 하지 않는 날이면 하루 다섯 번씩 미사를 올렸다. 그러나 교황은 그에게 결혼 무효를 허락할 수 없었다. 전임 교황이 이미 헨리 8세가 죽은 형의 미망인과 결혼할 수 있도록 특별 허가를 내주었던 터라 결혼 무효를 허락하면 곧 전임 교황의 결정을 모독하는 것이나 다름없었기 때문이다. 더 결정적인 이유는 교황의 정치적 약점이었다. 신성로마제국의 황제인 카를 5세는 캐서린의 조카였고, 교황은 카를 5세가 1527년 로마를 정복, 약탈한 뒤로는 사실상 황제의 수족이나 다름없었다. 그래서 헨리 8세는 과감히 스스로를 영국성공회의 수장으로 선포하고 그 조치에 따르는 주교들로부터 결혼 무효 선언을 받아냈다. 헨리는 아들 에드워드 6세와 달리 루터파든 칼뱅파든 프로테스탄티즘 자체에 관심이 없었다. 특히 1520년 루터와 격렬한 논쟁을 주고받은 그가 루터를 영적 지도자로 삼을 가능성은 희박했다.[1] 1547년까지 영국성공회는 교리에서나 절차에서나 변화가 없었다(그래서 영국성공회는 신교로 분류되지만 내용적으로는 신교라 할 게 없었고, 때에 따라 구교와 신교를 모두 탄압했다—옮긴이). 유일하면서도 거대한 변화는 국왕이 교회의 수장이 되었다는 것과 영국성공회가 영국법의 영향을 받게 되었다는 것이다. 두 자루의 검이 한 사람의 손에 쥐인 셈이었다.

프로테스탄티즘과 반율법주의

자유민주주의가 처음으로 뿌리내린 곳이 프로테스탄트 국가들이었기 때문에, 흔히 프로테스탄트 교회들의 '회중적' 통치 양식(17세기 청교도운동에서 비롯된 회중교회는 사제와 교회의 서열보다 회중의 능동적 참여를 강조한다—옮긴이)과 자유민주주의 정치 사이에 자연적 친화력이 있을 것이라고 생각하기 쉽다. 하지만 그 연관성은 별로 크지 않다. 영국과 네덜란드는 프로테스탄트 입헌군주국으로 거듭난 반면 덴마크와 스웨덴은 프로테스탄트 전제군주국이 되었다. 프랑스는 내전을 거쳐 가톨릭 전제군주국으로 부상했다. 베네치아는 가톨릭 공화국으로 남았다. 에스파냐는 한동안 신정국가나 다름없었다. 이러한 일이 어떻게 일어났는지를 설명하는 것은 정치사와 사회사를 연구하는 학자들의 몫이다. 하지만 사실관계를 살펴보면 개혁주의자들의 종교적 견해와 정치적 견해 간에는 직접적인 관련이 거의 없다는 것을 알 수 있다. 여기서는 몇몇 대표적인 프로테스탄트 사상가들의 정치적 견해에 담긴 새로운 요소에 초점을 맞추면서 급진주의자들의 사상도 짧게 훑어보기로 한다. 종교개혁 사상가들의 정치적 영향력을 논하려 할 때 우리가 즉각 직면하게 되는 난관은 단순하다. 초기 프로테스탄티즘은 온갖 종류의 제도로부터 등을 돌리려 했다. 우리를 구원하는 데 사제의 기도가 기여하는 바가 별로 없다면 제도로서의 교회는 근거가 취약해진다. 또한 정치제도도 아우구스티누스의 『신국』과는 거리가 있는 방식으로 다뤄질 가능성이 크다. 우리 자신, 성서, 성서의 저자 사이에는 반드시 누구를 개입시킬 필요가 없지만 법과 질서는 꼭 필요하기 때문에 국가는 교회보다 제도적 정당성이 클 수밖에 없다. 당장 할 수 있는 이야기는 이 정도인 듯하다. 하지만 과거에는 더 많은 논의가 이루어졌으므로 우리는 그것을 탐구해야 한다.

15세기 후반 지배적 제도권에 공격이 가해진 계기는 신학과 관련된 게 아니었다. 영국 등지의 수도원들이 파멸한 것은 프로테스탄티즘이 등장해서가 아니라 군주의 야망이 자금난에 맞닥뜨렸기 때문이다. 가톨릭 군주들도 교회 재산을 빼앗아갔다. 17세기 중반에 이르면 교회 재산이 강탈되지 않은 곳은 이탈리아와 에스파냐밖에 남지 않았다. 1530년대에 헨리 8세가 주도한 수도원 해체는 마침 그가 로마와 결별하고 영국성공회의 수장이 되기로 결정한 것과도 맞물려 대단히 폭력적이고 전면적으로 전개되었으나, 해체 자체는 1515년부터 헨리 8세와 교황을 반목하게 만든 오래된 재정 문제의 결말일 뿐이었다. 두 세기 전 필리프 4세가 교회의 재정 특권에 맹공을 가한 것과도 본질적으로 다르지 않다. 헨리 8세가 스스로 영국성공회의 수장이 된다는 비상조치를 취한 것은 아라곤의 캐서린과 이혼하기 위해서였다. 그게 아니었더라도 영국의 교회개혁이 같은 길을 걸었을지는 확언할 수 없다.

'프로테스탄트'라는 용어는 비교적 뒤늦게 생겼다. 1529년 황제 카를 5세는 지역 신앙의 문제를 지역의 결정에 맡긴다는 기존의 정책을 뒤집고 가톨릭에 반기를 든 공국들을 가톨릭으로 복귀시키기 위해 신성로마제국의 군주들을 소집해 회의(슈파이어 의회)를 열었다. 하지만 카를 5세가 통제하려 했던 군주들은 그의 칙령에 항의했고, 결국 프로테스탄트protestant(항의하는 자)라는 호칭을 얻게 되었다. 처음에 그들은 복음주의자로 자칭했다. 그들의 사상은 복음에 기반을 두고 있었던데다 그리스도교 예배를 위해서는 개인의 양심과 자국어로 번역된 성서면 충분하다고 생각했기 때문이다. 번역 성서에 대한 열망은 종교개혁의 가장 핵심적인 요소였다. 번역 성서는 정치, 과학, 문학, 나아가 좁은 의미의 종교에도 지대한 영향을 끼쳤을 뿐 아니라, 글을 읽고 쓰는 능력과 스스로 생각하는 능력이 우리의 삶에 평생 동안 영향을 준다는 사실도 깨우쳐주었다.

오로지 성서에서만 그리스도교 신앙을 찾을 수 있다는 견해는 교회조직의 중요성을 약화시켰다. 따라서 '엑스트라 에클레시아 눌라 살바티오Extra ecclesia nulla salvatio(교회 이외에는 구원이 없다)'라는 구절은 분명히 프로테스탄트 교리가 아니다. 프로테스탄티즘은 구심력보다 원심력을 더 크게 받는다. 가장 순수한 프로테스탄트적 교회 개념은 루터의 시대로부터 오랜 세월이 지난 뒤에야 명료해졌지만, 루터 초기의 가장 극단적인 견해에도 암시되어 있다. 로크는 1698년에 출간한 『관용에 관한 서신』에서 교회와 국가를 매우 간단하게 구분했다. 국가는 오로지 사회의 세속적 안녕을 위해 구성원의 행동을 구속할 권리를 가진 비자발적 조직이며, 교회는 신에 대한 공동 혹은 공공 숭배를 위해 연합한 개인들의 자발적 집단이다.[2]

교회가 국가와 접촉하는 방식은 다른 비종교적 단체들과 같다. 교회의 재산이 규제되는 방식 역시 세속 재산의 경우와 동일하다. 교회 의식에는 범죄행위가 포함되어서는 안 된다. 국가의 역할이 질서를 파괴하지 않는 모든 신앙을 관용하고, 세속의 치안, 재산과 질서를 수호하는 것으로 국한된다면, 국가와 교회가 충돌할 이유는 전혀 없다. 국가와 교회가 행사하는 권한에는 차이가 있다. 국가의 (정당한) 명령에 반대하면 물리적 처벌을 받아야 하지만, 교회의 신조에 반대하면 교회로부터 분리되기만 할 뿐이다. 분리 자체에 내포된 처벌 이외에 다른 처벌은 없다.[3]

로크는 예상되는 결과를 전혀 우려하지 않았다. 종파는 늘어날 것이고, 교회와 종파의 구분은 점차 사라질 것이다. 하지만 로크처럼 종파가 늘어나는 것에 무관심한 사람들이 많지는 않았다. 현재 미국 헌법은 연방 차원의 국교를 명백하게 배제하지만, 뉴잉글랜드 식민지들은 주류 신앙의 반대파를 박해했고, 특히 코네티컷 주는 1818년까지 국교에 해당하는 종교를 가지고 있었다. 18세기 말 이전에는 로크가 제시한 것과 같은 급진적인 반反국교주의를 받아들인 정부가 거의 없었다. 간단히 말해 프로테스탄티즘은 반율법주의에 취약했다. 반율법주의란 서로에 대한 사랑이야말로 완전한 법이기 때문에 그리스도교도에게는 국가의 법이든 관습적 도덕이든 어떤 법도 필요하지 않다는 견해다.[4] 이런 반율법주의의 열망이 거세지자 각국 정부는 이를 사회적으로 관리할 수 있는 틀 안에 집어넣으려고 했다. 반율법주의에 대한 프로테스탄티즘의 취약성은 외부에서 강제된 법에 복종한다고 해서 구원이 보장되지는 않는다는 생각에서 생겨난다. 루터는 바울을 좇아 구원은 오로지 신의 은총으로만 얻을 수 있다고 주장했다. 면죄부도, 회개도, 어떤 외적 행동도 아무런 소용이 없다.[5]

내적 확신은 구원의 증거지만 기만적일 수도 있다. 그저 자부심의 발현이거나 단순한 착각일 수 있기 때문이다. 하지만 자신이 신에게 선택되었다고 확신한 많은 사상가들은 세속의 지도자들이 만든 법을 얼마나 잘 지켰는지, 관습적 도덕을 얼마나 따르거나 어겼는지, 심지어 어떻게 살아왔는지와도 무관하게 구원은 이미 보장되어 있다고 생각했다. 이런 사고의 끝에는 순수한 반율법주의가 있다. 즉 자신이 확실히 구원받았다고 느낀 나머지, 육신의 죄를 저지르는 것이 구원의 증거라고 설파하는 것이다. 루터도 필리프 멜란히톤에게 보낸 사적인 서신에서이기는 하지만 그런 태도를 표명하면서, 우리는 구원받을 것을 확신하고 용감하게 죄를 지어야 한다고 썼다. 그러나 훗날 다른 데서는 그런 입장에서 한걸음 물러섰다. 반율법주의가 정당화하는 행위는 극히 일부만으로도 (혹은 극소수의 사람들이 그에 대해 설파하기만 해도) 존경받는 사람들과 정치권력을 동요하게 했다. 정치권력이 불안감을 느끼면 질서를 추구하게 된다. 가톨릭 세력은 코앞에 닥친 병폐보다 조금이라도 낫다고 생각되면 온갖 수단을 동원해 질서를 바로잡으려 했다. 하지만 프로테스탄트 공동체들은 이미 준비를 갖추고 있었다.

반율법주의 열풍에 대한 취약성은 사회마다 천차만별이었다. 이미 질서가 취약한 사회에서는 종교적·정치적 급진주의가 더 극단적으로, 더 이른 시기에 솟구쳤다. 독일은 더 일찍, 더 충격적으로 겪었고, 영국은 한 세기 이후 영국 내전중에 온건하게 겪었다. 이와 밀접하게 연관된 사상은 천년왕국설이다. 반율법주의와 천년왕국설은 그 자체로 동일하지는 않지만 같은 결론에 도달한다. 그리스도의 재림이 임박했다면 세속 지배자에게 복종하는 게 무의미하다는 것이다. 왜 사회 전체가 종말이 가깝다는 확신에 사로잡히게 되었는지는 알 수 없지만, 일단 그렇게 되면 끔찍한 결과가 발생할 수 있다. 우리 시대의 집단자살 같은 사건은 중세와 그 이후의 역사에서 기원을 찾을 수 있다. 천년왕국설 같은 신화를 믿는 사람은 다른 사람들에게 해를 끼칠 수 있다. 하지만 역사 전반에 걸쳐 그들은 법과 질서를 내세우는 세력으로부터 혹독한 보복을 당했다. 이 모든 현상들이 총체적으로 드러난 것은 1520년대 중반 토마스 뮌처Thomas Müntzer 등이 정치를 급진적으로 민주화하고 부를 평등하게 배분하려다 실패했던 독일농민전쟁, 그리고 그로부터 10여 년 뒤 얀 판 레이던Jan van Leiden이 이끄는 재세례파가 몇 달간 뮌스터 시를 점거한 사건이다. 그들은 결국 가톨릭과 프로테스탄트 연합군에 의해 폭력적으로 진압되었다. 천년왕국운동이 재앙이나 탄압으로 끝난 이유, 나아가 루터가 그것에 자극을 받아 어떤 형태든 법에 도전하는 모든 사람들에 대해 극렬한 분노를 표출하게 된 이유를 알아보기 위해서는 루터의 생애와 정치사상으로 눈을 돌려야 한다.

루터의 생애와 시대, 그리고 신학의 수장들

당연한 일이지만, 루터에 관해서는 엄청난 양의 문헌이 나왔다. 그럼에도 불구하고 그의 실제 삶은 베일에 가려 있는데, 그 이유는 그가 죽기 오래전부터 그를 둘러싼 전설이 쌓이고 있었기 때문이다. 사실 루터 스스로가 본인의 신격화에 기여하기도 했다. 하지만 그것은 그가 허풍쟁이여서가 아니라 생생한 상상력의 소유자였기 때문이다. 루터는 과거의 사정이 어땠으리라는 강력한 느낌을 가지고 있었던 탓에 자신의 젊은 시절을 잡다하고 난삽하게 묘사했다. 특히 수도원 생활을 시작하기로 한 결정, 당시 수도사로서의 삶에 대해 품었던 생각, 로마를 처음 방문했을 때의 느낌, 비텐베르크 교회 정문에 그 유명한 95개 조항을 붙인 동기 등에 관해 혼란스럽게 설명했다. 아우구스티누스의 『고백록』이 그렇듯이, 초연한 관찰자는 그 엄청난 심리적 충격에 압도되고 매료된다. 다행히도 그렇다고 해서 루터의 정치사상을 어느 정도 깔끔하게 설명하는 게 불가능하지만은 않다. 그의 열정은 신학적이고 종교적이었다. 그의 정치사상은 핵심이 그다지 뚜렷하지 않으며, 그가 대중에게 자신의 정치사상을 제시한 계기가 되는 사건들로부터, 그리고 그의 신학적 입장으로부터 쉽게 분리될 수 있다. 형식으로 보면 그의 정치사상은 분명히 그의 것이지만 내용으로 보면 별로 그렇지 않다.

루터는 1483년 작센의 아이슬레벤에서 태어나 1546년 고향에서 죽었다. 광부였던 그의 아버지는 불같은 성격을 지녔는데, 아무런 이유도 없이 아들을 구타했다. 루터의 조수이자 제자였던 필리프 멜란히톤은 루터의 어머니를 경건하고 겸손하고 신앙심이 깊은 인물로 묘사했지만, 사실 그녀는 남편만큼이나 폭력적인 여성이었던 듯하다. 루터가 수도원에 들어가기로 결정한 것에 대한 몇 가지 설명 중 하나는 부모의 학대를 피하기 위해서였다고 한다. 그런 부모 밑에서 자랐으니, 루터가 왜 평생토록 적들만이 아니라 친구들에게까지 통제 불능으로 분노를 표출했는지 그 이유를 짐작하기는 어렵지 않다. 학교도 안식처가 못 되었다. 오히려 학교는 그의 부모처럼 잔혹했다. 루터는 마그데부르크와 아이제나흐에서 중등교육을 받았고, 열여덟 살이 되던 해에 에르푸르트 대학에 입학했다. 그의 아버지는 아들이 법률가가 되기를 원했지만, 루터는 1505년 에르푸르트의 아우구스티누스 수도원에 들어갔다. 그가 수도원행을 결정한 이유는 앞에서 언급한 대로 다른 설명도 있다. 친구의 죽음과 번개를 맞아 죽을 뻔했다는 경험이 그것인데, 그것은 신화 만들기의 일환일 것이다. 가장 그럴듯한 설명이라면, 아마 루터는 20대 초반에 모종의 영적인 위기를 겪고 나서 수도원 생활의 규율이 자신의 삶과 성격을 강하게 만들어주리라고 믿지 않았을까 한다는 것이다.

10여 년 뒤인 1517년 10월 31일, 루터는 비텐베르크 교회 정문에 95개 조항을 붙였다. 그 내용은 성베드로대성당의 대규모 신축 공사 자금을 모으기 위해 면죄부를 판매한 교회의 행태를 비판하는 것이었다. 95개 조항

은 어떤 세속권력도, 심지어 교황조차도 우리를 면죄해줄 수 없다고 주장
했기 때문에 (전혀 새로울 게 없는 주장이었지만) 이단으로 공표되었다. 하
지만 그것은 신의 은총만이 우리를 구원할 수 있다는 아우구스티누스의 교
리에서 이끌어낼 수 있는 유일한 결론이었다. 그 교리는 점점 힘을 잃었는
데, 그 한 가지 결과가 면죄부 판매였다. 단순한 축복과 면죄 증명서의 사
이에 위치하는 면죄부는 교회의 자금을 모으기 위한 수단이었다. 사람들은
반신반의하면서도 면죄부가 있으면 사후에 연옥에서 보내는 시간을 줄일
수 있다고 믿었다. 면죄부는 일종의 교회세였으며, 오늘날 정부가 발행하
는 복권처럼 도덕적으로 미심쩍은 구석이 있었다. 루터가 95개 조항을 게
시한 날짜는 전통적으로 프로테스탄트 종교개혁의 시작을 의미한다. 그에
따라 10월의 마지막 주 일요일은 종교개혁일로 기념되고 있다. 루터는 그
저 젊은 혈기로 반박문을 붙인 게 아니었다. 당시 서른네 살이었던 루터는
어느 정도 사회적 지위를 굳힌 상태였다. 1507년에는 사제 서품을 받았고,
이후 비텐베르크 대학에서 착실하게 신학 박사과정을 밟은 끝에 1511년에
는 그 대학의 신학 교수가 되었으며, 1515년에는 교구 목사로 임명되었다.

  루터는 엄청난 양의 일을 소화했다. 교단의 종교적 의무를 지키고, 지적
연구도 계속하고, 수도원의 중간 관리자로서 적어도 세 사람은 매달려야
할 일을 처리했다. 하지만 루터는 그렇게 과도한 부담을 정서적으로 충분
히 감당해낼 수가 없었다. 결국 그는 급격히 기력이 쇠했다. 그럴수록 그는
일에 더 몰두했고, 기도를 하지 못했을 경우에는 고행으로 벌충하려 했다.
그의 강의는 인간이 죄가 많고 신으로부터 멀어진 존재라는 확신에 기반을
두고 있었다. 이런 입장은 아퀴나스 신학의 낙관적 자연주의나 아리스토텔
레스적 요소와 상충할 뿐 아니라 에라스뮈스의 인문주의와도 어긋나는 것
이었다. 하지만 아우구스티누스가 그랬듯이 루터도 교회에 등을 돌릴 필요
는 전혀 없었다. 우리의 의지는 교정이 불가능할 만큼 죄로 가득하고, 신은

누구를 구원하고 누구를 벌할지 정해놓았으며, 신의 의도는 헤아릴 수 없고, 우리는 그것에 관해 아무것도 할 수 없다. 하지만 그렇다고 해서 교회가 해체되어야 하는 것은 아니다. 신의 기대에 부응할 수 있도록 서로 돕고 격려하는 신도들의 공동체는 설령 구원을 보장하지는 못한다 해도 나름대로 유용한 면이 있었다.

루터가 그런 입장을 취하게 된 표면적인 이유는 명백했다. 율리우스 2세와 레오 10세의 재위중에 교황청에서는 전쟁 자금을 마련하고 성베드로대성당을 짓기 위해 면죄부를 대량으로 발행했다. 루터의 교구를 관할하던 브란덴부르크 대주교도 그 일에 연루되어 있었다. 그렇잖아도 그는 뼛속까지 부패한 인물이었다. 그의 적들이 그를 퇴위시키려 하자 그는 로마측 대리인에게 뇌물을 먹이고, 그 비용을 벌충하기 위해 성직을 여러 개 사들여 그 수입을 갈취했다. 성직 매매의 죄를 저지른 것이다. 그 죄를 용서받기 위해 그는 율리우스 2세와 레오 10세로부터 필요한 만큼 면죄부를 샀다. 루터처럼 양심을 까다롭게 따지지 않는 사람이 보더라도 충분히 눈살을 찌푸릴 만한 상황이었다. 하지만 루터의 95개 조항은 명분에 비해 파장이 너무 컸다. 그것을 교회 정문에 붙이고(실제로 루터 본인이 그 행위를 했는지는 확실하지 않다) 옹호하는 것 자체는 혁명적인 행위가 아니었다. 당시에는 대학 강사들이 자신의 논문을 게시하고 이의를 제기하는 사람들에게 변론을 펼치는 일이 흔했다. 피코 델라미란돌라도 900개 조항을 게시하고 변론하려 한 적이 있었다. 그것은 강사가 자신의 이름을 알리는 기회이기도 했다. 그런 사건이 종교·사회·정치 혁명의 시발점으로 비화된 것은 루터가 얀 후스의 운명을 겪지 않도록 보호해준 세속의 권력자가 있었기 때문이다. 한 세기 전에 후스는 신변을 보장받고 콘스탄츠공의회에 소환되어 갔다가 이단으로 몰려 화형당한 바 있었다.

많은 독일 군주들이 걸핏하면 황제와 불화를 빚었다. 루터의 군주인 작센 선제후 현명공賢明公 프리드리히 역시 열일곱 살짜리 황제 카를 5세에게 복종할 마음일랑은 전혀 없었다. 다른 정치적 정황도 루터에게 유리하게 돌아갔다. 독일은 상당히 위태로운 상태였고 정부들은 강경 노선으로 괜한 혼란을 일으키고 싶지 않았다. 불안의 한 가지 원천은 하급 귀족이었다. '독일 기사'라고 불리는 이들은 다른 나라의 하급 젠트리gentry(귀족과 소지주의 중간계급—옮긴이)와 비슷했다. 그들은 자신들의 군사 기술이 쓸모가 없어지면서 경제적 난관에 봉착했다. 추기경들과 대도시의 신흥 귀족들에게 억압당하는 기분이었던 이들은 자연스럽게 루터를 추종하게 되었다. 1522년 그들이 노골적인 반란을 일으켰을 때도 루터의 사상이 큰 역할을 했다. 그들의 배후에는 임박한 독일농민전쟁의 '농민'들이 있었다. 여기서 '농민'이라는 말은 오해의 소지가 있다. 소요 사태는 시골뿐만 아니라 도시에서도 발생했고, 주동자는 기술자들이었다. 일부 마르크스주의 역사가들은 그들을 최초의 부르주아혁명가로 보기도 했다(젊은 시절 짧은 독일농민전쟁사를 쓴 적이 있는 엥겔스는 예외다). 그러나 이들은 고향과 사회에서 쫓겨나 경제적 변화의 희생양이 된 사회 집단의 전형으로 보는 것이 더 타당하다. 루터파가 초기 부르주아지라는 엥겔스의 말은 옳았다. 그들은 자제력과 선견지명, 조심성을 갖춘 사람들이었지만, 1475~1525년의 여러 차례 반란에 참여한 사람들은 전혀 그렇지 않았고 반율법주의, 유토피아적 이상주의, 천년왕국설을 신봉했다. 루터는 프리드리히 선제후에게 유용한 인물이었다. 그를 억압해서 얻을 수 있는 이득은 전혀 없었고, 오히려 문제만 야기할 가능성이 컸다.

루터의 가장 중요한 무기는 당시 신발명품인 구텐베르크의 활판인쇄술이었다. 종교개혁을 '구텐베르크 혁명'이라고 부를 수는 없지만 내용적으로는 구텐베르크 혁명이나 다름없었다.[6] 책자, 서신, 성명서, 탄핵 선언문 등이 이전과는 비할 수 없는 빠른 속도로 인쇄되어 방방곡곡에 배포되었다. 루터의 여러 가지 책자들이 불과 6년 만에 1300판이나 인쇄되어 유럽 전역으로 퍼져나갔다. 루터는 늘 성서를 독일어로 번역하고(성서는 원래 구약은 히브리어, 신약은 그리스어가 원본이지만 중세 내내 4세기에 만들어진 라틴어본이 원본처럼 사용되었다―옮긴이) 누구나 성서를 읽을 수 있도록 해야 한다고 주장했는데, 인쇄술이 그것을 가능하게 해준 것이다. 복음서를 보통 사람들의 일반적인 언어로 번역해야 한다는 주장은 예전에도 있었다. 100여 년 전에 위클리프는 성서 번역의 필요성을 역설했고, 실제로 그의 영역 성서는 훗날 『킹제임스 영역 성서King James Bible』의 근간이 되었다. 바야흐로 자국어 성서들이 값싸게 대량으로 보급되는 상황에 이르렀고, 그것을 저지하려는 시도는 효과를 거두지 못했다. 인쇄술을 이용한 선전은 완전히 새로운 시도였다. 루터의 추종자는 물론 적들도 인쇄술을 최대한 이용했다(심지어 면죄부도 인쇄되었다―옮긴이). 그 덕분에 루터는 대중을 독자로 삼아 글을 쓴 최초의 인물이 되었으며, 실제로 기회가 닿을 때마다 대중에게 다가가려 했다.

95개 조항은 루터의 사상이 진화하는 과정의 중간점이자 프로테스탄트 정치사상의 기원이었다. 인간의 구원과 천벌이 자의적으로 결정된다는 사실을 놓고 수년간 고뇌하던 루터는 1513년 이신칭의以信稱義의 개념을 깨달았다. 이렇게 이신칭의의 함의를 흡수하자, 루터의 신학 사상과 그 정치적 의의가 세상에 밝혀지는 것은 시간문제였다. 행동, 특히 면죄부 구매 같은 행동이 아닌 오로지 믿음만으로 의인이 될 수 있다는 게 이신칭의의 교리지만, 그렇다고 해서 자발적인 믿음만 있으면 죄 많은 평범한 사람도 저절로 구원받을 수 있다는 것은 아니다. 믿음은 신이 부여하는 것이고, 그것을 받아들임에 있어 우리가 할 수 있는 일은 마음을 열어두는 것 말고는 없다. 물론 그것도 신이 그 믿음을 준다고 전제할 경우에만 가능하다.[7] 우리는 번개가 칠 가능성이 있는 곳에 서 있겠다고 선택할 수 있지만, 그 번개가 치게 하는 것은 신만이 할 수 있다. 신을 받아들이려면 우리는 그리스도의 희생에 대해 깊이 생각해보아야 한다. 바로 이 점 때문에 루터는 구약보다 신약을 우선시하게 되었다. 그러나 이것은 토마스 아 켐피스나 마이스터 에크하르트Meister Eckhart의 정적주의靜寂主義(영혼의 소극적 상태, 즉 정적을 통해 신을 받아들일 수 있다는 종교운동으로, 명상이 특히 강조된다—옮긴이)적 신비주의와는 달랐다. 그들은 루터의 견해가 수용될 수 있는 길을 닦았다고 할 수 있다. 그러나 루터는 이성에 대한 지나친 확신을 격렬히 비난하면서도—그는 이성을 '당돌한 창녀'라고 말했다—정적 속에서 차분하게 기다리기보다 지속적으로 참여하기를 촉구했다. 제임스 호그James Hogg(19세기 스코틀랜드의 시인—옮긴이)의 기묘한 소설『무죄로 판명된 범죄자의 은밀한 비망록과 고백 *Private Memoirs and Confessions of a Justified Sinner*』이 말해주듯이, '의인이 된다'는 것은 죄인이 된다는 것과 다를 바 없다. 믿음은 은총에 의해 우리에게 주어지므로 은총과 별개로 믿음을 강조하는 것은 위험하다. 구원받았다는 증거로서 구원에 대한 각자의 확신에 의존하도록 부추길 수 있기 때문이다. 그럴 경우 대담하게 죄를 저지르는 것이 매력적으로 여겨지고, 마음속에 반율법주의를 품게 된다. 그래서 엄격한 칼뱅파는 그런 확신 자체가 망상이자 자만심의 징표라고 주장했다. 은총은 참으로 불가사의한 것이었다.

정치이론

95개 조항이 공표된 상황에서 교회가 루터의 징계에 나서는 것은 시간문제였다. 그러나 루터는 소신을 굽히지 않았다. 1520년에는 그 조항들 중 14개 조항이 이단으로 공표되었고『주여, 일어나소서*Exsurge Domine*』라는 교황교서가 반포되면서 루터가 공식적으로 파문을 당했다. 그러자 루터는 공개 석상에서 교황교서와 교회법전 등의 문건들을 불태워버렸다. 사실 그는 적들이 공격하기도 전에 먼저 행동했다. 파문되기 여섯 달쯤 전에 이미 교회-국가의 관계에 대한 구상을 집대성한 『독일 민족의 그리스도교도 귀족들에게 보내는 연설An den Christiichen Adei deutscher Nation』(이하 『연설』로 축약해 표기한다—옮긴이)을 출간했던 것이다.

그 무렵 루터는 가톨릭교회의 네 가지 성사를 제외한 모든 성사, 특히 안수식이 그리스도에게 다가가는 그리스도교도의 능력과 무관하다는 결론에 이르렀다. '만인제사장'의 교리는 그 결론의 긍정적인 측면이었다. 우리는 세례를 통해 그리스도와 관계를 맺으며, 그럼으로써 다른 사람들이 그리스도에 이르는 길을 찾을 수 있도록 돕는 능력과 의무를 가지게 된다. 사제는 그 일에 특별한 소명을 가진 사람이다. 교회는 신도들의 집합인데, 눈에 보이는 교회보다 보이지 않는 교회가 더 중요하다. 이런 루터의 생각은 흥미롭게도 비슷한 생각을 했던 아우구스티누스의 그것보다 더 조잡하다. 루터에게 신의 도시(신국)는 구원받은 자들의 도시였고 보이지 않는 곳이었다. 하지만 교회는 신의 도시가 아니다. 교회는 구원받은 자와 그렇지 못한 자들이 다 모인 곳이기 때문이다. 인간은 누가 구원받았고 누가 구원받지 못했는지 알 수 없다. 그럼에도 불구하고 현실의 교회는 인간의 삶에서 어느 정도 가치 있는 역할을 했고, 심지어 구원받기 어려운 사람들에게도 도움을 주었다.

『연설』은 날카롭고 거침없는 공격을 보여준다. 예를 들어 왕국에서 신분이 확연하게 구분되며, 성직자가 영적인 신분이고 나머지 사람들은 전부 세속의 신분을 구성한다는 관념은 앞뒤가 맞지 않는다고 천명했다. 그리스도교 공동체에서는 모두가 영적인 신분에 속한다는 게 루터의 주장이었다. 마찬가지 맥락에서, 교회법에 법규가 포함된다는 것은 어불성설이었다. 교회는 정치체가 아니다. 교회가 인간의 삶에 부분적으로 사법권을 행사하고, 국가가 나머지에 대한 사법권을 행사한다는 것은 불가능하다. 교회법은 원래 법이 아니다. 당시에는 초기 교회의 소박함을 동경하는 분위기가 팽배했으나, 루터는 교부들처럼 교회와 국가의 분리에 무관심했다. 신을 섬기는 지배자는 신앙을 실천하는 사람들의 일상적 요구를 충족시켜야 했다. 이는 곧 국가가 교회를 후원하고 다른 종교활동도 공식적으로 지원해야 한다는 것이다. 그 이듬해 루터는 수도원을 비판했다. 수도사들을 가두어놓는 것은 전도의 의무를 위반하는 조치다. 수도원에 대한 헌신을 강조하는 데는 노동을 통해 의인의 신분을 얻을 수 있다는 그릇된 믿음이 깔려 있다. 수도사의 독신주의는 터무니없다. 이상이 루터의 주장이었다. 10년 뒤 그는 매우 행복한 결혼생활을 영위하며 여섯 명의 자식을 둠으로써 그 주장의 뜻을 몸소 실천해 보였다.

문제는 그것이 과연 세속 정치의 기반을 제공하느냐에 있다. 신앙심이 독실한 지배자가 신도 공동체의 요구를 돌본다는 그의 소박한 가정은 그다지 놀라운 게 아니다. 지난 1000여 년간 신을 섬긴다고 공언한 지배자들은 늘 그렇게 했다고 장담했기 때문이다. 하지만 루터의 부정적인 시각은 큰 의문들을 섬세하고 예리한 형태로 제기했다. 그중 가장 두드러진 것은 지배자의 신앙심을 판별하는 기준에 대한 의문이다. 이 문제를 논하려면 먼저 교황 겔라시우스와 두 자루 검의 교리를 살펴볼 필요가 있다. 루터는 검이 한 자루일 뿐이고 세속의 지배자가 그 검을 휘두른다고 보았다. 그가 일관되지 못한 태도를 보인 것은 지배자의 신앙심이 부족할 경우 개인이나 단체가 그 지배자에 대해 과연 합법적인 저항을 결정할 권리를 가지고 있느냐의 문제였다. 부정한 지배자에 대한 저항은 루터에게 오랫동안 까다로운 문제였다. 대체로 그는 수동적인 복종이라는 전통적인 신조를 옹호했다. 최후의 수단으로 수동적인 불복종도 가능하지만, 그렇다고 해서 반란까지 정당화할 수는 없었다. 만약 지배자가 그리스도의 명령에 명백히 어굿나는 것을 명령하는 경우 당연히 거부해야 하지만, 그렇다고 폭력적으로 저항해서는 안 되는 일이었다. 루터는 바울을 정통적인 방식으로 독해했다. "모든 권위는 다 하느님께서 세워주신 것"이다. 나쁜 권력이나 잔인한 권력도 마찬가지다. 그리스도교도의 역할은 불복종의 대가를 감내하는 것이지 지배자를 타도하는 게 아니다. 설령 악하고 그리스도교를 믿지 않는 지배자라 할지라도 지배자에 대한 반란은 (일부 흥미로운 예외를 제외하면) 신에 대한 반란이나 마찬가지다.

『연설』은 군주들과 선출된 황제에게 보내는 호소문이었다. 1520년 카를 5세는 황제로 선출되었으나 아직 대관식은 치르지 못한 상태였다. 당시 루터는 장차 독일 공국들이 각자 다른 곳에 충성을 맹세하는 세상이 닥치리라고는 예상하지 못했으며, 카를 5세가 가톨릭의 완강한 보루가 되어 프로테스탄트 신민들을 상대로 전쟁을 벌일 경우 어떻게 될지 짐작하지 못했다. 눈치 빠른 그도 자신의 목숨을 구해준 동맹에 관해 전혀 알지 못했다. 『연설』은 세속권력에 의한 교회개혁을 호소했다. 또한 『연설』은 12~13세기에 호엔슈타우펜 왕조의 황제들이 교황을 굴복시키려 했다가 실패한 것을 안타까워했다. 하지만 루터는 당시 프리드리히 바르바로사와 프리드리히 2세가 지나치게 행동했고 그 오만함의 대가로 신의 징벌을 받았다는 것에 동의했다. 『연설』은 엄밀히 말하면 혁신적인 정치이론을 제시했다기보다 오로지 논쟁만을 겨냥했지만, 그 결과는 급진적이었다. 루터는 교황이 세 가지 방어선 뒤에 숨어 있다고 주장했다. 첫째, 세속권력은 교회에 권력을 행사하지 못하지만 교회는 세속권력을 도덕적으로 감독한다. 둘째, 교회만이 성서를 해석할 수 있다. 셋째, 교황만이 공의회를 소집하고 권위를 부여할 수 있다. 첫째 방어선은 루터가 만인제사장을 내세우면서 무너졌다. 일단 교회의 특별한 지위가 사라지고 나면, 여러 가지 통상적인 법적 규제와 의무로부터 성직자를 해방시켜주는 '성직자 특권'도 없어지고, 그리스도교 공동체 안에서도 분업, 즉 역할의 구분은 있을지언정 권위의 구분은 존재하지 않게 된다. 둘째 방어선은 모든 사람이 스스로 성서를 읽어야 한다는 생각과 정면으로 상충한다.

언뜻 생각하면 루터의 주장은 마치 교회가 없어도 된다는 것처럼 여겨지겠지만 실은 그렇지 않다. 루터는 급진적인 사상을 가졌으나 기질은 보수적인 인물이었다. 교황이 내몰려서 거리를 떠돌며 구걸하고, 성베드로대성당을 허물어 거기에 소박한 시골 교회를 짓는 사건이 일어났다면 루터도 즐겁게 지켜보았을 것이다. 그럼에도 불구하고 그는 황제나 공의회가 교회를 개혁하기 위해 해야 할 일들을 스물일곱 가지로 제안하면서, 추기경 열두 명, 작은 쿠리아curia(집회소—옮긴이), 소규모 시설로 이루어진 교회에 대한 구상을 상세하게 설명한다. 그는 교회라는 기관 전체를 없애버리려고 하지도 않고, 모든 수도원을 철폐해야 한다고 제안하지도 않는다. 그저 누구도 서른 살이 되기 전에 독신 서약을 해서는 안 된다는 대단히 현명한 조언을 하는 것에 만족할 따름이다.

교황만이 공의회를 소집할 수 있다는 교회의 셋째 방어선도 온전하지 못했다. 루터에 따르면 그것은 교황이 세속의 권력자라고 주장하는 것과 다를 바 없었다. 더구나 여느 권력자들과 달리 아무에게도 책임지지 않는 권력자였다. 오래전부터 교황은 신에게서 통치권을 받았다고 주장했으므로 별로 새로울 것은 없는 주장이었다. 루터의 지적은 더 영리하다. 교황은 스스로에게 고해신부이고, 신앙의 판관이며, 자기 행동의 옳고 그름을 판단할 수 있는 유일한 판관이라는 것이다. 다른 지배자들은 아무리 절대권력을 가졌어도 신과 자신의 양심에 책임을 져야 하지만, 교황은 그 의무를 스스로 면제했다. 논점은 간단하고 조리가 있었다. 루터가 스물일곱 가지 제안을 마련하면서 부각된 논점은 두 가지다. 하나는 어떤 조직이든 자체 개혁의 수단이 필요하다는 것이다. 교회의 역사와 사안의 긴급함을 고려하면 공의회만이 유일하게 신뢰할 수 있는 수단이라고 할 수 있다. 그런데 교회사를 살펴보면 공의회가 성공하기 위해서는 세속권력의 도움이 필요하다는 것을 알 수 있다. 다른 하나는 교황이 자기 행동의 실태를 무마하기 위해 영적인 역할 뒤에 숨는 것은 어리석은 짓이라는 것이다. 이를테면 이탈리아에서 성베드로대성당 같은 호화로운 건물을 짓기 위해 가난한 독일 교구에서 기금을 모집하는 행태가 바로 그렇다. 교회는 완전한 분권화를 이루어야 한다. 모든 사제들이 각자 자신의 신도들을 책임지거나, 대주교에게 권력을 이양해 위계를 최소화해야 한다. 그러면 지역 교회와 이해관계를 같이하는 사람들이 진심으로 교회의 요구에 봉사할 수 있게 된다.[8]

세속권력에 대하여

루터는 『연설』을 발표하고 3년 뒤 그의 저술 중 유일하게 명시적으로 세속권력의 속성과 범위를 다룬 글을 썼다. 그가 그런 글을 쓴 이유는 명확하지 않다. '살인마 농민 무리'에 대한 분노나 '로마 교황'에 대한 공격을 불러일으킨 직접적인 외부 요인은 없었다. 그 글이 그의 다른 글들보다 확연하게 덜 논쟁적인 것은 아마 그 때문일 것이다. 물론 정도가 덜할 뿐 아예 논쟁적이지 않은 것은 아니다. 글의 도입부에서 루터는 『연설』을 통해 독일 지배층에게 명확한 의무, 즉 무엇을 해야 할지를 말해주려 했다고 주장한다. 하지만 그것은 완전 실패였다. 독일의 군주들은 그리스도교도로서나 지배자로서나 과거보다 전혀 나아지지 않았다. 이제는 그들에게 무엇을 해야 할지보다 무엇을 하지 말아야 할지를 말해주어야 할 때였다. 하지만 그것 역시 그의 다른 저술들처럼 효과가 신통치 않을 게 뻔했다.[9] 루터 특유의 격렬한 풍자는 여기서 두 가지 방식으로 사용되었다.

루터가 추구한 사고의 방향은 매우 정확하다. 논의가 어디로 나아갈지, 어디서 난관에 봉착할지 처음부터 알 수 있다. 그는 거의 모든 사람이 복종에 관해 오해하고 있다는 급진적인 주장으로 글을 시작한다. 군주는 자신이 원하는 대로 지배할 권리가 있다고 생각하고, 평민은 군주의 명령에 무조건 복종해야 한다고 생각한다. 평민의 잘못은 그야말로 잘못에 불과하기 때문에 지배자의 잘못과 달리 용납이 가능하다. 그러나 지배자의 잘못은 위선에 뿌리를 두고 있다. 루터의 생각은 명확했다. 독일의 군주들은 자신의 명령을 '황제가 요구한 것'이라고 정당화한다. 마치 황제에게는 절대적으로 복종해야 한다는 식이다. 하지만 그들의 속내는 다르다. 만약 황제가 그들의 영토를 빼앗으려 하거나 성 한두 곳을 차지하려 한다면, 그들은 절대복종의 원칙을 지키지 않고 저항할 것이다. 그들이 신민들에게 복종을 요구하는 또다른 이유는 자신이 황제의 권위와 신민의 의무를 잇는 가교의 역할을 한다는 것이다. 그러나 황제와 황제의 권위를 들먹이는 것은 딱한 처지의 신민들에게 가혹한 세금을 부과하고 교회의 폭정에 시달리도록 놔두는 자신의 행위에 대한 핑계에 불과하다. 그러고도 그들이 무사할 수 있었던 이유는 평민들이 지배자의 명을 무조건 따라야 한다고 믿기 때문이며, 복음과 그리스도교도의 의무를 오해하기 때문이다.[10]

　　루터는 세속권력의 필요성을 전혀 의심하지 않는다. 세속권력의 상징은 검이다. 그 검은 세속의 정의를 위해 사용해야 한다. 하지만 세속권력의 진정한 상징은 재판관의 법복이 아니라 사형집행인의 검이다. 모든 권위는 다 하느님께서 세워주신 것이다. 바울의 이 말은 악인에게 공포를 주어야 한다는 뜻이지만, 세속권력은 그 말을 자신의 목적에 맞게 사용한다. 루터는 다른 사람들보다 더 집요하다. 검은 법의 대리인만이 아니라 군인도 사용할 수 있다. 그리스도교도는 권력에 복종해야 할 뿐 아니라 권력의 집행자도 되어야 한다. 살인자는 죽어 마땅하다는 규칙은 아담의 시대에도 있었다. 카인도 그것을 알았고, 대홍수 이후에는 신이 재차 확인해주기도 했다. 신의 명이므로 우리는 따라야 한다. 루터도 알고 있었지만, 많은 급진주의자들은 검에 의지하는 것이 '악에 저항하지 말라'는 그리스도의 명령에 위배된다고 여겼다. 그렇다면 악을 벌하고자 검을 휘두르는 것은 어떻게 용납될 수 있을까?[11]

루터는 이 난제에 즉각 답하지 못했지만, 일단 그리스도교도와 비그리스도교도를 구분한 다음 영적인 법과 세속의 법을 구분함으로써 충돌을 완화했다. 세례를 받은 사람은 무척 많아도 진정한 그리스도교도는 드물다. 이들에게는 세속의 법도, 세속의 검도 필요가 없다. 이들은 올바름 자체를 추구하기 위해 정의의 길을 택한다. 여기에는 자신들에게만 가해진 악을 고스란히 견디고, 악에 저항하지 말라는 계율을 지키는 것도 포함된다. 정의롭지 못한 자들이 법의 요구에 따르는 이유는 강요를 당하기 때문이다. "그들에게는 올바르게 행동할 수 있도록 가르치고, 강제하고, 촉구할 법이 필요하다."[12] 하지만 우리는 누구나 그릇된 행동의 유혹에 이끌린다. 그래서 법은 모두에게 강요되는 것이 옳다. 정말로 선한 사람에게는 법이 필요 없겠지만 그런 사람은 극소수이고, 극소수만 가능한 일을 다수에게 요구하는 것은 불합리하다. 그렇다면 그리스도교도가 법을 만들고 집행해야 할까? 루터는 그렇다고 대답한다. 사형집행인이나 법원 공무원, 재판관, 경찰이 부족하다면 당연히 그런 역할을 수행할 수 있는 그리스도교도가 나서야 한다. 법과 집행기관의 부재는 혼돈과 유혈 사태를 불러일으키는데, 이때 그리스도교도는 동료들을 위해 선한 양심에 따라 정부와 법집행기관에 참여해 제 몫을 다해야 한다. 우리는 우리 자신이 아니라 타인에게 봉사해야 한다. "천국과 지상의 요구를 동시에, 외적으로나 내적으로나 충족시키라. 악과 부정을 감내하면서 동시에 응징하라. 악에 저항하지 않으면서 동시에 저항하라."[13] 논리적으로는 완벽하지 않지만 현실적으로 충분히 통하는 이야기다. 선한 사람은 타인을 위해 검을 든다. 진정한 그리스도교도로만 구성된 사회는 오히려 무력할 수도 있다. 우리가 타인을 보호하기 위해 검을 들어야 한다는 주장은 그 타인이 전혀 저항하지 않을 경우 설득력을 잃기 때문이다. 하지만 그런 논리는 궤변에 불과하다. 진정한 그리스도교도로만 구성된 사회에서는 무저항을 택할 기회가 애초에 존재하지 않는다. 그런 사회에서는 누구도 남에게 폭력을 행사하지 않는다. 그러나 만약 그 사회가 외부의 공격을 받을 경우, 신을 믿지 않는 자들에게 가르침을 주기 위한 정당방위는 허용된다.

루터는 야만적인 폭력으로 무장한 정부가 질서 유지에 반드시 필요하다는 주장에는 그다지 관심이 없었고, 그보다 다른 두 가지 쟁점을 더 적극적으로 논의하고자 했다. 하나는 신앙에 관해서는 강압이 통하지 않는다는 것이었고, 다른 하나는 불경한 지배자에게 맞서 반란을 일으키기까지는 하지 못한다 해도 그를 따를 이유는 없다는 것이었다. 루터는 영적인 삶에 강압이 들어설 자리가 없다는 견해를 여러 번 언급했다. 그중에서도 특히 중요한 대목은 『연설』에서 분업을 다루었을 때와 『그리스도교도의 자유에 대하여*Von der Freiheit eines Christenmenschen*』에서 신학을 언급했을 때였다. 하나의 공동체에서 세속의 법과 질서는 단순한 외적 동기―이를테면 처형당하고 싶지 않다는 욕망―를 부여함으로써 유지된다. 그 동기는 또한 정의롭지 않은 자를 구속하고, 정의로운 자에게는 죄와 벌의 존재를 상기시킨다. 반면에 루터가 법이라고 여기지 않으려 했던 종교의 법은 본질적으로 신앙에 의해 기능한다. 우리가 신의 법에 복종하는 것은 신의 소관이며, 우리의 마음속을 꿰뚫어보는 것은 신(뿐)이다.

세속권력은 우리에게 특정한 것을 믿도록 강제할 자격이 없다. 강요할 수 있는 것은 오로지 우리가 믿거나 (아마도 그보다는) 믿지 않는 것의 위선적인 표현뿐이다. 이것은 훗날 그것이 그 자체로 관용의 옹호는 아니라

452

고 주장했던 홉스의 견해와 비슷하다. 로크는, 관용이란 국가가 국민들에게 원하는 종교를 공개적으로 다른 신도들과 함께 믿을 수 있게 허락하는 것이라고 정의했다. 그런 관용을 실현하려면 세속권력이 겨우 피상적인 순응만 보장할 수 있다는 주장만으로는 불충분하다. 물론 국가는 피상적인 순응만 원할 수도 있다. 홉스도 그 점을 충분히 고려했다. 그는 루터처럼 정부가 신민의 속마음을 들여다보려 애쓰는 것은 시간 낭비라고 생각했다. 하지만 동시에 평화를 위해 정부는 국민들이 쟁점 사항에 관해 공적으로 인정한 것도 규제해야 하며, 공적 숭배의 형식을 지시해야 한다고 생각했다. 이와 같은 홉스의 목적을 달성하기 위해서는 피상적인 순응만으로도 충분했다. 그 목적은 자유로운 사고를 방해하려는 게 아니라 폭력 사태로 이어지는 종교 불화를 제지하려는 데 있기 때문이다. 1520년대 초에 루터는 폭력 없이도 종교 논쟁이 가능하다고 여겼으므로 종교 불화를 두려워하지 않았고, 따라서 홉스가 멈춘 지점을 그냥 통과할 수 있었다. 루터는 1523년까지도 이단을 무력으로 억압해서는 안 된다는 입장을 견지했다. "여기서 신의 말씀이 필요하다. 그것이 목적을 이루지 못한다면 세속권력도 역시 이룰 수 없다. 오히려 유혈 사태만 불러일으킬 것이다."[14] 루터의 이 주장에서 더 중요한 것은 그가 아우구스티누스와 정반대의 입장을 취했다는 점이다. 아우구스티누스는 콤펠레 인트라레, 즉 우리가 거리로 나가서 사람들을 끌고 와 참된 교회에 합류시켜야 한다는 입장을 견지했다. 원래 아우구스티누스의 사상에 동조하던 루터였지만 이 문제에서만큼은 달랐다.

『연설』은 그리스도교 군주들을 겨냥했지만 사실 그리스도교 군주는 루터가 말하듯이 '매우 희귀한 인물'이다. 그가 어떻게 행동할지, 어떤 자극을 받아 움직일지는 설명하기 어렵지 않다. 그는 평생토록 봉사와 사랑을 베풀 뿐 권력과 권위를 고집하지는 않는다. 그의 백성들은 그의 소유물처럼 마음대로 다룰 수 있는 존재가 아니라 그가 섬겨야 할 대상이다. 루터에 따르면 그런 지배자는 무도회나 사냥, 유흥으로 신이나 신민들의 노여움을 사지 않는다. 어차피 신민들의 행복을 위해 모든 시간을 쏟고 신경을 쓰느라 너무 바빠 향락을 즐길 틈도 없을 터다. 하지만 이런 인물은 지극히 희귀하므로 루터는 결국 사악한 지배자에게 우리가 복종할 의무가 있느냐는 거북한 주제로 눈을 돌릴 수밖에 없다. 지배자가 옳은 일을 한다면 우리는 그 옳음 때문에 그를 따라야 한다. 반면에 지배자가 잘못된 일을 한다면 우리는 그를 돕지 말아야 한다. 만약 그가 우리에게 우리 집에 있는 루터의 신약성서 한 권을 가져다달라고 한다면 우리는 거절해야 한다. 하지만 그가 우리 집으로 들어와 성서를 가져간다면 우리는 저항하지 말아야 한다.[15] 이와 마찬가지로, 지배자는 사악한 상급자를 좇아 사악한 길로 들어서서는 안 되지만, 그 상급자가 그에게 못되게 굴어도 저항해서는 안 된다. 여러모로 거북하고 어색한 관계다.

루터는 이후 독일 정치에서 중요한 역할을 맡았으나 그것은 정치사상사에 영향을 미치지 않았다. '살인마 농민 무리'에 대한 그의 장광설은 종교적 급진주의가 왜 극단으로 쏠려서는 안 되는지를 이론적으로 설명해주는 수준에까지 이르지 못했다. 오히려 그는 혼란 상태에서 이득을 얻으려 한 반항적인 하층계급이 농민전쟁을 일으킨 것이라고 초지일관 믿었다. 그러므로 기본적으로 무정부주의적인 운동이 그의 영향을 받아 생겨났다는 주장에 대해 그는 여간 곤혹스럽지 않았을 것이다. "가능하다면 누구에게든 찌르고 때리고 죽이게 하라. 그러다 죽는다면 그것도 좋은 일이다! (⋯) 만약 이것이 너무 가혹하다고 생각하는 자가 있다면, 반란은 용납될 수 없고 세상의 종말이 머지않았음을 상기시켜주어라."[16] 나중에 루터는 「농민들에게 가혹했던 책에 관한 공개서한Ein Sendbrief von dem harten Büchlein wider die Bauern」이라는 글에서, 종전까지 퍼부었던 비난을 완화하기 위해 자신이 공격한 대상은 적극적이고 완고한 폭도들이었다는 점을 강조했다. 하지만 그런 다음 곧바로 농민들을 비판한 글은 전적으로 옳았다면서, 국가의 지배자가 그리스도교도든, 유대교도든, 튀르크든, 이교도든 다르지 않다고 주장했다. 질서를 유지하기 위해서는 세속의 검을 휘둘러야 하고, 검을 휘두르는 자를 돕는 것은 모든 이의 의무다.[17] 그는 격렬히 비난할 때도 공평했다. 그 '공개서한'은 토마스 뮌처의 임신한 미망인을 겁탈하려 한 어느 독일 귀족의 이야기로 마무리되는데, 루터는 비록 뮌처를 호되게 비난했지만 그 강간미수범이 영원한 지옥 불의 고통을 겪을 것이라며 흡족해했다. 루터의 수사법은 극도로 난폭했을지 몰라도 그의 물리적 폭력에 대한 증오와 무질서에 대한 공포는 진심에서 우러나온 것이었다. 말싸움과 실제 싸움은 전혀 달랐다. 종교 불화는 활력의 징표였으나 실제 싸움이 아닌 말싸움을 할 때에만 용인되는 것이었다. 혀는 놀리되 주먹은 쓰지 말아야 한다. 유대인 비판을 포함한 루터의 저술 대부분이 정치사상에는 그다지 기여하지 못했다. 그는 반유대주의의 슬픈 역사를 제대로 조명하지 않았고, 그저 신앙의 양식이 달라져도 유대인에 대한 그리스도교도의 태도가 전혀 나아지지 않았다고 지적하는 정도였다. 또한 고리대금업에 대한 그의 견해는 신학적 창의성이 경제적 통찰력을 보장하지는 못한다는 것을 보여주는 데 그쳤다.

저항이론

루터가 전격적으로 입장을 바꿔 큰 파장을 일으킨 논쟁거리로는 무저항주의를 들 수 있다. 처음에 그는 스펙트럼의 한쪽 끝에 치우친 상태로 바울의 정통 교리를 이용했다. 즉 우리에게는 오로지 수동적인 불복종만 허용된다는 것이다. 사실 허용이라기보다는 강제라고 보는 것이 옳다. 그렇지 않다면 우리는 부정한 자들의 악행을 돕게 될 것인데, 이것은 그들에게 저항하는 것만큼이나 옳지 못한 일이기 때문이다. 20세기 비평가들은 루터가 반란을 절대악으로 규정함으로써 자유로운 독일의 가능성을 위축시켰다고 개탄했다. 그가 권력자에 대해 덜 수동적인 태도를 보였다면 히틀러의 등장을 방지하는 데 도움이 되었을 테고, 사람들은 그의 지배에 더 적극적으로 저항했으리라는 것이다. 권위에 대한 독일인의 굴종과 나치에 대한 무저항에는 수많은 다양한 설명들이 있으므로, 20세기 나치의 공포에 과연 루터의 직접적인 책임이 있는지에 관해서는 당연히 회의론이 나올 수 있다. 하지만 16세기 독일의 상황만을 놓고 보면, 루터가 아우구스티누스의 무저항주의 견해를 고수한 것은 1520년대 후반의 기준으로도 잘못된 판단이었다고 간주할 수 있다.

1529~30년이면 그런 의심은 더욱 명료해진다. 루터의 무저항 신조를 문자 그대로 받아들인다면 프로테스탄트 군주들은 손발이 묶인 채로 가톨릭 세력에 대항해야 했을 것이었다. 카를 5세는 가톨릭과 복음주의로 분열된 독일에 결코 만족하지 않았지만, 1520년대 말까지는 다른 문제에 휘말려 교리와 정치의 통일에 전념하지 못했다. 필요하다면 무력을 동원해서라도 독일을 가톨릭교회로 복귀시키려는 황제의 의도가 명확해지자, 루터의 후견인인 작센 선제후 프리드리히 3세는 황제에게 저항하는 것이 적법한지 루터에게 물었다. 다른 복음주의자들은 적법하다고 주장했고, 루터도 비폭력을 신봉하지는 않았다. 일찍이 그는 선한 그리스도교도라면 설령 자신의 군주가 튀르크인이라 할지라도 군주를 위해 적국과 폭도에 맞서 싸워야 한다고 주장한 바 있었다. 하지만 아무리 카를 5세가 에스파냐 영토에 집중하고 이탈리아에서 프랑스 경쟁자들에게 신경을 쓰느라 독일에 소홀했다 해도 그는 외국의 군주가 아니었다. 루터와 그의 동료들은 몇 가지 방

해물에 맞닥뜨렸다. 교회를 오로지 신도들의 공동체로만 규정했기 때문에, 그들에게는 공식적으로 지배자를 폭군으로 규정하고 폐위시킬 제도적인 토론의 장이 없었다. 이것은 젤라시우스가 말한 두 개의 검 중 하나를 포기한 결과였다. 만약 누가 영적인 검을 들지 않는다면 아무도 왕을 라티오네 페카티로 폐위시킨다고 선언할 수 없었다. 또한 자연법과 교회법의 전통을 경멸한 것도 프로테스탄트의 발목을 잡았다. 자연법과 교회법은 카를 5세가 폭군이 됨으로써 스스로 권좌를 포기한 것이나 다름없다는 주장에 충분한 법리적 근거를 부여할 수 있었던 것이다. 필리프 멜란히톤은 키케로의 『의무에 관하여』에 대해 논평을 쓰고 폭군에 저항하는 문제에 관해 루터보다 훨씬 더 전통적인 법치주의에 가까운 입장을 취한 바 있지만, 그렇다고 해도 루터 일파가 키케로처럼 폭군 살해를 옹호하는 노선으로 돌아가기는 불가능했다.

황제의 반대파는 자기방어를 절대 포기할 수 없었다. 그들은 여러 가지 견해들을 검토했다. 가장 설득력 있는 견해는, 만약 황제가 휘하의 복음주의 신민들을 공격한다면 그것은 곧 법을 어기는 행위이므로 그 경우 황제에게 저항하는 것은 법을 준수하는 결과가 된다는 것이었다. 이런 법치주의적 입장은 튼튼한 전통을 가지고 있을 뿐만 아니라, 훗날 로크가 반란을 폭군 지배자에 맞서 법을 수호하는 행위라고 정당화한 견해와 매우 유사했다. 이런 결론에 이르는 길은 많았다. 설령 현실성이 없어 보일지라도 제국의 실정법에 따르면 군주들은 공공연한 부정에 저항해야 했다. 이 주장에 루터가 크게 의존했다는 것은, 복종의 굴레가 조금이라도 느슨해질 경우 그가 큰 불안을 느꼈다는 점을 잘 보여준다. 현내의 독자들은 그런 논리가 어떻게 문제를 해결할 수 있었는지 이해하기 어려울지도 모른다. 황제는 스스로를 레기부스 솔루투스legibus solutus, 즉 법으로부터 자유로운 존재로 규정하고 언제든 자기 마음대로 실정법을 무시할 수 있다고 생각했기 때문이다. 또한 현대의 독자들은 세속 군주가 신에게서 절대권력을 받았다는 생각과, 그 권력이 법에 의해 제한될 수 있다는 생각을 결합하기도 쉽지 않을 것이다. 하지만 중세 후기 사람들은 그 문제를 다룰 수 있는 자원을 가지고 있었다. 세속 군주의 권력은 법적으로 명시된 한계 내에서만 기능하지만, 올바르게 성립된 세속권력은 신의 절대권력을 공유한다. 전체로서의 법은 유레 디비노jure divino(신이 정한 법)로서 군주와 백성을 똑같이 구속한다. 그러므로 불법의 권력에 대해 적법한 권력의 이름으로 저항할 수 있다.

일반적인 황제권력이 특정한 황제권력의 보유자에게 불복종을 요구한다는 생각에 의해 저항이론의 문이 열리자, 루터는 유구한 역사를 가졌고 미래에 더 힘을 가지게 될 논지를 펼칠 수 있었다. 부당하게 무력을 사용하는 지배자는 더이상 지배자가 아니라 우리를 공격하는 개인에 지나지 않는다. 정당방위를 위해 어느 개인에게 저항할 수 있다는 것을 의심하는 사람은 아무도 없다. 도덕적으로 볼 때 신뢰를 저버린 탓에 폐위된 지배자는 한 개인에 불과하다. 흔한 사례지만, 한 개인이 자신의 아내와 침대에서 뒹구는 집정관을 살해한 행위의 적법성을 논하는 것과 같다. 대체로 루터는, 황제가 가해자일 경우 법적 질서에 반기를 든 것은 바로 그 황제이므로 그에 대한 저항이 적법하다는 법치주의적 주장을 받아들였다. 사람에 따라 두려워하는 정도가 달랐지만, 루터가 특히 두려워한 것은 신민들 개개인에게 저항권을 부여하는 교리였다. 바로 여기서 로크나 후대 법치주의자들과의 비교가 무의미해진다. 로크의 저항권은 '대중'이 본래 가진 것이다. 대중은 저항할 시점이 닥치면 각자 최대한의 판단력을 발휘해야 한다. 하지만 로크는 누가 대중을 대변할 권리를 가지느냐는 문제는 무시해버린다. 합당한 근거로 반란을 일으킬 경우 우리 각자가 우리 모두를 대표한다.[18]

루터는 저항권을 '하급 정무관'에 국한시켰다. 그들은 평소에 법의 힘으로 결정을 내릴 수 있는 법적 권한을 가진 사람인데, 이 상황에서는 제국의 군주가 대상이다. 루터 이후 대다수 사상가들도 지배자에 대한 저항권의 주체를, '하급 정무관'은 아닐지라도 신성로마제국의 법이 인정하는 집단으로 한정했으며, 이후 프랑스의 삼부회나 취리히, 제네바 등 스위스 도시 공화국의 의회와 같은 기구로 더 구체화했다. 하지만 루터가 아무리 조심스럽게 대응했어도, 또한 아무리 시대적 필요성에 따른 것이었다 해도, 그것은 사상의 변화와 분위기의 반전을 가져왔다. 그에 따라 더 공공연하게 법치주의적 정치관을 지향하는 움직임이 생겨났고, 권력과 권력에 대한 저항을 더 섬세하게 바라보는 견해가 가능해졌다. 가톨릭은 여전히 유스티니아누스의 『학설휘찬*Digesta*』에 명시된 대로 교황이 절대군주로서 로마 황제의 권력을 가진다는 입장을 견지했다. 교회 내부의 반론조차도 상투적인 법적 문구인 '네모 다트 쿼드 논 하베트nemo dat quod non habet'—아무도 자신이 가지지 않은 것을 남에게 줄 수는 없다—에 의존했다. '대중'은 애초에 저항받지 않는 권력을 행사할 권리를 가지지 못했으므로 그 권리를 누구에게 넘겨줄 수도 없다는 뜻이다.

설령 모든 권력이 조건부로 성립된다 해도, 혼돈을 피하려면 그 조건을 위반한 사실이 있는가에 관한 논의는 교회 공의회나 삼부회처럼 적법한 기구에 의해 적법한 상황에서만 이루어져야 한다. 독일에서는 이 문제가 훨씬 간단했다. 황제의 선제후들은 당연히 조건부로 황제를 뽑았다고 생각했다. 따라서 그 조건이 침해될 경우 선거 자체가 무효였다. 이미 1400년에 황제 벤체슬라우스는 바로 그런 이유로 선제후들에 의해 폐위당한 전례가 있었다. 선제후들은 평화를 지키고 제국의 통합을 유지하기 위해 그를 황제로 선출했으나 황제는 자신이 서약한 것을 전혀 실현하지 못했다.

루터는 1546년에 죽었다. 프로테스탄티즘이 교회의 투사로서 존재하기 위해 정치이론을 가장 절실하게 필요로 했던 시점이었다. 또한 그때는 프로테스탄티즘의 보루인 독일에서 프로테스탄티즘이 강력한 반격을 받아

거의 말살된 뻔했던 시기이기도 했다. 카를 5세는 독일 프로테스탄트 국가들이 결성한 슈말칼덴 동맹과 대결하기 위해 1543년부터 세력을 규합했다. 1546년에 그는 무력 충돌을 도발했고, 1547년 4월에는 뮐베르크 전투에서 승리를 거두었다. 동맹의 리더인 작센 선제후 프리드리히와 헤센 선제후 필리프는 제국군에게 사로잡혀 5년간 감옥에 수감되었다. 1548년 카를은 제국 전역에서 루터교를 법으로 금지했는데, 이것은 17세기 독일을 황폐하게 만든 30년전쟁의 씨앗이 되었다. 그로부터 5년 뒤 영국도 종교개혁의 물결에 휩싸였다. 카를의 며느리이자 가톨릭교도인 여왕 메리 1세가 프로테스탄트 신민 300여 명을 화형시켜 역사에 '피의 메리'라는 별명으로 기록된 것이다. 그 전에 이미 프랑스는 가톨릭 국가인 스코틀랜드를 지원하면서 프로테스탄트의 물결을 막으려 애썼다. 프랑스 국내에서도 1530년대 후반 프랑수아 1세가 타협 정책을 버리고 프로테스탄트의 탄압으로 돌아섰으며, 그 후계자인 앙리 2세의 치세에는 탄압이 더욱 심해졌다. 1550년대 말 프랑스는 종교 내전에 시달리는 중이었다. 만약 1558년 메리 튜더가 죽고 동생 엘리자베스가 왕위를 계승하지 않았더라면, 주요 유럽 국가들에서는 개혁된 교회들이 한 군데도 무사하지 못했을 것이다. 다만 스위스는 사정이 조금 달랐다. 스위스 역시 잦은 폭력 사태에 시달렸지만, 취리히와 제네바처럼 넓은 시골 후배지를 보유한 자치도시들은 확고하게 프로테스탄트로 남았다. 지금 우리가 프로테스탄트 정치사상이라고 말하는 사상의 상당 부분이 바로 이 지역에서 형성되었다.

장 칼뱅

공격을 받고 있다고 해서 프로테스탄트가 속수무책으로 순교만을 기다릴 수는 없었다. 하지만 바울의 권위이론을 계속 고수한다면 저항권을 주장하기가 어려웠다. 가톨릭 적들이나 선배들이 그랬듯이, 그들 역시 종교권력과 세속권력의 구분을 근거로 저항의 정당성을 내세우기란 쉽지 않다고 여겼다. 물론 루터처럼 교회가 교회의 자격으로 강압적인 권력을 행사하지는 않는다고 말하기는 쉬웠다. 하지만 그 덕분에 가톨릭 국가의 세속권력은 프로테스탄트 적들을 마음대로 탄압할 수 있게 되었다. 수많은 이단자들을 화형대로 보낸 단호한 지배자들이 존재하는 한 수동적 불복종은 프로테스탄트의 미래를 보장해주지 못할 터였다. 흔히 루터보다는 칼뱅이 긴급한 상황에 맞는 저항이론에 더 큰 기여를 했다고 이야기된다. 어느 정도는 사실이지만 완전히 옳은 이야기는 아니다. 칼뱅은 2세대 프로테스탄트였다. 그는 루터가 비텐베르크에서 한참 고뇌하고 있던 시기인 1509년에 태어났다. 루터의 아버지처럼 칼뱅의 아버지도 아들을 법률가로 키우려고 했지만, 칼뱅은 아버지가 사망하면서 법학도의 길을 버리고 학자의 삶을 선택했다. 자신의 견해 때문에 프랑스가 위험해지자 그는 스위스의 바젤로 피신했다가 1536년에 제네바로 옮겼다. 망명생활이 끝난 뒤에도 그는 1541년에 제네바로 돌아가 죽을 때까지 23년간 그곳에 머물렀다. 제네바는 시 의회가 통치하는 공화국이었는데, 이 점은 칼뱅의 사상이 루터보다 더 나아갈 수 있는 기틀이 되었다.

칼뱅은 정치사상가로서 높이 평가되지만, 그의 정치적 견해가 드러난 것은 『그리스도교 강요*Institutio Christianae religionis*』의 마지막 부분뿐이다. 이것은 그의 방대한 관심사 중에 정치가 별로 큰 비중을 차지하지 않았음을 말해준다. 칼뱅은 루터에 못지않게 민중 봉기의 문을 열어젖히는 데 별 관심이 없었다. 하지만 루터와 달리 그는 도시 공화국의 입법에 적극적으로 관여했다. 그도 루터처럼 인간을 통치하는 두 가지 정부에 대한 논의로 시작한다. 그리스도교도의 자유는 일체의 법을 무시하고 모든 제도를 마음대로 뜯어고쳐도 되는 방종을 의미하는 게 아니다. 민간정부도 신이 만든 것이므로 그리스도교도의 충성을 요구한다. 칼뱅은 루터보다 더 직설적이었다. 그에 따르면 민간정부의 첫째 의무는 "신에 대한 외적 숭배를 장려하고 보호하며, 교회의 순수한 교리와 건강한 상태를 지원하는 것이다."[19] 이런 입장을 취하면 교회가 일종의 기구라는 사실을 수용할 수 있다. 또한 루터가 두루뭉술하게 넘어간 것을 명료히 말할 수 있다. 즉 지역의 국가가 지역의 교회를 관장해야 한다는 것이다. 핵심 논점은 그리스도교도라면 세속정부의 요구를 무시하지 말아야 한다는 루터의 주장이다. 만약 신의 왕국이 이미 도래했다면 민간정부 따위는 필요가 없다. 하지만 아우구스티누스가 말했듯이 이 세상에 사는 우리는 펠레그리노pellegrino, 즉 궁극의 목적지를 향해 여행을 떠나는 순례자일 뿐이다. 이 세상에 사는 한 우리에게는 평화와 안정을 지켜주고 우리를 바른 길로 이끌어줄 민간정부가 필요하다.

우리가 충성을 바쳐야 하는 두 왕국에 대한 칼뱅의 논의는 교회와 국가의 분리를 내세우지 않는다. 또한 칼뱅은 고대 로마처럼 패전국 신민들의 신들까지 선뜻 받아들이는 안이한 방식을 염두에 두지도 않는다. 교회는 국가가 정한 예배 양식을 따라야 하고, 개인은 의무적으로 예배에 참여해야 하며, 교회의 목사는 시민의 도덕성을 판단해야 한다. 칼뱅은 가톨릭의 책동으로부터 안전한 제네바에 살고 있었으므로 가톨릭을 적으로 삼기보다 급진적인 반율법주의 세력과 싸워야 했다. 세계를 전복시키려 할 필요도 없고, 세상에서 도피해 은둔할 필요도 없었다. 다만 신앙에서 정통 교리만큼은 유지되어야 했다. 칼뱅은 삼위일체 교리를 부정한 미카엘 세르베투스Michael Servetus를 이단으로 몰아 제네바 성문에서 화형시킨 것으로 악명을 떨쳤다. 그러나 근대 초기 법치주의 법률가의 관심과 폴리스 이론가의 관심을 연관지은 것처럼 정치적으로 혁신적인 모습도 보였다.

칼뱅이 상상한 정치 공동체는 모든 근대적 분석에서 국가의 본질로 간주되는 하향식 입법과 강제의 능력을 갖추고 있을 뿐 아니라, 중간급 정무관들로 이루어진 공인된 기구에 권력을 부여하는 것이었다. 그의 발상은 스파르타의 정체와 비슷한데, 여기에 울리히 츠빙글리Ulrich Zwingli가 짧고 혼란스러웠던 취리히 통치 기간 중 일구었던 성과가 결합된 느낌을 준다. 츠빙글리는 정치이론보다 실제 정치에서 더 중요한 인물이다. 그는 취리히에서 성과를 이뤄내기도 했지만 그보다는 그의 사후에 엘리자베스 1세의 영국에 지대한 영향을 미쳤기 때문이다. 하지만 취리히에서 루터를 뛰어넘는 개혁신학의 정치적 가능성을 열어 보였다. 1484년에 태어난 츠빙글리는 1518년까지 독실한 가톨릭교도였다. 하지만 취리히에서 목사가 되었을 무렵 그는 4대복음서 자체로 충분하다는 루터의 주장에 동화되었다. 이후 죽을 때까지 그는 평생토록 전형적인 '교회의 투사'로 활약했다. 그는 취리히에서 개혁을 이끌고, 교회와 국가를 직접 관리했다. 그는 명실상부한 우상파괴자였다. 우선 교회의 외형을 정화하는 것이 급선무였다. 츠빙글리는 음악에도 조예가 깊었고 에라스뮈스와 서신을 주고받을 정도로 그리스어에도 뛰어났으나, 현지 교회에서 그림과 오르간을 몰아냈다. 1529년에는 루터와 성체성사를 놓고 논쟁을 벌였지만 결론에 이르지는 못했다. 츠빙글리는 성체란 그리스도가 십자가에 못박힌 것을 기념하는 것일 뿐이지 빵이 그리스도의 육신으로 변하는 일은 없었다는 급진적인 입장을 취한 반면, 루터는 성체공존설을 신봉했다. 츠빙글리가 몰락한 원인은 바로 그를 몰고 간 에너지였다. 그는 다른 스위스 주들에서도 가톨릭을 몰아내자고 촉구했으며, 필요하면 무력 사용도 불사했다. 취리히 인근의 주들은 그것을 선전포고로 받아들였다. 그 결과 1531년 전쟁이 발발했고 츠빙글리는 거기서 전사했다.

츠빙글리는 프로테스탄트 신학과 현실 정치에 상당한 영향을 미쳤다. 루터처럼 그도, 쉽게 제어할 수 없는 급진적 세력을 자신의 '왼쪽'에 풀어놓았다. 하지만 루터와 달리 그는 교리와 정치의 통합을 유지하기 위해 교회가 국가의 강제력을 이용해야 한다는 믿음을 버리지 않았다. 그러므로 콤펠레 인트라레를 받아들이는 데 아무런 문제도 없었다. 취리히에서 츠빙글리는 거리낌없이 재세례파를 탄압했다. 재세례파의 근본 교의는 유아세례가 잘못이라는 것이었다. 세례 대상자가 세례식의 목적을 제대로 이해하지 못했다면 그 세례는 무효다. 사실 재세례파와 논쟁하는 것은 보람 없는 일이었다. 성서에는 유아세례에 대한 언급 자체가 없기 때문이다. 하지만 츠빙글리는 그들을 탄압하기 위해 물리적 강압까지 동원했다. 그는 취리히의 재세례파 지도자들을 물에 빠뜨려 죽이고 조롱했다. 이처럼 교회와 국가의 통일에 대한 완고한 이해는 츠빙글리의 추종자였던 하인리히 불링거 Heinrich Bullinger에 의해 엘리자베스 치세의 영국으로 전해졌다. 당시 영국에서의 가톨릭교도 사망자는 유럽에서 가장 많았다.

폭력성을 논외로 하면, 권력에 대한 프로테스탄트식 이해는 적절히 변형되어 사람들의 생각 속에서 고전적인 공화주의 모델로 자연스럽게 자리잡아갔다. 츠빙글리는 종교적으로 정화된 도시에서 고전적 공화정이 부활하는 것을 상상했다. 고전적 공화정에서는 세속의 정무관이 국민의 종교활동을 무시한다는 것은 생각할 수 없는 일이었다. 츠빙글리가 꿈꾼 경건한 공화국은 교회와 국가의 분리를 받아들이지 않았다. 따라서 그 공화국에서는 누구나 차분하고 적법하게 폭정을 피할 수 있는 방법을 생각할 수 있었다. 그 덕분에 정부의 중간층이 정부가 폭정으로 넘어가지 않도록 방지하는 역할을 한다는, 칼뱅의 이름을 널리 알린 견해가 등장할 수 있었다. 이것은 새로운 가능성을 열었다. 왕의 권력에도 제약이 가해진다면 레기부스 솔루투스는 있을 수 없기 때문이다. '하급 정무관'은 지배자가 선을 넘어 폭군이 되었을 경우 법에 따라 더이상 지배자가 아니라고 선언할 수 있는 근거를 마련하게 되었다.

요점은 이렇다. 자신의 직무에서 벗어나 마음대로 행동한 지배자도 단순히 한 개인이므로 여느 개인처럼 대우해야 한다는 생각에 의지하는 것은, 이를테면 간통을 저지른 집정관에게 적용할 경우에는 아무런 문제도 없다. 지배자의 권위는 곧 직무의 권위인데, 간통을 저지르는 것은 그의 직무에 속하지 않기 때문이다. 하지만 이 논리의 난점은 명확하다. 만약 그렇다면 종교 박해 정책은 월권이 되는데, 그 이유는 그것이 개인의 자격으로 저지른 죄이기 때문이 아니다. 그것은 개인에 대한 공격이 아니라 대중에 대한 공격이다. 바꿔 말해서, 만약 개인이 사적 범죄라고 개탄한 정책을 그 고대의 사례가 상상하는 것처럼 간주한다면, 누구나 어떤 지배자든 암살할 자격이 있다고 생각할 것이다. 칼뱅은 정당한 저항의 근거를 제시하면서도, 바울의 가르침에 따라 나쁜 지배자를 감내해야 한다는 아우구스티누스와 루터의 주장을 여러 차례 되풀이했다.

칼뱅은 이 모든 것을 시민정부의 3대 요소에 대한 논의로 설명했다. 3대 요소란 법의 본성과 목적, 정무관의 역할, 대중의 의무를 가리킨다. 정무관의 선출 방식이 어떻든 간에 그는 신에게 책임을 진다. 그는 내세에서 자신의 행동을 반드시 해명해야 한다는 것을 늘 염두에 두어야 하며, 그에 따라 행동해야 한다. 칼뱅은 여러 정부 형태의 장점들을 상세히 설명하지 않았지만, 자신의 취지는 충분히 밝혔다. 혼합정부가 최선이라는 게 그의 결론이다. 왕정은 폭정으로 변질될 수 있고 민주주의는 선동으로 치달을 가능성이 있으므로 스파르타의 균형이 가장 좋다. 개인들이 정부 형태를 논하기보다는 신이 그들을 위해 마련해준 왕국에서 평화롭게 살아야 한다.

칼뱅은 거의 이런 주장으로 일관한다. 지배자가 어떤 짓을 하든 그냥 참아야 하느냐고 시민들이 물을 때마다 그는 늘 그래야만 한다고 대답한다. 이 조언을 따르면서 얻는 위안이라고는 기껏해야 신이 사악한 인간들을 그들이 전혀 상상하지도 못하는 목적을 이루기 위한 도구로 사용한다는 믿음 밖에 없다. 여기서 칼뱅은 기어를 바꾼다. 그는 다시 이렇게 주장한다. "고삐 풀린 폭정에 대한 처벌이 설령 신의 복수라 할지라도 우리 자신이 그 복수를 요청했다고 상상해서는 안 된다." 그런 다음에 그는 "늘 그렇듯이 개인에게 해당하는 사항"이라고 덧붙인다. 스파르타의 장관이나 아테네의 시장처럼, 혹은 삼부회에 모인 세 신분처럼 왕의 방종을 제어하기 위해 정무관이 임명된다면, 그들은 단지 폭군을 억제하는 권한만 가진 게 아니라 그렇게 하지 않을 경우 중대한 죄를 짓게 된다.[20] 칼뱅주의의 도덕적·정치적 세계에서는 의무가 따르지 않는 권한이 거의 없지만, 이 경우는 그렇지 않다. 칼뱅이 문을 연 법치주의 저항이론과, 지배자가 신뢰와 권위를 잃었는지를 '개인'이 판단할 수 있는 계약주의를 통합하는 일은 후대 칼뱅주의자들의 몫으로 남았다. 그 통합을 이루었을 때 그들은 근대 자유주의의 혁명이론을 만들어냈다. 하지만 그 지점에 도달하기 위해서는 한 가지 확신이 필요했다. 로크가 말했듯이 '대다수 사람들'은 너무 빠르기보다 너무 느린 탓에 반란을 일으킬 수 없다는 확신이다. 루터나 칼뱅은 전혀 그런 생각을 하지 못했다. 당대의 상황은 정반대로 흘러갔기 때문이다.

급진주의자들

이 장의 전체에 걸쳐 암시되고 있는 혼돈의 원인은 프로테스탄트의 한 극단적 세력, 즉 재세례파의 존재였다. 재세례파의 다양한 정치사상에 관해 짧은 분량으로 상세히 설명할 수는 없다. 아마 간략한 설명 자체가 불가능할 것이다. 1524~26년의 농민전쟁과 재세례파가 격렬하게 휘말린 1534년의 뮌스터 봉기 이후 재세례파의 가장 두드러진 특징은 평화주의적이고 탈정치적인 노선으로 바뀌었다는 점이다. 수십 년 동안 싸울 태세를 갖추고 있었던 기간에도 재세례파는 늘 나름의 조건과 명분을 중시했다. 그들은 루터와 칼뱅에게서 국가를 위해 봉사하지 않는 그리스도교도라는 비난을 들었다. 하지만 일단 싸우기로 결심하면 목숨을 걸고 싸울 사람들이었다.

재세례파의 견해가 흥미로운 점은 두 가지다. 첫째, 농민전쟁은 명확히 경제적 불만 때문에 발발한 사건이었다. 그것은 정치혁명이 아니라 경제적 고통이 유발한 봉기였다. 누구의 경제적 고통이 가장 큰 문제였는지 단언하기는 쉽지 않다. 당시 독일은 크고 작은 국가들이 복잡하게 얽혀 있어 지역마다 정치제도가 크게 달랐으며, 도시와 시골 간에, 도시들 간에, 농민과 지주 간에 경제적 긴장이 팽배해 있었다. 지주의 손아귀에서 벗어나고 싶었던 농민들은 기꺼이 전쟁에 참여해 상당수가 전사했다. 전하는 바에 따르면 30만 명이 반란에 참여했고 제국군이 반란을 진압했을 때 10만 명이 목숨을 잃었다고 한다. 반란군의 종교적 요구는 경제적 요구만큼이나 논란을 불러일으켰다. 특히 십일조의 축소와 목사 선택권을 요구한 것이 그랬다. 둘째, 본인의 의지에는 크게 어긋나지만 농민전쟁에 특유의 성격을 부여한 사람은 다름아닌 루터였다. 사실 루터의 종교개혁이 없었더라도 1524~26년에는 모종의 봉기가 일어났을 것이다. 독일에서는 이미 100년 전부터 농민반란이 자주 발생했다. 하지만 가톨릭 군주들과 복음주의 군주들 사이의 긴장을 고려하면, 일부 군주들이 반란군측에 가담해 제국의 통합에 해를 끼칠 가능성은 충분했다. 반란군의 종교적 요구는 루터의 사상에 기반하고 있었으므로 그가 반란을 선동했다고 생각하는 사람들이 많았다. 그가 반란 세력을 맹렬히 비난한 것은 그 때문이기도 할 것이다. 루터가 재세례파를 경멸한 것을 보고 토마스 뮌처가 루터를 맹렬히 비난한 것과 마찬가지다.

뮌처는 전통적인 정치를 경멸했으나 그의 견해는 심원한 정치적 함의를 담고 있었다. 루터, 츠빙글리, 칼뱅 등 '정평 있는' 개혁가들과 달리 급진적 개혁가들은 대개 공동체의 종교적 분위기를 권위의 기반으로 삼으려 했다. 워낙 혼란스러운 시대였으므로 그런 입장이 만장일치의 동의를 이끌어내기는 어려웠지만, 급진적 프로테스탄트가 정치권력에 대한 모종의 견해를 가졌다면 그것은 어느 정도 대중 주권의 이론일 수밖에 없었다. 아무리 신앙심이 독실한 군주라 해도 그의 권력은 신의 기관이 아니라 공동체에서 나온 것이었다. 뮌처는 상향식 권력이론을 노골적으로 고수했다. 그는 루터처럼 독실한 군주들이 교회를 개혁하기를 바라는 마음에서 출발했지만, 루터와 달리 지금이 '최후의 나날'이며 교회개혁은 종교개혁에 그치지 않고 세상의 종말을 예시한다고 믿었다. 성체 거부에 천년왕국설이 더해졌으니 대격변의 준비가 다 갖춰진 셈이었다.

뮌처의 급진주의가 처음부터 폭력적인 봉기로 나아간 것은 아니다. 추종자들의 폭력은 대중의 우상파괴라는 형태를 취했다. 그들은 조각상과 스테인드글라스를 파괴하고, 인기 없는 성직자들을 소리 높여 비난하고, 전통적 미사를 올리는 대신 성찬식을 매우 간소하게 치렀다. 뮌처는 전면에 나서지 않았다. 하지만 정부는 건물과 사물을 대상으로 시작된 폭력이라 해도 얼마든지 다른 곳으로 비화될 수 있다는 것을 알고 있었기 때문에 종교적 극단주의자들을 추방하려 했다. 재세례파는 교회를 떠나 개인의 집에서 모임을 가졌다. 정부는 그것을 의혹의 근거로 삼았지만 재세례파는 그 참에 종교만이 아니라 경제와 정치에 관한 급진적인 견해를 더욱 발전시킬 수 있었다. 뮌처와 추종자들은 그들이 최후의 수단으로 선택한 폭력이 단순한 정당방위가 아니라고 주장했지만, 결국 그들에게 돌아온 것은 탄압뿐이었다.

상황이 너무 급박하고 혼란스럽게 전개된 탓에, 봉기의 주역들은 신앙심

468

이 독실한 공동체의 정치제도가 어떠해야 하는지에 관해 일관적인 구상을 발전시키기가 어려웠다. 하지만 그들은 1525년 5월 농민 봉기가 진압되고 몇 달 뒤에 어느 정도 정치적 구상을 정리하고, 소박한 공화주의 정체를 수립해야 한다는 점을 강조했다. 그들의 입장은 귀족의 세습 통치권을 부정했다는 점에서 정치적으로 급진적이었으며, 정치적 임무가 없는 귀족의 조세 징수권을 부정했다는 점에서 경제적으로도 급진적이었다. 그러나 그들은 재산의 균등한 분배를 주장하지는 않았다. 교회의 재산은 압수할 작정이었으나 속인의 재산은 건드리지 않을 참이었다. 급진주의자들이 공산주의, 자유연애, 모든 권위의 종식에 필사적으로 매달렸다는 주장은 반대파의 과대망상이거나 의도적인 거짓 선동이었다. 그럼에도 불구하고 급진주의자들은 이상주의와 천년왕국설을 추종했고, 그들이 수립하고자 하는 공동체가 그리스도의 재림과 세상의 종말을 예시한다고 믿었다. 패배한 뒤 그들이 한 일은 두 가지였다. 하나는 이른바 슐라이트하임 조항Schleitheim Articles으로 공통의 신앙에 합의한 것이고, 다른 하나는 전술적 분화였다.

급진주의자들은 그들의 왕국이 이 세상에 존재하지 않으며, 진정한 그리스도교도라면 세상으로부터 초연해야 한다는 데 동의했다. 무정부주의에 가까운 신앙 공동체를 설립하고자 했던 뮌처의 바람은 현실의 장벽에 부딪혀 좌절되었지만, 슐라이트하임 조항은 탄압에도 살아남을 수 있는 교회조직을 만드는 데 최소한의 지침을 제공했다. 그들이 두려워하는 데는 이유가 있었다. 재세례파의 핵심 요소인 성인 세례를 행하거나 설교하는 것은 제국 전역에서 중죄로 간주되었다. 슐라이트하임 조항을 작성한 미카엘 자틀러Michael Sattler가 이끄는 일파는 급진적 평화주의를 기치로 내걸었으며, 추종자들에게 군복무와 관직을 거부하고 자신이 속한 사회의 정치와 사법 제도에서 이방인처럼 살라고 촉구했다. 군사력 증대를 위해 징집병을 열심히 찾는 정부의 입장에서는 용납할 수 없는 일이었다. 자틀러의 견해는 정부와 정면충돌하기 딱 좋았지만, 그는 비밀리에 영적인 삶을 살아가는 것의 가능성을 제시함으로써 재세례파가 군이 남들을 개종시키려 하지 않으면서 생존을 도모할 수 있는 전망을 보여주었다. 재세례파 가족은 세대에서 세대로 후손들에게 신앙을 전승했지만, 다른 사람에게 전도하는 일은 거의 없었다.

발타자르 후프마이어Balthasar Hubmaier가 이끄는 또다른 일파는 루터의 권력이론에 등을 돌리고 루터가 끝까지 거부한 정적주의를 계속 신봉했다. 그들은 재세례파가 공직을 맡아 검을 휘두르는 데 동의했다. 독실한 지배자에게는 도움이 필요한데, 그 도움을 제공하는 것은 옳은 일이었기 때문이다. 지배자가 독실하지 않을 경우에는 그들은 그저 참고 견딜 수밖에 없었다. 정식으로 임명된 지배자에게 칼을 겨누는 것은 신에게 반기를 드는 것과 마찬가지였다. 후프마이어의 견해는 정부와의 평화조약을 맺을 수 있는 토대를 마련했다. 재세례파의 입장에서도 만약 그들을 관용하는 군주를 찾을 수만 있다면 자유롭게 살아갈 수 있다는 점이 매력적이었다. 그러나 이후 두 세기에 걸쳐 독실하고 착실한 사람들이 그 견해의 결함을 찾아냈는데, 그것은 바로 군주는 종교적 신념을 쉽게 바꾸는 경향이 있고, 관대한 아버지는 반항하는 신민들로 하여금 죽음 아니면 추방을 선택하게 하는 광신도 아들을 버리는 경향이 있다는 것이었다.

1520년대 급진주의의 대미를 장식한 것은 1534~35년 뮌스터에서 행해졌던 얀 판 레이던과 베른하르트 크니페르돌링Bernhard Knipperdolling의 짧은 공포정치였다. 이 사태를 재세례파의 책임으로 돌리는 것은 대단히 부당했으나 재세례파의 적들은 그렇게 하고 말았다. 당시 뮌스터에서 일어난 사태에 관해서는 많은 검토가 있었다. 사회학자들은 1950년대에 뮌스터를 휩쓴 광기가 20세기 혁명들을 바라보는 통찰력을 준다고 생각했다.[21] 하지만 반세기 후에는 그 광기를 가이아나의 존스타운에서 벌어진 집단자살 사건과 같은 특이한 사례로 보게 되었다. 존스타운에서는 종말론적 종파의 신도들이 교주의 명령에 따라 청산칼리를 탄 음료로 자식들을 살해하고 스스로 목숨을 끊었다. 베스트팔렌에 있는 제국의 도시 뮌스터는 주민들과 사이가 좋지 않은 군주-주교가 다스렸다. 1530년대 초반 뮌스터는 루터파로 돌아섰다. 그 무렵 스트라스부르와 네덜란드에서 추방된 순회 전도사들은 개종자들을 열심히 찾고 있었다.

1534년 1월 베른하르트 크니페르돌링은 그 멜키오르파 전도사들을 만났고, 이후 얀 마티스Jan Matthys, 얀 보켈손Jan Bockelson(얀 판 레이던)과 함께 뮌스터를 그들이 꿈꾸던 새로운 예루살렘으로 바꾸기로 했다. 가톨릭 군주-주교는 헤센 선제후 필리프의 도움을 받아 도시를 포위했다. 필리프는 루터파였지만 무정부 상태의 위험을 곧바로 알아차렸다. 포위당한 도시는 폭력으로 얼룩졌다. 마티스는 신이 직접 전술적 지시를 내렸다고 믿고 돌격대로 포위군에 맞섰다가 전사했다. 그러자 얀 판 레이던이 그 자리를 물려받아 자신이 왕이라고 선포했다. 단 한 번, 일부다처제와 공산주의에 관한 소문이 여기서 현실이 되었다. 얀은 도시가 포위된 상황에서 아사자가 속출하는데도 아내를 20여 명이나 거느리고, 구약성서 연극판을 벌이고, 좋은 옷으로 몸을 치장했다. 놀랍게도 방어군은 한동안 잘 버텼다. 1534년 8월에는 포위군을 몰아내기도 했다. 다른 곳에서 일어난 지역 봉기들이 실패하는 바람에 외부의 도움을 전혀 받지 못했음에도 뮌스터는 1535년 6월에야 함락되었다. 그것도 내부의 배신 때문에 함락된 것이었다. 주민들은 남녀노소를 불문하고 학살을 당했다. 크니페르돌링과 얀 판 레이던은 고문을 받다가 죽었고 당국은 봉기에 연루되었다고 의심되는 사람들을 모조리 추적했다. 종말론을 퍼뜨리고 다니던 사람들은 이 사태로 정신을 번쩍 차렸다. 하지만 이 모든 일을 유발한 멜키오르 호프만Melchior Hoffman은 끝까지 살아남았다. 그는 스트라스부르에서 수감생활을 하다 10년 뒤에 죽었다.

제11장
마키아벨리

생애와 시대: 정치적 배경

마키아벨리는 1469년에 태어나 1527년에 죽었다. 그의 아버지는 공증인이었는데, 이 점은 그의 아버지가 글을 알았다는 것 이외에는 별로 말해 주는 게 없다. 르네상스 시대의 이탈리아에는 필요 이상으로 공증인들이 득시글거렸기 때문이다. 차라리 사회적 지위가 낮은 공증인이라면 농부나 기술자로서 생계를 꾸려나갈 수도 있었을 것이다. 또한 상류층에 속하는 공증인이라면 법률 지식을 이용해 친구와 동료를 돕거나 정치에 뛰어들 수도 있었을 것이다. 한 가지 확실한 것은 그의 아버지가 법학을 공부하기에 앞서 입문 단계로 인문주의 교육을 받았다는 사실이다. 인문주의 교육에는 설득력 있는 글쓰기 훈련과 법정이나 회의에서 적절하게 연설하는 훈련이 포함되었다. 키케로와 그 이전 시대 소피스트들은 글쓰기와 연설이 정치가와 법률가에게 필수적이라고 여겼다.

사보나롤라Savonarola(15세기 말 피렌체를 4년 동안 지배했던 종교개혁가—옮긴이)를 축출한 뒤 수립된 피렌체공화국에서 제2서기관으로 임명된 1498년 이전까지, 마키아벨리의 삶은 거의 알려진 게 없다. 서기관은 '공직'이었다. 고대 아테네처럼 피렌체공화국의 관직은 임기가 짧았고, 선출되거나 추첨으로 뽑혔다. 피렌체를 제대로 다스리기 위해서는 항구적이고 효율적인 관료제가 필요했는데, 마키아벨리가 바로 그 관료제의 일원이었다. 한 달 뒤에 그는 외교와 국방을 관장하는 10인 위원회의 서기로 임명되었다. 이후 14년 동안 마키아벨리는 교황청, 프랑스의 루이 12세, 막시밀리안 황제에게 외교관으로 파견되어 일했다. 피렌체는 프랑스에 우호적이었으므로, 제국의 심기를 거스르지 않으면서 프랑스와 우호적인 관계를 유지하려면 섬세한 책략이 필요했다. 말하자면 발루아왕조와 함께 사냥에 참여하되 합스부르크왕조에 사냥감이 되는 일은 피해야 했던 것이다.

이런 외교 임무를 수행하는 와중에 마키아벨리는 교황령에서 체사레 보르자 Cesare Borgia(『군주론』의 실제 모델이었던 인물—옮긴이), 율리우스 2세와 많은 시간을 함께 보냈다. 르네상스 교황들 중에서 가장 호전적인 율리우스 2세는 가혹한 착취로 루터의 교회개혁을 유발했다. 『군주론』과 『티투스 리비우스의 첫번째 10권에 관한 논문Discorsi sopra la prima deca di Tito Livio』(흔히 『로마사 논고』라고 부르므로 이후에는 이 제목으로 표기하기로 한다—옮긴이)에 나오는 마키아벨리의 충고에 신랄함을 더해주는 일화들은 대부분 이전에 그가 피렌체의 군주들과 활발하게 주고받았던 서신에 미리 나타나 있다. 잘 알려지지는 않았지만 마키아벨리가 10인 위원회의 서기로 일할 때 이룬 중요한 업적 중 하나는 피렌체의 콘타도contado(도시 주변의 향촌 지구)에서 피렌체 시민군을 충원하는 제도를 마련한 것이다. 원래 마키아벨리는 용병을 좋아하지 않았다. 그도 지적했듯이 용병은 돈을 더 많이 받고 적진으로 넘어가거나 자신을 고용한 정부를 전복시킬지도 모르기 때문이다. 그러므로 콘타디노contadino(소작농)를 전쟁의 자원으로 이용하는 방책은 혁신적인 조치였다. 무기를 가질 권리는 피렌체의 치타디노cittadino(도시 거주자)에 한정되어 있었다. 피렌체의 군사력은 프랑스나 제국은커녕 당시 이탈리아 반도의 다른 국가들에도 미치지 못했지만, 마키아벨리의 개혁으로 지역의 적대 세력을 상대할 만한 강력한 시민군이 창설되었다. 그가 만든 군대는 끝나지 않을 것만 같았던 피사와의 전쟁을 승리로 이끌었다.

마키아벨리는 피렌체공화국에서 위인이 아니었지만 나름대로 유명 인사였으며, 힘든 일을 척척 해내는 데 기쁨을 느꼈다. 또한 그의 신분상 참여하기 어려운 상류층의 모임에서 특유의 지성, 재치, 학식 덕분에 환영을 받은 것에도 기쁨을 느꼈다. 1512년 피렌체가 교황, 프랑스, 제국 사이의 섬세한 균형을 더이상 유지하지 못하게 되면서 마키아벨리의 경력도 끝났지만, 상류층과의 우호관계는 지속되었다. 그 무렵 피렌체는 에스파냐의 왕 페르난도의 무력 앞에 무릎을 꿇었다. 페르난도는 에라스뮈스가『찬사』를 헌정한 군주로서, 황제 카를 5세의 선임자였다(카를은 페르난도의 손자로서 1516년에 할아버지의 에스파냐 왕위를 계승했으며, 3년 뒤에는 신성로마제국의 황제가 되었다―옮긴이). 메디치 가문은 이때 사실상 세습 공작이 되었지만―작위가 수여된 것은 30년 뒤였다―초기에는 피렌체공화정이 그대로 유지되었다. 마키아벨리는 즉각 공직에서 물러났다. 다른 동료들이 자리를 보전한 것을 감안하면 그가 왜 그랬는지 확실치 않다. 하지만 그는 공화국의 정신적 지주였던 피에로 소데리니Piero Soderini와 가까운 사이였다. 소데리니는 평상시였다면 관료보다 귀족에게 맡겼을 임무도 마키아벨리에게 맡길 정도로 그를 신뢰했다. 6개월 뒤 새 지배자들을 암살하려던 음모가 실패로 돌아갔을 때, 공모자가 소지한 종잇조각에서 마키아벨리의 이름이 나왔다. 마키아벨리는 그 혐의로 체포돼 고문을 받고 투옥되었으나 결백하다는 게 드러나 몇 주일 뒤에 풀려났다.

이후 마키아벨리는 피렌체에서 10여 킬로미터 떨어진 페르쿠시나에 있는 자신의 농장에서 여생을 보냈다. 거기서 그는 글을 쓰면서 공직 복귀를 꿈꾸었다. 그는 자녀를 여섯 명이나 두었지만 언제나 정치가 주는 흥분을 갈망했다. 피렌체의 메디치 가문이나 로마에서 일할 만한 곳을 알아보았지만 소용이 없었다. 그래도 그는 몇 가지 집필 의뢰를 받았으며, 죽을 무렵에는 많은 사람들의 자비로 산타크로체에 묻혔다. 그럼에도 불구하고 그의 생전에 출판된 저작은 시민군의 창설과 훈련을 다룬 『전술론Arte della guerra』 하나뿐이었다. 『군주론』은 감옥에서 풀려난 뒤 1513년 후반 6개월 동안 매우 빠른 속도로 쓴 책이지만, 출판된 것은 1532년이었다. 『군주론』은 금서목록에 처음 오르게 된 책이기도 하다. 금서목록은 1559년에 교황이 처음 만들었고 1564년 트리엔트공의회에서 승인되었는데, 가톨릭교도에게 강요된 지적 예방 조치였다. 『군주론』은 20세기에 들어서야 금서목록에서 벗어났으며, 오랫동안 전복적 사상을 담고 있다고 간주되었다. 그래서 논박을 위해 그 책을 읽으려는 사람조차 교황의 허가를 받아야 할 정도였는데, 허가도 잘 나지 않았다.

강요된 은퇴 생활에서도 마키아벨리는 피렌체 루첼라이 가문의 궁전에서 열리는 정원 모임에 회원으로 참여했다. 『로마사 논고』도 그 책을 헌정받은 코시모 루첼라이Cosimo Rucellai의 의뢰를 받아서 썼을 것이다. 키케로처럼 마키아벨리도 글쓰기를 정치활동의 차선으로 여겼다. 정복 차림으로 서재에 들어가 글을 쓰면서 불멸의 죽은 자들과 소통했다는 마키아벨리의 유명한 말은 우울한 분위기를 풍긴다. "네 시간 동안 나는 지루함을 전혀 느끼지 못하고, 일체의 근심과 가난의 불안도 잊었다. 죽음도 두렵지 않을 정도다."[1] 마키아벨리가 실용적인 책을 썼다는 사실은 그가 쓴 내용과 우리가 그것을 독해하는 방식에 큰 차이를 만든다. 그가 쓴 책들은 일단 헌정된 사람들의 마음을 사로잡아야 했다(그런 점에서 『군주론』은 실패한 이력서라고 할 수 있다). 그러면서도 그 책들은 피렌체나 그와 유사한 도시국가를 다스리는 법이라는 중대한 문제를 다루고 있다. 이 문제에 대한 마키아벨리의 답은 모든 것이 상황에 달려 있다는 것이다. 로마 공화정을 부활시키는 게 가능하다면 그렇게 해야 한다. 하지만 그렇지 못하다면 우리는 권력을 획득하고 유지하는 능력을 가진 진정한 군주가 등장해 질서를 확립해주기를 바랄 수밖에 없다. 이런 입장은 극단적인 상황에서 독재가 필요할수도 있다는 바르톨루스의 주장과 크게 다르지 않다.

분류가 불가능한 마키아벨리

마키아벨리는 단순한 '정치이론가' 이상이라는(그리고 이하라는) 점에서 정체를 파악하기 어려운 사상가다. 그 이유는 마키아벨리가 직접 정치에 뛰어들고자 했기 때문이 아니다. 이를테면 키케로는 정체를 파악하기 어렵지 않다. 마키아벨리가 색다른 이유는 그의 영향으로 유럽 세계가 정치에 관해 이야기하고 글을 쓰는 방식이 크게 달라졌기 때문이다. 유럽 정치인들에게 그들 자신의 위선적인 목적을 비판하기 위한 타깃을 제공했다는 것을 제외하면, 마키아벨리가 유럽 정치인들의 행동 방식에 어떤 영향을 주었는지는 쉽게 답할 수 없는 문제다. 프리드리히대왕은 정당하지 않은 이유로 이웃을 공격하려는 지배자라면 누구든 먼저 마키아벨리를 공격해야 한다는 농담을 남겼다. 마키아벨리가 정치적 수사학에 끼친 영향은 부인할 수 없다. '홉스적'이라는 말도 정치이론가와 정치학자에게 익숙한 용어지만, '마키아벨리적'이라는 말은 설명할 필요도 없다. '홉스적' 혹은 '플라톤적'이라는 말은 경멸적인 의미가 거의 없는 반면, '마키아벨리적'이라는 말은 전혀 중립적인 용어가 아니다. 엘리자베스 시대의 연극에서는

'살인자 마키아벨'이라는 인물이 자주 등장했다. 오늘날에도 마키아벨리즘에 대한 고상한 비난은 그의 저작을 한 줄도 읽지 않은 표리부동한 정치인들의 단골 메뉴가 되어 있다. 이를테면 미국의 아이젠하워 대통령도 마키아벨리의 이론을 비판하면서 "목적이 수단을 정당화한다"고 말한 적이 있었는데, 그렇다면 목적 이외에 수단을 정당화할 수 있는 게 무엇인지는 밝히지 않았다.

마키아벨리의 대중적 이미지는 '악의 교사', 속임수와 폭력을 그 자체로 찬양한 인물이지만 그것은 진실이 아니다. 많은 학자들은 그 이미지가 진실과 전혀 무관하다고 생각하며, 그것이 진실에 가깝다고 여기는 학자도 거의 없다. 마키아벨리가 여론의 분노를 산 이유는, 정치에 진지하게 뛰어든 사람이라면 정치적 성공을 위해 도덕적으로 욕먹을 행위도 해야 한다고 강력히 주장했기 때문이다. 알고 보면 이것도 새로운 주장은 아니다. 아테네인들이 멜로스 주민들에게 가르친 것도 바로 그 교훈이었다. 하지만 정의와 편의, 호네스툼honestum(도덕적 선)과 우틸레utile(유익함) 사이에 궁극적인 갈등이 없다는 교리를 신봉한 스토아철학은 마키아벨리를 거부했다.[2] 르네상스 이탈리아의 상식과 일상적 정치 관행에 따르면, 내세에서 우리의 운명까지 고려할 경우에는 무엇이 진실인지 알 수 없지만 현세에서는 도덕과 효율성이 상충하는 게 명백했다. 지배자는 '국가이성raison d'état'(국가이유라고도 부르는데, 도덕보다 현실적인 국익을 중시한다는 의미를 가진다—옮긴이)에 의해 움직인다. 이것은 작게 말하면 '일을 진행하기' 위해 갖춰야 하는 최소한의 필요이며, 더 큰 차원에서는 내부의 질서를 확립하고 세계 무대에서 효율적으로 경쟁하는 국가의 능력을 최대화하는 것을 가리킨다. 하지만 마키아벨리처럼, 정치적으로 성공하려면 사생활에 통용되는 모든 도덕적 교훈을 가차없이 침해할 수 있다고 강력하게 주장한 사람은 일찍이 유럽 그리스도교 권역에 등장한 적이 없었다. 더 심기를 불편하게 만드는 것은 그가 정치적 성공 이외에 어떠한 명분에도 관심을 보이지 않았다는 점이다. 일반적으로 살인이 나쁜 행위라는 것은 마키아벨리도 인정하지만, 그는 로물루스가 쌍둥이 동생인 레무스를 죽인 것이 악한 행위라는 의견에 반대한다. 다만 도시가 창건된 뒤에는 지배자에게 그런 살인을 저지를 자유가 주어지면 안 된다고 말한다. 로물루스의 경우에는 결과가 행위를 정당화한다. 그렇다 해도 "수단이 비난받을 경우 목적이 변명해야 한다"는 것을 도덕적 정당화로 볼 수는 없다.[3]

마키아벨리가 도덕과 정치적 관행 사이의 긴장을 강조하는 것은 충분히 수긍할 수 있지만, 그가 그 긴장을 너무 눈에 띄게 미해결 상태로 남겨놓은 것은 불편함을 주기도 한다. 그가 독자들에게 무엇을 전달하고자 했는지는 모호하다. 멜로스섬의 주민들을 학살로 위협했던 아테네인들이 그랬듯이 마키아벨리도 도덕과 국가이성의 갈등으로 고뇌하지는 않았을 것이다. 그는 다만 독자들이 이미 속으로는 다 알고 있는 사실을 상기시키려 했을 것이다. 한쪽 뺨을 맞고서도 다른 쪽 뺨을 댄다면 천상의 왕국에는 갈 수 있을지 몰라도 현세의 왕국은 잃게 된다. 그는 분명히 피렌체 사람들이 신의 특별한 가호를 받고 있다고 너무 굳게 믿은 나머지 정치와 군사 부문에 열정을 보이지 않았다고 생각했다. 그래서 설령 사람들이 원하지 않더라도, 그리스도교의 미덕과 정치적 상식이 상충한다는 것을 명확하게 상기시켜주는 게 필요했던 것이다.

마키아벨리를 읽을 때는 다른 사상가들의 경우보다도 더 맥락을 잘 고려해야 한다. 오늘날 우리가 읽는 『군주론』과 『로마사 논고』는 저자가 피렌체의 정치에 참여하는 데 도움이 되기를 바라며 쓴 책들이다. 마키아벨리는 되도록 공화국 체제의 피렌체에서 일하고 싶었으나, 사정이 여의치 않다면 어떤 정부든 자신을 기용하는 곳에서 일하고자 했다. 설령 『군주론』의 충고가 별로 마음에 들지 않는다 해도, 자유를 소중히 여겼던 공화국에서 자신의 권위를 세워야 하는 '새 군주'에게 전하는 마키아벨리의 충고는, 18년 전 피렌체에서 쫓겨났다가 외국군의 힘으로 복권된 메디치가와 뚜렷한 연관이 있었다.⁴ 『로마사 논고』는 메디치가가 다시 실각했을 때 쓴 책인데, 비록 마키아벨리는 공화정이 1527~30년에 잠시 복귀하기 전에 죽었지만 그 책은 로마 공화정이 어떻게 자유를 얻고 지켰는지를 다루고 있으므로 여기서도 뚜렷한 연관성이 보인다. 이 두 저작에 공통되는 질문은 부패했던 국가가 다시 자유를 얻을 수 있느냐이다. 이 질문은 1494년과 1498년의 공화정, 1527~30년의 공화정과 명확한 연관이 있다. 마키아벨리의 다른 저작들도 대부분 의뢰를 받아 쓴 것이다. 어리석은 남편, 절묘한 간통 남녀, 부패한 수도사를 주제로 한 마키아벨리의 짧은 희곡 『만드라골라 *Mandragola*』는 레오 10세의 명을 받들어 모데나를 통치하던 프란체스코 귀차르디니 Francesco Guicciardini의 의뢰를 받은 작품이다. 귀차르디니는 피렌체에서 마키아벨리의 상관이었으며, 약간의 우여곡절은 있었으나 마키아벨리와 달리 새로운 정치체제에 성공적으로 안착했다. 마키아벨리의 『피렌체 역사 *Istorie fiorentine*』는 메디치가의 첫 교황인 레오 10세의 의뢰를 받은 저작이다. 하지만 완성되기도 전에 레오 10세가 죽는 바람에 그 책은 5년 뒤 메디치가의 두번째 교황인 클레멘스 7세에게 헌정되었다가 1531년이 되어서야 출판되었다. 마키아벨리가 그 저작이 어떻게 읽히기를 기대했을지 알기 위해서는 피렌체의 법체제와 현실 정치, 그리고 피렌체가 교황, 합스부르크왕조, 발루아왕조, 제국, 프랑스와 각각 어떤 관계를 맺고 있었는지 어느 정도 알 필요가 있다.

피렌체

피렌체는 정체상으로는 인민의 공화국이었으나 이전 세기의 대부분을 사실상 메디치가가 다스렸다. 드문 사례는 아니었지만, 공화정과 사실상 군주정의 차이가 르네상스 시대 피렌체만큼 두드러지는 곳도 없었다. 피렌체는 지역의 맹주였으나 피렌체가 그토록 강조했던 시민의 리베르타스는 피렌체 치하의 도시국가들에는 허용되지 않았다. 이념과 현실은 매우 달랐다. 자유가 너무 소중하기에 피렌체 시민들은 독재자의 지배를 받으니 죽음을 선택하겠다는 이념을 가지고 있었다. 그러나 현실은 메디치가가 세습권에 의한 통치를 내세우지 않고 잘 다스리기만 한다면 그를 피렌체의 지배자로 받아들이는 분위기였다. 이것은 현대 자유민주주의와 크게 다르지 않다. 오늘날에도 부모의 뒤를 잇거나 혼맥으로 정치를 가업처럼 세습하는 직업 정치인들이 있는가 하면 법조인, 의료인의 경우 또한 그와 비슷하게 가업처럼 이어진다. 중세 이론가들은 이론상의 포퓰리즘과 현실상의 군주정 사이에 존재하는 긴장을 대수롭지 않게 여겼을 것이다. 지금까지 살펴본 것처럼, 전통적인 지혜에 따르면 공작이든 백작이든 '왕'이 정의롭게 다스리고 자신의 이익이 아니라 공동의 이익을 중시하는 한, 언제나 최선의 정부는 레기멘 레갈레regimen regale(왕정)였다. 레기멘 레갈레의 위험성은 자칫하면 독재로 전락할 수 있다는 점이었다. 하지만 가능하다면 온건하고 현명하고 용기와 정의감을 가진 한 사람이 다스리는 법치정부가 최선이었다. 완고한 공화주의자들은 1인 지배—혹은 한 가문의 지배—가 필연적으로 독재로 전락하리라고 우려했다. 덜 완고한 공화주의자들은 국고를 비우거나 법에 의거하지 않고 정적을 살해하지 않는 한 진짜 독재는 아니라고 생각했다. 일부 피렌체 시민들은 로렌초 일 마니피코Lorenzo il Magnifico('위대한 자 로렌초'라는 뜻으로, 로렌초 데 메디치를 가리킨다—옮긴이)가 자신이 국가에 봉사한 대가를 국고로 보상받기 시작한 때부터 그를 독재자로 간주했다. 그러나 그가 가문의 금융업을 등한시하면서까지 피렌체의 영광을 위해 헌신했으므로 대가를 받아도 마땅하다고 생각하는 사람들도 있었다.

바야흐로 마키아벨리가 서기관으로 일했던 때처럼 험한 시기가 닥쳤다. 정치적 논의는 점점 공화정에 대한 고전적 사고로 바뀌었고, 마키아벨리의 생애에 걸쳐 갈수록 정교해졌다. 피렌체는 정치적 시련이 지성적이고 독창적인 정치사상을 낳을 수 있는 좋은 무대였다. 피렌체는 르네상스 지성계의 중심일 뿐 아니라 밀라노, 베네치아, 교황령과 더불어 이탈리아 중북부를 지배하는 강국이었다. 남부에서는 나폴리왕국을 두고 프랑스와 에스파냐 왕가가 다투고 있었다. 피렌체는 북유럽의 무역로와 상업 중심지를 연결하는 무역 강국이었으며, 직물 사치품 무역으로 번영을 누렸다. 게다가 피렌체는 유럽 최초의 금융 중심지였고, 메디치가는 상업과 금융업 분야에서 뛰어난 역량을 보였다. 하지만 바로 그 명성이 이제 피렌체를 취약하게 만들었다. 남들에게 무시당하기에는 너무 강했고 그렇다고 마음대로 행동하기에는 너무 약했던 것이다.

피렌체의 정체는 전형적인 도시국가의 정체로, 1293년 귀족들에 대한 반란이 일어난 뒤에 수립되었다. 그 목적은 귀족도, 도시 빈민도 무제한적인 권력을 가지지 못하도록 하는 데 있었다. 도시는 시뇨리아signoria가 다스렸다. 시뇨리아는 정의의 곤팔로니에레gonfaloniere di giustizia를 의장으로 하고 여덟 명의 '수도원장'들로 구성된 위원회였다. 시뇨리아는 다른 두 위원회와 함께 소집되었는데, 하나는 '12인의 선한 사람들'로 구성된 위원회였고 다른 하나는 16개 구역의 16명 곤팔로니에레들로 구성된 위원회였다. 시뇨리아가 선출하는 300인 인민회의와 200인 자치회의라는 두 가지 회의기구는 입법을 담당했으나 법안을 제안하지는 않았다. 이 두 회의기구는 메디치가의 치세에 각각 70인 회의와 100인 회의로 대체되었다. 이 기구들은 2~6개월 간격으로 구성원들을 자주 교체했으며, 공화국 주요 위원회의 위원은 추첨으로 선출되었다. 후보 자격이 있는 사람들의 이름을 자루에 넣고 공무를 수행할 사람들의 이름을 뽑는 식이었다. 뽑힌 사람들이 세금을 체납했거나 기타 여러 가지 이유로 후보 자격이 박탈되는 경우가 흔했기 때문에 후보 자격을 판정하는 위원회의 입김이 매우 셌다. 마키아벨리의 시대에 피렌체의 인구는 8만 명 정도였는데, 여기서 약 3000명이 매년 공무 수행에 소집되었다. 그러므로 별다른 야망이 없고 그저 집안일에 충실하고자 하는 사람은 누군가 적임자가 자신을 대신해준다면 공무를 회피할 마음을 먹는 상황을 쉽게 상상할 수 있다. 반면 야망을 품은 사람은 자루에서 자신에게 우호적인 인물이 뽑힐지 전전긍긍하는 처지를 견디지 못했다. 상류층 가문들은 자신들의 이익을 지키기 위해 우호적인 인물이 공직에 선출되도록 애썼다.

이런 제도는 복잡하고 운영 속도도 느릴 수밖에 없었기 때문에 어차피 폐지되거나 타파될 운명이었다. 실제로 그 제도는 오랫동안 외양만 겨우 부지했을 뿐 거의 유명무실했다. 1494년에 공화정이 수립되기 전까지 60년 동안 메디치가는 이렇다 할 공직을 차지하지 않았으나 그들이 피렌체를 지배한다는 사실은 누구도 의심하지 않았다. 그들이 권좌에 오르는 길은 무척 순조로웠다. 코시모 데 메디치Cosimo de' Medici는 1433년 정적인 알비치가의 수중에서 죽을 뻔한 고비를 넘기고 가까스로 도망쳤으며, 10년간의 추방형에다 막대한 벌금형까지 받았다. 알비치가는 얼마 뒤에 지지를 잃었고, 1434년에 코시모 데 메디치가 의기양양하게 복귀했다. 그는 곧바로 정부 요직을 자신의 지지자들로 채웠다. 이 과정은 법의 테두리 안팎에서 이루어졌다. 그를 복귀시키고 그의 정적을 제거하기 위해 비상 회의가 소집되었다. 코시모는 무력시위를 하듯 병력을 거느리고 회의에 참석해 자신의 안전을 도모하는 한편, 소집된 시민들이 어떻게 처신해야 할지 깨닫게 해주었다. 메디치가는 정부의 인사를 통제하고 가문의 친구들에게 권력을 부여하면서 공화정 체제 내에서 피렌체를 지배했다. 그러나 메디치가 사람들은 통풍의 원인인 요산혈증이 유전되어 수명이 짧았으므로 그들의 지배도 그다지 안정적이지 못했다. 그렇게 단명했기 때문에 그들은 대개 젊은 나이에 권력을 물려받았다. 메디치 지배자 개개인의 성공 여부는 연륜보다 기질과 타고난 능력에 달려 있었다.

메디치가의 가장 위대했던 두 인물은 1434년부터 1464년까지 피렌체의 국정을 돌보았던 코시모와 1469년부터 1492년까지 지배한 로렌초 일 마니피코였다. 사보나롤라의 비르투 공화국이 등장한 것은 로렌초의 후계자인 피에로 디 로렌초Piero di Lorenzo가 무능했기 때문이기도 하지만, 그보다는 누구도 통제할 수 없는 원인들 때문이었다. 1494년에 밀라노의 루도비코 스포르차Ludovico Sforza는 프랑스 왕 샤를 8세에게 나폴리왕국을 다시 차지하라고 촉구했다. 놀랍게도 샤를은 그 제안을 받아들여 이탈리아로 향했다. 피렌체는 50년 동안 교황, 제국, 프랑스를 서로 견제하게 하면서 자신의 입지를 지켰으나 이제 더이상은 그럴 수 없게 되었다. 전면적인 침략과 피렌체의 약탈을 피하기 위해 치른 대가는 프랑스군이 이탈리아 서부 해안으로 자유롭게 이동하게 하고 그 길목에 있는 주요 도시들을 점령하도록 놔두는 것이었다. 피에로는 이 재앙의 희생양이 되어 권좌에서 쫓겨났다.

1494년부터 1498년까지 정부는 도미니쿠스회의 수도사이자 금욕주의적 몽상가인 지롤라모 사보나롤라 일파의 수중에 있었다. 그러나 사보나롤라는 외교 문제에서 피에로보다 나을 게 없는데다 성직자의 부패에 반대하는 운동을 벌인 탓에 교황의 적대심을 샀다. 피렌체는 언제나 교황에게 우호적이었다. 만약 피렌체가 충성을 철회한다면, 교황령에서 활동하는 체사레 보르자 같은 군벌에게 약탈을 당할 수 있었다. 게다가 사보나롤라가 파문된다면 피렌체 역시 교황에게 파문을 당할 수 있었다. 교황은 피렌체 시민들의 인명과 재산에 대한 교회의 가호를 거둠으로써 유럽 전역에서 피렌체의 무역에 위협을 가할 수 있었다. 파문을 당한 물품은 누구나 빼앗을 수 있었기 때문이다. 사보나롤라는 교황의 압력과 피렌체 시민들의 불만으로 물러날 수밖에 없었으며, 이후 고문을 받고 이단으로 몰려 처형되었다. 결국 1498년에 공화국이 재건되었다. 마키아벨리는 그 공화국의 관리였다.

재건된 공화국은 베네치아를 모방해 대의회를 창설했다. 그 목적은 권력을 차지하려는 유혹에 이끌릴 수 있는 그란디grandi나 노빌리nobili 계급을 제어하는 데 있었다. 대의회는 또한 피렌체공화국의 가장 유서 깊은 제도로 돌아가고자 하는 마지막 몸부림이었다. 의원 자격에 관한 규칙들로 인해 대의회는 누구도 예상하지 못할 만큼 규모가 커졌다. 이후 14년 동안 신속한 결정이 필요할 때 그 비대한 기구가 다소나마 효율적으로 기능할 수 있도록 하기 위해 여러 가지 개선이 이루어졌다. 어느 정도 운이 따른다 해도 과연 이 공화국이 제도적 결함을 넘어 생존할 수 있을지는 누구도 알 수 없었다. 실은 운이 따르지 않았다. 이탈리아는 끊임없이 격변의 회오리에 휘말렸다. 이탈리아 전역에서 프랑스, 에스파냐, 독일, 스위스 군대들이 수시로 전쟁을 벌였고, 이탈리아의 여러 도시와 군주국은 혼돈 속에서 이익을 취하려는 헛된 의도에서 온갖 동맹으로 이합집산했다. 알렉산데르 6세와 율리우스 2세의 교황권은 그 상황의 전면에 나섰으나 결국 전형적인 운명으로 치달았다. 그들은 교황령에 대한 통제를 공고히 하는 데 큰 성공을 거두었지만, 피렌체공화국이 몰락하고 15년 뒤 로마가 제국군의 폭동에 약탈을 당했다. 제국군의 총사령관인 황제 카를 5세의 의지와 무관하게 벌어진 사태였다. 메디치 교황 클레멘스 7세의 굴욕적인 패배로 인해 1527년 여름에는 메디치가가 피렌체에서 쫓겨났다. 그 뒤를 이은 공화국이 3년 동안 존속하다가 메디치가가 마지막으로 권좌에 복귀했다. 이후 피렌체는 대공국으로 탈바꿈했다.

『군주론』

마키아벨리는 그가 사랑하는 공화국이 붕괴한 뒤에 『군주론』을 썼다. 책의 내용은 이해하기 어렵지 않다. 주제는 마키아벨리가 공직에 있을 때 자주 생각하던 것인데, 체사레 보르자가 도시들을 정복하고 장악하는 과정을 지켜본 결과, 그리고 프랑스가 밀라노를 정복한 뒤 점령지를 지키는 데 실패한 과정을 관찰하면서 느낀 결과를 서술했다. 마키아벨리는 논제를 세심하게 구체화했다. 이를테면 '새로운 군주'가 어떻게 권력을 차지하고 유지하는가 하는 문제다. 사실 『군주론』이 헌정된 로렌초 데 메디치Lorenzo de' Medici는 당시 새롭게 떠오르는 군주였으며, 『군주론』의 5장("점령되기 전까지 자체의 법에 따라 살아온 도시나 영토를 다스리는 방법")은 분명히 그의 행적과 연관이 있었다. 『군주론』은 이렇게 특정 주제에 집중되었음에도 불구하고 시대를 뛰어넘는 힘을 가지고 있다. 그 힘은 정치에서 인간 본성, 기회 또는 포르투나fortuna(운명)의 역할을 포괄적으로 고찰하고, 무엇보다도 수많은 군주와 국가가 파멸할 수밖에 없었던 사정을 이해하기 위해서는 도덕적 헛소리와 구별되는 실제 인간의 존재 방식을 명확히 알아야 한다는 점을 줄기차게 주장하는 데서 나온다.

『군주론』이 매우 시기적절했다는 것은 마지막 장인 "이탈리아를 야만족으로부터 해방시키기 위한 권고"에서 알 수 있다. 로렌초는 교황 레오 10세의 조카였다. 메디치가가 로마와 피렌체의 권력을 장악하자 이탈리아 중부의 두 강국은 야심찬 군사 정책을 추구할 수 있게 되었다. "오늘날 이탈리아가 희망을 걸 수 있는 지도자는 오직 전하의 위대한 가문뿐입니다. 전하의 가문은 탁월한 능력으로 성공을 거두었고 하느님과 교회의 은총을 받았습니다. 게다가 이제는 교회의 수장도 전하의 가문입니다."[5]

『군주론』은 크게 두 부분으로 나뉜다. 앞부분 11개 장에서는 다양한 종

486

류의 군주국들을 고찰하면서 그것들을 획득하고 유지하는 방법을 다룬다. 나머지 15장 중 14개 장에서는 키케로와 세네카의 저작에서부터 발다사레 카스틸리오네Baldassare Castiglione의 『궁정인Il Cortegiano』과 같이 아직 출판되지 않은 저작에 이르기까지 자주 나오는 주제들—군사적 용기, 정직함, 관대함, 멸시와 증오를 피하는 방법 등—을 다루고 있다. 책의 마지막은 메디치 군주들에게 이탈리아를 통일하고 '야만족'을 몰아내라는 권고로 끝난다. 여기서 '야만족'이란 1494년 이후 이탈리아를 유린했고 그 뒤로도 30년간 계속 유린하게 될 외세를 가리킨다. 19세기 이탈리아 저자들은 마키아벨리가 리소르지멘토risorgimento(이탈리아 통일운동—옮긴이)를 예견했다며 찬양했지만, 알프스산맥을 넘어온 침략자들을 야만족이라 부르는 것은 당시 흔한 일이었다. 심지어 지역 분쟁을 조장하기 위해 경솔하게 침략자들을 불러들인 교황이나 귀족들도 그렇게 불렀다. 하지만 마키아벨리를 고대 로마의 영광에서 영감을 얻은 사람이 아니라 19세기 이탈리아 민족주의자로 간주하는 것은 시대착오적 견해다.

마키아벨리는 『군주론』을 시작하면서 로렌초에게 자신의 경험과 고대 역사를 토대로 진짜 새로운 충고를 전하겠다고 말한다. 이것은 그 자체로 사고의 이중적 변화를 나타낸다. 첫째는 과거로 되돌아가려는 피렌체의 소망—이런 특징은 『로마사 논고』에 다시 나온다—과 결별하는 것이다. 둘째는 고대사를 모범 사례가 집대성된 도덕적 길잡이로 이용하지 않고 성공적 실천 사례의 원천으로 이용하는 것이다. 그런 다음에는 바로 본론으로 들어가 새로 획득한 군주국과 이를 유지하는 방법이라는 주제를 다룬다. 제1장은 전체가 하나의 문단으로 이루어져 있다. 여기서는 최근 역사를 풍부하게 고찰하면서, 세습 국가와 그렇지 않은 국가, 한 가문이 새롭게 지배하게 된 국가와 오랜 기간 같은 가문의 지배를 받은 국가에 병합된 국가, 예전에 공화국이었던 국가와 군주국이었던 국가를 비교한다. 또한 체사레 보르자의 엄청난 행운과 에스파냐 군대의 지원을 받아 복귀한 메디치가의 경우에서 보듯이, "행운이나 호의를 통해서든 혹은 능력에 의해서든 자체 군대나 외국군의 힘으로 획득한" 국가에 관해서도 논의한다.[6]

세습 군주국은 관심의 대상이 아니다. 군주의 정치력이 도전을 받을 일이 없기 때문이다. 복종의 오랜 습관은 현직 군주를 정적들보다 우위에 있게 해준다. 세습된 국가를 빼앗기는 군주는 그렇게 빼앗겨도 마땅하다. 하지만 마키아벨리는 불운이 닥칠 경우 세습 지배자든 아니든 국민이 지배자에게 등을 돌린다는 것을 잘 알고 있었다. 중요한 논의는 제3장에서 시작된다. 여기서 마키아벨리는 처음으로 '혼합' 군주국을 어떻게 지배할 것인가를 논한다. 그가 말하는 '혼합' 군주국이란 군주가 현재의 영토에 합병하기 위해 정복한 국가를 가리킨다. 마키아벨리는 정복된 이후에도 평온한 국가와 그렇지 않은 국가가 있는 이유를 설명하고, 군주가 자신의 힘으로 획득한 국가와 남의 도움을 받아 획득한 국가를 비교한다.[7] 논의는 주로 당대의 혼란스러운 사건들을 예로 삼아 서술하고 있다. 하지만 마키아벨리는 기원전 2세기 초의 정복전쟁에서 로마가 그리스를 어떻게 취급했는지 설명하면서, 그가 여러 차례 언급한 논점, 즉 프랑스가 밀라노를 정복했다가 나중에 쫓겨난 것은 권력 획득에 실패했기 때문이라는 점을 강조한다.

논지는 간단하다. 피정복자들이 정복자의 국가와 문화적으로 크게 다를 경우 합병 상태가 유지되기 어렵다는 것이다. 예를 들어 프랑스는 부르고뉴처럼 주민들의 생활 방식이 프랑스와 별로 다르지 않고 언어도 같은 곳보다 밀라노에서 권력을 확보하기가 더 힘들 수밖에 없었다. 하지만 그런 상황에서도 권력을 유지하는 게 불가능하지는 않다. 로마인들은 정복한 왕국들을 통치하는 데 뛰어난 솜씨를 보였다. 어떤 합병이든 내재하는 어려움은 똑같다. 국가를 획득하기란 어렵지 않다. 인간은 쉽게 불만을 느끼고, 자신들이 처한 불행을 즉각 지배자의 탓으로 돌리며, 지도자가 물러나는 것을 보고 좋아한다. 그러나 정작 그런 다음에는 새 지배자가 전임자에 비해 나을 것이 없거나 오히려 더 나쁘다는 것을 깨닫게 마련이다. 정복에 들어간 막대한 비용이 피정복 국민의 부담으로 돌아오기 때문이다. 그 경우 피정복 국민은 그럴 수 있다면 새 지배자에게 반기를 들게 된다.

그렇다면 어떻게 할 것인가? 일단 두 가지를 해야 한다. 첫째, 폐위된 지배자의 잔당이 말썽을 일으키지 못하도록 해야 한다. 둘째, 정복한 영토로 가서 살아야 한다. 마키아벨리는 그렇다고 해서 튀르크나 로마가 정복할 때 그랬던 것처럼 루이 12세가 직접 밀라노에 가서 살아야 한다고 말하려는 것은 아니다. 그는 루이가 밀라노에 행정기관을 설치하고 그곳의 사태를 주시하면서 말썽을 미연에 방지해야 했다고 말한다. 로마처럼 식민지를 건설하거나 튀르크처럼 행정기관을 설치했더라면, 프랑스는 밀라노를 계속 지배할 수 있었을 것이다. 여기서 '식민지'란 이후의 시대에 등장하는 제국주의적 식민지가 아니라 군인들이 농토를 받고 건설한 정착지를 뜻한다. 이도 저도 하지 못한 프랑스는 결국 쫓겨나고 말았다. 현대 독자들에게는 놀랍게도, 마키아벨리는 다음과 같이 냉철하게 말한다. "영토를 합병하고자 하는 욕구는 지극히 자연스럽고 정상적이다. 그러므로 능력 있는 자가 영토를 합병하고자 할 때는 언제나 칭찬을 받게 마련이며, 적어도 비판을 받지는 않는다. 그러나 능력 없는 자가 무리하게 영토를 합병하려 할 때는 비판과 비난을 받아 마땅하다."[8] 이것은 그리스와 로마의 제국주의가 르네상스 세계에 적용된 결과다. 마키아벨리는 로마식 식민 정책이 군대의 점령보다 낫다고 주장한다. 자급자족이 가능한 식민지를 건설하는 편이 해당 지역에 군대를 주둔시키는 것보다 비용이 덜 들기 때문이다. 게다가 군대를 주둔시키려면 다른 자원도 많이 필요한데, 그 비용을 다 충당하기란 쉽지 않은 일이다. 마키아벨리가 재직했던 공화국은 끊임없는 전쟁의 비용을 마련하기 위해 과세의 결정이 필요했으나, 비효율적인 구조 때문에 그 결정이 쉽게 이루어지지 못해 결국 무너지고 말았다. 마키아벨리가 군사 예산을 냉철하게 바라보는 이면에 얼마나 큰 감정이 숨어 있는지는 알기 어렵지 않다.

　유럽의 도덕적 수치로 간주되는 '마키아벨리'의 면모는 언뜻언뜻 드러난다. 그의 말에 따르면 군인과 식민지 이주민 중에 분노를 덜 사는 측은 이주민이다. 군인과 달리 이주민의 경우에는 그들에게 땅을 빼앗긴 사람들만 피해를 보기 때문이다. 피해자들은 수도 적고 시골에 분산되어 있으므로 큰 문제를 일으키지는 않는다. 마키아벨리는 이 논의의 기저에 흐르는 원칙을 만들어낸다. "인간은 어르고 달래든가 아니면 짓밟아버려야 한다. 가벼운 피해에 대해서는 복수할 수 있지만, 치명적인 피해에 대해서는 그럴 수 없기 때문이다. 그러므로 피해를 끼칠 때는 복수를 우려할 필요가 없을 정도로 큰 피해를 주어야 한다."[9] 현대의 시선으로 보면, 소작농이나 시골 지역의 주민들이 조직되어 있지 않고 침략자에 맞서 스스로를 지킬 수 없기 때문에 무시되어도 마땅하다는 생각은 혐오감을 일으킨다. 마키아벨리는 로마인들이 인접한 영토를 침략했을 때 피정복자의 인권에 관해 별로 신경쓰지 않았던 사고방식을 받아들인다.

　마키아벨리는 새 군주를 환영하지 않는 공화국을 점령한 군주들에게 충고하는 도중에 멋진 촌철살인을 남긴다. 전제정치에 익숙해진 나라는 별로 능력이 뛰어나지 않은 지배자라 해도 쉽게 다스릴 수 있다는 것이다. 그가 제시하는 사례는 알렉산드로스대왕의 제국이다. 알렉산드로스는 제국을 정복하고 나서 곧바로 새로운 정복을 꿈꾸다가 죽었다. 하지만 페르시아 왕 다리우스의 백성들이 중앙집권적 통치 방식에 익숙했던 탓에 알렉산드로스의 후계자들은 비상조치를 취하지 않고도 권력을 유지할 수 있었다. 그와 반대로 아테네는 늘 자유를 되찾으려 했으므로 안티파트로스처럼 뛰어난 인물이 아니면 정복하기 어려웠다. 마키아벨리가 실제로 드는 사례는 아테네가 아니라 갈리아에서 로마가 겪은 경험이다. 그곳에서는 수많은 독립 소부족들이 자유에 익숙한 상태였으므로 외세의 통치에 거세게 저항했다. 마키아벨리는 프랑스에서도 곧 비슷한 일이 일어나리라고 예상했다. 16세기 후반에 프랑스를 휩쓸게 될 숱한 전쟁을 예견이라도 하듯, 마키아벨리는 얼마 전에 프랑스에 합병된 브르타뉴와 부르고뉴가 곧 프랑스로부터 독립하려 할 것이라고 보았으며, 그 지역의 귀족들은 대체로 지역 기반이 무척 강하므로 그들을 자극하면 파리에 기반을 둔 군주정에 즉각 반기를 들 것이라고 분석했다. 기존의 생활 방식을 침해하지 않으면 지역 귀족들을 어렵지 않게 다룰 수 있겠지만, 조금이라도 엄격하게 통제한다면 그들은 결코 참지 않을 터였다.[10]

오랜 전통을 가진 진정한 자치정부는 신흥 군주에게 골칫거리다. 공화국은 "더 활기차고, 증오심도 더 크고, 복수심도 더 강력하다. 공화국의 국민들은 빼앗긴 자유를 잊지도 않고 잊을 수도 없다." 그러므로 다음 세 가지 충고에 따를 필요가 있다. 첫째, 지배자는 정복한 국가에 가서 살 준비가 되어 있어야 한다. 둘째, 낡은 체제를 완전히 혁파해야 한다. 셋째, 낡은 체제를 혁파하지 않는다면 최대한 그대로 놔두어 기존의 정서를 가급적 자극하지 않으면서 다스리는 게 좋다. 마키아벨리는 로마와 스파르타에서 교훈을 찾는다. "스파르타는 아테네와 테베를 장악하고 과두정을 수립했으나 결국 둘 다 잃고 말았다. 그러나 로마는 카푸아, 카르타고, 누만티아를 정복하면서 그 나라들을 완전히 멸망시켰으며, 이후에도 잃지 않았다." 처음에 로마는 스파르타를 본받아 그리스에 대해 느슨한 종주권을 행사했지만, 나중에는 끊임없는 반란을 막기 위해 그리스 왕국들을 파괴해야 했다. 폴리비오스에 의하면 로마인들은 정복지의 백성들을 어르고 달래 로마의 정치와 생활 방식에 동참시키려 애썼다. 마키아벨리도 그런 방법을 거부하지는 않는다. 그러나 폴리비오스가 "로마는 어떻게 로마에 충성하는 민족들의 제국을 건설했을까?"라고 물을 때 마키아벨리는 "어떻게 하면 더 확실하게 정복할 수 있는가?"라는 한층 까다로운 질문을 제기한다. 그의 답은 죽이느냐 달래느냐의 익숙한 이분법으로 요약된다. 즉 피정복지의 현행 정치제도를 존중하고 그것을 방패로 삼아 그 배후에 제국의 권위를 숨기거나, 아니면 모든 반대를 짓밟고, 기존의 엘리트를 내쫓거나 죽이고, 제국에 복종하지 않는 자는 죽은 목숨이나 다름없다는 점을 확실하게 하는 것이다.

『군주론』의 앞부분 11장은 일관된 모습을 보이지만, 내적인 구성은 흥미로운 형식을 취한다. 마키아벨리는 영리하고 유능하며 칭찬을 받아 마땅한 정치 활동가들과, 그저 남들 덕분에, 혹은 순전히 운이 좋아 권력을 얻은 사람들의 차이에 큰 관심을 보였다. 포르투나 혹은 운명은 마키아벨리의 용어 가운데 가장 열띤 논쟁을 불러일으켰는데, 이 점에 대해서는 나중에 다루기로 하자. 정치에서 운명의 역할은 알기 쉽다. 확실히 남들보다 운이 좋은 정치인이 있는가 하면 운이 나쁜 정치인도 있다. 운이 좋은 덕분에 두각을 나타내는 사람을 보는 것은 전혀 놀랄 일이 아니다. 그러나 이 정도로는 마키아벨리가 이 주제에 가진 관심을 보여주기에 부족하다. 피렌체에서는 미신이 거의 정책으로 취급될 정도였다. 터무니없는 사례로, 마키아벨리가 죽은 지 얼마 지나지 않은 1527년에 부활한 공화정은 그리스도를 왕으로 선출한 적도 있었다. 대체로 피렌체인들은 기도와 고행을 통해 신의 은총을 얻을 수 있다는 생각에 유별나게 집착했다. 반면 그들은 체사레 보르자를 제대로 다루지 못했는데, 그 이유는 바로 그가 아버지이자 교황인 알렉산데르 6세와 함께 행운을 타고났다고 여겼기 때문이다. 마키아벨리는 당면한 세력들의 균형을 분석하는 피렌체인들의 능력을 손상시키는 모든 것에 대해 거세게 반대했다.

마키아벨리는 스스로의 정치적 역량─비르투─에 의지하는 사람과 타인의 힘이나 운에 의지하는 사람의 중대한 차이를 보여준다. 전자는 운명이 자신에게 등을 돌리거나 동료들이 곤경에 처한 자신을 팽개친다 해도 결정적인 타격을 입지 않는다. 나중에 보겠지만, 체사레 보르자는 이 이분법에 들어맞지 않는 수수께끼 같은 인물이다. 뛰어난 비르투를 발휘하는, 따라서 운명에 덜 종속된 사람이야말로 영웅이라고 부를 만하다. 모세, 테세우스, 키루스, 로물루스가 그런 영웅들이지만 그들이 실존 인물인지는 마키아벨리도 인정하듯 확실치 않다. 마키아벨리는 한동안 그 네 영웅에 이리저리 끌려다니가다가 사보나롤라의 운명을 성찰하는데, 여기서 그의 가장 유명한 경구가 나온다. 자신의 힘으로 군주국을 차지한 사람들을 성찰하면서 마키아벨리는 이렇게 말한다. "무장한 예언자는 전부 성공하는 반면 무장하지 않은 예언자는 실패한다." 무장한 예언자라는 상징은 20세기 정치 분석에서 사용하는 수사 어구다. 마키아벨리는 또 이렇게 말한다. "만약 모세, 키루스, 테세우스, 로물루스가 무장하지 않았다면, 그들이 확립한 새로운 질서는 그렇게 오랫동안 유지되지 않았을 것이다. 이것이 바로 우리 시대에 지롤라모 사보나롤라 수도사에게 일어난 일이다. 그는 대중이 그에 대한 신뢰를 버리자마자 그가 확립한 새 질서와 함께 몰락했다. 그에게는 자신을 믿었던 사람들의 지지를 유지할 수단도 없었고 자신을 믿지 않는 사람들을 믿도록 만들 수단도 없었다."[11] 사보나롤라 이외에도 당대의 권력자들을 두렵게 했던 예언자 같은 인물들이 많았으나, 군사력이 강했던 보헤미아의 후스파를 제외하고는 불경스러운 지배자를 쫓아낼 능력이 없었다.

이런 사상들의 지적 관심사는 표면 아래에 숨어 있다. 마키아벨리는 정치에서 급격하고 대담한 타격이 중요하다고 여겼지만, 다른 한편으로 인간은 좋든 나쁘든 습관의 동물이므로 천천히 일을 추진해야 한다고 생각했다. 공화국에 헌신했다가 부당한 운명에 희생된 지배자에게 보이는 배은망덕한 태도는 피렌체인의 뿌리깊은 악습이었다. 좋은 습관을 심어줄 필요가 있었다. 종교는 배척할 필요는 없지만 그 영향력을 과대평가해서도 안 되는 것이었다. 복종하는 습관을 기르기 위해서는 공포와 호의를 함께 구사하고 모든 도덕적·정신적 수단을 동원해야 했다. 무력이 중요한 이유는, 반대할 경우 치명적인 결과를 가져온다는 것을 모두가 알게 되면 복종할 수밖에 없을 테고, 그 믿음이 복종의 습관과 일치하게 될 것이기 때문이다. 복종의 현실은 이내 복종해야 한다는 믿음으로 바뀌게 된다. 다른 저자들은 피정복 국민들이 자발적으로 복종한다는 사실을 익숙하게 여겨 가볍게 넘기는 경향이 있었으나 마키아벨리는 달랐다. 무력은 순응을 만들어낸다. 처음에는 마지못해 순응하겠지만 결국에는 자발적으로 복종하게 된다. 이 점을 모른다면 성공의 가능성을 팽개치는 격이다. 믿음이 권위를 유지한다면, 권위는 그 믿음을 강화하고 유지할 수 있다. 그러나 여기에는 마키아벨리의 날카로운 통찰력이 빠져 있다. 무장하지 않은 예언자는 반드시 실패한다는 사실은, 아무리 신이 우리 편이라고 굳게 믿는다 해도 물리력마저 우리 편이 아니라면 아무런 소용도 없다는 것을 의미한다.

체사레 보르자의 수수께끼

체사레 보르자는 『군주론』과 『로마사 논고』의 주요 등장인물이다. 그는 마키아벨리에게 문제를 제기한다. 체사레 보르자는 행운에 지나치게 의존한 인물일까, 혹은 그렇지 않은 걸까? 그는 새 군주가 가져야 할 능력을 갖춘 지도자였는데, 결국 불운으로 인해 몰락한 걸까? 아니면 그의 성공은 그저 행운 덕분이었고, 불운을 방지하기 위해 취했어야 할 조치를 취하지 못했기 때문에 몰락한 걸까? 물론 마키아벨리의 냉소적인 문체를 찬양하는 사람은 체사레 보르자가 권좌에 오르는 과정에 관한 마키아벨리의 서술을 그저 뛰어난 문학적 솜씨로 감상할 수도 있다. 독살자로 유명한 루크레치아Lucrezia[12]의 오빠인 체사레는 훗날 보르자 가문의 교황이 되는 알렉산데르 6세의 아들이었다. 체사레는 이미 10대의 나이에 추기경이 되었으나 알렉산데르가 교황이 되자 세속적 출세의 길이 그를 향해 손짓했다. 그는 추기경직을 포기하고 교황군의 총사령관으로 임명되었다. 알렉산데르의 의도는 교황령에서 교황의 지배를 공고히 다지고, 아들의 명성과 권력을 드높이고, 나아가 자신의 주도하에 이탈리아 국가들을 통일하는 것이었다.

이것은 바로『군주론』의 마지막 장에서 마키아벨리가 레오 10세와 로렌초 데 메디치에게 촉구했던 사항이다. 마키아벨리도 통일 정책 자체를 반대하지는 않았다. 다만 그는 교황권의 힘이 통일의 과업을 이루기에는 너무 약하고, 그렇다고 다른 국가가 통일을 이루도록 내버려두기에는 너무 강하다는 사실을 개탄했다.[13] 알렉산데르는 교황령을 관리하는 교황 대리라는 직함을 없애고 체사레가 로마냐를 관장하도록 했는데, 결과적으로 그 조치는 대성공을 거두었다. 상황이 그에게 유리했더라면 어떻게 되었을지 모르지만, 알렉산데르는 겨우 6년간(1497~1503) 재위했으며, 체사레도 아버지가 죽을 무렵 말라리아에 걸려 죽음의 문턱까지 갔다. 체사레는 교황 승계에 아무런 영향력도 행사하지 못했고, 보르자 가문을 혐오하는 새 교황 율리우스 2세와 우호를 맺으려는 노력 역시 수포로 돌아갔다. 그는 나폴리로 도망갔으나 곧 체포되어 추방되고 에스파냐에서 투옥되었으며, 1507년 풀려난 지 얼마 안 되어 전투에서 전사했다. 체사레의 생애가 마키아벨리에게 던진 의문은 과연 그가 자신의 지위를 다지기 위해 할 수 있는 일이 더 있었느냐는 것이다. 마키아벨리는 별로 없었다는 쪽으로 기운다. 체사레가 좀더 신중하거나 혜안이 있었다면 알렉산데르가 죽은 뒤 새 교황의 선거를 미리 내다볼 수 있었을지도 모른다. 하지만 마키아벨리는 스스로 불만스러운 요소를 찾지는 못했다.

마키아벨리가 이야기를 전개하는 방식을 따라가다보면, 체사레 보르자는 거의 오페라에 등장하는 악한처럼 여겨진다. 더 진지하게 바라보면, 체사레 보르자는 오로지 로마냐를 지배하려는 목적을 위해 영리하고 효율적으로 악행을 저지른 인물처럼 여겨진다. 게다가 나름대로 이유가 없지는 않았으나 그의 수법은 무척 잔인했다. 마키아벨리는 오르시니 가문이 분란을 일으키지 않도록 하기 위해 보르자가 꾸민 비열한 음모도 크게 칭찬한다. 체사레 보르자는 오르시니 가문의 지도자들에게 진정으로 화해하고 싶다면서 그들을 세니갈리아의 회의에 오게 한 뒤 전원 체포하고 4주 이내에 교살해버렸다. 마키아벨리는 오르시니 가문과 그 추종자들의 처신이 충격적일 만큼 고지식했다고 말한다. 현대의 독자들은 아마 보르자의 행동을 불쾌하게 여기겠지만, 굳이 보르자를 두둔하자면, 그가 살해한 사람들 역시 권력을 얻기 위해서라면 자신의 적만이 아니라 친구와 친지마저 선뜻 죽였을 것이다.[14]

보르자의 가장 기발했던 계략은 불운한 레미로 데 오르코Remirro de Orco를 죽인 일이다. 마키아벨리는 자신의 서신과 『군주론』에서 그 사건을 높이 평가했다. 그 이야기의 교훈은 간단하다. 로마냐는 교황령의 일부였는데, 오늘날의 용어를 빌리면 도둑정치kleptocracy(정경 유착과 부정 축재를 특징으로 하는 부패한 정치—옮긴이)를 일삼는 3류 지배자들이 차지하고 있었다. 이들의 목적은 오로지 도탄에 빠진 백성들을 최대한 수탈하는 것밖에 없었다. 보르자는 어떤 정부라도 평화를 유지하면서 법에 따라 정의를 보장하고 강도 행위를 방지한다면 백성들이 쉽게 받아들일 것이라고 생각했다. 첫 단계는 평화를 보장하는 것이었다. 이를 위해 그는 레미로 데 오르코에게 불만을 진압하고 질서를 회복하는 데 필요한 전권을 내주고 로마냐로 파견했다. 그 대리인은 충분히 능력을 발휘했지만 그의 방법은 분노를 샀다. 보르자는 그 분노의 화살이 자신에게 오지 않도록 하기 위해 두 가지 조치를 취했다. 첫째, 정규 법정을 세워 법률가들이 불만을 다룰 수 있도록 했다. 둘째, 레미로 데 오르코를 체포해 '두 동강이를 내고', 크리스마스 다음날 그의 시신을 처형대, 칼과 함께 체세나 광장에 놔두었다. "이 끔찍한 광경에 사람들은 만족하면서도 경악을 금치 못했다."[15]

마키아벨리의 계획을 후대 사람들을 충격에 빠뜨린 것으로 이해하기보다 군주국이나 공화국의 정치질서를 수립하는 데 따르는 어려움을 나타낸 것으로 이해하면, 우리는 지금까지 수많은 문헌을 낳은 분야로 나아가게 된다. 마키아벨리는 '교회 군주국'을 다룬 짤막한 장으로 신생 군주국의 수립에 대한 논의를 마무리한다. 교황령의 특수성을 설명하는 마키아벨리는 다소 자신감이 없는 측면을 보여준다. "그것은 고대의 종교제도에 의해 유지된다. 그 제도는 지배자의 행실이 어떻든 그의 권력을 지속시킬 만큼 강력하다. 교회 군주국의 지배자는 국가를 가졌음에도 방어하지 않으며, 백성들을 굳이 다스리려 애쓰지도 않는다."[16] 바꿔 말해 여러 교황들의 치세에 걸쳐 교황령은 추기경단을 독점하고 서로 다투는 가문들의 수중에 들어갔으며, 그 때문에 모든 게 엉망진창이 되었다. "교회 군주국의 신민들은 온전한 통치를 받지 않으면서도 그 점을 걱정하지 않는다. 그들은 군주를 제거할 수 없을 뿐 아니라 제거할 생각조차 없다. 결국 그런 군주국만이 안전하고 번창한다."[17] 모욕을 더하려는 듯 마키아벨리는 교회 군주국이 고등한 권력에 의해 다스려지는 만큼 자신이 뭐라고 말할 게 없다고 토로한다.

물론 아무 의견도 없는 것은 아니다. 마키아벨리는 곧이어 성공적인 지배자의 본보기로 체사레의 아버지인 알렉산데르 6세를 꼽는다. 그는 간계, 폭력, 아들의 대리 활동을 통해 교황령을 강력한 세속권력으로 탈바꿈시켰다. 그 덕분에 알렉산데르의 후임자인 율리우스 2세가 교회를 이탈리아의 운명을 관장하는 기관으로 만들 수 있었다고 마키아벨리는 생각했다. 하지만 그 생각은 잘못이었다. 프랑스와 에스파냐의 군주들은 군대를 모집하고 긴 원정 기간에 동원하는 능력의 측면에서 이탈리아의 국가들과는 차원이 달랐다. 율리우스 2세는 또한 마키아벨리가 말하는 진짜 악덕에 시달렸다. 그것은 악함 자체를 좋아하는 취향이 아니라, 수완이 좋은 사람이라면 언제 어떤 적이든 속일 수 있다는 믿음이었다.

『군주론』의 두번째 부분은 전통적인 군주상에 관한 풍자적 논평으로 바뀐다. 마키아벨리는 한편으로 강력한 군사력에 집착했고, 다른 한편으로는 절대적으로 명확한 정책을 수립하는 능력에 집착했다. 무장한 예언자만이 성공한다는 논리는 군사력을 소홀히 한 탓에 권력을 유지하지 못한 스포르차 가문의 사례로 더욱 힘을 얻는다. "지배자는 전쟁의 방법과 수행 이외에 어느 것도 목표나 관심거리로 삼아서는 안 되며, 신경을 써도 안 된다. 전쟁이야말로 지배자의 고유한 임무이기 때문이다."[18] 이 충고는 군주들에게 흔히 하는 조언과는 사뭇 다르다. 군주를 위한 지침서들은 인문학을 찬양하고 군주에게 교양을 갖추라고 가르쳤다. 마키아벨리는 군주가 심취할 수 있는 취미는 사냥밖에 없다고 말한다. 사냥은 장군에게 귀중한 기술인 지형을 독해하는 방법을 배우는 데 유익하기 때문이다. 인문 지식은 순전히 역사 지식을 얻는 것 외에는 아무짝에도 쓸모가 없다. 물론 역사에는 본받을 만한 위대한 업적과 모방할 만한 위대한 인물이 가득하지만.

군주의 덕목에 관해 마키아벨리는 국가의 파멸을 초래할 정도의 결점만이 군주의 책임이라고 말한다. 성실함, 관대함, 친절함이 좋은 자질이듯이 비열함, 음탕함, 경박함, 신앙심의 부재는 나쁜 자질이다. 그러나 군주는 정책이 잘못된 경우가 아니라면 자신의 개인적 특성에 특별히 유념할 필요는 없다. 이것만 해도 키케로의 『의무에 관하여』에 대한 도전이지만, 더 심각한 문제는 따로 있다. 무릇 지배자는 육욕과 재물을 절제해야 한다는 아리스토텔레스의 조언을 거부하는 것으로 보일 수도 있기 때문이다. 사실 이 점에 관해 아리스토텔레스와 마키아벨리의 견해는 일치한다. 예컨대 간통 행위 자체가 아니라 그 행위의 정치적 결과를 더 중시하는 입장이다. 상류층 여성을 유혹하면 불화가 생겨 지배자의 위치를 손상시킨다. 하지만 여기서 마키아벨리가 인간 본성에 관한 정통 그리스도교의 비관주의를 어느 정도까지 공유하고 있었는지 생각해볼 필요가 있다. 그는 우리도 천사가 될 수 있다고 믿었던 피코 델라미란돌라보다 아우구스티누스에 더 가까웠다. 인간 본성을 악하게 보는 마키아벨리의 견해가 그리스도교로부터 나왔는지는 확실하지 않지만 그는 일종의 원죄를 믿는다. "모든 인간은 천성적으로 악하며, 할 수 있는 한 모든 악을 저지르려 한다." 그래서 인간은 선한 법의 통제를 받아야 하고, 법이 무너질 경우 어떤 수단이든 동원해야 한다. 마키아벨리가 놀랍도록 대단한 도덕이론을 내세운 것은 아니다. 다만 그는 정치를 하려면 손을 더럽힐 각오가 되어 있어야 한다는 사실을 놀랍도록 명확히 깨닫고 있었다.

그 다음에는 마키아벨리의 독자들을 몹시 언짢게 한, 군주의 비르투를 분석하는 대목이 이어진다. 마키아벨리의 비르투 개념에 관해서는 무수한 논의가 있었다. 비르투 virtù가 그리스도교에서 말하는 미덕virtue과 같은 의미가 아니라는 사실은 명백하지만(그래도 virtù와 virtue의 어원은 같다―옮긴이), 정확히 무엇을 의미하는지는 명확하지 않다. 보통 비르투는 정치적 성공을 가져오는 능력이나 자질을 총칭한다고 보는 게 일반적이다. 마키아벨리의 논의는 신앙심이 깊은 저자들에게서 흔히 볼 수 있는 덕망 있는 군주에 관한 성찰이 아니라 현실적 성공을 촉진하는 자질에 관한 성찰이다. 『군주론』은 군주라는 한 인물의 비르투에 대한 성찰이고, 『로마사 논고』는 민족 전체의 비르투에 대한 성찰이다. 『로마사 논고』는 로마인들을 중점적으로 다루는 가운데 스위스를 비롯해 성공한 국가의 시민들도 다룬다. 아테네와 스파르타 시민들도 비르투를 보여주었지만, 시민권을 본토 출신으로 제한함으로써 로마의 영광스러운 위업에 도달하지는 못했다. 군주 한 명의 비르투와 민족 전체의 비르투가 같은 자질인지는 논란거리인데, 형식은 같고 내용은 다르다는 견해가 정설로 받아들여진다. 비르투는 언제나 정치적 성공을 가져오는 자질로 정의되며, 정치적 성공은 명예를 얻는 것과 밀접한 관련이 있다. 고대 로마인이든, 1500년대 초에 이탈리아의 독립을 가져올 구세주이든, 목표는 똑같이 정치적 성공이다. 수립하고 유지해야 할 정체政體는 같지 않더라도 그 진취적 정신은 같다. 로마인들은 자유로운 정부를 수립하고 유지해야 했고, 그것도 집단적으로 해야 했다. 그러므로 그들에게 필요한 자질은 새로운 군주에게 필요한 자질과는 달랐다. 알기 쉬운 예를 하나 들면, 마키아벨리는 보통 사람의 용기를 추상적인 관점에서 높이 평가하지 않았다.[19] 보통 사람은 올바른 리더십과 훈련이 없으면 겁쟁이인데다 무능하지만, 올바른 리더십과 훈련을 받으면 위대한 용기와 인내를 보여줄 수 있다. 그와 달리 가설에 의하면 군주는 대담하고, 야심차고, 권력을 차지하기 위해서라면 목숨까지 걸 태세를 갖춘 인물이다.

가장 극명한 대조는 정직함이나 성실함 같은 덕목에 있다. 사람들이 효율적인 집단으로 활동하려면 모두가 서로를 정직하고 성실하게 대해야 한다. 정직함이나 성실함은 필요에 의해 껐다 켰다 하는 게 아니라 본래 고유한 특성이어야 한다. 그와 달리 새로운 군주는 순식간에 변신할 줄 알아야 한다. 너무 정직한 탓에 기회가 닿을 때 정적을 속이거나 죽이지 못하는 일이 생기면 안 된다. 평소에는 정직한 군주도 필요할 때는 잔인해져야 한다. 마키아벨리는 한니발의 테리빌리타 terribilità(무시무시한 성격―옮긴이), 즉 극도의 잔인함이 곧 그의 비르투라고 보았다. 대부분의 사람들이 잔인하거나 부정직한 행동을 좋아하지 않는다는 점을 고려하면, 과연 정치적 성공이 그렇게 큰 대가를 치르고도 추구할 만한 가치가 있는 것일까? 정치적 성공이란 무엇일까? 그것은 진정 피비린내 나는 길을 걸어 폭군의 왕관을 차지하는 것일까?

마키아벨리는 독자에게 결정을 맡긴다. 그의 생각은 일부 명확하지만 나머지는 추측의 대상이다. 공화정의 수립에 성공한 대가는 자유다. 시민들은 시민의 삶, 즉 비베레 키빌레vivere civile를 누리며, 평화롭게 재산과 자유를 보존할 수 있다. 부자에게 희생되거나, 외세의 침략을 당하거나, 법에 의거하지 않은 부당한 대우를 받는 일이 없다. 이렇게 되면 군주가 군주국을 획득하고 지키는 데서 얻는 보상과 보통 사람이 얻는 보상이 크게 다르지 않은 셈이다. 셸던 월린Sheldon Wolin(20세기 미국의 정치철학자—옮긴이)은 그 점에 착안해 마키아벨리가 '폭력의 경제'[20]를 다루고 있다고 우아하게 말했다. 성공한 군주는 옳지 못한 수단으로 권력을 차지하고 유지하는 사람, 도덕성이라고는 찾아볼 수 없는 사람일 수도 있다. 그러나 그는 우리가 감내해야 하는 임의적이고 예측 불가능하고 무의미한 폭력과 잔혹함을 줄인다. 군주의 정치적 보상은 권력이다. 마키아벨리는 권력에 이끌리는 이유를 굳이 분석하지 않는다. 고전적 대가들이 그랬던 것처럼, 마키아벨리도 인간은 권력을 행사하고자 하며, 남이 자신에게 권력을 행사하는 것은 좋아하지 않는다는 사실을 당연하게 받아들인다.

정치인들이 과도하지도 무분별하지도 않은 방식으로 폭력과 배신이라는 수단을 교묘하게 이용한다는 생각은 마키아벨리의 목표와 어느 정도 일맥상통한다. 사실 그의 궁극적 목표는 따로 있다. 다만 현대 세계에서는 스포츠 분야가 아니라면 마키아벨리처럼 그것을 공공연하게 밝히지 않으려 하는 그 목표는 다름아닌 명예의 획득이다. 누구나 마키아벨리가 당연하게 여긴 것처럼 권력을 추구한다면 대체 그 이유가 뭐냐고 묻는 사람이 있을 수 있다. 마키아벨리 또한 예측할 수 없는 운명 속에서 인간이 권력을 추구하는 것이 시도할 가치가 있는지 의문스러워 보일 거란 이야기를 한 적이 있다. 이 질문에 대한 마키아벨리의 답은, 인간은 명예를 추구한다는 것이다. 인간은 자신의 명성을 남기고 싶어한다는 것이다. 바로 여기에 군주와 공화국의 진정한 차이가 있다. 군주국에서는 명예가 군주의 것이다. 그렇기 때문에 국가를 예술작품으로 간주한 르네상스 시대의 낭만적인 생각은 군주의 위업을 말해주는 나름대로 적절한 은유라고 할 수 있다. 하지만 보통 사람들은 수동적이며, 군주의 명예를 빛는 재료일 뿐이다. 그런데 공화국은 다르다. 여기서는 보통 사람들이 영웅이고 명예를 얻는다. 비르투가 명예를 얻는 자질이라면, 그것은 군주와 보통 사람들에게서 같으면서도 다르다. 같은 점은 필수 도구라는 측면이다. 즉 비르투는 성공을 가능케 하고 그 성공을 통해 명예를 얻게 해주는 도구다. 다른 점은 군주국과 공화국에서 명예를 얻는 사람들과 상황이 서로 크게 다르다는 것이다. 게다가 성공만이 중요한 것도 아니다. 큰 성공을 거둔 지배자는 독재자에 불과했다. 이런 마키아벨리의 견해를 잘 보여주는 사례는 시라쿠사의 폭군 아가토클레스다. 그는 오랜 기간 권좌를 지켰고 시칠리아에서 카르타고를 몰아냈다. 그러나 시라쿠사 시민들의 자유로운 의사에 의해 지배자로 선출된 이후 그는 폭군이 되었으며, 아무런 대가 없이 받은 것을 무력과 배신으로 유지했다. 불필요한 잔혹함과 배신은 용서받지 못한다.

전쟁에 대한 논의와 조신朝臣의 성취에 대한 조소를 바탕으로 마키아벨리는 성공한 군주의 특징을 논한다. 가장 유명한 대목은 "지배자는 어떻게 자신의 약속을 지켜야 하는가"라는 불길한 제목이 붙은 제18장에 있다. 마키아벨리는 이미 그 앞에서, 군주는 실제로 관대하면 안 되지만 관대해 보이려고 노력해야 하며, 사랑을 받기보다는 두려움을 유발하는 편이 낫다고 토로한 바 있다(사람들이 선한 지배자에게는 거리낌없이 저항하는 반면 냉혹하고 엄격한 지배자에게는 저항하기 전에 다시 한번 생각해보기 때문이다). 그러므로 자신의 목적에 합당할 때만 신의를 지키라는 마키아벨리의 충고는 놀랍지 않다. 정직은 미덕이고 정직한 사람은 마땅히 칭찬을 받아야 하지만, 정직하지 말아야 할 때 정직한 군주는 적의 제물이 될 뿐이다.

이런 맥락에서 마키아벨리는 키케로의 조언을 뒤집어버린다.

사자와 여우, 정치적 윤리학

동물은 생존에 유용한 습관을 타고났으므로 어떤 의미에서 법을 준수한다고 볼 수 있다. 하지만 키케로가 보기에는 그렇다고 해서 인간과 동물의 차이가 모호해지지는 않는다. 인간은 인간에게 고유한 법을 준수해야 한다. 그 법은 이성적 존재에게 공동의 이익을 위해 어떻게 행동해야 하는지 가르쳐준다. 인간의 용기는 사자의 사나움과 다르다. 또 인간의 영리함은 여우의 간교함과 다르다. 이에 대해 마키아벨리는 이렇게 응수한다. "지배자는 짐승처럼 행동할 줄 알아야 하므로 여우와 사자 둘 다 모방해야 한다. 사자는 덫에 걸릴 위험이 있고 여우는 늑대를 쫓아내지 못하기 때문이다. 그러므로 덫을 알아채는 여우가 되는 동시에 늑대를 쫓아버리는 사자가 될 필요가 있다." 다시 한번 무자비하고 사기에 능한 알렉산데르 6세가 마키아벨리의 칭송을 받는다. 그는 "사람들을 속이는 데 열중했고, 사람들은 늘 그에게 속았다".[21]

그렇다면 마키아벨리에게 우호적인 독자라 해도 한 가지 의문이 솟을 것이다. 마키아벨리의 조언을 따르는 지배자의 악함은 논외로 한다 해도, 마키아벨리가 옹호하는 비도덕적 열정과 감각에 따라 행동할 사람이 과연 있을까? 마키아벨리는 그 점을 진지하게 고민하다가 살짝 우회해버린다. 그는 먼저 지배자가 어떻게 경멸의 시선을 피할 수 있는지 묻고 나서―주로 경쟁자와 정적을 사납게 억압하는 게 방법이다―좋은 평판을 얻으려면 지배자가 어떻게 해야 하는지 묻는다. 이 논의는 극적인 것을 좋아하는 마키아벨리의 취향을 다시금 보여준다. 그가 내세우는 영웅은 아라곤의 페르난도다. 페르난도는 이베리아반도를 통일하고, 악착같이 버티던 무어인들을 몰아내고, 책략과 군사적 수완으로 나폴리왕국을 종전의 지배자로부터 빼앗았다. 그 과정에서 그는 프랑스의 도움을 받았으나 목적을 달성한 뒤에는 등을 돌려 프랑스를 내쫓았다. 그러나 마키아벨리는 우리가 언제나 모든 일을 통제할 수는 없다는 사실을 인정한다. 그보다 원치 않는 상황에서 전략을 짜내야 할 때가 더 많다. 그럴 때는 성급함을 피하고 신중함을 추구해야 한다. 이런 양보는 마치 마키아벨리에게서 억지로 짜낸 듯하다. 마키아벨리와 여러 지침서들에서 일치하는 유일한 대목은 아첨꾼들을 멀리해야 한다는 것이다. 후대의 많은 정치학자들처럼, 마키아벨리도 군주들이 편견 없는 조언을 얻는 데 어려움을 겪는다고 말한다. 그 이유는 사람들이 군주에게 그가 듣고 싶은 말만 하려 하기 때문이다. 해결책은 군주를 잘 보필할 사람을 기용하는 것인데, 그런 인물의 묘사는 10인 위원회의 전직 서기, 즉 마키아벨리 자신과 상당히 닮았다.

『군주론』은 두 가지 결론으로 끝난다. 진정한 결론은 물론 이탈리아를 야만족으로부터 해방시키라는 권고다. 그에 앞선 또다른 결론은 인간사에서 운명의 역할을 논하는 흥미로운 장에 나온다. 『군주론』 자체도 길지 않은 책이지만, 대충 읽어봐도 마키아벨리적 영웅이 되기란 피곤하고 이득이 없는 일이라는 것을 충분히 깨달을 수 있다. 평화기에는 전쟁을 준비해야 하고, 보통 사람들을 가까이하되 너무 친해져 경멸을 받지는 말아야 한다. 적을 늘 예의 주시하고 있다가 적이 공격하기 전에 선제공격해야 한다. 하지만 암살의 위험에 지나치게 신경쓸 필요는 없다. 무능하거나 억압적인 군주만이 암살의 위험에 시달리기 때문이다. 과도한 신중함과 지나친 성급함 사이에서 아슬아슬한 줄타기를 하는 것도 쉬운 일이 아니다.

그것은 과연 불가능한 일일까? 마키아벨리에 의하면 "세상사는 운명과 신에 의해 좌우되므로 인간의 능력으로는 통제할 수 없다"는 것이 일반적인 견해다. 마키아벨리는 그 견해에 솔깃했을 것이다. 특히 지난 20년간 이탈리아를 휩쓸었던 혼돈을 고려한다면 더욱 그렇다. 하지만 그는 인간의 자유가 중요하지 않다는 데 동의하지 않는다. "운명이 우리 행동의 절반을 주재한다 해도 나머지 절반은 우리의 몫으로 남겨진다고 볼 수밖에 없다."[22] 흥미롭게도, 마키아벨리의 생각이 정확히 어떤지는 명확하지 않다. 그는 이따금, 운명이란 결국 우리가 제대로 통제하지 못하는 힘에 불과하다고 말한다. "나는 운명을 위험한 강에 비유한다. 사나워진 강은 평원에 범람하고, 나무와 건물을 파괴하고, 흙을 다른 곳으로 옮겨놓는다. (…) 하지만 그렇다고 해서 강이 범람하지 않을 때 인간이 제방이나 둑과 같은 예방 조치를 하지 못하는 것은 아니다. 그런 예방 조치를 한다면 또다시 강물이 불어났을 때 강둑이 막아줄 수도 있고, 설령 막아주지 못한다 해도 예전처럼 통제 불가능하거나 큰 피해를 주는 일은 없을 것이다."[23] 이것은 전형적인 마키아벨리식 교훈을 보여준다. 인간은 만사가 잘 굴러갈 때 예방 조치를 취하는 일에 체질적으로 게으르다. 지금 상황이 괜찮으니 앞으로도 모든 일이 잘될 거라는 안일한 생각에 젖게 마련이다. 그러다가 무슨 일이 일어난다. 미리 막을 수 있는 일이었지만, 어리석게도 예방 조치를 취하지 않은 탓에 막지 못했다. 그 결과로 인간은 파멸한다.

그런가 하면 마키아벨리는 운명을 좋든 나쁘든 실재하는 힘으로 보기도 한다. 하지만 그 경우에도 운명이 완전히 우리의 통제를 넘어서 있는 것은 아니다. 위험한 정치적 계획을 잘 수행하려면 자세, 기질, 활동 방식이 주어진 상황에 잘 맞아야 한다. 대담함이 요구되는 상황에서는 신중한 사람의 계획이 표류하게 된다. 반대로 대담한 사람이 실패하는 곳에서 신중한 사람이 성공하기도 한다. 거의 불가능에 가까운 일이지만, "만약 시대와 상황에 맞게 자신의 성격을 변화시키는 게 가능하다면, 언제나 성공할 수 있을 것이다".[24] 그 다음에 마키아벨리는 교황 율리우스 2세의 성격을 따로 떼어내 집중적으로 탐구한다. 피렌체인들은 율리우스를 도저히 다룰 수 없다고 판단했다. 그가 격노하면 어찌할 바를 몰랐고, 그의 계획을 예측하지도 못했다. 아마 그 자신도 향후 무엇을 할지 알지 못했을지 모른다. 그러나 그는 뛰어난 군사 지휘자였고, 짧은 재위 기간에도 큰 성공을 거두었다.

율리우스가 성공한 이유에 대해 마키아벨리는 용감하고 충동적인 그의 기질이 그 시대와 잘 맞았기 때문이라고 말한다. 만약 더 신중한 정책이 요구되는 시대였더라면 그는 파멸했을 것이다. 그런 시대라 해도 그가 달리 행동하지는 않았을 것이기 때문이다. 그러나 마키아벨리는 다음과 같은 말로 우리의 눈살을 찌푸리게 한다. "충동적인 것이 조심스러운 것보다는 낫다. 운명의 여신은 여자이므로 운명을 통제하려면 거칠게 다루어야 하기 때문이다. 또한 운명의 여신은 신중하게 앞뒤를 재는 남자보다 충동적인 남자에게 복종하는 경향이 있다. 운명의 여신은 여자이기 때문에 운명은 언제나 젊은 남자에게 이끌린다. 젊은 남자는 조심성이 덜하고 공격적이며 그녀를 더 대담하게 다루기 때문이다."[25] 이 말이 수사적 장식 이외에 뭔가 다른 의미를 가지고 있는지는 알 수 없다. 마키아벨리는 명확히 비그리스도교적인 견해를 가졌다고 밝힌 적은 없지만, 반대로 신앙심이 깊다는 뜻을 내비친 적도 없다. 자신의 문학적 역량에 자부심이 컸던 만큼, 앞의 주장은 진지한 논점을 화려하게 꾸민 것일 수도 있다. 반면 단순히 입에 발린 말을 넘어, 운명은 실제로 세상사에서 중요한 힘이고 우리를 제멋대로 선과 악으로 이끈다는 생각을 표현한 것인지도 모른다. 폴리비오스도 결국 티케 tyche, 즉 숙명, 운, 운명이 실재하는지에 관해 깊이 숙고하지 않았던가.

『군주론』에서 『로마사 논고』까지

『군주론』은 레오 10세에게 보내는 권고로 끝난다. 이탈리아를 통일하고, 야만족을 이탈리아 땅에서 몰아내 메디치가에 무궁한 영광을 전하라는 내용이다. 마키아벨리의 바람은 이탈리아가 고대 로마의 영광을 회복하는 것이었다. 이것은 『군주론』과 『로마사 논고』를 관통하는 주제다. 『로마사 논고』는 리비우스의 『로마사 *Ab urbe condila libri*』에 대한 논평으로 알려졌는데, 실제로도 그렇다고 볼 수 있다. 『로마사 논고』는 세 권으로 구성되었다. 제1권은 성공적인 공화국을 수립하고 유지하는 원칙에 대한 논의로 이루어져 있으며, 제2권은 로마의 팽창, 제3권은 로마 공화정에서 위대한 지도자들의 중요성에 초점을 맞추고 있다. 마키아벨리 연구자들은 『로마사 논고』가 『군주론』과 크게 다른 점을 놀랍게 여겨야 할지, 아니면 그보다 두 저작이 실제로 유사하다는 점에 놀라야 할지 판단하기 어려워한다. 그 답은 두 저작에 내재하는 치국의 원칙이 같다는 데서 실마리를 찾을 수 있다. 『군주론』에서는 잠깐 등장했던 무자비함의 유용성에 대한 사례들이 『로마사 논고』에서는 한층 자세히 서술된다. 체사레 보르자의 업적은 로마인들이 준 교훈을 강화한다. 율리우스 2세의 충동성도 찬양된다. 또한 『군주론』에 나온 인간 본성에 대한 견해는 『로마사 논고』에서 더욱 확대된다. 여기서 마키아벨리는 아무리 야비한 사람이라 해도 더 철저한 악으로 향하는 법을 알지 못하고, 극단으로 밀어붙여야 할 때 주춤하고 만다고 불평한다.[26]

치국의 원칙과 인간 본성에 내재하는 견해는 같지만, 마키아벨리가 두 저작을 쓰게 된 계기와 목적은 매우 다르다. 공화국은 군주국이 아니다(군주국은 군주의 사유재산처럼 지배되는 국가다). 『로마사 논고』는 공화국 내에서 자체적으로 유지될 수 있는 법치질서를 확립하는 데 초점을 둔다. 본보기는 폴리비오스다. 마키아벨리는 폴리비오스의 독자가 친숙하게 여길 만한 견해를 많이 제기했으며, 로마가 시행착오를 거쳐 법제도를 개혁하는 데 성공한 것에 관해 폴리비오스와 같은 난제에 직면했다. 정치체는 인간의 신체와 비슷한 것으로 간주된다. 그렇다면 태어날 때부터 건강해야 한다. 병약한 아이도 행운과 보살핌이 따르면 오래 살 수 있겠지만, 애초부터 건강한 아이만큼 잘살 수는 없다. 마찬가지로, 잘못 구성된 국가는 세계 무대에서 두각을 나타내지 못한다. 그러나 로마는 그런 원칙에 어긋났다. 그래서 로마는 오래전에 폴리비오스와 키케로의 관심을 끌었던 것처럼 16세기에 마키아벨리의 관심을 끈다. 로마는 초기에 몇 차례 제도적 격변을 겪었다. 왕을 쫓아내고 공화정제도를 채택한 것, 이후 평민들이 지배 엘리트에게 공직을 하위계층에게 개방하라는 지속적인 압력을 가한 것이 그런 예다. 일반적으로 해안을 떠나기 전에 배를 견고하게 만드는 것보다 바다 한가운데에서 배를 개조하기가 훨씬 더 어렵다. 그런데 로마인들은 항해중에 배를 개조할 수 있을 만큼 능력, 열정, 행운을 가진 사람들도 있다는 것을 보여주었다.

　마키아벨리 연구자들은 그가 『로마사 논고』를 쓸 때 '새로운 길'[27]을 가고 있다고 한 말의 의미를 놓고 오랫동안 논쟁을 벌였다. 그는 자신이 역사적 사례를 올바로 이용하고 있다고 말한다. 이것은 그리스도교 국가들의 '오만한 게으름' 때문에 이탈리아 지배자들이 하지 못했던 일이다. 그 게으른 군주들이 누구인지는 명확하지 않으며, 그가 역사를 이용하는 방법이 이전의 저자들과 어떻게 다르다는 것인지도 명확하지 않다. 분석과 도덕적 가르침을 혼동하는 사람을 경멸하는 것보다 조금이나마 더 심오한 원칙에 전념한다는 점에서, 마키아벨리는 투키디데스를 연상시킨다. 인간 본성은 시대와 장소를 불문하고 동일하므로, 과거에 일어났던 일은 무엇이든 본받을 만하면 본받고 피해야 하는 것이면 피한다. 그는 당대 귀족과 부자의 터무니없는 행동을 언급한다. 그들은 고대의 석상을 발굴하고 복제품을 만들면서도 고대 세계의 위대한 정치·군사 지도자의 행동과 사상을 이해하고 모방하는 게 훨씬 더 가치 있는 일이라는 것을 알지 못한다. 실제로 마키아벨리의 가장 큰 불만은 역사를 읽는 사람들의 대다수가 제대로 읽지 않는다는 것이다. "사람들은 그저 역사가 전하는 다양한 사건들에서 즐거움을 얻을 뿐, 역사 속의 고결한 행동을 본받을 생각은 전혀 하지 않는다. 마치 하늘, 태양, 원소, 인간이 자신의 운동과 힘을 변화시켜 모든 게 과거와 달라지기라도 한 것처럼, 역사 속의 고결한 행동이 이제는 어려울 뿐 아니라 불가능하다고 여기는 것이다."[28] 마키아벨리는 쓸데없는 잔소리로 독자를 자극하는 저자가 아니지만, 그가 인간 본성의 동일함에 의거해 '보고 분석하고 모방하라'는 식의 방법을 입증하려 하는 것을 보면, 상황은 변하게 마련이고 우리도 그에 맞게 변해야 한다는 그의 인식과 표면적으로 부조화를 빚는 듯싶다. 그러나 고대 세계의 문화적·종교적·사회적 환경이 '보고 분석하고 모방하라'는 방식이 통하는 르네상스 이탈리아와 너무 달랐다는 점을 헤아리지 못했다고 마키아벨리를 책망하는 것은 잘못이다. 19세기의 사회사상가들은 프랑스혁명이 실패한 원인으로, 18세기 파리 시민들이 기원전 3세기의 로마 시민들과 절대로 같을 수 없다는 점을 들었다. 똑같은 비판이 3세기 전 이탈리아 도시국가에도 해당하는지는 명확하지 않다.

마키아벨리가 전통적인 도덕에 초연했다는 점에 착안해, 후대의 학자들은 그가 정치학이라고 불리게 되는 새로운 학문을 시작했다고 간주했다. 그들이 생각하는 정치학은 어떤 방법이 언제, 어디서, 어떻게 효과적으로 작용하는지를 귀납적으로 비교 연구하는 학문이었다. 그러나 이는 어불성설이다. 마키아벨리가 어떤 데서는 로마가 가난하다고 했다가 또 어떤 데서는 부국이라고 말하는 것과 같은 내적 모순을 저질렀다는 것은 차치하고라도, 실제로 그가 정치학에 대한 관념을 가지고 있었다고 볼 만한 근거는 전혀 없다. 만약 그가 그랬다면 놀라운 일이다. 자연과학자들조차 과학을 학문으로 인식한 것이 2세기 후의 일이기 때문이다. 또한 마키아벨리가 역사의 순환 이론을 전개하는 것처럼 보이는 점에 큰 의미를 부여한 학자들도 있었다. 역사의 순환 이론은 플라톤의 『국가』에 등장하며, 폴리비오스도 자신의 목적을 위해 차용한 바 있다.

『로마사 논고』는 서술 양식과 지적 관심의 측면에서 확실히 폴리비오스와 닮은 데가 있다. 물론 폴리비오스는 당대의 사건들을 고찰했고, 마키아벨리는 초기 공화정의 성립과 성장을 설명한 리비우스에 관해 논평한다는 차이는 있다. 하지만 역사 서술 양식도 비슷하고 기민한 속임수로 목적을 달성하는 것을 즐긴다는 측면에서 폴리비오스와 마키아벨리는 매우 유사하다. 그럼에도 불구하고 이른바 역사의 순환 이론은 사실 이론도 아니고 순환적이지도 않다. 그것이 마키아벨리에게 유용한 이유는 운명의 수레바퀴가 예측 불가능하게 돌아간다는 확신을 더 강하게 해주기 때문이다. 뛰어난 안목을 가진 군주와 훌륭한 법이 있는 공화국이 강력한 무력과 결합한다면 한동안 필연성을 지배할 수 있겠지만, 마키아벨리가 고수했던 역사적 판단은 바로 성공이 실패를 낳는다는 것이다. 제국주의 공화국은 결국 부로 인해 타락하기 때문이다. 또한 폴리비오스처럼 마키아벨리도 운, 티케, 포르투나(티케는 고대 그리스의 운명의 여신이고, 포르투나는 고대 로마의 운명의 여신이다─옮긴이)가 역사의 능동적인 힘이라고 확실히 단정하지 않았다.

마키아벨리는 『군주론』에서 했던 것을 『로마사 논고』에서도 되풀이한다. 역사적 사건들로 예시되고 뒷받침되는 신중한 원칙들을 제시하는 것이다. '악의 교사'라는 마키아벨리의 평판은 『군주론』에서 기인하지만, 나쁜 수단도 목적이 정당화한다는 주장은 『로마사 논고』에서도 뚜렷이 나타난다. 실제로 목적이 수단을 정당화한다는 경구의 출처도 바로 이 책이다. 마키아벨리는 완고한 공화주의 입장을 취하면서도 공화국이든 왕국이든 나라를 세운 인물은 예외적으로 모두 칭송한다. 옹호할 가치가 전혀 없는 것은 전제정치다. 이런 입장이 『군주론』과 얼마나 상충하는지는 의문이다. 『군주론』에서 마키아벨리는 후대에 홉스가 유명하게 만든 견해—전제정치는 그저 '혐오스러운 군주정치'일 뿐이다—를 거의 그대로 취하는 듯하다. 아마 그는 로마인들이 그랬던 것처럼, 비상시에 독재를 채택하는 것은 더할 나위 없이 적절하지만(고대 로마의 공화정에서는 비상시에 1년 임기의 독재관을 두었다—옮긴이) 영구적인 전제정치는 결코 묵인할 수 없다고 생각했을 것이다. 로물루스가 레무스를 살해한 행위를 옹호하는 도덕도 마찬가지다. 정치사회가 원활하게 굴러가도록 하려면 무엇이든 해야 하지만, 폭군은 백성들의 적이며, 합법적인 지배자와 완전히 상극이다. 누구든 할 수 있다면 폭군을 죽여도 된다. 전제정치에 대한 마키아벨리의 견해는 고전적 전통과 일치하지만, 사도 바울의 생각과는 크게 다르다.

그럼에도 불구하고, 마키아벨리는 전제군주만이 국가를 건설하거나 재건할 수 있다는 견해를 고수한다. 새로운 질서가 뿌리내리는 창건의 순간은 있어야 하며, 마찬가지로 위기를 맞은 국가가 혁명적인 재건을 통해 초기의 원칙으로 복귀할 경우 재건의 순간도 있어야 한다. 모세, 로물루스, 테세우스는 『군주론』과 『로마사 논고』에 모두 등장한다. 그러나 『로마사 논고』에서 강조하는 것은 마키아벨리가 오르디니ordini(법 혹은 질서를 가리키는 말로, 영어의 order와 어원이 같다—옮긴이)라고 부르는 개념인데, 이 말은 '법'의 개념과 완전히 일치하지는 않는다. 후대에 루소가 정치제도의 기본법과 '법령'을 구분하는 것처럼, 마키아벨리도 법치질서를 정의하는 법과 같은 것을 염두에 두고 있는 듯하다. 이것은 성문법을 가진 국가라면 익숙한 사고이며, 실제로 오늘날 독일의 헌법은 '기본법Grundgesetz'이라고 불린다. 시작하는 것과 유지하는 것은 매우 다르다. 건국 영웅의 변칙적이고 이따금 폭력적이고 즉흥적인 행동은, 법에 따라 정기적으로 지도자를 선출하는 방식으로 계승되어야 한다.

『군주론』에서는 거의 다뤄지지 않지만 『로마사 논고』에서 두드러진 주제는 종교다. 마키아벨리는 로마인들이 종교를 진지하면서도 진지하지 않게 대했다고 칭찬한다. 그들이 종교를 진지하게 받아들였다고 할 수 있는 것은 사회적 접합제로서 종교가 가지는 중요성을 이해했다는 의미에서다. 종교는 공공 도덕에 큰 도움이 되고, 전장에서 용기를 북돋우며, 세대 간 연대의 바탕이 되는 조상에 대한 존경과 아이들에 대한 애정을 강화한다. 전반적으로 볼 때 그리스도교는 그런 목적을 이루기에 그다지 적절치 않다. 내세를 강조함으로써 사람들이 정치적·군사적 의무를 등한시하고 자신의 구원에만 신경을 쓰게 되기 때문이다. 게다가 그리스도교는 신도들에게 한쪽 뺨을 맞고도 다른 쪽 뺨을 대라고 가르치는 약해빠진 종교다. 로마인들은 다른 쪽 뺨을 내주는 일 따위는 하지 않았다. 로마 지식인들은 종교를 형이상학의 문제로 진지하게 바라보지 않았다. 형이상학은 철학자를 위한 것이지, 군인은커녕 일반인을 위한 것도 아니었다. 이렇게 종교의 진리에 대해 느슨한 견해가 지배적이었기에, 로마 사회의 지도자들은 필요에 따라 적절히 로마의 종교 행사를 조절할 수 있었다. 전투를 앞두고 시행하는 점술 의식에서 승리를 예언하도록 하는 것은 현명한 일이었으므로 유능한 지휘관이라면 당연히 어떻게 해야 하는지 알고 있었다. 그러나 일반 사병들은 그런 점술 의식에 경외심을 품었으며, 누구든 그 의식을 모독하는 자는 즉석에서 처형되었다.

마키아벨리의 적의가 향하는 대상은 그리스도교나 각종 이교들이 아니라 교황제도다. 『로마사 논고』 제12장의 제목은 "종교가 국가에 확고한 영향력을 행사하도록 허용하는 일의 중요성, 그리고 이런 측면에서 로마교회의 영향으로 인해 이탈리아가 실패하고 파멸한 과정"이다.[29] 초기 그리스도교는 아마 사회 통합, 충성, 좋은 도덕, 공공 정신의 기반을 제공했을 것이다. 그러나 16세기 초 이탈리아는 사회 한복판에, 종교제도로서 부패하고 정치제도로서 무능한 기구가 있을 경우 어떻게 되는지 여실히 보여준다. 종교적 부패는 사람들이 종교라면 진절머리를 치게 했고 다들 종교에 등을 돌리게 했다. 또한 정치적 무능함은 교황령 소유의 재산을 잃게 했고, 이탈리아에 외세를 불러들여 교황의 백성들만이 아니라 다른 이탈리아 국가들의 안위까지도 위험에 처하게 했다. 마키아벨리의 저작이 금서목록에 오른 것은 바로 이런 노골적인 주장을 담고 있기 때문이다.

『로마사 논고』에 나오는 다음 세 가지 주장은 면밀히 검토할 필요가 있다. 후대의 공화주의 사상에 지대한 영향을 주었을 뿐 아니라 진부한 내용을 재가공한 것이 전혀 아니기 때문이다. 첫째는 공화정에서 약간의 혼란은 자유에 도움이 된다는 주장이다. 이런 견해는 전례가 없으며, 조화를 강조하는 그리스도교 사상의 전반적인 경향에도 어긋난다. 또한 플라톤의 『국가』로 거슬러올라가는 유토피아 전통이나 여타의 모든 공화주의 사상과도 어긋난다. 모든 혼합정체 지지자들이 평민에게 의지한다는 것은 분명한 사실이다. 즉 그들의 주장은 '민중'이라는 범주에 포함되는 사람들이 자신의 정치적 권리를 옹호하려는 행위에 바탕을 두고 있다. 민중에게 의지하지 않는다면, 그들은 견제와 균형의 제도 내에서 자신의 역할을 수행할 수 없다. 아리스토텔레스, 폴리비오스, 키케로를 비롯한 모든 고전 저자들은 평민의 존재와 역할을 당연하게 여겼다. 그들은 평민이 너무 수동적일까봐 걱정하기는커녕 통제의 범위를 넘어설까봐 걱정했다. 그렇게 보면 마키아벨리의 이론은 매우 명확하고 신선하다. 로마 평민들의 철수운동은 하층계급이 도시 전체를 먹여 살릴뿐더러 지배 엘리트에게도 옷과 집을 준다는 사실을 엘리트가 진지하게 받아들이도록 강요했다(기원전 494년 로마 평민들은 귀족들에게 항의해 로마 시의 성스러운 언덕으로 철수했는데, 지금으로 치면 시민 총파업에 해당한다. 그 성과로 호민관제도가 생겼다—옮긴이). 이 운동의 결과로 하층계급은 자신들의 권리를 요구할 수 있게 되었다. 평민들은 자신들을 억압하려

하면 참지 않으리라는 결의를 지배계급에게 경고한 덕분에 자유를 유지했다.[30] 실제로 상층과 하층의 지속적인 계급 갈등과 항구적인 긴장관계는 로마를 강하고도 자유롭게 만들었다. 이 의미를 깨닫기 위해 로마의 하층계급이 품었던 자유에 대한 장밋빛 환상을 가질 필요는 없다. 그 의미는 한참후에 에드먼드 버크Edmund Burke(프랑스혁명을 보수적으로 해석한 18세기 영국의 정치사상가─옮긴이)를 비롯한 후대 학자들이 설명해주었다. 그것은 마키아벨리 당대의 사람들에게는 충격적인 견해였다. 그들은 16세기 초 이탈리아의 상황에서 폭동의 유용함을 인정하는 것은 불난 집에 부채질하는 격이라고 생각했던 것이다. 만약 그들이 북쪽으로 시선을 돌려 종교개혁이 일어나는 독일의 상황을 보았더라면, 갈등의 미덕에 대해 다소 차분한 견해를 가지게 되었을지도 모른다.

후대 공화주의 저자들에게서 다시 나타나는 마키아벨리의 두번째 주장은 귀족적 공화정에 맞서 대중적 공화정을 옹호하는 것이다. 이 논의는 공화정의 장점이 팽창보다 장기적 존속을 지향하는 것이라는 또다른 논의와 복잡하게 얽혀 있다. 로마 공화정은 팽창하는 공화정이었고, 마키아벨리는 그런 이유로 로마를 높이 평가했다. 베네치아는 로마처럼 아드리아해의 안팎에 해상 제국을 건설했고 육지에도 상당한 영토를 확장했지만, 로마와 달리 장기적 존속을 지향하는 공화정이었다. 마키아벨리는 세계 무대에서 두각을 나타내는 국가에 열정을 품었으므로 베네치아보다 로마의 손을 들어주었다. 귀족적 공화정보다 대중적 공화정을 옹호하는 주장은 사실 로마의 미덕을 특별히 부각시키려는 게 아니라 베네치아의 편협함을 거부하고 피렌체의 포퓰리즘을 옹호하려는 것이다. 그 논리는 이렇다. 공화정을 위험에 빠뜨리는 것은 젠트리계층이다(노빌리나 그란디 등은 젠트리와 동의어다). 마키아벨리는 젠트리를 단순히 부유하거나 좋은 가문 태생이 아니라 봉건지주의 악덕을 가진 계층으로 간주한다. 이 악덕이란 모어의 『유토피

514

아』에서처럼 하인들을 많이 거느린다는 데 있다. 하인들은 평화를 위협하는 존재다. 주인에게 고용되어 있을 때는 주인의 정치적 야망을 위해 일하고, 그 직책에서 물러나게 되면 도적질 이외에 생계 수단이 없기 때문이다. 마키아벨리가 경계한 것은 그란디와 노빌리가 사병私兵을 양성해 국가를 전복시킬 수 있다는 점이다. 이 문제에 관해서는 키케로도 생각이 같았다.

베네치아가 수수께끼처럼 보이는 이유는 귀족정인데도 지배 귀족에 의해 몰락하지 않았기 때문이다. 베네치아는 구베르노 스트레토guberno stretto(어의 그대로는 '좁은 정부'라는 뜻—옮긴이)라는 '좁은' 체제를 취했다. 이것은 공직 피선거권이 피선거 자격을 가진 사람의 후손에게만 국한되는 체제로, 대의회가 여러 차례의 오랜 개혁을 거쳐 1297년에 '폐회'되었을 때 정해졌다. 말하자면 좁은 과두정이 관리하는 귀족적 공화정이었다. 그와 달리 피렌체는 원래 구베르노 라르고guberno largo, 즉 '넓은' 체제를 채택했다. 그 목적은 귀족들을 견제하는 한편, 과세 같은 중요한 사항들을 소수의 시민기구가 결정하기보다 더 많은 시민들이 결정에 동참할 수 있게 하기 위해서였다. 메디치가는 권좌에 복귀한 1512년에 대의회를 폐지하고 회의장으로 사용되던 건물마저 파괴해버렸다. 이로써 그들은 앞으로 공화정의 허울 아래 사실상 군주가 지배할 것이며, 그 허울조차 대중적 공화정이 아닌 귀족적 공화정이라고 선언한 셈이다. 마키아벨리는 베네치아가 젠트리 때문에 파멸하지 않은 이유를 알 수 없었다. 결국 그는 그들이 명목상으로만 젠트리였다는 결론을 내렸다. 베네치아의 젠트리는 돈과 재물이 풍부한 상인들이었다. 상인들이 계속 장사만 한다면 공화국에 위협이 될 일은 없었다. 그들은 동료 시민들을 노예처럼 만든다고 해서 얻을 게 없었고, 소유하지도 않은 토지를 지키기 위해 사병 조직을 유지할 필요도 없었다. 후대의 정치사회학자들도 이에 동의했다.

마키아벨리의 놀라운 사상이 제기한 세번째이자 마지막 주장은 대단히 중대한 문제다. 마키아벨리는 폴리비오스처럼 성공이 영원하지 않다고 생각하며, 후대의 흄처럼 인간이 이룬 모든 업적은 소멸할 수밖에 없다고 본다. 『로마사 논고』의 마지막 10여 쪽에서 그는 여전히 종전의 입장을 고수하고 있다. "국가의 안위가 걸린 중대한 결정을 내려야 할 경우, 그 결정이 정당한지 부당한지, 자비로운지 잔혹한지, 칭찬받을 일인지 수치스러운 일인지 따위는 전혀 고려할 필요가 없다. 그 반대로, 다른 모든 고려 사항들을 논외로 하고 오로지 조국의 생존과 자유를 수호하는 대안만을 채택해야 한다."[31] 그가 거듭 강조하는 바에 따르면 미봉책은 언제나 실패할 수밖에 없다. 또한 돌파력과 추진력을 중시한 로마가 번영을 누렸듯이, 때로 대담함은 신중함이 하지 못한 일을 해낸다. 하지만 마키아벨리는 또한 성공이 자멸을 초래한다고도 말한다. 어떤 공화국도 영원히 존속할 수는 없으며, 위대한 업적에는 언제나 부패가 따르게 마련이다.

성공하는 공화국은 영토를 늘리고, 더 많은 시민들을 받아들이고, 번영을 누릴 것이다. 공화국이 번영하면 사람들은 각자 자신에게 집중하게 되며, 공화국의 이익보다 자신의 이익을 더 고려하게 마련이다. 전쟁의 가치도 하락하고, 편하게 살아가려는 취향이 사람들에게 스며든다. 그에 따라 용병이 고용되어 시민군을 대체하게 된다. 대부호들은 자신의 부를 권력으로 바꿔 공화국을 타도하려 할 것이다. 보통 사람들의 경우에는 부자보다는 더 오래 걸리겠지만 그들 역시 부패를 면치 못할 것이고, 약탈의 전리품을 뇌물로 주거나 공화국에서 요구되는 각종 의무를 면제시켜주겠다고 제안하는 사람에게 기꺼이 공범자로 나설 것이다. 그 이후는 로마 공화정이 겪었던 쇠망의 길이다. 건강한 사람은 건강하지 못한 사람보다 오래 살겠지만 결국에는 둘 다 죽는다. 국가도 마찬가지다. 마키아벨리에 대한 독자들의 반응은 그 진부하면서도 중요한 인간 존재에 관한 진실에 어떻게 반응하느냐에 따라 달라진다. 마키아벨리는 분명히, 삶은 살아 있는 자를 위한 것이고 죽음은 불가피하게 따라오는 동료라고 생각했다. 마찬가지로 그는 정치 역시 나름의 존재 이유가 있다고 보았다. 나약한 사람이나 걸음이 더딘 사람은 정치에 끌리지 않는다. 하지만 나약하지 않고 걸음이 더디지 않아도 다른 북소리에 발을 맞추는 사람은 언제든 수도원에 들어가 영원한 진리를 탐구하면 된다. 마키아벨리가 그런 사람까지 비난했을 리는 없다. 그저 그런 사람에게는 아무 할 말이 없었을 뿐이다.

제1장 왜 헤로도토스인가?

1   Aristotle, *The Politics*(1.7), 19쪽.

2   Herodotus, *The Histories*, 449~50쪽.

3   Thucydides, *The Peloponnesian War*, 107쪽.

4   Cartledge, *Thermopylae*, 여러 군데.

5   Thucydides, *The Peloponnesian War*, 92쪽.

6   같은 곳.

7   같은 책, 97쪽.

8   같은 책, 295쪽,

9   Madison, Hamilton & Jay, *The Federalist Papers*, 122, 152, 292쪽.

10   Plato, *Apology, The Last Days of Socrates*, 56~57, 64~65쪽에 수록; Xenophon, *Socrates's Defence, Conversations of Socrates*, 41~49쪽에 수록.

11   Plato, *Crito, The Last Days of Socrates*, 94~96쪽에 수록; Xenophon, *Conversations of Socrates*, 195쪽.

제2장 플라톤과 반反정치

1   Wolin, *Politics and Vision*, 27쪽 이하.

2   Marx & Engels, *The Communist Manifesto*, 244쪽.

3   Aristotle, *The Politics*(2.2), 31쪽.

4   같은 책(2.6), 39~43쪽.

5 Xenophon, *Conversations of Socrates*, 여러 군데.

6 이 이야기는 Plato, *Seventh Letter*, 113쪽; Xenophon, *Conversations of Socrates*, 195쪽에 나온다.

7 Xenophon, *Socrates's Defence, Conversations of Socrates*, 47~48쪽에 수록.

8 Aristophanes, *Clouds*, 23쪽.

9 Plato, *Gorgias*, 32~33쪽.

10 같은 책, 76쪽.

11 Plato, *The Republic*, 50쪽.

12 Nietzsche, *On the Genealogy of Morality*, 28~29쪽.

13 예를 들면 Frank, *Passions within Reason*이 있다. 다른 영장류에 관해서는 Frans de Waal, *Good Natured*를 참조하라.

14 Huxley, *Brave New World*, 35~36쪽.

15 Hobbes, *Leviathan*, 86~87쪽.

제3장 아리스토텔레스: 정치는 철학이 아니다

1 Aristotle, *The Politics*(1.4~7, 노예; 12~13, 여성), 12~15, 27~30쪽.

2 같은 책(1.12), 27쪽.

3 같은 책(1.7), 19쪽.

4 같은 책(1.2), 13쪽.

5 일부 학자들은 『정치학』의 전통적인 순서가 아리스토텔레스의 원래 의도와 무관하다고 생각한다.

6 Aristotle, *Politics*(7.2), 168~69쪽.

7 같은 책(1.2), 8쪽.

8 Locke, *Second Treatise*(89~90절), *Two Treatise of Government*, 325~26쪽에 수록.

9 Aristotle, *Politics*(1.5), 17쪽.

10 같은 책(7.2), 181쪽.

11 같은 책(1.4), 15쪽.

12 같은 책(7.7), 175쪽.

13 같은 책(1.10), 25쪽.

14 같은 책(4.6), 100쪽.

15 같은 책(7.10), 180~81쪽.

16 같은 책(3.13), 80~83쪽.

17 같은 책(3.1), 62쪽.

18 Thucydides, *The Peloponnesian War*, 164~72쪽.

19 Aristotle, *Politics*(3.7), 71쪽.

20 같은 책(4.9), 104~5쪽.

21 Lipset, *Political Man*, 서문, 7~10쪽.

22 Hobbes, *Leviathan*, 119쪽.

제4장 로마의 통찰력: 폴리비오스와 키케로

1 Seneca, *De brevitate vitae*, 5.1.

2 『법률에 관하여*De legibus*』도 튀스쿨룸에 있는 그의 시골 별장에 비치되어 있다.

3 Polybius, *The Rise of the Roman Empire*, 342쪽.

4 Plato, *Gorgias*, 140쪽.

5 Aristotle, *The Politics*(4.6), 100~1쪽.

6 *The Ethics of Aristotle*(1.3), 28쪽.

7 Polybius, *The Rise of the Roman Empire*(6권), 302~52쪽.

8 Aristotle, *Politics*(2.6), 42쪽.

9 같은 책(4.8~9), 102~5쪽.

10 Machiavelli, *Discourses on Livy*(1.1~6), 19~38쪽.

11 Polybius, *The Rise of the Roman Empire*, 342쪽.

12 같은 책, 342~44쪽.

13 Cicero, *On the Commonwealth*, 32쪽.

14 자유의 구분에 관해서는 Berlin, "Two Concepts of Liberty", *Four Essays on Liberty*를 참조하라.

15 Wood, *Empire of Liberty*, 20쪽.

16 Cicero, *On Duties*, 142~44쪽.

17 같은 책, 19쪽.

18 Machiavelli, *The Prince*, 61, 68~69쪽.

제5장 아우구스티누스의 두 도시

1 『로마서』 13:1~7.

2 Augustine, *The City of God*(21.14), 1072쪽.

3 Brown, *Augustine of Hippo*, 39쪽.

4 같은 책, 151쪽 이하.

5 Herrin, *The Formation of Christendom*.

6 Dewey, *A Common Faith, Later Works*, 9:3~20에 수록("Religion versus the Religious").

7 Lane Fox, *Pagans and Christians*는 그 점을 전반적으로 강조한다.

8 Brown, *Augustine of Hippo*, 35쪽 이하.

9 Augustine, *Confessions*(5.5~10), 76~85쪽.

10 같은 책(1.10), 9쪽.

11 같은 책(7.9~13), 121~26쪽.

12 피터 브라운(Peter Brown)이 *City of God*의 서론, xiv쪽에서 인용했다.

13 Augustine, *City of God*(5.24), 231~32쪽.

14 Lane Fox, *Pagans and Christians*, 37쪽 이하.

15 Cicero, *On the Commonwealth*, 59~60쪽.

16 Augustine, *City of God*(1.9), 13쪽 이하.

17 Augustine, *Confessions*(2.9~17), 28~34쪽.

18 Augustine, *City of God*(14.26), 628~29쪽.

19 같은 책(5.17), 217쪽.

20 Augustine, *Confessions*(1.7), 9쪽.

21 Hobbes, *Leviathan*, 30장 이하.

22 Augustine, *City of God*(5.26), 235쪽.

23 같은 곳.

24 같은 책(14.23~24), 623~27쪽.

25 같은 책(1.19~20), 29~33쪽.

26 같은 곳.

27 같은 책(2.21), 80쪽.

28 같은 책(19.21), 950~52쪽.

29 같은 책(4.15), 161쪽.

30 같은 책(19.6), 928쪽.

31 같은 책(19.16), 944~45쪽.

32 같은 책(19.6), 926~28쪽.

제2부 서문

1 Hume, "The Independency of Parliament", *Political Essays*, 24쪽에 수록.

2 Russell, *Autobiography*, 333~35쪽.

3 Augustine, *City of God*(5.17), 218쪽.

제6장 아우구스티누스부터 아퀴나스까지

1 가장 잘 알려진 사례는 Ullman, *A History of Political Thought in the Middle Ages*, 12쪽 이하.

2 늘 그렇듯이 『로마서』 13장이 핵심 문헌이다.

3 Augustine, *City of God* (19.17), 945~946쪽.

4 같은 곳.

5 같은 책(1.17~20), 26~33쪽.

6 Lane Fox, *Pagans and Christians*, 418~27쪽.

7 John of Salisbury, *Policraticus*, 219~23쪽 이하를 보라.

8 권리장전, 1689년 2월.

9 Locke, *Second Treatise*(242절), *Two Treatises of Government*, 427쪽에 수록.

10 『마태복음』 16:19.

11 Augustine, *City of God*(5.23), 235쪽.

12 『마태복음』 22:21.

13 Aristotle, *Ethics*(5.7), 158쪽.

14 *History of Sir Charles Napier's Administration of the Province of Scinde*, 35쪽.

15 『디모데전서』 6:10.

16 Locke, *First Treatise*(42절), *Two Treatise of Government*, 170쪽에 수록; Hume, *Enquiries concerning Human Understanding and concerning the Principles of Morals*, 186~87쪽.

17 Garnsey, *Thinking about Property*, 217~18쪽.

18 Gibbon, *Decline and Fall of the Roman Empire*, 6:16.

19 Ibn Khaldun, *The Muqaddimah*.

20 Burns 엮음, *Cambridge History of Medieval Political Thought*, 605~6쪽.

21 같은 책, 288~89쪽에서 인용.

22 Haskins, *The Renaissance of the Twelfth Century*.

23 예컨대 John of Salisbury, *Policraticus*(8.17), 190쪽 이하.

24 Fortescue, *On the Laws and Governance of England*, xxxii쪽.

25 John of Salisbury, *Policraticus*(4.1), 27~30쪽.

26 같은 책(8.19~20), 210~13쪽.

27 같은 책(4.1), 27~30쪽.

제7장 아퀴나스와 종합

1 Aquinas, *Political Writings*, xviii~xxii쪽.

2 *Aquinas on Politics and Ethics*, xvi쪽.

3 같은 책, xix쪽. 이 문구는 *Commentary on the Sentences of Peter Lombard*, II에 나온다.

4 Aquinas, *Political Writings*, xxiv~xxv쪽.

5 Brian Tierney, *The Crisis of Church and State*, 139~49쪽.

6 같은 책, 139~41쪽; Ernst Kantorowicz, *Frederick the Second*.

7 Aristotle, *Politics*(1.4~7), 16~19쪽.

8 Aquinas, *Political Writings*, 207쪽.

9 같은 책, 5~6, 43~44쪽.

10 같은 책, 9쪽.

11 같은 책, 4~6쪽 이하.

12 같은 책, 54쪽.

13 같은 책, 3쪽, *City of God*(19.15), 942~43쪽 인용.

14 같은 책, 83쪽 이하.

15 같은 책, 91~92쪽.

16 같은 책, 96~97, 126쪽 이하.

17 같은 책, 220~34쪽.

18 같은 책, 127쪽.

19 같은 책, 208쪽.

20 같은 책, 216~17쪽.

21 Locke, *First Treatise*(42절), *Two Treatise of Government*, 170쪽에 수록.

22 Aquinas, *Political Writings*, 207쪽.

23 같은 책, 240쪽.

24 같은 책, 241쪽.

25 같은 책, 244쪽.

26 같은 책, 277~78쪽.

27 같은 책, 271쪽.

28 같은 책, 270쪽.

29 같은 책, 267~69쪽.

30 같은 책, 276~77쪽.

31 같은 책, 273쪽.

32 같은 책, 233쪽 이하.

제8장 14세기 공위 시대

1   Marsilius of Padua, *Defensor pacis*, 72~73쪽.

2   *The Inferno of Dante*, 3곡, 60행.

3   Tierney, *The Crisis of Church and State*, 185~86쪽.

4   같은 책, 187쪽.

5   하지만 앤터니 블랙(Antony Black)은 *Political Thought in Europe*, 60쪽에서
    그것을 '걸작'이라고 말한다.

6   Dante, *Monarchy*(1.4), 8~9쪽.

7   같은 책(1.3), 7쪽.

8   같은 책(2.9), 53~58쪽.

9   같은 책(3.10), 80~81쪽.

10 같은 책(3.8), 75쪽.

11 Marsilius of Padua, *Defensor pacis*(1.1.3), 4~5쪽.

12 같은 책(1.2.1), 8쪽.

13 같은 책(1.13.3), 51쪽.

14 Dahl, *A Preface to Democratic Theory*, 63쪽 이하.

15 Marsilius of Padua, *Defensor pacis*(2.3.2 이하), 109쪽 이하.

16 William of Ockham, *A Short Discourse on the Tyrannical Government*.

17 Nicholas of Cusa, *The Catholic Concordance*.

제9장 인문주의

1 Baron, *In Search of Florentine Civic Humanism*; Burns와 Goldie 엮음, *Cambridge History of Political Thought, 1450~1700*, 15쪽 이하에 수록된 Grafton.

2 Machiavelli, "Exhortation", *The Prince*, 87~91쪽에 수록.

3 예컨대 Erasmus, *The Education of a Christian Prince*, 302~6쪽 이하.

4 Christine de Pizan, *The City of Ladies*, 1~2, 237~40쪽.

5 Plato, *The Republic*(8권), 266쪽 이하.

6 Christine de Pizan, *The Book of the Body Politic*(3.1), 90쪽.

7 같은 책(3.4), 95쪽.

8 같은 책(1.1), 4쪽.

9 같은 책(1.7), 12~14쪽.

10 같은 책(3.10), 107쪽.

11 Plato, *Gorgias, Menexenus, Protagoras*, 156~57쪽.

12 Erasmus, *Education of a Christian Prince*, 1쪽.

13 같은 책, 2쪽.

14 같은 책, 15쪽.

15 같은 책, 65쪽.

16 같은 책, 83쪽.

17 같은 책, 107쪽.

18 같은 책, 107~8쪽.

19 Erasmus, *The Praise of Folly*, 8쪽.

20 같은 책, 80~87쪽.

21 Erasmus, *Education*, 15쪽.

22 More, *Utopia*, 106~7쪽.

23 Edward Bellamy, *Looking Backward*, 66쪽 이하.

24 More, *Utopia*, 94쪽.

25 같은 곳.

26 같은 책, 79~81쪽.

27 Michel de Montaigne, *Complete Essays*.

제10장 종교개혁

1 헨리가 루터에게 맞서 성사를 옹호한 데 대해서는 앞의 418쪽을 보라.

2 Locke, *Letter concerning Toleration, Selected Political Writings*, 129~32쪽에 수록.

3 같은 책, 135쪽.

4 『로마서』 13:8.

5 Luther, "Freedom of a Christian", *Selected Political Writings*, 27쪽 이하에 수록.

6 John Man, *The Gutenberg Revolution*; Marshall McLuhan, *The Gutenberg Galaxy*.

7 Luther, "Freedom of a Christian", 29~30쪽.

8 Luther, "To the Christian Nobility", *Selected Political Writings*, 39~49쪽에 수록.

9 *Luther and Calvin on Secular Authority*, 5쪽.

10 같은 곳.

11 같은 책, 4쪽.

12 같은 책, 9쪽.

13 같은 책, 15쪽.

14 Luther, *Selected Political Writings*, 30쪽.

15 같은 책, 29쪽.

16 같은 책, 88쪽.

17 같은 책, 97~98쪽.

18 Locke, *Second Treatise*(241~42문단), *Two Treatise of Government*, 427쪽에 수록.

19 *Luther and Calvin on Secular Authority*, 49쪽.

20 같은 책, 82쪽.

21 Norman Cohn, *The Pursuit of the Millennium*.

제11장 마키아벨리

1 마키아벨리가 프란체스코 베토리(Francesco Vettori)에게 보낸 편지, 1513년 12월 10일자, *The Prince*, 93쪽에 수록.

2 Burns와 Goldie 엮음, *Cambridge History of Political Thought, 1450~1700*, 55~56쪽.

3 Machiavelli, *Discourses on Livy*(1.9), 138~39쪽.

4 Machiavelli, "Dedicatory Letter", *The Prince*, 3~4쪽에 수록.

5 Machiavelli, *The Prince*, 88쪽.

6 같은 책, 5쪽.

7 같은 책, 6~14쪽.

8 같은 책, 13쪽.

9 같은 책, 9쪽.

10 같은 책, 8쪽과 16쪽 비교.

11 같은 책, 21쪽.

12 그녀는 막스 비어봄(Max Beerbohm)의 *Seven Men*에 수록된 멋진 풍자소설 「Savonarola' Brown」에 카메오로 등장한다.

13 Machiavelli, *Discourses*(1.12), 152쪽.

14 Machiavelli, *The Prince*, 25쪽.

15 같은 책, 26쪽.

16 같은 책, 39~40쪽.

17 같은 책, 40쪽.

18 같은 책, 51~52쪽.

19 Machiavelli, *Discourses*(1.57), 258쪽 이하.

20　Wolin, *Politics and Vision*, 197~99쪽.

21　Machiavelli, *The Prince*, 61~62쪽.

22　같은 책, 84~85쪽.

23　같은 책, 85쪽.

24　같은 책, 86쪽.

25　같은 책, 87쪽.

26　Machiavelli, *Discourses*(1.27), 185~86쪽.

27　같은 책, 서론, 103~5쪽.

28　같은 책, 105쪽.

29　같은 책, 149~53쪽.

30　같은 책(1.4), 118~20쪽.

31　같은 책(3.41), 528쪽.

2권

홉스에서
현재까지

HOBBES TO THE PRESENT

2권 서문

2권의 주제는 근대 정치제도와 우리가 그것을 바라보는 태도의 본질적 요소들이 점진적이고 불연속적으로 형성되었다는 것이다. 그것을 이해하는 우리의 방식도 대체로 그것이 처음 만들어지고 나서 점진적이고 불연속적으로 형성되는 과정을 따라가지만, 항상 그런 것은 아니다. 헤겔은 철학이 기본적으로 회고적이라고 주장했지만, 어디선가 불쑥 튀어나온 통찰력이 단지 그 시대만이 아니라 우리 시대까지도 밝혀주는 것을 보면 깜짝 놀라지 않을 수 없다. 지금 이 책의 출발점이 되는 토머스 홉스도 그런 통찰력의 빛을 여러 차례 밝혀준 인물이다. 그 통찰력이 우리 사고방식에 미친 영향은 정치제도에 미친 영향보다 훨씬 더 크다. 그러므로 우리는 근대 국가의 발흥에 정치사상가가 수행한 역할을 과장하지 않도록 조심해야 한다. 그뿐 아니라 앞에서도 말했듯이 우리가 지금 이해하는 국가의 여러 가지 특징들은 어떤 세속국가보다도 교황정치에 더 큰 빚을 진 바 있다. 중세 유럽에서 세속국가의 발전은 적어도 일정 부분은 교회 통치의 발전에 대한 대응이었다.

교황정치의 제도적 본질은 지리보다 법이었다. 그 정체성은 한 개인이 아니라 법인法人과 같았다. 그 활력은 교회의 권위를 승인한 모든 사람의 행동을 지배하는 규칙을 만들어내는 교회법이었다. 교황청은 근대 관료제의 초기 모델이었다. 아비뇽 교황청의 '바빌론유수'를 제외하면 교황청은 로마에 있었지만, 교황국가는 1871년 해체될 때까지 교황 대리인들을 통해 직·간접적으로 다스렸다. 1871년부터 1929년까지도 교황정치는 존속하면서 로마가톨릭교회의 구성원들에게 전통적인 권력을 행사했다. 자체 영토도 없이 그럴 수 있었다는 사실은 법적·행정적 정체성이 영토적 정체성 못지않게 필수적이라는 것을 시사한다. 교회를 라틴어로 코르푸스 미스티쿰(신비의 신체)이라고 말하는 것은 오해의 여지가 있다. 현대 독자에게 교회의 정체성에 대해 어딘가 주술적이거나 초자연적인 듯한 느낌을 주기 때문이다. 하지만 결정적으로 포드 자동차 회사도 코르푸스 미스티쿰이며, 모든 근대국가 또한 그렇다. 그것은 권력의 장소, 즉 권력의 지배를 받는 개인들에 관한 설명과, 개인들이 한 법인체의 구성원으로서 서로 관계를 맺는 것에 어떤 목적이 있느냐에 대한 설명으로 정의된다.

하지만 물론 근대국가는 그냥 법인체가 아니다. 국가는 영토 내의 모든 주민, 나아가 국내에 거주하지 않는 시민에게도 강제 권력을 독점적으로 행사할 수 있는 권한을 가진 법인체다. 영토적 정체성은 국가에 필수적이다. 적어도 정부가 있다면 정부의 핵심 과제는 그 정부가 지배하는 국가의 영토적 통합성을 유지하는 일이다. 아티카 영토를 침략자들에게 내주고 스파르타와의 전쟁에 대비하는 전략을 수립하는 과정에서 아테네인들을 통합하는 데는 페리클레스의 탁월한 설득력이 필요했다. 에스파냐와 프랑스 군대가 이탈리아 땅을 제멋대로 돌아다니는데도 그것을 막지 못하는 분열된 이탈리아인들에 대한 마키아벨리의 절망은 잘 알려져 있다. 하지만 그것은 어느 민족이나 영토의 혈통을 내세워 당연히 정부의 권력을 요구했던 관습과는 관계가 없다. 오늘날에는 정부 수반을 자신이 국정을 담당한 나라의 시민 이상으로 생각하는 경우는 상상하기 어렵다. 하지만 근대 초기까지는 전혀 그렇지 않았다. 부르봉 지배자들과 합스부르크 지배자들을 틀어지게 만든 왕조의 원칙은 권력을 '국가' 자체에서 나오는 게 아니라 마치 가문의 재산처럼 보이게 했다.

지금 내가 언급하는 것은 '근대국가'이며, 정치와 정부의 '근대적 이해'다. 시대 구분은 불가피한 것이지만 사실 모든 시대 구분은 대단히 자의적이다. '근대 세계'는 콜럼버스가 아메리카 해안에 도착해 인도에 왔다고 착각한 1492년에 생겨났다고 볼 수도 있고, 1517년 10월 루터가 비텐베르크 정문에 95개 조항을 부착했을 때 출범했다고 볼 수도 있다. 그런가 하면 1633년 갈릴레이가 코페르니쿠스의 이단을 강제로 자백해야 했을 때 "에푸르 시 무오베eppur si muove(그래도 지구는 돈다)"라고 말한 순간을 근대의 출발점으로 정할 수도 있고, 그보다 훨씬 이른 1439년 구텐베르크가 활판인쇄술을 발명하고 곧이어 새로운 종교, 과학, 문학, 정치 사상이 봇물처럼 출판물로 터져나왔을 때를 근대의 기점으로 잡을 수도 있다. 근대의 출발에 관한 복잡한 논의 가운데 하나는 신뢰할 만한 시계의 발명이 새로운 시간감각을 만들어냈다는 것이다. 이것은 활동을 더 효과적으로 조정하는 것을 가능케 했을 뿐 아니라, 포괄적인 방식으로 근대 세계의 산업혁명과 여러 경제 분야로 나아가는 길을 닦았다. 정치사상사를 연구하면서 근대의 출발점에 관해 여러 가지 주장들을 놓고 갑론을박하는 것은 별로 적절하지 않지만, 그래도 그런 논의가 적지 않은 즐거움을 주는 것은 사실이다. 하지만 지리적 인식의 변화, 새로운 과학의 성장, 종교적 격변, 문맹 감소, 경제 성장, 군사 기술 발달, 그 밖에 우리가 근대 세계의 발전이라고 부르는 현상과 관련된 여러 가지 변화의 중요성은 충분히 유념할 필요가 있다. 특히 그런 유념 속에서 정치사상의 역사를 논리에 따른 문헌들의 조합으로 바라보려는 유혹을 바로잡을 수 있으며 이를 이끌어온 동력은 인간의 열망임을 이해할 수 있다.

우리의 목적에 비추어 볼 때 정치에 관한 근대적 사고방식은 홉스로부터 시작한다고 봐도 전혀 과언이 아니다. 정치학이 홉스로부터 시작된다는 헤겔의 주장 뒤에 숨어버리는 것은 지적 비겁함이다. 물론 정치학이 자신의 저서 『리바이어던』보다 오래되지 않았다고 자부하는 홉스를 액면 그대로 받아들이면 안 되는 것 또한 말할 필요도 없다. 결국 마키아벨리는 자신이 새로운 정치 분석 방법을 발명했다고 주장했다. 만약 우리가 사상가들이 새롭게 발명했다고 주장하는 것들을 전부 다 일일이 검토할 셈이라면 우리는 기다란 연구 목록을 받아들게 될 것이다. 그래도 홉스와 그의 시대에 진정한 근대 정치사상이 시작된다는 생각에는 몇 가지 확실한 토대가 있다. 개별적으로는 어느 것도 충분치 않지만 다 모아놓으면 충분히 설득력을 가진다.

자연 상태라는 개념이 하나의 토대가 된다(여기서 '상태'란 state, 즉 '국가'와 같은 단어다. 자연 상태는 계몽주의 사상에서 자주 논의되었고 근대국가의 탄생과 밀접한 연관을 가지는 개념이다. 이 책에서는 문맥에 따라 상태와 국가를 혼용했는데, 둘이 같은 단어라는 점을 유념하는 것이 좋겠다—옮긴이). 국가가 무엇인지—즉 국가의 정통성이 어디에 있는지, 권력의 범위가 어디까지인지, 신민의 권리와 의무가 무엇인지—에 관해 명확히 알려면 국가가 없는 세계를 상상해보라는 것은 신선한 발상이었다. 혹은 더 정확히 말하자면, 그 생각을 순수와 자연스러운 사회성이 지배하던 지나간 황금시대에 대한 공상이 아니라 사고실험으로서 이용하는 것도 신선한 발상이었다. 누구나 그것이 유익한 혁신이라고 생각하지는 않았으며, 정치가 생겨나기 이전의 '자연스러운' 상태의 관념에 호소한다고 해서 누구나 그 자연스러운 상태가 어떤 것인지에 관해 동의한 것은 아니다. 홉스, 로크, 루소 등 그 계열의 유명한 사상가들 역시 자기들끼리도 동의한 바가 없었다. 그럼에도 불구하고 인위적인 국가가 자연 상태보다 더 중요하고 흥미로운 것이라는 생각은 국가의 목적, 권력, 한계에 관한 논의를 새로운 방향으로 이끌어간다. 자연스러운 조직 형태와 인위적인 조직 형태의 차이가 이런 식으로 두드러지게 된 이유에 관해서는 그동안 여러 가지 설이 제기되었다. 그 대부분은 흥미롭다기보다는 시사적이다. 그중 하나는, 1500년대 초부터 종교전쟁과 기타 전쟁들이 끊임없이 이어져 온 결과 모든 사람들은 정치에서 우연의 역할이 매우 중요하다는 강력한 인상을 가지게 되었다는 것이다. 우리의 지배자는 누구이고, 그가 우리에게 강요하는 신앙은 어떤 것이며, 한 정치적 실체와 다른 정치적 실체를 가르는 물리적 경계는 어디에 있는가? 이 모든 것들이 자의적으로 보였다.

유럽 세계가 기술·정치·군사적 발전 수준이 상당히 낮은 단계에 있는 사회들과 교류한 것은 분명히 중요한 사실이다. 발견의 항해 덕분에, 유럽의 탐험가와 상인들은 아프리카 해안을 따라 내려갔고, 인도양을 거쳐 인도와 지금의 인도네시아까지 갔으며, 이후 대서양을 거쳐 서인도제도와 아메리카에도 진출했다. 현대적이고 튼튼한 무장을 갖추고 기술적으로 점점 발달하는 문명과, 유럽 석기시대 수준에 해당하는 기술력을 가진 민족들이 충돌한 결과는 끔찍했다. 사람들은 노예가 되었고, 토지를 빼앗겼고, 문화를 박탈당했고, 아무런 보호 조치도 없이 낯선 질병에 시달렸다. 그것도 역시, 제한적이기는 하지만 인류의 자연 상태를 추측하는 데 어느 정도 실증적 근거를 제공했다. 정치가 생겨나기 이전의 상태는 순수의 황금시대가 아니라 겨우 생존하는 데 그쳤고 수명도 짧은데다 무지한 시대였다. 우리의 근대적 감수성에 비추어보면, 유럽인들은 그 소박한 사회들에 그렇게 행동할 권리가 전혀 없었다. 또한 16~19세기의 모든 저술가들이 기술적으로 발전하지 못한 사회라고 해서 더 발전한 억압자들에 비해 도덕적으로 열등하다고 생각한 것도 아니다.

세계에 대한 새로운 과학적 이해가 끼친 영향은 파악하기가 쉽지 않은 요소다. 아리스토텔레스의 우주는 철두철미 위계적이었다. 갈릴레이의 우주는 '평평했다'는 점이 중요하다. 신은 합리적 방침에 따라 우주를 창조했을 테고, 인간은 신의 합리성을 공유한다는 점에서 창조의 정점이라고 할 수 있다. 그럼에도 불구하고 사회적 위계는 이를테면 아리스토텔레스에게 그랬던 것처럼 우주의 본성에 각인되어 있지는 않았다. 물리학 법칙의 보편성은 사회적 규약의 준準보편성과 사뭇 다른 질서였다. 물론 여기서, 아무도 왕권의 신성함을 신뢰할 수 없다는 결론이 나오지는 않는다. 신권을 가진 절대군주정이 17세기 정치 현실과 정치사상의 두드러진 특징이라는 것은 지적으로 곤혹스러운 문제지만, 그 사실 자체를 부인할 수는 없다. 그러므로 절대군주정이 생겨난 것은, 어차피 아리스토텔레스식 자연적 존재 위계가 없다면 모든 질서는 결국 명령의 문제가 아니냐는 생각과 관련이 있다고 보기 쉽다. 신은 세계를 명령으로 정했고, 절대군주는 신민의 삶을 명령으로 정했다.

유럽 정치사상의 위대한 전통은 홉스로부터 시작해 마르크스로 끝난다고 보는 게 보통이다. 무릇 모든 시대 구분에는 완전히 타당한 출발점을 설정하는 게 불가능하게 마련인데, 완전히 타당한 종지점을 설정하는 것도 불가능하기는 마찬가지다. 하지만 쉽게 말할 수 있는 내용도 있다. 홉스, 로크, 루소 등 사회계약론자들의 저술에서 국가는 기본적으로 사회의 통합적인 요소로 간주된다. 국가는 인위적이고 법적인 조직이며, 입법의 관념에 함축된 하향식 권력을 뒷받침한다. 이것은 정치질서의 본성을 다소 좁게 바라보는 관점이라고 할 수 있는데, 고전적 정치사상에 내재하는 관점과는 분명히 크게 다르다. 고전적 공화주의 이론과, 법적 권력의 본성과 기원에 초점을 맞추는 근대적 사고의 차이는 17~19세기 정치사상가들이 보기에도 명확했다. 그들 중 일부는 정치에 관한 더 오랜 사고방식을 복구하고자 했으며, 일부는 정치와 관련된 일체의 것을 불신하려 애쓰기도 했다. 하지만 법적·정치적 권력의 다양한 형태가 유지되는 조건에 관해 역사적으로 미묘한 질문을 처음으로 제기한 사람들도 있었다. 간단히 말해 그것은 정치사회학, 혹은 사회학의 성장이었다. 그 한 가지 결과로, 정치는 예전보다 독자성이 더 약해졌다.

이제 근원적인 사회적 힘으로 관심을 돌리게 되었고, 이것이 예전에는 정치 지도자가 할 수 있었고 했던 일을 최소한으로 제약하거나 완전히 결정하는 것이 되자, 아리스토텔레스 이후 낯익은 '인간은 정치적 동물'이라는 생각은 어떻게 해석되든 간에 매력을 잃었다. 인간은 호모파베르homo faber(만드는 인간)라고 해야 할 것이다. 인간은 전반적으로 창조적인 존재이며, 인간의 창조성은 통상적 의미에서의 정치를 크게 뛰어넘어 확장되었다. 그보다 즐겁지 못한 일이지만, 인간은 생산의 동물이라고 말할 수도 있다. 여기서 생산이란 종의 번식을 가리킨다. 그러자 사회성의 성장이라고 말할 수 있는 것이 다른 의미를 가지게 되었다. 아리스토텔레스는 인간이라면, 혹은 적어도 그가 잘 아는 그리스인이라면 폴리스에서 능동적 시민의 온갖 활동에 적극적으로 동참하려 한다는 것을 당연시했다. 그러나 부르주아적 안락함이라고 할 수 있는 것이 등장하자 그 가정은 힘을 잃었다. 만약 개인적 가치—이기적 가치가 아니라 가족적 가치—, 온갖 종류의 문화활동, 국가나 국가기관의 도움 없이 참여할 수 있는 활동이 확고하게 우리 삶의 가장 중요한 측면이 된다면, 또한 만약 우리가 노동자와 소비자로서 영위하는 삶이 시민과 신민으로서의 삶보다 더 중요해진다면, 궁극적으로는 국가의 소멸을 상상하는 길이 열린다. 그 열망의 좌절은 숱한 정치적 비극 중 하나로, 이 책의 마지막 부분을 차지할 것이다.

제1부

근대

제12장
토머스 홉스

근대

버지니아 울프가 "1910년 12월에, 혹은 그 무렵에 인간 본성이 변했다" (1924년작『베넷 씨와 브라운 부인』에 나오는 구절―옮긴이)라고 썼을 때, 그녀의 태도는 유쾌하고 도발적이었다. 사상사가와 정치이론가들이 최초의 '근대' 정치사상가가 홉스냐, 마키아벨리냐, 둘 다 아니냐를 놓고 토론할 때 그들의 태도는 자못 진지하다. 여기서 특정한 후보가 최초의 근대 사상가로 널리 인정된다거나, 그 문제가 보편적으로 아주 중대한 의미를 가진다고 말하려는 것은 아니다. 이러저러한 저자를 최초의 근대 사상가로 상정하려면 필연적으로 '근대'란 무엇인지에 관한 논쟁이 뒤따를 수밖에 없다. 마키아벨리와 홉스에게 그 논쟁의 공정한 해결을 요구하는 것은 부당한 짓이다. 마키아벨리는 자신이 정치 토론에 '새로운 방법'을 도입했다고 자화자찬했으며, 홉스는 정치학이『리바이어던』보다 오래되지 않았다고 주장했다. 이 책 제2권의 핵심 견해는, 그 문제가 명확히 이해될수록 근대는 홉스로부터 시작한다고 볼 수 있다는 것이다. 그 문제에 관한 회의론의 근거는 여러 가지가 있다. 그중에서도 특히 오늘날까지 남아 있는 고대 세계의 정치 관습에 대한 갈망이 대표적인 예다.

근대가 홉스로부터 시작한다는 생각은 이렇다. 마키아벨리는 기본적으로 회고형 인물이었다. 그가 이상적으로 여기는 성공적인 정치체제는 로마 공화정이었다. 로마가 성공한 원인에 관한 그의 생각은 폴리비오스의 생각과 매우 비슷했다. 페리클레스도 아마 놀라지 않았을 것이다. 로마는 안정적이고, 법을 잘 지키고, 군사적으로 세계 최강이었다. 시민들은 충성스럽고, 공공 정신이 투철하고, 용감하고, 자제력이 강했다. 마키아벨리는 로마가 지성·문학·예술·건축에서 거둔 업적에 관해서는 전혀 언급하지 않는다. 그저 그의 시대 사람들이 옛 조각상들을 많이 복제하면서도 정작 옛 위인들을 복제하지는 않는다고 불평할 따름이다. 마키아벨리의 『로마사 논고』는 리비우스의 『로마사 *Ab urbe condita libri*』에 관한 해설이지만, 그는 근대적인 역사관을 갖고 있지 않다. 즉 역사에 관해, 이를 우리 선조들이 점점 우리로부터 멀어지고 우리가 알지 못하는 대상이 되는 돌이킬 수 없는 과정으로 보지 않는 것이다. 여기서 역사는 사례들의 창고이며, 특정한 시간과 장소에 통용된 것이 모든 곳에서 통용되리라는 생각이 내재되어 있다.

홉스는 후대의 저자들처럼 진보의 관념에 호소하지 않고, 그를 고용했던 프랜시스 베이컨처럼 인간을 편안하게 만들어준 과학의 가치에 찬사를 보내지도 않지만, 문명 세계와 비문명 세계의 차이―예컨대 16세기 영국과 당시 아메리카 원주민 세계의 차이―가 정치, 지성, 넓은 의미에서의 기술에 있다고 굳게 믿었다. 마키아벨리는 로마인들이 화약을 알지 못했다는 이유로 화약의 가치에 관해 회의를 품었다. 홉스는 17세기의 인간이 선조들보다 더 많은 것을 안다고 확신했다.

정치에 관한 근대적 사고방식의 탄생을 알린 인물이 홉스가 아니라 마키아벨리라는 생각은 결코 터무니없는 게 아니다. 적어도 두 가지 방식의 옹호는 매우 타당하다. 첫째는 마키아벨리가 정치를 자체의 규칙과 성공 기준—자연법 혹은 모든 것을 지배하는 그리스도교 우주론에서 나오지 않는 기준—을 가진 인간활동으로 간주하고, 정치의 자율성을 선언했다고 보는 것이다. 이 견해에 따르면, 고전 세계와 중세 세계는 적어도 정치철학자들의 저술에서 공통점이 있다. 그것은 정치를 세속적인 성공의 기준이 아니라 선험적인 기준으로 판단하기 위한 도덕적·형이상학적 틀이다. 마키아벨리의 주장은 정치란 오로지 권력을 획득하고 보유하고 행사하는 것뿐이라는 것이다. 성공은 기술의 문제이며, 정치 분석은 그 기술의 분석이다. 둘째는 기본적으로 이런 생각을 정교화하는 것이다. 그러려면 정치의 자율성이라는 관념에 주의를 기울이기보다, 인간이 사적 행위와 공적 행위의 정당성의 기준을 설정하는 자연법에 예속되어 있다는 낡은 관념과 결별하는 데 더 주의를 기울여야 한다. 그런 관념은 어느 정도 힘을 가진다. 하지만 국가의 전반적 안전, 더 특수하게는 지배자의 안전을 위해 필요할 경우 마키아벨리가 허용하는 사악함의 정도를 생각하기란 쉽지 않다. 옛 저술가들은 그것을 허용하지 않는다. 아테네인들이 멜로스인들을 처리하면서 의지한 자연법은 그리스도교나 스토아학파와 같이 압도적인 도덕법이 아니었다. 마키아벨리가 발명했다고 자주 일컬어지는 것은 비정한 국가이성raison d'état의 지배였다. 만약 홉스와 더불어 정치에 관한 근대적 사고방식이 탄생했다고 생각한다면, 또한 자연법에 관한 새로운 관념도 그 일부라고 생각한다면, 자연법과 그 철학적 지위에 관해 홉스가 대단히 명료하게 설명한 것은 마키아벨리가 그런 논의를 무시하고 그에 대해 침묵한 것과 크게 대비된다.

 토머스 홉스는 영국의 가장 위대한 정치사상가이며, 정치학에 관해 영어로 글을 쓴 저자들 중 가장 대담하고 흥미롭고 도발적인 인물이다. 가장 사랑을 많이 받은 사람이거나 가장 현명한 사람은 아니다. 하지만 그의 많은 적들조차, 거들먹거리는 반대파를 전부 합친 것보다 그가 더 글을 잘 쓴다는 것을 인정했다. 악마가 최고의 솜씨를 가진 것은 그것이 처음도, 마지막도 아니었다. 홉스가 사람들의 적대에 놀랐는지는 알 수 없다. 그는 자신의 저작을 편견 없이 읽으면 누구라도 그 내용을 믿지 않을 수 없으리라고 주장했다. 현실이 그렇지 않다는 점에 대해 그는 "이성이 인간에게 등을 돌리면 인간도 이성에 등을 돌리게 된다"라는 말로 일축했다. 그랬으니 친구를 만들기 어려웠던 것도 무리가 아니었다. 그는 1588년 성금요일(부활절 직전의 금요일. 그해에는 4월 5일이었다—옮긴이)에 미숙아로 태어났다. 그의 어머니는 영국해협에 에스파냐 무적함대가 보였다는 소문—그때는 근거가 없었으나 9월에 실제로 출현했다—을 듣고 겁을 집어먹은 상태에서 산고에 들어갔다. "그때 사랑하는 어머니는 쌍둥이를 낳으셨다. 나와 공포라는 쌍둥이를." 홉스는 훗날 이렇게 말했다. '공포는 의지할 만한 동기'라는 문구는 1651년에 출판된 그의 걸작 『리바이어던』의 슬로건이었다.[1]

 그가 태어난 곳은 윌트셔의 맘스버리였다. 그의 아버지는 이곳의 시골 목사였는데, 지적인 수준은 보잘것없는 인물이었다. 성격이 난폭했던 그는 어느 날 교회 문에서 한 교구민을 때리는 사건을 일으킨 뒤 교구를 버리고 도망쳤다가 '런던 너머에서'[2] 죽었다. 그뒤 삼촌이 홉스를 지역 초등학교에 입학시켰고 이후 옥스퍼드로 보냈다. 그것은 가난하지만 총명한 소년에게 알맞은 길이었다. 홉스는 목사, 법률가, 귀족의 믿음직한 비서, 귀족 아들의 가정교사 등이 되었다. 대학생 시절 홉스의 삶에 관해서는, 끈끈이에 치즈 조각을 붙여 새를 잡는 취미를 가졌다는 것 이외에는 전혀 알려지지 않았다.[3] 훗날 옥스퍼드와의 관계는 좋지 않았다. 그는 진공의 가능성을 놓고 로버트 보일Robert Boyle(17세기 아일랜드의 화학자—옮긴이)과 소득 없는 논쟁을 벌였고, 원을 정사각형으로 바꾸는 문제를 놓고 존 월리스John Wallis(17세기 영국의 수학자—옮긴이)와 역시 쓸데없는 논쟁을 벌였다. 옥스퍼드 총장인 클래런던Clarendon 공작은 『리바이어던』을 공격하는 두꺼운 책을 썼으며, 홉스의 사후에 대학측은 그의 저술을 폐기 처분하고 보들리 도서관(15세기에 옥스퍼드에 설립된 장서 소장용 도서관—옮긴이)의 안뜰에 파묻어버렸다.[4]

옥스퍼드를 나온 뒤 홉스는 데번셔 공작 아들의 가정교사이자 보호자가 되었다. 내전이 중단되었을 때 그는 캐번디시 가문과 인연을 맺고 이후 평생을 그들과 함께했다. 그는 어린이에게 신사의 교양인 라틴어, 그리스어, 수학, 역사를 가르쳤다. 또한 그는 1630년대에 주인 가문의 유럽 여행 도중 터무니없게도 주인을 대신해 돈을 빌리러 다닌 적도 있었다. 그의 삶에서 내리막은 돈이 비처럼 쏟아지기를 기다리던 때였고, 오르막은 다른 사람들의 서재에서 오랜 시간을 보내며 유클리드를 읽고 기하학과 사랑에 빠진 때였다.[5] 홉스의 첫번째 정치 저작은 투키디데스의 『펠로폰네소스전쟁사』를 번역한 책으로, 그는 이것을 고용주에게 선물로 바쳤다. 그는 이 책이 그의 시대와 매우 잘 맞는다고 여겼다. 투키디데스는 아테네 민주주의의 강력한 비판자였고, 홉스는 대중정부에 반감을 드러내지 않았다.

얼마 뒤 홉스는 정치적 지혜로 이르는 길에 관한 생각을 바꾸었다. 투키디데스는 역사의 교훈을 가르쳐주었다. 홉스는 이제 역사와 무관한 학문을 추구했다. 주요한 원리들을 통해 정치적 자율성의 본질을 설명하는 한편, 지배자와 신민이 전쟁을 피하고 세속적 평화와 번영을 누리려면 어떻게 해야 하는지 보여줄 참이었다. 1642년 내전이 중단되었을 때, 그가 전년도에 쓴 『법의 요소들The Elements of Law』이라는 제목의 저작이 그의 동의도 없이 간행되었다. 이 책은 의회가 왕을 상대로 소송할 게 없다는 내용이었다. 홉스는 의회가 왕을 투옥하거나 살해할지 모른다는 사실에 경악했다. 그는 프랑스로 도망쳐 웨일스 공의 궁정에 몸을 의탁했다. 그는 장차 찰스 2세가 되는 웨일스 공의 가정교사를 지낸 경력이 있었던 것이다.

전쟁 시기에 왕당파와 의회파는 서로 엎치락뒤치락하던 끝에 이윽고 1647년에 의회파가 승세를 잡았다. 찰스는 체포를 피해 왕좌에 복귀하려 했다가 결정적 패배를 당한 뒤 반역죄로 재판을 받고 1650년 1월 30일에 처형되었다. 왕당파에게 그것은 순교였으며, 신이 임명한 자를 불경스럽게 살해한 것이었다. 홉스는 왕당파의 운명이 다했으니 현명한 사람들은 올리버 크롬웰 정부와 화친을 도모해야 한다는 결론을 내렸다. 바로 그 무렵에 홉스는『리바이어던』을 썼다. 오늘날 많은 독자들은 그 책이 절대 군주정을 옹호하는 내용이라고 여긴다. 하지만 그 책은 군주정을 옹호하는 게 아니라 개인이나 집단이 부여받은 절대권력을 옹호하고 있다. 홉스는 분명히 군주정이 최선의 정부 형태라고 믿었지만, 그것을 증명할 수 있다고는 생각하지 않았다. 그가 스스로 증명했다고 여긴 것은 정치권력이 절대적이어야 한다는 사실이었다.『리바이어던』의 도덕은 어떤 정부든 평화를 보장하고 정부의 노력을 통해 번영을 가능케 한다면 신민들은 그 정부에 복종하고 지지할 의무를 가진다는 것이었다. 만약 크롬웰의 호국경 정부가 홉스와 화해한다면 그도 정부와 화해할 생각이었다. 파리에서 홉스는 중병에 걸렸다. 이미 육순의 나이이기도 했지만 몹시 늙은 느낌이었다. 그는 고향에 돌아가고 싶었다. 호국경 정부가 새 정부에 '참여'하는 사람, 다시 말해 충성을 맹세하는 사람은 사면해주고 더불어 재산을 돌려주겠다고 제안하자 홉스는 드디어 귀국했다.

찰스 2세는 그에게 적의를 보이지 않았다. 왕정복고가 이루어진 1660년 왕은 홉스를 궁정에 초청해 현인으로 널리 알려진 옛 스승에게 듬뿍 사랑을 베풀었다. 그러나 몇 년 뒤 홉스는 교회와 불화를 빚었다. 그는 성직자들의 허식을 예리하게 비판했으며, 성직자들은 그가 궁정과 그 식객들의 도덕을 타락시켰다고 여겼다. 홉스의 비정통적인 견해는 그를 손쉬운 타깃으로 내몰았다. 심지어 그를 이단으로 몰아붙이려는 시도도 있었다. '이단의 화형에 관하여De heretico comburendo'라는 중세 법규가 실제로 타당한 법이었는지는 해결되지 않은 문제였지만, 소심함을 자랑으로 삼았던 홉스는 굳이 그것을 실험하고 싶지 않았다. 그는 은퇴하여 시골로 가기로 마음먹고 채츠워스의 데번셔 가문에게 몸을 의탁했다. 그곳에서 그는 1679년에 아흔 살의 나이로 세상을 떠났다. 옥스퍼드 대학이 그의 책을 불태운 것은 저자를 화형하는 것과 다를 바 없는 심한 처사였다. 홉스는 『리바이어던』의 끝부분에서 자신의 학설이 여러 대학에서 가르쳐지기를 바라는 마음을 피력하고 있다. "이 책에서 설교자와 젠트리gentry(귀족과 소지주의 중간 계급―옮긴이)는 원하는 물을 얻어 (설교할 때와 대화할 때) 인민에게 뿌리도록 하라."[6] 3세기가 지난 뒤 홉스는 사람들의 기억에 남았지만, 시류에 편승해 그의 책을 불태운 보수주의자들은 기억에서 사라졌다.

최초의 정치학자?

홉스는 정치학이 그 자신보다 오래되지 않았다고 주장했다. 물론 이전에도 키케로, 마키아벨리, 에라스뮈스 등 역사가와 수사학자들이 역사적 증거에 입각한 조언과 소박한 도덕적 충고를 전했고, 수사적 솜씨를 과시한 바 있었다. 홉스는 자신이 최초로 과학적 기반 위에서 정치를 이해하려 했다고 주장했다. 그는 진정한 정치학의 성립을 가로막는 주요 장애물이 스콜라 학자, 사제, 교수, 수사학자, 반계몽주의자의 사리사욕이라고 생각했다. 그가 특히 우려한 것은 고대 공화정과 로마의 리베르타스 libertas(자유의 여신 혹은 자유를 뜻하는 라틴어―옮긴이)를 부활시키려는 자, 정치권력을 종교에서 끌어내리려는 자였다. 영국성공회의 주교, 교황, 혹은 내전 중에 우후죽순으로 솟아난 예언자로 자처하는 자들이 그런 위험인물이었다. 우리가 홉스를 그 자신이 의도한 대로 이해하려면 일단 그 주장을 탐구해야 한다.

홉스의 생애는 두 가지 혁명으로부터 지대한 영향을 받았다. 하나는 1640년대의 내전이었고, 다른 하나는 갈릴레이, 데카르트, 그리고 로버트 후크, 윌리엄 하비, 로버트 보일 같은 영국 과학자들과 연관된 지성의 혁명이었다. 첫째 혁명을 계기로 홉스는 권력의 위치와 범위가 명확히 정해지지 않은 사회는 무조건 내전에 빠질 운명에 처한다고 생각하기에 이르렀다. 만약 내전을 모면한다면 그것은 오로지 행운의 덕분이다.『리바이어던』은 국가의 통일을 기하려면 절대적이고 전제적인 입법·행정권력이 한 개인이나 집단에 귀속되어 있어야 한다는 홉스의 주장을 명확히 드러내고 있다. 지배자(한 사람이나 몇 사람일 수도 있고 정치사회 전체일 수도 있다)는 무제한의 합법적 권력을 소유하며, 신민들은 지배자가 자신들의 삶을 위협하지 않고 그리스도를 부정하라고 요구하지 않는 한 모든 면에서 복종해야 한다. 설령 그리스도를 부정해야 한다는 명령을 받는다 해도 신이 자신들의 진심을 알아주리라고 믿으면서 그 명령에 따라야 한다.[7] 우리는 먼저『리바이어던』을 홉스의 지적 중심으로 확고히 위치시킨 다음, 그의 '과학' 관념을 간략하게 탐구할 것이다. 현대 독자는 아마 홉스가 기하학을 과학이라고 여겼다는 것에 당혹감을 느낄 테고, 홉스의 정치이론이 대체 어떤 종류의 과학인지 의아해할지도 모른다. 그렇다면 우리는『리바이어던』의 핵심 논지를 분석해야 한다. 이 과정에서 독자는 인간 본성의 논쟁적인 설명으로부터 출발해 자연 상태라는 논쟁적 구도를 거친 다음, 법을 결정하고 집행하는 절대적이고 전제적인 권력을 가진 지배자의 권위를 확립할 필요성에 관한 더 논쟁적인 주장을 마주하게 될 것이다. 마지막으로 우리는 홉스가 충격적인 방식으로 자신의 주장을 개진하지 않는다는 점에 주목해야 한다. 그는 그저 우리에게, 현명한 정부는 법적인 의무가 없는 일을 많이 할 것이고 법적으로 자격을 가진 일은 별로 하지 않으리라는 점을 상기시킬 따름이다.

홉스의 지적 편력과 충성의 방향은 상당히 복잡했다. 젊은 시절 그는 학자로서 이름을 날리고 싶었다. 그가 번역한 투키디데스의 『펠로폰네소스 전쟁사』도 그렇지만, 라틴어 『자서전』을 비롯해 그가 쓴 수많은 라틴어 시들은 세련되면서도 힘이 넘친다. 잘 알려졌듯이 기하학을 접하고 새로운 물리학을 발견한 뒤 그는 광학에 열정을 보였으나 동시에 학문적 충돌과 다툼에 빠져들었다. 그 결과는 좋지 않았다. 특히 원을 정사각형으로 바꾸는 문제를 놓고 월리스와, 진공의 가능성을 놓고 보일과 벌인 논쟁이 그랬다.[8] 우리의 목적을 향해 나아가는 데, 홉스의 문학적 성취와 그가 새로운 물리학을 제대로 이해하지 못한 결함은 별로 문제가 되지 않는다. 다만 그런 점에 비춰 봤을 때 홉스는 당대의 사태에 휩쓸려 정치이론가의 길로 나섰을 뿐, 그 자신은 조용한 시대에 살면서 광학이나 연구하고 싶었다는 그의 말이 진심이었음을 짐작할 수 있다.

『리바이어던』은 역사를 통틀어 가장 위대한 정치이론 저작들 중 하나지만, 자칫하면 홉스의 지적 집착에 관해 잘못된 인상을 줄 수 있다. 『리바이어던』은 정치과학을 찬양하고 홉스가 '신중함'이라고 부른 것을 폄하한다.[9] '신중함'은 홉스가 고전적 통치술을 가리킬 때 쓰는 용어인데, 고전적 통치술이란 역사를 분석하고 어려운 상황에 사람들이 어떻게 행동했는지를 관찰해 안전한 정치적 행동의 원칙을 이끌어내려는 시도를 말한다. 아리스토텔레스가 이따금씩, 그리고 투키디데스, 폴리비오스, 마키아벨리는 늘 관심을 보였던 주제다. 홉스가 경멸한 고전적 통치술은 당대 인물인 제임스 해링턴 James Harrington이 옹호했고, 후대에는 데이비드 흄 같은 사람들도 지지했다. 홉스는 역사 분석과 경험적 관찰에 기반을 둔 정치학을 명시적으로 비판하지는 않았다. 그 자신도 1629년에 투키디데스의 책을 번역했을 뿐 아니라 내전 이후 투키디데스의 방식으로 당대의 역사를 연구하기도 했다. 그는 『리바이어던』 이후 『베헤모스 Behemoth』도 썼는데, 이것은 잘 읽히는 문헌은 아니지만 그가 내전의 '역사 이야기'라고 부른 것에 해당한다. 여기서 그는 고전을 경솔하게 읽는 독자들이 평화를 위협하는 폭군 살해의 관념을 가지게 된다고 불평한다.[10]

홉스가 정치적 목적을 위해 역사를 서술하는 데 모호한 반응을 보인 것에는 단순한 배경이 있다. 그는 투키디데스를 '역사상 가장 정치적인 역사 편찬자'라고 여겼으며, 민주주의가 본래 불건전한 정부 형태라는 투키디데스의 견해에 동의했다. 그 이유는 특히 민주주의가 자멸적인 전쟁으로 빠져들고 파벌 다툼과 불화로 나아가기 쉽다는 데 있었다. 그러나 17세기 영국에서는 역사가 위험하게 사용되고 있었다. 공화주의 저자들은 역사의 독해를 통해 폭군 살해를 옹호하고자 했다. 또 어떤 사람들은 대중적 공화정에서만 정치적 자유가 존재한다는 게 바로 역사가 가르쳐주는 교훈이라고 주장했다. 홉스는 자신 이외의 대다수 저자들이 사상가가 아니라고 생각했다. 그들은 그저 자신의 정치적 편견을 역사적 암시로 치장해 자신이 얼마나 박식한지 자랑하려는 것에 불과했다. 그들은 수사로 생각을 대신했다. 하지만 그 비난은 역설적인 듯하다. 『리바이어던』이야말로 정교한 수사의 걸작이기 때문이다. 그것은 우연이 아니다. 당시 수사는 이성의 종복으로 간주되었다. 홉스가 발견한 정치학의 원칙이 그가 생각한 것만큼 독창적이라면, 수사는 그의 새로운 과학을 더 이해하기 쉽게 만들어줄 것이다. 하지만 그것을 과학으로 만들어준 것은 문학적 매력이 아니라 논리적 설득력이었다.

홉스가 완숙한 문체로 선보인 첫번째 정치 저작은 『법의 요소들』이다. 원래는 세 부분으로 나누고 분량도 더 길게 쓰려 했던 책이다. 홉스는 젊은 주인과 함께 유럽을 여행하던 1630년대에 데카르트를 만나고 파리 사교계를 접한 것을 계기로 이 책을 구상했다. 원래 라틴어로 쓸 계획이었고, 물리적 사물의 본성에 관한 부분De corpore, 인간에 관한 부분De homine, 시민에 관한 부분De cive으로 구성할 참이었다. 하지만 결국 셋째 부분은 1642년에 『법의 요소들』이라는 영어 책으로 나왔고, 첫째 부분과 둘째 부분은 각각 1655년과 1658년에야 빛을 보았다. 1642년과 1647년에 『시민에 관하여De cive』로 출판된 저작은 『리바이어던』의 초고에 가깝다. 홉스는 의회파의 허세에 적대감을 보인 것 때문에 자신의 목숨이 위태로워지지 않을까 우려했다. 하지만 의회파에 대한 그의 공격이 대중정부의 지지자들에게서 환영받지 못한 것과 마찬가지로, 회의론의 입장에서 절대군주정을 세속적으로 옹호한 그의 태도 또한 찰스 1세가 신권에 의한 왕이라고 믿는 사람들에게서 환영을 받지 못했다. 그는 국가의 목표가 시민들에게 '자유'를 부여하는 데 있다는 생각을 비판했는데, 이것은 법에 대한 종속이 노예제를 포함한 다른 모든 형태의 종속과 마찬가지로 자유의 관념에 어긋난다는 것을 의미했다. 저자를 제외하고는 아무도 그 결론에 만족할 수 없었다. 『시민에 관하여』는 1642년 라틴어로 쓴 책이다. 당시 홉스는 파리에 망명중이었다. 1647년 이 책의 영어 번역본이 불법으로 출간되자 홉스는 커다란 불안에 휩싸였다. 그러나 홉스는 자신을 보호하기 위해 할 수 없었거나 하지 않았던 일이 한 가지 있었는데, 그것은 바로 침묵을 지키는 일이었다.

『리바이어던』의 집필이 과연 홉스의 귀국에 도움을 주었는가는 논의의 여지가 있는 문제다. 홉스의 동기가 무엇이었든 이 저작은 놀랍다. 매 쪽마다 담긴 철학적 통찰력―혹은 주장―은 350년이 지난 뒤에도 연구 대상이 되고 있다. 철학적으로 인간이란 단지 복잡한 기계장치에 불과하다는 논쟁적이고 까다로운 견해를 교묘함과 투박함을 섞어 다룬 솜씨는, 수십 년간 컴퓨터 유추의 보편화가 이뤄진 현재에도 흥미를 끈다. 주권이 절대적이고, 전능하고, 분할 불가능하고, 궁극적이어야 한다는 홉스의 주장은 여전히 열띤 논란거리가 되고 있지만 그 논의를 홉스와 연계하는 경우는 드물다. 자연법, 교회와 국가의 관계, 종교적 관용 등 다양한 주제들에 관한 홉스의 견해는 분석할 가치가 충분하다. 그 일에 뛰어들기 전에, 우리는 홉스 시대의 사람들이 그것을 어떻게 이용했는지부터 살펴보아야 할 것이다.

그들은 『리바이어던』이 크롬웰의 호국경 정부에 대한 홉스의 복종을 정당화한다고 여겼다. 1651년 크롬웰은 자신의 재산을 지키고자 하는 신민들에게 새 정부에 '참여'할 것, 다시 말해 충성 서약을 요구했다. 부자와 정치적으로 활동적인 사람들만이 충성 서약을 할지 말지를 결정했으나, 그들에게도 그것은 논쟁적인 문제였다. 많은 사람들은 찰스 1세에게 충성을 서약했기 때문에 이제 와서 그것을 취소할 수는 없다고 여겼다. 이미 죽은 찰스는 그들의 충성을 받아줄 수도 없고 그들을 놓아줄 수도 없었지만 사람들은 그와 그의 후계자들에게 구속감을 느꼈다. 예전에 충성을 서약했던 사람에 의해 명시적으로 풀려나지 않을 경우 언제 새롭게 충성을 서약할 자유를 가지게 되느냐는 것은 상당히 까다로운 문제였지만, 홉스는 명확한 답을 제시했다. 군주정이든 귀족정이든 민주정이든 어느 정부에 충성을 서약했다면 우리는 복종의 의무를 가지고 그 정부의 권위를 유지하는 데 일조해야 한다.[11] 통치권을 가진 정치적 실체는 신민들의 안전을 지키기 위해 존재하며, 모든 사람들이 그 권위를 지지해야만 그렇게 할 수 있다. 만약 우리의 노력에도 불구하고 통치권이 붕괴한다면—정부가 전쟁에서 패배한다든가 내전으로 해체된다든가 하면—우리는 새 통치권에 따를 수 있다. 신민들의 생명을 보존하지 못하는 통치권자는 진정한 통치권자가 아니다. 누구나 거기 담긴 뜻을 이해했다. 찰스 1세가 내전에서 패배하고 신민들을 보호할 수 없게 되자 신민들은 자신을 보호해줄 수 있는 사람에게 자유롭게 충성을 서약했다. 다른 사람들도 비슷하게 주장했다. 홉스는 특이하게도 그 생각을 우리의 모든 정치적 권리와 의무에 대한 복잡하고 포괄적인 설명 속에 위치시켰다.

당대 사람들은 "누구나 자기를 지배하는 권위에 복종해야 한다. 세상의 모든 권위는 다 하느님께서 세워주신 것이기 때문이다"라는 바울의 가르침에 의지했다. 또한 그들은 올리버 크롬웰의 군대가 정당한 전쟁에서 승리했다고 생각했으며, 영국 법률가들이 항상 정복자 윌리엄의 통치권과 그 후계자들의 자격을 정당화하는 근거로 삼았던 정복의 권리도 믿었다. 대다수 사람들은 질서를 유지하는 정부라면 무조건 묵묵히 따랐으며, 그저 전쟁이 끝난 것에 감사했고, 철학의 도움 따위는 원치 않았다. 홉스의 독자들은 의무를 생각하는 데 익숙한 사람들이었으며, 그들의 지지에 따라 당시의 정부가 나라를 통치할 수 있느냐가 결정되었다. 예를 들어 그들은 칼끝이 목에 닿은 채로 정복자에게 복종하는 사람도 자유로이 복종하는 것이라는 홉스의 주장에 깜짝 놀랐다.[12] 이것은 흔히 보듯이 통치권의 기반을 정복의 권리에 두는 게 아니라, 동의를 기반으로 하고 그 동의의 본질을 고도로 반反직관적 방식으로 서술하는 것이었다.

『리바이어던』과 과학

홉스가 과학이라고 여겼던 것, 즉 정치과학은 놀랍게도 뭐라고 말하기가 쉽지 않았다. 반면 정치과학이 아닌 것은 말하기가 쉽다. 예를 들어 아리스토텔레스학파는 아니다. 목적론도 아니다. 정치과학은 외양의 배후에서 그 외양을 설명하는 방식을 찾는다. 갈릴레이 이후에 속하는 것은 분명하다.

홉스는 시계에 비유해 설명한다. 시계가 작동하는 법을 아는 사람은 시계를 분해했다가 조립할 수 있다. 우리는 생각 속에서 국가를 분해해야 한다. 홉스가 결코 원치 않았던 것은 누군가 실제로 국가를 분해하는 일이었다. 단지 시계를 분해하고 재조립하는 능력이 시계를 안다는 증거일 수는 없다는 불평도 가능하다. 그저 기억력만 좋아도 충분히 할 수 있는 일이기 때문이다. 하지만 홉스는 시계 수선공이 고장난 시계를 수선하려면 자신이 무엇을 해체하는지 알고 있어야 한다는 사실에 흥미를 느꼈다. 지식은 있으나 솜씨는 서툰 시계학자는 시계를 직접 수선하지는 못해도 능숙한 조수를 길러낼 수는 있다. 홉스가 신이 자연을 창조하고 인간이 국가를 창조한 '기예'를 이야기할 때, 여기에는 기하학이 완벽한 원과 직사각형을 그리는 법을 말해주듯이 국가 건설의 과학은 완벽한 국가를 건설하는 법을 알려주는 과학이라는 전제가 깔려 있다. 현실의 국가는 완벽함과 거리가 있는데, 직선의 그림이 완벽한 직선에서 벗어나 있는 것과 마찬가지다.

홉스의 정치과학은 인간 본성을 설명하는 것으로 시작한다. 그는 우리가 어디로 가야 그 지식을 얻을 수 있는지 말해준다. 그의 말은 '노스케 테입숨nosce teipsum', 즉 '너 자신을 알라'다.[13] 홉스는 『리바이어던』에서 우리의 열정과 견해에 관해 설명한 뒤, 계속해서 이렇게 말한다. "자기 자신에게서 똑같은 고통을 찾지 못한다면 다른 사람에게서 온 고통을 고찰할 수밖에 없다. 이런 종류의 학설은 다른 증명 방식을 인정하지 않기 때문이다."[14] 홉스는 우리가 가진 욕망과 혐오의 본질과 그 대상을 뚜렷하게 구분한다. 우리가 무엇을 욕망하거나 회피하는지는 사람에 따라 다르고, 같은 사람이어도 시간에 따라 다르다. 그러나 열정의 본질은 우리 모두에게 공통적이다.

'과학'을 경험적·물리적 학문으로 이해하는 현대 독자들은 우리가 물리적 세계의 과학적 지식을 가지고 있다고 홉스가 실제로 믿었는지 알기 어렵다. 세계는 신의 창조물이며, 우리가 기하학의 지식을 가졌듯이 신은 창조주로서 세계에 관한 지식을 가지고 있다. 그럼 우리는 어떨까? 이와 관련해 세 가지 낯익은 견해가 있는데, 어느 것도 홉스의 견해라고 쉽게 단정할 수는 없다. 첫째는 자연세계에 관한 우리의 지식이 매우 튼튼한 견해라는 것이다. 물리학은 물리적 세계의 자연사를 말해주며, 물리학의 법칙은 우리가 세계에 관해 아는 것을 요약하고, 미래의 발견을 위한 비결을 제공한다. 기하학은 우리가 스스로 구성한 지식이라는 점에서 다르다. 홉스는 기하학이야말로 조물주가 인간에게 은총을 내리는 데 적합하다고 여긴 유일한 과학이라고 주장한다. 적어도 홉스의 정치과학 이전까지는 그렇다. 하지만 홉스가 소개하는 다양한 학문들은 곧 자연세계에 관한 지식이다.[15]

둘째 가능성은 자연세계에 관한 우리의 지식이 이상적으로는 기하학의 지식과 비슷하다는 것이다. 자연이 반드시 따라야 하는 원칙들이 있다. 우주는 자명한 원칙들에 따라 움직인다. 갈릴레이가 권한 사고실험의 목적은 그 원칙들을 밝히는 것이었다. 갈릴레이는 아리스토텔레스의 견해와 달리 움직이는 물체가 영원히 동작을 지속한다는 것을 입증했다. 그는 우리에게 와인 잔 안에서 구슬이 구르는 것을 상상해보라고 한다. 구슬은 잔의 반대편 측면을 따라 처음에 내려놓았던 높이만큼 올라갈 것이다. 이제 와인 잔의 측면이 점점 낮아지다가 이윽고 평면이 된다고 상상해보자. 마찰이 없다면 구슬은 영원히 구를 것이다. 처음에 출발했던 높이의 지점까지 결코 닿지 못하기 때문이다. 이것으로 증명 끝이다. 물리학은 세계가 과학자에 의해 작성된 모델에 따라 움직인다는 것을 보여준다. 그 모델은 기하학처럼 반박이 불가능하지만, 과연 세계가 실제로 그 모델에 따르는지는 답할 수 없는 문제다.[16]

셋째 명제는 홉스가 당연히 좋아했어야 하는데, 실은 그렇지 않다. 첫째 견해의 난점은 우주가 실제로 움직이는 원칙과는 전혀 다른 원칙에 따라 움직일 수도 있다는 것을 부인하지 못한다는 점이었다. 홉스도 거기에 동의한다. 우주는 신이 자기 뜻대로 창조한 것이다. 설령 신이 우주를 다른 원칙에 따라 창조하기로 마음먹었다고 해도 누구도 신에게 뭐라 할 수 없다. 우리는 그 원칙이 어떤 것인지 상상할 수 없기 때문에 그 견해를 이해하기란 쉽지 않다. 둘째 견해의 난점은 한 사람이 자명하다고 여기는 것을 다른 사람은 반직관적이라고 여길 수 있다는 점이다. 홉스가 진공의 관념에 대해 느낀 문제점이 바로 그 증거다.[17] 셋째 가능성은 기하학의 경우와 마찬가지로 오직 물리학만이 있을 수 있다고 주장하는 것이다. 유클리드가 다른 기하학을 만들 수 없었듯이 신도 다른 우주를 설계할 수는 없었다. 지금 우리는 다른 기하학들도 가능하다는 것을 알지만 홉스는 그것을 알지 못했다.

이것이 홉스에게나 현대 독자들에게나 중요한 이유는 『리바이어던』의 여러 가지 난점들이 홉스의 방법론적 확신에 뿌리를 두고 있기 때문이다. 독자들이 그의 사상을 소화하기 어렵다고 여긴 것은 당연하다. 『리바이어던』은 국가를 위한 원칙을 제시한 것으로 보이는데, 그것은 공화국 창건자에게는 조언을 주지 못했고, 마키아벨리가 『군주론』이나 『로마사 논고』에서 제시한 정치가나 반란 지도자에게도 도움이 되지 못했다. 홉스는 정치란 어림짐작이 통하는 영역이라는 아리스토텔레스의 주장을 거부한다. 우리는 주제가 허용하는 만큼의 확실성에 만족해야 한다. 하지만 홉스는 주제도 바꾸었다. 현실적 조언을 전하려 했다면 기껏해야 '통상적'인 조언에 불과하겠지만, 그는 좀처럼 조언을 주는 경우가 드물다. 가장 노골적으로 현실적인 조언은 『리바이어던』을 대학에서 가르쳐야 한다는 것이다.[18]

진정한 과학은 '정의'나 '명칭의 부여', 명칭의 의미에 대한 판단에 근거를 둔다. 홉스는 그 명명이 어떤 의미에서 자의적이지만 더 중요한 의미에서는 전혀 자의적이지 않다고 주장함으로써 자신과 독자를 어려운 처지에 빠뜨린다. 블라우blau, 블뢰bleu, 아추로azzurro는 '블루blue'의 동의어로, 파란색이라는 뜻이다. 한 색깔을 가리키는 여러 명칭은 다 똑같은 시각적 경험의 명칭이므로 어느 것이 다른 것들보다 더 좋다거나 더 나쁘다고 할 수 없다. '법' '정의' '권력' 등의 정의定義는 라틴어, 그리스어, 영어에 다 있지만, 잘 선택하면 확실성을 얻을 수 있고 잘못 선택하면 혼동과 모순이 따른다.

홉스는 우리에게 군주의 권력, 법과 정의의 본성을 이해시키고자 한다. 그의 주장은 단호하다. "국가를 창건하고 유지하는 기술은 테니스 경기의 규칙이 아니라 수학이나 기하학과 같은 확실한 규칙이다."[19] 그가 『리바이어던』의 발문에서 "문제는 사실이 아니라 권리에 있다"고 말할 때의 심정도 바로 그랬을 것이다.[20] 만약 홉스가 생각하는 것처럼 이성이 요구하는 국가에 관해 이야기한다면 우리는 일상생활을 더 잘 영위할 수 있겠지만, 설령 우리가 터무니없는 이야기를 한다고 해서 곧장 전쟁에 돌입하지는 않는다. 『리바이어던』은 선구가 있다. 플라톤이 『국가』 등 여러 곳에서 정의, 지식, 신앙심, 용기의 의미를 모색한 것이 『리바이어던』의 모태에 해당한다. 기하학과 마찬가지로, 경제학도 정의에서 결론으로 나아가는 학문이다. 인간생활의 대부분을 제거하고, 완전히 합리적인 행위자가 시장의 상호작용 속에서 행동하는 양식에 초점을 맞춘다. 그것은 단지 대다수 사람들의 행동에 대한 경험적 설명이 아니라 합리적으로 행동하는 사람에 대한 설명이다. 우리의 목적은 이론이 가정하는 것과 같으며, 우리는 충분한 정보를 가진 합리적인 존재로 가정된다. 마찬가지로, 홉스는 인간이 합리적이고, 박식하고, 염려하는 존재가 되기 위해 취해야 하는 행동 양식에 관한 이론을 제시한다.

홉스가 생각하는 인간 본성

『리바이어던』은 인간 본성과 인간생활에서 이성의 역할에 관한 대단히 설득력 있는 설명으로 시작한다. 이렇게 인간 본성의 설명으로 시작하는 데는 공식적 이유와 비공식적 이유가 있다. 공식적 이유는 정치체가 개인들로 구성되므로 우리가 만들어낼 '인위적 인간'의 본성을 알기 위해서는 우선 부분들의 본성을 알아야 한다는 것이다.[21] 비공식적 이유는 다분히 수사적이다. 홉스는 인간이 외부 사물과 신체의 상태 ― 욕망과 혐오를 느끼고 무엇보다도 사유하는 상태 ― 를 두루 인지하는 자기보존적인 물리적 체계 덕분에 소유하게 된 여러 가지 능력을 묘사한다. 그다음에는 그런 생물을 조종하는 기본적 감정과 그 기본적 구성 요소를 가지고 경험과 이성이 만들어내는 더 복잡한 감정을 설명한다. 아무런 규칙이나 법도 없는 환경, 또한 남들에게 특정한 방식으로 행동하도록 명령할 수 있는 권위 있는 존재도 없는 환경 ― 이른바 자연 상태 ― 에서 살아가는 그런 생물들을 상상함으로써, 홉스는 그 문제를 인상적으로 설명하고 결국 절대권력을 소유한 정부가 해결책이라는 결론을 내린다. 이것은 지금도 정치이론가와 사회학자들에게 '홉스식 질서의 문제'라고 알려져 있다.

홉스는 인간존재가 감각, 이성, 감정을 갖춘 완전한 물리적 체계 ― 자연적인 자동기계 ― 라는 전제로부터 출발한다. 인간의 지적 능력에 대한 그의 설명은 주로 두 세기 전부터 그의 시대까지 횡행했던 스콜라 학자들의 엉터리 견해에 관한 격앙된 논평이다. 해묵은 논쟁이지만, 홉스의 강경한 유물론과 유명론唯名論(명칭이 실재에 앞선다는 입장으로, 반대 입장인 실재론과 중세 후기에 중요한 철학적 논쟁을 벌였다 ― 옮긴이)은 지금 봐도 짜릿한 흥분을 준다. 이성은 신이 주입한 계몽의 원천이 아니라 결과를 계산하는 능력이다. 이성의 과제는 명칭들의 결과를 계산하는 것, 현대적인 의미에서 말하면 논리적 추론을 끌어내는 것이다. 말이 의미를 가지는 이유는 인간존재가 자신이 기록하고자 하는 경험에 '명칭'을 부여하기 때문이다. 예를 들어 '붉은색'이라는 말이 의미를 가지게 되는 것은 이 말이 붉은 사물을 보는 경험에 부여됨으로써 그 경험이 다른 붉은 사물을 보는 것과 같다는 점을 상기시키게 될 때다. 이것은 의미 일반에 관한 설득력 있는 이론이 아니지만—특히 '만약'이나 '그리고' 같은 말들의 의미를 설명하기가 곤란하다—홉스에게 필요한 결과를 산출한다. 만약 모든 것이 물체라면, 세계에는 구체적인 실체들만이 존재할 것이다. 하지만 중세 후기 철학은 다소 신비주의적인 속성들을 가리키는 온갖 종류의 용어들을 만들어냈다. 수상한 실체를 명칭이 지칭할 경우 홉스는 대체로 그것을 '무의미하다'고 단언한다. 또한 그는 그것을 다른 어떤 것의 명칭, 예컨대 명칭의 명칭으로 분석하는, 매우 현대적인 방식도 자주 선보인다.[22]

그래서 홉스는 우리가 신에 관해 말하는 내용이 실은 전혀 신에 관한 게 아니라고 주장한다. 신을 '무한한 선'이라고 부른다고 해서 신이 얼마나 선한 존재인지 말해주는 것은 없다. 다만 인간존재로서는 신이 얼마나 선한지 말할 수 없다는 것만 말해줄 따름이다. 신을 무한히 현명하고 무한히 강력한 존재라고 말하는 것을 받아들일 수 있는 이유는 그 용어 자체가 신을 공경하려는 의도를 드러내고 있기 때문이다. '무한'이라는 말은 우리가 한계를 설정할 수 없는 것의 명칭이다. 우리가 신이 지닌 속성의 한계를 정할 수 없다고 고백하는 것은 곧 신을 공경하는 태도가 된다.[23] 이것은 아퀴나스보다 더 회의적인 입장이다. 홉스는 비유적 이야기로 표현하는 것조차 거부한다. 모든 경험의 배후에는 말 그대로 상상할 수 없는 것이 있을 뿐이다. 여기서 흥미로운 주장이 이어진다. 우리는 신이 과연 우리에게 유대인처럼 모자를 쓰든, 그리스도교도처럼 모자를 쓰지 않든 기도를 통해 신을 공경하기를 바라는지 알지 못한다. 그러나 우리는 누구나 공경의 표시를 충분히 식별할 수 있는 방식으로 신을 예배해야 한다. 모자를 쓰든 쓰지 않든 상관없이 우리는 공경을 표현해야 한다. 이것은 종교적 자유, 교회와 국가의 분리와 연관이 있다. 그것은 한편으로 예배의 획일성이 좋은 것임을 시사하며, 다른 한편으로는 '종교적' 이유와 무관하다는 것을 시사한다.

세계의 모든 것은 개별자이며, 보편적인 모든 것은 말로 표현된다. 홉스는 논리의 문제에서 확고한 유물론, 유명론, 반플라톤주의를 채택한다. 이제 전통 철학은 야심을 포기해야 한다. 플라톤의 희망과 달리 그것은 사물의 본질을 볼 수 없다. 실은 본질 같은 것도 없다. 이성이 효과적으로 작동하려면 말의 혼동에 현혹되지 말아야 한다. 바로 거기서부터 세심한 정의의 필요성이 도출되고, 스콜라 학자들의 무의미한 발언이 종식된다. 그러나 추론은 개인적인 것만이 아니라 사회적인 것이기도 하다. 우리의 견해는 다른 사람들에 의해 수정될 수 있다. 이성의 이용은 다른 사람들에게 기꺼이 따른다는 것을 의미한다. 만약 누구나 다 자신의 생각을 남에게 강요하거나 자기 마음대로 말을 정의하려 한다면 추론이란 불가능해진다. 마치 모두가 "으뜸패를 수중에 가지고 있다고 선언한다면" 카드놀이가 불가능해지는 것과 같다. 홉스는 승산이 없는 게임을 할 생각이 없다. 말은 항상 우리가 원하는 의미를 가지지는 않는다.[24]

우리가 추론하는 목적은 잘살기 위해서다. 자기 보존적 생물인 우리는 어떻게 하면 우리의 삶을 보존하고 잘살 수 있는지 알기 위해 추론을 하고자 한다. 홉스는 아리스토텔레스의 윤리학과 정치학을 경멸했다. 또한 그의 물리학도 경멸했으나 생물학은 어느 정도 가치가 있다고 평가했다. 『리바이어던』은 아리스토텔레스를 정치 논쟁의 영역에서 몰아내려는 의도를 가졌지만, 홉스는 은연중에 곳곳에서 아리스토텔레스의 견해를 차용한다. 우리가 세계와 우리 자신에 관해 추론해야 하는 동기를 밝히는 것도 그중 하나다. 우리가 본래적으로 자기 보존을 향한 확고한 욕망을 가지고 있다는 생각은 아리스토텔레스로부터 조금도 벗어나지 않았다. 또한 실용적 이성은 우리가 선한 삶을 얻기 위해 어떻게 해야 할지 판단할 때 필요하다는 생각도 마찬가지다. 설령 아리스토텔레스의 주장을 수용할 수 있다고 해도 그것을 둘러싼 체계는 그렇지 않다. 그 체계는 엉터리일 뿐 아니라 엉터리의 원천이다. 홉스의 체계는 욕망과 혐오를 목적론적으로가 아니라 기계적으로 이해하는 기반 위에서 작동한다. 즉 우리 내부의 어떤 것이 우리를 원하는 것으로 몰아가거나, 피하고자 하는 것으로부터 멀어지게 한다. 우리의 욕망은 우리가 자연적으로 이끌리는 본성에 각인된 목적에 의해서가 아니라 우리가 구성된 방식에 의해 설명된다. 행동의 최종 목적을 정하는 것은 우리의 욕망이 아니라 선을 향한 타고난 충동이다. 아리스토텔레스가 주장한 인간 본성의 목적론적 이해는 거부된다. 그와 더불어 우리가 '고유한' 혹은 '타고난' 목적을 가졌다는 생각도 거부된다. 아리스토텔레스가 본성 속에 각인된 가치를 보았다면, 홉스는 우리 자신이 우리의 욕망과 혐오를 감안해 본성에 각인한 가치를 본 것이다.[25]

선과 악

홉스는 선과 악의 본질, 나아가 궁극적 선, 지고선summum bonum의 존재 같은 곤란한 주제의 본질에 관해서도 놀랄 만큼 주관적으로 설명한다. 심지어 그는 이런 주장으로 유명세를 얻었다. "누구든 무엇을 욕망한다면 그것은 그 사람의 입장에서 선이라고 할 수 있다." 선이란 사물의 질이나 상태를 가리키는 게 아니라 우리의 욕망을 가리키는 것이다. 우리가 좋아하지 않는 것, 악이라고 부르는 것, 무관심한 것은 홉스의 17세기식 용어에 따르면 '경멸의 대상'이다. 실재하는 것은 우리의 소망과 두려움이다. '선이라고 부르는 것'이 '실제의 선'에 선행한다. 우리가 원하는 것, 선이라고 부르는 것, 행복은 우리가 원하는 것을 얻는 데 있다. 물론 대부분의 경우에 그렇다는 것이다. 다른 것을 얻기 위한 수단으로 원하는 것들도 많다. 만약 그 과정이 잘못되거나 나쁜 부작용이 따른다면, 그래서 우리가 그것을 원한다고 착각한 것이라면, 우리는 원하는 것을 얻어도 행복하지 않을 것이다. 성공은 욕망을 하나씩 충족시키는 데 있다. 부작용을 고려하지 않는다면, 더 많은 욕망을 충족시킬수록 행복도 더 크다. 이것은 놀랄 만큼 아리스토텔레스에 반하는 결론이며, 다른 것에 의해 강화된다. 아리스토텔레스의 궁극적 선은 일단 도달하고 나면 더이상의 동경을 품지 않아도 된다는 관념에 바탕을 두었다. 그것은 모든 면에서 궁극적이며, 모든 부분적 선들을 포용하고, 욕망하는 영혼을 휴식의 상태로 놔둔다. 홉스는 신앙이 독실한 사람들이 그 생각을 너무 심하게 조롱하지 않도록 하기 위해 그들을 격앙시키지 않으려 세심하게 노력했다. 그럼에도 불구하고 그는 그것을 우리가 실제로 살아가는 세계에는 전혀 통용되지 않는 생각으로 치부하고 깨끗이 잊어버렸다.[26]

그 이유는 우리가 물리적 체계이기 때문이다. 인간 신체는 끊임없이 운동한다. 우리의 욕망은 늘 변화하며, 그와 더불어 우리가 행복과 불행을 판단하는 기준도 달라진다. 홉스가 조심스럽게 '이 삶의 행복'이라고 부른 것—사실 다른 삶의 행복이 어떨지에 관해 우리는 명확한 견해를 구성하지 못하므로 아무 말도 할 수 없다—은 변화하는 욕망들을 가급적 하나씩 차례로 충족시키는 것과 다름없다. 또한 '이차적' 욕망도 있다. 다른 욕망이 충족되어야 충족될 수 있는 욕망, 다른 사람들의 욕망이 충족되어야 충족될 수 있는 욕망, 이를테면 자비심 같은 것이다. 이 이차적 욕망들 가운데 특히 강력한 것은 안전에 대한 욕망이다. 공동 이익의 전통적 학설은 조용히 폐기되고, 전혀 다른 공동 이익에 대한 비전통적 설명이 그 자리를 대신한다. 우리는 자연스럽게 특정한 목표를 향해 모여들지 않는다. 모두를 만족시키는 것은 없고 특정한 개인을 영원히 만족시키는 것도 없다. 한 욕망이 충족되고 나면 다른 욕망이 생겨나며, 우리는 또다시 그것을 충족시키기 위해 애쓴다. 이것은 유감스러운 일이 아니다. 아침을 먹고 점심도 먹는 것을 폭식이라고 여기는 사람은 없다. 천사가 느끼는 행복 따위는 우리에게 무의미하다. 하지만 우리는 상상하는 것을 동경할 수도 있다.

　욕망의 가변성은 두 가지 유력한 생각을 낳는다. 첫째는 오만에 대한 홉스의 분석이다. 현대식으로 해석하면, 오만은 '이웃에게 허세를 부리는 태도'의 극단적인 형태다. 우리 욕망의 가변성은 우리가 얼마나 잘하고 있는지를 판별하는 기준이 우리 내부에서 나온다는 것을 뜻한다. 하지만 그렇다고 해서 우리가 과연 얻어야 할 것을 얻느냐는 문제에 답하지는 못한다. 우리는 다른 사람들이 어떻게 행동하는지 살펴보는 습관을 가지고 있다. 남들이 우리보다 잘할 경우 우리는 남들을 부러워하고, 우리가 남들보다 더 잘할 경우 남들이 우리를 부러워한다. 이윽고 우리는 남들의 부러움과 칭찬, 우리가 그들보다 더 잘하고 있다는 인정을 욕망하게 된다. 우리는 사물을 '자연스럽게', 익숙한 방식으로 원하는 상태에서 벗어나, 남들이 그것을 원하기 때문에 원하는 상태가 된다. 이를테면 처음에는 자전거를 원하다가, 나중에 자동차를 원하는 상태로 옮겨가더니, 결국에는 이웃의 부러움을 사기 위해 자동차를 원하게 되는 것이다. 홉스의 정치이론에서는 '허영'이 가장 중요한 감정이다. 욥기에서 리바이어던은 '오만에 사로잡힌 자들의 지배자'다. 욥은 홉스의 걸작에 제목과 교훈을 다 내준 셈이다. "세상에는 그것과 비할 것이 없으니Non est potestas super terram quae comparetur ei." 놀랄 것도 없는 일이지만, 홉스의 무수한 비판자들 가운데 한 사람은 홉스를 공격하는 자신의 저서에 『갈고리에 낚인 리바이어던Leviathan Drawn Out with an Hook』이라는 제목을 붙였다. 하지만 그것은 유감스러운 제목이었다. 신이 그 거대한 고래를 불러낸 의도는 욥이 그것을 낚을 수 없음을 암시하는 데 있었기 때문이다. 홉스는 오만을 특별히 반사회적인 감정으로 간주했다. 평화를 유지하려면 정치제도는 오만을 억제해야 했다.

오만은 버리고 그 반대를 취해야 한다. 즉 인간은 자신의 가장 중요하고 장기적인 이해와 관심을 고려해야 한다. 인간은 자기 보존이 절대적 명령인 연약한 존재임을 깨달아야 하며, 남들에게 깊은 인상을 주기보다 어떤 행동이 자기 보존을 증진시키는지를 생각해야 한다. 전통적 사고를 가진 귀족들에게 불쾌한 결과들 가운데 주목할 것은 두 가지다. 첫째, 모든 사람이 날 때부터 평등하다는 입장을 고수하는 것이다. 타고난 귀족은 없다. 하지만 아리스토텔레스는 정반대로 생각했다. 타고난 노예가 있듯이, '최고의 인간'이 최고인 것도 그렇게 타고난 탓이다. 둘째, 홉스의 주장에 따르면 귀족이 된다는 것은 군주의 권력이 결정할 문제다. 국왕은 관례적인 의미에서, 나아가 논리적으로 더 엄밀한 의미에서도 '명예의 원천'이다. '명예'란 군주가 부여하는 것이다. 이 두 가지 생각을 한데 모으면, 홉스의 이론에는 혈통과 가문 덕분에 타고난 지배권을 가진다고 주장하는 사회집단이 존재할 여지가 없다는 것을 알 수 있다. 홉스는 귀족에 적대적인 입장이 아니었다. 캐번디시 가문은 그를 60년이나 고용했으며, 그는 관대함과 같은 '귀족적' 미덕을 찬양했다. 또한 홉스는 상인이나 상업에 신경을 쓸 시간이 없었다. 그가 적대한 것은 귀족 자체가 아니라 '타고난' 귀족이 있다는 관념이었다.

두번째 유력한 생각은 홉스가 지고선을 찾는 아리스토텔레스의 노력을 전도시켰다는 것이다. 인류를 위한 최고의 선이라는 관념에 관해서는 합의가 있을 수 없다. 하지만 최고의 악은 있는데, 그것은 바로 죽음이다. 누구나 '갑작스럽고 난폭한 죽음'을 어떻게 해서든 회피할 만한 충분한 이유를 가지고 있다. 지고선은 없는 상태에서 우리는 지고악summum malum의 존재에 관해 합의할 수 있다.[27] 죽음이 최고의 악이라는 생각은 홉스에게 거의 물리적인 진리와 같다. 자기 보존적 기계인 우리는 우리를 정지시키려 하는 것은 무엇이든 거부하도록 '조직화'되어 있다. 홉스는 죽임을 당하는 경우를 제외하면 우리는 무엇이든 합리적으로 합의할 수 있다고 누차 말한다. 내가 스스로 죽겠다거나 나의 죽음을 허용하겠다는 약속 또는 계약은 효력이 없다. 이로 인해 묘한 결과도 생긴다. 이를테면 근거가 불확실한데도 검시관이 자살 판정을 내리는 것은 빈말이나 다름없다. 스스로를 죽이는 것은 정의상 미친 짓이다. 그것은 또한 흥미롭게도 폭넓은 결과를 낳을 수 있다. 그중 하나는, 우리의 지배자에게 "만약 내가 이러저러하게 행동한다면 나를 죽이십시오"라고 말할 수 없다는 점이다. 우리가 할 수 있는 말은 단지 "만약 내가 이러저러하게 행동한다면 당신은 나를 죽이려 해도 됩니다"라는 것뿐이다. 이 말에는 지배자가 그런 의도를 품지 않도록 하려면 나쁜 짓을 하지 말아야 한다는 의미가 숨어 있다. 갑작스럽고 난폭한 죽음을 궁극적인 악으로 설정한 홉스는 아리스토텔레스의 정치에 관한 견해를 상당 부분 전도시킨다. 우리가 함께 모여 정치사회를 수립한 것은 선한 삶을 공동으로 추구하려는 사교적인 충동에서 비롯된 게 아니라 서로에 대한 비사교적인 두려움에서 비롯된 것이다. 즉 모든 악들 가운데 최고의 악을 피하려는 목적이 있는 것이다. 국가가 없으면 우리는 공동생활에서 즐거움은커녕 고통을 느끼게 된다.[28]

그렇다고 해서, 국가가 수립된 뒤 오로지 생명과 신체의 보호만을 목적으로 삼는다는 것은 아니다. 홉스는 초지일관 국가가 '편리한 생활'을 증진하기 위해 존재한다고 말한다. 그가 말하는 편리한 생활이란 문명생활이 가져다주는 온갖 즐거움과 혜택을 포함한다. 이를테면 법과 질서에서 출발해 경제적 번영을 이루어 배움의 혜택, 우정과 사교의 즐거움으로 나아가는 삶이다. 아리스토텔레스가 국가 존재의 목적이라고 가정한 많은 이득들이 홉스에게서는 국가 수립의 산물로 재등장한다. 그러나 지배와 피지배 특유의 정치적 이득은 거기에 속하지 않는다. 홉스는 인간존재가 본래 사교적이기 때문에, 아리스토텔레스식으로 말하면 정치적 동물이기 때문에 국가를 만들었다는 주장을 경멸한다. (아리스토텔레스를 오해한 결과지만) 그는 인간이 자연적 충동에 의해 모여 사는 벌이나 소 같은 정치적 동물과 다르다고 말한다. 국가는 개인들의 합의를 통해 인위적으로 수립되며, 그 개인들은 자신의 권리와 결사의 조건에 관해 확고한 견해를 가지고 있다. 아리스토텔레스는 바로 그 점을 정확히 지적했는데, 그는 인간이 자연의 의도에 따라 폴리스에서 살아가게 된 정치적 동물이라고 생각했던 반면, 홉스는 자연이 우리에게 모종의 목적을 부여하고 있다는 관념 자체를 거부하고 우리가 직접 정치사회를 만들었다는 점을 강조함으로써 철두철미 근대사상가의 면모를 보여주었다. 결국, 개인생활에만 몰두하고 정치에 전혀 관심이 없는 사람이 있다고 가정했을 때, 홉스로서는 이를 문제될 바 없다고 보는 반면, 아리스토텔레스는 그런 삶은 시민이 아니라 여성과 노예에게나 어울린다고 보는 셈이다.

자연 상태: 만인의 만인에 대한 투쟁

이런 장치와 더불어 개략적으로 살펴본 논의의 방향을 바탕으로 우리는 홉스를 추적할 수 있다. 그는 처음으로 인류를 자연 상태의 고통 속에 빠뜨렸고, 그 고통에서 벗어나는 방법을 알려주었으며, 잘 조직되고 바르게 처신하는 국가를 위해 그 결과를 상세히 설명해주었다. 인간은 합리적이고, 자기 보존적이며, 감각기관을 매개로 물리적 세계와 접촉한다. 인간은 언어를 이용해 경험을 명명하며, 언어는 과거와 미래의 경험을 기록하고 예견할 수 있게 해준다. 이런 전제에서 홉스는 전적으로 세속적이며 적당한 거리를 유지한 방식으로 종교를 설명한다. 계시와 달리 종교의 자연적 토대는 인간이 원인에 관한 불안을 통해 신을 믿게 된 데 있다. 우리는 끊임없이 우리와 관련된 사건들, 앞서 일어난 사건들의 원인을 알아내려 애쓴다. 원인이 사건을 통제하게 해준다고 믿기 때문이다. 원인들의 연쇄를 좇아 거슬러가다보면, 결국 모든 사건들을 유발한 최초의 원인이라는 생각에 봉착하게 된다. 이 최초의 원인을 우리는 신이라고 부른다. 하지만 그렇게 정의된 신에 대한 믿음은 내용이 거의 없다. 단지 어떤 존재든 우주를 창조할 능력을 가졌다면 엄청나게—'무한하게'—강력한 존재일 테고 우리의 운명도 틀어쥐고 있을 것이라고 생각해야 한다는 것만 인정할 수 있을 뿐이다.[29] 홉스의 논의에서 두드러지게 나타나는 두 가지 특징은, 종교가 법의 문제라는 주장—'허용된 교리'—과 '개혁이 기대되는 교회에서조차'[30] 가톨릭교회 사제들이 과도한 사리사욕을 보이는 세태에 대한 끊임없는 비난이다.

신의 존재를 불신하는 사람들은 어떻게 봐야 할까? 홉스는 그들이 바보지만 죄인은 아니라고 말한다. 죄는 신법神法에 맞서는 반항이지만, 입법자를 믿지 않는 사람들이 입법자의 법에 구속될 수는 없다. 신은 그들을 적으로 간주해 파멸시키겠지만, 그들을 불복종 신민으로 응징하지는 못한다. 불신이 '바보짓'인 이유는 전능의 신에게 맞서는 경솔한 모험이기 때문이다. '공포는 의지할 만한 동기'라는 홉스의 견해는 정부가 반항하는 자들에게 겁을 주어 복종하게 할 수 있어야 한다는 주장일 뿐 아니라, 우리가 법을 준수하는 시민, 도덕적으로 올바른 개인이 되려면 법과 윤리의 뿌리를 안전에 대한 필요성 속에서 찾아야 한다는 생각을 나타낸다. 이는 곧 우리에게, 신을 믿는 문제에서 분별력을 찾고 안전한 편을 택하라고 권하는 것이다.

자연 상태에서 인간은 문명인의 지적 능력을 가지고 있으며, 단지 정부만 결여되어 있다. 자연 상태는 원시적 환경이나 역사적 환경이 아니라 이론적 구성물이다. 자연인의 특성 가운데 가장 중요한 것은 권력을 향한 욕망이다. 권력이라고 해서 정치권력만을 뜻하는 것은 아니다. 홉스가 말하는 권력이란 미래의 사건들을 통제하는 능력을 가리킨다. 미래를 통제하기 위해 우리가 현재 가지고 있는 자원이 곧 우리의 권력을 구성한다. 우리 인간처럼 불안에 떠는 생물은 권력을 원할 수밖에 없다. 식사를 마치고 나면 우리는 다음 식사는 또 어찌해야 할지 걱정한다. 우리에겐 장차 필요해질 식량을 지배하는 '권력'이 필요하다. 숲에서 식량을 채집할 수 있지만, 숲에 갔다가 반드시 돌아온다는 확신과 더불어 남들이 이미 식량을 가져가버리지 않았다는 확신이 있어야만 다음 식사가 보장된다. 그러려면 나는 숲의 운명을 통제해야 한다. 홉스는 우리가 무생물에 대한 권력에서부터 인간에 대한 권력으로 신속하게 이동한다고 생각한다. 다른 사람들이 어떻게 행동하는지에 따라 상황이 달라지므로 그들을 통제하는 것이 모든 통제의 열쇠다. 다른 사람들에 대한 통제는 모든 권력 행사의 핵심이다.

홉스는 누구나 '죽어야만 사라질 권력 자체에 대한 끊임없는 욕망'을 가지고 있다고 주장한다. 우리가 권력에 굶주렸다거나 무절제한 욕구에 사로잡혀 있기 때문이 아니라 자신을 보호하려면 권력을 획득해야 하기 때문이다. 홉스는 대다수 개인들이 소박한 삶의 목표를 가지고 수수하게 살아가지만 상황이 잘못되면 마치 권력에 굶주린 것처럼 공격적이고 무절제하게 행동한다고 주장하는데, 이 지적은 무척 중요하다. 만약 모두가 본래부터 권력에 굶주려 있다면 정부를 수립할 희망은 없다. 만약 아무도 자신의 안위를 돌보지 않는다면 정치는 이해할 수 없는 것이 된다. 안전하다고 여기는 사람은 남을 지배하려 하지 않지만 안전하지 않다고 여기는 사람은 생존을 위해 남을 지배하려 할 수밖에 없다. 권력은 본래 상대적이다. 만약 누구나 자연의 일부분을 통제하기를 원한다면, 남을 굴복시킬 수 있는 사람이야말로 실질적인 권력을 가진 사람이다. 그러므로 우리는 남보다 더 큰 권력을 획득하고자 할 수밖에 없다. 우리는 군비경쟁을 하는 중이며, 설령 모두가 거기서 벗어나고 싶다고 해도 경쟁은 멈추지 않는다. 문자 그대로 군비경쟁에 몰두하고 있는 현대 국민국가 nation-state(국민주권의 개념이 완전히 자리잡은 현대국가—옮긴이)들에 그것이 가지는 함의는 매우 명확하다. 권력의 원천은 무수히 많다. 힘은 말할 것도 없고 부, 지혜, 명예도 모두 홉스에게는 권력이 된다. 남들의 의지를 우리에게로 끌어올 수 있는 것이면 무엇이든 권력이다.

투쟁

자연 상태에서 이것은 전혀 도움이 되지 않는다. 홉스는 '인간의 행복에 관한 자연적 조건'이라고 여기는 것을 대단히 신랄하게 설명한다. 또한 '정부가 없는 삶의 불행'을 언급하면서 지배자와 법 집행 기관이 없는 환경에서 살아가는 게 어떤 것인지 상세히 지적한다. 우리를 특정한 방식으로 행동하도록 할 수 있는 권력이 없다는 것도 문제지만, 옳고 그름을 판단하는 공통의 기준이 없다는 것도 문제. 정부가 있으면 우리는 누가 무엇을 소유하는지, 이 돈이나 재화, 밭을 어떻게 하라고 누가 명할지 알 수 있다. 정부가 없으면 우리는 어느 누구도 다른 사람보다 작은 권리를 가졌다고 생각할 이유가 전혀 없다. 홉스가 냉정하게 말하듯이, 이런 조건에서는 누구나 모든 것에 대한 권리를 가지고 있다. 심지어 상대방의 신체를 이용하는 것도 예외가 아니다. 그것은 아무도 이용할 수 없는 권리다. 우리에게 결여된 것은 우리가 이용할 수 있는 명확한 권리들을 분배하는 방식이다. "각자가 무엇을 욕망하든 자신의 입장에서는 그것을 선이라고 부른다"는 홉스의 말을 상기해보라. 나의 생존은 나에게 선이지만 당신에게는 선이 아닐 수도 있다. 당신이 내게 빚을 갚는 것은 내게 선이지만 당신에게는 선이 아니다. 만약 우리의 권리와 의무를 판단해주는 공통의 판관이 있다면, 우리는 갑작스럽고 난폭한 죽음의 위험을 덜 겪으리라는 의미에서 더 잘살 수 있을 것이다. 우리에게 그 점을 완전히 납득시키기 위해 홉스는 그 공통의 판관이 없는 상황에서 우리가 논리적으로 어떻게 할 수밖에 없는지 상세히 설명한다.

홉스는 분쟁의 원인, 만인의 만인에 대한 투쟁의 원인을 세 가지로 꼽는다. 그것은 경쟁, 유보, 허영이다. 경쟁은 자명하다. 우리 모두가 자신의 생존이 걸린 자원을 획득하는 데 촉각을 곤두세우고 있는데, 자원을 획득할 방법이 없다면 우리는 최대한 많이 가지려 해야 하고 그 과정에서 서로를 희생시킬 수밖에 없다. 정부가 어떻게 그 문제를 해결하는지도 알기 쉽다. 정부가 존재하면 소유권에 관한 명확한 규칙이 확립되어 있으므로 우리는 어떻게 하면 생활 수단을 합법적으로 획득하는지 알 수 있다. 굶주리지 않기 위해 남의 것을 빼앗으려는 충동이 일어나는 경우는 극단적인 조건에서 발생할 뿐이다.

유보 혹은 상호 공포도 그다지 복잡하지 않다. 이것은 20세기 국제관계 이론가들이 제2차세계대전 이후 홉스를 '재발견'한 이유와 직접 연관된다. 홉스의 주장은 사리사욕에 사로잡혀 서로 죽일 수도 있는 개인들 간의 상호작용이 논리적으로 폭력을 지향한다는 것이었다. 20세기에 그 논의를 재구성한 사람들은 수학적 성향을 가진 전략이론가들이다. 홉스는 각 개인이 다른 인간존재에게 상해를 가하거나 심지어 죽일 수도 있는 능력을 가지고 있다고 가정한다. 아무리 힘센 사람이라 해도 잠들어 있을 때는 약한 사람에게 당할 수밖에 없다. 누구나 그 점을 알기 때문에 우리는 다른 모든 사람들을 두려워할 만한 이유를 가지고 있다. 우리가 다른 사람으로부터 안전하려면 그가 우리를 죽일 능력을 가지지 못하게 해야만 한다. 그렇게 만드는 가장 효과적인 방법은 그를 죽이는 것이다. 우리는 합리적이기 때문에, 다른 모든 사람들이 우리를 죽일 이유를 가졌고 아무런 억제가 없다면 그렇게 할 수 있다는 것을 안다. 남들이 우리를 죽일 이유를 가지게 되는 것은 공포와 합리성의 결합, 그리고 억제의 부재에서 비롯된다. 만약 다른 사람들이 우리가 자신을 죽일지도 모른다고 두려워한다면 그들이 의지할 것은 오로지 선제공격밖에 없다. 징벌의 위협으로 우리를 억제하고 그들도 억제할 정부 같은 것은 없다. 이 경우 우리는 선제공격을 가할 의사가 없다고 해도 그렇게 할 수밖에 없게 된다.

이것은 UN과 소련이 상대방의 무기를 '기능 마비'시키기에 충분한 핵무기를 보유했으면서도 반격할 능력을 갖춘 상대방에게서 선제공격을 받을 경우 살아남기 어려웠던 국제적 상황과 비슷하다. 양측은 당시 이론적으로는 원하지 않았다 해도 선제공격을 가할 만한 강력한 유인을 가지고 있었다. 이처럼 충분한 무기를 보유하면서 적의 공격을 방어하고 '반격 능력'을 유지하는 정책에는 '상호확증파괴mutual assured destruction'(적이 공격할 경우 남은 공격력으로 반격해 상호 파괴를 가하는 전략—옮긴이)라는 충격적인 명칭이 주어졌다. 양측 모두 반격 능력을 가졌으므로 어느 측도 선제공격을 가할 유인이 없었다. 양측이 상대방에 관해 그 점을 알고 있었기 때문에 평화를 지향할 만한 동기가 강화되었다. 이 점을 타당하게 만드는 것은 개인이 '사적으로' 반격 능력을 개발할 수 없다는 점이다. 달리 말하면, 반격 능력을 가진 국가는 보복할 수 있기 때문에 공격을 당한다 해도 '죽임'을 당하지는 않는다. 우리에게 필요한 것은 반격 능력을 우리에게 줄 수 있는 국가다. 그렇다고 국가들이 초국가적 국가를 이룰 필요는 없지만, 작은 국가는 물론 더 강한 국가와 동맹을 맺고 반격 능력을 갖출 수 있다.

홉스의 과학관에서 보이는 명확한 합리주의는 그의 논의를 무척 독특하게 만든다. 인간이 정부 없이 살 수 있느냐는 문제가 단지 경험적 문제라면 그 답은 간단하다. 홉스도 잘 알고 있었듯이 세계의 여러 지역에서 그렇다는 점을 확인할 수 있다. 규칙은 그것을 포고하고 집행하는 공식 메커니즘이 없어도 모든 사람들에게 수용되고 준수된다. 가족과 부족은 공식적 권위가 없는 수렵·채집사회에서도 살아갈 수 있다. 아주 평화롭게 살지는 못하지만, 골육상잔의 치명적인 분쟁으로 빠져들지는 않는다. 그러나 그 집단의 구성원들은 만약 자신이 이방인들 사이에 있을 경우 목숨이 한순간도 보장될 수 없다고 생각할 것이다. 그 이유는 바로 이방인들이 그의 가족이나 이웃과 달리 그에 대해 관용의 규칙을 인정하지 않기 때문이다. 기본적으로 원시사회의 구성원들은 가족 단위의 제재가 작동하는 경우에 안전하고, 그렇지 않은 경우에는 안전하지 않다. 홉스는 우리 사회에서 정부를 제거했을 때 어떻게 되는지를 우리에게 보여주고자 한다. 이를테면 1640년대 영국내전 시기의 사회다. 그것은 원시사회에 존재하는 가족 단위의 관용과 제재로는 만족할 수 없는 사회였다.

분쟁의 마지막 원인은 경쟁이나 유보와 꼭 일치하지는 않는다. 경쟁은 우리가 지성과 노력으로 생계를 잘 꾸려갈 수 있는 번영의 상황이라면 충분히 완화될 수 있다. 또한 법이 존재하고 집행된다는 사실도 그런 삶이 폭력에 의한 삶보다 낫다는 생각을 부추긴다. 다른 사람들이 우리를 공격하지 않을 만한 충분한 이유를 가지고 있다는 것을 우리 모두가 안다면 공포는 거의 없어질 정도로 줄어든다. 그러나 오만은 다르다. 앞서 우리는 오만이 우리 욕망의 불안정성과 더불어 우리의 성공을 남들의 성공과 비교할 수 있는 데서 생겨난다는 것을 본 바 있다. 오만은 치열한 경쟁을 감수하고서라도 '최고가 되려는' 집요한 충동의 원천이다. 무릇 경쟁에는 최고의 자리 하나만 있으며, 그 자리를 차지하기 위한 경쟁은 번영의 상황이라 해도 완화되지 않는다. 오만은 인간으로 하여금 자신의 능력을 과대평가하게 하며, 어리석은 위험을 겪게 한다. 또한 오만은 우리가 평화를 유지하기 위해 품위를 지키며 자발적으로 굴복하려 할 때 쓸데없는 고집을 부리게 만든다. 심지어 경쟁자들의 감정을 달래주면 충분히 평화를 유지할 수 있는데도, 우리로 하여금 그들에게 느끼는 분노를 증대시킬 기회를 찾게 만든다. 오만의 치유책은 두 가지다. 첫째는 군주를 명예의 원천으로 여기고, 모든 사람들이 각자 자신의 사회적 지위가 군주의 시혜에 따른 것임을 이해하는 것이다. 둘째는 오만의 표출을 최대한 억제하는 것이다. 『리바이어던』은 바로 오만의 자식들을 지배하는 왕이다.

자연법

경쟁, 유보, 허영이 우리를 분쟁으로 몰아넣는다면, 홉스가 자연 상태에서의 삶을 '불쌍하고, 고독하고, 역겹고, 야만적이고, 모자라다고' 본 것은 당연하다. 이것은 인간 본성에 대한 공박이 아니다. 우리의 행동은 죄스러운 게 아니다. 인간이란 본래 악하며 저지를 수 있는 악을 모조리 저지른다고 냉혹하게 말한 마키아벨리와 달리, 홉스는 인간이 기본적으로 죄 없는 존재라고 생각한다. 인간은 갑작스럽고 난폭한 죽음에 두려움을 느끼며, 어떻게든 그것을 피하기 위해 노력해야 한다. 잘못된 환경에서는 사태가 더 나빠지기도 한다. 홉스가 정치에 관해 아우구스티누스와 비슷한 견해를 가졌다고 해서 아우구스티누스의 원죄 개념까지 공유한 것은 아니다. 만인의 만인에 대한 투쟁을 유발하는 감정과 지성은 안정적이고 질서정연한 정부 아래에서 평화와 번영을 얻을 수 있다. 우리는 두 단계를 통해 그 결론에 도달한다. 첫째, 우리는 무엇이 평화를 가져오는지를 물어야 한다. 홉스는 우리가 평화를 보존하고 서로 간의 합의를 이행하려면 규칙이 필요하다는 데 모두가 동의할 것이라고 확신한다. "어떤 규칙을 따라야 하는가?"라고 묻는다면 그 답은 '자연법'이다.

홉스는 이전 사람들과 달리, 엄밀하게 보면 자연법은 법이 아니라고 말한다. 법은 명령할 권리를 가진 권력에 의해 반포된 명령이다. 그 명령은 '권리에 의해 다른 사람들을 지배하는 사람의 말'에 해당한다.[31] 자연법은 '모두의 안전에 도움이 되는' 것에 관한 공리公理다. 공리이기 때문에, 자연법은 규칙이 아니라 가설적 추론 안에서 작용하는 규칙에 관한 결론이다. 이를테면 이런 식이다. "만약 우리 모두가 계약을 지키라는 명령에 따른다면 평화와 번영이 이어질 것이다." 명령은 강제적이다. 예를 들면 이렇다. "신앙을 유지하고, 정의를 실천하고, 잔학 행위를 삼가라." 홉스는 자연법의 본질과 관련된 도덕성의 규칙을 우리가 우리 자신에게 전하는 절대명령으로 간주한다. 우리는 그것을 신의 법으로 간주하기로 선택할 수도 있는데, 그 경우 그것은 온당한 법, 즉 신법이다. 법은 항상 양심에 구속된다. 그래서 우리는 늘 법에 따라 행동하기를 원하는데, 안전을 유지할 수 있다면 기꺼이 그렇게 하려 하지만, 안전하지 않다면 법에 구속되려 하지 않는다. 홉스는 내부의 법정in foro interno에서 이루어지는 복종과 외부의 법정in foro externo에서 이루어지는 복종을 확연하게 구분한다.

자연법의 토대는 인류의 보존이다. 신이 세계를 창조한 목적도 바로 인류를 보존하기 위해서라는 것은 오래된 생각이다. 홉스는 방법론적 독창성을 가졌음에도 불구하고 그 관점에서 그다지 멀리 벗어나지 않는다. 최초의 자연법은 우리에게 평화를 추구하라고 명령한다. 그 논리적 귀결은 평화를 누릴 수 없을 경우 전쟁으로부터 온갖 원조와 이득을 취하려 하리라는 것이다. 제1조는 최초의 법이고, 제1조가 옳으면 제2조가 따른다. 홉스는 자연법이 그 목적을 어떻게 실현하는지 명확히 밝히지 않는다. 그는 자연법이 이성에 의해 발견된 교훈이라고 말하면서 시작한다. 자연법으로 인해 인간이 자신의 생명을 파괴하는 행위가 금지되었다는 것이다. 이 주장은 만약 다른 모든 사람들이 규칙을 준수한다면 우리도 규칙을 준수할 것이라는 의미에서 보면 타당하다. 그러나 만약 남들이 규칙을 따르지 않는다면, 우리가 남들에게 이용당할 수 있으므로 규칙을 준수하는 게 위험해진다. 우리 모두가 규칙을 준수한다면 규칙은 우리에게 전반적으로 유익하다. 어느 한 개인이 이기적으로 생각할 경우 중요한 문제는 남들이 규칙을 준수할 것이냐이다. 이기적으로 보면, 나는 평화를 유지하고, 약속을 지키고, 당당하게 처신하기 위해 남들이 필요하다. 순전히 이기적으로만 보면, 남들은 규칙을 지키고 나는 내 마음대로 행동할 때가 내게는 최선의 상황이다. 그런 생각이 적나라하게 드러난 사례를 찾자면 칼리클레스와 트라시마코스까지 거슬러올라갈 수 있으며, 글라우콘의 경우는 더 명확하다.

그와 같은 우려는 오늘날 무임승차 문제라고 알려졌는데, 홉스는 그것을 전혀 고민하지 않는다. 아마 그는 우리가 그런 의미에서 이기적이라고는 생각하지 않았을 것이다. 우리 중 누가 어떤 목표를 가졌을 때 그것이 우리의 목표여야 한다고 여긴다면, 우리는 그런 자세를 '이기적'이라고 생각한다. 내가 당신의 고통을 진지하게 받아들이려면 당신의 고통이 내게 고통으로 다가와야 한다. 이는 당신이 내 약속에 의존하고 있다는 사실을 내가 진지하게 받아들이려면 정직성이 내게 중요해야 하는 것과 마찬가지다. 그런데 이 생각은 내 약속이 내게 도움이 되어야만 내가 그것을 진지하게 받아들인다는 견해와 종종 혼동을 빚는다. 즉 내가 내 약속을 지키는 목적은 내 정직성을 눈여겨보는 당신이나 남들에게서 나중에 뭔가를 얻어내기 위해서라는 것이다. 하지만 두 생각은 같지 않다. 홉스는 우리 모두가 저급한 의미에서 이기적이라고는 생각하지 않았다. 그런 사람도 있고 그렇지 않은 사람도 있는 법이다. 우리는 모두 물리적이고 생리적인 의미에서 자기중심적이며, 그 점은 친절, 정직, 정의와 전혀 어긋나지 않는다. 우리의 욕망은 중대한 심장 운동의 흐름(우리가 행복이라고 여기는 것과 무관하다)을 극대화하고자 하는(심리학의 문제와 무관하다) 물리적 체계의 심리적 표현이다. 우리가 우리의 행복과 연관되는 행동을 한다는 것은 필연적인 진실이다. 우리가 정직, 명예, 친절로 행복해질 수 없다는 것은 전혀 진실이 아니다.

의무

　종전의 많은 사상가들처럼 홉스도 세속권력, 즉 지배자의 명령권을 설명하면서 권력의 상향 이론과 하향 이론을 모두 포괄하는 관점을 취한다. 신의 권력은 전혀 다른 문제다. 신이 우리에게 명령할 수 있는 이유는 우리를 창조했을 뿐 아니라 우리의 동의를 구하지 않고서도 우리를 자신의 뜻대로 행동하게 할 수 있기 때문이다. 세속 지배자는 신민들의 동의에 의해 만들어진다. 홉스가 이전 사람들과 다른 점은 그가 개별 신민에 집중적인 관심을 기울인다는 데 있다. 일찍이 유스티니아누스는 '인민'이 자신에게 절대 권력을 부여했다고 주장했지만, 홉스는 지배자의 명령에 복종하는 우리의 의무에 관심이 있다. 그는 그 의무를 우리의 개별적 동의에서 찾는다.[32] 문제는 기존 지배자의 혈통이 아니라 각 개인의 도덕적 의무다. 정치적으로 중요한 자연법은 둘째와 셋째다. 둘째 자연법은 우리에게 모든 것들에 대한 권리를 선뜻 내려놓고, '남들이 자신에 대해 가지는 자유만큼 남들에 대해 가지는 자유에 만족하라'고 말한다. 우리의 권리를 내려놓는 방법은 그 목적을 위해 다른 사람들과 계약 또는 서약을 맺는 것이다. 그러므로 셋째 자연법은 '인간에게 자신의 계약을 이행하라'고 명령한다. 정의란 우리의 의무를 이행하는 것이다. 의무는 우리가 계약이나 서약을 할 때 우리 자신에 의해 스스로에게 부과된다.

홉스는 불의를 문자 그대로 비논리적이라고 보았다. 그 이유는 알기 쉽다. 예를 들어 '나는 이러저러한 일을 하겠다고 약속하지만 그렇게 할 의도는 없다'는 말은 곧 '나는 그 일을 할 것이고 하지 않을 것이다'는 말과 다를 바 없다. 홉스의 논지는 원하는 바를 이루지 못한다. 약속대로 행할 의도가 없으면서도 '나는 약속한다'고 말하는 것은 자기모순이 아니지만 나쁜 짓이다. 말하는 것과 내가 하리라는 것을 안다는 것의 모순은 거짓말의 경우처럼 전형적인 속임수지만 논리적으로는 문제가 없다. 그것은 확실히 좋은 질서의 가능성을 침해한다. 팍타 세르반다 순트pacta servanda sunt(약속은 지켜져야 한다)는 키케로 이래 모든 사람들이 주장하듯이 매우 중요하다. 우리 대다수가 거의 언제나 우리가 옳다고 여기는 것을 말하지 않는다면 소통이란 불가능하다. 이와 마찬가지로, 우리 대다수가 거의 언제나 우리의 의무를 진지하게 받아들이지 않는다면 약속의 확립이란 있을 수 없다. 홉스의 체계에서 더 큰 문제는 이것이다. 홉스에 의하면 자연 상태에서 우리는 '만인의 만인에 대한' 계약을 통해 정부를 수립하기로, 다시 말해 주권이라고 부르는 인위적인 기구를 창설하기로 한다. 그러나 그를 비판하는 사람들이 지적하듯이, 그는 우리에게 자연 상태에서의 계약은 강제력이 없으므로 의무가 되지 못한다고 말한다.

이것은 잘못이다. 홉스는 서로 긴장관계에 있으나 모순을 빚지는 않는 두 가지 견해를 가졌다. 계약은 언제나 내부의 법정에서 의무가 된다. 즉 우리는 안전에 이상만 없다면 약속을 기꺼이 이행해야 한다. 자연 상태에서 우리는 자신을 보존하기 위해 어떻게 해야 할지 오로지 스스로의 판단에만 의존해야 하는데, 이것은 정부가 부재한 탓이다. 우리는 대개 자신의 약속을 회피할 만한 이유를 어렵지 않게 찾을 수 있다. 정부가 있다면 규칙에 따르는 게 안전할 뿐 아니라, 어떤 핑계가 논리에 맞는지 맞지 않는지에 관한 합의가 존재하므로 약속을 회피할 핑계를 찾기가 불가능해진다. 그러나 홉스는 자연 상태에서 자연법이 의무가 되지 않는다고 말하지는 않는다. 단지 외부의 법정에서 자연법이 '항상' 의무가 되지는 않는다고 주장할 따름이다. 바꿔 말하면 간혹 의무가 된다는 이야기다. 최초의 자연법은 항상 의무가 된다. 우리가 평화를 추구하기만 한다면, 어떤 어려움이 있다 해도 항상 그럴 수 있다. 둘째 자연법은 다른 사람들이 자신의 권리를 포기할 경우 우리도 동등한 조건에서 우리의 권리를 선뜻 포기하라고 요구하는데, 이것 역시 쉽게 따를 수 있다. 동등한 조건에서 정부의 창설에 선뜻 동의하는 것은 어려운 일이 아니다. 어려움은, 내가 남들의 공격 앞에 노출될지도 모른다는 것을 각오하면서 내 권리를 현실적으로 내려놓을 수 있느냐 하는 것이다.

그렇다면 자연법은 취지로 보면 언제나 의무다. 자연법은 우리가 평화를 증진하도록 구속한다. 그것은 조건부가 아니다. 즉 자연법은 우리가 원한다고 해서, 혹은 우리에게 이익이 된다고 해서 자연법을 준수하라고 권유하지는 않는다. 우리는 외부의 법정에서 자연법을 준수하는 게 너무 위험하다면 그렇게 할 필요가 없다. 하지만 자연법을 마음대로 무시할 자유는 없다. 이것은 전쟁 상태를 모면하기 위한 다음 단계에 필수적이다. 홉스가 말하는 계약이나 서약은 뒤따르는 모든 문제를 해결하는 열쇠와 같다. 홉스는 만약 자연법이 신의 법으로 간주된다면 우리는 그것을 법으로서 준수해야 하지만, 인정법 人定法(자연법과 달리 인간이 정하는 법—옮긴이)을 준수할 의무는 인간 입법자에게 복종하겠다는 사전의 합의에 의거한다고 주장했다. 누구도 자신의 의사에 반하는 세속적 의무에 종속되지 않는다. 불의란 그런 의무의 침해를 가리킨다. 여기서 두 가지 유력한 결과가 나온다. 하나는 홉스의 견해에 따르면 지배자가 하는 모든 일도 부당하지 않다는 것이고, 다른 하나는 우리가 살아가는 정부에 대한 우리의 의무는 우리 자신에 의해 자유롭게 주어졌다는 것이다.[33] 하지만 이것이 정부의 기원에 관한 역사적 이야기가 아니라는 점에 다시금 주목할 필요가 있다. 홉스는 그것을 가족이 가문이 되고 가문이 왕국이 되는 과정이라고 말한다.『리바이어던』은 사실이 아니라 권리에 대한 설명이다.

지배권

우리를 자연 상태로부터 벗어나게 해주는 계약은 모두가 자신의 권리를 '특정한 사람이나 집단'에 양도하고 그 사람이나 집단의 말을 법으로 받아들이겠다는 계약이다. 바로 여기서 지배자가 제도화된다. 지배자는 인위적인 기구이고—『리바이어던』의 권두화를 떠올려보라—인위적인 인격으로서 우리 모두를 대표한다. 우리는 지배자의 행위를 만들어내는 저작자와 같다. 홉스는 이 점에 관해 여러 가지 상세한 설명을 덧붙인다. 거의 불가능해 보이는 주장을 고수하기 위해서는 그래야 하기 때문이다. 절대군주정을 옹호한 종전의 저자들은 극단적인 경우 부정이 지나치게 심하고, 따라서 폭군이 된 왕은 폐위될 수도 있다는 데 동의했다. 홉스는 지배자가 부정을 저지를 수는 없다고 주장했다. 지배자의 행위는 문자 그대로 우리의 행위기 때문이다. 그렇다고 해서 지배권을 가진 사람은 누구나 나쁘게 처신할 수 없다고 말한 것은 아니다. 지배자도 부정을 범하고 자연법과 신의 법을 위반할 수 있다. 하지만 엄밀히 말하면 지배자는 부정하게 행동할 수 없다. 이 점을 더욱 강조하기 위해 홉스는 폭정에 관해 언급하는 것 자체를 불법으로 간주해야 한다고 주장한다. 그는 폭정의 본질을 논의하다가 거기서 조금만 더 가면 폭군 살해를 옹호하게 된다고 믿는다. 지배자의 제도화에 관한 홉스의 관심이 정당화된다. 현실 속의 거의 모든 지배자들은 취득을 통해 신민들에게 행사하는 권력을 얻지만, 모든 지배자들이 존재하는 근저에는 제도가 있다. 홉스는 그 점을 이해하고, 민주주의가 절대군주정도 지지하는 의미가 있다고 인정했다. 그 의미란, 모두(혹은 대다수)가 민주주의의 요건을 의무로 받아들이지 않는다면 법제도란 없다는 것이다.

지배자의 제도화에 관한 홉스의 상세한 설명은 호기심과 회의를 유발한다. 비평가들은 홉스가 칼이 없는 계약은 말뿐이고 인간을 구속할 힘이 전혀 없다고 말했으면서도 왜 그 칼을 휘두를 지배자를 만들어내는 데 칼이 없는 계약에 의존했는지 의아하게 여겼다. 일단 지배자를 만들어내는 계약에 들어간 뒤에는 지배자의 칼에 의해 계약이 유지된다. 즉 어려움은 그 지점까지 도달하는 것이다. 그 칼이 계약이 부과하는 의무를 만들어내지는 않는다는 것은 홉스에게 매우 중요하다. 나는 계약을 할 때 나를 구속하는 의무를 만들어낸다. 칼의 역할—다시 말해, 내게 강요할 수 있는 지배자의 힘—은 계약 불이행을 위한 일체의 핑계를 제거하는 데 있다. 나는 나의 동의에 구속되고, 당신은 당신의 동의에 구속된다. 당신은 외적인 힘이 내게 명하지 않아도 내가 내 의무를 이행하려 할지 궁금할 것이다. 나도 당신에게 똑같은 궁금증을 품고 있다. 설령 우리가 둘 다 각자의 의무를 이행할 준비를 갖추고 있다고 해도, 상대방에게 의무를 이행하도록 보증하는 칼이 있음을 안다는 것은 우리가 기꺼이 해야 할 일을 하지 않을 핑계를 제거한다. 칼은 칼집 속에 그대로 있을 수 있다. 칼의 존재만으로도 그 목적을 달성하는 것이다. 다음으로, 정부를 유지하는 것은 시민들이—너무 위험하지만 않다면—적극적으로 정부를 지지하는 자세다. 이것은 법적 약속이 아니라 도덕적 약속이다. 또한 그것은 만인의 만인에 대한 계약에 해당한다.

홉스는 한 개인이나 개인들의 집단이 지배자여야 한다는 생각에 몰두했다. 다시 말해 지배자는 정치사회에서 법의 고유한 원천이 되어야 한다는 것이다. 법에 복종해야 한다면 먼저 우리는 그 법이 무엇인지 알아야 한다. 누군가 그 문제에 종지부를 찍어야만 한다. 홉스는 분할지배권이론을 터무니없게 여겼는데, 그것은 절대군주정을 옹호하는 사람들의 상투적인 주장이었다. 어떤 개인이나 집단을 복종의 구심점으로 정한다는 생각, 그리고 다른 모든 사람들이 그에게 복종하기 때문에 우리도 복종한다는 생각은 받아들일 수 없는 게 아니다. 또한 그 생각은 만약 지배자가 여기 현세에서 궁극적 권력의 원천이어야 한다면, 그는 복종해야 할 상급자가 없고 적어도 그가 할 수 있는 일에 아무런 법적 제약이 없다는 의미에서 절대적 존재여야 한다는 주장과도 다르다. 이로써 공화주의 신조를 가진 저자들이 흔히 가지는 생각으로 나아가는 문이 열리지만, 그것은 홉스에게 전혀 낯선 환경이다. 공화주의 전통에 따르면, 국가의 창건자는 특별한 역할을 수행한다. 국가가 어떻게 생겨나는지는 장차 국가의 안위와 수명에 결정적이며, 따라서 건국자도 대단히 중요하다. 홉스는 그런 문제까지 다룰 시간적 여유가 없다. 그는 국가가 무엇인지, 지배자의 절대권력을 왜 지지해야 하는지 설명하는 데 여념이 없다. 국가의 수명은 국가의 기원에 달려 있는 게 아니라 국가가 무엇인지, 국가를 지지하는 의무의 의미가 무엇인지 이해하고자 하는 모든 사람들에게 달려 있다. 이러저러한 지배자—찰스 1세나 크롬웰—에 대한 '수직적' 충성에 앞서 동료 시민들에 대한 수평적 충성이 필요하다는 생각은 완전히 근대적이고 평등주의적인 사고다. 국가가 탄생하려면 카리스마를 가진 건국자가 필요하다는 것은 아마 진실일 것이다. 그러나 논리적인 진실은 또 다르다. 법을 제정하고 집행할 권리를 가진 단일한 권력의 원천이 없다면, 국가는 아예 없는 것이고 부정부 상태만 있을 따름이다.[34]

홉스는 두 종류의 지배자를 상상했다. 하지만 그가 지배자에게 관심을 품은 이유는 세계 속에서 그들이 전도된 비율로 등장하기 때문이었다. 제도에 의한 지배권은 자연 상태로부터 형성된 지배권력이지만, 획득에 의한 지배권은 기존의 지배자가 새로운 신민들을 획득함으로써 유지된다. 후자의 경우에는 새 신민들을 조용하게 지속적으로 획득하는 과정이 진행된다. 이는 젊은 사람들이 나이가 들면서 충성심을 가지고 기존 정부에 참여하게 되면서 일어난다. 또한 획득의 경우—홉스에게는 이것이 더 중요했다—에는 전쟁에서 패배한 사람들이 새 지배자에게 복종한다는 조건으로 목숨을 구할 수 있다. 자연 상태에서 정치적 환경으로 도약하는 것은 지적으로 더 어려운 일이지만, 홉스는 그 두 가지에 똑같은 정성을 기울였다.

획득에 의한 지배자는 신민이 되거나 되지 않는 사람에게 '복종이냐 죽음이냐'라는 단순한 선택을 하게 한다. 홉스는 이렇게 무력에 의해 강요된 약속도 유효하다고 주장했다. 돈을 내지 않으면 죽이겠다고 협박하는 노상강도에게 내일 상당한 금액을 지불하겠다고 약속할 수는 있지만, 그 약속은 정상적으로 무효화될 수 있다. 그 이유는 강도의 행위가 법적으로 금지되어 있고, 당신이 강도와 만날 경우 그가 당신을 죽일지 모른다는 정당한 공포가 있기 때문이다. 지배자는 당신의 목숨을 아주 쉽게 살려줄 수 있다. 그렇게 할 때 그는 자기 몫의 거래 조건을 이행한 것이며, 동시에 당신이 당신의 몫을 이행하지 않을 핑계를 없앤 것이다. 홉스는 그 거래가 '자유롭게' 이루어진다고 말했다. 공포에서 나온 약속도 구속력을 가진다는 그의 주장은 설득력이 전혀 없지 않다. 빵집에서 빵을 사는 손님이 배가 고파질까봐 두렵다는 이유로 돈을 내지 않아도 된다는 것은 생각할 수 없는 일이다. 전쟁에서 패배한 적이 죽임을 당하고 싶지 않다는 이유로 승자에 대한 복종을 면제받는다고 생각할 이유가 있을까? 박탈의 공포와 죽음의 공포는 불쾌한 최후를 맞게 된다는 공포와 같다. 실제로 홉스는 지나치게 영리하게 대처하려 한다. 거래를 다소 강압적으로 만들고, 그렇게 해서 거래의 구속력을 강화하는 여러 가지 조건이 있다. 마을에 빵집이 한 곳뿐인 탓에 굶주림의 위협이 있는 상황을 가정해보자. 게다가 빵 장수는 우리가 자신의 노예가 되어야만 빵을 주겠다고 협박한다. 이런 상황은 빵집이 여러 군데 있어서, 특정한 빵집의 빵이 맛이나 가격에서 마음에 들지 않는다면 최악의 경우라 해도 다른 빵집으로 가면 그뿐인 일반적인 상황과 사뭇 다르다. 획득에 의한 지배는 둘째 상황보다 첫째 상황에 속한다.

이 모든 것의 본론에 해당하는 주장은 지배자가 신민들에 대한 어떤 약속에도 구속되지 않는다는 것이다. 홉스는 혼합정부론을 크게 경멸했다. 또한 왕이 대관식에서 하는 선서는 다른 사람이 정당하게 집행할 수도 있는 약속에 해당한다고 생각하는 사람들에게도 비난을 퍼부었다. 홉스의 이론을 위해서는 우리가 모든 권리를 지배자에게 양도할 수 있다는 점이 필수적이다. 다만 우리는 죽음의 위기를 맞았을 때 자신의 목숨을 구하는 권리를 포기할 수는 없다. 다른 모든 권리들은 양도가 가능하다. 제도에 의한 지배권은 이 계약에 구속되지 않는다. 우리는 지배자와 계약하는 게 아니라 우리끼리 계약하기 때문이다. 획득에 의한 지배권은 우리에 대한 의무가 되지 않는다. 지배자는 우리의 목숨을 살려줌으로써 거래의 자기 몫을 이행했고 우리에게 더이상의 의무가 없기 때문이다. 홉스는 의무에 관해 뚜렷하게 개인주의적인 입장을 취했다. 우리가 지배자에게 복종할 의무를 가지는 이유는 스스로 그 의무에 속박되었기 때문이다. 전통주의자나 보수주의자와 달리 홉스는 우리가 태어날 때부터 복종해야 한다고 생각하지 않았다. 대다수 사람들은 자신이 사는 사회에서 권력을 가진 정부에 순순히 복종하는 데 동의한다. 하지만 논리적으로 말하면, 지배자는 사람들이 명시적으로 자신에게 복종을 약속하기 전까지 그들을 '적'으로 간주해도 상관이 없다. 지배자의 관용은 복종의 조건으로 이해해야 한다.

지배권의 본질과 지적 기원을 상세하게 설명한 뒤, 홉스는 계속해서 지배자의 권력과 책무, 법 아래에서 살아가는 삶의 본질에 관해 설명한다. 그 설명에는 독특한 점이 여러 가지 있지만, 주요한 점은 독특함에 있는 것이 아니라 그 설명이 이후 수 세기 동안 지배권의 설명에서 핵심적인 역할을 했다는 점이다. 지배자가 존재하는 목적은 특정한 사법권 내에서 법이란 무엇이냐는 물음에 답하는 데 있다. 지배자가 법으로서 명령하는 것은 법이다. 지배자의 법은 좋은 평가를 받을 수도 있고 나쁜 평가를 받을 수도 있다. 하지만 지배자의 법이 법으로 간주되는 이유는 장점이 있기 때문이 아니라 그 법에 종속된 사람들을 안내하는 규칙으로서 명령되기 때문이다. 이것이 법의 '혈통' 이론이다. 이 이론에 따르면, 법이 실제로 법인지 밝혀내는 방법은 그것이 적절한 권력에 의해 올바른 방식으로 정해졌는지 살펴보는 것이다. 홉스는 이것이 가능하려면 지배자가 한 명이어야 하며, 그 권력이 분할 불가능하고 절대적이어야 한다고 생각했다. 그 이유는 명백하다. 법이 무엇이냐는 물음에 확실하게 답하려면, 답하기에 걸맞은 권력이 필요하다. 그런 권력은 하나밖에 있을 수 없다. 만약 복수로 존재한다면 상충하는 답들이 나올 수 있기 때문이다. 그런데 아메리카합중국의 존재는 다른 가능성들을 제시한다. 그중 하나는 홉스가 말하는 지배자가 아니어도 된다는 것이다. 미국에는 복수의 법제도가 있고 단일한 최종적 분쟁 조정자가 존재하지 않기 때문이다. 또한 확고한 지배자의 존재는 단일한 국가를 이루는 데 필수적인 조건이 아니다. 미국은 그런 지배자가 없어도 단일한 정치체제를 이루고 있으며, 다양한 기구들이 다양한 쟁점에 대해 최종 결정을 내리는 방식을 취하고 있다.

홉스는 지배권이 분열되면 재앙이 닥친다고 확신했다. 그러나 국가의 존립에 절대권력이 필수적이라고 주장한 뒤, 그는 실제로 국가가 어떻게 통치되어야 하는지 설명하는데, 여기서는 입헌주의 사상을 상당히 차용하고 있다. 그래서 많은 학자들은 홉스를 자유주의자까지는 아니더라도 '원시자유주의자'쯤은 된다고 간주한다. 하지만 그러기에는 뭔가 거북한 게 있다.

자유주의자라면 대개 시민들이 정부에 맞서는 권리를 가지고 있다고 생각한다. 이를테면 언론의 자유, 누구나 자기 마음에 드는 종교를 선택할 수 있는 신앙의 자유, 임의적인 체포와 부당한 대우를 받지 않을 수 있는 「권리장전」에 보장된 권리 등이 그것이다. 하지만 홉스는 신민들에게 그런 권리가 없다고 주장했다. 우리가 태어나면서부터 가지고 있는 자연권은 자연 상태에서 아무 소용도 없다. 우리는 그 권리를 전부 포기하고—위험에 처했을 경우 우리의 목숨을 구할 권리는 예외다—우리를 보호해줄 정부를 창설하는 것이다.

우리에게는 언론의 자유가 없다. 프로테스탄트 반대자들이 주장하는 '사적 판단의 권리' 같은 것은 없다. 대표를 선출할 권리 같은 것은 없다. 왕의 대신들은 자문관이다. 그들은 지배권을 공유하지 않으며, 왕에게 자신의 조언을 수용하도록 할 권리도 없다. 홉스는 정치기구들이 다수의 판단에 따라 움직여야 한다는 데 동의했지만, 정치제도로서의 민주주의에는 열의를 보이지 않았다. 한 신체는 하나의 목소리로 말해야 한다. 그렇다면 다수의 판단 이외에 어떤 것이 그 하나의 목소리를 결정하겠는가? 자유주의가 개인권의 문제라면 홉스는 분명히 자유주의자가 아니다. 오히려 그는 '자유로운 제도'에 대해 단호하게 적대적이다. 루카 시(이탈리아 중북부 토스카나의 주도—옮긴이)는 '리베르타스'라는 단어를 성벽에 커다랗게 써놓았다. 그러나 아무도 루카 시민이 콘스탄티노플의 오스만 시민보다 더 자유롭다고—다시 말해 국가의 부림을 더 많이 면제받는다고—말하지 못했다.[35] 정부 치하에서 자유는 '법의 침묵 속'[36]에 있다. 느슨한 절대주의는 엄격한 공화주의보다 시민을 더 자유롭게 하는 법이다.

홉스가 이런 자유관을 채택한 것은 권리에 기반하지 않은 또다른 형태의 자유주의로 가는 문을 열었다. 이것은 소극적 자유관에 바탕을 둔 자유주의다. 자유란 특정한 방식으로 행동하도록 강요당하지 않는 것을 말한다.

홉스에게서 발견되는 원시자유주의적 요소는, 아무리 정부가 모든 것에 대해 법을 제정할 권리를 가졌다고 해도 실제로 법제화하는 경우는 가급적 적어야 한다는 확신이다. 이 추론은 예상이 가능하다. 입헌주의자들이 권리의 문제로서 정부에 요구하는 것은 대체로 그 자체로 유익한 것들이다. 폭넓게 의견을 구하는 정부는 입법활동도 더 현명하다. 생활의 세세한 부분까지 법제화하지 않는 정부 치하에 사는 신민은 더 행복하고 따라서 더 충성스럽다. 만약 종교 문제를 개인의 판단에 맡겨둬도 불화를 일으킬 가능성이 적다면, 정부는 모든 사람들에게 각자 자신의 신앙을 선택하도록 허용해야 한다. 훗날 로크가 말한 한계를 인정하더라도 그렇게 해야 한다. 하지만 평화는 모든 것에 앞선다. 종교가 다툼의 대상이 되는 곳에서는 예배와 공공 신조를 강제로 통일하는 것이 필요하다. 권리를 이야기하는 자유주의자라 해도 비상시를 맞아서는 종교의 자유와 권리를 폐지하는 데 동의할 수 있을 것이다. 홉스는 '독립성'이 불가능하다는 것을 안타까워한다.

홉스의 주장에 따르면, 지배자는 마치 자유주의·입헌주의 질서가 튼튼하게 자리잡고 있는 것처럼 여기면서 행동해야 한다. 정부는 우리가 일하고 장사를 하도록 하기 위해 법을 제정할 필요는 없다. 우리는 잘살고자 하지만 정부가 우리에게 잘살게 해줄 필요는 없다. 우리에게 필요한 것은 두 가지 도움이다. 첫째, 폭력과 사기로부터의 보호다. 그러면 우리는 강도나 사기꾼을 만날까봐 두려워하지 않고 선뜻 위험을 감수한다. 둘째, 유용한 통상법이다. 폭력과 사기를 제외하고, 우리의 번영을 가로막는 큰 난관은 소유권과 계약에 관한 법이 불명확한 것이다. 홉스는 1651년 영국의 토지등록부를 주창했으나 등록부가 만들어진 것은 1925년 의회가 부동산법을 최종적으로 통과시켰을 때였다. 소유권과 계약에 관한 법은 가급적 강압적이어서는 안 된다. 즉 어느 누구에게도 뭔가를 소유하거나 다른 사람과 계약할 의무를 강요해서는 안 된다. 그 법은 특정한 조건이 충족될 경우 개인들에게 강압적 국가권력의 지원을 제의한다. 만약 당신과 내가 유효한 협약을 맺었다면, 우리는 각자 상대방의 의사와 무관하게 그것을 강행할 수 있다. 만약 우리가 효력이 없는 협약을 맺었다면, 우리는 둘 다 멍청이다. 홉스는 사실 거래나 고용을 열렬히 지지하지 않았고 상업활동 자체를 좋아하지 않았다. 그는 상인이 아니라 지식인의 취향을 가진 사람이었다. 하지만 그는 정부가 존재하는 목적이 우선 평화를 수호하는 것이고 다음에는 문명의 기술, 상업과 지성의 모든 기예를 증진시키는 것임을 믿어 의심치 않았다.

홉스가 무엇보다도 고통을 피하는 데 관심이 있었음을 보여주는 작은 사례들 중 하나는, 그가 (최소한의) 복지국가를 옹호한 것이다. 노인, 빈민, 실업자에게는 도움이 필요한데, 번영하는 사회는 그 도움을 주어야 한다. 이것은 홉스에 관한 한 가지 오해를 풀어준다. 홉스가 아무리 인간의 이기주의를 강조했다고 해도 그것은 우리가 본래 자신만을 생각하고 자신의 이해를 증진시키기 위해서만 애쓴다는 견해와는 다르다. 인간이 본래 그런 존재라면 사회의 성립이 불가능할 것이다. 홉스는 어렵지 않게 우리가 빈민, 노인, 병자를 도와야 한다고 주장한다. 우리는 그들에 대한 자선이 불가능할 만큼 이기적이지 않다. 존 오브리John Aubrey(17세기 영국의 전기작가—옮긴이)는 흥미로운 이야기를 통해, 우리가 동정심을 느낄 것을 요구받는다고 해서 그 동정심이 가짜인 것은 아니라는 점을 강조한다. "예전에 내가 스트랜드에 갔을 때, 한 가난하고 허약한 노인이 그(홉스)에게 자선을 베풀어달라고 졸랐다. 연민과 동정의 눈빛으로 노인을 바라보던 그는 호주머니에서 6펜스짜리 은화를 꺼내주었다. 그러고는 옆에 있던 어느 성직자에게 말했다. '그리스도의 명령이 없다고 해도 이렇게 했을까요?'" 홉스는 꼭 들어맞게 대답한다. "그 노인의 딱한 처지를 생각하니 가슴이 아팠다. 나의 자선은 그에게 다소 위안을 주지만 동시에 내게도 위안을 준다."[37] 무의미한 고통을 회피하려는 관심은 종교적 관용에 관한 홉스의 논의에 활기를 불어넣는다. 홉스는 『리바이어던』의 거의 절반을 '그리스도교 국가'라는 주제에 할애하고 있다. 홉스는 독자들을 데리고 인간 본성으로부터 자연 상태로 갔다가 모든 정부의 원칙들을 거쳤다. 그런 다음에는 그의 시대 사람들을 강렬하게 자극한 주제와 씨름해야 했는데, 그것은 바로 그리스도교 사회의 정치였다.

그리스도교 국가

현대 학자들의 관점에서 보든, 홉스의 역사적 유산을 중심으로 하는 관점에서 보든, '그리스도교 국가'에 관한 장황한 논의에는 뭔가 거북한 측면이 있다. 현재 서구사회에서 교회는 세속적인 정치적 야망을 거부하는 길로 나섰으므로 홉스의 현대 독자들은 그의 시대 사람들만큼 그 주제에 흥미를 느끼지 않는다. 홉스의 시대에는 폭군 살해의 고전적 이념이 이단이나 이교도 군주의 암살을 정당화한다고 주장하거나, 기회가 왔을 때 신의 왕국을 지상에 수립해야 한다고 부르짖는 종교적 광신도들이 많았다. 논쟁을 즐기는 홉스는 또한 당대의 다양한 신학적 견해들과 싸워 이기고, 자신의 견해 가운데 일부 비정통적 요소를 옹호하는 데 자부심을 느꼈다. 예를 들어 그는 '필멸주의자 mortalist'였다. 즉 죽음을 맞을 때 우리는 불멸의 영혼으로 계속 존재하는 게 아니라 완전히 소멸한다고 믿었다. 최후의 심판에서 우리는 새로이 창조되고 심판을 받을 것이다. 정의로운 자는 영원한 신체적 존재를 부여받을 것이고, 불의한 자는 소멸될 것이다. 저주받은 자들이 머물게 될 지옥은 이야기에서 사라진다. 필멸주의는 드물지 않았으나 부정과 비난의 대상이었다. 오늘날에는 역사적 호기심의 대상이다. 더 큰 어려움을 안겨주는 것은 홉스의 국가관이다. 만약 홉스에게 그리스도교 국가라는 점이 국가에 어떤 차이를 낳느냐고 묻는다면 그는 아무런 차이도 없다고 대답할 것이다. 이것은 보기보다 그다지 놀랍지 않지만, 흥미로운 결과를 낳는다.

홉스는 종교가 불안에서 생겨났다고 주장했다.[38] 우리의 정신은 우리의 삶에 영향을 미치는 사건이나 사물의 원인을 찾고자 한다. 그 원인들의 연쇄를 거슬러올라가다가 우리는 마침내 그 연쇄가 시작될 때 최초의 원인 없는 원인이 있어야 한다는 생각에 이르게 되며, 그것을 신이라고 부른다. 또한 우리가 보았듯이 홉스는 '자연신학'이 용어상으로 모순이라고 여겼다. 독자적인 원인은 신의 본성에 관해 아무것도 말해주지 못한다. 단지 신이 존재하고 우리가 한계를 설정하지 못할 만큼 강력하다는 것만 말해줄 따름이다. 이런 회의론 덕분에 홉스는 종교란 지적 사색으로서보다 사회적 관습으로서 중요하며, 평화와 신체적·심리적 안전을 수호하기 위해 여느 사회적 관습과 같은 방식으로 규제되어야 한다고 주장할 수 있었다.

평화에 대한 명백한 위협들 가운데 예언자로 자처하는 사람들이 있다. 이들은 신의 의지에 관한 새로운 계시를 얻었다고 주장한다. 홉스는 신이 그들에게 기적의 능력을 주지 않으면 예언자도 사라질 것이라고 단언했다. 오늘날 올바른 견해에 따르면, 누가 꿈속에서 신의 말씀을 들었다고 말할 경우 우리는 그가 신의 말씀을 듣는 꿈을 꾼 것이라고 이해해야 한다. 홉스는 야훼가 자신이 선택한 사람들 앞에 모습을 드러냈다는 것을 부인하지 않았다. 단지 그는, 바로 그 사실이 이스라엘인들을 독특한 상황으로 몰아넣었고 그 결과 그들은 자기들끼리 왕을 선택하기에 이르렀다고 말할 따름이다. 그들에게 신은 세속의 지배자였다. 일단 그들에게 자기들끼리 왕을 선택하도록 허용한 뒤 신은 계속해서 현세를 지배했다. 모든 신도들에게 자신의 명령에 복종하도록 한 게 그 점을 보여준다. 하지만 신은 세속의 지배자가 아니었다. 그러므로 영국 땅에 신의 왕국을 수립하려는 사람이 있다면 감옥에 처넣는 게 당연하다.

교리에 관한 정설은 지배자가 규정했다. 현명한 지배자는 백성들에게 지나치게 고지식하거나 다른 신앙과 충돌하는 신앙을 고백하게 함으로써 불안을 야기하지 않는다. 그것은 곧 백성들에게 자신의 구원을 걸고 동전 던지기를 하라고 요구하는 것이며, 정부의 목적을 좌절시키는 행위다. 어쨌든 인간은 그런 사안에 관해 시치미를 떼고 모르는 척할 수 있으며, 지혜로운 지배자는 겉으로 드러난 통일성에 만족한다. 관용은 일정한 한계 내에서 은근슬쩍 뒷문으로 들어간다. 그리스도교 전통의 경전들에 관해서는 성서가 지배자로부터 권위를 얻는다. 홉스는 성서의 영어 번역에 관한 여러 가지 견해들을 혼용했다. 글을 읽을 줄 아는 사람이면 누구나 인간과 신에 대한 자신의 의무를 간결한 설명으로 이해할 수 있었다. 그것은 또한 사람들에게 신의 말씀에 대한 낯선 해석을 출판하도록 부추겼다. 합법적으로 가르칠 수 있는 교리가 어떤 것인지를 결정하는 사람은 지배자밖에 없다는 것이 지배권의 본질적 속성임을 명심해야 한다.

이리하여 그리스도교 국가는 교리를 좌우하는 지배자의 권력이 그리스도교 교회를 좌우하는 권력으로 연장되는 국가임이 드러난다. 홉스의 목적은 국가가 교회보다 우선한다는 것을 확증하고, 시골 출신의 거친 사나이가 예언자로 나선다든가, 주교가 세속권력을 사취하는 일이 없도록 보장하는 것이었다. 주교들은 아마 기회만 생겼다면 언제든 홉스를 이단으로 몰아 화형해버렸을 것이다. 그만큼 양측의 적대는 당연했다. 홉스가 자신의 수단을 확신하지 못한 분야가 하나 있었다. 그리스도교 신민이 이교도 지배자에게 복종의 의무를 지느냐 하는 해묵은 문제였다. 홉스는 어떤 신민도 종교적 이유로 지배자의 정당성에 도전할 권리를 갖지 못한다고 주장했다. 이교도 지배자가 그리스도를 부인하라고 요구하지 않는 한 그리스도교도가 일반적으로 그 지배자에게 복종해야 한다는 것은 알기 쉽다. 『시민에 관하여』에서 홉스는 그런 경우를 맞았을 때 신앙심이 독실한 사람은 복종을 거부하고 순교함으로써 '그리스도에게로 가야' 한다고 생각했다. 하지만 그는 『리바이어던』에서 생각을 바꿔, 우리가 자신의 목숨을 구하기 위해 그리스도를 부인할 수도 있다고 주장했다. 신은 우리에게 자신을 보존하라고 명령했으므로 그에 대한 부인을 죽을죄로 간주하지는 않을 것이다. 말과 진심은 서로 다를 수 있다. 신은 우리의 진심을 알아줄 것이다. 분량이 상당히 긴 42장('교회권력')에서 명확히 드러나듯이, 홉스의 관심은 세속권력과 독립적이고, 분리되어 있고, 토대도 다른 '영적 권력'이란 없다고 주장하는 것이다. 두 자루의 검은 없고 한 자루만 있다. 지배자는 검과 왕홀을 함께 휘두른다.

결론

지금까지 보았듯이 홉스는, 무제한적 권력을 가졌으나 그것을 신중하게 행사하는 국가를 초지일관 지지한다. 17세기에는 종교가 중대한 쟁점이었기 때문에 그는 교회에 대한 국가의 권력을 특별히 옹호하고자 애썼다. 그러나 국가권력은 가급적 가볍게 행사되어야 한다는 게 그의 바람이었다. 자유의지와 필연성을 주제로 브램홀Bramhall 주교와 논쟁을 벌이던 홉스는 종교란 진리가 아니라 법의 문제라고 주장했는데, 이는 『리바이어던』의 일관적인 주장이기도 하다. 철학적 추론과 종교의 심미적이고 도덕적인 기능은 서로 전혀 다르다. 어디까지가 종교적 회의론인지는 말하기 어렵다. 16~17세기에는 종교적 견해의 범위가 무척 넓었다. 홉스의 무리한 성서 해석은 그만의 특징이었으나 구체적으로 필멸주의는 공통적인 내세관이었다. 그것이 최후의 심판을 모호하게 만든다고 생각할 수도 있다. 최후의 심판이란, 죽은 사람을 다시 태어나게 해서 예전의 그 인물이 오래전 과거에 저질렀던 죄에 대한 심판을 받게 하는 것이기 때문이다. 하지만 그것은 육체와 분리된 영혼이 존재한다고 믿는 것보다는 더 이해하기 쉽다. 홉스의 유물론이 과연 신을 위한 공간을 허락하는지 의아한 느낌이 드는 것도 사실이다. 아닌 게 아니라 홉스의 비판자들은 그를 무신론자로 몰아붙였다. 그러나 홉스는 그것을 문제라고 여기지 않은 듯하다.

그러면 마지막 수수께끼가 남는다. 홉스는 자신이 절대군주정이야말로 최선의 정부 형태임을 '가능하게' 만들었다고 자부했다. 또한 그는 정부가 절대권력을 가져야 한다는 것, 헌법이 최고의 권위를 가져서는 안 된다는 것, 분할된 권력은 재앙이라는 것을 명백하게 증명했다고 확신했다. 그러나 훗날 비판자들은 별로 동조하지 않았다. 로크는 인간이 족제비의 공격을 받을까봐 두려워하면서도 사자의 잠재적 먹이가 되는 일에 관해서는 안심하는 이유가 무엇이겠냐고 물었다. 홉스는 합리적 군주라면 자신의 이해관계와 신민들의 이해관계가 같다는 것을 안다고 믿었다. 신민들이 행복하고 번영을 누린다면 왕의 정부에 복종하고 충직한 지지를 보내줄 것이다. 홉스는 우리의 안전을 보장하는 권력을 지지할 의무가 있다고 주장했다. 이는 악순환과 구별되는 '선순환'의 가능성을 암시한다. 즉 성공적인 정부는 충성심을 배양하고, 충성심은 성공적인 정부를 만들어내는 식이다. 합리적인 지배자는 『리바이어던』을 읽고 중용의 정부가 가지는 힘을 이해할 것이다. 이 정부는 시민의 생활을 보장하면서 사생활을 침해하지는 않으며, 시민들의 창의성, 상상력, 예술, 과학을 촉진한다. 그 결과 충성심, 지성, 모험심을 두루 갖춘 시민이 육성되는 것이다.

어려움은 지성이나 능력이 부족한 지배자가 등장할 때 닥친다. 이 경우 지배자 한 사람의 변덕, 오만, 야망, 불화로 분열된 기구가 모든 것을 휩쓸어버린다. 그럴 때는 어떻게 할까? 홉스는 답을 주지 않는다. 그는 동료 신민들이 자신의 의무를 회피하기 위해 온갖 구실을 찾게 될까 몹시 두려워했기 때문에 자립과 자조에 대해 터무니없을 정도로 강력히 반대했다. 그는 우리가 노골적인 위협을 받을 경우 지배자에게 저항하거나 자신만의 이익을 위해 행동하게 된다는 데 동의한다. 자기 보존은 인간 유기체에게 각인되어 있는 것이기 때문에, 우리의 어떤 행동도 지배자가 아무런 저항 없이 우리를 죽이도록 놔두지는 않는다. 홉스의 생각에 의하면, 그것은 지배자가 형법으로 정한 형벌 이외에, 수사를 회피한다든가 법 집행을 모면하려 한 데 대한 형벌을 추가하지 말아야 한다는 것을 의미한다. 그러나 홉스가 처한 난점도 있다. 우리가 자신의 목숨을 구하거나 자신의 이익을 위해서만 저항할 수 있다고 주장하면, 인간 본성에 관한 그 자신의 설명과 모순될 뿐 아니라 저항이 너무 어려워진다. 자신이 앞으로 처하게 될지 모르는 위험에 관한 증거를 수집하는 불안에 떠는 생물들은, 지배자가 다른 사람들을 대하는 방식에서 장차 자신을 대하는 방식에 관한 증거를 찾게 마련이다. 지배자가 어리석거나 실정으로 기우는 경향을 보인다고 생각되면, 우리는 개별적으로 행동하기보다 단결하는 편이 낫다는 판단에서 동맹을 결성하고 비합리적 지배자에게 최대한 저항한다. 루터는 그 문제에 본질적으로 접근했으나 결국은 회피해버렸다. 그는 지배자가 나쁘게 행동할 경우, 신민들이 기존의 권위에 복종하라는 바울의 가르침을 무시하고 옳든 그르든 그를 타도하려 한다는 것을 인정했다. 홉스의 신민들은 과연 지배자가 자신들을 보호하는 입장에서 공격하는 입장으로 전환하는 게 가능하냐고 물었다. 그런 경우라면 지배자와 신민들은 자연 상태로 되돌아가게 되고, 전쟁의 온갖 효과와 이득을 이용하려 들 것이다. 그러나 홉스는 단지 일단은 지배자를 믿어주어야 한다고 촉구하는 한편, 지배자에게는 신민들의 번영과 행복에 그의 영광이 있다는 점을 명심하라고 촉구할 뿐이다.

그러나 지배자에게 영향을 미치는 유일한 권위는 양심과 신이다. 당연한 일이지만, 지배자의 자원에 비해 자신들의 자원이 너무 적다는 것을 알게 된 신민들은 지배자를 부정하다고—더 적절한 용어를 쓰자면, '불법'이라고—몰아붙이는 게 형식적으로 잘못인지 아닌지 신경을 쓰지 않게 마련이다. 그저 지배자가 통제를 벗어났을 때 반란이 정당하다고 말할 수만 있으면 될 뿐이다. 혹은 신민들은 분열된 정부가 혼돈 속에서 붕괴할 위험에 처하는 것도 기꺼이 감수하려 한다. 그들에게는 한편으로 견제와 균형의 체제, 다른 한편으로 홉스식 지배자 사이에서 그나마 덜한 악이 무엇이냐가 중요해지는 것이다. 이에 대해 홉스는 확실한 대답을 하지 않는다. 그가 대답했어야 한다고 말하는 것은 부당하다. 그의 업적은 정치적 상황에 관해 흥미로운 그림을 그린 것이다. 그것은 종전의 어느 것보다도 훌륭한 그림이었을 뿐 아니라 지금까지도 그것을 능가하는 그림이 없을 정도다. 정부에 어느 정도의 권력을 위탁하는 데 찬성할 것이냐 반대할 것이냐, 또한 신민들에 대한 복종의 고삐를 단단하게 쥘 것이냐 느슨하게 풀 것이냐 같은 문제들에 관해 지금까지 홉스보다 더 잘 설명한 사람은 없었다. 그의 독자들과 우리가 과연 어디서 최종적 균형을 맞출 것이냐를 결정해야 한다는 것은 정치의 현실이지 홉스의 실패가 아니다.

제13장
존 로크와 혁명

명예혁명

17세기의 기준으로 보면 존 로크는 오래 살았을 뿐 아니라, 그의 삶은 어느 시대를 기준으로 보더라도 다사다난한 것이었다. 그는 1652년에 청교도 법률가의 아들로 태어났다. 그의 아버지는 전혀 지위가 높지 않았으나 경제적으로 유복했고, 내전 시기에 의회파로 군대에 복무했다. 그는 전시에 기병대 지휘관을 지냈던 지역의 의원과 친분이 있었는데, 그 덕분에 아들을 웨스트민스터 학교에, 이후에는 옥스퍼드의 크라이스트처치에 보낼 수 있었다. 크롬웰이 지배했을 때 로크는 대학생이면서 대학의 청년 연구원이었다. 왕정복고 때 크롬웰의 공화국을 지나치게 열렬히 지지한 연구원들에 대한 숙청이 전개되었는데, 이때 로크는 추방을 모면했으나 왕과 영국성공회에 대한 충성심은 의심을 받을 수밖에 없었다. 사실 종교와 정치권력에 대한 로크의 초기 견해는 권위주의적 성향이 짙었으므로 기존의 권세에 전적으로 수용되어야 마땅했다. 하지만 대륙에 갔다 온 이후 그의 생각은 변했다. 대륙에서 종교적 관용의 긍정적인 효과를 목격하고 영국에서도 종교적 자유가 유용하리라는 확신을 가지게 된 것이다.

대학 연구원은 성직을 받거나 법학 또는 의학을 공부해 고등 학위를 취득해야 했다. 로크는 의학을 선택했는데, 이것은 중대한 결과를 초래했다. 지적 측면에서 의학 공부는 그에게 세심한 관찰력의 중요성을 깨우쳐주었고, 토머스 홉스가 알지 못했던, 과거 경험을 새로운 상황에 적용하는 방법을 가르쳐주었다. 이런 관점은 그의 철학적 명성을 드높여준 저작인 『인간 오성론*Essay concerning Human Understanding*』에도 스며들었다. 그것은 '반反합리주의적' 견해다. 인간 오성은 경험의 제약을 받는다. 경험으로부터 분리된 첫번째 원칙들을 바탕으로 세계를 이해할 수는 없다. 인간 이성은 '주님의 촛불'이라고도 불린다. 이성은 우리가 현명하고 고결하게 살아가는 데 필요한 만큼 세계가 움직이는 방식을 알게 해주고, 신과 인간에 대한 우리의 의무를 적절하게 존중하도록 해준다.

의학을 공부한 덕분에 로크는 찰스 2세를 협박해 폐위시키고자 애쓰는 급진적 성향의 귀족인 샤프츠버리 공작을 알게 되었다. 당시 샤프츠버리는 고통스러운데다 자칫하면 치명적일 수 있는 간 종양을 앓고 있었는데, 로크가 바로 그 병을 치료해줄 수 있는 사람으로 추천되었다. 로크는 한 차례 외과 수술을 했다. 그의 환자는 수술대 위에서, 혹은 이후에 감염으로 죽을 수도 있었지만 다행히 수술은 대단히 성공적이었다. 훗날 로크는 종양이 재발하는 경우를 대비해 은으로 된 배수관을 삽입했다. 사실 그것은 필요하지도 않았고 결국 소용도 없었지만, 훗날 '샤프츠버리의 마개'로 널리 알려졌고, 드라이든Dryden의 왕당파 시 『압살롬과 아키토펠*Absalom and Achitophel*』에서 조롱의 대상이 되었다.

샤프츠버리는 로크를, 우리가 아는 바와 같은 자유주의자로 변모시켰다.

처음에 로크는 정치권력이 본래 절대적이라는 견해를 취했다. 또한 지배자는 '중립의 상태에서', 다시 말해 그리스도교 신앙의 필수 요소와 무관하게, 어떤 종교적 성향이든 마음대로 선택할 자격을 가졌다고 여겼다. 이것은 쿠이우스 레기오, 에이우스 렐리기오cuius regio, eius religio('군주의 종교가 곧 그 지역의 종교'라는 뜻으로, 1555년 아우크스부르크 종교화의에서 공식 종교 정책으로 채택되었다―옮긴이)이자 홉스의 견해였다. 샤프츠버리는 종교적 자유에 대한 권리의 승인이라는 익숙한 의미에서의 관용을 철석같이 믿었으며, 관용이 국왕의 양보로 얻어진다는 견해를 거부했다. 그는 홉스가 부인한 것을 믿은 것이다. 찰스 2세는 가톨릭을 남모르게 수용했으면서도 그다지 독실한 교도는 아니었다. 그래서 그는 가톨릭을 용인한다는 조건만 충족되면 프로테스탄트 국교 반대파에게도 관용을 베풀 생각이었다. 하지만 그는 신민들이 관용을 누리는 게 국왕이 양보한 덕분이라고 주장했다. 국교 반대파는 그런 조건의 관용을 거부했다. 그들의 견해에 따르면 가톨릭을 관용해서는 안 되고 프로테스탄트를 관용해야 하며, 그것도 양보가 아니라 권리에 의한 관용이어야 했다. 그런 비타협적 태도로 인해 국교 반대파에 대한 법적 차별의 철폐가 지연되었으며, 그 결과 그들은 이후 한 세기 반 동안이나 의회 의석을 얻지 못했고 옥스퍼드나 케임브리지에서 학위를 취득하지 못했다.

로크는 샤프츠버리가 신뢰하는 비서가 되었으며, 그가 잠시 대법관을 지냈을 때는 정부에 들어가 상무부 장관으로 일했다. 샤프츠버리가 반대파가 되었을 때도 로크는 그와 함께했다. 1670~1680년대에 찰스와 국왕의 반대파 간에 분쟁이 격화되자 샤프츠버리는 로크에게 정치 전략에 관해 조언을 구했다. 찰스 2세의 반대파는 왕이 루이 14세나 가톨릭 프랑스와 동맹을 맺지 못하도록 하는 것을 주요 목표로 삼았다. 그들은 찰스가 나라를 강대국에게 팔아넘기려 한다고 의심했는데, 그 의심은 틀리지 않았다. 1672년의 도버조약―자포자기의 비밀 조약―은 시기가 무르익으면 자기 나라를 가톨릭 신앙으로 되돌리려는 찰스의 계획을 뒷받침했다. 그때 루이의 군대가 영국에 들어와 가톨릭을 확고히 다질 터였다. 샤프츠버리 일파는 찰스의 동생이자 후계자로 가톨릭을 공개적으로 지지하는 요크 공작이 왕위를 계승하면 절대로 안 된다고 판단했다. 1679년 그들이 배척법을 의회에 상정하자 전면적인 위기가 촉발되었다. 찰스는 5년간의 치세 동안 의회를 한 번도 소집하지 않았다. 로크는 옥스퍼드에서 왕당파 첩자들의 감시를 받았다. 그는 다른 사람들의 동기를 최대한 의심했는데, 그가 자신의 안전을 우려할 만한 이유는 충분했다. 찰스는 샤프츠버리에 대한 공격은 망설일지 몰라도, 샤프츠버리에게 교훈을 전하는 조언자를 사법적으로 살해하는 정도에는 아무런 가책도 느끼지 않았을 것이다. 옥스퍼드는 왕당파 도시였으며, 여기서는 왕이 제거하고 싶은 인물이 있다면 배심원을 매수해 반역 평결을 얻어낼 수 있었다. 정부의 적들 가운데 한 사람이었던 스티븐 칼리지 Stephen College(17세기 영국의 프로테스탄트 활동가—옮긴이)는 런던 배심원에게서 무죄로 방면되었으나 옥스퍼드로 불려가 재판을 받고 교수형을 당했다.

로크는 자신에 대한 고발 문건을 파기시켰으며, 찰스의 첩보원들에게 알려지면 살해당할지도 모르는 일은 전혀 하지 않았다. 이 시기에 그가 어떤 글을 썼는지는 확실하지 않다. 『시민정부에 관한 두 가지 논문*Two Treatises of Civil Government*』(흔히『통치론』이라고도 부르는데, 여기서는 원제에 가깝게 번역했다—옮긴이)은 배척법이 제출된 중대 국면에서 샤프츠버리에게 전하는 방대한 조언집의 일환으로 집필된 책이라고 알려졌다. 그래서 '배척의 논문'이라고 불리기도 한다. 하지만 만약 그렇다면 그것은 헛수고였다. 상원은 배척법을 거부했고, 샤프츠버리의 지지 세력은 전열이 흐트러졌으며, 용기를 얻은 찰스는 비판 세력을 더욱 거칠게 다루었다. 샤프츠버리는 1682년 11월 네덜란드로 도피했다가 이듬해 2월에 죽었다. 1683년에는 라이하우스 사건이라고 알려진, 찰스 2세를 암살하려는 계획이 발각되어 관련자들이 처형되었다. 가장 핵심적인 인물은 로크와 자주 서신을 주고받았던 앨저넌 시드니Algernon Sidney였다. 로크는 몰래 네덜란드로 가서 제임스 2세가 왕위에서 쫓겨날 때까지 그곳에 머물렀다. 제임스 2세가 즉위한 뒤 일어난 몬머스 반란에 로크가 과연 연루되었는지 여부는 알 수 없다. 그는 분명히 네덜란드에 잠복해 있던 왕당파 첩보원들에게서 의심을 받았다. 그들은 아마 기회만 닿았다면 그를 납치해 살해했을 것이다.[1]

제임스 2세는 불과 3년간의 치세에도 프랑스가 영국을 침략하기 좋은 환경을 조성하려 했다. 그는 군대에서 프로테스탄트 장교들을 축출하고, 전국적으로 권력의 요직에 가톨릭교도들을 배치했다. 이 조치는 커다란 반발을 불러 전국이 내전의 소용돌이로 치달았다. 1688년 12월 그의 군대는 오라녜의 빌럼(제임스 2세의 딸 메리와 결혼해 그의 사위가 되었으나 가톨릭 군주의 집권이 연장되는 것을 겁낸 의회파가 차기 왕으로 낙점한 덕분에 영국 역사에서 윌리엄 3세가 된다—옮긴이)이 거느린 군대의 침공을 맞아 어떻게 할지 망설이고 있었다. 또한 그 무렵 영국 전역은 반가톨릭 폭동에 시달렸다. 제임스는 막다른 골목에 이르렀음을 직감하고 프랑스로 달아나려 했다. 권력의 상징인 왕국의 국새는 달아나는 도중에 템스강에 떨어뜨렸다(혹은 던져버렸다). 순전히 악의에서 그렇게 한 것인지, 아니면 이제 누구도 결코 정통성을 내세울 수 없다는 것을 말하려 했던 것인지는 알 수 없다. 어쨌든 제임스는 도중에 사로잡혔고, 빌럼과 메리측과 되는 대로 협상을 벌였다. 결국 그는 런던을 떠나 템스강의 어귀 부근에서 살라는 권고를 받았고, 나중에는 마침내 아무런 추격도 받지 않은 채 프랑스로 도피했다.

로크는 이제 귀국할 수 있었다. 돌아온 로크는 차분하면서도 유용한 삶을 살다가 1704년에 죽었다. 그는 또다시 상무부 장관이 되었고, 경제학자로서의 능력을 인정받았다. 사실 그는 철학자로서 더 큰 명성을 날렸으며, 뉴턴을 해석해 더 넓은 세계에 소개한 인물로도 유명했다. 또한 그는 1872년

심사령審查令(모든 관리의 국교 채택을 선서로 강요한 조치—옮긴이)이 폐지되고 가톨릭과 국교 반대파의 마지막 법적 차별이 제거될 때까지 영국 정부가 채택하지 않았던 종교적 관용을 옹호한 인물로도 잘 알려졌다. 1787년 미국 헌법의 초안을 작성한 사람들은 로크의 사상을 받아들여 법과 정치제도의 지도적 원칙으로, 특히 교회와 국가의 관계를 설정하는 원칙으로 확립했다. 로크의 시대에는 아메리카 식민지도 관용에 관한 그의 사상을 전혀 수용하지 않았다. 청교도 뉴잉글랜드는 국교 반대파를 찰스 2세가 원하는 것보다도 더 많이 처형해 왕을 기쁘게 했다. 또한 로크는 영국에서 폭넓은 관용을 위한 운동을 벌이지 않았다. 그의 저술만이 지식인 독자들에게 필요한 모든 것을 담고 있을 따름이었다.

지난 두 세기의 상당 기간 동안 존 로크는 영국 자유주의자들이 자랑하는 미덕의 상징이었다. 그는 신중하고, 양식 있고, 상식적인 인물이었다. 자유에 대한 과도한 열정으로 격변과 내전에 휘말리는 위험을 모면하려 했고, 권력을 지나치게 적극적으로 수용해 독재와 전제가 무제한적으로 퍼지는 것도 피하고자 했다. 그런데 이런 이미지는 최근 들어 더 흥미롭고 모호한 이미지로 바뀌었다. 로크는 자본주의혁명의 지지자, 홉스의 숨은 제자, 찰스 2세에 맞선 음모자라는 새로운 이미지를 얻었다. 심지어 그는 찰스를 암살하는 것이 나라를 폭군으로부터 구하는 유일한 방법이라고 생각했으며, 찰스 2세 치세 말기와 제임스 2세의 짧은 치세 동안 네덜란드로 도피하기로 한 그의 결정은 완전히 정당화되었다.

정치적 저술

로크의 정치사상은 재구성하기가 쉽지 않다. 그는 자신의 공공연한 정치적 저술과 양립하기 어려운 글들을 많이 썼기 때문이다. 그 가운데는 정부에 관한 두 가지 논문이 가장 중요하며, 특히 노예를 소유하는 아메리카 식민지 캐롤라이나에 대한 헌법 제안에 주목할 필요가 있다. 두 가지 논문은 그것들끼리도 서로 어울리지 않는다. 「첫째 논문」은 지루할 만큼 길며, 주로 『가부장권Patriarcha』을 쓴 로버트 필머Robert Filmer(로크 시대 왕권신수설을 주창한 영국의 보수주의자—옮긴이)의 정치적 견해를 세세히 논박하는 내용이다. 필머는 오늘날 환기할 만한 이름은 아닐뿐더러 로크의 시대에도 괴짜였다. 그는 시골의 기사였는데, 1647년 세상을 떠나기 얼마 전에 『가부장권』을 썼다. 이 책은 원래 알려지지 않은 채 묻혀버렸고 출판되지도 못했다. 그러나 찰스 2세의 옹호자들이 배척법의 위기를 맞았을 때 그 원고를 발굴해 선전 무기로 써먹기 위해 1680년에 출판했다. 『가부장권』은 왕의 권력이 아버지의 권력과 같으며, 우리 모두의 아버지인 아담에게서부터 물려받은 것이라고 주장했다. 실정법의 제약을 받지 않을 경우, 군주의 의지와 다름없는 그 권력은 절대적이고 전제적이며, 상속도 가능하다. 로크가 수백 쪽의 분량을 할당해가면서 그런 혐오스러운 견해를 논박한 것은 어찌 보면 이해하기 어렵다. 하지만 마침 앨저넌 시드니의 『정부론Discourses concerning Government』이 같은 시기에 같은 역할을 했는데, 그 책은 당대 정치 현실과 밀접한 연관성을 가졌다는 이유로 결국 저자가 처형당하는 사태를 초래했다.

그렇다 해도 「첫째 논문」은 「둘째 논문」과 뚜렷한 차이를 보인다. 그것은 나름의 어려움을 드러내는 저작이지만, 명료하고 일관적일 뿐 아니라 우리 다수가 당연시하는 인간 조건에 관한 전제로부터 우리 거의 모두가 당연시하는 합법적 정부의 본성에 관한 결론으로 나아간다. 「둘째 논문」은 편안한 내용이므로 특별한 해설이 필요가 없다. 그래서 지금까지 학자들은 뭔가 놀랄 만한 것을 찾아내 「둘째 논문」이 표면상으로 가진 의미를 넘어서는 것을 말하고자 했다. 그럼에도 불구하고 학자들이 왜 로크를 제약 없는 자본주의의 친구, 독재의 친구, 교과서가 옹호하는 온건하고 입헌주의적인 정부와는 다른 뭔가의 친구로 간주하려는 충동을 느꼈는지는 알기 어렵다.

짜릿한 흥분을 추구하는 사람이 교과서를 넘어 멀리 바라볼 필요가 없다면, 사태는 한층 어려워진다. 로크의 「둘째 논문」에서 충격적이고 위험한 요소를 발견하려면, 우리는 17세기 후반 보수적 왕당파의 정신 구조를 상상하기만 하면 된다. 「둘째 논문」이 시민들로 하여금 신권에 의한 왕에 맞서도록 선동하지 못한다 해도 극단적 상황에서는 그렇게 해야 한다고 말해주는 게 확실하다. 왕의 통치를 유레 디비노 jure divino(신이 정한 법—옮긴이)라고 생각하는 사람이라면 정당한 정부의 목적과 한계에 관한 로크의 설명을 매우 불쾌하게 여길 게 틀림없었다. 찰스 2세의 적들이 왕의 아버지가 참수된 것을 생생히 기억하고, 또 그들 스스로도 폭군 살해가 나라를 배신하는 왕을 제거하는 유일한 방법이라고 생각하는 분위기에서, 로크의 작은 논문은 사뭇 선동적이었다. 그래서 로크는 「둘째 논문」에 관한 간략한 해설을 붙였고, 「첫째 논문」에 관해서도 짧은 여담을 넣었다. 끝부분에는 관용에 관한 로크의 견해가 수록되었다. 이 저작은 초기 로크의 반관용 사상으로 시작해, 훗날 유명해지고 지대한 영향력을 미친 『관용에 관한 서신*Letter Concerning Toleration*』으로 넘어간다. 이 글은 1685년 로크가 네덜란드에 망명해 있던 시절에 집필되어 그가 귀국한 뒤 출판되었다.

로크는 그 두 논문의 저자에 관해 적당히 둘러댔다. 1703년 세상을 떠나기 1년 전, 그리고 제임스 2세가 폐위되기 한참 전에 그는 「둘째 논문」에서 제안한 재산권의 근거를 칭찬하는 서신을 쓰면서 마치 누가 그 책을 썼는지 전혀 알지 못하는 척했다.[2] 하지만 그것과 달리 『인간 오성론』의 경우에는 자신이 저자임을 기꺼이 밝혔다. 로크는 아마 이 책이 명예혁명과 윌리엄 3세의 즉위 이후 새로운 고용주들의 취향에 완전히 맞지는 않는다고 여겼을 것이다. 그는 1690년에 그 책을 출판하고, 그 출판 시점─학자들이 주목한 것처럼 집필 시점이 아니었다─이 국가의 보호자 윌리엄 3세가 국민의 동의를 얻어 왕위에 오른 때라는 점을 강조했다.[3] 이것은 비판의 대상이 아니다. 새 국왕은 신민의 다수에게 적법한 군주로 간주되지 않았지만, 로크는 그가 그리스도교권에서 가장 적법한 군주라고 주장했다. 그것은 사실 상당히 버거운 주장이었다. 많은 사람들은 제임스 2세를 좋아하지 않았지만, 그래도 스튜어트왕가는 적법한 혈통이고 오라녜왕가는 그렇지 않다고 믿었다. 그 점을 잘 알았기 때문에 윌리엄은 아내인 제임스 2세의 딸 메리와 공동으로 왕위에 올랐으며, 비록 당시에는 자식이 없었으나 나중에 충분히 자식을 얻을 가능성이 있었음에도 불구하고 처형인 앤을 최우선의 왕위 계승자로 미리 낙점한 것이었다. 로크가 윌리엄의 즉위를 확고히 지지하는 책을 출판한 것은 분명히 정부측에서 환영해 마지않을 일이었다.

하지만 로크가 국민의 동의를 강조한 것은 영국인, 적어도 의회가 윌리엄 3세를 선택했다는 것을 의미했는데 이것은 별로 좋은 게 아니었다. 그 결과 지배권력을 군주에게 부여한 국민이 나중에 권력을 회수할 수 있느냐는 항구적인 문제가 발생했다. 1689년의 임시의회 Convention Parliament (국왕의 소집 없이 열린 의회─옮긴이)는 윌리엄에게 조건부로 왕관을 제의했는데, 이는 의회가 왕을 선택하고 발탁하고 임명했다는 것을 나타낸다. 하지만 의회가 과연 그럴 권한을 가졌는지는 의문이었다. 의회는 제헌의회로 나서기를 거부했다. 제헌의 권한까지 넘보면서 권력을 남용하다가는 자칫하면 40년 전의 공화주의 실험(크롬웰의 공화국─옮긴이)처럼 실패로 돌아갈 공산이 컸다. 당시 의회는 현직 군주가 소집하지 않은 임시의회였다. 제임스 2세는 내란의 위험을 피하기 위해 허락을 받고 프랑스로 도피한 상태였다. 하지만 임시의회는 한 세기 뒤에 미국인들이 아메리카합중국 헌법을 작성할 때처럼 영국 헌법을 작성하는 데는 관심이 없었다. 제임스 2세는 영국인의

'전통적 자유'를 공격했다는 비난을 받았고, 윌리엄은 영국의 정치제도를 개조하지 말고 그대로 유지하라는 당부를 받았다.

　의회는 적당한 인물이라면 누구에게든 왕관을 부여할 권리를 가지고 있다고는 결코 생각하지 않았다. 오라녜의 빌럼은 제임스 2세의 조카였고, 메리는 제임스의 두 프로테스탄트 딸 중 하나였다. 의회에서 더 보수적인 일파는 빌럼을 섭정으로만 임명할 권리를 가지고 있다고 생각했는데, 빌럼으로서는 당연히 성에 차지 않았다. 또다른 일파는 메리가 여왕으로 나라를 다스리고, 빌럼은 섭정 왕자로 임명하는 방식을 생각했다. 이것은 쟁점이었다. 빌럼은 초청을 받고 토베이에 상륙했지만, 군대를 거느리고 온 것을 보면 마치 의회가 그에게 군대를 내주지 않으리라고 말하는 듯했다. 그의 군대는 장식용에 불과한 게 아니었다. 군대는 런던으로 오는 도중에 왕당파 군대와 소규모 전투를 몇 차례 치렀다. 사실 그는 전쟁을 하고픈 마음이 거의 없었다. 의회 지도부가 전전긍긍하면서 그에게 정확히 어떤 일을 해야 하는지 말했을 때 빌럼은 네덜란드로 돌아가겠다고 으름장을 놓았다. 그러자 의회는 잽싸게 계획을 바꾸었다. 그런 결과가 나온 데는 제임스 2세의 딸들인 앤과 메리 두 공주의 현명한 판단이 한몫을 했다. 로크의 입장은 의회보다도 한층 급진적이었다. 그의 사상은 아메리카 혁명가들과 한 세기 뒤에 에드먼드 버크Edmund Burke(18세기 영국의 보수파 정치인이자 정치사상가—옮긴이)가 몹시 증오한 급진적 국교 반대파들의 견해에 수용되었다. 만약 영국인들이 자신들의 지배자를 선택했다면, 그들은 숙고 끝에 자신들의 지배자가 무능하거나 사악하다고 판단하고, 한 세기 뒤에 리처드 프라이스 Richard Price(18세기 영국의 도덕 및 정치철학자—옮긴이)가 말한 것처럼 '지배자가 부정한 행위를 할 경우 추방할 권리'를 내세우면서 다른 사람을 발탁해 왕위에 앉혔을 것이다.[4] 버크는 올바른 견해가 널리 퍼졌다고 주장했다. 영국인들은 수세에 몰려 마지못해 전통적 정체의 혁명적 복구에 몰두했다. 또한 제임스 2세가 사실상 폐위된 뒤 곧바로 (프로테스탄트) 계승자가 왕위를 이은 것도 영국에 행운이었다.[5]

「둘째 논문」

「둘째 논문」의 논지는 당연히 잘 알려져 있다. 로크는 인간이 자유롭고 동등하게 태어났다는 전제로부터 논의를 시작한다. 인간은 다른 사람에 대해 권력을 소유하지도 않고 다른 사람에게 충성할 필요도 없다. 우리는 이 주장에 워낙 익숙해진 탓에 그것을 우리가 어떻게 이 세상에 오게 되었는지에 관한 진술로 받아들일 경우 그것은 명백한 잘못이 된다는 점을 좀처럼 알아차리지 못한다. 우리는 무기력하고 의존적인 존재로 태어났다. 대다수 사람들은 자신의 정치적 신분과 충성의 의무, 나아가 부모와 친지에 대한 숱한 책임도 가문의 혈통을 통해 얻는다고 믿는다. 바로 이것이 필머의 『가부장권』에 상당한 신빙성을 부여했다. 우리의 생명과 운명을 좌우하는 권력으로서 처음으로 받아들이는 권력이 누구의 것인지를 묻는 질문에, 우리는 부모라고 답할 것이다. 우리가 어떻게 영국의 신민이나 미국의 시민이 되었는지 묻는 질문에는, 거기서 태어났기 때문이라는 게 통상적인 대답일 것이다. 귀화 같은 절차는 본래 혈통으로 주어졌을 것을 인위적인 조치로써 우리에게 부여하는 절차다. 2500년 전의 아테네와 오늘날의 독일에서 보듯이, 많은 나라는 귀화를 상당히 꺼린다. 그러므로 우리는 로크가 그 주장으로 이루고자 했던 게 과연 무엇인지 따져봐야 한다.

로크의 의도는 일상생활의 현실을 부인하는 게 아니라 독자들에게 그것을 새로운 관점에서 생각해보도록 하려는 데 있었다. 우리가 자유롭고 동등하게 태어났다고 말하는 것은 곧 정치제도가 인간이 인간의 목적을 위해 구성한 고안물이며, 정치제도에 따르는 권리와 의무도 그 목적에 의해 정당화되어야 한다는 주장에 다름아니다. 로크는 (정통 신앙은 아닐지라도) 독실한 그리스도교도였으므로 우리에게 선택권이 없는 관계, 권리와 의무를 주고받을 수 없는 관계도 있다고 생각했다. 신과 피조물의 관계는 지배자와 신민 혹은 아버지와 자식의 관계와는 전혀 다르다. 오직 신만이 자신의 창조물에 대해 절대적이고 전제적인 권력을 소유한다. 신은 욥에게 말했듯이 세계를 창조했고, 세계는 신이 부여한 성질들로 충만했다. 우리는 신의 피조물로서 그 절대권력의 지배를 받으며, 신이 내린 능력을 가지고 "신의 명에 따라 세계로 들어가 신의 사업을 수행한다".[6] 로크가 찰스 2세를 비롯해 당대의 군주들이 주장한 절대권력을 얼마나 증오스럽게 여겼는지 알기 위해서는, 신의 정의로운 권력과 그들의 권력을 비교해볼 때 로크의 마음이 어떻게 달라졌는지 상상해보면 된다. 군주정이든 아니든 세속정부가 절대권력을 주장하는 것은 신성모독이다. 군주와 그를 위해 활동하는 선전가들이 유레 디비노로 다스린다고 주장할 때 그들의 적들은 대단히 세속적인 사고로 빠져들어 자신들의 종교적 견해 따위는 무시해버릴 수밖에 없게 된다. 사실 우리는 정치에 관해 격렬하게 세속적이고 반절대주의적인 노선을 취할 만한 종교적 이유를 가지고 있다. 로크도 바로 그랬다.

그러므로 인간이 자유롭고 동등하게 태어났다고 말하는 것은 곧, 도덕적으로 중요한 여러 가지 관계들은 합의나 약속에 의존하지 않지만 정치적 관계들은 다르다고 말하는 것이다. 이런 견해는 국민의 동의에 의해 정부가 구성된다는 로크의 학설에 내재해 있다. 로크는 합리적이고 도덕적으로 진지한 사람들이 동의할 만한 정치제도를 설명하고 있으므로, 합법적으로 수립될 수 있는 정치사회의 목적과 본질을 설명하는 것으로 시작한다. "그래서 나는 정치권력이란 법을 만드는 권리라고 생각한다. 사형을 비롯한 각종 형벌을 정하는 법, 재산을 통제하고 보호하기 위한 법, 그런 법들을 집행하고 외국의 위해로부터 국가를 방어하는 데 공동체의 무력을 이용하기 위한 법을 제정하는 것이다. 그 모든 것의 목적은 공익에 있어야만 한다."[7] 로크에 의하면 정치권력은 인간의 '재산'을 보호하기 위해 존재하며, 그가 말하는 재산이란 '생명, 자유, 토지'를 가리킨다. 오늘날에는 '재산'을 '생명, 자유, 토지'보다는 좁은 의미로 사용하지만, 로크는 습관적으로 재산이라는 용어를 현대적이고 좁은 의미에서만이 아니라 정부가 보호해야 할 '모든 외부 재화'를 포괄하는 전통적이고 폭넓은 의미에서도 사용한다. 정부는 국민들의 권리를 보호하고 지키기 위해 존재한다. 권리를 가진 사람은 정부의 보호를 받을 만한 소유물을 가지고 있으며, 그런 의미에서 보호받을 '재산'을 가진 셈이다. 권리가 없는 사람은 자신의 소유물이 없으므로 정치사회의 구성원이 아닌 노예와 같다. 이런 생각은 적어도 키케로의 시대까지 거슬러올라갈 만큼 오랜 계보를 가지고 있다. 따라서 로크가 괴롭게 토로하듯이 절대적이고 전제적인 권력은 홉스와 필머가 말하는 것과 같은 정치권력의 본질이 아니며, 오히려 올바른 정치권력과 모순을 빚는다. 아리스토텔레스가 플라톤과 대결한 것처럼 로크는 부모가 자식에게 가지는 권력, 노예주가 노예에게 가지는 권력, 합법적 정부가 국민들에게 가지는 권력을 세심하게 구분한다.

정부의 과제가 시민의 재산을 보호하는 것이라고 주장할 때 로크가 염두에 둔 것은 한 가지가 더 있었다. 『관용에 관한 서신』에서 그는 정부의 목적에 관해 비슷하게 설명하지만, 정부의 관심을 우리의 보나 키빌리아 bona civilia('시민의 이익')로, 다시 말해 우리 권리의 외적 보호와 연관된 이익으로 국한하고 있다.[8] 이 점은 「둘째 논문」에서도 상당히 그럴듯하게 서술되는데, 소극적으로 보면 로크의 목적은 정부가 정신적 문제에 관해서는 조금도 관계가 없음을 말하려는 데 있다. '재산'은 우리의 '외적' 이익―공격으로부터 보호, 생계를 유지하는 능력, 이동의 자유 등―을 가리키는 약어

일 뿐, 불멸의 영혼에 대한 관심과는 확연히 다르다. 후자가 전자보다 더 중요하다. 로크가 우리의 내적 삶과 정신적 충실성을 국가의 강압적 간섭으로부터 보호하고자 하는 이유는 바로 그것이 우리 삶의 가장 중요한 부분이기 때문이다. 적극적으로 보면, 우리가 정신적 삶을 정해진 대로 자유롭게 이끌 수 있으려면 외적 자유가 확보되어야만 한다. 확실히 이 논리를 연장하면, 예컨대 교회를 건설하는 회중의 재산권을 보호하는 문제로 이어진다. 하지만 그 보호는 회중이 표방하는 교리와는 전혀 무관하고 오직 소유권에만 관계가 있다. 로크에 의하면, 국가는 같은 신앙과 비슷한 생각을 가진 신도들이 스스로 최선의 판단에 따라 모임을 갖고 예배를 드리기 위해 자발적인 결사를 형성하는 권리를 보호해야 한다. 그것밖에 없다. 영국에 야욕을 가진 외국의 군주에게 충성의 의무를 지고 있는, 따라서 관용의 권리가 부여되지 않은 가톨릭교도들의 경우에는 그것조차도 바랄 수 없다.

정부가 '재산'을 보호하기 위해 존재하고 지배자의 권력이 그 목적에 묶여 있다면, 우리는 제한적이고 법치적인 정부를 설명하기 위한 토대를 얻은 셈이다. 로크는 군주의 지배에 아무런 한계도 없다고 생각하는 사람들과 경쟁하고 있었으므로, 군주의 권력에 한계가 있고 그 한계가 무엇인지 보여주는 논증이 필요했다. 그래서 그는 정치권력을 자연법 안에 집어넣음으로써 그 한계를 정했다. 그는 우리가 이미 법이 지배하고 있는 상태에서 이 세상에 태어난다고 주장한다. 이 법이 곧 자연법이다. 로크는 자연법을 법으로 만드는 게 뭔지 상세히 밝히지 않지만, 우리가 그 명령이 무엇인지를 어떻게 아는지에 관해서는 간략하게 설명한다. 이성은 우리가 유일하고 전능한 창조주에 의해 만들어졌고, 신의 사업을 위해 이 세상에 보내졌다는 것을 말해준다. 우리는 그 전제와 더불어 우리의 본성에 관해 아는 것을 토대로, 우리의 자연적 권리와 의무가 무엇인지 추론할 수 있다. 몇 년 전에 그는 크라이스트처치에서 직무의 일환으로 자연법에 관한 강연들을 글로 쓴 바 있었다. 그런데 그 문헌들은 『시민정부에 관한 두 가지 논문』과 어딘가 어긋나는 것처럼 보인다. 「둘째 논문」에서의 활발한 논의보다도 자연법의 존재와 우리가 그 요건을 어떻게 알 수 있는지에 관해 훨씬 더 큰 관심을 보여주기 때문이다. 그 강연들은 인간이 자연법의 명령에 관해 단일한 생각을 가지고 있지 않으며, 인간의 다양한 견해는 도덕적 미덕의 본성을 설명하는 증거적 가치가 거의 없다고 말한다. 모든 인간을 구속하는 보편법이 있다는 점을 그는 부인하지 않는다. 그는 우리가 인간의 견해들로부터 그것을 추론할 수 있다고 본다. "인간은 선택된 소수와 사적인 장소에 있는 사람들만이 아니라 국민 전체와 모든 곳에서 만난다. 그중에는 법의 관념이나 도덕의 정직함이 없는 사람들도 있다. (…) 따라서 그런 국민들 사이에서는 도둑질이 합법적으로 권장되기도 하고, 탐욕스러운 강도질이 폭력이나 위해, 양심의 가책으로 금지되지 않는다. 방탕을 수치스럽게 여기지 않는 사람들도 있다. 한 측에는 사원과 신들의 제단이 전혀 없고, 다른 측에는 인간의 피가 흩뿌려져 있다."[9]

이런 입장은 실제로 모든 사람들이 인정한 지배자가 존재한다는 의미에서 유스 겐티움 jus gentium(만민법)이 있다는 것을 부인하며, 나아가 유스 겐티움과 유스 나투라이 jus naturae(자연법) 혹은 렉스 디비나 lex divina(신의 법)의 확고한 연관성에 의심을 던진다. 로크는 한 사회에서 미덕으로 간주되는 것들은 거의 다 다른 사회에서도 악덕으로 간주되지 않으며, 그 반대도 마찬가지라는 것을 잘 알고 있었다. 그는 자연법의 인식 가능성에 관해 생각을 바꾸었을 수도 있다. 극적 불화가 뚜렷이 드러난 경우 정치는 중요하지 않다고 생각했을 수도 있다. 또한 그는 문명 민족과 미개 민족의 도덕 감정과 영국인이 문명 민족의 감수성을 가지고 있다는 생각을 예리하게 구분했을 수도 있다. 나아가 그는 도덕, 종교, 형이상학에서 서로 다른 견해를 가진 사람들 간에 정치적 협력이 가능하다는 자유주의적 신념을 견지하게 되었을 수도 있다. 도덕적 견해의 다양성이 뚜렷이 드러나는 곳은 내밀한 생활의 영역, 특히 성의 영역이다. 하지만 정직함, 약속을 지키는 행위의 필요성, 아이들을 돌보는 의무, 비슷한 원칙들도 보편적으로 인정된다. 호네스테 비베레honeste vivere(정직함), 네미넴 라이데레neminem laedere(누구에게도 위해를 가하지 않는 것), 수움 쿠이퀘 트리부에레suum cuique tribuere(모두에게 제 몫을 주는 것)는 키케로가 말했듯이 사회생활과 정치생활의 기본이다. 그러나 로크의 정치적 신념이 그의 저작에 철두철미 스며들었다는 것을 잘 보여주는 사실이 있다. 그것은 그가 홉스와 달리, 순수한 이성에 의해 작동하며 우리의 안전에 도움이 되는 것에 관한 '공리公理'와, 엄밀히 말해 입법자가 법으로 반포해야 하는 법을 명확하게 구분하지 않았다는 점이다. 로크는 처음부터 창조주이자 입법자인 신에게 의지한다.

자연법

이성은 우리에게 자연법이 존재한다는 것과, 그게 어떤 것인지를 가르쳐준다. 이 논의는 홉스의 설명에는 없는 중요한 신학적 단계를 도입한다. 자신의 이성에 의지하는 사람은 누구나 알 것이다. 우리 모두는 유일하고 전능하고 자비로운 창조주의 피조물이며, 그의 사업을 위해 이 세상에 보내졌고, 다른 누구도 아닌 그의 즐거움을 위해 끝까지 노력해야 한다. 홉스처럼 로크도 법이 법인 이유는 상급자의 명령이기 때문이라고 믿었다. 자연법을 엄밀하게 법이라고 믿기 위해서는 입법자로서의 신에 대한 믿음이 필요했다. 그렇다고 해서 특정한 종교에 대한 믿음이나 특정한 성질을 가진신에 대한 믿음, 혹은 특정한 계시가 필요한 것은 아니다. 자연신학의 바탕에는 자연법이 있었다. 우리는 신의 의도를 어떻게 알까? 우리는 왜 신이 우리가 잘살기를 바란다고 상상해야 할까? 17세기에 무수히 죽어간 사람들, 그리고 그 전 세기에 벌어진 종교전쟁의 공포를 감안하면 신이 과연 그걸 바라는지도 의문이다. 이런 평범한 의문에 대해 로크는 아무런 대답도 내놓지 않는다. 만약 신이 우리를 창조했다면, 우리에게 삶의 욕망, 음식에 대한 욕구, 거주할 집과 사교의 필요성, 자식을 낳아 기르는 욕구를 부여했으면서도 그것을 이용하지 못하게 한다고 상상하는 것은 터무니없는 일이다. 우리는 만들어진 존재지만 우리의 능력을 이용하고, 적법한 욕망을 충족시키고, 잘살려는 의도를 분명히 가지고 있다. 우리가 이 세상에 온 것은 우리 자신의 장기적 이익을 확보하기 위해서다. 신은 우리 모두를 같은 조건에서 창조했으므로, 우리 모두가 과도하게 우리 자신을 침해하지 않는 선에서 각자의 이익을 증진시키도록 하려는 의도를 가지고 있음에 틀림없다. 이것은 인간 본성의 목적론적 이해인데, 홉스보다 아리스토텔레스에 더 가깝다.

만약 사람들이 세계의 본질에 관해 로크가 당연하게 여긴 것과 다른 견해를 가졌다면 어떻게 되었을까? 로크가 보기에 도덕이란 입법자가 신민들의 행동을 구속하는 규칙들을 정하는 것을 뜻한다. 따라서 신을 믿지 않는 사람은 도덕적으로 특정한 방식에 따라 행동할 의무를 가지지 않는다. 그가 올바르게 행동한 이유는 스스로 그렇게 행동하지 않으면 안 되겠다고 여겼기 때문이다. 즉 그는 올바르게 행동하면서도 그렇게 해야 할 의무나 속박을 느끼지는 않는다. 이것이 관용의 한계를 설정한다. 무신론자는 도덕의 명령을 따르리라고 신뢰할 수 없으므로 모든 이신론자들에게 적용되는 관용을 요구할 수 없다.[10] 로크는 많은 세속적 도덕과 관련되는 그 문제를 직접 다루지 않았다. 윤리학의 여러 가지 분류에 따르면, 도덕은 공동의 이익이나 전반적 복지를 증진하기 위한 규칙들의 체계로 해석된다. 예를 들어 그중 하나인 공리주의는 우리 각자가 본래 자신의 행복을 추구한다는 전제로부터 출발하며, 도덕의 요구와 사리사욕의 증진 사이에는 항구적인 긴장이 존재한다는 것을 인정한다. 하지만 로크의 세계에는 그런 긴장이 없다. 우리는 전능하고 자비로운 조물주의 피조물이며, 그가 정한 조건에 따라 우리의 행복을 추구한다. 그는 우리에게 사회성, 도덕, 이성을 부여했고, 우리의 장기적 행복에는 신이 우리를 다스리는 규칙에 따라 우리의 의무를 다하는 것이 포함된다. 우리는 남들보다 우리 자신의 안전을 먼저 도모할 권리를 가진다. 특히 격심한 경쟁을 맞아 그렇게 하지 않으면 큰 피해를 볼 경우에는 더욱 그렇다. 하지만 자신의 이익을 위해 다른 사람들을 착취하는 것은 사악하고 이기적인 짓이다. 트라시마코스처럼 나머지 모든 사람에게 위험이 되는 존재는 억압을 받아 마땅하다.

회의론자들은 흔히 종교적 직관에 기초한 도덕이론이 마치 뇌물로 꾀어내듯 선한 행동을 유도한다며 불만을 토로한다. 신은 현세에서 우리가 겪는 희생을 내세에서의 영생과 영원한 행복으로 보상하는데, 이것은 그다지 공정하지 않다. 로크는 분명히 세속적 삶을 뛰어넘어 고찰해야 한다고 생각했다. 하지만 그는 우리의 존재를 미래의 영원한 행복과, 내세에서 보상받으리라는 희망에서 우리 자신을 희생하는 현세의 삶으로 나누지 않았다. 그는 도덕과 사리사욕이 결합하는 방식에 관해 아퀴나스보다 아리스토텔레스의 견해를 취했다. 우리는 사회적 동물로서, 다른 사람들과 공개적이고 우호적인 관계 속에서 번영하도록 예정되어 있다. 대체로 우리는 다른 사람들의 행복이 우리 자신에게도 중요한 일부분일 때 번영을 누린다. 로크와 아리스토텔레스의 차이는 무시해도 될 만큼은 아니다. 로크는 우리 모두가 나름대로 각자 나아가야 할 길을 갖고 있다고 확신한 도덕적 개인주의자였다. 즉 그는 모두가 생각하는 것이 윤리적 진리를 말해주는 최선의 증거라고 믿지 않았다. 로크가 아리스토텔레스보다 훨씬 더 노동을 대단히 진지하게 받아들였다는 점도 중요하다. 아리스토텔레스가 보기에 신사의 특징은 여가를 어떻게 이용하는지 아는 데 있었다. 노동은 노예와 하층계급의 몫이었다. 로크는 노동윤리를 집중 탐구했다. 신은 우리에게 각종 기술과 재능을 갖춰주었고, 각종 자원이 가득한 세계를 부여했다. 우리는 신에게 감사하면서 인간의 상태를 향상시키기 위해 그 자원들을 이용한다. 신의 소명을 찾아내고 그것을 따른 사람은 신의 요구, 도덕의 요구를 수행하고 충족시킨 사람이다.

이런 자연법의 설명에서 제기되는 한 가지 의문이 있다. '신이 죽을 경우' 그 신빙성은 얼마나 약해질까? 그것은 아무도 모른다. 많은 저자들은 현대 자유민주주의가 로크식 종교윤리에서 상당 부분을 차용했으므로 그것이 무너지면 자유민주주의의 토대도 무너지리라고 우려했다.[11] 낙관론자들은 그 전제와 무관하게 로크의 결론은 설득력이 있으며, 그것으로 충분하다고 생각한다. 만약 인간이 비폭력적이고 법을 준수하는 사회, 노동이 권장되고 노동에 대해 적절한 보상이 이루어지는 사회에서 사는 것을 가장 행복하게 여긴다면, 자유민주주의가 번영할 것이다. 20세기 후반에는 우리 모두가 로크의 자연법 체계에 포함된 권리와 상당히 비슷한, 이른바 인권을 가지고 있다는 국제적 합의가 이루어졌다. 미국 헌법과 유럽 인권협약처럼 인권이 입법으로 보호될 경우 그것은 실정법의 일부가 된다. 그 궁극적인 형이상학적 토대는 전혀 다른 문제다. 로크의 종교적 신념에는 공감하지 않더라도 그의 인간 본성 개념에 공감하는 사람들은 전혀 다른 견해—이를테면 나치의 인종주의라든가 레닌과 그 후계자들의 유토피아적 공산주의, 혹은 자유주의와 민주주의에 반하는 이념—를 가진 사람들보다 자유민주주의를 유지하기 위해 더 노력할 것이다.

평화로운 자연 상태

로크에게 이 문제는 해결돼 있었다. 자연법이 정치적 정당성의 경계를 설정하기 때문이다. 또한 자연법은 정치권력이 부재해도 인간이 좋은 환경에서 평화로이 살아갈 수 있도록 해주는 행동의 규칙들을 마련해준다. 여기서 로크는 홉스와 충돌을 빚었다. 홉스가 보기에 자연 상태의 고통은 우리가 어떤 규칙들을 따르는 게 좋은지 알고 있지만 순탄하게 따를 수 없다는 사실에서 비롯되었다. 로크는 우리가 그 규칙들을 이용해 다른 사람들과 어울리는 우리의 행동을 규제할 수 있다고 생각했다. 적어도 생활이 너무 복잡해져 전통적인 성문법이 부재한 상황에서 그 규칙들로 우리 행동을 규제할 수 없게 되거나, 나쁜 행실이 만연한 탓에 우리가 더이상 서로를 신뢰하지 못하게 될 때까지는 그 규칙들이 통용된다고 본 것이다. 로크는 자연법의 요건을, 우리의 생존이 걸린 경우가 아니라면 다른 사람의 생명과 자유와 재산에 피해를 끼치지 말아야 한다는 것으로 요약했다. 이런 입장은 홉스와 크게 다르지 않지만, 로크는 우리의 삶이 자주 그런 경우에 처하지는 않는다고 생각했다. 로크에게 중요한 것은 그래야 한다는 것이었다. 만약 '전제냐 혼돈이냐'를 놓고 선택해야 한다면 폭군 지배자를 쫓아내야 할지 말아야 할지 망설이는 게 당연하다. 하지만 '전제를 택할 것이냐, 아니면 비공식적이지만 보편적으로 인정된 규칙에 따라 행동하면서 새로운 정부를 찾을 것이냐'를 놓고 선택해야 한다면 사정은 달라진다. 아메리카 이주민들은 1776년에 권리선언문을 작성했다.

로크는 홉스에게, 또 그 자신에게도 어려움을 초래했던 것을 논의에 도입했다. 그의 주장에 의하면, 국가가 창건될 때 지배자들은 자연법에 이미 존재하지 않는 권리를 획득하지는 못한다. 지배자는 인가를 받았을 때만 정당하다. 그 인가는 직접적일 수도 있고, 전 국민의 인가를 받은 규칙에 따라 정해질 수도 있다. 국민이 이미 권력을 소유하고 있지 않다면 지배자에게 권력을 내줄 수도 없다. 옛 라틴어 구절인 "네모 다트 쿼드 논 하베트nemo dat quod non habet(아무도 자신이 가지지 않은 것을 남에게 줄 수는 없다)"는 로마법의 원칙이었다. 재산에 대한 자격에 결함이 있는 사람은 다른 사람에게 유효한 자격을 넘겨줄 수 없다. 자신의 것이 아니라면 남에게 줄 수도 없는 것이다. 정부를 구성하는(홉스의 용어로 말하면 '주권을 인가하는') 계약에 적용하면, 이 원칙은 우리가 자연법 아래에서 소유하지 않은 권력을 우리의 지배자에게 줄 수는 없다는 것이 된다. 자연법은 누구에게도 자신과 타인의 삶과 자유에 대해 절대적이고 전제적인 권력을 주지 않으므로, 어떤 정부도 국민들에 대해 절대적이고 전제적인 권력을 가지지 못한다. 찰스 2세나 로버트 필머가 어떻게 생각하든, 절대군주정은 도덕적으로 불가능하다. 로크는 이런 주장 때문에 찰스 2세의 치세 말기에 자칫 처형을 당할 뻔했다. 하지만 그런 주장은 중세에 흔했으며, 지금도 설득력을 가지고 있다.

여기서 징벌의 권리를 둘러싼 어려움이 제기된다. 정부는 실정법을 제정하고, 위반자를 처벌함으로써 법을 유지한다. 로크는 사형에 처할 권리를 인정했으며, '따라서 그보다 약한 모든 형벌을 가할 권리'를 모든 정부의 핵심 권리라고 여겼다.[12] 자연 상태의 인간이 다른 사람을 처벌할 권리를 가지지 않았다면 정부도 그 권리를 획득할 수 없었을 것이다. 그래서 로크는 우리가 자연법의 위반자를 처벌할 권리를 가졌다고 주장했다. 반면 홉스는 주저했다. 때로 그는 징벌권이 우리가 본래 소유한 '모든 것에 대한 권리'의 하나이며, 우리 모두가 자신의 권리를 포기했을 때 지배자가 그 자연권을 이용한다고 말하는가 하면, 때로는 법에 의한 징벌은 우리가 자연 상태에서 누구나 가지고 있는 자기방어권과 크게 다르다는 이유에서 징벌권을 새로운 권리라고 말하기도 했다. 로크는 일부 독자들이 그의 견해를

'낯설게' 여긴다는 것을 시인했지만 자신의 견해에 문제가 있다고 생각하려 하지 않았다.[13] 자연 상태는 법적인 상태이며, 각자가 가지는 법적 권한은 법에 의해 정해지고 법에 구속된다.

우리는 자연권을 가졌을 뿐 아니라 자연법을 어기는 사람을 징벌할 자연적 의무도 가지고 있다. 우리는 자기방어를 위해서만 행동에 나서는 게 아니다. 우리는 다른 사람들, 특히 스스로를 방어할 능력이 없는 사람들의 권리를 침해한 위반자를 징벌해야 한다. 만약 당신이 굶주리고 힘없는 아이에게서 음식을 빼앗는다면, 나는 당신을 무력으로라도 압박해 음식을 돌려주게 하고 절도죄로 처벌해야 한다. 이 생각은 여러 가지 문제를 낳는다. 가장 뚜렷한 문제는 동기부여다. 혹시 우리는 우리를 침해한 사람은 즉각 처벌하면서도 다른 사람을 지켜줄 때는 너무 느린 게 아닐까? 또한 판결의 문제도 있다. 혹시 우리는 우리를 침해한 죄를 판결할 때는 너무 엄격하고 다른 사람들에 대한 죄를 판결할 때는 지나치게 관대한 게 아닐까? 이따금 우리는 자연법의 요구를 확실히 알지 못하는 경우가 있다. 그럴 경우 징벌을 조직하는 것은 문제가 있어 보인다. 만약 누구도 범죄자를 징벌할 의무가 없지만 동시에 그럴 능력을 가진 사람은 누구든 징벌을 가할 권리가 있다면, 우리가 저마다 다른 사람이 처벌을 맡아주기를 바라기 때문에 범죄자는 오히려 처벌을 모면할 수도 있고, 자칫하면 한 가지 범죄로 인해 여러 차례 처벌을 받을 수도 있다. 로크는 이런 문제를 인정한다. 정부는 바로 그런 난점을 해결하는 기구다. 정부는 일반에 알려지고 확정된 법을 마련하고 공정한 판결을 도입한다.

로크의 예상과는 달리 그를 비판하는 사람들은, 징벌이란 정의상으로 정부만이 할 수 있는 일이며, 어떤 개인도 정부의 허가를 받지 않으면 징벌을 가할 수 없다고 생각했다. 로크는 그렇게 생각할 이유가 없었다. 자연법에 대한 그의 설명에 따르면 우리는 누구나 판사, 경찰, 나아가 부속 입법기구의 역할을 할 수 있다. 로크는 보복과 징벌을 통상적으로 구분한다. 나의 동기는 법을 뒷받침하는 것이어야 하며, 단지 당신에게 타격을 가하려는 것이어서는 안 된다. 징벌은 다른 사람들을 억제하거나 당신의 잘못을 응징하는 정도에 그쳐야 한다. 우리가 실제로 그렇듯 공평무사하게 행동할지는 미지수지만, 로크는 그것을 정부에 대한 논거로 받아들인다. 그러므로 인간이 서로를 징벌하는 도덕적 권리를 부여받았고 그 권리를 전통적으로 승인된 권력체에 양도할 수 있다는 발상은 터무니없는 게 아니다.

결코 순조로운 과정은 아니다. 교통신호를 생각해보라. 정부는 교통을 통제하는 권리를 가졌지만, 개인들이 사전에 자연권을 양도해 교통신호를 갖추도록 할 때에야 그 권리를 획득한다고 보기는 어렵다. 로크와 가까운 견해는, 우리가 자연법이 설정한 한계 내에서 자연법을 집행하는 데 필수적인 것을 행할 권리를 가졌다는 것이다. 교통 통제는 사람들이 서로의 삶을 위험하게 하는 것을 방지한다. 그 과정에서 적절한 방식으로 우리의 권리가 제한된다. 그것으로 자연법의 명령이 완벽하게 이행되며, 로크가 말하는 것처럼 자연 상태의 '불편함'을 해소하는 정부의 역할도 딱 맞아떨어진다. 법에 의한 징벌은 정부와 함께 세상에 등장하지만, 그 정당성은 우리가 정부를 수립하면서 지배자에게 양도하는 권리에 근거를 두고 있다. 어쨌든 로크는 정부의 목적이 우리 각자의 '재산'을 보호하는 것이라고 정의하며, 우리가 가진 재산권은 다른 사람이 자신의 목적을 위해 우리를 이용하지 못하도록 한다고 주장한다. 징벌권은 한 개인이 다른 개인을 착취하는 행위를 방지하는 권리다. 로크가 정당한 정치권력에 대한 설명을 구성하는 데 사용한 요소들을 조립하는 최종 단계는 우리 자신이 직접 재산이란 무엇인지, 그리고 통상적인 의미에서 재산이 어떻게 형성되는지 설명하는 것이다.

재산

먼저 두 가지 구분이 필요하다. 첫째는 오늘날 우리가 재산이라고 부르는 것과 로크 시대 사람들 대다수가 재산이라고 부르는 것의 구분이다. 우리는 소유권과 다른 권리들을 구분한다. 대부분의 법제도는 우리의 재산(우리의 소유물이라는 좁은 의미)을 다른 사람에게 양도할 수 있게 해주며, 그 경우 그 사람은 우리가 가졌던 권리를 획득하게 된다. 하지만 종교적 자유나 신체적 학대를 받지 않을 권리 같은 것은 절대로 남에게 양도할 수 없다. 예를 들어 내가 당신에게 언제 어디서든 당신 마음대로 나에게 기도할 것을 명해도 좋다고 말했다고 하자. 하지만 내가 그 약속을 어긴다 해도 법정은 당신을 돕지 못한다. 설령 내가 당신에게 내 '재산'을 다 가지고 당신 마음대로 나를 죽여도 좋다고 말한다고 해도 당신은 그 제안을 받아들이지 않는 게 좋다. 어떤 법정이든 즉각 당신에게 살인죄를 안겨줄 것이기 때문이다. 그러나 만약 내가 당신에게 내 자전거를 팔고 나서 다시 돌려달라고 요구한다면, 오히려 내가 절도죄로 선고받을 것이다. 로크는 법적·정치적 인격이라고 부를 수 있는 것에 관련된 모든 권리들을 한데 묶어 '재산'의 형성으로 보았다. 그 재산은 우리를 세계 속에, 정치와 법제도 속에 자리매김하게 해준다. 그런데 어린이나 노예는 '재산' 소유에 제한이 있다. 그들의 판단은 다른 사람들이 그들과의 관계에서 해야만 하는 일을 결정짓지 못하기 때문이다. 바로 이 점이 두번째 구분으로 이어진다. 그것은 우리가 생각하는 재산 관념과 로크가 생각하는 재산 관념의 구분이다. 우리가 재산을 다른 권리들과 구분하는 이유는 재산이 그 소유자의 절대적 통제 아래 있다고 생각하기 때문이다. 하지만 우리 대다수는 우리의 신체를 정확히 자신이 원하는 대로 다룰 수 있다고 생각하지는 않는다. 자유방임주의자들은 그런 법을 불법이라고 여기지만, 대부분의 사회에서 법으로 자살이나 매춘을 반대하는데 이런 법은 우리가 우리 신체를 다루는 방식을 제한한다. 반면 로크는 우리의 모든 권리를 재산이라고 규정하면서도 우리가 우리 재산으로 할 수 있는 것을 제한했다. 그는 우리가 직접 재산을 소유한다고 말하는데, 이것은 다른 사람이 우리의 소유권을 침해하지 못하도록한다.[14] 우리는 자유롭고 동등하게 태어났다. 만약 다른 사람이 우리를 소유한다고 주장할 수 있다면 우리는 자유롭고 동등하게 태어난 게 아니다.

그럼에도 불구하고 우리는 우리 자신의 절대적이고 철저한 소유자가 아니다. 우리를 그렇게 절대적이고 철저하게 소유하는 유일한 존재는 신이다. 어떤 인간도 우리를 그런 식으로 소유하지는 못한다. 우리 자신도, 우리의 지배자도 마찬가지다. 실제로 로크는 우리의 권리를, 우리가 우리 '재산'을 가지고 할 수 있는 일에 관해 절대적 결정권을 부여하는 요소로 간주하지 않고, 우리가 신의 피조물로서 의무를 수행하려 할 때 동원할 수 있는 능력으로 간주한다. 말하자면 우리는 우리 자신을 임대하고 있는 셈이다. 우리는 신이 의도하는 피조물이 될 권리밖에 가지고 있지 않다. 우리는 신이 우리에게 준 것을 오용하거나 남용할 권리를 가지고 있지 않다. 우리는 다른 사람이 아니라 신에게 즐거움을 주도록 '만들어져 있으므로' 자살을 저지를 수 없다. 또한 로크는 논의하지 않지만 한 가지 명확한 사실이 있다. 우리 신체를 매춘의 용도로 사용하는 것은 우리에게 주어진 자원을 정당하게 사용하는 게 아니라는 사실이다.

필머

로크가 설명하는 우리와 세계의 관계, 따라서 우리와 우리 자신의 관계는 우리의 소유권을 제한한다. 그는 우리에게 주어진 역할이란 신의 증여를 관리하는 것에 불과하다고 주장하면서, 우리에게는 신이 준 것을 올바르게 이용할 책임이 있다는 점을 상기시키는 것이다. 로크가 보낸 신학적 지지와는 무관하게 그런 견해가 어떻게 유지될 수 있는지는 흥미롭고 중요한 의문이다. 우리 대다수는 로크가 말한 것과 같은 속박을 느끼지만 일부는 그렇지 않기 때문이다. 로크가 설명하는 정부의 수립, 권력과 한계, 혁명적 변화의 합법성을 살펴보기 전에, 로크에게 로버트 필머와의 쟁점을 매듭지을 수 있도록 기회를 줄 필요가 있겠다. 아닌 게 아니라 로크도 「둘째 논문」에서 자신의 논증을 마무리하고 있다. 필머는 창세기야말로 신이 아담에게 살아 있는 모든 것들을 지배하는 절대적이고 전제적인 권력을 부여한 기록이라고 보았다. 반면 로크는 신만이 그 권력을 소유할 수 있고 누구에게도 줄 수 없다고 보았다.

필머가 절대군주정을 옹호한 근거는 권력이 아버지에게서 아들로 상속에 의해 전승된다는 데 있다. 아버지가 죽으면 맏아들이 아버지의 절대적이고 전제적인 권력에 예속된 상태로부터 벗어나 그 권력을 자신이 직접 행사하는 위치로 이동하게 된다. 이 권력은 독점적이고 가부장적이다. 신이 아담에게 이 세상과 만물을 주었기 때문이다. 아담은 자식들을 소유했다. 아담의 후계자들도 자기 자식들에 대해 똑같은 소유권을 가졌고 이것은 상속을 통해 후대로 전승되었다. 『가부장권』에서 필머는 권력의 신적 기원을 제거하고 더 인류학적 설명에 의지하려는 경향도 보인다. 그의 주장에 의하면, 고대 세계에 소규모 독립 왕국들이 공존했다는 것은 처음에 독자적인 가족 집단이 생겨나 권력을 모으고 그 왕국들을 형성했다는 것을 말해준다.[15] 실제로 로크는 그 점을 어느 정도 시인했으나 그렇게 모인 권력이 절대적이고 전제적이라고 보지는 않았다. 필머는 그렇다고 주장했는데, 이 주장을 뒷받침하려면 다소 까다로운 구약성서의 해석이 필요했다. 하지만 그는 로마법의 파트리아 포테스타스 patria potestas (부권), 즉 아버지가 가족에 대해 가지는 절대적이고 전제적인 권력의 개념으로부터 도움을 받았다. 이론적으로 말하면 로마의 아버지는 자식을 노예로 내다 팔 수도 있었다. 이는 자식에 대한 소유권을 말해준다. 찰스 2세가 자기 동생을 후계자로 임명한 것을 옹호하는 사람들은 절대권력을 지지하는 필머의 주장에 의지했다. 지금 우리는 로크와 같이, 합리적 존재라면 누구도 필머의 주장을 받아들이지 않으리라고 생각한다. 하지만 필머의 『가부장권』은 대중 정부의 변덕과 무능을 공격하는 보수파에게 환영을 받은 것 이외에도 독자의 상상력을 사로잡은 두 가지 특징을 가지고 있었다. 찰스 2세는 설령 아담의 후계자가 아니었다 해도 '대중'보다는 더 나은 존재였다.

필머의 논지는 일상적 경험에 잘 맞았다. 그의 독자들은 가부장적 권위에 익숙했고, 교회에서도 그것을 옹호하는 설교를 자주 들었다. 가부장제는 농촌생활의 위계를 반영하고 있었으며, 군주의 선전활동으로 더욱 강화되었다. 로크가 제안한 것 같은 대안은 그런 경험에 부합하기가 어려웠다. 인간은 자유롭고 동등하게 태어난 게 아니라 종속된 존재로 태어났다고 보는 게 더 명확했다. 가족이 부족으로 발전하고 부족이 국가로 발전하는 과정은 상상하기 쉬웠지만, 자연 상태의 개인들이 어느 날 갑자기 이제 정부를 수립할 시기라고 결정하는 것은 상상이 불가능했다. 일단 군주가 신민들에게 조건부로 재산을 부여했다면, 군주의 후계자들은 그렇게 정해진 사람들의 기대감을 침해해서는 안 된다. 이것은 충분히 가능한 생각이다. 그러나 정부가 없는 상태에서 인간이 재산을 소유할 수 있다는 생각은 아무래도 터무니없어 보인다. 소유권은 정부가 생겨난 다음에 합의된 규칙을 가리킨다. 필머가 성서의 권위와 역사의 선택을 결합해 자기 주장의 근거로 삼은 것은 후대의 독자들에게는 별로 설득력이 없다. 그러나 성서의 역사와 세속의 역사에 기원의 이야기를 섞어 정당화의 원칙으로 이용하던 시대에는 그런 방식이 그다지 비판을 받지 않았다.

만약 신이 아담에게 이 세상을 조건부로서가 아니라 완전히 주었다면, 그리고 대부분의 고대사회들이 씨족을 기반으로 하고 가족의 수장이 자식들의 생명과 자유를 좌우하는 절대권력을 가졌다면, 정치권력이 절대적이고 전제적이라는 주장도 충분히 가능하다. 또한 왕들에 의해 권력이 계승되고 왕들이 자기 아버지로부터 권력을 상속받는다는 주장도 설득력이 있다. 로크의 「첫째 논문」은 과잉 대응이었으나 그 목표는 전혀 사소하지 않았다. 그 논지는 필머의 논리를 완전히 파괴했으며, 그 덕분에 로크는 「둘째 논문」의 논지를 건설적으로 구축할 수 있었다. 우리가 보기에 찰스 2세가 아담의 상속자가 아니라는 주장은 너무나 뻔하므로 주목할 가치가 없다. 아담이 신에게서 관리자의 제한된 권력만 받았다는 로크의 주장은 창세기의 증거에 비춰볼 때 설득력이 있지만, 모든 것을 걸고 뛰어들 만한 것은 아니다. 그 두 가지 주장은 로크에게 필요한 것을 준다. 영국 왕들은 그들의 주장과 달리 아담에게서 권력을 상속받지 않았다. 그들은 아담의 상속자가 아니며, 그들이 주장하는 권력은 아담이 소유하지 않은 권력이기 때문이다. 모든 권력이 그렇듯이 아담이 자식들에게 행사한 권력은 그것이 부여된 목적—즉 자식들을 키워야 한다는 목적—에 의해 제한되었다. 또한 모든 재산권이 그렇듯이 세계에 대한 아담의 소유권은 생명을 위해 세계를 이용해야 한다는 사실에 의해 제한되었다.

합법적 정부의 형성

로크는 정부가 부재할 때 인간은 자연 상태에 있다고 가정한다. 홉스의 경우처럼 로크의 자연 상태도 반드시 역사적 사실을 가리키는 게 아니지만 (인간이 통치체제 없이 살았던 적이 없으리라는 의미에서) 오늘날에도 여전히 존재한다고 말할 수 있다(공동의 상급자 없이 상호작용하는 개인이나 국가는 이 정의에 따르면 서로에 관해 자연 상태에 있다는 의미에서). 자연 상태는 상대적으로 정의된다. 즉 인간은 공동의 정부가 없을 때 서로에 대해 자연 상태에 있다. 그러므로 주권국가는 항상 서로에 대해 자연 상태에 있으며, 개인들도 공동의 정부가 없을 경우 서로 만나면 마찬가지로 자연 상태에 있게 된다. 로크는 스위스와 인도가 '아메리카의 숲'에서 물물교환으로 교역한다면 자연 상태에 있는 것이라고 말한다. 아메리카 전역이 정부가 수립되기 이전의 자연 상태인 것은 아니었다(로크가 활동하던 시기에 초기 식민지에는 정부가 수립되어 있었다). 그러나 '아메리카 내륙'에서는 어떤 정부도 사법권을 가지지 못했다.[16] 일단 우리가 자연 상태가 무엇인지 알게 되면 로크는 거기서 더 나아간 주장을 제기할 수 있다. 첫째, 자연 상태는 사회적 상태다. 이 견해는 홉스의 주장을 비판하는 듯하다. 홉스는 자연 상태에서 우리가 서로에 대한 두려움 때문에 사회적 관계를 맺지 않는다고 말했다. 그 뒤 루소는 자연 상태를 전혀 다르게 이해하고, 자연 상태가 사회적 상태일 수도 있다는 생각을 비난했다. 로크의 생각은 그저 우리가 정부의 부재에도 잘 기능하는 여러 가지 인간관계를 상상할 수 있으므로 그 점을 부인하기 어렵다는 것이었다. 둘째, 자연 상태는 그 자체의 법, 즉 자연법에 의해 지배되는 상태다. 신 중심의 사고를 조금 버린다면, 이 두 가지 주장은 인간존재가 원칙적으로 함께 살아갈 수 있다는 주장과 통한다. 인간은 전반적으로 승인되고 도덕적으로 구속적인 규칙 아래에서, 그 규칙을 집행하는 정부가 없어도 서로 잘 살아갈 수 있다. 로크도 알고 있었듯이 그것을 위한 필요조건은 "때로는 잘 통하지만 때로는 안 통한다"는 것이다.

소유권

　로크가 제기한 셋째 주장은 자연 상태에서 인간의 삶에 유용한 외부 사물들, 즉 통상적이고 근대적인 의미에서의 재산에 대한 정당한 재산권을 획득하는 게 가능하다는 것이다. 신은 인간에게 세계를 공유하도록 내주면서 생존과 인간생활 향상을 위해 사용하게 했다. 그렇게 주어진 좋은 것들이 본래의 목적을 위해 사용된다면, 개인들은 공동의 재산으로부터 각자 자신의 몫을 챙기는 정당한 방법을 찾을 수 있다. 이것은 로크가 소유권의 합법성에 관한 스콜라식 연역 추론을 보완한 결과인데, 아마 아퀴나스와 토마스주의 저자들에게서 적지 않은 영향을 받았을 것이다. 만약 우리가 받은 것에 대해 우리가 재산권을 가진다면 일단 받은 뒤에는 우리 것이 된다. 그것은 현실적으로 더이상 공동재산의 일부분이 아닐뿐더러 법적으로도 그렇다. 이런 견해에 대한 반대는 늘 똑같다. 소유권을 요구하려면 다른 사람들의 승인이 필요하다는 주장이다. 그렇다면 정부가 부재할 경우 공동의 재산으로부터 일부분을 취하려면 우리는 전 세계에 승인을 요청해야 하는 걸까? 물 한잔 마실 때도 매번 이렇게 해야 한다면, 우리는 합법적으로 물 한 모금 마시기도 전에 갈증으로 죽을 것이다. 로크는 이 논의를 되풀이해 강조하는데, 그것을 어떻게 논박할지 이미 알고 있다.

　첫째로 할 일은 세계를 공유한다는 관념을 분석하는 것이다. 전통적으로, 보통 적극적 공동체와 소극적 공동체를 구분한다. 적극적 공동체는 공동소유 형태를 취하며, 각 소유주가 가진 재산의 일부분이 양도될 경우 그의 동의를 얻어야 한다. 한 마을이 토지를 '공유'하는 곳에서 토지 이용의 변화에 마을 전체가 동의할 수 있는 조건은 단순한 다수결부터 만장일치까지 여러 가지가 있다. 소극적 공동체는 누구도 세계의 특정한 일부분을 소유하지 않을 때 존재한다. 그 소유되지 않은 부분은 누가 어떻게 이용해도 다른 사람의 권리를 침해하지 않는다. 로크는 이 양극단 사이에서 균형을 잡고 있지만, 전자보다는 후자에 이끌리는 경향을 보인다. 신이 인간에게 세계를 공유하라고 내준 것은 모두가 세계를 이용할 수 있다는 의미다. 누구도 세계의 특정한 부분을 받지 않았다. 그러나 인간은 세계를 적절히 이용해야 한다는 집단적 이해관계를 가지고 있다. 세계의 남용은 모든 사람의 재산을 침해하는 격이다. 우리가 개인적으로 소유한 재산과 마찬가지로 우리가 가진 세계의 재산에 관해서도 우리는 우리의 가용 자원을 올바른 목적으로 이용하겠다고 요구할 수 있다. 그 요구를 어떻게 실행할 수 있는지에 대한 답은 "합리적이고 근면한 자가 잘살 수 있도록 해주는 정당한 정부를 수립함으로써"다.

하지만 정부를 수립하기 전에 우리는 공동재산으로부터 자기 몫을 수취할 때 어떤 권리를 획득하는지 알아야 한다. 로크는 간단한 전유만으로 그런 권리들을 획득할 수 있어야 한다고 주장한다. 그렇지 않다면 조물주의 선물이 쓸모없어질 텐데, 그런 결과는 그의 계획에 없기 때문이다. 그래도 문제는 남는다. 우리가 시냇물을 마시거나, 나무 열매를 따 먹는 등 생존에 필요한 것을 획득하고 소비할 수 있어야 한다고 말하는 것과, 시냇물을 마실 때 우리가 그 마시는 물을 소유한다고 말하는 것은 다르다. 로크는 그 문제를 밝혀주기도 하고 혼란스럽게 만들기도 한다. 로크는 획득에 관한 노동 이론 labor theory of acquisition(자연물에 인간 노동이 부가되면 그것은 더이상 공유되지 않고 그 노동을 지출한 사람이 획득하게 된다는 로크의 이론—옮긴이)—이것은 지난 3세기 동안 열심히 분석되었으나 결론이 나지는 않았다—에 의지함으로써 그 문제를 설명하는 동시에 혼란스럽게 만든다. 로크의 주장에 따르면 우리는 개인적으로, 즉 다른 사람들의 허가 없이 '혼합mixing'으로써 재산을 획득할 수 있다. 그 혼합이란 우리에게 이미 주어져 있고 명명백백하게 우리 것인 요소, 즉 우리의 노동을 부가하는 것을 말한다.[17]

로크는 노동에 관해 유연하게 이해한다. 세계에 생산적 차이를 만들어내는 활동은 다 노동이다. 그 스펙트럼의 한쪽 끝에는 나무에서 도토리를 채집하는 행위가 있는가 하면, 다른 쪽 끝에는 이주민들을 아메리카 식민지로 데려가는 유한책임회사의 행위가 있다. 노동이 만들어내는 차이는 생산적이고 유용한 차이여야 한다. 그와 달리 세계를 손상하거나 파괴하는 행위는 애초부터 금지되어 있는 차이를 만들어낸다. 이 논의는 상당히 흥미롭다. 신은 인간에게 풍요한 세계를 주면서 이용하고 향유하게 했다. 하지만 세계가 이용되고 향유되려면 각 개인이 그 열매를 소비해야만 한다. 그것도 합법적으로 그럴 수 있어야 하기 때문에, 언젠가는 사물들이 공유재산으로부터 사적 소유로 넘어가는 순간이 있게 마련이다. 그 이후에는 다른 사람들이 새로운 소유자에게서 재산을 빼앗는 게 잘못된 행위가 된다. 나는 시냇물을 한 바가지 퍼서 내 아이에게 준다. 그럼 그 물은 '나의' 물이 되는 걸까? 일단 그 답은 당연히 그렇다이다. 하지만 좀더 숙고하면 망설이게 된다. 그 이유는 로크가 제의한 두 가지 고려 사항 때문이다. 첫째는 다른 사람들을 위해 '예전과 똑같이 좋은 상태로' 시냇물을 남겨놓았는지의 여부다. 만약 시냇물의 양이 부족하다면, 그 한 바가지의 물은 내 몫을 초과할 테고 그 결과 나의 '재산'은 다소 적어질 수밖에 없을 것이다. 둘째는 내가 그것을 정당한 목적으로 사용할 것이냐의 여부다. 내 아이에게 주기 위해 물 한 바가지를 푼다면 그것은 아이를 돌보는 행위다. 정당한 소유권을 검증하는 테스트로는 다음 세 가지가 있다. 노동에 의해 획득했는가? 다른 사람들을 위해 '충분하고 좋은 상태로' 남겨놓았는가? 수취한 것을 낭비하지 않고 제대로 이용했는가? 여기서 '노동에 의한 획득'은 최초의 전유에만 필수적이다. 즉 내 아이는 내게서 물을 얻기 위해 노동을 지출하지 않아도 된다.[18]

현대 독자는 벌써부터 우리의 재산권이 어디까지 미치는지 알고 싶을 것이다. 로크는 일찌감치 그것을 소극적인 견지에서 설명한다(여기에는 항상 정치적 권리의 개념이 포함된다). 재산은 우리가 동의하지 않으면 빼앗길 수 없는 것이다. 70년 뒤 아메리카 식민지가 불만을 품은 자의적인 과세는 동의 없이 재산을 빼앗기는 것을 잘 보여주는 사례다. 내가 얻는 것은 그 물을 빼앗기지 않을 권리다. 하지만 재산권의 설명은 또한 재산을 다른 사람에게 양도하는 능력, 그리고 우리가 양도한 권리가 어떻게 새 소유자에게 잘 '부착'되는지를 말해줄 수 있어야 한다. 우리는 보통 우리가 가진 것을 팔거나, 주거나, 빌려줄 수 있고 나아가 유산으로 물려줄 수도 있다고 생각한다. 당연하지만, 로크는 자연법만이 지배하는 세계에서 어떻게 선진적인 법제도의 정교한 특징들이 생겨나게 되었느냐는 문제에는 그다지 관심이 없었다. 단순한 사회에서는 상속의 문제를 야기할 만큼 소유권이 오래 지속되는 경우가 드물 것이며 한 소유자의 수명보다 오래가는 것을 처리하기 위한 여러 가지 다양한 제도는 자연법에 어긋나지 않는다. 로크는 정확하게 밝혀야 할 것은 늘 정확하게 밝혔다. 우리는 다른 사람들의 동의를 구하지 않고도, 또한 높은 존재로부터 받는 게 아닌 다른 경로를 통해서도 개인적 재산권을 획득할 수 있다. 「첫째 논문」에서 로크는 순전히 필요에 의해 부여된 다른 사람의 재산에 대한 권리의 문제를 논의한다. 그는 아퀴나스의 견해를 받아들인다. 예컨대 굶주림에 시달리는 사람들을 구할 수 있는 자원을 가지고 있는데 그것을 사용하지 않는다면 그 여분은 그들의 몫이다. 다시 말해 우리는 우리의 재산권을 굳게 지킬 수 없다. 또한 우리가 그들을 돕는 것은 분명히 훌륭한 행위지만 어쨌든 거기에 필요한 것은 우리의 빵과 곡식이므로 그들은 그것에 대해 아무런 권리도 없다. 로크의 견해는 만약 그들의 필요가 매우 긴급하다면 그들은 그 권리를 가지게 되며, 따라서 그것은 그들의 몫이 된다는 것이다.[19] 21세기 산업 경제의 상황이었다면 로크가 뭐라고 말했을지 추측하기 불가능하지만 분명한 것은 있다.

자신이 낸 세금이 빈민에게 가는 것에 불만을 토로하는 부자는, 자신의 복지가 크게 위협받는 수준보다도 훨씬 높은 소득을 올리지만 그 소득의 소유권에 관해 오해하고 있는 것이다. 반대로 노동을 할 수 있으나 그럴 의사가 없는 사람은 다른 사람에게 도움을 요청할 수 없다. 로크의 재산관은 모든 사유재산을 처음부터 불법과 부정으로 간주한다는 점에서 일종의 사회주의에 해당하지만, 그렇다고 해서 복지국가의 탄생을 배제하지는 않는다.

우리가 자연법의 지배만 받을 수도 있었다는 로크의 주장은 대답하기 곤란한 의문을 제기한다. 우리는 왜 자연 상태에서 벗어나기를 바라야 할까? 로크의 자연 상태는 홉스가 말한 만인의 만인에 대한 투쟁보다 철학자의 황금시대에 더 가깝다. 만약 우리가 우리 상호 간의 모든 관계를 간단한 도덕 규칙으로 관리할 수 있다면—어떤 사회에서든 우리 관계의 대부분은 그렇게 관리한다—군이 정부가 필요할 것 같지는 않다. 로크는 복잡화의 자연스러운 증대에 관한 개략적인 그림을 그렸다. 여기에는 불평등의 발달과 화폐의 발명에 관한 설명이 포함되는데, 이것은 한편으로 발달한 경제에 필요한 것이지만, 다른 한편으로는 불확실성과 불안정성에 취약한 규제 체계의 불충분을 나타낸다. 우리가 즉각 소비하기 위해 필요한 것을 채집하는 세계는 평등한 빈곤의 세계다. 여기에는 시샘이나 탐욕의 여지가 거의 없지만 삶의 수준은 낮다. 로크는 이따금 그런 사회를 가리켜 사회적 악덕들이 생겨나기 전, 시인들이 말하는 황금시대라고 말한다. 하지만 그보다는 합리적 인간이 수렵과 채집으로부터 농경과 통상으로 이전했다고 보는 게 더 명확한 생각이다. 농경은 토지소유권을 필요로 하며, 토지는 소유자의 수명보다 오래가는 재산의 대표적인 사례가 된다.

로크는 생산성에 관한 논의를 이용해 토지 재산의 합법성을 옹호한다. 나무에 가지치기를 하거나 비료를 주어 더 많은 열매를 맺게 한 사람은 열매만이 아니라 그 나무도 획득한다. 마찬가지로, 밭을 일군 사람은 거기서 나오는 수확물만이 아니라 그 밭도 획득한다. 이 주장은 우리의 노동과 소유물을 혼합하는 단순한 사례의 유추를 근거로 삼고 있다. 로크는 토지 획득을 예로 든다. "토지 재산 역시 전자의 경우처럼 획득되는 게 명백하다고 본다."[20] 중요한 생각은, 나의 노력으로 토지를 풍요하게 만들 때 나는 공동의 재산을 감소시키지 않고 증대시켰다는 것이다. "따라서 울타리를 두른 사람은 자연에 맡겨진 토지 100에이커에서 얻을 수 있는 물자를 10에이커의 토지에서 얻을 수 있으므로 90에이커의 토지를 인류에게 준 셈이라고 볼 수 있다."[21] 로크는 우리가 소비하는 것에 상당량의 인간 노동이 담겨 있다고 지적한다. 이를테면 우리는 들에서 채집한 곡식을 먹는 게 아니라 빵을 먹는다. 토지소유권이 없으면 인간 노동을 담는 것은 불가능하다. 문제는, 경작된 토지가 전부 즉각 누군가에 의해 획득되고, 토지도 없고 미개간지에 접근할 수도 없는 사람들이 생겨나는 경우다. 로크의 해법은 토지소유자가 그런 사람들을 좋은 조건에 노동자로 고용하는 것이다. 하지만 그의 획득 이론은 곤란한 사실에 직면한다. 그렇게 고용된 사람들은 아무리 토지소유자에 비해 더 많은 노동과 토지를 혼합할 가능성이 충분하다고 해도 자신들이 노동을 지출하는 밭을 소유하게 되지는 않는다. 지주의 획득은 결코 다른 사람들에게 '충분히 좋은' 토지를 남겨두지 않는다. 요컨대 지주는 일하지 않고 소유하며, 노동자는 소유하지 않고 일한다.

이 간단한 사고가 향후 3세기 동안 농업급진주의의 기반을 이루었다. 로크는 그것을 거부했기 때문에 그를 비판한 사람들은 로크가 농업자본주의 혁명을 옹호하고, 토지 없는 노동계급의 정당한 요구를 반대한다고 주장했다. 급진적인 견해는, 토지 없는 노동자가 토지에 대한 권리를 빼앗겼다는 것이다. 그 권리를 폭넓게 향유하도록 하는 방법은 주기적으로 토지를 재분배하거나 공동소유권으로 사적 권리를 억압하는 것밖에 없었다. 루소도 매우 비슷하게 말한다. 처형된 프랑스혁명의 급진주의자 그라쿠스 바뵈프Gracchus Babeuf도 그렇게 요구했다. 19세기 초의 수많은 농업개혁가들도 같은 해법을 제기했다. 그러나 로크는 의견이 달랐다. 우리가 노동으로 획득할 수 있는 권리를 가진 것은 물질적인 것—이 경우 토지—이 아니라 '생활'이다. 신은 우리가 땅 한 뙈기에 매달리지 않고 잘살기를 바란다. 우리의 권리는 좋은 생활을 이루기 위해 우리의 능력껏 세계의 자원을 이용할 수 있는 권리다. 착취를 당하지 않는 노동자는 온당한 권리를 얻는다. 로크가 그랬듯이 문제를 달리 볼 수도 있다. 수렵·채집사회에서 가장 잘사는 구성원이라 해도 발달한 사회의 노동자보다는 잘살지 못한다. 그의 생활은 덜 안락하고 음식도 좋지 않다. "그 넓고 풍요한 영토〔아메리카 내륙〕의 왕이 먹고 자고 입는 것은 영국의 날품팔이보다도 못하다."[22] 어떤 변화가 정당하려면 원래 그 변화로부터 거의 이득을 얻지 못하는 사람이 큰 이득을 얻을 수 있어야 한다. 이 논의는 한 가지 불안을 해소하지만 다른 불안에는 대처하지 못한다. 토지의 사적 소유가 정당하냐는 물음에 대해서는, 그 변화로 이득을 가장 덜 보는 사람도 어쨌든 그 변화 덕분에 이득을 본다는 점을 내세울 수 있다. 하지만 사회에서 가장 못사는 사람들이 왜 그런 위치를 차지하는지에 관해서는 전혀 설명하지 못한다. 급진주의자들이 늘 주장하듯이 빈민은 대부분의 노동을 담당한다. 급진주의자들이 이따금 지적하는 사실이지만, 인류 역사 전체에 걸쳐 전 세계 노동의 90퍼센트는 여성의 몫이었다.

　정부를 필요하게 만드는 과정의 마지막 단계는 화폐의 발명이다. 물물교환의 기반 위에서 소박하게 사는 것도 가능하지만 화폐가 없으면 교환이 저해된다. 결국 원시 화폐로 사용할 만한 내구적인 물건을 찾게 될 것이다. 만약 내가 호두나무를 몇 그루 가지고 있다면, 나는 수명이 긴 호두를 수명이 짧은 과일이나 고기와 교환할 수 있다. 당신은 나와 고기를 교환할 때 원래 소비하고자 하는 양보다 더 많은 호두를 받게 된다. 당신은 이후 다른 사람과 교환할 때 남는 호두를 사용하면 된다고 생각할 것이다. 로크는 화폐를 기능적으로 정의한다. 무엇이든 가치를 저장하고 유통 수단이 될 수 있다면 화폐로 기능할 수 있다. 그 마지막 단계는 화폐에 '공상적 가치'를 부여하는 것이다. 화폐는 소멸하지 않으며, 오로지 유용한 사물과 교환된다는 점에서만 가치를 가진다. 이 맥락에서 '공상'이라는 말은 좀 이상하지만, 로크의 목적을 위해서는 반드시 필요하다. 로크는 금 같은 빛나는 금속이나 카우리cowrie(폴리네시아에서 화폐로 사용하는 조가비 ─ 옮긴이) 같은 화려한 조개껍데기 자체를 좋아하는 사람들도 있다고 생각했다. 그것을 획득하는 사람들은 다른 사람들이 그것으로 진짜 유용한 물건을 교환한다는 것을 알게 된다. 이리하여 가격 체계가 생겨난다. 또한 로크가 '공상'이라는 말을 사용하는 이유는, 화폐가 그 본성에 의해 기능하는 게 아니라 약속으로 인해 인정된다는 점을 보여주기 위해서다. 이따금 그는 화폐가 실은 아무런 가치도 갖지 않는다고 말한다. 화폐가 있으면 경제 발전이 가능하다. 사람들은 토지를 사고, 노동자를 고용하고, 새 사업에 투자하고, 더 많은 화폐를 축적한다. 로크의 독자들은 그가 진정으로 자연 상태에서 시장경제가 존재할 수 있다고 믿었는지 궁금해한다. 최선의 추측은, 그가 그것을 개념상으로만 가능하게 여겼을 뿐 실은 불가능하게 여겼다는 것이다. 만약 누가 무엇을 소유했는지, 누가 누구에게 무엇을 빚졌는지, 어떤 것이 현금의 견지에서 얼마나 가치를 가지는지 등을 알 수 있게 해주는 규칙을 모두가 수용한다면, 정부가 없이도 시장경제가 가능하다. 하지만 현실적으로는 복잡성이 시장경제를 저해할 것이다.

로크가 설명하는 재산의 또다른 의미는 숙고해볼 가치가 있다. 로크의 저작에는 깊은 혐오가 있다. 그것은 한 사람이 다른 사람에게 거의 소유한다고 할 정도로 커다란 권력을 행사하는 것에 대한 반감이다. 그럼에도 불구하고 그는 정당한 노예제가 가능하다고 말한다. 정당한 전쟁에서 사로잡힌 포로들은 노예가 될 수 있다. 그들은 전장에서 합법적으로 죽을 수도 있었고 두 가지 악 가운데 덜한 악을 받았기 때문이다. 아리스토텔레스와 달리 로크는 '인간 사냥'이 합법적인 경제활동이라고 말하지 않지만, 17세기 노예상들은 그 일에 적극 가담했다. 아메리카로 데려간 아프리카인들이 정당한 전쟁에서 사로잡힌 이들이라는 생각은 순진한 태도를 너무 멀리까지 연장한다. 로크의 관심은 찰스 2세의 신민들이 정당한 전쟁에서 사로잡힌 포로도 아니고 국왕의 재산도 아니라는 점을 강조하는 것이었다. 하지만 그다지 단호하지 않게 필머의 사상을 거부하는 방법도 있었다. 신은 우리에게 세계를 생산적으로 이용하라고 주었다. 왕은 대체로 귀족들에게 토지를 주는 경향이 있는데, 귀족들은 그 토지를 이용해 사냥이나 전쟁놀이를 한다. 이것은 토지를 생산적으로 이용하는 게 아니다. 그러므로 자기 토지를 그런 식으로 이용하는 귀족이 과연 평범한 농부, 혹은 17세기 무대에 갓 등장한 신중한 반$^{\pm}$자본주의 농부와 똑같이 자기 재산을 완전히 자기 마음대로 이용하는 권리를 가진 것인지 의심해볼 수 있다. 만약 아메리카 원주민들이 매일 사냥하며 누비고 다니는 자신들의 영토에 대해 아무런 재산권도 가지지 못하는 거라면, 로크가 왕의 총신들이 자신들의 토지에 대해 더 큰 권리를 가졌다고 생각한 게 아닌지 의심하는 사람도 있을 것이다. 그에 따르면 "신이 세계를 준 목적은 근면하고 합리적인 사람들이 사용하도록 하기 위해서이지(노동이 곧 소유의 자격이어야 했다) 말썽꾼의 공상이나 탐욕을 위해서가 아니었다."[23]

국가의 구성

이제 우리는 정부를 수립하는 시점에까지 이르렀다. 정부의 역할은 명확하다. 공정한 재판관들의 관리 아래 알려지고 정해진 법을 갖추는 일이다. 목록이 짧은 것은 의도적이다. 정부의 과제 중에 우리의 영혼을 구원하고, 교회를 설립하고, 도덕적 논쟁에 참여하는 것 따위는 없다. 정부권력은 신민의 필요에 의해 제한된다. 그 필요란 신민의 권리를 보호하고 서로에 대한 의무를 명료화하는 것이다. 논의는 중층적으로 결정된다. 신은 우리에게 자신의 목적을 수행하는 데 필요한 만큼의 권력만을 부여한다. 만약 신이 정부로 하여금 우리의 세속적 필요만 돌보게 한다면, 어떤 정부도 절대적이고 전제적인 권력을 가질 수 없다. 그것은 정부의 개념과 모순을 빚는다. 아버지의 권리로부터 절대군주정을 이끌어낸 필머에 반대하여, 로크는 부모가 자식에게 가지는 권리는 절대적이지도 않고 전제적이지도 않으며, 자식의 필요에 의해 구속된다고 주장했다. 그것은 가부장으로서의 권리가 아니라 부모로서의 권리이며, 아버지만 가지는 게 아니라 부모가 함께 가진다. 또한 그 권리는 자식이 이성의 나이에 이르면 자연스럽게 사라진다. 권력이 효력을 가지기 위해 절대적이어야만 하는 경우에도 전제적이어서는 안 된다. 권력은 항상 그것이 충족시키는 목적에 의해 구속되기 때문이다. 장교는 병사가 적 앞에서 비겁하게 행동할 경우 그 병사를 사살할 권리를 가지고 있다. 즉결 처형도 얼마든지 가능하다. 하지만 장교라 해도 병사의 급료에 관해서는 단 한 푼도 건드릴 수 없다.[24] 어쨌든 누구도 제정신으로는 다른 사람에게 자신에 대한 절대적이고 전제적인 권리를 부여할 수 없기 때문에, 우리의 어떤 집단도 정부에 그런 권력을 부여할 수는 없다. 로크가 전반적으로 의지하는 사고는 두 가지다. 하나는 어떤 개인이나 기관도 자신의 기능을 수행하는 데 필요한 권리만을 요구할 수 있다는 것이고, 다른 하나는 개인의 존엄성이 있기 때문에 정부는 다른 사람들을 방어하기 위해 절대적으로 필요한 경우가 아니라면 개인의 권리를 침해하지 못한다는 것이다. 이 두 가지 사고를 합치면 제한정부 이론이 성립한다.

정부가 어떻게 형성되는지에 관해 로크는 비평가들이 3세기 동안 익혀온 설명을 선보인다. 홉스와 대조적으로 로크는 정부의 수립을 두 단계 과정으로 본다. 첫째는 국민이 스스로 국민을 형성하는 단계인데, 정치사회를 형성하는 서막에 해당한다. 이것은 진정으로 만인의 만인에 대한 계약이다. 중세 법률가들은 그것을 팍툼 콤무니스pactum communis(공동의 약속)라고 불렀다. 둘째는 전통적으로 팍툼 수브젝티오니스pactum subjectionis(종속의 약속)라고 불렸다. 국민이 구체적인 형태의 정부 아래 결집하는 단계다. 로크의 사상을 근대적으로 만드는 것은 그가 상상 속의 메커니즘을 다루는 방식이다. 로마의 법률가들로부터 전승된 낡은 상상은 국민이 정치권력을 만들어내 정치사회를 이루고 그 권력을 지배자에게 부여한다고 보았다. 이것은 유스티니아누스의 재현이며, 공화주의로 위장한 바르톨루스다. 로크의 설명은 고용주와 고용인의 관계에 더 가까운 것을 시사한다. 즉 국민은 결코 권력을 완전히 손에서 놓지 않는다. 우리 국민은 우리가 합리적으로 선택하는 조건에 따라 지배자를 고용한다. 지배자가 직무를 제대로 수행하지 못할 경우 우리는 그를 해임할 수 있다. 우리는 우리 지배자와 계약하지 않는다. 그가 제 기능을 수행하는 데 필요한 권력을 그에게 '위탁'할 따름이다.

정부는 동의에 의거해야 한다. 관습은 오직 국민의 동의가 있을 때 통용되는데, 정부는 온갖 관습의 총체와 같다. 우리가 정부를 대하는 방식은 동의에 기반한 관계의 패러다임이 아니다. 하지만 비평가들은 그 점을 되풀이해서 말하는 데 큰 즐거움을 느끼는 듯하다. 정부에 대해 우리가 가진 의무는 자발적으로 떠맡은 게 아니다. 나는 내가 스스로 복종하며 살아야 할 정부를 선택하지 않았다. 나는 내가 살아가는 조건을 개정하지 못한다. 정부의 법은 내가 그 법의 요구에 동의하든 동의하지 않든 나를 구속한다. 나는 현재의 정부에 대해 투표로 찬성할 수도 있고 반대할 수도 있지만, 정부는 내 의견과 무관하게 존재한다. 정부가 내게 행사하는 권력에 연관된 동의는 상업이나 결혼에 연관된 동의와는 다르다. 만약 내가 결혼을 하거나 상업 계약을 맺는다면 내 동의가 반드시 필요하다. 하지만 내가 영국 정부의 국민이 되는 데는 내 동의가 꼭 필요하지 않다. 이것이 로크를 반대하는 결정적인 근거는 아니다. 내가 다른 국적의 시민이 되려면 내 동의가 필요하듯이, 로크는 우리 모두가 자유롭고 동등하게 태어났기 때문에, 즉 어디에도 속하지 않은 시민이나 국민이기 때문에, 우리가 특정한 정부에 충성하려면 똑같은 방식의 동의가 필요하다고 생각했을 것이다. 아메리카인들에게 익숙한 용어로 말하면, 우리는 스스로를 본래 재류 외국인이라고 여길 수도 있다. 그러다가, 우리가 과연 어쩌다 살게 된 이 정치 공동체의 온전한 구성원이 맞는가 하는 의문이 솟게 된다.

로크에게는 동의가 정부의 토대로 역할하는 설명이 필요했다. 『시민정부에 관한 두 가지 논문』은 윌리엄 3세가 즉위한 바탕에 국민의 동의가 있었다고 주장했다. 영국의 군주는 왕국의 법과 자유를 지지한다고 서약하는데, 이는 만약 군주가 그렇게 하지 못할 경우 의회의 대리를 통한 국민의 동의로 자리에서 물러날 수도 있다는 의미다. 절대주의에 반대하는 저자들처럼 로크도 늘 이 점에 주목했더라면 자신의 의도를 깔끔하게 설명할 수 있었을 것이다. 의회는 찰스 1세에게 법치 전통을 준수하겠다는 약속을 요구할 때 그런 견해를 보였다. 그런데 로크는 거기서 더 나아갔다. 홉스처럼 그는, 우리가 동의했다면 지배자에게 복종하는 의무를 가진다는 점을 입증하고 싶었다. 반면 홉스와 달리 그는 조건부 동의를 원했고, 정부 혹은 정부에서 파생된 입법기구가 적법하게 할 수 있는 일을 제약하고 싶었다. 일상적 목적을 위해 그 동의는 우리의 대의代議를 통해 이루어지지만, 우리의 생명과 자유, 통상적 의미에서의 재산은 우리의 것이며, 우리 자신의 동의나 대의에 의거하지 않으면 남이 손대거나 과세의 대상으로 삼을 수 없다.

또한 우리의 대표가 신뢰를 위반하면 그 자격을 잃게 된다.

로크는 동의에 관해 몇 가지 다른 주장을 제기한다. 첫째는 정부의 기원에 관한 역사적 주장이다. 로크가 활동할 무렵에는 이미 근대국가의 관념이 확립되어 있었다. 국가는 영토를 가진 실체였다. 정부는 특정한 지리적 영역 내에서 국민의 충성을 요구한다. 이를테면 미국 정부는 여러 나라에서 활동하는 제너럴모터스 사와는 크게 다르다. 그 무렵 신성로마제국은 이상한 나라가 되어 있었다. 오스트리아를 중심으로 하는 그 다민족 왕조는 권력조차 상당 부분 영토에 기반을 두고 있었다. 로크는 인간이 어떻게 '국민'이라고 불리는 집단을 이루고 각 국민마다 별도의 정부를 수립할 수 있었는지 설명해야 했다. 필머는 가족이 부족을 이루고 부족이 국민을 이룬다는 식으로 그 과정을 설명한 바 있다. 로크는 글을 모르는 국민도 얼마든지 결집할 수 있고 상호 합의에 의해 하나의 정치적 단위를 이룰 수 있다고 보았다. 문서로 된 합의서가 없다고 해서 합의가 불가능한 것은 아니다. 역사적으로 보면, 가족들이 서로 뭉쳐 씨족사회를 형성한 다음 특정한 개인이나 집단에 교류와 일상생활의 규칙을 정하는 권리를 부여하는 것은 자연스러운 과정이다. 그러나 필머의 생각과 달리 일단 정부가 구성되면 새로운 종류의 권력, 즉 동의에 의한 권력이 탄생하게 된다.

로크는 또한 우리가 추측하는 것을 염두에 두고 있었다. 자연법이 정하는 '자연적' 규칙은 우리 모두에게 익숙한 전통적 규칙에 의해 보완되어야 한다. 도로 한가운데의 황색 선은 그곳에 주차하면 안 된다는 것을 '뜻한다'. 하지만 그것이 동의에 의해 존재한다고 말하는 것은, 물론 우리의 승인으로 유지되는 전통에 의해 주차 금지 구역을 표시한다는 중요한 점을 뜻하기는 하지만 아무래도 어색한 표현이다. 그런 경우 동의에 관해 이야기하는 게 어색한 이유는 그런 전통이 어떻게 유지되는지 우리가 평소에 거의 의문을 품지 않기 때문이기도 하고, 어떤 개인도 제도를 송두리째 무너뜨릴 힘은 없기 때문이기도 하다. 화폐를 생각해보라. 로크는 화폐도 동의에 의해 존재한다고 말한다. 파운드화나 미국 달러화를, 그 존재에 동의하기를 거부함으로써 파괴할 위치에 있는 사람은 아무도 없다. 그러나 만약 엄청난 인플레이션이 발생해 화폐가 가치를 잃었다는 것을 우리 모두가 확신한다면, 우리는 모두 화폐의 사용을 거부할 것이고 그것은 더이상 화폐로 유통되지 못할 것이다.

로크는 동의를 의무와 연결시키고자 했는데, 그것은 단지 제도의 전통적 성격을 강조하기 위해서가 아니다. 그렇게 하면 누가 무엇에 동의했느냐는 문제가 생겨난다. 한 정부의 치하에 사는 사람이 그 정부에 대해 지고 있는 다양한 의무들을 구분하기 위해 로크는 '명시적' 동의와 '암묵적' 동의를 구분한다. 사실 이것은 유명하다기보다 악명이 높다. 일상생활에서는 그 구분이 상당히 유용하다. 당신이 내게 쪽지를 보내 7시에 만나자고 했고 나는 그 약속을 거부한다는 말을 하지 않았다고 하자. 만약 내가 아무 말도 없이 약속 장소에 나타나지 않는다면, 당신은 내가 암묵적으로 약속에 동의했고 당연히 약속 장소에 왔어야 한다고 여길 것이다. 로크에 의하면, 우리가 현재의 정부에 충성을 맹세하지 않았어도 아무런 이의 없이 정부가 주는 혜택을 받아들인다면 우리는 암묵적으로 동의한 것이다. 우리의 생명과 자유를 보호하고, 부모로부터 재산을 상속받을 수 있게 해주는 등 정부의 혜택을 누린다는 것은, 우리가 지금과 같은 조건으로 현재의 정부에 복종하는 데 동의한다는 전제를 가능케 한다. 동의는 암묵적인 것보다 겉으로 표명하는 편이 낫다. 동의를 요구받고 정식으로 동의한다면, 우리는 자신이 동의한 의무를 스스로 책임지는 것이 된다. 바로 그런 이유에서 크롬웰 정부는 영국 사회의 더 중요한 구성원들이 '동참'해주기를 요구했던 것이다. 암묵적 동의가 명시적 동의보다 못하다는 견해는 초등학생들에게 충성의 맹세Pledge of Allegiance를 암송하게 하는 미국의 관습에서도 확인할 수 있다. 그 맹세를 통해 아이들은 정부에 명시적 동의를 보낸다. 하지만 그 동의는 아이가 정부 제도를 선택하기는커녕 할부 구매에도 구속되지 않는 어린 나이에 이루어진다. 묘하게도 대부분의 학교에서는 아이들이 이성을 가질 나이에 도달해 자신의 말을 지켜야 한다고 간주되는 시기가 되면 그 관습을 더이상 행하지 않는다.

동의의 관념에 반대하는 견해의 근거는 두 가지다. 원래 동의란 정치적 의무가 연관되게 마련이라는 점, 그리고 명시적 동의와 암묵적 동의를 명확히 구분하기가 어렵다는 점이다. 모든 비평가들은 단순하면서도 매우 효과적인 반박을 제시한다. 무릇 '동의'가 구속력을 가지려면 동의하는 사람에게 공정한 선택의 여지가 있어야 한다는 것이다. 홉스는 정복자의 칼이 자기 목에 닿을 때 복종을 맹세하는 사람에게도 선택의 여지가 있다고 주장했지만, 그 말에 동조하는 사람은 없다. 로크는 더 온건한 입장을 취했지만 반대는 똑같다. 어떤 정부에서 살 것인가에 관한 우리의 선택은 다양하지만, 언제든 원할 때 다른 지역으로 손쉽게 이주할 수 있을 만큼 경제적 여유를 가진 사람은 드물다. 크롬웰에게 '동참'한 사람들은 아마 큰 어려움 없이 망명지에 머물 수 있었겠지만, 현대의 시민들 중에 그냥 다른 지역을 골라 이주할 수 있는 사람은 별로 없다. 그 반면 '암묵적' 동의에 대한 불만은 그것이 전혀 동의가 아니라는 것이다. 온전한 정부의 혜택을 받아들이는 것 이외에 우리가 무엇을 할 수 있을까? 훗날 흄이 말했듯이, 주머니에 겨우 4펜스밖에 없는 농부는 동의를 철회할 처지가 아니므로 동의했다고 말할 수도 없다. 로크도 「첫째 논문」에서 똑같이 지적한 바 있다.[25]

암묵적 동의와 명시적 동의의 구분이 부각하고자 하는 게 무엇인지는 명확하지 않다. 로크는 우리에게 부여된 의무의 차이를 생각했을 것이다. 우리가 있는 장소, 그리고 우리의 국적으로 인해 우리에게 의무를 부여하는 사람들이 그런 차이를 만들어낸다. 하지만 동의를 운운한다고 해서 그 차이가 아주 뚜렷해지지는 않는다. 미국에 사는 영국인은 법적으로나 도덕적으로나 미국의 법에 복종할 의무가 있다. 그가 현지의 법과 규칙에 따라야 하는 것은 그가 그곳의 시민이기 때문이 아니라—그는 영국 시민이니까—다른 사람들에게 도덕적 의무를 가지고 있기 때문이다. 미국 시민이 아니면 조심스럽게 운전할 필요도 없고, 세금을 납부하지 않아도 되고, 더불어 살아가는 사람들의 복지를 돌볼 의무도 없다고 생각하는 사람은 사악한 사람이다. 하지만 예의 바르게 행동한다고 해서 미국인이 되는 것은 아니다. 외국인의 의무와 현지인의 의무는 전혀 다를 게 없지만, 정부의 혜택을 받아들이는 사람에게 부여된 의무와 충성을 맹세한 사람에게 부여된 의무는 차이가 있다고 보는 것은 급진적 견해다. 로크가 이런 견해를 가졌는지는 알 수 없다. 전자는 법을 준수하는 사회 구성원이 되어야 한다는 도덕적 의무를 부여하는 데 그친다. 반면 후자는 정치적 성격이 뚜렷한 충성의 의무를 부여한다. 그것은 우리 시대에 존 롤스John Rawls가 옹호했고 나 자신도 옹호하는 견해다.[26] 로크가 과연 어떤 견해를 취했는지는 또다른 문제다.

개인적으로 볼 때, 로크가 유념했을 만하다고 여겨지는 요소가 있다. 그의 견해에 의하면, 우리가 명시적으로 충성을 맹세하지 않았을 경우 우리가 나라를 떠나고 나면 종전의 지배자는 우리에게 아무런 권력도 행사하지 못한다. 그런 관점에서 보면 논리상으로, 로크는 네덜란드에 머문 이후로는 반역을 저지를 수 없는 셈이었다. 영국을 떠나면서 그는 영국 왕실에 대한 충성을 버렸다. 자칫하면 납치되어 반역죄로 사법적 살인을 당할지 모른다고 우려하는 관점에서 보면 그것은 결코 사소한 문제가 아니었다. 로크의 견해이기는 했으나 그것은 대다수 나라들의 현실과 충돌을 빚는다. 미국은 베트남전쟁 와중에 다른 나라로 도피한 시민들을 징병 기피자로 간주했을 뿐 조국을 위해 싸울 의무를 상실한 사람으로 간주하지는 않았다.

그들은 다른 나라의 시민권을 취득했을 때에야 비로소 시민권과 함께 이행되지 않은 군 복무의 의무를 상실한 것이다.

　로크는 이상하다 싶을 만큼 정부의 형태와 장점에 관해 무관심했다. 그는 '현명한 후커'의 견해에 기본적으로 찬성했으나, 토머스 후커Thomas Hooker(미국 민주주의 이념의 발전에 기여한 17세기 아메리카의 목사—옮긴이)와 달리 혼합·균형정부에 관해 상세하게 구상하지는 않았다. 또한 로크는 정치사회가 형성된 이후 구성원들이 살아가는 체제를 만들게 되는 과정에 관해서도 관심을 보이지 않았다. 그는 그저 다수의 의사 결정을 당연시하고, 더 큰 힘이 이끄는 대로 신체가 이동하는 게 필연적이라고 무미건조하게 주장할 따름이다. 그런데 이런 입장은 다수의 지배를 정당화하기 어렵고 그 정당성과 문제점을 제대로 설명하지 못한다. 핵심을 짚어보자면, 아마 당시 그의 관심은 마르실리우스 같은 저자의 견해를 근대적 형태로 부활시키는 데 있었을 것이다. 즉 존재할 수 있는 모든 정당한 권력은 '국민'의 소유이며, 그 권력을 누구에게 위임할지도 전적으로 국민의 몫이라는 것이다. 이 과정을 제도화하는 방법에 관해서는 무수한 상상이 가능했다. 로크는 무엇보다도 정부의 입법 기능이 가장 중요하다고 생각한 게 확실하다. 이것은 일반적 의미에서 의회주권의 수용을 나타내지만, 그는 그 밖의 다양한 대의제와 입법기구도 수용할 수 있다고 생각했다. 그는 나중에 전통이 된 구분과 달리 정부의 기능을 입법, 행정, '연방'으로 구분했으며, 권력의 분리, 견제와 균형 같은 이론들이 제기하는 문제에 천착하지 않았다. 헌법의 세부 사항은 신중히 결정되어야 한다. 헌법이 없는 정부는 정부가 아니라는 것이 원칙으로 확립되어야 한다. 근대 서유럽과 북아메리카의 모든 정부들은 로크의 정당성 테스트를 통과해야 했다. 공정한 재판과 균등하고 공평한 법의 집행이 가능하고, 우리의 세속적 관심이 법으로 규제되는 한, 성문헌법이나 불문헌법이나 똑같이 수용 가능하다. 어떤 헌법을 취하든 우리가 사용하는 것과 같은 성문헌법은 불문헌법의 이해와 해석에 바탕을 두어야 한다. 우리가 할 수 있는 최선의 방책은 헌법대로 진행하면서 우리가 이해한 내용을 글로 남기고 그 선례를 길잡이로 삼는 것이다. 선례들이 다 없어지면 우리는 자연법의 견지에서 최선을 다해 행동해야 한다.

혁명

이제 우리가 살펴볼 학설은, 만약 찰스 2세나 제임스 2세의 부하들이 「둘째 논문」의 원고와 그 저자가 로크임을 알았더라면 그의 목숨을 빼앗아버렸을지도 모를 내용을 담고 있다. 로크는 최초로 혁명을 논할 만한 저자는 결코 아니었다. 일찍이 아리스토텔레스는 정치의 붕괴라는 맥락에서 혁명을 고찰했다. 마키아벨리는 국체가 혁신되고 시민들의 도덕이 부활하는 맥락에서 혁명을 바라보았다. 로크의 입장은 그들과 달리 사회학적이지만 도덕적이었다. 그것은 분명히 아우구스티누스의 전통을 따랐으나, 바울의 전통과는 사뭇 다른 견지에서 구성되었고 오히려 그것을 거부하려는 의도를 담고 있었다. 기존의 권위는 '신의 명'이 아니라 사회계약에 의해 정해졌으며, 국민의 위임으로 권력을 누렸다. 로크는 혁명의 핵심을 정체의 혁신이라고 본다는 점에서 마키아벨리와 궤를 같이하는데, 그 점에서 낡은 사고방식이다. 혁명을 진보적 사회 변화의 과정이라고 보는 근대적 이해와는 거리가 멀다. 하지만 그 관념이 등장하려면 프랑스혁명까지 기다려야 했다. 로크가 품은 의문은 시민이 자신의 정부에 맞서 반란을 일으킬 권리를 가지고 있느냐의 여부였다. 홉스는 루터나 칼뱅처럼 그 질문에 대해 단호히 아니라고 답했다. 그는, 필요하다면 우리가 당연히 자기방어를 위해 싸울 것이며, 설령 싸우고 싶지 않아도 어차피 자기방어를 위해 나설 수밖에 없는 경우가 있다고 인정했다. 하지만 홉스는 각자가 자신의 복지를 돌보아야 한다고 주장했다. 그는 우리가 다른 사람들을 위해, 혹은 원칙을 앞세워 우리의 지배자를 공격할 의무나 권리를 가졌다는 것을 부인했다. 로크의 견해는 정반대였다.

정부는 헌법의 테두리 내에서만 권력을 소유한다. 그 경계를 넘어서면 시민들에게 선전포고를 하는 셈이므로 시민들의 저항에 맞닥뜨릴 것이다. 시민들은 저항하는 것만이 아니라 정부를 재구성해 미래에 합헌적 정부를 확고히 다질 수 있는 온갖 권리를 가지고 있다. 이것은 확실히 로크의 신념을 표현한다. 그는 제임스 2세가 자신의 의무를 방기한 뒤 소집된 의회가 헌법의 전통을 따랐고, 윌리엄 3세가 바로 그 의회가 정한 조건에 따라 왕위에 올랐다고 믿었다. 이 급진적 사고는 로크가 가진 혁명관의 일부다. 도덕적으로 볼 때, 정당한 전쟁은 부패한 지배 엘리트의 선전포고에 대한 방어적 대응이다. "누가 전쟁을 시작했는가?"라는 질문은 낯익으면서도 올바른 질문이다. 로크는 거의 언제나 정부가 전쟁을 시작한다고 대답한다. 그의 시대 사람들은 무질서를 두려워했으며, 반란을 선동하는 기미만 보여도 혐오스러워했다. 로크는 동포들이 부정을 보고도 참으려 한다면서 자신의 권리를 위해 들고일어나야 한다고 생각했다. 그는 제임스 2세의 성급한 충동 덕분에 독재로 빠져드는 상황을 모면했다고 보았다.

왕권 지지자들과 혁명파의 지지자들이 똑같이 권리가 자기들의 것이라고 주장할 때 우리가 뭐라고 말할 수 있는지 묻자, 로크는 손에 칼을 쥔 채 하늘에 호소할 수 있을 뿐이라고 대답한다. 이 모든 것이 얼마나 충격적이었던가는 찰스 1세가 재판을 받고 처형될 때 유럽을 휩쓴 공포를 통해 알 수 있다. 왕을 죽인 것은 신이 기름을 부은 자('임명한 자'—옮긴이)에 맞서 들고일어난 것에 해당한다. 로크도 마찬가지로 주장했다. 대관식에서 어떤 의식을 거행하는지는 중요하지 않다. 국민을 공격한 왕은 범죄자이며, 결국 그런 최후를 맞게 마련이다. 그는 절대주의 군주정과 신이 준 왕권을 옹호하는 자로 유명한 윌리엄 바클리William Barclay에게 맞선다. 그는 스코틀랜드의 가톨릭교도로서 생애 대부분을 프랑스에서 보냈고 제임스 1세에게서 큰 존경을 받은 인물이다. 바클리를 고른 것은 돋보이는 선택이었는데, 사실상 그는 왕이 매우 부당하게 처신했다가 폐위되는 일이 가능하다고 받아들였기 때문이다. 그러자 왕을 폐위시키는 게 가능하냐는 문제가 제기됐는데, 이는 저항권에 관한 오래된 질문이다. 바클리는 국민이 저항할 수는 있지만 '공손하게' 저항해야 한다고 말한다. 로크는 대수롭지 않은 기색으로 긴 문단을 할애해 그에게 조롱을 퍼붓는데, 그 정점은 이렇다. "타격과 존경을 조화시킬 수 있는 사람은, 내가 아는 한 어디서든 그 노력에 대한 대가로 정중하고 존경 어린 곤봉 세례를 받게 될 것이다."[27]

로크의 논지는 간단하다. 어떤 상황에서도 저항이 용인된다면 저항하는 사람들은 무력을 사용할 태세를 갖춰야 한다. 그들에게도 무력이 사용될 게 확실하기 때문이다. 로크는 혁명이 불법이라는 생각에 대해 키케로가 말한 살루스 포풀리 수프레마 렉스 에스트salus populi suprema lex est(인민의 복지가 최고의 법이다—옮긴이)로 대응했는데, 그것으로 분명히 적들의 기를 꺾을 심산이었을 것이다. 일찍이 그는 인간이 시민사회에 들어갈 때 자연법의 경계가 더욱 좁아지며, 그 결과 실정법의 배후에는 자연법이 버티고 서 있다고 말한 바 있었다. 헌법 원칙을 초헌법적으로 방어하는 것은 불법이 아니다. 하지만 로크는 키케로가 그 유명한 문구를 말한 목적이 카틸리나 사건의 범인들에 대한 즉결 처형을 옹호하기 위해서였다는 것을 잘 알고 있었다. 로크는 아마 100년 뒤에 벌어진 루이 16세의 처형이나 프랑스혁명의 과도한 측면에 찬동하지 않았을 것이다. 로크는 그뒤에도 영국 보수파의 종교적 혐오에 공감할 수 없었다. 또한 로크가 혁명이 정치 공동체를 전복시킨다고 생각하지 않았다는 것도 기억해야 할 중요한 사실이다. 그 이유는 그가 사회계약의 2단계 설명을 신봉했기 때문이다. 그는 이를테면 정치 공동체가 예전에 수립한 정부를 해체하고 다른 정부를 수립하는 것도 충분히 가능하다고 상상했다. 정치적 국가에 내재하는 정체성은 그런 과정을 겪는다 해도 위축되지 않았다. 그 생각은 미국의 독립선언 자체까지는 아니더라도 그것을 작성하고 그에 따라 행동한 사람들의 마음속에 스며들었다.

사실 로크의 급진주의는 완벽하지 않았다. 제퍼슨은 혁명이 30년마다 일어나 나태해진 국가에 다시 목적의식을 부여한다고 생각했지만, 로크는 안정을 지지했고, 대의제로 복귀하는 것도 한 세기에 한 번이면 충분하며 빈번해서는 안 된다고 여겼다. 그는 국왕의 자의적인 변덕 대신 확고한 법이 정착되기를 바랐다. 훗날 마르크스주의에서 말하는 영구혁명 같은 것은 꿈도 꾸지 않았다. 그럼에도 불구하고 많은 이론가들이 왕이 문자 그대로 신에 의해 임명되었다고 믿던 시대에, 절대권력이 절대복종을 요구하던 시대에 로크는 혁명을 꿈꾸었다. 그의 혁명은 비록 온건하고 통제되었으나 폭력 행위를 수반하며, 그 폭력은 독재정부를 타도하지만 일상생활의 유대는 건드리지 않는 혁명이었다. 우리를 한 민족으로 만들 뿐 아니라 순응하는 피통치자로도 만드는 공동의 신념을 침해하지 않고도 우리가 우리의 지배자를 몰아낼 수 있다는 사상은, 아메리카 급진주의의 가장 중요한 요소들 중 하나가 되었다.

관용

로크가 동시대 사람들과는 충돌을 빚었어도 그의 계승자들과는 그렇지 않았던 또다른 분야는 종교적 관용이었다. 로크는 원래 왕실이 예배의 형식을 정하는 권한을 가진다는 것을 굳게 믿었다. 왕실은 신민들에게 그리스도교 신앙의 근본 교의를 의심하라고 명할 수 없었지만, '중립적 사안들'은 분명히 왕권에 맡겨져 있었고 왕의 선택에 의해 규제가 가능했다. 1660년대에 쓴 『시민정부에 관한 두 가지 논문』에서는 그것이 부담일 수밖에 없었다. 그 시점에 로크는 홉스와 거의 비슷한 견해를 가지고 있었다. 모든 사회에는 절대적이고 전제적인 권력이 국왕이라는 인물이나 의회를 통해 존재할 수밖에 없다. 그렇지 않다면 법에 관한 논쟁에 끝이 없기 때문이다. 이는 기본적으로 당시 정부가 국교 반대파의 신앙을 용인할 의도가 없음을 의미한다. 실제로 당시 그것은 정당한 조치였다. 영국 정부는 벌써 한 세기 이상 동안 그렇게 해왔고, 시민들에게도 1년에 몇 차례씩 국교에 속한 교회에서 예배를 보라고 요구했던 것이다. 로크가 마음을 바꾼 것은 대륙을 방문한 결과일 것이다. 거기서 그는 네덜란드가 종교적 관용으로 이득을 누리고 있는 것을 보았다. 그가 1667년에 쓴 『관용에 관한 시론 Essay on Toleration』은 정부가 존재하는 목적이 오로지 「둘째 논문」에서 제안된 과제들을 수행하는 데 있다는 견해로 바뀌었다. 그 학설은 『민간 권력과 교회 권력』(1674)이라는 제목의 글에 깔끔하게 서술되어 있다. "전 세계 거의 모든 사람들은 이중적 사회에서 살아간다. 그들은 그 이중적 관계로부터 이중적 행복을 실현해야 한다. 즉 현세의 행복과 내세의 행복이다."[28] 또한 로크는 왕의 특권이 그가 믿었던 것보다 광범위하지 않다고 여기게 되었으며, 권리의 승인이 아니라 왕의 양보로 주어지는 관용을 거부하는 국교 반대파와 뜻을 같이했다. 로크는 점점 폭넓은 관용의 확고한 지지자가 되었다. 그가 양심을 걸고 신봉한 것은 그저 친절한 양보가 아니라 신민들이 자신의 신앙을 유지할 권리의 승인으로서의 관용이었다.

관용을 지지하는 그의 논거는 순환적이지만 악순환은 아니다. 그 설득력은 모두가 받아들이지는 않는 종교관을 받아들인 데서 나온다. 그의 종교관을 지지하는 논거가 결국 관용으로 이끄는 것이다. 『관용에 관한 서신』에서 로크는 교회와 국가를 구분한다. 교회는 같은 생각을 가진 사람들의 자발적 결사체다. 그들은 신에 대한 존경의 마음을 공동으로, 공개적으로 표현하고자 하며, 신의 축복에 감사드리고자 한다. 교회의 존재 목적에서 비롯된, 교회가 담당해야 할 일에 대한 다수의 이해를 침해하는 구성원들에 대한 유일한 제재로, 다수는 불만을 품은 구성원들을 분리시키고 내보낼 수 있다. 다수는 반대파를 파문할 수 있지만 그들에게 금전적이거나 신체적인 형벌을 가할 수는 없다. 이 시기에 매사추세츠에서는 국교 반대파를 자체적으로 처형하고 있었으며, 가톨릭 에스파냐와 이탈리아에서는 종교재판의 공포를 겪었고, 프랑스 당국은 신성모독에 대해 지독한 형벌을 가했다. 프랑스에서 1685년 낭트칙령이 폐지된 뒤 재개된 위그노 학살도 로크는 놓치지 않았다. 그는 평화를 유지하려면 쿠라트 데우스 이뉴리아 데이curat Deus injuria Dei의 원칙을 준수해야 한다고 보았는데, 말하자면 신을 분노하게 했다고 우리를 징벌하는 것은 오로지 신의 몫이라는 뜻이다.

교회가 무엇인지 확실히 알고 나면 국가가 강제적 조직이라는 것은 알기 쉬워진다. 국가는 신체적이거나 금전적인 형벌을 이용해 우리의 세속적 평화와 번영을 다지는 역할을 한다. 세계는 두 가지 형태의 권력으로 거의 분할되어 있는데, 어느 것도 서로를 침해할 이유가 없다. 누구나 자신의 마음에 드는 교회에 다닐 수 있고, 가장 낫다고 여기는 방식으로 신에게 예배를 드릴 수 있다. 국가는 그런 결정에 간섭할 필요가 없다. 여기에는 조건이 필요하다. 그래야만 로크 자신이 정한 최대의 조건으로 넘어갈 수 있다. 교회와 국가가 분리되었다고 해서 조직으로서 교회가 가진 세속적 관심사를 국가가 보호하지 않는다는 뜻은 아니다. 만약 누가 교회 건물을 불태운다면 주택이나 상점을 불태운 것과 똑같이 방화죄로 처벌될 것이다. 교회 건물은 여느 세속적 재산과 다를 바 없고 똑같은 보호를 받는다. 그런가 하면 예배에서 가해지는 제약도 있다. 만약 법이 동물 학대를 금지한다면 제단 위에서 종교적 관습의 일환으로 고양이 가죽을 벗기는 행위는 할 수 없게 된다. 하물며 유아를 제물로 바친다거나 제례 의식으로 사지를 절단하는 권리는 더더욱 주장할 수 없다. 로크는 유대인들이 남자아이에게 행하는 할례에 회의적이었을 것이다. 소위 여성의 할례는 폭행으로 금지되었을 것이다. 로크는 뭔가를 금지하기에 마땅한 세속적 이유가 있을 경우 그것을 허용하기에 마땅한 종교적 이유는 있을 수 없다고 주장했다.

각종 의식에서 페요테peyote(환각제가 추출되는 선인장의 일종—옮긴이)를 사용하고자 한 아메리카 인디언들은 로크의 원칙을 채택한 법정과 무관하지 않았다. 그들은 세속의 법이 정당하게 금지하는 것이라면 그것을 자신들의 종교가 마땅히 요구한다고 주장하지 않았을 터였다. 로크의 견해대로라면 그들은 법의 테두리 안에서 예배할 방법을 찾는 것이 옳았다. 하지만 페요테의 흡입을 일체 금지하는 법은 유지되기 어려웠다. 도취가 금지된 바 없는 행위라는 것을 감안하면, 인디언의 종교의식이라는 이유로 법이 페요테의 흡입을 금지하는 것은 충분히 의구심을 살 만했다. 게다가 그것은 관용의 원칙에 어긋나는 조치이기도 했다. 로크도 명확한 사례를 든다. 만약 소의 도살이 허용된다면 의식용으로 도살해도 된다. 그러나 만약 기근이 들어 소의 도살이 금지된다면 의식의 일환으로 도살하는 것도 허용되지 않는다.

로크의 독자들은 흔히 관용에 관한 그의 견해와 오늘날 대부분의 자유국가에서 행해지는 관습 사이에 존재하는 차이를 너그럽게 봐준다. 이를테면 동물의 의식적 도살이 행해지는 지역에서는 동물 학대에 관한 세속의 법을 종교적 관습에까지 적용하지 않는 게 보통이다. 독자들이 충격을 받는 지점은 로크가 "절대적 자유야말로 우리에게 절실히 필요한 것"이라는 자신의 주장에 두 가지 예외를 둔 것이다. 첫번째 예외는 무신론이다. 무신론자는 관용의 범위 바깥에 있다. 만약 로크가 설명하는 도덕만 받아들이고 다른 것을 거부한다면 그의 추론은 상당히 그럴듯하다. 그는, 무신론자는 스스로의 약속을 지킬 만한 이성을 지니지 못한다고 여겼다. 그래서 무신론자는 사회의 토대인 다른 도덕적 원칙도 받아들이지 못하며, 따라서 신뢰할 수 없다. 이런 주장은 모든 면에서 엉터리다. 하지만 무신론을 관용하지 않는 것은 로크가 신뢰할 수 없다고 간주하는 사람들에게 계속 시치미를 뗄 빌미를 줄 따름이다. 논의의 전제를 놓고 볼 때, 로크가 충분한 철학사 지식을 갖고 있었더라면, 무신론자이지만 진실했던 저자와 사상가의 무수한 사례를 역사 속에서 발견할 수 있었을 것이다.

두번째 예외는 로마가톨릭교회다. 홉스는 동일한 전제로부터 더 자유주의적인 결론을 이끌어냈지만, 여기서 로크는 전적으로 다른 논거에 의지했다. 로크는 홉스를 비판하는 『시민정부에 관한 두 가지 논문』과 『관용에 관한 서신』을 쓰지 않은 상태였으나 두 사람의 차이는 불가피했다. 홉스처럼 로크도 로마가톨릭교회를 다른 세속국가들과 동맹을 맺은 세속국가라고 보았으며, 선량한 가톨릭이라면 분리된 충성심을 지녀야 한다고 여겼다. 교황은 왕들을 파문하고 그 신민들에게 왕을 따를 의무가 없다고 말했다. 조국을 저버리라고 명하는 종교를 신봉하는 것은 반역이다. 홉스는 동료 신민들에게 신앙을 등지라고 몰아갈 생각이 없었으며, 가톨릭교도들이 개인적으로 예배를 올려야 하는 것에 대해 만족했다. 그것이 참된 관용이었다. 로크가 지나치게 사나운 태도를 보인 이유는, 부분적으로는 찰스 2세가 가톨릭의 이름으로 조국을 배신하려 했기 때문이기도 하다. 또다른 중요한 사실도 있다. 로크는 홉스가 주려 하지 않았던 것을 인간이 원하는 게 정당하다고 생각했다. 그것은 바로 공개적인 예배의 권리다. 그것을 허용하면 개인의 종교적 취향이 무해함을 인정하게 됨은 물론이고 조직의 정당성을 승인하게 된다. 로크는 홉스보다 종교를 더 진지하게 종교로서 받아들였기 때문에 선뜻 양보하려 들지 않았던 것이다.

로크의 글은 다분히 현혹적이다. 그와 더불어 근대적 정신 구조가 형성된 것은 사실이다. 우리는 로크를 읽고, 마치 그가 우리 시대 사람인 것처럼 그와 함께 토론한다. 물론 그가 글을 쓸 무렵 상황이 어땠는지 알려면 17세기 역사에 관한 지식이 필요하며, 그가 누구와 교류했고 특정한 순간에 무엇을 바랐고 무엇을 우려했는지 알려면 그의 전기에 관한 지식이 필요하다. 그럼에도 불구하고 제한적 입헌주의 정부, 경제적 자유, 종교적 자유를 지지하는 그의 논의는 마치 어제 이루어진 것처럼 읽을 수 있다. 하지만 이와 같은 투명성은 역설적이다. 왜냐하면 그로 인해 우리는 정치에 관한 다른 방식의 글쓰기가 여전히 생명력을 지녀 여기에 제시된 오랜 전통을 가진 통치술이 17~18세기 동안 수정되고 발달해왔을 가능성을 간과할 수도 있기 때문이다. 그것을 소홀히 하는 것은 곧, 정부가 우리의 자연권과 자연법의 요건을 존중해야 한다는 로크의 관심에 못지않게 우리가 사는 제도를 결정하는 데 큰 영향을 미친 정치사상의 한 가닥을 소홀히 하는 것이다. 그 문제를 단도직입적으로 말하면, 사상의 한 가닥은 개인권과 그것이 정부에 강요하는(혹은 강요하지 않는) 제약에 초점을 맞춘다. 또한 다른 한 가닥은 국민이 집단적으로 신민이 아닌 시민으로서 행동할 수 있는 역량에 초점을 맞춘다. 루소의 시대 이래로 자유주의자들은 두번째 전통에 관해 불만을 토로했다. 개인이 정부에 맞서 가지는 권리에 대한 관심이 너무 적었다는 것이다. 프랑스혁명은 그들의 우려에 더욱 힘을 실어주었다. 근대 프랑스인을 고대 로마인으로 개조하려는 시도는 로마 공화정의 전체 역사를 불과 15년 동안에 재현하기에 이르렀다. 프랑스는 군주정에서 공화정으로, 또 독재로 이행하는 과정에서 대규모 살육과 국경에서의 숱한 전쟁을 감수해야 했다.

비평가들은 놀라지 않았다. 민주주의 아테네 공화정은 소크라테스를 처형했고, 로마인들은 공공의 감시나 정부의 사찰을 받지 않는 사생활의 개념을 알지 못했다. 자신이 사는 도시국가의 일에 참여할 수 있는 자유는 국가의 강제를 받지 않을 자유가 부재한 데 대한 보상이 아니었다. 홉스는 우리가 원하는 게 자유라면 정부 아래에서의 자유는 바로 법의 침묵일 뿐, 그 이상도 그 이하도 아니라고 주장했다. 정부 형태는 우리가 누리는 자유의 폭과 무관했다. 공화주의자들은 자비로운 주인의 노예가 되는 것과 자유로운 시민이 되는 것은 세계적으로 커다란 차이가 있다고 응수했다. 근대적이고, 법치적이고, 자유로운 민주주의 공화정에서 사는 우리는, 용케도 시민으로서의 자유와 국민으로서의 자유를 둘 다 실현했다고 생각한다. 하지만 회의론자들은 우리가 스스로를 속인다고 반박할 수도 있다. 과거에 진정한 시민은 지금 우리와 달리 공화국의 일에 직접 참여했다는 것이다. 물론 현대국가의 규모를 감안하면 그렇게 할 수 없다는 것은 그들도 안다. 프랑스 혁명가들만이 아니라 미국의 건국자들도 그 회의론자들이 잘못된 것이라고 판명나기를 바랐다. 그들이 작업에 착수하는 것을 보기 전에, 먼저 공화주의 저자들이 누구의 영향으로 공화주의적 자유에 관한 사상을 가지게 되었는지 살펴보는 게 좋겠다.

제14장
공화주의

헌법과 입헌주의

홉스는 전통적인 공화주의가 소중히 여기는 두 가지 신념을 맹렬히 비난했다. 그 신념이란 자유로운 정부가 존재한다는 것이고, 그것을 이루기 위해서는 반드시 폭정을 회피해야 한다는 것이다. 그러나 홉스가 보기에 폭정이란 "사람들이 싫어하는 군주정에 불과하며", 그 반면에 자연 상태의 자유는 평화롭게 살려면 포기해야 한다. 정부 치하에서의 자유는 루카에서나 콘스탄티노플에서나 똑같이 법의 침묵을 뜻한다. 국가가 '자유롭다'고 하는 말은 오로지 다른 국가에 종속되지 않은 독립국이라는 의미일 뿐이다. 공화주의자들이 지지한 비책들—민중에게 시민적 도덕을 고취하고 혼합정체 혹은 균형정체를 만든 것—가운데 가장 필요한 시민의 덕은 법을 엄수하는 것이었다. 혼합정체는 주권을 분열시킬 수 있는 위험한 시도였다. 주권의 본질은 절대적이고 개별적이라는 점에 있기 때문에, 주권을 제한하고 분할하면 결국 무정부 상태를 위한 비책이 된다. 홉스와 달리 로크는 폭정에 대해, 그것은 사람들이 싫어하는 군주정에 불과한 게 아니라고 확신했다. 폭정은 어떤 성격의 정부든 온당한 경계를 넘어설 때 생겨난다. 그럼에도 불구하고 로크는 우리가 시민사회로 들어설 때 자연법에 따라 적절하다고 생각하는 대로 우리의 삶을 영위할 자연적 자유를 포기했다는 견해를 취했다. 이와 같은 전통적인 자유주의적 견해에 따라 정부는 안전, 예측 가능성, 번영, 그리고 우리가 가진 자유가 사용 가능한 자유라는 보증을 위해 우리에게 자유의 일부를 포기하라고 요구한다. 정치적 자유는 우리의 정치제도가 주는 선물이 아니라 자연권의 보호다.

이 장은 공화주의의 대응을 서술한다. 이를테면 안정적이고 법을 준수하고 폭정을 배제하는 정부에 대한 입헌주의적 관심, 공화주의 정부의 업적이라고 말할 수 있는 시민적 자유에 대한 관심이다. 우리는 이미 입헌주의 통치와 공화주의 정부에 대한 전통적인 옹호를 어느 정도 탐구한 바 있다. 플라톤의 『국가』는 그의 『법률Nomoi』과 달리 입헌주의 정부에 대한 설명이 아니며, 그 제목에도 불구하고 공화정을 찬양하는 내용이 아니다(『국가Politeia』의 영어 제목은 『공화국Republic』이다―옮긴이). 『국가』는 자유롭고 공공 정신에 충만한, 하지만 평범하기 그지없는 시민들에 의한 자치를 허용하는 제도의 운영이 아니라, 말하자면 양들의 소망과 신념을 조작하는 고결한 양치기의 이야기다. 그 반면 아리스토텔레스의 『정치학Politica』은 전반적으로 입법 권한의 분배, 공직의 혜택과 부담에 관심을 보이면서 정치의 목표, 시민의 자격, 그리고 입헌주의 제도가 정지 상태를 회피하는 데 어떻게 도움을 주는지를 고려하고 있다. 아리스토텔레스는 시민적 도덕, 정치적 정의, 안정성에 초점을 맞추었다. 시민적 도덕은 주로 시민들이 정의롭고 안정적인 정권을 유지하는 데 필요로 하는 자질의 견지에서 규정되었다. 아리스토텔레스는 제임스 해링턴(민주주의 이념을 발전시키는 데 기여한 17세기 영국의 정치사상가—옮긴이)에게서 크게 찬양을 받았다.

　정체政體만이 인간의 정부가 아닌 법의 정부를 만들 수 있다는 아리스토텔레스의 주장은 17세기의 절대주의, 홉스의 조롱, 카리스마적 리더십에 사로잡힌 20세기를 견디고 살아남았다. 『정치학』의 정치사회학은 그리스인, 남성, 지주, 귀족 가문의 우월함에 관한 아리스토텔레스의 믿음보다 오래 살아남았다. 그 지속적인 양식良識은 공화주의 사상의 다양한 갈래들이 자주 수렴을 이룰 수 있었던 한 가지 이유다. 아리스토텔레스만이 아니라 폴리비오스와 키케로, 그들의 해설자들은 끊임없이 혼합정체에 관한 사상, 그리고 다양한 집단들 간의 균형을 도모하고 한 사람이나 소수, 혹은 다수의 독재를 방지하는 정치제도를 창출하는 방식에 관한 생각을 개발하기 위해 애썼다. 좁게 정의된 공화주의 이론—시민적 자유가 군주정과 양립할 수 없기 때문에 군주정을 부인하는 이론—과 넓게 정의된 공화주의 이론—군주정의 입헌적 가능성을 받아들이는 이론—을 정확히 구분하기는 불분명하다. 루소는 공동의 이익을 추구하는 합법적 정부라면 다 '공화정'이라고 주장했지만, 민중이 시종일관 법 자체를 만든 정부만이 고전적 공화정의 시민적 자유를 달성했다.[1] 시민적 자유는 루카 시민들이 성벽에 새겼고 홉스가 자유의 한 형태로 간주하기를 거부한 바로 그 리베르타스다. 루소는 괴짜가 아니었다. 아리스토텔레스는 군주정을 입헌적 지배의 한 형태로 간주했으며, 폴리테이아라는 명칭을 그가 지지한 확대 귀족정(혹은 제한적 민주정)의 입헌적 형태만이 아니라 입헌적 정부에 전반적으로 부여했다. 앞에서 보았듯이 아퀴나스, 마르실리우스, 바르톨루스, 그리고 그들의 계승자들은 폭정을 제외한 군주정을 단지 공화주의 지배의 한 형태로 보지 않고 최선의 형태로 간주했다. 우리는 20세기의 어법에 사로잡히면 안 된다. 영국은 나름대로 미국과 다를 바 없는 공화국이다.

해링턴, 시드니, 몽테스키외

17~18세기의 공화주의는 근대 초기의 절대군주정과 근대 국민국가의 성장에 대한 반응이었다. 종교전쟁의 압력을 받은데다 전통적 사회 기반이 약화되면서 중세식 왕권이 붕괴하자, 영국과 네덜란드에서는 입헌적이고 권력을 공유하는 정부가 들어섰고, 그 밖의 유럽 대부분 지역에서는 관료적 행정관들을 통해 작동하는 절대군주정이 생겨났다. 프로이센과 작센 같은 독일의 주요 공국들에서도 그런 변화가 일어났다. 통일된 독일 국가가 탄생한 것은 19세기 후반, 민족 정체성과 국가 주권 사이의 단절이 오랜 기간 지속되어 아픈 상처로 느껴지던 무렵이었다. 영국 저자들은 국가의 민족 정체성에 관심을 가졌고 그것을 당연시했으며, 해링턴과 시드니의 저작에서 전혀 흥미롭지 않은 특징은 민족주의와 제국주의의 후안무치한 성격이다. 시드니는 토머스 제퍼슨이 좋아한 저자들 중 한 사람이었다.

우선 제임스 해링턴과 그의 독특한 영문 저작 『오세아나Oceana』로 시작하자. 이 책은 저자도 공언했듯이 마키아벨리와 베네치아 역사학자 도나토 자노티Donato Gianotti로부터 끌어낸 균형과 평형에 관한 사상에 의존하고 있다. 마지막으로 우리는 몽테스키외의 『법의 정신De l'esprit des lois』을 다룰 것이다. 어떤 정부가 어떤 환경에서 번영하는가에 관한 몽테스키외의 사상은 유럽과 아메리카에 두루 큰 영향을 미쳤다. 고전적 민주공화정의 쇠퇴를 설명하고, 시민적 도덕과 온건하고 입헌적인 군주정이 확보해준 자유를 옹호한 그의 사상은 사회학적으로 세련된 자유주의 전통을 형성했으며, 이후 이 전통은 콩스탕Constant, 기조Guizot, 토크빌을 거쳐 오늘날에까지 이른다. 미국의 건국자들에게 가장 선동적인 영향을 준 인물은 앨저넌 시드니였다. 제퍼슨은 그를 로크에 못지않은 자유의 옹호자라고 찬양한 바 있다. 그의 『정부론』은 결국 그의 목숨을 앗아갔다. 부도덕한 재판이 벌어지고 그는 1683년에 처형되었는데, 찰스 2세와 훗날 제임스 1세가 되는 그의 동생을 암살하려는 라이하우스 사건에 동참했다는 혐의였다. 혼합 정체의 장점과 절대군주정의 해악에 관한 시드니의 설명은 대단히 논쟁적인데다가 강경하면서도 소박하다. 하지만 글 자체로 보면 별로 잘 쓴 글이 아니고 내용도 어색하게 조합한 느낌을 주는데, 그 이유는 아마 집필 당시의 여건 때문일 것이다. 이 저작을 면밀하게 탐구해야 하는 이유는 이 저작이 제퍼슨과 훗날의 미국에 영향을 주었기 때문만이 아니라, 고대 공화정의 이론과 실제로부터 쉽게 차용된 사상이 어떻게 그리스도교적 자연법 관념으로부터, 또 우리 시대에 보편적 인권의 믿음으로 발전한 자연권에 관한 사상으로부터 힘을 끌어올 수 있는지 잘 보여주기 때문이다.

제임스 해링턴

제임스 해링턴의 생애에 관해서는 알려진 게 거의 없다. 그는 1611년 잉글랜드 북부의 한미한 젠트리 가문에서 태어났다. 그는 고향이나 전국의 정치에 개입하지 않다가 1647년 찰스 1세의 왕실에 들어가 왕이 처형될 때까지 함께했다. 이것은 순전히 개인적 충성심에서 나온 행동으로 보이며, 그는 크롬웰 치하의 공화국에서도 그 문제로 탄압을 받지는 않았다. 이후 그는 몇 년 동안 군주정이 붕괴한 이유와 안정적인 대안을 수립하는 까다로운 과제를 열심히 고민했다. 『오세아나』는 1656년에 출판되었고 '잉글랜드, 스코틀랜드, 아일랜드 공화국의 호국경'인 올리버 크롬웰에게 헌정되었다. 그러나 여론의 향방이 정해지지 않은 상황이었고 그 자신도 사실상의 독재자로서 정통성이 불확실했던 크롬웰은 공화주의 정부의 첫 원칙들이 공공 토론의 주제로 다뤄지는 게 마음에 들지 않았다. 그 주제를 연구

하는 다른 저자들은 선동죄로 재판받는 것을 가까스로 모면했다. 해링턴은
비록 크롬웰의 부하들에게 괴롭힘을 당하지는 않았으나 크롬웰은 그 책을
싫어했다고 전한다. 『오세아나』는 많은 관심을 끌었고 거센 비판에 휩쓸렸
다. 1656년부터 1661년까지 해링턴은 세속적이고 대중적인 공화정을 위
한 계획을 수립하기 위해 광범위하게 글을 썼고, 성인들의 지배, 독재정권,
귀족정의 복귀를 바라는 사람들에 맞서 공화정을 옹호했다. 왕정복고 이후
그는 찰스 3세에 대해 역모를 꾀했다는 혐의로 투옥되었다. 얼마 안 가 석
방되었지만 그는 이미 심신이 파괴된 상태였다. 이후 그는 더이상 정치활
동을 하지 못하다가 1677년에 세상을 떠났다.

『오세아나』의 구성

『오세아나 공화국 The Commonwealth of Oceana』은 오세아나의 '모델'
을 만들기 위한 '예비 작업'으로 서술되었다. 여기에는 해링턴의 이론적 접
근 중에서 핵심이 담겨 있다. 책은 두 부분으로 나뉜다. 첫째 부분은 '고대
적 신중함'을 다루는데, 그 말은 그리스와 로마 공화정들이 시행했고 마키
아벨리가 체계화한 고전적 통치술을 가리킨다. 둘째 부분은 '근대적 신중
함'이며, 서로마제국이 멸망한 뒤 생겨난 봉건군주정의 작동 원리를 다룬
다. 이 '모델'은 1787년 여름 필라델피아 환상(그해 필라델피아에서 13개주 55명의
대표가 제헌의회를 열어 삼권분립과 민주주의 이념을 담은 미국 헌법을 제정한 사건―옮긴이)
의 선구다. 완벽한 공화국의 '질서' 혹은 근본적 법칙에 관한 세심한 설명
은 가공의 입헌적 규약을 숙고하는 과정에 깊이 각인되었다.[2]
   마키아벨리처럼 해링턴도 공화정의 수립과 관련해 일석이조의 효과를
노렸다. 그는 마키아벨리와 같이, 모세나 리쿠르고스의 경우에서 보듯이

헌법을 작성하는 일이 한 사람의 몫이어야 한다고 믿었다. 『오세아나』에서 핵심 인물인 올파우스 메갈레토르(올리버 크롬웰을 상징한다)는 나중에 루소가 공화정을 탄생시키는 역할로 등장시키는 신과 같은 입법자를 연상케 한다. 하지만 폴리비오스나 마키아벨리와 달리 해링턴은 많은 사람이 한 사람보다 더 현명하다고도 생각했다. 많은 사람의 경험에 의존하면 로마인들이 그랬던 것처럼 시행착오를 거치며 더 저렴한 비용으로 지혜를 구할 수 있다는 것이다. 그래서 그는 학자들에게 이스라엘, 아테네, 스파르타, 카르타고, 로마, 베네치아, 스위스, 네덜란드 연방 등의 정치제도들을 검토하도록 요청하고 각각의 장점과 약점을 보고하도록 하는 것을 상상했다. 결과가 복잡해진 것은 기본적 구성 요소에 결함이 있기 때문이라기보다는 해링턴이 장식을 많이 갖다붙였기 때문이다. 그가 주장하듯이 오세아나 공화국은 30여 개의 '층'을 토대로 하고 있다. 미국 헌법은 일곱 가지 조항을 토대로 하고 있으며, 2000년대 초기에는 유럽연합 헌법을 도입하려다가 실패한 결과로, 많은 조롱을 받은 700쪽 분량의 문서가 만들어졌다. 누구나 더 짧게 만드는 편이 훨씬 나았다고 생각할 것이다.

해링턴은 '고대적 신중함'을 옹호했다. 자유로운 공화정을 유지하는 이 통치술은, 그가 직접 최후를 목격한 군주정의 작동 원칙과 대립할 뿐 아니라 홉스의 『리바이어던』, 나아가 암암리에 정치에 대한 모든 철학적·비경험적 접근과도 대립한다. 또한 『오세아나』는 마키아벨리의 자유관을 옹호하고, 루카가 콘스탄티노플보다 더 자유로울 게 없다고 말한 홉스의 견해에 반대했다. 해링턴은 자유로운 정부가 인간에게 무엇보다도 큰 즐거움을 주며, 절대적 지배와 자유 공화정의 지배에는 무한한 차이가 있다고 주장했다.[3] 그래서 그는 선명한 대조로 시작한다. "법적으로, 혹은 고대적 신중함에 따라 정의된 통치는 공동의 권리나 이해의 토대 위에서 인간의 시민사회를 수립하고 유지하는 기술이다. 혹은 (아리스토텔레스와 리비우스를 따르면) 인간의 제국이 아니라 법의 제국이다." 그와 반대의 경우도 있다. "현실적으로, 혹은 근대적 신중함에 따라 정의된 통치는 소수의 사람들이 도시나 나라를 복속시키고 자신의 사익에 따라 지배하는 기술이다. 그런 경우 법은 한 사람이나 소수 가문의 이익에 맞게 만들어지기 때문에 법의 제국이 아니라 인간의 제국이라고 말할 수 있다."[4] '근대적 신중함'이란 쇠퇴하는 로마제국을 야만족이 정복한 토대 위에서 세운 봉건정부다. 그것은 '고대적 신중함'에 대한 유일한 대안이 아니었다. 해링턴은 콘스탄티노플에서 행해지는 술탄의 전제적 지배를 예로 들었다. 이곳에서는 지배자가 신민들의 신체와 재산을 소유한 주인이었다. 신민들은 모든 의도와 목적에서 그의 노예였고, 군주정의 형태로 보면 로마제국과 비슷했으며, 예전의 페르시아제국과 다를 바 없었다. 튀르크도, 로마제국도 진정으로 안정적이지는 않았다. 둘 다 예니체리Yeniceri(오스만튀르크제국의 정예병—옮긴이)와 친위대의 궁정 쿠데타에 취약했기 때문이다. 모든 사람들이 반대했지만 해링턴의 견해에 의하면 봉건 체제는 군주정의 형태가 아니었다. 왕이 자신의 토지를 귀족들에게 수여하고, 귀족들은 그 토지를 다시 소작인들에게 수여하는 식이었기 때문이다. 그러나 홉스에게는 미안하지만, 콘스탄티노플에는 자유가 없다. 아무리 술탄이 자유방임주의자이거나 아니면 단지 게으른 자라 해도 마찬가지다.

해링턴은 '균형'에 집착했다. 공화주의 이론에 대해 그의 독특한 기여는 정치적 균형을 토지 재산의 균형과 연결시킨 것이었다. 그가 말하는 균형에 관해서는 분석이 필요하다. 먼저 1642년에 출판된 『의회의 19개 제안에 대한 대답Answer to the Nineteen Propositions of Parliament』에 실려 있는, 찰스 1세가 영국 군주정을 옹호한 대목에서 시작하자. 이것은 놀라운 문헌이었다. 해링턴은 찰스의 왕권 개념과는 정반대로 영국의 정체를 혼합정체로 규정한다. 찰스는 왕이 유레 디비노에 따라 지배한다고 생각했다.

그런 신정적 왕권 개념에 의하면, 왕은 국민의 동의가 아니라 신에게서 권력을 얻었다. 토지법은 왕의 법이며, 왕이 마음대로 집행할 수도 있고 완화할 수도 있었다. 의회는 왕이 마음대로 소집하는 자문기구에 불과했으며, 시민들의 재산은 시민들 자신의 것이라기보다 왕의 것이나 다름없었다. 왕은 알려지고 확정된 법에 따라 지배해야 한다. 그 이유는 신이 우주를 예측 가능하고 합리적인 방식으로 지배하기 때문이다. 하지만 왕의 권력은 절대적이고, 본인이 직접 소유하며, 가부장적이고 세습이 가능하다. 프랑스의 주교 보쉬에Bossuet는 『성서의 말씀에서 이끌어낸 정치Politique tirée des propres paroles de l'Écriture sainte』에서 그 견해를 가장 지적으로 정교하게 옹호했다. 영국에서는 로버트 필머가 그 역할을 담당했지만 그의 『가부장권』은 정치이론의 역사에서 지적인 업적으로 유명한 것보다 앨저넌 시드니와 존 로크에 의해 철저히 분쇄된 것으로 더 이름이 높다. 홉스는 그저 편의적인 측면에서 절대군주정을 옹호했다. 지배권은 절대적이지만 특정한 인물의 소유도 아니고 가부장적인 것도 아니다. 한 사람에게 있는 게 최선이기는 하지만, 그 당사자와는 아무런 관계도 없고 오로지 신에게만 귀속된다.

찰스는 유레 디비노 절대주의를 신봉했지만 그가 의회에서 내세운 주장은 사뭇 달랐다. 그의 『응답Reply』은 전통적인 '혼합군주정'의 영국 정체를 재천명했다. 좋은 정부는 하나, 소수, 다수의 혼합이다. 한마디로 그것은 균형이다. 모두가 각자 제 몫을 다하고, 아무도 남의 역할을 하지 말아야 한다. 이것은 몽테스키외와 그를 차용한 아메리카 계승자들이 이해한 권력분립의 이론이 아니다. 그럴 수 없는 것이, 의회는 사법기구, '고등법원'이었기 때문이다. 실제로 영국의 상원은 2009년까지도 사법적 기능을 수행했다. 왕의 대신들과 자문관들이 대부분 상원 의원이었으므로 '행정부'는 입법부나 사법부와 전혀 분리되지 않았다. 판사들은 코먼로 common law(영국의 전통적인 관습법—옮긴이)의 관리자로 자처하면서, 왕에게도 내주지 않은 주권을 의회에 양보하려 하지 않았다. 에드워드 코크Edward Coke(17세기 영국의 판사이자 법률가—옮긴이)는 '보넘 박사의 사건'(런던의 어느 의학대학이 의사면허증 발급을 독점하던 관행을 코크가 분쇄한 재판—옮긴이)에서 의회도 무시할 수 없는 자유가 있다고 믿었을 뿐 아니라, "코먼로는 곁에 어떤 주권자도 없는 동료와 같다"라는 원칙을 내세웠다.[5] 균형의 관념은 권력분립 이론이라기보다 하나, 소수, 다수가 나름의 장점을 가지고 결정력, 지혜, 상식 등에서 나름대로 기여한다고 보는 아리스토텔레스적 학설에 가까웠다. 또한 그것은 정치체에 관한 중세적 관념을 불러일으켰다. 즉 머리는 지혜를 제공하고, 팔은 용맹함을, 배는 생존을 담당한다고 보는 식이었다. 그에 따라 평민은 표를 던지고, 귀족은 군사 지휘를 담당하고, 왕과 자문관은 정책을 결정한다. 문제는, 만약 여기서 한 가지 요소가 다른 두 영역을 침해할 경우 다 한꺼번에 붕괴한다는 점이다.

해링턴은 균형의 관념을 받아들였으나 군주정을 구하지는 않았다. 그는 마키아벨리에게 크게 의존했지만 마키아벨리가 균형의 관념을 완전히 개발했다고 주장하지 않았다. 실제로도 그렇지 않았다. "마키아벨리는 매우 위험할 만큼 아슬아슬하게 그것을 놓쳤다."[6] 다시 말해 마키아벨리는 귀족과 평민이 항상 적대적이라고 생각한 반면, 해링턴은 양측이 불화를 빚는다면 재앙이 따르겠지만 제대로 협력한다면 우리는 최선의 정부를 얻게 되며, 여기서 귀족의 리더십이 모두에게 이익을 줄 것이라고 믿었다. 해링턴은 논의를 하나, 소수, 다수의 장점에서부터 다른 분야로 옮겼는데, 그 이유는 아마 행정부에 관한 명확한 관념이 없기 때문이었을 것이다. 그것이 없으면 한 사람에게 결정권을 부여하는 직관적 가능성이 줄어든다. 해링턴이 관심을 가진 균형은 두 가지, 고대적 균형과 고딕적 균형이다. 그 근저에는 토지소유권이 있었다. 토지는 군대를 모집하는 기반이었기 때문이다.

자유농민은 지켜야 할 게 있고 스스로를 방어할 자원을 가지고 있다. 또한 조국을 지키기 위해 병사로 복무하면 고결한 시민이 될 수 있었다. 마키아벨리는 피렌체 주변의 시골에서 콘타디노 contadino (소작농)를 피렌체 시민군으로 충원하려 했을 때 저항에 직면했다. 그 이유는 현지 분위기가 시민권과 무기를 들 권리(혹은 의무)를 분리하지 않으려 했기 때문이다. 로마와 스파르타의 사례들을 제외하면, 해링턴은 농부가 스스로 무기를 들 수 있어야 안정적 공화정이 가능하다고 논증하는 데 문제를 느꼈다. 베네치아는 (거의) 완벽한 공화국이었으나 토지가 아니라 무역에 경제적 기반이 있었다. 제노바와 네덜란드 연방도 마찬가지였다. 해링턴은 부를 동산動産의 형태로 가진 나라에서 균형을 유지하는 방법은 탐구하지 않았다. 토지소유권을 정치적 권리의 축으로 삼는 그의 논증에 따르면 토지는 확고한 부동산인 데 반해 화폐는 '있다가도 없고 없다가도 있는 것'이었다. 그것은 사실이었고, 많은 사회에서 상인을 귀족층에 받아들이기를 꺼린 이유이자, 참정권에서 재산 자격을 철폐하지 않으려 한 이유이기도 했다. 하지만 베네치아는 설명이 불가능해졌다.

흥미로운 의문은 고대적 균형의 운명에 있지 않다. 로마 공화정의 붕괴는 낯익은 주제였다. 해링턴은 '고딕적' 균형에 초점을 맞추었다. 그가 활동할 무렵에는 대체로 근대 왕권이, 서방로마제국의 초대를 받고 병력을 제공했다가 나중에 고용주를 몰아내고 그 자리를 차지한 야만족이 만든 제도로부터 성장해왔다는 믿음이 일반적이었다. 이것이 고딕 제도의 관념이 생겨난 기원이었다. 중세의 왕들은 계통상으로 보면 군사적 위계로 조직된 부족 지도자들의 후손이었다. 이 부족적 제도가 종속적 군사 토지소유 military tenure(병역을 조건으로 한 토지소유—옮긴이) 제도, 즉 봉건제로 안정되었다. 현대 역사가들은 이것을 '군벌주의 warlordism'의 안정화로 본다. 왕이 귀족에게 토지를 수여하면, 귀족은 필요할 경우 왕에게 병력을 제공해야 했다. 귀족이 소작인에게 토지를 주면, 소작인은 그만큼 군사적 부담을 져야 했다. 여기서 균형이란 왕국의 여러 신분들이 보유한 토지의 비례를 가리키는 말이다. 해링턴은 그가 진정으로 관심을 가진 사례인 영국의 경우 왕, 정신적 영주, 세속적 영주, 평민의 4신분 균형이 오랫동안 존재했다고 보았다. '평민'은 하급 귀족과 '스스로 먹고 살기 어려운' 빈민 사이의 사회계층이었는데, 말하자면 그들은 제퍼슨이 세상의 소금이라고 간주했던 시골 젠트리나 자작농이었다. 근대 저자들은 토지에 묶여 노예나 반노예가 된 농노의 운명에 관심을 보였다. 하지만 해링턴은 달랐다. 그는 자기 힘으로 군대에 복무할 수 있는 자작농에 관심을 보였다. 이것은 낡은 관심이 아니었다. 당시에는 상비군이 자유를 위협한다는 견해가 거의 보편적으로 받아들여졌다. 이것은 매년 영국 의회가 군대 예산을 갱신하는 방식에도 반영되었다. 『오세아나』는 1697년에 재발간되었다. 윌리엄 3세가 대륙에서 전쟁에 대비해 모은 군대를 해산하지 않으려는 태도를 보인 무렵이었다. 군대에서 스스로 무장할 수 있는 자작농 계층의 보존에 대한 집착은 94년 뒤 미국 수정헌법 2조에 소중히 간직되었다(수정헌법 2조는 개인의 총기 보유를 위한 법적 근거를 마련했다—옮긴이).

해링턴은 전국적으로 6만 명의 기사 병력을 부양할 수 있다고 보았다. 그들을 부양한 토지는 영주 250명의 소유였다. "그것은 소수 혹은 귀족의 정부였다. 사람들은 그 휘하에 모여들 수도 있지만 그저 이름 이외에 가질 게 없었다."[7] '균형은 귀족에 있다'고 말하는 것은 왕이 귀족들의 협조를 얻어 나라를 다스리는 세계를 설명하는 해링턴의 논지였다. 귀족들의 협조를 얻으면 왕은 필요한 군대를 모을 수 있었으므로 자신의 왕국을 방어할 수 있었다. 왕을 적대해야 할 공동의 이해관계가 없는 한, 귀족들은 연합해 왕에게 맞서지 않았다. 왕에게 충성하는 귀족들보다 적은 수의 귀족들이 왕에게 반대하는 봉기를 일으킬 경우 그 소수의 귀족들에게는 불쾌한 결과가 빚어질 터였다. 해링턴은 더 큰 권력을 자신과 자신이 발탁한 총신들의 수중에 장악하고자 하는 군주의 희망과, 군주가 자신들의 경제·사회·정치적 지위를 약화시키지 못하도록 하려는 귀족들의 욕망 사이에 존재하는 긴장감을 이해했다. 말썽이 생길 경우 왕이나 귀족은 평민층을 자신의 대의명분 아래로 끌어들이기도 했는데, 해링턴은 평민의 권력이 이런 식으로 성장했다고 설명하는 듯하다.

그는 영국내전으로 전체 구조가 붕괴했으나 그 몰락의 뿌리는 15세기 말헨리 7세가 취한 조치에 있다고 보았다. (현대 독자에게 어려움을 안겨주는 장식적 서술의 일환으로, 해링턴은 영국 군주들의 이름을 라틴어로 불렀다. 이를테면 헨리 7세는 '파누르구스'였다.) 그의 인구 법령은 소규모 독립 농부의 수를 증가시켰고, 자작농 법령은 소농들을 대영주의 휘하에서 해방시켜 영주들이 군대를 유지하는 것을 금지했다. 또한 양도 법령은 자유 보유 토지를 팔기 쉽게 만들어 봉건제의 관에 마지막 못을 박았다. 이 시점에서 귀족은 "무장해제되었다고 추측할 수 있다". 무장해제된 귀족들은 평민들의 침탈에 저항하지 못했으며, 왕도 마찬가지였다. 정치제도가 귀족정이었으므로 귀족정의 균형은 무너진 반면 토지소유 유형은 평민들에게 유리해졌다. 해링턴은 바로 이 평등이 대중적 공화정 이외의 모든 것을 불가능하게 만들었다고 설명했다. 그 표현은 색다르지만 논의 자체는 240년 동안이나 미국인들에게 수용되었다.

해링턴이 오세아나를 위해 제안한 정교한 장치들은 장자 상속제를 철폐함으로써 평등주의적 토지소유 양식을 확립했고, 경제적 토대에 부응하는 대의제를 수립함으로써 정치적 안정을 조성했다. 해링턴은 이성과 정치적 능력이 사람에 따라 다르다고 보았다. 스무 명으로 된 집단이 있다면 그 가운데 여섯 명은 타고난 지도자이고 나머지는 타고난 추종자다. 타고난 지도자는 뇌물이나 무력을 동원하지 않고도 추종자들을 끌어모은다. 그는 다른 동료들보다 통치에 더 적합한 인물로 인정되기 때문이다. 그다음에 해링턴은 이탈리아 도시국가들의 역사를 바탕으로 낯익은 메커니즘을 구성한다. 그 모델은 베네치아다. 심의를 독점한 소규모의 상원과 의사 결정권을 가진 더 큰 규모의 하원으로 나뉘는 구조다. 이것은 균형이 평민에게 있기 때문에 마키아벨리적 의미에서 '대중적 공화정'이다. 토지의 대부분은 소수 귀족 출신의 봉건지주가 아니라 중간층에 속하는 평범한 사람들이 소유한다. 그 결과 자유로운 공화정, 시민적 도덕, 용감한 민중이 탄생한다. 여기서 상세한 내용에 관심을 가지는 사람은 역사가들뿐이다. 그들은 해링턴이 선거와 추첨의 조합을 제안하면서 어떻게 그것이 17세기 영국의 상황을 반영한다고 생각했는지 이해하고자 한다. 모두에게 지속적인 관심을 끄는 것은 두 가지다.

첫째, 해링턴은 마키아벨리가 구분한 현상유지 공화정과 팽창적 공화정을 은근슬쩍 차용한다. 마키아벨리는 팽창적 공화정—그의 모델은 공격적이고 팽창적인 로마 공화정이었다—이 민중에게 더 큰 정치적 역할을 부여하며, 결국 민중과 귀족의 갈등을 유발할 수밖에 없다고 보았다. 그 공화정은 자유롭고 번영하지만, 다소 혼란스럽고 덜 야심찬 목표를 가진 국가에 비해 수명이 짧다. 그에 비해 베네치아나 스파르타 같은 현상유지 공화정은 평민의 역할을 위축시키고 안정성을 위해 시민의 자유를 희생시킨다. 대중의 여론은 정교한 투표제도를 통해 걸러지며, 결국 지혜로운 원로들만 영향력을 행사하고 개인의 야망이 평정한 공화정을 어지럽히지 않게 된다. 미국 헌법은 이런 장치들의 일부를 채택해 상원과 대통령을 간접선거를 통해 뽑고 평민의 의견을 더 현명한 사람들의 지성과 경험을 통해 걸러낸다. 엘리자베스식 제국주의가 최근의 기억이고 아일랜드가 갓 정복해 병합한 지역일 때였으므로 해링턴은 오세아나가 팽창적 공화정이어야 한다는 점을 당연시했다. 그의 모델에서 주로 베네치아를 본뜬 제도는 팽창과 양립이 가능했다. 오세아나는 지속적이면서 팽창적이어야 했다. 그것이 제국의 계획이어야 했지만, 로마를 멸망케 한 부패는 막아야 했다. 그는 토지법으로 재산의 평등한 분배를 실현하고, 병사들을 정복지에 배치하는 관습을 통해 로마가 입은 피해를 회피할 수 있다고 보았다. 그에 의하면, 기원전 1세기 초 로마 장군 루키우스 술라는 돈으로 사병조직을 거느리고 종신독재관으로 취임함으로써 균형을 무너뜨렸다. 그뒤 카이사르가 무소불위의 권력을 획득한 것은 질서를 회복하는 동시에 공화주의의 재앙을 가져왔다. 그렇기 때문에 크롬웰은 공화주의 정부의 주요 원칙들에 대한 공공 토론을 두려워했던 것이다. 또한 그렇기 때문에 워싱턴을 우상숭배에 가깝게 찬양했던 미국 혁명가들은 갓 태어난 공화정의 지휘를 그에게 맡기기 위해 필사적으로 노력했으면서도 그 결과를 두려워했던 것이다.

둘째, 해링턴은 대단히 뚜렷한 목적에서 17세기 사상가의 병기고에 비치된 모든 지적 무기를 동원한다. 정치이론가들은 오래전부터 궁극적 진리를 추구하는 철학자와, 정치적 계획을 더 잘 집행하기 위한 비책을 제공하는 통치술 이론가를 구분했다. 여기서 나도 그 구분에 의존하고 있다. 플라톤의 정치학이 반反정치적이라든가, 철학자의 규칙은 아리스토텔레스가 주장했듯이 정치의 완성이 아니라 제거라는 주장이 그 구분에 기반을 두고 있다. 하지만 그 구분은 압력을 받으면 모호해진다. 해링턴은 여러 가지 면에서 비철학적 성향을 가진 통치술 집행자의 본보기를 보여준다. 그는 공화정을 수립하려는 마키아벨리의 열정을 가지고 있다. 『오세아나』를 『리바이어던』과 전혀 다르게 볼 수 있는 것은 유토피아적 형식 때문만이 아니다. 그의 『정치학 체계System of Politics』는 문학적 분위기가 전혀 없으며, 역시 명백하게 비철학적이다.

하지만 겉으로 드러난 양상은 오해하기 쉽다. 해링턴은 구약성서의 이스라엘 역사에서 역사적 증거를 찾는다. 그가 구약성서의 역사를 활용하는 것은 철학적으로 전혀 무고하지 않다. 유대인의 정치제도를 정치적 모델로 인용하면서 신정적 함의를 제거하는 것은 단지 종교에 대한 정치의 우월함 이상의 것을 의미했다. 해링턴은 왕이 유레 디비노에 따라 통치한다는 17세기 절대주의자들의 견해에 대해, 일찍이 이스라엘인들도 어리석게 군주정을 수용하기 전까지는 혼합공화주의 정부 체제—이 정부는 신이 직접 기획했다는 사실에서 우월하게 간주되었다—를 운용했다는 주장으로 맞섰는데, 이것은 흥미로운 역설이다. 과연 모든 독자들이 구약성서를 꼼꼼히 읽고서, 이스라엘이 안정과 군사적 효율성에 필요한 공화주의 자작농을 창출하는 토지법을 가졌다는 것을 납득했을지는 다른 문제다. 해링턴은 오세아나를 가장 논쟁의 여지가 적고 정치적으로 유용한 믿음만을 요구하는 시민 종교를 가진 모습으로 상상했다. 이것이 무엇인지는 정치적 문제이지 신학적 문제가 아니다. 놀랍게도 이 아리스토텔레스적이고 마키아벨리적인 정치사상—법적 정체의 구성—은 오세아나의 기존 질서가 이성을 특징으로 한다는 플라톤적 주장에 의해 자주 가로막힌다. 그것은 자연을 따를 것이며, 자연에 질서가 있는 것은 자연이 합리적이기 때문이다. 폴리비오스를 배경으로 삼아 해링턴은 폴리비오스가 확인한 쇠퇴 순환에서 벗어난 공화정을 창출하고자 한다. 마키아벨리와 폴리비오스에게 고무된 그는 자신의 공화정이 운명의 힘 앞에 얼마나 잘 견딜지 확신하지 못한다. 그 합리주의자는 잘만 만들면 영원히 존속할 수 있으리라고 시사한다. 이렇게 우주론과 정치를 연결하는 것은 르네상스 시대에 흔했으나 지금은 명백히 철학적이다.

정치제도가 영속성을 지향한다는 주장은 자체의 어려움이 있다. 그리스도교는 역사적 성격이 강한 세계관을 가지고 있다. 세계는 시간 속에서 창조되었으며, 일시적으로 존재하고, 시간이 끝날 때면 신이 돌아와 심판한다. 17세기 중반에는 정상적인 사람들도 대부분 당시가 최후의 나날이고 그리스도의 재림이 임박했다고 진지하게 확신했다. 해링턴은 그런 믿음의 영향을 받지 않았다. 오히려 그런 분위기에 맞서 그는 당연히 자신의 구성물이 아무런 사고만 없다면 세계 자체에 못지않게 오래 존속하리라고 주장했다. 그 야심은 이교적이었고 휴브리스hubris(오만)의 낌새도 있었다. 하지만 그것은 홉스가 『리바이어던』에서 보인 견해와 크게 다르지 않았다. 해링턴은 심지어 공화국의 틀을 짜는 기술을 신이 우주의 틀을 짜는 기술과 비슷하게 보아야 한다는 홉스의 유명한 주장을 강조한다. 그러나 해링턴은 홉스가 통치술을 과학이 아니라 단지 신중함에 불과하다고 치부했으며, 그것이 영속적인 공화정을 만들어낼 것이라고 주장했다.

역사의 불친절

『오세아나』는 유토피아로서 집필되었고, 실제로 모어의 『유토피아』, 베이컨의 『새로운 아틀란티스New Atlantis』, 캄파넬라Campanella의 『태양의 도시Civitas solis』 등과 같은 장르의 저작으로 취급된다. 하지만 다른 학자들이 지적하듯이, 스튜어트 군주정의 몰락에 대한 해링턴의 분석은 마키아벨리의 『로마사 논고』에 대한 경의의 표시로 집필되었고 역사 서술을 의도한 것이었다. 그래서 역사가들은 특정한 사회집단의 경제적 행운이 영국내전을 유발한 원인이 아니냐는 논의의 맥락에서 그 책을 검토한다. 누대에 걸쳐 사회경제사가들은 영국의 젠트리가 성장하고 있었는지 쇠락하고 있었는지, 혹은 어떤 요소들이 이러저러한 역할을 했는지 등의 문제에 관심을 기울였다. 정치이론가의 관점에서 보면, 해링턴을 배신한 것은 초기 자본주의경제학의 이해(혹은 오해)가 아니라 1688년 명예혁명 이후 영국 정치제도의 성공이었다. 게다가 해링턴은 이중으로 배신을 당했는데, 여러 가지 면에서 아메리카 공화국의 건국자들과 비슷했다. 해링턴의 논거에 깔린 발상은 간단했다. 정부의 중요한 경제적 과제는 방어 비용을 지출하기 위한 자원을 찾는 데 있으며, 정부가 그 과제를 어떻게 해내느냐에 따라 정부의 운명이 결정된다. 영국내전의 한 가지 이유는 찰스 1세가 의회의 동의 없이 군사력을 증강시키기 위해 과세하려 했기 때문이었다. 그렇게 보면 불안정의 한 가지 원인은 군사적 필요와 과세표준의 불일치라고 보는 것도 충분히 가능하다. 해링턴은 공화국의 기반이 향촌의 젠트리와 자작농이어야 한다고 본 점에서 마키아벨리, 베이컨, 제퍼슨과 비슷하며, 그래야만 정치적 안정을 달성할 수 있다고 주장했다. 또한 그것은 자유로운 정부로 가는 유일한 길이었다. 스스로 무기를 마련할 수 있고 언제든 군대에 복무할 수 있는 독립 지주는 스파르타와 로마 공화정의 이상적 시민들이 근대화되고 영국화된 형태다. 해링턴은 정치적 자유가 시민-병사에 토대를 둔 공화정에서만 가능하다고 믿었다. 징집병이나 용병으로 이루어진 상비군은 자유와 양립할 수 없었다.

그런데 영국에 들어선 하노버왕조(윌리엄 3세 이후 왕위에 오른 앤 여왕은 후사가 없어 제임스 1세의 후손인 독일계의 하노버왕조로 왕위를 넘겼고, 이 왕조가 1차대전 이후 명칭을 영국식 윈저로 바꾸어 지금까지 이어진다—옮긴이)는 이 견해를 무용하게 만들었다. 직업적 상비군은 용병이 고전 시대와 중세 후기 도시국가를 위협한 것처럼 근대 국민국가를 위협하지 않았다. 비용도 충분히 감당할 수 있었다. 1707년 연합법(잉글랜드와 스코틀랜드가 합병을 이루어 그레이트브리튼왕국을 형성한 법—옮긴이) 이후의 영국은 사회불안을 조성하지 않고도 자금을 모을 수 있었고, 효율적인 중앙은행을 보유했으며, 낮은 이자로 공채 발행이 가능했다. 토지와 무기를 소유하면서 필요할 때 군대에 복무하고 전쟁이 끝나면 다시 농사를 짓는 자작농이 적절하고 효율적인 군대를 위한 유일한 해결책이자 고결한 시민층의 정치적 사회화에 필수적이라면, 해링턴의 이론도 충분히 설득력을 가졌을 것이다. 용병 지도자의 야심에 굴복하지 않고 다른 수단으로도 강력한 군대를 보유할 수 있다는 점이 명확해지면서 무장한 자작농은 정치의 향수 속으로 사라졌다. 이 점은 루소의『정치경제론 *Discours sur l'économie politique*』에서 볼 수 있고, 제퍼슨 이후 미국 정치에서 들을 수 있다. 현대 영국과 미국의 군대는 '잘 통제된 시민군'이 아니다. 하지만 그것이 과연 영국, 미국, 기타 현대 자유민주주의 국가들이 시민적 도덕의 시민적 자유의 부족에 시달리는 이유를 말해주는지는 명확하지 않다.

역사가『오세아나』에 불친절한 점을 보여주는 또 한 가지 요소는 흄이 지적했다. 해링턴은 찰스 1세가 이해하는 영국 군주정이 파멸의 운명에 처해 있다고 주장했다. 그는 봉건제 이후에 절대주의가 아닌―의회적이고 입헌적인―군주정은 불가능하다고 생각했다. 역사는 자유를 보존하는 입헌주의 체제를 단 한 가지 형태만 보여주었다. 그가『오세아나』에서 '모델'로 삼았던 대중적 공화정이 그것이다. 다른 것들은 전부 주목을 받지 못했다. 로마제국과 오스만제국 같은 전반적 굴종에 기반한 정부가 그 사례다. 이런 제국의 전제군주는 절대권력을 가졌고 국가 수입을 자기 마음대로 사용할 수 있었다. 이런 군주는 친위대나 예니체리에게 공격을 받기 쉬웠다. 그들은 전제군주를 살해하고 다른 전제군주를 옹립할 수 있었는데, 이것은 안정성을 명확히 위협하는 요소였다. 그러나 주요한 결함은 지속성의 결핍이 아니라 자유의 총체적 부재였다. 그래서 해링턴은 대중적 공화정이나 폭정과 같은 의문을 제기했다. 찰스 2세의 치세 말기와 18세기 초에 해링턴에 대한 관심이 부활한 것은 그가 제시한 균형 개념의 전분성 때문이 아니라 폭정이 실질적 위험이라는 두려움 때문이다. 영국 왕실은 전혀 파멸의 운명으로 가지 않았다. 오히려 찰스 2세나 제임스 2세 치하에서 영국은 프랑스 같은 절대군주정이 될 수도 있었다. 제임스 2세의 계획이 단지 제한적인 성공을 뛰어넘는 것이냐는 문제는 논란의 대상이지만, 현실적인 문제는 결국 왕실의 전제정치를 방지할 수 있느냐는 데 있었다.

흄은 낡은 혼합정부가 결코 소멸하지 않았다는 점을 지적했다. 실제로 그것은 봉건제 이후에 부활했다. 하노버왕조의 치하에서 혼합정부는 큰 번영을 누렸으며, 심지어 영국인들은 신의 배려로 그런 정부를 얻었다고 믿을 정도였다. 합리적 분석이 거부된 경우였으나 혁명가들은 굳이 그 점을 문제삼지 않았다. 성공의 원인은, 아마 해링턴이라면 부패라고 말했을 것이다. 그 핵심은 정부의 목적에 따라 화폐를 제조할 수 있는 중앙은행과 '왕의 사람들'이 의회로 갈 수 있도록 보증하는 보호제도였다. 따라서 과세를 놓고 벌어진 다툼은 결국 행정부에 유리하게 해소되었다. 해링턴은 의회와 무관하게 자금을 사용할 수 있는 정부가 특정한 목적을 위한 결의를 꺼리리라고는 상상할 수 없었다. 모든 사람들이 '자신의 삶'을 살듯이 군주도 그래야 한다는 관념, 왕의 자원이 일상 행정을 돌보기에 충분해야 한다는 관념은 좀처럼 사라지지 않았다. 전쟁은 세금으로 자금을 마련해야 하는 특별한 사건이다. 그런데 세금은 의회의 일시적인 허가로 징수가 가능했다. 그렇기 때문에 의회는 지원을 결의하기 전에 불만의 시정을 요구했다. 1689년 이후에도 그 원칙이 유지되었으나 현실성은 사라졌다. 왕의 대신들은 야심을 가진 자를 어르고, 뇌물을 먹이고, 한직을 제의하며 유혹하고, 공직을 주겠다며 설득하는 방법을 깨우쳤으며, 의회를 조종하는 것도 그다지 어렵지 않다는 것을 알았다. 후원이 그런 제도를 작동하게 했다. 리쿠르고스의 스파르타에 비추어 판단해보면, 그것은 안정적이면서도 영구적이었다. 안정 속에 번영하고, 태평하고, 종교에 열광하지 않는 사회를 바란 흄의 희망에 비추어 판단해보면, 그것은 아주 잘 작동했다.[8] 맨더빌 Mandeville(네덜란드 출신으로 18세기 영국에서 활동한 작가—옮긴이)의 『꿀벌의 우화 Fable of the Bees』는 공화주의 관념 자체에 대한 한층 강력한 공격이었다.

맨더빌은 경제가 성장하고 번영하도록 하는 것은 우리의 악덕이며, 해링턴의 제자들, 즉 향촌 휘그당이 성공하면 보편적 빈곤에 시달릴 것이라고 주장했다.

앨저넌 시드니

해링턴의 사상은 1670년대에 부활했다. 당시는 로크의 후원자인 샤프츠버리 공작이 요크 공작이자 가톨릭교도였던 찰스 2세의 동생을 왕위 계승 후보에서 배제하려던 무렵이었다. 공화주의 원칙의 가장 유명한 재천명은 앨저넌 시드니의 『정부론』이다. 이 책은 『오세아나』에 못지않게 자유로운 정부를 열렬히 옹호하지만 해링턴에 비해 귀족정에 더 큰 신뢰를 보내고 있다. 시드니는 1622년 레스터 공작의 둘째 아들로 태어났다. 그는 1641~1643년 아일랜드 반란을 진압하는 데 참여했고, 내전에서는 의회파측으로 가담했다가 마스턴 무어에서 큰 부상을 입었다. 1646년부터 그는 의회파의 일원이 되었다. 그는 찰스 1세를 재판에 회부하려는 위원으로 임명되었으나 자신에게 위험이 가해지자 활동을 거부했다. 1659년부터 1677년까지 그는 자진해서 대륙으로 망명했으며, 영국으로 돌아온 뒤에는 찰스 2세의 절대주의에 맞서 싸웠다. 전제정치에 반대하는 그의 호전적인 자세는 한 방문객의 책에 잘 요약되어 있다. 원문은 "Manus haec inimica tyrannis, Ense petit placidam cum liberate quietam"인데, 뜻은 이렇다. "검을 든 이 손은 폭군의 적이며, 자유와 함께하는 조용한 평화를 추구한다."[9] 라이하우스 사건으로 체포된 그는 무자비한 판사 제프리스Jeffreys에게서 재판을 받았는데, 어느 부패한 증인의 말 한 마디와 그가 쓴 두 문단의 산문 때문에 유죄판결을 받고 1683년 12월에 처형되었다. 그는 사후인 1689년에 사면되었다. 문학적 성격이 강한『정부론』은 원래 큰 주목을 받지 못했다. '산만하고 초점이 불분명하다'는 게 일반적인 평가이며, 많은 학자들은 시드니가 공화주의자로서 순교한 게 그 책을 그나마 유명하게 만들었다고 주장했다.[10] 이것은 과장이다. 시드니가 공화주의 순교자인 것은 분명하지만,『정부론』에 스며든 에너지와 격분은 저자가 처형되지 않았다 해도 독자들을 사로잡기에 충분했을 것이다. 그 저작의 결함은 반복적 내용이 많다는 점이지만, 그래도 활기가 충만한 책이다.

찰스 2세는 1670년대에 점점 독재의 길로 걸어들어갔고 지지를 잃었다. 로버트 필머의『가부장권』이 인쇄되고 유통된 것도 이 무렵이다. 앞에서 보았듯이 필머의 논지는 단순했으며, 홉스나 로크 같은 사회계약 이론가들의 그것과 달리 역사적 증거에 잘 들어맞았다. 이것은 구약성서에서 정치에 관한 사상을 끌어내는 데 익숙한 사람들을 위한 책이었다. 해링턴도 신의 간접 지배 아래 공화정을 이루었다고 주장함으로써 같은 노선을 걸었다. 신은 모세로 하여금 미디안족 출신 이드로의 도움을 받아 자신이 선택한 민족의 정치제도를 구성하게 했다. 홉스도『리바이어던』의 상당 부분을 할애해가며, 자신의 정치권력 개념으로 신이 예언자를 통해 명령을 발하는 절대군주로서 이스라엘인들을 다스리는 상황을 수용할 수 있다는 점을 보여주고자 애썼다.

신이 아담에게 지배권을 부여한 것은 많은 사람들이 보기에 적절한 출발점인 듯하다. 그것은 모든 유레 디비노 이론들이 옹호하는 권력의 하향 이론을 지지했다. 권력은 본질적으로 절대적이며, 비절대적 권력은 무제한적 권력의 소유자가 제한적으로 부여한 것을 토대로 행사된다. 판사는 자신의 임무에 충실해야 하고 자신이 설정한 한계 내에서 행동해야 하지만, 왕이 피력한 소망에 부응하는 판결을 내리기를 거부할 권리가 없었다. 절대주의를 옹호한다고 해서 왕의 부정한 명령에까지 철두철미 복종할 필요는 없었다. 하지만 시드니는 필머의 견해가 바로 그렇다고 주장했다. 절대군주라 해도 항상 복종을 얻지는 못하며, 극한 상황에서는 저항을 받을 수도 있었다. 절대주의자들은 왕도 자신의 법을 효력 중지하기 전까지는 그 법에 구속되지만, 왕은 법을 중지할 권력을 가졌고 그 권력을 행사한 뒤에는 법에 구속되지 않는다고 주장했다.

　로크의 「첫째 논문」처럼 시드니의 『정부론』도 『가부장권』을 반대하는 목적을 가졌으나, 두 저작 모두 주요한 관심은 명확한 학설을 제시하는 데 있었다. 시드니가 필머를 분쇄한 것은 로크가 필머를 공격한 내용에 전혀 보탠 것이 없으며, 어쩌면 로크에게서 암시를 받았을지도 모른다. 그것은 유쾌할 정도로 간단하다. 필머는 다음 세 가지 주장을 『가부장권』의 핵심으로 삼았다. 자연적 자유란 없다. 대중적 정부는 자연에 반하고 위험하다. 왕은 실정법의 원천이며, 그 법에 구속되지 않는다. 이에 대해 시드니는 로크와 같은 논지로 반박했다. 왕은 아버지가 아니고 정치권력은 가부장적으로 행사되는 게 아니라 동의에 의존한다. 대중적 정부는 최선의 정부 형태다. 왕은 국가의 헌법을 준수하는 한에서만 권력을 보유한다. 헌법의 자연적 수호자는 민회 또는 의회. 이와 같은 시드니의 학설은 명확하고 강건하며, 독자에게 제퍼슨이 꿈꾼 '자유의 제국'에 못지않은 열정과 불안을 불러일으킨다. 전제적 지배로부터 우리 자신을 해방시키고자 하는 열정도 있고, 해방전쟁인 듯하지만 실은 제국주의적 모험일 수도 있는 전쟁에 징집될지 모른다는 불안도 있다. 시드니는 자유로운 인간과 선량한 시민이 채택할 수 있는 신앙인 프로테스탄티즘을 적극적으로 옹호했다. 근대적 기준으로 보면 그는 다른 인종의 정치적 잠재력을 다소 성급하게 무시했다. 아리스토텔레스처럼 그는 전제정치가 '천하고 나약한 아시아인'의 자연적 조건이라고 생각했다. 해링턴처럼 시드니는 좋은 정부의 척도를, 로마인들이나 색슨 조상들처럼 효과적으로 검을 휘두르는 사회의 능력이라고 보았다.

해링턴처럼 그는 헨리 7세의 치세 이래로 귀족정이 크게 약화되었다고 생각했다. 또한 해링턴처럼 그는 모종의 '대중적 정부'가 전제정치의 유일한 대안이라고 여겼다. 그러나 시드니는 귀족정을 부활시켜 공화주의 정부의 중심으로 만들었고, 해링턴이 부여한 것보다 더 능동적인 역할을 귀족정이 수행하리라고 기대했다. 마키아벨리처럼 시드니는 가장 자유롭고 활기찬 사회는 늘 시끄러우며, 혼란이 사회에 피해를 주는 게 아니라 오히려 자유를 유지하는 조건이 된다고 주장했다. 그가 관찰했듯이 1680년의 그리스인들은 오스만제국의 지배 아래 사람도 적고 교역도 없는 한적한 마을에서 평화롭게 살았다. 아테네와 스파르타가 페르시아 대왕과 싸웠을 때 그리스는 혼란스럽고, 시끄럽고, 늘 계급전쟁의 위기에 시달리면서도 자유로웠다. "이 피폐한 나라에 살아남은 가난한 사람들은 스스로 버려진 도시의 잔해에 안주할 뿐 자기들끼리 토론을 벌일 만한 쟁점도 없고, 오만하고 역겨운 지배자가 매일 가하는 모욕을 물리칠 만한 기백도 힘도 없다."[11]

시드니가 동의에 의한 정부를 옹호하는 데는 바로 그런 강건함이 뚜렷이 보인다. 정부는 무력 또는 동의에 의해 존재한다. 후자는 정당한 정부이고 전자는 폭정이다. 시드니는 한 세기 뒤의 공화주의자들을 예견하면서, 왕을 포함한 모든 행정관의 권리는 국민에 의해 주어진 것이고, 국민이 준 것은 국민이 거둬갈 수 있다고 주장했다. 해링턴은 정부의 토대를 이루는 토지소유 제도에 의해 무엇이 가능하고 무엇이 가능하지 않은지가 결정된다고 본 바 있다. 시드니는 해링턴의 그런 입장조차 조작의 여지가 크다고 여기고, 국민은 국민으로서의 정체성을 잃지 않고도 어떤 정부든 마음대로 수립할 수 있다고 보았다. 그 문제를 다루는 대목에서 그는 이렇게 말한다. "신은 인간에게 정부 형태의 선택을 맡긴다. 그중 한 형태를 구성하는 사람들은 그것을 폐지할 수도 있다."[12] 로크가 그랬듯이 시드니도 반란의 권리는 합법적 정부를 재수립하는 권리로 제한된다고 주장했다. 즉 순전한 반란은 결코 정당화되지 않으며, 폭군을 자처하는 자의 야심은 말할 것도 없다. 폭정은 우리가 막아야 할 최고의 악이며, 폭군은 저항을 통해 폐위시켜야 한다. 시드니는 국민이 스스로 원하는 어떤 합법적 정부든 수립할 수 있는 자유를 가졌다고 강조하지만, 합법적 정부는 비방이나 중상으로 훼손되어서는 안 된다.

시드니는 절대적으로 최선의 정부 형태에 관한 견해를 제시한 적은 없다. 이것은 실수가 아니다. 『정부론』은 절대적으로 최선의 정부 형태는 없어도 폭정은 절대적으로 최악이라고 주장한다. 좋은 정부는 시간과 장소가 잘 맞아야 한다. 여기서는 특히 유연한 사고가 필요하다. 세계에는 예측 불가능한 사건들이 가득하고, 우리는 그것들을 어떻게든 최선이라고 생각되는 방식으로 처리해야 하기 때문이다. 그럼에도 불구하고 시드니는 기회가 닿을 때마다 귀족적 공화정에 대한 선호를 자주 피력했다. 그는 귀족정이 커다란 정치적 에너지의 자원이라고 보았다. 그와 해링턴의 차이는 결국 크지 않았다. 시드니가 염두에 둔 귀족정은 해링턴의 상원 계급과 거의 비슷하기 때문이다. 그것은 리더십이 수시로 변화하는 능력주의다. 물론 어중이떠중이나 왕실의 총신들이 나서는 것에 대해서는 시드니도 시종일관 비난한다. 그는 데투르 디그니오리detur digniori라는 라틴어 문구를 지루하다 싶을 만큼 자주 반복한다. "더 나은 자에게 주어지도록 하라"는 뜻인데, 정치권력을 배분할 때 기본이 되는 원칙이다. 댄비 가문이나 클리퍼드 가문은 귀족이 아니라 관리에 불과하며, 부패가 곧 그들의 일이다. 전통에 따라 시드니는 선한 정부란 하나, 소수, 다수가 지배하는 혼합정부라고 말했지만, 아리스토텔레스와 폴리비오스를 지향하는 그 입장은 그가 보여준 과감한 색선 귀족정에 대한 기대에 비해 덜 열정적이다. 그가 필머에 대한 공격을 잠시 중단하면서 주장한 것은 크세노폰을 비롯해 아테네 민주주의를 비판한 사람들이 선호하는 정부 형태는 군주정이 아니었다는 것이다. 그들

이 원한 것은 질서정연한 귀족정이었다.[13]

당대의 다른 저자들과 마찬가지로, 그는 쉽게 신, 자연, 경험을 끌어들여 논점을 방어했다. 여기서 중요한 것은 로크식 전제다. 로크에 의하면, 신은 우리를 자유롭고 동등하게 창조했으며, 우리가 절대권력을 가졌다고 주장하는 지배자에게 우리 이성을 종속시킨다는 생각은 곧 신에 대한 모욕이다. 이와 관련해 제퍼슨이 차용했고 급진주의자들이 자주 인용한 시드니의 유명한 문구가 있다. 그는 신이 "어떤 사람은 머리에 왕관을 쓰고 태어나고 어떤 사람은 등에 안장을 지고 태어나"[14]게 했다는 생각을 거부했다. 신만이 절대권력을 소유하며, 어떤 인간존재도 그렇지 못하다. 이런 사고는 19세기까지 동의에 의한 정부를 논의하는 토대가 되었다. 국민의 동의에 따라 정부를 수립하지 않는 것은 범죄나 다름없다. 그것은 전통적이거나 고전적인 의미에서의 폭정일 뿐 아니라 신과 닮은 존재로 창조된 인류에 대한 모욕이기도 하다. 우리가 신에게서 받은 자유는 홉스적인 자유가 아니다. 다시 말해 홉스가 말한 것처럼 '다른 사람의 신체를 이용하는 것까지 포함해 어떤 일이든 할 수 있는 권리'와 같은 무법적 자유가 아니다. 시드니는 로크의 견해를 취해, 이성을 조금만 사용해도 자연법의 기본 명령을 깨우치기에 충분하며, 자연법의 의무는 정부의 수립에 의해 약화되기커녕 오히려 강화된다고 보았다. 그것은 불법적 권력에 대한 저항 이론의 토대와, 아울러 정부의 목적과 복종의 근거에 대한 설명을 제공했다.

좋은 정부는 우리의 자연적 자유를 전부 보존하지 않는다. 우리가 스스로 시민사회의 법에 복종한다는 것은 곧 우리가 가진 선택의 자유를 제한한다는 것이다. 그럼에도 불구하고 시드니는 우리의 자유를 다 포기해야 한다고 생각한 홉스나 우리는 애초에 아무것도 가진 게 없었다고 생각한 필머와 반대로, 우리는 가능한 한 적게 포기해야 하고 최선의 정부는 국민들에게 최소한으로 간섭하는 정부라고 주장했다. 그런 주장이 시드니를 자유주의 전통 속에 안착시킨다면, 한편으로 부패라는 주제를 다루고, 다른 한편으로 시민의 충성, 용기, 군사적 강인함을 다룬 것은 그를 공화주의 전통 속에 튼튼히 안착시킨다. 몇 년 전에는 자유주의와 공화주의가 서로 경쟁적인 전통이며, 우리는 개인의 시민적 도덕이나 자유를 강조할 수 있지만 어느 하나를 추구하면 다른 하나가 배제된다는 견해가 폭넓은 지지를 받았다. 하지만 그것은 시드니가 전혀 알지 못하는 복잡한 이론이다. 그런 이론이 제시되었다 해도 시드니는 아마 그것을 거부했을 것이다. 그에게는 제퍼슨을 비롯해 저명한 후계자들이 많다. 뱅자맹 콩스탕은 고대인의 자유와 근대인의 자유를 대조하는 유명한 글을 쓴 적이 있는데, 그 내용은 우리가 적극적 시민의 자유라는 고대적 개념을 완전히 버려야 한다는 주장이 아니다.[19] 밀Mill처럼 콩스탕은 강력한 시민권의 관념이 사라질 경우 개인의 자유도 오래 지속되지 못하리라고 생각했다.

몽테스키외

콩스탕과 같은 정교한 분석에 도달하려면, 우리는 몽테스키외의 자유에 관한 사상을 거쳐야 하고, 근대 상업사회에서 인간은 스파르타와 로마가 배출한 종류의 시민이 되기에 적합하지 않다는 절망적인 주장도 살펴보아야 한다. 몽테스키외─샤를 루이 드 스콩다, 라 브레드 에 드 몽테스키외 남작─는 1689년에 태어났다. 스콩다 가문은 보르도의 지방 귀족이었으며, 몽테스키외는 생애 대부분을 이 지역에 소유한 넓은 토지를 돌보며 지냈다. 하지만 몇 년 동안 보르도 파를르망parlement에서 판사─프레지당 아 모르티에─로 재직한 적도 있었다. 파를르망은 법원이자 지역 행정기관이었다. 그런 관청들이 대개 그렇듯이 의장직은 사고팔 수 있는 직책이었다. 몽테스키외의 삼촌이 그 직책을 샀고 몽테스키외는 그것을 상속받았다. 그 직책은 결코 한직이 아니었다. 몽테스키외는 교육을 받은 덕분에 그 직책에 필요한 일을 잘 수행할 수 있었다. 그는 파리에 있는 학문적으로 엄격한 대학에 갔다가 그뒤 소르본에서 3년간 법학을 공부했다. 그는 여전히 의장 일을 따분히 여겼지만, 그 일 덕분에 법 지식을 쌓아 훗날『법의 정신』을 쓸 수 있었다. 그의 아들은 의장직에 관심이 없었으므로 그 직책은 다른 곳에 팔렸다. 가문의 영지를 유지하는 것은 또다른 문제였다. 그의 아들에게 상속자가 없으리라는 게 확실해지자 몽테스키외는 딸을 먼 친척과 결혼시켜 가족 재산을 상속시켰다.

몽테스키외는 문학과 지성으로 가득찬 자신의 삶을 무척 사랑했다. 1728년 그는 프랑스 학술원Académie Française의 회원이 되었고 그 직후 영국, 이탈리아, 독일로 3년간 여행을 떠났다. 그 여행에서 그는『법의 정신』을 쓰기 위한 큰 영감을 얻었다. 이후 20년 동안 그는 파리 문단에서 매우 저명한 인물이었으며,『백과전서Encyclopédie』의 편찬자들과 교류하며 기고하기도 했다. 그의 주요 저작들 가운데『페르시아인의 편지Lettres persanes』는 1721년에 익명으로 출판되었고,『로마인의 위대함과 그 쇠락의 원인에 관한 고찰Considérations sur les causes de la grandeur des Romains et de leur décadence』은 1734년,『법의 정신』은 1748년에 출판되었다.『법의 정신』은 1751년에 금서목록에 올랐는데, 당시에는 계몽주의의 빛을 가리키는 명예의 상징이었다. 몽테스키외는 1755년 파리에서 죽었다.『법의 정신』은 즉각 걸작으로 인정되었으나 몽테스키외가 의도했던 만큼 고도한 짜임새를 갖춘 저작은 아니었다. 이 책은 하나의 주제를 정의하는 저작으로 간주되기보다는 항상 개략적인 통찰력을 주는 저작으로 소비되었다. 하지만 몽테스키외의 통찰력은 명확한 설명의 모델은 아닐지라도 그 자신의 사상은 물론 우리 시대의 정치·도덕적 신념도 조명해준다. 독창성을 논하자면, 그것이 해당 장르에서 최초의 저작인지는 확실하지 않다. 하지만『법의 정신』은 분명히 근대 정치사회학의 초석이 되는 저작이다.

그 저작이 큰 영향력을 가지게 된 데는 행운도 따랐다. 스코틀랜드에도 『법의 정신』을 열렬히 지지하는 독자들이 있었다. 이곳에서는 마침 애덤 퍼거슨Adam Ferguson(18세기 스코틀랜드의 철학자이자 역사가—옮긴이)과 애덤 스미스(18세기 스코틀랜드의 경제학자이자 철학자—옮긴이)가 같은 맥락에서 저술활동을 시작할 때였다. 이 무렵 그 책은 대서양을 건너 미국의 대학들로 전해졌다. 미국에서는 스코틀랜드의 도덕철학자들이 큰 인기를 끌었는데, 그 가운데는 뉴저지 대학의 학장이자 제임스 매디슨James Madison(미국의 4대 대통령—옮긴이)의 스승인 존 위더스푼John Witherspoon 목사도 있었다. 몽테스키외의 기술, 정치 문화의 분석으로부터 자극을 받은 알렉시 드 토크빌은 아메리카 신생 공화국의 관습과 습속을 탐구하고, 당시 운용되던 정치제도에 관해 역사상 어느 문헌보다도 계몽적인 저작을 썼다. 토크빌은 정치적 문제에 관심을 기울일 때면 늘 몽테스키외와 마음의 대화를 나누었다고 말했다.『법의 정신』이 프랑스에 미친 영향은 상당히 복잡했다. 개혁가들에게는 절대군주정이 영국식 입헌군주정의 형태로 조금씩 변화할 수 있다는 희망을 안겨주었다. 그다지 큰 위안은 아니었다. 루이 15세와 루이 16세의 치세는 입헌주의 개혁에 관한 자유롭고 개방적인 논의를 환영하는 분위기가 아니었다. 몽테스키외 자신도 다른 곳의 제도를 차용하고자 하는 것을 별로 권장하지 않았다. 역사, 문화, 경제, 대외 문제는 각 나라마다 특유한 양식으로 상호작용하므로, 우리의 제도를 적절히 개선하는 것이 다른 나라의 제도를 차용하는 것보다 더 현명한 경우가 많다.[16]

몽테스키외를 읽는 즐거움은 대단히 잘 정비된 정신과 상상력을 만나는 즐거움이다. 여기서 우리가 살펴볼 수 있는 것은 그가 세 가지 광범위한 주제에 기여한 내용이다. 첫째는 여러 정부 형태들—하나, 소수, 다수—간의 차이와 활력에 관한 그의 설명이다. 둘째는 고전적 도시국가의 쇠퇴에 관한 그의 설명이다. 제퍼슨처럼 '보호공화국 ward republic'—지역 자치의 작은 단위—들이 연방으로 결합되고 고대 공화정의 시민적 도덕으로부터 자극을 받아 근대 국민국가가 형성된다고 주장하는 것은 몽테스키외의 논의로부터 어느 정도 벗어나려는 시도다. 셋째는 고전적 도시국가를 재현하지 않으면서 근대의 정치적 자유를 획득하는 방법에 관한 그의 설명이다. 여기에는 영국 입헌군주정의 작동에 관한 그의 유명한 설명과 권력분립에 관한 분석이 포함된다. 또한 그는 권력분립이 부재한 상황에서 왕과 평민의 균형이 어떻게 안정성, 번영, 영국 특유의 자유 형태를 결정하는지도 설명한다. 내친김에 우리는 그것이 전제정치, 합법적 절대군주정, 입헌군주정의 차이에 대해 어떤 의미를 가지는지도 놓칠 수 없다. 사실상 그것은 근대 자유민주주의에 대해 가지는 의미에 해당하지만, 여기서 그 이상을 논의하기란 불가능하다.

법과 제도의 '정신'

『법의 정신』은 법의 본질에 관한 일반적인 생각들로 시작한다. 하지만 그 내용이 워낙 혼란스럽게 제시된 탓에, 독자는 몽테스키외가 과연 그 생각에 종교적 장식음 이상의 의미를 부여했는지 의아스럽게 여길 정도다. "가장 폭넓은 의미에서 바라보는 법은 사물의 본질에서 파생되는 필연적인 관계다. 이런 의미에서 모든 존재는 자체의 법을 가진다. 신은 신의 법을 가지고, 물질세계는 자체의 법을 가진다. 인간보다 높은 지성체, 짐승, 그리고 인간도 각자 자체의 법을 가진다."[17] 자연법은 사나운 짐승을 잘 안 내릴 수도 있고 그러지 못할 수도 있다. 인간존재는 신의 법이나 자연법에 따를지 말지를 선택하는 특유의 능력을 가지고 있는데, 거의 대부분 따르지 않는다.[18] 그래서 자연은 보복을 가한다. 인간은 점점 삶이 힘들어지고, 경솔하게 처신하면 처벌이 따른다는 것을 깨닫게 된다. 현대의 분석적인 시각으로 보면, 이것은 세계가 작동하는 방식을 지배하는 물리법칙이라는 의미에서의 자연법과, 인간이 따라야 하는 불문不文의 규칙이라는 의미에서의 자연법을 혼동하고 있다. 첫번째를 무시하는 것은 분명히 경솔한 짓이다. 이를테면 높은 창문에서 아래로 뛰어내려 중력의 법칙을 '조롱'하는 경우다. 두번째를 무시할 경우 나름의 처벌이 뒤따를지에 관해서는 정부의 필요성을 논의할 때 많은 사람들이 갑론을박을 벌인다. 더 취지에 맞도록 하기 위해, 몽테스키외는 정부의 기원과 실정법의 기원에 관해 철저히 자연주의적 입장을 고수한다. 실정법에 관한 한, 그는 자치국가들 간의 관계를 지배하는 국제법, 국가와 국민의 관계를 지배하는 정치적 법 혹은 헌법, 시민들 간의 관계를 지배하는 민법을 구분한다. 현대의 저자라 해도 똑같은 방식을 취할 것이다.[19]

몽테스키외는 군주정, 귀족정, 민주정으로 분류되는 정부의 낯익은 삼분법 대신 그 자신이 분류한 공화정, 군주정, 전제정의 삼분법을 도입한다. 정부의 본질은 그 정신과 구분된다. 공화정의 본질은 전 국민이 지배권을 소유하고 행사한다는 것이다. 군주정에서는 한 사람이 법의 원천이지만 그 사람은 고정되고 확정된 법에 따라 매개기구를 통해 지배한다. 반면 전제정의 경우에는 한 사람이 법도 없이, 순전히 자기 마음대로 다스린다. 그 정신, 혹은 활기를 주는 원칙은 공화정의 경우 도덕이고, 군주정에서는 명예, 전제정에서는 공포다. 언뜻 보면 이것은 군주정과 공화정의 근대적 구분이 명확해지는 계기인 듯하지만 실은 그렇지 않다. 전제정부의 범주가 존재하는 것을 보면 몽테스키외는 국가수반이 선출되는 국가와 세습되는 국가의 평범한 구분 이외에 뭔가 다른 것을 염두에 두고 있었다고 생각된다.

그가 관심을 가진 것은 국가의 '정신'이다. 아테네는 민주공화정이었고, 스파르타는 지위가 세습되는 두 명의 왕을 둔 귀족공화정이었다. 결정적인 사실은 둘 다 공화정이라는 점이다. 영국에서는 상대적으로 독립적인 귀족 정이 정치에서 중요한 역할을 했지만, 영국과 프랑스는 둘 다 군주정이었고 오스만제국은 전제정이었다. 몽테스키외는 하나, 소수, 다수의 아리스토텔레스식 정부 구분에 반대하지 않았다. 그러나 아리스토텔레스를 비롯한 모든 고전 저자들은 군주정의 본질을 오해했으며, 단일한 지배자가 지배자로서 보여준 개인적 강점과 약점을 논의하는 데 머물렀다.[20] 이것은 군주적 지배의 활기를 주는 원칙에 도달하지는 못했고, 그저 이러저러한 군주의 우연한 특질을 개략적으로 진술하는 데 그쳤다. 아리스토텔레스는 페르시아와 스파르타를 군주정으로 간주했으나 페르시아는 전제정이었고 스파르타는 공화정이었다. 그리스 저자들은 근대 군주정과 비슷한 체제를 전혀 경험하지 못했다. 도시국가는 대개 한 사람이 지배했지만, 폭정으로 가는 중간에 해당하는 체제이거나 특별히 유능한 지도자의 지배에 자발적으로 동의한 체제였다. 후자는 아마 아테네 민주주의의 절정이었던 페리클레스 시대일 것이다.

정부의 활기를 주는 원칙과 국가가 집중적으로 추구하는 목적을 혼동하면 안 된다. 공화정의 활기를 주는 정신은 도덕이고, 군주정은 명예, 전제정은 공포다. 몽테스키외가 말하는 '도덕virtue'은 일찍이 마키아벨리가 공화정의 위대한 시절에 로마 시민들이 가졌다고 주장한 비르투virtù와 매우 비슷하다. 그것은 도덕적 청렴이라기보다 공공 정신이다. 하지만 정치제도의 활기를 주는 정신은 그 목표를 지시하지 않는다. 로마는 팽창과 정복에 알맞게 조직되었다. 스파르타는 전쟁에 알맞게 조직되었으나 팽창에 알맞지는 않았다. 아테네는 교역과 식민화에 알맞게 조직되었다. 전부 다 공화정이었지만, 로마는 수 세기에 걸쳐 크게 다른 체제로 변모했다. 근대 군주정 가운데 프랑스는 화려한 고급문화를 추구하는 데 탁월했고, 영국은 군주정으로서 특이하게도 시민들의 자유를 목적으로 삼았다. 가장 자연스러운 공화정의 형태는 민주공화정 혹은 적어도 대중적 공화정이다. 그 사상은 이렇다. 공화정에서는 국민이 주권자다. 매우 작고 단순한 공화정의 국민은 대표 없이 직접 자치한다. 어떤 경우든 공화정은 국민주권으로 정의된다. 공화정에서의 지배는 유스티니아누스의 말처럼 "황제를 기쁘게 하는 것은 법의 힘을 가진다"가 아니라 그 정반대인 "국민을 기쁘게 하는 것은 법의 힘을 가진다"이다.[21] 이 견해는 루소와 칸트가 상세히 설명했다. 헌법의 지배를 받고 일관적으로 공익을 추구하는 국가는 설령 행정권력이 군주의 수중에 있다 해도 공화국이라고 불릴 자격이 있다. 만약 국민이 스스로의 동의에 의해 형성하고 자신들의 이익을 위해 지배를 받는 국가가 있다면, 그것은 곧 레스 푸블리카 res publica, 즉 공적인 '것', 공동체 전체의 이익이다.

몽테스키외는 미국 공화국의 건국자들을 어느 정도 예견했다. 아마 그들이 가장 중요한 업적을 올렸다고 보았을 것이다. 이 생각은 만약 통합이 필요할 때 대중적 공화국들이 연방을 결성한다면, 고대 도시국가의 민주적 도덕과 중앙집권 정부의 행정적·군사적 효율성이 양립할 수 있다는 생각과 통한다. 비록 몽테스키외는 군사적 역량의 맥락에서 그 가능성을 논의하지만, 그것은 그의 생각만이 아니다. 대중적 공화정은 내부의 파벌 싸움에 취약하므로 자칫하면 자멸할 수 있다. 규모가 커질수록 그 위험도 커진다. 그래서 외부로부터의 공격에 저항하는 능력과 내부로부터 생겨나는 자멸적인 파벌 싸움을 피하는 능력 사이에 긴장이 싹튼다. '결사'의 이점은 구성원들이 개별적으로 존재할 때보다 스스로를 더 효과적으로 방어할 수 있을 뿐 아니라 구성원들이 일각에서 발생하는 파벌적 혼란을 진압할 수 있다는 것이다. 해밀턴Hamilton(강력한 연방주의를 주창한 18세기 미국의 정치가—옮간이)과 매디슨은 『연방주의자 *The Federalist*』에서, 몽테스키외가 자신이 아는 한 가장 잘 구성된 연방이라고 칭찬했던 리키아 동맹에 관한 그의 논의에 의지했다. 또한 제퍼슨은 『법의 정신』의 혼란스럽고 난삽한 측면을 비판했지만, '보호공화국'을 토대로 하는 공화정에 관한 그의 생각은 아마 몽테스키외의 사상을 모태로 했을 것이다. 근대식 주권 관념이 고전 사상에 없다는 점을 감안한다면, 미국 연방주의의 중요한 특징인 이중 주권의 관념이 리키아 동맹에 관한 논의에서 등장하기란 어려웠을 것이다.[22]

몽테스키외는 권력이 법에 의존하고 법의 제약을 받는 온건한 정부와 지배자의 자의적 의지만이 유일한 행동 원칙인 전제적 정부를 확연하게 구분했다. 또한 그는 고대 공화국의 시민들이 자신들의 정부와 관계를 맺는 방식과 근대 시민들이 자신들의 정부와 관계를 맺는 방식도 확연하게 구분했다. 그가 그렇게 한 것은 근대인을 스파르타인이 아니라는 이유로 비난하기 위해서가 아니었다. 그것은 루소의 방식이지 몽테스키외의 방식이 아니었다. 몽테스키외는 세계가 근대성으로부터 얻은 이득을 지나치게 의식한 탓에 그것이 버려지기를 원치 않았다. 하지만 『법의 정신』이 왜 왕실의 검열관을 불편하게 만들었는지는 알기 쉽다. 몽테스키외가 잘 정비된 군주정에서는 "모든 사람들이 거의 다 선량한 시민이 될 것"이라고 말하는 것을 보면, 근대 군주정이 훌륭하게 다스려진다는 것을 보여주려는 그의 공공연한 의도가 역설이거나 잘못이라고 생각하고 싶은 유혹을 느낀다. 어쨌든 그가 대단히 진지했던 것은 분명하다. 그는 또한 스파르타 시민이 스파르타를 위해 목숨을 바칠 태세를 갖춰야 하는 절대적 필요성과, 법을 준수하는 자세, 사교성, 정직함, 협동 정신을 높이 평가하는 느슨한 근대적 사고의 차이를 예리하게 의식했다.[23]

몽테스키외는 민주주의를 옹호하지 않았다. 실제로 그는 어떤 특정한 정부도 옹호하지 않았으며, 자신의 목적은 사람들에게 그들의 정부를 사랑하는 이유를 제시하려는 데 있다고 선언했다. 그가 그렇게 말했다면 그는 『법의 정신』이 오스만제국에서 널리 유통되기를 기대하지 않았다고 보아야 한다. 또한 그는 공화주의 정부 형태가 근대 유럽에 다시 수립되기를 바라지도 않았다. 그는 해링턴과 시드니를 읽었는데, 시드니는 우호적으로 인용했지만 해링턴은 논점을 완전히 놓쳤다고 보았다. 영국인들은 10년 동안 민주공화정을 수립하기 위해 온갖 애를 썼다. 하지만 그들은 결국 자신들의 운명과 화해하고, 과정을 딱히 설명하기는 어렵지만 고도로 성공적이고 주어진 환경에 어울리는 정부 형태를 운영했다.[24]

고대의 정치적 도덕이 근대인에게 선택 사항이 되지 못하는 이유는 단순한 것에서 복잡한 것까지 다양하다. 어떤 측면에서 볼 때, 몽테스키외는 콩스탕보다 앞서 근대 세계가 고전 도시국가보다 사적인 즐거움의 원천을 더 많이 준다고 생각했다. 도시국가가 스스로에게 부과한 규율에 지금 우리가 복종한다면 막대한 피해를 감수해야겠지만, 우리 선조들에게는 전혀 그렇지 않았다. 이렇게 말한다고 해서 어느 측이 더 나은 인류의 구성원이냐는 질문에 명확한 태도를 밝히라는 것은 아니다. 다만 향촌 휘그당의 이데올로기에 대한 회의론과 근대 세계에 대한 루소의 불만을 드러낼 따름이다. 근대 세계가 제공하는 것을 향유하는 태도는 설령 그 때문에 우리가 우리 조상의 땅에 덜 관심을 가지게 된다고 해도 그 자체로 부패의 상징은 아니다. 고대와 근대의 차이가 과연 절대적인 것인지는 또다른 문제다. 페리클레스는 아테네인들이 헌신적인 시민이었으면서도 풍요로운 사생활을 즐긴다고 말했다. 아마 페리클레스—혹은 투키디데스—는 콩스탕의 의문을 미리 예견했으며, '어느 쪽이냐'를 거부하고 '둘 다'를 택했을 것이다. 콩스탕 자신도 '둘 다'라고 말한다.[25] 아테네보다 스파르타와 로마가 몽테스키외의 사례가 된 것, 훗날 콩스탕이 아테네를 고대 공화정들 가운데 특별한 사례로 간주한 것은 우연이 아니다.

더 깊이 살펴보면, 몽테스키외도 알고 있듯이 페리클레스의 견해를 가장 낙관적으로 해석한다 해도 아테네인들이 근대 자유주의를 구현한 것은 아니다. 아테네는 여전히 이데올로기적 획일성을 고수했다. 아테네의 시민들은 서로를 감시했으며, 시 당국은 모든 시민들에게 국가에 대한 절대적 헌신을 가르치려 했다. 우리가 보기에는 숨막히는 분위기였다. 어쨌든 그런 체제는 국가의 규모가 아주 작아야만 오래 존속할 수 있었다. 고대와 근대 비평가들은 아테네 에클레시아 ecclesia(민회)의 행동이 최악이었을 때 아테네 정부는 전혀 바람직스럽지 못했다고 생각했다. 근대 비평가는 아테네가 최선의 상태였을 때조차 질식할 듯한 분위기였다고 생각할 수도 있다. 이 논의는 상업에 관한 몽테스키외의 견해와 연결된다. 고전 공화정들은 육체노동을 경멸했고 상업활동을 천시했다. 그러나 주민들이 장사로 돈을 버는 데 관심을 가지게 되는 것을 방지하기 위해, 주민들의 여가 시간에 공공의 놀이와 축제 같은 활동을 벌였고, 돈벌이를 차단하는 사회적 분위기를 조성했다. 그리스 도시국가들 중에서 가장 적극적인 경제활동을 전개한 아테네는 여기서도 예외적인 사례에 해당한다.

몽테스키외는 그렇게 생활이 통제된 '국민'이 전체 성인 인구 가운데 작은 부분이라는 것을 잘 알았다. 급진적 민주주의도 실은 경제적으로 자립적인 남성들을 위한 제도였다. 오직 남성만이, 그것도 상당한 재산을 가진 남성만이 공화정에 항구적으로 참여할 수 있었고 시민으로서의 피선거권을 누렸다. 민주정과 귀족정을 구분하는 선은 전혀 뚜렷하지 않다. 우리는 소수와 다수의 관점에서 사고하는 것을 피할 수 없다. 그러나 아리스토텔레스가 귀족정의 요소가 지배적이지만 굳이 '다수'가 아니더라도 '많은' 시민들이 참여하는 정부를 옹호한 것은 책략을 부릴 여지가 있음을 나타낸다. 클레이스테네스의 민주적 정체는 네 가지 시민계급에게 두루 참정권을 부여했으나 공직 피선거권은 그중 상위 세 계급만으로 국한시켰다. 동의에 의한 정부는 민주주의─대의제든 의회민주주의든─여야만 한다는 생각은 근대적 관념이다. 실제로 우리가 접하게 될 여러 가지 논의들 중 하나는 홉스와 로크의 '소극적' 자유가 근대사회들이 바랄 수 있는 유일한 정치적 자유의 형태라고 가정하는데, 이것은 말하자면 누구나 부당한 대우를 모면할 자유를 보장받을 수 있지만 그렇다고 해서 누구나 자신이 지배되는 방식에 관해 실질적인 발언권을 가질 수는 없다는 생각에 해당한다.

몽테스키외는 아리스토텔레스를 좇아, 대중적 공화정의 시민들이 평등에 대한 열망을 가졌다고 보았다. 이 생각은 토크빌의 『미국의 민주주의De la démocratie en Amérique』에도 관철되어 있는데, 그것은 우연이 아니다. 고대 세계에서 그 본질은 경제적이라기보다 정치적이었다. 그것은 평등한 정치적 지위에 대한 열망이었으나 경제적 결과도 초래했다. 이를테면 부자들에게 군비의 부담을 더 지게 한다든가, 축제와 놀이의 경비를 지불하도록 하는 것이다. 그것은 평등한 기회나 사회적 이동성 같은 근대적 이념이 아니었다. 근대적 이념은 정치적인 게 아니라 경제적이고 사회적인 것이다. 몽테스키외에 의하면 고전 도시국가와 고전적인 도덕을 갖춘 시민은 역사적 가능성으로서 사라졌다. 그러나 로마는 적어도 계몽된 유럽인들이라면 저버릴 수 없는 유산을 남겼다. 그것은 자의적인 학대를 당하거나 다른 사람의 변덕에 휘둘리지 않고, 법적 권리를 가진 개인으로서 대우를 받겠다는 요구다. 지금 로마 공화정을 재현할 수는 없다. 우리는 단지 법의 지배를 확고히 다질 수 있을 따름이다.

법의 지배를 논의하는 몽테스키외의 의도는 완전히 투명하지는 않다. 전제정, 군주정, 영국의 특수성에 관한 그의 설명은 자칫 프랑스 절대군주정에 대한 공격으로 보기 쉽다. 하지만 실은 그렇지 않고, 그것은 군주정의 자멸적 경향에 대한 비판일 뿐이다. 몽테스키외는 군주정과 귀족이 함께 일어서고 함께 넘어질 것이라고 생각했다. 그는 군주정이 '매개적이고 종속적이고 예속적인 권력'을 필요로 하며, 그것이 부재할 경우 단순한 전제정에 불과하다는 점을 아리스토텔레스가 이해하지 못했다고 비판했다.[26] 영국 군주정이 대성공을 거둔 비결은 '매개적' 제도를 통한 통치에 있었다. 그 덕분에 지방 귀족들이 왕실과 긴밀한 연관을 유지하면서 전국의 상황을 왕실에 알려주는 역할을 했다. 프랑스 군주정은 귀족에게서 그 기능을 박탈하고, 그들이 입은 피해를 경제적·재정적 특권으로 보상해주었다. 하지만 그것은 잘못이었다. 유익한 귀족정은 대중에게 혐오의 대상이 되지 않지만, 무익한 귀족정은 그렇지 않다. 유익한 귀족정은 정부를 지지하고 행정을 지원하지만, 무익한 귀족정은 대중의 신뢰를 잃고 바람직한 영향력이 아닌 파괴적인 영향력을 행사한다. 전반적인 파멸이 일어날 경우 귀족도 피해를 입는다는 것 — "군주가 없으면 귀족도 없고, 귀족이 없으면 군주도 없다"[27] — 은 엄연한 사실이지만, 그렇다고 해서 귀족이 선견지명을 가지고 행동하리라고 보장할 수는 없다. 문제는 프랑스 군주들이 전제군주가 되고자 했던 데 있는 게 아니었다. 실제로 그들은 그러려고 하지도 않았다. 그들이 원한 것은 아무런 간섭 없이 국정을 담당하는 것이었다. 한 세기 뒤에 『구체제와 프랑스혁명』에서 똑같은 분석을 이용한 토크빌과 마찬가지로, 몽테스키외는 군주정이 올바르게 지배하려는 욕망으로부터 활기를 얻는다고 생각했다. 그러나 군주정이 자체의 기반을 손상시켰다면 아무리 선한 의지라 해도 군주정을 구하지 못한다.

전제정과 군주정의 정신적 차이는 프랑스 절대군주정과 오스만 전제정을 분리했다. 왕의 권력은 원칙적으로 무제한적이었지만, 왕은 명예, 서열, 지위에 기반한 사회에서 권력을 행사해야 했다. 전장에서 치욕적으로 후퇴하기보다는 차라리 죽음을 택하겠다는 사람은 수치스러운 일을 강요당할 경우 차라리 반란을 일으킬 마음을 먹을 수 있다. 이 모든 것은 군주의 권력을 경감시켰으며, 이론적으로는 군주만 가진 권력이지만 현실적으로는 귀족과 공유한다는 것을 의미했다. 또한 프랑스 왕은 노예들에게서 섬김을 받을 마음이 없었고, 오스만 술탄을 흉내내고 싶지도 않았다. 국민의 도덕 les moeurs, 가치관, 열망, 충성, 집념에 대한 몽테스키외의 견해가 그 이유를 말해준다. 왕은 국민의 가치관을 공유하지 않으면 올바로 통치할 수 없다. 왕은 선택해야 한다. 전 국민을 노예로 전락시킬 것이냐, 아니면 혁명에 맞닥뜨릴 것이냐? 그런 왕국이 가진 실질적 자유의 양에 관해 몽테스키외는 신중하게 고찰하지만 비판적인 태도를 취한다. 자유에는 최소한이라는 게 있지만, 자유는 법의 대상으로서보다는 틈새에 존재한다. 프랑스는 크고 부유하고 다양한 여론이 지배하는데다 지역마다 관습이 달랐다. 그래서 상업사회의 장점과 결함에 관한 견해들도 대체로 다양했다. 몽테스키외는 귀족 지주였을 뿐 아니라 와인 상인이었고 상충하는 이해관계의 압력을 잘 알았다. 사회경제적 다원주의는 자유를 보호했으나 정치적 법 자체— 헌법—는 그렇지 않았다.

영국은 특이한 나라였다. '우리가 아는 군주국들' 중 하나가 아니라 법이 자유를 지향하는 나라였다.[28] 그 자유는 고전 공화정의 자유와 달랐다. 영국은 군주정이었으나 활기를 주는 정신은 도덕이 아니라 명예였다. 그럼에도 불구하고 영국의 법은 자유를 보호했다. 그 비밀은 몽테스키외가 처음으로 근대적 형태로 상세히 설명한 권력분립에 있다. 국가의 권력은 법을 집행하는 행정권력(근대적 행정부의 관념), 소송 사건을 판결하는 행정권력(근대적 사법부의 관념), 그리고 입법권력이다. 로크식 구분은 행정, 연방, 입법으로 몽테스키외와 달랐다. 그가 독립적 사법부를 누락한 것은 실수이기도 하지만 괴상하기도 하다. 공정한 판사가 집행하는 알려지고 확정된 법의 관념은 그의 「둘째 논문」에서 대단히 중요하기 때문이다. 그런데 몽테스키외는 오늘날 익숙한 삼권분립을 도입하자마자 사법권력은 어떤 의미에서 '무효'라고 주장함으로써 삼권 가운데 3분의 1을 제거해버렸다.[29]

그 주장을 이해하기란 쉽지 않지만, 이상적으로 해석하면 그 생각은 판사가 주도권을 가지면 안 된다는 것이다. 공리와 같은 명료함까지는 기대하지 않는다 해도 명확한 법, 검증된 증거, 합리적 재판 절차로 해답을 낼 수 있어야 한다. 하지만 그 생각에는 난점이 있다. 군주정을 논할 때 몽테스키외는 법의 '수탁자'가 필수적이라고 강조하는데, 이는 법정과 변호사를 뜻하는 것으로 보인다.

영국은 권력분립을 도입했으나 사법적으로는 매우 복잡했다. 여러 사회 집단들이 여러 권력을 손에 쥐고 경쟁자들을 견제했다. 그렇게 서로 얽혀 있다는 것은 곧 행정부는 의회의 행위에만 영향을 미칠 수 있고 의회도 행정부에게만 간섭할 수 있다는 의미다. 몽테스키외는 바로 여기서 '균형'이 이루어진다고 말한다. 안타깝게도 그의 여행기는 독일과 이탈리아 부분만 전해진다. 영국이 그에게 얼마나 충격을 주었는지 말해주는 직접적인 보고는 극단적으로 계몽에 치우쳐 있다. 그는 분명히 활기찬 정치 논쟁에 즐거움과 놀라움을 느꼈다. 영국인들은 왕과 각료들을 비판하는 자유를 당연시했다. 파리였다면 당장 체포영장이 떨어져 바스티유에 갇힐 일이었다. 몽테스키외가 영국을 방문했을 때, 로버트 월폴Robert Walpole이 하원을 오랫동안 지배하고 있었으며, 의회 밖에 있는 월폴의 적들, 특히 볼링브로크Bolingbroke 자작 같은 사람은 월폴의 지배가 부패한 방식으로 시작되었다며 비난하고 있었다. 몽테스키외는 월폴이 휘그당, 즉 원칙적으로 왕의 적이고 볼링브로크는 토리당, 즉 원칙적으로 왕의 특권을 옹호하는 입장이라는 역설에 흥미를 느꼈다. 그러나 월폴이 의회를 운영한 것은 왕의 행정 목표를 달성하는 데 도움을 주었고, 볼링브로크가 그를 비난하는 것은 결국 휘그당의 적인 찰스 2세에게 돌아갈 몫이었다.

권력분립이 정확히 어떻게 영국에서 자유를 보호했는지를 말해주는 몽테스키외의 견해는 알 수 없다. 하지만 권력분립의 발상에 힘입어 그는 다

692

른 저자들에게서 보기 드문 방식으로 베네치아를 비판한다. 베네치아는 이른바 라 세레니시마la serenissima, 즉 '가장 평온한 공화국'이라고 불렸다. 하지만 다른 사람의 처분에 나를 맡기지 않아도 된다는 튼튼한 확신에서 나오는 자유는 베네치아의 성과가 아니다. 베네치아에는 '소름끼치는' 종교재판 제도가 있고, 거기서는 입을 쩍 벌린 사자가 새겨진 상자에 시민들이 고발장을 넣어 서로를 비난하는 게 바람직한 행위로 간주된다. 단일한 국가수반 같은 자연스러운 통일성이 부재하고 지배권이 전체 구성원들에게 분산되어 있기 때문에, 공화국 전체가 각 시민들에게 절대권력을 행사할 수 있다. 이 경우 세습적이면서도 입헌적인 군주정이 유리하다.

권력분립과의 연관성은 간접적이지만 명확하다. 몽테스키외의 권력분립 사상은 제도에 치우친 게 아니었다. 개인들이 '여론의 폭정'─몽테스키외가 처음으로 떠올린 발상─에 획일적으로 예속된 사회도 제도적으로는 권력분립을 유지할 수 있지만, 똑같은 신념이 모든 제도에 두루 스며들 경우 자유를 잃게 된다. 몽테스키외의 책을 주의깊게 읽은 토크빌은 미국이 그런 사회가 되지 않을까 우려했다. 1950년대에 매카시즘을 비판한 사람들은 대법원이 몽테스키외의 의무, 즉 입법부와 행정부에서의 선동에 맞서 법의 지배를 공고히 하는 책무를 다하지 못했다고 불만을 제기했다. 토크빌이 우려한 운명에 처한 사회는 몽테스키외가 영국에 있다고 생각한 자유를 갖지 못한 것이다. 이럴 경우 개인들은 자신의 신념으로 행동하는 게 아니라 세뇌를 당했거나 두려움에 사로잡혔기 때문에 행동한다. 심지어 그런 운명에 빠진 '매개' 집단들이 득시글거리는 사회도 상상할 수 있다. 여기에는 행정적 위계, 고도로 차별화된 노동인구, 지역에 대한 충성, 다양한 종교적 집착이 존재한다. 그러나 만약 획일적인 이데올로기가 지배하고 불만분자들에게 심리적 압력을 가해 강제로 순화시키는 조치가 허용된다면, 그 사회에는 찬양할 만한 자유가 없는 것이다. 몽테스키외가 찬양한 것은 미국이 항상 자랑하던 것이었다. 이를테면 다양한 사회집단들이 다양한 접속점을 통해 정치제도에 접근할 수 있다는 점, 그리고 여러 가지 제도가 스스로 존립할 수 있도록 제도를 운영하는 자세가 그런 예다.

몽테스키외는 정치적 다원주의 이론의 요소들을 설명하고, 오늘날까지 이어지는 논의를 시작했다. 권력분립이 바람직스러운 결과를 낳으려면 올바른 사회구조와 독립적이고 자신감이 넘치면서도 적절한 제도를 적극적으로 받아들이려는 의지를 가진 국민의 지원이 필요하다. 몽테스키외는 영국인들이 진정으로 자유로운지 그렇지 못한지를 안다고 생각한 게 아니라 자유를 주는 법을 가지고 있는지만 안다고 생각했다. 그의 의도가 액면 그대로였다고 믿기는 어렵다. 그는 영국인들에게 근대 세계에 적합한 자유의 형태를 부여한 헌법제도를 꼼꼼히 설명하고, 영국인들이 어떻게 그런 제도를 이용했는지에 관해서는 독자들의 판단에 맡겼다. 그 자신이 밝혔듯이 그는 독자들에게 자신의 책을 읽히려 하기보다 생각하도록 하려 했다. 근본적으로 그는 해링턴에 비해 정치적 균형을 더 확고하게 설명했다. 그는 토지소유권으로부터 기계적으로 추정하지 않고, 제도적·계급적·지역적 충성심을 가진 개인들 간의 지속적인 협상에 의해 정부를 설명했다. 몽테스키외에게는 해링턴에게 없는 또다른 측면도 있다. 해링턴은 정체 상태를 피하는 데 필요하다면 기꺼이 생각과 충성의 방향을 바꾸려는 개인들의 존재를 몽테스키외만큼 확신하지 못했을 것이다.

근대 정치제도가 어떤 것이든, 저절로 굴러가는 기계와 같은 것일 수는 없다. 또한 수백 년 동안 변함없이 지속되는 완벽한 공화국을 만들어내는 것도 불가능하다. 법으로 완벽한 균형에 도달하고 그것을 내내 유지한다는 해링턴의 희망은 헛된 것이었다. 그러나 정치조직이 다양한 사회집단들의 경제활동을 수용하고 통제해야 한다는 발상은 결코 낡은 게 아니다. 해링턴의『오세아나』와 몽테스키외의『법의 정신』사이의 수백 년 동안 유럽의 사상에는 한 가지 결정적인 변화가 일어났다. 근대인이 과학과 기술에서 고대인을 확실히 능가했음이 명확해진 것이다. 근대인이 도덕과 정치에서도 고대인을 능가했다고 단정할 수는 없지만, 고대 제도의 모방이 진보적인 노선일 수는 없다는 게 분명해졌다. 마치 로마의 조각 기법을 모방하듯이 로마의 군사·정치 관행을 모방하라는 마키아벨리의 충고는 더이상 의미가 없었다. 하지만 몽테스키외처럼 기초가 튼튼한 지성인은 당대의 관찰만이 아니라 역사를 이용해 18세기 가능성의 한계를 이해할 수 있었다. 그런 측면에서 미국의 건국자들은 몽테스키외의 진정한 후예들이다.

제15장
루소

생애와 시대

루소의 삶은 편하지도, 행복하지도 않았다. 그는 1712년 6월 28일 제네바에서 태어났다. 그의 어머니는 그가 태어난 지 며칠 만에 세상을 떠났다. 그의 기묘한 감정적 이력이 그런 상실감과 밀접한 연관이 있었으리라는 것은 굳이 정신분석학자의 통찰력이 아니더라도 알기 어렵지 않다. 그는 귀족 연인이자 후원자인 바랑Warens 부인에게 집요하게 구애했으며, 가까운 관계에 있는 모든 여성들에게 까다로우면서도 순종적인 양면성으로 대했다. 루소의 아버지는 시계공으로 작은 사업체를 꾸렸다. 그는 교육을 받았고 야심이 있었으나 사업을 등한시했고 사회적 사다리에서 내리막길을 탔다. 그는 잘못 배치된 사회계층에 속했다. 제네바는 공화국이었다. 공화국 정부들이 대개 그렇듯이 지배권은 원칙적으로 그랑 콩세이grand conseil(대회의)의 수중에 있었으며, 회의의 구성원이 될 수 있는 사람은 경제적으로 자립적인 남자 시민이었다. 하지만 일상적인 일은 프티 콩세이petit conseil(소회의)가 결정했다. 현실적으로 프티 콩세이는 소규모의 영속적인 과두정이 되었으며, 상류층 특유의 오만함에 젖어 중간층과 중하층 출신의 시민들과 권력을 공유하기를 꺼렸다. 루소의 아버지는 반귀족적 성향이었다. 많은 독자들은 루소의 저작이 프티 콩세이에 대한 숨겨진 공격을 담고 있다고 여겼다. 프티 콩세이는 루소의 『사회계약론』과 『에밀』이 1762년에 출판되자 곧바로 읽었다. 그들은 그 책들을 불태워버렸으며, 루소가 제네바에 머문다면 그를 체포하겠다고 결의했다.

루소와 제네바의 관계는 늘 위험스러웠다. 10대 시절 그는 어느 조각사의 도제로 들어갔지만 이내 그 작업에 싫증을 느끼고 장인의 권위를 혐오하게 되었다. 결국 그는 도시를 떠남으로써 장인에게서도 탈출했다. 어떤 이유로든 시골에 간 도제는 만종 시간까지 도시로 돌아오게 되어 있었다. 루소는 그 규칙을 이미 두 번이나 위반했으므로 세번째로 어기면 큰 문제가 될 터였다. 또다시 만종 시간에 성안에 들어가지 못하게 되자 루소는 아예 제네바를 떠나버렸다. 그는 원래 같은 곳에 오래 머무는 적이 드물었으며, 항상 숙소를 얻는 데 다른 사람의 신세를 졌다. 게다가 그는 거의 언제나 보살펴주는 사람에게 폐를 끼쳐 친구들의 인내를 심하게 시험했다. 루소는 딱히 경력이라 할 만한 게 없었다. 그는 하인으로 출발해 교사가 되었다가 악보 필사가를 거쳐 베네치아 주재 프랑스 대사의 비서를 지냈으며, 작곡가로서도 성공을 거두었고 마침내 학자가 되었다. 바랑 부인 같은 귀족 여성을 사랑했지만, 그가 사랑한 여성들은 그의 프티부르주아적 성향을 비웃었으며, 그는 자신이 억누를 수도 받아들일 수도 없는 그녀들의 '불성실'로 질투심에 몸부림쳤다.

1741년 파리에 도착한 그는 디드로Diderot와 교유했고, 이후 그를 위해 『백과전서』에 수록될 두 편의 기사를 썼다. 하나는 음악에 관한 글이었고 다른 하나는 경제학에 관한 글이었다. 하지만 디드로는 다른 '계몽' 저자들과 접촉해 신중하고도 소원한 관계를 유지했다. 루소는 잠깐 베네치아를 여행했다가 1744년에 파리로 돌아왔다. 갈 때는 프랑스 대사 비서의 자격이었으나 이내 대사와 다투었다. 1745년 그는 테레즈 르바쇠르Thérèse Levasseur라는 이름을 가진 세탁부와 살림을 차리고 이후 평생에 걸쳐 그녀와 간헐적으로 함께 살았다. 1766년 그는 이윽고 그녀와 결혼했다. 부부는 자식을 다섯 명 낳았는데, 모두 고아원으로 보냈다. 이런 식으로 자식을 버리는 것은 유아 살해나 다름없었다. 당시 고아원에서의 사망률은 무려 90퍼센트가 넘었기 때문이다. 루소를 위해 변명하자면, 그와 테레즈는 가족을 꾸릴 만한 처지가 아니었다. 오랜 세월이 지난 뒤 볼테르는 짧지만 적나라한 내용의 소책자를 출판해 루소에게 온갖 비난을 퍼부었다. 그중에는 루소를 화병에 걸리게 해 죽음에까지 이르게 한 내용도 있었다.

1762년 『사회계약론』을 출판할 때부터 16년 뒤 세상을 떠날 때까지 루소의 삶은 늘 편치 않았다. 당국에 시달림을 받지 않을 만한 머물 곳을 찾는 일은 결코 쉽지 않았다. 심지어 제네바의 프티 콩세이에 투옥당할 뻔한 위기도 겪었다. 그의 책 『에밀』은 파리에서도 제네바에서처럼 불태워졌다. 원죄의 교리를 부정한다는 이유였는데, 거기서 그치지 않고 그에게 체포영장이 발부되었다. 그가 프로이센 땅에 속하는 제네바 인근 스위스의 작은 마을에 거처를 정하려 했을 때는 지역 교구 목사에게서 탄압을 받았다. 영국은 외국인이 도피처를 구할 때 안전한 곳이 될 수 있었지만, 데이비드 흄이 영국에서 거처를 주선했을 때 루소는 흄이 자신을 파멸시키려는 계략을 꾸미는 것으로 오해했다.[1] 루소가 흄과 불화를 빚은 거의 유일한 사람이었다는 것은 아주 우울한 특징이었다. 1760년대 말 루소는 정신적으로 병이 들었다. 프랑스 당국은 결국 루소가 누구에게도 피해를 줄 만한 위치에 있지 않다는 것을 깨달았다. 1770년 암묵적인 거래가 이루어져 루소와 테레즈는 파리 바깥에서 콩티 공작의 보호 아래 살 수 있게 되었다. 콩티 가문은 오랫동안 루소를 재정적으로 후원했다. 루소는 1778년에 죽었으며, 1782년에는 그가 남긴 유산 중 하나인 『고백록Confessions』이 출판되었다. 이 책은 항구적으로 변화된 유럽의 감수성을 보여주는 또다른 증거였다. 에드먼드 버크와 조제프 드 메스트르Joseph de Maistre 같은 보수주의자들에게 혐오의 대상이었던 루소는 카를 마르크스 같은 급진주의자들에게서도 불신을 받았다. 그러나 그의 독창적인 사상은 오늘날 우리 지적 토양의 큰 부분을 이루고 있어, 그것을 떼어놓은 우리를 상상하기가 불가능할 정도다.

루소와 혁명: 평판과 진실

장 자크 루소는 스타다('영웅'이라는 말은 적절치 않다). 정치에서 지성인이 맡은 역할에 관한 토머스 칼라일Thomas Carlyle의 훌륭한 설명에서 루소는 스타로 등장한다. 프랑스혁명을 이야기하면서, 칼라일은 루소의 『사회계약론』의 제2판이 초판본을 비웃던 사람들의 가죽으로 제본되었다고 말했다. 그것은 사실이 아니지만 루소의 사상이 16~17세기의 종교전쟁 이후 가장 큰 정치·사회적 격변을 초래했다는 널리 퍼진 견해를 반영하고 있다. 버크와 메스트르는 루소를 그런 견지에서 보았다. 하층계급이 상급자들의 통제에서 벗어났다면 거리에서 파괴, 약탈, 살인을 자행했을 것이라고 믿는 메스트르는 호랑이의 살육 본능을 비난할 게 아니라 관리자가 호랑이를 묶은 가죽 끈을 놓치는 것을 비난해야 한다고 주장했다. 루소가, 다른 지식인들의 상당한 도움을 받아, 바로 그 호랑이를 풀려나게 했다. 하지만 그런 생각은 난관에 봉착한다. 루소는 혁명에 반대했고, 온갖 형태의 급작스럽고 예측 불가능한 변화도 거부했다. 그는 근대 세계의 사회·경제

· 지리적 이동성에 적대적이었다. 그의 정치사상은 고전적이거나 고전에 가까웠다. 그는 공화주의적인『로마사 논고』의 마키아벨리를 찬양했으며, 『군주론』의 마키아벨리는 왕위 찬탈자와 날강도를 조심하라는 조언으로 꾸며졌다고 생각했다. 그렇듯 터무니없는 조언이 있는 것으로 보아『군주론』의 의도는 군주들의 사악함을 경고하겠다는 게 틀림없다는 것이다.[2] 확실히 루소는 당대의 군주들을 싫어했으며, 그가 찬양한 것은 고대 공화정의 가장 안정적인 국가였다. 루소가『사회계약론』의 말미에 제시하는 정치제도의 원형은 로마식이다. 그는 로마와 스파르타의 시민권 이념을 찬양했다. 그 자신이 이해하는 바에 따르면 그는 민주주의자는 아니었으나, 여러 세대에 걸쳐 민주주의자들에게 영감을 준 것은 사실이었다. 아테네는 너무 혼란스럽다는 이유로 그에게 스파르타보다 깊은 인상을 주지 못했다.

헤겔과 마르크스의 도움으로 얻은 뒤늦은 깨달음이지만, 우리는 주로 프랑스혁명을 '근대화' 혁명으로 간주한다. 혁명은 구체제와 전통적 지배 엘리트를 파괴했고, 대규모 혼란을 거친 뒤 대의 정치제도를 갖춘 공화국을 탄생시켰다. 그것은 국민국가의 관념과 자유, 평등, 박애의 정신에 바탕을 둔 국가였다. 그것을 달성하는 데는 100년 가까운 기간이 필요했다. 제3공화국은 1870년 프로이센·프랑스전쟁의 결과로 탄생했다. 사실 회의론자들은 프랑스혁명이 1970년대에야 비로소 최종적으로 끝났다고 생각했다. 제3, 제4, 제5공화국에서 구현된 국민국가는 루소의 상상력에서 크게 벗어나지 못했다. 만약 그가 그 국가를 직접 접했더라면, 아마 마뜩찮게 여겼을 것이다. 그의 애국주의는 프랑스혁명군과 그 후계자들의 민족주의와 달랐다. 그보다는 방패를 들고 돌아오든가 방패 위에 시신으로 올려져 돌아오라는 명령에 충실했던 스파르타 전사의 민족주의였다. 그런 병사들을 길러낸 사회는 지역적이고, 소규모이고, 상업이나 공업이 아니라 농업을 기반으로 하고, 도시보다 농촌 중심이고, 대단히 보수적이었다. 루소가 제시하는 난제는, 그가 프랑스혁명의 진행 과정은커녕 발발을 결정하는 데도 참여하지 않았지만, 1760년대부터 오늘날에 이르기까지 사회·정치적 급진주의자들에게 활기를 주는 혁명의 이념을 명료하게 밝혔다는 점이다. 그런데도 그는 급진적 후계자들이 건설하고자 애쓴 사회에 내내 적대적이었다.

루소가 보여준 재능의 범위와 저작의 영향력은 내 논의의 폭을 훨씬 넘어선다. 예를 들어 그는 재능 있는 작곡가이기도 했다. 그의 오페라 〈마을의 점쟁이Le devin du village〉는 창작 당시 큰 갈채를 받았다. 그의 서간체 장편소설 『신 엘로이즈La nouvelle Héloïse』는 낭만주의 소설의 효시가 되어 무수한 모방작들을 낳았다. 그 작품에 묘사된 감수성은 수많은 독자들이 수용하고 영향을 받았다. 『사회계약론』, 폴란드와 코르시카의 헌법에 관한 저작, 교육 부문의 걸작인 『에밀』, 불평등의 기원과 정치경제학에 관한 저작들의 영향력은 헤아리기 힘들 정도였다. 그의 책들은 프랑스와 제네바에서 금서가 되어 공식 집행인에 의해 불태워진 탓에 시중에서 구할 수 없었다. 사설 도서관의 장서 목록을 보면 『사회계약론』의 일부가 유통되었음을 알 수 있다. 하지만 금서였기 때문에 그의 책들은 도서관의 색인 목록에 등재되지 못했고 서적상들이 광고하지도 못했다. 구체제의 검열은 그다지 엄격하지 않았고, 감시의 시선 아래에 놓인 인물들의 사회적 지위에 따라 조정되었다. 상류층 지식인들은 신중하게 처신하기만 하면 많은 것을 모면할 수 있었다. 신중함은 널리 알려지는 것을 막는다. 그래서 우리는 당시 루소의 정치 저작들을 누가, 얼마나 읽었는지 추측밖에 할 수 없다. 혁명 시기에 많은 지도적 인사들이 루소의 제자라고 밝혔지만 그것은 다른 문제다.

여기서 우리는 정치이론가로서의 루소에만 집중하기로 한다. 물론 이따금 '다른' 루소의 측면을 우리 자신에게 일깨우기도 할 터이다. 하지만 루소의 지적·감정적 난잡함도 영향력의 일부분이다. 그는 계몽주의의 합리성 이념에 공감했으며, 비인격적이고 공평한 법에 의해 지배되는 정치를 옹호했다. 그러나 그는 동시에 인간 본성의 괴상하고, 개인적이고, 반사회적인 측면을 강조함으로써 그 이념을 스스로 침해했다. 도덕법이나 자연법을 이성이 이해하는지, 아니면 마음이 각인하는지(혹은 둘 다인지)는 그가 우리에게 제시하는 여러 가지 난제들 가운데 하나일 뿐이다. 그는 감정적 폭발에 빠지는 법이 없었던 스파르타인들을 존경했으나『고백록』에서 보여주는 충격적인 솔직함은 성적 불만을 정치로 표출했음을 보여준다. 그런 측면은 프로이트부터 러셀에 이르는, 그리고 허버트 마르쿠제 같은 수정주의 마르크스주의자들에 이르는 20세기의 저자들을 연상시킨다. "사적인 것이 정치적인 것"이라는 1960년대의 슬로건은 루소가 처음 만들었다고 해도 과언이 아니다.

루소가 이룬 최대의 혁신은 인간의 조건을 기본적으로 사회적인 조건으로 분석했다는 데 있다. 그 과정에서 그는 인간에게서 원죄의 짐을 제거하고, 그것을 사회의 부담으로 전가했다. 그는 앞선 시대와 이후에 올 시대의 모든 저자들이 인간 본성의 불완전함으로 여기는 것이 실은 자연적 원인이 아니라 사회적 원인의 결과라고 주장했다.[3] 이런 생각은 아퀴나스와도, 마키아벨리와도, 홉스와도 무관하다. 그리스도교는 정치를 원죄로부터 비롯된 폭력, 무질서, 고통에 대한 불완전한 해결책으로 보았다. 이에 회의적인 마키아벨리는 인간 본성을 두 갈래로 보았다. 인간은 태생적으로 악하지만—표리부동하고 탐욕스럽고 이기적이다—용감하고, 공공 정신에 투철하고, 정직한 존재로 만들어질 수 있다는 것이다. 하지만 마키아벨리는 우리가 함께해야 하는 게 바로 인간 본성임을 한 번도 의심하지 않았다. 홉스는 자연 상태를 되새겨보고, 루소가 생각한 성질들이 '자연적인 것'과 거리가 멀다는 것을 알아냈다. 그 잘못(루소는 그렇게 보았다)은 지속적 비판의 대상이다. 루소는 처음으로 인간존재가 사회의 손에 쥐어진 진흙 덩어리라고 보았으며, 사회가 우리를 물리적으로, 사회적으로 혼란시켜 자멸로 이끈다고 비난했다. 비록 그 자신은 결코 낙관주의자가 아니었지만, 루소는 원죄의 부담을 사회조직에 밀어넣음으로써 마르크스주의를 비롯해 지난 두 세기 동안 횡행했던 급진적 정치운동이 신봉한 유토피아적 낙관주의로 가는 길을 닦았다. 만약 우리의 악덕이 자연적인 게 아니라 사회적인 것이기 때문에 교정하기가 더 쉬우리라는 결론을 내린다면, 역사가 증명하듯이 그것은 큰 잘못이다. 급진주의자들은 지난 200년 동안 바로 그렇게 생각했다. 우리가 항생제로 박테리아 감염을 치료하는 데는 성공했지만, 내전과 국제전 등 전쟁을 막는 데는 실패했으며 심지어 가정 폭력이나 기타 파괴 행위를 막지 못한 것을 잠시만 곰곰이 성찰해본다면, '사회적 원인'이라는 말이 곧 '예방하기 쉽다'는 뜻은 아님을 쉽게 알 수 있을 것이다. 그런 견지에서 보면 루소의 세 가지 저작이 중요해진다. 『인간 불평등 기원론 *Discours sur l'origine et les fondements de l'inégalité parmi les hommes*』 은 우리가 왜, 그리고 어떻게 이토록 비참해졌는지 설명하는 사색이 담긴 사회사다. 『사회계약론』은 정당한 권력의 존재를 위한 정식 조건과 그 조건을 충족시키는 사회를 위한 요건을 설명한다. 그리고 『에밀』은 한 개인이 합법적 공화국의 시민으로 성장하기 위한 알맞은 교육과정을 서술한다. 설령 루소가 운 좋게 그런 공화국, 이를테면 정치적으로 한가하면서도 자급자족적이고 도덕적으로 나무랄 데 없는 공화국을 찾았다 해도 거기 사는 시민들 개개인으로는 썩 훌륭하지 않을 수도 있었을 것이다.

루소가 발견한 인간의 진화

우리의 타깃은 『사회계약론』이지만, 『인간 불평등 기원론』과 『에밀』을 통해 접근하는 것이 가장 좋다. 루소는 자신이 쓴 모든 저작들 가운데 『사회계약론』을 가장 좋아했다. 『에밀』이 베스트셀러가 될 가능성을 발견한 이 책이 다른 책에도 가야 할 관심을 독차지하지 못하도록 하기 위해 일부러 『에밀』의 출간을 늦췄다. 게다가 보험 삼아 『에밀』의 5권에는 『사회계약론』의 정치이론에 대한 설명이 수록되어 있다.[4] 그러나 루소의 정치사상에서 가장 새로운 것은 『사회계약론』 자체에서는 볼 수 없다. 루소는 역사를 진지하게 받아들인 최초의 정치이론가가 아니었다. 투키디데스는 수천 년 전에 이미 교훈적 역사를 쓴 바 있으며, 마키아벨리는 이탈리아 정치가 재앙의 상태에 빠진 이유를 그리스도교 군주들이 '오만과 나태'에 빠져 역사의 교훈을 무시했기 때문이라고 주장했다. 루소와 같은 시대 사람인 데이비드 흄은 정치학에 관해 역사적으로 논쟁적인 글들을 썼고, 여러 권으로 구성된 그의 저서 『영국사 History of England』는 휘그당의 입장에서 서술된 영국사가 정치적 신화임을 증명하려는 목적을 지니고 있었다. 그런데 루소는 그 정도를 훨씬 뛰어넘었다.

그는 근대 정치를 진화적 틀 속에 집어넣고, 역사의 시간적 틀을 크게 늘린 다음 다양한 정치적 변화들을 그 안에 위치시켰다. 투키디데스와 마키아벨리는 역사 저술의 목적에서 의견을 같이했다. 그들은 역사 저술이 성공과 실패의 사례를 제공하며, 지성에 바탕을 둔 통치술은 그런 사례에 의존한다고 보았다. 루소는 우리가 인간 본성이라고 부르는 것이 실은 우리가 전혀 알지 못하는 깊이에서 나오는 표면의 빛의 움직임에 불과하다는 입장이었다. 인간의 체질과 성질에는 뭔가 원초적이고 근원적인 것이 있어 우리가 인간이라고 부르는 완성품을 만들어내는 문화를 가능케 해준다. 하지만 이제 우리의 창의적 본성은 완전히 사라졌다. 우리는 그것을 직접적으로 접하지 못하기 때문에 그것이 어떤 특성을 가졌는지는 추측만 할 수 있을 따름이다.[5]

진화적 관점은 과거에 존재했던 인간 진보의 가능성이 이제는 돌이킬 수 없이 막혀버렸다는 심원한 의문을 제기한다. 이 의문은 아직 답이 없으며, 우리가 제대로 이해할 필요가 있다. 그런 것들이 인간 발전 이론의 큰 주제들이다. 또한 우리는 자연이 세계에 가져다준 유아들을 과연 얼마나 그들 자신과 남들에게 두루 도움이 될 수 있는 어른, 합리적이고 도덕적이고 행복한 어른으로 키워낼 수 있느냐는 의문을 제기한다. 그것이 바로 루소 교육론의 주제다. 우리가 교육과정을 통제하든 통제하지 않든, 사회는 우리에게 특정한 성격을 부여할 것이고 우리를 그냥 놔두지 않고 뭔가를 가르칠 것이다. 그러나 그 과정은 지적으로 통제되지 않거나, 모종의 진지하고 도덕적인 목적을 위해 통제되지 않는다 해도 뭔가를 낳을 것이다. 루소는 자신의 사회가 18세기 파리에 살았던 허영심에 가득하고, 남을 의식하고, 품행이 방종한 사람들을 양산한다고 불평했다. 스파르타인과 로마인처럼 덕을 갖추고 무결한 사람들을 양성하려면 엄청난 노력이 필요하다.

　루소의 생애는 지나치게 문란하고 그때그때의 사정에 좌우되었다. 『인간 불평등 기원론』이 제기한 문제에 대해 『에밀』과 『사회계약론』이 답을 제공했다는 것은 말 그대로 사실이었다. 그럼에도 불구하고 그것은 루소의 정치이론에 관철되는 내적 논리다. 한 가지 최종적인 서문의 논점이 만들어져야 한다. 역사는 인간에게 반드시 답이 있는 문제만을 제기한다. 설령 그 답이 유혈과 폭력에 물들어 있다 해도. 훗날 헤겔과 마르크스는 이렇게 주장했지만 루소의 생각은 달랐다. 헤겔과 마르크스는 진보를 믿었으나 루소는 믿지 않았다. 대다수 저자들은 구름의 안쪽에 은이 덧대어져 있다고 주장했으나 루소는 특이하게도 은이 덧대어진 게 오히려 구름의 어둠을 돋보이게 한다고 생각했다. 그는 변화가 인간의 조건을 개선할 수 있다는 것을 부인하지 않았다. 그는 인류가 언어, 이성, 도덕, 심지어 정치를 발견하지 않아도 행복하게 살았을 것이라고 주장한 적이 없다. 그는 우리가 그간 습득한 기술과 능력으로 이득을 거두는 데 실패했다고 생각했으며, 오히려 그것을 불이익으로 치부했다. 변화는 약속이라기보다 위협이었으며, 그의 정치학은 안정성과 단순함 같은 것들에 대한 집착을 반영하고 있다.

『인간 불평등 기원론』

루소의 『인간 불평등 기원론』은 원래 1754년 디종 아카데미에서 상을 받고 1755년에 출판된 책이다. 4년 전에 비슷한 상을 받았던 『학예론 *Discours sur les sciences et les arts*』의 후속편에 해당한다. 『학예론』은 『인간 불평등 기원론』보다 짧고 덜 복잡한데, 예술과 과학, 한마디로 지식의 발전이 우리의 도덕과 성격에 미친 영향에 대한 전통적인 공격을 담고 있다. 이 책은 루소의 특징인 현란한 글쓰기로 점철되어 있지만, 고대인과 근대인의 대조를 다룬 전통적인 글로 간주할 수 있다. 문맹이었던 우리 조상들은 용감하고 정직하고 정치적으로 충성스럽고 공공 정신에 투철했다. 반면 과도하게 교육받은 그 후손들은 연약하고 부정직하고 불충하고 이기적이다. 하지만 루소의 경력에서 이 책은 엄청나게 중요했다. 그는 당시 뱅센 성에 감금되어 있던 디드로를 방문하러 가던 도중에 경험한 계시에 자극을 받아 그 책을 쓰게 되었다고 토로했다. 『고백록』의 설명에 따르면, 루소는 격렬한 흥분에 사로잡혔고 약 30분 동안 황홀경의 상태에 빠졌다. 다른 곳에서 그는 그 일을 '깨달음 illumination'이라고 불렀다.[6] 마치 다마스쿠스로 가던 바울처럼(바울은 원래 그리스도교를 박해했으나 다마스쿠스로 가던 도중 계시를 받고 그리스도교 전도에 앞장서게 되었다—옮긴이) 루소는 그전까지의 경박함을 회개하고, 이제 인간의 조건을 명확히 바라볼 수 있다고 믿었으며, 앞으로 자신이 느낀 구원을 설파하면서 살아가야 한다는 것을 깨달았다. 신이 인간을 선하게 만들었는데 어떻게 사회가 인간을 괴물로 만드는지 그는 설명해야 했다. 루소에게 그것은 사회·정치 분야에 관한 최초의 글이었다. 종전까지 그의 관심은 문학과 음악에 있었던 것이다.

『학예론』은 루소의 명성을 높여주는 동시에 비판가들의 타깃이 되었다. 비판의 방향은 두 가지였다. 하나는 친구들 혹은 적어도 계몽주의자의 편에서 나온 비평이었다. 그들은 루소가 지식을 훼손한 것을 인간 이성에 대한 공격으로 보고 그것은 결국 반동 세력에게 도움을 줄 뿐이라고 비판했다. 다른 사람들은 근대 세계의 부패한 국가에 불평을 늘어놓으면서 개선에 관한 아무런 충고도 없는 것은 터무니없는 짓이라고 여겼다. 이에 대해 루소는 환자가 죽고 나서 의사를 보내면 무슨 소용이냐고 반박했다. 그가 비판에 대응한 방식은 그 자신도 인정했듯이 무뚝뚝하고 호감을 주지 못했지만, 그는 원칙의 문제가 중요한 것 아니냐고 주장했다. 친구를 사귈 때는 그렇게 하면 안 되겠지만, 지적으로 어리석은 일은 아니다. 만약 누가 중병을 앓고 있을 때 잘못된 치료를 권하는 것은 친절한 행동이 아니다. 루소가 종전까지 낯익은 주제들을 다루던 것과 달리 근대 세계를 고발하기에 이른 것은 우리의 사회화가 우리 안에 만들어낸 모순적 충동을 예민하게 느꼈기 때문이다. 고대 세계의 시인들은 황금시대가 끝난 뒤 인류가 허영심에 가득하고 탐욕스럽고 불충해졌다는 사실을 한탄했지만, 그래도 우리가 우리의 사악함 때문에 고통을 받는다고 말하지는 않았다. 그리스도교의 죄의식은 한참 뒤에 나왔다. 루소는 기본적으로, "나는 선을 행하고 싶지만 행하지 않고, 악을 행하고 싶지 않지만 행한다"라는 낡은 상투어구로 표현되는 그리스도교적 이중성에 의존했고, 그것을 세속적 목적으로 이용했다.

상을 받을 만한 저작이냐는 점에서 보면, 『인간 불평등 기원론』은 실패작이었다. 분량이 디종 아카데미가 정한 분량의 두 배에 달한 탓에 심사관들은 그것을 끝까지 읽지도 않으려 했다. 그러나 사회이론에 기여한 저작이라는 측면에서 보면 그것은 대단한 책이었다. 루소는 낡은 주제를 선택해 안팎을 뒤집어놓았다. 그 글의 이면에 숨어 있는 것은 홉스가『리바이어던』에서 묘사한 자연 상태다. 어느 개인보다 강한 힘이 개인들을 통제하지 못하면 인간존재는 서로 어울려 살아갈 수 없다. 제지를 받지 않으면 사람들은 서로의 생명과 재산을 위협할 것이다. 인간의 자연적 조건이 워낙 긴박해 그렇게 하지 않을 수 없기 때문이다. 아우구스티누스가 말했듯이 국가는 원죄를 치유하지 못하며 상황에 따른 문제만을 처리할 따름이다. 홉스의 정치학은 역시 아우구스티누스식이다. 루소는 홉스의 자연주의를 계승했다. 국가는 국가가 수립된 뒤에도 잠복해 있는 내전 상태를 막기 위해 존재한다는 홉스의 견해를 받아들였다. 하지만 그는 그 문제의 뿌리에 인간 본성이 있다는 생각에 대해서는 강력히 반대했다. 루소는 인간존재에게서 원죄를 면제해주었고 그 대신 사회를 비난의 대상으로 삼았다. 그는 엄밀히 말해 인간 본성은 홉스가 서술한 인간 본성이 아니라고 주장했다. 홉스는 사회화된 인간 본성을 설명했다. 우리 고통의 뿌리가 어디 있는지 이해하려면, 우리는 문명화된 인류의 배후로 들어가 인류가 지상에 처음 나타났을 때 어때야 했는지를 자문해보아야 한다.[7]

우리의 참된 창의성에 관한 루소의 설명이 흥미로운 데는 몇 가지 이유가 있다. 첫째, 성서에 나오는 인간 창조론과 정면으로 모순을 빚음으로써 검열에 부딪히지 않으려면, 루소는 가설적 설명을 통해 우리가 만일 창세기에서 설명된 것처럼 신에 의해 창조되지 않았다면 지금까지 어떻게 발전해왔을지에 관한 설명을 마련해야 했다. 루소는 "떼어놓으면 사실들이 나온다Écartons donc les faits"고 말했다.[8] 그런 탓에 과연 그가 인간 진화를 자신이 묘사한 대로 상상했는지, 전통적 종교에 관해 그저 입에 발린 말을 하고 있었는지, 혹은 그가 제시한 인간 진화의 상이 계몽적이었으나 실은 잘못된 것이었는지 등의 문제들은 불명료하게 남았다. 그는 사실이란 부적절하다고 말하지만 그때까지 그다지 진지했다고 보기는 어렵다. 그는 사변적

인류학에 관해 끊임없이 해설하고 있기 때문이다.

루소가 인간의 탄생에 관한 창세기의 설명을 부정하려 했다는 것을 믿지 않기란 어렵다. 그것은 원죄를 반대하는 운동의 일환일 뿐 아니라, 인간과 유인원의 연속성에 관한 진정으로 새로운 사색이기도 하다. 그는 언어의 기원을 추적하는 몬보도 Monboddo(17세기 스코틀랜드의 법률가─옮긴이)의 역사서를 읽었고, 이른바 '보르네오의 야만인'이라고 불렸던 오랑우탄이 우리의 동물 친척과 우리를 잇는 사라진 고리라는 착상에 흥미를 느꼈다. 그는 진정으로 자연적인 인간이라면 우리보다 오랑우탄과 더 비슷할 것이라는 생각에서, 한 번도 가보지 않은 지역으로 선뜻 뛰어들었다. 설령 그의 진심이었다 해도 대단한 모험이 아닐 수 없다. 그를 따라가기 전에 마지막으로 조심할 게 하나 있다. 루소는 자신의 추측을 어떻게 증명할지 명료하게 밝힌 적이 없었다. 그것이 때로는 합리적 과정인 것처럼 보이기도 한다. 우리는 인간사회의 증거를 보고, 개인의 발전을 고찰하고, 사회화로 돌려야 할 것들을 제외시키고, 명백하게 자연의 작품으로 봐야 할 것에 손을 뻗친다.[9] 그 대안으로 지성보다 감정이 나선다. 우리는 스스로의 마음속을 들여다보면서 허영심, 속물근성, 기타 왜곡된 압력의 영향을 받지 않을 때 우리가 무엇을 느끼는지 깨닫는다. 그 자연스러운 느낌이 우리를 우리의 자연적 조상과 친척으로 만들어준다. 루소는 아마 둘 다 생각했을 것이다. 둘 다 나름의 문제가 있다. 우리의 감정이 어떤 수준에서 사회화에 물들지 않은 채로 남아 있다는 주장은 자연적 인간에서 문명적 인간으로의 심원한 변모에 관한 그의 주장과 충돌을 빚는다. 또한 우리가 이성을 이용해 자연적 기원으로 거슬러갈 수 있다는 생각은 인간 본성이 공급하는 원료의 증거가 부족하다는 루소의 주장과 상충한다.

그래도 "떼어놓으면 사실들이 나온다". 담론의 범위가 원래 글을 쓰게 된 주제─불평등의 기원─를 훨씬 넘어갔지만, 루소에게는 자연적 평등의 기준선이 필요했다. 거기서 인간사회의 불평등이 갈라져나왔기 때문이다. 홉스는 평등의 기준선을 공포와 위협으로 정했다. 둘 다 폭력적인 죽음에 취약하고, 그 죽음을 누구에게나 줄 수 있다. 로크는 신체적 평등에는 관심이 덜했고 신이 정한 자연법 아래 사회를 지배하는 도덕적 평등에 더 관심이 컸다. 물론 홉스는 신체적 취약성을 그다지 성찰하지 않았지만, 자연법은 불가해한 것이었다. 우리가 자연법의 보호를 필요로 하지 않기 때문이다. 그렇다 해도 홉스의 관심과 로크의 관심을 비교하는 것은 흥미로운 일이다. 그러나 홉스는 자연적 인간에게 인간의 특성들 가운데 루소가 고려하지 않는 가장 중요한 것을 주었다. 이를테면 허세, 이기심, 허영, 오만, 남들보다 더 많이 갖고 더 잘살려는 욕망 등이다. 그 이유는 우리가 그것을 필요로 한다든가 그것이 우리에게 어떤 도움을 주기 때문이 아니라, 우리는 남들의 질시나 두려움을 자극해야만 우리 자신의 성공을 믿을 수 있기 때문이다. 루소는 허세가 문명화된 인간의 두드러진 특징이라고 보는 점에서 홉스와 의견을 같이했다. 『인간 불평등 기원론』의 대부분은 자만심의 나쁜 결과에 대한 폭넓은 고찰이다. 그러나 자만심은 문명화된 인간의 특징이다. 혹은 그보다 문명 상태의 패러다임이라고 볼 수 없는 카리브 인디언의 오두막에서도 생겨나는 것을 보면 사회화된 인간의 특징이라고 할 수 있다. 자연 혹은 자연의 신은 우리에게 장차 허영으로 자라나게 될 것의 원료만을 심어준다. 루소는 그것을 아무르 드 수아 amour de soi, 즉 스스로를 보호하기 위한 욕망이라고 부른다. 모든 것이 자연의 손에서 나올 때는 선하다. 인간은 건강하지 못한 사회에서 살아가기 때문에 원래 받은 것을 타락시키는 것이다.[10]

그래서 루소는 원초적이고 진정으로 자연적인 인간존재를 고결한 존재가 아니라 순수한 존재로 묘사한다. 고결하다고 말하려면 자연적 인간이 알지 못하는 도덕의 개념이 필요하기 때문에 자연적 인간은 도덕과 무관하고 순수하다. 다른 동물들처럼 인간 동물은 두 가지 강력한 본능을 가진다. 하나는 아무르 드 수아, 즉 자신을 돌보는 본능이고, 다른 하나는 피티에pitié, 즉 같은 종의 다른 구성원들을 괴롭히는 것에 대한 본능적인 혐오다.[11] 인간에게는 있으나 다른 동물들은 가지지 못한 한 가지 능력은 도덕적 능력이 아니지만 인간을 나머지 동물들과 결정적으로 분리시킨다. 루소는 그것을 완전성perfectibilité이라고 불렀는데, 이 용어는 끝없는 혼란을 야기했다. 그것은 말 그대로 '완벽함'을 뜻하지는 않는다. 루소는 인간의 완벽함이 불가능하다는 주제의 논문을 쓰고 있었는데, 그의 주된 생각은 인간 발전으로 나아가는 모든 단계마다 그에 상당하는, 혹은 더 나쁜 잘못이 따른다는 것이다. '교육 가능성' 혹은 '발전 가능성'이 가장 가까운 번역어지만, '미완성성'이라는 말도 그 관념의 일부를 포착한다.[12] 루소는 단순한 대조를 염두에 두었다. 거의 모든 다른 동물들은 급속히 성장한다. 태어난 지 몇 달 만에 할 수 있게 된 행동은 곧 평생 할 수 있는 행동이다. 인간존재는 성장 기간이 매우 길다. 성장하는 동안 인간은 끊임없이 배우고, 자신의 능력과 욕망을 변화시킨다. 다른 동물들은 부모에게 의존하는 기간이 짧지만 인간은 길다. 게다가 인간 종種은 변화를 겪었다. 다른 모든 종들은 수천 년 동안 변화하지 않았다. 예컨대 우리 친척인 유인원들은 지금이나 1만 년 전이나 똑같이 살고 있다. 그 기간에 인간은 농업, 상업, 산업을 발명했고, 문해력을 발달한 세계에서 생존할 수 있는 조건으로 만들었으며, 인간 생존의 조건을 크게 변모시켰다. 실제로 우리는 우리가 존재하지 않는 조건을 만들어낼 수도 있었다. 우리는 과거와 같은 종이 아니다. 그런 변화와 자기 변화의 능력을 가리켜 루소는 완전성이라고 부른 것이다. 원초적 상태일 때 우리는 다른 동물들과 매우 비슷하다. 이것은 우리가 우리 자신의 내부에서 살아간다는 것을 뜻한다. 우리가 원하는 것은 대체로 우리에게 도움이 되는 것이다. 우리는 자기 보존의 자연법을 따른다. 아무르 드 수

아는 말 그대로 '자기애自己愛'를 뜻하지만, 실은 자기 보존의 본능이다. 우리는 배가 고플 때 먹고, 우리에게 영양분이 되는 것만을 먹는다. 피곤하면 잠을 잔다. 루소에 따르면 성욕은 우리를 짧은 만남으로 이끌고, 그뒤에는 어머니이자 그 여성이 혼자서 그 만남의 결과로 생긴 자식을 양육한다.[13] 우리는 우리 자신이나 다른 생물에게 위해를 가하지 않는다. 언어도 이성도 없기 때문에 시간 감각도 없다. 우리는 위험에 직면하면 두려워하지만 그렇다고 해서 과거의 위험에 대한 기억 때문에 혼란스러워하지는 않는다. 우리는 죽음을 피할 수 없다는 것을 안다고 해서 불안에 떨지 않는다. 우리는 우리 자신의 정체성에 대한 감각이 없으며, 시간감각도 없어 죽음이 우리 모두에게 닥친다는 것을 알지 못한다. 항상 불안을 강조하고 무엇보다도 죽음의 공포를 내세운 홉스와 달리 루소는 그런 공포의 부재를 강조한다. 자연적 인간은 인간의 이상형이 아니지만, 루소는 우리 자신의 불안과 고통으로부터 벗어나는 위안의 바람직한 이미지를 제안한다.[14]

같은 맥락에서, 피티에는 우리가 불필요하게 다른 사람들을 공격하지 않도록 보장한다. 게다가 우리는 음식이나 물, 집을 놓고 다툼을 벌이지 않게 된다. 우리의 수가 워낙 적어 굳이 다툴 이유가 없기 때문이다. 경쟁을 벌이기보다는 양보하는 편이 더 안전하고 간단하다. 더욱이 승리한다 해도 좋을 게 없다. 경쟁자의 고통이 우리에게도 아픔을 주기 때문이다. 우리는 사고를 당해 고통스럽게 죽을 수도 있고, 때로는 굶주림이나 갈증에 시달릴 수도 있지만, 그런 위험은 야생동물의 삶에 영향을 주지 않듯이 우리의 삶에도 영향을 주지 않는다. 야생동물과 달리 우리는 우리보다 사납고 힘세고 빠른 동물의 먹이가 될 가능성이 적다. 원시 상태라고 해도 우리는 야생동물보다 영리하며, 스스로를 더 잘 보호할 수 있다. 평등에 관해서도, 특별한 불평등은 없다. 누구나 다 똑같은 소박한 즐거움을 누릴 수 있고, 똑같은 소박한 위험에 취약하다. 고정된 재산이 없고 자신과 남의 비교를 표현하는 어휘가 없으므로 문명생활의 불평등이란 존재하지 않는다.

　루소의 묘사가 워낙 평온한 탓에 우리가 과연 자연 상태에서 벗어났는지조차 의아스러울 정도다. 홉스와 로크는 문명화된 인간존재를 법도, 정치도 없는 상황에 가져다놓았다. 그 '불편함'이 우리에게 해결책을 고안하게 할 것이라고 주장하기는 쉬웠다. 루소는 선행 인류 prehuman(인류 진화 과정에서 수백만 년 전에 살았던 초기 인류—옮긴이)가 매우 안정적인 상황에서 살았다고 보았으므로 매우 소박한 인간사회로의 이행도 어떻게 설명할지 명확하지 않다. 루소는 답의 윤곽만 개략적으로 제시했다. 인구가 증가해 자원에 압박이 가해지면, 인간은 사회조직이 필요해지고 아울러 사회·가족관계를 조직하는 일종의 언어 형태도 필요로 하게 된다. 그 필요성은 그에 걸맞은 기술과 제도를 낳는다. 그뒤 인류 역사가 시작되고, 그와 더불어 우리가 아는 인간존재가 탄생한다. 루소는 두 가지 연관된 사항을 설명하고자 했다. 하나는 언어가 발명된 이후 어떤 상황이 초래되었느냐는 것이다. 다른 하나는 사회가 어떻게 단순하고 야만적인 촌락으로부터 파리 같은 근대 상업·산업도시로 필연적인 발전 과정을 거치는가이다.

　언어의 기원은 모호하다. 루소는 설명이 불가능하다고 생각했다. 진정으로 자연적인 인간은 혼자 몸이었을 것이라고 주장한 뒤, 그는 같은 종의 다른 개체들과 반복적인 만남을 갖지 못할 경우 소통을 시도할 만한 기회가 매우 적을 것이라고 말한다. 똑같은 논거로, 어머니가 자식과 소통하면서 언어가 발달했다는 전통적 견해도 부정된다. 어쨌든 루소에 의하면 자신의 욕구를 남에게 알릴 필요성이 누구보다 큰 사람은 아이이기 때문에 언어를 창조하는 부담은 유아의 몫이 되어야 한다.[15] 루소는 누군가 추상적 실체를 가리키는 용어들을 발명했을 가능성이 절대 없다고 기민하게 주장한다. 그런 발명이 가능하려면 마음속으로 이미 그 실체를 표현할 언어를 소유하고 있다고 생각해야 한다. 그에 의하면 "언어능력은 언어 사용을 확고히 굳히기 위해 반드시 필요했던 것으로 보인다".[16] 그보다 더 중요한 것은 언어, 이성, 자의식의 등장이 일치한다는 사실이다. 이성은 자기애와 동정의 감정들을 도덕적 정서로 변모시키는 일반화의 능력을 가지고 있다. 이성은 우리 자신의 소망을 도덕적 원칙으로 일반화하도록 해준다. "나는 원한다"는 "나는 그럴 권리가 가졌다"가 되고, "나는 그를 해치고 싶지 않다"는 "나는 그를 해치지 말아야 한다"가 된다. 이와 같은 '도덕적' 동사動詞들의 등장은 욕구에서 원칙으로의 이동을 나타낸다. 내 감정이 다른 사람의 고통에 영향을 받는다는 것은 이제 더이상 중요한 문제가 아니었다. 그보다는 누구도 그런 고통을 끼치지 말아야 하고, 그 일반원칙을 개별 사안들에 적용해야 한다는 생각이 자리잡았다. 훗날 칸트가 루소의 저작을 읽고 고무되어 주장했듯이, 마치 내가 나 자신과 모든 이에게 "고통을 끼치지 말라"거나 "누구도 다른 사람을 해치도록 하지 말라"는 명령을 내린 듯하다.[17]

이 스스로에게 내리는 명령은 칸트가 말한 것처럼 '정언적'이다. 즉 우리가 복종하겠다고 생각하든 않든 무조건 타당한 명령이다. 우리는 다른 사람의 권리가 침해되는 것에 그다지 신경을 쓰지 않는다고 말할 수 없으며, 남에게 피해를 주지 말아야 한다는 우리의 의무는 우리의 감정이 얼마나 예민한지와는 무관하다. 루소는 언어의 등장과 공간, 시간, 개인을 넘어 일반화하는 능력을 한데 묶었으며, 또한 도덕, 죄의식, 수치심도 언어와 함께 등장했다고 보았다. 우리는 새롭고 비인격적인 기준을 몸에 익히고, 그 기준을 충족시키지 못했음을 아는 능력, 그 실패에 대해 우리 자신을 비난하는 능력을 가지게 된다. 바로 여기에 은이 덧대어진 구름이 있다. 이성, 도덕, 추상적 사고의 능력을 획득함이 진보의 특징이라는 것은 루소도 전혀 부정하지 않는다. 그가 주목한 것은 그것들이 만들어낸 새로운 취약성이었다. 우리는 순수를 누리며 무심하게 살아가는 동물들과 달리 도덕적 기준에 맞춰 살아간다. 혹은 그 기준에 맞추지 못하고 죄의식과 자기 비하의 고뇌에 빠져 살아갈 수도 있다. 남이 우리를 학대하면 우리는 고통만이 아니라 도덕적 분노도 느낀다. 루소의 경우에 늘 그렇듯이, 핵심을 이루는 주제가 우리 자신의 자멸적 능력에 대한 취약함인지, 아니면 남들의 경멸과 불친절에 대한 취약함인지는 논쟁의 여지가 있다. 이것은 단순한 불평이 아니다. 루소는 우리가 남들에게 취약해지는 과정에서 우리 자신에게도 취약해진다는 점을 분명히 밝혔다. 그러나 인간의 마음을 묘사하는 화가로서 특유의 재능―그 자신도 그렇게 자랑했다―을 가진 루소와, 사회이론가이자 오랑우탄의 후손이 어떻게 파리에 살게 되었는지 설명하려 했던 추측하기를 좋아하는 역사가로서 특유의 재능을 가진 루소는 어느 정도 긴장관계에 있을 수밖에 없다.

『인간 불평등 기원론』에서 루소가 개괄한 인류 역사는 인간 발전에 관한 '단계' 이론의 변형이다. 18세기에는 인간사회가 수렵·채집 단계에서 유목·목축 단계를 거치고 정주·농경 단계로 들어와 최종적으로 당대의 상업사회를 이루었다고 보는 사고가 익숙했다. 이 이론은 여러 가지 변형을 낳았는데, 고대로 거슬러가기도 했고 거기서 도덕을 끌어내기도 했다. 그런데 18세기의 이론과 후대에 변형된 일반론의 사이에는 주목할 만한 두 가지 차이가 있다. 근대 사회이론은 산업사회와 전前산업사회가 엄청난 생산성의 차이를 보인다는 점을 지적한다. 마르크스 이전에 이론가들의 관심은 다른 변형 단계에 있었다. 우리는 산업사회와 전산업사회의 구분에만 집중하고 나머지는 역사가에게 맡긴다. 18세기의 관심을 잊은 것이다. 그 이유는 우리가 더이상 집회에 참여하고, 전쟁이냐 평화냐를 결정하고, 그 결과를 감당하는 소지주 농부와 무장한 농민에 대한 열망을 품지 않기 때문이다. 그런 직접민주주의의 흔적은 스위스 캉통 canton (스위스연방의 주에 해당하는 행정단위로, 자치의 성격이 강하고 고대의 의회제도를 유지하고 있다―옮긴이)에서 볼 수 있는데, 우리는 그것을 비난의 대상이 아니라 아름다운 유물로 바라본다.

또한 우리는 시장이 지배하는 사회에 살아가는 심리적 효과에 관해 우리 선조들보다 한층 덜 불안을 느낀다. 발전한 사회의 거의 모든 농부들은 주로 자신과 직계가족을 위해 생산활동을 한다. 발전 도상 사회의 소작인들은 가난하고 학대와 착취를 당하므로 시장에 운명을 맡기는 것은 곧 해방이 된다. 루소의 세계에서는 로마식 자유의 근간을 이루었던 강인한 소지주와, 근대 도시에서 손님들의 환심을 사려 굽실거리는 소상인과 상점 주인, 그리고 봉건적 의무 아래 시달리는 억압된 농민이 여전히 뚜렷한 대비를 이루고 있었다. 게다가 현실에 눈을 감지 않아도 그 대비를 잘 알 수 있었다. 그런 구도의 매력은 19세기 말, 그것이 포퓰리즘의 성장을 부채질했을 때 수많은 미국인의 관심을 사로잡은 것으로 증명된다.

루소의 천재성은 낯익은 요소들에서 매우 새로운 것을 끄집어내는 데 있었다. 그는 새로운 사회제도와 심리적 특성이 서로 조화를 이루는 인간사회의 성장 과정을 유전적으로 설명했다. 계몽주의 친구들에게는 놀랍게도 그는 야만사회, 이를테면 카리브 인디언 사회가 인류의 봄과 같으며, 인간이 그 어느 때보다도 행복하게 살아가는 환경이라고 주장했다. 그것은 완성이 아니다. 자신이 유토피아를 믿는 몽상가가 아니라는 루소의 주장은 옳았다. 인간존재는 처음으로 서로를 뚜렷이 의식하게 되었다. 그들은 서로를 비교할 수 있었고 실제로 비교했다. 질투와 성적 질시가 세계에 등장했다. 그가 예로 든 카리브 인디언들이 춤을 추기 시작했을 때 경쟁도 시작되었다고 본 것은 훌륭한 관찰이었다. 다들 남들보다 더 매력적으로 보이고 싶어했다. 마찬가지로, 일부가 남들보다 덜 매력적이라는 것을 깨닫게 되면서 질투와 수치심이 등장했다.[18] 이것이 환기시킨 분노와 더불어 잔인함도 생겨났다. 하지만 근대생활의 고질적인 사회적 불안은 생겨나지 않았다. 애덤 퍼거슨 같은 동시대인들과 달리[19] 루소는 재산, 권력 형태의 발전과 사회계급의 탄생에 관해 단계적으로 설명하려 하지 않았다. 그는 종속적인 야만사회의 모습과 디드로 같은 근대 세계 계몽주의 비평가들이 묘사한 소박한 사회의 패러디를 그렸다. 그가 한 일은 거기까지였다. 『인간 불평등 기원론』 초반부의 주요 목적은 카리브 인디언의 소박한 사회가 '자연적'이지 않다는 점을 밝히는 것이었다. 그렇게 소박한 사회조차도 과거의 인간을 포함한 비사회적 동물과의 결별이 필요했다.

『인간 불평등 기원론』의 후반부는 전반부처럼 홉스에 관한 주해로 읽을 수 있다. 전반부에서 루소는 홉스가 묘사한 자연 상태의 인간이 실제로는 전혀 자연 상태가 아니라고 주장하고, 계속해서 인간의 자연적 조건을 루소 자신의 목적에 맞춘 새로운 방식으로 서술했다. 그와 마찬가지로 후반부는 정부의 목적이 만인의 만인에 대한 전쟁을 방지하는 것이라는 홉스의 주장을 진지하게 받아들이고, 전쟁이 어떻게 생겨나고(자연 상태에서가 아니라 사회 내부에서) 어떻게 지속되는지(무기가 아니라 사회관계에서, 문명사회의 좌절한 구성원들의 공상에 찬 삶에서)에 관해 새로운 설명을 제공한다. 『인간 불평등 기원론』의 후반부는 사유재산의 창조자가 시민사회를 창건했고 인간의 모든 악을 낳았다는 충격적인 주장으로 시작한다. 최초의 인간이 갑자기 주변의 땅에 울타리를 치고 "이 땅은 내 땅"이라고 선언했을 때 모두들 달려가 그 울타리를 부수고 땅에서 나는 결실은 공동의 소유이며 땅 자체도 누구의 소유가 아니라고 주장했어야 했다. 만약 그랬더라면 범죄를 예방할 수 있었을 것이다! 물론 루소는 재산이 바로 그런 식으로 발명되었다고 생각하지 않았으며, 궁극적으로 토지를 개인의 사유재산으로 만들지 않고도 인간사회가 발전할 수 있었다고 가정하지도 않았다.

시인들은 금과 은이 우리를 타락시킨다고 생각했다. 그들과 바울은 돈을 사랑하는 마음이 악의 근원이라고 보았다. 루소는 좀더 철학적인 견해를 취해, 인간을 문명화한 동시에 인간성을 파멸시킨 것은 곡식과 철이라고 말했다.[20] 이것은 심원한 통찰력이었다. 만약 산업 세계와 전산업 세계의 구분에 지나치게 집중한다면, 우리는 농업혁명이 인간 진보에 훨씬 더 결정적이었다는 사실을 놓칠 수 있다. 농업혁명에 힘입어 인간은 비교적 안정적인 식량 확보가 가능해졌고, 상당량의 잉여를 생산해 예술, 문학, 과학, 지적 자본을 창출할 수 있게 되었다. 이것이 이후 또다른 돌파구를 가져왔음은 물론이다. 여기서 루소는 낯익은 도덕을 끌어냈다. 농업은 비록 큰 혜택을 가져왔으나 동시에 인간을 고된 일에 묶어놓았다는 것이다. 곡식이 미소짓는 밭에 주어진 물은 노동자의 이마에서 솟은 땀이었다. 그것이 아담의 진정한 저주였다.

새로운 구분이 생겨났다. 사회의 식량과 기타 재화를 생산하는 데 필요한 노동력을 지출하는 사람과 토지를 비롯해 온갖 값비싼 것들을 소유한 사람의 구분이었다. 사유재산을 토대로 건설된 모든 사회에서 뿌리 뽑힌 줄 알았던 내전이 재개되었다. 거기에는 자원을 마음대로 처분할 수 있는 사람과 그 결과를 감수할 수밖에 없는 사람의 뚜렷한 차이가 있었다. 마치 20세기의 대다수 공산주의사회들과 같았다. 루소는 부자들이 누리는 행복에 큰 열정이 없었으므로 그들이 문명의 혜택을 독점해 이룩한 것에 큰 감명을 받지 않았다. 적정 한도를 넘으면 식량은 우리에게 이득보다 피해를 주게 마련이다. 자원의 대량생산으로 새로운 형태의 경쟁이 등장하고, 그 결과 새로운 형태의 고통도 생겨난다. 인간은 "자기 자신에게 타인이 되어 autrui de lui-même 살아갈 수 있게 된다". 자신과 남의 비교에 집착하면 무엇이 내게 이익과 손해를 가져다주는지를 보지 못하고 그저 자신이 타인에게 어떻게 보이는지만 신경쓰게 된다.

원시사회에서도 우리는 타인의 칭찬과 호평을 열망한다. 타인의 호평은 외양에 의거하기 때문에 우리는 실제 우리와 다른 모습으로 보이고 싶은 유혹에 사로잡힌다. 이것이 표리부동, 위선, 분노의 유인이다. 표리부동은 아주 명확하다. 우리가 원하는 게 타인의 호평이라면 우리는 실제 모습이야 어떻든 간에 보기 좋은 외양을 꾸며야 한다. 위선도 표리부동에 버금갈 만큼 명확하다. 우리는 여론의 승인으로부터 이득을 취하기 위해 여론의 편을 들지만, 그럴 때도 실은 잘못이거나 부도덕하다고 생각하는 경우가 많다. 비판에 대한 루소의 '무뚝뚝하고 곰 같은' 대응은 그가 위선의 유혹에 빠지지 않았음을 보여주었다. 하지만 그 때문에 볼테르는 그를 타깃으로 삼게 되었고, 그의 아이들이 어떻게 되었는지 알아냈다. 애국심을 표방하면서 자기 자식들에게 무관심한 것보다 더 위선적인 태도가 어디 있겠는가? 분노는 가장 흥미로운 반응이다. 그것은 『인간 불평등 기원론』가운데 근대인의 내적 삶을 묘사하는 대목에서 특별 부록처럼—주 9번을 참고하라—분석된다. 근대인은 다른 모든 사람의 인정을 바란다. 이를 위해 근대인은 남들을 완벽하게 통제해야 한다. 이는 곧 자신이 동료들 위에 군림하는 절대적 독재자라고 상상해야 한다는 의미다. 그러나 플라톤이 『국가』에서 말했듯이 독재자는 수많은 적들을 만들어내고 그들에게서 항구적으로 살해의 위협을 받는다. 유일한 해결책은 적들이 우리를 죽일 기회를 잡기 전에 적들을 다 죽이는 것뿐이다. 이리하여 근대인의 내적인 삶은 충격적인 결론에 이른다. 상상 속에서 자신을 제외한 전 세계를 죽여버려야 한다. 자신이 만든 외딴 섬에서 홀로 살아야 한다. 거기에는 자신을 칭찬할 사람도, 두려워하거나 부러워할 사람도 없다.[21] 그것이 바로 헤겔, 프로이트, 사르트르의 통찰력을 구성하는 중요한 요소다.

루소에게는 다른 과제들도 있었다. 그중 하나는 사회계약의 전통을 파괴해나가는 것이었다. 빈부로 분열된 사회는 안정적이지 못하다. 가라앉았던 내전이 재발하고, 빈민이 부자를 약탈하고, 부자가 빈민을 살해한다. 이런 사태를 방지하고 안정을 강화해주는 것이 바로 그 사악한 사회계약이다. '가진 것 전부에서 두려움을 느끼는' 존재로 묘사되는 부자는 빈민에게 계속 그들을 착취하고 사취해야 하며, 그 대가로 빈민은 부자의 재산을 보호하고 계속 부자를 섬겨야 한다고 말한다. 말할 것도 없이 루소는 그 거래가 마치 평화와 협력이 착취와 강탈을 대체해야 한다는 제안처럼 깔끔하게 포장되었다고 가정했다. "모두가 자신의 사슬 속으로 곤두박질친다."[22] 여기서 루소는 (엥겔스가 말했듯이) 해결의 가능성이 큰 마르크스주의 전통을 예고하는 동시에 인간의 불완전함에 관해 마르크스와 엥겔스보다 더 심한 회의론을 보여준다. 현실의 모든 정부들이 무산자를 탄압하기 위해 공모하고, 여기에 빈민들까지 끌어들인다는 생각은 정치적 불만 자체만큼이나 오래된 것이다. 빈곤한 다수가 소수 부자의 생명과 재산을 빼앗을 수 있다는 것은 언제나 명확했다. 하지만 그 시도를 가로막는 게 있다는 것도 명확했다. 그것은 빈민의 다수가 부자의 것을 빼앗기보다 부자를 보호하기 위해 싸운다는 점이다. 그 이유에 관해서는 수많은 설명들이 있지만, 여기서 그것까지 살펴볼 여유는 없다.

루소는 서로 모순처럼 보이는 두 가지 이야기를 전하고자 한다. 둘 다 진실인데, 하나는 구조적 진실이고 다른 하나는 역사적 진실이다. 구조적으로, 국가는 사악한 계약 위에 세워진다. 이것은 영원한 진실이다. 국가는 재산권을 보호하고 부자가 빈민을 착취하도록 해준다. 역사적으로, 국가가 뻔한 사기극에서 생겨나지는 않았을 것이다. 국가는 이를테면 자기방어를 위해 결집한 상황에서 사람들의 그럴듯한 (암묵적이기는 하지만) 약속으로 출범했을 것이다. 일단 국가가 성립되자 국가 자원에 접근하는 사람들이 자신의 지위를 개선하고, 새로 얻은 자원을 이용해 권력에 대한 장악력을 확고히 다지는 게 가능해졌다. 이 사실은 소박하고 사치스럽지 않은 사회들을 보호하는 작은 국가가 다른 경쟁자들보다 정당성이 더 크다는 것을 의미한다. 루소는 이 점을 크게 떠들어대지 않았다. 당시 프랑스의 검열은 그 사상의 파괴적인 의미를 탄압했을 테고, 아마 그 사상의 저자도 탄압했을 것이다.

『인간 불평등 기원론』의 매력은 정치적인 측면에 국한되지 않는다. 그 폭넓은 범위도 흥미롭고, 인간의 마음속으로 들어가는 통찰력도 그렇다. 자기 자신, 자신의 양심, 전반적으로 일반 국민들과 상충하는 소외된 개인의 상은 충격적이면서도 위험스러울 만큼 매력적이다. 인간을 사회적 힘의 희생자로 바라보는 루소의 시각은 항상 도움이 되지는 않는다. 자칫하면 우리가 마치 정치인의 손 안에 든 진흙 덩어리처럼 생각될 수 있는데, 이런 사고는 독재자와 이데올로그의 유토피아적 목적을 부채질한다. 반대로 치료적 사회의 더 온건한 독재로 나아갈 수도 있다. 이것은 사회사업가와 치료사들의 도움이 없이는 우리 모두가 자신의 삶을 영위할 수 없다고 간주되는 세계다. 우리의 취약성을 근대 세계에 관한 핵심적 사실로 제시하면서, 루소는 근대성의 미덕을 경멸한다. 그중 하나는 그의 저작이 설득력 있게 표현하는 개성에 대한 예민한 감각이다. 만년에 접어들어 루소는 확실히 광증에 시달렸다. 하지만 대부분의 생애에는 그렇지 않았다. 삶의 일상적인 고통을 처리할 수 있는 사람들이 실제보다 더 불행하다고 말한다고 해서 좋은 목적이 충족되지는 않는다. 위대한 예술작품이 그렇듯이, 『인간 불평등 기원론』은 현실을 사진처럼 묘사하는 대신 과장함으로써 그 목적을 달성한다.

『에밀』과 은둔

우리는 루소를 괴롭힌 긴장을 완화하거나 거기서 도피할 수 있을까? 루소는 몇 가지 치유책을 제안하는데, 그 대부분은 그의 정치학과 무관하기 때문에 여기서 다루지 않았다. 사실 그것들은 은둔의 삶을 영위하기 위한 조언에 가깝다. 하지만 아무리 독자적인 '해결책'이라 해도, 간접적이지만 가혹한 비판으로서 정치와 관련을 맺는다고 말할 수 있다. 혼자 있을 때만 남에게 피해를 주지 않고 행복할 수 있다면, 현명한 사람은 차라리 세계와 정치에 등을 돌리고 산속의 오두막에 살면서 남들에게 미치는 영향 따위에 신경을 쓰지 않고 자신만의 생각에 잠길 것이다. 마키아벨리는 '더러운 손'이라는 생각을 혐오하는 사람이라면 수도원으로 가라고 말했으며, 소로 Thoreau는 19세기 미국 사회에 대한 물리적 비판으로서 월든 연못에 오두막을 직접 지었다. 그런 전략에는 하등 '잘못된' 게 없지만, 그것은 거친 흙을 일구는 농부보다 특권으로 살아가는 교육받은 사람에게 더 쉬운 것 아니냐는 지적에 취약한 것이 사실이다. 또한 그런 방식의 삶이 통하려면 사람들이 지나치게 같은 행동 노선을 채택하는 일이 없어야 한다.

인간의 삶에서 가장 중요한 것은 정치에 의해 간접적으로만 촉진될 수 있다. 이것은 그럴듯한 생각이다. 자유주의자와 보수주의자는 그 생각에 공감하면서, 정부의 활동이 생존의 위험을 막아주고 사회적 협력을 증진하기 위한 몇 가지 장치를 마련하는 정도에 그쳐야 한다고 주장한다. 개인적 행복은 친구들, 예술, 격렬한 신체활동, 신체적 행복의 의식, 그 밖의 정치와 기본적으로 무관한 여러 가지 것들에서 나온다. 그것들은 사적인 재산이다. 정책을 고찰하고, 다른 사람들에게 그 정책이 구현될 수 있도록 협력하라고 설득하고, 정책의 이행을 진척시키는 데서 만족을 얻는 사람은 거의 없을 것이다. 그것은 우리가 어떻게 자신을 통치해야 하는가 하는 질문에 대한 한 가지 근대적인 답이다. 정부가 적절한 과제들을 효과적으로 수행하는 한, 정부의 제도적 형태나 그것을 운영하는 인력은 중요하지 않다. 더 신중하게 말해, 정부 형태가 중요하다면 그것은 적절한 야망을 가지고 정부를 효율적으로 운영하는 인력을 제대로 배출한다는 의미에서다. 루소는 그 상식에 기반한 미니멀리즘(원래 극도로 단순한 형태의 표현을 특징으로 하는 1960년대의 미술사조를 가리키지만, 여기서 저자는 그냥 최소한의 것을 지향하는 자세라는 일반적 의미로 사용한다—옮긴이)의 견해에 찬동할 수 없었다. 그것은 우리 자신을 참된 시민이 아니라 정부 서비스의 소비자로 바라보는 태도다. 루소는 능동적 시민의 삶이 선한 삶이라는 고전 공화정의 견해에 지나치게 도취되었고, 구체제의 세계를 지나치게 혐오했다. 우리가 구체제에 만족할 수 없었던 이유는 구체제가 경제적으로 무능하고, 심하게 불평등하고, 종교적이고 도덕적으로 억압적이기 때문이다. 부유한 프랑스인들조차 로마나 스파르타에서와 같은 시민이 아니었다는 사실은 구체제에 대한 반감의 첫번째 요소가 아니었다.

루소는 인정하지 않을지 모르지만, 『에밀』은 미니멀리즘의 정치적 견해에 딱 들어맞는다. 『에밀』은 근대사회의 삶을 악화시키는 고통의 제거를 목표로 삼는 교육을 소개하기 때문이다. 이 교육은 완전한 행복을 누리는 능력을 부여하면서도 자신이 살아가는 사회의 정치로부터 초연할 수 있도록 해준다. 에밀의 가정교사로 등장하는 루소가 책임을 진 교육의 상세한 내용은 교육론의 역사를 구성하는 재료이지만, 그 목적은 지금 우리와 확실한 연관이 있다. 에밀은 자연의 빛이 인도하는 대로 행동하는 법을 배워야 하며, 그것도 철저하게 배워야 한다. 만약 지역 법이 곧 자연법의 지역적 해석이 되는 공화정에 살고 있는 사람이라면, 그는 능동적이고 헌신적인 시민이 될 것이다. 설령 그렇지 않다 해도 초연한 상태에서 남에게 피해를 주지 않으며 행복하게 살아갈 것이다.

루소는 인간 본성이 여느 자연적인 것과 마찬가지로 신의 손에서 나왔고 본래 선했으나 인간의 간섭으로 인해 악해지고 타락했다고 주장함으로써 곤경에 처했다. 원죄라든가, 반사회적 행동을 억압할 필요성을 강조하는 아우구스티누스적 정치관은 그대로 넘어갈 수 있었다. 루소가 이해하는 자연의 선함이란 교육이 가급적 자연 자체에 의해 주어져야 하며—이때 교사는 자연의 목소리 또는 대리자가 된다—아이는 사회의 유혹과 타락을

724

마주할 나이가 될 때까지 사회로부터 보호되어야 한다는 것이다.[23] 몇 가지 의미는 좀 별스럽다. 루소는 교사에게 책무를 넘는 정도의 통제력을 부여한다. 교사가 법률상으로도, 현실적으로도 정당하게 그런 통제력을 소유한다고 상상하는 부모는 어디에도 없다. 그러나 자연은 싫든 좋든 우리가 하는 모든 일을 결정하므로 자연을 대변한다고 생각하는 사람이라면 누구나 교육학적 전능함의 환상에 빠지게 마련이다.

　핵심 사상은 사람이 아니라 사물이 아이를 가르쳐야 한다는 것이다(사물이 가르친다는 말은 이론 교육보다 실물 교육과 현장 교육이 중요하다는 의미다—옮긴이). 사물에 의존하는 것은 자유와 조화를 이룬다. 특정한 개인에게 의존하는 것은 노예 상태. 스스로 자유의 폭을 줄여 우리에게 유용하거나 위험한 사물의 특성에 맞도록 우리 자신을 조절하는 것은 노예 상태가 아니지만, 예를 들어 돈 조반니의 시중을 드는 시종이나 유행을 좋아하는 고객의 경박한 취향을 섬기는 양복공은 노예 상태다. 루소의 독자들은 이미 알고 있겠지만 그의 사상은 스토아적 전통을 따르고 있다. 에밀은 세계에 대한 이해를 습득하는 것과 똑같은 방식으로 경험에 의해 도덕관념을 습득한다. 『에밀』을 상세히 탐구하면 심층으로 들어가게 된다. 독자들은 사람이 아니라 사물이 우리에게 살아가는 방법을 가르쳐야 한다는 학설을 표방하는 루소와, 사물이 루소가 원하는 내용을 에밀에게 가르칠 수 있는 상황을 만들어내기 위해 표리부동의 조작을 가하는 에밀의 가정교사가 서로 사뭇 다르다는 점에 충격을 받는다. 정원사가 다 파헤쳐버리리라는 것을 알면서도 에밀에게 정원 한쪽 구석에 콩을 심으라는 루소의 이야기를 들으면, 대다수 독자들은 그 교훈이 재산의 신성함이 아니라 루소의 사악함에 있다고 생각하지 않을 수 없을 것이다.[24] 심층의 깊이는 반드시 루소의 상상력이 이중적이라는 것과 관계가 있는 것은 아니다. 가르침은 본래 모호하게 마련이다. 하지만 교사는 학생과 동등한 동료이면서도 학생의 길잡이이자 지도자여야 하므로 그렇게 놔둘 수는 없다.

교육과정은 루소가 에밀의 종교 교육에 착수하는 4권에서 처음으로 중단된다. 『사부아 보좌신부의 신앙고백 Profession de foi du vicaire Savoyard』은 별도의 소책자로 자주 출판된다. 그렇게 자주 출판된다는 사실 자체가 검열관의 반감을 부채질했을 것이다. 책의 내용은 그리스도교를 반대하지는 않지만 그리스도교보다는 소박한 이신론理神論에 가깝다. 온갖 형태의 제도권 종교를 적대하는 태도는 가톨릭 프랑스는 물론이고 프로테스탄트 제네바에서도 권장되지 않았다. 5권에서 루소는 『사회계약론』의 요소들을 인용하면서 에밀의 교육을 끝마친다. 『에밀』이 『사회계약론』을 읽는 방법을 잘 알려준다는 것을 파악한 뒤 이제 우리는 그 모호한 걸작으로 주의를 돌려야 한다. 우리가 점잖게 회피해도 좋은 한 가지 주제는 여성을 대하는 루소의 방식이다. 루소는 에밀을 소피라는 젊은 여성과 결혼시켰다. 루소는 그녀를 이용해 남성과 여성의 사회적 역할을 다소 과장되게 대비시켰다. 남성은 힘이 세고 여성은 약하다. 교육은 남녀의 특성을 계발해 그 차이를 부각시켜야 한다. 여성에게 정식 교육을 제공하지 말고 남에게 즐거움을 주는 법을 가르쳐야 한다. 묘하게도 루소는 여성이 과연 남성보다 실제로 약한지 쉽게 판단하지 못했다. 신체적으로는 더 약할지 모르지만, 남성이 여성에게 감정적으로 의존하는 탓에 여성은 강력한 힘을 가지게 되었다. 메리 울스턴크래프트 Mary Wollstonecraft(18세기 영국의 여성 작가—옮긴이)의 『여성의 권리를 옹호함 A Vindication of the Rights of Woman』은 '여성을 경멸에 가까운 연민의 대상으로 만든 일부 작가들에 대한 비판'이라는 제목의 기다란 장에서 루소의 견해를 총체적으로 분쇄했다.[25] 그녀도 주장했고 루소도 마음속으로 알고 있던 것은, 그가 여성을 표리부동하고 남자를 유혹하는 존재로 교육하기 위한 방법을 제시했다는 점이다. 『에밀』의 속편에 해당하는 루소의 중편소설 『에밀과 소피 Émile et Sophie』는 그들의 결혼이 실패로 돌아가고 에밀이 처자식을 버리는 내용이다.

에밀은 호의적인 외부인이다. 그는 원칙을 철저히 지키고, 따뜻한 마음으로 움직이며, 합리적 도덕의 규칙에 맞게 살아간다. 그는 그 규칙을 준수하는 것이 개인과 전체의 행복을 증진한다고 생각한다. 그는 금욕주의와 자기희생으로 살아가지는 않지만, 행복이란 과잉보다 적절한 자급자족에서, 신체의 풍요보다 정신의 풍요에서 나온다는 것을 안다. 그는 정직한 거래로 생계를 꾸릴 수 있으며, 욕구가 과도하지 않기 때문에 궁핍에 빠지지 않고 자급자족이 가능하다. 그는 선한 삶을 살기 위해 정치 공동체에서 능동적 시민이 될 필요가 없다. 『인간 불평등 기원론』만이 아니라 아리스토텔레스의 『정치학』에도 비슷한 내용이 있다. 그러므로 우리는 에밀에게 이성을 부여해 정치사회에 시민으로서 참여하게 하고, 남의 편이 아니라 우리편에 속하게 해야 한다. 근본을 알지 못해도 시민으로서 잘살 수 있다면, 우리는 그가 공화국의 선한 시민이 되는 것에서 어떤 이득을 얻는지 설명해야 한다. 그것은 우리가 우리 자신의 정치 공동체를 어떻게 여기느냐는 의문을 제기한다. 우리는 우리가 사는 지역의 정치적·법적 제도를 제한된 목적을 이루기 위한 편리한 장치로 보는 것에 만족해야 할까? 아니면 스파르타인과 로마인이 조국을 사랑했던 만큼 우리가 우리 나라를 사랑하지 않는다는 것을 개탄해야 할까? 또한 근대 독자는 루소가 그렇지 않다는 의문에 맞닥뜨릴 수 있다. 잡다한 형태의 민족주의가 유발한 전란의 두 세기가 지난 뒤, 우리는 많은 사람들이 자기 조국에 관해, 아테네인과 스파르타인이 자기 도시에 관해 가졌던 것보다 훨씬 더 격렬한 감정을 가진 것을 개탄해야 한다. 애국심은 사람들을 죽음으로 몰고 가는 경향이 있다.

『사회계약론』

　루소는 원래 국가 혹은 국가의 철학적 대변자들이 자신들의 주장을 정당화하는 논거에 관해 회의적인 질문을 제기할 참이었다.『사회계약론』은 국가가 법의 준수를 정당하게 요구할 수 있고 국민들이 그것을 정당하게 거부할 수 있는 조건을 탐구한다는 취지를 표방하고 있다. 모든 독자들이 여러 가지 면에서 어렵게 느끼는 책이다. 이 책에 관해 이제부터 다룰 내용은 그 어려움이 어디에 있고 미로에서 벗어나는 길이 무엇인지 암시만 주는 데 그칠 따름이다. 루소가 제기한 문제들 가운데는 1권에서 제시된 정당성의 일반론과 4권에서 설명하는 로마 공화정 제도에 관한 논의를 어떻게 연관지을 것이냐가 있었다. 또다른 문제로, 그가 다루는 자유의 몇 가지 종류—자연적 자유, 도덕적 자유, 시민적 자유 등—를 구분하고, 그가 자유와 그 변형들에 관한 일관적 이론을 정립했는지를 판단하는 것도 있다.『사회계약론』에는 몽테스키외의『법의 정신』과 같은 긴장이 있다. 루소의 의도는 독자들이 자기 조국을 사랑하기를 바라면서, 대다수 정치제도들이 과연 정당한지 의심할 만한 근거를 제시하려는 데 있는 듯하다. 철저하게 쇄신할 경우 그의 요건을 충족시킬 수 있는 국가는 제네바인데 모든 독자가 제네바 출신인 것은 아닐 테니 문제가 된다. 그러나 저자가 자기가 쓴 책의 의미를 알지 못했다고 따지는 것은 가벼운 사안이 아니며, 특히 루소는 그런 불만에 잘 대비하고 있었다. 그 자신도 말했듯이 그는 그런 쟁점들을 열심히 고민했다. 간혹 그가 혼란에 빠진 듯 보인다면, 그 이유는 그가 모든 것을 한꺼번에 말할 수 없기 때문이거나, 자신의 책을 세심하게 읽지 않은 독자들이 그의 견해를 명확히 이해하리라고 기대할 수 없기 때문이다.

　『사회계약론』의 도입부는 잘 알려져 있다. 인간은 자유롭게 태어났으나 도처에서 사슬에 묶여 있다. 그다음 부분은 독자의 불안을 고조시킨다. "어떻게 이런 일이 일어났는지는 알지 못한다. 하지만 무엇이 그것을 정당하게 만드는지는 말할 수 있다고 생각된다."[26] 국가의 기원에 관한 루소의 견해를 거부하는 사람은 『인간 불평등 기원론』이나 나중에 그가 제시한 로마의 창건에 관한 성찰에도 만족하지 못할 것이다. 그런 사람을 진지하게 간주할 필요는 없다. 우리가 사슬을 정당화할 수 있다는 생각은 곧이곧대로 받아들이기 어렵다. 겉보기에만 사슬일 뿐 진짜 사슬이 아니라는 것을 보여주려는 태도―루소는 그렇게 노력한다―와, 실제로 사슬이지만 우리에게 정당하게 채워진 사슬이라는 주장은 서로 별개의 문제다. 그럼에도 불구하고 루소가 자신의 과제를 이해하는 방식은 상당히 복잡하다. 기원에 관한 어떤 이야기도 정당함에 관한 문제를 결정하지는 못한다고 본 점에서 그는 이전 사람들보다 명쾌했다. 우리 조상들이 현재 군주의 조상들에게 충성을 서약했다는 것은 진실일 수도 있고 진실이 아닐 수도 있다. 설령 진실이라 해도 그것은 우리에게 도덕적 구속력이 없는 역사적 사실이었다. 미국인들은 자신들의 정체가 아니라 군주정에 관련해 그 점을 더 쉽게 믿는다. 하지만 루소의 분석에 따르면 '그들 민족'은 정체를 수립하는 일을 잘하거나 못할 따름이다. 그들의 행위가 우리에게 미치는 영향은 우리가 결정할 몫이다. 루소는 특히 흐로티위스Grotius(17세기 네덜란드의 법학자―옮긴이)가 정치권력을 노예 주인의 권력과 일치시킨 점을 호되게 비판했다. 공동체에 대해 생사여탈권을 가진 사람이라면 아마 사람들에게 생명을 주면서 예속에 가까운 복종을 대가로 요구했을 것이다. 하지만 그것은 사람들에게나 그 자신에게나 좋지 않고, 우리도 전혀 배울 게 없다. 우리가 제기해야 할 질문은 이것이다. 무엇이 누구에게 우리를 지배하는 규칙을 부과할 권리를 부여하며, 우리에게 복종의 의무를 부여하는가? 또한 현재 초점이 되는 문제는 이것이다. 정당한 도덕론의 견지에서만 답할 수 있는 문제는 어느 것인가?[27]

루소의 답을 살펴보기 전에 그가 홉스와 공유한 생각에 유의할 필요가 있다. 그것은 에밀에게 답을 제공하기도 했다. 한 사회에서 친근한 외부인으로 살아가고자 하는 사람은 그 사회의 일부분이 아니라 전체를 고려해야 한다. 자신의 모국에서 외국인처럼 사는 사람은 실제 외국인과 똑같은 대우를 받으리라고 예상할 수 있다. 프랑스의 영국인이 프랑스의 교통 규칙을 지키는 이유는 그가 프랑스인이기 때문이 아니라 그게 자신에게 유리하기 때문이다. 설령 규칙들을 전부 납득하지는 않는다 해도 그는 거기서 예외가 될 생각은 없다. 또한 그는 자신이 적절히 처신하기만 한다면 온당한 대우를 받으리라고 기대한다. 그 반대의 경우, 즉 영국에 사는 프랑스인이나 미국에 거주하는 외국인도 마찬가지다. 그들이 가지지 못한 것은 규칙을 만드는 과정에서의 발언권이다. 그것을 가지려면 시민이 되어야 한다. 반대로, 그들이 그 사회에 덜 통합적일수록 내국인들은 동료 시민들을 대할 때와 달리 그들의 무해함에 대한 보증을 더욱 요구하게 마련이다. 물론 제2차세계대전 때 미국이 미국에 거주하는 일본인들을 억류한 것과 같은 사건은 당연히 예외다.

　현실적으로, 전시가 아닐 때 안정된 사회는 외국인을 자국인과 똑같이 대우한다. 우리는 우리 동네에 사는 외국인이 우리에게 무해하다고 생각하거나, 그들 때문에 걱정하지 않는다. 하지만 그들이 우리에게 해를 가하려 한다고 의심되면 우리는 동료 시민들에게 하는 것처럼 그들을 법적으로 보호해줄 의무가 없다. 예를 들어 재판 없이 그들을 억류하거나 강제로 추방할 수 있다. 동료 시민들에게는 불가능한 일이다. 홉스와 루소는 독자들에게, 국가의 보호 아래로 들어가면 성가신 의무가 부과되지만 동시에 처벌이나 자유의 제한 같은 법적 조치에 시달리지 않는다는 점을 상기시킨다. 호의적인 외부인은 스스로 해당 사회에 통합됨으로써 이득을 얻는다. 우리가 그를 사회에 통합시킴으로써 이득을 얻는 것과 마찬가지다.

계약에는 권리가 따른다

루소는 권리를 만들 수 있는 관념에 상당히 적대적이었다. 우리는 누군 가에게 강제로 복종할 수밖에 없지만, 그렇다 해도 그에게 우리를 복종하게 만들 권리를 부여한 것은 아니다. 정당성이란 정부가 복종을 요구할 권리를 소유하고 국민은 복종할 의무가 있음을 뜻한다. 노예는 주인에게 복종할 의무가 없다. 주인이 그를 복종하도록 강제할 수 있는 한에서만 복종할 따름이다. 자유를 되찾을 수 있으면 노예는 자유로워진다. 똑같은 논거가 국민과 지배자의 관계에도 적용된다. 흐로티위스는 국민이 스스로 절대군주에게 복종할 수도 있다고 주장했다. 유스티니아누스가 로마인들이 그렇다고 생각했던 것과 같다. 루소는 무엇보다 군중이 어떻게 국민을 형성하느냐가 중요한 질문이라고 대답한다. '국민'이 되는 것은 자연의 선물이 아니다. 그것은 단일한 국민이 되겠다는 동의에서만 생겨난다.[28]

예전에 로크가 그랬듯이 루소는 우리가 더이상 자연법으로만 살아갈 수 없게 되었을 때 '불편'이 우리로 하여금 시민사회를 만들도록 한다고 생각한다. 권리의 기반은 동의여야 한다. 정치적 권리는 협정으로 생겨난다. 그 동의는 매우 힘든 구속에 종속된다. 우리가 추구하는 것은 "공동의 힘을 나눠 가진 사람들의 신체와 재산을 방어하고 보호하는 형태의 결사체다. 그것을 통해 각자는 모두와 힘을 공유하지만 그럼에도 불구하고 단독으로 복종하고 예전처럼 자유롭게 살아간다".[29] 그런 힘든 조건을 과연 충족시킬 수 있느냐는 문제는 차치하고라도, 많은 비평가들은 권리의 제도가 확립되어 구속적 동의가 무엇이고 어떻게 만들어지는지 밝히기 전에는 어떤 구속적 동의도 있을 수 없다고 주장했다. 하지만 홉스의 경우에 보았듯이 정치적 의무가 자발적으로 부과되어야 한다는 생각은 무척 매력적이다. 만약 명령을 내릴 수 있는 정치적 권리나 관습적 권리의 기반이 실제든 가설이든 동의에 있다면, 그것의 구속력은 자연법에 따른다. 거기서 나오는 사상은 21세기의 사고로 아주 쉽게 번역된다. 즉 정당한 정부의 정치적 권력은 합법적으로 반포된 명령에 복종한다는 시민들의 도덕적 확신에 의거해야 한다는 것이다. 우리의 정부가 그런 기반에 의거한다는 주장을 시험하는 한가지 방법은 우리가 그런 정당화를 위한 동의를 실제로 했는지 물어보는 것이다.

　루소는 정당한 국가가 탄생하려면 우리가 우리 자신과 재산을 누구에게나 동등한 조건으로 국가권력 아래 두어야 한다고 본다. 재산을 국가권력 아래 둔다는 생각은 일부 학자들에게 이상하게 여겨졌다. 로크의 정부를 설명할 때와 똑같은 문제에 봉착하는 듯 보이기 때문이다. 우리는 현재의 정부와 밀착된 기존 정부의 사회·경제질서를 상상해야 한다. 물론 그것은 보통 불가능하다고 말한다. 그런 제도를 유지하기 위해서는 구속력을 가진 정교한 규칙들이 수용되어야 하기 때문이다. 게다가 그 경우 국가는 우리가 만들기 전에 이미 존재한 것이 된다. 이 문제를 해결하는 방법은 두가지다. 우선 사람들이 규범적이라고 간주하는 합의된 자제심과 기대감의 임시변통(목숨, 수족, 자유만이 아니라 간단한 재산도 지키는 도덕질서)이 국가에 앞서 존재한다고 볼 수도 있다. 결정적인 변화는 새로운 종류의 규칙(관습법)을 수립하는 권력을 가진 존재(주권자, 군주)를 도입하는 것이다. 그 존재가 우리를 구속하는 이유는 주권이 그것을 가능케 하기 때문이다. 이것은 이른바 국가 없는 사회가 진정한 정치사회로 진화하는 경로다. 둘째 방책은 기존의 기대감과 자제심을 '타락'시키는 것이다. '재산'은 현실이다. 즉 내가 마음대로 사용하거나 처분할 수 있는 것을 가리킨다. 만약 우리가 귀중한 물건을 소유하면서 우리의 소유를 보장받기를 원한다면, 우리는 그런 통제를 보장해주는 구속력 있는 규칙의 제도를 수립할 동기를 가진 것이다. 차이는 미미해 보이지만 루소는 둘째 방책을 구상한 것으로 보인다. 다시 말해 그는 사실상의 재산과 법률상의 소유권을 대비시켰다. 반면 로크는 도덕적 규약, 자연법으로 지배되는 세계와 실정법으로 지배되는 세계를 대비시켰다.

루소는 우리가 우리 자신을 지배자에게 무제한으로, 전적으로 내주고 모든 구성원들을 지배하는 절대권력으로 '도덕체moral body'를 만들어내는 계약을 상상한다. "우리는 일반의지의 가장 높은 통제 아래 각자 자신의 신체와 모든 권력을 공유한다. 단일한 집체로서 우리는 각각의 구성원을 전체의 보이지 않는 일부로 간주한다."[30] 이 도덕체, 혹은 '집체'는 흡스의 군주처럼 의지를 가진 존재이고, 그 의지는 일반의지다. 이것은 전체 공동체의 의지이며, 공동체의 이익, 즉 공동의 이익을 지향한다. 레스 푸블리카는 곧 레스 포풀리res populi(민중의 것—옮긴이)이고, 포풀루스는 자연히 자체의 이익을 추구한다. 키케로가 각주에 인용되지는 않았지만 인용되었어도 무방하다. 독자들은 그런 논리를 당혹스러워하지만, 루소가 염두에 둔 것을 우리가 익숙하게 이해할 수 있게 해주는 일상적 집체의 관념을 생각해보면 알기 쉽다. 포드 자동차 회사는 목적을 가지고 있다. 자동차를 제작하고 판매해 돈을 번다는 목적인데, 이것이 그 회사의 의지다. 그것은 인공적이고 집합적인 존재의 의지이기 때문에 종업원과 경영자의 관점에서 보면 일반의지다. 종업원들은 온갖 종류의 다양한 목적을 가지고 있는데, 그것들은 개인적이고 특수한 의지다. 부당하게 해고되는 경우가 없다면 그들은 종업원으로서의 역할에 따라 작업하는 동안 자신의 개인적 의지를 회사의 의지와 일치시킨다. 집체의 법인적 성격은 변호사와 법정이 다루는 주제이지만, 도덕적 인격personne morale이라는 프랑스의 개념은 집체적 인격의 관습법적 개념과 마찬가지로, 국가도 교회처럼 코르푸스 미스티쿰이라는 관념의 직계 후손이다. 정치체는 현존하는 더 저급한 집체들과 달리 그것들의 가능성의 토대를 이루며, 일반의지와 개별의지가 충돌할 경우 개인적 의지의 포기를 요구한다. 어느 한 사람이 군림할 경우 다른 모든 사람들은 충성심이 흔들릴 것이라고 생각한 홉스처럼, 루소는 계약이 개인을 구속하려면 모두가 예외 없이 구속되어야 한다고 주장한다. 비평가들은 모호한 입장이었다. 합리적 인간이라면 족제비의 위협에서 벗어나 사자의 보호를 구하지 않을 것이라는 로크의 주장은, 모든 것을 관장하는 강력한 규칙을 만들 수 있는 존재에게 우리의 권력을 내준다는 것이 경솔한 짓임을 말해준다. 또한 루소는 지배자가 우리를 죽이려 할 때 우리가 가만히 있을 필요는 없다는 홉스의 안전장치를 인정하지 않는 듯하다. 루소는 법이 우리를 죽이려 할 경우 우리는 그 법에 따라야 한다는 소크라테스의 견해를 더 선호한 것으로 보인다.[31]

사실 그는 몇 차례 탈출구의 문을 열었다. 가장 넓은 문은 그가 기본적으로 도덕적인 견지에서 지배자를 정의하면서 열렸다. 지배자가 존재하는 이유는 오로지 우리에게서 위임을 받았기 때문이다. 오직 그런 한에서만 지배자는 일반의지─공통 자아 moi commun─를 구현한다. 그것은 정의상 공동의 이익만을 지향한다. 적절하게 만들어진 법에 의거해 징벌을 가하는 것과 달리, 개인을 공격하는 것은 지배자의 행위가 아니고 일반의지로 승인되지 않는다. 그것은 특정한 개인에 의한 단순한 공격에 불과하다. 물론 그 특정한 개인이 왕이거나 왕의 측근이거나 의회일 수도 있다. 구체적으로 살펴보면, 1930년대 스탈린의 추종자들에게 대거 살해된 러시아의 쿨라크kulak(러시아의 전통적인 부농─옮긴이)들은 소비에트 당국이 어떤 법령을 반포했든 간에 고분고분 죽음을 맞이할 의무는 없었다. 또한 범죄를 저지르지 않았음에도 범죄 혐의를 받기 쉬운 뒷골목 깡패들도 경찰의 조사를 도울 의무는 없다.

잘 조직된 국가는 나쁘게 행동하지 않는다. 일반의지가 뚜렷이 존재하는 한, 그 국가의 지배와 활동은 모든 구성원들의 이익을 공평하게 지향한다.

그런 국가는 시민을 부당하게 대우하지 않는다. 마치 합리적 인간이 아무런 이유도 없이 자신의 손발을 묶는 짓을 하지 않는 것과 같다. 정치체의 존재, 오늘날 국가라고 부르는 것의 존재는 새로운 관계망을 만들어낸다. 정치체는 두 측면을 가진다. 활발하게 법을 만들 때는 지배자이고, 그렇게 만들어진 법을 집행할 때는 국가다. 그 구성원들은 그냥 사람이 아니라 시민이자 국민이다. 시민으로서 그들은 법을 만들고 국민으로서 그들은 자신들이 만든 법을 준수한다. 더욱이 그들은 언제나 자유로우며 어느 때보다도 자유롭다. 그들은 자신들이 준수하는 법을 만들기 때문에 결국 스스로에게만 복종하는 것이며, 예전과 다름없이 자유로운 상태를 유지한다. 노예제는 특별한 개인들에게 의존하는 것이므로 이 경우와는 다르다. 우리가 우리 자신을 모두에게 줄 때 우리는 사실 아무에게도 주지 않은 것이다.[32] 거기서 몇 쪽을 더 가서 루소는, 우리가 실은 전보다 더 자유롭다고 말한다. 우리는 단순한 예측에 의해서가 아니라 규칙에 의해 지배되며, 사고 능력이 없는 동물에서 도덕적인 인간존재로 변모했다.[33] 우리는 더 자유롭거나, 다른 방식으로 자유롭다. "식욕의 자극은 노예 상태이지만, 자신이 정한 법을 자발적으로 준수하는 것은 자유다." 칸트는 이 사상을 받아들여 도덕론의 근간으로 삼았다. 그의 도덕론은 늘 흥미를 불러일으키고 오늘날까지도 지대한 영향력을 행사하는 입헌정부와 국제관계에 관한 설명의 토대가 되었다.

루소는 법과 도덕이 어떤 관계에 있는지 명확히 밝히지 않는다. 그는 때로 일반의지의 명령이 도덕의 요구와 일치한다고 은근히 말하지만, 분명한 의도를 가지고 그렇게 주장하지는 않는다. 일반의지는 시민들에 의해서만 형성되는데, 그 시민들은 경제적으로 자립적인 성인 남성이다. 여성들, 투표 연령 이하의 아이들, 경제적으로 종속적인 남성들은 전부 루소가 염두에 둔 체제의 바깥에 있다. 말 못 하는 동물이 아니라 도덕적 행위자가 되기 위한 필요조건이 곧 시민이 되는 것이라면, 너무 많은 사람들이 말 못하는 동물인 것처럼 보인다. 다른 곳에서 루소는 도덕법과 실정법의 차이를 매우 명확하게 밝히고 있다. 도덕은 인류의 구성원으로서 선뜻 따르고자 하는 규칙이며, 법은 특정한 사회의 국민으로서 따라야 하는 것이다. 디드로는 우리가 스스로를 무엇보다도 세계시민, 즉 인류의 시민으로 간주해야 한다고 주장했다. 루소는 '인류의 일반사회'가 존재한다는 것을 부정하지 않았지만, 그래도 개별적인 정치사회를 건설해야 한다고 주장했다. 인류 전체의 공통적 이해관계라는 관념은 아무래도 우리가 속한 정치 공동체의 공통적 이해관계처럼 우리에게 강력한 동기를 유발하지 못하기 때문이다.[34] 『사회계약론』에서 루소는 공동의 목적을 위해 존재하는 집단이나 조직은 전부 일반의지를 가졌다고 볼 수 있다고 지적한다. 그 의지의 강도가 클수록 집단의 규모는 작다. 그렇기 때문에 우리를 특수한 이해 집단의 구성원이 아니라 시민으로 간주하는 게 쉽지 않은 것이다. 마찬가지로, 인류 공통의 이익을 위한 보편의지의 관점에서 성찰할 수 있는 인류 전체의 이해관계는 우리로 하여금 우리의 이기적 이해관계나 우리가 속한 집단의 이해관계를 거슬러 행동하도록 만들기 어렵다.

법 아래 살아간다는 것은 우리가 법을 만들 때 시민이고 그 법을 준수할 때 국민이라는 것을 넘어서는 의미를 가진다. 모든 계약 이론가들처럼 루소도 시민사회를 창건하는 중요성은 권리가 법적으로 보장되는 데 있다고 본다. 우리는 어느 사회에서 규칙의 일반적 구조가 어떠해야 하는지 알아낼 수 있다. 우리가 다른 사람들에게 강요할 수 있는 규칙이 무엇이냐는 낯익은 질문을 자문해보면 된다. 물론 이 경우 다른 사람들도 우리에게 똑같은 것을 강요할 수 있다. 그러나 다른 사람들이 규칙을 준수하고 우리보다 유리한 입장에 서지 않는다는 것을 보장하지 못한다면, 우리도 규칙을 준수하려 하지 않을 것이다. 입장을 바꿔놓아도 마찬가지다. 다른 사람들에게는, 우리가 그들에게 법을 준수하라고 요구할 때 우리도 역시 법을 준수하리라는 보장이 필요하다. 그 보장은 법을 위반할 경우 처벌이 따른다는 위협의 형태를 취할 수밖에 없다. 정치체에 들어감으로써 우리는 법을 만들 준비를 갖추게 되며, 그 법에 집합성의 힘을 부여한다. 루소는 처벌의 논의를 어렵게 여겼지만, 『사회계약론』의 끝부분에서 종교적 책무를 저버리는 사람은 사형에 처해도 좋다고 주장했다. 그의 어려움은 처벌을 개념화하는 데 문제를 느꼈던 홉스나 로크의 어려움과 달랐다. 루소는 특히 감정적이었다. "내 마음이 속삭이는 것을 느낀다." 그는 이렇게 말하고 논의를 멈춰버린다.

루소는 우리가 우리 자신에게 합법적 처벌을 가한다는 칸트와 후대 관념론자들의 견해에 접근한다. 합법적 국가의 존재를 바라면서 우리는 국가의 법이 모두에게 구속력을 가지도록 만들어져야 한다고 생각한다. 우리 자신을 제외하고 다른 모든 사람들이 법을 준수하기를 바라는 마음은 사실 모순이 아니다. 사회적 협력의 비용을 지불하지 않으면서 그 혜택을 바라는 것과 마찬가지이기 때문이다. 그러나 그것은 법의 지배를 받고자 하는 마음과 상충한다. 결과적으로 우리는 우리가 스스로 한 약속을 지키도록 강요하는 권리를 다른 사람들에게 부여하게 된다. 루소는 사회계약의 조건을 준수하지 않을 수 없는 사람의 경우 "자유가 강요된다"는 악명 높은 문구를 남겼다.[35] 지금까지 그의 의도를 정확히 파악하고자 하는 무수한 시도들이 있었지만, 다들 설득력도 부족하고 루소가 말하는 다른 것과 일치하지도 못했다. 루소의 정당성 개념에 따르면, 처벌을 받는 사람은 자신이 떠맡은 신앙에 맞춰 살아갈 수밖에 없다. 거의 모든 사람의 견해에 따르면, 또한 적어도 정당한 관용을 아는 사회라면, 누구나 다른 사람들이 충족하기를 바라는 사회생활의 조건을 그 자신도 충족해야만 한다. 강도도 자기 집을 털 마음은 없다. 하지만 강도가 감옥에 갇힌다고 생각하는 것은 남을 쉽게 믿는 태도와 '무관'하다. 우리는 루소가 염두에 둔 내용의 몇 가지 변형을 구성할 수 있다. 처벌의 위협 덕분에 우리는 우리의 의무를 다할 수 있으며, 합리성과 절제심, 도덕적 자유를 얻는다. 처벌은 법이 우리의 의지를 구현하고 있다는 의미에서 자유와 일치한다. 그러므로 우리는 자유롭게 말한다. "이러저러한 것을 규칙으로 정하라. 내가 혹시 잘못에 빠져든다면 나로 하여금 규칙을 준수하도록 하라." 남은 문제는 루소가 쓸데없는 생각, 즉 우리가 법을 위반할 경우 실수이거나, 분별력이 없었거나, 의지가 박약한 탓에 그렇게 되었다는 생각의 문을 열었다는 점이다. 국가의 생사여탈권에 대한 그의 논의도 그다지 위안을 주지 못한다. 여기에는 사회계약을 받아들일 경우 우리의 생명은 우리 자신의 것이 아니라 지배자가 특정한 조건에 따라 우리에게 준 선물이 되어버린다는 주장도 있다. 여기서 이런 결론이 나온다. "만약 군주가 '그대가 죽어야 국가에 이롭다'고 말한다면 그는 죽어야 한다."[36] 21세기의 수많은 비극은 노골적인 전체주의 국가에 의해서만이 아니라 바로 그와 같은 관념 때문에 저질러졌다. 소크라테스도 거의 비슷하게 생각했다.

루소의 자유

이제 루소가 말하는 자유가 무엇인지 물어볼 차례다. 『사회계약론』의 논의에는 자유와 법을 결합하는 게 가능하다고 되어 있다. 홉스나 기타 학자들과 달리 루소는 우리가 자유를 내줄 경우 우리의 인간성마저 내주는 것이라고 주장했다. 그는 "우리가 스스로 정한 법에 복종하는 것이 바로 자유"라고 말했지만, 그 과정이 어떻게 일어나는지, 거기에 몇 가지 종류의 자유가 있는지에 관해서는 명확히 밝히지 않았다. 그의 견해에서는 세 가지 종류의 자유를 확인할 수 있다. 세 가지 모두, 우리는 다른 사람들에게서 무엇을 하라는 명령을 받지 않으며, 다른 사람들의 자의적인 변덕에 휘둘리지 않는다는 자유의 요건을 충족시킨다. 더 논쟁적인 관점에서 보면, 그 세 가지 자유는 우리가 우리 자신의 자의적인 변덕에 지배되지 않고 이성에 의해―신의 이성Reason은 아닐지라도, 혹은 항상 우리 자신의 이성은 아닐지라도―지배된다는 요건을 충족시킨다. 따라서 자연적 인간은 자유롭고 행복하며, 자연적 자유를 누린다. 그는 지배로부터 자유롭다. 또한 그는 자신을 향해 법을 정하지 않는다. 그 관념은 그의 힘이 미치지 않는 곳에 있기 때문이다. 그는 자연이 정해준 법을 따른다. 이를테면 그가 알맞은 개념적 장치를 가지고 자신을 닮은 생물을 만났을 경우 그 생물에게 정해주는 법과 같다. 자연은 그가 남들에게 무해한 이익을 추구하게 하고 자멸을 피하게 해주기 때문에, 그는 설령 무해한 놀이를 즐긴다 해도 변덕에 휘둘리지는 않는다. 요컨대 그는 합리적이지 않은데도 합리적으로 행동하고, 의식하지 않고도 자연에 구현된 이성의 명령에 따른다. 그가 식욕에 복종하는 것은 노예 상태가 아니다. 그의 안에는 식욕에 반대할 것이 전혀 없기 때문이다. 원칙에 따라 행동하는 게 가능한 사람만이 오히려 자기 식욕의 노예가 될 수 있다.

건전한 성격에 도덕적 성향이 올바른 사람은 도덕적 자유를 향유할 뿐 아니라 국가가 억압적이지 않다면 여러 가지 자연적 자유를 누릴 수 있다. 그는 참된 의미에서 자신에게 합리적 도덕의 규칙을 정한다. 그의 의지는 변덕이 아니라 이성에 의해 지배된다. 자유를 지키기 위해 그는 여론에 맞서는 능력, 대중이 승인한 길에서 니쁘게 처신하기보다 자신의 길을 가는 능력―여기서 스토아 사상을 선호하는 루소의 취향이 드러난다―을 갖춰야 한다. 그렇다고 철학자가 될 필요는 없다. 오히려 철학자가 아닌 게 그에게 더 좋다. 흔히 머리보다 가슴이 의무의 명령에 대해 더 나은 길잡이가 된다. 건전한 견해를 가진 철학자는 가슴이 주로 자극을 가하는 기능을 한다고 설명하지만 이성적인 역할도 가능하다. 마지막으로, 합법적인 공화국에 사는 사람은 도덕적 자유만이 아니라 또다른 종류의 자유, 즉 시민적 자유를 향유하며, 나아가 지역의 여건이 허용하는 각종 자연적 자유도 누린다. 루소는 두 가지 시민적 자유를 생각하는 듯하다. 하나는 몽테스키외적 자유이고, 다른 하나는 거의 마키아벨리적 자유다. 전자에 따르면, 내가 하지 않아도 되는 일을 국가가 내게 강제로 시킬 경우 국가는 내 자유를 침해하는 것이다. 정치적 자유는 우리가 하지 않아도 되는 일을 하지 않게 하는 소극적 조건과 관련된다. 공동의 이익을 추구하고 법에 의해 지배된다는 의미에서 공화정을 취하는 국가는 그 자유를 구현한다. 설령 형태는 군주정이라 해도 마찬가지다. 그것은 법을 만들고 집행하는 데 시민들의 전폭적인 참여를 허용하는 대중적 공화정 특유의 위업이다. 그 과정에서 시민적 도덕이 행사된다. 바로 그런 것이 진정한 시민적 자유다. 합법적인 국가에서 개인은 예전만큼 혹은 예전보다 더 자유롭다. 자신을 모두에게 내주지만 실은 아무에게도 내주지 않으면서 합리적이고 잘 만들어진 법의 지배를 받기 때문이다. 로마 공화정을 찬양하는 사람들이 열망해 마지않는 '고대인들의 자유', 리베르타스를 실현하는 것은 대중적 공화정밖에 없다. 루소가 정확히 그런 견지에서 고찰했는지에 관해서는 논쟁의 여지가 있지만, 그것은 일관적인 견해이고 그가 말하는 거의 모든 것과 일치한다.

이렇게 해서 법을 공표하는 과제를 가진 지배자가 생겨났다. 법을 집행하기 위해서는 처벌도 있을 것이다. 또한 시민의 조직은 우리가 자유로운 개인으로서 함께 살도록 해준다. 그 법은 우리의 복지를 증진시키는 일반적 유용성을 가진다. 정치의 현실적 목적은 루소도 무시하지 않았으나 그는 그것을 당연시하고 넘어갔다. 우리의 이해관계가 상충한다는 사실은 정치를 필요하게 하며, 우리가 공동의 이해관계를 가진다는 사실은 정치를 가능하게 한다.[37] 그것이 핵심적 사실의 가장 그럴듯한 진술이다. 만약 당신과 내가 상대방의 재산을 절대로 탐내지 않는다면 치안이 필요하지 않다. 만약 당신과 내가 한층 더 안전한 재산권을 원하지 않는다면 우리에게 필요한 치안을 구축할 수 없다. 정치 구조에 관한 이런 생각은 여러 가지 의문을 제기한다. 첫째는 일반의지가 무엇을 표방하느냐는 것이고, 둘째는 우리가 어떻게 그것을 알게 되느냐는 것이다. 『사회계약론』은 일반의지가 어떤 쟁점들을 결정하는지에 관해 명확히 밝히지 않는다. 대다수 독자들은 그것이 모든 법의 원천이라고 생각하는 반면, 루소는 그것을 국가의 주요한 구조적 특징으로 국한시키려는 듯 보인다. 이를테면 사유재산이 존재해야 하는지를 결정하는 것은 일반의지가 할 일이지만, 유언을 처리하는 규칙을 정하는 것은 그렇지 않다. 그것은 명령이나 규정 같은 것으로 처리할 수 있다. 일반의지는 헌법을 제정하는 기능만 하는 게 아니다. 하지만 그 범위 내에 들어오는 법은 위임된 권력 아래 활동하는 입법기관이나 관리들에게 흔히 있는 일상적 규제보다 더 근본적이다. 루소는 우리가 사소하고 하찮은 것을 생각할 때보다 고도의 구조적 원칙을 생각할 때 우리 모두에게 무엇이 가장 이득인지에 관해 합의가 이루어질 가능성이 높다고 추측했는데, 그 추측은 옳았다.

독자들을 놀라게 하는 것은 일반의지가 분할할 수 없으며, 오류가 없고, 전능하다는 루소의 주장이다. 일반의지가 우리를 어느 정도까지 지배하는지 알면, 루소의 주장 가운데 일부는 놀랍다기보다 진부하게 여겨질 것이다. 예를 들어 만약 정치체가 하나만 있다면, 무엇을 해야 할지에 관한 합의에 도달하는 지점이 틀림없이 있다고 볼 수 있다. 그럴 수 있는 방도가 없다면 정치체가 없는 것이다. 이것은 홉스나 벤담과 존 오스틴John Austin 같은 공리주의자들에게 공통적인 주권의 개념과 매우 비슷하다. 미국은 늘 그런 견해에 강력히 반발하는 역할을 했다. 미국 헌법은 최종 결정권을 각각의 사안마다 다른 기관에 할당하기 때문이다. 하지만 루소가 작성한 폴란드 연방헌법의 초안은 연방주의를 이해하는 사람이 만든 것이라고 볼 수 없다. 19세기 미국의 저명한 헌법 법률가들은 오스틴이 설명하는 주권의 개념을 선뜻 받아들였다. 실제로 미국 남북전쟁은 루소의 주장에 동조하는 사례가 될 수도 있었다. 한 사람이 다른 사람의 재산이 될 수 있느냐를 결정하는 것은 일반의지의 몫이지만, 일반의지가 어떻게 노예제를 규정할 수 있는지는 알기 어렵다. 그 답이 긍정이냐 부정이냐를 결정하기 위해 미국인들이 전쟁에 돌입했을 무렵, 그들의 정치체는 하나가 아니라 사실상 둘이었다. 양측이 다시 결합하자 문제는 해결되었다. 그 답이 받아들여지는 한, 정치체는 하나였다. 미국을 독립국들의 동맹체가 아니라 하나의 연방국가로 만들어주는 것은 권력분립의 조건에 관한 결정적인 답이 존재한다는 데 있다(설령 그것을 발견하기 위해 상당한 노력이 필요하다 해도).

일반의지의 무오류성은 더 까다롭다. 일반의지는 어느 제안이 정치체의 장기적 이해관계 안에 있느냐는 문제에 답해야 한다. 이것은 우리가 쉽게 실수할 수 있는 종류의 질문이다. 개인적으로 우리는 우리 자신의 장기적인 이해관계에 관해 자주 실수하기 때문이다. 정치제도라면 분명히 아주 많은 실수를 저지를 것이다. 일반의지는 하나의 이상화다. 그것은 인간 신체가 자체를 보존하고 번영시키려는 욕구와 능력을 가지고 있듯이 정치체도 생존과 번영의 욕망을 가지고 있다는 생각이다. 즉 개인의 신체가 생존을 추구하는 것처럼 정치의 신체도 마찬가지라는 것이다. 우리의 욕망이 때로 우리의 신체가 실제로 요구하는 것과 충돌을 빚을 수 있듯이, 우리의 정치적 욕망도 정치체의 요구와 상충할 수 있다. 루소는 이것을 일반의지가 진정으로 요구하는 게 뭔지 파악하지 못한 우리의 실수라고 간주한다. 일반의지는 정의상 올바른 답을 담지하고 있지만, 우리 개개인은 그것이 무엇인지에 관해 크게 잘못 판단할 수 있다. 그렇다고 해서 일반의지의 무오류성을 말하는 게 완전히 진부해지지는 않는다. 물론 상당히 위험해질 수는 있다. 루소는, 실수도 얼마든지 저질러질 수 있지만, 그 경우 일반의지의 요구에 대한 우리의 판단이 잘못된 것이지 일반의지가 잘못을 저지른 게 아니라고 주장한다. 말의 유희에 불과한 게 아니라면, 그것은 부패가 존재하는 것은 분명하지만 평범한 사람은 대체로 부패하지 않고 무지는 질책을 당하지 않는다는 그의 소망을 반영한다.

루소가 그다지 명확히 밝히지 않으나 대단히 중요한 논점이 또 한 가지 있다. 일반의지를 발견할 수 있느냐는 문제는 한 공동체가 일반의지를 가지고 있느냐는 문제와 똑같지는 않지만 서로 밀접히 결부되어 있다. 일반의지는 이론적 구성물이기 때문에, 그 문제는 한 공동체가 공통의 이해관계를 가지고 있느냐의 문제로 바꾸는 편이 더 알기 쉬울 것이다. 설령 정확히 정의하기는 어렵다 해도 공동체는 과연 공통의 이해관계라고 부를 만한 것을 가지고 있을까? 여기서 일찍이 키케로가 분노에 차서 논박한 것을 떠올릴 수도 있겠다. 그는 레스 푸블리카라는 게 우리에 앞서 존재하느냐, 정치제도가 촉진하는 공통의 이익이라는 게 존재하느냐를 따지는 사고방식을 강력히 반박한 바 있다. 현실사회를 고려해보면, 공동의 이익이 존재하는 분야도 있고 그렇지 않은 분야도 있다는 게 정답일 것이다. 심하게 불평등하고 억압적인 사회라 해도 최소한 아틸라와 그의 군대로부터 침략을 당하지 말아야 할 공동의 이익이 존재하는 것은 분명하다. 학살, 겁탈, 약탈은 누구에게도 전혀 이익이 되지 않기 때문이다. 정치는 공유된 이해관계와 공유되지 않는 이해관계 모두에 관련된다는 루소의 명민한 주장은 매우 중요하다. 고용주와 고용인 간에는 기업의 수익 분배에 있어 공유되지 않는 이해관계가 있는데, 노동자들에게 많은 몫이 돌아가면 주주들의 몫이 적어지며, 그 반대도 마찬가지이기 때문이다. 기업의 수익성에 관해서는 그들의 이해관계는 공통적이다. 수익이 없다면 분배할 소득도 없기 때문이다.

현대의 복합적이고 자유로운 사회에서는 사회 모든 구성원들의 공통 이익에서 무엇이 가장 중요한지 알기가 대단히 어렵다.

그런 사회에는 여러 가지 공동 이익이 있겠지만, 사안별로 보면 어떤 정책이 사회 전체의 공동 이익을 가장 잘 촉진하는지 알기란 어렵다. 루소는 소박하면서도 평등한 사회만이 공동 이익에 가장 잘 부합하는 게 무엇이냐는 문제에 분명히 답할 수 있다고 생각했다. 부자와 빈민이 소득과 생활방식에 의해 확연히 구분되는 사회는 실상 하나의 사회가 아니라 두 개의 사회이며, 일반의지가 식별할 만한 공동 이익이 없다. 더불어 살아가는 공통의 계획이 가능하려면 어느 정도의 평등이 필요하다. 모두가 사회에 나름의 몫을 가지고 있어야 하며, 누구도 너무 많은 몫을 가지면 안 된다. 모두가 남에게 팔려가지 않을 만큼 가지고 있어야 하며, 누구도 다른 사람을 살 수 있을 만큼 많이 가지면 안 된다.

일반의지가 필요로 하는 게 무엇인지를 누가 판단하느냐는 문제도 제기된다. 참여민주주의자로서 루소의 명성은 바로 여기서 나온다. 우리는 몇 가지 구분으로 시작할 수 있겠다. 『사회계약론』에서 루소는 한 가지가 아니라 두 가지 문제와 씨름했다. 첫째는 그 책의 도입부에서부터 제기되는데, 정치권력을 어떻게 정당화할 수 있느냐는 문제다. 우리는 앞서 그 답을 본 바 있다. 우리가 사회계약에 의해 자발적으로 지배를 받는다고 믿는 정치권력이라면, 또 그것이 일반의지를 담고 있다면, 우리는 적법한 국가의 자유롭고 평등한 시민이다. 루소는 결국 그런 국가를 건설하는 데 어떤 조건이 도움이 되고 어떤 조건이 장애가 되는지 깨닫게 된다. 하지만 그는 국가의 합법성이란 곧 정부 형태의 다양성을 뜻한다고 확고히 믿는다. 그 명확한 사례로, 법치군주정은 합법성을 논의하기 위한 공화정이다. 그렇다면 둘째 문제는 최선의 정부 형태에 관한 문제다. 첫째 문제는 절대적이며, 상황에 따른 게 아니었다. 국가가 나의 복종을 요구할 권리를 당연히 가지고 있느냐, 그렇지 않으냐는 문제였다. 하지만 둘째 문제는 절대적이지 않고, 상황에 따라 다르며, 정도의 문제다. 어떤 정부 형태가 가장 잘 기능할지는 영토의 규모가 어느 정도이고 국가가 얼마나 번영하느냐에 달려 있다. 루소는 민주주의가 대부분의 환경에 맞지 않는다는 것을 역사가 보여준다고 믿었다. 모든 사람들에게 행정의 능력을 허용함으로써 민주주의는 파벌을 조장하고 혼란으로 이끈다. 아테네의 교훈이 바로 그랬다. '대중적 공화정' 은 민주주의와 달랐고 오히려 로마 공화정과 비슷했다. 정부 형태는 명백한 과두정이었으나 (지나치게 관대한 학자들이 보기에) 그다지 혐오스럽지는 않았다. 루소는 자신이 선호하는 정부 형태를 '선출식 귀족정'이라고 불렀으며, 로마 공화정을 그 사례로 꼽았다. 혈통을 기반으로 하는 귀족정은 최악의 정부 형태였다. 그 이유는 홉스에게서 찾을 수 있다. 통치 능력의 시험 같은 것은 없다. 귀족의 수는 국가 자원을 허비하는 탐욕의 규모를 뜻할 따름이다. 군주는 유능할 수도 있고 무능할 수도 있으나 기본적으로 저급하다. 혼합 공화정에 관해 루소는 몽테스키외를 열심히 읽고 모든 정부 형태가 어떤 측면에서 혼합적이라는 것을 깨달았다. 몽테스키외와 달리 그가 중점적으로 주장하고자 한 것은, 정부는 국민의 요구에 부응해야 하고 국민은 반드시 덕을 갖추어야 한다는 것이었다.

그러므로 우리가 일반의지를 어떻게 발견하느냐는 문제는 누가 통치해야 하느냐는 문제와 같지 않다. 둘째 문제의 답은 잘 알려져 있다. 상황에 따라 하나, 소수, 다수가 통치한다. 일반의지를 어떻게 발견하느냐는 문제의 답은 이해관계가 걸려 있는 모든 사람들이 발언권을 가져야 한다는 것이다. 그들은 올바른 질문을 던져야 한다. 이를테면 일반의지는 무엇을 요구하는가? 내가 무엇을 원하느냐는 질문은 하지 말아야 한다. 그들은 욕구를 가져야 한다. 그렇지 않으면 생각의 재료가 없어질 것이다. 하지만 그들은 자신의 욕구만이 아니라 모두의 욕구를 조정하기 위한 규칙을 발견하는 방법을 알고 있어야 한다. 토론은 아예 없거나 폭넓게 이루어져야 한다. 이 것은 공화정에서 흔히 볼 수 있다. 한 가지 중대한 상황은 파벌들이 성장해 공동 이익을 침해하려 공모하는 제한적 토론의 상황이다. 일반의지가 지시 하는 결정은 다수의 투표로 확정되어야 한다. 루소는 2단계 과정과 같은 것 을 상상한다. 첫 단계는 당면한 문제의 답을 제시하고, 둘째 단계는 투표자 들이 그 답에 만족했는지의 문제에 답한다.

당연하지만, 루소는 첫째 단계에서는 그러지 못해도 둘째 단계에서 어렵 지 않게 만장일치에 이를 수 있다고 예상했다. 위원회를 주재해본 경험이 있는 사람은 누구나 안다. 또한 루소는 다수가 내린 결정이라면 그만큼 더 옳다고 생각했다. 그것이 참이려면 다음 두 가지 중대한 사실도 참이어야 한다. 첫째, 투표자들은 해당 문제에 객관적으로 옳은 답이 있는지 살펴보 고 있다. 둘째, 각각의 투표자는 올바른 판단을 내릴 가능성이 그러지 않을 가능성보다 크다. 이 두 가지 사실을 감안하면서 기본적인 확률이론을 적 용해보면, 투표자의 수가 많을 경우 (각 개인이 독자적으로 답하는 한) 다 수가 옳을 가능성은 놀랄 만큼 크게 상승한다. 이것은 논증이 무엇보다 중 요한 배심재판의 경우 매우 강력한 고려 사항이다. 안타깝게도 정치 논쟁 은 거의 대부분 똑같은 틀에 깔끔하게 들어맞지 않는다. 올바른 답이 있다 는 생각이 일반의지의 개념에 관해 예전에 우리가 가졌던 생각을 쉽게 물 리쳐버리는 것이다. 다시 말해, 만약 일반의지의 요구가 실제로 존재한다 면 특정한 개인이 올바를 가능성을 가지는 한 다수는 매번 올바른 답을 얻 게 될 것이다. 우리는 첫번째 투표에서는 자신의 견해에 투표하는 게 옳으 며, 두번째 투표에서는 다수의 견해를 지지하는 게 옳다. 그러나 일반의지 의 개념이 그저 일반적 이익을 가리키는 것이라면, 아주 단순한 경우를 제 외하고 과연 올바른 답이 있는지, 또한 우리 가운데 과연 일반의지가 무엇 인지에 관해 단순히 아는 것보다 더 잘 아는 사람이 있는지 의심이 가능하다. 이 논의는 배심원실에서 의회로 이동하지 않는다.

　루소는 일반의지와 '모두의 의지'를 애써 구분했다. 후자는 각자가 자신의 편협한 이해관계에 따라 투표한 결과에 지나지 않는다. 또한 루소는 국가 내의 충성을 경시하는 태도를 싫어했다. 집단은 구성원들에 관해 일반적인 의지를 가지지만 국가에 관해서는 특수한 의지를 가지게 마련이다.[38] 이것은 논쟁의 여지가 있는 분야다. 루소는 홉스나 벤담처럼 시민들을 직접 상대할 수 있는 강력한 중앙권력을 요구하며, 예속적인 집단화가 공익을 저해하리라고 생각한다. 미국의 다원주의는 이 견해에 대한 극단적인 반대다. 다원주의에서 정치란 무수한 협상조직들이 서로 간에, 혹은 국가와 협상을 벌이는 것이며, 공동 이익―만약 그런 게 있다면―은 바로 그 협상의 결과로 생겨난다. 이 입장을 지지하는 것은 곧 현대사회의 무수한 압력단체로 대표되는 분열적 이해관계를 극복하고 공동의 이해관계를 보호하기 위해 국가가 절실히 필요하다는 입장을 지지하는 것이다. 유럽인들은 일반적으로 루소를 적극 받아들이며, 미국인들은 덜 그런 편이다.

루소의 국가

　적법한 국가에 대한 루소의 설명은 주목할 가치가 있다. 공리주의 전통처럼 적법성의 관념에 반대하는 사람들도 있을 것이다. 그들이 보기에 진지한 문제는 간단하다. 점잖은 사람은 현지의 정치적·법적 제도에 맞게 살아가면 된다. 그게 아니면 반역을 일으키거나, 이민을 가거나, 소로처럼 아예 그것을 무시해버린다. 하지만 그것은 많은 사람들이 원하는 답이 아니다. 중요한 것은, 규칙을 만드는 사람이 그것을 실행할 자격을 가지고 있느냐다. 혹은 적법성을 회의하는 사람들은 그 문제를 사실에 입각한 것으로 취급한다. 즉 현지의 규칙을 만들고 집행하는 사람이 그 현지의 규칙에 의해 법을 만들고 집행하는 권력을 획득했느냐의 문제로 보는 것이다. 그렇다면 회의론자들은 도덕이나 섬세한 문제를 판단할 수 있다. 이를테면 실제적인 적법성을 가진 정부를 형성하는 규칙이 정당한지, 그것이 과연 일반적 행복을 육성하는 정부를 형성하는지 등의 문제들이다. 이에 대해 루소는 누가 그런 권력을 행사할 자격을 실제로 가질 수 있겠느냐고 물으면서, 대체로 내가 방금 말한 것과 같은 맥락에서 답한다. 그런 권력을 가지게 되는 것은 법적으로 비난에서 벗어난 국가, 우리가 (합리적이고 도덕적인 사람, 이기주의에서 어느 정도 벗어나 우리 가족만이 아니라 인류 전체에 관심을 가지는 사람으로서) 동참하고자 하는 국가의 규칙 아래에서 자격을 획득하는 경우다. 루소는 공리주의 전통이 진지하게 여기기를 거부한 문제에 답할 수 있다. 또한 그는 공리주의적 답을 이용할 수도 있다. 그가 설정한 기준이 충족될 수 없는 상황에서는 공리주의적 사고를 차용하는 것이다. 에밀은 시민권이 존재하는 곳에서는 훌륭한 시민이고, 그렇지 않은 곳에서는 훌륭한 공리주의자가 된다.

영향

루소의 저작에는 간간이 중요한 인물들이 등장한다. 아직 언급되지 않은 인물인 '입법가'를 보라. 루소에 의하면 법이 법인 이유는 국민의 의지에 따르기 때문이다. 하지만 국가가 성립하기 전에는 국민이 없다. 아직 존재하지도 않는 국민이 자신들을 법적 실체로 성립시키기 위한 전제 조건이 되는 국가를 의도적으로 만들어낼 수는 없는 노릇이다. 마키아벨리처럼 루소는, 입법가를 모세나 로물루스와 같이 개인의 힘과 매력적인 상상력으로 집단을 국민으로 만든, 거의 신화적인 인물로 격상시킨다. 루소 자신은 결코 정치적 위인관을 지지하거나 현대적 의미의 독재로 가는 문을 열지 않았다. 입법가의 꿈을 정당화하려면 국민의 수용이 필요하다. 이것은 마키아벨리처럼 신생국이 세워졌을 때 초인적인 지도자의 필요성을 주장하는 것과는 다르다. 루소의 입법가는, 국민이 스스로 절대적 지배자를 허용할 수 있다는 흐로티위스의 주장을 공격할 때 그가 지적했던 적법성 이론의 논리적 빈틈을 메운다.[39] 입법가가 발의한 기초적인 법은 국민의 승인을 받아야만 비로소 법이 되는데, 그것은 대단히 어려운 일이다. 그럼에도 불구하고 루소는 이른바 '민주적 독재'의 문을 연다. 그에 의하면 그런 입법가는 신의 감화 혹은 그와 비슷한 권위의 원천에 호소하거나, 현대의 관점에서 말하면 나폴레옹, 무솔리니, 히틀러, 피델 카스트로와 같은 카리스마적 권위를 발휘해야 한다. 루소를 제외한 다른 사람들의 경우에는, 국민의 창조자이자 하인인 인물이 등장해 로베스피에르와 그의 사악한 후계자들이 오해하기보다는 아마도 잘 이해하고 있었을 길로 나아갔을 것이다.

그보다 덜 놀라우면서도 당혹스러운 것은, 루소가 『사회계약론』의 후반부에서 로마식 제도를 고찰하는 대목과 초반부에 나오는 정당성에 관한 논의의 관계다. 그것을 보면 마치 전혀 다른 책인 것처럼 여겨질 정도다. 일부 학자들은 루소가 로마식 제도를 논의하는 부분이 그저 분량 채우기에 불과하다고 치부한다. 하지만 그것은 잘못이다. 루소는 적어도 우리가 전 국민의 주권과 상대적으로 소수에게 정부를 맡겨야 할 필요성을 조화시킬 수 있다는 것을 보여주려 애쓴다. 아테네는 민회가 모든 것을 독단적으로 처리하려 했기 때문에 실패했다. 로마는 선출식 귀족정을 취함으로써 대중 주권과 정부를 결합하는 데 성공했다.[40]

의회정치는 그렇게 할 수 없다. 영국인들은 5년에 한 번씩 투표로 대표를 선출할 때만 자유를 누린다. 그때에만 시민으로서 활동하는 것이며, 다른 때는 위선적인 제도 앞에 자유를 잃는 것이다. 루소는 우리에게 그 점에 관해 그다지 신경쓰지 않아도 된다고 말한다. 그들이 자유를 되찾고 나서 그것을 어떻게 행사하는지 보면 알 수 있다.[41] 그 점은 더이상 설명하는 게 불필요하다. 국민은 직접 참여할 때만 주권자로서의 입법 능력을 행사할 수 있다. 루소가 찬양하는 제도는 마키아벨리가 이해하는 것과 같은 로마 공화정이다. 즉 대중적 공화정의 기틀로서, 평민(여성, 외국인, 경제적 의존층 제외)을 국정의 실질적 담당자로 내세우는 제도다. 하지만 그들의 역할은 능동적으로 행동하기보다 수동적으로 반응하는 데 그친다. 선출된 귀족들이 상원을 이끌고 토론하면서 집행자의 위치를 점한다. 나머지 평민들은 그들이 제안하는 것을 인준하거나 거부한다. 그럼에도 불구하고 루소가 공화정 시기 로마의 각종 제도의 구체적 내역에 대해 그토록 큰 관심을 쏟고 제네바에 있는 적들과 동일한 결론을 내렸다는 것은 잘 이해가 안 갈 수도 있겠다. 인구가 수백만 명이나 되는 국가가 기원전 146년 이전 공화정 시기의 로마를 모델로 삼을 수는 없지만 제네바는 그럴 수 있었다. 제네바 공화국 소평의회는 세습 귀족에 맞서 반란을 일으켜 대평의회의 권한을 회복하라는 선동이 중산층 하층에게 은연중에 가해지고 있다고 느꼈을 수 있다.

그것이 루소의 의도가 아니라면, 대체 무엇이 루소의 의도인지 알기 어렵다. 로마인과 스파르타인은 시민이라는 개념을 가지고 있었고, 시민의 의무는 오늘날의 우리보다 훨씬 적극적인 참여를 요하는 것이었음을 확인하기 위해 로마 민회의 투표 절차를 논할 필요는 없었다. 그것이 루소의 의도였다 하더라도 마지막 난제는 그런 정치체에서 '시민 종교civic religion'가 행하는 역할에 대한 루소의 설명이다. 공화국은 엄밀한 의미의 법률보다는 습속에 의해 통합되고 지탱된다고 하는 것은, 몽테스키외가 처음 정식화하고 루소도 나름의 해석을 제시한 친숙한 원리였다. 강력한 집단적 윤리를 갖는 것이 좋은 법률(여기서 루소는 '좋은 무기와 좋은 법률이 공화국을 만든다'는 오래된 격언을 생각하고 있다)을 갖는 것보다 훨씬 중요했다. 루소는 풍속검열관 censor morum이라는 로마의 제도를 아주 좋게 생각했다. 풍속검열관은 형법 위반은 아니지만 미풍양속을 해치는 행위를 적발해 처벌하는 관리다. 윤리가 실효를 발하도록 하려면 종교적 신앙이 필요했다.

순수하게 시민적인 신앙고백이 있어야 한다는 결론에 도달하는 과정에서 그가 한 이야기들을 보면,『사회계약론』은 중세 같았으면 몇 번이고 불태워졌을 것이다. 신앙고백은 기독교가 아니라 이신론인 경우에도 예외가 없다. 적극적인 차원에서 보자면, 그것은 "강력하고도 지적이며 자비롭고 선견지명이 있으며 섭리를 베푸는 신적인 존재가 있다는 것, 내세가 있다는 것, 올바른 사람들은 행복해지고 사악한 자들은 징벌을 받는다는 것, 사회계약과 법은 존엄하다는 것"을 믿음을 뜻한다. 소극적인 차원에서 보자면, 용인할 수 없는 것은 용인할 수 없다는 신념을 뜻한다. 루소는 결말 부분에서 놀라운 발언을 한다. 신앙고백을 하고 나서 그 신앙을 믿지 않는 것처럼 행동하는 사람은 누구나 반역자로 취급해 처단해야 한다는 것이다. 그러나 시민적 신앙 자체는 모어의 유토피아에 나오는 사람들이 가진 신앙과 매우 흡사하다. 그런데 그런 결론에 도달하기 전에 루소는 로마가톨릭은 사회적 결속을 위한 토대로서는 아주 끔찍한 것이라고 선언한다. 가톨릭 신자들은 가톨릭교회와 자신이 속한 국가 양쪽에 충성을 나눠 바치기 때문이라는 것이다. 이교도의 공식 제례는 미신적이고 폭압적이며 도시와 도시를 반목하게 만듦으로써 전쟁이 끊이지 않았다. 그러나 진정한 기독교도 별로 다를 바 없다. 기독교는 심정의 종교이지 광장의 종교는 아니다. 진정한 기독교인들로 구성된 사회는 완벽한 사회와는 거리가 멀뿐더러 사람들로 구성된 사회라고 하기 어려울지도 모르겠다. 그들은 자신을 노예 상태로 만들려고 하는 야심가가 나타나면 굴복하기 십상이다. 신실한 기독교인이라면 그런 사태에 대해 아무런 저항도 하지 않을 것이다. 그들의 관심은 이승보다는 다음 세상에 가 있기 때문이다. 루소의 이런 논리는 좀 이상하지만 얼핏 보기와는 달리 결국 로크 내지는 근대 서구사회의 비전과 대단히 흡사한 관점으로 귀결된다. 본질적으로 우리는 삶의 의미의 궁극적 진실에 관한 한 우리가 선택하는 바를 믿고, 우리의 선택에 따라 같은 믿음을 가진 사람들과 행동을 함께할 것이다. 심정의 종교는 본질적으로 사적이다. 현대 미국인들은 마치 루소를 내면화한 것처럼 종교적 신앙의 엄청난 다양성을 다른 유럽 민주주의 국가 시민들보다 훨씬 더 깊이 신봉한다.

끝으로, 희한하게도 루소가 근대 세계에 매력적으로 느껴진다는 문제가 있다. 영국 의회를 조롱한 루소에게는 실례인 얘기지만, 그의 합법성 이론은 사실 대의제 정치체제 및 의원내각제를 중심으로 하는 근대 자유민주주의국가와 맥을 같이한다. 그런 국가는 선출직 귀족이 중심인 정치체제의 일종이라고 할 수 있다. 그런 국가는 주민이 어떤 형태의 의회든 의회 구성원들을 선출한다는 의미 이상으로 주민의 의지를 대변하려고 하지 않는다. 그러나 루소의 원칙에 따라도 법은 법이다. 물론 법률은 선거에 의해 구성되는 의회가 투표로 통과시킨 법안을 여왕이나 대통령이 서명함으로써 공식적으로 법률이 되는 것이기는 하지만, 근본적으로 법이 법인 것은 인민이 그것을 법률로 인정하기 때문이다. 인민이 인정하지 않으면 법률은 죽은 문서에 불과하다. 루소라면 매년 국민투표를 실시해 헌법을 다시 인준하고 정부를 새로 선출하는 것이 바람직하다고 생각했을 것이다. 형식적으로 몇 년마다 그렇게 하는 것으로 충분하고, 자유민주주의 체제에서는 비공식적으로 그리고 지속적으로 정부와 국민의 상호작용을 통해 그런 과정이 진행되고 있다고 말할 수도 있겠다. 근대 세계는 고전적인 도시국가가 제공했다고 루소가 생각한 것과 같은 정치적 헌신을 제공하지 않았다. 루소는 우리가 문명이라고 부르는 것—상업, 예술, 복잡한 사회생활, 과학, 기술 등등—을 내던짐으로써 우리 본연의 미덕을 회복할 수 있을 것이라고 생각했다. 여기서 우리가 항상 느끼는 유혹은, 루소가 경박하다고 멸시한 것들을 그대로 유지하면서도 루소가 말한 정치를 실행할 수 있다고 생각하는 것이다. 프랑스 혁명가들은 강력한 중앙집권국가와 무수한 지역 정치체가 모종의 형태로 공존하는 것이 하나의 답이 될 수 있다고 생각했다. 잘못된 발상은 아니다. 그러나 로마인들이 신봉한 미덕이 근대 프랑스에서 더 발전될 것이라고 생각한 것은 잘못이었다. 그리고 그런 오류 때문에 그들은 낭패를 봤다. 그러나 루소를 관심 있게 읽은 미국의 혁명가들은 프랑스보다 먼저 최초의 근대 공화국을 제도화하는 놀라운 성공을 거뒀다. 물론 사회·경제·정치적 환경이 한결 나았기에 가능한 일이기는 했다. 그러나 미국 혁명가들의 야망이 논평가들이 종종 지적하는 것처럼 색다른 것은 아니었다. 그들이 거둔 성공 역시 필연적인 것은 아니었다.

제16장
미국 건국

놀라운 성취

아메리카합중국United States of America이라는 나라를 만들어냈다는 것은 놀라운 성공이다. 여기서 우리는 '놀라운'이라는 표현에 주목하고자 한다. "최초의 새로운 국가"(연방제의 특수성을 잘 짚은 표현이다)로 일컬어지는 미국을 창건한 사람들은 자신들이 전례 없는 작업을 시도하고 있다는 점을 잘 인식하고 있었다. 작업은 성공보다 실패할 확률이 높았다. 그런 우려를 한 것은 미국 건국의 아버지들만이 아니었다. 합중국合衆國 체제에 회의적이었던 프랑스의 반동적인 정치사상가 조제프 드 메스트르는 대단히 불만스러운 어조로 미국 건국 과정에 인간의 작위가 너무 많이 들어가 있다고 지적했다. 1796년에 쓴『프랑스에 대한 고찰Considerations on France』에서 "공화국이 될 수 있고, 그 공화국에 수도도 있겠지만, 워싱턴(미국 초대 대통령의 이름을 짚어 말한 것이다―옮긴이)이라는 수도를 가진 공화국은 불가능하다"라고 단언한 것도 그런 못마땅함의 표시다.[1] 이번 장에서는 메스트르의 전제는 진지하게 고려하되 그가 내린 결론은 크게 신경쓰지 않기로 한다. 합중국(연방제 국가) 창설은 인간의 작위였다. 그것도 고도로 용의주도하게 조율된 지적인 작업이었다. 하지만 그리스 역사가 폴리비오스나 이탈리아 정치사상가 마키아벨리라면 운명의 여신 티케tyche나 포르투나fortuna가 그 과정에서 모종의 역할을 했다고 인정했을 것이다. 여기서는 1787년 미국 연방헌법 제정 이후 벌어진 사태에 대해서는 가급적 논외로 하고자 한다. 미국 건국의 특수성과 강점을 이론적 관점에서 집중 조명하기 위해서다. 미국 건국의 현실적 중요성은 더 설명하고 자시고 할 것이 없다. 건국은 그 역사적 의미를 충분히 의식한 상태에서 정치적으로 새로운 체제를 창출하려는 노력이었다. 미국 창설을 주도한 인사들은 이론적으로 대단히 세련돼 있었다. 그러나 청중과 독자들에게 의도를 설득력 있게 전달하는 능력도 성공에 큰 몫을 했다. 그들은 청중이 공감하는 역사적 · 이론적 논점을 집중적으로 파고들었다. 그들은 미국이 폴리비오스가 말한 유일 초강대국 로마처럼 되는 200여 년 후를 상정하고 말하지 않았다.

미국 건국의 아버지들—여기서는 「독립선언서」를 기초한 3대 대통령 토머스 제퍼슨과 『연방주의자』의 필진으로 국한한다—은 크게 볼 때 고대 로마의 정치가 키케로가 그토록 열망했던 '독재가 불가능한 공화정' 체제를 확립하고자 했다. 요즘 학계에서는 아메리카합중국의 구체적인 모습에 관한 세 가지 버전이 활발히 논의되고 있다. 하나하나가 다 설득력이 있다. 우선 '알렉산더 해밀턴(초대 대통령 워싱턴 행정부에서 재무장관을 지냈다—옮긴이) 버전'. 해밀턴 버전이 실행됐다면 미국은 무역을 중시하는 영국식 군주제를 현대화한 국가, 아메리카 식민지인들이 그토록 혐오했던 중앙집권형 국가, 군사적 효율을 중시하고 제국주의적 성향을 노골적으로 드러내는 국가가 되었을 것이다. 또 출범 순간부터 세수 증대를 최우선 목표로 하는 현대국가의 각종 제도가 가동됐을 것이다. 이런 해밀턴 모델과 정반대되는 것이 '토머스 제퍼슨 버전'이다. 제퍼슨 버전은 소小지역에 권한을 위임하는 공화국ward republic들의 연합체를 지향한다. 농업을 중시하고, 인민을 정치운동의 핵심으로 삼으며, 원칙적으로 상업과 산업에 적대적인 체제다. 따라서 결국에는 독립 당시의 13개 주 연합보다 더 작은 규모의 느슨한 연합체로 전락할 위험을 안고 있었다. 해밀턴 버전과 제퍼슨 버전이라는 양극단의 중용을 취한 것이 바로 '제임스 매디슨(연방헌법을 기초한 4대 대통령 — 옮긴이) 버전'이다. 매디슨 버전이 현재의 미국으로 귀결된 데에는 매디슨이라는 인물의 창의력과 설득력이 큰 역할을 했다. 제퍼슨은 「독립선언서」를 기초했고, 매디슨과 해밀턴은 『연방주의자 The Federalist』(1788년 출간된 연방헌법 옹호 논설집. 필자는 해밀턴, 매디슨, 존 제이. 미국 헌법에 관한 가장 권위 있는 논평인 동시에 미국 정치철학의 핵심을 제시한 책으로 인정받고 있다 — 옮긴이)에 많은 논설을 기고했다. 후일 제퍼슨(3대 — 옮긴이)과 매디슨(4대 — 옮긴이)은 대통령이 된다. 해밀턴은 제퍼슨 행정부의 부통령이었던 숙적 에어론 버와 결투를 하던 중 사망함으로써 정치활동에 종지부를 찍었다. 제퍼슨과 해밀턴은 워싱턴 대통령 행정부에서 장관직을 맡은 처지여서 마지못해 협력을 하기는 했지만 서로 혐오하는 사이였다. 여기서 지면 관계상 자세히 소개하지 못하는 목소리들이 있다는 것이 참으로 아쉽다. 대표적인 경우가 2대 대통령 존 애덤스다. 애덤스는 제퍼슨과는 지지자이자 동료, 라이벌이자 비판적인 친구 사이로 보수 공화파 진영의 입장을 상세히 설명할 수 있는 인물이다. 그러나 그의 조국은 그보다 좀더 대중적이고 엘리트 의식이 덜한, 덜 귀족적인 공화국을 원했고, 그 결과가 1800년 대선에서 현직 대통령인 애덤스 대신 제퍼슨이 선택되는 것으로 나타났다. 또 한 사람은 벤저민 러시다. 러시는 탁월한 의사로 대륙군(독립전쟁 당시의 미군 — 옮긴이)의 보건·위생 향상에 많은 노력을 기울였고, 노예제의 해악을 통렬하게 비판하는 감동적인 글을 남겼다.

어린 학생이나 외국인들에게 소개되는 미국의 모습은 종종 대영제국을 상대로 반란을 일으켜 기적적으로 성공하고, 잠시 비틀거리다가 사상 유례를 찾아볼 수 없는 연방제 국가federal state를 탄생시킨 나라다. 미국은 '최초의 새로운 국가'일 뿐 아니라 무에서 태어난 나라였다. 그런데, 진실은 훨씬 흥미롭다. 미국 건국은 치열한 이론 논쟁을 통해 성취된 시도였다. 식민지 주민들은 본국(영국)에 대한 불만을 반란으로 표출하면서, 1688년 명예혁명 직후 정치에서 배제된 급진파의 언어로 자신들이 박탈당했다고 주장하는 권리를 조목조목 제시했다. 그 배경에는 17세기 중반 크롬웰 공화정 시대의 공화파가 있었다. 존 로크가 미국 건국의 이론적 논리에 얼마나 큰 영감을 주었는지를 상징적으로 보여주는 주는 사례가 있다. 식민지 민병대가 로크의 『시민정부에 관한 두 가지 논문』을 배낭에 넣어 가지고 다니면서 읽었다는 일화다. 심지어 미국독립전쟁 지도자의 한 사람인 새뮤얼 애덤스는 보스턴 시 위원회로 하여금 로크의 『시민정부에 관한 두 가지 논문』에 나오는 통치 원칙을 그대로 인용한 반영反英 성명을 채택하게 했다. 로크의 입장은 휘그당 개혁파와 크롬웰식 공화파의 맥을 이은 것이었다.[2] 명예혁명은 영국의 절대군주제와 가톨릭 세력 복귀 움직임에 종지부를 찍었지만 인민의 동의에 의한 통치, 국교 폐지, 교회와 국가의 분리를 실행에 옮기지는 못했다. 그런 영국 공화파의 논리가 신대륙 아메리카에서 다시 세를 얻은 것이다.

「독립선언서」와 그 연원: 로크와 시드니

미국독립혁명American Revolution은 '명예로운 혁명'에 머물지 않았다. 그것은 한 차원 높은 명예혁명이었다. 영국의 정치사상가 에드먼드 버크는 프랑스혁명을 비판하면서 1689년 제정된 「권리장전」을 높이 평가했다. 버크는 휘그당이 전적으로 방어적이고 복고적인 혁명을 위해 싸운 것은 고래의 헌정제도를 수호하기 위한 것이지 윌리엄과 메리를 왕위에 올릴 수 있는 인민의 권리를 행사하기 위한 것이 아니었다고 주장하는 것은 옳다고 말했다.[3] '우리 인민'이 왕을 만들 수 있다면 '우리 인민'은 왕을 쫓아낼 수도 있을 것이다. 그리고 왕도 자기를 왕으로 만들어준 주인들의 만족을 위해 봉사해야 할 것이다. 로크는 휘그당의 논리와는 정반대 지점에 서 있었다. 지배자들은 인민의 만족을 위해 봉사해야 한다는 것이다. 제퍼슨도 같은 얘기를 했다. 1774년에 쓴 「영국령 북아메리카의 권리The Rights of British North America」에서 영국 국왕 조지 3세에 대해 대놓고 그런 식으로 말한 것이다.[4] 제퍼슨이 과연 조지 3세가 "국왕은 인민의 일등항해사 이상의 존재가 아니다. 그는 법률에 의해 임명되며 특권에 제한을 받는다. 그의 임무는 정부라는 거대한 기계가 잘 돌아가도록 돕는 것이다"라는 주장에 동의할 것으로 기대했을까 하는 것은 물론 또다른 문제다.

2년 후에 나온 미국 「독립선언서」도 로크적인 내용을 담고 있지만 앨저넌 시드니로부터 더 큰 영향을 받았다고 할 수 있을 것이다. 시드니의 경우와 비슷하게 독립선언서는 대단히 '철학적인' 자연법 사상을 토대로 하는 개인의 자연권을 강조하는 동시에 집단적 자유에 관한 이념도 집어넣었다. 집단적 자유 개념은 해링턴 같은 공화파에게서 차용한 것이지만 멀리 거슬러올라가면 세네카와 키케로에서도 연원을 찾을 수 있다. 이는 신민의 자유보다는 스스로를 통치하는 시민의 자유를 강조하는 개념이다. '시민의 미덕'이라는 수사는 '자연법'이라고 하는 수사와 썩 잘 공존한다. 이에 대해, 제퍼슨의 수사가 어디서 연원한 것인지를 알고 싶어하는 논평가들을 제외하고는 누구도 거북함을 느끼지 않는다. 제퍼슨은 그런 문제는 제기할 가치조차 없다고 생각한 것 같다. 「독립선언서」는 어디서 영감을 받았느냐는 질문에 제퍼슨은 아리스토텔레스, 키케로, 로크, 시드니를 거명하면서 당대의 조화로운 정서들을 두루 활용했다고 답했다.[5] 「독립선언서」는 신을 논거로 끌어들이면 "지상의 열강 가운데에서 자연법과 자연의 신의 법이 부여한 독립적이고 평등한 지위를 누릴" 아메리카 인민의 신성한 권리보다 왕의 신성한 권리를 옹호하는 결과가 될 수 있다는 불안감도 내비치지 않는다.[6] 「독립선언서」는 역사와 철학을 논거로 삼지만 그것이 다른 결과를 야기할 수 있다는 불안감 같은 것은 없다. 「선언서」는 아주 오래된 영국인들의 자유와 고대 제도에서 중시한 미덕을 거론하는 한편으로, 근대의 눈으로 보면 그런 것들과는 개념적으로 맥락을 달리하는 자연권을 강조한다. 우리 선택에 따라 제도를 다시 만들 자연권이 있다면 과거의 권위 자체는 그리 대단할 것이 없다. 바로 이 부분이 버크가 프랑스혁명을 지지한 영국인들에 대해 반감을 표시한 이유들 가운데 하나였다. 이처럼 맥락이 다른 개념들을, '고대 앵글로색슨족 잉글랜드의 헌정제도는 "자연법과 자연의 신의 법"을 구현한 것'이라는 식으로 화해시킬 수도 있을 것이다. 제퍼슨도 종종 그런 식으로 생각했던 것 같다. 그러나 우리는 그렇게 얼버무리기는 좀 어렵다고 본다. 키케로가 스토아철학은 로마인의 '선조들의 관습'과 동일한 교훈을 가르친다고 생각한 것처럼 제퍼슨도 그런 식으로 생각했다고 할 수 있다. 제퍼슨이 키케로를 거명한 것 자체가 철학적 설명이라기보다는 일종의 정치적 수사라고 할 수 있다.

「독립선언서」를 구성하는 지적 요소는 「권리청원」(1629), 「권리장전」(1689), 시드니의 『정부론』, 로크의 『시민정부에 관한 두 가지 논문』, 몽테스키외의 『법의 정신』, 윌리엄 블랙스톤의 법률 해석서, 아리스토텔레스와 키케로, 타키투스를 비롯해 대학에서 널리 읽히는 고전 문헌, 데이비드 흄의 정치 논문을 포함한 근대 스코틀랜드 철학 등과 같이 우리에게 익숙한 것들이다. 이에 못지않게 중요한 것은 아메리카의 종교적 정서였다. 미국 「독립선언서」와 연방헌법이 조인된 필라델피아는 대영제국에서 유대인과 가톨릭 신자가 이웃인 개신교도들처럼 자유롭게 종교생활을 할 수 있는 유일한 도시였다. 물론 넓은 의미에서 보면 아메리카 식민지인의 감수성은 윤리와 정치 면에서 칼뱅주의적이고 아우구스티누스주의적이었다. 제퍼슨은 그런 정통 기독교인이라기보다는 이신론자였을 것이다. 계시가 자연의 가르침을 보강해준다고 배운 정치인들은 정치 문제를 다룬 기독교인 작가와 이교도 작가의 차이점에는 관심이 없고 양자 간에 공통되는 부분을 강조했다. 후대의 표현을 빌리자면, 궁극적 지향은 다르지만 합의된 원칙을 지지하고 그에 따른 정치활동을 용인하는 '중첩적 합의'를 추구한 것이다.[7]

후대의 작가들은 정부의 억압을 당하지 않을 개인의 자유에 대한 자유주의적 관심과 스스로를 통치하는 시민의 집단적 자유에 대한 관심을 철저히 구분했다. 이런 구분은 1818년 뱅자맹 콩스탕이 「고대의 자유와 근대의 자유 비교La liberté des anciens comparée à celle des modernes」라는 에세이에서 처음 제기한 이후 보편화됐다. 콩스탕 이전에는 그런 구분이 그리 선명하지 않았다. 18세기 말의 미국인에게 그런 구분을 확실히 해보라고 하면 '미국인들은 두 종류의 자유를 모두 필요로 한다'고 답했을 가능성이 높다. 왜냐하면 근대인의 자유가 없는 고대인의 자유는 경제적 자유를 파괴하고, 양심의 권리를 침해하고, 다수의 독재로 전락할 것이기 때문이다. 반면에 고대인의 자유가 없는 근대인의 자유는 시민들로부터 "우리 인민은"이라는 말로 대변되는 자치의 능력을 박탈할 것이다. 맞는 말이다. 집단적 행동에 나설 수 있는 시민들의 능력을 핵심으로 하는 '미덕의 정치'와 개인의 사적 기획에 대한 불개입을 중시하는 '권리의 정치' 사이의 긴장은 어느 한 쪽이 극단으로 치닫는 경우에만 발생한다. 매디슨이 "정치는 중용이다"라고 한 것은 사태를 극단으로 몰고 가지 않으려는 건전한 자세의 표현이다. 반면에 제퍼슨은 적어도 사적인 편지에서는 가능한 것의 한계가 어디까지인지를 더 알고 싶어했다. 물론 현실에서는 상식의 요구와 타협했다.

아메리카 식민지인들이 스스로를 통치하지 못하고 무정부 상태로 전락한다면 반란은 재앙이 되고 말 것이다. 그들이 불만을 제기한 영국 정부와 같은 방식으로 서로를 착취하거나 독재를 행할 경우에도 마찬가지다. 새로운 헌정질서는 로크적인 것인 동시에 공화파적인 것이 되어야 한다. 개인의 권리를 정부의 과다한 개입으로부터 보호하는 한편으로 권한은 제한적이지만 효율적인 정부를 가능케 하는 제도들을 고안해내야 하는 것이다. 해소되지 않은 긴장은 여전히 남아 있었다. 특히 연방헌법 자체에서 두드러졌다. 노예제는 장기적인 관점에서 볼 때 국민 통합을 파괴할 수 있는 최악의 요인이었다. 인간은 자유롭고 평등하게 창조되었다고 하는 주장과 노예제를 조화시키는 것은 지적인 차원에서는 그리 힘든 일은 아니었다. 어차피 사람들은, 흑인 노예들은 다른 방식으로 살아갈 능력이 없다고 확신하고 있거나 하느님은 함의 자손들 또는 카인의 후예들에게 저주를 내렸다는 생각을 버리지 않았기 때문이다. 고대 이교異敎 사회에서 시민의 자유는 노예제를 기초로 한 것이었다. 거기에는 여성을 정치 영역에서 배제하는 것, 그리고 주민의 상당수를 빈곤이나 윤리적 무능력을 이유로 정치 영역에서 배제하는 것도 포함됐다. 고대 이교 사회의 상당수는 인간이 자유롭고 평등하게 태어났다고 믿지 않았다. 반면에 기독교는 그렇게 믿었고, 미국「독립선언서」도 그렇게 말했다. 그러나 로크 자신이 작성한 아메리카 식민지 헌법은 노예제를 기본으로 했고, 기독교인 작가들도 여러 세기 동안 천부적 평등이라는 스토아철학 및 기독교의 관념과 노예제를 조화시키는 방안들을 찾아냈다.

혁명 일반을 역사적으로 설명하려고 할 경우, 특히 미국혁명과 미국 혁명가들의 동기에 대해서는 할 말이 많다. 나쁘게 보면, 미국혁명이 일어난 것은 일부 식민지인들이 비용은 부담하지 않으면서 영국군의 보호를 받으려 했기 때문이다. 또다른 식민지인들은 본국인 영국 정부가 계획했던 최소한의 규제도 받지 않고 아메리카 원주민들을 말살하고 그들의 땅을 차지하고 싶어했다. 일리가 있는 설명이다. 반면에 좀 덜 나쁘게 보면, 미국혁명은 자신들의 문제를 스스로 해결하는 데 익숙해지면서 자신감을 갖고 잘나가던 주민들이 본국인 영국 정부가 요구하는 식민지 관계에 대해 영구히 거부한다는 의사를 표현한 것이다. 특히 당시 영국 정부는 프랑스 및 스페인과의 분쟁, 인도반도 및 원거리 수역에서의 소란 등으로 정신이 없는 상태여서 아메리카 식민지의 요구에 관심을 기울일 여유가 없었다. 아메리카의 독립은 어떤 형태가 되든 오래 지연될 수는 없었다. 아메리카 상업의 성장, 새로운 토지에 대한 요구, 영국제도 이외 지역으로부터의 이민 등이 본국인 영국과의 공식적인 정치적 유대를 단절하는 데 큰 역할을 했을 것이다. 이른바 대체역사 counterfactual history 를 선호하는 취향이라면, 당시 영국에 노스 경보다 수완이 뛰어난 정부가 있었다면 영국령 북아메리카는 영연방에 잔류한 '캐나다' 스타일로 귀결됐을 것이라는 기대를 할 수도 있을 것이다. 그러나 그런 가설은 설득력이 없어 보인다.

제퍼슨의 소공화국에 대한 기대는 논외로 하더라도, 건국을 주도한 인물들 가운데 직접민주주의를 바람직하다고 본 사람은 아무도 없었다. 제퍼슨을 포함해 민주주의(당시 사람들이 이해한 민주주의)가 전국적 차원에서 가능하다고 생각한 사람은 아무도 없었다. 또 새 공화국 수립에 관여한 인물들 가운데 경제적 평등주의자는 한 명도 없었다. 토머스 페인조차도, 앞으로 살펴보게 되는 바와 같이 경제적 평등을 믿지 않았다. 기회의 평등은 경제적 평등과는 다른 문제였다. 재산권이 보장되고, 모든 인민이 노동과 각자의 재능, 에너지, 행운에 따른 과실을 거둘 수 있다면 부의 정도는 달라질 것이었다. 다른 편의 목소리도 있었다. 많은 반연방주의자들은 민주주의를 열망하면서 지역별 입법기구에 아테네 민회 방식의 전권을 부여하는 방안을 강력히 주장했다. 그들은 이것을 부자들의 착취로부터 보통 사람들의 이익을 보호하는 방안이라고 봤다. 그들은 또 채권자-채무자 관계 차원에서 인플레이션과 채무 탕감을 원했다.

제퍼슨은 보통 사람의 분별력을 누구보다 신뢰했다. 그런 점에서 앨저넌 시드니의 열성적인 제자라고 할 수 있다. 동시에 가난한 다수가 부자들의 재산을 강탈할지 모른다는 우려는 별로 하지 않았다. 결과적으로 보면, 헌법이 자신들에게 불리하게 돼 있다고 심하게 불평한 '중간계층'은 선거제도를 활용해 자신들의 입장을 관철시키면서 관직에 진출할 수 있었다. 반면에 가난한 농민 다수는 아메리카 원주민들이 점유하고 있던 거의 무한한 토지 자원을 이용할 수 있었다. 보통 사람도 재산의 신성불가침성에 대해서는 누구 못지않게 이를 신봉한다는 사실이 확인됐다. 최초의 정당 체제가 생겨났을 때 제퍼슨과 매디슨은 '민주공화파Democratic Republicans'가 되었다. 산업화가 한창인 유럽에서 흔히 볼 수 있는 계급투쟁은 여러 해가 지나서야 미국에서도 나타나게 된다. 그러나 당시 정치 지형은 이미 파벌·종족·문화적 이해관계의 충돌을 중심으로 형성돼 있었고, 계급을 중심으로 한 전국 정당이 등장하기는 어려운 상황이었다. 이제부터는 새로운 국가의 창설에 초점을 맞추기로 하자. 제퍼슨과 「독립선언서」로 시작해서 연방헌법 제정으로 나아간 다음, 맨 마지막으로 제퍼슨 버전과 해밀턴 버전이라는 실현되지 않은 노선을 점검해보기로 한다.

제퍼슨과 「독립선언서」

1776년 6월 제퍼슨이 「독립선언서」 초안을 2차 대륙회의Continental

Congress(1774년 9월 북아메리카 13개 식민지 대표들이 창설한 미국 독립을 위한 최고기구 — 옮긴이)에 제출했을 때, 그는 이미 동료 버지니아 주민들을 대신해 식민지인들이 과거의 지배자들로부터 독립할 권리를 옹호하는 주요 논거를 구체화하고, 대륙회의 대표들에게 무력 사용의 정당성을 호소한 바 있었다. 토머스 제퍼슨은 1743년에 태어나 1826년 7월 4일 친구인 존 애덤스가 사망하기 불과 몇 시간 전에 세상을 떠났다. 「독립선언서」 공포 50주년이 되는 날이었다. 제퍼슨은 버지니아의 비교적 부유한 집안에서 태어났다. 그러나 아버지는 그가 불과 열네 살 되던 해에 사망했다. 제퍼슨은 윌리엄 앤드 메리 칼리지에서 윌리엄 스몰과 함께 철학을 공부했다. 스몰은 프린스턴 대학에서 제임스 매디슨을 가르친 존 위더스푼처럼 스코틀랜드 출신 이민자였다. 제퍼슨은 스몰에게서 대부분의 스코틀랜드 철학자들이 지지하는 도덕감정론moral-sense theory을 배웠다. 제퍼슨은 변호사가 될 준비를 하면서 흐로티위스, 사무엘 폰 푸펜도르프, 존 로크, 코크와 블랙스톤의 법학 개론서 등을 읽었다. 제퍼슨은 26세에 버지니아 의회 의원으로 선출됐다. 버지니아 의회는 1774년 영국 총독에 의해 해산됐지만 버지니아 주민들에게만 충성하는 회의체로 즉각 재건됐다. 이 회의체에 제퍼슨은 「영국령 아메리카의 권리 개관Summary View of the Rights of British America」이라는 논문을 제출했다.[8] 동료들은 이 문건을 보고 소스라치게 놀라 결의안으로 채택하기를 거부했다. 그러나 망설임 끝에 필라델피아에서 열리는 2차 대륙회의에 제퍼슨을 버지니아 대표로 파견했다.

이후 제퍼슨의 행보는 줄곧 세간의 이목을 끌었다. 그는 대통령직 3선을 할 수도 있었지만 재선 임기를 마친 1809년 버지니아주 몬티첼로로 낙향했다. 아버지와 딜리 제퍼슨은 사업 수완은 없었고, 많은 빚을 남기고 죽었다. 말년에는 빚을 갚기 위해 장서를 의회에 매각했다. 미국 의회도서관은 그렇게 해서 탄생한 것이다. 제퍼슨의 무덤에는 세 가지 업적이 기록돼 있다. 「독립선언서」를 쓴 것, 버지니아 종교 자유법을 작성한 것, 버지니아 대학을 설립한 것 등이다. 두 차례 대통령을 역임했다는 사실은 언급되지 않았다. 1803년 루이지애나를 프랑스에 단돈 1500만 달러를 주고 사들여 미국 영토를 2배로 늘리는 한편 미시시피강 건너편으로의 진출 및 선박 운행에 대한 프랑스(또는 스페인 또는 영국)의 봉쇄에 종지부를 찍었다는 사실도 마찬가지다. 묘비명은 제퍼슨이 생전에 직접 쓴 것이어서 그가 제일 중요하다고 생각한 일이 무엇인지 알 수 있다. 그는 '정력적인 정부'를 반대한다고 공언한 바 있기 때문에 평소 소신과 대통령으로서 당면하게 되는 현실의 충돌에 당혹감을 느꼈을 것이다.

「독립선언서」는 영국과의 결정적인 단절을 주장한 제퍼슨의 입장이 그대로 반영된 3편의 글 가운데 맨 마지막에 나온 것이다. 첫번째 글 「영국령 아메리카의 권리 개관」이 흥미로운 것은, 명목상의 수신인인 영국 왕 조지 3세에게 그의 왕 자리는 인민이 임명하는 것이라고 하면서 논거로 존 로크가 아니라 키케로의 『의무에 관하여』를 들었기 때문이다. 최고 행정관은 공동선의 대행자이며, 그의 과업은 인민의 복지를 보장하는 것이다.[9] 이런 주장과 더불어 아메리카인들과 본국 정부의 관계에 대한 제퍼슨 특유의 생각 두 가지가 관심을 끈다. 둘 다 앵글로색슨족의 과거 사례를 예로 들었지만 목적은 다르다. 첫째는 식민지인들이 고향을 떠나 타향에 정착한 뒤에 본국 정부는 식민지인들에게 어느 정도의 권한을 행사할 수 있느냐의 문제다. 정착 과정은 정복에 의한 것일 수도 있고, 사람이 살지 않는 땅을 점유하는 방식일 수도 있고, 두 가지가 결합된 형태일 수도 있다. 색슨족이 숲을 떠나 브리튼섬을 정복했을 때 그들은 과거의 지배자가 누구든 간에 그들에게 계속 통치를 받는다는 생각은 전혀 하지 않았다. 새로운 땅에 정착하고 나서는 자신들의 정부를 세우고 자신들이 원하는 방식으로 스스로를 통치했다.

이것은 고대 그리스계 도시들이 지중해 연안에 세운 식민지들도 마찬가지였다. 이런 주장은 아메리카 식민지인들이 내걸었던 조건에 대해, 그리고 후대로 갈수록 그런 조건이 얼마나 구속력이 있느냐에 대해 많은 문제를 제기한다. 제퍼슨은 그런 문제를 거론하지는 않는다. 다만 색슨족에게 적용됐던 것이 아메리카인들에게도 적용돼야 한다고 말할 뿐이다. 영국 정부가 식민지인들에게 제공하는 혜택은 한 나라가 협정을 통해 동맹관계를 맺은 다른 나라에게 제공하는 지원과 같다. 지원을 한다고 해서 도움을 주는 나라가 도움을 받는 나라에 대해 정치적 지배권을 갖는 것은 아니다. 지원은 우호관계를 촉진할 뿐이다. 영국이 포르투갈을 지원한다고 해서 영국이 포르투갈에 대한 주권을 갖게 되는 것은 전혀 아니다. 제퍼슨은 대영제국의 존재를 부정하지 않았지만 대영제국을 독립적 자치권을 행사하는 공동체들의 연합체로 해석했다. 자비롭고 호의적인 군주는 연합체를 관장하되 연합체 구성 단위 하나하나의 복지에 신경을 써야 한다. 그러나 어떤 단위도 다른 단위에 대해 주권을 주장할 수는 없다. 런던에 있는 의회가 매사추세츠를 위해 입법을 하는 것은 보스턴 자치의회가 영국을 위해 입법을 하는 것과 마찬가지로 어불성설이었다. 대단히 흥미로운 사실은, 약 30년 후 제퍼슨이 캐나다에서 남아메리카에 이르는 '자유의 제국'을 상상하는 한편으로 미시시피강 서쪽 주들이 아메리카합중국과는 별도로 독립적인 연합체를 형성하는 방안을 구상했다는 것이다. 그가 대영제국에 대해 가지고 있는 상을 보면 연합체 구성 단위들 간의 관계를 어떤 식으로 생각했는지 짐작할 수 있다.

제퍼슨의 논리는 그 자체로는 실득력이 있지만 현실과는 맞지 않았다. '자치식민지들 proprietary colonies'은 영국 국왕이 토지와 통치권을 허여한 경우다. 여기서 식민지인들이 누리는 권리는 일종의 임차물과 같은 것이어서 임대 조건을 위반하면 원 주인은 임대를 취소할 수 있다. 제퍼슨이 두번째로 색슨족 사례를 인용한 것은 바로 이런 논리를 겨냥한 것이다. 영국 왕은 아메리카에 본원적인 소유권이 없으며, 따라서 그런 방식으로 토지를 처분할 수 없다는 것이다. 노르만족이 잉글랜드에 수립한 것과 같은 봉건적 환경에서는 하급 토지소유자가 봉건영주들이 허여한 토지의 임시 소유자에 불과했다. 이것이 영국의 급진파가 자주 거론한 '노르만의 멍에 Norman Yoke'라는 원칙이다. 앵글로색슨족은 원래 부동산을 소유했는데 노르만족의 강탈로 본래적인 권리를 상실했다는 것이다. 그런데 아메리카에서는 노르만의 멍에가 인민의 목을 조인 적이 없었다. 아메리카인들은 토지를 '완전 사유지' 형태로 소유했다. 그들은 자치를 하는 부동산 소유자였다. 따라서 영국 정부도 그런 사실을 인정해야만 한다. 어쨌든 버지니아 의회를 해산하려는 영국의 시도는 법률상 무효였다. 국왕이 영국 의회를 해산할 권한이 없는 만큼 다른 나라 자치의회를 해산하는 것은 더더욱 말이 안 되는 일이었다.[10]

제퍼슨이 색슨족이 누린 자유를 극찬한 데에는 다 노림수가 있다. 이를 통해 우리는 그가 의도한 공화주의가 그리스와 로마인들의 이상이나 실천과는 무관하고, 17세기 중반 영국내전 당시 급진파들의 전통을 계승한 것임을 알 수 있다. 많은 아메리카 식민지인들이 매사추세츠에서 영국으로 돌아가 영국내전에 참전했고, 스튜어트왕가 왕정복고 이후 다시 역방향으로 이주가 진행됐다는 것은 별로 놀라운 일이 아니다. 제퍼슨은 앵글로색슨족을 유별나게 극찬했다. 특히 앵글로색슨족이 우리에게 아리스토텔레스보다 더 많은 가르침을 줄 수 있다고 확신했다.[11] 그는 자기 주장의 정당성을 극대화하기 위해 과거의 자치 공동체와 한참 후대의 또다른 자치 공동체의 차이를 흐려버렸다. 전제군주나 귀족에 의한 독재는 회피해야 할 사례가 무엇인지를 보여주었다. 색슨족이나 그리스인 또는 식민지 아메리카인의 자치 공동체는 긍정적인 사례가 어떤 것인지를 보여준다. 나중에 제퍼슨은, 그리스인들이 대의제라는 장치를 몰랐기 때문에 그리스 철학자들이 정치에 관해 제시한 거의 모든 것을 "무용지물로 만들고 말았다"고 강조했다. 영국의 통치를 놓고 보면, 국왕이 자신의 역할을 제대로 인식하면 미덕이고, 국왕이 의회를 위협하거나 의원들을 매수하려고 들면 악덕이다. 그러나 제퍼슨은 근본적으로 군주제 반대론자였고, 따라서 아메리카합중국에 군주제를 수립하고자 하는 정적들의 시도에 대해 적대적이었다.

「영국령 아메리카의 권리 개관」은 군주에게 억울함과 불만을 구제해달라고 요청하는 청원서 형식으로 돼 있다. 그러나 간청하는 신민이 아니라 분노한 시민들의 청원이다. 그들이 요구하는 것은 국왕의 호의가 아니라 정의다. 그들은 시혜를 요청하는 것이 아니라 자신들의 권리를 요구한다. 불만 사항은 「독립선언서」에 나열된 내용과 같다. 항목은 정치에서 상업, 인도주의적인 문제까지 다양하다. 「영국령 아메리카의 권리 개관」이 작성됐을 무렵 뉴잉글랜드 지역은 전쟁중이었고, 식민지들은 계엄령 상태였다. 이런 상황은 외국계 용병들이 간섭하지만 않는다면 자신들의 문제는 알아서 처리할 능력이 있는 인민에게는 모욕이자 충격이었다. 이듬해 제퍼슨은 무기를 들어야 할 필요성을 선언하는 대륙회의 문건을 작성했다. 이 문건이 흥미로운 이유는 그 어떤 독립을 향한 열망도 거부하는 동시에 식민지들에 대한 영국 정부의 지배는 부정하고 있기 때문이다. 제퍼슨이 훗날 『자서전』에 기록한 것처럼 당시 뉴욕, 뉴저지, 펜실베이니아, 메릴랜드 같은 중부 식민지들은 영국과 최종 단절을 단행할 준비가 돼 있지 않았다. 따라서 반란의 수위를 잘 조절함으로써 영국 정부가 12년 전 상태로 돌아가주기를 기대한 것이다. 결국 독립을 선언한 것은 그로부터 1년 뒤였다.

「독립선언서」는 영국 정부에 대한 불만을 열거하고 식민지들은 독립적인 나라이며 영국과의 유대는 단절됐다고 선언했지만 오늘날에는 그보다 훨씬 큰 의미를 갖는 것으로 평가된다. 링컨의 게티즈버그 연설과 더불어 「독립선언서」는 아메리카인들이 성장 과정에서 획득한, 새로운 시민들이 토착화 과정에서 확보한 정치적 정체성을 요약한 것이다.[12] 따라서 「독립선언서」는 단순한 지적 생산물로 보기 어렵다. 그렇게만 보는 것은 오류일 것이다. 「독립선언서」가 의도한 바는 제퍼슨이 말한 것처럼 새로운 원칙의 선언이 아니라 독자들로 하여금 그들이 가지고 있는 신조를 되새기게 하는 것이었다. 여기서 신조란 '정부는 개인의 자연권을 보장하기 위해 존재한다' '자연권은 생명, 자유, 행복을 추구할 권리이다' '기존의 정부가 오랫동안 아주 심하게 제 역할을 못 하면 인민은 정부를 폐기하고 다른 정부를 세워야 한다' 등등을 의미한다. 이 정도는 감동적인 「독립선언서」를 무미건조하게 요약한 수준에 지나지 않는다. 게다가 "인류의 의견을 깊이 존중"한 결과 아메리카 식민지들은 전 세계에 자신의 불만이 무엇이고 무엇을 달성하기를 원하는지를 설명해야 할 필요가 있다고 지적한 부분은 빠졌다. 이 구절은 식민지인들의 독립에 대한 자신감과, 새로운 국가가 되면 문명인들의 공동체가 인정해주기를 기대하기에 앞서 도달해야 할 기준이 있다는 확고한 의식을 품위 있게 표현한 것이다.[13]

「독립선언서」 첫 문단은 1776년 6월 공포된 「버지니아 권리선언Virginia Declaration of Rights」에 선구적인 형태로 표현된 내용을 거의 그대로 따온 것이다. 버지니아 의회는 그해 5월에 이미 대륙회의에 독립을 선언하라고 촉구했다. 독립선언서에 들어 있는 논리는 로크가 『시민정부에 관한 두 가지 논문』에서 혁명에 대해 논한 내용과 같다. 이것과 맥을 같이하는 것이 '인류는 부당한 처우를 당할 경우 봉기를 통해 그 원인을 제거하려 하기보다는 감내하려는 성향이 강하며, 문건에서 선언된 혁명은 최후의 수단'이라는 주장이다. 영국 왕의 독재적 비행非行에 대해 불만을 표한 부분을 「버지니아 권리선언」에 실린, 정부가 보호해야 하는 권리의 내용 및 그 방식에 대한 설명과 비교해보면 서술이 쉽고 정확한 정보를 담고 있다. 물론 「독립

선언서」도 과거 수십 년 동안 갈팡질팡하는 영국 정부와 완강한 매사추세
츠 주민들 가운데 어느 쪽이 더 심했는지에 대해 전적으로 공정한 시각을
보여주지는 않는다. 그러나 기본 논리는 흠잡을 데 없다. 「독립선언서」는
로크의 주장을 잘 반영한 문건으로 '해체돼야 할 것은 제대로 기능하지 못
하는 정부와의 유대뿐'이라는 로크의 주장을 아무 설명 없이 그대로 차용
하고 있다. 그러나 정치적 사회 자체는 해체되지 않는다. 사회 구성원들은
서로 의지하면서 정부가 보장해야 할 것들을 보장해줄 다른 형태의 정부를
다시 만들어낸다. 아메리카인들은 하나의 인민이었다. 영국과의 유대가 해
체되면 일부 지역적 정치제도들이 소멸되기는 하지만 그렇다고 해서 아메
리카인들이 혼돈에 빠진 다중으로 전락한다는 의미는 아니다. 그들은 여전
히 하나의 인민이다.

불만 사항을 나열하는 것은 전통적인 방식이었다. 영국 급진파가 스튜어
트왕가의 국왕들에 대해 불만을 제기한 것과 대단히 흡사한 형태다. 급진
파의 불만 구제 요구에 대해 국왕들은 무시로 일관했다. 인민의 대표자들
의 회합을 봉쇄하고, 법원 판결에 개입하고, 인민의 대표들의 동의 없이 세
금을 부과하고, 상비군을 유지하고, 군대를 민가에 숙영시켰다. 「독립선언
서」는 제퍼슨의 말대로 아주 잘 정리된 문건으로 당대의 상식에, 사실은 한
세기의 전에 확립된 상식에 호소하는 내용이었다. 「독립선언서」에 제기된
불만이 친숙한 이유는 군주제의 비행을 지적한 것이기 때문이다. 군주제
의 비행은 어느 시대에나 비슷한 형태로 나타난다. 그러나 상업에 대한 개
입, 이민 및 식민지 인구 증가에 대한 영국 정부의 규제, 외국 용병 수입 등
에 대한 불만 제기는 아메리카 특유의 현실을 반영한 것이다. 조지 3세가
언급한 "무자비한 인디언들을 끌어들여 변경 지역 우리 주민들을 압박하
려 했다. 남녀노소와 상황에 관계없이 무조건 죽이는 것이 인디언들의 전
쟁 규칙이라는 것은 세상이 다 안다"라는 지적도 마찬가지다.[14] 「독립선언

서」가 공포될 무렵 전쟁은 1년 넘게 진행중이었다. 이후 전투에서 식민지들이 승리를 거둔 것은 주로 영국이 승전에 필요한 자원을 적극 투입하지 않았기 때문이다. 식민지군은 1781년 요크타운전투라는 결정적인 순간에 프랑스의 지원도 받았다. 프랑스혁명 발발 6년 전 상황에서, 프랑스는 신세계나 기타 지역에 공화국들을 수립할 의사는 없었지만, 영국을 교란해 유럽에서 벌어진 7년전쟁Seven Years' War 때 아메리카와 인도 식민지를 상실한 데 대한 앙갚음이라도 하고 싶은 마음은 간절했다. 식민지군의 승전은 필연적인 결론은 아니었다. 대륙회의는 제대로 싸울 수 있는 군대를 양성해 전장에 투입하는 데 엄청난 애로를 겪었다. 그러나 영국이 상처뿐일 승리를 위해 자원을 허비하지 않은 것은 올바른 선택이었다. 독립 없는 평화는 오래갈 수 없었다. 식민지군의 게릴라전에 맞서면서 영국령 북아메리카 최남단 식민지 13곳을 지키겠다고 고집하는 것은 무의미한 일이었다. 미국 독립과 관련해 사상적으로 흥미로운 문제에 대한 답을 제시하는 것은 전쟁을 종식시킨 파리조약—영국이 미국의 독립을 인정하는 내용으로 1783년 양국 조인을 거쳐 1784년 비준됐다—이 아니라 아메리카합중국 헌법이었다. 새로운 입헌 질서를 수립할 수 있게 된 상황에서 그 질서는 어떤 형태여야 하며 왜 그런 형태여야 하는가가 관건이었다.

독립에서 '최초의 새로운 국가'로

식민지들이 똘똘 뭉친 것은 자체 문제에 영국이 배 놔라 감 놔라 하는 상황을 종식시키기 위해서였다. 그러나 개별 주(후대의 명칭이다)들은 다른 주가 내부 문제에 관여하는 것을 원치 않았다. 「연합규약Articles of Confederation」(독립전쟁중인 1781년 대륙회의에서 채택한 미국 최초의 헌법. 각 주 대표로 구성되는 연합회의가 중앙정부 역할을 한다—옮긴이)은 공동의 외교·국방정책을 실시하도록 규정하는 한편으로 연합체는 영구적이라고 선언했다. 또 주 간 범인 인도 송환을 명문화했으며 각 주는 다른 모든 주의 행동을 전폭적으로 지지하도록 했다. 그러나 「연합규약」은 연방을 조직하기 위한 조건이었다. 각 주는 단원제 의회에서 한 표를 행사하게 돼 있었다. 13개 주 전체를 아우르는 공통의 행정부는 없었다. 전국 단위 해사법원은 있지만 연방대법원은 없었다. 연합회의 구성원들은 주의회에서 임명했는데, 주 대표로서의 역할이 강조됐다. 중앙 차원의 통화 공급 통제권도 없었다. 주와 연합회의 모두 화폐 주조권을 갖고 있었다. 독립전쟁이 끝난 직후 금괴 품귀 현상이 일어났다. 전후의 불황이 극심한 상황에서 채권자들이 미시시피 서부 지역의 궁핍한 농민들에게 대출금을 금이나 은으로 상환하라고 압박하자 1786년 말 농민들은 셰이스의 반란 Shays's Rebellion을 일으켰다. 당국이 행동에 나서기로 한 순간 반란은 어렵지 않게 진압됐고 유혈 사태도 거의 없었다. 그러나 이 사태가 여론에 미친 영향은 엄청났다.

당시 프랑스 주재 미국 공사였던 제퍼슨이 지극히 자극적인 표현을 써가며 사소한 반란은 오히려 약이 되기도 한다고 주장한 것은 유명한 얘기다. "자유의 나무는 때로 애국자와 독재자들의 피를 먹고 싱싱해진다. 그것은 자연이 주는 거름이다."[15] 거의 모든 사람들이 셰이스의 반란을 계기로 「연합규약」은 아메리카합중국의 기초가 되기에는 미흡하다는 생각을 하게 됐다. 개별 주들은 상호 협력을 할 수가 없고, 자기 지역의 질서를 유지할 수도 없었다. 한 주의 혼란은 다른 주들로 파급되기 십상이었다. 상황이 이러하자 다들 안정적인 통화가, 주 간 통상을 규제하는 중앙권력 같은 것이 필요하다는 생각을 하게 됐다. 간단히 말하면 국가는 '좀 더 완벽한 통합'이 필요했던 것이다. 이것을 이루어낸 것이 1787년 여름에 열린 필라델피아 제헌회의Constitutional Convention였다. 제헌회의가 개인들에 의해 주도됐고 뒤늦게 대륙회의의 인정을 받았다는 사실은 「연합규약」이 만든 정부가 그만큼 취약하다는 징표였다. 사실 대륙회의는 제헌회의가 「연합규약」을 일부 개정하는 것에 찬성했을 뿐이다. 그런데 그 개정이라는 것이 「연합규약」과 대륙회의 둘 다를 전혀 다른 것으로 대체하는 수준임이 드러나자 일부 회의 참석자들은 격분했다.

「연합규약」은 단원제 의회를 규정하고 있는 반면 아메리카합중국 헌법은 양원제였다. 하원은 인구 비례로 전 국민이 선출하고, 상원은 각 주 의회에서 인구 규모에 관계없이 주당 2인을 지명하는 방식이었다. 「연합규약」에 1년으로 돼 있는 의원 임기도 하원 의원은 2년, 상원 의원은 6년으로 바뀌었다. 또 의원들은 주당 한 표가 아니라 개인당 한 표를 행사하게 함으로써 의원들의 독립성 내지 선거구민에 대한 종속성을 강조했다. 상설 행정부 창설이 기존 「연합규약」과의 결정적인 차이였다. 그러나 상설 중앙정부의 권한이 어디까지인지, 대통령은 행정부 관리들 및 의회와 어떤 관계여야 하는지 확실히 아는 사람은 아직 아무도 없었다. 또하나의 중요한 변화는 연방대법원 신설이었다. 연방대법원의 권한 역시 아직 명확히 규정되지는 않았다. 법률의 위헌 여부를 판단하는 대법원의 권한도 본질적으로는 연방대법원 창설자들이 헌법에 명문화한 것이 아니라 4대 원장 존 마셜이 확립한 것이다. 매디슨과 해밀턴은 중앙정부가 주 법률을 무효화하는 제도를 원했지만 대통령의 거부권 행사 말고는 연방의회를 규제하는 별도의 수단을 제안하지는 않았다. 영국의 '의회주권sovereignty of Parliament' 원칙은 의회가 제정한 법률에 대해 사법부가 유효성 여부를 판단할 수 없다는 의미다. 이 원칙은 지금도 영국 정치제도와 미국 정치제도의 가장 특징적인 차이 가운데 하나다. 판사는 입법부나 행정부의 간섭으로부터 보호를 받았다. 이는 1689년 이후 '성실히 근무하는 동안 dum se bene gesserint' 직위를 유지하는 영국 판사들과 마찬가지였다. 삼권분립 및 견제와 균형 시스템은 미국 헌법의 핵심이었다. 이런 개념은 당시 이미 전통적이고 익숙한 것으로 자리를 잡은 상태였다. 원래 이런 개념은 몽테스키외가 영국의 통치 시스템이 군주제인데도 자유를 보전할 수 있는 이유를 설명하면서 제시한 것이고, 제퍼슨은 이를 신성불가침으로 간주했다. 그러나 몽테스키외는 의회 시스템하에서 행정부가 어떻게 기능해야 하는지에 대해서는 구체적인 설명을 하지 않았다. 미국 연방헌법도 거의 모든 것을 실제 운용 과정에서 적절히 처리할 수 있는 여지를 남겼다.

연방제

연방헌법의 목적은 좀더 강력한 중앙정부를 창설하는 것이었다. 그러나 미국은 압제적인 중앙집권국가(영국)에 대항해 13개 주가 혁명을 일으킴으로써 창설된 나라이기 때문에, 연방헌법의 요체는 중앙정부가 각 주 또는 그 주민들에게 독재를 행사할 수 없도록 만드는 것이었다. 다른 한편 경험적으로 보면, 각 주는 민주주의를 추구했기 때문에 그들을 제어할 별도의 힘이 없으면 잘못된 행동에 빠질 가능성이 높았다. 이것이 바로 다수의 독재였다. 여기서 말하는 독재는 토크빌이 미국의 자유에 최대의 위협이 된다고 본 여론의 독재가 아니라 견제 받지 않는 '파벌' 지도자의 독재였다. 문제의 대상인 파벌이 새로운 현상인 것은 주의회에서 다수를 형성하기 때문이었다. 독재는 입법, 행정, 사법권 전체가 양손—한 사람일 수도 있고 주의회일 수도 있다—에 들어갈 때 발생한다고 매디슨은 말했다.[16] 필요한 것은 상호 견제 시스템을 정교하게 구축하고 강력하게 집행하는 것이었다. 신속한 행동을 희생시켜서라도 최대한 폭넓은 합의를 확보하고, 연방제 성격이 강한 폴란드 정부를 마비시켰던 리베룸 베토 liberum veto(라틴어로 '자유 거부권'이라는 뜻으로, 만장일치제도하에서 의원 한 사람만 반대해도 의사 진행이나 법안이 성립되지 않는 것을 말한다—옮긴이) 같은 권한은 누구에게도 부여하지 말아야 했다. 그 결과는 진정으로 새로운 제도로 나타났다. 연방헌법이 이중 주권 체제를 탄생시킨 것이다. 홉스라면 혼란을 촉발하는 요인이라고 비난했을, 벤담과 오스틴 같은 법률 사상가들은 그 정체를 잘 이해하기 어려웠을 체제다. 별개의 대등한 두 당국이 시민들에게 직접 영향을 미치는 체제였다. 물론 둘 중 어느 한 쪽도 다른 쪽의 대리인이 되지 않고, 시민들도 두 당국으로부터 모순된 요구를 받는 일이 없게 만들어주는 장치는 있었다. 주지사는 대통령의 대리인이 아니다. 주 법은 헌법적 근거에 의하지 않고는 연방법원의 판단 대상이 될 수 없다. 어느 한 쪽도 선을 넘지 않도록 하기 위해서는 많은 규제가 필요하다. 그러나 목적은 항상 동일하다. 각 당국의 주권을 보호하고 시민들이 모순적인 요구를 받는 일이 없도록 하는 것이다. 세계가 더 복잡해진 만큼 그런 과제를 실천하는 일도 더 복잡해졌다. 미국은 법률의 제국이 될 수는 없지만 법률가들의 제국이 될 수는 있다고 한 벤담의 뼈 있는 농담은 선견지명이 있는 것이었다.

연방헌법은 극도로 중앙집권화된 근대국가(주정부들은 중앙정부에 권한을 양도하고 종속적인 지위에 머문다)와 극도로 분권화된 독립국가 연합체(주정부는 주 단위에서 수행할 수 없는 과제들에 대해서만 중앙기구에 집행권을 양도한다)를 조화시킨 것이기 때문에 양쪽 모두에서 공격을 당할 수 있었다. 근대국가와 국가연합 양자를 완벽하게 조화시켰다고 주장하기도 어려웠다. 반연방주의자들은 거의 모두 중앙집권화에 반대하는, 사실상 중앙정부의 존재를 거부하는 성향이었다. 그들은 정부의 권한을 최대한 축소하고자 했다. 약한 행정부, 즉 군사적·영토적 야심이 전혀 없는 최소한의 국가를 원한 것이다. 지방에서 중앙정부로 넘어가는 권한도 최소화돼야만 했다. 연방정부가 충분하지만 과다하지는 않은 권한을 가졌다고 주장하기는 더 어려웠다. 적어도 알렉산더 해밀턴이, 비판자들이 "영국식 국가"라고 규정한, 거대한 프로젝트를 추진하고, 후대의 전문용어로 하면 세계 어디에나 "힘을 투사할" 수 있는 강력한 정부를 원했다는 것은 누구나 아는 일이었다. 다만 해밀턴은 그런 시스템의 미국식 버전, 즉 미국인에 의해 미국인을 위해 작동되는 버전을 추구했을 뿐이다. 반연방주의자들이 연방헌법 옹호자들에게 그런 야심이 있다고 덮어씌우는 것은 너무도 쉬웠다. 알렉산더 해밀턴, 존 제이, 제임스 매디슨이 기회 있을 때마다 신문 지상에 발표한 논설들을 모아 부동층들에게 1787년 연방헌법 지지를 설득하기 위해 익명으로 출간한 『연방주의자』에도 그런 고민이 담겨 있다. 필자들이 당면한 과제는 연방헌법에 따라 새로 발족할 중앙정부를 본연의 과업을 수행할 수 있을 만큼 충분히 통합적인 동시에 주의 자율성이나 개인의 자유를 침해할 힘은 없는 체제로 묘사하는 것이었다. 이런 점을 강조하다 보니 무리가 생기는 부분도 있었다.

『연방주의자』는 홉스나 로크의 저작처럼 연역적인 방식으로 구성된 정치이론서가 아니다. 이 책의 목적은 썩 적확하지는 않지만 다양한 차원에서 제기된 연방헌법 비판자들의 공격을 논파하고 헌법 비준을 촉진하는 것이었다. 뉴욕의 여러 신문에 발표했던 논쟁적인 에세이들을 모은 논설집 형태로 출간한 것도 그런 의도라고 할 수 있다. 홉스의 『리바이어던』은 특히 "많은 신사들이 〔크롬웰이 통치하는 공화국을〕 양심에 입각해 지지하도록" 설득할 목적으로 쓴 논문이었다. 로크의 『시민정부에 관한 두 가지 논문』은 찰스 2세의 적들이 1683년에 시도하고자 했던 봉기를 정당화하기 위한 것이었다고 할 수 있다. 그런데 『연방주의자』에 들어 있는 정치이론은 마키아벨리의 『로마사 논고』, 몽테스키외의 『법의 정신』, 그리고 키케로의 연설문들에 나타난 정치이론에 더 가깝다. 이는 필자들이 자연법의 명령에 입각한 로크의 통치 개념을 부정하려고 했다는 말이 아니다. 그보다는 필자들이 추구한 목표가 달랐고, 그 목표를 위해 제도적 메커니즘에 초점을 맞췄다는 얘기다. 『연방주의자』 필자들은 연방헌법이 민주공화국들로 구성되는 연방을 창조했다는 주장을 제대로 설명하고 옹호해야만 했다. 연방은 공화국들로 구성된 공화국이지만 단일국가이기도 했다. 가장 많은 양을 집필한 사람은 해밀턴이지만 원리적 차원에서 보면 『연방주의자』는 미국 헌법의 요체에 대한 매디슨의 깊은 이해가 맺은 결실이었다.

제임스 매디슨

미국이 오늘날까지 가동하고 있는 헌법적 장치는 제임스 매디슨에게 가장 많은 빚을 지고 있다. 매디슨은 제퍼슨보다 여덟 살 아래였다. 1751년에 태어난 매디슨은 제퍼슨과 마찬가지로 지위가 점점 상승하는 버지니아 지주계급 출신이었다. 그는 제퍼슨과 달리 영국성공회 계열의 윌리엄 앤드 메리 칼리지를 피해 프린스턴에 있는 칼뱅주의 계열의 뉴저지 칼리지(지금의 프린스턴 대학―옮긴이)에 진학했다. 프린스턴 대학 설립은 최초의 '대각성 운동Great Awakening'의 산물이었다. 이 운동은 감리교 창시자인 존 웨슬리의 동료 조지 화이트필드가 순회 전도를 한 것을 계기로 아메리카 식민지를 휩쓴 신앙부흥운동이었다. 이른바 '신파新派 장로교인들'은 '인간은 전적으로 타락한 존재'라는 교리―원죄가 인간 삶의 핵심을 이루는 진실이라는 칼뱅의 견해―를 깊이 신봉했다. 매디슨의 스승인 프린스턴 대학 총장 존 위더스푼 목사는 '인간은 전적으로 타락한 존재'라는 교리를 설파하는 것으로 유명했다. 그는 또 박학다식한 스코틀랜드인으로 「독립선언서」에 서명한 유일한 종교인이었고, 정치적으로는 물론 지적으로도 두려움을 모르는 인물이었다. 매디슨은 애덤 스미스가 14세에 글래스고 대학에 들어가서 그랬던 것처럼 대단히 훌륭한 교육을 받았다. 그래서 고등학교 3학년 나이에 프린스턴 대학에 입학해 2년 만에 졸업하고, 대학에 남아 위더스푼이 '졸업생 연구 기간'이라고 표현한 과정을 이수했다. 지금 용어로 하면 미국 역사 최초의 '대학원생'이라고 할 수 있을 것이다. 그리고 거의 같은 시기에 버지니아 의회 의원이 되어 「버지니아 권리선언」 초안 작성 위원회에서 일했다. 재선은 하지 못했다. 상대 후보는 선술집 주인이었는데, 매디슨은 선거구민들에게 술을 대접하는 것을 뇌물이라며 거부했다. 재선 실패는 큰 문제는 아니었다. 주지사 자문위원회 위원으로 임명된 데 이어 1780년에는 버지니아 대표단의 일원으로 대륙회의에 파견됐기 때문이다.

미국독립전쟁이 끝난 뒤 매디슨은 다시 버지니아 의회 의원으로 선출됐고, 이후 제퍼슨이 초안을 작성한 「버지니아 종교 자유법Statute for Religious Freedom」을 통과시키는 데 성공했다. 당시 제퍼슨은 프랑스 공사로 나가 있는 상태였다. 매디슨은 1787년 제헌회의 버지니아 대표단의 일원으로 필라델피아에 파견됐다. 사실 워싱턴이 주재하는 제헌회의는 매디슨이 18개월 동안 개인적으로 엄청난 공을 들인 결과였고, 제헌회의의 성공도 매디슨이 새로운 헌법 조항들을 꼼꼼하게 준비한 것이 큰 역할을 했다. 매디슨이 '(미국) 헌법의 아버지'라는 칭송을 받는 것은 제헌회의 헌법안 통과는 물론이고 주저하는 주들을 설득해 헌법을 비준하게 만드는 데 지대한 역할을 했기 때문이다. 매사추세츠주에 대해서는 헌법에 개인의 권리를 강조하는 권리장전을 추가하겠다는 약속을 했고, 버지니아주 대표단의 생각을 바꾸기 위해서는 회의장에서 일어선 채로 패트릭 헨리와 격론을 벌였다. 매디슨은 지금 봐도 놀라운 정도의 수완을 발휘해 전국 차원의 이해관계와 지역 단위의 이해관계 및 정서를 조화시켰다. 그는 그 어떤 동시대인보다도 주들은 자체의 권리를 옹호하되 연방제의 틀을 흔들어서는 안 된다는 것을 잘 알고 있었다. 중앙정부는 연방헌법 정신을 충실히 지키는 범위에서 외교와 경제 활성화 문제에서 적극적이고 강력한 역할을 해야 했다. 토머스 제퍼슨이 처음으로 매디슨에게 '1787년 제정된 연방헌법에 권리장전이 빠져 있다'는 문제 제기를 했을 때, 매디슨은 일단은 그런 것은 필요 없다고 생각했다.[17] 헌법 전체가 결국은 권리장전과 마찬가지이며, 국가가 개인의 권리를 침해하려고 작정을 한다면 '문서상의 장벽'은 어차피 무기력할 수밖에 없다는 논리였다. 그러나 기본권을 명시적으로 규정함으로써 여론을 안심시킬 필요가 있다는 점을 확인하고 나서는 헌법 수정조항 10개조(이를 미국판 '권리장전'이라고 한다)의 초안을 작성하고, 새로 개원된 연방의회에서 통과를 추진했다. 중용이 매디슨의 지론이자 실천 방향이었다. 주의 권리를 옹호하는 세력이 '주는 연방법을 무효화할 수 있다'고 선언했지만 매디슨은 이를 수용하지 않았다. 그러나 존 애덤스 대통령이 1798년에 발효시키게 되는 「외국인 규제 및 선동 금지 관련 법Alien and Sedition Acts」에 대해서는 극도로 비판적이어서 버지니아주 의회에 연방법 집행 거부 및 연방 탈퇴를 제외한 모든 수단을 동원해 반대할 것을 강력히 촉구했다.

매디슨은 제퍼슨 대통령 행정부에서 국무장관을 맡아 대단히 성공적으로 직무를 수행했다. 특히 루이지애나 매입 과정에서 세부 사항을 꼼꼼하게 챙겨 매입 성사에 결정적인 역할을 했다. 매디슨은 단호함이 필요할 때는 단호했다. 제퍼슨이 루이지애나 매입에 대한 최종 승인권을 확보하기 위해 헌법 수정을 추진해야 할지 말아야 할지 결단을 내리지 못하는 상황에서, 매디슨은 제퍼슨에게 그런 문제는 제기하지 말고 행동에 나서라고 촉구했다. 매디슨은 본인이 대통령이 된 다음에는 오히려 대통령으로서의 권한 행사를 놓고 많이 망설였다. 통화 공급 조절 및 경제성장 촉진을 위해 중앙은행 설립이 필요하다는 요구에 대해서는 마지못해 찬성했다. 전쟁 지도자로서의 매디슨에 대한 평가는 엇갈린다. 매디슨은 영국과의 전쟁을 피하려고 했다. 당시 미국은 전쟁 준비가 전혀 돼 있지 않았기 때문이다. 그러나 영국과의 전쟁을 더는 피할 수 없는 상황이 되자 매디슨은 영국군이 워싱턴까지 쳐들어와 불을 지른 것과 같은 사태가 국민 사기에 미치는 악영향을 최소화했다. 특히 막바지 몇 주간의 승전을 대대적으로 선전함으로써 '1812년 전쟁'(1812년 6월부터 1815년 2월까지 진행된 영국과 미국의 전쟁—옮긴이)이 후세에 미국의 승리로 각인되게 하는 데 결정적인 역할을 했다. 그러지 않았다면 오히려 캐나다인들이 수차례에 걸친 미국의 침략을 힘도 들이지 않고 격퇴한 전쟁, 미국은 제대로 싸우지도 못하고 무승부로 끝난 전쟁으로 기록됐을 것이다.

매디슨은 1817년 2기 대통령직을 마치고 1836년 85세로 사망할 때까지 조용하고 유쾌한 여생을 보냈다. 버지니아주 몬트필리어에서 농장을 운영하면서 40킬로미터 떨어진 버지니아주 몬티첼로의 제퍼슨 저택까지 말을 타고 오가곤 했다. 그는 아내 돌리와 대단히 행복한 가정생활을 하면서 자신이 이룩한 성과가 발전해가는 것을 예의주시했다. 그는 무덤에 들어가서까지 통치하고 싶지 않다는 얘기를 한두 번 했고, 70세가 넘으면 정말 망령이 들지나 않을까, 주변 사람들로부터 외면당하지나 않을까 하는 불안감을 감추지 않았다. 그런데 78세의 고령에 버지니아주 헌법 개정에 참여해달라는 요청을 받았다. 매디슨은 참정권 확대에 최선을 다했다. 그는 당시 버지니아주에서 도시들의 성장과 전반적인 경제 팽창으로 분별력 있고 처신 바른 세대주가 많이 늘었다는 사실을 알고 있었다. 그런 세대주들에게 이로운 조치가 장기적으로 사회 전체에도 이익이 되는데, 지주에게만 참정권을 허용한 버지니아주 헌법이 발목을 잡고 있었던 것이다. 1787년 연방헌법 제정 당시 매디슨은 민주주의보다는 공화정을 중심으로 하는 헌법을 만들고 싶어했는데, 40여 년이 지난 후에도 여전히 그런 소망을 접지 않고 있었다.

『연방주의자』

매디슨의 명성은 당연히 『연방주의자』에 실린 논설에서 시작됐다. 매디슨은 확고한 실용주의자였다. 그는 정치활동 자체에 대해서는 아무 욕심이 없었다. 아귀다툼을 해야 하는 선거 유세를 싫어했고, 영광과 명성에도 관심이 없었다. 비관론자였기 때문은 아니다. 매디슨은 연방헌법을 잘 만드는 것이 조국에 축복을 가져다줄 것이라고 확신했다. 반면에 헌법 제정 작업을 망치면 사회 전반에 빈곤이 만연하고, 연방에서 주들이 탈퇴하는 사태가 발생하고, 외세에 굴복하거나 내전이 일어날 가능성도 있다고 보았다. 매디슨은 사회는 우리의 미덕을 근간으로 하고, 정부는 우리의 악덕에서 비롯된다는 토머스 페인식 관점도 받아들이지 않았다. 정부는 필요악 이상의 것이었다. 그렇지만 매디슨은 신중했다. 그는 미국독립전쟁 기간에 개인은 말할 것도 없고 각 주에 통치를 맡겨놓아서는 안 된다고 주장했다. 매디슨은 로드아일랜드주가 필요한 재정적·물질적 지원을 거부함으로써 신생 공화국 군대를 거의 좌초시키는 것을 목격하고 나서 주정부가 얼마나 고약하게 행동할 수 있는지를 알게 됐다. 개인들에 대해서는, 칼뱅주의적 신념을 가지고 있었던 만큼 인간은 본래 이익의 유혹에 취약하다는 것을 확실히 알고 있었을 것이다.

매디슨은 어느 장소, 어떤 상황에서나 취약한 인간의 본성과 정치적 상황에서 특히 잘 드러나는 인간의 사악함을 무 자르듯 확실히 구별하지 않았다. 그는 제임스 밀과 달리 군주들이 이유 없이 잔학 행위를 할 가능성이 높다는 점에 대해서는 우려하지 않았다. 밀은 귀족제는 비용이 많이 들지만 군주들은 무자비하게 인민을 죽일 가능성이 높다고 봤다. 매디슨은 홉스나 마키아벨리와 달리 순수한 자기 권력 강화 경향도 우려하지 않았다. 매디슨이 진실로 우려한 것은 합리적 탐욕이었다. 물론 그는 통화가치를 일부러 떨어뜨리거나 자산을 평준화하는 것은 타인의 권리를 침해하는 것이며, 따라서 사악한 행위라고 주장했다.[18] 여기서 핵심은 매디슨이 인간의 본성을 취약하다고 봤다는 것이 아니라 자기 이익을 추구하는 행동을 근절하려는 시도는 가능하지 않다고 생각했다는 점이다. 그는 제대로 된 제도들이 자기 이익 추구 행위를 견제할 수 있다고 확신했다. 자유가 있는 곳에는 항상 파벌이 존재하기 마련이다. 산소가 있는 곳에는 항상 불이 날 수 있는 것과 마찬가지다. 그러나 산소가 없으면 우리는 숨을 쉴 수 없다. 마찬가지로 자유 없는 삶은 용인할 수 없다. 제도는 하나의 자기 이익을 또다른 자기 이익과 맞서게 하는 방식으로 작동돼야만 한다.

미국 연방헌법은 두 가지를 성취했다. 첫째는 진정한 연방정부 수립이다. 독자적 과세권, 공화국 방어를 위한 육·해군 징집권, 영구적인 전국 단위 행정부 및 사법부, 통화 발행 및 외교 관계 독점권을 가진 연방정부였다. 특히 개별 주들의 위임이 아니라 국민 전체가 허용한 권한을 기초로 한 정부라는 점이 중요하다. 중앙정부 및 중앙정부가 집행하는 법률 뒤에는 국민 전체의 의지가 버티고 있는 셈이다. 중앙정부는 개인의 권리를 철저히 존중하는 것과 배치되지 않았다. 정부의 책임과 권한은 연방헌법에 열거된 과업을 수행하는 것에 국한돼 있기 때문이다. 연방헌법의 감동적인 첫 구절 "우리 합중국 인민은"은 뒤늦게 전문에 삽입된 표현으로, 원래는 각 주의 명칭을 열거해야 할 자리에 들어갔다. 하층계급을 '파충류'라고 칭할 만큼 엘리트주의적이었던 구버너 모리스 파벌에서 보면 놀라운 발상이었다. 매디슨은 이 구절을 넣으면서 반연방주의자들의 방식을 따랐다고 생각했을 것이다. 인민을 강조하는 수사적 표현이 아니라, 중앙정부는 각 주의 양여에 의해 권한을 행사한다고 생각하는 사람들에게 그게 아니라는 것을 노골적으로 보여준 것이다. 그럼에도 불구하고 이 구절은 이중 주권 체제의 본질을 잘 보여준다. 결과는 확고한 권한을 보유한 진짜 정부였다. 정부의 존재 자체가 시민들이 자신들의 소망을 충족시킬 수 있는 정부를 구성할 권리를 반영한 것이고, 정부의 제한된 권한은 독재를 당하거나 자신 또는 타인의 자연권을 침해하는 일을 하도록 강요당하지 않을 권리를 반영한 것이다. 매디슨이 처음에 별도의 권리장전이 필요없다고 본 것은 바로 이 때문이다. 시스템 전체가 권리장전에 담을 만한 권리들에 입각해 있었던 것이다.

연방헌법의 두번째 성취는 체제 유지를 위해 대통령이나 연방대법관, 상·하원 의원 또는 시민 누구의 특출한 미덕도 요구하지 않는다는 점이다. 매디슨은 몽테스키외의 통찰을 토대로 논리를 전개했다. 몽테스키외는 고전 시대의 공화국들은 정치적 수완, 공적인 문제를 우선하는 정신, 공동선을 위한 자기희생 같은 것을 아주 많이 필요로 했다고 주장했다. 그러려면 상당한 규율이 있어야 했고, 그 때문에 고대 도시국가들은 상호 감시하는 사회였다. 매디슨은 일반적인 능력 이상의 것을 요구하지 않는 체제를 원했다. 상원 의원과 대통령을 간접선거로 뽑게 한 이유는 미덕과 재능을 겸비한 인사를 확보하고, 그들이 직위의 유혹에 넘어가지 않도록 하기 위한 것임이 분명하다. 그러나 시스템 자체는 비범한 미덕을 갖춘 비범한 인물에게 의존하지 않았다. 품격 있고 멀리 내다볼 줄 아는 미국인으로서 공적인 문제를 우선하는 정신을 가진 정도면 충분했다. 전국 단위의 의회 및 대통령과 의회에 부여된 임명권이라는 '여과' 장치는 연방정부가 단순히 이웃들이 좋아하는 사람이 아니라 전국에서 가장 재능 있는 인사들을 흡수할 수 있다는 의미였다. 다만 그들이 슈퍼맨일 필요는 없었다.

그런 식의 장치를 두고자 했다는 것은 매디슨이 쓴 『연방주의자』의 논설들을 읽어보면 알 수 있다. 『연방주의자』에 실린 논설의 대부분은 강력한 중앙정부를 열정적으로 옹호한 해밀턴이 썼고, 극히 일부는 존 제이가, 20편 정도는 매디슨이 집필했다. 매디슨의 논설 가운데 가장 유명한 것은 10편으로, (영토가 넓고 인구가 많은—옮긴이) '대규모 공화국extensive republic'이 파벌 통제에 효과적임을 강조하는 내용이다. 이는 대규모 공화국의 중요성에 대한 공정한 평가다. 혼자 썼거나 해밀턴과 공저한 14편에서 20편까지의 논설에서는 탄탄한 연방제가 왜 필요한지, 과거에 시도됐던 것과 같은 느슨한 국가연합은 왜 안 되는지를 구체적으로 설명한다. 39편은 매디슨이 공화정을 공화정으로 만드는 것은 무엇인가를 가장 설득력 있고 명쾌하게 제시한 논설이다. 47편 및 그 이후의 논설들은 삼권분립 및 견제와 균형의 원리에 대해 상세히 설명하고 있다. 그중 백미는 해밀턴과 매디슨이 같이 쓴 것으로 알려진 51편이다. 해밀턴이 쓴 뒷부분의 논설들은 연방헌법의 한 핵심을 구성하는 연방사법부 문제를 다룬다.

매디슨은 새로운 연방정부는 공화주의 전통을 충실히 따르는, 그야말로 인민이 주인인 체제, 즉 궁극적으로 인민에게 책임을 지는 체제라는 점을 명쾌하게 설명함으로써 독자들을 안심시켜야 했다. 실제로 미국 연방정부는 고전 시대의 선구적인 체제들보다 확실히 그러했다. 권한이 큰 직위를 사회 어느 계층에 속하는 사람으로도 충당할 수 있기 때문이다. 물론 매디슨과 해밀턴은 현실적으로는 가게 주인, 상인, 장인 같은 '중간계층'이 아니라 자신들 같은 인사들이 그런 자리를 채우기를 기대했다. 동시에 매디슨은 독자들에게 고대 그리스나 르네상스 시기 이탈리아의 민주정과 달리 미국의 민주주의는 안정적이고 평화로우며 소요와 반란의 우려가 없는 체제라는 확신을 심어주어야 했다. 당시의 일반적인 시각은 파벌주의가 민주주의 체제의 고질적인 약점이라는 것이었다. 따라서 매디슨이 공화정과 민주주의 체제를 그럴듯하게 구분한 것은 미국 민주주의의 과제에 적합한 부분을 부각시킨 것이었다. 『연방주의자』가 노리는 바는 반연방주의적인 견해를 가진 사람들에게 연방헌법이 제안하는 수준보다 더 느슨한 정부를 가지고는 국가를 침략, 반란, 곤궁으로부터 보호할 수 없다는 점을 납득시키는 것이었다.『연방주의자』10편은 그런 큰 틀 안에서도 특별한 과제를 수행하고 있다. 질서정연한 공화정과 순수 민주주의 체제를 결합시키는 것에 대한 반대 논리를 세우는 일이다. 이에 못지않게 중요한 과제는 공화국 체제가 성공하려면 규모가 작아야 한다는 몽테스키외의 주장을 뒤집는 것이다. 키케로가 옹호한 균형 잡힌 공화국은 귀족 중심 또는 과두제적인 성격의 국가였다. 이런 경우에는 상류층의 권력을 평민이 입법안에 대해 거부권을 행사하는 방식으로 견제한다. 이것은 폴리비오스와 마키아벨리가 말하는 의미의 인민공화국이기는 하지만 아메리카적인 의미의 민주공화국은 아니었다. 제퍼슨이 30년 후에 몽테스키외의 논리가 적용되는 순수 민주주의와 구별하는 의미에서 대의민주주의representative democracy라고 칭한 체제와도 거리가 멀었다.[19] 로마의 지배계급은 숫자 면에서 대단히 제한적—양자 제도를 통해 수가 다소 늘기는 했다—이었고, 최고위직은 원로원 엘리트 그룹에 들어갈 수 있는 상류층만이 넘볼 수 있었다. 미국인들이 영국의 세습 귀족으로부터 해방된 것은 식민지에서 자생한 상류 특권계급에게 자신들을 내맡기기 위해서가 아니었다.

　그러나 공화국의 생존은 시민들이 발휘하는 비범한 미덕에 달려 있다는 명제는 몽테스키외의 권위를 등에 업고 있었다. 그리고 공화국은 혼합정체에서 멀어지고 순수 민주주의에 가까워질수록 파벌 투쟁과 불안정에 흔들릴 위험이 커진다는 견해는 전통적인 지혜 같은 것이었다. 이런 시각들은 만인이 만인을 감시할 수 있는 평등주의적인 소규모 국가만이 인민이 주인이 되는 공화국으로서 생존할 가능성이 높다는 것을 의미했다. 파벌faction이 장애물이었다. 합중국이야말로 귀족들 없이 잘해나가면서 파벌의 폐해도 사전에 차단할 수 있는 체제라는 점을 설득력 있게 주장해야만 했다. 매디슨과 해밀턴은 독자들에게 고대 그리스 도시국가들이 페르시아제국과 싸우기 위해 통합을 추진했지만 개별 국가의 주권은 서로 양보하지 않음으로써 통합은 종종 실패로 돌아갔다는 점을 상기시켰다. 통합 실패는 거의 모든 도시국가 내의 파벌들이 자국의 정적들에게 굴복하기보다는 그보다 먼저 외국의 전제군주에게 제 나라를 들어다 바쳤기 때문이었다는 것이다. 펠로폰네소스전쟁 당시 그리스 도시국가들이 보인 특징적인 면모는 스파르타를 맹주로 하는 진영에 붙었다가 아테네 진영에 가담했다가 하는 식으로 우세한 파벌을 따라 오락가락했다는 점이다.[20] 이런 꼴사나운 과거사를 거론한 것은 우두머리 없는 연합과는 구별되는 진정한 연방제를 옹호하기 위해서였다. 그러나 필자들은 연방정부만이 개별 주들을 잘 다독일 수 있고, 설령 파벌들이 발생해도 전국 규모의 내전을 야기하지는 않는다는 것을 확실히 입증해야 했다.

매디슨의 논리는 단순하면서도 강력했고, 몽테스키외가 가졌던 불안감을 두 차례나 해소했다. 매디슨은 모든 형태의 공화정을 극단적인 민주주의와 결합하려는 사람들을 논박하는 것은 물론, 대규모 공화국은 전혀 불가능하지 않으며 오히려 파벌주의에 대한 최고의 방어막이 될 수 있다고 주장했다. 대규모 공화국은 파벌과 파벌이 다투는 것을 용인함으로써 파벌들은 서로 싸우다가 지쳐 나가떨어지게 되고, 그러면 공화국 전체에는 손상이 가지 않는다. 그렇기 때문에 공화국 보전을 위해 시민들에게 비범한 미덕을 요구하지도 않는다는 논리였다. 『연방주의자』 뒷부분에 나오는 "야심을 견제하려면 야심을 맞붙여야 한다"는 명제가 해밀턴이 만든 말인지 매디슨이 만든 말인지는 확실치 않지만 두 사람 모두의 생각인 것은 분명하다. 매디슨은 파벌이 좋은 것이라고 말하지 않았다. 그는 파벌은 당파심의 발로라고 봤고, 당파심은 인간 본성의 취약성 가운데 하나다. 인간은 제멋대로 하는 것을 좋아하고, 타인에게 권력을 행사하고 자부심과 허영심을 표출하는 것을 좋아한다. 우리가 그런 악덕에 덜 물들면 좋겠지만, 처방책이 없다는 식으로 절망할 필요는 없다. 매디슨은 파벌주의가 만연한 상태라는 것, 그리고 고대와 근대를 막론하고 민주정이 몰락한 가장 큰 이유는 파벌주의였다는 것을 인정한다. 이런 입장이 독자들을 설득하기 위한 수사적 장치가 아닌지 많은 독자들은 의구심을 가질 수밖에 없다. 하지만 무슨 저의를 가지고 강조해서 한 얘기는 아닌 것 같다. 1780년대 중반에 가면 매디슨은 신설 공화국 초기에는 누구나 실수를 했고, 한 정파의 과잉 행동과 어리석은 행위들이 다른 정파의 과잉 행위와 어리석은 행위를 촉발하기도 했다고 생각했다.

매디슨의 파벌에 대한 정의―"전체 가운데 다수가 될 수도 있고 소수가 될 수도 있는 일정 수의 시민들이, 어떤 공통의 열정 또는 이익을 추구할 목적으로 하나로 뭉쳐서 다른 시민들의 권리 또는 전체 공동체의 항구적인 이익을 해치는 방향으로 행동하는 것"―는 대단히 조심스럽다.[21] 여기서 파벌이 다수일 수도 있다는 주장에 많은 독자들은 멈칫하게 된다. 우리는 대개 파벌을 대집단 내의 소수집단이라고 생각하기 때문이다. 매디슨은 그렇게 생각하지 않았다. 파벌에 대한 그의 정의는 파벌적 충동이 다른 시민들의 권리 또는 전체 공동체의 항구적 이익을 저해한다고 본다는 점에서 윤리적인 성격이 강하다. 시장에서 보통 있는 경쟁은 파벌적인 것이 아니다. 물론 내가 소도시 변호사로서 나의 이익을 추구하는 것이 같은 소도시 변호사인 당신의 이익을 감소시킬 수는 있다. 두 변호사가 모두 만족하기에는 고객 수가 충분치 않기 때문이다. 그런데 내가 경쟁의 조건을 조작해서 불공정하고 불법적인 방법으로 내가 원하는 바를 달성하고자 한다면 그것은 당신의 권리를 침해하는 것이다. 서로 다른 경제 집단 간에 일상적으로 벌어지는 이익의 충돌은 파벌적인 것이 아니다. 다만 집단들이 조직화해서 불법적인 방법으로 경쟁자를 물리치려 하거나 공동체 전체의 복지를 악화시키는 방식으로 이득을 얻으려 할 경우에는 파벌적인 것이 된다. 매디슨이 왜 한 파벌이 다수가 될 수도 있다고 봤는지를 알기는 어렵지 않다. 가난한 '다수'가 부자들의 재산을 강탈할지 모른다고 본 아리스토텔레스 같은 입장에서 생각한 것이다. 그런 강탈 행위는 타인의 권리를 침해하는 것인 동시에 사회 전체의 장기적 이익에 해가 된다. 매디슨과 성향이 다른 미국 혁명가들은 파벌 문제를 달리 생각했을 것이다.

매디슨이 염두에 둔 파벌은 두 종류였다. 하나는 좀더 정치적인 또는 이데올로기적인 성격의 파벌이고, 다른 하나는 경제적 파벌이다. 정치적 파벌은 특정 지도자에 대한 애정 내지는 최상의 통치 형태와 관련된 신념에 대한 지지를 기초로 한다. 하나의 진정한 교회 또는 신앙의 핵심에 관한 신념이 기초가 되는 경우도 있다. 그런데 매디슨은 차이를 극대화하고 그 차이를 근거로 다른 사람들의 삶을 괴롭게 만들려는 욕망이 인간 본성에 깊이 뿌리내리고 있다는 식의 우울한 진단을 내렸다. 사람들은 충돌할 만한 실질적인 이유가 없는 곳에서조차 별것 아닌 이유를 날조해 추악한 행동을 일삼는다는 것이다. 이런 평가가 나온 것은 연방헌법을 기초한 인사들에게 너무 심한 비난이 쏟아졌기 때문인 것 같다. 둘째는 "자산이 다양하고도 불균등하게 나뉘어 있기" 때문에 발생하는 파벌이다. 매디슨이 보기에는 이것이 파벌이 발생하게 되는 좀더 지속적이고 심각한 원인이었다. 채권자가 채무자와 대립하고, 재계와 지주계층이 대립한다. 요인에 따라 대립은 다양하게 나타난다. 근대사회의 '파벌'은 계급적 이익 또는 특수 이익과 거의 동의어다. 근대 정부의 핵심 과제는 공동체 전체의 이익을 위해 경제적 이익들이 충돌하는 것을 규제하고 조정하는 동시에 충돌이 일정한 선을 넘지 못하게 하는 것이다.[22]

매디슨은 이 문제에 대해 대단히 합리적인 접근을 시도한다. 물론 연방의회나 주의회에서 파벌적인 목표를 추구하는 행위에 대해서는 대단히 비판적이다. 매디슨은 파벌 문제에 접근하는 방식도 두 가지가 있다고 말한다. 하나는 파벌이 생기는 원인을 통제하는 것이고, 다른 하나는 파벌이 야기하는 결과를 통제하는 것이다. 파벌의 원인을 통제하는 방법 가운데 하나는 파벌의 형성을 가능케 하는 언론과 결사의 자유를 박탈하는 것이고, 다른 하나는 파벌 간의 갈등의 핵심인 경제적 이익과 이데올로기적 지향의 다양성을 제거하는 것이다. 첫번째 방법은 더 말할 것도 없이 질병 자체보다 더 나쁜 치료법이다. 매디슨의 설명에 따르면, 공기가 있으면 불이 나서 파괴를 야기할 수 있다는 이유로 우리가 숨쉬는 공기를 없애려고 하는 것과 마찬가지다. 두번째는 실행이 불가능하다. 정부의 존립 목적은 사람들이 경제활동을 할 수 있도록 보장해주는 것이다. 사람들은 재능이 서로 다르고, 경제활동을 하는 과정에서 운이 많이 따르기도 하고 덜 따르기도 한다. 따라서 보유하게 되는 재산의 종류와 규모 면에서 큰 차이가 날 수 있다. 그리고 사회가 서로 다른 경제적 이익을 중심으로 상호 경쟁하는 집단과 계급으로 분리되는 것은 불가피한 현상이다.

이처럼 파벌이 생기는 원인은 통제할 수 없거나 통제해서는 안 되기 때문에 우리는 어쩔 수 없이 파벌이 야기하는 결과를 통제해야 한다. 두 가지 측면이 미국에 인민의 지배를 반대하는 세력이 예언한 몰락을 피할 수 있는 아주 좋은 기회를 주었다. 하나는 미국은 대규모 공화국이라는 사실 자체다. 또하나는 공화제 정부에서 대의제가 담당하는 역할인데, 이는 과거의 그 어떤 민주주의 체제와 비교해도 다른 것이었다. 우선 대규모 공화국에서는 엄청나게 많은 서로 다른 이해관계들이 형성된다. 따라서 특정 이해관계를 중심으로 다수 파벌이 형성될 가능성은 상당히 줄어든다. 즉, 농민이 도시 제조업자와 대립하는 것이 아니라 뉴잉글랜드 지역 농민이 버지니아 지역 농민과 대립하고, 버지니아 농민은 다시 버지니아 은행가들과 대립하게 되는 식이다. 그러나 버지니아 농민들이 뉴욕의 상인들과 대립하지는 않을 것이다. 이런 원칙은 20세기 들어 교차균열이론 theory of cross-cutting cleavages이라는 그럴듯한 명칭을 얻게 됐고, 이 이론은 미국 정치는 왜 다른 많은 근대 산업사회 정치의 특징인 전국 단위의 비폭력 계급전쟁 패턴을 보이지 않는지를 설명하는 데에 널리 인용됐다.

매디슨은 다수 파벌이 특정 주를 장악하는 것은 가능하다고 생각했다. 그러나 해당 주의 이익을 위해 전국 단위 입법을 왜곡하려는 일체의 시도는 다른 주들이 나서서 억제할 것이라고 예상했다. 후대의 논평가들은 매디슨의 언급을 형식화·세련화해서 결연한 전국 규모의 다수 파벌이 생기면 중앙정부를 장악할 수 있다고 주장했다. 옳은 판단이다. 다시 말해, 계급전쟁의 정치가 미국에서 현실화되었더라면 다수 무산계층의 이익을 열정적으로 옹호하는 전국 정당이 상하 양원과 대통령직을 모두 지배하고, 다소 시간은 걸리겠지만 연방대법원과 연방사법부까지 장악할 수 있을 것이라는 얘기다. '다수 파벌'이 강한 응집력을 가지고 집요하게 밀어붙인다면 대세를 장악하는 것을 막을 수 있는 헌법적 장치는 없다. 이 점에서 매디슨이 달리 생각했을지는 의심스럽다. 다만 그의 논리는 규모가 크고 따라서 다양한 공화국에서는 그런 파벌이 형성되기 어렵고, 다수의 독재를 막는 다양한 장벽들도 쉽게 무너지지 않는다는 것이다.[23]

파벌들이 미국을 망치기 어렵다는 두번째 논거는 매디슨이 처음에 민주공화정과 아테네 모델의 순수 민주주의를 구별한 논리와 맥을 같이한다. 순수 민주주의하에서는 인민이 직접 참여할 수 있다. 여기서 인민이 열정이 너무 극렬해져서 정치적 재앙을 초래할 결정을 하는 상황을 차단할 완충 장치는 없다. 반면에 민주공화정은 일종의 대의제다. 매디슨은 인민을 대리하는 사람들(국회의원―옮긴이)이 탁월한 미덕과 지성 또는 상상력의 소유자라고 주장하지 않는다. 위대한 인물이 계속 나타나 공화국을 구원할 것이라는 믿음은 공화국을 조직하는 방식이 아니다. 워싱턴이 미국독립전쟁 기간에 대륙회의 예민함에 크게 신경을 쓰고 배려한 것은 참으로 다행스러운 일이었다. 워싱턴은 공화정 초기 로마 장군들처럼 치밀하게 행동하되 카이사르나 폼페이우스처럼 자기를 과시하지 않았다. 10년 후 프랑스의 나폴레옹이 하는 방식으로 행동하지도 않았다. 전쟁터에서 공화국을 구하는 장군들은 훗날 공화국을 배신하기 십상이다. 필요한 것은 인민의 열정을 다독이고 여과해서 입법에 영향을 미치기 전에 상호 견제하게 만드는 시스템이다.

매디슨은 근대에 들어와 대의정치의 중요성이 주목을 받은 것은 정치사에 한 획을 긋는 일이라고 생각했다. 제퍼슨도 그렇게 생각했다. 두 사람은 사태를 제대로 보았다. 그러나 근대 대의제에서 새로운 부분이 무엇인지를 말하기는 쉽지 않다. 대리인이 존재한 지는 아주 오래됐다. 국가 간에 상호 교섭을 해야 하는 상황에서는 그런 존재가 필요했다. 대사나 사절은 평화를 이끌어내고 동맹관계를 맺고 자기측 요구를 제시하고 상대방의 요구를 들어주는 역할을 했다. 『연방주의자』는 그리스 도시국가들에도 대의제가 알려져 있었음이 여러 번 관찰된다고 했다. 중세 유럽은 많은 대의제도를 가지고 있었다. 프랑스의 삼부회와 영국 의회도 그 일환이었다. 매디슨이 대의제가 파벌의 열정을 희석시키는 바람직한 역할을 한다는 설명을 하고 있을 무렵 영국의 에드먼드 버크는 지역구인 브리스틀 유권자들에게 대표자(국회의원―옮긴이)와 대리인의 차이를 설명하고 있었다. 대표자는 유권자들에게 이익이 되는 것이 무엇인지를 본인이 판단해서 그에 따라 유권자들을 위해 봉사한다. 유권자들이 지시하는 대로 의정활동을 하는 것이 아니다.[24] 미국 정치체제의 새로운 점은 대의제는 인민이 대표자들을 통해 스스로를 통치하는 것이라는 발상이었다. 이것이 대의민주주의였다. 대의민주주의는 미국이 성취한 것으로서 폴리비오스 모델에 따른 단순한 혼합정체가 아니었다. 그것은 민주공화국이었다. 그러나 대의제야말로 새로운 민주공화국의 특징이었다. 여기서 생기는 커다란 의문은, 대의제는 우리의 대표자들을 통해서 하는 일종의 자치라고 보는 매디슨의 견해를 따라야 할 것인가, 아니면 대의제는 자치 시스템이 아니라 좋은 통치를 담보하는 시스템이라는 존 스튜어트 밀의 후기 관점을 따라야 할 것인가이다. 밀의 관점은 대의민주주의는, 엄격히 말하면, 민주주의가 아니라는 얘기나 마찬가지다.

대표자들은 보통 사람들보다 정치적으로 더 똑똑할 개연성이 높지만 탁월한 미덕의 소유자일 필요는 없었다. 필요한 일을 할 수 있는 사람은 충분히 있었다. 그래서 매디슨은 그런 점이 바로 대규모 공화국의 강점을 보여준다고 생각했다. 통치의 모든 부문에 필요한 인재 풀을 충분히 공급할 수 있기 때문이다. 어떻게 보면 대의제의 요체는 모든 합리적인 관점들을 공정하게 들어줄 수 있을 만큼 크되 너무 커서 소리가 제대로 들리지 않을 정도는 아닌 규모의 토론실을 마련해주는 것이었다. 『연방주의자』 10편은 어떻게 파벌을 막을 것인가 하는 문제에만 논의를 집중했다. 공화국의 본질과 공화국의 적절한 조직 구성에 대한 매디슨의 견해를 상세히 설명하는 작업은 37~48편(또는 37~58편)으로 넘어갔다. 그중에서도 39편은 공화국을 진정한 공화국으로 만드는 것은 무엇인가에 대한 구체적인 해명을 담고 있다. 그리고 47~51편은 삼권분립의 원칙과 그 원칙이 연방헌법에 어떻게 구현돼 있는지를 상론한다. 매디슨이 온갖 비판자들을 논박하는 과정에서 느낀 분노는 38편에 특히 잘 나타나 있다. 여기서 매디슨은 비판자들이 국가연합을 주장하면서 그 결함에 대해서는 거의 생각하지 않는다고 지적한다. 비판자들은 제출된 연방헌법의 결함만 파고든 나머지 최근 10년간 국가가 여러 가지 어려움을 겪은 것이 느슨한 국가연합 체제와 깊은 연관이 있다는 점은 거의 생각지 못한다는 것이다. 그런 결함들에 대해 매디슨이 지적한 내용은 『연방주의자』를 더욱 귀중한 문헌으로 만들어주는 요소다.[25]

공화국이란 무엇인가를 설명하는 대목에서 매디슨은 차분한 어조를 되찾는다. 공화국은 "모든 권한을 직간접적으로 다수의 인민으로부터 부여받고, 원하는 한 일정한 기간 동안 또는 성실히 근무하는 동안 공직에 재임하는 사람들에 의해 관리되는 통치 형태"다.[26] 영국은 공화국이 아니다. 네덜란드 공화국도 사실은 공화국이라고 하기 어렵다. 세습 지배자가 있기 때문이다. 폴란드는 최악의 군주제와 최악의 귀족제를 혼합한 형태다. 최후의 수단에 대한 인민의 통제권이 없으면 어떤 형태든 공화국이 아니다. 매디슨은 일반적인 표현으로는 베네치아와 네덜란드를 공화국이라고 하는 것에 대해 별로 문제 삼지 않았다. 그러나 그런 표현법은 바람직한 것은 아니다. 합중국은 혼합공화국이다. 이는 폴리비오스적인 의미에서가 아니라 지방분권적인 권력(매디슨은 이를 연방적 권력이라고 표현한다)과 중앙집중적인 권력(국가적 권력이라고 표현한다)이 섞여 있다는 의미다.

연방헌법은 두 가지 장치로 자유를 보호한다. 하나는 영국의 관습을 통해 익숙해진 장치이고, 다른 하나는 영국적 관습의 특징이라고는 하나 그 자체의 실체는 없는 것이다. 첫번째 장치는 매년 의회에 요청하는 방식 말고는 행정부가 상비군 유지 자금을 조달할 권한을 갖지 못하게 한 것이다. 두번째 장치는 삼권분립으로 영국에서는 사실상 대단히 부분적으로만 시행되는 것이다. 1688년의 명예혁명은 국왕이 예산 조달을 의회에 의존하게 만들었다. 군대 운용 자금도 매년 의회가 작성한 견적에 따라 집행하게 됐다. 공화정 시기의 로마인들은 상비군이 수도 로마에 입성하는 것을 법으로 금지할 만큼 상비군에 대한 두려움이 컸다. 그런 공화파적인 우려가 미국적 마인드에서는 가톨릭교도인 국왕이 개신교도인 신민을 강제로 가톨릭으로 개종시키고 노예 상태로 만들지 모른다는 영국인들의 두려움과 결합됐다. 삼권분립은 꽤나 어려운 문제였다. 매디슨은 분립의 정도가 입법부, 행정부, 사법부가 서로에 대해 견제권을 전혀 행사할 수 없을 정도로 완벽할 필요는 없다는 점을 잘 알고 있었다. 매디슨은 47편 논설에서 "(입법·사법·행정부 가운데 ─ 옮긴이) 한 부의 권력 전체를, 다른 부의 권력 전체를 소유한 사람들이 행사한다면 자유주의 헌정질서의 기본 원리가 무너진 것"이라고 강조한다. 권력분립을 강조하다 보면 두 가지 의문이 생긴다. 권력분립을 이루지 못할 경우 어떤 악이 발생하는가, 그리고 권력분립이 어떻게 자유를 보호하는가 하는 것이다. 첫번째 질문에 대한 답은 두번째 질문에 대한 답과 일부 겹친다.

전체 통치권력의 일부가 법률을 제정하고, 법률 위반 여부를 결정하고, 자체적인 법률적 판단을 집행할 수 있다면 과오나 자의적 판단 또는 독재를 차단할 수 있는 장벽은 존재하지 않는 셈이다. 영국인들이 왕권 강화를 뒷받침한 고등형사재판소를 반대한 것은 왕이 이 재판소를 통해 의회와 일반 법원의 규제를 우회할 수 있었기 때문이다. 명문화된 권리장전을 요구한 것도, 정당조직이 생겨나면서 행정부가 의회를 통제하고 법원은 자유를 침해하는 입법을 규제할 권한이 없기 때문이었다. 영국의 권력분립은 항상 대단히 부분적이었다. 각료들이 국회의원이고, 상원은 2009년까지 입법부인 동시에 법원이었다. 그래도 법을 만들고 집행하려면 각 부가 서로 동의해야 한다는 명제는 어느 정도 준수됐다. 미국 시스템에서는 훨씬 더 그러하다.

삼권분립이 독재를 차단하는 절대적인 방어막을 제공해주는 것은 아니라고 매디슨은 생각했다. 국가 통치권력을 분점하는 3부가 인민을 억압하기로 공모한다면 유일한 처방은 반란이다. 이보다는 덜 과격한 상황도 있다. 삼권분립은, 한 부가 다른 부의 절대 우위를 용인하게 되면 매디슨이 희망했던 수준의 차단막 역할도 하지 못한다. 대통령이 자유를 침해하는 입법을 밀어붙이는 의회에 제동을 걸지 않는 경우 또는 연방대법원이 행정부나 의회의 과도한 월권행위를 규제하지 못하는 경우가 그러하다. 실제로 1950년대 미국에서 반공 히스테리가 만연할 때 연방대법원은 제 역할을 하지 못했다. 몽테스키외가 언급한 것처럼 이런 불안감들은 거의 대부분 과도하게 월권행위를 하려는 행정부나 입법부에 대한 것이다. 반면에 연방 대법원은 소극적인 방식으로, 즉 다른 영역에서 자행되는 불법행위들을 교정하지 못함으로써 시민의 자유를 위협할 가능성이 높다. 매디슨은 지금으로부터 약 200년 전 사람이어서 법원이 피고용인의 자기방어권보다는 자산가의 권리 쪽을 편들어줌으로써 노동자가 고용주의 횡포에 속수무책으로 당하는 상황 같은 것을 예상할 수 없었다. 매디슨은 미국 특유의 불안감이 무엇인지 정확히 파악했다. 영국은 항상 행정부의 압제를 우려했다. 국왕이 판사를 해임하고 의회 소집을 거부하고 의회가 마음에 안 들면 해산하고 하는 등의 자의적인 조치를 취할 수 있기 때문이다. 찰스 2세의 경우는 재임 마지막 5년 동안 의회 소집을 아예 거부했다. 그런 상황에서 의회 독재는 놀라운 발상이었을 것이다. 그런데 미국에서는 의회가 행정부의 일거수일투족을 일상적으로 사사건건 통제할 수 있고, 행정부를 좌지우지하는 데 필요한 권한으로 무장하고 있다는 사실이 위험 요인이었다. 이런 측면이 '정치체제의 합법성은 한 사회의 입법 능력에 달려 있고, 행정부는 입법부의 대리인'이라고 본 로크의 입장이 내포한 결함이었다.

삼권분립을 옹호하는 이면에는 암묵적인 정치사회학 같은 것이 숨어 있다. 그 실체를 명확히 설명하기는 어렵다. 혼합정체 또는 균형헌법의 사회학은 단순하다. 보통 사람들은 선도적인 역할을 할 수 있는 힘이 아주 작다. 그럴 시간도 없고 정치 과정에서 선도적인 역할을 하는 데 필요한 지식도 없기 때문이다. 그러나 보통 사람들도 합법적인 이해관계가 있고, 체제에 애착이 있다면 그런 이해관계를 지킬 수 있는 방법들이 있어야 한다. 따라서 거부권 같은 것을 그들에게 부여해야 한다는 것이다. 로마 헌정제도의 경우가 그랬다. 원로원 의원들은 안정적인 지주계급과 지성을 대표하지만 명예와 지위를 놓고 다투거나 평민을 억압하는 귀족 집단으로 변질될 수 있다. 반면에 '국왕'—1인 행정부—은 어렵거나 복잡한 상황에서 결단을 내리는 강점이 있지만 독재라는 야심에 빠질 위험성이 크기 때문이다. 혼합정체 스타일로 용의주도하게 구성된 헌법은 다층적인 차원에서 실질적인 거부권을 부여한다. 선출직과 임명직을 다양한 방식으로 조합한 것은 고대 로마의 제도적 장치들 중에서 좋은 점을 계승한 것이기도 하다. 보통 사람들은 하원에서 목소리를 내고, 상원을 통해 여과된 형태의 의사표시를 하고, 대통령선거에서 좀더 정제된 목소리를 낸다. 이런 제도의 바탕에 깔린 가정—현대 선거심리학의 상식이기도 하다—은 유권자는 자기보다 부유하고 교육도 더 많이 받은 인물을 뽑는다는 것이다. 따라서 국가에서 가장 지혜로운 사람들이 상원으로, 대통령직으로 몰리게 된다.

이런 논리로 볼 때 삼권분립이라는 신념 뒤에 있는 사회학은 혼합정체 수호 의지 뒤에 있는 사회학과 동일한 것이라고 생각할 수 있겠다. 하원은 형편이 나쁜 사람들의 욕구에 신속히 반응해야 한다. 상원은 그들의 과욕을 견제해야 한다. 상원, 대통령직, 연방대법원에 소속된 고위층은 일종의 선출직 귀족 같은 존재들이다. 의원 26명(주당 2명씩 13개 주—옮긴이)으로 구성되는 상원은 작은 기관이다. 그 상원 의원들과 각 부 최고위급 인사 등 미국에서 가장 탁월한 인물 약 40명—이런저런 인연으로 서로 잘 아는 사이들이었다—이 지적·정치적 귀족 집단을 형성한다는 관념은 터무니없는 얘기는 아니다. 45년 후 토크빌은 상원 의원들을 만나보고 대단히 깊은 감명을 받았다고 공언했다. 그런데 하원 의원들을 만나보고는 대단히 실망했다.[27]

근대 세계에서 가장 수명이 긴 헌법을 고안해낸 매디슨이 새로운 체제를 위해 마지막으로 한 봉사는 권리장전을 만드는 것이었다. 매디슨은 마지못해 권리장전 제정에 찬성했다. 『연방주의자』에서 밝힌 대로 그는 원래 문서상의 장벽은 어차피 인간의 열정을 제어하는 데 큰 효과를 발휘하기 어렵다고 생각했다. 그런데 곧 의회도 입법으로 침해할 수 없는 개인의 권리들을 명시적으로 규정할 것을 요구하는 여론이 커졌다. 그렇게 해서 연방헌법 수정조항 형태로 명문화된 내용은 언론과 집회의 자유, 무기를 소지할 권리, 국교 금지를 비롯한 종교의 자유, 부당한 수색 및 압수 금지, 자신에게 불리한 증언을 강요당하지 않을 권리, 자기 지역에서 배심원단의 재판을 받을 권리, 잔혹하고 이례적인 처벌을 받지 않을 권리, 명시적으로 중앙정부에 양도되지 않은 권리들은 각 주와 개별 시민들이 계속 보유한다는 명시적인 규정 등이다. 이런 권리 조항들 가운데 다수는 영국 「권리장전」의 원본에 해당하는 「권리선언Declaration of Right」(1689년 2월)에 이미 들어 있는 내용이다. 나머지 조항들은 엔티크 대 캐링턴 사건(영장 없는 수색 및 압수 금지를 골자로 한 헌법 수정조항 4조를 명문화하는 계기가 되었다) 같은 형사사건 판결들에서 유래한 것으로 논란의 여지가 없는 내용이다. 그러나 법률가들이 헌법 수정조항들을 창의적으로 해석하는 데 능숙해지기까지는 아주 오랜 시간이 걸렸다.[28] 처음에는 의회와 연방정부만이 권리장전에 구속을 받았다. 남북전쟁이 개별 주 전체로 확대되고 나서 수정조항 14조가 통과될 때까지는 시민들이 지역의 억압적 권리 침해와 싸우는 과정에서 권리장전을 무기로 사용하지 못했다. 그리고 다시 한 세기 가까이 지난 뒤에야 14조는 지금 우리가 시민권이라고 부르는 권리를 확장하는 무기로 활용됐다. 이렇게 보면 권리장전의 쓸모에 대한 매디슨의 회의는 정당한 것이었다고 할 수 있겠다. 그러나 여론이 중앙정부의 권력 확대에 여전히 우호적이지 않은 상황에서 권리장전을 통과시킨 것은 정치적으로 현명한 선택이었다.

가지 않은 길

정치는 '중용'이라는 것이 매디슨의 지론이었다. 그는 미국 정치를 좀더 철저히 중앙집권화하라고 촉구하는 동시에 좀더 철저히 지방분권화하라고 촉구하는 것이 가능하다는 것을 잘 알고 있었다. 그러나 그런 논리에 개의치는 않았던 것 같다. 제퍼슨은 매디슨과는 가까운 친구 사이였다. 그런데 매디슨이 『연방주의자』를 집필하면서 긴밀히 협력한 사람은 알렉산더 해밀턴이었다. 양극단을 대표한다고 할 수 있는 제퍼슨과 해밀턴에 대해 잠시 살펴보는 것은 흥미로운 일이다. 제퍼슨은 버지니아주 문제에 관해 많은 문건을 집필하고 출간했으며 서신 교환도 무수히 했지만, 본인이 이상적이라고 생각하는 공화국이 실제로 제도화되면 어떤 모습일지에 대해서는 상세한 설명을 한 적이 없다. 1780년대에 미국 공사로 프랑스에 나가 있던 제퍼슨은 현지에서 프랑스혁명을 직접 목격했다. 초기에 혁명에 우호적이었던 대부분의 사람들조차 혁명 내지는 공포정치를 체험하면서 충격과 공포를 느꼈다. 그러나 제퍼슨은 혁명을 그런 느낌으로 보지 않았기 때문에 많은 현지 친구들과 소원해졌다.

제퍼슨은 30년 정도마다 혁명이 필요하다는 식의 무심한 발언을 하기는 했지만 공포정치를 옹호하지도 않았고, 트로츠키와 로자 룩셈부르크에 앞서 영구혁명이라는 독트린을 고안해내지도 않았다. 오히려 평생 '스스로 미래를 구상하고 선택에 따라 제도를 재정립하는 것은 모든 세대의 양도할 수 없는 권리'라고 주장했다. 이런 생각은 토머스 페인의 핵심 사상 가운데 하나였다. 또한 그런 친연성 때문에 제퍼슨은 1790년대 말 페인에게 등을 돌리지 않은 극소수 미국인들 가운데 한 사람이 되었을 것이다. 제퍼슨은 혁명 그 자체를 옹호하지는 않지만 합중국이 어떤 모습이어야 하는지에 대해서는 많은 생각―너무 많아서 제대로 소화된 것이 별로 없을 정도다―

을 가지고 있었다. 제퍼슨의 구상은 매디슨이 구상한 그 어떤 것보다 더 민주주의적이고 급진적이며 실현 불가능했다. 바로 그런 점이 그의 매력이기도 하다. 제퍼슨은 연방제하의 중앙정부는 대의민주주의를 통해서만 가능하다는 데 동의했지만 '순수 민주주의'도 어느 정도 가미되기를 간절히 원했다. 제퍼슨은 '소공화국들'이라는 것을 제안했는데, 수많은 지인들에게 보낸 편지에서 그에 대해 구체적인 설명을 한 바 있다. 소공화국은 규모는 대단히 작고 전적으로 주민이 참여하는 단위들이 자치를 하는 시스템이다. 그 이상의 의미도 있다.

주민 참여 단위들은 민병대의 기초가 된다. 제퍼슨은 상비군보다 민병대를 훨씬 선호했다. 단위들은 교육과 최소한의 사회복지 시스템을 공급하는 역할도 한다. 이런 제안은 제퍼슨이 평소 고대 색슨족의 자유라고 하는 것에 깊은 애착을 갖고 있었다는 점을 고려하면 놀라운 것은 아니었다. 누구나 이기적이고 자기기만적으로 행동할 수 있다고 생각한 매디슨과 달리, 제퍼슨은 파벌들이 자신들은 알지도 못하고 볼 수도 없고 거래를 하지도 않는 사람들의 권리를 침해하고픈 유혹을 느끼는 경우에 발생하는 다수의 독재를 우려했다. 그는 우리가 가까이 사는 이웃들을 억압하려 할 것이라고는 생각하지 않았다. 민병대 동원이 가능한 정도의 지역적 범위에서 조직되는 소공화국들은 다수의 독재에 빠질 위험은 없을 것이다. 제퍼슨이 선호하는 중앙정부 시스템은 소공화국들을 기초로 삼고 그 위에 선거로 구성된 피라미드 구조의 체제를 올려놓는 방식이었을 것이다. 여기서 '기초'는 뉴잉글랜드의 타운십township 단위 자치를 모델로 삼은 것이지만 모든 성인 남성의 직접 참여를 전제로 한다는 점에서 더 급진적이고 평등주의적이었다. 그러나 제퍼슨은 노예나 아메리카 원주민은 논외로 하더라도 여성도 투표권을 행사해야 한다고 상상할 만큼 급진적이지는 않았다. 간접선거 방식은 베네치아 공화국에 관심을 가져본 사람이라면 누구나 익숙한 것으로서 그 자체로는 보수적인 것도 급진적인 것도 아니며, 이런저런 평의회를 구성하는 손쉬운 방법이었다. 오래전에 데이비드 흄은 해링턴의 『오세아나』를 토대로 다소 농담조로 쓴 에세이 「완벽한 공화국의 이념The Idea of a Perfect Republic」에서 이런 문제를 논의한 바 있다.

소공화국 설계 내역을 보면 제퍼슨은 어떤 일반적인 범주에 속하는 성향으로 분류할 수 없음이 드러난다. 1800년에서 1808년까지 대통령으로 재임하면서 제퍼슨은 루이지애나 매입을 통해 미국 영토를 2배 이상으로 늘렸고, 남북 아메리카를 망라하는 '자유의 제국'에 관한 얘기를 자주 했다. 그런데 그 모든 구상은 소규모 농업을 기초로 한 것이었다. 마치 1억 명의 미국인이 모두 자영농이기라도 한 것 같았다. 기본적으로는 향촌에 뿌리박고 사는 농민들이 외교 문제와 국가 차원의 군대조직은 멀리 떨어져 있는 중앙정부에 위임하는 형태. 이런 구조를 어렵게 만드는 두 가지 큰 난점이 무역과 산업, 그리고 노예제였다. 노예제에 대한 제퍼슨의 입장은, 권장할 만한 것이 전혀 못 된다는 것이다. 그는 노예제는 악이고 국가 몰락의 원인이 될 수 있지만 구제책도 없다고 말했다. 노예제에 대한 그의 적대감이 진심이라는 것은 의심의 여지가 없다. 제퍼슨이 대륙회의에 제출한 「독립선언서」 초안에는 조지 3세가 아프리카 노예무역을 계속하고 있다고 신랄히 비난하는 놀라운 구절이 들어 있다. 노예무역은 제퍼슨의 관점에 따르면 무고한 아프리카인들을 상대로 야만적인 전쟁을 하는 것과 마찬가지였다. "조지 3세는 인간 본성 자체를 상대로 잔인한 전쟁을 벌인 것이다. 그는 멀리 떨어져 있는 종족의 구성원들의 생명과 자유라고 하는 신성한 권리를 침해했다. 자신을 해코지한 적도 없는 사람들을 붙잡아다가 지구 반대편으로 끌고 가 노예로 삼았다. 노예 수송 과정에서 비참한 죽음을 무수히 야기하기도 했다." 이 구절은 노예 수입을 당연히 계속하려는 두 주(조지아와 사우스캐롤라이나) 대표들의 요청에 따라 「독립선언서」 초안에서 삭제

됐다.[29] 제퍼슨은 제조업이 남부 주들의 노예노동을 종식시키거나 노예제를 싫어하는 대농장주들이 노예노동을 기계도 활용하는 자유민 노동으로 대체할 수 있을 것이라고 생각한 것 같지는 않다. 그는 흑인은 나면서부터 백인보다 지적으로 열등하다는 확신을 가지고 있었다. 그리고 노예제가 폐지돼도 그 열등함 때문에 백인과 같은 사회에서 살 수는 없고, 따라서 아프리카로 보내는 편이 낫다고 생각했다. 아메리카 인디언에 대한 그의 시각은 표리부동하지는 않지만 이중적인 측면이 분명히 있었다. 많은 동시대인들처럼 제퍼슨도 인디언의 용맹함, 독립심, 강인함, 활력 등을 높이 평가했고, 그들이 본래적으로 백인보다 열등하지는 않다고 생각했다. 그러나 그들 삶의 방식으로 볼 때 그들의 영토를 잠식해 들어가는 백인 대농장주 및 농민들과 더불어 사는 것은 불가능했다. 제퍼슨은 미래가 아메리카 원주민들에게 제시하는 가능성은 두 가지라고 생각했다. 생활 방식을 바꿔 백인 이웃들 옆에서 유순한 농민으로 살아가거나 멸종되는 것이다. "멸종"은 제퍼슨이 직접 쓴 표현이다. 그는 그런 표현을 종종 사용했다.

무역과 산업에 대한 제퍼슨의 반감은 알렉산더 해밀턴과의 충돌을 야기했다. 해밀턴은 아메리카 식민지 출신이 아니라 서인도제도 니비스섬 출신이었다. 비상한 머리에 뛰어난 법률가였지만 충동적이고 논쟁적이었으며, 썩 수완 있는 정치가는 아니었다. 제퍼슨 및 매디슨 두 사람과 견해를 달리하는 문제들에 있어서는 해밀턴이 거의 옳았다. 해밀턴은 흄의 동시대 사람들보다도 흄을 더 잘 이해했다. 흄은 중앙은행에 대한, 그리고 공채 투기로 이문을 남기는 부류의 인간에 대한 공화파의 해묵은 증오를 잘 알고 있었다. 또 흄은 건실하고 안정적인 고정 토지 자산을 옹호하고 종이 쪼가리로 된 부에 반대하는 논리가 어떤 것인지도 알고 있었다. 채권이나 증권은 예측 불가능한 방식으로 가치가 등락할 수 있고, 증권 투기업자들이 가치를 조작할 수도 있다. 그렇게 되면 정직한 농민과 소상인들은 막대한 피해를 보게 된다. 그러나 흄은 국가가 신용 대출을 통해 무역을 촉진하고 경제 규모를 키우는 사회가 활기차고 번영하는 사회라는 것도 알고 있었다. 그리고 그런 사회의 지배 엘리트는 보수적이거나 과거에 사로잡히는 대신 국제적인 마인드를 갖고 해외로 눈을 돌린다. 해밀턴은 특히 미국의 경우는 제조업을 발전시키고 국제무역을 촉진해야 미래가 있다고 봤다. 그러려면 저리의 신용 대출이 반드시 필요한데, 그런 일을 제대로 할 수 있는 유일한 기관은 국립은행이었다.

1차 중앙은행 설립 과정, 그에 대한 각종 공격, 은행 폐지, 후계자 격인 2차 중앙은행 설립 과정 등은 여기서 논할 문제가 아니다. 그러나 그런 내력이 의미하는 바에 대해서는 짚어봐야 한다. 해밀턴은 매디슨과 제퍼슨보다 영국에 대해 덜 적대적이었다. 영국은 그에게 성공적이고 번영하는 나라로 비쳤다. 일단 독립을 달성한 만큼 앙심만 품고 있을 것이 아니라 우호 관계를 다시 수립해 더 많은 것을 얻어내야 했다. 같은 논리로, 여전히 혁명 와중에 있는 프랑스는 혼돈 그 자체였다. 그런 만큼 프랑스와 동맹관계를 다시 트려는 제퍼슨의 시도는 비용도 많이 들고 위험한 것이었다. 새 정부는 가급적 많은 문제들을 국가 차원에서 접수해야 한다. 왜냐하면 상법 및 건전한 재정 시스템을 중앙에서 합리적으로 관리하는 것이 무역과 산업 발전에 있어서는 기본 중의 기본이기 때문이다. 해밀턴의 이런 주장들은 사후에야 과연 옳은 판단이었음이 입증됐다. 미국의 미래는 내륙의 방대한 자원을 잘 활용해 산업 강국이 되느냐에 달려 있었다. 해밀턴이 생전에 큰 성공을 거두지 못한 것은 놀라운 일이 아니다. 성공하는 국가에 대한 그의 비전은 글자 그대로 군주제적 관점이었다. 사보나롤라가 주도한 공화국이 반짝 상승했다가 몰락한 이후 질서를 간절히 원한 피렌체 주민들처럼 해밀턴은 국가의 정점에 국왕과 종신 임명직 상원 의원들을 배치하는 구상을 갖고 있었다. 아메리카 식민지들은 영국을 상대로 반란을 일으키기 전부터 독자적인 제도를 창안했는데, 해밀턴은 주州 자치 관련 경험이 없는 탓에 군주나 귀족과 관련된 것이라면 모조리 혐오하는 미국인의 정서를 잘 몰랐다.

정적들의 수사적 언변이 탁월했기 때문에 해밀턴의 통찰은 대개 별 주목을 받지 못했다. 그래서 오늘날의 우리가 그의 통찰이 무엇이었는지 잊고 있는 것도 어쩌면 당연한 일이겠다. 한 가지 예외가 있다면 허버트 크롤리가 쓴 책이다. 국가의 역할을 강조한 20세기 초의 자유주의자 크롤리는 『미국인의 삶의 전망 The Promise of American Life』에서 중앙정치를 의식적으로 강화하고 연방정부의 권한을 더 많이 행사해야 하며, 중앙정부의 역량을 과소평가해서는 안 된다고 주장했다. 그러나 국가정책을 과감하게 추진하는 것은 민족주의 감정을 자극하거나 대규모 프로젝트 자체를 추진하기 위해서가 아니라 모든 주민에게 혜택이 돌아가는 방향으로 미국을 현대화하기 위해서였다. 그렇게 하는 이유는 개인들의 삶을 좀더 자유롭고 즐거운 것으로 만들고, 개인들에게 진정한 자치의 기회를 더 많이 부여하기 위해서였다. 크롤리가 말한 대로, 미국의 잠재적 가능성을 실현하기 위해 미국인들이 해야 할 일은 제퍼슨의 목표를 해밀턴의 수단으로 성취하는 것이었다. 두 당사자가 들었다면 도저히 무슨 말인지 알 수 없다고 생각했을 명제이지만, 지금 돌이켜보면 충분히 이해가 간다.

제17장
프랑스혁명과 그 비평가들

살아 있는 혁명

프랑스혁명 전문가인 저명한 프랑스 역사학자 프랑수아 퓌레가 바스티유 감옥 습격 사건 200주년을 맞아 '우리는 마침내 (프랑스)혁명이 끝났다는 확신을 가질 수 있게 됐다'고 선언했을 때 독자들은 움찔했다. 어떤 이들은 혁명은 아직 끝나지 않았다고 생각했고, 또 어떤 이들은 혁명이 끝나는 것을 원치 않았다. 그 역사적 사건에 '끝'이라는 한 글자를 써넣는 것은 '자유liberté, 평등égalité, 박애(형제애)fraternité'로 요약되는 혁명의 본질적 이상을 배반하는 행위라고 느끼는 사람들도 있었다. 하기야 그런 이상을 달성한다는 것은 참으로 어려운 일이다. 프랑스혁명은 살아 있는 이슈다. 적어도 2세기가 지난 시점까지도 보수파는 프랑스혁명을 완전한 재앙이라고 봤고, 급진파는 손상되기는 했지만 부분적인 성공이라고 여겼으니 말이다. 20세기 초만 해도 공산주의운동 진영에서는 혁명이 시작한 과제를 완성하려고 했고, 파시즘 진영에서는 혁명의 결과를 원점으로 되돌리려고 애쓸 정도였다. 19세기에 진행된, 프랑스혁명에 대한 분석과 비판은 유럽의 정치사상 형성에 중대한 역할을 했다. 프랑스혁명에 큰 영향을 받은 일급 사상가들 가운데 대표적인 인물 세 명만 꼽아도 존 스튜어트 밀, 알렉시 드 토크빌, 카를 마르크스가 등장한다. 이 장은 혁명이 그 이후에 미친 영향을 고찰하는 자리는 아니다. 그보다는 혁명이 그 직후 정치이론에 어떻게 반영되었는지를 살펴보려는 것이다. 그것도 다음 세 가지 차원으로 논점을 좁혀서 설명하고자 한다. 우선 혁명이 에드먼드 버크와 조제프 드 메스트르 같은 보수파 내지는 반동적인 사상가들에게 미친 영향이다. 다음으로 토머스 페인 같은 개혁파에게 미친 영향을 살펴보고자 한다. 페인은 영국 당국에 체포되었다면 교수형을 면치 못했을 것이다. 그러나 프랑스에 건너가서도 국왕 루이 16세 처형을 비판함으로써 프랑스 혁명가들에게 붙잡혀 처형 일보직전까지 갔다가 간신히 풀려났다. 또하나 살펴볼 대목은 프랑스혁명이 생시몽 같은 초기 사회주의 사상가들에게 미친 영향이다. 생시몽은 필요한 것은 경제적 토대의 요구를 반영하는 방향으로 사회를 변혁하는 것이라는 통찰을 얻었다(고 생각했다). 그러나 그가 보기에 정치적 폭동은 그런 과정에 적합한 수단이 아니었다.

프랑스혁명은 출발부터 지적인 논쟁을 촉발했고, 정치적으로 어떻게 전개될지 예측 불허였다. 런던의 군중이 아무 역할도 하지 못한 1688년의 명예혁명이나 독립전쟁 성격이 강한 미국혁명과 달리 프랑스혁명은 파리 군중의 폭동으로 시작됐고, 진행 과정에서 군중의 활동이 결정적인 영향을 미쳤다. 말할 필요도 없이, 프랑스혁명 지도부 가운데 거리로 쏟아져나온 하층계급 출신은 거의 없었다. 그들은 부르주아지 출신으로 스스로도 통제하기 어려운 호랑이 등에 올라타 위태로운 게임을 벌였다. 위험에 처한 자유를 회복하겠다고 나선 1688년의 명예혁명과 1776년의 미국혁명과 달리,

프랑스혁명이 시작됐을 때 그 목표는 영국과 미국의 선례를 따라잡자는 것처럼 보였다. 그러나 시간이 가면서 프랑스혁명은 점차 유토피아적인 목표를 내걸었다. '자유, 평등, 박애(형제애)'라고 하는 프랑스혁명의 모토만 놓고 보면, 이후 계급전쟁이 치열해지고 경찰 끄나풀들이 준동을 하고 단두대(기요틴)가 쉴 날 없는 아수라장이 벌어질 것이라고는 전혀 예상할 수 없었다. 그 과정에서 혁명가들은 매디슨이 우려했던 바, '주권을 가진 인민은 그들이 쫓아낸 군주들보다 더 악하게 굴 수 있다'는 것을 사실로 보여주었다.

그러나 프랑스혁명은 몇 가지 점에서 미국혁명과 달리 일종의 혁신이었다. 하기야 미국혁명이 혁신적이지 못한 것은 그럴 필요가 전혀 없었기 때문일 것이다. 프랑스혁명은 전쟁 태세를 갖춘 국가라고 하는 현대식 개념을 발명해냈다. 현대적인 형태의 민족주의도 아마 프랑스혁명에서 비롯됐을 것이다. 영국에 맞서 반란을 일으킨 아메리카 식민지인들은 지역 민병대를 모집하는 수준으로 생각을 한 반면 프랑스 혁명가들은 국왕이 보유한 상비군을 그대로 물려받아 유럽 전역에 혁명적 변화를 확산시키는 도구로 삼았다. 프랑스혁명은 사회적으로도 비생산적인 것은 아니었다. 낡은 귀족 특권 제도가 폐지됐고, 농민들은 더이상 강제노동을 할 필요가 없어졌으며, 소유권이 폭넓게 확산됐다. 반면에 효과적인 정치적 혁신은 별로 없었다. 급진적 민주주의는 당시의 근대 유럽에는 새로운 것이었고, 거기에 필요한 정치적 제도가 어떤 것들인지도 명확치 않았다. 혁명은 아무런 답도 제시하지 않았다. 프랑스혁명이 시작된 1789년부터 토크빌이 미국에 도착한 1831년까지 프랑스는 절대왕정, 입헌군주정, 급진공화정, 총재정부, 제정, 부르봉가 왕정복고, 1830년 7월혁명, 오를레앙가 루이 필리프의 왕정을 겪었다. 토크빌이 조국 프랑스가 1789년 이후 겪었던 불안정으로부터 벗어날 수 있을지, 미국인들은 왜 그런 사태를 전혀 겪지 않았는지를 늘 염두에 두었던 것은 놀라운 일이 아니다.

혁명가들은 자신들이 열망하는 참신한 형태의 사회·정치조직을 제도화하는 데 실패했다. 노동자들은 한 주를 7일이 아닌 10일로 잡는 달력이나 국가가 성직자를 임명하는 방안, 행정구역을 동일한 넓이의 사각형(데파르트망)으로 획일적으로 구획하는 제도, 기독교의 하느님 대신 이성에 입각한 '지고의 존재Supreme Being'를 숭배 대상으로 삼으려는 운동 등을 받아들이려 하지 않았다. 혁명은 익숙한 패턴을 따라갔다. 결국 군사적 독재로 귀결되고 만 것이다. 2000년 전 로마가 그랬고, 250년 전 크롬웰이 주도한 혁명도 마찬가지였다. 아이러니한 것은 프랑스혁명을 종식시킨 인물이 나폴레옹 보나파르트라는 사실이다. 나폴레옹은 혁명가와는 정반대 스타일인 동시에 "재주만 있으면 출세할 수 있다la carrière ouverte aux talents"는 혁명의 이상을 철저히 구현한 인물이었다. 보나파르트 가문은 지금의 이탈리아 제노바의 군소 귀족이지만 나폴레옹은 코르시카섬에서 태어난 시골 사람이었다. 그러나 군사적 재능과 정치적 대담성으로 나이 35세에 초급 포병 장교에서 황제로 등극했다. 그는 프랑스혁명의 이상을 유럽 전체로 확산시키는 데 누구보다도 큰 역할을 했다. 그러나 그가 프랑스혁명을 구한 것은 오히려 공화정을 무너뜨리고 제정을 수립해 스스로 황제가 됨으로써 가능했다. 이에 못지않게 아이러니한 것은, 프랑스혁명을 가장 명쾌하게 비판하고 혁명 초기부터 미래의 진로를 불가사의할 정도로 정확하게 예측한 인물이 혁명 이전에는 영국 정부의 부당한 처사에 불만을 터뜨리는 아메리카 식민지인들을 옹호했다는 사실이다. 그는 프랑스혁명 자체에 대해, 혁명의 원칙에 대해, 혁명을 선동한 이론가들에 대해, 그리고 프랑스혁명을 지지하는 영국 내 일부 세력에 대해 전방위 공격을 퍼부음으로써 적지 않은 동료들을 놀라게 했다. 그의 이름은, 당연히, 에드먼드 버크였다.

버크의 프랑스혁명 비판

버크는 아일랜드 출신으로 영국으로 건너가 자수성가했다. 사실 영국은 영향력을 발휘할 수 있는 정도의 재산을 물려받았거나 그런 재산을 가진 후원자를 확보해야만 정치인으로 진출할 수 있는 사회였다. 1729년 아일랜드 더블린에서 태어난 버크는 아버지는 프로테스탄트, 어머니는 가톨릭 신자였다. 1748년 더블린의 명문 트리니티 칼리지를 졸업한 버크는 풍운의 꿈을 안고 런던으로 향했다. 문학과 철학을 중심으로 한 활동은 좋은 평판을 얻었고, 그는 저명한 문학가 새뮤얼 존슨 서클의 일원이 되었다. 존슨은 버크에 대해 '비를 피하다가 우연히 잠깐 만났어도 참으로 대단한 사람임을 금방 알 수 있는 인물'이라고 평했다. 신랄하기로 유명한 존슨으로서는 최고의 찬사였다. 더구나 정치적으로 버크는 휘그당이고 존슨은 토리당으로 완전히 다른 스타일이었다. 버크는 1758년 창간된 잡지 『연감 *National Register*』의 편집자로 이름을 얻었지만 정치인으로 우뚝 서게 되는 것은 휘그당의 로킹엄 경이 처음 총리로 있을 때 그의 개인 비서가 되면서부터였다. 로킹엄은 영향력을 발휘해 버크가 하원의원으로 선출되게 해주었고, 그때부터 버크는 치열한 싸움이 계속되는 당시 정계에서 두각을 나타냈다.

버크가 대중에게 널리 알려지게 된 것은 영국 정부가 날로 불만의 목소리를 높이는 아메리카 식민지 문제를 제대로 처리하지 못한 결과였다. 버크는 정의라는 차원에서도 그렇고, 신중한 정치적 고려라는 차원에서도 그렇고, 아메리카 식민지인들에 대해 유화적인 정책을 써야 한다고 주장했다. 버크가 1775년 3월 22일 의회에서 한 '아메리카와의 화해에 관한 연설 Speech on Conciliation with America'은 지금도 끝없이 인용되고 있다.[1] 버크는 아메리카의 독립을 지지하지는 않았다. 그러나 영국의 식민지 지배가 추상적으로는 강점이 있다는 것과는 무관하게, 모든 당사자들이 자신의 권리에 대해 서로 상충하는 생각을 고집하는 한 전쟁과 분리·독립이 불가피하다는 사실은 분명했다. 영국은 노스 경 내각 수준을 훨씬 뛰어넘는 세련된 유화 정책이 필요했다. 버크가 묘사한 활기 넘치는 식민지 상을 보면, 모국(영국—옮긴이)이 덩치 크고 혈기 넘치는 청소년을 키워냈는데, 녀석이 조만간 독립을 요구할 것 같은 느낌이 강하게 든다. 그러나 이것이 그가 내린 결론은 아니었다. 대영제국과 식민지의 관계를 유지하는 것은 식민지에 고도의 독립성을 허용하는 것과 모순되는 일이 아니었다. 이는 제퍼슨이 당초 주장했던 바다. 그런 관계가 단절되지 않을 것이라는 버크의 기대 역시 영국의 인도 지배에 대한 그의 혐오와 모순되는 일이 아니었다. 그는 영국의 인도 지배가 잔학하고 부패했으며, 인도에서 착취한 부가 대부호들을 통해 본국에 투입됨으로써 영국 정치를 오히려 부패시킬 것이 확실하다고 봤다.

버크는 많은 글을 썼다. 그리고 아메리카 식민지 문제만 다룬 것도 아니다. 그는 성공적인 의회정치의 근간이 되는 원칙을 천명하는 두 편의 논문을 썼다. 현업 정치인들은 2세기가 넘도록 이 글들에서 위안을 얻었다. 『현재의 불만의 원인에 대한 고찰Thoughts on the Cause of the Present Discontents』(1770)에서는 국왕 조지 3세와 참모들의 음모가 안정적인 정책 결정의 관건인 의회와 행정부의 균형을 깼다고 주장했다. 버크는 왕이 유급 명예직을 나눠줌으로써 사실상 돈으로 의회 내에 동맹 세력을 확보하는 관행을 제도적으로 폐기해야 한다고 요구했다. '국왕의 친구들'로 짜여진 정부를 반대할 경우 당 위에 있다고 공언하는 자들이 들고일어날 것이라는 점을 잘 알면서도 버크는 의회 중심의 정부 시스템이 잘 작동하는 데 필수적인 정당의 존재를 옹호했다. 그는 정당에 대해 '공공의 이익에 관한 특정한 시각을 바탕으로 공동의 행동을 통해 공익을 증진시킬 목적으로 결합한 사람들의 조직체'라는 식으로 낙관적인 정의를 내렸다.[2] 깔끔하게 정의된 사상이었다. 그때까지만 해도 정당은 정권을 획득해서 그 전리품으로 공직을 나눠먹을 생각이나 하는 파벌들과 동일시됐다. 따라서 버크의 정당에 대한 정의 이후로는 누구도 자신이 '당 위에' 있다고 떠들기는 어렵게 됐다. 또 그럴 필요도 없어졌다. 현대식 행정부를 운영하고자 열망하는 인사라면 정당에 소속되고 정당의 지지를 받아야 하기 때문이다. 현대의 정당들이 과연 버크가 제시한 정당의 기준에 부합하느냐 하는 것은 여기서 논할 문제는 아니다.

한편 버크는 『브리스틀 유권자들께 드리는 연설 *Speech to the Electors of Bristol*』(1774)에서 대의정치 체제의 대원칙들을 상세히 밝혔다.[3] 요약하면 이런 얘기다. 대표자(국회의원—옮긴이)는 대리인이 아니다. 대표자는 자기 선거구 유권자들을 위해 지성과 판단력을 발휘해야 할 책무가 있지만, 유권자들이 특정 시점에 원하는 것에 복종할 의무는 없다. 유권자들은 대표자에게 이래라저래라 할 권리가 없고, 대표자는 유권자들이 명령했다고 해서 그대로 따라야 할 의무가 없다. 대표자는 유권자들에게 의회에 진출할 경우 어떤 원칙들을 토대로 의사 결정을 할 것인지 명확하게 밝혀야 한다. 유권자들은 그가 천명한 원칙이 싫다면 그에 따라 표를 던지면 된다. 대부분의 현대 정치인들이 하나 마나 한 소리 내지는 소수의 유권자 집단을 인터뷰해 대충 만들어낸 공약 같은 것 이상의 무슨 원칙을 천명할 수 있느냐 하는 것은 또다른 문제다. 그것에 대해 여기서 답을 할 필요는 없겠다. 18세기 영국 하원 의원들 가운데에서도 그렇게 할 수 있는 사람은 거의 없었을 것이다. 또하나 특별히 중요한 주장은, 대표자는 자신에게 표를 던진 사람들뿐 아니라 다른 후보에게 표를 준 사람들도 대표하며, 투표를 아예 하지 않은 사람들도 대변한다는 것이다. 1777년 영국에서 성인 남성은 90퍼센트가 투표권이 없었고 여성은 100퍼센트 없었다.

거짓말과 허풍을 잘 참지 못하는 독자들은 종종 사실상 거저먹는 선거구를 가지고 있던 인사가 한 이런 발언들에 대해 분노를 표하기도 한다. 버크의 견해 같은 것은 유권자와 대표자가 똑같이 공유하지 않으면 우리가 왜 의회를 두고 있는지가 불분명해진다고 주장하는 사람들도 있다. 그런데, 우리가 우리 편만 대표한다면 패자가 왜 자발적으로 선거 결과에 수긍해야 하는지가 더더욱 불분명해진다. 따라서 우리는 선거의 승자는 정당한 원칙에 따라 공익을 숙고할 의무를 이행하겠다는 자세가 돼 있는 것으로 간주해야 한다. 대표자가 대표하는 것은 전체로서의 국가여야 하는 것이다. 여기서 벗어나는 순간, 다수의 지배는 다수의 독재로 변질된다. 버크의 설명은, 현대의 공화정은 대의제를 통해 인구 규모의 제약을 떨쳐버릴 수 있다고 한 매디슨의 설명의 자매편이라고 할 만하다. 몽테스키외 같은 치밀한 저자들조차 인구가 일정 규모가 넘으면 공화정은 어렵다고 봤다. 잘 알다시피 외교가에는 독립국가에서 파견된 대리인들이 있다. 이들은 명령에 따라 본국의 견해를 그대로 제시하게 돼 있다. 이와 달리 선거구민에게 책임을 지되 그들로부터 명령을 받지는 않는 대표자들을 구성원으로 하는 의회라는 발상은 참신한 것이었다.

버크는 로킹엄 총리 2기 내각(1782~1783)에서 활동했고, 평소 주창했던 유급 명예직 및 연금 폐지 같은 '경제개혁' 부문에서 성과를 냈다. 그러나 동인도회사를 개혁하려는 정부의 시도가 국왕의 반대에 부딪히면서 내각은 해산됐다. 이후 버크는 다시 공직을 맡지 않았다. 1783년 토리당의 윌리엄 피트William Pitt the Younger가 총리가 됐다. 그러나 피트는 1801년 가톨릭교도 차별 폐지 문제를 놓고 국왕과 언쟁을 벌이면서 총리직을 사임한 뒤 3년간 야인생활을 했다. 이어 1804년 총리로 복귀해 1806년 사망할 때까지 자리를 지켰다. 1783년 로킹엄 경이 사망하자 찰스 제임스 폭스가 야당인 휘그당의 지도자가 됐다. 폭스는 프랑스혁명을 지지했고, 이 문제로 친구인 버크와 언쟁을 했다. 두 사람은 1791년 이후로는 서로 말도 안 하는 사이가 됐다. 버크의 말년은 개인적인 이유로 인해 대단히 불행했다. 그는 원래 향리에서 조촐한 규모의 지주신사계급으로 살고 싶어했다. 그렇게 해서 나중에 외아들 리처드가 본인이 평생을 수호하려고 애써온 사회질서의 당당한 일원이 되기를 바랐다. 이를 위해 버크는 담보를 잡히고 부동산을 구입했으며 힘들여 대금을 갚아나갔다. 그런데 1794년 리처드가 덜컥 죽고 말았다. 버크의 꿈은 물거품이 됐다. 본인도 1797년 사망한다. 프랑스혁명군이 유럽 전역에서 승승장구하던 시점이었다.

버크는 대단히 이해하기 힘든 인물이다. 지난 20세기에 그를 조명한 학술서가 수없이 쏟아져나왔지만 그의 진면목이 밝혀지기보다는 오히려 모호해졌다. 그는 탁월한 문장력으로 독자를 매료한다. 어지간한 작가는 도저히 따라갈 수 없는 수준이다. 버크는 때묻지 않은 영국 동포들이라면 진짜 그렇다고 알고 있을 문제들에 대해 객관적인 철학자 같은 자세가 아니라 분개한 한 영국인이 절절히 토로하는 스타일로 글을 썼기 때문에 독자들은 기꺼이 그에게 공감하게 된다. 그러나 그는 뛰어난 철학자였다. 이는 『숭고한 것과 아름다운 것에 대한 관념의 기원에 관한 철학적 탐구A Philosophical Enquiry into the Origin of Our Ideas of the Sublime and Beautiful』를 보면 잘 알 수 있다. 그러나 동시에 그는 정치인이었다. 그리고 키케로와 마찬가지로 정치에서는 수사학적 언변을 통해 감동을 주는 것이 치밀한 분석보다 중요하다는 것을 잘 알고 있었다. 그러나 그는 언변에서는 별로 감동을 주지 못했다. 버크가 연설을 할 때는 하원이 텅텅 비곤 했다. 출판을 염두에 둔 연설인데다 청중의 기호나 수준에 잘 맞추지 못했기 때문이다. 버크의 연설은 듣는 이를 지루하게 만들었다. 그러나 글은 (대부분) 천사처럼 훌륭했다.

버크의 『프랑스혁명에 관한 성찰』

버크는 여러 저서에서 프랑스 혁명가들 및 그들이 한 모든 행위를 공격했다. 그중에서도 가장 유명하고 탄탄한 논리를 갖춘 것이 『프랑스혁명에 관한 성찰Reflections on the Revolution in France』이다. 이 책을 보고 격분한 토머스 페인은 『인간의 권리』를 썼고, 영국 여성 작가 메리 울스턴크래프트는 『인간의 권리를 옹호함A Vindication of the Rights of Man』을 집필했다. 울스턴크래프트는 다시 몇 년 뒤 더 유명한 에세이 『여성의 권리를 옹호함』을 발표한다. 버크의 반응은 점점 격해졌다. 그러나 『휘그당 신파가 구파에게 보내는 호소Appeal from the New Whigs to the Old』에서는 『인간의 권리』를 쓴 페인을 체포해서 기소해야 한다고 촉구한 것 외에는 비교적 차분한 어조를 유지하고 있다. 『프랑스혁명에 관한 성찰』에서와 마찬가지로 『휘그당 신파가 구파에게 보내는 호소』에서도 버크는 제임스 2세가 퇴위를 당한 것이 아니라 사임을 함으로써 합당한 후계자에게 왕위를 물려준 것이라고 주장하는 휘그당 구파에게 찬사를 보낸다. 휘그당 신파는 인민은 통치자를 선택할 수 있고, 헌법제도를 합당한 방향으로 개정할 수 있는 양도할 수 없는 권리를 가지고 있다고 보는 리처드 프라이스와 견해를 같이했다. 1689년에 열린 영국 임시의회는 그렇게 되면 열혈분자와 반란자들이 득세할 것이고 끝없는 불안과 내전이 발발할 가능성이 높다. 따라서 헌법을 현상대로 유지하는 것이 분별 있는 선택이라고 봤다. 이후 버크의 프랑스혁명에 관한 저술은 『국왕 시해로 평화를 얻겠다는 발상에 관한 서한Letters on a Regicide Peace』와 『고귀한 귀족님께 드리는 편지Letter to a Noble Lord』에서 정점에 도달했다. 『국왕 시해로 평화를 얻겠다는 발상에 관한 서한』은 유럽에서 불어오는 혁명의 기운에 감염되지 않으려면 성스러운 전쟁을 시작해야 한다고 촉구했다. 『고귀한 귀족님께 드리는 편지』에 나오는 격렬한 언사는 외아들이 죽고 향리에서 지주신사계급으로 살려던 소망마저 날아가 버린 상황이 반영된 것이기도 하다. 『고귀한 귀족님께 드리는 편지』에서 버크는 베드퍼드 공작과 로더데일 경이 프랑스혁명의 이상을 여전히 옹호하고 있다고 규탄했다. 그러나 이는 사실 자신이 평생을 바쳐 지키려고 애써온 귀족 중심의 정치체제가 막상 그 대표 격인 인물들에 의해 파괴될 위기에 처한 상황에 대한 걷잡을 수 없는 분노와 혐오감을 표현한 것이다. 버크 말년의 저작들은 읽기가 대단히 힘들다. 이들 저작은 1940년대 말과 1950년대에 미국 보수파들이 인용하면서 다시 관심을 끌었다. 당시 보수파는 유럽에서 공산주의를 퇴치해야 한다는 일념으로 버크를 들먹이며 냉전을 규탄했지만 문제 해결 능력은 전혀 없었다.

『프랑스혁명에 관한 성찰』은 놀라운 작품이다. 특히 혁명 초기에 혁명이 통제 불가능으로 치달을 가능성이 높다는 것을 정확히 예측했고, 영국 내 프랑스혁명 지지자들에게는 결여된 혁명 정신에 대한 깊은 통찰을 보여줬다는 점에서 그렇다. 책이 출간된 것은 1790년 11월이었다. 프랑스혁명이 발발한 것은 1789년 7월 14일이었다. 이 책을 쓰게 된 동기는 두 가지다. 하나는 프랑스혁명에 관한 견해를 물어온 파리의 한 젊은 신사에게 보내는 답장으로 쓴 것이다. 문제의 신사가 그토록 긴 답장을 받고서 어떤 반응을 보였는지는 알 수 없다. 버크조차도 격분에 찬 언사로 150쪽 넘게 써내려간 다음 이렇게 말했을 정도다. "쓰다보니 편지가 굉장히 길어졌군요. 하지만 사실 짚어야 할 문제의 정도가 너무도 엄청나다는 것을 고려하면 이것도 짧은 겁니다."⁴ 그리고 나서 그는 다시 100쪽 가까이를 더 써내려갔다. 책 내용은, 버크에 따르면, 영국 혁명협회(정확히 말하면 '혁명기념협회')가 명예혁명을 기념해 개최한 만찬 모임에서 리처드 프라이스 목사가 한 설교 '나라 사랑에 관하여A Discourse on the Love of Our Country'에 격분해 쓴 반박문이다. 프라이스는 만만한 상대가 아니었다. 저명한 윤리철학자이고,

개연성 이론에 기여한 공로로 왕립협회 회원으로 선출된 인물이었다. 생명보험 회사들이 2세기 동안 보험금 산정 기준으로 삼은 사망생존표도 그가 작성한 것이었다. 프라이스는 비국교도(영국성공회를 따르지 않는 개신교도—옮긴이)였기 때문에 영국 정가에 발을 들여놓을 수는 없었다. 그러나 미국에서라면 상황이 달랐을 것이고 실제로 미국에서는 많은 존경을 받았다. 그가 가지고 있는 정치 원칙은 제퍼슨이나 매디슨과 같은 것이었다. 게다가 그는 미국 독립을 지지했다. 요즘에야 프라이스의 설교를 읽는 사람이 거의 없지만 현대의 독자가 읽어봐도 이상하다고 느낄 만한 부분은 없다. 적어도『누가복음』2장 시므온의 노래를 암송한 뒤 특유의 장광설로 프랑스혁명에 대해 환호하는 대목 직전까지는 그렇다. "저는 오늘 3000만 명이나 되는 사람들이 분노한 표정으로 단호하게 노예적 굴종을 거부하고, 억누르지 못하는 목소리로 자유를 요구하는 모습을 보고 있습니다. 그들의 왕은 환호 속에 끌려갔고, 자의적인 왕정 체제는 백성 앞에 무릎을 꿇었습니다."[5] 왕정 체제 특유의 거창한 의식에 열광했던 버크와 같은 입장이 아니더라도 이 정도면 과하다 싶은 생각이 든다. 그 이후에 벌어진 사태를 돌이켜봐도 알 수 있는 일이다.

　오늘날 우리는 프라이스 목사의 설교 취지에 대충 공감할 수 있다. 합리적인 인간이라면 조국에 대한 사랑은 자신이 사랑하는 나라가 얼마나 진정으로 훌륭한가에 따라 달라진다는 것이다. 이는 애국심에 대한 사회학적 설명으로는 대단히 부족하지만 민족주의적 열정이 얼마나 불합리한 것인지를 폭로하는 데에는 효과적이다. 어쨌든 프라이스는 합리적인 인간이라면 모든 인간을 동포로 간주하고, 민족주의자보다는 코즈모폴리턴(두 용어 모두 요즘 통용되는 의미와는 좀 다르다)이 될 것이라고 주장했다. 현대의 독자라면 정부는 우리의 권리를 보장하기 위해 존재하고, 그런 권리 가운데 하나가 통치자들에게 책임을 묻고 부정행위가 있을 경우에는 그들을 해고할 권리가 있다는, 전적으로 로크적인 프라이스의 주장에 대해 별로 거부감을 느끼지 않을 것이다. 현대식 선거는 우리의 통치자들에게 책임을 묻고, 부정행위나 무능이 있을 경우에는 그들을 해고할 수 있는 장치다. 내전이나 도끼, 단두대 같은 것을 굳이 동원할 필요가 없다. 이것이 바로 "총알이 아니라 투표를ballots not bullets"이라는 상투적인 구호의 본래 취지다.

버크의 동시대인들은 그가 프랑스혁명과 프랑스혁명을 지지하는 영국인들을 격렬하게 공격하는 것을 보고 경악했다. 존 로크는 이론가가 자신의 주장을 정당화하고자 할 때 인용할 수 있는 훌륭한 전거였고, 프라이스 목사는 바로 그렇게 했다. 게다가 버크는 아메리카 식민지를 상실한 정부와, 그런 정부를 왕실이 배후에서 조종한 것에 대해 통렬히 비판한 전력이 있었다. 심지어『프랑스혁명에 관한 성찰』에서도 버크는 왕권신수설을 옹호하지 않고, 절대왕정을 탐탁지 않게 여긴다. 그는 왕권신수설을 옹호한 17세기 이론가들에 대해 "굴종적인 광신자들로서 그들의 주장은 이미 잘못임이 입증됐다"고 비판한다. 그들의 주장을 신성모독이라고 여길 정도다.[6] 강력한 입법부가 건실한 행정부를 견제하는, 적절히 균형 잡힌 입헌군주제가 버크의 이상이었다. 그는 그런 체제야말로 옛날부터 전해내려온 영국 헌정제도라고 보고 옹호했다. 헌정제도는 신의 섭리가 아니라 법규에 의해 정당화되는 것이었다. 합리적인 형태로 대물림해온 원칙은 훌륭한 것이지만, 그것이 훌륭한 이유는 헌정제도의 일부로서 자유, 안보, 번영, 그리고 시민사회가 이용할 수 있는 모든 재화를 제공해주기 때문이었다. 이렇게 본다면 버크는 명예혁명이 영국에 했던 역할과 같은 것을 프랑스인들이 프랑스를 위해 시도하는 것에 공감할 것이라고 예상할 수 있겠다. 토머스 제퍼슨은 과거를 돌이켜보면서 프랑스인들은 바로 그런 선택을 했어야 한다고 말했다.[7] 혁명이 일어나고 처음 몇 달간은 일이 그렇게 돼가는 것 같았다. 버크도 비교적 공감했다. 그러나 1790년 초 버크는 프랑스인들이 뭔가 색다르고 용인할 수 없는, 사물의 질서에 위배되는 행동에 빠져들었다는 결론을 내렸다. 더구나 합리주의를 근거로 혁명 신조를 보편화하려는 움직임은 국경을 넘어 위험으로 번질 수 있었다. 혁명가들은 혁명을 영국에 수출하고자 했다. 그렇게 되면 프랑스를 방문했던 영국인들이 전염병 확산을 부추길 가능성이 높았다.

소책자 형태의 『프랑스혁명에 관한 성찰』은 여러 판을 거듭했다. 그러나 대단한 성공을 거두지는 못했다. 이 책은 세부 설명이 부정확하고, 멀리 프랑스에서 일어난 사태에 대한 기록으로 간주됐기 때문에 별로 설득력을 발휘하지 못했다. 특히 1789년 10월에 일어난 사태에 대해 심혈을 기울여 묘사한 대목 같은 경우는 문제가 된다. 폭도들이 베르사유궁에 난입해 국왕 루이 16세와 왕비 마리 앙투아네트를 붙잡아 파리로 끌고 간 다음 튈르리궁에 가뒀다는 대목인데, 맨 앞부분이 극적인 살해 장면 묘사로 시작되지만 그런 사건은 전혀 없었다. 튈르리궁에서 왕비의 침실을 지키던 보초가 폭도들이 몰려오는 소리를 듣고 왕비에게 '어서 도망치라'고 소리친 뒤 자신은 폭도들에게 목이 잘려 죽었다는 것인데, 문제의 보초는 몇 달 뒤 파리 주변의 영국인 방문객들을 안내하고 있었다.[8] 이 책은 문학적인 작품으로서는 썩 성공적이지 못했다. 첫 100쪽까지는 혁명을 비난하는 얘기가 주로 나온다. 그 다음부터 버크는 혁명 세력이 교회 자산을 몰수한 것이 얼마나 사악한 짓인지, 혁명가들이 새로 도입한 과세제도가 얼마나 엉터리인지 등에 대해 장황한 설명을 늘어놓는다. 버크는 재산권 존중을 위태롭게 하는 것은 개인의 권리에 대한 침해이며 국가의 번영에도 치명적이라고 주장하는데, 이는 당시 주류의 의견과 같다. 그러나 급진파의 합리주의적이고 몰역사적인 코즈모폴리터니즘에 대해서는 짧게 효과적으로 공박하면서 신뢰할 수 없는 프랑스측 통계 수치에 대해서는 장황한 분석을 늘어놓는 식으로 균형을 잃음으로써 동시대인들에게 별로 좋은 인상을 주지 못했다.

일부 비평가들은 버크가 정신이 나갔다고 봤고, 또 일각에서는 영국 왕 조지 3세로부터 뇌물을 받고 쓴 책이라고 여겼다. 휘그당 내에서 주도적인 지위를 회복하기 위한 작전이라고 보는 이들도 있었고, 프랑스 교회를 옹호한 것을 보면 역시 버크가 사실은 로마가톨릭 신자임을 알 수 있다는 반응을 보인 사람들도 있었다. 제퍼슨은 『프랑스혁명에 관한 성찰』을 바보 같은 책이라고 생각했다. 실제로 버크는 사람들이 짐작하고 있는 바를 실천하려고 애썼다. 그것은 영국인들이 프랑스의 전철을 밟지 않게 하는 것이었다. 당시 영국에는 민중 봉기를 통해 야심을 채우려는 급진파, 합리주의자, 반체제 인사, 파렴치한들이 그만큼 많았던 것이다.

『프랑스혁명에 관한 성찰』은 한마디로 요약하기가 쉽지 않다. 어떤 한 장르에 속하는 책이 아니기 때문이다. 책에 담긴 이론적 주장들은 문학적 관점에서 프랑스 혁명가들이 저지른 범죄와 어처구니없는 짓들에 대해 분개하고 질타한 것에 비하면 부차적이다. 이 책은 일종의 논박이다. 이론적 주장들은 방백처럼 덧붙여져 있는 형태다. 우리는 버크가 '사회는 우리의 자연권을 보호하기 위해 자연 상태에서 이루어진 계약을 토대로 존립하는 것이 아니며, 우리는 특정한 시간과 장소 속에 태어났기 때문에 거기에, 그리고 사회의 관습에 적응해야 한다'는 정도의 주장을 펼 것으로 예상할 수 있다. 실제로 그는 사회는 신화적인 '인민'과 그 지배자들 간에 체결된 계약이 아니라 산 자와 죽은 자들 간에 체결된 계약이며, 정치적 통제만을 위해서가 아니라 오랜 역사에 걸쳐 우리가 서로를 지탱하게 해주는 그 모든 선과 미덕을 위해 존재한다고 말한다. "과학도, 예술도, 미덕과 모든 완성 과정 역시 계약이다. 그런 계약이 추구하는 목적은 몇 세대 만에 달성할 수 있는 것이 아니기 때문에 살아 있는 사람들만이 아닌, 살아 있는 사람과 죽은 사람들, 그리고 앞으로 태어날 사람들 간의 계약이다."[9] 버크의 과격한 언사는 놀랍지만 『프랑스혁명에 관한 성찰』이 혁명—1789년 프랑스에서 일어난 혁명뿐 아니라 지배 엘리트들이 시민을 상대로 전쟁을 벌이는 상황이 아닌 사회에서 일어나는 모든 혁명을 말한다—에 대해 반박하는 내용의 핵심은 대단히 설득력이 있고, 나중에 데이비드 흄에 의해 한층 온건하면서도 흠 잡기 어려운 논리로 발전한다. 본질적으로, 그런 주장의 논거는 '사회는 신념과 정서라고 하는 관습에 의해 지탱된다'는 것이다. 버크는 이를 '편견prejudice' 또는 우리가 굳이 의식적으로 생각하지는 않지만 그렇다고 믿고 있는 것들이라고 표현했다. 사회를 처음부터 다시 건설하는 것은 인간 이성의 한계를 벗어나는 행위다. 버크는 "한 개인의 알량한 이성을 토대로 인간의 삶과 관계를 규정하려는 것"은 위험천만한 일이라고 주장했는데, 상당히 설득력이 있는 얘기다. 왜냐하면 우리들 각인은 사회 전체가 가지고 있는 이성의 극히 작은 부분만을 나눠 갖고 있는 존재이기 때문이다. 우리는 오랜 세월에 걸쳐 누적돼 온 지혜, 즉 법률과 전통 속에 구현된 인간 경험의 총체를 활용할 줄 알아야 한다.[10] 우리의 신념과 기대, 복종과 협조의 관습 같은 것을 깨게 되면 사태는 걷잡을 수 없게 된다. 치명적인 재앙이 발생하는 것이다. 그런 위험을 감수하는 것이 정당화되려면 현실이 그만큼 극도로 안 좋아야 한다. 미국혁명은 위험했다. 무정부 상태로 전락하지 않는다는 보장이 없었기 때문이다. 그러나 미쳐 날뛰는 것과는 거리가 멀었다. 과거에 누렸던 자유를 회복하는 것을 목표로 삼았고, 사회를 완전히 다시 건설하겠다는 생각 같은 것은 없었기 때문이다. 반면에 프랑스혁명은 유토피아를 건설하려는 시도로서 재앙으로 끝이 날 게 뻔했다.

　버크 논리의 근저를 이루는 철학적 전제가 무엇인가에 대해서는 오랫동안 학자들이 이런저런 논란을 벌여왔다. 버크는 세 가지 논거를 사용했다. 그 셋은 서로 구분이 되기는 하지만 아마도 그의 머릿속에서는 완전히 별개의 것은 아니었을 것이다. 그가 가장 즐겨 사용하는 첫번째 논거는 흄과 대동소이한 전제인데, 이 문제에 관한 한은 급진적인 제러미 벤담과도 같은 입장이라고 할 수 있다. 물론 벤담은 버크가 "궤변가, 경제학자, 계산꾼들"이라고 비난한 부류의 원형이라고 할 만한 인물이다. 첫번째 논거는 공리주의적인 성격의 것이다. 인간 행복의 관점에서 볼 때 혁명은 비용이 너무 많이 든다는 논리다. 비용이 정확히 얼마나 드는지를 계산하는 것도 쉬운 문제는 아니다. 인간은 행복을 추구하지만 무엇이 행복이고 행복에 이르는 수단을 어떻게 확보할 수 있느냐에 관한 생각들은 대단히 유동적이다. 특히 이는 사회 환경, 신앙, 각인마다의 특성에 크게 좌우된다. 지식인들은 상아탑에 앉아 저 아래서 들일하는 농민들을 내려다보면서 '농민은 비참한 삶을 살고 있다'고 생각한다. 비바람을 맞아가며 신이 주신 시간 전체를 일만 하면서 하루 벌어 하루 먹고, 이렇다 할 자기 생각 같은 것은 거의 하지 못한다고 본다. 반면에 농민은 상아탑에 들어앉은 지식인을 올려다보면서 '어떻게 저런 짓이나 하며 시간을 허비할 수 있을까' 궁금해한다. 실내에 틀어박혀 아무짝에도 쓸모없는 말 이외에는 아무것도 생산하지 않는다고 본다. 지식인과 농민은 각자 자기 삶을 생각하면서 자기가 잘산다고 여길지 모른다. 어느 쪽도 상대방이 자신을 해방시켜주는 것을 원치 않는다. 다만 지식인이 농민을 해방시키고 싶은 유혹을 더 많이 받을 것이다. 우리는 환경에 적응하면서 나름의 행복을 가꾸기 위해 많은 투자를 하기 때문에 현재의 상태가 지속되고 있는 데에는 다 이유가 있다고 본다. 이것은 개혁을 반대하는 논리가 아니다. "변화의 수단을 갖지 못한 사회는 보존의 수단도 갖지 못한 사회다."[11] 그러나 개혁은 점진적으로 하는 것이 최선이다. 개혁은 하나의 현 상태에서 그다음 단계의 현 상태로 이동해가는 것이고 적절한 속도로 새로운 것들에 익숙해지는 과정이다. 분별력의 적敵은 보편적 자연권이라고 하는 도그마다. 버크는 이른바 인권이라고 하는 것을 보유한 존재로서의 '인간'이라는 피조물은 없다는 논리로 보편적 자연권을 반박한다. 버크는 개개의 영국인이나 프랑스인과 구별되는 보편적 존재로서의 '인간'을 만나본 적이 없다. 권리라고 하는 것은 특정한 시간과 장소에 따라 규정되는 것이다. 그런 권리가 인간의 행복을 촉진한다. 합리성에 입각해 복잡하게 설계된 권리는 마음의 평화를 깰 뿐이다.[12]

버크는 여기서 한 발 더 깊이 들어간다. 학자들은 종종 그의 사고를 구성하는 두번째 요소를 자연법 전통에서 나온 것이라고 평한다. 여기서 말하는 자연법은 토머스 페인과 같은 버크 적대파들이 생각하는 자연법이 아니다. 이성과 이성의 신이 공표한 것으로 이해되는 자연법은 버크가 혐오하는 보편적 자연권을 강화시켜줄 따름이다. 버크는 우주 전체가 신이 정한 자연법에 의해 굴러가고 있으며 인간은 바로 그 법에 의해 규율되어야 할 존재라고 보는 전통을 강조했다. 박학다식하지만 누구의 제자도 아닌 버크는 철학자들의 권위에 호소하지는 않는다. 실제로『프랑스혁명에 관한 성찰』에서도 '편견'을 옹호하고 루소를 비롯한 계몽주의자들에 대해 기탄없이 반감을 표시하는 것을 보면 버크가 철학적 권위에 의존하는 것은 불가능하다고 보아야 할 것이다. 키케로를 배우며 자란 동료들에게 보낸 글에서 버크는 자신을, 로마인들이 그토록 존중한 '선조들의 관습mos maiorum'과 자연법이 반영된 키케로의 사상을 수호하는 사람이라고 묘사했다. 키케로는 분명 버크가 가장 자주 인용한 저자다. 버크가 타고난 아리스토텔레스주의자인지 교육을 통해 스토아주의자가 된 인물인지 구별할 필요는 없겠다. 버크가 필요로 한 것은 그런 전통 위에 서 있는 모든 작가들에게 공통되는 어떤 사상이었다. 그런 면모는 특히 버크가 좋아한 몽테스키외에게서 두드러지게 나타난다. 그것은 바로 '근본적인 조화'라고 할 만한 것으로서 인간이 도달하고자 하는 규준이 되는 어떤 것이었다. 그것을 몽테스키외는 "사물들 간의 본질적인 관계"라고 불렀다.

버크가 이런 스타일의 자연법 이론을 신봉했다고 볼 만한 소지가 큰 이유는 혁명가들의 행동을 비판할 때 '부자연스럽다'는 표현을 자주 사용할 뿐만 아니라 혁명가들에 맞서—해외에서는 전쟁이라는 방식으로, 국내에서는 탄압이라는 수단을 통해—수호해야 할 사회질서를 서로 다른 두 세계를 대비하는 방식으로 묘사하고 있기 때문이다. 하나는 모두가 각자의 상황에 맞는 것을 행하고, 그럼으로써 미덕과 행복이 구현된 삶을 영위하는 세계이고, 다른 하나는 정신 나간 지식인들에 의해 전도된, 정신적으로나 정치적으로 무질서가 넘쳐나는 세계이다. 그러나 버크도 '자연은 세계 속에서 우리 모두에게 변경 불가능한 고정된 자리를 정해주었고, 모든 변화는 악이다'라고 말할 수는 없었다. 그는 어느 정도의 사회적 유동성은 바람직하다고 봤다. 출신이 미천해도 재능만 있으면 출세할 수 있고, 신사계층이라도 능력이 떨어지는 자들은 무대에서 퇴장해야 한다고 본 것이다. 정치는 토지를 소유한 신사계층이 담당해야 하지만 신사계층 구성원이 될 수 있는 길은 자신과 같이 재능만으로 출세한 사람들에게 열려 있어야 했다. 좀더 넓은 의미의 경제적 관점에서 보면 그는 애덤 스미스의 열렬한 제자였다. '아메리카와의 화해에 관한 연설'에 나오는 아메리카 포경선원들에 대한 찬사를 보면 대담함, 야망, 인내 같은 덕목을 너무 낭만적이라고 할 정도로 극찬하고 있다.[13] 그가 신봉한 것은 유연한 질서이지 플라톤 식의 경직된 위계질서는 아니었다. 버크는 휘그당원이지만 카스트제도의 신봉자는 아니었다. 그러나 자연이 아무리 유연하다고 해도 거기에는 어떤 한계가 내재해 있다. 그 한계는 이해해야 하는 것임과 동시에 느껴야 하는 것이다.

세번째 논거는 위에 설명한 두 가지 논거를 내포하는 것으로서 그의 정치이론을 떠받쳐주는 독립적인 요소가 되기는 어렵다. 그것은 전통적인 종교적 형식에 대한 일종의 애착 같은 것으로 절실히 느껴지기는 하지만 명료하게 언어로 표현된 것은 아니다. 여기서 버크는 사회학자들이 지난 2세기 동안 그의 저작을 활용해 구축한 논리를 내세우고 있다고 할 수도 있겠다. 사회는 합리성과는 거리가 있는 신념에 의해 지탱된다는 논리 말이다. 그런 신념을 버크는 '편견'(부정적인 뉘앙스는 전혀 없는 표현이다)이라고 불렀다. 그런 편견들의 총체가 한 사회의 종교를 구성한다. 몽테스키외와 토크빌이 말한 '습속 les moeurs'이라는 개념과, 종교는 공적인 윤리를 유지하는 데 불가결한 버팀목이라는 식의 토크빌과 버크의 확신을 종합하면, 우리는 '사회는 종교적 신념에 기초할 때에만 더 잘 돌아가고, 폭력도 덜하며, 스스로 행복해하고 자기 삶에 만족을 느끼는 개인도 많아진다'는 사회학적 주장에 도달하게 된다. 이것은 '이 종교가 진리다, 저 종교가 진리다' 하는 식의 주장이 아니다. 세속적 차원에서 볼 때 종교적 신앙이 사회 윤리에 인과적 영향을 미친다는 주장이다. 19~20세기의 수많은 사상가들이 현대사회가 신의 죽음 이후에도 잘 버텨나갈 수 있을지, 그리고 지금까지 인간의 삶에 의미를 부여해주었지만 점차 시들해지는 종교적 신앙을 대신할 수 있는 세속적 대체물을 찾을 수 있을지에 대해 깊이 천착했다. 인간의 삶이 만족스러우면 비참한 삶을 위로해주는 신화 같은 것은 불필요하다고 생각한 마르크스 같은 낙관주의자들은 앞으로 상황이 어떻게 될지에 대해 관심을 갖지 않았다. 반면에 오귀스트 콩트는 '인간의 종교religion of humanity'라는 전혀 새로운 개념을 창안했다. '인류교'라고도 하는 이 개념은 초자연적인 것을 거부하고 자신의 연인인 클로틸드 드 보를 성모마리아 자리에 올려놓은 것 외에는 가톨릭과 비슷한 것이었다. 콩트의 아류도 많았다. 그런데 버크는 진짜 대신 대체물을 발명해내는 스타일이 아니다. 버크는 대단히 종교적인 사상가였다. 그는 세상을 종교적으로 채색된 안경을 쓰고 바라봤다. 종교가 없으면 우리 인간은 그저 흘러가는 한때의 피조물에 불과하다. 우리에게 종교가 필요한 이유는 윤리를 지탱해주고, 두려움을 완화해주고, 시련에 처했을 때 우리를 강하게 만들어주기 때문이다. 종교가 어떻게 제도화되느냐 하는 것은 부차적인 문제다. 그러나 종교는 제도화돼야 한다. 그래야만 국가의 강압적 제도들을 인간화하고, 우리의 변덕스러운 감정을 효과적으로 규율할 수 있다. 최후의 수단으로서의 혁명은 버크가 보기에는 신성모독적인 시도였다. 신의 영역에 속하는 사회의 구성과 해체에 대한 권한을 인간이 스스로 떠맡았기 때문이다. 이는 인간이 사회 변화에 대해 적당한 욕망을 가질 경우 사회가 더 잘 돌아간다는 식의 냉철한 관찰이 아니라 분개한 종교적 감수성의 표현이었다.

버크와 현대식 혁명 개념

혁명가들이 저지른 행위를 평가하는 과정에서는 위에 설명한 논거들이 모두 동원됐다. 버크는 기본 입장에 있어서는 공리주의적인 논리를 내세웠다면 수사적 표현에서는 종교적 색채를 강하게 띠었다. 버크는 프랑스혁명이 예전에 알고 있던 혁명과는 전혀 다르다는 것을 간파했다. 그런 관점에 이르는 과정에서 버크는 혁명의 개념을 다시 정립했다. 그는 현대식 혁명 개념을 고안해냄으로써 고전적인 혁명 개념을 폐기 처분했다. 고전적인 혁명 개념은 썩 간단한 것은 아니었다. 아리스토텔레스가 말하는 '분쟁 상태 stasis'를 제외하면 혁명에 대해서는 두 가지 서로 다른 개념이 존재했다. 하나는 '좋은' 혁명으로, 이는 최초의 원칙으로 돌아가는 것을 말한다. 이런 혁명에 대해서는 로크와 마키아벨리도 나름의 관점에서 긍정적으로 평가했다. 미국혁명이 그런 혁명의 전형이라고 할 수 있겠다. 버크는 1688년 명예혁명을 스튜어트왕조의 왕위 찬탈 및 전제정치 기도에 직면한 영국에 고래의 헌정제도를 회복시켜준 혁명으로 보고 긍정적으로 평가했다. 물론 그는 국왕 퇴위에 대한 대응 형식으로 위장한 것이 명예혁명의 결정적 성공 요인이라고 봤다. 그러면서 윌리엄 3세를 왕으로 앉힌 것은 전통적인 원칙을 엄격하게 적용한다면 약간의 일탈이지만 원칙을 보전하기 위해 불가피한 일이었다고 주장했다. 혁명의 또다른 이미지는 '완전한 파국'이라는 것이었다. 운명의 수레바퀴가 잘못 돌아 모든 것이 뒤죽박죽이 된 상태를 말한다. 마키아벨리가 '충분한 수완과 대담함이 있는 군주라면 운명의 여신 포르투나가 그의 편에 섰을 때 혼란 상태를 잘 이용해 이탈리아 도시국가들을 고대 로마 모델로 원상회복할 수 있을 것'이라고 기대한 데에는 혁명의 두 가지 이미지가 모두 반영돼 있다.

두 이미지는 근대 이전의 것이다. 근현대식 진보 관념은 시계를 거꾸로 돌리는 정치에 대해서는 적대적이다. 우리가 정치에서 새롭게 시작한다고 할 때는 과거의 출발점에서 다시 시작한다는 얘기가 아니다. 우리는 사회의 거의 모든 측면이 지속적으로 변화하고 있다는 생각에 익숙해져 있다. 따라서 사회조직의 큰 변화 없이 정치적 방향을 근본적으로 바꿀 수 있다는 생각에 대해서도 부정적이다. 폭력을 통해 집권 세력을 물갈이하는 것은 쿠데타에 불과하다. 쿠데타에서는 권력의 변동이 급작스럽고도 신속하게 이루어진다. 그러나 현대식 혁명 개념은, 엄밀히 말해서 혁명이란 정치적 격변에서 비롯된, 서로 연관된 일련의 사건이라고 본다. 여기에는 사회적·경제적·정신적·정치적 사건들이 모두 포함된다. 이것이 버크가 프랑스혁명을 이해하는 방식이었다. 말할 필요도 없이 버크는 그런 혁명을 부추기는 자들과는 견원지간이었다. 버크는 정치사회학자가 아니라 현업 정치인이었다. 그가 『프랑스혁명에 관한 성찰』을 쓴 것은 혁명이라는 현상을 학술적으로 명쾌하게 정리하기 위해서가 아니라 프랑스 혁명가들의 어리석음과 사악함을 규탄하기 위해서였다. 그럼에도 불구하고 프랑스혁명에 대한 그의 이해는 혁명 개념의 전범으로 자리잡았다. 혁명은 단순히 헌정제도가 비헌법적인 방식으로 바뀌는 것이 아니라 사회·정치적 관계 전체가 장기간에 걸쳐, 폭력을 수반하면서, 예측 불가능한 방식으로 변화하는 것이다.

버크는 프랑스혁명은 교회가 파멸하고 국왕 내외가 처형되고 대규모 학살이 벌어지고 군사적 독재자가 질서를 회복하는 것으로 끝이 날 것이라고 자신 있게 예언했다. 버크가 책을 쓸 무렵 폭력은 이미 만연돼 있었다. 그러나 1789년 상황에서는 폭력 말고 나머지 상황은 어떻게 될지 오리무중이었다. 버크는 1792~1794년에 벌어질 사태에 대해 놀라운 선견지명을 보였다. 혁명은 국왕 내외를 처형하는 것을 시작으로 공포정치로 치달았다. 그러다가 로베스피에르 일파가 처형되고 총재정부가 겨우 상황을 수습했다. 공동묘지의 평온함보다 조금 나은 정도가 됐다고 할 수 있다. 그런 만큼 버크의 예지력을 실제 이상으로 과장하기 쉽다. 그러나 그가 책을 쓴 동기가 프랑스혁명이라는 전염병이 해협을 넘어 영국으로 들이닥치는 것을 막기 위해서였다는 것을 고려하면 그가 제시한 역사적 사건들에 대한 비교가 어떤 의미를 갖는지 이해할 수 있다. 그는 예지력을 타고난 것이 아니라 지적 탐구를 통해 역사적 통찰력을 키웠고 키케로를 완벽하게 이해했기 때문에 그런 예측을 할 수 있었던 것이다. 17세기에 유럽 전역을 휩쓴 종교전쟁은 버크 시대 사람들에게는 지나간 역사이기는 하지만 아직도 생생히 살아 있는 기억이었다. 버크 같은 아일랜드인이라면 종교적 열정─또는 반反종교적 열정─이 정치적 폭력으로 분출될 경우 끝없는 학살이 일어날 수 있다는 것은 새삼 따져볼 필요도 없는 일이었다. 1790년 초 버크가 『프랑스혁명에 관한 성찰』을 쓰기 시작할 무렵 이미 프랑스에서는 엄청난 유혈 사태가 벌어진 상황이었다. 파리의 폭도들이 사람의 목을 베고 내장을 발라냈다는 얘기가 걸핏하면 신문 1면을 장식했다. 고전 교육을 받은 사람은 법의 지배가 작동하지 않고 하층계급이 공포와 흥분과 복수욕을 분출시킬 때 어떤 일이 일어나는지 잘 알고 있었다. 교육을 받지 못한 사람들은 사람들이 신문 읽는 소리를 듣고 상황을 파악했다.

『프랑스혁명에 관한 성찰』의 강점은 잘 작동하는 정치체의 긍정적 이미지와 파괴로만 치닫는 부정적 이미지를 극단적으로 대비시킨다는 데 있다. 프랑스의 앙시앵레짐ancien régime(1789년 프랑스혁명으로 타도된 구체제. 16세기 초에 시작된 절대왕정 체제를 말한다—옮긴이)은 버크가 좋아하지 않는 스타일의 정치를 했다. 중앙집권적인 관료제를 가동해 통치하는 절대왕정은 권한이 없어 할 일 없는 귀족들에 대해서는 경제적 특권을 부여하는 방식으로 다독였다. 버크는 이따금 앙시앵레짐도 1789년 혁명 발발 이전에 개혁을 했더라면 활기를 되찾을 수 있었을 것이라는 식으로 말한다. 그러면서 프랑스 귀족들이 국왕을 도와 좀더 나은 정치질서를 창출해야 할 시기에 저열한 정략에 몰두함으로써 스스로 몰락을 부추겼다고 개탄한다. 그가 과연 얼마나 진심으로 그렇게 생각했는지는 알기 어렵다. 이런 식의 평가는 약간의 난점을 야기한다. 혁명이 전적으로 방탕한 귀족과 사악한 철학자들이 결탁한 결과라면 앙시앵레짐은 원래 프랑스 인민의 필요에 잘 적응할 수 있었다는 얘기가 된다. 결국 앙시앵레짐은 원래는 아주 좋은 체제였다는 말이 되는 것이다. 앙시앵레짐이 그렇게 좋은 체제라면 철학자들의 속삭임과 귀족들의 음모에도 끄떡없었을 것이다. 그런데 그렇게 쉽게 무너졌다는 것은 약점이 있었다는 얘기다. 그리고 그 약점이 무엇인지 버크는 잘 알고 있었다. 앙시앵레짐은 파산 상태였고, 끓어오르는 인민의 불만에 줄곧 허우적거리는 모습을 보였다. 흉년이 이어지고 주민들은 굶주렸다. 겉보기에는 강력한 체제였지만 그 이면에서 국민의 충성심은 희박해져만 갔다. 교회도 마찬가지였다. 개개의 신부들은 신자들을 잘 섬겼고, 신자들의 사랑을 받았다. 그러나 전체로서의 교회는 과중한 부담에 짓눌려 있는 농민들로부터 돈과 노고를 뜯어내는 도구였다. 그러면서도 농민들에게는 거의 아무것도 돌려주지 않았다. 버크는 프랑스 성직자의 절반이 국가가 교회를 접수하는 것을 환영했다는 사실을 잘 알고 있었지만 그런 내용을 차마 글에 담을 수는 없었다. 가난한 사제들이 귀족 출신 주교들을 위해 눈물을 흘릴 일은 없었다. 자유주의자들은 18세기 프랑스 교회를 볼테르식 렌즈를 통해 바라보면서 교회가 검열에 공모하고 개신교도들을 학대하고 신성모독 혐의에 대해 잔인한 처벌을 부과했다고 비난한다. 버크는 그러지 않았다. 프랑스 교회는 그의 교회가 아니었다. 따라서 거기에 대해 애정도 없었다. 그러나 그것은 하나의 제도로서 확립된 프랑스 인민의 교회였다. 그리고 왕정 체제와 마찬가지로 충분히 개혁을 할 수도 있었다. 하물며 교회 재산을 혁명 세력이 강탈한다는 것은 있을 수 없는 일이었다.

사회의 자연적 조건은 질서가 있는 상태이고, 권위는 관습적으로 당연시되는 것이고, 통치의 정당성은 법규를 통해 가장 확실하게 담보할 수 있는 것이라면, 과연 무엇이 잘못됐기에 혁명과 같은 사태가 벌어졌는지를 설명하기가 더욱 어려워진다. 혁명이 가져야 할 윤리가 어떤 것이냐 하는 문제는 간단하다. 흄의 말처럼, 극도의 위급 상황을 제외하고는 남의 배에 칼을 박는 행위는 절대로 정당화될 수 없다. 이것은 명백하다. 따라서 이제 흥미로운 문제는 자주 등장하는 의문이다. 왜 사람들은 불평불만을 터뜨릴 이유가 그렇게 많은데도 불만이 봉기로 폭발하는 경우는 극히 드물고, 봉기가 혁명으로 발전하는 경우 역시 극히 드문가? 세상이 너무도 공정해서 혜택받지 못한 사람들도 봉기를 일으킨다고 더 얻을 것은 없다고 생각하는 것 같지는 않다. 사실 국가가 통제력을 잃은 것처럼 보이는 순간 봉기가 엄청난 속도로 확산되는 것을 보면, 우리들 다수는 우리가 살고 있는 체제가 어떤 것이든 그것에 대해 별로 애정이 없음을 알 수 있다. 왜 우리를 고분고분하게 만드는 관습이 대개는 그토록 효율적으로 작동하다가 극히 드문 경우에는 급속히 작동을 멈추는가? 우리는 버크 이후 지난 2세기 동안 이런 문제에 대해 답하려고 애썼지만 신통한 성과를 내지 못했다. 버크는 이런 문제를 제기했지만 그에 대해 답을 하기보다는 이미 다른 문제에 골몰하고 있었다.

조제프 드 메스트르

버크는 보수주의자라기보다는 분개한 자유주의자였다. 버크와 비슷한 계열의 프랑스 사상가 조제프 드 메스트르를 보면, 버크는 본질적으로 자유주의적 입장에서 혁명의 폭력과 혼란에 대해 문제 제기를 한 것인 반면 메스트르는 절대주의라고 하는 확고한 이론적 입장에서 혁명을 공격하고 있음을 알 수 있다. 메스트르는 버크보다 20세 연하다. 1753년에 태어나 1821년에 사망했다. 그는 엄밀히 말해 프랑스인이 아니었다. 이탈리아 사보이 출신으로 토리노가 수도인 피에몬테 왕국의 신하였고, 평생을 외교 분야에 종사했다. 그는 버크와 마찬가지로 프랑스에서 처음에 진행된 개혁 조치를 지지했다. 그리고 역시 버크와 마찬가지로 삼부회—성직자, 귀족, 평민의 신분제 의회—를 하나로 통합해 동등한 대표권을 갖도록 하려는 시도를 대재앙으로 가는 혁명의 첫걸음이라고 생각했다. 메스트르는 버크의『프랑스혁명에 관한 성찰』을 읽고 격찬했다. 그러나 1797년에 출간한 본인의 저서『프랑스에 대한 고찰』에서는 당시까지 벌어진 사태와 그것의 의미에 대해 종말론적이라고 할 만큼 과격한 분석과 평가를 내놓았다. 메스트르는 '혁명은 무언가 부자연스럽다'고 한 버크의 견해를 극단으로 밀고 나가 '혁명은 신의 징벌 행위'라고 주장했다. 여기서 당연히 생기는 의문은 무엇에 대한 징벌인가 하는 것이다. 이에 대해 메스트르는 무엇에 대한 징벌이냐는 별로 문제가 되지 않는다고 응답했다. 인간은 대단히 악한 존재여서 신은 원하면 언제든 우리를 징벌할 수 있고, 우리는 불평할 근거가 없다는 논리였다. 사형선고에 대해, 우리는 사형집행에 대해 불평해서는 안 되고, 혹여 그런 불행이 일어나지 않는다면 그저 감사해야 할 따름이라는 얘기다. 메스트르는 리스본 지진에 관해 쓴 볼테르의 시를 일종의 도발이라고 봤다. 볼테르는 시에서, 정작 가무음곡과 음탕함이 넘쳐나는 것은 파리인데 신이 리스본을 친 이유는 무엇이냐고 물었다. 메스트르의 답변은, 파리가 당하지 않은 것도 불의는 아니며 볼테르는 신의 인내심에 대해 오히려 감사했어야 한다는 것이었다.

메스트르의 주장이 힘을 발휘하는 이유는 지적인 설득력 때문이 아니라 권위라는 이미지 때문이다. 버크에게 권위라는 이미지는 종종 연극과 같은 강렬한 심리적 효과를 불러일으키는 어떤 것이다. 마리 앙투아네트 왕비가 가지고 있는 '스타성'이라고 할 만한 자질이 버크에게는 중요하다. 스타성은 권위로 하여금 우리의 관습과 정서에 영향을 미치게 하고, 우리를 매료함으로써 사실상 우리를 지배하게 만든다. 메스트르는 권위가 저항 의지를 꺾음으로써 우리의 의지에 영향을 미치기를 원한다. 그가 보는 신은 절대적인 지배자이며, 그 지배자가 내린 명령은 불가사의한 것이고, 그가 취하는 조치들은 그저 공포를 불러일으킬 뿐이다. 이것이 바로 메스트르가 생각하는 권위의 본질이다. 프랑스에 필요한 것은 무오류의 교황이 뒷받침해주는 절대군주였다. 메스트르는 반동적인 사상운동인 반反계몽주의의 창시자였다. 반계몽주의는 백과전서파 작가들은 물론이고 존 로크 같은 계몽주의의 선구자들까지 논박하는 것을 목표로 삼았다. 『프랑스에 대한 고찰』을 발표하고 나서 몇 년 뒤 메스트르는 저 유명한 '사형집행인'의 이미지를 만들어냈다. 그것은 "공포인 동시에 인간사회를 결속해주는 존재"이며 모든 것의 기초가 되는 "불가사의한 대행자"였다. 이것이 바로 『프랑스에 대한 고찰』의 근저에 깔린 발상이었다. 권위는 도전받아서는 안 되며, 권위의 힘은 머릿속에서 파악되는 것이 아니라 몸으로 느껴야 하는 것이었다. 인간은 열정의 동물이기 때문이다. 인간의 열정이 한번 풀려나가면 파괴는 당연히 따라오는 결과다. 메스트르는 혁명에 기여했다는 이유로 루소를 규탄한다. 그가 폭도들 대신 폭도들에게 하고 싶은 대로 마구 해도 된다는 생각을 심어준 철학자를 열렬히 비난한 데에는 다 이유가 있다. 호랑이가 무고한 사람들을 잡아먹는다면 우리가 비난해야 할 것은 호랑이가 아니라 호랑이 목줄을 풀어준 사람이기 때문이다.

　메스트르가 반동 세력의 대표적 인물이 된 것은 신의 섭리를 강조했기 때문만은 아니다. 혁명을 프랑스인들에게 내려진 천벌로 간주하는 왕당파 인사는 많았다. 신의 섭리를 동원해 사태를 설명하는 방식도 꽤나 흔한 것이었다. 앞에서 살펴본 대로 리처드 프라이스 목사는 메스트르와 정반대의 의미에서 혁명을 신의 섭리가 개재된 사건이라고 보았다. 정말 놀라운 발상은, 혁명은 '신이 평소와 달리 갑자기 인간사에 깊은 관심을 가지게 되었음을 보여준다'는 것이었다. 메스트르는 수준 높은 교육을 받고 피에몬테 왕국에서 고위직을 지낸 인물이었다. 그는 아무리 과격하게 나갈 때에도 대단히 노회했다. 그런 그가 촉발한 사상적 흐름은 하나의 전통이라기보다는 지적인 저류로서 1세기 후에 모리스 바레스를 필두로 한 프랑스 우파의 비합리주의에서, 그리고 성향을 분류하기가 어려운 조르주 소렐의 『폭력론Reflections on Violence』에서 다시 등장한다. 좌파의 혁명은 우파의 폭력으로만 막을 수 있다는 사상은 결국 파시즘으로 이어졌다. 물론 베니토 무솔리니의 파시즘은 좀 다르다. 그는 스스로를 좌파라고 생각했기 때문이다.

　논쟁에서는 혁명 비판자들이 승리했다. 혁명의 결과를 어떻게 해석하든 혁명 지지자들이 기대했던 것은 이루어지지 않았다. 혁명은 영국식의 안정적 입헌군주제를 수립하지도 못했고, 미국식의 번영하는 민주공화국을 만들어내지도 못했으며, 1792년 이후 자코뱅파가 추구한 미덕의 지배를 이루어내지도 못했다. 이처럼 안정적이고 확고한 성과를 만들어내지 못했기 때문에 이후 한 세기 반 동안 프랑스인 대다수는 프랑스의 정치제도를 정당성이 없는 것으로 여겼다. 부르봉가 왕정, 오를레앙가 왕정, 제1제정, 제2제정, 제2, 3, 4공화국, 2차대전 당시의 독일 괴뢰정권인 비시 정부까지 모두 그랬다. 그러나 혁명 옹호자들은 혁명을 내버리지 않았다. 혁명으로 야기된 그 많은 유혈과 파산과 참상을 고려할 때 왜 혁명을 폐기하지 않았을까 하는 의문이 떠오르는 것은 당연하다. 한 가지 답변은 프랑스혁명군의 성공에서 찾아볼 수 있다. 혁명은 프랑스를 외침으로부터 수호했을 뿐 아니라 혁명을 무력으로 수출하는 능력까지 보여주었다. 혁명이 농민, 장인, 다수의 전문직 중산층의 생활수준 향상에 어떤 의미가 있었든지 간에 혁명은 적국의 군대에게서는 찾아볼 수 없는 열정에 넘쳐 싸울 의욕을 불태우게 만드는 그 무엇이었다. 프랑스인은 신민이 아니라 시민이 될 것이라는 혁명의 약속은 물리칠 수 없을 정도로 매력적인 것이었다. 물론 그 약속은 종종 지켜지지 않았지만 말이다.

토머스 페인

토머스 페인은 혁명 옹호자들이 왜 혁명의 대의를 저버리지 않았을까 하는 의문에 일종의 답을 준다. 페인은 1737년 영국 노퍽 셋퍼드에서 태어나 어렵게 살다가 런던에서 만난 벤저민 프랭클린이 써준 소개장 한 장 달랑 들고 1774년 식민지 아메리카에 도착했다. 그런데 1776년 『상식*Common Sense*』이라는 팸플릿을 출간하면서 일대 성공을 거둔다. 판매량 면에서도 그렇지만, 제퍼슨의 「독립선언서」가 발표되기 몇 달 전에 이미 미국 독립에 대해 간결하면서도 효과적이고 논박할 수 없는 논리를 제공했다는 점이 대단히 중요하다. 당시 팸플릿이라고 하면 보통 1000부를 넘기기 어려웠는데『상식』은 15만 부가 팔려나갔다. 미국독립전쟁 기간에 페인은 일련의 논설을『아메리카의 위기*American Crisis*』라는 책으로 묶어서 펴냈다. 그 1편은 다음과 같은 유명한 구절로 시작된다. "지금은 인간의 영혼을 시험하는 시기다. 편히 지내던 병사와 그럴싸한 애국자들은 이 위기의 시기에 조국에 대한 의무를 저버릴 것이다. 그러나 지금 이 시련을 견디는 자는 모든 동포의 사랑과 감사를 받을 자격이 있다."¹⁴ 조지 워싱턴 장군은 전 장병에게『아메리카의 위기』를 필독하도록 했고, 결국 1776년 12월 26일 뉴저지주 트렌턴에서 영국군을 상대로 첫 승리를 거둔다.

페인은 스스로 밝히고 있듯이 '세계시민'이었으며 아메리카에 정착하지 않았다. 미국혁명은 신사계급이 주도했지만 페인은 신사계급과는 거리가 멀었다. 미국혁명은 아메리카 출신 인사들이 주도했지만 페인은 아메리카에 온 지 얼마 안 되는 이방인이었다. 1787년 페인은 영국으로 돌아갔다. 1791년에는 저서『인간의 권리』가, 버크가『휘그당 신파가 구파에게 보내는 호소』에서 촉구한 대로 선동적 비방 혐의로 기소 대상이 되자 프랑스로 피신했다. 거기서 페인은 프랑스 시민권자가 되었고, 국민공회 의원 자리를 얻었다. 그러나 루이 16세 처형 문제를 놓고 실권자인 장폴 마라와 충돌하는 바람에 '공포정치' 때 10개월간 옥살이를 했다. 간신히 살아남게 된 것은 간수가 페인의 사형집행을 예고하는 분필 표시를 엉뚱한 수감자 감방문에다 했기 때문이다. 그런데 로베스피에르의 실각과 더불어 풀려난 페인은 놀랍게도 프랑스에 그냥 남았고, 1802년까지는 미국으로 달아나지도 않았다. 미국에 다시 갔을 때에는 예전과 같은 영웅 대접을 받지 못했다. 페인은 반기독교적인(무신론적인 것과는 다르다) 성향의 소책자『이성의 시대*The Age of Reason*』때문에 세인의 비난을 받으며 가난과 고독 속에 살다가 1807년 사망했다. 미국인들이 페인이 미국독립혁명 과정에서 한 역할을 인정하기를 꺼리는 데에는 몇 가지 이유가 있다. 그중에서 가장 눈에 띄는 부분은 종교적으로 개신교 정통파와 거리가 멀었다는 점이다. 또 하나, 미국인들이 페인을 별로 높이 평가하지 않는 이유는 당시 속물적인 견해에 사로잡힌 구버너 모리스 같은 상류층 미국인들이 그를 얕잡아봤기 때문이다. 그러나 특이하게도 토머스 제퍼슨은 페인을 옹호했는데, 그것은 지적으로나 정치적으로 과격한 것을 좋아하는 제퍼슨 특유의 성향 때문이라고 봐야 할 것이다. 페인이 배척당한 가장 큰 이유는 미국 건국의 아버지들이 실용적 사고방식에 투철한 현실 정치 지도자였기 때문일 것이다. 페인은 선동가였고, 저널리스트이자 타고난 반골이었다. 건국의 아버지들의 최우선 과제는 어떠한 타협이라도 해서 신생 공화국을 안정시키는 것이었는데, 타협은 페인의 기질에 맞지 않았다.

『인간의 권리』 1부는 버크에 대한 페인의 응답을 담고 있다. 그러나 지적인 독자라면 여기서 페인이 어떤 주장을 할지 『상식』에서 설파한 내용을 토대로 충분히 짐작할 수 있을 것이다. 페인은 모든 측면에서 합리주의자는 아니었지만 인간 본성에 관해 몇 가지 낙관적인 전제를 가지고 있었다. 정치제도와 그 개혁 문제에 관해서도 합리주의적 입장을 견지했다. 그의 논리의 출발점은 인간은 천성적으로 서로에게 우호적이며, 미신에 현혹되거나 지배자들에게 겁박당하지 않는 한 문제를 협조적·효율적으로 풀어나간다는 것이었다. 사회는 거의 언제나 하나의 축복이다. 반면에 정치는 아무리 최상의 형태라고 해도 일종의 필요악이다. 정말로 반드시 필요한 정부 같은 것은 거의 없다고 할 수 있다. 페인의 말대로 사회는 우리의 필요에서 생겨나는 것이며 정부는 우리의 사악함에서 생겨난다. 상업과 산업을 보호하고, 스스로 생계를 책임질 수 없는 사람들에게 생활을 보상해주기 위해서는 최소한의 국가가 필요하다. 『인간의 권리』 2부는 그런 최소한의 국가 기능에 관한 서술이 상당 부분을 차지한다. 여기서 페인은 상당히 광범위한 복지국가 창설 방안을 상세히 논한다. 복지국가가 제공하는 것 중에는 프랑스와 평화가 이루어지면 영국의 해군과 육군을 대폭 줄이고, 그로 인해 실업자 신세가 되는 예비역들에게 연금을 지급해야 한다는 내용도 포함돼 있다. 여기서 페인의 경제학은 논외로 해야겠다. 다만 복지국가 비용을 충당하려면 초고소득자에 대해서는 가혹할 정도의 과세가 필요하다는 주장은 지금도 귀기울여 마땅한 대목이라는 점을 지적해둔다.

이 책의 주제와 관련해 주목을 끄는 것은 페인이 계몽주의적 혁명관을 옹호한다는 사실이다. 그것은 프랑스혁명만을 옹호하는 것이 아니다. 페인은 아메리카 식민지인들의 경험을 소개하면서 프랑스혁명을 옹호한다. 그런 입장은 한동안 철 지난 것이었다. 페인은『상식』에서 아메리카 식민지인들에게 정부는 지배자들이 주장하는 것처럼 그렇게 중요한 것은 아니라고 말했다. 정부가 세금을 거둬 수행하는 많은 업무들은 사실 전혀 할 필요가 없는 것들이다. 반드시 해야 할 정부 업무의 대부분은, 꼭 필요할 경우에는 인민들이 스스로 할 수 있는 것들이다. 미국독립전쟁은 페인의 이런 낙관론을 확인해주었다. 과거에 식민지를 직접 통치한 대영제국 정부가 붕괴하자 보통 사람들이 군대를 모집해 무장시키고 먹이고 입히고 훈련시켰다. 그렇게 해서 영국군과 전투를 하기도 하고 승리를 하기도 했다. 페인은 이를 통해 보통 사람들이 스스로를 통치할 수 있는 능력이 있다는 것은 분명한 사실이고, 대부분의 정치제도가 불필요하다는 사실도 충분히 입증됐다고 생각했다.

그러나 그가 특히 주목한 부분은 영국 정부의 사악함이었다. 영국 정부는 부패와 부정과 불법이 똘똘 뭉친 조직으로 더이상 용납하기 어려울 정도였다. 게다가 부조리했다. 그 부조리함은 군주제와 귀족제의 세습 원칙에서 비롯된 것이다. 데이비드 흄은 덤덤한 어조로 세습이 지도자를 선발하는 좋은 방법이라는 견해를 넌지시 비친 바 있다. 인간은 상상력에 감동을 받는데, 과거에 우리가 충성을 바쳤던 그 아버지의 아들에게는 어떤 추억 같은 것이 연결돼 있고, 그렇기 때문에 우리는 기꺼이 아들에게 다시 충성을 바칠 수 있다는 것이다. 이런 논리는 명성이 정치에서 중요한 역할을 한다는 사실을 거의 처음으로 인정한 것이었다. 그러나 아버지는 똑똑해도 자식은 바보인 경우가 종종 있다. 특히 왕과 귀족들은 중년 초반에 죽는 경우가 많았고, 그럴 경우 나라는 미성년자가 떠맡거나 유아를 대신한 섭정으로 운영해야 했다. 따라서 지배 엘리트를 선발하는 가장 합리적인 방법은 선거였다. 그것도 신성로마제국처럼 선제후 몇 명이 모여서 만만한 대표자를 황제로 뽑는 방식이 아니라 아메리카 식민지의 오랜 경험처럼 지역 의회별로 대표자를 선출하는 방식이어야 했다.

페인은 보편적 인권이라는 개념도 이의 없이 받아들였다. '신은 인간을 두 계급(한 계급은 다른 계급의 엎드린 등을 밟고 말에 올라탄다)으로 나누지 않았다'고 한 시드니의 열변을 인용했던 제퍼슨처럼, 페인은 인간의 평등을 하나의 당연한 사실로, 그리고 인간이 이성적 존재라는 것을 또하나의 당연한 사실로 여겼다. 그러고는 서슴없이 '정부는 인민의 동의에 입각한 정부여야 한다'고 주장했다. 피치자의 동의가 없으면 누구도 통치할 권리가 없고, 개인은 이성이 명하는 바에 따라 통치에 동의하거나 동의를 철회할 권리가 있다는 것이었다. 버크를 대하는 페인의 심정은 어쩌면 그야말로 참담했을 것이다. 아메리카 식민지인들의 자유가 위기에 처했을 때 그들을 그토록 옹호했던 버크가 지난날의 대의를 저버렸다고 생각했기 때문이다. 더군다나 페인은 버크가 상식적인 이성의 판단은 애써 무시한 채 감정에 호소하는 수사학적 헛소리만 늘어놓으려 하는 것을 보고 대단히 분개했다. 페인은 『인간의 권리』에서 프랑스 앙시앵레짐을 과다하게 옹호하는 버크의 논리를 하나씩 논박하는데, 그중에서도 『프랑스혁명에 관한 성찰』에 나오는 가장 유명한 구절을 되받아치는 대목은 압권이다.

버크는 프랑스 왕정에 대해 특별한 애정이 있지는 않았지만 파리 폭도들의 행동을 보자 분노가 폭발했다. 문제의 사건은 1789년 10월 5~6일 폭도들이 베르사유궁으로 달려가 국왕 내외의 침실에 난입해서는 두 사람을 붙잡아 파리로 데려온 일이었다. 그 과정에서 입에 담기 어려운 폭력 사태가 많이 벌어졌다. 그런데, 버크는 정치권력과 강압이라는 적나라한 현실을 점잖게 가려주는 장치가 중요하다면서 폭력을 핵심 논점으로 삼았다. 수사학적 언변으로는 놀라운 것이지만 내용은 대단히 애매모호했다. 버크는 왕비 마리 앙투아네트가 순수하고도 밝게 빛나는 존재라고—프랑스에서 이런 옹호의 말을 했다면 칼이 1만 개는 날아들었을 것이다—말한 다음 논변의 본질이 되는 분석을 제시했다. 버크는 '왕비란 무엇인가'라고 묻는다. 그의 경험주의적 자아는 주저 없이 왕비는 그저 한 여성에 불과하다는 사실을 인정한다. 그러나 그의 정치적 자아는 여왕을 공적으로 인정하는 것은 일종의 정치 행위이기 때문에 여왕은 단순한 여성일 수 없다고 설명한다. 정치 드라마의 주인공에 해당하는 여성이다. 그녀가 관중에게 얼마나 영향력을 미치느냐는 무대에서 벌어지는 사태에 관중이 얼마나 제대로 감동을 받느냐에 달려 있다.

페인은 버크의 이런 수사학적 설명에서 추출할 수 있는 의미가 무엇이든 그런 것에 대해서는 전혀 괘념치 않았다. "그는 새가 죽어가는 줄은 모르고 깃털만 불쌍해하고 있다." 페인의 지적이다. 페인은 버크의 주장에 일일이 대응하지 않았다. 버크가 논리적인 주장을 하고 있다고 생각하지 않았기 때문이다. 페인의 관점에서 보면 버크는 과거 정부의 잘못을 혁명가들의 잘못인 것처럼 비난하고, 진보를 옹호하는 고결한 인물들을 중상모략하고, 모든 구체제 사회의 특징인 착취와 속임수가 만연한 현실을 흐려버렸다. 페인이 스스로를 세계시민이라고 한 것—실제로 그는 영국 국민이자 미국 시민권자, 프랑스 시민권자였다—은 진짜 그렇게 생각했기 때문이다. 한편에는 합리적으로 조직된 정치 공동체가 있다. 스스로를 돌보지 못하는 사람들을 돌봐주는 복지국가의 사회안전망과 유증과 상속에 엄격한 제한을 가하는 규정이 있는 부르주아 상업공화국이 그 이상적인 형태였다. 상속을 제한하는 것은 사회적 유동성을 보장하고 재능 있는 사람들의 사회 진출을 장려하기 위해서다. 다른 한편에는 '지금과 같은 현실', 즉 미신, 착취, 전쟁, 부패로 얼룩진 구체제가 있었다.

프랑스혁명 당시로부터 2세기 이상 흐른 지금 시점에서 보면 본질적으로는 평화를 추구했던 급진파들이 어떻게 시종일관 혁명을 지지하게 됐는지 이해하기가 쉽지 않다. 토머스 페인만이 아니라 윌리엄 고드윈(1756~1836, 무정부주의의 선구자로 꼽히는 영국의 정치사상가―옮긴이)과 메리 울스턴크래프트, 얼마 안 가 활동이 금지되는 헌정정보협회Society for Constitutional Information 같은 사회·정치개혁 단체 회원들도 보편적인 평화의 시대가 오기를 기대했다. 페인은 해군을 비롯한 영국의 군사력을 거의 해체하면 『인간의 권리』 2부에서 상세히 논한 복지국가 실현에 필요한 비용을 마련할 수 있다고 주장했다. 그런 그들이 어떻게 1789년 말이면 누구나 아는 폭력과 혼란을 외면했는지 참으로 설명하기 어렵다. 현실을 몰랐던 것 같지는 않다. 메리 울스턴크래프트는 당시 파리에 살고 있었다. 이런저런 사건을 소개하는 신문 보도는 차고 넘쳤다. 처음에는 혁명 과정에서 벌어지는 폭력을 기존의 폭압적 체제를 급속히 극복하는 과정에서 불가피하게 일어난 일로 보았을 가능성이 있다는 게 그나마 설득력 있는 설명이 될 것이다. 그 다음에는 혁명을 차단하려는 외국 정부들의 기도에 맞선 대응 조치라고 보았을 것이다. 구체제가 인민의 불만을 얼마나 폭압적으로 진압했는지에 대한 토크빌의 설명―죄인을 수레에 묶어 사지를 찢어 죽이는 형벌 같은 것이 다반사였다―을 읽어보면 정치적 격변이 생길 경우 그 과정이 평화롭기는 어렵다는 것은 쉽게 알 수 있다. 그런 관점에서 보면 본질적인 잘못은 구체제에 있었다.

파리의 폭도들이 런던의 폭도들보다 훨씬 잔인한 것은 프랑스의 구체제가 영국의 구체제보다 훨씬 폭압적이었기 때문이라는 시각은 설득력이 없다. 그러나 페인은 1791년에 쓴 글에서 파리의 폭도와 런던의 폭도를 비교하면서 1789~1790년의 파리 폭도가 1780년대 초 고든 폭동 때의 런던 폭도들보다 훨씬 극악했다는 사실을 일절 언급하지 않았다. 그러나 런던과 파리 공히 사람을 기둥에 묶어놓고 린치를 가하거나 공개 처형을 하는 일이 다반사였다. 그런 일은 오늘날에도 종종 일어난다. 폭도들은 어디서나 포악하고 비이성적이다. 그런데 하층계급이 그런 방식으로 분노를 표출하는 것은 누구의 잘못일까? 문제는 그들이 자라난 체제였다. 구체제에서는 그들의 불만을 잔인하게 응징하기만 한 것이 아니라 하층계급의 일상적인 삶 자체가 잔인했다. 그렇다고 해서 폭도들의 행동에 면죄부가 주어지는 것은 아니지만 폭력만을 비판하는 사람들은 그런 행동이 구체제가 그들에게 공적으로 가한 잔학 행위가 반사돼 튀어나온 것이라는 점을 인정해야 한다. 그렇다고 해서 축제 같은 분위기 속에서 집행된 야만적 살인 행위가 설명이 되는 것은 아니다. 폭도들은 종종 히스테리적인 사디즘에 가까운 분위기에 사로잡힌 것 같다. 오래된 금기를 깸으로써 마음 저 깊은 곳에 오랫동안 억눌려왔던, 무조건 폭력을 휘두르고 싶은 충동이 깨어난 것 같다. 이 역시 현대의 폭동과 18세기의 폭동에 비슷하게 나타나는 양상이다. 일부 논평가들은 폭도와 약탈자들은 왜 이웃을 죽이고 파괴하느냐고 개탄한다. 그러나 그들은 절제가 얼마나 어려운 일이고 폭력과 잔학 행위는 일종의 즐거움이기도 하다는 사실을 이해하지 못한다. 1789년 프랑스혁명 이전 사람인 신학자 성 아우구스티누스와 토머스 홉스, 혁명 이후 사람인 정신분석학자 지크문트 프로이트라면 그런 사태에 대해 그렇게 놀라지는 않았을 것이다.

페인의 『인간의 권리』는 시므온의 노래를 암송하는 프라이스 목사처럼 열광에 찬 어조로 돼 있지는 않다. 그러나 페인이 이성과 무지를 흑백논리로 양단하는 모습을 보면 어떤 격정 같은 것이 숨어 있다. "이성과 무지는 정반대의 것으로서 수많은 인류에게 영향을 미친다. 둘 중 하나가 어떤 나라에 보편화되면 정부는 쉽게 통치할 수 있다. 이성은 스스로에게 복종하고, 무지는 명령에 복종한다."[15] 공화정은 이성에 의해 통치된다. 군주정은 무지에 의해 통치된다. 대의정부는 이성의 지배를 확보한 체제다. 세습군주제와 귀족제는 무지의 수렁에 빠져 있고, 무지한 자들에게만 적합한 체제다. 이런 주장을 들으면 버크가 『프랑스혁명에 관한 성찰』에서 연극적 효과를 강조한 것을 페인이 왜 경멸했는지 대충 짐작할 수 있다. 페인은 감성에 호소하는 버크의 언변에 대해 맹공을 퍼붓는다. "버크 선생은 비극적인 그림을 그려냄으로써 본인의 상상력을 망가뜨렸고, 그런 식으로 독자들의 상상력을 좌지우지하려고 잔머리를 굴린다. 그런 그림들은 극적인 효과를 불러일으킬 목적으로 용의주도하게 고안한 것이다. 쇼를 위해 사실을 날조하고, 공감이라고 하는 인간의 약점을 파고들어 눈물샘을 자극하려는 것이다."[16] 페인 역시 자신도 감성에 호소하는 수사학적 경쟁에 뛰어들고 있다는 사실을 몰랐다고 보기는 어렵다. 그러나 그는 스스로를 객관적 사실을 근거로 논리를 펴는 단순 명쾌한 논객이라고 자부했다.

『인간의 권리』가 발휘하는 수사학적인 힘은 무지라고 하는 깜깜한 밤과 이성이라고 하는 환한 햇빛을 이분법적으로 나누고 삶과 죽음을 극명하게 대비하는 데서 나온다. 페인의 논리에서 가장 탁월한 대목은, 모든 세대는 어떤 정부를 택할 것인지를 스스로 결정할 수 있는 자연권을 가지고 있으며, 그 권리는 무효화될 수 없다고 한 부분이다. 반면에 버크의 논리에서 제일 탁월한 대목은 가장 안전한 정치적 권리는 법령이라고 한 부분이다. 따라서 페인은 버크가 법령을 죽은 자들이 산 자들을 통치하게 되는 원리라고 옹호한 내용을 다시 고쳐 썼다. 페인의 논리는 간단명료하다. 우선 죽은 자나 산 자 어느 한 쪽이 어떤 형태의 정부를 조직할 권리가 있든지 아니면 둘 다 그럴 권리가 없든지 둘 중 하나라고 전제한다. 누구도 그럴 권리가 없다면 모든 논리 전개는 거기서 끝난다. 정부의 존재를 더이상 설명할 길이 없어지기 때문이다. 그런데, 누군가에게 과거에 어떤 정부를 조직할 권리가 있었다고 가정한다면 동일한 권리가 그 후손들에게는 왜 없는지를 설명하기 어렵다. 과거의 누군가가 앞으로 태어날 세대들에게 독재를 계속할 권리를 가지고 있다고 하는 것은 합리적인 설명이 아니다. 미국 「독립선언서」에 나오는 것처럼 인간의 권리는 양도할 수 없는 것이기 때문이다.

동일한 논리로 페인은 인권을 적극 옹호한다. 페인은 머리 회전이 빠르고 공격적인 논객이지만 논리 전개는 신뢰할 만했다. 세상의 그 어떤 정부든 합법적인 정부라면 역사적 기원이 있어야 한다. 그 정부를 처음에 누가 설립했든 자유로운 선택에서 출발했다는 보장이 있어야 하는 것이다. 인간은 별다른 고려 없이 정부에 복종한다. 그런데 이런 표현은 법규의 역할을 오해하게 만들 수 있다. 그러나 법규를 토대로 한 정부라도 합법적인 방식으로 출발했다거나 현재에 의해 합법성을 인정받고 있다는 것을 보여주어야 한다. 페인은 많은 또는 대부분의 정부는 정복전쟁에서 출발됐다는 사실에 동의한다. 그러나 루소와 동일하게—주어진 현실을 전통으로 보는 입장과 반대로—정복 자체가 통치의 권리를 부여하지는 않는다는 것을 당연시한다. 정복을 통치권의 근거로 삼는 통치자의 신민들은 잘못 감옥에 갇힌 사람들과 같다. 따라서 자유를 되찾을 힘이 있다면 그들은 당연히 그래야 한다. 독재가 아닌 정부라면 시민의 권리에서 합법적 근거를 찾아야 한다.

페인의 입장은 유토피아적인 것은 아니었다. 그는 같은 시기에 윌리엄 고드윈이 그랬던 것과 달리, 계몽주의가 확산되면 "정부는 조용히 죽어갈 것"이라고 보지 않았다. 또 고드윈이 그랬던 것과 달리, 충분히 계몽된 사람들은 아주 분별 있게 살 것이기 때문에 결국에는 불사의 삶을 살 것이라고 보지도 않았다. 페인은 자유롭고 평등한 인간은 정부가 수립되면 자연권의 많은 부분을 포기하지 않을 수 없다는 데 동의했다. 여기서 적용되는 일반적인 원칙은 우리가 자립적인 노력을 통해 행사할 수 있는 권리는 절대 포기해서는 안 되고, 남의 도움이 있어야 행사할 수 있는 권리는 공동체의 더 큰 자유와 복지를 위해 규제 또는 박탈할 수 있다는 것이었다.[17] 우리의 지적·종교적 자유를 박탈할 근거는 전혀 없다(다만 존 로크가 『관용에 관한 서신』에서 설명한 것처럼, 모든 잔인하고 파괴적인 행위를 방지하기 위해 그 나라의 법률이 인간의 외적 행동을 규제하는 것과 같은 명백한 경우들은 예외다). 왜냐하면 인간이 우주의 본질과 존재의 의미를 성찰하려면 불간섭이 반드시 필요하기 때문이다. 국가기관으로서의 교회라는 관념 자체는 아예 논란거리도 못 된다. 그런 교회가 교회 구성원이 아닌 사람들에게 세금을 부과하는 현실—원하지도 않는 일에 세금을 내는 꼴이고, 그렇다고 해서 어떤 대가를 받는 것도 아니다—은 지적 자유권에 대한 침해다.

대부분의 권리는 정확히 어떤 영역에 속하는지 규정하기 어려운 경우가 많다. 생계를 유지할 권리는 원하는 사람에게 노동을 제공할 권리라고 할 때, 남의 조력을 받지 않고 행사할 수 있는 자연권에 가깝다. 그러나 고용계약을 맺을 수 있는 능력 내지 고용계약 자체는 일반적으로 타인의 도움과 깊은 관련이 있다. 이는 소유가 국가에 의해 규제되어야 한다는 것을 의미한다. 여기서 페인이 세습 원칙을 그토록 우습게 본 또다른 이유를 짐작할 수 있다. 예를 들어 나는 살아 있는 동안 나의 자산과 노동력을 어떤 식으로든 처분한다. 그럴 경우 대개 나는 외부에서 개입하지 못하도록 보호가 필요하다. 경우에 따라서는 더 적극적인 도움을 필요로 할 수도 있다. 내가 죽으면 사후에 이러저러하게 해달라고 내가 당부한 내용은 나를 대신해 다른 사람들이 해줄 수밖에 없다. 따라서 상속받은 부는 공적인 목적을 위해 사용될 수 있다. 물론 그 목적은 정당한 것이어야 한다. 가족이 존재하는 한 국가는 아주 조심스럽게 관련 문제에 관여해야 하며, 자연스러운 감정이 명하는 바와 유언자의 소망에 부당하게 개입해서는 안 된다. 그러나 상속 액수가 크고 규제 없는 유증에 의해 상당한 불평등이 야기된다면, 국가는 개입할 수 있다. 대규모 부동산을 무한대로 보유할 수 있도록 허용함으로써 부자들의 이익을 보장해주는 것이 아니라 부동산이 필요한 사람들에게 돌아갈 수 있도록 조치를 취해야 한다는 것이다.

이런 관점에서 페인은 1789년 프랑스혁명 당시 발표된 「인간과 시민의 권리에 관한 선언Declaration of the Rights of Man and of the Citizen」(약칭 「프랑스 인권선언」)을 옹호한다. 그러나 「프랑스 인권선언」을 옹호하는 부분은 책 전체 150쪽 가운데 6쪽 정도만을 차지하고 있으며, 그중에서도 3쪽은 「인권선언」 17개 조항을 나열하는 데 그치고 있다. 페인은 정치적 자유는 첫 세 개 조에 그 본질이 다 표현돼 있다고 말한다. 1조는 이렇다. "인간은 자유롭고 평등한 권리를 가지고 태어났으며, 항상 그렇게 살아간다. 따라서 사회적 차별은 오로지 공공의 이익에 근거할 경우에만 허용될 수 있다." 그로부터 90년 후 마르크스가 지적한 논점, 즉 '이것이야말로 부르주아적 권리의 본질이다'라는 말까지 페인이 해주기를 기대하기는 어렵다. 인간은 권리는 평등하게 타고났지만 재능과 노력과 운에 따라 결과는 불평등하게 결정된다. 2조는 이렇다. "모든 정치 결사의 목적은 인간이 가진 박탈당할 수 없는 자연권을 보전하는 데 있다. 자연권이란 자유권, 재산권, 신체 안전에 대한 권리 및 억압에 대한 저항권이다." 3조는 이렇게 이어진다. "모든 주권의 원천은 본질적으로 국민이다. 어떤 개인이나 단체도 국민으로부터 명시적으로 나오지 않은 그 어떤 권력도 행사할 수 없다."[18] 나머지 조항에 대해 페인이 대수롭지 않게 지나가는 것은 좀 당혹스럽다. 그는 나머지 조항들을 마치 맨 앞의 세 개 조의 의미를 상세히 설명한 내용 정도로 취급한다. 그러나 4조까지 그렇게 넘어가는 것은 좀 문제가 있다. 4조는 자유와 평등의 관계에 대한 자유주의적 해석의 전형을 보여주고 있기 때문이다. "정치적 자유란 타인을 해치지 않는 한 무슨 행위든 할 수 있는 힘이다. 모든 인간의 자연권 행사는 타인에게도 동일한 권리를 자유롭게 행사할 수 있도록 보장해주는 한도 안에서 어떠한 제약도 받지 않는다. 그러한 제약의 내용은 오로지 법에 의해서만 규정될 수 있다." '나의 권리 행사는 어떤 형태로든 타인의 동일한 권리에 의해 제약을 받는다'는 원칙은 합법적 통치권의 범위에 대한 자유민주주의적 해석의 기본이다.

그런데, 페인과 버크의 의견이 일치하는 지점이 있다. 버크와 마찬가지로 페인은 프랑스혁명이 진정 새로운 것이라고 봤다. 미국혁명은 프랑스혁명의 선구이지만 프랑스혁명은 사회·정치적 세계에 모종의 새로운 양상이 등장했음을 보여준 사건이었다. 페인은 버크가 혼란과 무질서와 폭력과 급변만을 보고 혁명은 부자연스럽고 충격적인 것이라고 말한다고 불평했다. 버크에게는 혁명을 이해해보려는 마음이 없다는 것이다. 페인은 버크가 프랑스혁명을 왜 부자연스러운 사태라고 생각하게 됐는지 그 이유를 포착했다. 프랑스혁명은 정치적인 동시에 사회적인 혁명이었기 때문이다. 프랑스혁명은 이제 서서히 눈에 들어오는 새로운 원칙을 구현한 것이었고, "윤리와 정치적 행복과 국가의 번영을 아우르는" 진보라고 하는 이념을 추구한 행위였다. 그 이전의 혁명들은 집권 세력의 인적 교체에 불과했고, 시민의 삶과 복지에는 거의 영향을 미치지 못했다. 그런 혁명들은 지역적 불만에 의해 야기됐고, 이렇다 할 원칙 같은 것을 가지고 있지 않았다. 그런데 미국과 프랑스의 두 혁명은 보편적 원칙을 가지고 진행됐다. 그런 만큼 비슷한 결과를 낳게 된다. 그러나 미국을 건국한 사람들은 사회적 혁명 없는 정치적 혁명만을 간절히 원했기 때문에 두 혁명이 한데 묶여 동급으로 취급당하는 것을 못마땅해했을 것이다.

버크도 그렇지만 페인도 프랑스혁명과 미국혁명을 얘기하면서 눈은 영국을 향하고 있었다. 프랑스와 미국은 처음으로 헌법을 만들어냈다. 그런데 영국은 '영국 헌법British constitution'이라는 말은 하지만 그게 무엇인지 아는 사람은 아무도 없다. 회의적인 관찰자라면 '헌법'이라고 할 만한 실체가 없다고 볼 것이다. 헌법이 없다면 무엇이 있었는가? 공직 세습을 통한 이권 챙기기와 억압과 미신이 횡행하는 체제가 있었다. 그런 체제가 가동되기 시작한 것은 '정복왕 윌리엄'(잉글랜드 노르만왕조 초대 왕 윌리엄 1세. 재위 1066~1087 —옮긴이)에 의해서였다. 그러나 '노르만의 멍에'는 시간이 갈수록 잉글랜드인들의 목을 더 세게 조였고, 기존 질서 유지로 이득을 보는 소수는 더 힘을 키웠다. 잉글랜드 주민들은 현 상태 유지에서 아무런 득도 보지 못했다. 페인은 국교회를 공직을 이용해 이득을 챙기고 공직을 돈으로 사고파는 체제(언필칭 '내각책임제 정부'라고 한다)와 한통속이라고 규탄함으로써 기득권 세력의 분노를 샀다. 그는 국가가 종교생활에 관여할 권리가 있다는 발상을 거부했을 뿐 아니라 교회 고용인들이 납세자의 세금으로 호의호식하는 것을 기괴한 작태라고 생각했다. 또 '(종교에 대한) 관용은 관용의 부인만큼이나 독재적 횡포'라고 하는 놀라운 통찰을 제시했다. 정부는 종교생활을 허용할 권리가 없을뿐더러 허용하지 않을 권리도 없다는 것이다. 이후 프랑스와 미국은 헌법에 그런 논리를 분명히 적시했다. 반면에 영국은 퀘이커교도와 비국교도들을 대서양 너머 아메리카로 쫓아낸 이후 한 발짝도 앞으로 나아가지 못했다.

프랑스혁명은 부르주아공화정을 만들어내지 못했다. 제3공화국은 1870년 제2제정 붕괴 이후에야 발족됐다. 프랑스혁명은 국제적으로 평화의 시대를 열지 못하고 전쟁을 촉발해 20년간 유럽이 포연에 휩싸이게 만들었다. 그러나 한 일도 많다. 교회 자산을 몰수한 다음 돌려주지 않았다. 의회는 일단 설립됐고, 존속하다가 두 명의 보나파르트 황제 치하에서 축소됐고, 루이 18세 치하에서는 유명무실해졌다. 그러나 구식 절대왕정은 사망 선고를 받고 다시는 부활할 수 없게 됐다. 수면 아래서 뭔가 일이 벌어지고 있었고, 그 깊은 의미를 당대의 정치 무대에 서 있는 배우들은 알 길이 없었다. 마르크스에게 그리고 후일의 마르크스주의자들에게 프랑스혁명은 부르주아혁명의 전형이었다. 그것은 부르주아지가 서서히 경제와 정치 영역에서 지배적인 위치로 나아가는 과정에서 자신들을 저지하는 완고한 기성 사회·정치질서의 저항에 직면하자 그것을 박살낸 사건이었다. 이 과정에서 구체제를 증오할 이유는 차고 넘치지만, 부르주아 자본가들이라고 해서 더 좋게 봐줄 이유는 별로 없는 농민과 프롤레타리아의 도움이 컸다. 그렇게 혁명은 일어났다. 그리고 혁명이 끝날 무렵 부르주아지는 해방을 달성했다. 그러나 프롤레타리아로서는 주인만 바뀌었을 따름이다. 유혈 사태가 난무하고 혼란이 판을 쳤다. 그러나 늘 혁명의 기둥이 되는 무산대중에게 혁명이 해준 것은 거의 없었다. 이런 결과를 마르크스는 당연시했다. 역사는 악에서 선을 쥐어짜내는 과정이기 때문이다. 다소 느슨한 입장을 취한 사람들도 있었다. 특히 토크빌은 프랑스 정치 문화의 근저에 깔린 연속성을 강조하면서 구질서의 파괴를 불만에 사로잡힌 귀족과 합리주의에 물든 지식인들의 치명적인 연합이 빚은 결과라고 설명했다. 위대한 역사가 쥘 미슐레는 프랑스혁명은 통합과 사회적 조화, 해방—자유, 평등, 박애(형제애)의 완성이다—을 성취할 수 있는 프랑스 인민의 잠재력을 보여주는 일련의 계시적 순간들이라고 봤다. 종교적 해석이라고 할 만하다.

생시몽

프랑스혁명에 대한 또다른 해석은 예상외의 인물인 앙리 드 생시몽에게서 나왔다. 생시몽의 프랑스혁명 해석은 후일 마르크스의 프랑스혁명 해석보다 훨씬 더 큰 영향을 미치게 된다. 생시몽은 1760년에 태어나 미국독립전쟁에 프랑스 지원군으로 참전했고, 프랑스혁명 때 국유지 거래로 큰돈을 벌었지만 나중에 대부분 날려버리고 만다. 그는 생시몽주의의 창시자로 널리 알려져 있다. 생시몽주의는 추종자들의 활약에 힘입어 유사 종교적인 유토피아적 사회주의 분파로 성장했다. 우리의 논의에서 가장 중요한 부분은, 생시몽이 사회 변화에 대한 설명과 이상적 정치제도 수립에 필요한 두 가지 중요한 개념을 제시했다는 것이다. 이는 나중에 마르크스주의에 대한 중요한 도전이 된다. 자신이 발전시킨 유물론에 대해 자부심이 컸던 마르크스와 달리 생시몽은 사상, 특히 과학적 사상의 힘을 믿었다. 또 마르크스는 자원 소유 계층과 노동 공급 계층의 갈등을 기본으로 하는 계급투쟁을 강조한 반면 생시몽은 합리적 관리의 중요성을 강조했다. 한 사회의 생산적 자원을 가장 생산적인 방식으로 투입할 수 있는 조직의 원리를 중시한 것이다. 마르크스의 핵심 사상은 노동자가 자본의 필요에 희생당한다는 것이었다. 반면에 생시몽의 핵심 사상은 근대 산업사회는 생산성의 기적을 이룰 수 있는 잠재력을 가지고 있다는 것이었다. 수에즈운하가 생시몽의 제자인 페르디낭 드 레셉스에 의해 건설된 것은 놀라운 일이 아니다. 생시몽 본인도 스페인에서 수년 간 체류할 때 마드리드와 대서양을 잇는 운하에 대한 구상을 구체화한 바 있다. 프랑스 철도 건설과 프랑스 최초의 투자은행 설립도 생시몽주의자들이 주도했다.

이 모든 성과는, 생시몽이 권총 자살까지 시도했을 정도로 정신질환 발작에 자주 시달렸고, 맨 정신에 돈이 차고 넘칠 때는 문란하고 여성 편력이 심했다는 점을 고려하면 놀라운 일이 아닐 수 없다. 생시몽은 프랑스혁명이 발발하고 한참이 지날 때까지도 그 사태에 대해 별 관심을 보이지 않았다. 그러다가 생의 마지막 5년간(부르봉가 왕정복고 시기인 1820~1825년)

혁명에 관해 집중적으로 사고했다. 사회학자 에밀 뒤르켐은 「사회주의와 생시몽Socialism and Saint-Simon」이라는 긴 논문을 출간했는데, 여기서 생시몽이 사회의 윤리적 응집력에 주목했다는 사실을 날카롭게 포착했다. 반면에 프리드리히 엥겔스는 사회는 생계수단 생산을 위한 메커니즘이라는 점을 강조함으로써 생시몽을 마르크스주의 선구자의 한 사람으로 승격시켰다. 뒤르켐과 엥겔스의 해석 모두 생시몽의 특이한 사상을 제대로 보여주지는 못했지만 역시 후대에 큰 영향을 미쳤다. 생시몽은 1800~1840년 유럽과 미국을 휩쓴 유토피아적 공동체 건설 열풍의 기초를 마련한 사람으로 유명했다. 그런 공동체들은 대개 단명했고, 창설 당시의 모습을 금세 잃고 말았기 때문에, 유감스럽지만 여기서 그 문제에 관해 자세히 논하기는 어렵다. 그러나 그런 공동체들이 인도주의적 관심에 충만해 있었던 것만큼은 분명하다.

　마르크스와 생시몽은 둘 다 프랑스혁명을 경제적 변화와 계급투쟁이 동력을 제공한 대격변으로 해석했다. 두 사람 다 인민은 혁명이 일어난 이유를 이해하지 못한다고 생각했다. 인민은 스스로 내건 구호에 기만당했다는 것이다. 이런 진단에 생시몽은 동의했지만 마르크스주의적 입장과는 상당히 달랐다. 생시몽은 종교적 색채를 띤 조합주의자corporatist였다. 그는 제대로 작동하는 사회는 유기적인 사회이고, 이는 사회가 '능력'을 중시하는 권위의 위계를 필요로 한다는 것이라고 봤다. 여기서 능력이란 세습받은 것이나 군사적인 것이 아니다. 권위를 행사하는 사람들이 권위를 행사할 수 있는 이유는, 생산적이고 만족스러운 사회를 이끌어갈 자격을 갖췄기 때문이지 과거에 권력을 행사했던 인물의 자식이거나 전쟁을 잘한 군인이어서가 아니다. 그러나 권위의 양식과 제도를 매주 새롭게 고안해낼 수는 없다. 그리고 정서적으로 사회에 애착을 느끼게 해주는 어떤 믿음의 틀 같은 것도 있어야 한다. 평화와 안정적인 질서, 생산성, 행복 같은 것을 달성하려면 통치 기능이 원활함과 동시에 사회에 대한 정서적 애착이 있어야 한다.

이를 프랑스혁명에 적용해보면, 혁명이 유럽 역사에 결정적 단절을 가져온 큰 획을 그었다는 것을 쉽게 알 수 있었다. 그 단절이 얼마나 극심한 것이었는지는 논란의 여지가 있다. 그 단절을 무효화할 수 있느냐는 논란의 여지가 있다. 그 단절이 얼마나 오래 지속되었느냐는 논란의 여지가 있다. 나폴레옹 이후의 세계가 과연 안정적이었느냐도 논란의 여지가 있다. 다만 누구나 동의하는 것은 대지진과 같은 격변이 일어났다는 사실이다. 프랑스를 수 세기 동안 지배했던 정치제도들을 폭력으로 파괴하는 과정에서 훗날 '사회문제'라고 일컬어지는 것들이 명명백백하게 드러났다. 가난한 사람들은 왜 항상 존재해야 하는가, 그들이 정치에서 건설적인 역할을 할 묘책은 없는가, 그들이 과거에 벌목꾼이었고 식수를 배달했다고 해서 땔나무가 석탄으로 바뀌고 물이 증기기관을 돌리는 수자원이 된 시대에도 여전히 그러고 있어야 하는가 등등 많은 문제가 제기됐다. 사실관계에 대해서는 논란이 없지 않지만 이제 분명해진 것은 정치의 주제가 변했다는 사실이다. 권위는, 신이 부여한 것이든 보통선거로 주어진 것이든, 독자적인 어떤 것이 아니었다. 권위는 사회 통합의 형식들을 전제로 하는 것이다. 권위 자체는 그런 형식들을 제공하는 것이 아니라 활용해야 하는 것이다. 이렇게 해서 정치사회학이 탄생했다. 아직 독립적인 분과 학문으로 정식 세례를 받지는 못했지만……

생시몽이 혁명 과정에서 벌어진 사건들을 해석하고 그다음 단계는 어떻게 해야 하는지를 설명한 내용은 복잡하고 산만하다. 이는 생시몽이 중간에 전통적인 기독교가 인간의 종교, 즉 그가 구성한 '새로운 종교 le nouveau Christianisme'(생시몽의 저서 명칭이기도 하다—옮긴이)로 대체될 때 어떤 양상이 벌어지는지에 천착하느라 많은 시간을 보냈기 때문이다. 그러나 그의 핵심적인 주의 주장은 아주 분명하다. 사회는 그 조직이 인간의 본성과 맞아떨어질 때에만 잘 작동한다는 것이다. 플라톤이나 아리스토텔레스라도 이의를 제기하지 않았을 사상이다. 인간은 평등하게 태어났다고들 하지만 그럴 때의 평등은 사소한 정도의 의미밖에 갖지 못한다. 오늘날 가장 중요한 차별은 기질과 지능이다. 그 때문에 사람들은 물건을 만드는 일에 종사하기도 하고 사변을 직업으로 하기도 하고 문학적 창작에 몰두하기도 한다. 합리적인 사회는 관리자와 과학자로 구성된 위계 조직에 의해 운영될 것이다. 생시몽은 추종자인 오귀스트 콩트와 마찬가지로 은행가들을 그런 엘리트 집단에 포함시켰다. 이는 근대 세계가 '경영자 혁명managerial revolution'의 산물이라는 최초의 선언이었다. 당시 그런 개념을 이해하는 사람은 아무도 없었다. 1950년대가 되면서 생시몽이 산업사회를 현대적으로 이해한 최초의 인물이라는 사실이 분명해졌다. 키워드는 '조직'이었다. 한참 오래전의 플라톤이나 80년 후의 페이비언사회주의자들처럼 생시몽은 '역량과 재능에 맞게 일하고("각자 능력에 맞게") 물질적으로나 정신적으로 적절한 보상을 받는("각자 필요에 따라") 사람이 행복하며, 사회적으로나 정신적으로 온전하고, 정당한 절차를 통해 임명된 상급자들의 지시를 기꺼이 따른다'고 생각했다. 우리는 우리가 알지 못하는 문제의 해답을 아는 수학자의 지시를 기꺼이 따른다. 그와 마찬가지로 우리는 우리보다 사회의 수요 내지 잠재력을 멀리 내다보는 사람들의 지시를 기꺼이 따를 것이다. 합리적인 권위는 시적이고 정서적인 권위로 보충된다. 이는 영국의 낭만파 시인 셸리가 말한 '시인은 인정받지 못한 인류의 입법가다'라는 식의 논리가 아니다. 인간은 권위의 효용성을 이성적으로 인식함으로써만 권위에 순응하는 것이 아니라 감정에 의해 권위에 끌리기도 한다는 것을 좀더 복잡하게 설명한 것이다. 이는 플라톤의 유토피아가 그랬던 것처럼 정치의 폐기를 내포하는 것이기도 하다. 인간을 통치하는 정부는 사물을 관리하는 조직에 자리를 내주게 될 것이다. 강압적인 법률은 불필요해질 것이다. 사회를 정의롭고 효율적인 생산 메커니즘으로 만들기 위해 모두가 기꺼이 협력할 것이기 때문이다.

생시몽의 분석에 따르면, 혁명이 발발한 가장 큰 이유는 낡은 정치체제가 권위를 상실했기 때문이다. 구체제의 권위는 중세적 권위이지 근대적 권위가 아니었다. 귀족이 됐든 군주가 됐든 세습의 원칙은 혈통을 토대로 하고 군사적 재능을 전제로 하는 것이었다. 그런데, 시대는 이미 과학적 지성, 관리 기술, 생산성이 결정적인 역할을 하는 세상으로 바뀌었다. 생시몽이 다가올 세계에 대한 견해를 구체적으로 설명한 잡지들의 명칭이『조직가 L'organisateur』와『생산자 Le producteur』였다는 것은 놀라운 일이 아니다. 생산계급은 육체노동자만이 아니었다. 이는 하늘나라를 상속받을 프롤레타리아라는 식의 마르크스 비전이 아니라, 협동을 통해 인간 삶의 유지에 필요한 재화를 생산하는 계층과 전쟁으로 인간의 삶을 파괴하거나 과시욕으로 낭비를 일삼는 계층을 단순 명쾌하게 대비시킨 것이다. 마르크스주의자들은 혁명을 아래로부터의 대격변이라고 설명하는 반면 생시몽은 귀족제와 왕정의 몰락은 엘리트층이 실패한 결과라고 설명했다. 생시몽이 제시한 것, 또는 공감하는 독자들이 그의 저작에서 추출해낼 수 있는 것은, 후일 '산업사회'라고 불리게 되는 현상에 대한 그림이다. 생시몽의 그림은 마르크스가 제시한 자본주의에 대한 설명보다 더 설득력이 있다. 경영·관리가 소유보다 중시되는 지금 상황에서 보면, 생시몽이 조직 문제에 집착한 것은 마르크스가 프롤레타리아에 집착한 것보다 훨씬 선견지명이 있었던 것으로 보인다.

회고

프랑스혁명은 지금도 여전히 관심을 불러일으킨다. 그것은 일련의 놀라운 사건들로서, 혁명에 참여했던 사람들과 관찰자 모두를 놀라게 했다는 점에서 후대의 사건들은 비교가 안 된다. 프랑스혁명이 후대의 혁명가들에게 미친 영향은 많은 점에서 일종의 재앙이었다. 장군들은 습관적으로 과거의 전쟁을 하기 때문에—장군들은 평소 과거 전쟁 사례를 연구해 전술 전략을 수립한다—지금 당장 새 전쟁을 치르는 병사들은 불필요한 희생을 많이 당한다. 그와 마찬가지로 후대의 혁명가들도 '위대한 프랑스 혁명'을 재현하고 있다고 믿음으로써 그만큼 많은 희생을 야기했다. 그러나 프랑스혁명이 프랑스와 유럽의 삶에 아무런 영향을 미치지 않았다고 보는 사람은 거의 없다. 그런데 후대 일부 작가들의 평가는, 프랑스혁명이 유혈 사태와 전쟁으로 이어졌지만 생각보다 큰 영향을 미치지는 않았다는 쪽으로 기울었다. 토크빌도 그런 계열이었다. 다음 장에서 살펴볼 헤겔은 그렇지 않다. 그러나 헤겔의 프랑스혁명에 대한 평가는 대단히 양면적이다. 그는 근대 입헌국가 개념을 토대로 법의 지배, 양심의 권리, 유능하고 인도적인 정부의 중요성을 강조한다. 그러나 헤겔이 말하는 근대국가는 관료 중심 국가이지 민주주의국가가 아니며, 페르시아인들이 결국은 아테네인들을 물리치지 않았을까 하는 의문에 관한 대답의 단초를 제공한다.

제18장
헤겔: 근대국가-정신의 구현

헤겔 당시의 독일

헤겔이 태어났을 당시 독일은 정치적으로 대단히 이상한 상황이었다. 말이 '독일'이지 독일이라는 단일 정치체는 존재하지 않았다. 독일인들 — 혈통이 독일계인 사람과 독일어를 모국어로 쓰는 사람들 — 은 형태와 크기가 아주 다른 여러 나라에 살았다. 독일어권에서 세력이 가장 큰 두 나라는 프로이센과 오스트리아였다. 두 나라는 군사적으로나 외교적으로 유럽 정치의 중핵을 이루는 강국이었다. 프로이센과 오스트리아는 러시아와 더불어 유럽에서 가장 강력한 절대왕정 체제였다. 오스트리아는 독일계 국가인 동시에 다민족, 다국적 제국이었다. 오스트리아와 프로이센은 독일계 국가들 중 양대 최강국이었다. 이 밖에 작센과 바이에른 등 사실상의 왕국에서부터, 힘이 센 이웃 나라들의 양해를 얻어 봉건적 자치권을 누리는 작은 공국公國들에 이르기까지 많은 나라가 있었다. 대략 19세기의 3분의 2가 흐를 때까지 독일 통일은 정치 논리가 아닌 무력으로 진행됐다. 프로이센이 오스트리아권을 제외한 독일계 왕국들을 정복해 하나의 '제국'을 만든 것이다. 그 결과는 20세기 들어 대재앙으로 이어진다.

게오르크 빌헬름 프리드리히 헤겔은 1770년 지금의 독일 남부, 뷔르템베르크 공국의 수도 슈투트가르트에서 태어나 1831년 베를린에서 사망했다. 아버지는 뷔르템베르크 공국 관료로서 헤겔이 50년 뒤 『법철학*The Philosophy of Right*』에서 자신의 정치이론의 중심으로 삼은 계급의 일원이었다. 헤겔은 경력 단절이 많았다. 그러나 생애 마지막 12년 동안 독일 지식사회의 정점에 해당하는 자리―베를린 대학 철학 담당 정교수―를 차지함으로써 최고의 명성을 누렸다. 그는 18세에 튀빙겐 신학대학에 입학해 5년 만에 졸업한 뒤 3년 동안 가정교사로 일했고, 아버지의 유산을 물려받은 뒤에는 예나 대학 강사로 일했다. 1801년부터 1806년까지 괄목할 만한 인물로 부상하면서 1805년에는 예나 대학 교수가 되었다. 1806년 10월 프로이센 군대가 예나 전투에서 나폴레옹 군대에게 참패하면서 헤겔의 형편도 곤두박질쳤다. 헤겔은 나폴레옹의 이념(어쩌면 직접 목격한 나폴레옹의 모습)에 매료돼 그를 왕관을 쓰고 말을 탄 '세계정신'이라고 표현했지만, 예나 전투로 대학까지 기능이 마비돼 실직하고 만다.

그런 격변 속에서도 헤겔은 그를 대표하는 걸작 『정신현상학*The Phenomenology of Spirit*』을 출간했다. 그러나 일자리는 없었고, 오라는 대학도 없었다. 잠시 신문사 편집자로 신통치 않게 지낸 뒤 1808년 뉘른베르크에 있는 한 김나지움의 교장이 됐다. 지금이야 고등학교 교장을 하면서 철학자로서 입지를 다지겠다는 것이 이상한 얘기로 들릴 수 있겠다. 그러나 19세기 유럽에서 고전 교육이 중심인 고등학교 교장은 그렇게 격무에 시달리는 자리는 아니었다. 뉘른베르크 시절 헤겔은 엄청난 분량의 대작 『논리학*Science of Logic*』을 집필했고, 이 책은 19세기 헤겔 추종자들을 사로잡았다. 1816년 헤겔은 하이델베르크 대학 철학 담당 정교수에 임명됐다. 이어 2년 뒤 설립된 지 몇 년 안 된 베를린 대학(지금의 '베를린 훔볼트 대학'—옮긴이) 철학 담당 정교수가 되었다. 요한 고틀리프 피히테의 후임이었다. 피히테는 '독일의 국민적 사상가'—통일 독일이라는 국가가 없는 상황에서는 다소 모호한 개념이다—라는 역할을 깊이 의식하고 있었다. 그러나 베를린 대학 정교수 자리는 누구의 눈에도 쉽게 띄는 일종의 '문화적 랜드마크'였다.

그래서 다들 더 차지하고 싶어 안달하는 자리였을 것이다. 그러나 일단 그 자리에 앉게 되면 정치적으로 완전히 노출된 상태였다. 일반적으로 독일, 특히 프로이센은 나폴레옹의 영향을 강하게 받았다. 나폴레옹은 탁월한 군사적 재능으로 유럽의 지배자들을 공포에 떨게 하는 동시에 프랑스혁명의 평등주의와 제국주의의 매력을 결합한 매혹적인 정치적 구상으로 신민들을 사로잡았다. 반면에 프로이센은 이중으로 취약했다. 군사적으로 치욕을 당한다는 것은 군사적 성과를 토대로 발전한 국가로서는 참을 수 없는 일이었다. 그러나 18세기 말까지 프리드리히대왕(프리드리히 2세—옮긴이)과 유능한 휘하 관료들은 프로이센을 개혁하기 위해 많은 노력을 기울였다. 물론 전제국가라는 본질은 변하지 않았다. 따라서 프랑스와의 전쟁에서 패한 것은 군사적인 것 이상의 문제였다. 패전은 프로이센이라는 국가 전체의 신뢰도를 깎아먹었다. 프로이센은 전쟁에서도 지고 근대국가로 발돋움하려는 노력에서도 실패했다. 예나 전투 패전의 치욕은 개혁에 박차를 가해야 한다는 쪽으로 작용했다. 그 핵심 조치 중 하나가 성문헌법 제정이었다. 장교와 고위 관료를 신분 차별 없이 능력에 따라 임명하는 것도 중요한 과제였다. 당시까지 그런 요직들은 귀족의 전유물이었다. 프로이센 국왕은 그런 개혁 조치에 동의했고, 그래서 헤겔도 개혁 성향의 장관에 의해 베를린 대학 정교수로 발탁된 것이다. 그러나 나폴레옹이 몰락하면서 정치적 기류가 다시 변했다. 보수적인 오스트리아와 러시아 및 독일계 소국들은 프로이센에 압력을 가했고, 프로이센 보수파는 자신감을 회복했다. 1819년 프로이센의 귀족들은 관료 및 군 장교직 독점권을 다시 주장하고 나섰다. 그러자 국왕은 성문헌법 제정 약속을 철회했다. 대학에 대한 검열도 부활됐다. 그런 분위기에서 헤겔은 근대국가에 관한 강의를 했다. 우리는『법철학』을 통독한 다음에야 거기에 나타난 보수적 성향과 자유주의적 성향 양쪽 모두를 올바로 평가할 수 있다. 그러나 헤겔은 자신을 베를린 대학 정교수 자리에 앉혀준 사람들에게 잘 보여야 하는 상황과 근대의 미덕에 대한 신념을 조화시키기 어려웠을 것이다. 여기서 '근대의 미덕'이란 프랑스혁명 과정에서 나타난 양태를 말하는 것이 아니다. 그것은 프랑스혁명이 주창한 가치들을 자유주의적 입헌국가를 통해 좀더 차분하고 안정적이며 관리 가능한 방식으로 포섭하는 양태와 그 결과를 의미한다.

명성

헤겔의 명성은 부침을 거듭했다. 그런데, 그 정도가 일반 정치사상가들보다 훨씬 드라마틱했다. 그의 사상 체계에 도취된 사람들에게는 헤겔이 우주의 이치를 환히 밝혀주는 전무후무한 사상가로 비쳤다. 반면에 그런 건 다 '실없는 소리'라고 보는 사람들은 헤겔을 "역겹고, 무식하며, 위선적이고, 말대가리처럼 생겨서 헛소리나 휘갈겨 쓰는 자"(헤겔에 대한 쇼펜하우어의 그 유명한 악평)라는 식으로 혹평했다. 헤겔의 형이상학은 극찬하면서도 정치철학은 수준이 너무 떨어진다고 보는 사람들도 있었다. 철학자 J. N. 핀들리는 헤겔의 정치철학을 프로이센 하급 관료 사무실 앞 대기실에서 답답한 공기를 숨쉬는 것 같다고 표현했다.[1] 반면에 그의 형이상학은 도저히 이해할 수 없지만 사회·정치적 삶에 대한 통찰은 놀랍다고 보는 이들도 있었다. 이런 논쟁에 관심이 없는 독자들이라도 카를 마르크스가 헤겔의 저작을 높이 평가하면서 헤겔이 물구나무섰다고 보고 바로 세우고자 했다는 것, 그리고 말년에 헤겔을 '죽은 개' 취급하는 비판자들에 맞서 헤겔을 옹호한 것을 보면 의아해하지 않을 수 없다.

헤겔의 형이상학이 그의 사회·정치이론에 중요한 의미를 갖는 이유는, 그런 사회·정치이론이 헤겔 철학 안에서만 하나의 전체로서 완벽한 의미를 갖는 인간의 윤리적·문화적 역사에 대한 어떤 비전을 토대로 하고 있기 때문이다. 그러나 형이상학과 사회·정치이론의 연관성을 이해하다는 것이 근저를 형성하는 철학 전부를 또는 그중 일부라도 그대로 믿어야 한다는 의미는 아니다. 우리는 헤겔의 철학적 야심을 존중하면서도 그의 철학을 하나의 정교한 알레고리, 즉 독자적으로 진행되는 인간의 사회·문화·정치적 발전에 대한 드라마틱한 설명의 철학적 표현이라고 볼 수 있다. 마르크스도 그런 식의 설명을 한 바 있지만, 물구나무를 섰다고 보거나 마르크스 스타일의 구조가 필요하다는 식 말고도 헤겔의 통찰을 옹호하는 방법은 많이 있다. 가장 중요한 것은, 헤겔이 프랑스혁명 이후의 지적 흐름의 일부였다는 점이다. 생시몽도 마찬가지다. 마르크스 본인도 두 사람을 비교했다. 프랑스혁명 이후 사조의 신조는 사회는 유기적·역사적으로 이해해야 한다는 것이었다. 사회질서와 개인의 행복을 이루는 열쇠는 인류의 문화적―윤리적, 정치적, 종교적―발전 과정을 이해하는 데 있다는 것이다. 몰역사적 사회이론은 신뢰할 수 없는 구닥다리 사상이다. 따라서 자연상태 이론, 자연권 이론, 사회계약 이론 등은 기껏해야 비유, 그것도 사실관계를 잘 설명해주지 못하는 비유라는 결론이 나온다.

헤겔이 정치에 관해 쓴 '철학적' 저작은 한 편밖에 없다. 1821년 출간된 『법철학』이 그것이다. 제목이 시사하는 바와 같이, 이 책은 지지고 볶는 일상의 정치가 아니라, 공적인 문제를 절서 있게 합리적으로 조정·관리하는 문제, 그리고 근대 입헌국가의 개별 신민들이 사적인 문화적·지적·경제적·가족적 이해관계를 추구하는 기본 틀을 올바로 유지하는 문제를 다룬 것이다. 헤겔은 독일 정치의 이런저런 측면에 대해 짧은 에세이를 몇 편 썼다. 영국의 선거제도 개혁 관련 제안들―헤겔 사망 1년 후인 1832년 제1차 선거법 개정으로 실현된다―에 대해 쓴 글도 있다. 그러나 헤겔을 읽는 사람이라면 근대 입헌국가에 대한 신중하고도 신비주의적인 그의 설명 이면에 더더욱 이해하기 어려운 『정신현상학』의 통찰이 자리잡고 있다는 것, 그리고 근대의 법적·정치적 질서의 본질과 목표는 『역사철학강의 *Philosophy of History*』를 통해 규명된다는 것을 깨닫게 된다. 『역사철학강의』에서 헤겔은 역사의 목표와 목적은 모든 개인이 자유로운 상태를 실현하는 것이고, 그런 목표는 근대 세계에서 실현됐다고 주장한다.[2]

여기서 나는 헤겔을 아주 단순화하여 소개하고자 한다. 헤겔 철학의 의도에 대한 설명을 서론 정도로 삼고, 이어서 비판과 숭배가 엇갈리는 그의 사회·정치적 사유를 구성하는 요소들을 분석하고자 한다. 『정신현상학』에서 도식으로 파악된 자기의식과 자유에 관한 헤겔의 설명을 추출한 다음 『역사철학강의』에서 집중적으로 논의한 자유에 관한 이념을 살펴보고, 끝으로 『법철학』에 개진된 입헌국가에 관한 설명을 집중적으로 분석해보고자 한다. 기본 논리는 이런 것이다. 프랑스혁명은 모든 사람으로 하여금 역사적 변화는 돌이킬 수 없는 것이고, 경제·문화·종교적 토대에 대한 고찰 없이 정치에 관해 사유하는 것은 불가능한 일임을 일깨워주었다. 헤겔이 생시몽뿐 아니라 뱅자맹 콩스탕과 대조를 이룬다고 볼 수 있는 측면은 고대의 자유와 근대의 자유를, 즉 홉스가 자유라고 할 수도 없다고 본 로마 시민들의 자유와 시장에 사는 사람들의 자유를 조화시키려는 시도였다. 토가 (고대 로마 남성이 시민의 상징으로 입었던 낙낙하고 긴 겉옷―옮긴이)를 걸친 프랑스 혁명가들의 자기 파괴적인 바보짓을 비웃는 것으로는 충분치 않았다. 근대인에게는 개인의 자율뿐 아니라 국가에 대한 이성적 충성이 가능한 정치적 환경이 필요했다. 이 모든 것에도 불구하고 이 장은 다소 불안한 분위기로 끝난다. 『법철학』은 신민은 물론이고 시민에 대해서도 제대로 설명하지 못하는 것 아닌가? 그런 만큼 합리적인 행정·관리는 물론이고 정치에 대해서도 제대로 설명하지 못하는 것 아닌가? 아니면 『법철학』은 관료제를 통해 행정적으로 관리되는 근대국가가 불가피하다는 최초의 선언일까? 따라서 헤겔의 근대국가에 대한 설명은 근대인들의 자유가 어떤 것이든 아테네인들의 자유와는 다르다는 것을 일깨우는 것이 아닐까? 우리가 지금 시행하고 있는 자유민주주의는 일부 헤겔 주석가들이 생각했던 것처럼 헤겔이 묘사한 국가의 한 변종에 불과한 것이 아닐까?[3]

철학자 헤겔

헤겔은 사후에 '프로이센 군국주의Prussianism'의 화신이라는 명성을 얻었다. 그러나 헤겔이 정치에 몸을 담은 적은 없다. 아리스토텔레스와 달리 헤겔은 유배를 간 적도 없다. 마키아벨리와 달리 공직자로서 국가적인 문제에 관여한 적도 없다. 홉스와 달리 미래에 국왕이 될 인물을 개인적으로 가르치지도 않았다. 로크와 달리 반역을 모의하는 세력과 거래를 하지도 않았다. 그리고, 마르크스와 달리 직업적인 혁명가도 아니었다. 헤겔은 철학자였고, 자기 시대를 사상으로 정리하는 일에 만족했다. 헤겔은 행동가와 철학자를 철저히 구분했다. 그는 『법철학』 서문에서 "철학은 현장에 너무 늦게 나타나기 때문에 세상이 어떻게 되어야만 하는지에 대해서는 말해줄 수 없다"라고 썼다.[4] 철학은 과거를 돌아본다. 회색에 회색을 덧칠한다. 그리고 어떤 삶의 형태가 시간이 지나면서 분명한 모습을 드러냈을 때에 가서 그것을 이해한다. 이는 대단히 현실 순응주의적인 말처럼 들린다. 철학자는 우리에게 세상이 지금 어떠한 모습인지뿐 아니라 앞으로 어떠한 모습이어야 하는지를 말해줘야 하는 것 아닌가? 철학자는 경험적 탐구가 밝혀내는 사물의 양상만을 우리에게 말해서는 안 된다. 물론 철학자는 이런저런 정치 지도자의 승리와 패배를 예측할 수 없다. 그해의 추수 결과가 기근이 될지 풍년이 될지를 말해줄 수도 없다. 철학자의 과제는 우리가 하고 있는 일의 의미를 밝혀내는 것이다. 우리의 아이덴티티를 구성하는 욕망과 신념이 어떻게 서로 맞물려 돌아가는지를 명명백백하게 드러내줘야 한다. 이는 우리가 잘 아는 경험적 관찰 같은 것으로는 해낼 수 없는 작업이다. 철학은 정치학이나 사회학 같은 경험과학과 경쟁하지 않는다. 혹여 경쟁하는 분야가 있다면, 그것은 종교다. 종교는, 헤겔의 견해에 따르면, 철학이 하는 것과 같은 일을 한다. 그러나 그 방식은 이치를 차근차근 따져가는 것이 아니라 그럴 듯한 그림을 그려서 툭 던져주는 식이다. 얼핏 보면 헤겔은 전통적인 루터교 신자였다. 그러나 그의 급진파 제자들 일부가 헤겔이 후일 무신론자로 돌아섰다고 본 것은 충분히 이해할 만하다.

헤겔은 관념론자였다. 궁극적 실체는 '정신Mind/Geist'이라고 봤다는 얘기다. "태초에 말씀이 계셨다"고 한 『요한복음』 첫 구절을 기억하는 기독교인이라면 여기서 헤겔이 무슨 말을 하는지 알 것이다. 사도 요한이 세상을 만든 신(하느님)이라고 주장한 '말씀logos'을 헤겔은 모든 사물과 사태의 핵심에 존재하는 '이성Reason'이라고 생각했다. 그러나 헤겔은 또 정신은 창조된 세계 속에서 발현함으로써, 그리고 그 세계의 역사를 통해 문화, 종교, 예술, 정치, 기타 지성의 표현물에 역사役事함으로써 스스로를 이해하게 된다고 믿었다. 헤겔은 신 또는 정신이 창조한 세계와 구별되는 별도의 독립적인 신 또는 정신이 존재한다는 발상을 거부했다.

정신과 세계가 떼려야 뗄 수 없는 관계라는 헤겔의 설명이 무슨 의미인지를 설명하기는 쉽지 않다. 다만 그가 달성하고자 했던 것이 무엇인지는 비교적 쉽게 말할 수 있다. 우리가 우주를 이해할 수 있다는 것은 정녕 놀라운 일이다. 세계는 단지 인간의 지성으로는 이해할 수 없는 것일 수도 있었다. 실제로 일부 과학자들은 세계에는 우리의 정신으로는 파악할 수 없는 양상들이 존재한다고 생각한다. 헤겔은 그렇지 않다. 오늘날의 많은 철학자들 및 일부 우주론 연구자들과 마찬가지로, 헤겔은 세계가 인간의 지성으로 파악될 수 있다는 것은 우연이 아니라고 생각했다. 세계는 사실들로 구성된 세계이지만 그 사실들은 지성으로 파악할 수 없는 사실들은 아니다. 헤겔이 세계의 관념성을 고집하는 것은 이 때문이다. 인간 개개인의 정신은 정신의 활동을 이해한다. 그러나 단순한 물질에는 이해의 대상이 되는 그러한 활동이 없다. 사물이 원칙이나 법칙을 따른다면 그것은 정신적인 어떤 것 또는 정신과 비슷한 어떤 것을 구현하고 있기 때문이다. 물질이 왜 그래야 하는가? 헤겔은 계시나 신비주의적 직관에 의존하지 않고, 인간은 이 세계를 편하게 여긴다는 것, 그리고 이 세계는 우리의 세계라는 것을 보여주고자 했다. 우리는 낯설고 의미 없는 장소에 내던져진 것이 아니다. 이런 식의 헤겔의 구상은 서구의 종교 전통을 배경으로 할 때에만 제대로 이해할 수 있다. 물론 헤겔처럼 정신과 세계를 융합시키는 것은 유대교와 기독교 전통에는 없는 요소다. 헤겔은 인류의 문화·지성사를 신, 즉 '정신'의 전기傳記라고 해석한다. 『법철학』에 나오는, "국가는 지상에서의 신의 행진이다"라는 악명 높은 주장이나 근대 서유럽은 역사의 종말에 도달했다는 발상은 신과 역사 및 인간의 문화와의 관계라는 관점에서 보아야 설명이 된다.[5] 국가는 역사 속에서 정신의 삶을 구현하는 문화들을 보호한다.

『정신현상학』

『정신현상학』은 걸작이다. 저자인 헤겔도 그런 책을 다시 쓰거나 더 잘 쓸 수는 없을 것이다. 지적으로나 정서적으로 그토록 강렬한 충격을 던진 책은 거의 유례가 없다. 철학 분야에서는 아예 없다. 정치이론가들은 특히 자유에 대한 우리의 이해가 어떻게 발전해왔는지를 설명한 부분, 특히 '주인과 노예의 변증법'에 매료됐다. 이에 대해서는 앞으로 자세히 살펴보기로 한다. 『정신현상학』 전체에 걸쳐 헤겔은 정신이 수동적이지 않다는 점을 강조한다. 사유는 세계 속에서 일어나는 일을 단순히 기록하지만은 않는다. 정신은 본질적으로 자유롭다. 그리고 사유와 행동은 정신의 본질인 상상의 자유에서 생겨난다. 자유는 지식의 기원이며 가치의 원천이다. 앎이란 사물이 왜 다른 방식이 아니라 지금과 같은 방식으로 존재하는지를 아는 것이다. 우리는 존재하는 것을 우리의 목적에 부합하는 어떤 것으로 변화시킴으로써 세계를 가치 있는 것으로 만든다. 우리는 세계를 사유 속에서 변형시킴으로써 세계를 파악 가능한 대상으로 만들고, 세계에 어떤 작용을 가함으로써 그것을 우리의 목적에 부합하도록 변환시킨다. 이렇게 거두절미하는 식으로 표현하면, 우리가 꼭 알아야 할 심오한 부분들을 놓치기 쉽다. 예를 들어 '문학과 예술은 이 세계 속에서 의미와 아름다움을 찾아낸다'는 관념을 헤겔은 부인하지 않는다. 물론 이런 식으로 정신의 적극적 활동성을 강조하는 이론은 문학, 예술, 과학이 모두 이 세계에 어떤 의미를 부여한다는 것을 함의하고 있는 것처럼 보인다.

헤겔은 세계를 처음 직면한 우리의 반응은 우리(정신의 구현체인 동시에 욕망의 소유자인 인간)가 본질적이고 그것(단순히 물질적인 것)은 비본질적이라고 주장함으로써 세계와 거리를 두는 것이라고 주장한다. 이런 발상은 12년 후 『법철학』에서 재산권을 정당화하는 대목에 다시 등장한다.[6] 인간의 모든 활동은, 우리가 자유로운 존재이며 다른 모든 존재는 우리의 자유를 행사하는 데 필요한 원료라는 것을 보여준다. 아무 생각 없이 두 팔을 흔드는 행위도 정신이 인체라는 물질 속에서 스스로를 구현하고 지배권을 행사할 권리가 있다는 것을 보여준다. 먹고 마시는 행위도 새삼스럽게 들여다보면 형이상학적 의미를 갖게 된다. 소모품은 우리의 일부가 됨으로써 가치를 갖게 된다. 바로 이런 이유 때문에 일부 독자들은 존 로크의 재산의 기원에 대한 설명을 '헤겔식'이라고 간주했다. 세계의 실체는 이론적인 문제라기보다는 실천적인 문제라고 헤겔은 주장한다. 훗날 마르크스가 동일한 주장을 한 것은 헤겔을 비판하려는 의도에서였다. 그러나 그런 비판은 번지수를 잘못 찾은 것이었다. 분명 헤겔은 그런 토대 위에서 마르크스가 혐오하는 스타일의 정치한 형이상학 체계를 구성한다. 그러나 헤겔은 사유가 행동에서 시작된다는 것을 의심하지 않았다. 이는 자유가 인간 삶의 핵심적 양태라는 그의 주장을 뒷받침해준다.

자유는 또 주인과 노예의 변증법을 촉발시킨다. 자유의 구현체인 정신은 나와는 '다르고', 낯설고, 이질적이며, 적대적인 물질세계와 대면하게 된다. 그러한 정신의 소유자 입장에서는 물질세계는—그 세계를 통제하고, 이용하고, 이해할 때까지는—자신의 세계가 아니다. 다른 인간들은 어떨까? 그들은 물리적으로는 아직 우리가 통제해서 우리 자신의 것으로 만들지 못한 물질적 환경의 일부이다. 외부세계의 다른 부분들과 마찬가지로 다른 인간들은 우리의 운신의 자유를 제약한다. 그러나 세계의 다른 부분들과 달리, 그들은 세계는 '이용하고 즐기고 통제할 수 있는 우리 것'이라는 우리의 신념을 위협한다. 그들은 물리적 대상에 불과한 존재가 아니기 때문이다. 그들에게는 나름의 시각이 있다. 그들은 세계를 우리와 같은 방식으로 본다. 그들의 세계관은 우리의 세계관이 세계를 보는 가장 정확한 방식이라는 신념을 위협한다. 헤겔이 상상한 단순한 자기의식의 본능적인 반

응은, 세계가 자기들 것이면 세계는 나의 것일 수 없다고 생각한다는 것이다.[7]

이제 헤겔은 관점의 경쟁에 대해 상세히 설명한다. 최초의 대치는 둘 사이에 벌어진다. 간단히 설명하면 이렇다. '나는, 세계는 나의 것이며, 내가 세계와 너의 주인이라는 것을 네가 인정하게 만들려고 애쓴다. 그런데 너는, 세계는 너의 것이고, 네가 세계와 나의 주인이라는 것을 내가 인정하게 만들려고 애쓴다.' 여기서 헤겔은 유일한 궁극적 해결책은 우리 모두가 서로를 동등하고 자유로운 존재, 세계를 동등한 조건에서 이용하고 서로의 능력을 우리의 자유를 해치지 않는 방식으로 활용할 자격이 있는 존재로 인정하는 것이라고 말한다. 그러나 그러한 해결책을 법률과 경제를 통해 구현하는 일은 인류 역사가 끝날 때까지도 실현되기 어렵다. 헤겔은 상호 적대적인 양자의 대립에서 출발한다. 간단히 설명하면 이렇다. '나는 전적으로 비본질적인 존재로 인정된 세계와 너의 주인으로 인정받고 싶다. 그런데 너도 마찬가지다. 하지만 나는 너를 단순한 사물의 지위로 완전히 격하시킬 수 없다. 내가 나의 지위에 대해 자신감을 가지려면 네가 나의 지위를 인정해줘야 한다. 사물은 그런 일을 할 수 없다. 너도 내가 너를 죽이면 그렇게 할 수 없다.' 헤겔은 경쟁하는 두 의지 사이에 죽음을 불사하는 투쟁이 벌어질 것으로 예상한다. 우위를 과시하려면 우리는 단순히 물질적인 세계의 거추장스러운 짐으로부터 자유롭다는 것을 보여줘야만 하고, 그런 것을 보여주려면 죽음을 두려워해서는 안 된다. 투쟁의 당사자는 죽음을 두려워하지 않고 멸절의 두려움을 극복하고 최종적인 승리를 거둬야만 주인이 될 자격을 얻는다. 죽음을 가치 있는 모든 것의 종말이라고 보는 자, 영웅으로 죽기보다 노예로 살기를 선택하는 자는 노예가 된다.

역설적인 것은, 그런 노예가 주인에 대해 명확히 설명하기는 어렵지만 모종의 승리를 거두고 있다는 점이다. 주인은 명백한 승리를 거둔다. 노예는 주인의 우위를 인정하고, 주인이 진짜 자신의 지배자임을 인정하지 않을 수 없다. 주인은 물질세계에 대해서도 승리를 거둔다. 노예는 주인이 시키는 대로 하고 주인을 위해 노동력을 제공한다. 주인은 노예노동의 과실을 향유하는 동시에 더러운 일에 손을 적시지 않고도 원하는 것을 소비할수 있다. 생계 유지는 주인이 할 일이 아니다. 헤겔은, 세계는 우리가 이용하고 소비하고 통제하기 위해 존재하기 때문에 주인은 다른 인간을 노예로만듦으로써 오히려 인간의 자유를 확대하는 (일종의) 긍정적 역할을 한다고 본다. 그러나 이런 논리에는 복병이 도사리고 있다. 그 복병이 바로 앞으로 펼쳐질 인간 문화에 큰 영향을 미친다. 노예제 상황에서 주인은 원하는 것을 얻을 수 없다. 주인은 인정을 바라는데, 노예의 인정이라는 것은 진심과는 거리가 멀다. 그만큼 왜곡된 것이기 때문에 인정이라고 할 수조차도 없다. 그것은 어떤 인물이 훌륭하다는 찬사를 레코드에 녹음해놓고 계속 트는 것과 마찬가지다. 프랑스 철학자 장폴 사르트르는 그런 통찰을 소설에 많이 가미했다. 미국의 유명한 코미디언 그루초 막스가 "나를 받아주겠다고 안달하는 클럽에는 절대 가입하지 않겠다"라고 한 것도 바로 그런 상황을 희극적으로 비꼰 얘기다. 주인의 우위를 노예가 인정한다는 것은 의미가 없다. 주인의 요구에 따를 수밖에 없기 때문이다.

주인과 노예의 관계에 대한 헤겔의 설명은 노예제에 대한 설명으로는 구멍이 많다고 할 수 있다. 그런 결함을 지적한 논평가들은 많다. 노예 소유주는 노예가 아니라 다른 노예 소유주와 어울리며 시간을 보낸다. 헤겔의 설명이 노예제사회에 관한 통찰을 제시한다는 얘기도 있었다. 특히 노예제사회는 육체노동이 경멸당하고 과시적 소비가 모범이 되면서 경제적으로나 기술적으로 더이상 발전할 수 없는 한계상황에 봉착한다는 지적은 높은 평가를 받았다. 미국 건국의 아버지들 가운데 한 사람인 벤저민 러시를 비롯해 노예제를 유지한 미국 남부를 비판한 사람들도 바로 그런 부분을 문제삼았다. 고대 그리스 서사시 『일리아드』에 나오는 영웅들에 대해 독자들이 흔히 느끼는 불만은 그들이 자제력 면에서 유아원 꼬마들만큼도 못하다는 것이다. 잔인하고 탐욕스럽고 변덕스럽고 걸핏하면 발끈하는 영웅들의 모습은 꼬마에게 어른 몸뚱어리를 입혀놓은 꼴이다. 미국 남부의 상류층도 노예제 때문에 『일리아드』에 나오는 영웅들 같은 모습으로 타락했다는 비판이 있다. 바로 그런 관점에서(꼭 그런 시각에서만은 아니지만) 헤겔도 주인과 노예의 변증법에 접근한다. 문제는, 주인과 노예가 존재하는 사회가 인정에 대한 요구가 좌절되면 결국 자기 파괴로 내몰리게 되느냐에 관한 것이 아니다. 인간의 문화에 관한, 그리고 인간 정신이 자유의 단계로 고양되는 과정에 관한 헤겔의 비전은 목적론적인 것이다. 헤겔 입장에서는 노예제사회가 어떤 과정을 거쳐 파탄에 이르느냐는 문제가 아니다. 핵심적인 문제는, 노예 주인은 문화적 파탄이라는 것이다. 그가 갈망하는 자유는 응석받이 꼬마의 자유이지, 윤리와 노동의 요구를 철저히 자각한 성인이 필요로 하는 자유는 아니다.

스토아철학의 자유

노예에게는 미래가 있다. 노예는 행동거지에 절도와 규율이 있다. 좀 어지럽게 설명을 해보자. 우리가 자제력을 갖춘 이성적이고도 자율적인 인간이 되려면 사려 깊고 현명하게 행동하는 법을 배워야 하고, 목적에 맞게 수단을 가다듬는 요령을 배워야 한다. 또 우리 자신은 이 세계 속에서 살고 있다는 사실을 깨달아 세계를 우리의 목적에 맞게 변형시키고 세계가 우리에게 가하는 질곡에 대해 원망하거나 분개하지 않을 줄 알아야 한다. 원칙적으로 말하면, 인간의 자유가 어떤 것인지 이해할 수 있는 것은 노예다. 그러나 헤겔 철학에서는 직선으로 진행되는 것은 없다. 헤겔은 노예라는 체험을 통해 왜곡된 지성이 처음으로 착안할 수 있는 자유는 우리가 세계로부터 우리의 욕망과 이해관계를 철회할 수 있는 한, 해를 당하지 않고 따라서 자유롭다는 것이라고 말한다(비교적 예리한 통찰이라고 할 수 있다). 노예에게 복종하지 않으면 엄벌에 처한다고 위협하는 주인은 노예가 고도의 자제력을 가져서 두려움을 느끼지 않게 되면 오히려 무력해진다. 아닌 게 아니라 타자를 통제하고자 하는 주인의 열정은 사실은 자유의 상실이다.[8]

이것이 스토아철학의 통찰이다. 스토아철학은 현실에서 뒤로 물러서는 것을 해방으로 오해했다는 비난을 종종 들었다(헤겔도 그렇게 생각한 측면이 있다). 그러나 그런 비난이 반드시 옳은 것은 아니다. 헤겔은 스토아철학이 자율로 가는 진정한 비결을 제공한다는 데 동의한다. 다시 말해 스토아철학은 노예가 그 자신의 주인이라는 것이 어떻게 진실일 수 있는지에 대해 일관성 있는 설명을 제시했다는 것이다. 자신에 대해 절대권을 행사하는 주인을 모시는 자유롭지 못한 인간이, 그럼에도 불구하고 그 자신의 주인이며 자기 자신에게만 복종한다고 말하면 그것은 분명 역설이다. 그러나 그런 역설은 나름의 의미가 있다. 이는 종종 노예도 행복할 수 있다는 주장이라는 오해를 산다. 그러나 겉보기와 달리 그런 주장은 전혀 역설이 아니다. 물론 미국 남부의 노예 주인들은 남북전쟁 이전에 종종 그런 말을 하곤 했다. '노예도 노예 상태를 즐기면 행복하다' 또는 '어쨌든 노예 상태에 괘념치 않고 나머지 삶 전부를 즐기면 행복하다'. 역설은 신분상 자유롭지 못한 사람들이 자유롭다고 말할 경우에만 생긴다. 고대 로마의 자유민liber 개념을 생각해보라. 자유민은 노예와 대비되는 의미로 사용된 개념이다.

스토아철학이 이런 결론에 도달하는 방식은 다음과 같다. 자유의 상실은 타인이 자의적으로 자신이 원하는 것을 내게 하라고 강요할 때 발생한다. 이것이 일반적인 해석이다. 우리는 대개 복종하지 않을 경우 생길 수 있는 나쁜 결과를 감당할 수 없어 위협에 굴복한다. 노예 주인은 위협을 가함으로써 노예의 의지를 꺾을 수 있다고 생각한다. 그러나 노예가 복종과 처벌 가운데 하나를 냉철하게 선택할 수 있다면 그 선택은 그 자신의 것이 된다. 그리고 그런 점에서 그는 자율적이다. 자유롭다는 말이다. 반대로, 자신의 반응을 스스로 통제하지 못하는 주인은 자율성을 상실한다. 이런 설명이 자유에 대한 만족스러운 이론이 아니라는 것은 헤겔도 알고 있다. 헤겔은 이런 이론의 구체적 결함에 대해서는 잘 모르는 것처럼 보이지만 핵심 포인트는 알고 있다. 스토아철학자인 노예는 여러 가지 나쁜 일 중에서 선택을 한다. 그런 선택이 그 자신의 것임은 사실이다. 그리고 우리는, 자유민이든 노예든 스토아철학과 무관한 인간들이 지닌 공포와 불안을 넘어서는 노예의 능력에 감동받을 수도 있다. 우리는 자유로운 선택이라고 하면 보통 좋은 것과 또다른 좋은 것 중에서 하나를 고르는 것이라고 생각한다. 스토아철학자가 주장하는 것처럼, 우리 스스로 하는 선택이지만 어떤 행동을 하느냐 아니면 죽음을 감수하느냐 둘 중에서 하나를 고르는 것은 자유로운 선택이 아니다. 앞에서 살펴본 것처럼, 홉스가 우리 목에 칼을 대고 있는 군주에게 복종하는 것이 자유로운 선택이라고 말한 것은 스토아철학적 입장에서 한 얘기다. 대부분의 사람들은 스토아철학자와 홉스 둘 다 틀렸다고 생각할 것이다.

헤겔은 스토아철학자들이 주제를 잘못 잡았다고 비판하지 않았다. 그들이 제기한 문제는 실제로 자유였다. 그리고 헤겔은 자유의 본질은 우리가 우리 자신에게만 복종하는 것임을 의심하지 않았다. 헤겔은 항상 자율─자치─의 조건을 사유와 행동에서, 그리고 종국에는 윤리와 정치에서 찾고자 했다. 그런 점에서 헤겔은 루소와 칸트의 후계자였다. 헤겔은 국가는 계약에 의해 성립된다고 본 루소를 비판했고, 그런 주장과 동시에 고립된 개인에 초점을 맞추면서 자율을 단순히 비경험적이고 본체론적인 자아가 경험적인 자아에 자신을 투사하는 것으로 설명한 칸트를 비판했다. 그러나 칸트와 유사하게 헤겔은 자유란 단순히 우리가 얼마나 마음대로 할 수 있느냐의 문제가 아니라고 주장했다. 이는 홉스 및 홉스 후계자들의 주장과는 다르다. 아이는 자유로운 행위자일 수 없다. 아이의 의지는 아직 제대로 형성되지 않았기 때문이다. 광신자는 자유로울 수 없다. 광신자의 의지는 형성이 불가능하기 때문이다. 중독자는 자유로울 수 없다. 중독자의 선택은 합리적인 자제를 벗어나 있기 때문이다. 그럼에도 불구하고 스토아철학이 생각하는 이상은 세상에서 한 발 물러서는 자세였고, 자유의 본질은 세계를 통제하고 향유하는 것이다.

『역사철학강의』

스토아철학에 대한 헤겔의 논의는 초기 저작인『정신현상학』에 이미 등장한다. 이와 관련한 문제들은 개인의 양심의 등장, 기독교의 성장, 그리고 종교개혁 이후의 유럽에서 정신이 자기 이해를 최종적으로 완성하는 단계까지를 설명하는 동안 계속 언급된다. 우리의 관심사를 위해서는 헤겔이 수강생들을 위해 쓴 『철학총설 Encyclopedia of the Philosophical Sciences』에서 제시한 논리를 따라가보는 것이 효과적이겠다. 그런 다음 다시 헤겔의 역사철학으로 돌아가 합리적 근대국가에 대한 그의 설명을 들어보기로 하자. 헤겔은『법철학』말미에『역사철학강의』에 대한 간단한 설명을 덧붙였다. 이 설명은 점점 깊어지는 자유에 대한 우리의 이해를 구현한 '세계사적 시대들'의 흐름을 해명하는 데 초점을 맞추고 있다.[9]

헤겔은『역사철학강의』가 일종의 '신정론 theodicy'임을 분명히 선언했다. 신정론이 추구하는 목표는 신이 인간에게 하는 온갖 역사役事를 올바른 일로 정당화하는 것이다. 다만 여기서 말하는 '신'은 지금까지 살펴본 것처럼 구약이나 신약에 나오는 신은 아니다. 『역사철학강의』는 "역사는 '신 없이는' 일어날 수 없을 뿐 아니라 언제 어디서나 신의 역사(役事)다"라고 하는 거창한 선언으로 끝난다. 이런 말에 다소 안심이 된다면 헤겔이 역사를 '학살의 법정', 즉 푸주한의 도마라고 설명하기도 한다는 점을 놓쳐서는 안 된다. 역사는 법정이기도 하다. 거기서 내려지는 선고는 사형선고다. 이 정도 악담으로는 성이 차지 않았는지 헤겔은 또 '세계사 Weltgeschichte'는 우연히 지구상에 존재했던 모든 사람의 이야기가 아니라고 주장했다. 철학사적 관심의 대상이 되는 사람은 극소수다. 왜냐하면 대부분의 사람들은 철학이 성찰의 대상으로 삼을 만한 어떤 것을 성취하지 못하기 때문이다. 집단에도 같은 논리가 적용된다. 세계사적 개인으로 자리매김될 수 있는 개인이 극소수라면, 세계사적 민족으로 자리매김될 수 있는 민족은 더더욱 소수다. 헤겔은 아프리카 대륙 전체를 멸시하면서 '몰역사적'이라고 평했다. 아프리카는 인간의 자유의 역사에 의미 있는 기여를 하나도 하지 못했고, 앞으로도 그럴 것이라는 얘기다. 헤겔은 유럽 중심적 역사관을 가지고 있기는 했지만 역사의 진로가 대서양을 건너 더 서진하고, 당시로서는 정확히 예측할 수 없었겠지만 아메리카가 미래적 형태의 인간의 자유를 구현하게 될지 모른다는 생각을 하기도 했다. 러시아에서 놀라운 일이 일어나거나면 훗날 미국과 러시아가 세계를 나눠 갖는 것도 가능하다고 봤다. 이런 발상은 후일 1992년 소련 붕괴 이전의 현대 독자들에게 깊은 울림을 주었다.

『역사철학강의』는 자유의 역사를 3단계로 설명한다. 인간의 역사는 자유의 역사다. 자유 개념은 "한 사람만 자유로운" 1단계에서 "일부가 자유로운" 2단계를 거쳐 "모든 인간이 자유로운" 3단계로 발전해 나아간다는 것이다. 『정신현상학』의 주장과 정확히 일치하지는 않지만 크게 어긋나지도 않는 설명이다. 이런 주장은 너무 대담한 것이어서 처음 읽으면 받아들이기 어렵다. 오늘날 자유민주주의가 추구하는 '자유'라고 하면 우리는 대개 시민의 권리와 시장의 자유가 뒤섞여 있는 것으로 이해한다. 동시에 그런 자유는 고도로 발전되고 번영을 누리는 소수의 사회들만 달성한 것이고 그나마 대단히 취약하다고 생각한다. 또 우리는, '고대인의 자유'는 그리스와 로마 도시국가들의 공적인 삶에 구현된 것으로서 이제 복원은 불가능하며, 오늘날 우리가 누리고 있는 자유에 포함되기도 어렵다고 생각한다. 우리는 대개 근대 세계가 성취한 자유는 당연한 것으로서 '역사에 기록돼 있다'고 생각하지도 않는다. 자유는 그것을 달성하기 위한 치열한 노력도 필요하지만 행운도 따라야 가능하다. 그리고 지금도 자유의 미래는 안전하지 않다. 인간의 역사가 항상 보편적 자유의 성취를 향해 발전해왔다는 믿음은 설득력이 없다. 헤겔도 그 정도로 단순한 주장을 한 것은 아니다. 그는 역사를 확실한 진보의 기록이라고 보지도 않았다. 그는 근대사회의 미덕을 썩 미더워하지 않았으며, 고대 그리스에 대한 향수(당시 독일 지식인과 문인들의 정신적 특징 중 하나다)를 완전히 떨쳐버리지도 못했다.

헤겔이 고전기의 정치를 부활시킬 수 없다고 생각한 것은 분명하다. 그는 또 프랑스혁명이 공포정치로 변질된 이유 중 하나는 혁명이 시민의 미덕이라고 하는 시대착오적인 이상을 추구했기 때문이라고 봤다. 그렇다고 해서 헤겔이 고대적인 시민의 미덕을 대신할 수 있는 근대적 대체물을 찾아다닌 것도 아니다. 그럼에도 불구하고 헤겔은 고대 그리스를 '아름다운 인류의 청춘기'로 찬미하지 않을 수 없었다. 인간이 자유를 이해하고 실현하는 과정에서 진보적인 것은 무엇인가에 대한 헤겔의 관점은 단순하지도 직선적이지도 않았다. 그래서 오히려『역사철학강의』는 흥미롭다. 예를 들어 헤겔은 소크라테스가 예수그리스도의 가르침에서 가장 중요한 부분들을 이미 선취했다고 생각했다. 그러나 자유는 내면에 들어 있는 것인 동시에 특정 사회의 문화와 제도를 통해 구현돼야 하는 것이므로, 서유럽과 우리의 근대적 의식에는 개인의 내면적 자유—이런 자유도 외면적으로 유지되려면 로마제국의 법률과 정치 문화의 도움을 받아야 했다—라고 하는 기독교적 개념이 스며 있다고 봤다. 이렇게 본다면 소크라테스는 그리스도보다 더 위대한 사상가요 더 훌륭한 안내자가 아니었을까 하는 의문이 떠오른다. 그러나 헤겔이 살던 프로이센에서 그런 의문을 제기하는 것은 무모한 짓이었을 것이다.

『역사철학강의』에 활기를 불어넣는 사상은 내용이 복잡하지는 않다. 인간의 의지는 자유의 원천이다. 자유에 대한 우리의 첫 경험은 세계와 다른 인간들에게 어떤 작용이 가해지도록 만드는 것이다. 이는 주인과 노예의 변증법에서 제시했던 주장과 같다. 따라서 동양의 전제정치하에서는 한 인간만이 자유롭다는 발상은 전제군주만이 자유롭게 행동할 수 있으며 다른 사람은 모두 그의 노예라는 사실을 반영한 것이다. 다른 사람 모두는 전제군주의 의지의 객체이지 자신의 의지의 주체가 아니다. 이런 양상이 정치에 어떤 영향을 미칠까? 그런 환경에서는 정치가 존재할 수 없다. 정책에 대한 논의는 있을 수 있고, 신하와 자문관들이 전제군주에게 큰 영향을 미칠 수도 있다. 비빈들도 그럴 수 있다는 것은 다시 설명할 필요가 없다. 전제군주가 내린 명령이 그의 군대가 관할하는 지역을 벗어나면 잘 통하지 않을 수도 있다. 그러나 스스로를 통치하는 인민은 무엇을 해야 하느냐에 관한 체계적이고 공적인 논의는 없다. 우리는 철학자들이 지배하는 정치체에 관한 플라톤의 비전이 지배자의 결정을 정밀하게 구성된 질문에 대한 계산된 답변으로 취급함으로써 정치를 철학(또는 합리적 관리)으로 격하시키는 것을 보았다. 아리스토텔레스가 말한 것처럼, 그런 양상은 모든 (이성적) 의지가 단 하나의 의지로 변질되는 것이고, 정치를 필요로 하는 합법적 열망의 다양성이 사라진 것이다.

전제정치는 고대 그리스인들이 이해하는 정치와는 양립할 수 없는 것이었다. 그런 확신이 그리스인들로 하여금 기원전 5세기 초 장기간 계속된 페르시아제국과의 전쟁을 버틸 수 있게 해주었다. 그러나 경험을 중시하는 사람들은 이런 식의 단순한 대립적 개념 설정이 별 근거가 없다고 지적할 것이다. 그리스계 도시들은 많은 경우 페르시아제국의 지배하에 살았으며, 그러면서도 어느 정도 만족하면서 자기들 문제를 스스로 처리해나갔다. 그들은 나중에는 로마제국의 지배를 받았고, 더 후대로 오면 이탈리아 도시국가들도 명목상으로는 신성로마제국의 지배하에 있었다. 그러나 헤겔이 말하는 역사는 사실 그대로의 역사가 아니라 개념화한 역사다. 따라서 그가 분석하는 문화권들은 그가 설정한 개념 틀에 어느 정도 근접할 뿐이지 완전히 일치할 수 없다. 개념화란 사실관계를 반영한 것이기도 하지만 어차피 하나의 이상이고, 그것도 대개는 한참 후대의 입장에서 재구성한 것이다. 헤겔이 『법철학』에 쓴 것처럼, 지혜의 상징인 미네르바의 부엉이는 황혼이 저물어야만 날개를 펴는 법이다.[10]

"일부가 자유로운" 2단계가 제도화된 것이 그리스의 폴리스다. 폴리스에서 가능한 형태의 자유에는 이중적인 제약이 있다. 폴리스는 시민의 범위가 한정돼 있다는 점에서 제한적이었다. 거의 모든 그리스 도시국가에서 정치활동을 할 수 있는 시민이 되려면 재산을 소유하고 무기를 스스로 조달할 수 있는 그 나라 태생 남성이어야 했다. 근대 세계 이전, 민주주의가 가장 크게 신장되었다고 하는 아테네에서도 부모가 시민인 경우에만 시민이 될 수 있었다. 아리스토텔레스도 아테네에 거주했지만 이방인이어서 시민권은 누리지 못했을 것이다. 시민의 자격에서는 군사활동을 할 수 있는 연령에, 능력이 있는 남성이어야 한다는 점이 중요했다. 평화나 전쟁이냐를 가르는 중요한 결정을 내려야 했기 때문이다. 민회에 출석해 토론을 듣고 전쟁에 찬성표를 던지면 그 직후 선택에 따르는 결과도 감당해야 했다. 그런 사회는 하나같이 노예제에 크게 의존했다. 일부가 자유를 누린다는 것은 다른 일부는 노예 상태를 감수해야 함을 의미했다. 민주주의에 관한 논평가들은, 지난 2000년 동안 가난한 아테네인들이 여가를 즐기고 정치 활동에 몰두할 시간적 여유를 확보할 수 있었던 것은 노예가 존재했기 때문이라고 봤다.

프랑스 작가 뱅자맹 콩스탕은 저 유명한 고대인과 근대인의 자유에 관한 강의에서 아무 생각 없이 고대인의 자유에 대해 향수를 느끼는 세태를 비판했다. 그러면서 고대인들의 자유를 재현하려면 노예제를 다시 도입해야 한다고 지적했다. 콩스탕은 또 교양을 갖춘 자유주의 성향 독자들에게 고대 세계에서 정치활동에 전력투구하려면 얼마나 많은 것을 희생해야 하는지를 일깨워주었다. 그러나 콩스탕은 근대식 대의정부를 유지하고 나폴레옹식 독재로 전락하지 않으려면 고대적 자유 중에서 일부 요소는 반드시 필요하다는 점을 헤겔보다 훨씬 일관되게 주장했다.[11] 법의 지배를 수호하고 대의기관들이 제 기능을 다하도록 지켜주는 적극적인 시민이 없다면 독재로 전락하기 십상이라는 것이다.

그리스식 자유 개념은 이제 시대에 맞지 않았다. 그것은 '인간은 인간으로서 자유롭다'는 원칙, 즉 인간의 본질은 자유라는 것을 인정하는 차원의 자유가 아니었다. 사유는 시대의 제약을 받는다고 헤겔은 일관되게 주장했고, 그렇기 때문에 그리스식 자유를 비난하거나 하지는 않았다. 그리스인들이 후대의 종교개혁과 계몽주의를 거치면서 분명해진 진실을 당시에 이미 알지 못했다고 불평하는 것은 그야말로 시대착오다. 헤겔은 또 좋은 삶을 구성하는 모든 요소가 동시적으로 공존할 수는 없다는 것을 잘 알고 있었다. 그는 청년기 최초의 저작에서 고전 그리스는 '아름다운 인류의 청년기'이며, 그 청년기는 근대 세계에 희미하게만 반영돼 있다고 지적했다. 헤겔은 말년에 들어서야 고대 아테네에 대한 강한 동경을 접은 것 같다. 『역사철학강의』에서도 헤겔은 여전히 아테네가 근대 세계가 도달할 수 없는 어떤 것을 성취했으며, 그래서 아테네 시대가 부러울 수밖에 없다고 생각했다. 그가 부러워한 것은 일상적 삶의 미학적 통일성이었다. 개인과 사회 간에 어떤 조화가 이루어졌다는 얘기다. 그러나 우리 근현대인들은 이제 그런 조화를 회복할 수 없다. 우리에게 아테네인들의 애국주의는 밀실공포증 내지 억압적인 정신 상태로 느껴진다. 그러나 아테네인들에게 아테네인이라는 정체성은 자유의 조건이었다. 우리에게는 개인의 양심—종교개혁이 준 선물—에 대한 존중의 부재야말로 자유를 저해하는 것이다.

근대인의 자유와 고대인의 자유

개인과 폴리스의 통합은 취약한 것이었다. 그리스 정치는 항상 내전으로 치달을 위험에 처해 있었다. 그리스의 도시국가들은 결코 '그리스'라는 단일국가로 통합되지 못했고, 마케도니아의 필리프 왕이나 그 아들 알렉산드로스대왕, 또는 공화정 로마의 팽창에 맞서 싸울 수 있는 견고한 연맹체를 꾸리지도 못했다. 철학자 소크라테스가 죽임을 당하더라도 자신의 다이몬daemon('신적인 것' 혹은 '내면, 양심의 목소리'를 말한다—옮긴이)에 복종하겠다고 고집한 것은 당시 개인과 정치체의 통합이 얼마나 얄팍한 것인지를 보여준다. 다시 말해 진정한 개인의 자율은 스스로를 통치하는 시민이라는 정치적 이상을 넘어서는 지점에 존재하는 것임을 드러내 보여준 것이다. 진정한 자율은 이성의 빛에 따라 우리 스스로를 통치할 수 있는 능력을 기초로 한 것이다. 이것이 바로 헤겔이 말하는 자유의 핵심이다. 자유는 타인의 강압이 없는 상태에서 마음 내키는 대로 행동하는 것에 불과한 것일 수 없다. 그렇다면, 광인은, 타인이 그에게 행동을 강제하지만 않는다면 자유로운 존재라는 말이 된다. 그러나 우리는 광인은 자제력을 발휘할 능력이 없기 때문에 자유로운 존재일 수 없다는 사실을 안다. 타인들의 강압의 부재는 자유의 한 조건이기는 하지만 자유 자체는 자율, 즉 자발적으로 따라야 할 규칙을 스스로에게 부과하는 것이다. 일관된 규칙 체계야말로 우리가 따라 살아야 할 유일한 것이기 때문에 자유란 궁극적으로 이성이 명하는 규칙에 따르느냐의 문제이다. 강압이 없으면 우리는 이성이 지시하는 바를 따를 수 있다. 따라서 강압이 없는 상태가 자유에는 본질적인 것이라고 생각하는 것은 옳다. 그러나 그게 전부는 아니다.

소크라테스는 그리스 도시국가의 자유가 근대에는 부적합하다는 것을 보여준다. 그러나 그가 한 역할은 그것만은 아니었다. 소크라테스는 그리스도의 정신을 예수보다 앞서서 구현하기도 했다. 그리고 그가 자신의 다이몬을 따르겠다고 고집한 것이 어떤 의미인지를 온전히 파악하려면 세계에 대한 기독교적 이해가 등장할 때까지 기다려야 했다. 그리스적 자유를 파괴하는 데 핵심 역할을 한 또다른 인물은 알렉산드로스대왕이었다. 기원전 4세기에 그의 물리적 영향력이 그리스 도시국가들에 큰 영향을 미쳤다는 것은 더 설명할 필요가 없다. 그러나 헤겔의 논리 전개 입장에서는 알렉산드로스보다 소크라테스가 더 중요하다. 왜냐하면 소크라테스는 그리스 문화에 현현된 세계정신이 철학적으로나 개념적으로 근대에는 부적합하다는 것을 보여주었기 때문이다. 반면에 알렉산드로스는 그리스의 정치제도가 근대에는 부적합한 것이라는 측면만을―'측면만'이라는 표현은 다소 어폐가 있다―보여주었다. 알렉산드로스는 역사가 중요한 동시에 중요하지 않은 개인들에 의해 추진된다는 양상을 잘 보여주기도 한다. 그는 33세 나이에 사망했다. 말라리아 때문일 수도 있고 간 질환 때문일 수도 있다. 독살설도 있다. 사인이 말라리아 때문이었다면, 우리는 더이상 정복할 세계가 없다고 탄식했다는 왕이 벌레 한 마리에게 물려 파멸했다는 생각을 하면서 인간사의 허망함 운운하는 상투적 상념에 젖지 않을 수 없을 것이

878

다. 그러나 알렉산드로스 사망 사건에서 헤겔은 좀더 거창한 역사·철학적 교훈을 끌어낸다. 역사가 알렉산드로스를 이용해 그리스적 자유 개념에 머물러 있던 인류사에 종지부를 찍고 나서 그를 내버렸다는 것이다.

이처럼 역사적 영웅에 관한 헤겔의 관념은 아이러니하다. 그가 세계사적 개인의 존재를 믿은 것은 분명하다. 거기에는 나폴레옹도 있었다. 그럴 정도로 헤겔은 역사는 위인이 만드는 것이라는 이론을 신봉했다. 역사의 진보는 범인이 아니라 영웅들의 행위에 의해 추진된다는 시각이다. 그러나 헤겔은 궁극적 진리는 개별자가 아니라 총체성에 있다는 유명한 말을 남겼다. 위인들의 위대함은 그들 자신의 것이 아니라 전체 드라마에서 그들이 수행하는 역할에 달려 있다. 진정한 아이러니는 헤겔이 '역사는 그 과업을 수행하기 위해 위대한 개인들을 필요로 하지만 과업이 일단 완수되면 그들을 용도 폐기된 소모품으로 여기고 내쳐버린다'라고 주장한 부분이다. 알렉산드로스대왕의 죽음은 그 원인이 무엇이든 간에 세상사 이치로 보면 하나의 우연적 사건이었다. 반면에 무언가가 그를 역사의 무대에서 퇴출시켜야만 했다는 것은 전혀 우연이 아니라고 헤겔은 지적한다.

헤겔의 『역사철학강의』는 분석철학적 성향이 강한 사람은 참으로 읽기 불편한 책이다. 자신의 철학이 '신정론'이라 하는 헤겔의 일관된 주장을 쉽게 이해할 방법은 없다. 역사는 '신 없이는' 일어날 수 없을 뿐 아니라 언제 어디서나 신의 역사役事다, 라고 하는 헤겔의 주장이 무슨 의미인지도 전혀 분명치 않다. 그런 언술을 이해하는 여러 가지 방법 중에서 가장 간단한 것은 '역사에는 의미가 있다'고 봐주는 것이다. 이는 "인생은 산 넘어 산"이라는 기업가 헨리 포드의 말이나, "인생이란 바보가 지껄이는 이야기, 시끄러운 소리와 분노로 가득하지만 아무것도 의미하지 않는 이야기"라는 셰익스피어의 『맥베스』에 나오는 좀더 깊이 있는 독백 같은 것이 아니다. 역사가 시끄러운 소리와 분노로 가득하다는 것은 분명하다. 그러나 결국 역사는 학살의 법정이며, 이런저런 문화 공동체와 국가가 출두해 사형을 선고받는 법정이기도 하다. 그러나 아무것도 의미하지 않는 이야기와는 거리가 멀다. 또 인격신이 뒤에 버티고 서 있는 드라마와도 거리가 멀다. 인격신이란 우리에게 이러저러하게 연기하라고 지시하는 작가 같은 존재다. 말하자면, 드라마가 스스로 각본을 쓴다는 발상인데, 이는 이해하기 힘든 대목이다.

그럼에도 불구하고 헤겔이 고대 그리스인들에게 애정을 가지고 있고, 그러면서도 근대에는 그런 정신이 부적합하다고 본다는 점을 제대로 파악한다면, 앞으로 플롯이 어떻게 전개될지를 충분히 짐작할 수 있다. 기독교는 개인의 영혼이 무한한 가치를 갖는다는 것을 알게 됐고, 그런 가치가 내면적 자유의 기초가 되었다. 동시에 법률과 합리성에 입각한 국가는 외면적 자유의 기초가 되었다. 종교가 미신이 아니고 법의 지배가 전제정치를 눈가림하는 은폐물이 아닌 사회에서는 자유가 제대로 실현된다. 모든 인간이 자유로운 존재가 되는 것이다. 우리 모두가 자유로운 존재가 된다는 것의 의미는, 페르시아의 전제군주가 자유로운 존재라거나 아테네 시민들이 자유로운 존재라고 하는 것의 의미와는 다르다. 우리의 자유는 이성을 근거로 한 자율이다. 전제군주의 자유처럼 자의적인 것도 아니고, 아테네 시민들의 자유처럼 정치체에 대한 충성심에 매몰된 것도 아니다. 헤겔은 복잡한 여정을 거쳐 독자들로 하여금 그러한 결론에 도달하도록 유도한다. 이성에 입각한 자유를 촉진하는 데에 로마제국이 기여한 부분이 있다. 법의 지배, 그리고 영혼은 없을지 모르지만 공적인 문제들을 효율적으로 처리하는 로마의 관리 체제가 큰 역할을 했다. 기독교가 기여한 부분도 많다. 세속적 욕망을 멀리하고 신의 의지에 완전히 복종하는 형태의 자유에 대한 추구가 중요하다는 점이 각인되었다. 로마와 기독교는 융합됐고, 그것이 바로 근대 개인주의의 토대라고 헤겔은 생각했다. 역사의 원활한 행진을 방해한다고 보아 헤겔이 거부한 사상적 흐름들도 있다. 순수 금욕주의 와 칸트적 윤리가 그것이다. 순수 금욕주의는 세상과의 인연을 끊을 자유 를 추구했고, 칸트적 윤리는 이성을 과다하게 신봉했다. 이성으로 우리 자 신과 세상을 통제할 수 있다고 생각한 것이다. 반면에 근대 입헌국가야말 로 헤겔이 『법철학』에서 주장하는 것처럼, 우리의 열망을 가장 잘 표출할 수 있는 무대다.

『법철학』

『법철학』에서 헤겔은 중용을 해법으로 제시한다. 상식과는 약간 다르지 만 별로 놀라울 것 없는 발상이다. 공동체와 개인, 전통과 이성이 서로 잘 났다고 우기며 상호 배타적인 주장을 할 경우 우리는 최대한 균형을 유지 해야 한다는 얘기다. 도덕적 의미를 줄 수 있고, 자유를 촉진하는 만족스 러운 삶을 제공하는 공동체여야만 우리에게 이런저런 의무를 다해달라는 요구를 할 수 있다. 동시에 공동체의 일원으로서 의무를 다할 각오가 되어 있는 개인이어야만 공동체에 대해 나를 존중해달라는 요구를 할 수 있다. 이성적으로 수용할 수 있는 법체계와 관습적 윤리를 구현한 전통—인륜 Sittlichkeit—만이 지성적 존재에 대해 어떤 요구를 할 수 있다. 또 이성에 입 각해 옹호할 수 있고 습관과 관습에 녹아든 윤리적 원칙만이 우리 정치의 기초가 돼야 한다는 요구를 할 수 있다. 이것이 바로 이성이 구체적인 공동 체, 즉 종교개혁 이후의 유럽의 실천 속에서 스스로를 구현했다는 헤겔 논 리의 핵심이다. 그가 『철학총설』에서 역사와 정치를 논한 권의 제목을 「객 관적 정신objective mind」이라고 붙인 것도 그 때문이다. 그러한 공동체를 헤 겔은 '게르만 세계'라고 표현했다. 그래서 종종 '게르만(독일) 민족주의'를 옹호하고, 게르만인들만이 자유로운 정치를 창안할 능력이 있다고 주장했다는 오해를 샀다. 그러나 헤겔은 그런 주장을 생각해본 적이 없다. 독일에서 활동한 그의 직계 제자들도 스승 헤겔은 독일 민족주의자가 절대 아니라고 주장했다. 상당한 근거가 있는 주장이다. 헤겔이 말한 '게르만 세계'란 엘베강 서쪽의 서유럽을 지칭한 것이다. 엘베강 서쪽 서유럽은 샤를마뉴대제의 유럽, 라틴 기독교 전통이 지배한 유럽, 로마의 영광이 아직도 기억에 생생한 유럽, 로마화에 극력 저항하던 거친 게르만 종족들이 말달리던 유럽이었다. 서유럽은 개인의 양심과 사회질서의 중요성을 깨달았다. 또 서유럽의 정치제도는 그 토대가 되는 정당한 원칙을 완벽하게 구현한 것과는 거리가 멀었지만 불완전하나마 구체적 자유와 실천적 이성을 체현했다.

이런 원리들을 설명하는 책은 헤겔 저작 중에서도 가장 단순한 축에 속한다. 『법철학』은 『역사철학강의』처럼 드라마틱한 내러티브 스타일도 아니고 『정신현상학』처럼 엄청난 에너지가 느껴지지도 않는다. 그러나 간결명료한 구조로 돼 있다. 『법철학』이 의도하는 바와 논리 전개는 쉽게 파악할 수 있다. '단순하다'는 것은 헤겔의 다른 저작과 비교해서 그렇다는 얘기다. 우리가 보기에는 『법철학』도 충분히 복잡하다. 헤겔 저작 전체를 놓고 보면 다분히 상대적인 표현이다. 헤겔은 『철학총설』 3권에서 『법철학』의 개요를 간단히 설명했다. 사회적 세계는 '객관적 정신'의 세계다. 이는 지성이 제도 속에 구현돼 있는 세계를 말한다. 그런 제도들의 의미는 철학자가 탐구해야 할 과제이지만, 제도들이 합리성에 입각해 발전한 것이라는 사실은 그런 제도적 장치들 속에서 살고 있는 사람들에게는 굳이 성찰을 요하지 않을 만큼 분명하다.

『법철학』의 주제는 제목이 시사하는 바 그대로다. 법의 지배는 어떤 결과를 야기하는가, 우리가 근대 세계에서 확보한 권리란 무엇인가, 그 권리들은 어떻게 발생하는가, 그 권리들을 창안해낸 근대국가는 어떻게 정당성을 획득하는가 등등. 『법철학』은 정치에 관한 논문이라기보다는 법에 관한 철학적 이론이다. 따라서 서로 치고받는 정치 현장 이야기는 없다. 대립하는 이해관계들을 타협을 통해 조정하는 행위라는 의미의 정치에 관한 설명도 거의 등장하지 않는다. 『법철학』은 이성적 의지가 사회적·정치적 삶에 어떻게 표현되고 제도들 속에 어떻게 구현되는지를 설명하고자 한다. 이것이 무슨 의미인지는 다른 철학자와 비교해보면 선명하게 드러난다. 제러미 벤담에게는(다른 공리주의자들도 마찬가지다) 정치이론의 주제는 만인에게 최대의 행복을 선사하는 제도를 어떻게 만들어낼 수 있느냐이다. 여기서 논리 전개의 축은 이성이 아니라 효용(공리)이다. 아니, 어쩌면 이성이 지시하는 것이 결국은 이해관계를 가진 모든 당사자에게 최대의 효용을 제공하는 것이라고 말할 수 있겠다. 헤겔은 행복이란 너무도 모호하고 가변적이고 정의하기 어려운 목표여서 정치제도의 합리성을 검증하는 기준으로 삼기는 어렵다고 생각했다. 우리는 대개 행복의 기준을 남들은 어떠한가에서 찾는다. 따라서 사회 속에서 살아가는 인간은 '남들과 같은 수준에 도달하는 것'을 행복의 가장 큰 기준으로 삼는다. 그러나 홉스—헤겔은 정치학은 홉스에서 시작됐다고 선언했다—는 의지를 정치학의 기초로 삼았고, 헤겔은 그것이 제대로 된 출발점이라고 봤다. 홉스가 말한 군주의 권위는 군주의 신민들의 의지를 기초로 한다. 누구나 서로에게 '나는 이 사람 또는 그 사람들에게 복종하겠다. 다만 너도 그래야 한다'라고 말한다. 그리고 그런 적극적 합의를 바탕으로 정치적 권위라는 것이 생성된다. 그러나 헤겔은 이런 설명으로 만족하지 않는다. 그런 합의를 하는 것은 특정한 개인들의 의지이기 때문이다. 개개의 신민이 그렇게 말했다고 해서 그 합의를 근거로 만들어진 제도들이 합리적이라는 보장은 없다.

헤겔은 행복의 추구가 아니라 의지를 기초로 이론을 전개한다. 그러나 그가 말하는 의지는 개인들의 경험적 의지가 아니다. 헤겔이 볼 때 우리는 우리의 이성적 의지가 지시하는 바를 따를 때에만 자유롭다. 그런 의지는 모든 이성적 존재에게 똑같이 해당되기 때문에 헤겔은 그것을 '일반의지'라고 부른다. 그러나 루소가 말한 일반의지와는 전혀 다르다. 그것은 추상적 행동 규칙을 찾아 스스로에게 부과하려는 개인들의 의지가 아니라, 개인들의 사회적 상호작용에서 발생한, 교육과 사회화를 통해 그렇게 살아야 한다고 배운 삶에서 생겨나는 의지다. 그런 의지가 이성을 기초로 한 것이라는 사실을 개인들은 추후에 성찰을 통해 이해하게 된다. 헤겔은 프랑스혁명이 난동으로 치달은 것은 혁명가들이 일반의지를 루소식으로 이해했기 때문이라고 생각했다. 혁명가들은 일반의지가 자연의 힘처럼 개개의 인간의 의지에 가해지는 객관적 분출이라고 생각했다. 그러나 그런 일반의지는 내용이 없다. 일반의지는 모든 이성적 피조물에게 동일한 것을 요구한다는 단순한 사실로부터 일반의지가 이러저러한 것을 요구한다는 결론이 나오는 것은 아니다. 일반의지는 그 자체로는 합리적인 것으로 납득할 수 있지만 그 내용을 제대로 채우지 않으면 이런저런 개인의 변덕이 일반의지로 둔갑할 수 있다. 결국에 가서 로베스피에르 같은 자가 득세한 것은 바로 그 때문이다. 만일 에드먼드 버크가 헤겔을 읽을 수 있었다면 흡족해했을 거라고 상상하기는 어렵다. 그러나 헤겔의 논리 전개는 버크와 닮았다.

헤겔은 『법철학』을 상호 연관된 여러 장절로 나눴다. 『법철학』은 이중 3단계 구조로 돼 있다. 하나는 개념 관련 부분이고, 다른 하나는 현실 제도들에 대한 설명이다. 개념 관련 부분은 '추상법' '도덕' '인륜'으로 돼 있다. 제목만으로는 무슨 내용인지 잘 알 수 없다. 이는 독일어의 Moralität(모랄리테트/도덕―옮긴이)와 Sittlichkeit(지틀리히카이트/인륜―옮긴이)가 영어 번역어와 뉘앙스가 다르기 때문만은 아니다. 『정신현상학』에서 출발해 『법철학』에 이르는 헤겔의 철학적 발전 과정을 잘 아는 독일 독자라면 그가 한때 '인륜'이라는 개념을 미발달 상태의 도덕적 의식이라고 정의했다는 사실을 기억하고 있을 것이다. 그런 맥락에서 인륜은 '관습적 도덕'을 의미하며, 도덕은 이성적 성찰의 여지를 주지 못한다는 점에서 한계가 있었다. 그러나 인륜은 관습적인 동시에 이성적이다. 인륜은 도덕적 의식에 입각해 종교개혁 이후 서유럽에서 처음으로 실현된 이성에 가장 부합하는 형태의 사회였다. Moralität —가장 적합한 영어 번역어는 'morality'다— 는 추상적 차원의 도덕으로서 가족, 이웃, 국가에 대한 애정을 기초로 한 것이 아니다. 두 번째 3단계 구조는 좀더 설명하기 쉽다. 인륜은 가족, 시민사회, 국가로 구성된다. 세 단계는 근대의 도덕적 삶을 제도화한 서로 다른 측면이라고 할 수 있다. 이런 표제어에 대한 헤겔의 설명은 일반적인 이해 방식보다 협소하기도 광범위하기도 하다. 그러나 논리 자체는 명쾌하다.

특히 시민사회라는 개념에 대해 헤겔은 기존의 사회 · 정치이론을 총동원해 설명하는 동시에 참신한 해석을 추가한다. 1990년대를 기준으로 보면 '시민사회'는 대단히 익숙한 개념이다. 많은 사람들은 소련과 동유럽 공산독재 체제가 붕괴한 것은 무엇보다도 시민사회가 취약한 체제가 얼마나 결함이 많은지를 보여주었다고 생각했다. 그런 나라들은 교역과 생산에 관한 법적 장치들을 제대로 확립하지 못했다. 노조라든가 상공회의소, 이익집단, 사회단체, 스포츠 클럽 같은 조직들도 부족했다. 국가와는 별도로 시민의 복지를 강화하고 힘없는 사람들에게 서비스를 제공하는 동시에 협소한 의미의 정치적 주체 세력에게 불만을 전달할 수 있는 통로가 없었다는 얘기다. 시민사회가 활력이 없거나 떨어진다는 말인데, 헤겔이 생각한 시민사회는 바로 그런 것이었다.

『법철학』은 저 유명한 서문으로 시작한다. 헤겔은 정치철학이 추구하는 것은 사태를 이해하는 것이지 조언을 하는 것이 아니라고 선언한다. 놀라운 주장은 아니다. 다만 그토록 담대한 발언을 처음으로 했다는 것이, 헤겔은 어쨌든 대단한 사상가라는 것을 보여준다. 플라톤에서 루소에 이르기까지 철학자들은 이런저런 조언을 내놓았다. 반면에 헤겔은 항상 행위 속에 구현되는 실천적 지식과 철학자의 영역인 이론적 지식을 철저히 구분했다. 『법철학』 서문을 장식한 유명한 문구가 있다. 철학은 현장에 너무 늦게 나타나기 때문에 세상에게 조언을 해줄 수 없다는 것이다. 철학은 어떤 형태의 삶이 과거에 속하게 되는 시점에야 비로소 회색에 회색을 덧칠한다. 미네르바의 부엉이는 황혼녘에 난다.[12] 이는 철학이란 일이 다 끝난 다음에야 출동해서 이러니저러니 한다는 얘기다. 이런 주장에 대해 청년 마르크스는 분개했고, 다른 사상가들은 당혹해했다. 그러나 여기서 헤겔이 의도한 바는 철학이 소용이 없다는 얘기가 아니었다. 철학의 도움을 받아 현실과 화해한다고 해서 바로 이득이 되는 것은 없을 것이다. 그러나, 그럼에도 불구하고 그런 과정은 중요하다. 헤겔은 세계를 이해하고자 하는 인간은 세계를 비난하지 않는다고 주장한다는 점에서 아리스토텔레스와 스피노자를 닮았다. 철학은 우리를 필연성과 화해시킨다.

헤겔은 직접 강의를 듣는 학생들로서는 정말 어렵다고 생각할 만한 서문으로 시작한다. 그러나 잠시 후 다른 모든 것을 해결해줄 열쇠라고 할 만한 원칙을 천명한다. "법의 기초는 정신 영역 일반이며, 법의 출발점은 의지다. 의지는 자유를 추구하는 것이며, 따라서 자유는 의지의 실체와 운명을 구체화한다. 법률 체계는 자유를 구현하는 영역이다. 따라서 정신세계는 그 자체로 제2의 자연과 같은 힘을 개인에게 행사한다."[13] 욕망을 가진, 그리고 욕망을 통제 또는 허용하는 규칙이 필요 없는 인간이 존재하지 않는다면 권리의 체계는 존재할 수 없다. 인간은 충동의 노예가 되는 한 자유롭지 않다. 그렇다면 자유의 본질은 자율이다. 인간은 스스로를 다스리고 이성의 의지가 명하는 길을 따르는 존재라는 얘기다. 여기서 권리에 대한 관심이 발생한다. 권리를 가진 자들은 권리와 의무를 자신에게 부과하는 질서와 체제라는 틀 속에서 살고 있다. 그렇게 해서 인간의 상호작용이 가능하다. 이것이 무슨 의미인지 이해하려면 우리는 우리가 필요로 하는 권리가 무엇이고, 그런 권리가 구조화되는 사회적 장치는 무엇인지 알아야 한다.

추상법

헤겔『법철학』1부는 '추상법'이라는 제목을 달고 있다. 소유권의 본질을 다루는 부분인데, 소유를 논하는 내용의 제목치고는 이상해 보인다. 소유보다 더 구체적인 것이 어디 있단 말인가? 답은, 추상법abstract right에서 말하는 추상성은 권리의 객체들이 추상적이라는 의미가 아니라는 데 있다. 예를 들어 저작권은 추상적이지만 그 대상인 책은 추상적이지 않다. 추상법에서 말하는 추상성이란 개인과 사물의 관계가 추상적인 성격을 갖는다는 얘기다. 권리의 원칙은 개인이 다른 개인들을 그 자체로 인정하고 그들의 권리를 개인의 권리로서 인정하는 데 있다. 따라서 내가 너의 자동차 소유권을 존중하는 이유는, 네가 내 동생이고 너의 차를 빼앗으면 네가 싫어할 것이기 때문이 아니라, 그 차는 너의 것이고 나의 것이 아니기 때문이다. 자동차의 운명은 너의 결정에 달려 있고, 나는 그런 사실을 존중한다. 여기서 '너'가 누구냐는 중요치 않다. 문제는 '너'가 사물을 소유하고 있는 개인이라는 사실이다. 이를 통해 문제의 사물은 우리가 다른 개인의 소유로 존중해주어야 하는 어떤 것으로 변환된다. 어쩌면 무리한 얘기로 들릴지 모르겠다. 그러나 이런 주장은 우리가 보통 소유관계라고 생각하는 것의 본질을 포착한 것이다. 우리는 자전거에 대한 너의 소유권이, 그 자동차가 강철과 고무로 만들어졌기 때문에 존중되어야 한다고 생각하지 않는다. 즉 우리가 존중하는 것은 그 자전거가 너의 소유라는 사실이다. 우리는 타인들의 물건에 대해 관여하지 않는 방식으로 그들의 법인격法人格을 존중한다. 이런 맥락에서 '물건'은 저작권 같은 비물리적 사물을 포함해 소유할 수 있는 모든 것을 의미한다.

　여기서 두 가지 큰 문제가 제기된다. '왜 소유권으로 시작하는가', 그리고 '개인은 어떻게 사물에 대한 소유권을 획득하는가'가 그것이다. 법이란, 헤겔이 보기에, 어떤 종류의 점유에 기초를 두고 있다. 소유란 일종의 통제이기 때문이다. 소유는 점유를 인가하거나 허용하며, 모든 법체계에서 점유는 소유로 '발전'할 수 있다. 자유로운 행위자로서 행동할 수 있는 나의 권리―본질적으로 재산권보다 앞서는 권리로 보인다―는 점유의 실체를 분명히 보여준다. 말하자면 나는 나의 물리적 자아를 점유하고 있는 것이다. 예를 들어 내가 나의 손을 흔드는 것은 내가 나의 팔과 손이 속하는 물리적 사물을 점유하고 있음을 보여주는 행위다. 팔과 손이 다른 사람 것이라면 나는 그것들에 대해 아무런 권리도 가질 수 없다. 따라서 나 자신에 대한 나의 근본적 권리는 일종의 점유 성격을 띤다. 이는 내가 나의 팔을 들어 올리려면 내가 들어올릴 수 있는 팔이 있어야 한다는 식의 뻔한 얘기가 아니다. 이는 세계에 대해 어떤 행동을 하는 것은 나의 행동할 수 있는 권리를 확인해주는 것이라는 발상이다. 이는 내가 나의 손이나 팔에 "나의 의지를 가할" 때―내가 의도적으로 나의 팔을 드는 것이 바로 그런 행위다―나는 이 몸을 정당하게 점유하고 있음을 보여준다는 의미다. 그런 행위는 소유권은 아니다. 왜냐하면 온전한 소유권이란 사물을 처분할 권리, 사물을 파괴하거나 다른 사물과 교환할 수 있는 권리까지를 포함하기 때문이다. 그런데 헤겔은, 우리는 우리 자신을 파괴하지 않고는 우리 몸을 파괴할 수 없으며, 따라서 우리는 우리 자신을 소유하고 있지 않다고 생각한다. 다분히 전통적인 사고방식이다.[14] 그러나 다른 누구도 나를 소유할 수 없는 한에서 나는 "나 자신의 소유"다.

따라서 노예제는 절대적으로 잘못된 것이다. 물론 헤겔은, 노예제는 과거에 잘못이 부분적으로 옳은 것으로 간주되던 세계에서 존재했다고 말함으로써 이 문제를 교묘하게 얼버무린다.[15] 이런 논법은 아마도 다음과 같이 해석할 수 있을 것이다. 공리주의자라면 노예제는 일단 보기에 잘못된 것이라고 주장할 것이다. 사람들은 자신이 노예가 되는 것을 좋아하지 않기 때문이다. 노예가 되면 혹독한 처우에 폭력과 잔학 행위를 당할 수도 있고 대부분의 사람들이 심히 혐오하는 모욕을 당할 수도 있다. 그러나 이런 주장은 타당해 보이지 않는다. 노예제에 대한 표피적인 반론에 불과할 뿐 아니라 현재 많은 사람들은 노예제는 고문과 마찬가지로 절대적으로 잘못된 것이라고 생각하기 때문이다. 고대 그리스와 로마에 대해 노예제를 두었다는 이유로 비난하는 것은 소용없는 일이다. 그래도 우리는 그런 관행은 잘못이며, 언제 어디서든 그런 관행이 존재한다면 잘못이라고 말하고 싶을 것이다. 고대 세계를 비난하는 것이 소용없는 일이라는 얘기는 특정한 악행을 상황에 따라 용인한다는 것과는 매우 다른 차원이다. 게다가 공리주의적 논법은 사실 증거에 취약하다. 예를 들어 노예들이 자존감 자체가 없고, 노예가 되는 것을 싫어하지 않으며, 타인에 의해 소유되는 것을 상관하지 않는 사회도 있을 수 있다. 심지어 자유민 가운데 가난한 부류보다 나은 처우를 받는 노예도 있을 수 있다. 그런 노예를 정치이론가들은 '행복한 노예'라는 식으로 이름 붙였다. 그것이 바로 19세기 미국 노예제 옹호론자들의 주장이었다. 행복한 노예가 존재한다면 공리주의자들로서는 해결하기 어려운 난제가 된다. 마지막으로, 공리주의적 논법은 특정 시기에 어떤 개인들이 감내한 불행은 당시 또는 후대의 다른 개인들의 행복에 의해 정당화된다는 논리에 취약하다. 존 스튜어트 밀은 "전제정치는 야만인들을 다루는 데 있어서는 정당한 통치 양식이며", 노예제는 인민에게 이성적 협력의 관습을 교육하는 데 있어서 필요한 단계였다고 말했다.[16]

철저히 법에 근거한 노예제 비판은 위에 소개한 모든 논리를 무력화한다. 그러나 너무 절대적인 비판이라고 생각될 소지도 있다. 노예제는 많은 종류가 있는데 미국 남부의 노예제처럼 극악한 것은 없었다. 고대의 노예들은 경우에 따라 서로 다른 삶을 살았다. 일부 노예는 본인이 노예 소유주이기도 했다. 그러나 이런 논법은 헤겔에게는 적용되지 않는다. 그는 법과 공리주의적 고려를 '맞교환'하는 일에는 전혀 관심이 없었다. 그는 인권에 대한 근대적 개념이 통하지 않던 시대가 있었다고 생각했다. 그런 상황에서는 지금 입장에서 볼 때 '잘못된 것'이 '올바른 것'이었다. 헤겔은 공리주의적 주장 자체에 적대적이지는 않았다. 공리주의적 고려는 인간으로 하여금 맨 먼저 사물과 자기 자신에 대한 권리의 체계를 고안하도록 한다. 세계를 이용하는 데 관심이 없는 개인들은 권리 개념을 발전시킬 이유도 없을 것이다. 그럼에도 불구하고 헤겔에게 법이란 공리주의적 장치가 아니다. 이는 벤담 같은 경우와는 다르다. 공리주의적 고려는 권리에 근거한 관계가 시작되는 일종의 도약대 역할을 한다. 일단 도약하고 나면 권리에 의한 관계는 자체 논리에 따라 발전한다. 이렇게 본다면 우리는 법의 지배가 불가능한, 잘못된 관행이 어느 정도는 정당한 것으로 여겨지던 시대가 있었다는 주장을 수용하지 않을 수 없을지도 모른다.

자유민의 노동 free labor은 노예노동과는 전혀 다르다. 우리는 우리의 시간 일부를 자유롭게 고용주에게 팔 수 있어야 하며, 그러면서도 여전히 본질적으로 자유민이어야 한다.[17] 이런 주장에는 서로 다른 두 가지 요소가 포함돼 있다. 그리고 그중 한 가지는 헤겔의 의도에는 온전히 부합하지 않는다. 한편으로 보면 근대적인 자유민 노동자는 고용주와 임금계약을 맺는 존재로서, 타인의 가구에 귀속돼 계약 기간 내내 그들의 통제를 받는 기한부 계약 노동자(도제 등)와 구별된다. 그런 차이를 헤겔은 날카롭게 포착했다. 당시는 프로이센 일부 지역에 여전히 농노제가 존재하던 시대였다. 아메리카 식민지인들도 그런 차이를 이미 50년 전에 날카롭게 포착했다. 그러나 다른 한편으로 보면, 고용주에게 일할 수 있는 시간 전체를 팔고 일이 끝나면 곯아떨어지는 근대적 노동자는 사실상 노예라는 주장도 가능하다. 노동자의 인간적인 삶을 타인이 완전히 소유하고 있는 셈이다. 이것이 바로 마르크스가 헤겔을 물구나무섰다고 보고 바로 세웠을 때 중시한 대목이었다.

이런 점들을 고려하면서 이제 소유권과, 그것이 도덕적·정치적 삶에서 차지하는 위치에 대한 헤겔의 설명을 살펴보자. 헤겔은 자유의지는 어떤 비점유 상태의 사물에 모종의 의지를 행사할 수 있는 절대적 권리를 가지고 있다는 것을 당연한 사실로 여긴다. 이것은 사실상 동어반복이다. 비점유 상태라는 것은 자유의지가 획득함으로써 점유할 수 있는 어떤 실체가 있다는 얘기다. 이것이 바로 헤겔이 '주인과 노예'의 변증법에서 자유를 다루는 방식이었다. 주인과 노예의 변증법에서 헤겔은, 사물들의 몰가치한 세계는 인간의 점유를 통해 가치를 획득하게 된다고 주장했다. 소유는 사물들에게 인간의 의지를 불어넣음으로써 인간적 특질을 부여한다. 이런 주장은 헤겔이 원래 의도한 것보다 훨씬 극적인 또는 낭만적인 느낌을 준다. 여기서 헤겔이 관심을 보이는 부분은 사물에게 어떤 일이 생기느냐가 아니라, 우리가 사물을 어떤 식으로든 처리한 결과 인간관계의 실타래에 어떤 변화가 오느냐이다. 이어 헤겔은 한 걸음 더 나아가 법률가들이 흔히 하는, '특정인을 상대로 한 권리'와 '물건을 대상으로 한 권리'의 구분을 완전히 무시한다. 모든 권리는 특정인을 대상으로 한 권리이고 따라서 개인적이라는 것이다. 문제가 되는 것은 개인 상호 간의 관계다. 사물을 어떻게 취급하느냐도 그러한 관계의 한 측면이다. 사물은 우리에게 반응하지 않으며, 우리를 상대로 한 권리나 우리에 대한 의무도 없고, 논리 전개에서 중요한 역할을 하지도 못한다. 문제는, 우리가 외적 세계에 우리의 의도를 어떻게 부과하느냐이다. 이런 설명 과정에서 헤겔의 난해함이 전면에 드러난다. 많은 논평가들이 모든 형태의 점유취득의 근거를 하나의 요인으로 환원시키고자 했다. 로크는 노동을 소유의 기초로 삼고자 했고, 우리가 보통 노동이라고 생각하는 것과 거의 또는 전혀 관계없는 활동들까지 노동에 포함시키려고 애썼다. 헤겔도 로크와 비슷한 시도를 했다고 할 수 있을지 모르겠다. 특히 의지를 강조함으로써 정신의 능동성과 사물의 수동성이 부각된 것을 보면 그렇다. 그러나 헤겔의 진면목은 그렇지 않다.

점유취득

헤겔은 또다른 3단계 논법을 구사한다. 점유의 가장 단순한 형태는 소비다. 동물도 그런 정도의 행동은 한다. 생명이 생명 유지에 필요한 수단에 대해 가지고 있는 권리는 그런 하찮은 활동에서도 분명히 드러난다. 이는 헤겔 입장에서는 그럴듯한 수사적 속임수다. 풀을 뜯는 양은 물질에 대한 정신의 지배를 구현하고 있는 것이라고 해도 말은 되기 때문이다.[18] 이어 헤겔은 두 가지 결정적인 요소로 나아간다. 여기서 헤겔은 아슬아슬한 줄타기를 한다. 물론 줄타기는 여전히 성공하지 못한다. 점유를 획득하는 두 번째 방법은 노동을 통한 것이다. 소비는 자연을 파괴한다. 반면에 노동은 자연을 변화시킨다. 노동은 원료를 가지고 그것을 유용한 어떤 것으로 변화시킨다. 이제 사물은 어떤 내력을 가지게 되고 인간활동의 세계 속으로 편입된다. 이런 논리는 서로 다른 형태의 노동이 우리에게 서로 다른 정도의 소유권을 부여한다고 하는 흥미로운 발상들의 근거가 된다. 근대 유럽 저작권법도, 예술작품 창작자가 저작권을 판 이후 단서 조항이 없는 경우에도 그들에게 작품 사용에 대한 지속적 권리를 부여함으로써 그런 발상의 일단을 보여준다. 헤겔은 조립라인에 서서 차례로 지나가는 자동차 바퀴의 너트를 조이는 일을 하는 사람이 차를 소유한다는 발상을 허용할 의도는 전혀 없었다. 그는 노동자가 그가 하는 노동을 통해 소유권을 획득하지 못한다는 것을 잘 알고 있었다. 헤겔의 관심사는 다른 것이다. 다만 명료한 언어로 표현되지 않았을 뿐이다. 법 이전 단계의 점유취득을 생각해보면, 개인은 자연을 변형시킴으로써 점유를 확보한다. 이것이 로크적인 관점이다. 그러나 일단 법체계가 도입되고 노동자가 노력에 대한 보상으로 그가 작업한 사물에 대한 일부 소유권이 아니라 급료를 받게 되면 초점이 달라진다. 우리는 인간이 노동을 가한 세계 속에 구현돼 있는 것은 인간의 지성이라고 생각한다. 그리고 지금 문제가 되는 소유권은 우리가 잘 알고 있는 개인적 소유권이 아니라 사물에 의해 매개된 권리 전체를 말한다.

서로 다른 종류의 노동을 통해 우리는 우리의 노동이 서로 다른 방식으로 변형시키는 세계와 불가분의 관계를 맺게 된다. 우리는 농업노동 같은 활동은 우리를 세계에 뿌리박게 해주는 반면 사무노동은 그렇지 않다는 식의 관념에 익숙하다. 헤겔은 그런 대조 같은 것은 전혀 하지 않는다. 그러나 서로 다른 경제활동이 정치에서 대표되는 방식을 논의하는 대목에 이르러서는 그런 대조를 상당히 강조한다. 왜냐하면 경제활동 방식은 서로 다른 '신분' 또는 계급의 생활양식 및 국가에 대한 충성도, 그리고 그런 것들이 국가 안에서 어떻게 대표되어야 하는지와 밀접한 관계가 있다고 보기 때문이다. 노동이 소유의 기초가 되는 근거가 대단히 모호하다면, 헤겔의 3단계 논법에서 확실한 역할을 하는 것은 세번째 요소다. 점유를 취득하는 가장 강력한 방식은 어떤 사물에 '내 것'이라는 '표지'를 새겨넣는 것이다. 여기서 제기될 수 있는 비판은, 어떤 사물을 어떻게 소유하게 되는가에 대한 설명으로는 본말이 전도됐다는 것이다. 우리는 지금 소유의 기초를 해명하려하고 있다. '우리는 사용하는 것을 소유한다'고 말하면 어느 정도 말이 된다. 이는, 어떤 사물에 대한 권리를 확정하는 한 가지 방식은 단순히 그것을 사용하는 것이라는 얘기다. 마찬가지로, '우리는 어떤 물건에 노동을 가함으로써 그것을 변화시켜 우리 것으로 만든다'고 말하는 것도 말이 된다. 둘 다 로마법에서 말하는 자연적 취득 양식에 합치하는 것이기 때문이다.

'우리는 권리를 행사함으로써 그 권리를 취득한다'고 말하면 상식에 어긋난다. 그러나 헤겔의 지적은 옳다. 그가 말하는 내용은, 누구의 것도 아닌 것을 점유해 자신이 그 소유자로 인정받고자 하는 사람이 소유자라고 하는, 로마법 규정에 나오는 얘기다. 영국 관습법의 '불법 점유' 규정도 소유자로 인정받고자 하는 의도가 중요하다는 식의 유사한 전제를 깔고 있다. 순환논법 같은 느낌이 드는 것은 헤겔이 발생론적 방법을 사용하고 있기 때문이다. 여기서 그가 의도하는 바는 새로운 개념이 그런 개념이 존재하지 않는 배경에서 생성되는 방식을 설명하려는 것이라고 생각하기 쉽다. 그러나 헤겔은 그런 설명을 하는 것이 아니다. 그는 우리에게 익숙한 개념들에 대해 합리적 근거를 제시하고 있는 것이다. 삶의 조건은 우리에게 소비하고 노동하고 필요한 것들을 배분하는 작업을 조직화할 것을 요구한다. 물건을 우리 것이라고 표시할 수 없다면 계약과 같은 행위는 존재하지 못할 것이다. 그러나 계약과 같은 것이 존재하지 않는다면 우리는 물건을 취득할 수 없을뿐더러 물건에 대한 소유권을 포기할 수도 없을 것이다.

일단 소유권을 확고히 해놓은 뒤 헤겔은 급속도로 논의를 진전시킨다. 계약은 좀 다른 문제다. 소유자는 소유물을 다른 사람이 집어가도록 내버리지 않는다. 물건을 양도해도 소유권은 여전히 남는다. 헤겔은 "소유자는 거래를 통해 동일한 상태로 유지되는 어떤 물건에 대해, 양도된 가치에 대해 여전히 소유자다"라고 말한다. 별로 설득력이 없는 주장이다. 다만 그가 의도하는 바는 짐작할 수 있다. 내가 너에게 자전거 한 대를 30달러에 판다. 그리고 너는 30달러를 내게 주고 나는 자전거를 너에게 넘겨준다. 하지만 나는 30달러나 그에 해당하는 가치에 대한 권리를 여전히 가지고 있다. 이를 물건을 소유하고 있다는 식으로 표현하는 것은 어폐가 있다. 또 정반대 사례로 논박도 가능하다. 예를 들어 내 자전거의 자유시장 가치는 20달러이지만 네가 그것을 그토록 갖고 싶어하니 나한테 30달러를 내라고 할 수도 있다. 단지 네가 다른 사람들보다 그것을 더 갖고 싶어한다는 이유만으로 내가 과연 30달러의 가치를 소유하고 있는지는 분명치 않다.

도덕

헤겔이 의도하는 바는 계약의 형태 및 계약이 계약 당사자들에게 창출하는 권리를 몇 가지로 분류함으로써 법률 교과서 내용을 흥미롭게 정리하려는 것이 아니라, 논의를 도덕, '인륜', 시민사회, 국가에 대한 담론으로 진전시키려는 것이다. 논의 단계는 잘못과 처벌이라는 관념을 거쳐 진전된다. 잘못이니 처벌이니 하는 표현은 쉽게 이해되지는 않지만 분명 흥미로운 구석이 있다. 재산권을 보유한 사람들이 자신의 권리를 양도할 수 있다면, 우리는 내가 너에게 나의 소유권을 주는 것과 네가 소유권을 훔치는 것을 분명히 구분할 수 있다. 네가 나의 책을 훔칠 경우, 너는, 말하자면 거짓으로 내 물건의 소유자 행세를 하는 것이다. 나의 소유권을 확실히 하려면 나는 네가 그런 짓을 하지 않는다는 것을 믿을 수 있어야 한다. 이는 권리 침해에는 처벌이 따르고, 그런 처벌에 대한 인식을 사람들이 양심의 명령으로 내면화하려면 사회적 압력이 있어야 한다는 것을 의미한다. 사람들이 서로의 권리를 존중해야 한다는 양심적 의무를 느끼지 못한다면 우리는 사람들이 부당한 행동을 삼갈 것이라고 기대할 수 없다. 구체적으로 설명하면, 내가 너의 것을 훔칠 경우 나는 단순히 어떤 물체를 다른 곳으로 이동시키는 것이 아님을 알아야 한다는 것이다. 내가 잘못을 저질렀을 경우, 내가 양심이 있다면 죄책감을 느껴야 한다는 것이다.

양심이 내면의 입법자이자 재판관으로 등장할 때 비로소 우리는 도덕을 말할 수 있게 된다. 그러나 이 경우의 도덕은 헤겔이 '인륜'이라고 부르는 영역과 대조되는 협소한 의미의 도덕이다.[19] 여기서 헤겔이 하고 있는 작업은, 고립된 개인이 기본 원칙으로부터 발전시킨 순수하게 추상적인 도덕을 현실의 삶의 양식 속에 구현된 도덕과 대비시키는 것이다. 헤겔은 이마누엘 칸트가 『윤리형이상학 정초Groundwork of the Metaphysics of Morals』에서 분석한 도덕(윤리)을 염두에 두고 있다. 우리는 윤리적 존재로서 합리적 일반원칙들에 의해 지배된다고 칸트는 주장했다. 여기서 일반원칙들은 상호 모순되지 않아야 타당성을 갖는다. 칸트에 따르면 모든 잘못된 일반원칙들은 상호 모순을 낳았다. 예를 들어 '거짓말은 허용할 수 없다'는 원칙은 자기모순으로 무효다. 왜냐하면 거짓말이라는 개념 자체에, 우리가 어떤 말을 할 때는 진실을 말하는 것이라는 전제가 깔려 있기 때문이다. 그런 전제가 없으면 모든 커뮤니케이션은 불가능하다. 헤겔은 의무가 명하는 바와 이성이 요구하는 바가 일치해야 한다는 칸트의 주장이 고결한 것이라는 점은 인정한다. 그러나 우리의 사회·정치적 제도들은 말할 것도 없고 우리 자신도 칸트가 주장하는 기준에 맞출 수 없다고 본다. 여기서 헤겔은 전면 공격과 측면 공격을 동시에 시도한다.

전면 공격은, 칸트의 '비모순' 원칙은 결과에 대한 고려를 끌어들이지 않는 한 도덕 체계를 창출할 수 없다는 익숙한 주장이다. 예를 들어 칸트의 자살 반대 논리도, 우리 모두가 자살한다면 그 결과 자살하라는 명령을 따를 사람조차 남지 않게 된다는 것이다. 그러나 우리가 인류의 종말 따위는 상관하지 않는다면 이런 논법은 통하지 않는다. 측면 공격은 좀더 흥미롭고 논쟁적이다. 헤겔은 은근히 칸트의 도덕 개념—물론 칸트 본연의 것이라고 할 수 없다—이 프랑스혁명이 공포정치로 타락하는 원인이 되었다는 식으로 말한다. 문제는 극단적인 도덕적 개인주의와 똑같이 극단적인 이성주의를 결합한 데 있었다. 즉, 로베스피에르 같은 인물들은 자신이 도덕적으로 오류가 없다고 믿었고, 따라서 적들은 미쳤거나 사악하거나 양쪽 다라고 믿었다. 결론적으로, 개인의 이성이야말로 제도와 행위, 심지어 신 자체의 명령들조차 그 앞에서 정당성 여부를 판정받아야 하는 판단의 최종심급審級이라는 칸트의 주장에 대해 헤겔은 굉장한 거부감을 느꼈다. '진리는 전체 속에 있다'는 헤겔의 슬로건은 일종의 국가 숭배가 아니라—이렇게 보는 사람들이 종종 있었다—, 개인의 자유와 국가의 권위가 적절한 균형을 이루려면 사회·정치질서 전체가 필요로 하는 요구와 가치들을 충분히 고려해야 한다는 이야기를 난해한 방식으로 표현한 것이라고 할 수 있다. 대부분의 자유주의자들과 달리 헤겔은 개인이 국가에 대한 권리를 가지고 있다고 생각하지 않았다. 최종적으로는 전체가 부분을 지배하기 때문이다.

인륜

이제 헤겔은 근대 합리적 정치 공동체의 각종 제도들에 대한 설명으로 나아간다. 여기서도 다시 한번 우리는 가족, 시민사회, 국가라고 하는 3단계 방식의 분석을 만나게 된다. 분석 내용은 역시 단순하다. 우선, 가족은 주관적 애정의 영역이며, 가족이라는 제도는 특정한 개인들 간의 사랑에 의해 유지된다는 것이다. 시민사회는 목적과 수단, 이윤에 기초한 도구적인 관계의 영역이다. 시민사회의 각종 제도는 우리가 장기적인 자기 이익을 어떻게 볼 것이냐에 따라 유지된다. 마지막으로 국가는 특정한 개인들이 아닌 국가와 민족에 대한 충성심의 영역이다. 국가는 도구적으로 구성된 것이 아니며, 국가를 위해 우리의 이익을 희생하는 자세에 의해 유지된다. 사실, 이런 단순한 발상은 헤겔이 3단계 논법을 전개하는 방식을 파악할 수 있는 좋은 사례다. 물론 그 과정에서 빛을 발하는 그의 통찰력을 이해하는 것은 또다른 문제다.

가족, 시민사회, 국가에 대한 헤겔의 대조적 구분은 상식적으로 통용되는 개념과 정확히 맞아떨어지지는 않는다. 헤겔은 가족을 인류학적으로 또는 역사적으로 사회적 삶의 최초의 형태 내지 기원적 형태라고 생각하지 않는다. 그는 근대의 핵가족을 염두에 두고 있다. 그런데 근대의 가족은 근대 입헌국가가 가동한 법적 장치들에 의해 설정되고 보호된다. 마찬가지로 시민사회는 로크가 '자연 상태'를 설명하면서 구상한 자발적 교환으로 이루어지는 몰정치적 사회가 아니다. 시민사회는 정치가 스며들어 있으며, 법률에 의해 구조화되고, 효율적인 행정 국가의 제도들에 의해 관리된다. 시민사회는 경제학자들이 연구하는 교환 체계보다 훨씬 많은 것을 의미한다. 거기에는 법률, 문화, 제도, 근대 경제생활에 적합한 태도도 포함된다. 헤겔은 과거의 사상가들이 국가와 시민사회를 혼동했고, 국가의 본질을 진정한 시민사회의 그것으로 잘못 파악했다고 말한다. 이는 로크에 대한 설득력 있는 비판이다. 헤겔은 국가를 합리적 근대국가에 적합한 헌법적 장치의 관점에서 설명한 뒤, 국가가 역사상 특정 시기에 다른 국가들과 어깨를 나란히 하는 하나의 국가로 선다는 것이 어떤 의미인지를 간단히 설명하는 것으로 끝을 맺는다. 국가가 정체성 보전을 위해 전쟁을 최후의 수단으로 채택할 수 있는 것은 그 국가가 다른 국가들과 어깨를 나란히 하는 하나의 국가이기 때문이다. 헤겔은 국가가 시민에게 국가의 생존을 위해 목숨을 바치라고 요구할 수 있는 권리를 논하는 대목에서, 전쟁이 일상생활에 특별한 의미를 부여한다는 식으로 전쟁의 가치에 대해 놀랍지만 설득력 있는 주장을 편다.

가족

가족은 '인륜'이 요구하는 바의 한 측면이다. 가족은 특정한 타인들에 대한 비이기적인 애정의 영역이다. 가족은 두 성인 남녀의 사랑을 기초로 하며 자녀 양육을 목적으로 삼는다. 자녀들은 적당한 시기가 되면 세상에 나아가 제 갈 길을 가게 된다.[20] 가족은 주관성의 영역이다. 우리는 특정한 타인을 사랑하게 되고, 그에 대해 정당화할 필요도 없다. 우리는 특정한 남편 또는 아내와 결혼을 하는 것이지 막연히 어떤 남편이나 아내와 결혼하는 것이 아니다. 헤겔은 결혼을 '성기를 상호 배타적으로 사용하기로 하는 계약'이라고 한 칸트의 썰렁한 설명(물론 이런 비판에서 칸트를 구할 수 있는 방법은 몇 가지가 있다)을 극도로 혐오했고, 결혼은 계약이 아니라고 주장했다.[21] 그러나 헤겔에게 가족의 핵심은 가족이 그것으로 끝이 아니라는 데에 있다. 이는 '좋은 삶'은 가족 단위에서만 이루어질 수 없고 폴리스를 필요로 한다는 식의 아리스토텔레스적 발상과는 전혀 다르다. 헤겔은 가족의 핵심은 자녀를 성인으로 키워 세상에 내보내는 것이라고 생각한다. 특정한 가족은 그 상태로 계속 있도록 의도된 것이 아니다. 자녀들은 사랑으로 보살핌을 받았던 가족관계라는 이타적 세계를 떠나 시민사회의 영역으로 진입해야 한다. 시민사회의 장에서 그들은 노동을 통해 생계를 유지해야 하며, 이런저런 계약을 토대로 권리를 확보하게 된다.

시민사회

헤겔은 시민사회bürgerliche Gesellschaft를 논의하는 대목에서 두 개의 전선에 걸쳐 전투를 벌인다. 한편으로 헤겔 이전 사상가들은 국가 이야기를 하고자 할 때 시민사회를 이야기했다. 그러면서도 시민사회를 온전히 이해하지는 못했다. 시민사회는 계약관계의 영역이다. 시민사회는 가족처럼 그렇게 친밀한 차원이 아니며, 국가와 달리 개인의 이해관계에 입각해 있다. 여기서 국가란 정치 이전 단계의 개인적 권리를 보호하기 위한 가설적 계약을 토대로 한 것이라는 칸트식 관념은 암암리에 다시 한번 부정된다.

시민사회는 노동과 교환의 세계다. 여기서 우리의 행위는 전체의 복리를 확보하려는 이성적 의지가 아니라 애덤 스미스가 말한 '보이지 않는 손'에 의해 조율된다. 고전경제학을 열심히 읽었던 헤겔은 자신이 설명하고 비판하고자 하는 것이 무엇인지를 정확히 알고 있었다. 개인은 자신의 이익을 촉진함으로써 공공의 이익을 촉진하지만 그럴 의도를 가지고 행동하는 것은 아니다. 개인의 동기는 그 자신의 경제적 이익이며, 개인은 그 이익을, 앞서 헤겔이 설명한 추상적 소유를 구체화시켜주는 법적 권리의 틀 안에서 추구한다. 여기서 헤겔의 관심은 세 가지 영역에 걸쳐 있다. 첫번째는 시민사회 해명을 위한 분석적 도구로서 제시한 3단계 구조이다. 두번째는 시민사회에 적합한, 그리고 시민사회에 의해 발생되는 사회구조에 대한 해명이다. 그리고 세번째는 시장사회가 작동하는 과정에서 발생하는 의도하지 않은 부작용을 '제거'하기 위해 어떤 방식으로 각종 제도를 마련할 수 있는가에 대한 성찰이다. 시민사회의 3단계 구조는 헤겔이 앞선 사상가들이 시민사회를 국가로 착각했다고 불평할 때 염두에 둔 것이 무엇인지를 보여준다. 그가 제시하는 3단계 분석 틀은 "욕망의 체계, 민형사 사법기관, 경찰 행정 및 직업·신분단체"이다.[22] 여기서 헤겔이 말하는 '경찰 행정'은 양시앵레짐 사회들이 흔히 작동시켜온 규제 시스템을 의미한다. 과거의 사상가들은 헤겔이 사법기관이라고 칭하는 것과, 엄밀한 의미의 국가 영역(헌법적 장치의 영역이다) 및 역사적 단계에서 행위자로서의 국가의 활동을 뒤섞어버렸다(고 헤겔은 생각했다).

욕망의 체계에 대해 후대의 논평가라면 규제된 자본주의경제라고 해석할 수도 있겠다. 여기서 관계는 시장관계이며, 소유자는 자유롭게 자본을 처분하거나 마음대로 사고팔고 원하는 사람을 고용하거나 해고할 수 있다. 이 논의에서 가장 흥미로운 부분은 헤겔이 3종의 사회계급 —또는 '신분'(독일어로 Stände) —을 도입한다는 것이다. 사회계급은 시민사회와, 시민사회의 욕망이 국가 본연의 제도에 진입하는 지점을 매개하는 역할을 한다. 대부분의 사상가들과 달리 헤겔은 사회를 소유계급과 비소유계급으로 구분하지 않았고, 고전경제학자들이 말하는 지주, 자본가, 노동자처럼 보유자산의 종류를 기준으로 나누지도 않았다. 헤겔은 사회를 토지에 노동을 가하는 계급과 토지와 무관한 경제활동을 하는 계급으로 나눴다. 따라서 법률가와 의사 같은 전문직 종사자는 상업자본 및 산업자본 소유자와 같은 계열로 분류된다. 이 두 생산계급 위에 그가 '보편적 계급universal class'이라고 칭하는 계급이 존재한다. 보편적 계급은 행정가와 관료를 말하는데, 이들을 하나의 계급으로 본 것은 그들이 다른 계급과는 다른 어떤 것을 소유하고 있어서가 아니라 공익, 즉 사회 전체의 복리를 촉진하는 소명을 갖고 있기 때문이다.[23] 인민에 대한 통치가 사물에 대한 행정·관리로 바뀔 것이라고 생각한 생시몽과 달리, 헤겔은 국가의 기능 약화 내지 소멸 같은 것은 전혀 생각하지 않는다. 그러나 행정가들로 구성된 '보편적 계급'을 강조한 것은 근대 산업국가를 전문가들에 의해 관리되는 조직으로 보는 사상과 일맥상통한다. 헤겔은 사회를 구성하는 네번째 요소(하층민)에 대해 논하는데, 이는 엄격히 말하면 사회계급 내지 정치체제에 일정 지분을 가지고 있는 집단이 아니라 일종의 '사회문제'다. 하층민Pöbel은 직업도 없고 고용이 될 전망도 없는 하위계급으로서 말썽만 일으키는 극빈층이다. 이들이 처한 상황은 "특히 근대사회를 교란하고 괴롭힌다".[24]

'직업·신분단체'를 헤겔은 직종별 길드라는 의미로 사용하고 있다. 직업·신분단체는 개인에게 일자리를 주고 동료 직종인들에게 충성하게 함으로써 개인을 사회의 경제적 삶에 통합시킨다. 헤겔은 젊은이들이 어릴 때는 철이 없어 그런 과정을 제약으로 느끼고, 자신에게 주어진 직업상의 제약을 외부적이며 강제적인 것으로 생각하는 경우가 많다고 말한다. 그러나 커가면서 길드 속에서 노동하는 삶은 그들이 정체성과 자유를 확보하는 요소가 된다. 헤겔의 사상 중에서 헤겔과 마르크스가 서로에게 약점으로 작용하게 되는 흥미로운 부분들이 있다. 첫번째는 농업노동과 다른 종류의 노동에 대한 구분이다. 헤겔은 농업에 종사하는 계층을 '실질적 계급 substantial class'이라고 불렀다. 왜냐하면 본인들이 사고팔 수 있는 자산에 의존하는 계층이 아니라 특정한 농장에 소속돼 있는 사람들이기 때문이다. 그들은 신이 부여한 것을 기꺼이 신뢰하고 인내하는 사람들이다. 반면에 이른바 형식적 계급 formal class은 이 사업에서 저 사업으로 빈번히 옮겨다닌다. 이윤이 생길 만한 곳만 따라다니는 것이다. 마르크스는 처음에, 근대 경제가 되면서 모든 형태의 자산은 흐르는 물과 같은 자본으로 바뀌었다고 생각했다. 그리고 농업 부문에 대해서는 단순히 후진적이라는 이유로 사실상 평가절하했다. 그러나 1848년의 혁명 사태를 겪으면서 마르크스는 많은 교훈을 배우게 된다. 또하나는 헤겔이 행정가계급에 공익을 위한 공정한 관리의 역할을 부여한다는 것이다. 마르크스는 행정 관료의 역할에 대한 헤겔의 설명에 극도로 비판적이었고, 그들이 하나의 계급인 것은 그들이 국가를 소유하고 있기 때문이라고 주장했다. 이는 멋진 농담이었지만 그래도 헤겔이 마르크스보다는 진실에 근접했다고 할 수 있다. 자본주의는 결국 정부에 의한 관리를 수용하지 않을 수 없게 됐기 때문이다. 이는 마르크스가 가능하다고 본 수준보다 훨씬 진전된 양상이었다.

헤겔은 자본주의에 우리가 원하지 않는 부작용이 너무 많다고 본 19세기 초 자본주의 비판자들과 의견을 같이했다. 농산물 시장과 식량 공급의 예측 불가능성은 급작스러운 빈곤의 위기가 상존한다는 의미였다. 최악의 경우에는 기근이 닥쳤다. 게다가 예측이 어려운 경제 전반의 등락은 인민의 생계와 정치적 안정을 위협했다. 유럽 각국을 위협하던 과거식 기근이 멈춘 것은 1850년이 한참 지난 뒤였다. 그러나 20세기 들어 유럽 전체에서 벌어진 전쟁의 여파로 기근이 다시 발생했고, 소련에서는 스탈린의 경제 관리 부실로 비슷한 현상이 일어났다. 헤겔은 정부에 규제 기능을 부여했다. 경제의 안정, 통치의 안정, 개인의 행복이 모두 거기에 달려 있다는 것을 잘 알고 있었기 때문이다. 마르크스는 그런 식의 구태의연한 안정화 시도는 결국 자본주의경제를 손상시키고 어떤 식으로든 자본가들의 반발에 직면할 것이라고 생각했다. 자본가들은 빈곤층 구제를 위한 자원 마련 차원의 증세로 말미암아 이윤이 줄어드는 꼴을 그냥 두고 보지 않을 것이기 때문이다. 헤겔은 변덕스러울 수 있는 개인의 자선 행위보다는 공적 부조가 바람직하다고 주장함으로써 현대 복지국가의 논리에 가까운 입장을 취했다. 그는 또 무차별 복지가 당당히 자활해야 할 존재로서의 사회 구성원인 복지 수혜자의 자존감을 떨어뜨릴 수 있다는 위험성을 간파했다. 그러나 '가난한 사람들은 그들의 운명에 맡겨 빌어먹도록 하라'는 식의 영국, 특히 스코틀랜드 방식은 문제 해결에 도움이 안 된다. 헤겔은 시장경제를 온전히 길들일 수 있을지는 분명치 않다고 결론짓고, 유럽 국가들의 부담을 덜기 위해서는 해외 이민과 식민지 개척이 필요하다고 제안했다.[25]

국가

　근대국가의 행정·관리 능력에 대한 헤겔의 신뢰는 인상적이다. 국가에 대한 헤겔의 설명은 흥미롭지 않다. 이에 대해서는 원래 흥미를 주려는 의도가 아니었다는 반론이 가능하겠다. 그것은 국가가 다른 제도들과 어떤 방식으로 연결되는지, 그리고 국가는 어떻게 전쟁 때 우리를 죽음과 부상의 험지로 내몰면서도 충성을 요구할 수 있는지를 일관된 논리로 설명하려는 시도였다. 국가는 당연히 그럴 수 있지만, 헤겔이 효율적인 행정조직에 의해 용의주도하게 관리되는 신민과는 다른 시민의 존재를 염두에 두고 한 발언이냐가 문제가 된다. 이에 대해 가능한 답변의 하나는 헤겔이 현실주의자였다는 것이다. 근대국가는 민주정치가 번성하던 페리클레스 시대의 아테네나 공화정 시기의 로마를 모델로 한 것이 아니라는 얘기다. 따라서 우리는 그런 향수 젖은 환상에서 벗어나야 한다. 근대와 전통의 균형을 취하려는 헤겔의 시도는 나름의 매력이 있음이 분명하다.

　대의제에 대한 헤겔의 설명도 그런 부분이다. 합리적인 국가라면 여러 부문의 이해관계가 잘 대변되도록 고려해야 한다. 그러나 인민의 의지는 존중될 수도 있고 무시될 수도 있다고 헤겔은 말한다. 이는 보통 사람들이 사안이 제대로 처리되고 있는지 잘못 처리되고 있는지는 잘 알지만 전문가들처럼 정책을 직접 만들 수는 없다는 주장을 강렬하게 표현한 것이라고 할 수 있다. 이런 정도는 온건한 아테네의 민주주의자들이라도 새로운 뉴스로 여기지 않았을 것이다. 그러나 어쨌든 그것은 진정한 자치에 일정한 제약을 가한다는 의미이고, 그런 제약은 복잡한 근대사회에서는 한층 강화된다. 따라서 그만큼 과거보다 전문가에 대한 수요가 커진다. 헤겔은 공중公衆을 신분계급별로 대표하는 방식을 취하려고 한다. 예컨대 헤겔은 '형식적' 신분을 대표하려면 직업단체의 대표화가 필요하다고 생각한다. 그는 시민사회를 논하는 자리에서 형식적 신분의 파편화 경향을 상쇄하려면 직업단체 내지 길드의 훈육과 조직화가 필요하다고 말한 바 있다. 반면에 실질적 계급 내지 농민 신분은 주요 지주들이 대표하고, 보편적 계급은 고위 관료들이 대표한다. 헤겔은 미네르바의 부엉이는 황혼녘에 난다고 했지만, 기존의 제도적 장치들에 변경을 가해 현실에 적합하게 만들고 싶은 유혹을 떨쳐버리지 못하는 것 같다.

여기서 다시 한번 헤겔은 국가를 고찰하는 3단계의 틀을 제시한다. 헌법과 국제관계, 그리고 세계사의 단계가 그것이다. 흥미로운 사태는 국제관계와 세계사의 단계에서 벌어지는데, 서술 분량은 대단히 짧다. 헌법에 대한 헤겔의 설명은 두 가지 놀라운 요소를 가지고 있다. 하나는 근대국가는 입헌군주제여야 한다는 주장이다. 이는 절대왕정 체제인 프로이센과 공화정 체제인 미국이 상당히 성공적이었다는 사실을 무시하는 태도인 것처럼 보인다. 헤겔이 대통령 중심 체제를 입헌군주제의 한 형태로 여겼을 가능성은 없지 않다. 그러나 당시 미국의 대통령은 이미 헤겔이 군주의 역할이라고 규정한 "입법 과정에 시시콜콜 간섭하는 정도"를 훨씬 넘어서는 권한을 행사하고 있었다. 헤겔의 논법은 1인이 권력을 행사하는 체제, 소수가 권력을 행사하는 체제, 다수가 권력을 행사하는 체제의 균형을 잡는 것이 통치론의 핵심이라는 주류적 논의에서 벗어나 있다. 이런 논법에서는 군주제적 요소(또는 계기)는 신의 섭리라기보다는 논리의 명령에 가깝다. 어떤 논리 전개의 여러 전제들을 종합해서 결론을 내린다는 것은 최종 선택이다. 따라서 헤겔이 "입법 과정에 시시콜콜 간섭하는" 일이라고 한 것은, 최종적으로는 어떤 법안이 실효를 발휘하는 중대 결단으로 변화한다는 이야기다. 여왕이나 대통령이 어떤 법안에 서명을 하는 것은 그것이 법률을 넘어 어떤 행위로 바뀐다는 의미이기 때문이다.

또하나의 흥미로운 요소는 시민의 종교생활에서 국가가 어떤 역할을 하느나에 관한 논의다. 이에 대해서는 오랫동안 복잡한 이야기가 오고갔다. 사실 『법철학』에서도 국가와 종교의 관계를 설명한 270절 주석은 단일 주제에 관한 가장 긴 설명이다.[26] 당시 프로이센의 국교는 루터교였다. 그러나 헤겔은 국가가 신앙과 종교의 지지를 필요로 하기는 하지만 핵심은 교회와 국가의 분리라고 주장한다. 교회는 강압적 권력을 행사해서는 안 되고, 국가는 시민의 종교적 신앙을 감시해서는 안 된다는 것이다. 여기서 헤겔이 의도하는 바는, 시민의 강렬한 종교적 정서로 말미암아 야기되는 이런저런 사회 장애 요인들을 제거하자는 것이다. 그러나 헤겔은 그런 이야기를 분명히 표현하지는 않는다. 오히려 마음에는 안 들지만, 안식일 엄수주의와 음식 관련 금기로 말미암아 유대인들이 근대 시민사회의 당당한 구성원이 되지 못하고 있다는 칸트의 지적을 따른다. 나폴레옹 패배 이후 프로이센은 유대인의 경제활동을 제약할 목적의 법률적 조치들을 재도입했다. 대학에 대한 검열 조치로 말미암아 헤겔은 속마음과는 다르게 그런 문제들에 대해 확실한 의견 표명을 하기 어려웠을 것이다. 아니, 속마음을 아예 드러내지 않았다. 그러나 기회 있을 때마다 근대의 인륜은 정치·문화적 측면은 물론이고 종교적 측면이 있다고 주장함으로써 일부 논평가들이 헤겔은 프로이센 국가를 신격화했다고 잘못 평가할 소지를 제공했다. 결론적으로 말하면 헤겔은 종교의 역할을 축소했다고 하는 편이 타당하다. "신문을 읽는 것은 일종의 아침기도다"라고 말한 사람도 헤겔이었다.

헤겔은 몽테스키외식의 입법·사법·행정의 구분을 수용하는 한편으로 토지 보유 귀족을 신분제 의회의 한 단위로 용인했으며, 행정가들이 의회에서 한자리를 차지하도록 하는 제도에 찬성했다. 동시에 민주주의를 보통 사람들이 과다하게 통치에 참여하는 방식이라고 비난하면서 선거권 확대에 대한 불안감을 해소하기 위해 에드먼드 버크가 주장한 실질적 대표의 원리와 별반 다르지 않은 구상을 제시했다. 헤겔은 젊은 시절—뷔르템베르크 공국 시민이었다—정치적 변화를 촉구하는 현명한 아이디어를 제시했지만 누구를 믿어야 할지 당황스러웠다. 관료도 의원도 민주주의자들이 모인 의회도 영 마음에 들지 않았다. 그래서 시민이야말로 진보적인 변화를 촉구할 수 있는 집단이라고 주장했다. 『법철학』은 계몽된 관료가 그나마 가장 기대를 걸 만한 집단이라고 확신했다. 얼마 후, 헤겔은 영국의 개혁법에 대해 선거권을 확대했다는 이유로 비판했다. 헌법적 균형을 깰 소지가 있다고 봤기 때문이다. 이후 헤겔 모델에서 가장 중요한 대목은 국가의 핵심을 이루는 두 부분, 즉 전쟁과 국제관계, 그리고 세계사 속의 행위자로서의 국가에 관한 것이다.

사회계약론에 대한 헤겔의 적대감은 개인과 국가 사이에 계약이 이루어질 수 있다는 발상 자체에 대한 거부감에서 비롯됐다. 철학자들의 상상력 바깥에 존재하는 계약이란 그런 계약을 강제할 수 있는 국가가 존재한다는 것을 전제로 한다. 어떤 경우든, 계약이란 양자 사이의 거래이며, 조건에 좌우된다. 우리는 이익을 얻기 위해 계약을 한다. 그런데 우리가 그 이익을 수용하지 않으면 계약은 성립되지 않는다. 칸트는 사회계약은 순수하게 가설적인 계약이라는 점을 분명히 인식하고 있었다. 그럼에도 불구하고 계약이라는 개념을 사용한 것은 계약에 대한 의무 이행이 정당하게 철회될 수 있는 시점을 분명히 하기 위해서였다. "이성적인 인간이라면 계약을 통해 국가가 이런 행위를 할 수 있도록 허용하는 시스템 속에 편입될 수 있었는가?"라는 질문에 대한 답이 명백히 '아니요'라면 국가의 권위는 그것으로 끝이다. 헤겔은 국가의 본질은 국민에 대해 무조건적인 복종을 요구할 수 있다는 것이라고 생각했다. 특히 국가는 우리의 목숨을 손에 쥐고 있다. 우리를 전쟁에 내보낼 권한을 가지고 있기 때문이다. 헤겔은 홉스를 자기 방식으로 이해했고, 사회계약론 논의의 핵심이 무엇인지 잘 알고 있었다.

국가의 본질은 우리에게 무조건적으로 충성을 요구한다는 것이다. 합리적인 근대국가의 요체는 대의제에 있다. 여기서 대의제는 헤겔식의 신분제를 중심으로 구성되어 있기는 하지만, 요체는 "입법 과정에 시시콜콜 간섭하는" 일 이상의 것을 하지 않는 입헌군주와, 교육을 많이 받고 실력에 따라 임명되는 관료제다. 민간 부문이든 군부든 관료 자리는 돈을 주고 살 수 없다. 국가를 국가로 만드는 것은 무조건적인 복종을 요구할 수 있는 능력이다. 이로부터 간단하지만 놀라운 사상이 배출된다. 즉 국가란 국제관계에서 가장 뚜렷하게 진면목을 드러내며, 그 궁극적 시험 무대는 전쟁이라는 것이다. 전쟁은 국가의 '윤리적 건강'을 보전한다. 특히 루소와 칸트가 제시한 영구평화 프로젝트에 대항해 헤겔은 "국가들 간에 영구적인 평화는 말할 것도 없고 지속적인 평화"조차도 "정체"를 야기할 것이라고 반박한다.[27] 우리는 경기병의 번득이는 칼날에서 죽음의 위협을 느낄 때 삶의 의미를 이해한다.

이처럼 대수롭지 않게 던진 헤겔의 언급에 대해 헤겔 논평가들은 너무 흥분했다. 헤겔은 국가가 지속적으로 전쟁을 하고 시민들의 목숨과 번영을 무의미한 전투에 몰아넣어야 한다고 말하지도 않았고, 그렇게 생각하지도 않았다. 그러나 전쟁이 국가 간 분쟁을 해결하는 정상적인 방법이라는 점을 강조하고자 했다. 전쟁은 전적으로 무법적인 것이 아니었다. 한 국가가 전쟁을 하게 되는 동기는 개인을 살인으로 몰고 가는 분노와 같은 것이 아니었다. 국가는 살인하지 않고 분노하지 않는다. 국가는 국가적 목표를 성취하기 위해 신중한 방식으로 무력을 동원한다. 군인은 서로 죽이려고 할 때에도 서로를 증오하지 않는다. 군인이라는 직업은 거의 정책 구현의 도구라고 할 수 있다. 헤겔의 가장 유명한 제자는 위대한 전략가 클라우제비츠였다. 그는 전쟁이란 또다른 수단으로 정책을 촉진하는 행위라는 주장으로 유명하다. 이것이야말로 헤겔의 생각이었다. 그럼에도 불구하고 이런 생각에는 어떤 강렬함이 없지 않다. 개인의 삶은 결국 죽음으로 끝난다는 엄연한 사실의 테두리 안에서 진행되는 것처럼, 정치는, 국가가 국가들의 세계 속에서 존재한다는 엄연한 사실의 테두리 안에서 진행된다. 그리고 국가의 궁극적 존재 이유는 능력을 갖추어 외국의 침략을 물리치는 것이다.

궁극적 차원에서 보자면, 정치적으로 조직화된 사회들은 세계사 속에서 행동하는 행위자이다. 그리스의 폴리스가 없었다면 그리스식 자유 개념이 구체적인 사례로 표현되지 못했을 것이다. 고대 제국들이 없었다면 개인의 의지가 자의적인 자유라는 방식으로 극적으로 표현되는 일은 없었을 것이다. 여기서 자의적인 자유는 "한 사람만 자유로운" 단계라고 하는 헤겔의 개념 속에 농축돼 있다. 한편 근대국가가 없었다면 자유의 보편성이 표현될 공간이 존재하지 못했을 것이다. 이것은 프로이센 민족주의가 아니다. 나폴레옹 이후의 프로이센 국가는 헤겔이 제시한 거의 모든 헌법적 이상과 근대화의 이상을 폐기했다. 헤겔은 독일어를 말하는 사람은 모두 하나의 정치적 깃발 아래 뭉쳐야 한다는 제안을 한 적이 결코 없다. 그가 프로이센 군대의 기치 아래 독일인들이 통일되는 것을 옹호했다고 볼 근거도 없다. 그것은 민족주의(국가주의)이기는 하지만 모호한 민족주의다. 왜냐하면 국가는 우리에게 국가를 위해 목숨을 바치라고 요구할 수 있지만, 헤겔의 도식에서 국가는 좀더 큰 틀의 역사적 과정의 도구로 간주되기 때문이다. 모든 세계사적 개인과 마찬가지로 국가는 일단 때가 다하면 폐기된다.[28] 국가라는 존재가 봉사하는 더 큰 목적은, 국가가 보호하는 문화들에 의해 촉진되는 정신의 자유다. 그리고 그런 목적은 전쟁이 아니라 종교와 예술을 통해 표현된다.

헤겔을 제대로 이해하고 수용하기는 쉽지 않다. 논평가들은 그를 반동적인 인물로, 전체주의자로, 프로이센 민족주의자로 낙인찍으려고 시도했다. 또다른 한편에서는 독특한 유형의 자유주의자로 보기도 했다. 헤겔에게 자유주의적인 요소가 있다고 하는 것은 맞다. 그는 독일의 봉건질서가 종식되기를 열망했다. 직업 선택의 자유를 옹호했고, 국교회의 존재를 거부했다. 반면에 보수적인 요소도 존재한다. 그는 민주주의에 우호적이지 않았다. 진리는 전체 속에서 찾아야 한다는 확신은 새로운 것을 추구하는 아슬아슬함보다는 현 상태의 우위를 강조하게 된다. 또 그처럼 '실질적 계급' 내지는 농업적 생활 방식에 우호적인 인물이 근대화를 열렬히 옹호하기는 어렵다. 생시몽과 마찬가지로 헤겔은 합리적 행정을 중시했고, 일상적인 의미의 정치의 역할을 낮게 봤다. 헤겔에게서 자유주의적 요소와 보수적 요소의 긴장이 더욱 커지는 이유는 근대인의 자유를 강조하는 동시에 질서도 중시하기 때문이다. 헤겔이 정치보다 행정을 선호한 것은 그의 형이상학과 관련이 있는 것이 아니라, 민주주의적 의사 결정은 합리적 공익 추구보다는 혼란을 초래할 가능성이 높다는 의구심과 관련이 있었다. 헤겔이 윌리엄 피트가 나폴레옹전쟁 기간에 여론에 영합한 것을 길게 비판한 대목을 보면 그런 의구심이 잘 드러난다.[29] 헤겔은 지금 시대에 태어난다 해도 똑같이 생각했을 것이다.

우리는 페르시아인들이―뒤늦게나마―그리스인들을 정복했을까 하는 문제를 가지고 논의를 시작했다. 이에 대한 헤겔의 답변은, 사실상 그렇다고 봐야 한다는 것이다. 그러나, 그렇다고 해도 정복은 다리우스와 크세르크세스 왕의 군대가 무력으로 복속시키는 형태가 아니라, 전문성을 갖춘 관료들이 근대국가와 같은 서비스를 제공하는 효율적인 관료제 시스템에 의해 성취됐을 것이다. 물론 그것은 제퍼슨이 염두에 둔 자유의 제국 같은 것과는 전혀 다르다. 기원전 6세기 페르시아제국에서는 단 한 사람만이 자유로웠다. 법의 지배 같은 것은 없었고, 전제군주가 자의적으로 또는 잔인하게 행동하지 않으리라는 보장도 없었다. 반면에 근대국가는 헌법이 있고, 예측 가능하며, 그 행동은 자의적이지 않다. 그리고 근대국가는 고대 세계에는 없었던 개인의 자유라는 관념에 입각해 유지된다. 헤겔은 국가와 신민의 관계는 한쪽은 보호하고 다른 한쪽은 복종하기로 한 계약에 기초한 것은 아니라고 말하지만, 근대국가의 합법성은 역시 신민들에게 대단히 실질적인 수준의 사상과 행동의 자유를 허용하는 데에서 비롯된다. 직업 선택의 자유, 종교의 자유, 교육받을 권리 등등을 보장하는 것이다. 우리에게는 엄밀한 의미에서 우리가 거부하는 국가에 대한 충성을 철회할 권리가 없다고 헤겔은 주장할지 모른다. 그러나 국가가 근대 자유주의국가의 구성원이 누리는 일반적인 시민적 자유로 여겨지는 것을 침해할 경우, 국가는 스스로를 배반하게 된다. 이후 프로이센의 역사를 보면, 헤겔이 전통적이고 권위주의적인 국가가 19세기 산업경제를 운용하는 능력을 과소평가했음을 알 수 있다. 그러나 그는, 그런 국가는 평화적인 수단으로 스스로의 운명을 개척해나갈 가능성이 별로 없다는 점을 비교적 분명히 간파했다. 헤겔이 미래를 완벽하게 예측하지 못했다고 불평해서는 안 된다. 그는 나름의 방식으로 앞을 내다보기보다는 뒤를 돌아다봤기 때문이다. "우리는 어디까지 왔나?"라는 문제와 "우리는 어디로 가고 있나?"라는 문제는 다른 것이다.

제19장
공리주의:
제러미 벤담, 제임스 밀, 존 스튜어트 밀

대부, 아버지, 아들

근대 자유주의는 기원이 다양하다. 가장 중요한 연원이라고 할 수 있는 것은, 한 미국인 비판자로부터 "사탄적인 자유무역을 대변하는 존 스튜어트 밀 전하"라는 비아냥거림을 들었지만 다른 많은 사람들로부터는 존경을 받았던 인물의 사상이다. 그런데 존 스튜어트 밀 본인은 오히려 두 선배에게 진 빚을 깊이 인식하고 있었다. 한 사람은 아버지, 또 한 사람은 제러미 벤담이었다. 존 스튜어트 밀은 벤담과 제임스 밀이 헌신해온 개혁 프로젝트를 물려받아 흥미로운 방식으로 변형시켰기 때문에 그에 대해서는 약간의 소개가 필요하다. 제러미 벤담은 1748년에 태어나 1832년에 사망했다. 그는 평생 독신이었고, 모든 정치적 분파의 비판자들로부터 매도에 가까운 공격을 당했지만 사생활은 느긋하고 다정다감했다. 벤담은 정치적으로는 토리당원으로 시작했지만 비민주주의적인 정부가 공공의 복지를 촉진할 것으로 믿을 수 없다는 생각을 하게 됐고, 결국은 열렬한 의회개혁 주창자가 되었다. 벤담은 미국독립혁명에 대해서는 한마디로 규정하기 어려운 견해를 가지고 있었다. 그는 식민지는 곧 돈 낭비라고 생각했고, 북아메리카의 대영제국에 대해서는 애정을 갖지 않았다. 반면에 아메리카 식민지인들이 자연권을 주장하는 것에 대해서는 아주 안 좋게 생각했다. "자연권은 난센스다. 자연적이고 소멸될 수 없는 권리란 수사학적 난센스요, 과장된 난센스요, 터무니없는 난센스다"라고 한 선언은 유명하다.[1] 1789년 프랑스 인권선언 및 버지니아 인권선언에 분개한 벤담은 미국 독립과 같은 합리적인 대의가 그토록 비합리적인 주장을 기초로 삼은 데 대해 개탄을 금치 못했다.

벤담은 자연법에 대한 적대감을 기초로 실증주의 법이론을 발전시킴으로써, 영어권 법학 역사에서 가장 중요한 두세 사람 가운데 하나가 된다. 그는 특히 법학자이자 판사인 윌리엄 블랙스톤을 신랄하게 비판했는데, 『정부에 관한 소론A Fragment on Government』에서는 블랙스톤이 전개한 사회계약설 및 자연법 사상 관련 논의를 체계적으로 논파했다. 벤담은 영국의 법률 체계가 몽매주의와 시간 낭비적인 절차로 뒤범벅돼 있다고 보고, 법률을 어떻게 성문화해야 하는지, 법률 절차는 어떻게 간소화할 수 있는지, 정치 시스템은 어떻게 개선해야 법률적·행정적 개혁을 추진할 정부를 선출할 수 있는지를 최선을 다해 상세하게—대부분의 독자가 보기에는 지나치게 장황하게—설명했다. 공리功利 내지 효용utility의 원칙을 창안한 것은 벤담이 아니지만 '최대 행복의 원칙'이라는 표현을 처음 사용한 것은 그였던 것 같다. 벤담은 어떤 법안이나 관리 시스템(수감중인 죄수 또는 복지제도 수혜자 관리 등)은 거기에 영향을 받는 모든 사람의 행복 내지 복리에 얼마나 도움이 되는지를 따져본 연후라야 어떤 법률을 통과시키고 위반행위에 어떤 처벌을 가할지, 사회적 제도들을 어떻게 관리해야 할지 알 수

있다고 주장했다.[2]

벤담이 늘 고민하던 문제 가운데 하나가 교도소 개혁이었다. 그는 패놉티콘Panopticon의 설계자로 유명하다(또는 악명 높다). 이 감옥은 중앙에 높은 감시탑을 세우고, 그 바깥으로 방사형 복도를 설치함으로써 모든 감방을 위에서 다 내려다볼 수 있게 만든 구조다. 모든 죄수에게 항상 당국의 감시를 받고 있다는 것을 알림으로써 생활 방식을 고쳐 조기 출소 할 수 있게 만든다는 취지였다. 벤담은 패놉티콘을 "악당들을 갈아서 성실하게 만드는 제분소"라고 묘사했다. 비판자들은 아무리 범죄자라고 해도 그렇게 속속들이 감시할 수 있다는 발상 자체를 혐오했다. 비판자들은 그런 식의 조건화는 인간을 기계 취급하는 것이라고 말했다. 이에 대해 벤담은 "그들을 군인이라고 부르든, 수도사라고 부르든, 기계라고 부르든, 그렇게 해서 행복한 존재가 되기만 한다면 나는 상관하지 않겠다"는 식으로 격한 반응을 보였다.[3] 미국은 벤담의 구상에 대해 영국보다 호의적이었지만, 건축 모델로서는 영국의 보호시설과 병원에 특히 적합한 것으로 나타났다.

공리주의 체계의 이론적 기초는 벤담의 『도덕 및 입법의 원리 서설An Introduction to the Principles of Morals and Legislation』에 설명돼 있다. 이 책은, 자연은 인류를 두 주인(고통과 쾌락)의 지배를 받게 만들어놓았다는 주장으로 시작한다. 고통과 쾌락은 우리가 하고 싶은 일을 지시할 뿐 아니라 우리가 무엇을 해야 하는지를 말해준다. 그것은 고통을 최소화하고 쾌락을 극대화하는 것이다. 이를 상세히 설명하기 위해 벤담은 '쾌락 계산법felicific calculus'이라고 하는 것을 개발했다. 특정한 행동이나 행동 방침에서 예상되는 쾌락이나 고통의 총량을 측정하는 방법을 상세히 밝힌 것이다. 쾌락 계산법의 과학성은 벤담이 주장한 것보다는 훨씬 모호하다. 그러나 정책의 옳고 그름을 정밀하게 따져서 결정하고자 하는 의도라는 사실만큼은 분명했다.

벤담의 관심사는 법과 행정이었다. 그가 존 스튜어트 밀의 아버지인 제임스 밀을 만나 비서 겸 보좌관으로 삼았을 때 두 사람은 서로의 특성을 잘 살려주는 완벽한 보완관계였다. 제임스 밀은 1773년에 태어나 1836년에 사망했다. 벤담보다 25세 연하다. 제임스 밀은 벤담보다는 정치적 성향이 강했다. 물론 그는 탁월한 경제학자였고, 생의 마지막 20년 동안 동인도회사 심사관으로 인도 문제를 관할했다. 인도를 통치하는 회사의 런던 사무소 직원으로 사실상의 고위급 관리였다. 제임스 밀은 '철학적 급진파', 즉 영국 정부와 행정의 현대화를 강력히 주장하는 개혁가들 중에서도 주요 인물이었다. 그가 쓴 글 가운데 공리주의 정치이론에 가장 크게 기여한 것은 1818년 발행된 『브리태니커 백과사전*Encyclopaedia Britannica*』에 실린 '정부' 항목이다.[4] 벤담과 마찬가지로 제임스 밀은 우리 모두가 자신의 이익을 추구하려고 하는 것은 자연스러운 일이라는 생각에서 출발한다. 우리의 행동을 조정하고 법을 만들고 범죄를 억제하는 모종의 정부 시스템이 있어야 한다는 것은 분명하지만 그러한 수단을 가지고 선을 행할 권력을 보유한 집단은 해악을 끼칠 권력도 갖게 된다. 정부의 요체는 대중의 이익과 권력을 가진 집단의 이익을 조화시키는 것이다. 군주제도 귀족제도 그런 목적에 부합하지 않는다. 답은 어떤 형태든 민주주의일 수밖에 없다. 그러나 고대 아테네의 민회와 같은 직접 참여 민주주의는 아니고 대중이 자신의 이익에 도움이 되지 않는 정부를 몰아낼 수 있는 형태의 대의제 시스템이다.

제임스 밀은 거두절미하고 우리들 각자는 자신의 이익을 촉진하는 것이 최우선 관심사라고 주장했다. 따라서 '대중'은 집단적으로 대중의 이익을 촉진하는 것이 최우선 관심사일 수밖에 없다. 일부 비판자들은 그의 이런 주장을 비웃었다. '대중'이라는 존재가 과연 존재하느냐는 것은 지금도 여전히 정치분석가들을 괴롭히는 문제다. 더 놀라운 사실은 1832년 영국에서 제1차 선거법 개정안이 통과됨으로써 선거권이 전체 성인 남성의 14퍼센트로까지 확대됐는데, 그 몇 년 전부터 보통선거의 필요성을 주창했던 제임스 밀이 대의제 운영 비용을 줄여야 한다는 논리로 여성의 이익은 남편이나 아버지의 이익에 포함된다고 주장했다는 사실이다. 이런 논리에 따르면 여성은 따로 투표권을 가질 필요가 없다. 40세 미만의 남성도 40세 이상의 남성과 이익 면에서 다르지 않기 때문에 40세라고 하는 투표 하한 연령은 모든 관련 이익을 대변하는 것을 저해하지 않는다. 노동자도 이익 면에서 중산층과 충돌하지 않는다. 따라서 노동자 계층은 따로 투표권을 가질 필요가 없다는 논리다. T. B. 머콜리는 제임스 밀의 입장을 다음과 같은 말로 간단히 정리했다. "그는 궤변으로 문제를 애써 복잡하게 만드는 대신 인류의 절반에 해당하는 사람들의 이익을 슬그머니 배제해버렸다."[5] 벤담은 그러지 않았다. 존 스튜어트 밀도 그러지 않았다.

벤담과 제임스 밀이 중요한 이유는 두 사람이 존 스튜어트 밀의 교육을 결정했고, 영국 자유주의 계열 인물들에게 큰 영향을 미쳤기 때문이 아니다. 여기서 검토해야 할 중요한 문제는 세 가지다. 첫째는 자유와 행복의 관계다. 벤담은 대부분의 사람은 자신의 이익이 무엇인지 안다고 생각한다는 점에서 자유주의자였고, 사람들이 협박과 억압을 당할 때 겪는 고통을 극도로 혐오했다. 그는 동성애를 불법으로 금하는 법률이 아무런 효과가 없고 극도의 불행만 야기한다고 생각했다는 점에서 시대를 한참 앞서갔다. 그러나 보통 그러는 것처럼 자유 그 자체를 중시하지는 않았다. 자유는 행복의 도구였다. 따라서 나쁜 행동을 할 자유나 우리 자신을 불행하게 만들 자유를 잃을 수 있다면 그래야 한다. 이는 패놉티콘에 대한 비판을 그가 왜 이해하지 못했는지를 설명해준다. 두번째 문제는 정치와 행정의 관계다. 공리주의는 종종 '총독부 윤리'라는 평을 들었다. 자신이 통치하는 사람들을 어떻게 하면 행복하게 해줄 수 있을까를 생각하는 자비로운 식민지 총독부 관리 같다는 것이다. 아리스토텔레스가 지적한 것처럼, 정치란 행정과 달리 각자의 견해를 가진 시민의 존재를 전제로 한다. 공리주의가 과연 정치를 핵심적인 문제로 진지하게 고찰할 수 있느냐에 대해서는 지금도 논란이 많다. 공리주의는 정치활동을 기껏해야 통치라고 하는 원래 목표, 즉 최대 행복을 달성하기 위한 수단으로 삼고 있다고 볼 수 있을 것이다. 공리주의는 통치자들의 이익과 피지배자들의 이익을 조화시키는 것을 절대적인 요체로 삼고 있지만 시민의 삶에 대해서는 아무 말도 하지 않는다. 결국 공리주의 윤리와 정치학에서 말하는 개인주의는 개념이 모호하다. 어떤 경우 공리주의는 개인에만 관심을 쏟는다. 행복하거나 불행한 것은 개인들뿐이기 때문이다. 공리주의의 목표는 인간의 행복의 총합을 최대화하는 것이다. 이는 정부가 GDP에 큰 관심을 쏟는 것에 비교할 수 있다. 어떤 면에서 GDP는 개인주의적인 목표다. 국가의 소득이란 결국 개인들의 소득이기 때문이다. 또 어떤 면에서는 그 역도 성립한다. 문제는 파운드든 달러든 유로든 금액의 총계이다. 개인의 특수성과 개인이 어떤 삶을 사느냐를 강조하는 개인주의는 당연히 개인은 자율적이고 자아실현적인 시민이어야 한다는 사상으로 귀결된다. 반면에 개인의 행복과 불행의 가능성을 중시하는 개인주의는 당연히 합리적이고 자비로운 관리에 대한 관심으로 귀결된다. 이런 문제들에 대해서 존 스튜어트 밀은 어린 시절부터 많은 생각을 했다.

존 스튜어트 밀의 『자서전』

존 스튜어트 밀은 1806년 런던에서 태어나 1873년 프랑스 남부 아비뇽에서 사망했다. 그는 훌륭한 『자서전』을 남겼는데, 책은 사망 후 출판됐다. 그의 『자서전』은 어려서 받은 교육과 평생에 걸쳐 고민하고 노력한 문제들

918

을 독자들에게 상세히 설명하고 있다. 이 책은 어떤 답을 주기보다는 오히려 생각할 문제들을 제시한다. 밀은 아버지 제임스 밀이 도맡아 키우다시피 했고, 그 과정에서 제러미 벤담과 급진파 정치인이자 정치평론가인 프랜시스 플레이스로부터 조언과 격려도 받았다. 밀은 결국 19세기 초 영국의 최신 정치 여론을 주도하는 인물이 된다. 밀은 『자서전』에서 자신이 받은 교육은 모두 일종의 벤담주의 코스였다고 말한다. 아버지와 벤담이 이성을 극도로 중시하는 교육을 했다는 의미다. 특히 역사와 철학, 정치경제학을 많이 가르쳤다. 두 사람이 염두에 두고 있던 근대화 프로그램을 밀이 이어받아 계속 밀고 나아가기를 기대했기 때문이다. 그러나 그것이 반드시 정치에 입문하라는 의미는 아니었다. 1911년까지 영국 하원 의원은 무보수였고, 밀의 집안은 넉넉한 편이 아니었다.

변호사가 되었다면 수입이 꽤 괜찮았을 것이다. 급진파 신문과 잡지에 기고하는 방식으로 정치적 야심을 추구하면서 국회의원으로 활동하고 변호사 일도 할 수 있었을 것이다. 그러나 아버지 제임스 밀이 동인도회사 고위급 행정관이 되자 존 스튜어트 밀은 법률가의 길을 접고 아버지를 따라 동인도회사에 들어갔다. 밀은 16세에 동인도회사에 입사해 1857년 인도 반란 직후 동인도회사가 영국 정부에 의해 해산될 때 퇴직했다. 퇴직 이후에는 1865년 하원 의원으로 당선돼 1868년까지 재직했다.[6] 밀은 대개의 철학자들과 달리 어린 시절이 대단히 중요하다. 『자서전』도 어린 시절을 핵심적으로 다루고 있다. 존 스튜어트 밀은 일종의 교육 실험 대상이었다. 실험의 결과는 결국 어떤 측면에서는 아주 좋았고, 또 어떤 측면에서는 별로 좋지 않은 것으로 나타났다. 자신이 받은 교육 실험에 대한 이런저런 생각과 평가가 그의 정치이론 전반에 스며 있다. 꾸준히 민주화되어가던 당시 사회에서 가장 중요한 것은 교육이라고 본 것도 그런 차원이다. 아버지 제임스 밀은 대부분의 부모나 학교가 시도하는 것보다 훨씬 많은 내용을 아이들에게 가르치는 것이 가능하다고 믿었고, 아들 존에게 한시도 눈을 떼지 않고 관심을 쏟았다. 그러면서 아들에게 동시대인들보다 25년은 앞서간 교육을 시키려고 애썼다. 존 스튜어트 밀은 세 살 때 그리스어를 배웠다. 앞면에는 영어 단어, 뒷면에는 그에 해당하는 그리스어 단어가 적힌 '플래시카드'를 사용했다. 이어 여섯 살 때는 라틴어를 배웠다. 밀은 고대 역사와 당대 역사에 관한 서적을 엄청나게 읽었다. 열두 살 때는 논리학과 정치경제학 공부를 시작했다.[7]

아버지 제임스 밀은 엄한 교사였다. 아들은 잘할 때 아버지에게 칭찬받는 것보다 못할 때 꾸지람 듣는 것에 더 신경을 썼다. 하지만 밀이 받은 교육은 암기나 주입식 교육은 아니었다. 가정교사와 학생이 서로 묻고 답하는 방식이었다. 제임스 밀은 아들에게 답을 말해주는 방식이 아니라 질문을 던지는 방식으로 가르쳤다. 읽은 것에 대해 의문점이 있으면 무엇이든 물어보라고 했고, 스스로도 만족하지 못하는 답을 그러려니 하고 받아들이는 것은 안 된다고 했다. 그러다 보니 교육과정에서 안 좋은 일도 간혹 생겼다. 아버지는 아들이 얼마나 학업 성취가 늘었는지를 평가하기 위해 아들에게 여동생들을 가르치게 한 다음 여동생들이 얼마나 배웠는지를 보고자 했다. 그런데 여동생들보다 아들이 저녁도 안 먹고 먼저 잠드는 상황 같은 일이 벌어졌다. 밀은 훗날 가르치는 자신이나 배우는 여동생 모두 고역이었다고 토로했다.[8]

그러나 밀은 다시 어린 시절로 돌아가야 한다면 차라리 죽겠다고 한 성 아우구스티누스와 달랐다. 벤담은 휘그당 개혁파 실력자인 셸번 경의 친구였다. 그는 여름을 윌셔에 있는 셸번 경의 보우드 대저택에서 보내곤 했는데, 그때 제임스 밀 일가도 데려갔다. 존 스튜어트 밀은 14세 때 프랑스에 보내져 거기서 벤담의 동생인 새뮤얼 벤담과 몇 달 같이 지냈다. 그러면서 춤도 배우고 프랑스어를 유창하게 읽고 쓰게 됐다. 밀은 또 영국을 벗어나 있다는 사실, 영국보다 덜 엄격하고 생기가 넘치는 문화를 누린다는 경험에 매료됐다. 그는 빅토리아시대의 동시대인들과 달리 프랑스적인 경박함에 대한 거부감이 전혀 없었다. 오히려 영국인들이 대륙 프랑스인들보다 선천적으로 고루하다고 봤다. 밀은 16세 때 동인도회사 런던 사무소에 들어가 아버지와 함께 일하기 시작했다. 얼마 후부터는 오래 지체됐던 벤담의 프로젝트 『법적 증거의 원리 Rationale of Judicial Evidence』를 완성하는 작업도 도왔다. 벤담이 여기서 추구한 과제는 영국 법을 질서정연하고 이해하기 쉽게 만드는 것이었다. 그러나 그의 작업 스타일은 대단히 혼란스러웠다. 벤담의 초고를 정리하고 원고로 다듬어 출판에 적합한 상태로 만드는 것이 밀의 과제였다. 대단히 힘겨운 작업이었다.

원고 작업이 끝날 무렵 밀은 삶을 바꾸게 되는 경험을 한다.[9] 지치고 우울한 상태에서 타인의 행복을 위한 프로젝트를 모두 완성하고 나면 자신은 행복해질까 하는 운명적인 질문을 스스로에게 던진 것이다. 그 질문에 대한 답이 '아니요'라는 것은 너무도 명백했다. 자신의 모든 것이 무너져내리는 기분이었다. 밀은 교육을 통해 공리주의자로 자랐기 때문에 정부 정책과 법적 장치들의 좋고 나쁨을, 그것이 사람들의 행복을 촉진하느냐 마느냐로 판단하는 스타일이었다. 그는 개혁가라면 동료 시민 전체의 복리를 원하고, 그들의 행복에 기뻐하며, 자신의 이타적인 프로젝트가 성공함으로써 본인도 행복해지는 것은 당연하다고 생각했다. 그런데, 밀은 중요하다고 교육받아온 모든 프로젝트가 성공하고 나면 기분이 어떨까를 자문했다. 그에 대한 답은 별 감흥이 없을 것이라는 것이었다. 나이 스물의 민감한 청년에게 이는 개인적으로는 재앙이었다. 공리주의사로서는 일종의 이론적 파탄이었다.

치료법도 분명치 않았다. 밀은 자신의 감정을 가지고 다툼을 벌여봐야 소용없다고 생각했다. 당시의 에피소드에 대한 그의 설명에 따르면 밀은 우울 상태에 빠졌고, 그런 상태가 몇 달, 아니 어쩌면 2년 정도 지속됐다. 그가 우울증에서 빠져나온 것은 우연이었는데, 그 우연은 나름으로 의미가 컸다. 어느 날 밀은 프랑스 작가 장 프랑수아 마르몽텔의 회고록을 읽다가 아버지의 죽음을 묘사한 대목과 아버지가 가문에서 다하지 못한 일을 마저 하겠다고 굳게 다짐하는 부분을 보게 됐다. 그 대목을 읽으면서 밀은 울음을 터뜨렸다.[10] 그 결과 밀은 행복을 되찾을 수 있게 된다. 밀은 자신이 인간의 감정을 제대로 느끼고 표현하지 못한다는 것을 알고 충격을 느꼈다. 그러면서 아버지가 자신을 계산하는 기계로 만든 것이 아닌가 하는 두려움에 떨었다. 그러나 그런 생각을 한다는 것이야말로 그가 감성적인 인간이라는 증거였다.

밀은 언젠가 아버지의 후견에서 벗어나 당당히 홀로 서는 성인이 된다는 생각에 넘치는 기쁨을 느꼈을 것이 분명하다. 그러나 동시에 자신을 그만큼 키워준 아버지에 대한 미안함도 컸을 것이다. 한창 젊은 나이였던 밀은 마르몽텔 회고록 사건에 큰 의미를 부여했다. 이 사건은 두 가지 교훈을 주었다. 하나는, 교육은 지성의 계발과 함께 정서 계발에 신경을 써야 한다는 것이다. 밀은 자신이 받은 교육이 지성의 계발에만 신경을 쓴 것이라고 생각했지만 그게 맞는 얘기인지는 확실치 않다. 밀의 아버지는 최고 수준의 시 문학과 서사적 역사물, 소설 등을 무수히 소개해주었기 때문이다. 정서교육 결핍에 대한 밀의 반발은 18세기식 정신의 틀과 19세기식 정신의 틀을 구분하고, 합리주의와 낭만주의 또는 정치에 대한 기계적 접근과 역사적 접근을 구별하는 토대가 되었다. 그렇게 함으로써 밀은 공리주의를 훨씬 더 설득력 있는 삶의 비전으로 확장시켰다. 물론 이는 그에게 우호적인 비평가들의 눈에 비친 모습이다. 훨씬 비판적인 인사들은 그가 공리주의를 내버리고 무원칙한 절충주의에 빠졌다고 지적했다.

밀이 내린 두번째 결론은 도덕적·정치적 가치관이 대단히 중요하다는 것이었다. 그런 가치관은 공리주의적 시각으로는 온전히 이해하기 힘들다. 자율, 생명력, 자기 실존을 자신이 만들어가려는 열망, 인간으로서의 존엄 같은 가치관들 말이다. 밀은 자신에 대해, 타인이 그의 삶의 비전을 가지고 만들어낸 산물이며, 스스로 운명의 개척자가 아니라는 느낌에 시달렸다. 그런 그를 구원한 것은 스스로 자신의 주인이 될 수 있다는 희망이었다. 따라서 자율이라는 관념이 이후 그의 사고방식에 핵심적인 역할을 하게 된다. 밀은 마르몽텔 회고록 사건을 "〔그의〕 정신생활의 위기"라고 묘사했는데, 이 같은 표현은 어렸을 때 받은 고전 교육과 19세기에 인기를 끈 사고방식 모두에 영향을 받은 결과다. 그리스인은 극에서 '위기'를 전환점으로 보았고 이로 인해 과감한 도전에 나서게 된다고 생각했다. 또한 프랑스혁명에 대한 기억이 아직도 생생한 19세기에는 위기를 당연한 일로 간주했다. 1789년 프랑스혁명 이전의 정부들은 반란, 봉기, 농민 폭동, 도시 폭동 같은 것을 많이 겪었다. 그런 사건들은 평화에 대한 위협으로 간주돼 극도로 잔인하게 진압됐다. 그러나 그런 사태들은 '치안' 문제였다. 소요이기는 하지만 위기는 아니었다.

위대한 프랑스혁명은 양상이 완전히 달랐다. 그것은 마른하늘에 날벼락이 치듯이 느닷없이 발생한 사태였다. 바스티유 감옥 습격이 종교개혁 이후 유럽 최대의 정치적 대격변의 시발점이 될 것이라고는 누구도 예상하지 ·못했다. 과거의 경험으로 볼 때 런던 도시 폭동도 영국 왕정 체제를 전복하지는 못했기 때문이다. 이후 19세기는 혁명에 강박관념을 갖게 됐고, 정치, 예술, 종교, 개인의 삶에서 위기의 징후가 있는지를 탐지하려고 애썼다. 그런 방식으로 생각하는 것이 우리에게는 이제 제2의 천성이 됐다. 그러나 그런 사고방식은 처음에는 아주 새로운 것이었다. 밀이 자신의 정서적 삶의 격변을 당대의 정치·사회적 혁명 사태의 틀 속에서 생각한 것은 대단히 자의식적인 태도였다. 엄격한 철학적 경험주의자인 밀은, 19세기의 철학은 역사적 관점에 입각해야 한다는 헤겔의 시각을 공유했다. 밀은 헤겔을 읽었고, 그를 대단히 이해하기 어려운 인물이라고 생각했다. 그러나 헤겔의 기획은 그렇지 않았다.

정치사상 정립 과정

밀의 정신적 위기를 친구들은 알아채지 못했다. 밀은 계속 동인도회사 런던 사무소에서 일하면서 1820년대 말부터 1830년대까지 정치 관련 언론 활동도 열심히 했다. 급기야는 급진파 문예·정치 계간지『런던 앤드 웨스트민스터 리뷰London and Westminster Review』의 발행인과 편집장까지 맡았다. 밀의 삶에 더 극적인 변화가 온 것은 해리엇 테일러와 사랑에 빠지면서부터였다. 테일러는 유부녀였다. 그렇기에, 밀 못지않게 테일러도 밀을 사랑했지만 두 사람은 철저히 예의와 체면을 지키는 식으로 행동했다. 이 과정에서 테일러의 남편인 존 테일러도 도움을 주었다. 그는 아내가 외간남자를 사랑한다는 사실에 대해 별다른 내색을 하지 않고 자존심과 자녀들의 행복을 위해 두 사람이 예의를 지켜줄 것을 원했다. 아무리 그래도 역시 불미스러운 관계였다. 그래서 밀은 사교생활을 포기하고, 최대한 해리엇 테일러와 시간을 함께 보내면서 과거의 친구들은 거의 만나지 않았다. 개인적 교류는 최소화됐지만 더 넓은 세상과의 교류는 커졌다. 밀은 1인 교육기관처럼 활동하면서 영국, 유럽, 미국의 독자들과 첨단 자유주의 사상에 대한 통찰을 나눴다.

밀은 1833년 에세이「벤담론」에서 벤담의 결함을 맹렬히 파헤쳤다. 또 프랑스를 제외하고는 최초로 알렉시 드 토크빌의『미국의 민주주의』를 천재의 작품(1836년에 1권, 1840년에 2권이 출간됐다)이라고 환영했다.[11]

1843년 밀은 분량이 긴 대작 중 최초의 저서인『논리학 체계*A System of Logic*』를 출간했다. 여기서 그는 철학적인 학문 방법론을 상세히 개진했는데 이후 이 책은 경험주의자의 바이블이 되었다.『논리학 체계』가 의도한 것은 모든 인간의 지식은 경험에서 시작되며, 우리는 윤리나 수학 또는 물리법칙이 진리임을 인식할 수 있는 어떤 능력 내지 '직관력'을 가지고 있지도 않고 가질 필요도 없음을 보여주는 것이었다.『논리학 체계』는 놀라울 정도로 정치적인 책이다. 밀은 특별한 능력 내지는 직관력이라는 원리가 보수적인 사회·윤리·종교·정치적 교리를 강력하게 지탱해주는 버팀목이라고 봤다. 충분히 심오한 확신이 진리를 보증한다고 생각하는 사람은 자기비판이 불가능하다.[12] 인간의 가장 큰 약점은 자신이 깊이 믿는 것은 무엇이든 진리임에 틀림없다고 생각하는 습성이 아주 강하다는 것이다. 직관주의 철학은 그런 약점을 강화시켰다. 더 좋은 철학이라면 그런 것을 바로잡으려고 노력해야 한다.

이처럼 비판적인 차원에서는 보수 세력을 무력화시키는 것이 목표였다면, 적극적인 차원에서도 두 가지 중요한 목표가 있었다. 하나는, 사회과학이 결국 물리과학만큼 신뢰할 만한 결과를 내놓지 못할 것이라고 볼 이유는 없다는 관점을 제시하는 것이었다. 당시는 그런 기대를 할 수 있는 상황과는 거리가 아주 멀었다. 하지만 사회적 세계에 대한 우리의 지식을 과학적 토대 위에 올려놓는 것이 합리적 정치학의 핵심 과제였다. 현대의 후예들과 달리 밀은 그런 관점을 지탱하기 위해 당시 잘나가던 경제학의 사례를 끌어들이지 않았다. 경제학은 인간이 완벽한 지식과 극히 제한적인 행동 동기만을 가졌을 경우 극도로 구조화된 상황에서 어떻게 행동할 것인가를 설명하는, 가설적 학문이었다. 정치학을 경제학 모델로 설명하는 것보다 경제학이 정치학의 모델이 될 수 없는 이유를 이해하는 것이 더 중요했다.[13] 밀은 아버지의 '정부론'에 대해서도 이미 청산을 끝낸 상태였다.

밀의 두번째 목표는, 정치적 실천은 역사적 상황을 민감하게 고려하는 정치사회학을 바탕으로 이루어져야 한다는 주장을 제시하는 것이었다. 정치제도의 성패는 그 제도를 가동하는 국민의 성격에 달려 있기 때문에, 여기서 가장 중요한 문제는 우리의 유아기적 인간 본성을 어떻게 교육시켜서 안정된 성인의 품성으로 바꿀 것인가였다. 밀은 그런 학문을 표현하는 용어로 '인성학ethology'이라는 신조어를 만들기도 했는데, '국민성에 관한 학문'은 인성학의 일부였다. 밀은 특히 토크빌이 국민성의 차이가 프랑스와 미국에서 민주주의의 성패에 미친 영향에 대해 대단한 통찰을 제공했다고 높이 평가했다.[14] 밀은 빅토리아시대 영국의 문제는 적절한 형태의 자유민주주의를 지속적인 토대 위에 올려놓는 것이라고 생각했다. 이는 미묘한 과제였다. 보통 사람들을 해방시키는 동시에 완전히 뿔뿔이 흩어져 표류하지는 않게 만들어야 하기 때문이다. 또 보통 사람들이 앞으로 수중에 넣게 될 권력을 자신 있게 행사하되 본인과 타인의 자유를 해치게 해서는 안 되었다. 토크빌이 『미국의 민주주의』 2권에서 미국에 대해 불안한 어조로 설명하고 있는 것도 그런 과제가 지난한 것임을 시사한다. 실제로 이제 우리는 밀이 시종일관 근대국가가 실행할 수 있는 것은 대의정치라고 주장하는 것을 보게 될 것이다. 말 그대로의 자치가 가능한 환경들이 있었다. 근대 산업국가의 통치는 자치가 아니다. 우리는 통치자들을 선출하고 만족스럽지 않을 경우 내쫓는 방식으로 좋은 통치를 담보할 수 있을 것이다. 말 그대로의 자치는 더이상 시행할 수 없었다. 제퍼슨식으로 말하면 우리는 대의민주주의를 할 수는 있지만 순수(직접—옮긴이) 민주주의를 할 수는 없다.

1848년 밀은 『정치경제학 원리The Principles of Political Economy』를 출간했다. 이 책 역시 정치적 함의가 큰 것이었다. 물론 정부의 작동 방식에 대해 본격적으로 논의를 전개하는 것은 마지막 저서에서다. 밀은 경제학자들이 제시하는 사회적·정치적 삶에 대한 결정론적 해석을 비난했다.

문제는 경제학자들이 경제학이 다루는 현상에 대해 결정론적 해석을 제시하려 한다는 점이 아니었다. 모든 학문은 사태를 설명하려고 하고 원인이 어떻게 결과를 결정하는지를 보여주려고 한다. 밀이 문제삼은 것은 당대의 경제학자들이 너무도 성급하게 오로지 한 가지 경제체제만이 가능하다고 생각한다는 것이었다. 그 체제는 물론 빅토리아시대의 자본주의다. 그들이 보기에, 효율적인 경제는 빅토리아시대 영국에 익숙한 사적 소유권에 기초한 것이어야 한다는 것은 불가결한 진리였다. 밀은 영국에서 노동자가 소유하는 조합을 기초로 어떤 형태의 사회주의를 수립하는 일이 가능하며, 그렇게 하는 것이 대단히 바람직하다고 생각했다. 왜냐하면 정치적 민주주의는 경제적 민주주의가 부재한 상태에서는 불안정하기 때문이다.[15] 어떤 경우든 자치는 균질적인 것이었다. 반면에 민주주의를 정당화하는 논리는 자유로운 개인들은 그들이 선택하지 않은 당국에 의해 지배받는 것을 허용하지 않을 수 있다는 것이다. 일터에서 우리가 우리의 의사와 무관하게 임명된 관리자들에 의해 지배받는 것 역시 받아들일 수 없는 일이다. 밀은 자신과 같은 사람들이 어떤 종류의 사회주의가 영국에 적합한지를 결정해야 한다고 주장하지 않았다. 미래의 경제적·정치적 제도는 노동하는 사람들이 일단 투표권을 갖고 나서 결정할 문제라는 것이다.

10년 후 밀은 『자유론*On Liberty*』을 출간했다. 1851년 헤리엇 테일러의 남편 존 테일러가 사망하자 해리엇과 밀은 체면상 일정 기간 유예기를 두고 나서 결혼했다. 두 사람의 행복은 결혼 직후 둘 다 폐결핵에 걸린 사실이 발견됨으로써 위기에 처했다. 이후 짧은 결혼생활을 지배한 것은 질병의 고통과 따뜻한 곳으로의 요양 여행이었다. 그 과정에서 두 사람은 영국의 지적·문화적·정치적 삶의 저열함에 대해 우울한 진단을 주고받으며 "우리 다음에 올 사상가들(이런 사람이 과연 존재한다면)"을 먹여 살릴 "정신적 비상식량"을 남기는 계획을 세우기도 했다. 1858년 해리엇 테일러가 프랑스 아비뇽에서 사망했다. 밀은 집을 한 채 구입해 그녀의 무덤 곁에 머물렀다. 『자유론』은 그녀에게 헌정한 책이지만 가장 중요한 사회·정치적 자유주의의 선언 가운데 하나가 되었고, 밀의 저작 중에서 가장 생동감 넘치고 신선한 작품으로 평가받고 있다. 『자유론』에서 전개된 주장을 처음 출판됐을 당시처럼 신봉하는 사람은 이제 없다. 그러나 열정과 분노를 촉발하는 그 능력은 지금도 거의 줄어들지 않았다. 『자유론』은 1867년 차르 체제의 검열관들로부터 예기치 않은 찬사를 받았다. 카를 마르크스의 『자본론』 러시아어 번역본은 출판이 허용된 반면, 『자유론』 번역본은 출판이 불허된 것이다. 당시 『자본론』은 이해할 수 있는 사람이 없었지만, 『자유론』은 읽어보면 누구나 알렉산드르 3세 치하의 러시아가 보수적이고 전제주의적인 신정국가에 가깝다는 끔찍한 결론을 내릴 수밖에 없었다.

　『자유론』 이후 중요한 저서 3종이 출간됨으로써 밀의 자유주의 정치학이 총체적으로 완결됐다. 1861년 밀은 문예·학술·정치 문제를 다루는 유명한 잡지 『포트나이틀리 리뷰Fortnightly Review』에 짧은 논문 몇 편을 썼는데, 이들 논문이 나중에 『공리주의Utilitarianism』라는 제목으로 묶여 책으로 재출간됐다. 1년 후에는 『대의정치론Considerations on Representative Government』을 출판했다. 비례대표, 복수 투표권, 여성 선거권 같은 비영국적인 개념들을 옹호하는 내용이었다. 끝으로 1869년, 밀은 『여성의 예속 The Subjection of Women』을 출간함으로써 위험한 급진파라는 명성을 얻었다. 『여성의 예속』은 『자유론』의 자매편 격으로, 요지는 '자유가 좋은 것이라면 남성들에게만 그런 것은 아니다'라는 명제로 요약할 수 있을 것이다. 사망 후에는 『자서전』 『사회주의에 관하여Chapters on Socialism』 『종교에 관한 에세이 3편Three Essays on Religion』이 출간됐다. 『사회주의에 관하여』는 노동자조합의 필요성을 더 상세히 논했다. 『종교에 관한 에세이 3편』은 특히 오귀스트 콩트가 구상한 것과 같은 '인간의 종교'에 대해서도 전통적인 기독교 신앙에 대해서 갖는 정서 같은 것을 갖기가 어렵지 않다는 것을 논증한다.

밀은 1858년 동인도회사가 해산되면서 은퇴했다. 아비뇽에 살면서 해리엇 테일러를 애도하고 산으로 식물 조사를 다닐 생각이었다. 친구들은 그렇게 스스로 유폐된 삶을 살면 안 된다고 설득했다. 이후 1865년부터 1868년까지 런던 웨스트민스터 선거구 자유당 하원 의원으로 활동했다. 밀은 해리엇 테일러와 사별한 후 죽을 때까지 15년간 옛날 친구들과 다시 교분을 쌓고 여성 참정권 확보와 토지개혁을 비롯한 여러 운동에서 적극적인 역할을 했다. 하원 의원 시절에는 그 누구보다 열심히 여성의 투표권 확보를 위해 노력해 결실을 보기 직전까지 갔다. 영국은 1918년에 가서야 30세 이상 기혼 여성에게 참정권을 부여하게 된다. 존 스튜어트 밀은 1873년 프랑스 아비뇽에서 사망했다.

공리주의를 수정하다

밀의 저작을 출간 순서로 보면 그의 정치학 논리 전개 과정과는 맞지 않는다. 따라서 그가 공리주의에 대해 본격적으로 논한 것은 『자유론』이 나온 뒤의 일이지만, 공리주의 논의를 먼저 살펴보아야 한다. 올바로 이해된 공리주의―밀의 관점에서는―가 그의 정치·사회사상의 기초이기 때문이다. 많은 밀 비평가들은 그의 자유주의가 공리주의보다 대단히 독자적이라고 생각했고, 공리주의에서 파생되는 결론이 그런 자유주의에 일부 어긋날 경우 밀은 적당히 얼버무리고 넘어갔다고 봤다. 밀의 공리주의 버전이 여러 사상적 연원에서 도출해낸 확신들까지 반영한 것이라는 점은 부인할 수 없는 사실이다.

그러나 그가 공리주의를 명쾌하게 설명하려 한 의도는 분명했다. 밀은 영국 정치가 정치인과 지식인 모두의 체계적 사고 부재라는 문제를 안고 있다고 생각했다. 영국에서 자유의 운명은 결국 당대의 사회·도덕·정치적 사상에 의해 결정되는 만큼 철학자, 시인, 사회사상가들은 사회의 지적 수요를 충당해주어야 했다. 1829~1830년에 집필한 일련의 논설 '시대정신The Spirit of the Age'에서 밀은 용의주도하게 고안된, 확신이 담긴 도덕적·정치적 이상이 결핍돼 있다는 점을 설득력 있게 지적했다.[16] 국가에 '지식인층 clerisy'이 없었다. 'clerisy'는 새뮤얼 테일러 콜리지가 만든 조어로 공적 시사 문제에 대해 발언하는 지식인들을 가리키는데, 사회와 문화에 관한—사실상 삶의 의미 전반에 관한—그들의 견해는 사회 전반에 큰 권위를 행사한다. 지식인층이라는 단어를 사용했다는 것은 그런 계층이 국교회 성직자들이 수행했던 정신적 역할을 수행해야 한다는 얘기였다. 밀은 콜리지와 마찬가지로 민주주의사회에서는 영국성공회도, 기존의 귀족층도 그런 역할을 더이상 수행할 수 없다고 봤다.[17]

밀은 지식인층에게 공리주의의 가르침을 전파하려고 애썼다. 공리주의의 기초는 '무엇이든 문제가 되는 것은 인간의 복리에 영향을 미치기 때문'이라는 것과 '인간의 복리란 결국 행복이다'라는 것이다. 이에 대해서는 많은 이론이 있다. 예를 들면, '어떤 것들은 "그냥" 문제가 된다' '그런 것들이 문제가 되는 것은 신에게 문제가 되기 때문이거나 또는 비인격적인 우주적 계획에 문제가 되기 때문이다' 등등. 너무도 많은 사람들이, 문제가 되는 사안이 문제가 되는 이유는 그들에게, 그들이 속한 인종에게, 그들의 가족에게 문제가 되기 때문이라고 생각한다. 반면에 공리주의는 세속적이고 보편주의적인 입장을 취한다. 어떤 상황이 좋다거나 나쁘다거나 하는 것은 인간의 복리에 미치는 영향을 기준으로 말하는 것이라는 주장은 도덕적 선악은 물론이고 모든 형태의 좋음과 나쁨을 설명해준다.[18] 암이 나쁜 것은

930

불행을 야기하기 때문이다. 그러나 암이 악한 것은 아니다. 도덕적 선악에 대한 밀의 설명은 '도덕이란 우리가 우리 자신에게 집단적으로 부과하는, 심리적 제재로써 강제하는 행동 규범의 체계'라는 생각을 기초로 한 것이다. 심리적 제재 가운데 하나가 양심의 제재다. '어떤 사회의 실질적 도덕은 무엇인가'라고 하는 사실적 질문을 하면 우리는 사회 구성원들이 따르는 규범이라고 답할 것이다. '그 사회의 도덕은 어떤 것이어야 하는가'라고 질문하면 우리는 구성원들이 따라야 하는 규범이라고 답할 것이다. 이것이 바로 실질적 도덕과 비판적 도덕의 구분이다. 실질적 도덕은 헤겔이 말하는 인륜, 즉 한 사회가 현실적으로 따르는 윤리적 규범들이다. 반면에 어떤 규범을 따라야 하는가라고 자문하는 개인은 비판적 도덕의 차원에서 질문을 던지는 것이다. 밀의 공리주의의 요체는 '참된 비판적 도덕은 우리 모두가 그것을 따를 경우 인간의 복리를 최대화하게 되는 규범들이다'라고 하는 주장이다.

이는 도덕을 사회학적으로 보는 시각이다. 이는 '사유재산은 정당한가?' 와 같은 도덕적 질문을 '서로 다른 사회집단은 사유재산의 정당성에 대해 어떻게 생각하는가'라는 식의 사회학적 질문으로 격하시킨다는 의미가 아니라, 도덕을 일종의 제도로 보고 접근한다는 의미다. 우리가 도덕이라고 부르는 '제도'를 가지고 있는 이유는 인간은 서로에 대해 많은 자제를 필요로 하기 때문이다. 물론 그보다는 덜하지만 소극적인 의미의 자제가 아니라 서로에게 적극적인 도움이 필요할 때도 있다. 그러나 자제가 역시 좀더 근본적이다. 남이 나를 좋아하거나 도와주는 것보다는 공격하거나 강탈하거나 학대하지 않는 것이 더 필요하기 때문이다. 하지만 친절을 미덕이라고 하고 잔학 행위를 악덕이라고 하는 이유는 쉽게 알 수 있다. 마찬가지로 공격과 학대를 금하는 규범을 친절을 권장하는 규범보다 더 엄격하게 강제하는 이유도 쉽게 알 수 있다. 엄격히 말해서, 우리가 지켜야 하는 의무는 타인들만을 대상으로 한다는 주장은 선뜻 이해가 잘 안 가지만 개인의 자유를 강조하는 밀의 입장에서는 중요하다. 도덕은 우리와 타인의 관계에 관한 것이다. 서로에게 가할 수 있는 손상을 억제하고 도움이 될 수 있는 부분을 촉진하는 것이다. 우리는 우리 자신과는 도덕적 관계를 맺지 않는다는 얘기다. 그러나 밀은 제대로 된 공리주의라면 의무의 영역을 넘어서서 우리의 행위 자체에 대해서도 할 말이 있어야 한다고 생각했다.[19]

밀은 이따금, 도덕이란 엄밀히 말해, 삶의 '거래적' 측면에 관계된 것이라고 언급했다. 벤담이 성긴 공리주의를 제시한 것은 삶의 거래적 측면에 관심이 있었기 때문이다. 따라서 타인과의 관계에 대해 명료하고 합리적인 지침을 마련했을 뿐 자기계발을 위한 열정적인 지침 같은 것은 제공하지 않았다. 밀은 우리가 자신의 행동과 품성을 진지하게 평가해본다면 처신을 잘하느냐 잘하지 못하느냐와 관련해 세 가지 차원을 구별할 수 있을 것이라고 주장했다. 우리는 경솔할 수 있다. 이 얘기는 우리 자신의 이익을 해친다는 것이다. 우리는 부도덕하게 행동할 수 있다. 이는 타인의 정당한 이익을 해친다는 것이다. 첫번째 차원의 예는 술을 너무 많이 마시고 숙취에 시달리는 경우다. 두번째 차원의 예는 술을 너무 마시고 위태롭기 그지없는 음주운전을 하는 경우다. 이 경우는 도덕의 영역이다. 타인을 위태롭게 하는 것은 의무 위반이기 때문이다. 세번째 차원은 미덕이냐 악덕이냐가 아니라 고귀한 것이냐 저급한 것이냐의 스펙트럼을 기준으로 행위를 평가하는 것이다. 마지못해 툴툴거리면서 빚을 갚는 사람은 채무를 상환함으로써 의무를 이행하는 것이다. 그러나 그의 행위는 저열하다. 그는 본래의 모습이 도달할 수 있는 수준보다 훨씬 떨어지는 행태를 보였기 때문에 비난받아 마땅하다. 이런 평가 방식에 대해 밀은 때로 '미학적' 차원의 평가라고 말했다.[20]

밀은 벤담이 윤리적 삶에서 타인과 무관하게 자기 자신과만 대면해야 하는 차원의 문제를 도외시했다고 비판했다. 밀은 『자유론』에서 사회는 순수하게 자기 지향적인 문제에 관해서는 우리에게 더 잘 행동하라고 강요하려고 해서는 안 된다고 강조했다. 그런 점에서 벤담이 개인의 순수한 인격적 훌륭함의 문제를 무시했다고 이의를 제기하는 밀의 태도는 이상해 보일 수 있다. 하지만 그렇지는 않다. 밀의 주장은 개인의 인격적 훌륭함은 권장할 수는 있지만 강요할 수는 없다는 것이다. 인격적 훌륭함은 잘 알지 못하고서는 권장할 수도 없다. 벤담이 인격적 훌륭함을 논외로 한 것은 타인의 자기 지향적 행위에 대해 이러니저러니 하는 것은 무례라고 생각했기 때문이다. 밀은 타인의 자기 지향적 행위에 대한 무관심은 인간의 고결함에 대한 무관심의 표현이라고 생각했다. 밀은 제대로 된 공리주의라면 인간 삶의 모든 측면을 평가할 수 있는 기본 틀을 제시할 수 있다는 것을 보여주고자 했다. 그중 하나가 자기 자신과만 대면해야 하는 삶의 측면이다. 공리주의는 삶의 '거래적' 측면으로부터 출발해 다른 모든 측면에까지 적용될 수 있다. 자기 지향적 정서와 가치가 모든 가치 중에서 가장 중요하다고 주장하는 것과, 그런 사안은 강압적이고 조직적인 방식으로 강요할 수 없다고 주장하는 것은 상호 모순되는 것이 아니다. 그것이야말로 자유주의의 본질이다.

밀은 "쾌락의 양이 동일하다면, 아이들 장난이나 시詩나 똑같이 좋다"라는 벤담의 유명한 발언으로 대표되는 벤담식 공리주의의 단순 무식함에 대해 깊이 우려했다. 왜냐하면 벤담이 민주주의가 초래할 수 있는 최악의 부작용을 조장한다고 봤기 때문이다. 1830년대에 쓴 여러 편의 에세이에서 밀은 "대중이 개인을 압도하는" 근대사회의 경향에 대해 서술했다. 사회가 점점 탁월한 개인들보다는 대중의 여론에 의해 지배되고 있다. 따라서 당대의 천재는 개인들이 위대한 행동을 하도록 영감을 주기보다는 다수의 사람들이 합심 협력해 바람직한 활동을 하도록 조직화해야 한다는 얘기였다.

토크빌을 읽기 전에도 밀은, 자기 시대는 사적 이익을 최우선으로 하는 경제학을 신봉하고 과거의 종교적 질곡은 이제 거의 다 사라졌다고 봄으로써 개인의 시대가 도래했다고 생각하지만 기실은 대중의 여론과 행동이 가장 큰 힘을 발휘하는 시대라고 확신했다.[21] 사회를 구성하는 개인들이 대중이 되어 행동에 나선 것이다. 이런 밀의 의구심을 강화해준 것이 토크빌이었다. 토크빌은 미국에 대해 사상의 자유가 실질적으로는 세계 그 어느 곳보다 덜 보장된 나라라고 묘사했다. 그러나 미국은 개인의 자유를 보장하는 정교한 법적 장치인 「권리장전」을 보유하고 있고, 변경 지역을 개척하려는 집단적인 열정이 있었다. 토크빌에 따르면 미국은 개인의 자율적 사고를 권장할 의사도 능력도 없었다.

밀의 공리주의 신조 비판은 공리주의를 확대하는 동시에 공리주의가 인간 본성에 대해 가지고 있는 전제를 바로잡기 위한 것이었다. 공리주의의 위험은 인간 본성을 본질적으로 수동적인 것으로 본다는 데 있었다. 우리가 쾌락이나 고통을 유발하는 자극의 소비자라면 가장 바람직한 것은 쾌락은 늘리고 고통은 가급적 없애는 것이다. 그러나 그럴 경우 행동, 자기 결정, 노력 같은 것의 가치를 설명하기 어렵다. 왜 우리는 위험보다 안락을 선호하면 안 되는가, 정치적 차원으로 말하자면 왜 자치보다 자비롭고 효율적인 통치를 원하면 안 되는가. 자치는 공리주의자가 원하는 것보다 더 많은 노력과 위험이 따른다. 밀의 관심사는 그런 생각들을 격파하는 것이었고, 그것이야말로 그의 공리주의 설명의 특색이기도 하다. 『공리주의』는 도덕철학의 역사에서 가장 널리 읽힌 책에 속하는 동시에 가장 비판을 많이 받은 책이기도 하다. 많은 비판자들은 이 책이 너무도 흠결이 많아서 똑똑한 사람이 어떻게 그런 책을 썼는지 이해가 안 간다고 말할 정도다. 반면에 밀에게 우호적인 사람들은 세속윤리에 대한 흥미롭고도 설득력 있는 설명이라고 평가한다.

『공리주의』의 구성은 단순하다. 밀은 '공리'의 의미에 대한 혼란을 우선 깨끗이 정리하는 것으로 시작한다. 대개 우리는 공리적인 것, 즉 단순히 쓸모 있는 것을 아름다움, 올바름, 정의 또는 고귀함과 대조적인 것으로 생각한다. 밀에게 중요한 대목은 독자들이 일상적 의미에서 쓸모 있는 것을 선, 정의, 공정, 아름다움 같은 것과 한데 묶어 공리(효용)의 관점에서 설명할 수 있다고 생각한다는 것이었다. 밀의 논법은 종종 '그것은 그렇지 않다'는 방식으로 전개된다. 그는 비판자들로부터 공리주의에 대한 엄청난 저항이 있는 것은 오해에서 비롯된 것이라고 생각했다. 따라서 공리주의가 과연 무엇인가에 대해 명확히 하는 것이 최우선 과제였다. 역설적이게도, 후대의 비판자들은 여기서 밀이 무엇을 달성하려고 하는지를 알기 어렵다. 왜냐하면 그의 논리 전개의 목적은 비판자들이 추구하는 바와 아주 다르기 때문이다. 밀의 기본 주장 가운데 하나는 공리주의가 실행 가능하다는 것이었다. 현대의 독자라면 이런 주장에 이론이 없을 것이다. 그러나 밀 당시의 독자들은 지금의 우리와는 좀 다르게 도덕은 신의 의지의 문제이며 세속윤리란 용어상 모순적인 표현이라고 생각했을 가능성이 높다. 밀은 신이 존재하는지 존재하지 않는지는 알 수 없다고 생각하는 불가지론자였다. 물론 생의 말기에 이르러서는 '우주에는 힘을 행사하는 어떤 자비로운 지성적 존재'가 있을 것이라고 생각하는 쪽으로 기울었다. 『공리주의』는 또다른 의미에서 불가지론적 입장을 취하고 있다. 공리는 신이 존재하느냐 존재하지 않느냐에 대해 도덕적 지침을 제공한다는 것이다. 신이 존재한다면 그 신은 우리에게 공리가 명하는 바를 따르기를 원할 것이다. 존재하지 않는다면 그래도 우리는 어쨌든 공리가 명하는 바를 따를 것이다. 존재한다면 그 신은 공리주의의 원칙을 장려할 것이다. 존재하지 않는다면 그래도 사회는 어쨌든 공리주의의 원칙을 장려해야 할 이유가 충분히 있다. 역사를 보면 서로 다른 종교적 신념을 가진 사회나 종교와 무관한 사회들도 비슷한 도덕적 규범을 가지고 있다. 그런 규범들이 일관되고 진보적인 것이라면 공리주의적 관념을 반영한 것이다. 물론 그런 규범을 따르는 사람들이 공리주의니 하는 표현을 사용하지는 않는다.[22]

논의 과정에서 도덕이 의미하는 바에 대한 밀의 관점이 부각된다. 도덕은 인간의 복리를 최대화하는 규범의 체계로서, 심리적 강제를 통해 설정되고 시행된다. 공리주의가 말하는 규범이 어떤 것인지 설명하기 위해 밀은 공리주의는 누구도 거부할 수 없는 규범 — 예를 들면 '정의' — 을 승인하고, 논란이 되는 규범 — 예를 들면 개인의 성 관련 윤리 — 을 개정해야 한다는 문제 제기도 허용한다는 것을 보여주어야 했다. 우리는 기존의 윤리에 대해 대부분 그대로 믿지만 규범 내용이 발전할 여지는 있다. 한 사회가 현재의 도덕의 내용이라고 여기는 실질적 도덕은 이미 공리주의가 승인하는 것의 상당 부분을 구현하고 있다. 그러나 공리주의의 과제는 어떤 사회의 실질적 도덕이 과연 올바른 것이냐를 판정하는 기준으로서의 비판적 도덕을 제공하는 것이다.

이런 발상을 많은 독자들은 위험하다고 여겼을 것이다. 도덕의 진보 운운하는 것은 도덕이 신의 명령으로 계시되고 정착된 것이라는 통념을 뒤흔드는 것일 수 있기 때문이다. 밀 자신은 이와는 다른 종류의 비판자들을 논박하기 위해 심혈을 기울였다. 그중에서도 특히 토머스 칼라일 같은 사람이 공리주의에 대해 제기한 비판은 공리주의가 '돼지'의 철학이라고 하는 것이었다. 인간은 쾌락을 추구할 뿐 아니라 쾌락을 도덕의 시금석으로 간주한다는 공리주의자들의 주장은 인간이 아닌 돼지의 세계관이라고 비판했다. 그러자 밀은 격분했다. 그 때문에 문장이 어떤 대목에서는 매우 과격해졌다. 우선, 인간의 쾌락을 돼지의 쾌락이라고 하는 것은 인간에 대한 모욕이었다. "그런 비난은 인간이 돼지가 누릴 수 있는 쾌락과 다른 종류의 쾌락을 누릴 수 없다는 것을 전제로 한다."[23] 따라서 인간을 모욕하는 것은 공리주의자가 아니라 공리주의 비판자들이었다. 공리주의자들은 인간은 인간에게 걸맞은 행복을 추구해야 한다고 주장했다. 돼지에게 어울리는 행복을 말한 것이 아니다. 밀은 여기서 한 걸음 더 나아갔다. 그는 서로 다른 종류의 쾌락, 서로 다른 형태의 쾌락이 존재한다고 주장했다. 또 쾌락은 '양'뿐만 아니라 '질'로써도 비교가 가능하다고 말했다. 밀은 만족한 돼지보다 불만족한 인간이 되는 편이 낫다, 만족한 바보보다 불만족한 소크라테스가 낫다고 주장했다. 이는 밀의 유명한 구분법이다.

여기서 두 가지 난점이 생긴다. 하나는 질을 쾌락의 고려 대상으로 도입할 경우 행복을 최대화한다는 것이 무엇인지 알기 어렵다는 점이다. 공리주의의 논점은 질서와 계산을 도덕에 도입하는 것이다. 그런데 양에 관한 논리에 질을 도입함으로써 밀은 당초의 논점을 전복시키게 되는 것처럼 보인다. 두번째 난점은, 밀이 우리는 행복을 가져다주는 것은 무엇이든 한다고 주장하면서도 불만족한 소크라테스가 만족한 바보보다 낫다고 말하는 것은 또 무슨 의미인지 알기 어렵다는 점이다. 바보가 소크라테스보다 행복하다면 바보는 소크라테스보다 분명 잘하고 있는 것이다. 이는 고대 그리스 철학자 트라시마코스식 논리가 아니다. 트라시마코스는 행복이란 자기의 힘은 키우고 타인은 멸시하는 것이라고 생각했다. 이런 입장은 우리가 무엇을 해야 하느냐에 대해서는 관심이 없고, 방법이야 어떻든 행복하기만 하면 된다는 주장이다. 트라시마코스라도 하루 종일 텔레비전이나 보는 것은 못마땅해했을 것이다. 그러나 단순한 공리주의는 하루종일 텔레비전을 보면서도 행복하다고 하는 사람을 비판할 수 있는 여지가 없다.

밀은 이런 불만을 잠재울 수 있다고 생각했다. 그는 우리가 만족한 돼지보다 불만족한 인간이 낫다는 것, 그리고 둘 중 하나를 선택해야 할 경우 어떤 것을 선택하리라는 것을 알고 있다고 생각했다. 만족한 돼지가 되기를 원하는 불만족한 인간은 없다. 소크라테스도 행복한 바보가 되기를 원하지 않는다. 이는 밀이 보기에 우월한 형태의 행복이 있고, 열등한 형태의 행복이 있다는 증거이다. 여기서 당연히 제기될 수 있는 반론은, 행복의 행태를 그런 식으로 구분하려면 행복과는 다른 어떤 기준이 있어야 하는 게 아니냐는 것이다. 이런 반론에 대해 밀은 두번째 논리를 제시한다. 우리는 행복을, 처음에는 행복에 속하지 않았던 많은 것과 동일시하게 된다는 것이다. 처음에는 앞으로의 행복에 도움이 될 것이라는 이유로 행한 많은 일들이, 행복의 수단에 불과했던 것들이 결국은 행복의 일부가 된다는 논리다. 우리가 처음에 진실을 말한 것은 아마도 남들이 우리의 말을 믿어주기를 바라서였을 것이다. 꼭 정직하고자 해서 그런 것은 아니다. 그러나 얼마간 시간이 지나면 우리는 어떤 문제에 있어서든 부정직하지 않고 싶어한다. 어떤 사람이 '우리는 미덕 자체를 위해 미덕을 추구한다'고 말한다면 밀은 이의를 제기하지 않을 것이다. 한 인간이 미덕을 추구하면 분명 다른 사람 모두의 이익에 부합한다. 따라서 미덕을 행하는 것은 우리가 가장 원하는 삶이라고 생각하는 것의 일부가 된다.[24]

정의

우리는 이런 논리가 밀의 정치이론과 어떻게 관련이 되는지를 물어야 한다. 그의 도덕이론은 전체적으로 정치적이다. 여기서 정치적이라는 것은 『공리주의』라는 책에 짤막짤막한 정치적 언급이 가득하다는 의미만은 아니다. 도덕은 하나의 사회적 제도다. 그리고 밀은 플라톤 및 아리스토텔레스와 마찬가지로 미덕을 촉진하는 것이 정치의 핵심 과제라는 데 동의한다. 그러나 도덕에 대한 시각이 아주 다르기 때문에 밀은 두 철학자와 달리 자유주의적 차원에서 미덕을 직접적으로 촉진하는 것과 간접적으로 촉진하는 것을 구분할 수 있다. 정의에 대한 밀의 설명이 그 한 예다. 공리주의는 정의를 논함에 있어서 문제가 발생한다. 정의는 대단히 직접적으로 개인들에 관한 문제, 좋은 것과 나쁜 것의 구분의 문제, 엄격한 의무화의 문제인 것처럼 보인다. 반면에 공리(효용)는 일정한 범위의 개인들의 행복을 최대화하는 것의 문제이며, 공리의 의무화는 엄격한 것이라기보다는 '다소 유동적'이다. 밀은 정의의 요구는 근본적으로 공리주의적인 것이지만 우리가 그것을 특별히 중시하고 강력히 강제하는 이유는 정의가 촉진하는 공리의 종류가 중요하기 때문이라고 생각했다. 그것은 안전이다. 우리는 이웃들이 우리를 위해 해줄 수 있는 대부분의 것들은 없어도 살 수 있지만 그들이 우리의 안전을 존중하지 않는다면 살아갈 수 없다.

밀의 이런 설명은 좁은 의미의 정의에 대한 설명으로는 매우 부족하다. 일반적으로 우리는 살인이 사회 안전을 저해하기는 하지만 불공평한 것이라고 말하지는 않는다. 우리는 어떤 학생이 다른 학생보다 사실은 잘 못했는데 더 잘했다고 칭찬하는 것은 사회 안전을 해치는 일은 아니지만 불공평한 것이라고 말한다. 밀의 설명은 가장 엄격히 집행해야 하는 도덕의 영역에 대한 설명으로서는 좀 낫다. 심리적 압박을 동원해 좋은 행동을 강제하는 것은 사회의 비공식적 자치이다. 그것은 사회가 우리를 통제하고 협력하게 하고 서로의 이익에 신경을 쓰도록 하는 과정이다. 그러한 자기 통제의 부재야말로 폭력이 만연하고 경제적으로는 형편없는 사회들의 특징이다. 미국에서 일어난 공동체주의운동은 한동안 이런 관점을 강조했다.[25] 밀이 도덕 중에서도 정의의 영역이라고 부르는 부분은 가장 중요하고도 가장 기본적인 부분이다. 여기서는 개인은 누구나 모든 종류의 공격에 맞서 도움과 지원을 요구할 수 있어야 한다는 것이 가장 중요하다. 따라서 당위로서의 정의는 모든 미덕 가운데 가장 정치적인 것이다. 밀은 한 사회가 그 구성원을 규제할 수 있는 능력에 대해 오늘날의 우리보다 더 낙관적이었다. 그가 우려한 것은 근대사회가 그 구성원들을 지나치게 규제함으로써 개인의 적극성과 자신감을 박탈하는 잘못을 저지를 개연성이 높다는 것이었다. 이에 대한 처방으로 집필한 것이 『자유론』이다.

『자유론』

밀은 에세이 『자유론』을 집필하는 과정에서 비상한 열정을 투입했다. 그는 이 책이 자신의 명성만큼이나 오래가기를 원했다. 그러나 이 책은 빅토리아시대 중기의 영국 동포들을 대상으로 한 것이었다. 1850년대 초 밀과 해리엇 테일러가 초고를 집필하기 시작했을 때 두 사람은 영국에 숨막힐 듯한 체제 순응주의가 만연돼 있다고 확신했다. 밀은 토크빌의 『미국의 민주주의』를 통해 민주주의는 '다수의 전제專制'로 변질되기 쉽고, 다수의 독재는 새로운 방식으로 작동할 수 있다는 것을 배웠다. 토크빌과 마찬가지로 밀도 민주주의는 거스를 수 없는 대세라고 생각했다. 보통 사람들은 오랜 세월을 거치면서 차츰 왕과 귀족들의 약탈로부터 스스로를 보호할 수 있게 되었다. 이는 보통 사람들이 억압자들에 맞서 후일 '대항적 권력'으로 일컬어지는 힘을 획득함으로써 가능했다. 통치에 참여할 권리를 획득하는 것이 억압적인 지배계급을 격퇴하는 방법이었다.[26] 그런데 그 결과로 생기게 되는 난점—밀과 토크빌은 그런 상황이 벌써 시작됐다고 봤다—이 새로운 형태의 억압이 됐다. 역설적이게도 그것은 전보다 부드러운 형태이지만 저항하기는 더 어려운 억압이었다. 소수 지배계급은 반대파가 다수인 상황에서는 항상 전복당할 위험에 처해 있다. 따라서 권력 장치는 물론이고 권위를 확보하기 위한 이데올로기적 수단을 확실히 장악하고 있어야 한다. 밀이 생각하는 군주제와 귀족제를 지탱해온 것은 충성스러운 군인과 여론에 큰 영향을 미치는 성직자들이었다. 그런데 국가권력으로 무장한 민주주의는 권력 유지를 위해 그런 신경을 쓸 필요가 거의 없다. 제도적 통제 수단이 민주주의 편임은 물론 수효 면에서도 그렇기 때문이다.

밀 이전의 사상가들은 근대 민주주의가 고대 그리스의 민주정처럼 파벌로 쪼개지고 걸핏하면 서로 싸우는 양상이 되지 않을까 우려했다. 그러나 밀은 그렇지 않게 되는 것을 오히려 우려했다. 대중민주주의 시대가 되면서 여론이라는 강력한 힘이 사회 구성원 모두를 압박하는 상황을 걱정한 것이다. 대중민주주의는 새로운 종류의 억압이 될 수 있었다. 그것은 우리 모두가 집단적으로 개개인 상호 간을 억압하는 형태다. 더욱 나쁜 것은, 우리가 우리 자신을 억압하게 될지 모른다는 것이다. 이러한 과정이 어떻게 진행되는지 그 메커니즘은 쉽게 상상해볼 수 있다. 어린이가 양심을 획득하게 되는 사회화 과정은 일종의 '내면화'다. 우리는, 남들과 사회 전반의 태도 및 관점을 우리 자신의 것으로 채택한다. 밀의 설명은 프로이트의 초자아 발전 과정에 대한 설명과 유사하다. 다만 프로이트가 강조하는 성적 욕망과 그에 대한 억압이라는 측면만 빠져 있다. 그런 식의 설명들은 어린이가 타인들의 목소리를 내면의 검열관으로 생각한다고 본다. 우리의 욕망은 표현되거나 행동의 출발점이 되지 못하는 것이다. 설령 그런다고 해도 그런 표현이나 행동에는 죄책감이 수반된다.

『자유론』에서 특히 눈에 띄는 발상은 우리가 획일적 민주주의 체제에서 자라게 되면 여론을 내면화한다는 대목이다. 획일적 민주주의는 잔인하지도, 폭압적이지도, 우리가 익히 아는 방식의 편견에 사로잡혀 있지도 않을 것이다. 그러나 우리가 독립적으로 생각하는 것을 차단한다. 당당히 발언하고 싶은, 또는 머릿속이라는 사적 공간에서나마 이단적인 사상을 가지고 싶은 유혹을 느낄 때에도 우리는 뒷걸음질하게 된다. 문제는 밀이 토크빌을 따라 '민주주의는 적절한 예방 조치를 취하지 않을 경우 획일주의적인 것이 될 것'이라고 한 우려가 정당한가 하는 것이다. 밀도 토크빌도 민주주의의 정치적 장치와 획일주의 내지 순응주의적 문화를 단순하게 바로 연결 짓지는 않는다. 두 사람 다 그 어떤 의견도 억압당하지 않는 다원적 자유주의를 소망했다. 두 사람 다 근대 민주주의는 획일주의 내지 순응주의적인 경향이 있다고 생각했다. 고대 그리스의 민주주의는 그런 문제를 걱정할 필요가 없었다. 작은 도시국가라는 상황, 그리고 명성과 영광을 놓고 경쟁하는 분위기로 말미암아 뚜렷한 주관과 열정을 가진 사람들은 남과 다르기 위해 노력했다. 반면에 근대 민주주의 체제에서는 사회적 삶의 경제적 토대가 많은 사람들을 비슷한 조건에 놓이게 한다. 사람들은 서로 다른 경제적 이익을 놓고는 다툼을 벌일 수 있지만 전반적인 조건이 유사함으로 말미암아 의견이 획일화되는 것이다.

　이런 진단은 노동계급에 대해 자유주의적 가치관이 결여돼 있다고 비난하는 것이 아니다. 밀이 유권자의 압도적 다수가 교육을 제대로 받지 못한 육체노동자일 때 민주주의가 어떻게 될지를 우려한 것은 사실이다. 그러나 여기서 그가 핵심 문제로 삼은 것은 중산층의 습속이었다. 미국은 결국 철저히 중산층이 주류인 나라라고 밀은 생각했다. 그는 체면을 지켜야 한다는 압박감이 우리의 생각과 느낌과 행동을 저해해서는 안 된다고 생각했다. 따라서 밀이 가장 중요하게 문제삼은 것은 정치적 억압이라기보다는 사회적 태도다. 그러나 사회적 억압에 대한 그의 우려에는 그러한 사회적 태도가 정치적으로 야기하는 결과에 대한 불안감이 분명히 깔려 있다. 토크빌과 마찬가지로 밀은 조용한 전제주의를 우려했다. 이견과 불만을 가진 사람들은 일자리를 구할 수 없고, 클럽과 대학과 정당에서 배제될 것이다. 그런 사람들은 감옥에 가거나 집단수용소에 보내지지는 않는다. 대다수가 같은 생각을 가진 사회는 그렇게 강력한 무기를 휘두를 필요도 없다.

　그런 보이지 않는 힘에 대항할 수 있는 방법으로 밀이 구상한 것은 딱 하나, 자유주의적이고 다원주의적인 정치이론이었다. 그가 이런 이론을 정립한 것은 1820년대에 신경쇠약을 겪고 난 뒤였다. 괴테와 빌헬름 폰 훔볼트, 영국 낭만주의 시인들을 읽고 나서 밀은 인간의 본성은 다면적이며, 심지어 내적으로 다분히 모순적이라고 생각하게 됐다. 그는 여전히 공리주의자였지만 '행복'은 우리가 우리 자신에 대해 진정으로 원하고 정치적 목표로 추구할 수 있는 것을 일컫는 표현으로는 너무도 모호한 단어라고 생각했다. 자율적인 자아실현이야말로 근대적 인간의 진정한 목표다. 우리는, 충분한 자의식을 가지고 삶의 주인이 될 때, 우리 삶에서 어떤 조화를 이루면서 내면으로부터 삶을 살아가려고 애쓰게 된다. 이는 타인들을 기준으로 삼는 것과는 정반대되는 형태다.

이런 목표를 공리주의적인 논거로 옹호할 수 있느냐는 논란의 소지가 있다. 어쨌거나 벤담식 공리주의로 접근할 수 있는 문제는 아니다. 참으로 자율적인 존재가 되겠다고 결심했다면 그런 시도를 하는 과정에서 좌절당할 경우 불행해질 것은 분명하다. 그런데, 존 스튜어트 밀이 사망한 지 140년이 지난 지금까지도 그가 자유의 가치를 자유가 행복에 미치는 영향이라는 관점에서 설명하는 데 성공했느냐에 대해서는 아직 의견이 분분하다. 어쨌든 『자유론』의 논리 전개 형식은 분명하다. 밀은 먼저 사회가 집단적으로 개별 구성원들을 대하는 방식을 규제하는 일반원칙을 설명한다. 이는 사회가 개인을 강압할 수 있는 경우를 한정하기 위한 것이다. 그 원칙이 제시하는 기준은 사회가 개인을 강압할 수 있는 것은 사회의 자기방어를 목적으로 하는 경우뿐이다. 행위자 본인 이외의 타인들에게 해가 미치는 것을 방지하기 위한 목적이 아니라면, 사회는 격려, 권면, 비난, 설득은 할 수는 있지만 강압은 하면 안 된다. 이를 정확히 이해하기 위해서는 우리의 행위에 대한 강압적 개입이라는 것이 무엇인지에 대한 상세한 설명이 필요한데, 밀은 그런 설명은 하지 않는다. 그가 말하고자 하는 취지는 다음과 같이 정리할 수 있겠다. 강압에는 위해를 가하겠다는 협박이 들어 있다. 위해는 심리적인 것일 수도 있고 물리적인 것일 수도 있다. 위해를 가하는 목적은 문제가 되는 생각이나 행동을 하지 못하도록 억제하는 것이고, 따라서 일종의 징벌이다. 정리하면, 대원칙은 '사회는 구성원들을 보호할 목적으로만 특정 구성원들을 처벌할 수 있다'는 것이다. 이것이 바로 '반온정적 간섭주의antipaternalism' 원칙이다.

사회가 그로부터 구성원들을 보호해주어야 할 위해가 어떤 것이냐에 대해서도 제한이 있다. 밀은 '이러이러한 것은 위해가 아니다'라는 식으로 위해의 종류를 구분한다. 예를 들어, 우리가 당연시하는 관념과 다른 얘기를 듣는 것은 우리에게 위해가 되지 않는다. 우리의 종교적 신념을 난센스라고 비난하는 얘기를 듣는 것은 우리에게 위해가 되지 않는다. 우리가 애착을 가지고 있는 가치관에 대해 남들이 미신에 불과하다고 생각하는 것은 우리에게 위해가 되지 않는다. 이것이 '반도덕주의antimoralism' 원칙이다. 어떤 행동이 사람들에게 위해가 되는지 여부를 판단할 때 '어떤 행동은 부도덕하다'는 주장을 근거로 삼아서는 안 된다는 것이다. 그런데, 어떤 행동이 부도덕한 것인지 여부를 판단할 때는 그 행동이 사람들에게 위해가 된다는 사실을 근거로 삼을 수 있다. 이것이 바로 공리주의자의 논법이다. 따라서 밀은, 사회가 그 구성원들을 정신적 또는 물리적 제재를 통해 강압할 수 있는 것은 누가 봐도 명명백백한 위해를 방지할 목적인 경우, 계약으로 성립된 권리—결혼이 이에 해당한다—의 침해를 방지하기 위한 경우, 사회가 정상적으로 작동하기 위해 불가피한 경우—법원이 요구하면 증거를 제출해야 할 의무 등이 이에 해당한다—에 한정된다고 독자들을 설득한다.[27]

'위해의 원칙'이라고도 하는 이 원칙은, 사회가 개인을 강압할 수 있는 것은 타인에게 가해질 수 있는 위해를 방지할 목적인 경우에 한한다는 의미다. 본질적으로는 '이런 경우가 아니면 안 된다'는 식의 소극적 규정이다. '위해의 원칙'은 사회적 강압이 허용되는 한계선을 설정한다. 대전제는 사상의 자유, 거의 절대적인 언론의 자유다. 그런 대전제를 벗어나는 경우는 선동 또는 사기라고 밀은 주장한다. 곡물상 집 앞에 모인 성난 폭도들에게 '곡물상은 다 도둑놈이다'라고 말한다면 그것은 선동이다.[28] 그런 말을 경제학 교과서에 쓸 수는 있다. 그러나 성난 군중에게 그런 식으로 말해서는 안 된다. 폭동과 살인을 자극하는 행위가 될 수 있기 때문이다. 사기도 규제돼야 마땅하다. 소설에서나 할 수 있는 얘기를 계약서에 쓸 수는 없다.

밀은 행동의 자유는 더 어려운 문제라고 본다. 그러나 기본 규칙은 동일하다. 어떤 사람이 깊은 협곡에 가로놓인 위태로운 다리를 건너려 한다고 치자. 그럴 경우 밀은 문제의 여행자가 다리를 건널 경우 어떤 위험에 직면할 수 있는지를 알려주는 정도로 개입하는 것이 마땅하다고 생각한다. 이어서 밀은 진정으로 자발적인 매춘이라면 범죄행위가 될 수 없다고 본다. 위험한 약물도 여타의 위험한 물건에 대한 것과 같은 방식으로 규제하는 것이 옳다고 본다. 그런 물건을 구입할 경우 어떤 결과가 될 수 있다는 것을 알려주는 방식이다. 술의 부작용에 대해서는 다 잘 안다고 전제할 때, 취중에 한 행동을 맨 정신에 한 행동보다 가중처벌하는 것은 당연하다. 그래야 싸움으로 이어지거나 남을 다치게 할 가능성이 큰 상황에서는 더더욱 맨 정신을 유지해야 한다는 자극제가 되기 때문이다. 운전을 할 때라면 특히 그러하다.[29] 나 자신만을 위험에 빠지게 하는 선택이라면야 하시든지 마시든지.

이는 이러저러한 행위는 안 된다고 하는 소극적인 설명 방식이다. 주석가들이 제대로 주목하지 못했지만 밀에게는 이러저러해야 한다고 주장하는 적극적인 측면도 있다. 그는 삶에는 우리가 해서는 안 되는 행위를 하지 않는 것 이상의 어떤 측면이 있다고 일관되게 주장했다. 예를 들어, 당신이 과다하게 음주를 할 경우 내가 억지로 막아서는 안 된다. 그러나 그러다가는 고주망태가 되고, 아무도 당신과 어울리려 하지 않을 것이며, 친구는 다 떨어져나가고, 직장생활도 불가능해지고, 제정신이 돌아오면 '왜 내가 그토록 시간을 허비했는가' 하고 땅을 치며 후회하게 될 것이라고 경고해줄 수는 있다. 밀의 분석에 따르면 그런 정도의 얘기는 강압적인 것은 아니다. 우리는 술 취한 사람에게 "귀하가 계속 술을 마시면 모든 이가 귀하를 배척하게 할 것이오"라고 말하지 않는다. 대신 "귀하가 지금처럼 계속 술을 마시면 아무리 그러고 싶어도 누구라도 귀하 곁에서 더는 견딜 수 없을 것이오"라고 말한다. 모두가 각자 누릴 권리가 있다고 주장하는 자유를 사용한 결과가 어떤 것인지를 지적하는 것이다. 밀은 우리가 우리의 행동이 남을 불쾌하게 하거나 지루하게 하거나 몰취미하다는 지적을 듣는 것을 싫어한다는 것을 부정하지 않았다. 그는 남들을 우리가 원하는 방식으로 행동하게 만드는 것이 정당한 영역과 그렇지 않은 영역을 구분할 줄 알아야 한다고 주장했다.

여기는 인간 삶의 궁극적 목적에 대한 밀의 비전을 논하는 자리는 아니다. 정치적 제도들은 우리가 개인적으로 그러한 목적을 추구하는 것을 보호해준다. 그러나 우리에게 필요한 자원을 제공해주는 것 이상의 일은 할 수 없다. 우리는 어떤 요구, 또는 감독에 따라 자유롭게 생각하고 상상력 넘치며 대담하고 흥미로운 존재가 될 수는 없다. 그런 영역에서는 자유주의자라면 건드리지 않을 수 없는 미묘한 선이 있는데, 그것을 잘 보여주는 것이 교육에 대한 밀의 시각이다. 부모는 자녀들이 교육을 받도록 조치해야 한다. 그렇게 하지 않는 것은 두 가지 권리, 즉 자립하지 못하는 개인을 양산하지 않을 사회의 권리와 아무것도 할 수 없는 상태로 부모에 의해 세상에 내던져지지 않을 어린이의 권리에 위배된다.[30] 국가는 학교 교과과정에 대해 이래라저래라 해서도 안 되고 학교 일반을 직접 운영해서도 안 된다. 다만 좋은 학교란 어떤 것인지를 시범적으로 보여주는 정도로 소수의 학교를 운영할 수는 있다. 교육비를 댈 능력이 없는 부모에게는 보조금을 지급해야 한다. 국가고사를 실시한다면 사실에 입각한 시험이어야 하며 특정한 정치적, 종교적 신념을 요하는 것이어서는 안 된다. 이 모든 주장에도 불구하고 밀의 저작에는 영국 대중의 저급한 교육 수준에 대한 경멸이 분명히 드러나 있다. 밀은 영국 정부가 대중 교육 시스템에 있어서는 프로이센식 노선을 철저히 추구해야 한다고 주장한다. 교사는 학생에게 필요한 것을 학생보다 더 잘 알려줄 수 있고, 똑똑한 정부는 대중에게 필요한 것을 대중보다 더 잘 알기 때문이다. 자비로운 관료제가 때로는 자유주의적인 정부보다 훨씬 낫다는 것이다.

『대의정치론』

밀은 민주주의 체제의 결함을 보완할 수 있는 철학적 치료제를 제공한 데 이어 『대의정치론』에서 정치적·제도적 치료제를 제시했다. 책 제목 자체가 신중하게 선택한 것이다. 밀은 단순히 다수의 지배라는 시스템 차원에서 또는 선거에서 다수 득표를 한 정당이 의회 의석의 다수를 확보함으로써 통치를 담당하는 시스템이라는 의미에서 '민주주의'에 관한 글을 쓰려고 한 것은 아니다. 그는 책 제목이 분명히 밝히고 있는 바와 같이 대의제 형태의 통치에 관한 글을 쓰고자 했다. 밀은 젊어서는 영국이 다수결 민주주의로 좋은 정부, 부패하지 않은 정부를 확보할 수 있다고 생각했으나, 시간이 가면서 그의 생각은 달라졌다. 이는 어떤 면에서는 아버지 제임스 밀이 「정치론Essay on Government」에서 제시한 주장에 대한 회의가 반영된 것이지만 더 큰 영향을 미친 것은 토크빌의 『미국의 민주주의』였다. 『미국의 민주주의』의 골자는, 미국의 민주주의가 자유와 양립할 수 있는 것은 미국 사회의 다원성과 다양성 때문이지만, 거기에서도 다수가 원하는 것을 마음 대로 할 수 있다는 원칙이 너무 과다한 영향력을 발휘하고 있다는 것이다. 밀은 토크빌의 의견을 받아들여, 지금 우리에게 필요한 것은 '대립하는 의 견들'을 그대로 살려두는 것이라고 생각했다. 그래야 다수가 지배는 하되 아무런 도전조차 받지 않는 상황으로 치닫지 않는다는 것이다.[31]

밀은 토크빌보다 더 확고하게, 가장 중요한 것은 '진보적인' 통치를 확보 하는 것이라고 믿었다. 토크빌은 과거의 귀족정치에 대한 향수가 있었지만 밀은 그렇지 않았다. 두 사람은 민주주의는 사회적 평등이 확대되는 데 따 른 당연한 결과라고 생각했다. 또 정치적 민주주의는 만족한 양떼를 목자 들이 평화롭게 관리하는 체제로 쉽게 변질될 수 있다는 데에도 의견을 같 이했다. 그럼에도 불구하고 차이점이 있었다. 토크빌은 좀더 직접적인 정 치 문제에 관심을 보였다. 『미국의 민주주의』 2권 끝 대목에서 설명한 대로 토크빌은 사적인 차원에 매몰된 개인은 공적인 문제에 적극 참여하는 시민 으로서 행동하지 못할 가능성이 높다고 우려했다. 반면에 밀은 무한한 진 보, 지적·산업적·도덕적 진보에 대한 비전이 있었다. 그는 어떤 형태의 정 치가 주어진 인적자원을 가장 잘 활용할 수 있고, 인간사회를 좀더 높은 단 계로 발전시킬 수 있는가 하는 문제를 제기했다. 어떤 맥락에서 보면 이런 문제 제기는 현대 독자들로서는 좀 당혹스러운 주장이다. 예를 들어 밀은 노예제는 고대 세계에서는 정당성이 인정됐다는 사실을 전혀 의심하지 않 았다. 노예제가 없었다면 고대 그리스의 지적·정치적 에너지는 제대로 분 출될 수 없었을 것이다. 근대 세계에서는 노예제는 완전히 혐오스러운 사 태로 여겨졌다. 마찬가지 논리로 전제정치는, 지배 집단 내지 지배 세력이 피지배자들보다 훨씬 앞서 있을 경우 신민들(계급이나 종족)을 진보라고 하는 큰 흐름에 동참시킬 수 있는 유일한 또는 최선의 방법으로 정당화됐다. 밀은 카를 마르크스와 마찬가지로 영국의 인도 지배는 인도인들의 복리에 미치는 영향이라는 관점에서 정당화될 수 있다고 생각했다. 이런 주장에 설득된 인도인은 거의 없었지만 진보에 대한 밀의 구상에 설득된 사람은 꽤 많았다.

19세기 영국과 같은 근대사회에서 전제정치를 옹호한 사람은 없었다. 자비로운 전제정치는 모든 형태의 통치 가운데 최악이었다. 유일하게 용인될 수 있는 통치는 통치를 받는 사람들에게 책임을 지는 정치였다. 사람마다 능력과 지능 면에서 차이가 있다는 사실을 가지고 플라톤식 전제정치를 정당화하기는 어려웠다. 관료제 정부는 강점이 많지만 에너지와 추진력이 결여된 경우가 많았다. 대의정치는 발전된 사회의 시민들로 하여금 스스로를 통치함으로써 자신들의 이상과 야망을 실현할 수 있게 했다. 이런 일이 가능하려면 적절한 정신 속에서 적절한 조직과 통제가 이루어져야만 한다. 밀은 근대 세계에서 자치는 말 그대로의 자치일 수는 없다고 봤고, 그런 점을 분명히 밝혔다. 직접민주주의는 고전 시대 아테네에서 시행된 것이며, 근대사회에서도 그런 것이 작동될 수 있는 영역이 일부 있었다. 그러나 3000만 명이나 되는 국가를 통치하기 위한 처방으로는 설득력이 없었다. 헤겔과 마찬가지로 밀은 국가의 소멸을 원하는 쪽에 가까웠다. 이런 발상은 마르크스와 수많은 사회주의자 및 무정부주의자들에게 큰 영향을 주었다. 근대사회는 행정을 아주 많이 필요로 하며, 행정은 아마추어들이 맡아서 하기에 적합한 일이 아니다. 근대 정치의 본질은 선거를 통해 책임을 지는 것이었다. 선거를 통해 투표자가 확보하는 것은 아리스토텔레스가 말한 "차례대로 통치하고 통치받는" 이상적인 모델과 같은 의미에서의 통치의 기회가 아니라 좋은 통치를 담보할 능력이었다.

『대의정치론』은 구체적인 내용에 있어서는 『자유론』이나 『공리주의』처럼 독자들의 열정을 자극하지는 못했지만 일부 특이한 주장을 제시했다.

밀은 자치는 말 그대로의 자치일 수 없다고 주장했을 뿐 아니라 유권자에게 상당한 정도의 복종을 요구했다. 우리는 우리와 같은 사람에게 투표를 하는 것이 아니라 우리가 승인하는 견해를 가진, 우리보다 우월한 사람들에게 투표를 하는 것이다. 참정권과 관련해서 밀은 당대인들로서는 받아들이기 어려운 견해 세 가지를 제시했다. 첫번째는 선거권을 여성에게까지 확대해야 한다는 것이었다. 1860년대 초, 영국의 선거권은 부동산을 소유한 성인 남성에게 국한돼 있었다. 이들은 전체 성인 남성 인구의 14퍼센트 정도였다. 선거권이 조만간 확대될 것이라는 것은 분명했지만 당시 사람들이 생각한 한계는 하위 중간계급과 일부 노동계급 남성을 '헌정의 틀 안에' 포함시키는 정도였다. 1867년 2차 선거법 개정 관련 논쟁 당시 하원 의원이었던 밀은 여성에게 남성과 동등한 조건의 참정권을 부여하자는 안을 제시했는데 법안 2차 독회 때 놀라울 정도로 많은 찬성표를 얻었다. 그가 얻은 72표는 모두를 놀라게 했다. 그러나 영국 정부는 1차대전이 끝난 뒤에가서야 30세 이상 기혼 여성에게 투표권을 부여하게 된다. 밀은 여성 투표권을 옹호하는 논거를 따로 제시하지 않았다. 그저 여성은 투표권을 가지면 안 된다는 주장은 머리칼이 빨간 남성은 투표권을 가지면 안 된다는 주장과 마찬가지로 누가 봐도 불합리한 얘기라는 식으로 멸시해버렸다.

당시의 상식과 맞지 않는 밀의 두번째 주장은 '1인 1표' 원칙 대신 "1인이 최소 1표를 행사하되 교육 정도에 따라 최대 3, 4표까지" 행사하도록 하자는 것이다. 이런 복수투표제 제안이 불신에 직면할 것이라는 점을 밀은 잘 알고 있었다. 아닌 게 아니라 그랬다. 밀의 복수투표제는 새로 참정권을 얻은 노동계급 유권자들에 맞서 자산계급의 권리를 보호해주기 위한 단기적 조치가 아니라 만족스러운 참정권 확립을 위한 영구적인 제도로 제시한 것이기 때문이다. 당대의 소설가들은 밀의 방안을 '공상적인 참정권'이라고 칭했다. 투표함은 자기 이익을 수치화하는 것이 아니라 현명한 의견을 수치화하는 것이어야 한다. 따라서 우리는 더 많이 교육받은 사람들에게는 추가 표로 보상을 해주는 방식으로 현명함을 권장해야 한다는 논리였다. 20세기 정치학자들은 교육 정도가 높다는 것을 이처럼 노골적인 방식으로 보상해주자는 제안에 충격을 금치 못하겠지만, 교육을 많이 받은 사람들이 '여론 주도층'으로서 덜 교육받고 덜 주의 깊은 유권자들의 투표 성향을 좌우함으로써 그 숫자 이상의 영향력을 행사해야 한다는 요구에 대해서는 높은 평가를 하기도 했다.

정통적인 주장과 거리가 먼 밀의 세번째 주장은 가장 공정한, 따라서 가장 복잡한 선거제도, 즉 비례대표제에 대한 옹호였다. 그는 다른 이론가들과 마찬가지로 양당제도하에서는 한 정당이 총 투표 수의 4분의 1을 약간 넘긴 정도만 얻어도 집권이 가능하다는 점을 잘 알고 있었다. 의석마다 50퍼센트를 간신히 넘겨 획득함으로써 전체 의석 과반수는 겨우 확보했지만 나머지 선거구에서는 압도적인 표 차로 패한 경우이다. 다당제하에서 '승자 독식' 내지 '최다 득표제'를 채택할 경우 행정부는 총 투표 수의 40퍼센트 정도만 얻어도 구성되는 경우가 많다. 유권자의 절반 정도가 실제로 투표권을 행사했다고 하면 전체 성인 주민의 20퍼센트 정도에 불과한 표만 얻은 셈이다. 밀은 이런 상황에 종지부를 찍고자 했다. 두 차례 이상 그런 주장을 폈다. 그는 유권자 입장에 서서 모든 유권자가 당선될 후보자에게 지지를 표할 권리를 똑같이 누리도록 하는 제도를 구상했다. 이를 위해 밀은 19세기 후반에 활동한 영국 정치학자 토머스 헤어가 고안한 이양식 투표제를 지지했다. 이양식 투표제의 표 계산 방법은 기술적으로 대단히 복잡하다. 밀의 『대의정치론』은 일반 대중을 대상으로 쓴 글이어서 이 투표제의 기술적 측면은 논외로 했다. 이양식 투표제에서는 투표권자가 투표용지에 나열된 후보자들에 대해 선호하는 순서를 매기고, 1순위 선호 후보가 당선권에 못 들면 그 표는 2순위자에게로 넘어가고, 2순위자도 당선권에 못

들면 3순위자, 4순위자로 넘어가게 하는 방식이다. 그러나 한 선거구에서 2인 이상의 의원을 배출하는 중대선거구에서만 시행할 수 있다는 약점이 있다. 특히 영국인들은 미국인들처럼 유권자와 의원 사이의 지역적 결속을 중시하는 경향이 있어서 이양식 투표제가 뿌리내리기는 어려웠다. 그러나 아일랜드는 90년 동안 아무 문제없이 이 제도를 시행해왔으며, 영국도 유럽의회 선거에서는 이양식 투표제를 적용하고 있다.

밀은 영국 정치인 내지 그 추종자들의 전통적인 감성에 호소하는 데에는 관심이 없었다. 그는 정당정치는 오류이며, 사람들이 의원내각제의 목적을 대단히 오해하고 있다고 생각했다. 투표권자는 행정부의 행동을 감시할 수 있도록 자신보다 유능한 사람을 선출해야 하는 것처럼 국회의원들은 국정을 잘 이끌 수 있도록 자신들보다 유능한 정부를 구성해야 한다. 밀은 의회에 대해 '말만 무성한 곳talking shop'이라고 불평하는 비판자들에게 의회는 원래 그래야 하는 곳이라고 응수했다. 의회가 어떤 식으로 작동해야 하는지에 대한 밀의 구상은 썩 분명하지는 않다. 그러나 그는 어떤 형태의 입법위원회legislative commission가 법안을 작성해서 의회에 제출하는 방식을 제안했다. 의회는 배심원 같은 역할로서 입법위원회에서 넘어온 법안을 수용하거나 거부한다. 밀은 의회에 법률 개정 권한을 주는 것에 대해서도 무능력한 자들이 아무런 준비 없이 법을 만들도록 조장하는 결과가 되기 때문에 잘못이라고 봤다. 의회는 가부를 결정하는 권한만 갖는 반면 입법위원회는 거부당한 법안을 수정해 다시 제출할 수 있다. 이런 주장이 나오게 된 데에는 세 가지 배경이 있음을 쉽게 짐작할 수 있다. 우선 입법은 과학적인 문제이기 때문에 아마추어들이 맡을 문제가 아니라는 벤담의 주장이다. 두번째는 밀 본인이 행정가로 일하면서 영국 정당 정치인들의 행태에 대해 깊은 불신을 갖게 되었다는 점이다. 세번째는 비전문가로 구성된 민회가 제출된 법안을 놓고 장단점을 토론해 찬반을 결정만 하는 고대 아테네의 사례를 고려했다는 점이다. 중세의 피렌체 공화국도 유사한 입법 시스템을 가동했다. 밀과 루소도 인민이 중심이 되는 공화국은 그런 식으로 운영돼야 한다는 것을 당연시했다. 두 사람이 염두에 둔 것은 로마 공화정이었다. 물론 밀은 다르다. 밀은 로마의 과두제보다는 아테네의 민주정을 선호한다는 면에서도 전통적 사고와 다른 양상을 보였다.

자유민주주의가 성공할 수 있는 요건으로서 밀이 마지막으로 제시한 두 가지는 지금도 큰 관심을 끈다. 그는 식민지 및 식민지 통치에 관한 구상을 밝히는 한편으로 권력분산과 자치권 확대를 열렬히 주장한다. 밀은 일반적인 의미의 제국주의자는 아니었다. 그는 다른 나라를 정복하거나 광대한 해외 영토를 획득하는 제국주의를 발전된 나라의 사명이라고 생각하지 않았다. 그러나 일단 식민지를 획득했다는 전제하에서는 식민지가 독립과 자치를 누릴 준비가 될 때까지는 보유할 필요가 있다고 생각했다. 그것이 식민지 자체의 복리를 위하는 길일 뿐 아니라—밀이 동인도회사가 인도를 경영하는 것을 옹호한 것도 바로 이런 논리에 입각한 것이다—식민지 권력이라는 특권을 강화하는 길이기 때문이다. 밀의 머리에서 나왔다고 보기 쉽지 않은 생각이기는 하다.

밀은 권력분산을 적극 주창했지만 연방제에 대해서는 썩 내켜하지 않았다. 효율적인 연방제는 국가를 하나로 통합할 만큼 민족 감정이 충분히 형성돼 있지 않은 경우에 대한 처방이었다. 밀은 강력한 민족적 정체성이 국가를 통합하고 국민들을 서로를 위해 희생을 감수하도록 설득하는 데 중요한 역할을 한다고 확신하고 있었다. 그는 결과주의자이지 쇼비니스트(국수주의자)가 아니었다. 그는 어떤 민족이 다른 민족보다 선천적으로 우월하다는 주장을 한 적이 없다. 역사의 특정 시점에 한 민족이 다른 민족보다 인류 발전에 더 많은 기여를 했을지 모르지만 그런 기여라고 하는 것은 우연적 조건에 따라 발생한 일이지 특정 국가가 영구히 그럴 것이라고 볼 이유는 없다. 밀은 헤겔과 달리 그런 과정에 정신Geist이 관여한다고 생각하지도 않았다. 더구나 민족적 정체성이 중요한 문제이기는 하지만 자유민주주의의 시급한 과제는 권력분산 문제를 진지하게 고려하는 일이었다. 민주주의 사회의 위험성은 수동적인 국민이 중앙정부가 자기들을 대신해 모든 일을 떠맡도록 허용하기 쉽다는 데에 있었다. 그리고 그런 사태야말로 진보의 죽음이었다. 그런 위험은 또 대중사회mass society의 자유 파괴적인 경향을 악화시켰다. 이에 대한 처방은 책임을 사회에 최대한 많이 양도하는 것이었다. 지식은 집중화해야 하지만 책임은 분산해야 한다. 지방 단위의 민주주의를 허용하고 대중에게 자립심을 심어주어야 한다는 얘기다. 밀의 독자들 가운데, 아니 지금의 우리들 가운데, 하수 처리나 가로 조명, 교육, 도서관, 고속도로 관리 같은 문제를 처리하는 지방자치단체 관련 위원회에 시민위원으로 선발되는 것을 좋아할 사람이 얼마나 될지는 말하기 어렵다. 일반 시민 중에서 사법적 판단을 하는 배심원을 선발하듯이 그런 위원회에 참여할 시민을 모집하면 어떻게 될지는 흥미로운 실험거리다. 역시 결과는 예측하기 어렵다.

『여성의 예속』

밀의 저서 중에서 가장 열정이 넘치는 것은 맨 마지막에 출판된 『여성의 예속』이다. 거기에 표출된 여성 평등에 대한 그의 신념은 평생 품어온 것이었다. 그것은 어린 시절에 시작되었을지 모른다. 밀은 화를 잘 내는 아버지(제임스 밀)가 어머니를 너무 심하게 윽박지른다고 생각했다. 어쩌면 출근 길에 우연히 버려진 아기의 시신을 보고 여성 평등에 대한 생각이 싹텄을지도 모른다. 그는 그 장면에 화가 치민 나머지 런던 이스트엔드 빈민가에 사는 노동계급 가정에 산아제한을 촉구하는 팸플릿을 뿌리기도 했다. 밀은 가정폭력을 규탄하고 아내와 애인을 폭행한 남성들에게 미미한 형을 선고하는 풍토를 공격했다. 『대의정치론』에서는 여성에 대한 투표권 부여 반대론자들을 독설에 가까운 경멸로 대했다. 그러나 공리주의는 권리의 차원이든 존중의 차원이든 평등 문제를 논함에 있어서 분명 얼마간 난점이 있다. 얼핏 보면, 행복을 촉진하는 불평등은 좋은 것이고, 그렇지 못한 불평등은 나쁜 것이다. 여성에게도 투표권, 교육과 직업 활동의 기회, 남성과 동일한 재산 관련 권리, 이혼시 동등한 자녀 양육권 등을 부여해야 한다고 주장하면, 간단히 말해 밀이 주장한 모든 내용을 주장하면, 상투적으로 돌아오는 반응은 '여자들은 지금 이대로 행복하다'는 것이다. 따라서 『여성의 예속』은 공리주의에 입각해서 쓴 논문이라고 보기 어렵다.

아닌 게 아니라 밀은 『여성의 예속』맨 마지막 대목에 가서야 여성에게 남성과 동일한 직업활동 기회를 부여하고 남성과 동일한 조건으로 살게 하면 공리주의적 차원에서 봐도 효과가 크다는 점을 강조한다. 이 책자는 구성도 단순하고 주장도 명쾌하다. 밀은 먼저 여성이 교육, 고용, 정치, 재산권, 결혼에 있어서 남성보다 권리를 덜 누려야 할 분명한 이유가 있는지를 따져본다. 밀은 불평등의 논거는 당연히 불평등을 주장하는 사람들이 입증해야 할 책임이라고 본다. 밀의 논리는 본질적으로, 여성의 본성을 놓고 볼 때 여성에게 남성이 당연시하는 기회와 교육을 허용할 경우 법률가, 의사, 정치인 등등으로 진출해 남성과 똑같이 잘하지 못하리라고 볼 이유가 전혀 없다는 것이다. 인류 역사상 여성은 철학자, 수학자, 극작가 등등을 배출하지 못했다는 반론에 대해 항상 밀은 '평등한 조건하에서 여성이 어떤 성취를 이룰 수 있을지 우리는 알지 못한다'는 말로 답변을 대신했다. 우리가 인간 본성이라고 부르는 것은 지금까지 존재해온 사회에서 가동된 교육적, 가족적 장치들을 통해 조작된 형태의 인간 본성이다. 여성이 지금까지 사회가 그들의 앞길에 던져놓은 무수한 장애물을 돌파하지 못했다는 사실이, 그런 장애물이 없을 경우 여성이 이룰 수 있는 성취는 이러저러할 것이라고 말해주는 것은 전혀 아니다.

이런 논리 전개의 공정성에 대해 비판자들은 많은 논박을 했다. 밀은 증거의 기준을 대단히 높게 잡는다. 예를 들어 여성은 천성적으로 남성보다 대규모 오페라를 작곡하는 능력은 떨어지는 반면 소설을 쓰는 능력은 우월하다는 주장을 밀에게 납득시키려면 어느 정도의 증거를 제시해야 할지 알기 어렵다. 반면에 밀은 '자연'의 명령이라고 하는 것에서 도출된 모든 주장에 대해서는 당연히 의심을 한다. 아리스토텔레스는 '천성적으로 노예'인 사람들이 있다고 생각했는데, 이는 근대 사상가라면 수용할 수 없는 주장이다. 『여성의 예속』에서 밀이 전개한 논리는 『자유론』을 이해하는 데 큰 도움을 준다. 『자유론』이 공리주의적 차원에서 자유를 옹호한 것은 개인의 자율에 대한 강렬한 지지를 바탕으로 한 것임과 마찬가지로 『여성의 예속』의 근저에도 동일한 확신이 깔려 있다고 볼 수 있다. 밀은 타인의 생각으로부터 우리의 생활 방식을 끌어내는 것은 우리의 자유 능력에 대한 배신이라고 생각했다. 그는 자아를 실현해나아가는 자유로운 개인의 삶을 열렬히 지지했고, 그런 입장을 토대로 여성을 직업, 예술, 정치 분야에서 열등한 지위에 처하게 만드는 사회적 관습을 날카롭고 설득력 있게 비판했다. 『여성의 예속』에서 밀이 마지막으로 주장한 것은 남성 독자들에 대한 단순한 호소다. '당신들은 어린 시절에 누렸던 안락함을 위해 성인이 되어 얻은 자유를 희생하겠는가?' 이 질문에 대한 답이 분명히 '아니요'라면, 성인 남성들은 자신들이 그토록 원하는 자유가 여성에게 주어지는 것을 거부할 권리가 전혀 없다.[32] 『여성의 예속』은 밀이 생전에 마지막으로 출판한 책인 만큼 아버지의 교육 실험에 대한 최후의 중요한 언급도 들어 있다.

밀은 대중사회의 위험성에 대해 많은 불안을 느꼈는데, 여기에는 다음 장에서 살펴볼 사상가 알렉시 드 토크빌로부터 배운 부분이 많다. 토크빌 얘기를 하기에 앞서 마지막으로 밀의 두 가지 생각을 다시 짚어볼 필요가 있다. 첫째는 밀이 인간 본성이라는 관념에 대해 회의적인 입장이었다는 것이다. 우리는 루소가 인간 본성과 자연 상태의 인간에 대해 적절히 이야기할 수 있다는 낡은 관점을 비판한 것을 살펴보았다. 우리가 보는 것은 사회화된 인간 본성이고 오랜 역사 발전 과정에서 영향을 받은 인간 본성이었다. 밀은 그런 회의주의를 충분히 의식하고 있었다. 모든 형태의 보수적 사고가 갖게 되는 불가피한 약점은 습관 내지 관습을 본성으로 착각하는 것이라고 밀은 생각했다. 습관은 '제2의 천성'이고, 우리는 그것을 제1의 천성으로 오해하는 우를 범하지 않도록 주의해야 한다. 이런 지적은 바람직한 결과를 낳는다. 정치인, 성직자, 논객 들이 어떤 관행을 '부자연스럽다'고 비난하거나 어떤 개혁 제안을 '부자연스럽다'고 공격할 경우에는 항상 '부자연스럽다' 대신 '관습에 맞지 않는다'라는 표현을 대입해보면 핵심이 무엇인지 알 수 있다. 헤겔도 자연의 자연스러움에 대해 나름의 이유를 가지고 회의적이었던 만큼 이런 발상을 별로 부담스러워하지 않을 것이다. 둘째는 밀과 헤겔이 날카롭게 구별되고, 밀과 토크빌 사이에 긴장이 조성되는 대목이다. 헤겔은 근대 세계가 사회화를 통해 우리로 하여금 지역별로 사회·정치적 규범을 수용하게 만드는 것에 대해 별 문제를 느끼지 못했다. 밀은 그렇지 않았다. 현대 공동체주의자들처럼 헤겔은 사회가 우리를 합리적 개인으로 만들고, 우리를 지속적으로 훈육하는 역할을 한다고 생각했다. 본질적으로 사회는, 어떤 제도나 태도가 비합리적이라거나 부당하게 개인의 자유를 규제한다고 불평하는 개인을 항상 일단은 긍정적으로 대해준다는 것이다. 밀도 보통 사람들과 마찬가지로, 이기적인 유아가 의무를 성실히 이행하는 성인으로 성장하는 것은 훈육이라고 하는 사회화 과정을 통해서라고 확신했다. 그러나 그는 사회가 훈육을 과다하게 행사할 위험이 있다고 생각했다. 밀이 볼 때 일단 사회를 긍정적으로 대하는 주체는 오히려 의견을 달리하는 개인이다. 이에 대한 논란은 계속된다. 토크빌이 우리의 관심을 끄는 이유 중 하나는, 정치적 자유주의는 무엇보다도 더욱 보수적인 사회적 토대를 바탕으로 해야 한다고 생각했기 때문이다. 그리고 토크빌은 헤겔과 달리, 그러나 밀과는 아주 유사하게, 정신이 역사를 좌우한다는 확신 속에 느긋하게 수수방관하고 있을 수 없었다.

제20장
토크빌과 민주주의

프랑스 귀족의 미국 민주주의론

미국 독자들은 알렉시 드 토크빌을 『미국의 민주주의』를 쓴 사람으로 알고 있다. 프랑스 독자들은 『구체제와 프랑스 혁명 *L'ancien régime et la révolution*』의 저자로 더 잘 알고 있다. 19세기 영국과 프랑스의 제국주의 야망을 연구하는 역사학자들에게 토크빌은 프랑스의 알제리 정복을 열렬히 지지한 인물로, 그리고 알제리의 베르베르족이 프랑스군에게 잔인하게 당한 피해는 별로 문제삼지 않으면서 아메리카 원주민이 영국계 식민지인들에게 당한 고통에는 동정심을 표하는 이중적 태도를 보인 인물로 여겨진다.[1] 이 장에서는 우선 미국 민주주의의 성공과 실패에 관한 토크빌의 분석에 대해 논해보고자 한다. 그런 다음 그의 프랑스 제국주의 옹호론을 잠시 살펴보고, 끝으로 왜(그리고 언제) 혁명이 일어나는지에 대한 그의 설명을 짚어보기로 하겠다. 특히 프랑스혁명은 프랑스에 엄청난 변화를 가져왔으면서도 어째서 사실상 아무런 변화도 만들어내지 못했는지를 집중 점검해보겠다. 먼저 토크빌의 개인사를 살펴보자.

얼핏 생각하면, 미국의 민주주의에 대해 설명한 가장 중요한 책을 프랑스 귀족이 쓴다는 것은 거의 불가능한 일인 듯하다. 특히 그가 1831~1832년 9개월 동안의 미국 여행에 나설 당시 나이가 25세였고, 『미국의 민주주의』 1권을 출간했을 때도 30세에 불과했다는 사실은 놀랍다. 더욱 놀라운 사실은 그가 왕정복고 시기 부르봉가의 루이 18세와 샤를 10세를 열렬히 지지한 골수 정통주의 왕당파 가문 출신이라는 점이다. 토크빌은 1830년 7월혁명으로 부르봉가 왕정이 무너지자 미국으로 향했다. '시민왕' 루이 필리프(오를레앙 공작) 즉위 후 공직활동을 계속하려면 새 정부에 충성을 맹세해야 하는 상황이 되자 그는 양심의 가책을 견딜 수 없었던 것이다. 토크빌과 상급자들은 잠시 자리를 비우는 것이 불상사를 막는 길이라고 생각했다.[2] 그러나 그렇지 않았다. 미국 여행을 함께한 친구 귀스타브 드 보몽은 토크빌과 함께 귀국한 직후 정직을 당했고, 두 사람은 결국 사직했다. 토크빌과 보몽은 베르사유의 하급 행정관이었다. 미국에 간 형식상의 목적은 미국 행형제도 연구를 위해서였다. 두 사람이 프랑스로 귀국한 이듬해에 『미국의 행형제도에 관하여Du système pénitentiaire aux États-Unis』가 나왔는데, 이 책은 공동 저자인 두 사람이 법률 행정직을 떠난 뒤에도 오래도록 프랑스 교도소 개혁 방안을 담은 자료집으로 널리 활용됐다. 두 사람은 표면적인 미국 방문 이유에 매우 충실했다. 두 사람을 안내한 미국인들도 마찬가지였다. 토크빌이 '미국인들이 그 나라의 모든 교도소는 물론이고 미국인을 부당하게 억류하고 있을지 모르는 시설까지 다 보여주려고 애쓴다'고 불평할 정도였다.

토크빌은 유서 깊은 명문가 출신이다. 종가는 노르망디에 있었다. 부모는 공포정치 시기에 간신히 죽음을 면했다. 할아버지는 교수대에서 생을 마감했고, 자유주의 성향이지만 구체제에서 검열관으로 활동한 증조부 말리제르브도 재판 과정에서 루이 16세를 옹호했다는 이유로 처형당했다. 토크빌은 공포정치가 끝난 지 10년이 지난 1805년 7월 삼형제 중 막내로 태어났다. 토크빌 가문 사람들은 프랑스혁명과 그 이후에 벌어진 사태에 대한 태도가 천차만별이었다. 먼 사촌들은 자코뱅파였다. 또다른 먼 사촌 하나는 처형당한 혁명가 그라쿠스 바뵈프의 자녀를 입양했다. 나폴레옹 정권 때 공직에 나아간 사람들도 있고, 후일 루이 필리프 정권과 루이 보나파르트 정권에서 공직에 종사한 사람도 있었다. 아버지 에르베 토크빌은 아들이 『구체제와 프랑스혁명』에서 묘사한 스타일의 입헌군주제 지지 성향 귀족이었다. 그러나 이런저런 사태를 겪으면서 에르베는 점차 정통주의 왕당파로 변했고, 루이 16세의 후계자들을 국왕으로 받들고 다른 인물들에 대해서는 신하 노릇 하기를 거부했다. 에르베는 도지사까지 올라갔고 나중에는 도지사 중에서도 가장 세력이 큰 센에와즈 도지사로 활동했다. 센에와즈 지역 청사는 베르사유에 있었는데, 에르베는 도지사 일을 하면서 중앙 조정의 관료로도 활동했다. 그의 공직생활은 1830년 7월혁명으로 끝이 났다. 에르베는 은퇴했고 1856년 84세로 사망했다. 아들 알렉시 드 토크빌이 사망하기 불과 3년 전이었다.

　경건하고 보수적인, 최고위 공직에 진출하는 것이 의무인 동시에 권리였던 가문에서 자란 토크빌의 훈육은 레쇠르 신부에게 맡겨졌다. 레쇠르는 아버지와 두 형(이폴리트와 에두아르)의 가정교사였던 인물이다. 신부는 종교적 보수파였고, 자유주의자들과 자유주의에 대해 극도의 혐오감을 가지고 있었다. 그러나 학생의 지성을 키워주기 위해 온갖 수고를 마다하지 않는 자비로운 교사였다. 토크빌은 10대 때 메츠에 있는 인문계 고등학교에 다녔는데 성적이 아주 뛰어났다. 이어 파리 대학에서 법학을 공부하고 1826년 졸업했다. 이후 정부 법률행정 부문 공무원이 되었다. 군 쪽으로 진출할 수도 있었지만 건강이 나빠 그러지는 못했다. 그는 저서에서 미국인들이 합리적이고 준법정신이 높은 시민이며 평범하고 일상적이지만 활기찬 번영을 누리는 것을 높이 평가하는 동시에, 프랑스가 알제리를 식민지로 지배함으로써 누릴 수 있는 영광에 대해서도 대단히 긍정적으로 묘사했다. 이를 보면 그가 아쉬워한 부분이 어떤 것인지 짐작할 수 있다.

1827년 토크빌은 배석판사로 임명됐다. 그러나 관료생활에 싫증을 느끼기도 전인 1830년에 부르봉가 왕정복고가 끝나고 오를레앙가의 루이 필리프가 국왕 자리에 올랐다. 토크빌은 어쩔 수 없이 신임 국왕에게 충성을 맹세했고, 그 결과 부르봉왕가를 지지하는 열혈 정통주의 계열 친척들과 관계가 소원해졌다. 얼마 후 토크빌은 친구이자 직장 동료인 귀스타브 드 보몽과 함께 미국을 방문해 행형제도를 연구할 계획을 세웠다. 체류 비용은 자비로 부담할 생각이어서 상관들이 두 사람의 장기 휴가 요청을 거부할 이유는 없었다. 그러나 휴가 허가가 나기까지는 6개월이 걸렸다. 1831년 5월 9일 두 사람은 뉴욕에 도착했다.

『미국의 민주주의』는 지난 200년 동안 정치 분석의 고전 중에서도 가장 높은 자리를 차지했다. 저자가 원한 것은 정치학 교과서로 인정을 받는다든가 프랑스 정계의 주요 인물이 되는 것보다는 문필가로서의 명성이었다. 『미국의 민주주의』는 정치학에 재능이 있는 독자들을 대상으로 집필됐다. 토크빌은 문필가로서의 명성이 훗날 정치인으로 출세하는 데에도 도움이 될 것으로 기대했다. 1835년 『미국의 민주주의』 1권이 출간되자 토크빌은 일약 유명 인사가 되었다. 1840년에는 『미국의 민주주의』 2권이 출간됐고, 그로부터 1년 후에는 프랑스 학술원 회원으로 선출됐다. 명성은 다른 면에서도 그를 자유롭게 했다. 토크빌은 젊은 시절 여러 차례 부적절한 여성들과 사랑에 빠졌다. 부적절하다는 것은 사회적 지위가 서로 맞지 않았다는 얘기다. 그런데 나이 서른에 세계적 유명 인사가 되고 어머니마저 돌아가

시자 토크빌은 하고 싶은 대로 할 수 있게 됐다. 그는 아주 평범한 중산층 영국 여성 메리 모틀리와 결혼했다. 그녀의 정확한 나이는 알 수 없지만 토크빌보다 6년 이상 연상이었다. 결혼생활은 편한 것과는 거리가 멀었지만 이상하다고 할 만큼 성공적이었다. 부부는 어울리지 않지만 서로에 대해 헌신적이었다. 메리 모틀리는 독실한 가톨릭 신자가 되었다. 반면에 토크빌은 10대 때 가졌던 신앙마저 잃어버리고, 다시는 신앙을 회복하지 못했다. 그는 이신론자에 가까워졌고, 신비주의에 관심이 있었다. 그는 아내에게 모든 이야기를 다 털어놓을 수 없는 것을 불편해했고, 파리 사교계의 마담 스웨친과 속 깊은 얘기를 나누는 것에 대해 아내가 질투를 한다는 사실도 잘 알고 있었다.[3]

토크빌의 궁극적인 야심은 정치에 있었다. 1837년 그는 국민의회 의원 선거에서 낙선했지만 2년 후에는 당선됐다. 그는 주요 인사였지만 성공적인 인물은 아니었다. 성공을 위해서는 부르주아 정치인들과 교분을 맺어야 하는데 그들에 대해 너무도 노골적으로 경멸하는 태도를 보였기 때문이다. 어찌됐든 토크빌은 1840년대의 내각들에 대해 반대 입장을 보임으로써 끝까지 야당의 길을 걸을 운명인 것처럼 보였다. 국왕 루이 필리프가 축출되는 1848년 2월혁명에서 시작해 1851년 12월 루이 보나파르트의 쿠데타로 끝나는 정치적 격변기에도 그는 썩 잘나가지 못했다. 그는 혁명이 나자 형수가 패닉 상태에 빠진 것을 놀려댔지만 자신도 패닉에 빠질 뻔했다. 물론 여기서 패닉이라는 것은 심신의 상태를 말하는 것이 아니라 지적인 차원의 얘기다. 물리적 위협에 대해 그는 인상적일 정도로 쿨한 태도를 보였다. 그러나 그가 1848년 2월혁명의 원인들을 제대로 파악하지 못했다는 것은 놀랍다. 가난하고 인색한 사람들이 겪는 불행에 대해서 보인 반응도 마찬가지였다. 그럼에도 불구하고 1848년 혁명에 대한 그의 회고는 대단히 흥미롭다.[4] 루이 필리프의 축출을 야기한 불만의 근본 원인은 경제적인 것이었다. 몇 년간 잇달아 농작물 수확이 나빠지자 시골에서는 기근에 가까운 사태가 벌어졌고, 도시에서는 생필품 가격이 급등했다. 정치적 안정을 유지하려면 무슨 수단을 써서라도 경제적 난관을 타개해야만 했다. 농작물 수확이 호전되고 사회적 안정이 회복하고 경제활동이 재개되면 그동안의 과오는 바로잡을 수 있는 정도였다. 그런데 토크빌의 경제적 입장은 맨체스터 학파(경제적 자유주의를 주창하는 급진파—옮긴이) 중에서도 보수적인 계열이었다. 따라서 토크빌은 난관 타개용 구제책을 결국은 강제 몰수와 단두대로 가는 길이라고 봤다. 영국이 아일랜드 기근에 직면했을 때 그랬던 것처럼 혁명가들이 출범시킨 임시정부는 세수 감소에 지출 삭감으로 대응함으로써 문제를 악화시켰다. 1848년 6월 파리의 노동자들이 폭동을 일으키자 토크빌 진영 인사들은 그들을 총으로 쏘아 죽였다.

　사태는 그가 예상한 대로 전개되지 않았다. 6월 폭동을 진압한 카베냐크 장군은 1848년 12월 대통령선거에서 루이 보나파르트에게 패했다. 토크빌은 보나파르트를 혐오했으나 1849년 오딜롱 바로 내각의 외무장관 자리를 수락했다. 정부가 붕괴하자 그는 외무장관직을 잃었고, 다시는 공직을 맡지 않겠다는 점을 분명히 했다. 그러나 국민의회 의원직은 유지했고, 제2공화국 신헌법 제정을 위해 지명된 위원회 위원직도 그대로 맡았다. 미국 헌법 전문가로서의 명성이 그의 권위를 더해주었지만, 미국식 제도를 지나치게 옹호함으로써 동료 위원들로부터 소외됐다. 토크빌의 정치 인생은 1851년 12월 루이 보나파르트의 쿠데타와 더불어 끝이 났다. 토크빌이 미국 헌법을 바람직한 모델로 각인시키는 데 성공한 것도 대통령인 보나파르트가 쿠데타를 일으켜 황제 자리에 오르는 사태를 촉발시킨 한 요인일 수 있다. 그는 국민의회에서 대통령직에 임기를 두어야 한다고 주장했다. 강제 퇴임 위기에 몰린 보나파르트가 어떤 조치로 맞설 것인지는 분명했다. 토크빌은 당시 이미 폐결핵을 심하게 앓고 있었다. 그리고 1859년 사망할 때까지 은퇴한 학자로서의 삶을 살았다. 마지막 몇 년 동안 토크빌은 오랫동안 구상했던 프랑스혁명 관련 저서『구체제와 프랑스혁명』의 1부를 집필했다. 존 스튜어트 밀은 토크빌로부터 이 책을 선물받고 감사의 뜻을 전하면서 "서로 다른 내용의 걸작을 세 편이나 쓴 사람은 거의 없다"고 말했다. 서로 성격이 다른『미국의 민주주의』1부와 2부, 그리고『구체제와 프랑스혁명』을 두고 하는 얘기였다. 밀의 찬사는 과장이 아니었다.[5] 그러나 1848년 혁명을 기록한『회고록*Souvenirs*』(사후인 1893년에 출간—옮긴이)이 훨씬 낫다고 보는 현대의 비평가도 있다.[6]

『미국의 민주주의』와 미국의 민주주의: 집필 동기

좌파와 우파 모두 토크빌의 사상을 효과적으로 활용했다. 현대의 보수주의자들은 토크빌이 큰 정부에 대한 규제와 권력분산을 적극 강조한 점을 높이 평가한다. 미국의 많은 자유주의자들은 각종 결사와 공동체에 관심을 보인 부분을 높이 평가한다. 그리고 그가 정치적 자유에 대해 강한 신념을 보인 점은 누구나 높이 평가한다. 미국 정치인들은 그가 미국의 정치체제를 높이 평가한 것에 대해 대단히 흡족해하면서도 미국 하원 의원들의 '조야한 외모'를 경멸한 사실은 간과한다.[7] 토크빌이 미국 교도소에서 발견한 잔인한 처벌 방식을 열렬히 옹호했다는 것을 아는 독자는 거의 없다. 가정생활에 대한 그의 견해가 억압적이라는 것을 알아챈 독자도 많지 않다.

토크빌은 성격을 한마디로 정의하기 어려운 사상가다. 하지만 성향을 설정하는 것이 불가능할 정도는 아니다. 프랑스인들의 미국에 대한 관심은 프랑스가 1789년의 혁명을 성공적으로 마무리짓지 못한 데서 비롯됐다. 프랑스가 1776년 독립선언 이후 반란을 일으킨 아메리카 식민지들을 지원한 것은 공화정에 대한 열정과는 아무 관계가 없는 일이다. 그것은 '7년전쟁'—영국이 프랑스령 인도와 프랑스령 북아메리카의 상당 부분을 차지하는 것으로 끝이 났다—으로 영국에게 빼앗긴 땅을 회복하기 위한 전략의 일환이었다. 미국인들은 자신들의 독립혁명이 정치 혁신 시대의 모델이될 것이라고 봤다. 도처에서 자유로운 공화국들이 세습제를 기초로 한 왕정과 귀족정을 대체할 것이라는 기대였다. 그러나 이는 루이 16세 정부가아메리카 식민지에 해군을 파견하고 육군 사령관들을 지원한 의도와는 무관한 일이었다. 미국독립혁명 지도부는 환상을 갖지 않았다. 그들은 스페인과 프랑스가 영국군 축출을 지원하는 것은 독립을 선언한 13개 식민지의남부, 서부, 북서부에서 자신들의 입지를 보호하기 위한 것이라는 점을 잘알고 있었다. 그래서 두 동맹국을 따돌리고 영국측과 신속하게 평화협정을 맺고도 말썽을 피하기 위해 일말의 변명도 하지 않았다. 그럼에도 불구하고 자유주의적인 프랑스인이라면 미국에 대해 '우리가 너희를 도와준 형님이다'라는 식의 자부심을 느낄 것이고, 애국적인 프랑스인이라면 미국을'영국의 땅덩어리를 절반으로 축소시키는 데 도움을 준 동맹국'으로 여길것이다.

미국은 정치적 호기심이 있는 프랑스인이라면 대단히 흥미로워할, 다음과 같은 문제를 던져주었다. '미국인들은 자유롭고 안정적인 입헌제 수립을 목표로 하는 혁명을 어떻게 시작했고 어떻게 이에 성공했는가? 반면에프랑스인들은 왜 41년 동안 절대왕정에서 입헌군주제, 공화정 선언, 폭도들의 지배, 공포정치, 학살, 보수적 공화정, 나폴레옹 독재, 부르봉가 왕정복고, 혁명 재발, 오를레앙가 입헌군주제까지 수많은 위기를 겪으며 비틀거려왔는가?' 이런 질문에 대한 답변은 어느 정도는 분명했다. 미국인들은혁명을 내켜서 한 것은 아니라고 주장했다(전적으로 타당한 얘기는 아니다). 조지 3세 치하의 독재적인 영국 의회와 내각이 파괴하려고 들 때까지 누려왔던 영국식 자유를 되찾기를 원했을 뿐이라는 것이다. 식민지 아메리카에서 자치는 오랫동안 기정사실화된 현실이었다. 영국의 지배가 붕괴된 자리를 메운 것은 무정부 상태가 아니라 예전과 같이 스스로를 통치하는 시민들이었다. 미국독립혁명 기간에 이루어진 제도의 민주화는 이후 어느 정도 후퇴했다. 그러나 독립은 미지의 것을 향한 도약이 아니었다. 오히려 17세기 영국내전 상황으로 회귀하는 것에 가까웠다. 당시 올리버 크롬웰이 이끄는 신모범군New Model Army은 일반 사병에게 책임을 지는 위원회들을 통해 자치를 실시하면서 국가를 장악해나갔다. 워싱턴이 크롬웰이었다면 미국독립혁명은 군사독재로 끝나고 말았을 것이다. 그러나 워싱턴이 크롬웰이었다면 애초에 대륙군(독립전쟁 당시의 미국군—옮긴이) 총사령관으로 받아들여지지 않았을 것이다.

미국과 프랑스의 역사는, 개인들이 서로 잘 협력해 자치를 실시하는 사회가 있는 반면에 그렇지 못한 사회도 있는 것은 어떠한 사회·정치적 태도 때문인가, 어떤 나라의 국민은 적극적이고 야심차며 '올바로 이해된 자기 이익'을 추구하는데 다른 사회의 구성원들은 그렇지 못한 것은 무엇 때문인가 하는 문제를 제기했다. 민주주의적이고 자유주의적인 정치질서를 안정적으로 유지하려면 특별한 사회적·도덕적·경제적 장치들이 필요했다. 그런 것들에 대한 분석이 시급한 과제였다. 그런 장치들이야말로 후대의 사회과학자들이 '정치 문화'라고 부르는 것의 요체이며, 몽테스키외가 습속이라는 개념으로 연구한 내용이었다. 그런 장치들은 아메리카라고 하는 특수한 지리적 상황에서 벌어진 실험의 산물이었으며, 상당 기간의 식민지 역사에서 비롯된 것이었다. 미국은 영국인 식민지 개척자들이 처음 아메리카에 도착한 지 2세기 가까이 지난 시점에 독립 민족국가로 탈바꿈했다. 개척 가능한 드넓은 변경 지역의 존재에서부터 봉건제의 부재, 최초 식민지 개척자들의 종교적 성향에 이르기까지 많은 요소들이 독립혁명 성공에 큰 역할을 한 미국인들의 태도를 형성하고 능력을 키워주었다. 덕분에 미국인들은 혁명을 무정부 상태로 변질시키지 않을 수 있었다.

새 공화국(미국)은 공화정을 강화시켜주는 문화를 강화했다. 일종의 선순환인 셈이다. 미국의 정치체제는 시민들에게 체제에 대한 강한 애착을 갖게 해주었다. 시민들의 애착은 다시 정치체제가 효율적으로 기능하는 데 도움이 됐다. 그리고 그런 효율성은 시민들로 하여금 미국의 정치체제에 더 애착을 갖게 만들었다. 이에 못지않게 흥미로운 부분은, 정치체제가 주권재민의 원칙과 개인의 자유를 통합할 수 있도록 해주는 간접적인 버팀목들이다. 토크빌은 특히 여성의 역할에 깊은 인상을 받았다. 여성들은 처녀 때는 거의 완전한 자유를 누리지만 결혼하고 나면 체면과 품위의 수호자로 변신했다. 여성은 신생 국가가 간절히 필요로 하는 정신적·도덕적 기강을 확립하는 역할을 했다. 미국 여성들이 자비로운 도덕적 후원자 역할을 담당했기 때문에 충분한 수의 남성들이 공적인 문제에 적극 참여하는 정신을 가지고 법률을 준수하면서 무정부 상태에 빠지지 않고 자치를 실시할 수 있었다. 또 권력이 고도로 분산된 국가인 만큼 공동체들이 자체 규제 역할을 효율적으로 수행할 수 있다.[8]

토크빌에게 영향을 준 사상가들: 루소

토크빌은 선입견에 가득한 상태로 미국행에 나섰다는 비판을 종종 받았다. '무엇을 보기도 전에 이미 너무 많은 생각을 했다'는 지적이 대표적인 예다. 그가 보기도 전에 너무 많은 생각을 했는지 아닌지는 알 수 없지만, 19세기 민주정치의 전망에 관한 사상들로 무장을 한 상태에서 미국에 간 것은 분명하다. 토크빌의 사상에 영향을 준 세 가지 사상적 원천은 분명히 말할 수 있다. 첫째는 루소로, 그는 토크빌이 매일 생각했다고 한 바 있는 두 사상가 중 한 명이다. 이런 주장이 놀라운 이유는, 루소가 철학자였기 때문이다. 루소는 작곡가, 소설가, 사변적 역사가이기도 하지만 칸트의 도덕철학과 정치철학에 영감을 준 철학자였다. 토크빌은 철학자가 아니라 정치사회학자였다. 물론 그는 인간 실존의 의미에 대해 나름의 확고한 신념을 가지고 있었다. 루소는 자연권, 개인의 이익, 공동선의 개념을 분석했다. 이는 칸트와 후대의 사상가들에게 큰 영향을 미쳤다. 강단 철학자들은 아직도 그런 작업을 계속하고 있다. 그러나 토크빌은 그러지 않았다. 그는 사회학자와 역사학자의 감수성을 가지고 있었고, 중앙정치인으로서 정치적 감각도 있었다. 그는 미국 민주주의의 성공을 놀라운 것이라고 생각했고, 그것이 어떻게 생성됐고, 어떻게 작동하며, 앞으로의 전망은 어떤지 알고 싶어했다. 국가의 정당성을 탐구하고 그 정당성의 근거를 일반의지의 도덕적 권위에서 찾는 루소의 설명 같은 것은 토크빌의 관심사가 아니었다.

그러나 루소가 토크빌에게 영향을 미친 이유는 간단히 설명할 수 있다. 당시 미국뿐 아니라 서구 세계 전체가 루소가 『사회계약론』과 『인간 불평등 기원론』을 통해 제시한 평등의 정신에 흠뻑 젖어 있었던 것이다. 평등이 사회·경제·정치적 맥락에서 어떤 결과를 야기하는지는 논란의 여지가 있었다. 한 영역에서의 평등이 다른 영역에서의 평등과 병존할 수 있는지는 불확실했다. 중요한 것은 어떤 종류의 평등이 자유를 지탱하고, 어떤 종류의 평등이 자유를 위협하는지를 밝혀내는 일이었다. 『미국의 민주주의』와 『구체제와 프랑스혁명』은 이런 논점들에 대해 아주 명쾌한 설명을 제시했다. 인간 평등이라는 새로운 신념은 개인주의가 부상하는 과정의 한 양상이었다. 루소는 좋은 형태의 개성과 나쁜 형태의 개성에 대해 토크빌처럼 명쾌하게 설명했다. 토크빌의 분석이 더 날카롭지만 루소와 배치되는 것은 아니었다. 나쁜 개인주의—토크빌은 수식어 없이 그냥 '개인주의'라고 칭하곤 했다—는, 의무는 이행하고 권리는 수호하는 도덕적 존재로서의 우리에 대한 강한 자의식—이것이 좋은 개인주의 또는 좋은 형태의 개성이다—과는 구별되는 일종의 자기중심주의였다. 나쁜 개인주의를 촉진하는 것은 질투와 두려움이었다. 나쁜 개인주의가 정치적 삶에 미치는 영향은 재앙적 수준에 달할 수 있었다. 나쁜 개인주의가 생각하는 평등은 다른 사람들과 협력해 우리 모두의 도덕적·지적 수준을 고양시키기보다는 타인들을 우리 자신 수준으로 끌어내리도록 유도한다. 일체의 차이를 두려워하고 그 어떤 우위도 혐오하는 평등주의는 다양성과 변화를 어렵게 한다. 존 스튜어트 밀이 『자유론』에서 설득력 있게 제시한 두려움은 『미국의 민주주의』 2부에서 토크빌이 전개한 논의에서 빌려온 것이다. 평등과 같음은 논리적으로 다른 것이지만 민주주의 사회—더 정확히 말하면 '대중' 사회—는 둘을 동일시하는 경향이 있다.[9] 그러나 『미국의 민주주의』 1부에서 강조한 것처럼 제대로 된 조건하에서 조건의 평등은 자립심과 야망을 강화함으로써 자유를 촉진한다. 권리를 존중하는 체제라면 적극 옹호할 도덕적 평등을 루소가 강조한 것은 토크빌에게도 낯선 것이 아니었다. 물론 토크빌은 그런 도덕철학의 문제를 재론할 생각은 없었다.

몽테스키외

루소는 근대 세계에서 공화정 제도의 유지 가능성에 관한 난제들을 제기했다. 그보다 40년 전에 몽테스키외는 또다른 난제들을 제기했다. 몽테스키외의 의구심과 짝을 이루는 것이 바로 토크빌의 문제 제기였다. 루소가 정치적 미덕이라고 하는 고전적 이상과 애국적 자기희생이라고 하는 고전적 기준이 편리를 추구하고 자기 이익을 중심에 놓는 근대 세계의 가치관과 병존할 수 있을지에 대해 불안감을 느꼈던 것처럼, 몽테스키외도 비슷한 우려를 많이 표명했다. 몽테스키외의 스타일은 토크빌에 더 가까웠다. 몽테스키외는 사회학적 마인드를 가진 정치분석가였다. 그는 루소와 달리 자신이 분석하는 세계에 대해 불만을 표출하는 스타일이 아니었다. 몽테스키외는 기후와 지리적 여건, 가정생활 및 우리가 한 세기 동안 '정치적 사회화 political socialization'라고 불러온 것이 미치는 영향을 정확히 파악하고자 했다. 정치적 사회화란 자녀들로 하여금 그 사회의 정치적 장치들을 이해하고 그런 장치들에 대해 충분한 애착심을 갖게 훈육하는 과정이다(우리 사회의 다른 양상에 대해 충분한 애착심을 갖게 함으로써 그들을 지배하는 정치적 장치들에 대해 철저히 불만을 갖게 만드는 과정일 수도 있다).

몽테스키외는 일인 전제정치와 종교적·이데올로기적 열정이 야기할 수 있는 폐해 양쪽 모두에 대해 깊이 우려했다. 그런 정당한 우려를 토대로 그는 프랑스 절대왕정의 미덕과 프랑스 왕정과 오스만제국 전제정치의 차이점을 '온건함'의 관점에서 설명했다. 전제정치와 달리 프랑스 절대왕정은 공포를 기초로 한 체제가 아니었다. 사실상 독립적인 사법 시스템이 법률적 정의를 집행했는데, 이는 군주의 자의적인 변덕과는 다른 것이었다. 개인은 재산을 소유했고, 이는 통치자가 호의로 베풀어준 것이라는 이유로 추후에 박탈하거나 취소할 수 있는 선물과는 다른 것이었다. 프랑스의 신민은 군주의 노예가 아니었다. 그들은 아테네는커녕 스파르타 수준의 시민이라고 하기도 어려웠지만 페르시아의 노예는 아니었다. 힘의 균형을 토대로 하는 체제가 모두 그렇듯이 프랑스의 왕정도 체제를 흔들 수 있는 여러 가지 압력에 취약했다. 그 때문에 습속 les moeurs이라는 것이 그만큼 중요했다. 기존의 정치질서 안에서 용인할 수 있는 것과 용인할 수 없는 것에 대한 합의를 유지시켜주는 정치 외적 태도, 충성심, 습관, 신념 등이 충격 흡수 메커니즘이 되었고, 그 덕분에 정치체제는 제대로 작동되고 프랑스 국민의 체제에 대한 애착심을 확보할 수 있었다.

기조

토크빌은 평생을 지식인으로서 프랑스혁명 이전 군주제의 강점과 약점, 그리고 전제정치의 본질에 대해 깊이 고찰했다. 이는 『미국의 민주주의』 2부와 『구체제와 프랑스혁명』을 읽어보면 알 수 있다. 그가 18세기 사상가들에게만 귀를 기울인 것은 아니었다. 미국으로 가기 전에 토크빌은 2년 동안 프랑수아 기조François Guizot의 '유럽 문명사' 강의를 들었다. 비판자들이 토크빌은 미국을 직접 보기 전에 너무 많은 생각을 했다고 지적하는 것은, 그가 사회 변화의 원인에 대해 기조식 관점에 물들었고 기조의 정치적 성향을 많이 답습했다는 의미였다. 첫번째 지적은 맞다. 그러나 두번째 지적은 사실이 아니다. 기조는 토크빌보다 18세 연상이지만 토크빌보다 훨씬 오래 살았다. 기조는 프랑스 님의 개신교 위그노파 부르주아 가문 출신으로 아버지는 프랑스혁명 때 처형당했다. 어린 시절 스위스 제네바에서 공부하고 파리로 돌아와 20대에 문필가 반열에 올랐다. 그러나 나폴레옹 1세에 의해 교수로 임명된 뒤에도 제국 정부와는 거리를 유지했다. 개신교도이자 입헌군주제 신봉자인 기조는 보수파 부르봉왕정 지지자들에게는 기피 인물이었지만 비교적 자유로운 내각들과는 관계가 좋았다.

1828년 파리 소르본 대학 근대사 담당 교수로 임명되면서 그 유명한 유럽사 강의를 시작했다. 강의에서는 중산층의 부상은 돌이킬 수 없는 대세라는 점을 강조했다. 영국이 가장 성공한 근대국가가 된 것은 그런 신흥계급을 안정적인 정치체제 속으로 흡수했기 때문이었다. 영국의 입헌군주제는 포퓰리즘적 에너지를 유용한 방향으로 배출시킨 반면 프랑스혁명에서는 그런 에너지가 제대로 활용되지 못한 채 폭발하고 말았다. 대립의 원칙이라고 할 만한 것이 영국의 제도에는 효과적으로 구현돼 있었다. 특히 대립적인 의견들을 표현할 여지를 마련해준 것은 활기차고 진보적인 열린 사회를 지탱하는 힘이 되었다. 그런 관행은, 민주주의—여기서는 인민의 의지를 실행하기 위한 보통선거와 각종 제도를 일컫는다기보다는, 평등주의적인 사회 분위기와 사회·경제적 유동성을 옹호하는 느슨하고 비정치적인 의미에서의 민주주의를 말한다—는 거스를 수 없는 대세이지만 현명한 정치 엘리트들이 방향을 잘 잡아줘야 한다는 합의에 따른 것이었다. 토크빌이 『미국의 민주주의』에서 새로운 세계에는 새로운 정치학이 필요하다고 했을 때 그것은 기조가 생각하는 바와 동일한 내용이었다.

협소한 의미의 정치적 입장을 놓고 본다면 토크빌과 기조는 일치하지 않았다. 기조는 적극적인 오를레앙가 지지자였고 토크빌은 그렇지 않았다. 기조는 좌파 차단을 자신의 정치적 역할로 보았다. 반면에 1848년 이전의 토크빌은 프랑스 정치에서 좌파에 좀더 큰 역할을 부여하는 것이 안정을 위해 바람직하다고 생각했다. 기조는 외무장관과 총리로 활동하면서 영국을 회유함으로써 프랑스의 에너지를 덧없는 영광을 추구하는 쪽으로 허비하지 않도록 하는 외교 정책을 추진했다. 반면에 토크빌은 다소 성급한 제국주의자이며 식민주의자였다. 기조는 토크빌의 분석적 접근 방법은 물론이고 미국행을 통해 확인하게 되는 그의 선입견들에도 영향을 미쳤다. 토크빌이 본 미국은, 존 스튜어트 밀이 기조와 토크빌을 읽고 나서 말한 것처럼, 본질적으로 지방 중심 중산층이 성장한 결과의 전형이었다.[10]

프랑스를 위한 『미국의 민주주의』

    루소, 몽테스키외, 기조는 토크빌에게 지적인 방향을 제시하는 한편 문제를 어떤 틀에서 접근해야 하는지를 가르쳐주었다. 미국은 토크빌에게 영감을 주었지만 그가 중심에 놓고 생각한 대상은 프랑스였다. 『미국의 민주주의』는 미국을 다룬 책이다. 그러나 동시에 프랑스를 다룬, 대단히 프랑스적인 책이기도 하다. 영국인이었거나 심지어 미국인이라고 해도 그런 책을 쓰지는 못했을 것이다. 미국을 방문하는 영국인들이 미국 중산층의 형편없는 식사 예절을 시시콜콜 따지고 드는 속물적인 소책자나 썼기 때문만은 아니다. 그런 점에서는 프랑스인들도 마찬가지였다. 토크빌도 자신을 맞아준 미국인들의 예절에 대해 대단히 비판적으로 언급하곤 했다. 그러나 그는 그런 것이 핵심이 아니라는 것을 알았고, 그런 관찰은 사적인 편지에 담는 정도로 그쳤다. 영국인이 필자였다면 『미국의 민주주의』 2권을 토크빌처럼 '미국인들은 비철학적인 국민이다. 그들은 특히 데카르트 사상 같은 것은 발전시킬 수 없지만 그럼에도 불구하고 실천적인 면에서는 데카르트주의자처럼 행동한다'라는 지적으로 시작할 수는 없었을 것이다. "미국은 이처럼 데카르트의 일반원칙을 공부한 적이 거의 없는데도 그것이 가장 널리 적용되는 국가들 가운데 하나다. 우리는 그런 부분에 대해 놀랄 필요가 없다."[11]

    미국인들이 무에서 출발해 필요한 것을 새로 고안해내는 탁월한 재주가 있다는 것은 다들 잘 아는 얘기였다. 일반적인, 전체적으로 설득력 있는 견해는 미국인들의 그런 재능이 황야에서 새로 문명을 건설해야 하는 조건에서 비롯됐다는 것이다. 미국인들의 철학적 윤리를 도출해내고 그것을 실천적 데카르트주의라고 정의하는 데는 한 프랑스인이 필요했다. 자신의 가톨릭 신앙은 이미 잃어버렸지만, 종교가 미국 민주주의를 지탱하는 습속에서 핵심적인 역할을 한다고 생각한 프랑스인이 그런 작업을 한 것은 어쩌면 당연한 일이었다. 미국의 이념에 대한 분석은 1830년대의 영국인 관찰자들도 이해할 수 없는 것은 아니었다. 그러나 이해는 할 수 있어도 지금과 같은 방식으로 토크빌을 읽을 수는 없었을 것이다. 그럼에도 불구하고 토크빌은 미국인들의 태도와 신념이 동포들의 그것과 대조되는 측면을 집중 부각했다. 토크빌은 종종 '우리'라는 표현을 쓰는데, 그것은 '우리 프랑스인들'이라는 말이다. 영국 독자들은 토크빌에게 혼란을 느꼈다. 심지어 존 스튜어트 밀도 토크빌의 글쓰기 방식이 '난해하며', 구체적인 설명이 부족해 독자들이 필자가 말하고자 하는 바를 쉽게 이해하기 어렵다는 점을 인정했다. 더 큰 난점은 토크빌이 미국인의 습속과 프랑스인의 습속을 대조한 이유가 프랑스 독자들을 위한 것이라는 점에 있다.

『미국의 민주주의』가 대단히 프랑스적인 성격을 가지고 있음을 쉽게 알수 있는 면모가 몇 가지 있다. 토크빌은 프랑스인의 기질을 칭찬하고 앵글로색슨의 기질을 폄하할 기회가 있으면 반드시 그렇게 한다. 토크빌은 1830년대 말에서 1840년대까지 중앙정치 무대에서 민족주의 성향 정치인으로 활동했는데, 미국 여행을 하던 젊은 시절부터 그런 면모는 감지됐다. 토크빌이 미국에 간 것은 조국 프랑스의 현실을 좀더 확실히 파악하기 위한 것이라는 주장이 있지만 이는 다분히 공상적인 얘기라고 할 수 있다. 하지만 우리는 전혀 공상적이지 않은 방식으로 접근할 때 동일한 결론에 도달하게 된다. 미국인들은 공화국을 창설했다. 그리고 당시 벤저민 프랭클린이 말한 것처럼 문제는 공화정 체제를 지킬 수 있느냐였다. 미국인들은 그렇게 했다. 미국인들이 뭔가 놀라운 것을 성취했다는 사실을 인정한다고 해서 그들이 유토피아를 창설했다고 생각할 필요는 없었다. 심지어 미국인들은 프랑스인도 하지 못한 일을 성취했다. 여기서 영국인들의 사례는 논란의 대상조차 되지 못했다. 영국사를 보는 한 시각에 따르면, 1649년 청교도혁명 당시 영국인들이 찰스 1세를 처형함으로써 일을 그르친 이후 공화정을 다시 세우려는 시도를 하지 않은 것은 올바른 선택이었다. 또다른 시각에 따르면, 영국인들은 군주를 세습 종신직 대통령 정도로 축소시켰고, 사실은 의회가 중심이 된 공화정 체제를 법률상으로 입헌군주제인 양 포장했다. 토크빌은 단명한 제2공화국과 제2제정 초기까지를 생전에 목도하게 될 것이라고는 생각지 않았을 것이다. 그러나 미국에서 프랑스에 적용 가능한 요소들을 발견할 수 있을 것이라는 점은 분명히 알고 있었다.

토크빌은 공화주의자는 아니었다. 그는 프랑스가 입헌군주제를 실시할 때 더 번영할 것이라고 생각했다. 그러나 역사가 자기편이 아니라는 것도 잘 알고 있었다. 몽테스키외가 제시한 온건한 근대식 군주제 처방에는 중간자적 역할을 하는 사회집단이 정치권력을 장악하는 사회질서가 필요했다. 그런 체제에는 소수의 배타적인 귀족계급이 아니라 다수의 일반적인 신사계층 및 자신감과 책임감을 갖춘 부르주아지가 필요했다. 이런 교훈은 영국에서 얻었지만 그것이 확실하게 구체화된 것은 미국에서였다.『구체제와 프랑스혁명』에서 구체적으로 표현되지만 이미『미국의 민주주의』에서 그 싹을 보인 토크빌의 입장은 부르봉가 절대왕정을 대표하는 루이 14세와 그 후계자들이 사회적 위계질서를 공동화함으로써 스스로 입지를 추락시켰다는 것이다. 프랑스 귀족은 재정적 특권이라는 뇌물을 받고 정치권력의 손실을 감수했다. 그 결과 군주와 인민 사이에 완충 장치가 사라졌다. 이런 분석은 정치적 정통성과 사회적 기능은 밀접한 관련이 있다는 전통적인 견해에 입각한 것이었다. 쉽게 말하면 이런 얘기다. 우리는 상사가 수완을 발휘할 때 더 존경하고 잘 복종한다. 그런 인물들이 군의 요직에 많이 진출하고, 지방 사법기관에 포진하고, 의회에서 지역구를 더 많이 대표할 때 우리는 그들의 출세를 당연시한다. 그러나 그들이 기생충에 불과할 때는 그렇지 않다. 맡은 기능을 제대로 수행하지 못하면서도 특권을 누리려 한다면 인민은 마지못해 또는 공포심에 복종하는 척할 뿐이다.

그래서 토크빌은 미국을 보면서 프랑스를 생각했고, 미국인들에게 말을 건넬 때 프랑스 동포들을 염두에 두고 있었다. 『미국의 민주주의』는 평등주의 색채가 강한 1831년 당시의 미국 상황에 대한 통찰력 있는 분석인 동시에 근 2세기 후에 자유민주주의가 어떤 모습이 될지를 놀라울 정도의 선견지명을 가지고 분석한 책이다. 그런데 토크빌이 염두에 둔 독자는 프랑스인들이었다. 존 스튜어트 밀 같은 사람들의 호평 덕분에 『미국의 민주주의』는 후일 '대중사회'로 일컬어지는 체제에 대한 날카로운 분석인 동시에 미국인들에 관한, 그리고 미국인들을 위한 책으로 알려졌다. 이 책은 영국인들을 위한 논문으로 이해되기도 했다. 밀이 『미국의 민주주의』를, 특히 대중사회가 소리 없는 전제정치로 전락할 수 있다는 통찰을 담은 2권을 읽지 않았다면, 밀의 『자유론』은 내용이 사뭇 달라졌거나 아예 쓸 수 없었을 것이다.

평등: 돌이킬 수 없는 대세

『미국의 민주주의』에서 토크빌은 보편적으로 적용될 수 있는 습속과 윤리를 제시했는데, 이는 미국에서는 확고한 추세로 자리를 잡은 평등이 유럽에서는 이제 서서히 확산되는 수준이었기 때문이다. 토크빌의 핵심 주장은 사회적 평등의 증대는 서구사회를 변화시키는 멈출 수 없는 대세라는 것이었다. 그런 추세가 얼마나 오래 진행돼왔는지는 확실히 말하기 어려웠다. 때로 토크빌은 19세기 유럽에서 우리 눈에 모습을 드러낸 것은 11세기 이후 지속돼온 과정이 정점에 도달한 것이라고 주장했다. 그리고 이따금 그는 우리가 잘 아는 두 사회, 즉 불평등주의적인 귀족 중심 사회와 그 이후의 평등주의적인 부르주아사회를 대비하면서 부르주아사회의 최근 변화가 더욱 중요하다고 주장했다.[12] '조건의 평등화'라고 하는 돌이킬 수 없는 조류가 있다는 주장은 토크빌의 방법론적 주장 가운데 하나를 뒷받침해주었다. 그는 새로운 세계에는 그 세계를 분석하기 위한 새로운 정치학이 필요하다고 말했지만 자신이 그런 정치학을 고안해냈다고 생각했는지, 그리고 그런 정치학은 어떤 것인지에 대해서는 밝히지 않았다.

평등에 대한 토크빌의 언급은 때로 과학적 진술이라기보다는 신의 섭리를 말하는 것처럼 들린다. 물줄기를 다른 곳으로 돌릴 수는 있지만 그 흐름 자체를 막을 수는 없는 강물에 비유되기도 한, 억누를 수 없는 평등의 확대는 토크빌에게는 신의 섭리에서 비롯된 과정으로 여겨지기도 한다. 그것은 경제적 변화, 지적 변화, 도덕적 변화 등등이 서로 연계돼 발생한 결과이기만 한 것이 아니다.[13] 토크빌이 그 과정에서 신의 손길을 보려고 한 것은 단순한 비유적 표현이 아니었다. 토크빌은 역사적 과정의 작은 단면만을 볼 수밖에 없기 때문에 최대한 추론에 의존하는 인간 관찰자의 관점과, 일반화나 추론에 의존하지 않고 단 하나의 지적 계기 속에서 과정 전체를 파악하는 신의 관점이 극명하게 대비된다는 점을 강조했다. 토크빌은 자신의 저작에 대한 방법론적 언급은 피하고 있기 때문에 그가 이런 관점을 얼마나 확신하고 있었는지 짐작해보는 것은 별 의미가 없다. 밀은 토크빌의 업적을 명쾌하게 설명했다. 진정한 사회과학의 방법론을 확실하게 보여주었다는 것이다. 토크빌은 인간의 근본 본성에 대한 지식과 역사적 추세에 대한 지식을 기초로 정치적 변화에 대한 통찰을 이끌어낸 것이다. 토크빌은 천재라는 찬사에 대해서는 흡족해했지만 그의 천재성에 대한 밀의 설명에 얼마나 동의하는지에 대해서는 명시적으로 밝히지 않았다.

『미국의 민주주의』: 1권 대 2권

『미국의 민주주의』1권과 2권은 톤이 매우 다르다. 1권은 미국과 민주주의의 전망에 대해 놀라울 정도로 낙관적이다. 반면에 2권은 훨씬 더 유보적인 입장이다. 두 권은 구성도 아주 다르다. 두 권이 접근법과 미래 전망에서 차이를 보이는 것을 보면 두 권이 하나의 걸작을 구성하는 두 반쪽이라기보다는 별개의 두 걸작이라는 밀의 지적이 정당하다는 것을 알 수 있다. 아니, 그 이상이다. 1권은 비철학적이거나 비성찰적이지는 않지만 2권보다는 미국이라는 나라가 어떻게 건국되게 됐는지, 정치, 사회, 지적인 특징은 무엇인지, 다양한 사회계급 간의 관계는 어떻게 이루어지고 있는지를 분석하고 설명하는 과제에 좀더 충실하다. 토크빌은 초기에 미국을 방문한 다른 인사들과 마찬가지로 거의 모든 문제가 법률 문제화하는 것을 보고 놀랐다. 미국인의 종교와 도덕에 관한 일반적인 태도가 '자유에 대한 실험'을 뒷받침하고 있다는 것도 주목할 만한 사태였다.

1권은 대단히 명민한 젊은이가 미국을 자세히 들여다보고서 그 결과를 프랑스 동포들에게 보고하는 수준을 훨씬 넘어서는 내용이다. 그러나 토크빌은 서론에서 최소한 동포들에게 보고하는 취지로 집필했음을 시사한다. 책의 구성—총 2부 18장으로 돼 있는데, 각 장은 다시 특정한 논점에 대한 짤막짤막한 논의로 세분된다—은 활달한 문체와 잘 어울린다. 처음 8개 장은 미국이라는 나라와 그 역사, 합중국 헌법을 소개한다. 이어 그다음 10개 장은 현재 통용되는 정치제도를 보여준다. 1권은 민주주의 정치제도들과 그런 제도로 구체화된 연방제에 초점을 맞추고 있다. 미국인들이 민주주의 체제를 수립하는 데 성공할 수 있었던 사회·경제·도덕적 조건에 대한 언급도 대단히 많다. 마지막 장에서는 '아메리카합중국에 거주하는 세 종족의 현황과 전망'이라는 제목으로 불안과 우려가 담긴 그 유명한 논의를 전개한다. 그러나 역시 1권은 본질적으로, 미국인들이 어떻게 그토록 성공적으로 안정적이면서도 활기찬 민주주의 체제를 유지하고 있는가라는 질문에 대한 답변이다.

2권은 1권과는 대조적으로 서로 다른 내용의 4부로 구성돼 있다. 주제는 미국의 지적인 삶, 미국인의 '감정', 민주주의의 '풍습'―본질적으로는 습속에 해당한다―, 그리고 끝으로 이런 것들이 어떻게 뒤섞이면서 미국인들의 정치적 태도에 영향을 미치는가 하는 것이다. 2권 전체에 흐르는 비관주의적인 톤과는 별도로, 핵심 논점은 어수선하기는 해도 활기찬 정치체제의 성공(1권)에서 대중사회의 문화적 결함 쪽으로 옮아간다. 이런 변화를 토크빌이 미국의 상황을 재평가한 데서 비롯된 것으로 보기는 어렵다. 토크빌이 미국을 직접 본 것은 9개월 동안의 체류 기간이 전부였다. 물론 그는 당시 사귄 미국 친구들과 평생 서신 교환을 이어갔다.[14] 프랑스의 정치 상황이 그의 미국에 대한 기억에 부정적인 영향을 미쳤다. 토크빌은 1권에서 평등과 자유가 양립할 수 있느냐는 질문을 던졌고, 이에 대해 낙관적인 답변을 제시했다. 당시 미국은 실제로 그랬다는 것이다. 자연스러운 결론은, 미국에는 자유를 촉진하는 습속이 존재하고 프랑스는 그렇지 않다는 것이다. 토크빌에게도 부담으로 작용할 수밖에 없는 논리다. 1권 출간 이후 미국의 정치 문화가 급변한 것은 아니지만 토크빌은 앤드루 잭슨 대통령 시기의 미국의 부정적 측면에 대해 깊이 성찰했다. 게다가 미국의 활기찬 일상생활은 기억에서 점점 희미해지는 반면 프랑스 현실 정치의 짜증스러움은 매일매일의 현실로 다가오면서 토크빌 특유의 우울함이 도졌다고 할 수 있다.

『미국의 민주주의』1권

토크빌은 1권 서두를, 완전히 새로운 세계를 이해하려면 새로운 정치학이 필요하다는 말로 장식했다. 그가 제시한 것은 후일 막스 베버가 '이상형 ideal type' 분석이라고 규정한 것에 해당한다. 토크빌은 일부 경험적 현상은 강조하고 나머지는 무시하는 방식을 통해 민주주의의 본질을 드러내고자 했다. 근대사회를 더욱 평등주의적인 방향으로 몰아가는 힘을 그림처럼 선명하게 보여주기 위해서다. 토크빌의 핵심 용어에 대한 정의를 찾아보려는 독자가 있다면 사실상 시간 낭비다. 우리가 접하게 되는 것은 미국을 찍은 사진이 아니라 미국을 그린 초상화다. 좀더 적절하게 표현한다면 그것은 한 장의 사진이라기보다는 한 편의 영화다. 거기에는 민주주의를 촉발한 운동에 대한 내러티브가 있다. 그것은 '조건들'의 평등의 확대 과정에 관한 내러티브다. 조건의 평등 Equality of condition이 토크빌의 논의에서 가장 중요한 현상이다. 조건의 평등을 만드는 것은 무엇이며, 그 정치적 결과는 어떠한가 하는 것이 핵심이다. 밀은 『미국의 민주주의』1권을 평가하면서 토크빌이 민주주의—본질적으로 인민의 지배를 의미하는 정치적 개념이다—에 관해 논하겠다고 해놓고 사실은 평등에 관한 문제를 서술했다는 식으로 은근히 불만을 털어놓았다. 밀은 보통선거권에 대한 급진적 요구와 사회·경제적 평등에 대한 요구를 엄밀히 구분하고자 했다. 그러나 『자유론』을 쓸 때 밀 본인도 토크빌처럼 두 개념을 뒤섞어버리고 말았다. 조건의 평등은 소득, 교육, 또는 특정한 어떤 것의 평등이 아니었다. 그것은 어떤 미국인이 어떤 야망을 추구하든 그것을 가로막는 사회적 장애물이 없는 상태를 말하는 것이었다. 비판자들은 토크빌이 미국의 경제적 불평등의 정도를 평가절하했다고 불평한다. 이는 어느 정도는 진실이다. 그러나 토크빌은 자기 나라와 미국의 차이에 주목하고 있었다. 그리고 거의 모든 미국인이 자신은 중산층에 속한다고 생각한다는 사실을 접하고는 깜짝 놀랐다. 지금도 많은 관찰자들이 그런 사태를 보고 놀라움을 금치 못한다. 여론조사 결과를 보면, 21세기 초인 지금도 미국인의 약 90퍼센트가 스스로를 '중산층'이라고 생각하고, 특히 50퍼센트 이상은 '중산층 중에서도 중간에 속한다'고 믿고 있다.

『미국의 민주주의』 1권은 역사적 설명을 곁들인 기다란 논증이다. 핵심 주장은 미국에서는 진정한 인민의 지배가 이루어지고 있으며, 그러면서도 거기서는—아마도 거기서만—인민이 무정부 상태나 전제정치로 빠질 위험이 없다는 것이다. 미국의 모든 것이 다 바람직한 것은 아니다. 그러나 미국의 사례는 프랑스인들에게 왜 미국은 할 수 있는데 '우리'는 할 수 없는가 하는 의문을 제기한다. 따라서 우리는 토크빌의 주장을 두 가지 축을 따라 추적해볼 수 있다. 첫째 축은 '미국은 진정으로 인민의 지배가 이루어지고 있다, 독재와도 무관하고 혼란과도 무관하며 노예와 아메리카 원주민을 제외한 모든 사람의 시민적 자유를 보호하는 체제다'라는 것이고, 둘째 축은 '그들이 그렇게 할 수 있는 이유는 무엇인가' 하는 것이다.

진정한 인민의 지배는 1권의 한 장을 차지하는 주제다. 1권 2부의 맨 앞에 놓인 이 장은 미국에서는 거의 모든 공직이 선출직일 뿐 아니라 1년 내지 2년에 한 번씩 다시 선거를 통과해야 직위를 유지할 수 있다는 엄연한 사실을 강조하고 있다. 입법부는 물론이고 거의 모든 심급의 판사들과 거의 모든 자리의 고위급 행정관도 거의 지속적으로 인민에게 책임을 져야 한다. 세습 왕권, 종신직 상원의원, 대단히 제한적인 유권자층, 왕을 정점으로 하는 관료제에 소속된 판사 등등에 익숙한 프랑스인에게 미국의 제도는 그야말로 충격이었다. 토크빌은 곧바로 우리가 '인민의 지배'라는 이야기를 하지만 사실상 "인민의 이름으로 지배하는 것은 다수"라는 점을 잊어서는 안 된다고 말함으로써, 매디슨과 제퍼슨이 인민의 지배가 다수의 독재로 변질될 수 있는 상황에 대해 제기한 문제를 다시금 강조한다. 여기서 토크빌은 다수란 국가의 공동선을 진정으로 원하는 평화적인 대다수 시민 이라고 말함으로써 다수의 지배가 독재로 변질될 수 있다는 불안을 걷어내 지만 불안은 잠시 뒷전으로 밀렸을 뿐이다. 다수는 국가의 공동선을 원하 는 평화적인 시민으로 구성돼 있지만, 무소불위한 존재이며 다수의 횡포를 막아낼 수 있는 세력도 존재하지 않는다.[15]

토크빌의 다수의 독재에 대한 논의는 약간의 사상적 연원을 토대로 한 것이다. 그는 홉스적 의미에서 주권이란 어딘가에 존재해야 한다고 전제한 다. 많은 정치철학자들과 마찬가지로 토크빌은 모든 정치적·법률적 체제 는 어딘가에 절대적이고도 무제약적인 권력이 존재해야 한다고 생각했다. 홉스의 관점—벤담과 그 추종자들은 물론이고 벤담이 맹렬히 비판한 윌리 엄 블랙스톤도 동의하는 관점이다—을 비판하는 사람들은 미국이야말로 홉스적 의미의 주권이 존재하지 않는 법률적·정치적 체제라는 점을 강조 한다. 미국은 하나의 체제이기는 하지만 단일한 주권자로부터 그 통합성을 부여받지 않는다. 토크빌은 이런 식의 추론은 무시한다. 다수가 주권자, 그 것도 절대적인 주권자라는 것이다. 그리고 다수에 대한 문제 제기는 없기 때문에 다수는 엄밀히 말하면 전제적이다. 이것은 궤변이 아니다. 밀은 동 인도회사가 인도를 통치하는 것은 전제주의라고 주장했다. 그것은 자비로 운 전제주의였다. 게다가 동인도회사는 다시 영국 정부의 통제를 받았다. 그럼에도 불구하고 동인도회사는 인도의 신민들에게 책임을 지는 것은 아 니었고, 따라서 일종의 전제정치였다.

민주주의에서 다수는 소수에게 책임을 지지 않는다. 그러니까 엄밀히 말 하면 다수는 전제군주와 같은 위치에 있다고 할 수 있다. 그러나 이런 주장 은 너무 과도하다. 어떤 체제든 법률적·정치적 결정 내지 입법에 대한 이 의 제기가 종식되고 패자는 순응하든지 무기를 들고 반란을 일으키든지 해야 하는 시점이 있다는 것은 논리적으로 보면 참이다. 그러나 어떤 개인 또는 집단이 본원적으로 전제적 권위를 가진다는 것은 전혀 참이 아니다. 미국 헌법은 독재적 권력 행사를 가로막는 장애물을 수도 없이 마련해놓고 있다. 대통령은 의회를 해산할 수 없다. 자신의 말을 잘 따르는 의회를 원한다면 다음 선거를 기다려야 한다. 그것도 운이 좋을 경우에만 가능한 일이다. 의회는 영국 의회가 각료를 해임하고 내각을 해산시키는 것 같은 방식으로 대통령을 해임할 수 없다. 토크빌이 미국에 가기 한참 전에는 연방대법원이 의회가 통과시키고 대통령이 서명을 한 법률에 대해 무리하게 위헌 결정을 내리기도 했다. 분노한 다수가 현재로서는 위헌인 어떤 행위를 하고자 하고 헌법 개정을 강력히 요구한다면 아무리 시간이 걸리더라도 의회와 개별 주들이 사안별로 법에 규정된 다수결 정족수를 확보해 수정안을 통과시킬 때까지 기다려야 한다. 그렇게 될 수는 있다. 제1차세계대전 때 미국 헌법 수정조항 18조가 발의됐고 우드로 윌슨 대통령의 거부권 행사에도 불구하고 1919년에 최종 통과되었다. 수정조항 18조는 알코올 함유 음료의 판매를 금지하는 내용이었는데 결과는 손익이 엇갈렸다. 많은 미국인들이 알코올 관련 질병에서 벗어났지만 갱단과 밀주 제조업자들로서는 크게 남는 장사 아이템을 확보하게 됐다. 그러다가 1933년 수정조항 21조가 통과됨으로써 수정조항 18조는 폐기됐다. 수정조항 18조가 법률로 구체화되어 실효를 발휘하는 데에 3년이 걸린 반면 폐기되는 데에는 1년도 채 안 걸렸다는 사실이 인간 본성의 서글픈 일면을 보여주는 에피소드인지 아니면 위안을 주는 에피소드인지는 여기서 논할 계제가 아니다. 핵심은 헌법 수정안 1개 조를 통과시키는 데에도 그토록 오랜 논란이 필요하다는 것이다. 따라서 분노한 다수가 기본 규칙을 자기한테 맞는 방향으로 뜯어고치는 일은 대단히 어렵다.

이런 점을 토크빌은 잘 알고 있었다. 『미국의 민주주의』 1권 1부는 미국의 역사와 지리, 헌법적 장치들에 대해 길게 설명한다. 다른 관찰자들과 마찬가지로 토크빌은 미국이 지나칠 정도로 법률가들이 지배하는 나라라는 점에 주목했다. 그는 이것이 미국의 미덕 가운데 하나라고 생각했다. 아마도 본인이 판사 출신이어서 그런 부분이 있었을 것이다. 어쨌든, 토크빌은 미국의 헌법적 장치들이 두 가지를 동시에 수행하도록 하려는 취지였다는 것을 잘 알고 있었다. 효율적인 중앙정부를 확립하는 동시에 그 어떤 파벌—제임스 매디슨이 '다수 파벌'이라고 부른 것을 포함해서—도 규제받지 않는 권력을 행사하지 못하도록 방지하는 것이다. 토크빌은 또 헌법이 상원에서 규모에 상관없이 각 주에 동등한 대표권을 부여한 것이 어떤 결과를 가져왔는지를, 그리고 그런 조치가 원래는 노예제 문제를 우회하기 위한 노력의 일환이었다는 것을 알고 있었다. 다수의 독재에 대한 토크빌의 우려를 생각함에 있어서 우리는 다수의 독재를 막기 위해 설치한 장벽들이 종교적 소수나 아웃사이더들보다는 노예 주인들을 더 잘 보호해주는 결과를 가져왔다는 점을 유념해야 한다.

토크빌이 다수를 무소불위의 존재라고 본 것은 납득이 잘 안 간다. 의회의 주권에 익숙한 영국인 관찰자가 볼 때에는, 지금도 그렇지만 당시에도 다수파가 주의 주장을 관철하려면 수많은 난관을 헤쳐나가야 했다. 반면에 당시 미국 정치에서 가장 인상적인 특징은, 다수도 그러지 못하는 상황에서 유력한 이익집단들이 기성 정치체제에서 큰 이익을 챙긴다는 것이었다. 그러나 매디슨과 마찬가지로 토크빌은 법률을 '문서상의 장벽'이라고 생각했다. 다수가 무소불위한 존재라고 하는 것은 미국적 현실에서는 깊은 의미를 갖는, 헌법보다도 더 강력한 힘을 발휘하는 사실이었나. 그 깊은 의미를 이해하려면 여기서 잠시 영국인은 왜 아메리카에 정착하는 데 성공했고, 프랑스인은 그러지 못했는지에 대한 토크빌의 설명을 자세히 살펴보아야 한다. 역설적인 것은, 프랑스인들은 성공에 필요한 모든 일을 다 했는데도 실패한 반면, 영국인들은 별 생각 없이 행동했는데도 성공했다는 점이다. 이는 미국인—영국계 미국인—들이 스스로를 생각하는 방식에 엄청난 영향을 미쳤다. 프랑스 정부는 미시시피강 계곡을 따라 아메리카 식민지촌을 용의주도하게 조직화할 생각이었고, 많은 노력을 기울여 지리, 기후, 토양, 기타 사항에 대해 정보를 수집했으며, 요충지에 군 정착촌을 설치했다. 프랑스 정부는 군 정착촌에 프랑스 방식의 효율적인 행정 기능을 부여했다. 그러나 정착촌은 번창하지 못했다. 성장을 하기는커녕 규모가 점점 줄어들었다. 영국인들은 프랑스 정착촌이 장애물로 여겨져도 그냥 무시해버렸다.

반대로 아메리카 동부 연안에는 영국인들이 정착했다. 조국 영국 정부의 탄압이나 빚쟁이들을 피해 탈출해온 경우가 많았다. 영국 정부는 아메리카 식민지에 대해 주권을 주장하면서 국왕 명의로 총독을 파견했지만 식민지 현지 행정은 자조自助를 기반으로 한 이민자들이 맡았다. 일부 식민지인들은 탈출해온 영국 정부 못지않게 스스로 설립한 자치정부마저 싫어했고, 그래서 좀더 마음에 맞는 공동체를 세울 만한 곳을 찾아나섰다. 이처럼 자발적으로 생겨난 공동체들이 번창했다. 그렇다고 해서 영국인과 프랑스인이 전혀 다른 종족이라는 말은 아니다. 물론 토크빌은 이따금 그런 식의 뉘앙스를 풍기는 얘기를 하기도 한다. 17~18세기 영국과 프랑스 정부의 서로 다른 행태에 대한 토크빌의 설명은 그의 기본 입장을 알아볼 수 있는 열쇠다. 프랑스 정부의 강력한 후견 행위는 많은 역할을 할 수 있었지만 프랑스인 개개인의 힘을 약화시켰다. 반면에 영국 정부의 무관심은 식민지인들이 에너지를 마음껏 분출할 수 있는 계기가 됐다. 이것이 영국계 미국인들의 습속에 큰 영향을 미친 것이다.

동포인 프랑스인들에 대한 토크빌의 설명에는 문제가 많다. 그는 프랑스인은 본질적으로 진취성이 떨어져서 본국 안에만 있으려고 한다고 말했다가 '프랑스인들은 영광을 추구하는 반면 영국인들은 그렇지 않다'는 식으로 정반대 얘기를 하기도 한다. 더더욱 혼란스러운 것은, 영국인들은 백인 사회를 벗어나 아메리카 원주민들과 관계를 가지려 하지 않는다고 한 대목이다. 영국인들은 아메리카 원주민과 통혼하지 않았고, 영국 사냥꾼들은 광야의 다른 거주민들과 섞이지 않았다. 프랑스인들은 달랐다는 것이다. 일단 여기서 토크빌이 이런 얘기를 하는 의도가 무엇인지 알기 어렵다. 영광을 추구하는 동시에 국내에서 조용히 살고자 하며 고귀한 야만인의 삶에 기꺼이 동화되고자 하는 성향이 일단의 사람들에게 큰 영향을 미친 부분이라고 보기는 어렵다. 그런 열정들은 서로 잘 어울리는 것과는 거리가 멀어 보인다.

이런 혼란스러움으로부터 토크빌을 구해줄 수는 있다. '어떻게'라는 부분에 주목하면 그가 다수의 독재를 그토록 우려한 이유를 짐작할 수 있다. 토크빌은 왜 영국인은 아메리카에 제대로 정착해서 식민지를 개척했고, 프랑스인은 그러지 못했는지를 묻는다. 가장 간단한 대답은 '청교도주의'일 것이다. 여기서 청교도주의는 칼뱅식 프로테스탄티즘이라기보다는 막스 베버가 『프로테스탄트 윤리와 자본주의 정신』에서 설파한 정신 자세라고 할 수 있다. 프랑스인은 진취성이 없는 반면 영국인은 자신이 동의하지 않는 정부 밑에서 살려 하지 않고, 기존의 경계를 자신이 받아들여야 할 경계로 인정하려 하지 않는다. 프랑스인은 영광을 추구하는 반면 영국인은 스스로 부과한 과제에 집착하며 미개척지를 비옥한 농토와 목초지로 만들려고 한다. 광야의 매력을 순순히 받아들이려는 프랑스인과 달리 영국인은 광야는 길들여서 쓸모 있는 것으로 만들어야 할 대상이라고 생각한다. 영국인의 특성은 결점도 있다. 완고하고 편협하며 상상력이 부족할 수 있는 것이다. 영국인은 개척 과정에서 장애가 되는 이들—아메리카 원주민, 흑인 노예, 그리고 게으르고 무지하다고 간주되는 모든 종족—이 겪는 손실과 피해 같은 것은 괘념치 않는다.

지금의 미국이 존재하는 이유는 그런 특성을 가진 영국인들이 새로운 공화정 체제를 만들어냈기 때문이다. 정직과 성실을 최우선으로 삼는 영국계 식민지인들이 다수의 권한을 더 강화시키는 정치제도들을 수립한 것이다. 토크빌은 유럽인들이 미국에 대해 일반적으로 정부가 약체라고 보고 있다는 점을 잘 알고 있었다. 유럽의 관찰자들은 미국 시민이 누리는 자유는 부러워하면서도 연방정부가 행사하는 권한이 그토록 작고, 정책을 강제할 수 있는 수단도 별로 없다는 사실에 대해 놀라움을 금치 못했다. 토크빌은 이런 생각을 뒤집는다. 인상적인 것은, 이제 미국인들이 자유를 얼마나 많이 누리느냐가 아니라 얼마나 적게 누리고 있느냐이다. 토크빌은 미국이 자유의 손실을 방지할 보호 장치는 대단히 적은 반면 정치체제는 다수의 권한을 대단히 강화하는 쪽으로 돼 있다는 사실에 깊은 인상을 받았다. 비독재적인 정부라면 한 기관의 결정에 대해 그 기관을 견제할 수 있는 다른 기관에 이의를 제기할 수 있는 제도가 있어야 한다. 그런데 미국에는 그런 견제가 존재하지 않는다고 토크빌은 말한다. 그 이유는 무소부재하고 무소불위한 여론 때문이다. 모든 제도는 여론을 반영하는 도구다. 의회는 여론을 반영하고, 의회가 통과시키는 법률도 여론을 반영한다. 판사들도 인민이 선출하고, 여론을 반영하는 방식으로 법을 집행하는 한에서만 자리를 유지할 수 있다. 다수가 무소불위라고 하는 것은 여론이 무소부재하며 무소불위하다는 말과 같다. 토크빌은 미국 헌법의 법률적 관점이 강조하는 제도적인 견제와 균형보다 여론이 그런 규제를 우회할 수 있는 능력을 예의주시했다.

그럼에도 불구하고 미국은 여전히 자유롭다. 실질적인 문제에 있어서 미국인들은 자립적이고, 서로에게 자신의 권한을 가능한 한 최대한 행사하려 하지 않으며, 정부의 지원이나 통제를 거의 받지 않고 삶을 영위하는 능력이 있기 때문이다. 토크빌은 중앙정부가 보이지 않는 문제와 관련해 프랑스와 미국의 대조적인 양상을 강조한다. 미국인들은 프랑스라는 국가가 열심히 제공하려고 애쓰는 후견인 역할을 자신들의 중앙정부가 하지 않는 상황에서 스스로를 조직화함으로써 필요한 것을 마련한다. 모든 것이 서로 연결돼 있다. 배심원 제도는 배심원으로 뽑히는 미국인들에게 공적인 문제에서 일정한 역할을 하도록 강제하며, 일종의 정치교육의 장이 된다. 수많은 지역 신문들은 그러한 정치교육을 강화한다. 신문의 다양성은 민주주의를 해치는 여론의 획일성을 지속적으로 끊어주는 역할을 한다. 따라서 아무리 다수 여론이라도 반대 의견에 맞서 항상 스스로를 새롭게 가다듬어야 한다.

민주주의사회에서 자유가 살아남을 수 있도록 해주는 토크빌의 처방은 '의견의 대립'을 보호할 뿐 아니라 그런 대립이 대단히 중요하다는 점을 인정하는 것이다. 의견의 대립은 그 자체로 의미 있는 것이다. 미국 사회는 흡사 '논쟁하는 사회' 같았다. 토크빌은 정치적 논쟁의 뿌리는 경제적 삶에 있다고 본다. 미국은 전형적인 기회의 나라였다. 토크빌이 미국 정치론을 쓸 당시는 위대한 서부 개척 시대가 시작되기 전이었고, 동부 연안 무역도시와 산업도시들 및 미시시피 지역에서 유럽 남부와 중부 출신 가톨릭계 이민자들을 받기 이전이었다. 유럽 동부 유대인들과 독일 및 오스트리아·헝가리제국 출신 망명자들이 미국으로 몰려든 것도 『미국의 민주주의』 2권이 출간되고 8년이 지난 1848년 이후의 일이었다. 그러나 유럽적 기준으로 보면 서부로의 대이동은 이미 놀라운 일이었다. 미국 경제는 농업—원거리 시장에 팔기 위해 노예노동으로 생산하는 담배, 면화, 사탕수수를 포함하는 넓은 의미의 농업이다—중심인 동시에 상업 중심이었다. 내륙 지역에서는 소규모 산업 및 농산물 가공과 관련된 도시들이 우후죽순처럼 생겨났다. 뉴잉글랜드의 직물산업은 급속도로 성장하고 있었다. 그러나 펜실베이니아의 석탄과 철을 기초로 한 산업화는 30년이나 뒤져 있는 상태였다.

그럼에도 불구하고 미국은 비슷한 수준의 발전 단계에 있는 유럽 사회들보다 훨씬 번창했다. 이민자들은 주위를 둘러보고 미국의 상황과 유럽에 있을 때의 상황을 비교하면서 만족해했다.

서로 다른 종교는 이해관계도 다르고 세계관도 달랐다. 그런 경제적 이익의 다양성이 정치적 논쟁을 크게 활성화시켰다. 그러나 논쟁은 일정한 테두리 안에서 진행됐다. 특히 미국의 종교는 미국 시민들의 자제력과 품위를 길러주었다. 종교는 시민들이 세속적 성공을 사회적 지위의 표시로서 중시하도록 하는 데 중요한 역할을 했다. 토크빌의 종교에 대한 관심은 그가 표명한 몽테스키외적인 전제에도 내포돼 있었다. 물리적 요인들이 비전제적 공화정의 성공 여부에 큰 역할을 한다는 것이다. 기후 조건만 봐도 전제정치를 촉진하는 경우와 자립 성향을 촉진하는 경우, 그리고 독재를 용인하지 않는 시민들을 양성하는 데 도움이 되는 경우가 있다는 얘기다. 법률은 더 큰 역할을 했다. 그러나 가장 큰 차이를 만들어낸 것은 습속이었다. 종교는 우선 신념이라는 의미에서, 그리고 더 중요하게는 사회적 관습이라는 의미에서 습속을 구성하는 핵심 요소였다. 미국인들은 종교를 강력한 사회적 힘으로 만드는 놀라운 장치를 고안해냈다. 그들은 교회와 국가가 완벽하게 분리된다는 내용을 헌법에 명시했다. 프랑스 앙시앵레짐과 달리 미국에는 부유하고 쓸모없는 성직자들이 부유하고 쓸모없는 귀족들과 결탁하는 일 따위는 없었다. 미국인들이 혹여 정부를 싫어한다고 해도 그 이유가 무엇이든 반성직자주의 때문일 수는 없었다. 오히려 미국인들은 자신이 속한 교회에서 멀어지면 다른 교회로 옮기거나 무에서부터 새로 교회를 세울 수 있었다. 프랑스혁명 이전에 프랑스는 국가와 교회가 단일체를 이루고 있었다. 이는 서로가 대중적 인기가 없다는 사실을 알고 일종의 결탁을 맺은 체제였다. 반성직자주의를 개신교 국가보다 가톨릭 국가에서 더 흔히 볼 수 있다는 것은 잘 알려진 사실이다. 토크빌은 그런 사실보다는,

시끄럽고 진보적이며 근대화를 착착 추진하는 나라에서 종교가 살아남을 가능성이 있느냐 하는 문제에 더 큰 관심을 쏟았다. 그는 미국의 민주주의는 위계질서가 강한 전통적인 사회들보다 종교의 뒷받침을 더 많이 필요로 한다고 생각했다. 미국 같은 사회에 만연해 있는, 평등주의적인 인민의 불안과 경제적 불확실성—잘나가는 사람이나 못 나가는 사람이나 마찬가지다—에는 해독제가 필요했다. 그런데 종교가 "마음에서 우러난 습관 habits of the heart"을 만들어냈고, 바로 이것이 불행할 때는 위안을 주고 불확실성에 직면했을 때는 꿋꿋하게 버틸 수 있는 힘을 주었다는 것이다.

토크빌은 『미국의 민주주의』 1권을 미국에 공존하는 '세 종족'의 관계에 관한 다소 우울한 성찰로 끝낸다. 세 종족은 백인 유럽인, 아메리카 인디언, 흑인 노예를 말한다. 토크빌은 인디언이 멸종될 운명이며, 그들의 멸종이 도덕적 파탄이라는 것에 대해 의심하지 않았다. 이런 우울한 평가는 토크빌의 특징이었다. 그는 불가피한 것과 찬양할 만한 것의 차이를 분명히 인식하고 있었다. 아메리카 원주민의 멸종이 도덕적 파탄인 이유는 그들이 받은 잔학한 대우가 혐오스러워서만이 아니라, 백인 정부가 스스로 서명한 모든 협약을 위반하고 편리할 때에만 존중했기 때문이다. 점잖은 사람이라면 당연히 수치심을 느껴야 할 행동이다. 그것이 도덕적 파탄인 또하나의 이유는 본질적으로 귀족적인 삶의 방식을 파괴했기 때문이다. 일상적인 미국인의 삶은 단조롭고 자기중심적인 평온함이라고 할 수 있는 반면, 인디언들이 명예와 용기, 무용을 중시하는 유럽 귀족들에게 익숙한 미덕을 중시하는 것은 토크빌에게는 민주주의로 말미암아 상실될 수 있는 모든 것을 대변하는 가치였다. 그럼에도 불구하고 그런 추세를 막을 방도는 없었다. 아메리카 원주민들에게 유럽인들과 더불어 살아간다는 것은 어디서나 재앙이었다. 유럽인들이 그런 재앙을 피하려고 마음먹었을 수는 있겠지만 어떻게 해야 하는지는 몰랐을 것이다.[16]

미국에 거주하는 흑인들에 대해서도 토크빌은 똑같이 비관적이었다. 흑인 노예들이 처한 상황은 분명 용인할 수 없는 수준이었다. 그러나 토크빌은 노예제가 미국 백인들에게 미치는 폐해에 관심을 집중했다. 그의 우울한 전망은 노예해방이 이루어지든 이루어지지 않든 좋은 결과를 가져올 수는 없다는 인식에서 비롯됐다. 노예제가 노예 소유 사회에 도덕적 타락을 야기한다는 논리는 새로운 얘기는 아니었다. 다만 노예제의 폐해에 대한 그의 설명은 큰 위험을 무릅쓰고 오하이오강을 따라 내려가면서 직접 현장을 둘러본 결과였기 때문에 더 설득력이 있다. 강 좌안은 노예제, 우안은 자유민 노동 체제였고, 각기 성과를 내고 있었다. 토크빌이 보기에 분명한 것은, 노예제가 합법인 주들은 결국 후진성을 면치 못할 운명이라는 것이었다. 절대적인 기준을 놓고 보면 그런 주들이 대부분의 유럽 국가들보다는 더 번창하고 있을지 모르지만 그런 실감은 하지 못했다. 노예제가 불법인 이웃 북부 주들이 훨씬 더 번창하고 있었기 때문이다.[17]

사회학자들은 토크빌이 '사람들이 행복하다고 느끼느냐 불행하다고 느끼느냐를 결정하는 것은 절대적인 복리 수준이 아니라 상대적인 복리 수준'이라고 강조한 것을 높이 평가한다. 옳은 평가다. 이민자들이 미국의 현재를 그들이 살았던 유럽의 과거와 비교하면서 애국심을 더 키우는 것과 마찬가지로, 남부인들은 북부인들의 우월한 생활수준에 대해 점차 앙심을 품게 된다. 여기서 위험한 점은 노예주州의 백인들이 흑인 농노에 대한 우위를 지키는 데에만 신경을 씀으로써 유럽식으로 말하면 타락한 귀족계급의 악습을 고스란히 체질화하게 됐다는 사실이다. 반면에 자유민 노동이 일반적인 주들은 번영을 누렸다. 제조업을 중심으로 한 도시들이 우후죽순처럼 생겨났고, 은행과 무역회사들은 자유주의 성장뿐 아니라 노예주의 발전으로부터도 이윤을 챙겼다. 그런 상황이 무한정 지속될 수는 없었다. 그러다가 미국의 종말이 오는 것은 아닌지 누구도 알 수 없었다. 흑인 노예들의 비극은 노예해방이 이루어져도 별로 나아질 게 없다는 사실에 있었다. 북부인들은 노예제에 반대했지만 남부 백인들과 마찬가지로 해방 흑인 노예와 더불어 살거나 통혼을 할 생각은 없었다. 2등 시민이라는 신분과 사회적 인종 분리가 해방 노예가 맞아야 할 운명이었다.

토크빌은 남북전쟁을 예견하지는 못했다. 그러나 1840년 이후 미국 친구들에게 보낸 여러 통의 편지에서 북부 주들과 남부 주들 간에 대립과 갈등이 심해지는 것에 대해 깊은 우려를 표명했다.[18] 노예제가 그가 언급한 분열 가능성의 유일한 원인은 아니었다. 『미국의 민주주의』를 보아도 그렇고 서신들을 보아도 그렇다. 토크빌이 앤드루 잭슨 대통령 집권 시기가 미친 영향과 프랑스 국왕 루이 필리프가 제창한 '부자 되세요enrichissez-vous' 논리가 미국에 도입된 사실에 거의 주목하지 않았다는 지적도 있다. 그러나 이는 썩 타당한 지적은 아니다. 토크빌은 노예제가 미국의 정치적 통합에 미친 영향을 논하다가 갑자기 미국의 무게중심이 돌이킬 수 없는 정도로 미시시피강 유역으로 이동하고 있다고 언급한다. 이런 사실에서 특히 그가 관심을 보인 부분은 동부의 여러 주에서 서부로 이동하는 사람들의 특성이다. 그들은 성급하고 완고하며, 원래 살던 혹은 추방된 주에서 벌어지는 정치에 무관심했다. 수년 후 미국의 논평가들은 그들을 보면서 문명화된 미국인이 미개척지에 가면 타락하는 경향이 있는 것이 아닌가 하는 의문을 갖게 됐다. 변경 미개척지는 미국으로서는 양날의 검과 같은 존재였다. 변경은 들뜬 인간들에게는 일종의 안전판을, 첫 도박에서 모든 것을 잃은 개인들에게는 구원의 가능성을 제공하기 때문에 통합을 촉진하는 요소였다. 반면에 변경은 기강이 잘 잡힌 정착지 환경에서 들뜨고 자기 통제가 안 되고 조급하고 무모한 자들이, 자리잡힌 환경에서 훈육 효과를 누릴 가능성을 제거했다. 그런 자들이 40년 안에 미국 주민의 다수를 형성하게 되면 미국이라는 신생 민주주의 체제는 혼란에 직면하게 될 것이다. 그러

나 토크빌이 그런 우려를 하게 되는 것은 미국 방문 직후인 1830년대가 아
니라 한참 후인 1850년대에 들어서였다.

『미국의 민주주의』 2권

『미국의 민주주의』 1권을 읽고 나면 미국에 대해 할 말이 더 남아 있을
까 하는 생각이 들 수 있다. 그러나 토크빌은 할 말이 많다고 생각했다. 1권
과 2권의 지적인 차이는 명확지 않다. 하지만 지난 반세기 동안 논평가들은
네 가지 주제에 주목했다. 첫째는 개인주의와 개성에 대한 토크빌의 이중
적 태도다. 제2차세계대전 직후 나온 데이비드 리스먼의 『고독한 군중*The
Lonely Crowd*』, 그로부터 다시 20년이 지난 시점에 출간된 리처드 세넷의
『공적인 인간의 몰락*The Fall of Public Man*』에서 재론된 문제다. 둘째는
결사(결속력이 강한 모임, 단체, 협회, 조직 등등—옮긴이)를 조직하는 데 능한 미국인
의 재능에 대한 토크빌의 논의, 셋째는 가족에 관한 생각, 네번째는 '부드
러운 전제정치'에 대한 규명이다.
　토크빌은 미국의 문화적 삶에 대해 거리낌 없이 의견을 피력했다. 그는
민주주의 체제는 고급문화를 산출하기에 부적합하다고 생각했고, 미국의
삶이 활기는 넘치지만 단조롭다고 봤다. 미국을 방문한 유럽인들은 대부분
이런 견해를 가지고 있었다. 토크빌은 미국 정치인들의 수사적 능력을 높
이 평가하지 않았다. 또 미국인들은 실생활 면에서 데카르트주의자이기는
하지만 위대한 철학자를 배출하지는 못할 것이라고 봤다. 물론 이런 주장
은 사실과 다르다. 19세기 말 미국에서는 찰스 퍼스, 윌리엄 제임스, 존 듀
이 같은 걸출한 철학자가 배출됐다. 미국 독자들은 토크빌의 이런 무시에
개의치 않는다. 미국인들을 불편하게 하는 것은 개인주의에 대한 논의다.

토크빌은 평등은 미국인들로 하여금 자유보다는 평등을 더 갈망하게 만드는 효과를 발휘한다고 봤다. 이것이『미국의 민주주의』2권의 가장 기본적인 주제이다. 책 곳곳에 그런 주장이 깔려 있다.

개인주의의 양면성

토크빌은 '개인주의individualism'라는 단어를 처음 사용한 사상가 중 한 명이다. 그는 개인주의라는 용어에 특별한 의미를 부여했다. 그가 말하는 개인주의는 '개성individuality'의 대척점에 서 있는 개념으로, 자기 정체성에 대한 강한 자의식과 혼자 힘으로 성공할 수 있다는 자신감—밀은『자유론』에서 이 부분을 높이 평가한다—으로 이해된다. 여기서 토크빌이 진단하고 있는 것은 미국인들을 공적인 영역에서 물러나 자기 내면으로 향하게 만드는 감정이다. 이는 "타인과의 갈등을 멀리하고자 하는 성찰적 감정이다. 시민 각자는 자신과 비슷한 사람들의 집단인 대중으로부터 떨어져 나와 가족과 친구를 중심으로 하는 영역에 머물고자 한다. 그리고 자신만의 작은 사회를 만든 다음에는 기꺼이 전체 사회는 그 자체로 알아서 굴러가도록 방기한다".[19] 이런 설명이 나오는 짧은 장 끝 대목에 이르면 시민, 즉 이름뿐인 시민이 물러나 머물게 되는 세계는 더더욱 범위가 좁아진다. 이러한 물러섬의 과정은 "시민을 완전히 그 자신의 고독 속에 가두고 말" 우려가 있다. 이것이 바로 '고독한 군중'의 이미지로, 이에 대해서는 후대에 많은 논의가 있었다. 토크빌은 외부세계로부터 물러나 내면으로 침잠하는 양태를 설명하기 위해 정교한 심리학 이론을 동원하지 않는다. 그것은 공적인 세계에서 물러나 가정을 중심으로 하는 세계에 안주하는 태도다. 그것은 이기심의 표현이 아니라 사회적 참여를 멀리하는 것이다.

공적인 문제와 정치에 관여하지 않으려는 태도를 토크빌은 그 무엇보다도 우려한다. 그런 우려는 밀이 『자유론』에서 비슷하게 논의한 것보다 훨씬 직접적으로 정치적 성격을 띤다. 밀은 개인들이 할 수 있는 최대한의 것을 이룰 수 있기를 바랐다. 스스로 생각하고, 각자 철저히 자신의 기획하에 삶을 영위해가는 것을 이상적이라고 본 것이다. 반면에 토크빌의 관심사는 정치적인 쪽에 있었다. 토크빌은 온순한 자세로 가족 부양에만 몰두하는 시민이 아니라 공적인 문제에 충분히 참여하는 시민의 모습을 보고 싶어했다. 그러면서도 사회생활에서 지켜야 할 일상적 규범에 대해서는 밀보다 더 당연시하는 태도를 보였다. 토크빌을 존경하는 사람들은 그가 정치적 자유주의가 가능하려면 상당한 정도의 사회적 보수주의가 필요하다고 생각했다는 부분을 강조한다. 밀은 그렇게 생각하지 않았다. 토크빌은 미국 민주주의의 운명이 어떻게 될지에 대해 설득력 있는 설명을 제시하기 때문에 독자들은 그가 미국은 이미 개인주의에 매몰됐다고 말하지 않았다는 점을 종종 간과한다. 토크빌은 가정을 중심으로 한 좁은 영역에 안주하게 만드는 압력에 저항하지 않을 경우 어떤 난관이 발생하느냐와 동시에 그런 저항을 가능케 하는 힘은 무엇이냐에 대해 상세히 논했다. 그런 힘 가운데 하나가 미국인들의 결사 조직 능력이다. 결사에 대한 분석은 민주주의 사회를 설명하는 사회학에 남긴 토크빌의 또하나의 유산, 즉 '올바로 이해된 자기 이익self-interest rightly understood'이라는 개념을 토대로 한 것이다.[20]

결사와 '올바로 이해된 자기 이익'

토크빌은 미국인들이 각종 모임과 클럽, 결사를 만들어 생각할 수 있는 거의 모든 일을 해내는 것을 보고 감탄을 금치 못했다. 그는 『미국의 민주주의』2권을 쓸 무렵 이미 영국을 방문한 바 있었다. 그런데 미국은 영국에서 법률과 전통을 차용했는데도 영국의 삶에는 미국의 결사 조직화 열정에 비견할 만한 것이 존재하지 않았다. 그가 깊은 인상을 받은 것은 정당과 같이 직접적으로 정치적인 목적을 추구하는 결사가 아니라 비정치적 목적을 위해 존재하는 결사들이었다. 실제로 『미국의 민주주의』에 대해 자주 제기되는 불만 가운데 하나는 정당에 대해 다루지 않고 있다는 것이다. 실제로 이 책은 연방주의자들과 공화파 파벌들의 역사를 잠시 언급하는 것 말고는 정당에 대해 거의 다루지 않는다. 학교나 대학을 설립하고, 교회를 세우고, 선교사를 지구 곳곳에 파견하고, 병원과 교도소를 짓는 일은 모두 크고 작은 결사들이 추구한 목표였다. 결사는 미국 민주주의에 긴요한 존재였다. 귀족이 없고 따라서 당연히 지도자가 돼야 하는 인물이 없는 사회, 개인들끼리 서로 협력해서 거의 모든 것을 이뤄내야 하는 사회에서 결사는 민주적 자립을 가능케 하는 요람이었다. 여기서도 대조를 통해 논리를 전개하는 토크빌의 특징적인 모습이 잘 드러난다. 그는 몽테스키외의 입장을 받아들여 평등한 개인들로 구성된 사회의 자연스러운 정치적 조건을 독재라고 봤다. 독재 체제에서는 단일한 전제군주가 국가를 통치하고, 국가는 저항할 힘도 없고 스스로를 조직화해 저항할 방법도 없는 개인들을 통제한다. 미국은 그런 사회와는 정반대였다. 비정치적인 결사들이 통치 기술을 함양시켜주었다. 따라서 미국은 진정으로 자치적인 공화국이었다. 그러나 국가가 개입해서 자발적인 결사들이 하던 일을 가져가버린다면 자유를 생동하게 만드는 불꽃은 꺼지고 말 것이다. 토크빌이 1848년 사회주의자 루이 블랑이 제안한 국립작업장과 같은 실업 구제책에 대해 반감을 보인 것은 주로 경제학적 인식이 열악했기 때문이다. 그러나 그런 반감은 나름의 탁월한 사회학적 통찰(전적으로 설득력이 있다고 하기는 어렵다)에 기인한 것이었다.

다양한 목적을 달성하기 위해 결사를 조직하게 만드는 힘은 일종의 자기 이익에서 발생한다. 토크빌은 이에 대해 긍정적으로 평가한다. 여기서 말하는 자기 이익은 '올바로 이해된 자기 이익'이다. 토크빌은 그런 자기 이익을 개인주의를 상쇄하는 힘이라고 봤다. 자기 이익이 개인주의를 상쇄한다는 얘기는 이상하게 들릴지 모른다. 그러나 '올바로 이해된'이라는 표현의 의미를 잘 살펴보면 그렇지 않다. 토크빌은 미국인들이, 개입하고 전권을 행사하는 국가가 없을 경우 스스로 문제를 처리해야 한다는 것을 잘 알고 있다고 생각했다. 예를 들어 미국인들은 자녀가 교육을 받기를 원하면 같은 생각을 가진 사람들끼리 힘을 합쳐 학교를 세운다. 이것이 바로 장기적인 공동의 이익을 염두에 둔 자기 이익이다. 개인들이 결국은 국가가 자신을 위해 모든 것을 하도록 만들려는 유혹에 굴복하는 데 위험이 있었다. 이것은 획일적인 해결책을 찾고 목적을 위해 권력을 중앙집중화하는 민주주의 체제의 자연스러운 흐름이었다. 그런데 미국인들은 그런 흐름에 강력히 저항했던 것이다. 미국인들의 자세가 그런 자조의 전통이 없는 프랑스인들에게 어떤 교훈을 주는지는 더 자세히 설명할 필요도 없었다.

여기서 우리는 민주주의가 직면하게 되는 위험에 대한 고전적인 견해와 사적 영역과 공적 영역 사이에서 미묘한 균형을 유지하려는 미국인들에 대한 우려를 만나게 된다. 그런 우려는 토크빌을 읽어서 생긴 것이 아니었다. 토크빌은 그런 우려를 설득력 있게 표현했을 따름이다. 모든 사람이 개인적인 복리 추구에만 매몰된다면, 자발적인 결사를 조직하거나 정당 구성원으로서 적극적인 활동을 할 수 있는 동력이 사라진다는 것은 진부한 얘기다. 정당 역시 국가라고 하는 강제적 메커니즘의 장악을 목적으로 하지만 자발적인 결사이기 때문이다. 진부하지 않은 요소는 우리가 시민들의 참여를 얼마나 강하게 촉구해야 하느냐 하는 도덕적 측면과, 결사의 감소로 우리가 과연 위협을 받는가 하는 사실적 측면이다. 어쩌면 우리는 참여와는 무관한 문제들에 대해서까지 시민의 참여 부족을 탓하는 것일 수 있다. 이런 문제들의 이면에는 참여하는 시민에 대한 규범적 관점이 깔려 있다. 토크빌과 현대의 논평가들 같은 정치이론가들은 그런 관점을 당연시하지만 그렇지 않다고 보는 학자들도 있다. 에드먼드 버크라면 보통 사람들은 정치와 무관하게 자기 삶을 살아가면 된다고 생각했을 것이다. 플라톤이라면 한참 더 나아가 보통 사람들이 공적인 문제에 참여하지 못하도록 했을 것이다. 토크빌은 플라톤과 버크의 주장은 역사에 의해 오류임이 밝혀졌다고 생각했다. 세상은 이미 보통 사람들(남녀)의 수중에 들어갔다. 이제 문제는 그들이 온갖 도전을 제대로 극복할 수 있느냐 하는 것이었다.

가정

그렇기 때문에 토크빌은 미국 가정이 차세대 시민을 사회화하는 방식을 주의깊게 살펴봤다. 토크빌은 당대에 그를 찬미한 사람들보다 과격하고 비관적이었다. 프랑스혁명이 오래된 역사가 아니라 아직도 기억에 생생한 사건으로 남아 있던 시기에 그는 사회 기강의 필요성을 강조했다. 그는 근대 세계가 앙시앵레짐 사회보다 온건하고 인간적이라고 생각했다. 구체제에서는 도둑과 위조범들에 대해서는 말할 것도 없고 정치적으로나 종교적으로 견해를 달리하는 사람들에 대해 자의적이고 역겨운 잔학 행위를 일삼았다.[21] 법률 체제가 온건할수록 자발적 통제가 중요해진다. 자제하는 능력과 습관은 가정에서만 가르칠 수 있다. 토크빌은 다음 세대를 민주주의사회 및 정치체의 구성원으로 사회화하는 방식에 관심을 가지면서 미국의 삶에서 여성이 차지하는 역할에 특히 주목하게 됐다. "지금까지 바람직한 습속이 없는 자유로운 사회는 결코 없었다. (…) 그리고 습속을 만드는 것은 여성이다."²² 그런데 당시 여성 본연의 자리는 가정에 있었다. 따라서 토크빌은 먼저 민주주의사회의 가족의 모습을 대충 그려낸 다음, 그 가정 안에서 또 좀더 넓은 의미의 사회 속에서 여성이 어떤 위치를 차지하는지를 살펴본다.

민주주의사회의 가족은 귀족사회의 가족과 대비된다. 후자는 대가족이고 전자는 핵가족이다. 가문이라는 관념은 미국적인 것이 아니다. 아이가 유년 시절을 지나면 가족 내의 관계는 권위보다는 우애로 맺어진 관계가 된다. 아버지와 아들의 관계는 특히 그러하다. 형제자매 간의 관계도 마찬가지다. 귀족사회의 가족에서는 모든 개인이 가족 내의 위계에 따라 서열이 있다. 이는 토크빌 본인이 귀족 집안 막내아들이라서 특히 절감한 부분일지 모르겠다. 민주주의사회의 가족에서는 자녀들이 서로 우애 넘치는 동등한 존재이다. 그러나 도덕적 품성을 함양하는 일은 주로 미국 여성들이 담당한다. 이런 발상은 몽테스키외는 물론이고 고대의 페리클레스 및 폴리비오스와도 흡사하다. 미국 소녀를 양육하는 과정에서 가장 놀라운 양상은 그들이 결혼을 할 때까지는 절대적인 자유를 누린다는 것이었다. 물론 엄격한 도덕적 틀 안에서의 자유다. 행간을 잘 읽어보면, 토크빌은 미국의 젊은 처녀들이 자기와 시시덕거리면서도 위태로운 관계로 발전할 정도로까지 유혹하지는 않는 것을 좋게 보고 있음을 느낄 수도 있다. 여성의 정치적 역할은 미국식 결혼의 가장 특징적인 면모에서 비롯된다. 결혼 전에는 절대 자유를 누리다가 일단 결혼을 하고 나면 그에 따르는 의무를 철저히 이행하고 가족의 복지를 최우선 목표로 삼아 행동하는 것이다. 미국의 삶이 바쁜 만큼 안정감을 줄 수 있는 힘이 필요했다. 그것을 제공하는 것이 미국 여성들이었다. 여성들은 불행한 시기에는 가족을 똘똘 뭉치게 했고, 남편들이 흔들리지 않고 자립의 길을 갈 수 있도록 배려해주었다. 그렇게 해서 나온 좋은 결과 가운데 하나가 미국인들은 여성을 합리적 존재이자 협력하는 반려자로 올바로 평가한다는 사실이다. 반면에 유럽인들은 여성의 유혹적인 힘은 과장하고 그들을 합리적 성찰 능력이 없는 존재로 취급했다.

부드러운 전제정치

미국이 자유와 평등 사이에서 균형을 잘 잡은 것은 미국인들의 습속이 그들을 민주주의의 독재의 위험으로부터 영구히 보호해줄 수 있는가 하는 문제를 제기했다. 이는 토크빌이 『미국의 민주주의』 1권과 2권 모두에서 심히 우려하는 마음을 가지고 다룬 주제이다. 2권에서 그가 자세히 밝힌 한 가지 관념은 20세기 자유민주주의의 운명에 대한 깊은 철학적 불안감의 원천이 되었다. 그는 이전의 그 어떤 것과도 다른 형태의 전제정치가 우려된다고 말했다. 민주주의 체제도 단기간에는 잔학하거나 폭압적일 수 있었다. 폭력은 민주주의 체제라고 해서 예외는 아니었다. 그러나 잔인함과 폭력은 민주주의의 본질의 일부는 아니었다. 민주주의 문화는 온건하고, 민주주의의 습속은 귀족제 내지 군주제사회의 그것보다 부드러웠다. 민주주의 체제가 전통적인 의미의 독재자들 손에 넘어갈 가능성은 적었다. 민주주의 체제가 우려해야 하는 것은 그 지도자들이 전제군주가 아니라 학교 교사가 되는 것이었다. 그리고 이런 생각이 토크빌로 하여금 앞서 규정했던 의미의 '개인주의'에 대한 우려로 돌아가게 했다. 각 개인은 오그라들고 그의 행동 영역은 가정과 소수의 친구들로 국한됐다. 이처럼 소소한 개인들로 구성된 대중 위에 "엄청난 후견인 같은 권력이 군림한다".[23]

역설적인 것은, 이런 후견인 같은 권력이 소소한 개인들이 전체가 되어 집단적으로 발휘하는 힘이라는 사실이다. 이것이 좁은 의미의 정치적 맥락이 아니라 사회적 맥락에서 말하는 다수의 독재다. 토크빌은 이를 일반적인 독재라고 할 수 있는 것과 대조해 설명한다. 예컨대, 여기에 유일한 지배자가 있다. 폭력적이고 잔학하며 이기적이고, 합법성 같은 것은 개의치 않고, 폭력과 물리적 공포를 동원해 권력을 행사한다. 현대 전체주의국가가 등장하기 전에는, 그런 지배자들은 우리가 그 영향권 안에 있을 때는 공포스럽고, 영향권 바깥에 있으면 우리와 별 상관이 없었다. 전통적인 독재자들은 들판에 고성능 포탄을 발사하는 대포와 같았다. 포탄이 내가 서 있는 곳에 떨어지면 나는 죽는다. 그렇지 않으면 삶은 별다른 동요 없이 흘러간다. 반면에 민주적 전제정치democratic despotism는 '부드럽거나' '온건'하다. 그러나 획일적이고 무소부재하며 누구도 거기서 빠져나올 수 없다. 많이 인용되는 토크빌의 다음 구절은 특히 기억할 만하다. "민주적 전제정치는 폭정을 행사하지 않는다. 그것은 방해하고, 타협하게 만들고, 무기력하게 만들고, 멍하게 만들고, 결국에 가서는 국민을 열심히 일만 하는 소심한 동물의 무리 수준으로 전락시킨다. 정부는 그들을 돌보는 목자다."[24] 이것이 바로 밀이 『자유론』에서 표현한 우려이며, 올더스 헉슬리가 소설 『멋진 신세계』에서 드라마틱하게 묘사한 내용이다. 현대 미국 정치에서 '큰 정부'를 적대시하는 사람들은 민주적 전제정치를 중대한 위협으로 간주하지만 민주적 전제정치란 터무니없는 과장에 불과하다고 보는 사람들도 많다.

장기적인 처방이 있느냐는 것은 쉽게 답하기 어려운 문제다. 토크빌은 우리에게 그런 과정을 확실히, 어쩌면 영구적으로 지연시킬 수 있는 방법을 말해준다. 그것은 다원주의다. 다원주의는 토크빌의 『구체제와 프랑스혁명』에서 상세히 논의되는 프랑스식 중앙집권화와 대척적인 개념이다. 토크빌은 민주주의에는 중앙집권화로 가려는 경향이 내재돼 있다고 봤다. 반면에 귀족제는 본원적으로, 그리고 다양한 측면에서 다원주의적이었다. 지적인 차원에서도 그렇고, 지리적으로나 사회·경제적으로도 다양했다. 비판자들은 귀족 중심 사회에서 발휘되는 지위와 기능의 다양성은 그에 따르는 대가가 너무 크다고 생각할지 모른다. 굶어죽는 농민과 너무 많이 먹어서 움직이기조차 힘든 주교의 삶은 현실이지만 그대로 지켜나갈 가치는 없었다. 토크빌은 이에 대해 이의를 제기하지는 않는다. 그러나 귀족 중심 사회는 평등주의적인 사회가 아무리 애써도 따라잡기 어려운 이런저런 자유를 보전할 수 있다고 강조한다. 이런 식으로 귀족 중심의 낡은 사회질서에 애정을 보이는 데 대해 밀은 편지에서 "선생은 나보다 훨씬 더 과거에 끌리는 모양이군요"라고 한마디했다.[25] 토크빌의 우려가 얼마나 정당한 것인지는 논란의 소지가 있다. 많은 측면에서 미국 사회는 19세기가 지나면서 더욱 다원주의적이 되었다. 화이트 아메리카 White America는 더이상 영국계 주민만을 말하는 개념이 아니었다. 아일랜드, 이탈리아, 유럽 남부와 동부에서 온 가톨릭계를 포함해 수많은 유럽계 이주민들을 포괄하는 개념이었다. 그다음에는 러시아를 비롯한 여러 지역에서 박해를 피해 탈출한 유대인들이 들어왔다. 서부가 개방되면서 아시아계 노동자들이 유입됐고, 정복을 통해 멕시코계 주민 상당수도 미국인으로 흡수됐다. 멕시코계 이민자도 더 늘었다. 일부 유럽인들이 보기에, 미국은 줄곧 획일주의적이고 지적인 독자성에 대해 적대적이었으며, 지금도 여전히 그렇다. 다른 관찰자들은 과학, 기술, 문화 부분에서 이 나라가 발휘하는 놀라운 창의성에 깊은 감명을 받는다. 귀족 출신의 토크빌이 그런 창의성을 어떻게 생각했겠느냐 하는 것은 또다른 문제다. 그러나 그는 민주주의 체제에서도 앙시앵레짐 아래에서 가능했던 수준의 취향, 욕망, 정치적 성향의 다양성은 충분히 가능하다고 확신했을 것이다. 어쨌든 토크빌의 우려는 미국을 위한 것이 아니라 프랑스를 위한 것이었다. '후견 국가 tutelary state'라는 개념은 19세기 앙시앵레짐 국가를 분석해서 내놓은 설득력 없는 추론이 아니었다. 그것은 1830년대 미국을 분석해서 제시한, 대단히 독특한 추론이었다.

프랑스와 제국

토크빌은 프랑스 제국주의와 관련해, 영국 제국주의가 북아메리카에서 이룩한 성과에 대한 분석에 비견될 만한 글을 전혀 쓴 적이 없다. 그러나 그는 『미국의 민주주의』 곳곳에서 프랑스인은 왜 해외 진출에 있어서 영국인만 못했는가 하는 문제를 제기한다. 국민의회 의원으로 재직하던 시기에 썼던 기고문들과 1840년대 초 알제리를 방문했을 때 발표한 두 편의 보고서에 나타난 그의 생각들을 보면 그가 대부분의 영국 자유주의자들, 특히 존 스튜어트 밀과 대단히 다른 종류의 자유주의자였음을 알 수 있다. 밀은 동인도회사 직원이었고, 이 회사는 영국령 인도를 통치하는 일을 했다. 밀은 영국의 인도 통치가 정당화되는 것은 인도에 이익을 주기 때문이라고 생각했다. 진보적인 식민지 권력이 원주민들로서는 해낼 수 없는 경제, 문화, 정치적 발전을 촉진할 수 있다는 것이다. 밀이 침묵을 지키다시피 한 문제는, 그렇다면 식민 통치는 제국주의 세력에게는 어떤 이익을 주느냐는 것이었다. 영국인들이 호주, 뉴질랜드, 영국령 북아메리카에 정착한다는 의미에서의 식민화는 어떤 분명한 목적이 있었다. 밀의 경제학은 인구 과잉을 선진국들이 지속적으로 직면하는 위협이라고 봤다. 따라서 이민은 인구 과잉을 해결해주는 안전판이었다. 제국주의 이념 그 자체가 밀의 피를 끓게 한 것은 아니다. 그는 국가의 영광에는 별 관심이 없었다. 그는 식민 제국주의가 영국의 위신을 높여준다는 것은 인정했지만 그것을 그리 대단한 일로 떠벌리지는 않았다.[26]

이 부분에서 토크빌은 밀과 견해가 매우 달랐다. 토크빌은 프랑스인들에게 국가를 통합해줄 수 있는 거창한 국가적 프로젝트가 필요하다고 생각했다. 알제리 정복 및 정착은 그 일환일 수 있었다. 마키아벨리 못지않게 토크빌도 그 문제의 도덕성은 논쟁할 가치가 있다고 생각했다. 프랑스가 알제리의 카빌리아족과 아랍인 마을들을 파괴한 행위에 대해 토크빌이 보인 잔인한 태도는 후대의 독자들에게 충격을 주었다. 문제의 행위는 여성과 아이들을 고의적으로 학살함으로써 현지 남성들에게 공포감을 심어주어 프랑스의 지배에 반기를 드는 게릴라 활동을 포기하게 만들기 위한 작전이었다. 사실 충격이라는 반응은 너무도 미흡한 표현이다. 토크빌은 수준 높은 교육을 받은 사람이었다. 그는 그리스, 로마, 오스만제국, 스페인 등등의 제국주의 지배체제가 얼마나 가혹했는지 잘 알고 있었다. 그런데도 그런 행위에 대해 눈도 깜짝하지 않았다. 약한 마음으로 정치를 논할 수는 없었다. 존 스튜어트 밀(그리고 카를 마르크스)과 달리 토크빌은 발전이라는 혜택을 근거로 발전을 이루기 위해 사용하는 방법을 정당화하지 않았다. 실제로 아메리카 인디언들에 대한 논의에서 그랬듯이 토크빌은 밀이나 마르크스보다 잃어버리게 되는 것에 훨씬 더 민감했다. 프랑스가 알제리에서의 성공을 통해 얻게 되는 것은 국가적 영광, 자신감 증대, 국민 통합이었다. 이런 태도가 『미국의 민주주의』에 간혹 등장하는 언급들의 토대를 이루는 것이다. 예를 들어 토크빌은 미국의 증대된 해군력이 프랑스와 연합해 영국의 해상 절대 우위를 견제할 수 있기를 희망한다. 토크빌은 영국과 프랑스가 다시 전쟁을 하게 될 것이라거나 전쟁을 해야 한다고 생각하지는 않았다. 그러나 이웃나라보다 크게 뒤처지는 것은 프랑스의 자존심에 좋을 게 없었다.

앙시앵레짐

지금까지 이 장에서는 자유민주주의의 미래에 대한 토크빌의 우려와 미국의 민주주의가 프랑스에서의 민주주의의 전망에 대해 시사하는 바에 초점을 맞췄다. 모든 논평가들과 마찬가지로 토크빌은, 미국인들이 앙시앵 레짐으로부터 물려받은 계급 간 증오나 프랑스혁명이 완수하지 못한 과제, 또는 심지어 영국에서 두드러진 사회적 계층질서 같은 문제로 고민할 필요가 없었다는 점을 강조했다. 프랑스혁명은 합법적이라고 널리 인정받을 수 있는 헌정체제─공화정이든 군주제든─의 수립을 어렵게 만들었을 뿐 아니라 합법적인 체제는 어떤 모습이어야 하는가에 대한 합의조차 거의 불가능하게 만들었다. 무정부 상태와 신정국가에 가까운 왕정 체제라고 하는, 누구도 원하지 않는 양극단 사이에서 분열의 가능성은 큰 반면 합의에 도달할 수 있는 희망은 거의 없었다. 성찰적인 프랑스인이라면 누구나 그렇듯이 토크빌도 프랑스혁명을, 그리고 혁명이 헌정체제에 입각한 변화를 조심스럽게 추구하는 운동에서 공포정치라는 광기로 추락하는 과정을 깊은 관심을 가지고 연구했다. 그는 여러 해 동안 프랑스혁명 자체의 역사를 집필하려는 구상을 가지고 있었다. 그러다가 혁명기에 일어난 사건들의 의미를 제대로 이해하려면 혁명이 파괴한 구체제로 거슬러올라갈 필요가 있다는 결론에 도달했다. 그의 '세번째 걸작'『구체제와 프랑스혁명』은 그렇게 해서 태어났다. 이 책은『미국의 민주주의』와 마찬가지로 곧바로 독자의 관심을 사로잡을 만큼 대단히 풍부한 내용을 담고 있다. 그중에서도 여기서는『미국의 민주주의』와 직접 관련이 있는 측면들만 집중적으로 살펴보고자 한다.

프랑스혁명에 대한 토크빌의 설명은 '혁명은 더는 견딜 수 없는 프랑스 인민의 비참한 현실 때문에 발발했다'는 주장을 반박한 것으로 유명하다. 이는 토크빌의 설명에 대한 정확한 평가다. 토크빌은 후일 사회과학자들이 '준거집단이론 reference group theory'이라고 부르는 방법을 동원했다. 간단한 얘기다. 우리가 만족을 느끼느냐 불행을 느끼느냐는 누구와 비교하느냐에 따라 다르다는 것이다. 준거집단이론에서 실제로 중요한 부분은 우리가 비교할 만한 적절한 대상으로 상정하고 있는 것이 누구인가를 밝히는 일이다. 이런 접근법을 미국에 적용하면, 이민자들은 훨씬 가난하고 억압이 많았던 유럽 시절의 자신들과 비교하기 때문에 미국의 객관적 조건이 정당화하는 정도 이상으로 더 행복하다고 느낀다고 말할 수 있다. 과거의 삶을 기준으로 삼은 결과 훨씬 더 유복하다고 느끼는 것이다. 오늘날에도 많은 미국인들이 객관적으로 보면 돈에 쪼들리는데 여전히 스스로를 '중산층'이라고 생각한다는 보도가 종종 나온다. 왜냐하면 그들은 자신을 월스트리트의 잘나가는 은행가들이 아니라 가까운 이웃들과 비교하기 때문이다. 준거집단이론은 두 가지를 시사한다. 첫째는, 공시적으로 보면 우리는 스스로를 우리가 평소 접촉하는 사람들과 비교하고, 그들과 우리의 차이를 받아들이거나 거부한다는 것이다. 그런 차이가 어느 정도 정당하거나 최소한 부당한 측면은 없다고 생각하면 받아들인다. 둘째는, 통시적으로 보면 우리는 먼저 성공했다가 나중에 실패할 때 대단히 불행해진다는 것이다. 그럴 경우 잘나가던 시절이 전혀 없었을 때보다도 더 불행하다고 느낀다.

토크빌의 입장에서 보면 두번째 요소가 핵심이었다. 그의 주장은 "인민을 도와주려는 노력이 어떻게 그들을 격앙시켰는가"라는 제목이 달린 장에 간결하게 정리돼 있다.[27] 구식 절대왕정이 피해야 할 상황은 부르주아지를 화나게 해 노동계급 편에 서게 만드는 것이었다. 특히 귀족들이 체제를 적극 수호하려는 충성심이 없는 상태에서 그런 상황을 만들면 결과는 재앙이었다. 그런데 프랑스 왕정은 그런 짓을 하고야 말았다. 물론 서서히 장기간에 걸쳐 이루어진 일이었다. 절대왕정 체제는 그러지 않아도 이미 많은 부분에서 취약한 상태였다. 단기적으로 보면 혁명이 급속도로 번진 것은 잇달아 흉년이 들었기 때문이다. 그러나 바스티유 감옥을 습격한 것은 시골 농민들이 아니었다. 수도 파리의 폭도들이었다. 장인들이 주도했지만 그 뒤에는 사회적으로 그들보다 높은 지위에 있는 계층의 정치적 이해관계가 도사리고 있었다. 혁명기에 등장한 지도자들은 대부분 전문직 중산층이었다. 마르크스주의자들이 프랑스혁명은 부르주아혁명이라고 주장한 것은 터무니없는 얘기가 아니었다.

여기서도 토크빌은 효과적인 논리 전개를 위해 대조적인 사례로 영국을 꼽았다. 영국의 정치권력은 신사계층과 귀족 자제들로 구성된 엘리트층이 장악하고 있었다. 그러나 영국에서 혁명이 일어날 것으로 예상하는 사람은 아무도 없었다. 어쩌면 영국인들은 국왕 한 명을 살해하고 다른 한 명을 추방함으로써 이미 혁명의 바이러스에 감염돼 있었을지 모른다. 그러나 그런 식의 설명은 견강부회였다. 많은 영국 작가와 정치 지도자들이 처음에는 프랑스혁명의 원칙에 깊이 공감했다. 이는 별로 놀라운 일이 아니었다. 프랑스혁명의 원칙이 1688년 명예혁명의 원칙과 대동소이한 것으로 여겨졌기 때문이다. 프랑스혁명 지지자 중에는 영국 법률에 따라 통상적인 정치 활동이 완전히 금지된 많은 비국교도는 물론이고 공화파, 합리주의자, 민주주의자도 있었다. 이들이 파리에서 일어난 대격변과 유사한 사태를 영국에서 도모할 가능성은 전무했다. 영국 정부가 1790년대 초 급진주의 세력을 탄압하는 조치를 취했을 때 대중은 정부를 강력히 지지했다. 정부는 군이 명령에 불복종할지 모른다는 우려를 하지도 않았고, 반정부 인사들을 기소하면 법원도 당연히 선동 혐의를 적용해 유죄판결을 내릴 것이라고 믿어 의심치 않았다. 프랑스인들은 토머스 페인을 처형하기 일보직전까지 갔지만, 영국이 그를 체포해 기소할 수 있었다면 법원은 선동 혐의를 인정해 사형을 선고했을 것이다.

토크빌은 다음과 같은 두 가지 큰 의문을 제기했다. 왜 프랑스라는 국가는 그토록 취약했는가, 그리고 왜 프랑스혁명은 모든 것을 변화시킨 동시에 아무것도 변화시키지 못했는가? 구체제의 프랑스가 취약했던 부분은 수도 없이 많았다. 특히 프랑스의 화려한 외관이 허상인 이유를 밝힌 토크빌의 설명을 듣고 나면 프랑스가 혁명으로 무너진 것보다는 오히려 그렇게 오래 버텼다는 사실 자체가 놀랍게 느껴진다. 핵심 주제는 『미국의 민주주의』 2권에서 전개한 민주주의와 전제정치에 대한 성찰에서 추론해볼 수 있다. 프랑스에서는 귀족계급이 쓸모없어졌다. 왕권 강화를 위해 왕실은 수세기에 걸쳐 귀족을 정치적으로 무능한 존재로 만들어버렸다. 그 보상으로 왕실은 귀족들에게 재정적 특권을 유지·확대함으로써 농민들에 대해 더욱 억압적인 권력을 행사할 수 있도록 해줬다. 혁명이 발발하는 1789년 당시 농민의 형편이 1289년보다도 열악한 지역이 많았다. 그 어떤 나라보다 프랑스에서 귀족에 대한 증오가 심했던 것은 그러한 현실의 정치적 결과였다. 봉건제도는 가난한 사람들로부터 자원을 수탈해 부자들에게 넘겨주는 것 외에 아무런 기능도 발휘하지 못하는 것처럼 보였고, 실제로도 그랬다. 귀족이 수행하는 기능이 없어진 만큼 그들이 누리는 특권도 사회적 직무 이행에 대한 합법적 보상이 아니라 그저 특권에 불과한 것으로 비쳐졌다. 따라서 평민들은 귀족 중심 체제를 타도할 기회가 오면 언제든 그럴 준비가 돼 있었다.

어느 사회든 가난한 자들은 늘 부자의 소유물을 빼앗을 기회를 노린다고 생각할 수도 있겠다. 도시에서 폭동이 일어나면 약탈할 수 있는 기회가 많다. 시골에서 폭동이 일어날 경우 마을 사람들이 대저택을 노리는 것과 마찬가지다. 그러나 질서가 완전히 무너지는 경우는 극히 드물다. 그리고 어떤 사회들—토크빌은 영국도 여기에 해당한다고 봤다—의 경우에는 질서가 무너질 위험이 전혀 없다. 무질서와 약탈을 막아주는 것은 경찰과 군대가 아니라, 상당수의 사람들로 하여금 법과 질서의 유지 및 재산권 보호가 자신에게 이익이라고 생각하도록 만드는 것이다. 프랑스가 겪었던 것과 같은 공동화가 일어나지 않은 안정된 사회에서는 부자에서 최빈층까지 부유한 정도가 점진적으로 내려간다. 중산층이 희망을 가질 수 있는 것은 본인 또는 자녀들이 미래에 신사계층으로, 그리고 더 높은 신분으로 올라설 수 있다는 믿음 때문이다. 프랑스는 그렇지 않았다. 영국 귀족계급은 장사로 돈을 번 사람들을 자기 계급의 일원으로 기꺼이 받아들인다는 잘 알려진 얘기를, 토크빌은 흥미로운 방식으로 변주했다. 프랑스에서도 귀족 신분을 돈 주고 살 수 없는 것은 아니었다. 관직을 돈 주고 사면 귀족 신분을 얻을 수 있었다. 영국 귀족은 신분의 사회적 경계선이 뚜렷하지 않았다. 따라서 귀족이냐 아니냐가 그렇게까지 심각한 문제는 아니었다. 반면에 프랑스 귀족은 일종의 카스트(세습계급—옮긴이)였다. 귀족계급의 특징은 사회적 배타성이었다. 그런데 귀족 중심 체제의 동맹 세력이 이제 최대의 적이 돼버린 것이다.[28]

그럼에도 불구하고 관찰자들이 볼 때 도시 폭동—바스티유 감옥 습격 사건—이 유럽에서 가장 강력한 나라를 무너뜨릴 수 있다는 것은 놀라운 일이었다. 그러나 토크빌은 전혀 놀라운 일이 아니라고 생각했다. 귀족계급은 기생충적인 존재가 돼버린 지 오래였다. 특권을 놓지 않으려고 안간힘을 쓰면서도 사회적 또는 정치적 기능은 하나도 수행하지 않았다. 시골 농장 경영으로 생계를 유지하면서 지역에서 법률·정치기관 운영을 담당하는 영국 귀족들과 달리, 프랑스 귀족은 법정에 나가 장식적 기능을 수행하는 정도에 불과했다. 프랑스는 중앙집권화된 행정 중심의 전제정치 체제로 변질됐다. 일반인이 어떤 문제에 대한 구제를 요구하면 거주 지역에 관계없이 왕실이 운영하는 행정기관 담당자들을 찾아가야만 했다. 런던은 영국에서 다른 도시들과는 비교가 안 될 정도로 크고 중요한 도시이지만 파리처럼 정치권력, 활력, 행정권을 독점하지는 않았다. 아메리카 식민지가 독립혁명 기간에 나름의 자치 정부를 운영했던 것과 비슷하게, 영국인들도 어떤 재앙으로 말미암아 영국이 전복됐다면 자치를 할 수 있었을 것이다. 프랑스인들은 그렇지 않았다. 이런 상황은 혁명이 왜 그렇게 쉽게 구체제를 전복할 수 있었는지, 혁명가들은 왜 그렇게 쉽게 권력을 유지할 수 있었는지, 그리고 또 왜 그렇게 쉽게 권력을 상실했는지를 설명해준다. 토크빌은 버크의 글을 한 대목 인용했다. 프랑스혁명 기간에 사람들이 말도 안 되는 이유로 붙잡혀가는 상황에서 이웃들이 손가락 하나 까딱하지 않고 수수방관하는 것을 놀라워하는 내용이다. 토크빌은 버크의 반응이 프랑스의 상황을 이해하지 못하고 있음을 보여주는 것이라고 생각했다. 버크는 국가가 제대로 돌아가려면 당연히 정서적인 결속, 자립 의지, 적극적인 행동이 결합돼 있어야 한다고 생각했지만 당시 프랑스는 그런 게 전혀 없는 상태라는 것을 몰랐다는 것이다. 미국인들은 결사의 습속과 올바로 이해된 자기 이익의 원칙을 가지고 평등주의 사회의 특징인 개인의 원자화를 방지했다. 프랑스인들은 그러지 못했다.

토크빌과 버크는 종교에 적대적인 프랑스인들의 태도가 재앙적 결과를 야기했고, 대중과 유리된 지식인들의 부상─점증하는 회의주의의 또다른 얼굴이다─이 파국을 야기했다고 보는 데에서는 의견이 일치한다. 토크빌은 이것이 귀족계급 입장에서 보면 자초한 재앙이라고 생각했다. 귀족들이 자신이 누리는 지위가 상당 부분 사회 전체의 종교적 확신 때문에 가능하다는 사실을 알았더라면 종교를 비웃는 지식인들을 후원하는 일을 삼갔을 것이다. 국교회는 아무 쓸모가 없었다. 오히려 최대의 적이었다. 고위 사제들은 귀족이었고 다른 귀족들과 마찬가지로 치욕을 자초했다. 하위 사제들은 교회 위계질서에 대한 애착이 없었다. 그리고 혁명이 발발하자 교회 내의 최하위 성직자들은 교회 위계질서가 전복되는 것을 보고도 안타까워하지 않았다.

토크빌의 입장에서 보면, 구체제의 취약점은 혁명에 의해 모든 것이 변했는데 어째서 아무것도 변한 게 없는지도 설명해준다. 혁명 이전에 행정기구의 중앙집권화는 확고히 뿌리를 내린 상태였다. 프랑스인들은 취향,

습관, 정치적 성향에 있어서 균일화됐다. 그들은 국가가 삶 전체를 떠맡아 주기를 기대하게 됐다. 그렇다고 해서 그들이 활력이 없었다는 의미는 아니다. 소규모 자작농들은 죽도록 열심히 일했고 크나큰 인내력을 가지고 있었다. 그들이 갖고 있지 못한 것은 결사를 조직하는 습속, 국가에 대한 충성보다는 '아래로부터의' 헌신을 발휘하는 능력이었다. 평등에 대한 열망이 혁명 발발 이전에 이미 널리 확산된 상태였기 때문에 이제 세습적 특권들은 모두 쓸려나갈 운명이었다. 단기적으로는 자유, 자치, 당국의 강압에 대한 거부 심리가 강했다. 혁명으로 표출된 폭력과 분노는, 평민들은 일단 해방되고 나면 과거에 지배자들이 당연시했던 어떤 한계선 같은 것들을 존중할 이유가 없게 된다는 사실의 반영이었다. 18세기에 예절이 점차 온화해진 것은 혁명이 폭발적인 정점으로 치달으면서 극도의 야만성을 보인 것과 모순되는 현상이 아니었다. 그러나 평온함에 대한 욕망이 해방의 충동을 능가하는 순간, 혁명 이후의 프랑스는 다시금 구체제의 정치적 수동성으로 회귀했다. 프랑스는 미국이라면 절대 원하지 않았을 체제로 전락하고 말았다. 나폴레옹 3세 같은 전제적 통치자들의 손쉬운 먹잇감이 된 것이다.

헤겔, 밀, 토크빌은 일반적으로는 한데 묶을 수 없는 사상가들이다. 헤겔의 명성은 형이상학적 불가해성 때문이고, 밀의 명성은 깊은 불확실성조차 감추지는 못하는 명쾌한 표현 때문이다. 반면에 1830년대에 미국에 관한 책을 쓴 토크빌은 주의깊은 독서의 대상이라기보다는 대단한 찬사를 받은 인물이다. 세 사람의 차이를 부정하는 것은 독자들을 너무 무지한 존재로 폄하하는 일이 될 것이다. 그럼에도 불구하고 세 사람은 정치적 사유에 있어서, 그리고 중요하다고 여겨지는 문제들에 있어서 하나의 전환점을 이룬다. 바로 그 지점에서 자유주의자들은, 사회적으로 평등주의적인 사회가 어떻게 여론에, '대중'—중산층일 수도 있고 하층계급일 수도 있고, 체제에 반감을 가지고 있을 수도 있고 냉담할 수도 있고 사회를 압박할 수도 있다—이라는 무게에 압도되는 상황을 피할 수 있느냐 하는 질문을 하기 시작한다. 해묵은 질문이 새로운 형태로 다시 제기된다. 근대사회의 구성원들은 신민인 동시에 시민일 수 있는가, 효율적인 관료제가 제공하는 합리적인 수준의 복지를 확보하고 합리적인 행정의 혜택을 누리는 동시에 진정한 자치를 행할 수 있는가 하는 질문이다. 우리는 근대 세계가 고대인들의 세계와는 결정적으로 다르다는 것을 알고 있다. 그러나 우리는 고대인들의 이상과 야망 가운데 유감스럽지만 어느 부분과 절연해야 하는지, 어느 부분을 근대적인 형태로 계승·발전시킬 수 있는지 알지 못한다. 특히 우리는 그런 과제가 얼마나 어려운지는 말할 것도 없고, 얼마나 많은 노력을 쏟을 준비가 돼 있는지도 알지 못한다. 근대 세계가 이전 세계와 많이 달라졌다는 부분에 대한 강렬한 인식은, 근대 세계가 앞으로 또 얼마나 달라질까에 대한 깊은 불안을 야기했다. 헤겔, 밀, 토크빌은 미래를 예언하려 하지 않았다. 그리고 사회적 변화를 야기하는 수단과 관련해서는, 세 사람 모두 프랑스혁명과 너무도 가까운 시기에 살았던 만큼, 폭력 봉기는 사회적 변화를 촉발하기 위해 동원할 수 있는 최후의 수단이라고 생각했다. 마르크스는 달랐다.

제21장
카를 마르크스

마르크스의 명성

독일 정부가 레닌을 봉인封印 열차에 태워 국경 너머 러시아로 보내지 않았다면 오늘날 우리는 마르크스를 별로 중요하지 않은 19세기 철학자, 사회학자, 경제학자, 정치이론가 정도로 간주하고 있을 것이다. 마르크스가 소련공산당 이데올로그들에 의해 거의 신적인 지혜의 원천으로 취급받는 행운(또는 불행)을 누리지 못했다면 우리는 그의 경제학에 대해 리카도 경제학의 흥미로운 한 분파로, 그의 역사이론에 대해서는 헤겔, 생시몽, 기조, 콩트 등이 처음 선보인 주제들을 흥미롭게 변주한 것 정도로 여길 것이다. 정치이론가들은, 나도 그렇지만, 마르크스의 정치이론이 개략적이고 미완 상태라고 불평하곤 한다. 그들은 마르크스가 냉소주의와 유토피아주의 사이에서 오락가락하는 것을 동료 급진파들의 변덕에 대한 응수 내지는 학자로서 성공하지 못하고 좌절한 데 따른 결과라고 설명할지 모르겠다.

마르크스는 심오한 통찰력이 있지만 어떤 프로젝트를 완성하기 전에 다른 문제로 관심이 옮아가는 스타일이었다.

이 장에서는 1917년 11월(구력 10월)에 러시아혁명이 일어났다는 사실은 가급적 개입시키지 않고자 한다. 20세기 마르크스주의의 운명, 그리고 소련과 1949년 이후의 중국에서 공식 이데올로기로 채택된 마르크스주의의 위세에 가려 빛을 보지 못했던 사회주의 계열 대안들에 대해서는 다음 장에서 논하게 될 것이다. 마르크스도 용인할 수 있는 정도의 단순 명쾌한 설명을 위해 이 장은—전기적 내용을 약간 소개한 다음—청년기 마르크스의 철학적 성향 및 소외이론을 점검하는 것으로 시작할 것이다. 이어 역사에 대한 유물론적 개념을 살펴보고, 계급투쟁, 혁명, 국가의 본질에 관한 마르크스의 설명을 해부하고자 한다. 특히 프롤레타리아독재 및 국가의 궁극적 소멸 문제에 초점을 맞출 것이다.

이 장은 마르크스 사상의 방대한 규모에 비하면 대단히 짧은 설명에 그칠 것이다. 마르크스는 방대한 분량의 글을 썼지만 정치이론의 이슈들에 대해서는 상세한 설명을 하지 않았다. 정치권력을 설명하는 이론도 없다. 물론 지배자가 피지배자들을 어떻게 골탕 먹이는지에 대한 흥미로운 발상을 설명한 부분은 있다. 더욱 유감스러운 것은 사회주의하에서 의사 결정 절차가 어떻게 되는지에 대한 설명이 전혀 없다는 것이다. 국가가 '소멸'할 것이라고 보았기 때문에 그에게는 시민에 대한 이론이 필요치 않았다. 법률도 국가와 더불어 소멸할 것이기 때문에 법의 지배에 대해서도 할 말이 없었다. 정치에 관한 그의 주장 중에서 가장 놀라운 부분은 '충분히 사회화된 경제에서는 정치가 존재하지 않을 것'이라는 발언이다. 독특한 주장은 아니다. 플라톤의 『국가』와 토머스 모어의 『유토피아』는 유토피아에서의 삶의 모습을 정교하게 묘사하는데, '물질적 이익의 충돌이 없는 상태에서는 행정과 관리는 필요하지만 정치는 필요하지 않을 것'이라는 가정을 깔고 있다는 점에서 마르크스와 동일하다. 훨씬 냉철하고 사실만을 중시하는 20세기 중반의 사상가들은, 정치적 분열은 사라지고, 현대 산업사회를 효율적으로 관리하는 방법에 관한 기술적 토론만 남을 것이라고 생각했다. 정치인들도 자신들이 기술적 관리의 문제로서 제기한 것들이 '정치화'되는 데 대해 종종 불만을 토로하곤 한다. 여기서 전제는, 합리적인 사람이라면 누구나 추구해야 할 목표에 대해서는 동의한다는 것이다. 정치인들이라고 항상 부정직한 것은 아니다. 마르크스가 가장 열정적으로 추구한 지적인 목표는 자본주의경제의 착취 메커니즘을 까발리는 것이었다. 이 메커니즘의 작동 방식에 대해서는 『자본론 *Das Kapital*』과 『잉여가치론 *Theories of Surplus Value*』에 상세히 설명돼 있다. 그런데, 정치 영역에서 마르크스가 심혈을 기울여 분석한 것은 과거와 현재의 경제적 변화와 정치적 변화 사이의 상관관계였다. 이 모든 것에 대한 그의 설명은 대단히 흥미롭다. 하지만 우리가 어떻게 우리 스스로를 통치해야 하는가 하는 우리의 문제에 대해 그가 제시하는 답변은, 혁명이 끝나면 문제는 저절로 답을 얻게 된다는 것이다.

생애와 시대

마르크스는 1818년 독일 모젤강 기슭에 있는 트리어에서 태어났다. 집안은 유대계였다. 원래 성이 '레비'였다는 사실이 말해주듯이 대대로 랍비(유대교 율법학자―옮긴이)를 지내온 가문이었다. 아버지의 원래 이름은 헤르셸 레비였는데, 나폴레옹전쟁 이후 하인리히 마르크스로 개명하고 명목상으로 루터교 신자가 되었다. 유대인의 활동을 규제하는 프로이센왕국 체제 하에서 변호사로서 온전히 활동하기 위한 방편이었다. 트리어 일대는 프랑스 급진주의의 영향을 강하게 받았고, 1792~1815년 나폴레옹전쟁 시기에는 장기간 프랑스군에 점령당했다. 트리어는 프로이센 절대왕정에도 적대적이지만 19세기 초 독일의 분열된 상황에 대해서도 마땅치 않게 생각했으며, 자유주의적 민족주의의 요람이라고 할 만한 곳이었다. 마르크스의 아버지는 볼테르주의 급진파였지만 세상을 뒤엎으려는 성향은 아니었다. 그는 프랑스 점령하에 유대인들이 누렸던 자유를 좋아했지만, 명목상의 유대교를 버리고 명목상의 루터교를 받아들이는 것을 괴로워했던 것 같지는 않다. 카를은 종교적인 성향이 없었다. 가족이 유대교를 버린 것이 어떤 식으로든 문제가 된다고 생각한 적은 없었던 것으로 보인다. 그는 평소 반유대주의 성향이었다. 독일 사회주의운동의 주도권을 놓고 다투는 라이벌들에게 그가 자주 하는 욕설 가운데 하나는 '유대놈'이었다. 그런데 라이벌들에게 독설을 자주 날릴 만큼 악감정을 갖고 있었지만 그것은 정치적인 이유에서였지 인종적 차원의 반감은 아니었다. 마르크스는 본 대학과 베를린 대학에서 법학과 철학을 공부했다. 종교적 신앙심은 깊지만 우둔한 프로이센 국왕 프리드리히 빌헬름 4세가 성서에 대한 '역사 비평'에 몰두한 철학자와 신학자들을 대학에서 쫓아내지 않았다면 마르크스는 철학 교수로 성공했을 것이다.

결국 마르크스는 전업 혁명가가 되었다. 처음에는 쾰른에 본사를 둔 자유주의 계열의 라인 신문Rheinische Zeitung 편집장을 맡아 폐간될 때까지 일했다. 프로이센 경찰을 피해 독일을 떠날 수밖에 없는 상황이 되자 마르크스는 파리, 브뤼셀을 거쳐 런던으로 향했다. 그리고 1848년 몇 달간을 제외하고는 1883년 사망할 때까지 런던에서 거주했다. 그는 여러 혁명조직에 관여했다. 특히 공산주의자동맹에서는 조직 강령에 해당하는『공산당선언 Communist Manifesto』을 집필했다. 당시 친구이자 동료 혁명가, 재정적 후원자인 프리드리히 엥겔스의 도움이 컸다. 엥겔스는 직물 제조업자의 아들로, 어려서부터 반항적인 기질을 보였다. 그러나 나중에는 독일 바르멘과 영국 맨체스터에 공장을 둔 엥겔스 앤드 에르멘Engels and Ermen의 공동 소유주가 되었다. 그는 마지못해 가족기업에서 일했는데, 자신을 돌보기보다는 마르크스 가족을 보살피는 데 더 힘을 쏟았다. 그러다가 회사 지분을 정리할 기회가 오자 현업을 접었다. 엥겔스는 런던에서 마르크스와 가까이 살았는데 마르크스보다 12년을 더 살다가 1895년 사망했다. 마르크스 사상에서 엥겔스가 차지하는 역할은 복잡하지만 두 사람의 분업관계는 대체로 명확하다. 엥겔스는 마르크스보다 덜 복잡한 유물론자였고, 마르크스는 내켜하지 않는 철학적 체계 수립에 열성이었다. 이런 특성들이 그가 마르크스 사후 사회주의운동에서 중요한 역할을 맡게 된 요인이라고 할 수 있다. 완결되지 못하고 정의하기도 어려운 스승의 사상을 완벽하고 명쾌한 체계로 설명한 사도 바울 같은 역할이었다고 할 수 있다. 물론 바울의 경우는 스승과의 사상적 관계가 항상 논란거리였다.

엥겔스는 마르크스와 달리 종교에 관심이 있었다. 그러나 두 사람 다 철학에 마음이 갔고, 나중에는 청년헤겔학파의 종교 비판을 통해 급진적 정치와 경제학으로 기울었다. 청년헤겔학파는 헤겔의 제자들로, 헤겔을 급진적으로 해석했다. 이들은 헤겔의 철학적 방법을 사용해 기독교의 본질, 그리고 종교 일반의 본질을 다시 고찰했다. 헤겔은 종교에 관한 이야기를 조심스럽게 했지만 그의 사상 가운데 급진적 요소들이 후대로 넘어가 새롭게 가공된 것이다. 마르크스의 종교에 대한 관심은 일시적이었다. 그는 종교가 비참한 세상에 위안을 주지만, 위안을 주는 이야기들에 대한 수요가 다하면 종교는 사라질 것이라고 생각했다. 엥겔스의 종교에 대한 관심은 마르크스보다 지속적이었다. 루터교 경건파 집안에서 자란 엥겔스는 인간은 항상 실존의 의미를 설명해주는 어떤 이야기를 필요로 한다고 확신했다. 따라서 유물론적이고 무신론적인 토대 위에 과학적으로 신뢰할 수 있는 철학을 구축해야 하지만 일종의 생철학 같은 것이 여전히 필요했다. 그래서 마르크스와 달리 청년헤겔학파가 기독교를 대체할 목적으로 제시한 유물론적 종합에 관심을 보였다. 엥겔스는 마르크스주의를 철학 체계로 변환하는 작업을 맡았다. 그럼에도 불구하고 맨체스터에서 회사 일을 하면서 매일같이 공장 노동자들을 만났기 때문에 마르크스보다 앞서서 노동자들의 실제 삶에 관심을 갖게 됐다. 엥겔스가 쓴 『영국 노동계급의 상황Condition of the English Working Class』(1844)은 마르크스의 관심을 사적 소유의 소외 효과에 대한 철학적 탐구에서 착취의 경제학과 프롤레타리아의 실제 삶 쪽으로 돌려놓았다.

엥겔스는 신체적으로 정력가였다. 1848년 혁명 때는 독일 작센에서 용맹하게 싸웠고, 가업인 직물공장을 운영할 때는 그 따분함을 말 타고 여우사냥 하는 것으로 풀었다. 1848년 혁명 때의 무장투쟁 경험과 전쟁의 실제에 대한 관심은 1860년대에 뉴욕트리뷴에 남북전쟁 관련 논평을 기고할 수 있는 밑거름이 되었다. 논평은 마르크스 명의로 나왔다. 엥겔스는 돈벌이가 잘됐고 마르크스는 여전히 돈에 쪼들렸지만 엥겔스는 마르크스보다 부르주아적 호사에 별 관심이 없었다. 마르크스는 별다른 수입이 없는 상태에서도 빅토리아시대 가부장의 생활을 영위했다. 엥겔스는 아일랜드계 여성 리지 번즈와 동거했는데, 그녀가 임종하는 날 애정의 표시로 정식 결혼을 했다. 나중에는 리지의 여동생 메리와 살았다. 마르크스의 딸 엘레아노어 마르크스의 사인북에 남긴 글에서 엥겔스는 '행복이란?'이라는 질문에 대해 "1848년산 레드 와인 샤토 마고"라고, '모토는?'이라는 질문에 대해서는 "천천히 하자"라고 썼다.[1] 엥겔스의 인간적인 면모를 짐작할 수 있는 대목이다.

1848년 혁명이 실패하자 마르크스는 런던에서 가난한 망명객 신세로 살았다. 그는 두 가지 활동, 즉 이론 작업과 실천운동에 시간을 쏟았다. 전자는 자본주의의 기원과 본질, 자본주의 몰락의 불가피성을 해명하는 데 집중됐고, 3권으로 된『자본론』과 경제학의 역사, 19세기 정치 및 기타 여러 사안에 대한 방대한 양의 단편적 저술로 귀결됐다. 후자는 엥겔스와 함께 사회주의혁명 운동 세력을 규합하려는 지속적인 시도로 이어졌다. 마르크스는 고정된 일자리를 가져본 적이 없다. 빈곤을 견디지 못한 나머지 북부 런던철도에 입사 원서를 내봤지만 너무 악필이어서 글씨를 알아볼 수 없다는 이유로 퇴짜를 맞았다. 엥겔스가 마르크스 일가를 먹여 살렸다. 마르크스는 이웃 동네 상류층 집 딸 예니 폰 베스트팔렌과 결혼했고, 예니는 다섯 자녀를 낳았다. 그중에서 세 딸 로라, 엘레아노어, 예니만 살아남아 성년이 됐다. 마르크스는 삶의 마지막 12년 동안을 아무 일도 하지 않고 편히 지냈다. 엥겔스가 가족기업 지분을 팔고 받은 돈 일부를 그에게 주었는데, 그것을 적절히 투자해 재미를 본 것이다. 마르크스는 또 여러 친척으로부터 약간의 돈을 유산으로 물려받았다. 그는 런던 북부의 작은 테라스 하우스에 살면서 매일 대영박물관으로 출근해 책을 읽고 원고를 썼다. 그는 또 독일 사회민주주의 조직과 제1인터내셔널First International(1864년 런던에서 창립된 세계 최초의 국제 노동자조직 —옮긴이)에서도 활동했다. 그는 노련한 정치인 스타일은 아니었고, 빅토리아시대 영국에서는 외국인이라는 신분이 도움이 안 됐다. 주변에서는 그를 너그럽게 봐줬지만 그는 영국 노동자계급을 이해하지 못했고, 영국 노동자들도 마르크스나 엥겔스를 좋아하지 않았다. 마르크스는 좌파 진영에서 무정부주의자들에게 밀렸다. 무정부주의자들은 러시아인 미하일 바쿠닌을 극력 추종했다. 바쿠닌 역시 정치인 스타일은 아니지만 마르크스의 정치사상을 날카롭게 비판했고, 민중 선동가로서는 마르크스보다 훨씬 뛰어났다. 1883년 마르크스가 사망했을 때, 1848년『공산당 선언』에서 마르크스와 엥겔스가 불러낸 '혁명이라는 유령'이 20세기 세계사를 움직이는 주요한 힘이 될 것이라고 예측한 사람은 거의 없었다.

소외의 철학

마르크스는 지적인, 그리고 반란자적인 생애를 철학자로 시작했다. 본인은 1840년대 중반에 철학을 청산하고 "현실의 개인들…… 그리고 그들의 삶의 물질적 조건"에 대한 연구로 방향을 틀었다고 주장했지만 여전히 철학자였다.[2] 여기서 마르크스가 철학이라고 하는 것은 헤겔주의와 그 비판자들의 사상을 의미했다. 마르크스는 처음 헤겔을 읽었을 때 마음에 들지 않았다. 이어 잠시 본인이 "그로테스크하고도 불안정한 멜로디"라고 칭한 것에 마음을 빼앗겼다.[3] 마르크스는 청년헤겔학파의 저작을 탐독했지만 『경제학-철학 수고Economic-Philosophical Manuscripts』(1842~1844)를 쓰면서 비로소 독자적인 목소리를 발견했다. 이 책에서 마르크스는 소외이론을 개괄적으로 설명했는데, 일부 비평가들은 이를 그의 만년기 저작을 이해하는 열쇠라고 본다. 그러나 마르크스는 『공산당선언』을 쓰기 전에 이미 『경제학-철학 수고』에 개진한 소외이론을 폐기했다고 주장하는 비평가들도 있다. 이처럼 평가에서 편차가 나는 이유는 간단하다. 소외라는 개념이 헤겔에서 유래한 것이기 때문이다. 마르크스는 헤겔의 소외 개념을 도구로 삼아 비헤겔적인 논리를 전개한다. 따라서 소외이론의 핵심 사상이 마르크스의 후기 저작에 그대로 살아남아 있고, 엥겔스가 제2인터내셔널(제1인터내셔널 해산 후 13년 만인 1889년 엥겔스의 제창으로 결성된 국제 사회주의 노동운동 단체─옮긴이)을 위해 정립한 마르크스주의와 상당히 차이가 나는 것은 당연하다고 볼 수 있다.

소외이론은 두 가지 발상에서 출발한다. 하나는 우리가 직접적으로 대면하는 세계는 우리에게 낯설다는 것이고, 또하나는 우리가 그렇게 세계로부터 소외된 상태, 그리고 세계가 우리에게 적대적이라고 하는 우리의 느낌은 반드시 극복돼야 한다는 것이다. 우리는 헤겔이 『정신현상학』에서 소외와 소외의 극복에 대해 설명한 내용을 살펴봤다. 헤겔의 입장에서 볼 때, 세계가 낯선 것으로 경험되는 것은 우리가 세계를 정신의 표현으로 이해하지 않기 때문이다. 우리가 세계를 정신의 구성물로 이해할 때 우리는 현실을 우리의 현실로 바라볼 수 있다. 헤겔이 이해를 일종의 지적 소유와 동일시했다는 사실은 마르크스가 소외 개념을 통해 추구하는 바를 파악하는 데 대단히 중요하다. 소외는 단순한 인식론의 문제가 아니다. 정치·사회적 장치들에도 동일한 분석이 가해진다. 낯선 힘이 우리에게 행사하는 무력으로 여겨지는 것은 올바로 이해하고 보면—어떤 대상은 이성의 산물일 경우에만 올바로 이해할 수 있다—국가의 법률이다. 국가의 권위는 정신으로부터, 따라서 우리 자신들로부터 나온다. 이해 가능성과 자율의 관계가 헤겔의 설명에서는 핵심을 이룬다. 이는 마르크스의 경우도 마찬가지다. 어떤 세계의 사회적 장치들이 이성이 이성적 존재들에게 삶의 영위를 위해 명하는 바이기 때문에 이해할 수 있는 것이라면, 그것은 우리에게 자율을 규제하기보다는 부여하는 세계다. 자유는 필연의 의식이라는 발상은 헤겔 사상의 핵심이며 마르크스에서도 그대로 유지된다. 이성적인 인간은 의무적으로 해야 할 일을 자유롭게 행한다. 왜냐하면 '의무'라는 것은 자의적인 강요가 아니라 명료하게 사유할 경우 그가 처한 상황과 그 자신의 정신과 목표의 논리를 반영하는 것이기 때문이다. 헤겔은 자연세계와 사회적 세계를 긍정적으로 용인한다. 우리는 사물들이 존재하는 방식의 내적 논리를 이해함으로써 소외를 극복하고, 사물을 합리적으로 통제할 수 있어야 한다. 마르크스는 당장의 현실을 억압적이고 비합리적이라고 생각한다. 화해가 아닌 혁명이 필요하다는 것이다. 그러나 그러한 과정의 최종 목표는 진정으로 이성적인, 우리가 투명하게 인식할 수 있는 세계를 창조하는 것이다.

헤겔은 정치 세계가 항상 자체의 내재적 기준에 맞춰 돌아가지는 않는다는 것을 잘 알고 있었지만 국가의 결함에 대해 개인들이 개인적 판단을 가하는 것은 우려했다. 마르크스는 이 모든 것을 뒤집어놓았다. 그의 관점에서 보면 제자리로 돌려놓은 것이다. 마르크스는 헤겔이 물구나무서 있는 것을 보고 똑바로 세워놓았다고 주장했다. 마르크스는 또 본인이 헤겔 비판에서 제시한 소외 분석은 "정치경제학에 대한 꼼꼼하고도 비판적인 연구를 토대로 한 철저히 경험적인 분석"이라고 주장했다.[4] 대단히 설득력이 떨어지는 주장이다. 마르크스는 영국경험론을 무시했고, 그 시기에는 경제학에 대해 무지했다는 점을 고려하면, 마르크스가 상상력을 동원해 헤겔의 보수적이고 타협적인 철학을 급진적인 사회이론으로 바꿔놓은 것은 놀라운 일이다.『경제학-철학 수고』에는 잉여가치에 대한 기술적 분석을 제외하고 후기 마르크스의 거의 모든 사상이 맹아 형태로 드러나 있다. 방법론적으로, 마르크스는 헤겔은 역사를 사유의 역사로 파악하며, 역사 문제의 해결은 올바른 사상들—좀더 정확하게 말하면 유일하게 올바른 사상—을 사유할 줄 아느냐에 달려 있다고 본다고 주장했다. 이는 헤겔 자신의 정치적 성향이 어떠하든 간에 보수적인 주장이었다. 왜냐하면 개인들이 자신의 생각과 바람을 세계에 맞춰야 한다는 요구이기 때문이다. 반면에 급진파는 정작 우리가 해야 할 과제는 세계를 우리의 합리적인 요구에 맞추는 것이라고 생각한다. 마르크스는 경제적·정치적 삶이 사유에 반영되는 방식에 대해 정교한 이론을 제시하지는 않았다. 그러나 분명 역사적 변화를 촉진하는 원동력은 세계에 대해 어떻게 생각하느냐가 아니라 세계에 어떤 행동을 가하느냐라고 생각했다. 그는 우리가 어떤 생각을 하느냐가 차이를 만든다는 것을 부인한 적이 없다. 그러나 생각이 만드는 차이는 우리의 행동방식, 행동 대상에 가해지는 영향이다. 우리는 더 좋은 철학을 쓸 것이 아니라 철학적 사고방식을 넘어서서 좀더 효과적으로 사회·경제적 변화를 만들어내는 행위자가 되어야 한다.

마르크스는 항상 헤겔이 위대한 사상가라고 생각했다. 말년의 마르크스는 재능이 떨어지는 사상가들이 헤겔을 '죽은 개' 취급하는 경향에 대해 강력히 비난했다. 헤겔의 통찰은 급진적 목표를 위해 계승할 수 있고 계승해야만 했다. 따라서 마르크스는 소외를 모든 인간생활과 연결돼 있는 현상으로, 사유 속에서가 아니라 행동을 통해 극복해야 할 현상으로 재해석했다. 소외는 우리의 인간 본성으로부터 멀어지는 것이다. 인간 본성의 본질은 물질적 객체뿐 아니라 사회적 관계를 창조하는 사회적·생산적 존재라고 하는 우리의 특성이다. 사회적 관계는 올바른 조건에서는 좋은 열매를 맺고 삶을 촉진하지만 나쁜 조건에서는 억압적이고 파괴적인 것이 된다. 소외 개념은 당대의 프로이센과 같은 발전된 근대사회들에서 인간이 서로 불화하고, 우리 자신의 노동과 불화하고, 우리 자신의 가장 깊은 본성과 불화하는 양상을 밝혀내는 데 다목적으로 사용되는 비판의 도구다. 마르크스의 지적 발전 단계 가운데 이 시점에서 가장 비판을 집중한 것은 사적 소유였다. 물론 사적 소유란 재산권과 관련된 모든 관계를 지칭하는 말이다. 사적 소유를 토대로 한 사회는 잘못된 교환이 큰 힘을 발휘하는 사회였다. 우리가 애정에서 우러나 서로에게 유익한 서비스를 베풀어준다면 우리는 소외를 유발하지 않는 교환관계에 있는 것이다. 그러나 사적 소유라는 압력을 받게 되면 우리는 완전히 도구적인 거래관계에 들어서게 된다. 우리는 타인을 우리가 추구하는 목적을 위한 수단으로 간주하고 그 자체의 목적으로 보지 않는다. 이는 "냉혹한 현금 지급 관계"가 인간과 인간을 연결해주는 유일한 끈이라고 한 칼라일의 주장을 변주한 것으로, 『공산당선언』에는 "냉혹한 현금 지급 관계"라는 표현이 그대로 인용돼 있다.

1960년대의 논평가들이 마르크스의 소외이론에 관심을 보인 것은 노동현장과 시장에서의 소외 문제를 분석하기 위해서였다. 마르크스는, 우리는 우리의 노동의 산물로부터 소외되고, 노동과정으로부터 소외되고, 서로 소외되고, 우리 자신으로부터 소외돼 있다고 말했다.[5] 어떤 면에서 보면, 우리는 우리가 만드는 것으로부터 단절된다고 하는 것은 뻔한 얘기다. 사적 소유를 토대로 한 교환경제에서 우리는 시장을 위해 물건을 만들지, 창조의 기쁨을 누리거나 우리 자신이 소비하기 위해 만들지 않는다. 마르크스는 돈을 벌기 위해 물건을 생산하는 것이 소외를 낳는다고 생각한다. 자영업을 하는 경우도 마찬가지다. 고용주를 위해 일하는 노동자는 더 심하게 소외된다. 왜냐하면 자신을 억압하는 과정에 참여하는 셈이기 때문이다. 노동자들은 집단적으로 자신들이 일하는 공장을 만들어내고 금융 시스템이 돌아가게 한다. 은행들은 돈을 빌려주고 자본가는 투자를 하고 노동자는 돈을 벌기 위해 고용주를 위해 일한다. 노동자는 효율적으로 일할수록 고용주를 부유하게 만들어준다. 이는 결국 고용주가 노동자 자신에게 미치는 힘을 키워줌으로써 고용주의 협상력을 증가시키는 결과가 된다. 이것은 사적 소유의 재정적 측면이다. 시스템이 발전할수록 노동자가 자신이 생산하는 물건으로부터 소외되는 현상은 더 심해진다. 말하자면 더더욱 강요된 노동에 종사하게 되는 것이다. 이런 논리는 노동하는 삶의 질에 관한 분석이 아니라 일부가 자본 전체를 소유하고 다른 일부는 노동 전체를 공급하는 화폐경제가 노동자들에게 미치는 영향에 관한 분석이다. 여기서 시장관계는 제도적 차원에서 부정적인 것으로 간주되며, 지금보다 평등주의적인 관계로 나아진다고 해도 그 본질은 역시 부정적인 것으로 간주된다. 마르크스주의자들은 '시장사회주의market socialism'라는 것을 좋아해본 적이 없다. 왜냐하면 노동자들이 어느 정도 자본을 소유한다고 해도 여전히 시장의 비인격적인 힘에 좌지우지되며, 익명의 타인들과 순전히 도구적인 관계를 맺는 현실은 변함이 없기 때문이다.

　마르크스는 노동자들이 노동의 과정으로부터 소외된다고 생각했다. 노동자는 자신이 만들고 싶은 것을 만들기 위해 노동하는 것이 아니라 기계의 부속품 같은 존재로 전락한다. 그들에게 부과된 것은 정신이 멍해질 정도로 단조롭고 반복적인 업무를 수행하는 것이다. 노동자들은 기계가 되는 반면 기계에는 생산에 들어가는 모든 지적인 요소가 구현돼 있다. 마르크스는 훗날, 자신이 잘 아는 기계를 가지고 작업하는 노동자는 사실상 새로운 종류의 생산의 자유를 획득할 수 있다고 생각하기 시작했다. 이는 초기 입장과 배치되는 견해라고 단정하기는 어렵지만 마르크스 사상에 두 가지 서로 다른 요소가 존재한다는 것을 보여준다. 초기 저작을 지배하는 것은, 노동은 인류의 핵심 특징이며, 노동에 대한 만족은 친밀한 인간관계 바깥에서 인간이 만족을 얻을 수 있는 핵심 요소라는 생각이다. 충족감을 주는 노동의 대표적인 사례는 예술가의 노동인 듯해 보인다. 마르크스도 그런 견해에 동의하는 듯한 태도를 보이기도 한다. 우리가 하는 일과 우리가 만들어내는 것이 우리의 내면적 자아를 표현할 때, 그리고 우리의 내면적 자아가 마땅히 그래야 하는 모습으로 존재할 때 우리는 소외되지 않았다고 할 수 있다. 이런 개념은 완전히 주관적인 것은 아니다. 지친 노동자들로부터 마지막 땀 한 방울까지 짜내는 데에서 커다란 만족을 느끼는 고용주는 소외되지 않은 상태도 아니고 '유적 존재'로서의 인간의 특성을 표현하고 있는 것도 아니다. 왜냐하면 그가 하는 일은 완전히 잘못된 것이고, 그의 본성도 왜곡돼 있기 때문이다.

두번째 사상적 요소는, 마르크스의 후기 저작에서 더욱 중요한 역할을 하게 되는데, 개인의 충족감보다는 전체로서의 경제적·생산적 시스템의 합리성에 관심을 둔다. 특정한 개인들의 노동은 유적 존재로서의 노동이기도 할 때 만족을 준다. 이런 발상은 헤겔로부터 깊은 영향을 받은 것이다. 마르크스는 헤겔의 집단주의적 가정을 받아들여, 적절히 작동하는 사회에서는 모든 개인은 유적 존재로서 발현될 때 자아를 실현할 수 있다고 주장한다. 마르크스가 합리적 협력에 토대한 사회를 어떠한 모습으로 보고 있는지 이해하는 데 있어서 한 가지 장애가 되는 부분은, 우리 모두가 우리 모두의 생산적 노력에 기여해야 하는 만큼 기여한다면 개성의 희생은 없을 것이라고 주장하는 대목이다. 이런 발상은, 우리가 공동체의 이익을 위해 합리적으로 수행해야 할 역할을 하고자 하는 욕망을 내면화하고 있기 때문에 우리의 욕망과 공동체의 필요 사이에 전혀 긴장을 느끼지 못한다는 얘기인 것처럼 들린다. 이것은 설득력이 없거나 놀라운 주장이다. 적어도 우리의 창조적 본성의 자유로운 표현으로서의 노동이 사회를 지탱하는, 합리적으로 조직화된 생산 메커니즘에 대한 최대의 기여로서의 노동과 항상 일치한다고 믿기는 대단히 어렵기 때문이다.

어쨌거나, 경쟁적인 세계에서는 내가 나를 위해 원하는 것과 내가 우리 모두를 위해 기꺼이 하고자 하는 바 사이에 존재하는 간극을 메울 수 없다. 사적 소유가 지배하는 상황에서 우리는 '유적 존재'로부터 소외된다고 마르크스는 말한다. 경쟁은 우리가 협력해야 할 때 서로 불화하게 만들고, 서로를 목적으로 대우해야 할 때 수단으로 취급하게 만들고, 적절한 능력 발휘가 실존의 조건이 아닌 목적이어야 할 때 우리의 능력을 생존을 위한 수단으로 취급하게 만든다.[6] 논리는 단순하다. 시장에서는, 파는 사람은 물건을 팔아 제일 높은 값을 받는 것이 목표인 반면 사는 사람은 가급적 돈을 덜 지불하고 물건을 얻는 것이 목적이다. 따라서 양자 사이에는 대립이 존재한다. 양자의 관계는 인간적인 관계가 아니다. 사는 사람은 어떤 물건이 필요치 않으면 그 물건을 사지 않을 것이다. 그러나 파는 사람은 사는 사람이 무엇을 필요로 하는지, 얼마나 필요로 하는지, 자신이 파는 물건이 그의 필요를 얼마나 충족시켜줄지에 대해서는 관심이 없다. 파는 사람에게는 사는 사람의 필요가 그의 돈을 짜내는 수단에 불과하다. 이와 비슷하게, 사는 사람은 파는 사람을 자신의 필요를 충족시켜줄 의사가 있는 사람이라고 볼 수 없다. 사실이 그렇기 때문이다. 사는 사람에게 파는 사람은 필요한 물건을 마지못해 공급하고, 지불하고 싶지 않은 돈을 뜯어가는 존재다.

이러한 관계는 시장의 상품에 커뮤니케이션적인 기능을 부여한다는 것을 마르크스는 아주 잠깐 주목한 바 있다. 그러나 상품은 사회적 관계의 구현체라는 후기 마르크스의 주장을 살펴보고자 하는 사람이라면 그런 내용을 충분히 엿볼 수 있다. 이 발상은 만족스러운 교환관계의 커뮤니케이션적 측면에서 시작할 때 가장 잘 이해할 수 있다. 만족스러운 교환관계에서 우리의 행동을 촉발하는 것은 상대방의 수요를 만족시켜주려고 하는 우리의 욕망이다. 그것은 우리가 상호작용을 하는 당사자가 잘 안다. '나는 너의 필요를 충족시켜주고 싶다. 그리고 나의 그런 소망은 너의 만족으로 실현된다'는 얘기다. 반대로 너는 내가 너를 위해 만들어주는 것—좋은 냄비, 따뜻한 스웨터, 피아노 악보 등등—의 고유한 가치에서만 만족을 느끼는 것이 아니라 내가 너를 소중한 존재로 인정하고 있다는 만족감도 얻는다. 교환에 관련된 사물들은 그 일반적 속성만큼이나 중요한, 상징적이고 커뮤니케이션적인 색채를 띠게 된다. 우리 모두가 시장의 수요를 충족시키려고 애쓸 때는 모든 것이 역전된다. 시장의 상품은 우리에게 '상품은 상품을 만든 사람들—일자리를 찾지 못하면 이들은 굶어죽는다—로부터 강탈된 것이고, 상품을 만든 사람들은 고용주들을, 그리고 나아가서 최종 구매자들을 자신의 불행의 연원이라고 간주한다'고 말한다.

비판적 진단은 범위가 더 확대된다. 노동은 우리의 개성—즉, 우리가 인간이라고 부르는, 재능 있고 생산적인 종의 일원으로서의 개별적 특성—의 표현이기를 멈추고, 힘든 작업에 불과한 것이 된다. 우리가 무엇을 생산하려면 협력해야 할 대상인 동료들은 우리가 원하는 작업의 협력자가 아니라 적으로, 경쟁자로 여겨진다. 그들은 더 낮은 임금으로 동일한 노동을 하거나 나보다 더 일을 잘함으로써 내 일자리를 빼앗아갈 수 있다. 그들이 실업 상태라면, 그들은 생계가 유지되는 수준의 임금만 얻을 수 있다면 나의 일자리를 노리는 경쟁자가 될지도 모른다. 따라서 우리는 같은 종에 속하는 타인들과 불화관계에 빠지고, 인간이라는 종을 특징짓는 활동과 불화관계에 빠진다. 헤겔의 주장에 따르면, 우리는 사적 소유라는 제도를 통해 세계에 대한 우리의 소유권을 표현하는 것으로부터 완전히 멀어지고, 오히려 사적 소유에 소유당한다. 이 모든 주장이 마르크스의 후기 저작에 그대로 반영돼 있다. 물론 구체적인 표현은 상당히 다르다.

소유와 시장에 대한 이런 식의 공박은 우리에게 익숙하다. 이는 대개의 경우, 시장이 조장하는 탐욕과 이기심에 대한 도덕적인 또는 정신적 차원의 규탄으로 간주된다. 그러나 마르크스는 사회주의가 윤리적인 또는 도덕적인 명령이라는 관념을 대단히 혐오했다. 사회주의는 인간존재들이 도덕적 의무로서 창조해내야 할 어떤 것이 아니다. 사회주의는 필연적으로 창조해내야 할 어떤 것이다. 문제는 '왜?'다. 간단한 답변이 있다. 『공산당선언』에서 마르크스는, 자본주의는 자본주의에 필요한 노동자들을 먹여 살리기에도 역부족인 체제라고 말한다. 따라서 프롤레타리아는 자본주의를 타도하느냐 굶어죽느냐 중에서 하나를 선택해야 하는 상황에 있는 것으로 보인다.[7] 이는 수사학적 과장이고, 이런 주장을 정당화할 만한 분석도 마르크스의 저작에는 등장하지 않는다. 그는 자본주의는 여하간 불합리하며 따라서 종식될 운명이라고 봤기 때문에 반드시 타도돼야 한다고 강력히 주장했다. 마르크스가 자본에 초점을 맞추기 전에 너무도 불합리해서 더이상 존재할 수 없다고 선언한 대상은 사적 소유 시스템이었다. 경제적 삶은 생산과 소비가 서로 잘 맞아 돌아갈 때, 지나친 호황도 지나친 불황도 없고, 누구는 굶어죽는데 누구는 배 터지게 먹는 그로테스크한 이율배반이 없을 때 합리적이라고 할 수 있다. 생산은 본질적으로 협업적인 것인 반면 시장은 본질적으로 경쟁적이고, 상호 적대성을 바탕으로 하고 있다. 누군가 시장은 우아한 조화를 만들어내는 메커니즘이라 주장했다면 마르크스는 아마 눈에 쌍심지를 켜고 반박했을 것이다. 시장은 분열을 야기하는 메커니즘에 훨씬 가까웠지, 시장에 조화를 만들어내는 메커니즘이라는 측면이 있다면 그것은 극심할 만큼 멍청했다. 시장은 평균적으로, 그리고 간헐적으로 작동했다. 그런 시스템은 생산이나 분배에 도움이 되는 합리성과는 거리가 멀었다. 사물이 인간을 지배했고, 역사를 지배한 인간은 없었다.

소외와 정치

우리는 마르크스의 정치학에 대한 철학적 선호가 어떤 결과를 낳았는지 따져보아야 한다. 사적 소유 체제하에서는 사물이 인간을 지배한다. 헤겔은 개인의 소유권은 법률적, 시민적, 정치적 시스템의 토대가 된다고 주장했다. 그런 체제가 존재하기 때문에 인간의 문제에 대한 합리적인 통제가 가능하다. 헤겔의 설명에서 현명한 부분은 국가가 과다한 지배력을 행사하지 않는다는 점이다. 시장의 보이지 않는 손에 맡길 부분이 존재한다는 것이다. 개인은 삶에 영향을 미치는 선택을 최대한 활용하고, 국가는 그런 선택이 효력을 발휘할 수 있는 법률적·사회적 틀을 제공한다. 그럼에도 불구하고 국가의 존재는 사회·경제적 시스템이 핵심을 이룬다. 여기서 국가가 야경국가 수준을 뛰어넘는 것은 세계사 속에서 역할을 수행하기 때문만은 아니다. 국가는 사회적 안정을 위해 시장의 작동을 통제하고, 무제약적인 경쟁 환경에서 고통받게 되는 사람들의 복지를 촉진한다. 1820년대 프로이센의 현실은 헤겔이 그린 국가의 모습과는 배치된다고 이의를 제기할 수도 있겠다. 법의 지배가 이루어지는 자유주의, 문화적 전통을 소중하게 지키는 보수주의, 역사 속에서 서서히 모습을 드러내는 민족주의, 초기 단계지만 복지국가의 등장 같은 것이 헤겔이 제시한 프로이센의 상이었기 때문이다. 회의론자들은 이런 상을 환상이라고 본다. 국가는 철저히 시장에 좌우되며, 재산을 소유할 만큼 운이 좋은 사람들의 재산만을 보호하기 위해 존재한다고 본 마르크스의 국가관이 환상인 것과 마찬가지다. 여기서 그런 불만을 논할 계제는 아니다. 문제가 되는 것은, 헤겔이 입헌군주제를 국민 전체의 복지를 위해 근대 경제를 관리하는 효율적인 관료제로 뒷받침되는 체제라고 본다는 점이다.

마르크스의 반박은 다차원적이고 흥미롭다.[8] 첫째, 근대국가는 헤겔이 묘사하는 군주제일 수 없다. 근대국가는 민주공화정이어야 한다. 둘째, 민주공화정은 근대국가가 구현하고자 하는 자치에 대한 열망을 충족시켜줄 수 없다. 셋째, 국가의 본질은 민주주의이지만 민주주의의 본질은 국가의 폐기였다. 협력에 대한 필요는 시민사회의 변화에 의해 비강압적인 방식으로 충족될 것이다. 기저에 깔린 사상은, 근대 세계는 동등한 법률적 지위와 정치적 권리를 당연시한다는 것이다. 우리는 단순한 신민이 아니라 시민이어야 한다. 현실은 그런 열망을 배신한다. 평등하게 취급되는 것은 동등한 양의 재산이며, 정치적 지위는 소유하고 있는 재산이 얼마나 되느냐에 의해 결정된다. 재산이 없는 노동자들은 정치적으로 존재하지 않는 것과 같다. 헤겔은 다양한 측면에서 흥미로운 방식으로 오류를 범했다. 평등한 시민권은 공화정을 전제로 한다. 더 나쁜 것은, 헤겔이 관료라는 '보편계급'은 공공의 이익을 그 자신의 이익으로 삼기 때문에 근대국가는 공공의 이익에 이바지한다고 봤다는 점이다. 마르크스는 헤겔이 본의 아니게 다른 어떤 것을 드러냈다고 생각했다. 국가 자체가 소유의 대상이 되었다는 것이다. 관료와 그 주인들은 국가를 일종의 재산으로 장악한 것이다. 소외이론은 여기서 더 큰 설명력을 발휘한다. 상품이 우리의 생산력의 소외된 객관화라면, 국가는 우리의 집단적·협력적 의사 결정력의 소외된 객관화다.[9]

우리가 창조하고 서로 교환하는 것에 대한 통제권을 회복하려면 사적 소유와 시장을 폐기해야 하며 ─ 이런 주장을 하던 시기의 마르크스는 어떻게 폐기하느냐, 새로운 생산질서의 기초는 무엇이냐에 대해서는 아무 말도 하지 않는다―진정한 민주주의를 수립해야 한다. 진정한 민주주의는 자유주의 공화정을 넘어서는 것이다. 공화정은, 루소가 본 것처럼, 인간과 시민의 철저한 구분을 토대로 한다. 개인은 자기중심적이고, 사적 이익에 따라 움직이며, 본질적으로 이기주의자다. 그런 개인이 시민이라는 인격을 획득함으로써 집단적 실체의 일부가 된다. 주권을 행사하면서 스스로를 그런 집단의 일원으로 생각하게 되는 것이다. 시민은 공공의 이익과 공동체 전체의 선만을 생각한다. 그리고 자기 자신이 아니라 공동체에 충성한다. 마르크스의 눈으로 볼 때 이것은 환상이다. 공화정 시기의 로마의 윤리성을 아무리 강조해도 개인의 이익과 공공의 이익의 충돌을 은폐할 수는 없다. 더 심오한 발상은, 공화정이 경제적 분열에 대해 정치적 통합을 강요한다는 것이다. 분열은 경쟁하는 자산 소유자들 간의 죽고 죽이는 싸움이다. 그런 토대 위에 설립된 정치질서는 무산자에 맞서 유산자의 이익을 보호해줄 따름이다. 루소는, 법은 어떤 것을 소유한 자들을 그것을 빼앗으려는 자들로부터 보호해주는 만큼, 우리는 모두가 어느 정도 소유하되 아무도 너무 많이 소유하도록 해서는 안 된다고 말했다. 마르크스는 이런 처방을 따르기에는 너무 늦었다고 주장하지는 않는다. 그러나 내심은 거의 그런 쪽이다. 근대 공화정은 국가가 완화해줄 수 없는 경제적 불평등에 대해 정치적 평등을 강요하려고 한다는 것이다.

국가의 소멸과 관련해서는 우리의 생산적 실존 속에 이미 깊은 차원의 통합이 존재한다는 사실을 강조해야 하겠다. 생산은 집단적이고 협력적인 것이지만, 그것은 강요된 협력이다. 근대 경제에 내재된 협력적 통합이란 결국 갈등하는 제도들 속에서 드러나게 된다. 따라서 마르크스의 논리 전개는, 근대국가의 형태는 민주주의 공화국이어야 하지만 민주주의 공화국은 정치적인 국가이기 때문에 그 자체의 본래적 이상에 맞게 굴러가지 못한다는 생각으로 끝이 난다. 민주주의 공화국은 우리의 생산적 삶의 자치적 영역인 시민사회로 다시 환원되어야 한다. 이는 헤겔을 다시 한번 뒤집은 것이다. 당시에나 그 이후로도 마르크스는 자발적이고 합리적이며 갈등이 없는 비정치적 자치가 어떻게 생겨나야 하는지에 대해서는 설명을 하지 않았다. 그는 항상 미래가 어떻게 될 것인가보다 어떻게 되지 않을 것인가에 관해 더 명확히 발언했다.

이런 주장은 철학적 비전에 입각한 정치이론이다. 여러 가지 측면에서 보면 정치이론이라고 할 수 없기도 하다. 우리의 정치적 야망을 충분히 실현하는 일―이익의 충돌을 집단적으로 극복하는 것―은 정치를 초월해서 우리의 합리적이고 협력적인 본성을 직접 표현하는 장치들을 제도화할 경우에만 가능하다는 발상이기 때문이다. 이는 국가의 강제력으로 무오류의 철학자가 만든 제도들을 뒷받침하려는 플라톤식 정치 초월이 아니다. 오히려 진정한, 자연스러운 평등주의라고 할 수 있다. 마르크스의 발상은 인간 존재의 본성은 충분히 사회화된 삶을 사는 것이라고 가정한다는 점에서 아리스토텔레스적이지만, 인간의 가능성은 보편적이고 우리의 능력에는 위계가 없다고 본다는 점에서는 전적으로 비아리스토텔레스적이다. 마르크스의 비전을 일상 정치의 틀에 끼워 맞추기는 정말 쉽지 않다. 아니, 이 초기 단계에서는 거의 불가능하다. 그럼에도 불구하고 마르크스는 보통선거권이 확보된다면―급진파가 요구하는 바다―결국에는 평등주의적인 공화국의 창설로 이어질 것이라고 생각한 것 같다. 처음에는 사적 소유를 기반으로 하겠지만 평등한 분배가 더 확산되면 종국에 가서는 사회주의의 도래와 함께 국가가 필요한 이유인 경제적 이익의 충돌도 폐기된다는 것이다. 그 출발점은 혁명이어야 한다. 그리고 그 혁명은 다시 프랑스에서 시작될 수밖에 없을 것이다. 1789년 이후 유럽의 모든 혁명의 도약대는 프랑스였기 때문이다.

착취이론: 『공산당선언』과 그 이후

마르크스는 같은 성향의 동료 철학자들에 대해 짜증이 느는 한편으로 '과학적' 사회주의를 발전시키겠다는 의욕에 불탔다. '과학적'이라는 수식어는 후일 '유토피아적' 사회주의와 차별화하기 위해 엥겔스와 함께 만들어낸 표현이다. 그런데, '유토피아적'이라는 딱지는 성격이 서로 다른, 너무 많은 기획을 포괄하는 단어였다. 진짜로 유토피아적인 기획도 일부 있었다. 예를 들어 샤를 푸리에가 구상한 팔랑스테르phalanstère가 그러하다. 이 사회주의 공동체에서는 모든 다양한 인간 본성이 충족되고, 사자가 풀을 뜯고 바다가 레모네이드로 변하는 시대가 열린다고 했다. 그렇지 않은 기획들도 있다. 어쨌든 유토피아적 사회주의의 공통점은 사회주의 수립은 도덕적 명령이라고 생각했다는 것이다. 반면에 마르크스는, 사회주의는 역사적 필연에 의해 타당성을 얻는다고 생각했다. 도덕적 결단이 아니라 합리적 명령에 기초한 체제가 되는 것이다. 이제 역사적 변화를 결정하는 요인들에 관한 후기 마르크스의 견해를 살펴보아야 할 차례다. 그런 다음 혁명, 국가, 국가의 소멸에 관한 그의 견해를 고찰해보기로 한다.

마르크스는 대단히 복잡한 사상가였다. 과학의 본질에 관한 그의 견해는 철학적으로 보면 명확하지 않지만 자본주의의 경제적 작동 방식 분석에 유용한 부분을 많이 내포하고 있다. 과학은 자연계의 작동 방식을 밝혀내는 것과 마찬가지로 사회적 세계의 숨은 작동 방식을 밝혀낸다. 그런데 자본주의의 가장 깊은 비밀은, 자본가가 취하는 이윤이 어디에서 비롯되는가 하는 것이다. 그 비밀을 밝혀내는 것이 마르크스가 착취 개념을 들고 나오는 이유다. 착취 개념을 통해 마르크스는 나름대로 이윤의 발생 과정에 대한 과학적 분석을 제시한다. 대부분의 독자들은 그의 분석이 대단히 강렬한 도덕적 함의를 담고 있을 것이라고 생각할 것이다. 그러나 마르크스는 이윤 창출 과정에 대한 분석을 순전히 과학의 영역이라고 보았다. 마르크스가 그런 분석에 도덕적 함의가 담겨 있다고 생각했는지에 대해서는 역시 많은 논란이 있다. 분명한 것은, 자본가는 공정한 교환을 통해 이윤을 획득하지는 않는다는 것이다. 마르크스가 이런 사실을 도덕적으로 문제가 있다고 봤느냐 하는 것도 논란의 여지가 있다.

이윤이라는 수수께끼는 이렇게 정리할 수 있다. 완전시장을 전제로 하면, 자본가는 노동력을 포함한 생산요소들을 시장가격으로 구입한다. 그리고 생산과정이 완료돼 그 결과물을 판매할 때는 시장 가치보다 높은 가격으로 팔 수 없다. 그런데도 자본가는 이윤을 챙겨간다. 여기서 수수께끼의 핵심은 생산과정이 그 이윤을 어떻게 창출하느냐이다. 현대 경제학자들은 마르크스가 제시한 출발점에서 시작하지 않을 것이다. 기업가의 역할에 주목하는 학자들도 있다. 과거 같았으면 x라는 효용밖에 창출하지 못했을 생산요소들을 기업가가 다른 방식으로 조합해 $x+y$라는 추가 효용을 창출한다는 것이다. 이는 이윤이란, 경쟁적인 자본가들이 등장해 기회를 포착하면 잠식당할 수 있고, 혁신적이고 상상력 넘치는 또는 운 좋은 경쟁자들이 새로운 기회를 포착하면 다시 창출될 수 있는 것이라고 보는 이론이다. 이런 주장을 마르크스는 완전히 무시한다. 왜냐하면 그가 규명하려는 것은 특이한 개별 사례가 아니라 자본을 투입할 경우 발생하는 평균적인 수익, 즉 '평균'이윤율이기 때문이다.

평균이윤율 규명을 위해 마르크스는 노동과 노동력을 구분한다. 노동은 생산과정에서 노동자가 실제로 수행하는 작업을 말한다. 노동 그 자체는 가치를 갖고 있지 않지만 모든 가치를 창출한다. 이런 점에서 노동은 노동력과 구별된다. 노동력은 노동자가 노동계약에 명시된 기간 동안 노동할 수 있는 능력을 말한다. 노동력은 가치를 가지고 있다. 노동력의 가치란 노동자가 의식주를 해결하고 노동을 할 수 있도록 준비하는 데 드는 만큼의 비용, 즉 최저 생활 임금이다. 이 다음부터의 과정은 간단하다. 자본가는 노동자의 노동력을 시장가격으로 구매한다. 노동력의 시장가격이란 노동자가 노동할 수 있는 능력을 확보하는 데 드는 비용이다. 자본가가 얻는 것은 노동자의 실제 노동, 즉 노동계약에 따라 노동자가 자본가를 위해 가치 창출에 투입한 노력의 총 시간이다. 노동자는 노동시간의 일부를 노동력 회복과 원자재 비용 및 감각상각 등을 충당하는 데 투입한다. 나머지 노동시간은 잉여가치를 창출하고, 잉여가치는 이윤이라는 형태로 나타난다. 이 부분은 자본가가 노동자에게 대가를 지불하지 않고 가져가는 무급노동에 해당한다.

이런 식으로 모든 이윤은 노동자에 의해 창출된다. 자본가가 기여하는 부분은 없다. 만약 자본가가 가져가는 수익의 일부를 '감독 업무를 한 것에 대해 지급하는 임금'이라고 설명한다면, 그런 임금은 진정한 이윤과는 다르다. 이윤은 관리자로서 받는 임금이 아니라 자본 투자에 따른 수익이다. 이윤은 관리자들의 임금과 노동자들의 임금, 원자재 비용, 기계 및 설비의 감가상각 등을 모두 공제하고 남는 부분이다. 생산의 결과 발생하는 수익에서 자본가가 가져가는 몫은 불로소득이다. 그것은 총수익에서 무급노동이 차지하는 만큼이다. 이런 과정에는 노예제에서 볼 수 있는 강압이나 봉건제에서 나타나는 이데올로기적·정치적 장치들이 개입돼 있지 않다. 그러나 프롤레타리아가 잉여가치를 창출하는 것은 아무런 대가도 받지 않고 노동하는 것과 마찬가지다. 이는 노예와 농노가 무급노동을 하는 것과 다르지 않다.

이런 분석은 마르크스가 자본주의 작동 방식의 비밀에 대해 얼마나 깊은 관심을 갖고 있었는지를 보여준다. 표면적으로는 화폐와 서비스의 교환이 이루어진다. 그런 수준에서는 부르주아적 정의 개념이 충족된다. 자본가는 노동자에게 노동자가 기여하는 만큼의 대가를 지불한다. 자본가는 노동자를 속이지 않는다. 사악한 개인과 달리 계급으로서의 자본가들은 속임수가 없는 체제를 원한다. 속임수가 횡행하면 자본주의 자체가 망하기 때문이다. 마르크스는 이윤이 명백한 강탈이나 사기에서 생기는 것이 아니라는 점을 누누이 강조한다. 노동계약 차원에서 보면 부르주아적 정의는 현실에서 통용되고 있다. 부르주아적 정의란 이기적인 개인들 간의 교환관계의 정의이며, 정의의 규칙은 '등가물은 등가물로 교환한다'는 것이다. 시장은 그런 정의의 기준이 준수되게 만든다. 어떤 고용주가 노동자를 시장에서 통용되는 임금보다 적게 주고 고용하려고 하면 다른 고용주들이 그 노동자를 채갈 것이다. 그러나 그 수준 이상의 임금을 지급한다면 그 고용주가 생산한 상품은 이익을 남기고 팔 수 없을 정도로 비싸질 것이다.

과학이 추구하는 것은 수면 위에서 벌어지는 양상을 설명하는 동시에 수면 아래서 과연 어떤 일이 일어나고 있는지를 밝히는 것이다. 현실과 현상이 일치한다면 과학이 필요 없을 것이라고 마르크스는 말했다. 천문학이 필요한 이유는 태양이 우리의 상식이 생각하는 방식으로 떠오르지 않기 때문이다. 여기서도 마찬가지다. 사회적 과정은 이중으로 기만적이다. 현상과 현실에 편차가 있는 것처럼 보이는 것은 자연스러운 일이고, 많은 사회적 장치들은 그 속사정을 제대로 꿰뚫고 보면 더이상 제대로 작동하지 못한다. 마르크스가 허다한 경제이론을 단순한 이데올로기에 불과하다고 폄하하고, 자신과 같은 지식인이 혁명운동에 없어서는 안 될 역할을 해야 한다고 확신한 것은 그 때문이다. 대영박물관 열람실에서 그 수많은 나날을 보내면서 『자본론』초고를 쓴 것도 바로 그 때문이다.

마르크스의 착취이론은, 이윤은 노동자의 무급노동이 만들어낸 것이라는 주장이다. 이는 등가물은 등가물로 교환한다는 원칙에 비추어보면 부정의하다. 마르크스의 주장이 미묘한 이유는, 시장관계는 부르주아적 정의의 기준에 따르면 정의롭지만 그 표면 아래에서 벌어지는 과정은 부르주아적 기준에 따르더라도 부정의하다는 것이다. 노동자의 무급노동을 편취해 잉여가치를 획득하는 것이 그 부정의의 정체다. 혁명 이후의 삶을 놓고 본다면, 자본주의 이후 체제가 더 정의로울지 또는 명목상으로나마 더 좋은 상황이 될지는 그때 가서 따져봐야 한다. 일단 잉여가치 획득이 자본주의를 발전시키는 원동력이라는 것, 그리고 그런 과정이 강해질수록 경쟁이 치열해진다는 것은 분명히 알 수 있다. 노동이 모든 가치 창출의 원천이라는 시각에 대해서는 논란의 여지가 많다. 마르크스 초기 저작에서 핵심을 이루는 노동 개념과 관련된 철학적 확신이 후기에 와서 과학적 외피를 걸친 형태로 변형된 것이 아닌지 짚어볼 필요가 있다. 자본은 죽은 노동(과거의 누적된 노동이라는 뜻이다—옮긴이)이기 때문에 산 노동의 지속적인 공급을 필요로 한다. 마르크스는 "죽은 자가 산 자를 잡는다 le mort saisit le vif"는 프랑스 관습법 구절을 인용하면서 자본을 흡혈귀로 묘사했다.

계급투쟁

『공산당선언』은 '인류의 역사는 계급투쟁의 역사다'라고 선언한다. 그런데 이 명제를 설명한 부분들을 보면 그것이 정확히 무슨 의미인지 알기 어렵다.[10] 역사를 발전시키는 힘이 계급투쟁이라고 주장한 사람은 많았고, 마르크스가 그런 주장을 처음 한 것도 아니다. 이런 주제에 대해 프랑수아 기조는 이미 1820년대에 강의를 한 바 있다. 계급투쟁이 경제적 이익을 바탕으로 한 정치적 다툼이라는 것은 정치학을 전문으로 하는 이들은 잘 알고 있었다. 아리스토텔레스는 계급을 중심으로 혁명을 막기 위한 이론을 전개한 반면, 마키아벨리는 사회계급들 간의 긴장이 혼돈을 야기할 수 있는 동시에 자유를 촉진할 수 있다고 주장했다. 18세기에 새롭게 등장한 것은 사회적 변화를 역사적으로 설명하는 이론을 추구하는 경향이었다. 엥겔스는 루소의『인간 불평등 기원론』이 사회적 변화와 정치제도들의 기원을 새로운 형태의 자산의 성장 및 그런 자산 형태를 중심으로 한 계급투쟁과 연결시켰다는 점에서 역사적유물론을 토대로 한 최초의 저작이라고 말했다. 그러나 이런 평가는 루소를 지나치게 세련화한 것이며, 애덤 퍼거슨, 윌리엄 로버트슨, 존 밀러 같은 스코틀랜드 역사사회학자들의 주장은 도외시한 것이다.

정치의 요체는 계급 갈등의 해소 또는 억압이라는 생각은 얼핏 보아도 설득력이 있다. 물론 정치가 계급 갈등만의 문제라고 하면 설득력이 좀 떨어질 것이다. 민족적·인종적·종교적 갈등이 항상, 근본적으로는, 계급 갈등이라는 것을 밝혀내려면 복잡한 논리 전개를 거쳐야 한다. 계급 갈등이 우리가 생산과정에서 차지하는 위치와 관련된, 그리고 우리가 생산수단을 소유하고 있느냐 그렇지 않느냐와 관련된 이해 충돌이라는 생각도 역시 설득력이 있다. 합리적인 자기 이익을 기초로 행동하는 고용주는 노동자에게 최대한 적게 주고 최대한 오래 일을 시키고 싶을 것이다. 동일한 동기를 기초로 행동하는 피고용인은 최대한 일을 적게 하고 최대한 많은 급료를 받고 싶을 것이다. 양쪽 다 자기 이익에 도움이 되는 법률 체계를 원할 것이다. 갈등은 모든 경제 시스템에 내재해 있다. 노예는 자신이 노예가 되기보다는 노예를 소유하고 싶어할 것이다. 노예 소유자들도 마찬가지다. 봉건 영주들은 하급자들이 적기에 제대로 일해주기를 원한다. 반면에 하급자들은 강제노동을 끝장내고 싶어한다. 그런 충돌과 갈등이 있다는 것은 새로운 얘기가 아니다. 여기서 그런 갈등이 정치적 갈등의 가장 중요한 토대인가 하는 것은—유일한 토대인가 하는 것은 논외로 하더라도—또다른 문제다.

마르크스의 공식적 견해는, 모든 계급투쟁의 기초는 소유자와 노동자 사이의 투쟁이라는 것이다. 그런데 『공산당선언』에서는 그 첫 사례로 '노예와 자유민'의 갈등을 들고 있다. 이는 모든 것을 우리가 생산과정에서 차지하는 위치와 관련지어 설명하기는 어렵다는 것을 보여준다.[11] 실제로 마르크스는 계급투쟁에 대해 처음 설명할 때 억압자와 피억압자라는 표현을 쓴다. 노예와 자유민의 구분은 노예와 노예 소유주의 구분과는 다르다. 가난한 자유민은 노예보다 더 가난한 경우가 많았고—로마의 노예들은 자기 명의로 사업도 하고 노예도 소유할 수 있었다—노예를 소유할 능력도 없었다. 더구나 노예와 자유민의 구분은 법률적 지위에 관한 것으로 생산과정에서 차지하는 위치에 따른 구분과는 좀 다르다. 마르크스는 시간에 쫓겨 글을 쓸 때도 논리를 흐트러뜨리지는 않았다. 엥겔스와 함께 1848년 독일 혁명에 영향을 미치기 위해 『공산당선언』을 시급히 발표해야 할 때도 그랬다. 기본 발상은 다음과 같다. 어떤 사회에서든 핵심적인 문제는, 생존에 필요한 것을 넘어서는 수준의 자원이 어디에서 창출되고 어떻게 사회계급(들)의 수중으로 넘어가 그들의 이익을 위해 사용되는가 하는 것이다. 고대사회는 그런 잉여물을 창출하기 위해 비자발적인 노동에 의존했다. 따라서 노예제가 강조되는 것은 아주 당연하다. 봉건제 아래서는 토지에 결박된 농민들이 잉여물을 창출한다. 자본주의 아래서는 근대 프롤레타리아가 동일한 작업을 수행한다. 그 결과 특정 시점에 갈등과 충돌이 어떤 양상으로 전개되느냐 하는 것은 주변 상황에 따라 매우 다르다. 그러나 정치의 본령은, 국가란 강압적 수단으로 잉여물을 뽑아내는 과정에서 발생하는 이익의 충돌을 조정하기 위해 존재한다는 것이다.

갈등을 중심으로 역사적 변화와 정치적 행위를 설명하는 모델은 여러 가지 매력적인 측면이 있다. 마르크스가 자신의 분석의 독창성을 잘 보여준다고 생각한 '역사에 대한 유물론적 해석'은 생산력과 생산관계의 구별을 전제로 한다. 마르크스가 두 개념을 구분한 것은 유명한데, 과연 그렇게 설명될 수 있는지는 논란의 여지가 많다. 마르크스가 염두에 두었던, 아니면 염두에 두었을지 모르는, 또는 염두에 두었음이 분명한 두 개념의 실체가 무엇인가에 대해서는 대단히 독창적인 해석이 일부 있었다. 하지만 기본 발상은 늘 그렇듯이 간단하다. 생산력은 적절히 사용되면 우리가 만들고 사용하고 소비하는 것들을 창출해낼 수 있는 자원이다. 물줄기는 누군가 가 물레방아를 만들어서 그것을 동력원으로 활용할 때까지는 단순한 물줄 기에 불과하다. 그러나 물레방아를 통해 물줄기는 생산력이 된다. 생산력 에서도 가장 중요한 것은 인간의 노동이다. 물론 기술의 도움을 받는 경우 도 있고 그렇지 않은 경우도 있다. 그리고 모든 생산력이 물질적인 것은 아 니다. 마르크스는 기술적 상상력과 과학적 발견을 생산수단으로 간주한다. 그런 것이 없었다면 아무것도 산출하지 못했을 자연의 생산요소들을 새로 운 방식으로 결합해 생산물을 만들어내게 하기 때문이다.

'좋은 생각들'이 물질적인 것인지는 분명치 않다. 그러나 여기서 마르크 스는 의미 있는 주장을 했다. 헤겔에게는 실례되는 말이지만, 역사는 이념 의 자기 발현을 구현한 것이 아니라는 주장이다. 그러나 '생각들'은 특정한 개인의 사상이 되어 행동으로 이어질 경우 힘이 없지 않다. 생각은 행동에 영감을 줌으로써 영향력을 발휘한다. 우리가 원하는 행위를 실행하도록 동 기를 부여하기도 하고 실행에 필요한 능력을 주기도 한다. 생각은 행동 속 에, 그리고 우리가 물질적 대상들을 가지고 행하는 것 속에 구현될 때에만 역사에 영향을 미친다. 대포를 가지고 싶다는 생각만으로 전투에서 이길 수는 없다. 그러나 무장이 빈약한 적을 상대로 한 싸움에서는 야포 부대 하 나가 승리의 요인이 될 수 있다. 생각은 또다른 이유로 전쟁터에서 문제가 된다. 야포는 그것을 사용할 능력이 없으면 무용지물이기 때문이다. 생산 력이 생산적으로 활용되느냐 여부는 생산력이 발휘되는 생산관계에 달려 있다. 생산관계라는 개념은 약간의 해명이 필요하다. 다시금 기본 아이디어는 간단하다. 쟁기는 생산력이고, 농부의 기술도 생산력이다. 내가 쟁기와 밭과 쟁기질이 끝나면 뿌릴 종자를 소유하고 있다는 사실, 그리고 농부를 급료를 주고 고용한다는 사실은 생산력이 발휘되는 생산관계에 관한 얘기다. 밭은 과거에 농부가 또는 집단농장이 소유하고 있었을 수도 있다. 쟁기와 종자도 마찬가지다. 논점은 올바른 생산관계가 존재하지 않으면 잠재적 생산력도 제대로 발휘될 수 없다는 것이다. 간단한 형태의 증기기관은 헬레니즘 시대 알렉산드리아에서 발명됐다. 그러나 노예노동력이 풍부했기 때문에 인간의 노동력을 효율화해야 할 필요를 느끼지 못했다. 당시의 증기기관이 장난감 수준 이상으로 발전하지 못한 것은 그 때문이다.

마르크스 유물론의 핵심은 생산력이 생산관계를 규정한다는 것이다. 발전이 이루어지는 이유는 생산력이 점차 생산성을 높여가고 생산성을 촉진하는 생산관계의 변화를 불러오기 때문이다. 마르크스의 이 모든 설명은 그 의미가 썩 명확하지 않다. 마르크스는 때로 생산력과 생산관계 사이의 인과관계는 일방적인 것이라고 주장하는 것처럼 보인다. 생산력이 자동적으로 발전하면서 서서히 생산관계를 변화시키는 것처럼 이야기하는 것이다. 그런데 또 어떤 곳에서는 생산관계가 생산력 발전을 촉진하거나 저해한다고 하면서(옳은 얘기다), 새로운 생산관계를 야기하는 생산력보다 새로운 생산관계가 생산성을 촉진할 경우에 발휘하는 힘이 더 중요하다고 말한다. 마르크스는 후자 쪽에 더 생각이 가 있는 게 분명하다. 그는 처음에는 혁신이었던 것이 나중에는 발전을 가로막는 장애물로 전락하는 경우를 가볍게 생각하지 않았다. 자본주의가 바로 그런 경우일 것이다. 당대까지 자본주의 생산관계는 생산성 증대에 큰 역할을 했다. 그 과정에서 혼란과 사회불안이라는 끔찍한 대가를 치렀다. 그러나 조만간 산업사회는 자본 소유자와 노동 공급자 두 계급으로 분열되고, 그런 분열이 생산성에는 장애가 될 것이라는 얘기다. 마르크스의 혁명이론은 자본주의를 구성하는 생산관계가 생산력에 '족쇄'가 된다는 드라마틱한 주장에서 정점을 이룬다. "자본주의의 외피는 파열될 것이다. 자본주의적 사적 소유의 조종이 울린다. 수탈하는 자들이 강탈당한다." 최후의 혁명은 이런 식으로 일어난다는 것이다.[12]

여기서 마르크스의 의도에 대한 설득력 있는 해석을 하나 살펴보자. 우리의 노동생산성을 발전시켜야 한다는 압력은 항상 있고, 따라서 그런 압력은 생산력 향상 쪽으로 작용한다. 그런데 생산력은 그 자체의 의지로 발전하지는 않는다. 우리의 생산능력을 향상시키려면 항상 어떤 유인이 있어야 한다. 향상에는 좀더 효율적인 증기기관과 같은 물리적인 능력의 개량도 포함되지만 사물을 소유하고 노동자를 관리하고 급료를 지급하는 방식의 변화도 포함된다. 바로 이 지점에서 우리는 다시 계급 개념으로, 그리고 큰 변화는 혁명적 격변을 통해 일어난다고 하는 주장으로 돌아가게 된다. 마르크스는 소유권의 본질을 생산수단에 대한 접근을 좌우할 수 있는 능력이라고 본다. 또 생산수단에 대한 접근 통제권을 법적인 성격에 관계없이 일종의 소유로 간주한다. 국가 관료제하의 관료들은 법적으로는 아무것도 소유하고 있지 않지만 생산을 가동시키는 자금 운용 권한을 쥐고 있어서 계획경제에서는 생산과 분배를 좌우할 수 있다. 여기서 이런 것을 유사 소유권이라고 봐야 하며 관료층은 완전히 마르크스적인 의미에서 하나의 계급이라고 생각하고 싶은 유혹이 든다. 아닌 게 아니라 트로츠키파 일부는 소련을 '국가자본주의'라고 비난하며 그런 결론을 내렸다.

자본주의하에서 마르크스의 도식은 설득력이 있다. 생산 자원의 소유자는 노동자를 고용하고 자원을 구매하고 생산을 조직화하며 생산물을 공개시장에 내다 판다. 공개시장은 경쟁이 치열하다. 따라서 생산과 유통에 드는 비용을 낮추고 생산량을 극대화하지 않는 제조업자는 살아남을 수 없다. 규모의 경제를 이룩해서 불황기를 넘길 수 있는 자원을 창출해놓아야 한다. 따라서 자본가들이 임금을 낮추려고 하는 것은 너무도 당연하다. 자본가들은 노동력이 필요 없을 때 노동자를 가차없이 해고하고, 남자를 여자와 아이들로 대체하는 방식으로 더 싼 값에 노동력을 확보한다. 마르크스는 그게 바로 자본주의의 생산 논리라고 생각한 당대 최초의 경제학자도 아니고, '빈곤의 점진적 심화'—생활수준을 점점 떨어지게 만드는 지속적인 압력—가 노동계급이 맞을 운명이라고 생각한 유일한 경제학자도 아니었다. 노동자들이 시장에서 버틸 수 있는 능력은 미미했다. 일자리를 가진 사람들은 '실업자 예비군'의 위협을 받고, 경쟁은 더욱 심해진다. 소유자 내지 고용주였던 계급에서 탈락하는 사람들이 점점 늘면서 그들도 노동력 외에는 팔 것이 아무것도 없는 계층으로 편입되기 때문이다. 이것이 바로 『공산당선언』이 혁명을 야기하는 요인들이라고 지적한 부분이다. 규모는 커져가는 반면 절망감은 심화되는 노동계급이 규모가 점점 작아지는 소유자 계급과 맞서게 되는 것이다. 이는, 앞서 살펴본 것처럼, 아리스토텔레스가 '분쟁 상태'를 야기할 가능성이 높다고 본 상황에 해당한다.

궁극적 혁명

마르크스에게 중요한 것은, 그런 과정이 점진적인 생산성 향상과 더불어 진행된다는 사실을 근거로 최후의 혁명을 예측했다는 점이다. 자본주의사회에는 진정한 풍요를 누리는 강압 없는 사회에 필요한 자원이 잠재돼 있다. 더이상 계급투쟁이 혼란을 야기하지도 없고, 따라서 더이상 혁명도 터지지 않는 사회 말이다. 그러나 역사는 상당히 다른 식으로 진행돼왔다는 점을 고려할 때 우리는 지난 발자취를 더듬어가면서 계급이 어떻게 형성되는지, 계급투쟁이 어떻게 혁명으로 폭발하는지를 고찰해보아야 한다. 마르크스의 견해를 잘 비판한 사람은 다름아닌 본인이었다. 그는 세계를 올바로 파악하기 위해 안간힘을 썼지만 사실관계만큼은 깊이 존중했다. "어리석음은 노동계급에게 아무런 도움도 되지 않았다." 이 구절은 1847년 유토피아적 사회주의자 빌헬름 바이틀링을 경멸하면서 한 말이지만, 마르크스의 모토이기도 했다. 자본주의는 마르크스의 예견대로 스스로 멸망하지 않았다. 따라서 마르크스의 자본주의 분석은 너무도 많은 예외를 인정하지 않을 수 없었다.

그중 하나가 '아시아적 생산양식' 이론에 포함돼 있는 문제였다. 그러나 이 문제는 크게 보면 마르크스주의의 신빙성을 좌우할 수 있는 핵심적인 내용이다. 역사 발전에 대한 마르크스의 공식 입장은, 사유재산도 없고 사회계급도 없고 정치조직도 없고 따라서 발전의 계기도 없는 선사시대 단계가 존재했다는 것이다. 마르크스는 인류사의 선사시대 단계를 세분하는 일에는 관심이 없었다. 그는 사유재산과 계급투쟁이 없는 단계에서는 더 발전할 계기가 없고, 역사는 사유재산과 계급투쟁을 통해 발전의 계기를 얻는다는 것을 강조하고 싶었던 것이다. 마르크스는 다양한 분야의 책을 탐독했기 때문에, 토지 사유권 개념이 있는 정주 농업 공동체가 등장하기 이전에 모피와 무기, 가축만을 소유물로 보는 유목 부족들이 있었다는 것을 잘 알고 있었다. 유럽인들은 아메리카와 아프리카 남부를 식민지로 만들어가면서 수렵·채집생활을 하는 석기시대 종족들이 아직도 있다는 사실을 알게 됐다. 마르크스에게 그들의 존재는 몰역사적인 현상이었다. 그러나 그들은 인류사에 대한 그의 그림을 그럴듯하게 꾸며주는 장식물이 되었다. 역사는 사유재산이 없고 계급으로 분열되지도 않았던 원시공산주의 단계를 벗어나면서 시작됐고, 사유재산이 없고 계급으로 분열되지 않는 고도의 공산주의 단계에 다시 도달할 때 종식될 것이다. 마르크스는 이따금 우리가 체험한 역사를 인간의 의식적 통제하에 진행되는 것이 아니라는 의미에서 '인간 이전의' 역사라고 표현한다. 진정으로 인간이 만드는 역사는 아직 시작되지 않았다는 것이다. 마르크스의 설명은 노예제를 기초로 한 고대 사회에서 봉건제와 자본주의를 거쳐 혁명을 통해 종언에 이르는 역사 발전 과정에 초점을 맞춘 것이었다. 그는 특히 부르주아사회의 기원과 앙시앵레 짐의 종말에 관심을 집중하면서 1789년의 프랑스혁명에서 사회주의혁명 의 단초를 찾으려 했다.

'아시아적 생산양식'이라는 현상이 불러일으킨 문제의식은 인도나 중 국 경제에는 내적 역동성이 없다는 것이다. 인도와 중국은 과거에 유럽보 다 뛰어난 지적 성취를 이룬 바 있다. 그들은 서유럽의 산업혁명을 가능케 한 많은 기술을 보유하고 있었지만 어느 수준 이상으로 발전시키지 못했 다. '아시아적' 생산관계는 생산력 발전을 촉진하지 못하고 침체를 야기했 다. 아시아의 정치제도는 계급투쟁을 첨예화시키지 못했고, 소유권의 양태 는 생산수단 소유 계층에게 경쟁을 강화하게 만드는 압력으로 작용하지 못 했다. 따라서 장인 동업조합이 활동하는 중세 유럽의 소도시와 비슷한 조 직이 생겨나지 못했다. 숙련된 장인들은 필요할 경우 지역 통치자들에 의 해 궁전으로 불려가 일을 했지만 여전히 노동자로 머물렀고, 시장과의 관 계 속에서 살아가는 독립적인 기업가로 변신하지 못했다. 경쟁의 압력도 없고, 소유자와 노동자의 대립을 토대로 계급이 형성되지도 않았으며, 변 화도 없었다.

마르크스는 아시아적 생산양식을 흥미로운 예외 정도로 간주하고 유럽 에서 사회주의혁명을 일으키는 과제에 몰두했을 것이다. 어느 정도는 실 제로 그랬다. 마르크스는 유럽의 아시아 침략에 대해, 인도와 중국을 유럽 적 세계사의 흐름에 동참시켜 사회주의로 이끌게 될 것이라는 이유로 좋게 평가했다. 그러나 여기서 피할 수 없는 한 가지 문제가 제기됐다. 유럽에서 계급 갈등을 완화하고 경제적 정체를 야기함으로써 혁명을 좌초시킬 수 있는 모종의 통치체제와 경제 시스템이 등장하지 않을까 하는 것이었다. 실제로 유럽에서는 관료제 중심의 절대왕정 체제인 프로이센이나 나폴레옹 3세의 제정 체제인 프랑스가 계급 갈등을 완화하고, 노동자들의 삶을 순수 자본주의 상태보다는 덜 비참하게 만듦으로써 노동자들을 달래고, 호황과 불황의 격차 문제를 해결해 자본가들을 안심시킬 수 있느냐가 관심사였다. 그렇게 되면 놀라운 경제성장은 없어도 사회적 안정이 확보돼 지속적 체제 유지가 가능하다는 것이다. 결과적으로 보면, 프로이센은 경제성장과 기술 혁신 면에서 급속히 영국을 추월했다. 또 미국에서는 무제약적인 자본주의가 시행됐지만 계급을 기초로 한 유럽식 정치가 재현되지도 않았다.

계급의 형성

『공산당선언』에서 마르크스가 제시한 계급투쟁의 상은 이중적이다. 유산자계급 대 무산자계급, 노예 대 자유민의 대립이 그것이다. 그러나 계급에는 다시 두 가지 측면이 존재한다. 하나는 계급은 생산과정에서 발생한다는 것이고, 또하나는 계급이 정치과정에서 중요한 역할을 한다는 것이다. 정치가 계급투쟁이라면 우리는 생산을 중심으로 한 사회적 삶에 의해 야기되는 사회적 계층 분화가 정치적 삶에 어떻게 반영되는지를 정확히 설명할 필요가 있다. 마르크스는 실제의 정치적 사건들을 논할 때 이 이중적 모델을 내버리고 둘 이상의 계급들 간의 상호작용을 강조했다. 1848년 혁명에 대한 그의 기대는 좌절됐다. 혁명을 이끌어간 대부분의 에너지는 민족주의와 자유주의였고, 사회주의와는 거리가 멀었다. 어느 지역에서도 혁명은 성공하지 못했다. 독일에서는 과거의 엘리트들이 다시 세를 확보했고, 독일 통일도 자유주의와 민족주의의 합의의 결과가 아니라 프로이센 절대왕정과 유능한 총리 비스마르크 후작의 주도하에 성사된 것이다. 프랑스에서는 7월혁명으로 왕위에 오른 루이 필리프가 타도됐지만 제2공화정도 존속이 불가능했다. 루이 나폴레옹은 처음에 제2공화정 당시 대통령으로 선출됐지만 얼마 후 스스로 쿠데타를 일으켜 나폴레옹 3세라는 이름으로 황제 자리에 올랐다.[13]

말년에 마르크스는 『공산당선언』이 유럽에서 자본주의경제 체제가 탄생하는 고통을 자본주의가 죽어가는 고통이라고 오해했다는 것을 알게 되었다. 그는 사회주의 성향 프롤레타리아의 봉기는 일부는 흉작과 생필품 가격 상승, 불황에 대한 전통적인 불만 때문이고, 일부는 도시에 집단 거주하게 된 노동자들의 열악한 환경에 대한 불만과 과거에 가능했던 확실성 같은 것이 사라진 데 대한 불안감 때문이라고 생각했다. 1848년 혁명은 미래지향적인 동시에 과거지향적이었다. 마르크스는 유럽 중동부 상당 지역에서 혁명의 원동력이 된 민족주의 정서를 실감하지도 못했고, 거기에 공감하지도 않았다. 노동자는 조국이 없기 때문에 욕망 면에서 보편적이거나 보편적이어야 했다. 그런데 실상은 그렇지 않다는 사실 때문에 사회민주주의운동 진영은 항상 애로를 겪었다. 마르크스와 엥겔스는 특히 "고대 스칸디나비아식 해적질"이라는 표현까지 써가며 스칸디나비아 민족주의 같은 현상을 심하게 비난했다.

루이 나폴레옹이 쿠데타를 일으킨 직후부터 마르크스는 관련 사태를 분석하는 글을 썼다(이 글은 나중에 개정을 거쳐 단행본 『루이 보나파르트의 브뤼메르 18일』로 출간됐다—옮긴이). 고쳐 쓴 부분은, 문제의 쿠데타가 발생 당시 그가 예견했던 것과 달리 일시적 성공 이상의 것이었다는 내용이다. 여기서 마르크스는 왜 사건들이 '올바른' 시나리오대로 전개되지 않았는지, 그리고 국가는 어떻게 과거에 자신이 『공산당선언』에서 묘사한 것과 같은 부르주아지 공통의 이익을 관리하는 위원회 이상의 것이 될 수 있는지를 규명했다.[14]

1848년의 프랑스에는 자본가 부르주아지와 맞서는 거대하고 견고한 프롤레타리아 말고도 또다른 행위 주체들이 있었다. 우선 거대한 농민층이 있었다. 그들은 재산이 많은 농민과 적은 농민, 땅뙈기 하나 없이 농업노동자로 살아가는 농민으로 나뉘어 있었다. 마르크스와 엥겔스는 과거에 농민층을 '감자 포대'라고 표현하면서 계급으로 치지도 않았었다. 그런데 그런 농민들의 지지표에 힘입어 루이 나폴레옹이 권력을 잡게 되자 두 사람은 생각을 바꾸지 않을 수 없었다. 단일한 부르주아지라는 것은 존재하지 않았다. 부르주아지 상층부는 국채로 먹고 사는 일종의 금융 귀족들과 대기업가들로 나뉘어 있었다. 그 아래층은 다시 여러 종류로 구분할 수 있는데, 신문기자에서부터 시계공 같은 장인들에 이르기까지 다종다양한 급진적 성향의 프티부르주아지가 있었다. 혁명은—가장 핵심적인 역할을 하는 단일 그룹을 꼽는다면—급진 성향의 프티부르주아지의 몫이었다. 이 점이 바로 공화정이 왜 안정을 누리지 못했는가를 설명해준다.

이제 우리는 계급투쟁을 묘사한 두 가지 그림을 보게 된다. 하나는 유산자와 노동 공급자라는 식의 극히 단순한 이분법이고, 또하나는 중요한 정치적 격변기에 실제로 결정적 역할을 수행한 그룹들은 누구냐에 대한 분석이다. 각 그림에 따라 국가에 대한 설명이 달라진다. 첫번째 설명은 국가를 지배계급의 도구로 보는 것이다. 여기서 지배계급은 경제적으로 우위에 있는 계급이다. 국가는 지배계급 공통의 이익을 관리한다. 이는 19세기 중반의 영국 정치에 대한 비교적 그럴 듯한 설명이다. 이런 설명은, 경제적 지배계급은 부르주아지인데 정치인은 토지소유 신사계층과 그 친척들이 압도적으로 많다는 사실과 같은, 명백한 난제들을 어느 정도 해소할 수 있다. 신사계층 정치인들을 떼돈을 버는 데 바쁜 사람들이 고용한 일꾼이라고 해석할 수 있는 것이다. 이런 이론은 대부분의 노동자들이 여전히 토지 관련 노동자로 또는 집안 하인으로 고용돼 있는 현실에 대해서도, 중요한 것은 정치적 변화를 촉진하는 이익의 충돌이지 직업적 인구 분포가 아니라고 주장하는 방식으로 슬쩍 넘어갈 수 있다. 마르크스가 부르주아지 공통의 이익을 관리하는 위원회로 간주된 국가가 행하게 될 것이라고 본 많은 일들은 실제로 일어났다. 빅토리아시대 영국은 부패하지 않게 되었고, 하는 일 없이 이권만 챙기는 명예직과 독직 행위를 근절했고, 관료 채용에서 능력주의를 확립했다. 재산법은 더 단순하고 투명해졌으며, 토지 매매에 대한 규제는 폐지됐다. 이는 한 가문의 토지 보전을 중시하는 전통에서 모든 자산을 유동자본으로 변환시킬 수 있게 하는 쪽으로 변해가는 추세를 반영한 것이다.

빅토리아시대 영국은 그런 이론에 맞아떨어졌다. 이론 자체가 영국의 현실을 기초로 한 것이기 때문이다. 실제로 영국이 마르크스의 기대를 좌절시킨 한 가지 이유는 부르주아지의 이익을 관리하는 일을 대단히 잘해냈기 때문이다. 영국은 혁명을 모면하고, 도시 노동계급을 정치체제 안에 흡수하고, 노동자들을 제국의 영광으로 현혹했다. 국가는 산업자본가들을 압박해 공장 노동조건과 노동시간을 규제하게 했다. 이는 오히려 자본가들 자신의 이익에 가장 부합하는 조치였다. 국가는 또 여성 및 어린이 고용을 규제함으로써 남성 가장의 임금을 보전해주었다. 이렇게 해서 영국 노동자들은 50년간 '빈곤의 점진적 심화'가 아니라 지속적인 실질임금 상승을 경험했다. 이런 상황은 마르크스의 혁명에 대한 기대를 완전히 저버리는 것이었다. 그러나 그렇다고 해서 마르크스의 정치이론이 완전히 깨지는 것은 아니다. 마르크스가 유산계급 '공통의 이익'에 대해 자신이 했던 설명을 잘 되새겨봤더라면, 거기에는 절도와 사기에 대한 법적 처벌 강화—평균적으로 볼 때 모든 사람의 이익에 부합한다—처럼 그가 언급한 사안들뿐 아니라, 정치적 불안을 촉발하는 방식의 기업 간 경쟁을 금하는 규정처럼 그가 언급하지 않은 내용도 포함돼 있음을 알아챘을 것이다. 이런 식의 논리를 계속 밀어붙이면 결국 혁명은 불가피하다는 주장을 포기해야 한다. 혁명이 불가피해지는 것은 정부가 부르주아지 공통의 이익을 안전하게 지키는 소임을 그르쳤을 경우에 한정되는 것이다.

두 가지 탈출구가 있을 수 있다. 하나는, 현명한 정부가 하는 모든 일을 단기적 땜질 처방에 불과하며 장기적으로는 결국 파탄에 이른다는 식으로 폄하해버리는 것이다. 예를 들어 세계 차원의 경쟁으로 영국의 경제적 절대 우위가 흔들리기 시작하고, 영국 기업들이 저임금으로 무장한 다른 나라 기업들과 경쟁할 수 없는 상황이 됐다고 치자. 그러면 영국 기업들도 임금을 급격히 낮추지 않을 수 없게 될 것이고, 빈곤의 점진적 심화가 혁명으로 이어진다는 『공산당선언』의 시나리오가 가동될 것이다. 또하나의 탈출구는, 사회적 진보는 정치적 혁명을 수단으로 지속된다는 슬로건을 폐기하는 것이다.[15] 지금까지 혁명이 당연지사로 여겨진 것은 배제된 계급들이 자신의 이익을 주장하고 변화를 촉구할 평화적 수단이 없었기 때문이다. 현재의 지배계급은 이런 문제를 제로섬게임으로 여겨왔다. 하층계급이 권력과 부가 커지면 현재의 상층계급은 결국 상당한 몫을 하층계급에게 빼앗긴다는 것이다. 급속한 생산성 증가로 세계가 더욱 번영하게 된다면, 노동자의 운명은 점진적으로 개선될 것이고 계급 간에 존재하는 소득, 권력, 성취욕, 문화의 격차도 줄어들 것이다. 그러면 결국은 평화적인 방식으로 전형적인 구식 자본주의에서 민주사회주의 내지는 자본주의를 근간으로 한 민주주의 복지국가로 이행할 수 있을 것이다. 말년에 마르크스는 영국, 네덜란드, 미국이 이런 길을 걷게 될지 모른다고 생각했다. 그런 가능성을 인정했다는 것은, 혁명만이 오랜 세월 누적된 오물을 한꺼번에 털어낼 수 있다고 봤던 젊은 시절의 관점에 잘못이 있다고 스스로 판단했음을 보여준다.

마르크스의 두번째 국가이론은 영국이나 미국보다는 프랑스, 독일, 러시아에 적합한 것이다. 1848년 혁명 이후 루이 나폴레옹은 군軍에, 삼촌 나폴레옹 1세가 누렸던 군사적 영광에 열광하는 사람들로부터 쉽게 지지를 얻었다. 군사·관료 중심 국가가 존속해야 기득권 유지에 이로운 사람들도 많았다. 국가에 돈을 빌려주고 국채를 팔아 생활하는 공채 보유자와 주식 투기꾼들은 물론이고 관료 조직의 상당 부분도 기존 체제를 유지하는 것이 이득이었다. 혁명이 국가를 타도하지 못하자 국가는 파리와 리옹의 거리에서 반란을 진압하고 루이 나폴레옹에 반대하는 국회의원들을 몰아냈다. 이제 국가는 부르주아지의 의지에 따라 고용되고 해고되기도 하는 위원회이기를 멈추고 독립적 행위자로 변신한다.

국가의 본질을 계급투쟁이라는 단순한 이론을 가지고 설명하기는 어렵다. 자본주의경제를 규제하는 어떤 국가가 부르주아국가라고 한다면, 그 국가의 중요한 특징 두 가지는 값이 싸게 먹히고 부르주아지 공통의 이익에 초점을 맞추어야 한다는 것이다. 프랑스 국가는 국가적 영광의 추구에 몰두했다. 이는 값이 싸게 먹히지도 않고 자본가의 이익에 부합하는지도 분명치 않은 일이다. 프랑스는 비대한 관료계급을 고용했고, 이들은 값이 싸게 먹히지 않았다. 그리고 프랑스는 국채를 많이 발행했다. 그 이자를 지급하려면 추가 세수가 필요했는데, 많은 부르주아지가 세금을 내고 싶어하지 않았다. 물론 거기서 이득을 취하는 부르주아지도 있었다. 프랑스의 존재를 설명하려면 부르주아지 공통의 이익이 과연 무엇인가 하는 질문에 답해야 한다. 마르크스는 프랑스 부르주아지가 지배계급으로 입지를 굳힌 적이 없다고 생각했다. 그 이유 중 하나는 금융 부르주아지와 산업 부르주아지의 경제적 이익이 서로 달랐기 때문이다. 급진파 부르주아지와 프티부르주아지가 큰 목소리를 낸 것도 한 요인이었다. 그래서 국가는 부르주아지에 의해 장악된 적이 결코 없었던 것이다. 따라서 국가 관료들은 국가에 생계를 의존하는 사회계급으로서 자체의 기생적 이익을 추구할 수 있었다. 마르크스는 또 분열된 부르주아지는 분열되지 않은 부르주아지보다 더 강력한 국가를 필요로 한다고 주장했다. 전체로서의 계급은 모든 자산 소유자들 공통의 이익을 강화하기 위해 강력한 국가를 필요로 했다. 특수한 형태의 자산 소유자의 이익은 밀려날 수밖에 없었다. 이는 바보 같은 논리는 아니다. 예를 들어 서로 다른 부르주아의 이익을 대표하는 사람들이 한자리에 모여 그들 모두가 충성할 수 있는 국가체제를 논의한 결과 마르크스가 프랑스의 경우로 지목한 군사·관료 중심 체제를 선택하는 상황을 상정해볼 수 있다. 그들이 충분히 이기적이라면 군사적 모험 성향을 자극해 국민의 관심을 국내 문제에서 외부로 돌리는 작전을 구사할 수 있을 것이다. 그러나 어리석게도 프로이센·프랑스전쟁과 같은 패착으로 귀결되는 선택을 할 수도 있다.

마르크스는 루이 나폴레옹 쿠데타의 특이점을 처음 분석할 때, 그의 성공은 단명에 그칠 것이라고 말했다. 마르크스는 『공산당선언』에서 논했던 부르주아국가를 정상적인 부르주아국가라고 생각했다. 군사·관료 중심 국가를 유지하는 데 드는 비용은 산업 부르주아지와 상업 부르주아지로서는 감내할 수 없는 수준일 것이다. 마르크스는 후일 '정상'에서 벗어난 형태의 국가가 더 오래간다고 봤다. 그 연속선상에서 마르크스는 자본주의에서 사회주의로 이행하는 길은 자신이 과거에 예측했던 것보다 가짓수가 많으며, 글자 그대로의 혁명은 사회주의로 이행하는 유일한 전 단계가 아니라고 생각하게 되었다. 이제 마르크스의 정치학의 마지막 요소들, 즉 혁명이론, 국가 소멸론, 국가 소멸 이후의 사회조직 관련 논의 등에 대해 살펴보기로 하자. 마르크스는 당초 구상한 작업을 끝내지 않은 상태에서 다른 문제로 관심을 돌리기로 유명했다. 이는 게으름이나 지적 혼란 때문이 아니다. 오히려 자신이 관심을 가지고 있는 모든 현상을 완벽하게 설명할 수 있는 지적 체계를 창안하고자 하는 야망에서 비롯된 불가피한 결과였다. 마르크스는 일련의 탐구―『자본론』 세 권은 이 탐구의 4분의 1에 불과했을 텐데, 그나마 그의 생전에 출간된 것은 1권뿐이었다―말미에 국가의 본질을 정면으로 다루려고 했던 만큼, 지금 우리에게 남겨진 것이 그런 구상의 단편에 불과한 것은 어찌 보면 당연하다.

혁명

혁명은, 낡은 지배계급은 반기를 든 계급이 참고 넘어갈 만큼 양보하지 않고 반기를 든 계급은 낡은 체제가 수용할 수 없는 요구를 제기할 때 주요한 변화가 일어나는 방식이다. 모든 혁명이 필연적인 것은 아니다. 어떤 경우에는 지배계급의 무능 때문에 일어나기도 한다. 마르크스가 관심 대상으로 삼는 혁명들은 한 생산양식에서 다른 생산양식으로 결정적으로 이행하는 과정을 말한다. 그리고 그런 이행 과정들은 불가피한 것으로 보인다. 마르크스는 혁명에 대해 충분한 설명을 갖춘 이론을 제시하지 않았다. 그가 실제로 제시하고 있는 것은 구조지질학적 사회구조론이라고 해도 과언이 아니다. 새롭게 부상하는 경제·사회적 형태들이 낡은 정치적 외피 속으로 밀려들어가게 되면 그 충격파가 지표 전체로 서서히 퍼져나가 흡수되기보다는 단번에 지진이 일어나기 십상이다. 그러나 충격파가 서서히 사라지면 언제 또 지진이 일어날지는 예측하기가 거의 불가능하다.

19세기 유럽에는 두 가지 서로 다른 가능성이 있었다. 그중 하나는 미국에 적합한 시나리오로서 유럽 쪽 시나리오보다 훨씬 설득력이 있었다. 첫 번째 가능성은 반란과 혁명이다. 국가가 점점 세력이 커지는 산업 노동계급뿐 아니라 그와 손잡은 급진파 부르주아들 및 기타 힘없는 자들의 정치 참여를 차단하면 민심이 이반되고 결국은 반란에 봉착하게 된다. 그런 국가가 민심 이반을 통제하고 반란을 봉쇄할 수 있을지는 예단키 어렵다. 하지만 많은 조건에서는 혁명이 성공할 가능성이 높다. 반면에 프로이센 왕정 체제에 가해진 정치적 압력을 비스마르크가 처리한 방식은 탁월한 수완을 보여주는 모델이었다. 더 현명한 군주와 더 현명한 비스마르크의 후계자들이 있었다면 독일제국은 무한정 계속되었을지도 모른다. 제2제정 시기의 프랑스, 차르 체제의 러시아, 황제 빌헬름 2세 치하의 독일 같은 나라들이 망한 조건을 보면 충분히 망할 만했다. 패전은 군사·관료제 국가를 취약하게 만든다. 국내 반대 세력을 억압할 능력과 군사적 성공에서 비롯되는 체제의 정당성 모두를 상실하기 때문이다.

마르크스는 배제된 계급들을 체제 내로 통합하기를 강력히 거부하는 국가들일수록 혁명이 일어날 가능성이 높다고 추정했다. 설득력 있는 추정이다. 마르크스는 비스마르크 같은 권위주의적 지도자들의 영민함에 거의 주목하지 않았다. 비스마르크는 마르크스 자신 만큼이나 마르크스의 관점을 잘 알고 있었고, 초기 복지국가를 창출함으로써 노동계급의 불만을 무마하는 한편 압도적인 무력과 충성심을 갖춘 군대를 양성함으로써 혁명으로 가는 길을 사전에 차단했다. 마르크스는 또 단순히 화력만 놓고 봐도, 국가의 군사력과, 훈련받지 못하고 무기도 열악한 반란 세력 간에 격차가 점점 커지고 있다는 사실에 대해서도 거의 주목하지 않았다. 그렇다고는 해도 총은 그것을 쏠 인간이 있어야 한다는 트로츠키의 언급은 항상 유념해야 할 부분이기는 하다. 최근의 과거를 돌아보면 반란 세력을 진압할 수 있었는데도 그러지 못하고 결국은 혁명이 성공한 사례가 너무도 많다. 아야톨라 호메이니가 주도한 1979년의 이란혁명은 좋은 예다. 2011년 '아랍의 봄 Arab Spring'도 마찬가지다.

또다른 가능성은 의회를 통해 사회주의로 가는 길이었다. '정상적인' 부르주아국가는 공식 제도는 별개 문제로 치더라도 그 본질상 민주주의 공화국이었다. 영국은 이름만 군주제였다. 영국은 곧 보통선거권을 수용하지 않을 수 없게 되고, 그 결과 의회를 통해 사회주의로 가는 길이 열렸다. 마르크스의 논리는 어리석다고 하기는 어렵지만 전적으로 설득력이 있는 것도 아니다. 그는 경제 발전 단계와 영국 같은 나라들의 계급 구조 양쪽에 대해 올바른 판단을 하고 있었을 것이다. 노동계급 구성원 전원이 처한 상황이 균일하고 비참하다면 마르크스는 당연히 노동계급은 단일 계급으로 똘똘 뭉쳐 투표할 것이라고 생각했을 것이다. 영국은 마르크스가 보는 양대 계급론에 가장 가까운 나라였다. 그러나 노동계급 내에 많은 분화가 있었고, 단순히 균질적인 하나의 노동계급과 착취하는 하나의 자본가계급이 대립해 있다고 볼 수는 없었다. 숙련노동자들은 자신들과 미숙련노동자들의 차이점을 잘 알고 있었다. 예를 들어 현장 감독은 상층에 속한 노동자라기보다는 하급에 속한 관리자였다. 20세기 말까지 영국 유권자들은 그 어느 지역도 비교가 안 될 만큼 계급 성향에 따른 투표를 했다. 그러나 미숙련노동자들조차 노동당의 집토끼가 전혀 아니었다. 숙련노동자들 중에서 노동당이 당연히 기대할 수 있는 표는 기껏해야 50퍼센트를 넘는 정도였다. 어쨌든 '빈곤의 점진적 심화' 같은 현상은 없었다. 사회주의가 어떤 형식을 취하든 현명한 보수주의자들이 제시하는 개혁된 자본주의보다 나은 선택이 될지도 전혀 분명치 않았다.

마르크스는 비밀투표와 보통선거로 무장한 노동계급은 사회주의에 표를 던질 것이라고 생각했다. 그러나 폭력적인 반혁명에는 대비를 해야 했다. 의회를 통해 사회주의로 가는 길이 마냥 평화로울 것이라는 보장이 없었기 때문이다. 그럼에도 불구하고 바리케이드에서 시가전, 병영 습격, 무기 탈취로 이어지는 익숙한 시나리오가 현실화될 필요는 없었다. 일부 논평가들은 마르크스가 '자본주의는 서서히 소멸돼 결국 사회주의로 넘어가며, 그 과정은 외피가 갑자기 파열되는 양상이라기보다는 조용한 안락사 같은 것'이라고 봤다고 해석했다. 여기서 다음과 같은 두 가지 명백한 의문이 제기된다. 국가가 사라지기 전에 존재하는 과도기 국가는 어떤 형태인가? 그리고 그 이후에는 또 어떤 일이 벌어지는가?

프롤레타리아민주주의

어떤 방식으로 부르주아 자본주의사회가 전복되든 그런 변화 이후에 등장하는 것은 프롤레타리아독재다. 이 개념은 레닌이 1917년 러시아혁명 이후 소련에 확립한 독재 체제를 연상시키면서 대단히 부정적인 뉘앙스를 갖게 됐다. 그러나 원칙적으로 프롤레타리아독재는 무시무시한 것이 아니다. 프롤레타리아독재의 장기적 비전은 국가가 없는, 스스로 관리하는 사회다. 프롤레타리아독재는 마르크스가 구상하는 바로는 자본주의에서 공산주의사회로 이행하는 과도기에 작동하는, 민주주의적 통치 형태다. 마르크스의 분석에 따르면 모든 형태의 통치는 계급독재이기 때문에 노동계급이 다수를 차지하는 민주주의는 프롤레타리아독재라고 정의할 수 있다. 자유민주주의는 부르주아지의 독재인데, 자유민주주의 체제에서 한밤중에 누가 문을 두드려도 두려움에 떠는 사람은 거의 없다. 프롤레타리아민주주의는 소수가 다수를 지배하는 것이 아니라 다수가 스스로와 쇄락해가는 부르주아지를 지배하는 것이기 때문에 과거의 체제들보다 훨씬 덜 억압적이라는 것이다. 새로 들어선 지배계급이 복속된 계급을 지배하는 과거의 체제들과 달리, 프롤레타리아는 계급을 완전히 폐기하고자 한다. 그 방법은 사회주의를 가동하는 것이다. 다른 말로 하면 생산수단의 사적 소유를 폐기하고 사회적 소유를 제도화하는 것이다. 이를 통해 모든 계급이 폐기된다. 이후 어떠한 형태의 사회적 조직화가 이루어지든 그것은 엄밀히 말해 국가는 아니다.

마르크스의 이런 설명에 대해 당연히 제기되는 불만은, 모든 문제를 형식적인 정의定義를 기준으로 보기 나름인 것처럼 만들어버린다는 것이다. 마르크스가 혁명 이후의 사회 운영이 간단하고 순조로우며 아무 고통도 없을 것이라는 뉘앙스를 풍기는 것도 문제다. 강압적인 뉘앙스가 강한 '독재'라는 개념을 '모든 계급정부는 독재다'라는 식의 주장으로 대수롭지 않은 것처럼 만들어버리는 것은 난센스다. 실제로 역사적으로 보면, 부르주아 공화국들은 국가 폭력을 극소화한 좋은 사례가 많은 반면 사회주의독재는 그런 면에서는 대단히 끔찍했다. 마찬가지로, 부르주아지를 제거하는 것도 한 세기에 걸쳐 과세를 통해 조용히 진행하거나 비교적 신속히 보상을 통해 사유재산을 국유화하는 경우와 스탈린 치하에서 부농들을 대량 학살한 것과 같은 방식으로 진행하는 경우는 전혀 다르다. 마르크스는 명시적으로 그렇게 주장한 적은 없지만 '압도적인 다수가 새 질서를 선호하기 때문에 투표면 충분할 것이다. 강압적 수단은 상대가 죽기 살기로 저항할 경우에 대비해 마련해놓는 정도로 족하다'는 뉘앙스를 풍긴다. 군사·관료 중심의 전제정치 체제에서 훨씬 많은 유혈 사태가 벌어질 것이라는 점은 다시 강조할 필요가 없겠다. 반란이 성공하고 나면 권력을 상실한 세력은 순순히 복종할 기분이 아니고, 승리한 세력도 의회 절차를 일일이 준수할 여유가 없어지는 것이다.

이런 논란에 대해서는 많은 이야기를 할 수 있겠지만 한 가지만 강조해두고자 한다. 자본주의가 풍요로 가는 길을 열어준 뒤 사회주의가 도래하게 되면, 혁명 또는 이른바 '혁명'은 사회의 생산력을 손상시켜서는 안 된다. 폐허 속에서 사회주의를 건설하는 것이 지금까지 모든 사회주의 체제의 운명이었다. 그런데, 그런 과업은 마르크스주의적 관점에서 보면 대단히 성공하기 어렵다. 이제 우리는 마르크스가 구상한 미래가 인화지 위에 서서히 그 모습을 드러내는 것을 볼 수 있다. 정치체제의 변화 이후에 고도로 민주주의적인 국가가 등장하는데, 그 지배 세력은 프롤레타리아라는 것이다. 프롤레타리아가 주도하는 이 국가는, 사회주의를 수립하고 생산수단의 사적 소유를 폐기한다. 마찬가지로, 시민들은 자치의 습관을 습득하고 지배도 착취도 없는 경제 시스템을 조직하는 법을 배우게 된다(어떻게 그런지에 대해서는 마르크스도 구체적으로 설명한 바 없고, 마르크스를 대신해 설명한 사람도 없다). 여기서 경제 시스템은 시장과 화폐 없이도 대부분의 경제에서 시장과 화폐가 수행하는 신호 기능이 발휘되도록 조정된다. 취향이 절대 변하지 않고 기술도 달라지지 않는다면, 우리가 필요로 하는 것들을 가장 효율적으로 생산·분배하는 방법이 무엇인가라는 질문과 그에 대한 답변의 방정식들을 영구적으로 풀 수 있는 방안을 상상해볼 수도 있을 것이다. 예컨대 원하지 않는 노동을 최소화하는 것 등을 들 수 있다. 그러나 그럴 필요는 없을 것이다. 마르크스가 보기에 인간은 사회주의 체제하에서 해방된 존재가 되며, 그렇게 되면 취향을 바꾸고 새로운 재미거리를 고안해내며 우리가 필요로 하는 것을 만드는 새로운 방식을 찾게 될 것이기 때문이다.

마르크스의 『고타 강령 비판 Critique of the Gotha Program』은 최소한 불로이윤을 수탈하는 자본가들이 존재하지 않는 시점이 되면 어떤 일이 일어나는지에 대해 상세히 밝히고 있다. 마르크스는 부르주아적 권리라고 하는 협소한 지평이 극복되고 "각자 능력에 따라 일하고 필요에 따라 받는다!"가 모토가 되는 사회의 도래를 예견하고 있다.[16] 이 슬로건은 원래 생시몽이 사용한 것이었다. 그러나 그 정확한 의미에 대해서는 일치된 견해가 없다. 마르크스가 이윤의 발생을 자본가 노동자가 생산한 잉여가치를 대가 지불 없이 수탈해가는 데에서 찾은 설명을 돌이켜볼 때, 그런 수탈이 더이상 일어나지 않는다는 의미인 것만은 분명하다. 물론 마르크스는 노동자가 현장에서 바로 자신이 창출한 모든 가치를 돌려받는다는 의미는 아니라는 점을 분명히 하고 있다. 노령으로 더는 일을 할 수 없는 사람들, 너무 어리거나 병을 앓고 있어서 아직 일을 할 수 없는 사람들에게도 교육이나 생활에 들어가는 자원이 필요하기 때문이다. 사회주의 1단계에서는, 우리가 여전히 부르주아적 관점에서 사고하고 있기 때문에 노동자는 자신이 평생에 걸쳐 생산하는 모든 것을 결국은 돌려받게 된다. 물론 평균적으로 그렇다는 얘기다. 더 힘세고, 더 똑똑하고, 더 효율적인 노동자는 더 많이 생산해서 더 많이 가져갈 것이다. 따라서 이 노동자와 저 노동자 간의 평등은 존재하지 않는다. 다만 착취가 없다는 의미의 평등이 존재한다. 이 단계의 모토는 "각자 능력에 따라 일하고 기여에 따라 받는다"이다. 한 차원 높은 사회주의 2단계가 되면, 비로소 우리는 우리가 기여한 것에 대해 대가를 받아야 한다는 수준의 생각을 하지 않게 되기 때문에 "각자 능력에 따라 일하고 필요에 따라 받는다!"라는 모토에 동의할 수 있게 된다.

그런 다음에는 완전한 사회주의에 도달하게 된다. 우리는 흔히 사용하는 의미의 정의를 초월하게 된다. 왜냐하면 자격 내지 권리라는 차원에서 사고하는 사람이 없어지기 때문이다. 부르주아사회와 비교하면 이 단계의 사회주의는 훨씬 공정하지만 그게 핵심은 아니다. 시민들이 기여를 하는 것은, 자신들 모두가 관련이 있는 집단적인 프로젝트에 기여하고 싶기 때문이다. 그리고 시민들이 받아가는 것이 그들의 것이 되는 이유는, 생산의 유일한 합리적 목적은 인간의 수요를 충족시키는 것이고, 분배의 유일한 합리적 원칙은 '필요에 따라' 나눠주는 것이기 때문이다. 이제 마지막으로 남은 문제는, 복잡하지만 국가는 없는, 그런 종류의 사회가 존재할 수 있다고 상상할 수 있느냐 하는 것이다. 수많은 저술가들은 특정한 사람들이 관리자나 행정관 또는 그 비슷한 역할을 맡게 되고, 그들의 전문성이 다른 사람들의 존중을 받게 되면, 그들은 차츰 지배계급으로 되돌아갈 것이라고 언급한 바 있다. 우리가 그들을 플라톤이 말한 국가의 '수호자 guardian'나 헤겔이 말한 '보편계급' 같은 것으로 생각하든 말든, 그들은 사회조직을 자신들의 소유라고 여기기 시작할 것이고, 그러면 새로운 계급이 등장하는 것이다. 이는 권력과 부의 불평등이 다시금 생겨나는 것이고 그 양상은 아마도 결코 바람직하지 못할 것이다. 이런 주장은 종종 인간 본성은 취약하고 권위의 유혹은 강하다는 주장을 논거로 전개된다. 여기에 '풍요'의 개념에 대한 까다로운 회의론까지 결부된다. 홉스와 현대 마케팅 매니저들의 주장처럼 우리는 항상 우리에게 필요한 만큼보다는 남보다 많이 갖기를 원하는 경향이 있다고 한다면, 풍요를 성취하는 것은 불가능하다. 개념적으로 보면, 그런 것은 존재하지 않기 때문이다.

이런 논리의 공격에 대해 마르크스는 취약하기도 하고 끄떡없기도 하다. 끄떡없는 이유는 그가 플라톤과 비슷한 합리주의를 신봉하기 때문이다. 우리가 우리 자신과 우리의 필요를 잘 알 만큼 충분히 합리적이 되면, 우리에게 필요한 것을 모두 소유하고 있다고 느낄 것이다. 따라서 우리는 항상 이웃보다 더 잘살기를 원한다고 생각하는 비판자들의 주장은 틀린 얘기가 되고 만다. 똑같은 논리로, 행정가들이 자기 직위를 권위가 아닌 봉사의 자리로 생각하고 사회·경제적 질서 유지에 필요한 일을 성심성의껏 해나간다면 권위를 행사해 사익을 챙길 욕심 같은 것은 느끼지 못할 것이다. 바쿠닌은 마르크스가 예견하는 것이 무엇인지 잘 알고 있었고, 그래서 그것을 '경제학 교수들의 귀족정'이라고 조롱했다. 이를 되받아 마르크스는, 바쿠닌이 사회주의하에서는 관리가 인간에 대한 구식 통치를 대체하고 행정은 정치적 성격을 상실한다는 것을 이해하지 못했다고 조롱했다.[17]

해결되지 않은 큰 문제는, 행정이 정치적 성격을 상실할 수 있느냐, 그리고 그렇게 되면 과연 우리는 행복할까 하는 것이다. 이와 관련해, 정체停滯와 인간의 꿈의 상실을 막으려면 합리적 행정만으로는 충분치 않다. 우리를 일깨워 새롭고 색다른 것을 추구하게 만드는 카리스마적인 지도자가 항상 필요하다는 막스 베버의 주장은 다음 장에서 살펴보기로 하자. 이제 이 장의 논의는 다음과 같은 사실을 언급해두는 정도로 마치고자 한다. 지금까지 인간들은 마르크스가 구상한 것과 같은 영원한 유토피아—이성의 명령과 우리의 최고의 생산적 본성이 아주 잘 일치하는 곳이다—에서 사는 것보다 훨씬 나쁜 일을 많이 겪어왔다. 그리고 마르크스가 '과학적 사회주의'라고 생각한 것보다 덜 유토피아적(공상적)인 기획도 많이 구상되었다. 그러나 과학적 사회주의는 마르크스의 라이벌들이 구상했던 그 어느 기획 못지않게 공상적이었다.

제2부

마르크스 이후의 세계

제2부 서문

이 책의 마지막 부분은 20세기를 괴롭힌 많은 비극과 불안에 대해 언급하지만, 그렇다고 해서 개탄만 늘어놓지는 않을 것이다. 20세기에 들어와서야 중요해진 문제나 20세기에 처음 등장한 사상들에 대해서만 논의하지도 않는다. 유럽의 제국주의, 그리고 그것이 20세기 두 차례의 세계대전에 미친 영향을 논할 때, 제국주의 경쟁을 19세기 마지막 몇 년 동안에 갑자기 등장한 것처럼 취급해서는 안 된다. 18~19세기 정치의 많은 부분이 제국주의와 관련돼 있다. 마찬가지로 16세기 이후 스페인, 프랑스를 비롯한 대륙 세력과 영국 간의 줄기찬 충돌은 제국주의 경쟁에 뿌리를 둔 것이었다. 그럼에도 불구하고 20세기에 유럽의 세계 지배는 정점에 달했다. 이어 20세기 후반에 유럽 제국주의 세력은 급격한, 때로는 폭력적인 방식의 해체를 겪게 된다.

이에 비하면 다른 현상들은 그 원인이 된 과거사나 영향을 미친 기간이 비교적 짧다. 파시즘과 공산주의의 전체주의적 야망은 종교운동과 닮은꼴이었다. 특히 신자들의 삶의 모든 측면을 규제하려는 가톨릭교회의 그것과 닮았다고 할 수 있다. 그러나 파시즘과 공산주의의 야망은 내용상 종교와는 무관한 세속적인 것이었다. 그런 만큼 교회와 정당의 행태가 비슷하다고 하는 얘기는 비유일 뿐이다. 게다가 불확실한 중국 공산주의의 미래까지를 고려하더라도 공산주의와 파시즘의 지구력에는 한계가 있음이 이미 드러났다. 앞으로 살펴보게 되는 바와 같이 이탈리아와 스페인의 경우처럼, 사실 교회와 국가 사이에 불행한 결탁이 일부 있었던 것은 분명하다. 그러나 중세 신학을 가지고 그런 현상을 이해하기는 어렵다. 19~20세기의 사회주의운동과 무정부주의운동, 이 두 조류에 대한 보수파의 대응, 그리고 급격한 산업화 및 정치적 현대화가 그런 흐름에 잘 적응하지 못하는 사회들에 미친 영향은 종교와는 전혀 다른 차원이 이야기다.

이 책은 정치사가 아니라 정치사상의 역사를 다룬다. 그러나 앞으로 우리는 산업화의 역할과 그에 따른 인구 변화가 새로운 세계의 정치·사회적 가능성에 대한 사람들의 사고에 미친 영향을 강조하고자 한다. 20세기 초의 정치 관련 저작을 읽는 독자라면 현대사회의 '거대함 bigness'이라는 언급이 많이 등장하는 것을 보고 놀랄 것이다. 공장이든 원양 항로를 누비는 정기 여객선이든 예전에는 도저히 건널 수 없는 강 위에 건설된 교량이든, 모든 것이 과거보다 훨씬 거대해진 것처럼 보였다. 그렇게 커진 공장들에서 쏟아져나오는 제품도 과거보다 어마어마하게 많아졌다. 상점마다 과거 그 어느 때보다 다양한 종류의 상품이 자태를 뽐내고 있었다. 신문은 예전의 그 어떤 커뮤니케이션 매체보다 많은 독자를 거느렸다.

이런 현상에 대한 반응도 극도로 다양했다. 모든 유형의 보수파들은 현대 민주주의가 양적인 차원에서는 인상적이지만 질적인 차원에서는 별로 그렇지 못하다고 불만을 토로했다. 불안해진 자유주의자들은 '거대한' 사회가 '위대한 공동체가' 될 수 있을까 하는 의구심을 갖게 됐다. 그런 불안에는 최소한 세 가지 형태가 있다. 하나는 개인이 군중 속에 매몰돼 삶의 의미를 제대로 파악하지 못하게 될 것이라는 불안감이다. 개인은 거대한 산업 기계라고 하는 톱니바퀴의 톱니에 불과하고, 지도자를 뽑을 때가 되면 투표소에 들어가는 머리 하나에 불과하다고 느낀다는 것이다. 또 한 가지 형태는 정부가 현대 산업사회라고 하는 광대하고 복잡한 기계장치를 제대로 관리하지 못할 것이라는 불안이다. 호황과 불황이 반복되는 급격한 경기 변동은 누구도 통제할 수 없는 것처럼 보였다. 불황이 되면 살기만 힘들어지는 것이 아니라 노사분규와 파업이 심해지고, 심지어 노동계급이 봉기를 일으켜 모든 것을 뒤엎고 사유재산권을 부정하고 프롤레타리아독재를 하면서 프랑스혁명식의 과도한 폭력 파괴 행위를 다시 저지를 위험이 있다는 우려였다. 물론 이후의 역사를 보면 그런 위험은 좌파에서 기대하고 우파에서 우려했던 만큼 그렇게 심각한 현실로 나타나지는 않았다. 이와 대척점을 이루는 불안은 정부가 과다하게 개입해 현대 산업사회를 통제하려 들지 모른다는 것이었다. 정부의 개입은 파시즘 체제나 공산주의 체제처럼 지극히 폭압적인 방식일 수도 있고, '빵과 서커스'를 제공해 국민의 불만을 달래는 로마제국식 처방일 수도 있었다.

영영 되살아날 수 없을 정도로 완전히 고사하는 정치사상은 거의 없다. 한때 과학이론으로서의 지위를 누리다가 과학사를 장식하는 에피소드로 전락하고 마는 과학이론들과 비슷한 운명을 겪기는 하지만, 그래도 완전히 폐기된 지동설이나 프톨레마이오스 천문학 이론과는 달리 정치사상은 다시금 생명력을 누리게 된다. 그렇게 되는 데는 적어도 두 가지 이유가 있는데, 그런 것이 이 책에 활력을 주는 요소이기도 하다. 우리는 구약성서의 편명이나 국회의원 이름 등 온갖 것의 세부 내용을 몰라도 웃어넘기곤 한다. 그러나 우리 사회제도의 내력 및 그런 제도들이 구현하고 있는 도덕적·정치적 이상에 대해서는 대단히 민감하다. 마그나카르타의 실제 내용을 제대로 아는 사람은 극소수이지만 시민적 자유가 상당 부분 바로 그 문건에서 유래한다고 생각하는 사람은 수없이 많다. 아테네인들이 민회에서 어떻게 투표하는지를 아는 사람은 극소수이지만 우리가 특히 정당한 통치 형식이라고 자부하는 체제에 민주주의라는 이름을 부여한 것이 바로 아테네인들이었다는 것을 아는 사람은 수없이 많다. 이는 재론할 여지가 없다.

중요한 사상의 권위를 중시하는 관습 때문만은 아니다. 형태가 어떠한 것이든 나쁜 사상도 문제가 되는 경우가 많다. 우리는 선조들보다 더 분별력이 있으며 그들보다 더 관대하게 반응하기를, 최소한 더 결백하기를 바란다. 우리는 유혈로 얼룩진 우리 정치 시스템의 연원을 깊이 생각하거나 선조들이 어떤 정신 구조를 가지고 끔찍한 일들을 저질렀고, 그 결과가 우리가 지금 누리고 있는 혜택일 수 있다는 것에 대해 생각하고 싶어하지 않는다. 우리 자신과 우리가 처한 상황을 올바로 이해하기 위해 동원하는 사상이 프로이트의 정신분석학 이론처럼 명백히 근대적인 것인 경우에도 우리는 저 멀리 있는 선조들의 사상을 흥미롭게 탐구한다. 그들을 단순히 우리가 지금 과학이라는 이름으로 가지고 있는 것의 모호한 선구적 형태라고 여기는 것이 아니라 우리 자신에 대한 깊은 통찰을 보여준 사람들로 여기기 때문이다. 그런 통찰을 우리는 다른 각도에서 새롭게 이해한다. 프로이트 본인도 자신이 과학이라는 형식으로 다시금 명확히 설명하고자 했던 내용들을 시인과 극작가들은 다 알고 있었다고 인정한 바 있다.

과거의 정치사상들이 여전히 생명력을 발휘하는 첫번째 이유는 우리 인간이 역사를 중시하는 동물이기 때문이다. 두번째 이유는 첫번째와는 거의 정반대되는 것이다. 우리는 과거의 사회들과는 모든 면에서 너무도 다른 사회에 살고 있지만 우리가 직면하고 있는 딜레마들은 역사적으로 볼 때 대단히 익숙한 문제들이다. 문제의 강도가 다르고, 딜레마 해결을 위해 우리가 현재 보유하고 있는 자원이 최소한 물질적인 면에서는 훨씬 많다는 점이 다를 뿐이다. 내외의 적에 맞서 안전을 지키면서 풍족하게 살아가기 위한 제도적 장치, 다음 세대를 건전한 시민이자 정치 공동체의 충실한 일원으로 키우기 위한 제도적 장치라고 할 수 있는 국가(좀더 폭넓게 말하면 정치제도)는 아리스토텔레스가 정의했던 그 본연의 과업을 지금까지 수행해왔다. 다만 과업 수행에 전적으로 또는 부분적으로 '실패한 국가들'은 예외다. 전체 시민 가운데 어떤 구성원들이 사회에 얼마나 기여해야 하는지를 둘러싼 분배 문제는 오늘날의 여러 사회에서도 고민거리가 되고 있다. 이는 고금의 역사를 통틀어 보아도 마찬가지다. 분배 못지않게 중요한 정의에 관한 문제도 여전히 논란이 되고 있지만 아리스토텔레스가 지금의 모습을 보아도 별로 놀라지는 않았을 것이다. 그러나 현대국가의 규모를 보았다면 분명 깜짝 놀랐을 것이다. 현대 기술의 이모저모에 대해서는 더 말할 나위도 없다.

기술적 불연속성과 이데올로기적·철학적·정치적 연속성은 앞으로 전개될 여러 장에서 계속 등장한다. 우리는 스탈린주의와 나치즘 같은 실패한 실험에 대해서는 더이상 생각할 필요가 없기를 원할지 모른다. 또는 나처럼 스탈린주의 스타일의 계획경제를 요구하는 사회주의는 어떤 형태가 됐든 이제 불가능하다는 것이 확인됐다고 생각할지 모른다. 그러나 자유시장경제의 활력과 그것으로 말미암아 뒤처질 수밖에 없는 사람들의 복지 문제를 어떻게 조화시킬 것인가에 대해, 행정부가 독재로 빠지지 않으면서도 강력한 지도력을 발휘할 수 있는 방안에 대해, 또는 불가피할 경우 전쟁도 불사할 수 있도록 준비를 갖추는 한편으로 평화를 촉진하는 방법에 대해, 우리는 아직도 여전히 생각할 거리가 있고 해야 할 말이 남아 있다. 70억명이 거주하는 이 세계에서 현대의 문제는 사상 유례가 없는 성격의 것이라고 생각하기 쉽다. 사실 우리는 모든 인간을 말살하기에 충분한 정도의 무기를 가지고 있다. 우리는 지구를 살 수 없는 곳으로 만들어버릴지도 모른다. 우리는 자원을 너무 고갈시켰기 때문에 앞으로 원유나 수자원, 경작지를 놓고 벌어지는 전쟁으로 말미암아 새로운 암흑기를 맞을 수도 있다. 그런데 우리가 지구 및 우리 자신에게 손상을 미칠 수 있는 정도는 1900년 이전에 상상할 수 있었던 것과는 전혀 다르지만 개인들이 겪는 손상 자체는 별로 다르지 않다. 몽골군 진격로 앞에 서 있는 것이나 B-52 폭격기 타격 목표 반경 안에 있는 것이나 당하는 사람으로서는 오십보백보다. 과거의 사회들은 과다 방목, 토양 침식, 자원 과다 사용과 같은 사태로 인해 고통을 겪었다. 국가의 존립 목적 중에서도 특히 우리가 취한 행동의 부작용을 최소화하는 것이 국가의 과제라고 한다면, 국가가 처음 시작될 때 떠안았던 다음과 같은 문제는 지금도 그대로 남아 있다. 우리는 어떻게 우리 스스로를 통치할 수 있을 것인가? 우리는 어떻게 우리의 공동체적 삶이 야기하는 문제들을 집단적인 행동을 통해 해결할 수 있을 것인가?

제22장
20세기 그리고 그 너머

교훈과 전망

정치사상사를 다룬 책들은 대개 19세기 말에서 끝이 난다. 그런 관행은 나름의 장점이 많다. 우선 시간적 거리가 있는 만큼 여유를 가지고 차분하게 서술할 수 있다. 또 이론을 뒤집는 사건들이 터지면 금세 우스워질 만한 설명도 상당 부분 줄일 수 있다. 그러나 제22장부터는 좀 다른 관점에서 서술하고자 한다. 죽은 지 오래된 저자들이 동시대인들보다 우리에게 더 참신하고 절실한 느낌으로 다가오는 경우가 종종 있다. 소란스러운 아테네 민주주의에 우호적인 쪽과 안정된 로마를 옹호하는 측의 논란은 지금도 여전히 계속되고 있다. 우리—현대 서구인으로서의 '우리'—는 가능하다면 둘 사이에서 어떤 타협점을 찾고 싶어한다. 우리는 그 사회의 정치적 장치들 속에서 살아가는 보통 시민들에게 가급적 많은 발언권을 주고 싶고, 통치자들에 대한 시민의 견제권을 강화하고 싶다. 그러나 우리는 아테네의 파벌주의, 종교개혁, 프랑스혁명, 20세기의 재앙들을 보면서 평범한 시민들이 이데올로기나 종교적 열정에 휩쓸릴 때, 선동가들에게 속거나 히스테리적인 공포에 사로잡힐 때 어떤 짓을 저지를 수 있는지에 대해 여전히 우려를 금할 수 없다. 현장을 목격한 이들도 당대에 이미 그런 두려움을 표한 바 있다. 나치의 유대인 멸절 시도를 다룬 베스트셀러에 '평범한 독일 시민들과 홀로코스트Ordinary Germans and the Holocaust'라는 부제가 달린 것도 이유가 없지 않다.[1] 상황이 나빴다면 평범한 영국 시민과 평범한 미국 시민들도 분위기에 밀려 극악한 행동을 했을지 모른다. 실제로 영국 시민과 미국 시민 다수는 대영제국의 신민들에게, 그리고 미국의 서부 개척 과정에서 아메리카 원주민들에게 극악한 행동을 했다.

정치질서의 취약성에 관한 고대와 중세 세계의 인식을 우리는 공유하고 있다. 우리는 지난 20세기에 두 차례의 세계대전과 수많은 지역 분쟁을 겪었고, 식민지에서 독립한 국가들이 자유와 번영을 누릴 것이라는 희망은 꺾이고 말았다. 문명국가들이 제노사이드를 자행했고, 비교적 최근에는 분쟁국들과 국가 기능을 제대로 못하는 국가들이 그런 만행을 저지르고 있다. 우리는 또 질서에 대한 욕망이 오히려 위험이 될 수 있다는 것도 알게 됐다. 두 차례 세계대전 사이의 유럽은 공포와 분노에 휩싸인 세력과 조용한 삶만을 원하는 세력의 결탁이 얼마나 위험한지를 생생하게 보여주었다. 1차대전이 끝난 1918년 이후 민주주의를 채택한 지 얼마 안 된 유럽 국가들은 민주주의와 절연했다. 이탈리아는 무솔리니의 파시스트당 지지로 돌아섰고, 독일은 1933년 투표를 통해 히틀러를 권좌에 앉혔다. 헝가리, 오스트리아, 루마니아, 스페인, 포르투갈은 이런저런 형태의 독재 체제가 됐다. 심지어 공화국 프랑스도 그런 유혹을 받았다. 2차대전 이후 안정적인 자유민주주의 국가들에서도 시민적 자유가 간첩 행위나 테러리즘을 우려하는 정부들에 의해 잠식되는 사태가 벌어졌다. 라틴아메리카에서는 군사독재로부터 서서히 벗어날 수 있었던 상황이, 반란의 위험(진짜인 경우도 있고 날조인 경우도 있다)을 차단한다는 명목으로 권위주의 정권이 들어서면서 무산되곤 했다. 아프리카에서는 군사정부가 나서서 정치인들이 사리사욕을 위해 국가 재산을 약탈하는 일을 막았지만 그다음에는 다시 자기들이 똑같은 짓을 저질렀다.

현재 우리가 과연 정치에 관심이 있는지도 확실치 않다. 현재 정치인을 좋아하는 사람은 별로 없다. 정치인은 공평무사한 자세로 공동선을 추구하기 보다는 고위직이나 부자들에게 혜택을 주는 대신 사리사욕을 챙기는 데만 혈안이 돼 있는 자들이라는 의심을 받기도 한다. 그런 의심을 받을 만한 충분한 이유가 있다. 현재 많은 사람들이 원하는 것은 온건하고 유능한 관리이지 정치가 아니다. 우리는 지난 한 세기 동안 정치적 가능성의 한계를 탐사해봤고, 그 결과 지금 우리에게 필요한 것은 합의를 바탕으로 한 신중한 정책 결정이라고 생각한다. 이렇게 생각하게 된 것 역시 이유가 없지 않다. 이런 시각을 고전적으로 표현한 것이 대니얼 벨의 『이데올로기의 종언 The End of Ideology』이었다.[2] 2차대전이 끝난 지 그리 오래지 않은 시점(1960년—옮긴이)에 출간된 이 책의 주제를 필자는 '정치사상의 고갈'이라고 했다. 그가 말하는 정치사상은 급진적이고 혁명적인 이데올로기를 의미한다. 『이데올로기의 종언』은 영국과 미국 같은 나라들의 정치 문화를 낙관적으로만 보지 않았다. 유토피아적 열망의 상실은 그야말로 하나의 손실이었다. 그러나 이 책의 핵심은, 2차대전 종전 후 번영의 길을 걷고 있는 서구 사회들이 '당대의 정치적 또는 준정치적 과제는 자본주의 복지국가를 현명하게 관리하는 일'이라는 부동의 합의에 도달했다는 것이라고 할 수 있다. 정치는 정책을 조금 이쪽으로 또는 조금 저쪽으로 슬쩍 미는 정도의 문제였다. 정당들 간의 심각하고도 완강한 차이는 이제 더이상 기대할 수 없고, 그런 차이가 없다는 사실도 잘못이라고 탓할 일은 아니었다. 정치인들은 대중을 그들의 복지를 관리하는 정부와 연결시켜주는 과정에서 중요한 역할을 했지만 흥미로운 역할을 하지는 못했다.

우리는 진보도 평화도 당연한 것으로 여길 수 없다는 것을 잘 알고 있다. 두 차례의 세계대전은 우리에게 상황이 잘못되면 우리가 얼마나 극악하게 행동할 수 있는지를 일깨워주었다. 시간적으로 멀리 있는 우리의 선배들은 사실은 그다지 멀리 있는 것이 아니다. 플라톤의 『파이드로스』에 나오는 영혼에 대한 묘사는 프로이트의 『문명과 그 불만*Civilization and Its Discontents*』에 나오는 것과 크게 다르지 않다. 플라톤이 『국가』에서 제시한 혼돈에 대한 처방은 올더스 헉슬리가 『멋진 신세계』에서 묘사한 아이러니한 악몽과 크게 다르지 않다. 자연 상태를 만인의 만인에 대한 투쟁이라고 본 홉스의 해석은 핵 강대국들의 대치 상태를 놀라울 정도로 적확하게 묘사한 표현으로도 읽힌다. 핵전쟁은 수백만을 태워 죽이는 선제공격을 해야만 '승리'할 수 있는 전쟁이다. 로크는 자신이 추구하는 국가가 직면하게 될 가장 나쁜 위험은 완고하고도 불합리한 편견 또는 어리석음이라고 했지만 관용에 대해 그가 가졌던 불안감은 지금도 유효하다. 지금 세상의 많은 지역에서 관용은 경멸의 대상이 되고 있다. 아우구스티누스 이후로 정의로운 전쟁과 불의한 전쟁을 다룬 작가들은 하나같이 우리의 그런 불안감을 자극한다. 그러나 로크만큼 명료하게 표현한 경우는 거의 없다. 덜 위험한 상황에서도 선조들은 우리에게 모종의 메시지를 던진다. 아리스토텔레스는 우리에게 영혼의 어두운 측면에 대한 통찰을 제시해줄 수 있는 사상가는 아니다. 그러나 사회가 계급전쟁을 완화시킬 수 있는 방법에 대한 그의 논의는 1960년대 미국 정치사회학자들에 의해 재발견되면서 참신한 발상으로 간주됐다.[3]

지금 이 장과 이후 5개 장은 연대기순으로 된 설명보다는 특정 주제를 중심으로 전개될 것이다. 이 장에서는 대중사회mass society 개념이 미친 영향과 더불어, 정치는 엘리트들이 대중을 움직이게 하거나 잠잠하게 만드는 다양한 양태로 구성돼 있다는 발상에 대해 살펴볼 것이다. 다음 장은 동일한 주제를 20세기 제국주의 및 탈식민화—민족주의가 대중에게 호소력을 갖는 것과 관련된 현상이다—의 맥락에서 들여다보고자 한다. 제국주의는 20세기적 현상이지만 그 이전 몇 세기에 뿌리를 두고 있다. 제국주의와 관련해 오래전에 사망했지만 놀라울 정도로 현대적인 식견을 보여준 사람은 16세기 초반에 활동한 스페인 신학자 프란시스코 데 비토리아다. 제국주의 다음에는 마르크스주의 계열과 비마르크스주의 계열의 사회주의적 기획들의 성공과 실패를 살펴볼 것이다. 사회주의는 국제주의와 평등주의를 추구했지만 결국 개별 국가들의 입장에서는 민족주의보다 덜 매력적이고, 개인들의 입장에서는 사적인 경제적 발전보다 덜 매력적인 것으로 판명됐다. 그러나 그보다 훨씬 희석된 형태의 준사회주의semisocialism가 자본주의의 구원자가 되었다. 20세기는 혁명의 세기였다. 그러나 20세기의 혁명들은 독재와 전체주의 체제를 여는 서막으로 변질된 경우가 너무 많았다. 따라서 제25장에서는 혁명과 전체주의를 그 자체의 논리에 입각해 고찰해보고, 1789년 이전과 이후의 혁명에 대한 이해가 어떻게 다른지 다시 점검해보고자 한다.

1980년대에서 1990년대 초에 걸쳐 소련 공산주의 체제가 종언을 고하면서 세계는 통치 형태로서의 자유민주주의 및 경제 형태로서의 (많이 수정된) 자본주의와 이데올로기 경쟁을 벌일 수 있는 세력이 거의 사라졌다. 그러나 20세기의 가장 열정적인 사상가들은 양 진영 모두의 적이었다. 그래도 진지한 정치사상가들은 자유민주주의 정치와 자유민주주의의 필수불가결한 버팀목인 복지자본주의를 옹호했는데, 제26장에서는 그런 노력들을 고찰해보기로 한다. 이 책의 대단원은 출발점으로 돌아간다. 아테네의 정치사상가들은 내부의 불안정과 도시국가 간 갈등에서 자극을 받아 정치에 관한 사상을 전개했다. 당시에는 서로 다른 정치체들 간에 평화를 유지해줄, 큰 틀의 질서를 구축하기가 어려웠다. 그들은 지구적 차원에서 평화 유지가 어떻게 가능한지는 묻지 않았지만 우리는 그런 질문을 던지지 않을 수 없다. 오늘날에는 전쟁과는 다른 위협들이 오히려 더 위협적인 것이 아닌가, 그리고 그런 위협들을 정치적으로 관리할 수 있는가 하는 질문도 회피할 수 없다.

대중사회 이론들

20세기 들어 '민주주의'는 더이상 정치적 함의가 모호한 용어가 아니었다. 그러나 민주주의 개념이 널리 사용되면서 그 고유한 내용의 상당 부분을 상실하고 말았다. 민주주의가 '인민민주주의'(공산주의독재), '교도教導민주주의'(군사독재), '이슬람 민주주의'(신정일치독재)까지를 포함하는 표현이 될 무렵에는 민주주의를 자칭하지 못할 체제는 거의 없는 것처럼 보였다. 지배 엘리트들이 대중의 승인을 받아 대중의 이익을 위해 통치한다고 주장하는 한 그들은 민주주의라는 타이틀을 내걸 수 있었다. 여기서 우리는 관용적인 표현을 따라 자유민주주의만을 다른 수식어 없이 그냥 '민주주의'라고 부르고자 한다. 그러나 극히 예외적인 경우에 한해 엄격한 정의를 위해 '혼합형 민주공화정popular mixed republics'이나 대의민주주의 같은 표현을 사용할 것이다. 이런 개념들은 제퍼슨이 '순수' 민주주의라고 말한 것과는 물론 다르다. 이런 얘기를 하는 것은 학문적 엄밀성을 추구하기 위해서가 아니다. 20세기의 주된 불안감은 자유민주주의를 어떻게 보전할 수 있느냐였다. 그래서 많은 사상가들은 안정을 위해서는 평범한 사람들은 정치에서 제한적이고 수동적인 역할만 해야 한다고 주장했다. 순수한 형태의 민주주의(직접민주주의 — 옮긴이)를 너무 과도하게 요구하는 것은 자기 파괴적인 결과를 낳을 위험성이 있었다.[4] 약간 달리 표현하면, '순수' 민주주의에 대한 열망은 이웃들끼리 공동체의 문제를 토론하는 제퍼슨식 소공화국이 아니라 독재자들이 군중을 자극해 자신의 적들을 광적으로 증오하게 만드는 1930년대 뉘른베르크 나치 전당대회Nuremberg rallies 같은 것으로 귀결되기 십상이라는 우려였다.

이것이 바로 '대중사회'에 대한 가장 심각한 형태 — 유일한 형태는 물론 아니지만 — 의 두려움이다. 대중사회라는 개념은 아직 제대로 정립돼 있지 않다. 대중사회 개념이 제기하는 불안감도 정치적 성향에 따라 각양각색이다. 그러나 그런 불안감들은 모두 보통 사람들은 언제나 독립적이고 지적이며 자발적인 시민인 적이 없었다(또는 최근에는 그렇거나 앞으로 곧 그렇게 될 것이다)는 생각을 토대로 한다. 그들은 자신이 살고 있는 사회와 그 사회의 정치체제에 진정한 이해관계를 가지고 있는 것이 아니라 단순한 '대중'을 구성하는 요소일 따름이다. '인민'이 단순한 대중으로 전락할 경우 많은 사항들이 달라지지만 인민의, 인민에 의한, 인민을 위한 정부만은 불가능해진다. 대중사회는 정치적으로는 별로 활기가 없을 수 있지만 정치·경제 엘리트들이 사회의 문제를 관리하는 일을 하는 동안 만족스럽게 살아간다. 대의민주주의 제도들이 제 역할을 한다면 엘리트들은 대중이 지배층을 존경하느냐는 평화와 번영을 잘 유지하느냐에 달려 있다는 점을 분명히 인식하고 대중의 복지에 신경쓸 것이다. 자유민주주의국가의 정부는 대체로 그렇다. 사정이 나빠지면 대중은 좌우 선동가들의 교묘한 속임수에 넘어가 국내적으로는 반란이나 억압, 국외적으로는 제국주의적 야심을 확장하는 쪽으로 확 쏠릴 수 있다.

대중사회와 그 사회의 정치를 설명하는 단일 이론은 없다. 물론 전후 미국 사회학자들이 그런 이론을 만들기 위해 엄청난 노력을 했지만 허사였다.[5] 대중, 그리고 '대중사회'라는 말은 '대중' 대 '엘리트' 또는 '대중' 대 '개인'처럼 단순 이분법으로 흐르기 십상이다. 이런 두 종류의 이분법이 가장 일반적이지만 내용은 매우 다르다. 마키아벨리는 대중은 환상과 공상에 의해 움직인다, 따라서 자기 사업의 본질을 잘 아는 장사꾼 같은 정치인은 교묘한 속임수로 벗겨먹을 얼간이들이 없어서 문제가 되는 상황은 절대 없을 것이라고 했다. 이는 멍청한 대중과 노회한 엘리트를, 좀더 그럴듯하게 표현하면 정치 달인과 그가 주무르는 원재료를 대척적 차원에 놓고 한 말이다. 대중은 엘리트들의 존립을 위협하지 않는다. 대중은 독립적인 행동을 할 능력이 없고 정치 달인들의 리더십 없이는 행동에 나설 수도 없기 때문이다. 그럼에도 불구하고 정치 달인은 호랑이 등에 올라탄 것이나 마찬가지다. 감각이 떨어지면 폭도들에게 완전히 박살이 나거나 15세기 이탈리아 종교개혁가 사보나롤라처럼 화형을 당할 수 있기 때문이다. 밀라노의 가로등 기둥에 시체가 거꾸로 매달린 무솔리니의 치욕적인 종말은 대중 조작의 달인이 결국은 폭도의 희생물이 되고 마는 운명을 잘 보여준다.

두번째 이분법은 대중과 개인의 대조를 강조한다. 문제가 되는 것은 개인이 수에서 밀려 결국은 군중 속으로 실종되고 만다는 것이다. 존 스튜어트 밀은 1830년대에 영국 독자들에게 프랑스인 친구들이 사회 변화의 본질에 대해 깨달은 내용을 설명하면서 근대 세계는 "권력이 점점 더 개인들, 소수의 개인 집단들에서 대중으로 넘어가고, 대중의 중요성이 지속적으로 커지는 반면 개인의 중요성은 줄어든다"는 점에서 르네상스 시대의 세계와 다르다는 분석에 깊은 관심을 보였다.[6] 어쩌면 앙시앵레짐 시대의 세계와도 다를 것이다. 여기서는 형태 없는 대중과 대중에게 형태를 부여하는 정치 엘리트가 대조되는 것이 아니라, 정치적 다수 및 다수가 대표하는 여론의 강력함과 사회의 윤리, 문화, 정치적 태도 및 제도들에 영향을 미치지 못하는 개인의 무력함이 대조된다. 밀은 토크빌을 통해 여론의 독재를 두려워할 줄 알게 되었고, 토크빌과 마찬가지로 여론 독재의 결과 정체停滯, 즉 '중국적 불활성Chinese immobility'이 야기되지 않을까 우려했다.[7]

현대 서구 세계의 번창하는 사회들을 '대중'사회라고 규정할 경우 거기에는 경멸적인 뉘앙스는 들어 있지 않을 것이다. 대중교통 시스템은 다수의 승객을 한 장소에서 다른 장소로 수송하는 것을 중립적으로 일컫는 표현이다. 대중매체는 다수의 청중을 대상으로 활동한다. '대량생산'이 다수의 물품을 생산하는 것을 일컫는 표현인 것이나 마찬가지다. 대량생산은 획일적이라는 말도 요즘에는 사실이 아니다. 대중매체는 각각 별개의 청중을 대상으로 하고, '고객 맞춤형' 생산은 현재 세계 곳곳에서 상식으로 자리잡고 있다. 대중사회에 관한 논의는 종종 보통 사람들의 취향과 욕망에 대한 무비판적인 편견에서 시작됐다. 따라서 우리는 어떤 것이 다수의 청중에게 호소력을 발휘한다는 논란의 여지가 없는 사실과 청중의 취향에 대해 우리가 가지고 있는 논란의 여지가 있는 견해를 분명히 구분해야 한다. 그러나 일반적으로, 지금까지 대중사회에 관해 말했던 문필가들은 현대사회가 발전해온 방식에 대해 문화적으로나 정치적으로 비판적이었다. 안목 없는 취향을 가진 대중을 칭찬하기 위해, 대중은 평범함을 거부하고 탁월함을 선호한다는 주장을 하기 위해『대중의 반란The Revolt of the Masses』 같은 책을 쓰는 저자는 없다.[8]

대중사회에 대한 불안감에는 여러 형태가 있다. 우리의 논의에 있어서는 세 가지 형태가 문제가 된다. 첫째는 현대사회는 개성이 발양되기에는 대단히 불리한 조건을 갖고 있다는 우려다. 이런 생각은 토크빌의『미국의 민주주의』에 연원을 두고 있다. 토크빌은 민주주의 체제 속의 인간은 군중 속으로 사라져버릴 가능성이 높다고 생각했다. 민주주의 체제 속의 인간은 도덕적, 정치적 행동이나 사고 면에서 자기 주변 사람들을 모방한다. 모방의 대상인 사람들 역시 자기 주변 사람들을 모방한다. 여기서 예상되는 것은 광범위한 의미에서 문화적, 정치적, 정신적, 심리적 파탄이었다. 토크빌은 군사독재가 미국에서도 등장할지 모른다고 우려했지만―나폴레옹 1세 치하의 프랑스가 그런 우려의 원인 제공자였다―더더욱 우려한 것은 '조용한 독재', 즉 개인들이 내면으로 숨어들고 공적인 영역은 외면함으로써 책임지지 않는 정부가 사회의 주요 문제들을 전담 관리하게 되는 상황이었다.[9] 여기서 정부는 양떼를 돌보는 목자 같은 존재이며 적극적인 시민들에 의한 자치가 아니다. 이런 불안감에 대해 토크빌 이후 현대까지 저술가들은 상세한 설명을 제시했다. 조용한 형태의 독재는 영혼은 없지만 의회민주주의의 형식들을 꼼꼼히 준수한다. 조용한 독재가 필요로 하는 것은 시민들이 독립성은 포기하고 안락과 조용한 삶에 대한 욕구를 추구하는 것이다. 토크빌은 시민들이 그럴 가능성이 높다고 우려했다. 시민들은 부지불식간에 자신의 지평은 오그라뜨리고 야심은 자신과 가족의 번영으로 축소시킨다. 독자적인 도덕적 판단 능력과 공적인 무대에서 행동할 수 있는 역량도 잃게 된다. 고독한 군중은 중산층 군중이지 폭도 성향이 강한 프롤레타리아를 말하는 것이 아님을 유념해야 할 것이다.

대중사회에 대한 두번째 불안감은, 산업 프롤레타리아가 역사 진보의 담지자라고 생각했는데 평균적인 프롤레타리아는 역사가 부여하는 역할을 수행할 의사가 전혀 없다는 사실을 뒤늦게 발견한 마르크스주의자들의 불만이다. 불만의 한 측면은, 보통 사람은 번영을 약속해주면 사회주의적 기획 같은 것에 대한 애착은 금세 내팽개친다고 하는 발견―발견이라고 할 수 있을지 모르겠지만―이다. 더 나쁜 측면은, 보통 사람은 굳이 그런 식으로 매수할 필요도 없다는 발견이다. 그럴 정도로 보통 사람은 본래 보수적이라는 사실이 밝혀졌다. 가장 나쁜 측면은 보통 사람은 외부 세력에 의해 자신의 최선의 이익에 어긋나는 모험에 동원되기 쉽다는 발견이었다. 민족주의가 대중을 그런 식으로 조종했고, 제국주의가 그랬고, 파시스트 독재가 그랬다. 대중사회의 결함에 관한 이런 관점은 두 종류의 집합적 행위자를 날카롭게 구분하는 것이 특징이다. 한쪽에는 마르크스와 레닌이 꿈꾼, 늘 깨어 있고 용감하고 혁명적인 프롤레타리아가 있고, 다른 한편에는 황색 언론이 조작한 이미지의, 잘 속아넘어가고 근시안적인 대중이 있다.

대중사회에 대한 세번째 불안감은 20세기 전반에 활동한 스페인 철학자 호세 오르테가 이 가세트의 『대중의 반란』에 넘치게 드러나 있다. 그리고 그런 식의 불안감은 20세기 문화비평의 상식이었다. 현대사회에 대한 귀족주의적 비평은 이런 식이다. '건강한 사회에서는 문화의—그러니까 정치의—주조主潮를 선도하는 것은 엘리트다. 엘리트가 엘리트로서 행동할 수 있는 근거는, 탁월함이 무엇인지 아는 것은 엘리트라는 사회적 합의와 전통에서 비롯된다. 비엘리트층에 속하는 사람들은 엘리트와 단절돼 있지 않고 엘리트의 지도력을 기꺼이 인정하고 본인들도 교육을 통해 그런 기준에 도달하고자 한다. 불건전한 사회는 귀족적 기준을 대중의 취향과 기호로 대체했다.' 문명화된 엘리트와 문명화될 수 없는 대중을 날카롭게 구분하는 또다른 버전들은 비엘리트층에 대해 강한 거부감을 보이지는 않지만 우호적이지도 않다. 강한 거부감을 보이지 않는 이유는, 대중은 엘리트의 취향과 신념을 대중의 그것으로 대체할 수 없다고 보기 때문이다. 대중이 그렇게 한 것처럼 보이는 것은 다수이기 때문에 생기는 착시 현상 같은 것이다. 수백만 명이 TV 연속극을 본다. 그러나 그들은 진짜 오페라는 연속극과 다르다는 것을, 그리고 본인들은 좋아하지 않아도 어쨌든 훨씬 좋은 예술이라는 것을 알고 있다. 우리는 이런 불안들을 고려하면, 엘리트와 대중이 서로 소통하는 방식에서 발생하는 협소한 의미의 정치적 문제들을 짚어보아야 하겠다. 우리는 대중을 좋게 보는 이유를 비판자들보다 훨씬 많이 발견하게 될 것이다. 물론 다른 한편으로 우리는 정치 엘리트들의 능력에 대해 더욱 회의적인 입장이 될 수도 있다.

토크빌의 우려: 자유주의자의 불안

미국을 관찰하는 사람들은 토크빌의 우려가 과연 현실화됐는지에 대해 확실한 결론을 내리지 못했다. 표면적으로 보면 현실화되지 못했다. 인민이 자기 견해를 그렇게 확실히 표현하거나 세상이 자신들의 목소리를 들어야 한다고 확신하는 나라는 거의 없다. 미국은 목소리 큰 사람들의 나라이지 소심한 사람들의 나라가 아니다. 미국인들은 무엇을 소비하고 어떻게 여가를 보낼 것인지를 선택하지 못하는 것으로 보이지도 않는다. 거의 모든 소비 품목을 무한대로 다양하게 구매할 수 있다. 그런 상황에서 '선택'이란 가장 단순한 품목을 팔아치우는 호객 행위 같은 것이다. 이렇게 설명한다고 해서 비판자들을 설득하지는 못한다. 비판자들은 투표권자와 소비자를 그들 자체의 입장에서 보지 않고 어느 사회든 극소수만이 따라갈 수 있는 도덕적·정치적 이상의 관점에서 바라보기 때문이다. 비판자들의 출발선은 합리적이고 자율적인 동시에 자기비판적인, 그러면서도 자신감이 넘치는 개인이라는 이상이다. 그런 개인은 스스로 생각할 능력이 있고, 타인에게 압도되거나 타인을 지배하려고 하지 않으면서도 타인들과 협력할 줄 아는 존재다. 그런 개인은 진실로 사유한다. 방송에서 의견을 밝히는 사람은 사유하고 있는 것이 아니라 앵무새처럼 남의 얘기를 그대로 따라 하고 있는 것이다. 정치인들이 말로는 존중한다고 하면서도 사실은 조작하는 데 여념이 없는 '여론'은 한 무리의 앵무새가 만들어내는 소음이지 시민들의 발언이 아니다.

중요한 것은, 우리가 주위의 모든 사람이 소비하고 있는 것과 별로 다를 바 없는 것들을 소비하고 있느냐가 아니라 우리 자신의 취향과 판단에 따라 살고 있느냐이다. 사회가 만들어내는, 차이는 약간 있지만 개성과 자율성이 없기는 매한가지인 사람들의 수가 얼마나 되느냐가 문제가 아니다. 문제는 사적인 삶과 공적인 삶 양쪽을 다 영위하면서 정당하게 선택한 사적 이익—타인들의 지원이나 보장을 받지 않고도 충족할 수 있어야 한다—을 추구하는 개인이 부재하다는 것이다. 또하나 부재하는 것은 공중 public이다. 공중은 공동체와 국가의 복지에 관심을 갖고 그것을 촉진하기 위해 어떻게 행동해야 할지를 아는 시민의 이익을 추구한다. 이런 주장을 한 사람은 여럿 있다. 미국의 언론인 월터 리프먼은 여론의 문제점을 중심으로 논리를 전개했고, 독일 출신의 정치철학자 해나 아렌트는 현대 복지국가에는 진정한 정치적 삶이 부재하다는 측면을 날카롭게 비판했다.[10] 뱅자맹 콩스탕, 알렉시 드 토크빌, 존 스튜어트 밀이 자유민주주의가 추구해야 할 것으로 생각한 시민의 이상을 기준으로 놓고 본다면 우리는 너무도 미흡한 삶을 살고 있다. 세 사람, 특히 밀은 순응적인 여론의 무게 때문에 그런 이상이 손상될 것으로 우려했다. 토크빌의 경우는 공적인 영역에 무관심한 가족 중심 '개인주의' 때문에 시민적 이상이 잠식될 것으로 우려했다. 토크빌식의 논리는 최근 들어 집중 조명을 받았다.[11]

대중사회라는 개념은 20세기 산업사회와 연관시키지 않을 수 없다. 그러나 토크빌이 아메리카에서 목격한 것은 지하철, 마천루, 도심으로 출퇴근하는 노동자, 주와 주를 잇는 고속도로가 넘쳐나는 세계가 아니었고, 오늘날 우리가 알고 있는 스타일의 공장식 생산도 아니었다. 현대 세계는 극히 최근에 만들어진 것이다. 인구학적으로 보면 세계 인구가 10억 명에서 70억 명으로 급증하는 것은 1900년 이후의 일이다. 산업적으로 보면 우리는 1945년 이후 지금까지 이전 인류사 전체 기간보다 더 많은 양을 생산했다. 토크빌의 논리가 지금도 의미가 있는 이유는 미국을 '대중사회'로 만든 요인이 조밀한 인구나 산업화가 아니었기 때문이다. 우리가 동료들과 붙어 살다시피 한다고 해서 군중 속에 매몰되는 것은 아니다. 대중사회가 되는 근본 원인은 여론이 누구도 도전할 수 없을 정도로 강한 힘을 발휘하기 때문이다. 이런 주장에 대해 비판이 제기되는 것은 당연하다. 과연 당시에 여론이 그토록 막강했는지는 확실치 않다. 게다가 서로 다투는 의견들의 불협화음이 엄청나게 크게 터져나오는 요즘에는 대중사회를 여론의 힘과 연결짓는 논리는 훨씬 더 설득력이 떨어진다. 토크빌이 전제적인 여론에 대한 처방으로 제시한 '의견의 대립'은 어떤 측면에서는 적당히 용인할 수 있는 수준을 훨씬 넘어선 상태다. 많은 공적인 논의에서 목격되는 무지와 논리의 부재는 참으로 놀랍다. 그러나 여론 하면 맨 처음 획일성이라는 단어가 떠오르지는 않는다. 하나의 목소리와 한 가지 견해만 있는 사회는 독재정권이 미디어를 통제하는 사회이지 야바위꾼들이 서로 주목을 받기 위해 경쟁하는 사회는 아니다. 현대 자유민주주의 정치는 '최소한의 공통분모'에 입각한 정치인 경우가 많다. 그리고 그 결과는 미디어에 접근할 수 있고 정치인들의 지원을 받을 능력이 있는 부자들에 의해 결정되는 경우도 대단히 많다. 그러나 그런 현실은 유권자 수가 많고 그들이 정치에 지속적인 관심을 보이지 않는 것과 관계가 있는 것이지 여론의 독재 때문은 아니다. 금권金權정치는 토크빌이 말한 '부드러운 전제정치'가 아니다.

　이념형ideal type을 가지고 이론적인 작업을 할 때는 대단히 조심해야 한다. 사회과학자들은 오랫동안 사회 · 정치적 장치들을 유형화한 모델을 만들어왔다. 자기 사회 또는 다른 사회의 특징을 밝혀내기 위해서다. 그런 모델은 불가결한 것이기는 하지만—적어도 경제학에서는 분명히 그렇다—가장 중요한 특징을 식별하는 데 있어서 상당 부분을 놓치거나 과장하게 된다. 데이비드 리스먼은 1950년 『고독한 군중The Lonely Crowd』을 발표함으로써 토크빌의 주장에 '타자 지향형' 개인이라는 최신 논리를 첨가했다. 그런데 그가 말한 '내부 지향형' '타자 지향형' '자율형' 인간 등은 우리가 저잣거리에서 만나는 실제 인간이 아니라 하나의 유형이라는 사실을 간과하기 쉬웠다. 이념형을 어떻게 설정하느냐에 따라 미국 시민은 안정적이면서도 활기가 넘치는 자유민주주의 체제의 자율적인 시민으로 묘사될 수도 있다. 합리적이고, 유연하며, 자신감 넘치고, 교육도 많이 받고, 교양도 풍부한 시민, 주도면밀하게 법률을 만들어 공정하게 효율적으로 집행하는 정치적 장치를 운용하는 시민으로 화하는 것이다. 그러나 그런 유토피아적인 상태에 도달한 실제 사회는 지금껏 없었고, 앞으로도 없을 것이다. 리스먼은 이념형으로서의 미국인은 과거에는 내부 지향형 청교도(양심의 노예)였다가 이제는 타자 지향형 순응주의자(여론의 노예)가 됐다고 생각했다. 자율적인 미국인은 성취해야 할 목표였다. 이는 토크빌의 주장보다는 상당히 덜 강렬한 논리지만, 어떤 측면에서는 토크빌이 '개인주의'를 논하면서 '사사화私事化에 대한 두려움'이라고 표현했던 불안감을 정확히 포착한 것이었다. 사사화된 인간은 공적 영역을 외면하고, 가정이라는 차원에 에너지와 정서를 집중하며 가족과 극소수 친구들 외에 다른 문제에는 관심을 두지 않는다. 그렇기 때문에 우리는 군중에 속해 있으면서도 고독한 것이다.

밀은 빅토리아시대 중기의 인간은 자율성 면에서 양¥ 정도 수준일 것이라고 우려했는데 토크빌을 읽으면서 그런 우려가 더 커졌다. 밀은 토크빌과 마찬가지로, 남들과 똑같이 생각해야 한다는 압박감의 근저에 심리적 안락을 꾀하려는 욕망이 깔려 있다고 생각했다. 다른 식의 설명도 있다. 마르크스는 노동조건의 균일성이 프롤레타리아에게 '우리는 이해관계가 같다'는, 그리고 그러한 집단적 이익을 확대하려면 하나로 뭉쳐 행동에 나서야 한다는 의식을 키워줄 것이라고 예상했다. 밀이나 토크빌과 마찬가지로 마르크스는 이론(내용은 물론 두 사람과 다르지만)에 경도돼 있었다. 직조, 채광, 제철, 조선업 분야를 제외하면 19세기 말까지는 세계 어디에도 12인 이상 사업장이 거의 없었다. 노동계급이 과거에 비해 더 균질적이 된 것도 아니다. 어떤 직업군이 신속히 '단순노동화'하는 사이 새로운 기술을 요하는 직업들이 탄생했다. 공장과 조선소는 참신하면서도 대단해 보였기 때문에 노동 방식은 물론이고 인간의 본성 자체까지도 바꿀 힘을 가지고 있는 것처럼 여겨졌다. 그러나 그런 변화가 생긴다는 가설들 가운데 반대 증거의 도전을 확실히 통과할 수 있는 것은 거의 없었다.

　노동조건의 균일성, 언론의 획일성, 공교육의 동일성이 대량생산된 스타일의 인간을 만들어낼 것이라는 우려는 20세기 내내 계속됐다. 그런 양상은 정치적인 문제라기보다는 문화적인 재앙으로 제시되곤 했다. '대중사회의 전형을 보여주는 인간 mass man'은 두렵기보다는 실망스러웠다. 그것은 인간의 그림자로, 들여다보기도 싫고 내면의 움직임도 없는 존재였다. 대량생산된 개인의 결함에 대한 묘사에 내포된 도덕적 이상은 복잡한 것은 아니지만 비현실적으로 까다로운 요구를 담고 있을 가능성이 높다. 모두가 잘 조직되고 부패가 없으며 정치적으로 현명한 자유민주주의를 깊이 신봉한다면 좋을 것이다. 그런 정치 시스템을 뒷받침해주는 미덕—경제적 자립, 협력, 가족과 이웃에 대한 애정, 공동체 보전을 위해 소소한 비공식적 과업을 적극 떠맡으려는 자세 등등—까지 갖추고 있다면 금상첨화다. 그런 미덕은 토크빌이 미국인들은 많이 가지고 있는 반면 프랑스인들은 너무 없다고 생각한 자질이다.

　『자유론』에 제시된 개성이라는 이상은 정치적 성격은 덜하지만 강력한 요구를 담고 있다. 밀은 자율적인 개인에 대해 서술하면서 우리는 살면서 한 행동에 대해 전능하신 분에게 책임을 져야 한다는 청교도적 확신과 함께 온전히 사는 삶이라는 아테네식 이상을 기초로 삼았다. 후자는 분명 정치적 성격이 강한 것이지만, 제대로 된 칼뱅주의자라면 당연히 우리가 스스로에 대해 책임을 질 때 전능하신 분은 우리에게 우리가 처한 사회·정치적 현실에서 이웃의 복지 증진을 위해 무엇을 했느냐고 물을 것이라고 생각할 것이다. 그러나 신이나 페리클레스가 밀처럼 우리는 우리의 지향점을 끊임없이 재고하고 그 무엇도 당연시해서는 안 된다고 주장할지는 의문이다. 밀도 빅토리아시대 사회의 획일성을 심각하게 우려하지 않았다면 그런 주장은 하지 않았을 것이다.

마르크스주의와 대중사회: 프롤레타리아의 탈정치화

대중사회에 대한 마르크스주의 내지 마르크스주의 성향의 입장은 적어도 공식적으로는 도덕적인 또는 정치적인 이상을 기초로 한 것은 아니다. 물론 마르크스주의는 혁명적 프롤레타리아를 극도로 미화함으로써 영웅적 이상을 표현하고 있는 것처럼 보이기는 한다. 마르크스주의 계열 대중사회이론은 논란의 소지가 큰 몇 가지 사회학적 이념을 토대로 삼고 있다. 마르크스주의는 '대중'을 경멸적으로 보지 않는다. 많은 마르크스주의자들은 대중사회가 대중, 즉 산업 프롤레타리아의 혁명적 잠재력을 잠식한다고 생각했다. 프롤레타리아가 '마땅히' 해야 할 행동을 하지 못하고 있다고 개탄하는 것은 역사의 추동력과 프롤레타리아의 혁명적 사명에 대한 신념—논란의 소지가 크다—을 전제로 한다. 마르크스와 엥겔스는 왕왕 프롤레타리아가 스스로를 "수치스럽게 만들었다"는 말을 했다. 그러나 두 사람의 역사 이론은 노동자들이 처한 상황의 요구를 강조하지 노동자들의 도덕적 또는 정신적 결함을 강조하지 않았다. 마르크스는 프롤레타리아가 스스로를 수치스럽게 만드는 행동을 할 때 부도덕하다고 생각하지 않았다. 자본가들을 부도덕한 개인이 아니라 '사회적 관계의 담지자들'로 냉철하게 평가한 것과 마찬가지다. 그런 점에서 보면 마르크스는 충실한 헤겔주의자였다. 헤겔의 역사철학 역시 비개인주의적이었다. 물론 그는 마르크스보다 세계사적 개인의 역할을 더 강조했다. 역사는 어떤 형태와 방향을 가지고 있다. 왜냐하면 역사는 문화권들의 역사이며, 문화를 구현하는 민족들의 역사이고, 문화를 표현하는 제도들의 역사이기 때문이다. 역사는 또 정신의 역사, 행위자를 선택해 스스로를 표출하는 이념의 역사다.

마르크스는 헤겔의 형이상학은 내버렸지만 그의 비개인주의적 역사 이론은 수용했다. 역사는 정신의 활동은 아니지만 내적인 논리가 있고, 우리도 모르는 사이에 우리를 이용하며, 수많은 난관과 좌절을 극복하고 도달할 목표점을 갖고 있었다. 분명히 도달하게 될 그 목표점은 자유다. 사회주의 지식인의 과제는 그런 과정을 노동계급에게 드러내 보여주는 것이지 그들을 설득하거나 설교를 늘어놓는 것이 아니다. 그들에게 그들이 어떤 존재이며 따라서 무엇을 해야 하는지를 보여줘야 한다. 마르크스는 우리는 독립된 개인들로서 이 세계에 존재한다는 것을 잘 알고 있었다. 우리는 여러 종류의 집단의 구성원이다. 그리고 소속에 따라 우리의 사고와 감성이 규정된다. 그러나 어떤 집단이 무엇을 해야 하느냐에 대해 이야기하는 것은 불특정 다수의 개인들이 무엇을 해야 하느냐를 이야기하는 것과 같다. 정신의 역할을 강조하는 헤겔 역사이론의 강점을 보전하는 동시에 '개인들은 자신의 역사를 만들지만 상황은 그들이 선택하는 것이 아니다'라는 사실을 강조하려면 대단히 불안정한 논리 구조가 될 수밖에 없다. 프롤레타리아혁명은 불가피하지만 노동자들이 자신의 이해관계를 올바로 이해하고 그것을 열정적으로 추구할 때만 가능하다. 그런데, 노동자들이 그렇게 하지 않는다면, 이해나 열정을 또는 양쪽 모두를 결여한 상태라면 어떻게 되는가?

마르크스는 노동계급과 정부 양쪽 모두를 모종의 책략을 통해 조종할 수 있는 여지를 많이 남겨놓았다. 특히 마르크스의 예언이 맞는다면 정부는 노동계급의 요구에 의해 약화되게 돼 있다. 1906년 독일의 경제학자 베르너 좀바르트는 인상적인 소책자 『미국에는 왜 사회주의가 없는가? *Warum gibt es in den Vereinigten Staaten keinen Sozialismus?*』를 썼다.[12] 좀바르트는 미국에 사회주의가 없는 이유를 '사회주의의 이상은 쇠고기 구이와 애플파이라는 암초에 걸려 좌초됐다'는 재치 있는 문장으로 설명했다. 미국 노동자는 일반적으로 유럽 노동자보다 경제적 형편이 훨씬 나았다. 이민자 사회에서 노동자들은 그런 차이를 잘 알고 있었다. 행운이 중요하지만 운과 더불어 열심히 노력하면 보상이 따랐다. 유럽 이민자들은 지리·사회적 유동성에서 이득을 보았다. 고향에서는 누릴 수 없는 혜택이었다. 그들은 사회주의혁명을 권면하기에 적합한 대상이 아니었다. 당시 뛰어난 마르크스주의자였던 좀바르트는 사회주의가 결국은 미국에 도래할 것이라고 생각했다. 유럽 각국 정부는 좀바르트가 주장하는 핵심을 알아챘지만 봉건제가 없었던 미국 특유의 상황을 재창출할 수는 없었다. 그래도 프롤레타리아혁명을 통한 사회주의 실현이 '빈곤의 점진적 심화'에 대한 유일한 처방이라는 마르크스의 주장을 허물 방법은 있었다. 비교적 괜찮은 수준의 공공주택, 보건의료, 노령연금, 실업수당 같은 것을 제도화하는 것이었다. 공교육은 가난한 집안의 아이들이 교육과 직업의 사다리를 오를 수 있는 기회를 마련해주었다. 독일에서는 그런 조치들이 지방과 국가 차원에서 도입됐다. 마르크스주의 계열 사회민주당 지방정부들은 그런 개혁이 혁명을 사실상 불가능하게 만들지만 그럼에도 불구하고 혁명은 진행중이라고 주장했다. 보수정부는 그런 개혁이 혁명의 기관차를 멈출 수 있다고 봤다. 개혁을 통해 대중의 반란을 선제적으로 잠재우는 것이 상책인 것이다. 어리석은 보수는 혁명을 조장하고, 똑똑한 보수는 혁명을 가라앉힌다.

그렇다고 해서 프롤레타리아가 경멸적 의미의 '대중'으로 전락하는 것은 아니다. 마르크스주의가 골머리를 앓게 된 두 가지 문제가 있다. 첫째는 왜 노동계급의 정치적 행동이 보수적이거나 반동적인 성향을 띠는 경우가 많은가 하는 것이고, 둘째는 왜 노동계급은 정치적으로 '마땅히' 그래야 하는 것보다 훨씬 덜 적극적인가 하는 것이다. 특히 후자는 노동계급이 혁명 지도자들을 잘못 만나서가 아니라 정치에 아주 무관심하기 때문에 벌어지는 현상이다. 첫번째 질문에 대한 답은, 19~20세기의 도시 프롤레타리아가 노동자들이 전통적인 농촌 공동체에서 내몰려 비인격적인 대도시에 살게 되면서 형성됐다는 점을 강조하곤 한다. 그들은 꽉 짜인 농촌 마을이 주는 안락함을 상실하고 비인격적인 도시 대중의 일원이 되었다. 익숙했던 사회적 지지를 상실했지만 그것을 대신할 만한 것은 주어지지 않았다. 익숙한 것이 주던 위안을 대신할 만한 것을 찾는 사람은 반동적인 운동을 매력적인 것으로 느낄 수 있다. 사회주의의 매력 가운데 상당 부분은 항상 반동적인 측면에 있었다.

인종적 민족주의나 반유대주의, 파시즘과 나치즘 등을 열렬히 지지했던 사람들도 그런 사조들이 내세우는 터무니없는 주장은 반쯤만 믿었을 것이다. 지적·도덕적 훈련이 돼 있지 않고 외부로부터 그런 훈련에 대한 도움도 받지 못하면, 누구나 우리가 겪는 불행의 이유를 그럴 듯하게 설명해주면서 좀더 나은 미래를 약속하는 주의 주장을 절반은 믿게 될 수 있다. 이는 정치적 신조는 물론이고 광적인 종교 집단에도 해당되는 얘기이며, 농민전쟁이 일어난 16세기 뮌스터는 물론이고 오늘날에도 해당되는 얘기다. 노동계급이나 배우지 못한 대중만 그런 유혹에 취약한 것은 아니다. 뿌리 뽑힌 중산층도 자신들의 불행을 상쇄해줄 희생양을 찾아주면서 간단하고도 화끈한 해법을 제시하는 주의 주장의 유혹에 넘어가기 쉽다. 번영하는 국가들의 경우 도시 노동자 2세대와 그 이후 세대는 대개 개혁주의 정치를 지지하며, 좌우의 반란 유혹에 넘어가지 않는다. 개혁주의 정당들은 왼편에 있는 공산주의자들 때문에 애를 먹곤 했다. 그러나 20세기의 가장 흥미로운 마르크스주의 사상가 가운데 한 사람인 안토니오 그람시는, 프롤레타리아 정치 문화를 건설하려는 결연하고도 장기적인 노력이 없으면 초점을 잡지 못한 에너지는 얼마든지 위태롭고 파괴적인 방향으로 흘러갈 수 있다고 주장했다.[13] 그람시는 파시즘 정권 치하 교도소에서 8년을 복역했다. 그러면서 원래 안 좋던 건강이 한층 나빠졌고, 1937년 건강 악화를 이유로 석방된 지 며칠 만에 46세라는 아까운 나이로 사망했다. 그는 자본주의 체제가 폭력을 동원하지 않고도 어떻게 권력을 유지하는지를 설명하면서, 노동계급이 정치적으로 가능하다고 생각하는 것의 틀을 규정하고 제약하는 '헤게모니적' 정치 문화라는 개념을 강조했다. 그것은 사회적 동의同意를 조작해내는 것으로, 어떤 조직이든 잘 굴러가게 만들고자 한다면 반드시 귀담아들어야 할 개념이다. 따라서 급진정당 내지 혁명정당의 문화적 과제는 헤게모니에 맞서 독자적인 대항문화를 구축하는 것이다.

프롤레타리아 정치가 방향을 잃을 경우 극도로 반동적일 수 있다는 사실은, 대중은 왜 잘 안 움직이는지, 잘 안 움직인다는 표현이 적확하지 않다면, 왜 정치를 외면하고 재미에만 몰두하는지를 설명해주지는 않는다. 『멋진 신세계』를 읽은 독자라면 헉슬리가 그린 끔찍한 유토피아에서 평화를 유지해주는 것은 두 가지 비폭력적인 장치임을 기억할 것이다. 하나는 '소마'라는 신비한 마약이다. 버트런드 러셀이 과학은 지금까지 숙취는 없고 술 취함으로 인한 쾌감만 유발하는 약을 만들어내지 못했다고 불평한 것은 소마soma 같은 약의 필요성을 은근히 시사한 얘기라고 할 수 있다.[14] 헉슬리가 지은 약 이름은 놀라울 정도로 적절했다('소마'는 고대 인도 종교의식에서 사용된 음료 이름으로, 마신 자에게 영원한 생명을 주는 신들의 음료라고 한다―옮긴이). 신세계 주민들은 "조금이라도 먹는 게 낫다"라고 말한다. 그들은 소마를 먹고 아무 걱정 없이 살아간다. 스스로 생각하는 행위 같은 것은 당연히 없다. 헉슬리가 소설에서 제시한 또하나의 대단한 마약은 '감각영화feelies'인데, 이는 소리와 영상으로 구성되는 영화와 영화 속 현장에 직접 가 있는 듯한 촉감을 결합한 발명품이다. 두말할 필요도 없이, 그런 영화에 가장 적합한 장르는 포르노그래피다.

'다수' 프롤레타리아는 주의가 산만해질 때 '대중'이 된다. 감언이설 같은 것에 팔려 기존 질서에 순응하고, 쓰레기 음식 같은 것을 소비하면서 행복하다고 느낀다. 헉슬리의 세계에서는 그런 과정이 누군가에 의해 의도적으로 조종된다. 모두가 행복한 사회가 창조된 것이다. 그 사회의 모습을 존 스튜어트 밀이 보았더라면 경악했을 것이다. 그들은 너무 행복해서 반란은 말할 것도 없고 변화조차 상상하지 못한다. '만족한 바보보다 불만족한 소크라테스가 낫다'는 생각은 그런 유토피아에 사는 사람들로서는 도저히 이해할 수 없는 얘기다.[15] 대중문화 및 대중문화의 마취 효과를 비판하는 사람들은 대중을 탈정치화시키는 과정이 의식적으로 연출되는 것이 아니라는 점은 인정한다. 대중에게 중독성이 강한 쓰레기를 주입함으로써 혁명을 차단했다고 자부하는 엔터테인먼트 제작사 사장들이 있을 수도 있다. 그러나 있다고 해도 그 수는 극히 미미하고, 자신의 정체를 드러낼 것 같지도 않다. 일반적으로 제작자들의 취향은 곧 소비자들의 취향이다. 제작자들이 성공하는 이유는 그만큼 성실했기 때문이다. 그런 점에서 마르크스가 우리 등뒤에서 은밀하게 진행되는 과정이라고 해석한 것은 그의 본의와 달리 썰렁한 농담이 되고 만다. 엔터테인먼트 산업은 시시껄렁한 기분풀이를 생산하고, 못 배운 대중은 그것을 핥아먹는다. 그런 것이 생각을 촉구하고 불만을 유인하는, 요구가 많은 형태의 예술보다 훨씬 즐기기 쉽기 때문이다. 그런 과정은 자동적으로, 저절로 돌아가면서 마르크스가 중시한 불만을 증대시키는 과정을 차단한다. 이야기는 그렇게 되는 것이다.

엔터테인먼트가 그렇게 효과적이라면 이런 관점은 상당한 지지를 받을 것이다. 또 대중예술이 마취제 같은 효과를 발휘한다면 그런 이론은 상당한 설득력을 가질 것이다 그러나 유감스럽게도 그렇지가 않다. 많은 대중문화는 대단히 체제 전복적이다. 물론 1920년대 마르크스주의 이론가들이 원했을 법한 방식으로 전복적인 것은 아니다. 그러나 대중 엔터테인먼트가 정치적 마약이라는 관념은 마르크스주의의 의도에 정확히 들어맞는 이론이다. 그런 관념은 획일적인 취향과 관습을 지닌 대중이라는 개념과 정치적으로 무능하고 줏대 있게 행동할 줄 모르는 대중이라는 개념을 통합한 것이다. 프랑크푸르트학파—프랑크푸르트 대학 사회연구소 Institut für Sozialforschung의 막스 호르크하이머와 테오도어 아도르노가 이끈 일군의 학자들로, 1934년 나치의 박해를 피해 외국으로 망명했다—는 대중문화를 그런 마약으로 보았다. 그들은 좌절한 마르크스주의자 수준에 머물지 않았다. 현대사회의 온갖 참상을 분석하면서 마르크스뿐 아니라 프로이트를 동원해, 대중문화가 고통과 비합리성에 당당히 맞서기를 회피하게 만듦으로써 인간의 의식을 마비시킨다고 강력히 비판했다. 대중문화가 노동자들을 정치 집회보다 영화관으로 데려가기 때문만은 아니었다. 그런 비판에는 지나친 문화적 우월의식이 깔려 있다는 것이 프랑크푸르트학파 비판자들의 문제 제기였다. 위안이 필요할 때는 최대한 위안을 받아야 한다는 문제 제기 역시 충분히 일리가 있다. 무비판적인 삶은 살 가치가 없다고 말한 것은 어떤 철학자였는데, 그런 주장을 지당한 말씀이라고 생각한 사람은 철학자들을 제외하고는 아무도 없었다.[16]

마르크스주의 진영에서는 사회적 획일성이 사회 전체를 무기력하게 만드는 것을 우려한 토크빌과 밀의 생각까지 차용한다. 개인들이 행동할 힘을 잃고, 자발적으로 그리고 자신을 위해서 아무것도 할 수 없다면 집단적으로도 급진적인 방식으로 행동할 수 없게 된다. 마르크스주의적 관점에서 보면 개인들의 수동성은 문화 탓이라기보다는 노동하는 삶의 일상적 조건 때문이다. 노동은 창조적 에너지나 상상력 또는 자치 능력을 발휘할 만한 출구를 제공해주지 않는다. 하루 벌어 하루 먹고사는 정도는 아니더라도, 노동자의 삶은 명령을 받고 정해진 절차에 따라 작업하는 삶이다. 버트런드 러셀은 보통 사람들이 제1차세계대전을 환영하는 것을 보고 큰 충격을 받았다. 러셀은 프로이트와 같은 맥락에서, 보통 사람들은 일상과의 단절을, 그리고 그런 단절이 평소에는 억눌렸던 파괴적인—자기 파괴적이기도 하다—본능을 해방시켜주는 느낌을 즐긴다고 생각했다. 보통 사람들은 평소 아주 꽉 짜인 생활 속에 갇혀 있기 때문에 정치활동에 투여할 정신적 에너지가 남아 있지 않다. 쟁취해야 할 세상을 상상하는 능력도, 유토피아를 창조하기 위해 조직화할 에너지도 없다. 수십 년 뒤인 1950년대는 풍요롭지만 권태로운 시대였다. 그런 상황에서 허버트 마르쿠제는 현대 자본주의가 '과잉 억압surplus repression'을 강요한다고 주장하고 나섰다. 홉스가 말한 만인의 만인에 대한 투쟁이 폭발하는 사태를 막는 데 필요한 최소한의 억압—프로이트의『문명과 그 불만』의 기초를 이루는 발상이다—을 훨씬 넘어서서, 반란과 체제(정신적으로 허전하고 핵 멸절의 위협 때문에 끔찍할 정도로 위태로운 체제) 파괴를 차단하기에 충분한 수준의 억압을 강요한다는 것이다.[17] 그러나 1950년대는 서구 세계 역사상 경제성장이 최장 기간 지속된 시대였다. 완전고용이 달성되고, 일반 노동자들의 임금이 전무후무하게 급상승한 시기였다. 그 수혜자들을 무기력하거나 피억압 상태라고 보는 것은 두 눈으로 직접 본 증거를 이론의 틀에 억지로 끼워 맞추려고 할 때에나 가능한 얘기였다. 그런 주장을 하는 사람들은 아마도 술집이나 축구장에서 남들과 어울리기보다는 대부분의 시간을 서재에 틀어박혀 지내는 삶을 살았을 것이다.

『대중의 반란』

이제, 정치는 불가피하게 그리고 항상 엘리트들이 맡아서 하는 일이라는 발상으로 돌아가보자. 그에 앞서 대중문화에 대한 귀족주의적 비판이라고 일컬어지는 것에 대해 살펴보아야 하겠다. 그런 사조의 정치적 함의를 명확히 설명하기는 쉽지 않고, 또 2차적인 단계의 논의가 필요하다. 정치가 엘리트의 영역이라는 생각은, 대중정치는 본질적으로 천박하고 군중 영합적이며 겉만 번지르르할 뿐 진지하지 않은 정치라는 의미다. 포퓰리즘은 좌우가 서로 닮았다. 스탈린이 2차대전 이후 반유대주의운동을 시작한 것이나 무솔리니가 자신을 체포한 사람들에게 자기는 시종 마르크스주의자였다고 말한 것이나 어떤 면에서 닮은꼴이다. 귀족주의자의 불만은 대중의 가치관이 엘리트의 가치관을 압도한다는 것이다. 이는 너무도 단순한 불만이어서 그런 유의 글이 그렇게 많이 나왔다는 사실 자체가 놀라울 정도다. 그러나 자신이 신성하다고 여기는 인간 삶의 어떤 영역이 군중에게 짓밟혀 파괴됐다는 것을 과다할 정도로 비통해하는 사람들이 있고, 그런 사태를 개탄하는 글을 쓰는 것이야말로 지식인들의 장기다. 그런 논리를 놀라울 정도로 잘 정리한 것이 오르테가 이 가세트의 논쟁적인 저서 『대중의 반란』이다. 오르테가는 보수파가 아니라 자유주의자였으며, 프랑코 장군이 주도한 파시스트—정확히 말하면 팔랑헤당—반란으로 망한 스페인 공화국의 지도급 지식인의 한 사람이었다. 그럼에도 불구하고 그는 대중과 엘리트는 다른 집단이라는 강한 확신을 가지고 있었다. 오르테가는 로마 시대 최하층 빈민계급(프롤레타리아)을 폭동을 일으키는 대중의 역사상 최초의 사례로 봤고, 산업 노동계급의 대두에 대해 로마 귀족들이 하층계급을 대하는 것과 같은 방식의 반응을 보였다.

오르테가는 대중의 대두에 관한 이론을 제시하지는 않았다. 오히려 대중의 대두를 역사적 현상이라고 설명하면서 체념하는 자세를 보였고, 20세기 첫 30년간에 대한 불만의 대부분을 대중 탓으로 돌렸다. 『대중의 반란』이 출간된 것은 1930년인데 원래 계간지에 실렸던 에세이를 묶은 것이어서 구성은 다소 느슨하다. 문제의 원인은 '밀집'이다. 사람이 너무 많고 너무 다닥다닥 붙어 살고 너무 자주 여행을 가고 대중교통이라는 형태로 너무 많은 곳을 왕래하기 때문에 온갖 곳이 파괴된다는 것이다. 여기서 파괴란 생태학적인 차원의 얘기가 아니라 미학적인 차원의 주장이다. 70년 전 피크 디스트릭트에 새로 들어간 철도를 비판한 영국의 예술평론가 존 러스킨보다 이 문제를 덜 날카롭게 지적한 사람은 없다. "그런데 이제 벅스턴에 있는 바보 누구나 반시간이면 베이크웰에 갈 수 있다. 또 베이크웰에 있는 바보 누구나 반시간이면 벅스턴에 갈 수 있다. 여러분은 그게 돈이 크게 남는 교환과정이라고 생각한다. 여러분 같은 바보 멍텅구리들이 도처에 널려 있다."[18] 대중은 그 숫자와 지리적 근접성 때문에 공적인 문화를 결정하는 데 결정적인 역할을 하게 됐다. 그들이 사고하고 열망하는 것의 본질적인 내용만 가지고는 그런 힘을 발휘할 수 없었을 것이다.

오르테가가 밀과 토크빌의 불안감에 추가하는 것은 대중이 사회를 자신의 이미지에 맞게 재구성하려고 한다는 관념이다. 이런 주장과, 대중은 본질적으로 무력하다는 생각을 결합하는 것은 쉬운 일은 아니다. 어쨌든 지도자로 타고난 사람들과 추종자로 타고난 사람들을, 다시 말해서 끊임없이 지적·윤리적 도전에 직면하는 열정적인 삶이 어울리는 사람들과 그렇지 않은 사람들을 구분해야 한다는 논리다. 그런 구분이 계급 구조와 정확히 일치하는 것은 아니다. 그러나 상류층에는 전자가 더 많고 하류층에는 후자가 더 많을 것이다. 잘 작동하는 자유민주주의는 막스 베버가 '지도자민주주의Führerdemokratie'라고 설명한 체제의 일종이다. 이에 대한 슘페터의 상세한 설명에 대해서는 나중에 살펴보기로 한다. 대중은 나름의 움직이는 방식이 있어서 행동이 절제된다. 그런데 1918년 1차대전 종전 이후의 유럽을 위협한 것은 대중이 느닷없이 폭력적이고 직접적인 행동에 돌입했다는 사실이다.[19]

오르테가의 분석에 따르면 대중은 헉슬리가 상상한 유토피아나 호르크

하이머와 아도르노가 제시한 사회이론에 묘사된 것처럼 멍한 상태가 되지 않는다. 그들은 원한에 차 있고, 탁월함에 대해 적극적으로 거부 의사를 표시한다. 또 탁월함이 대중사회에서 설 자리가 없게 만들기 위해 노력한다. 대중이 형편이 좋아진 것은 자본주의경제가 기술적으로 효율적이었고, 자유민주주의 지도자들이 잘 관리했기 때문이다. 그러나 대중은 모처럼 번영을 누리면서 더 많은 것을 지금 당장 원하게 됐다. 대중이 정치에 뛰어드는 것은 폭력적이고 직접적인 행동을 통해서 가능할 것이다. 1920년대 말에 집필된 『대중의 반란』은 이탈리아 파시즘의 사례를 논거로 제시하고 있다. 나치의 성공은 몇 년 후에 가서야 구체화되기 때문이다. 오르테가는 완전한 전체주의의 등장까지를 예상하지는 못했고, 서서히 진행되는 미국화에 대해서도 똑같이 우려를 표했다. 그런 시각에는 유럽의 고급문화가 세계 전체의 규준이었던 시대에 대한 향수가 깔려 있는 것으로 보인다. 그러나 오르테가는 적어도 어떤 형태의 대중정치는 그야말로 끔찍한 사태를 야기할 수 있다는 것을 상상하지 못했다.

엘리트와 대중

대중사회의 정치에 대한 현대적인 논의에 영감을 준 것 가운데 하나는, 대중은 쉽게 속일 수 있기 때문에 조작에 능한 정치인이라면 시키는 대로 할 얼간이들을 얼마든지 동원할 수 있다는 마키아벨리의 주장이었다. 16세기 피렌체는 지금 우리가 논의한 사상가들이 현대 서구사회의 특징으로 규정한 의미의 '대중사회'는 아니었다. 그러나 마키아벨리가 대중과 정치적 수완가를 구별한 것은 오르테가가 추종자로 타고난 사람들과 지도자로 타고난 사람들을 구분한 것과 매우 흡사하다. 그렇다면, 가장 안정적이고 현대적인 자유민주주의 체제에서조차 정치는 마키아벨리가 말한 것처럼 대중과 엘리트의 문제라는 주장은 어떻게 되는가? 그것은 정치의 선수들이 사실상 상황을 주도한다는 의미인가, 아니면 그들이 아무런 제약도 받지 않고 상황을 주도하도록 마땅히 허용돼야 한다는 의미인가?

이 문제에 대해서는 널리 알려진 세 가지 견해가 있다. 가장 현실주의적인 견해는 막스 베버의 관점이다. 베버는 대단히 미묘한 사상가였다. 이런저런 유보 조건을 달지 않은 주장은 한 번도 한 적이 없을 정도다. 그러나 몇 가지 관점에 대해서만큼은 강력한 입장을 분명히 밝혔다. 현대 세계는 비인격적인 대규모 관료제가 문제를 관리하는 것이 일종의 숙명이지만, 정치적 방향을 설정하는 일은 불가피하게도 특수한 재능과 정치감각을 지닌 소수의 수중에 맡겨진다는 것이다. 이 소수 집단의 정점에 있는 지도자들은 '카리스마 charisma' — 베버가 현대 정치 분석에 도입한 용어로서, 한 세기 후인 지금처럼 카리스마라는 표현이 남용되는 것을 그가 보았다면 참으로 못마땅해했을 것이다 — 를 보유함으로써 권위를 확보해야 할 것이다. 카리스마는 글자 그대로 하면 신이 부여한 권위다. 중국 황제는, 천명天命을 상실했다고 여겨지면 자리에서 쫓겨날 위기에 몰리기 때문에 글자 그대로의 기술적인 의미에서 카리스마적 권위에 의존했다.[20] 베버에게는 현대 세계의 거의 모든 것이 관례화되고 합리화되었다. 여기서 흥미로운 문제는 문화의 목적과 가치관, 최종 목표 — 이를 위해 우리의 시간과 부, 생명까지 희생하는 일이 요구될 수도 있다 — 를 제시하는 원천이 무엇인가 하는 것이었다. 정치나 행정조직 자체가 그런 원천일 수는 없다. 조직은 수단을 제공하지 목표를 설정하는 역할을 하는 것이 아니기 때문이다. 문제는, 어떻게 해야 정치사회 전체를 위해 권위 있는 방식으로 목표들을 설정할 수 있는가였다. 답은 카리스마적 권위를 가진 지도자가 설정해야 한다는 것이었다. 여기서 카리스마적인 권위란 어떤 면에서는 '천명'과 비슷한, 기술적 차원이나 합리성을 뛰어넘는 권위다.

베버는 민주주의는 현대 산업사회의 자연스러운 정치 형태이지만 그중에서도 성공을 담보할 수 있는 유일한 버전은 '지도자민주주의'라고 생각했다. 독일어가 모국어가 아닌 현대의 독자들은 히틀러의 존재 때문에 지도자Führer('총통'이라는 뜻도 된다—옮긴이)라는 표현에 대해 불편함을 느끼겠지만, 이 독일어는 영어의 '리더leader' 이상의 특별한 의미를 갖는 것은 아니다. 현대 민주주의에서 리더는 불가결하다. 일반 국민이 아닌 리더들이 이니셔티브를 제공하고, 우리는 좋은 리더들의 등장을 가능케 하는 제도를 필요로 한다. 이것이 반세기 동안 정치학자들의 상식이었고, 지금도 정당 체제와 선거 과정의 효율성을 가늠할 수 있는 유용한 기준이다. 그러나 이런 발상을 싫어하는 두 종류의 이론가가 있다. 한쪽은 궁극적인 도덕적 가치는 합리성을 넘어선다는 베버의 주장을 우려의 눈으로 바라본다. 베버가 카리스마가 있는 지도자들의 역할을 강조한 이유는 기술적인 가치 평가와 궁극적 가치관을 최대한 철저히 구분했기 때문이다. 효율성의 문제—어떤 정책이 주어진 목표를 얼마나 잘 달성할 수 있는가—는 기술적인 것이며 전문가들이 가장 잘 대답해줄 수 있는 사안이다. 일단 답을 알면 적절한 정책들은 전문가들이 잘 알아서 집행하게 돼 있다. 그러나 궁극적인 가치의 문제들—목숨 바쳐 수행해야 할 가치가 있는 것은 무엇인가, 세계 속에서 독일의 위치는 무엇이어야 하는가, 우리 나라는 목숨 바쳐 싸울 만한 가치가 있는가 등등—은 합리적인 답이 있는 게 아니다. 그런 문제들은 결단의 문제다. 아무리 많은 논쟁을 벌여도 결론이 안 난다. 정치는 합리적인 토론에 입각한 것이어야 한다고 생각하는 사람들은 이런 결단론을 대단히 잘못된 것이라고 비판한다. 허버트 마르쿠제는 베버가 나치즘의 토대를 마련해주었다고 비난했다.

또다른 종류의 이론가는 베버의 견해를 불쾌할 정도로 음울한 것이라고 보는 참여민주주의자들이다. 베버가 정치적 참여 자체에 큰 가치를 두었는지는 확실히 말하기 어렵다. 그는 확고한 정치적 견해를 가지고 있었고, 1차대전 이후 독일 공화국이 수립될 때 대통령 후보로 거론되기도 했다. 그러나 당시 그의 나이 60대 초였음에도 건강이 너무 안 좋아서 대통령 후보론은 아이디어에 그치고 말았다. 그는 대단한 열정을 가지고 정치에 관한 글을 쓴 적은 없다. 그의 관심은 주로 학자와 정치인이 해야 할 일을 확실히 구분하고 각자 본분을 지키도록 하는 데 가 있었다.[21] 거기에는 여러 가지 이유가 있다. 베버는 근대식 민족국가를 옹호했고—그러기에 부적합한 인물도 아니었다—, 그런 국가들은 참여라는 이상에 대해 우호적이지 않다. 민족국가는 중앙집권화된 권위를 요구하고, 기술적 효율성에 대해 끊임없이 신경을 쓰지 않으면 작동이 안 된다. 그리고 국가가 취하는 행동의 많은 부분을 다른 민족국가들의 침략에 맞서 시민을 보호하는 데에 초점을 맞추었다. 베버는 국가를 합법적 폭력의 독점권을 보유한 실체라고 정의했다. 따라서 20세기 참여민주주의자들의 선의 같은 것에 대해서는 가슴에서 우러난 열정이기는 하지만 냉철한 판단에 입각한 것은 아니라고 생각했을 것이다.

　이는 민주주의가 불가능하다는 얘기가 아니라 대규모 현대국가에서는 아주 특수한 종류의 민주주의만이 실천 가능하다는 의미. 그것은 지금 우리가 실제로 보고 있는, 정당들이 당 강령을 실현하겠다고 선언한 지도자 집단을 다수 유권자가 지지하도록 조직화하는 형태의 민주주의다. 언론의 자유가 있고, 결사에 대한 제약이 없고, 보통선거권과 결과가 존중되는 선거제도가 있는 한 우리의 민주주의는 실제로 작동되고 있는 것이다. 핵심은 대중의 참여가 많은 체제—독재정권도 대중을 거리로 불러내는 데는 선수다—냐 아니냐가 아니라, 부정선거가 만연하고 시민이 비밀경찰에게 협박을 받고 지도자들은 시민이 원하는 정책에 자유로이 투표하는지에 무관심한 체제냐 아니냐이다.

이런 주제에는 여러 가지 변형이 있다. 가장 흥미로운 변형 가운데 하나는 19세기 말 이탈리아 사상가 빌프레도 파레토와 가이타노 모스카가 제시한 '엘리트의 순환 circulation of elites' 이론이다. 두 사람은 극소수만이 한 사회에서 진정한 권력을 행사하는 것을 당연시했다는 의미에서 '엘리트이론가'였다. 두 사람 다 엘리트는 어떤 윤리적인 미덕이나 기타 덕성을 갖추었기 때문에 엘리트가 되는 것이 아니라고 봤다. 어떤 분야든 엘리트란 위기 상황에서 수완을 가장 잘 발휘하는 사람들에 불과하다는 것이다. 이런 발상은 마키아벨리의 『군주론』에서 영향을 받은 것이다. 체사레 보르자가 좋은 사람이었다고 말하는 사람은 아무도 없지만 그는 권력을 장악하고 정적들을 파멸시키는 데 대단히 능했다. 마키아벨리가 엘리트의 순환이라는 개념에 기여한 부분은 좋은 지도자는 사자와 여우를 닮아야 한다고 주장한 부분이다. 그러나 후대의 시각은 여우형 엘리트는 폭력의 재능을 가진 또 다른 엘리트에 의해 파멸될 수 있기 때문에 실패하고, 사자형 엘리트는 꾀 많은 엘리트에 의해 잠식당함으로써 실패하게 된다는 것이다. 현대 민주주의를 보는 하나의 방식은 민주주의를 반란이나 쿠데타 없이 엘리트를 순환시키는 장치라고 간주하는 것이다.

과두제의 철칙

베버의 지도자 민주주의상은 오스트리아 출신 미국 경제학자 조지프 슘페터에 의해 변형되었는데, 바로 그것이 지금까지 정치학자들과 기타 논평가들 사이에 정설로 자리잡고 있다. 그렇게 변형된 지도자민주주의론은 현대 서구사회가 대단히 성공적인 형태의 민주주의 체제를 운영하고 있다는 낙관론의 근거로 작용했다. 서구 민주주의에서는 엘리트가 대중으로부터 정당성을 확보해 중요한 결정을 내리는 한편 그런 결정을 집행하는 하위 엘리트인 관료들을 감독하고, 중간중간에 선거를 통해 유권자인 대중— 엘리트들에게 계속 일을 맡길 정도의 분별력은 있다—에게 책임을 진다.[22] 이런 스타일의 '엘리트민주주의론'에 대해서는 자유민주주의가 과연 민주주의인가 하는 문제를 마지막으로 정리할 때 좀더 자세히 살펴볼 것이다. 일단은 대중사회의 정치를 덜 낙관적으로 보는 견해 두 가지를 고찰해보아야 하겠다. 첫째는 로베르트 미헬스가 제시한 견해다. 미헬스는 베버의 제자로 유명한 정치사회학자이다. 일반적으로 파레토, 모스카와 더불어 엘리트이론을 대표하는 3인 중 한 사람으로 알려져 있다. 미헬스는 1차대전 이전에는 독일 사회민주당(SPD) 당원이었는데 나중에 무솔리니 지지로 돌아섰다. 미헬스는『현대 민주주의의 정당 사회학을 위하여Zur Soziologie des Parteiwesens in der modernen Demokratie』(영역본 제목은 『정당론Political Parties』이다—옮긴이)라는 저서로 유명하다. 이 책을 쓴 이유는 본인이 '과두제의 철칙 iron law of oligarchy'이라고 규정한 조직이론을 설명하고 정당화하기 위한 것이다.[23] 논리는 간단하지만 논거로 제시하는 증거는 대단히 구체적이고 탄탄하다.

미헬스가 제기한 의문은 '왜 독일 사민당은 공식적으로는 혁명정당임을 자처하면서 실제로는 개혁주의정당에 불과한가?'라는 것이었다. 미헬스가 제시한 답변은 다소 복잡하지만 그 기본 발상은 '어떤 식으로든 정당이 되기 위해서 사민당은 하나의 조직이 되어야만 했고, 조직은 본질적으로 과두제(소수의 지도자가 지배하는 체제—옮긴이)의 경향이 있다'는 것이었다. 새로운 논리는 아니었다. 레닌은 엄청난 저항을 무릅쓰고 러시아 사민당원들에게 이런 논리를 강요했다. 레닌은 당의 혁명적 열정을 보전하기 위해 과두제를 주장한 반면 미헬스는 과두제를 혁명적 열정을 상실한 결과라고 보았다는 점이 다소 놀랍지만, 그렇다고 미헬스의 주장이 설득력이 떨어지는 것은 아니다. 두 사람 다 대중운동의 자발적이고 조직화되지 못한 에너지는 장기간 지속될 수 없다는 점을 강조한 것이다. 추구하는 목표가 무엇이든 조직이 필요하다. 그런데 조직은 지도자들에 의해서만 결속력을 가질 수 있다. 확고한 리더십이 힘을 잃게 되면 구성원들은 곳곳에서 이의를 제기하고 그 결과는 지리멸렬로 이어진다. 그런 양상을 가장 잘 보여주는 것이 급진파다. 미헬스는 레닌이 보지 못한 것과, 레닌의 후계자들이 경험을 통해 겨우 발견한 것을 처음부터 간파했다. 일단 조직이 확립되고 나면, 조직을 보전하고 당 관료들의 특권을 보전하는 일이 당의 공식 목표를 제치고 사실상의 목표로 들어선다. 그런 사태를 차단하는 조치를 누군가 취하지 않는 한 소련 공산당 같은 정당은 보수적이 되기 십상이다. 당의 이데올로기를 공식적으로 선언할 수도 있지만 조직 경화 현상은 일어날 수밖에 없다. 스탈린과 마오쩌둥이 당의 혁명 열정을 갱신하기 위해 주기적으로 숙청 작업을 한 것은 윤리적인 차원에서는 끔찍한 일이었지만 나름의 이유가 있었던 것이다.

이런 주장과 대중사회이론은, 조직이 필요로 하는 전문적인 기술과 지식은 당연히 엘리트의 몫이지 다수가 할 수 있는 일이 아니라는 인식을 통해 결합된다. 지도를 요하는 다수는 엘리트 관리자 집단이 없어도 되는 조직 형태를 만들어낼 수 없다. 다수는 열정의 순간을 보여줄 수도 있고 느닷없이 정치의 마당에 뛰어들기도 하지만 지속적인 정치활동은 엘리트의 몫이라는 얘기다. 미헬스를 비판하는 사람들은 과두제의 철칙이라고는 하지만 강철 같은 불변의 법칙이라기보다는 훨씬 탄력성이 있는 원칙이라고 지적한다. 미헬스도 엘리트들은 종종 일반 조직원들에게 양보를 함으로써 권력을 유지하며, 노련한 엘리트일수록 긴장이 고조되기 전에 미리 그렇게 한다는 것을 잘 알고 있었다. '예상 반응의 법칙'이란 엘리트들이 일반 조직원들과의 마찰을 피하기 위해 입장과 행동을 수정하는 경우에 발생하는 사태를 말한다. 여기서 엘리트가 대중을 통제한다는 것인지 그 반대라는 것인지는 다소 불분명하다. 미헬스가 현실적으로 어떻게 행동했는지는 그동안 별로 주목의 대상이 되지 못했다. 그는 정치적 변화의 수단으로서의 자유민주주의정당 내지 사회민주주의정당과 절연하고 무솔리니식 파시즘 지지로 돌아섰다. 카리스마적인 지도자와 열정적인 일반 대중의 직접적인 교감이 독일 사민당 같은 무기력과 보수주의를 타파할 수 있는 길이라고 봤기 때문이다.[24]

끝으로 미국 사회학자 C. 라이트 밀스의 저서 『파워 엘리트 *The Power Elite*』를 통해서 1950년대 말에 널리 알려진 견해를 고찰해보아야 하겠다. 엘리트들이 대중의 등뒤에서 거의 눈에 보이지 않는 방식으로 지배한다는 시각이다. 소련 공산주의와 서구 자본주의 양쪽을 모두 혐오하는 마르크스주의자들이 대중사회이론에 끌린 것은 노동계급이 역사가 부여한 과제를 이행하는 데 실패했다고 느꼈기 때문이다. 『파워 엘리트』(1956)는, 역사가 부여한 과제를 이행하는 데 실패한 것은 엘리트라는 필자의 신념을 반영하고 있다. 밀스는 미국의 현실에서 모든 중요한 결정은 정치조직과 비정치조직의 정점에 있으면서 서로 긴밀히 연결돼 있는 소수―지도급 인사, 최고경영자, 장성 등등―가 담당한다고 주장했다. 그러나 밀스가 진짜 문제라고 비판하는 부분은, 그들만이 '역사적 결단'을 내릴 힘이 있는데 사실은 그런 결단을 회피해왔다는 것이다.[25] 미국은 독재국가도 아니고 군사평의회가 지배하는 나라도 아니다. 평범한 남녀 시민들은 독재를 강요당하고 있지도 않고, 끔찍한 착취를 당하지도 않고, 강제노동수용소에 보내지지도 않고, 감방에서 살해당하지도 않는다. 그러나 보통 사람들의 요구는 응답받지 못하고, 사회의 자원은 그런 요구를 충족시키는 데 투입되지 않는다. 밀스는 마르크스주의자는 아니었다. 그는 저명한 사회학자로서 지금보다는 20세기 초에 흔히 볼 수 있었던 스타일의 포퓰리스트였다. 그는 1916년 텍사스에서 태어나 1961년 45세라는 이른 나이에 사망했다. 동시대의 많은 사람들과 마찬가지로 밀스는 무책임한 엘리트의 오산이 인류 역사를 느닷없는 종말로 몰고 갈 수 있는 가능성에 대해 경악했다. 소련과 미국 사이에 핵전쟁이 벌어지면 충분히 가능한 시나리오였다. 밀스가 세상을 떠난 시점은 그런 그의 공포심이 얼마나 정당한 것이었는지를 여실히 입증한 쿠바 미사일 위기가 발생하기 불과 몇 달 전이었다. 파워 엘리트들이 그동안 회피해온 가장 중요한 역사적 결단은 우리가 본의 아니게 만들어낸 핵 괴물로부터 인류를 어떻게 구할 것인가를 결정하는 것이었다.

『파워 엘리트』는 엄청난 인기몰이를 했지만 혹독한 비판도 받았다. 이 책이 중요한 이유는 논리 전개가 탄탄해서가 아니라—밀스가 미국의 모든 엘리트가 보통 사람들로부터 권력을 탈취하기 위해 조직적인 음모를 꾸미고 있다는 것을 거의 입증하지 못했다는 비판은 정당하다—대중사회가 모종의 사기를 기반으로 하고 있다는 일반적인 느낌을 아주 잘 표현했기 때문이다. 밀스가 보는 미국의 보통 사람들은, 일상에 매몰된 상태에서, 관리당하고 시키는 대로 하고 신문이 현상 유지를 뒷받침하는 방향으로 먼저 해석한 정보만 제공받는다. 라디오와 텔레비전 방송국들도 광고주와 정부의 비위를 상하지 않기 위해 노심초사한다. 정치인, 신문사, 기업가, 대규모 조직 우두머리들이 절대 원하지 않는 것은 자유롭게 사고하면서 눈 부릅뜬 채 깨어 있는 대중과 유권자였다. 여론은 변덕스럽고, 사실관계를 제대로 알지도 못하며, 공적인 정책의 방향을 제시할 능력도 없다고 본 월터 리프먼 같은 필자들이 느낀 불안감에 대해서는, 리프먼 본인이 급진파였던 젊은 시절이라면 했을 답변을 똑같이 돌려줄 수 있을 것이다. '대중에게 던져진 것은 논리적인 주장이 아닌 이미지, 사실이 아닌 허구였다. 그런 대중이 어떻게 엘리트들에게 책임을 물을 수 있겠는가?'

『파워 엘리트』는 대중사회와 그 정치에 대해 대단히 음울한 분석을 제시했다. 20세기 중반 미국 대중사회는 안락과 번영을 누리고 있지만 사실은 부지불식간에 재앙을 향해 나아가고 있다고 봤기 때문이다. 파워 엘리트는 누구도 갖지 못한 것을 가지고 있었다. 명성, 주체 못할 만큼 많은 돈, 의결권을 가진 지위, 미국 경제의 요체인 대기업들에 대한 통제권 등등. 그런 엘리트 중에서도 대통령 및 핵심 군부 인사를 포함한 극소수는 인류의 상당수를 순식간에 재로 만들어버릴 수 있는 힘을 갖고 있었다. 그런데 밀스도 구체적으로 설명하지 않은 부분이긴 하지만, 참으로 이상한 것은 파워 엘리트는 중요한 조치를 취할 능력은 거의 없다는 점이다. 다른 누구도 인류의 미래를 바꿀 수 없지만 엘리트들도 자기 영역을 벗어나면 아무 역할도 하지 못했다. 리처드 닉슨 대통령의 영화 취향이 할리우드 영화 제작자들의 결정에 영향을 미친 것에 못지않게, 영화배우 존 웨인의 베트남전쟁을 보는 시각은 전쟁 수행에 영향을 미쳤다. 정치체제가 한 엘리트의 수중에 권력을 집중시키는 대신 권력을 철저히 분산시킴으로써, 인류를 말살할 수 있는 대통령이 전 국민 건강보험조차 실시하지 못하게 돼 있는 것이다. 대중은 힘이 없지만 대중이 상실한 것을 엘리트가 획득한 것은 아니었다. 1960년대 초 정치학자들이 '누가 결정권자인가?'라는 질문에 대한 답을 찾아 나섰을 때 나온 답변은 반란을 도모하는 대중(존재하지 않는다)도, 의도를 가지고 조작하는 엘리트(존재하지 않는다)도 아니었다. 어떤 경우에는 어떤 사람들이었고, 또다른 경우에는 다른 사람들이었으며, 누구도 책임자가 아닌 경우가 많았다. 정치제도상 그런 상황에서 그런 결정을 내려야 할 책무가 부여된 개인이나 집단이 결정을 하는 경우는 왕왕 있는 정도─이슈에 따라 다르다─였다. 놀라운 일이 아닐 수 없다.

그런 정도면 잘나가는 자유민주주의 체제의 일상적인 민주정치 행위 차원에서는 그나마 안심이라고 할 수 있다. 그러나 그나마 안심인 수준 이상

일 수 없는 이유는, 밀스가 올바로 파악한 대로, 저명인사라는 의미의 '엘리트(층)'에 속하는 갑부, 매스미디어 소유주, 은행가, 대기업가, 정치인, 최고위급 군부 인사 들은 끼리끼리 어울리면서도 서로에게 사회에 대한 급진적인 또는 변혁적인 사고를 촉진할 가능성이 없기 때문이다. 그들은 바로 그 사회에서 큰 성공을 거두었다. 아리스토텔레스가 말한 '가난한 다수'는 과거의 가난한 다수보다 훨씬 유복해도 금권정치 체제 속에서 살고 있다고 생각할 만한 충분한 이유가 있다. 파워 엘리트가 현대 자유민주주의 체제에서는 복수형(엘리트들)이라는 사실이, 상식이 안 통하는 군사독재자, 약탈적 정치가, 공산당 관료, 종교 지도자, 근본주의자 들이 실권을 행사하는 국가들에서도 결국은 민주주의가 등장한다는 것을 보장해주지는 않는다. 그런 사회들이 번영하는 서구 세계에서 당연시되는 엘리트의 순환을 무리 없이 이뤄낸다 해도, 민주주의 등장에 앞서 프랑스혁명과 같은 폭력적인 대중 반란 사태를 겪지 않으리라는 보장도 없다. 다만 파워 엘리트가 복수라는 사실은, 배후에서 조종하는 오즈의 마법사 같은 존재는 없다는 점에서 안심이다. 얼마나 안심이 되느냐는 경우마다 다르다. 결정권자가 아무도 없다는 것을 안다고 해서 항상 안심이 되는 것은 아니다. 밀스는 특히 미국의 핵무기 사용 문제와 관련해 그런 부분을 강조했다.

제23장
제국과 제국주의

제국과 제국 개념

    거대한 현대 제국들의 흥망성쇠는 19세기 말부터 20세기까지 진행된 가장 놀라운 정치 현상 중 하나였다. 그것은 또 제국의 개념을 바꿔놓았다. 정치적 사건들은 종종 그것을 이해하기 위해 우리가 사용하는 개념들을 개조한다. 프랑스혁명은 혁명이 무엇이고 혁명은 무엇을 성취할 수 있는지에 대한 우리의 관념을 바꿔놓았다. 오랫동안 단순한 혼란 또는 기본 원칙으로의 보수적 회귀 정도로 이해돼왔던 현상이 이제는 전혀 새롭고 예측 불가능한 어떤 것의 시작으로, 그리고 사회·경제적 변혁을 촉발할 경우에만 '진짜' 혁명인 것으로 여겨지게 됐다. 미국, 영국, 프랑스에서 여성과 무산자들이 정치적 대의 체제에 점진적으로 흡수됨으로써 민주주의 개념에 새로운 의미가 부여됐다. 아리스토텔레스가 다수의 무제약적인 지배라고 규정한 체제는 사회 각계각층에서 선발되고 전체 사회에 책임을 지는 직업 정치인들의 지배로 재정의됐다.

이와 마찬가지로 19~20세기의 제국주의 기획들은 우리로 하여금 제국의 본질을 달리 생각하게 만들었다. 가장 발전된 현대적 형태의 제국주의는 단명했다. '아프리카 쟁탈전'이 치열해진 것은 19세기 말에 들어서였다. 영국 식민 제국은 1차대전 종전 이후 최대 판도를 달성했다가 2차대전 종전 직후 거의 원점 수준으로 오그라들었다. 20세기 제국주의의 선구적인 형태는 꽤 오래됐다. 16~19세기에 근대 제국들이 수립됐고, 돌이켜보면 그런 제국들은 그 이전의 선례들과는 또 달랐다. 일반적인 형태로 보면, 식민지 본국은 멀리 떨어진 해외 영토에 대해 군사·정치적 지배권을 행사했다. 제국 건설의 동기는 새로울 게 없었다. 국가가 새 영토에 욕심을 내는 이유는 전통적인 것이었다. 경제·군사적 안전을 확보할 목적인 경우도 있고, 경제적 착취를 목적으로 하는 경우도 있고, 단순한 세력 과시용인 경우도 있었다. 과거와 다른 점은 제국 형태의 거대한 복합체가 단일국가를 형성하지 않는다는 점이었다. 이런 면에서 로마제국과는 달랐다. 이런 차이를 유발하는 근본적인 이유는 현대의 제국들이 해상 제국이기 때문이다. 이전에는 기원전 5세기의 아테네 '제국'(에게해 중심)과 베네치아 제국(아드리아해)이 유일한 사례였다.

스페인, 포르투갈, 네덜란드, 프랑스, 영국이 식민지와 무역 거점을 건설하고 지구 반대편에 있는 영토에 대한 주권을 주장하면서 선진국은 후진국 종족들을 지배할 권리가 있다는 새로운 개념도 등장했다. 그중 일부는 19세기에 '과학적' 인종주의로 발전했고, 일부는 2500년 전 아리스토텔레스가 『정치학』에서 설파한, 정치에 적합한 종족 집단이 있고 노예 상태에 있어 마땅한 종족 집단이 있다는 인종차별 논리 수준에 머물러 있었다.[1] 종족적 차원에서 또는 '문명화의 사명'이라는 차원에서 제국을 정당화한 논리 가운데 일부는 종교적 관점에서 이교도 인디언들에 대한 지배를 정당화한 스페인식 논리를 그대로 차용하기도 했다. 반면에 종교와는 무관한 제국주의 논리도 있었다. 19세기 말이 되면서 인종주의적 시각이 큰 힘을 얻었다. 과거에는 멀리 있는 야만인들에게 기독교를 전파하려는 시도로 여겨졌던 것이 이제는 '백인의 책무'로 발전했다. 이런 생각은 당대에는 상식이었다. '백인의 책무'라는 표현 자체는 영국 작가 러디어드 키플링이 1899년 미국이 카리브해와 태평양 일대에서 스페인 제국의 땅을 빼앗은 것을 축하하기 위해 쓴 시에 나온다.[2]

　서로 다른 시기의 제국들 사이에는 놀랄 만한 차이점이 있다. 로마제국은 정점에 도달했던 시기에 단일국가였다. 그리고 로마의 속주는 일종의 행정구역이었다. 현대 제국주의 열강 가운데 식민지 영토를 데파르트망에 편입시키려고 한 나라는 프랑스가 유일하다. 19세기 러시아와 미국은 고전적인 모델을 따랐다. 육로를 통해 러시아는 동쪽으로, 미국은 서쪽으로 영토를 넓혀갔다. 그러면서 새로운 영토와 그 원주민들을 러시아는 단일국가로, 미국은 연방국가로 통합했다. 미국도 러시아도 스스로를 프랑스, 스페인, 영국과 같은 의미의 제국이라고 생각하지 않았다. 아메리카 '제국'은 '자유의 제국'이라는 개념을 실질적으로 구현했다는 점에서 러시아제국과는 결정적으로 달랐다. 미국 공유지 조례U.S. Land Ordinances는 1787년 연방헌법 제정에 앞서 통과됐는데, 새 영토는 미국 독립 당시의 13개 주가 누렸던 것과 동일한 권리와 지위를 갖는 별개의 독립적인 주가 된다고 규정했다. 동부의 여러 주에 거주하는 식민지인들은 서부로 이주하는 과정에서 아무 권리도 상실하지 않았다. 미국·스페인전쟁(1898년—옮긴이)이 발발할 때까지 미국은 본토 바깥에서 식민지를 획득하지 않았다. 이후 식민지가된 필리핀, 하와이, 푸에르토리코는 각기 다른 길을 걸었다. 필리핀은 독립했고, 하와이는 미국의 한 주가 됐고, 푸에르토리코는 이상한 잡종 형태의 '자치령Commonwealth'이 되었다. 주로서의 권리 가운데 많은 부분을 누리면서도 형식적으로는 의회에 대표를 파견하지 않는 보호령이 된 것이다.

　반면에 아테네 제국은 명목상으로 독립적인 국가들의 연합체였다. 소속 국가들은 실질적인 자치권을 누렸고, 아테네에 귀속돼 있다는 것은 조공을 바치는 대신 집단 방어 체제의 일원이 된다는 의미였다. 비잔티움제국은 동방의 로마로서 과거 로마의 체제를 그대로 물려받았다. 바빌로니아에서 셀레우코스에 이르는 제국들은 비슷한 패턴을 따랐다. 이웃한 땅들을 정복을 통해 획득하고 지역별로 총독을 배치하는 방식이다. 오스만제국은 나중에 키프로스섬과 크레타섬을 합병할 정도로 세력이 커지지만 스타일 면에서 진정한 예외는 아니었다. 지중해 동부 연안 땅들을 확보한 뒤에는 내해 內海의 섬들을 장악했지만, 무역을 위해서나 본국에서 멀리 떨어진 곳에 나가 있는 함대와 선단의 안전 확보를 위해 해외 거점을 추구하지는 않았다. 오스만제국은 발칸반도를 평정하고 흑해 너머 북쪽으로 팽창을 시도했다. 20세기에 두 차례의 세계대전과 더불어 끊임없이 크고 작은 무력 분쟁을 촉발한 제국들은 글로벌 해상무역의 산물이자 막대한 자본을 가지고 이윤 추구에 혈안이 된 유럽인들의 등장의 산물이었다. 근대 초기 무역은 본질적으로 고위험 고수익 구조였다. 남북 아메리카 대륙에서 귀금속을 조직적으로 수탈하면서 무역은 더욱 활성화됐다. 그런 과정은 유동자본이 유럽인들 손에 축적되고 자본가들이 새로운 출구를 찾아 나섬으로써 더더욱 심화됐다. 이것이 바로 근대 자본주의와 원양 제국 형태의 현대 제국주의의 시작이었다.

　이 장에서는 근대 이전의 제국 개념들을 간단히 정리한 다음 식민지화가 언제 어디서 정당한가에 대한, 유럽의 1차 팽창으로 촉발된 논란을 살펴보고 세 가지 주제를 집중 논의하기로 한다. 첫번째 주제는 자연법을 근거로 식민지화를 정당화하는 논리에 관한 것이다. 이는 '문명화의 사명'을 추구하는 과정에서 발전된 사회는 덜 발전됐거나 미발전된 사회를 복속시킬 권

1114

리가 있다는 관념이기도 하다. 이런 관념은 (다소 이상한 일이지만) 인종들 간에 위계가 존재한다는 시각과 결합됐다. 인종 위계론은 한때 별다른 반론에 부딪히지 않고 널리 확산됐지만, 18세기 계몽주의 작가들로부터 이미 강력한 비판을 받았을 만큼 완전히 설득력을 상실했다. 두번째 주제는, 제국주의는 선진 산업국가들의 정치와 경제가 발전하면서 자연스럽게 나타나는 불가피한 현상이라는 레닌의 유명한 테제—영국 자유주의 경제학자 J. A. 홉슨의 제국주의론을 무단 차용한 것이다—에 관한 것이다. 물론 당시에도 제국주의의 결과가 대재앙이 될 것이라는 점은 충분히 예상됐다. 세번째 주제는 프란츠 파농의 저작과 연관된 것으로, 식민 제국은 특히나 끔찍한 형태의 억압이며 제국에 대한 반란이 자아 형성의 결정적 행위라고 하는 관념이다. 이런 사상을 논하는 것은 민족이라는 관념이 얼마나 비상한 힘을 발휘하는지, 민족주의가 1945년 이후 세계에서 얼마나 큰 역할을 담당했는지를 살펴보는 기회가 된다. 그런 다음, 이집트 출신의 이슬람 원리주의운동가 사이드 쿠틉의 저작에서 민족주의와 종교가 결합하는 양상을 간단히 살펴보기로 하자. 오늘날 우리가 살고 있는 세계가 탈제국주의, 탈식민주의 세계인지 아니면 신식민주의, 신제국주의 세계인지는 독자들이 판단할 문제다.

고대의 제국 개념

고대 세계에서는 국가들이 최대한 세력을 확대하는 것을 당연시했다. 아마도 제국에 관한 개념 중 가장 오래된 것은 바로 그런 인식이었을 것이다. 많은 비판자들이 주장하듯이 21세기 미국이 제국주의 세력이라면, 그것은 미국인들이 지금도 백인의 책무를 열성적으로 이행하려 하고 있거나 시어도어 루스벨트 대통령처럼 세계가 몇 개 국가의 세력권으로 말끔하게 분할되는 것을 보고 싶어해서가 아니다. 그것은 홉스가 언급한 대로, 상업적·군사적 경쟁의 논리는 "권력에 대한 항구적이고도 쉼 없는 추구"이기 때문이다. 이런 문제에 대한 아테네인들의 시각을 투키디데스가 정확히 서술했다면, 강자는 하고 싶은 대로 하고 약자는 하라는 대로 해야 한다. 이것이 자연의 법칙이며, 우리는 그 법칙과 더불어 살아가고 있다. 한 국가의 경계가 신성불가침이라는 발상은 그리스나 로마적인 개념이 아니었다. 그것은 종교개혁 이후, 그리고 특히 1648년 베스트팔렌조약이 30년전쟁에 종지부를 찍은 이후 민족국가가 등장하면서 생긴 개념이다. 이 조약의 밑바탕에는, 주권국가는 자기 신민을 어떻게 대우했느냐에 대해 다른 주권국가에 책임을 지지 않으며, 군사적 행동을 정당화하는 유일한 근거는 자위권 행사라고 하는 생각이 깔려 있다. 식민지화는 근현대 제국들의 중요한 양상이고 제국의 종말을 지연시키면서 피로 물들인 한 요인이었지만, 고대 세계에서는 도덕적 불편함을 유발하지 않았다. 식민지가 제국의 기초도 아니었다. 근현대 식민지들과 달리 고대의 식민지는 본국과 긴밀한 정치적 관계를 유지하지 않았다. 식민지는 새롭고 독자적인 시도였으며 독자적 집단으로서 행동했다.

기원전 6~4세기의 작가들이 제국이라는 문제를 보는 시각은 한마디로 정리하기 어렵다. 전통적으로 페르시아 왕조 국가에 대해서는 항상 '제국'이라고 번역되는 용어로 서술됐다. 그러나 당대의 작가들은 지금의 우리와 달리 제국과 다종족 국가, 국가연합 또는 단기적이고 느슨한 부족연맹체를 구분하지 않았다. 그리스 관찰자들이 그 차이점에 주목한 것은 그리스식의 독립적인 소규모 폴리스들과 신민들이 반신半神으로 떠받드는 왕들이 지배하는, 판도를 더욱 넓혀가는 대규모 왕국들이었다. 그리스인들은 지배자에게 신적인 지위를 부여하는 것을 부조리한 행위 또는 신성모독이라고 생각

1116

했다. 그래서 알렉산드로스대왕조차도 그리스 군사들에게 페르시아식으로 자기에게 엎드려 절하라고 강요했을 때 강한 저항에 부딪혔다. 페르시아는 고전적인 다종족 왕국이었다. 그러나 현대인의 눈으로 보면 제국이라고 표현할 만한 요건을 충족하고 있다. 사르디스에 중앙정부가 있고, 지역 지배자들은 사실상 중앙정부의 대리인이었다. 그러나 많은 지역 단위 공동체들은 페르시아의 지배를 받으면서도 내부 문제에 관해서는 상당한 자치권을 누렸다. 이런 페르시아에 그리스인들이 관심을 집중한 것은 페르시아가 지속적으로 군사적 위협을 가해왔고, 영토가 방대하고, 위대한 왕의 대행자들에 의해 전제적으로 통치되고 있고, 많은 점에서 효율적이었기 때문이다. 페르시아의 재정적 효율성은 역설적이게도 페르시아의 몰락을 가져오는 결정적 요인이 되었다. 마케도니아의 필리포스 왕과 그 아들 알렉산드로스는, 군사적 공략에 필요한 자금은 페르시아의 국고를 털어 조달하면 된다는 것을 잘 알고 있었다.

영어의 'empire(제국)'는 라틴어 imperium(임페리움)에서 파생된 단어다. 임페리움은 처음에는 '지휘하다' 정도의 의미였다. 로마가 건국 초기에 전제군주였던 왕들을 쫓아내고 공화정을 수립한 것은 로마 정치에서 대단히 큰 상징적 의미를 갖는 사건이었다. 그래서 로마 황제들은 스스로를 '사령관imperator/emperor/황제'이라고 칭했다. 이는 아시리아나 페르시아의 왕들처럼 지구상의 다른 왕들보다 더 위대하고 강력하다는 것을 과시하기 위한 것이 아니라 왕rex이라는 칭호를 피하기 위한 표현이었다. 그리스인들과 마찬가지로 로마인들은 왕권이라는 것은 원시적인 정치 형태라고 생각했다. 이런 행태는 실권 없는 원로원을 없애지 않고 존치시킨 것처럼 일종의 보여주기였고, 따라서 동방의 관습을 차용해 황제를 신적인 존재로 떠받들게 하는 것과 모순되는 일이 아니었다. 로마가 제국으로 발전했고 제국으로 널리 인정받고 있던 시기에도 로마는 여전히 명목상 공화정 체제이고 '황제'는 없었다. 폴리비오스의 『역사』를, 그 서술과 설명 내용을 고려해 영역본에서 『로마제국의 등장 *The Rise of the Roman Empire*』이라고 제목을 붙인 것은 적절했다. 그러나 이때의 로마제국은 로마 공화정이 만든 제국이었다. 로마의 지배권 아래서도 지역별로 정치체들이 존재했지만 그들의 운명은 로마의 손아귀에 들어 있었다.

제국은 필요충분조건에 따라 엄밀히 정의하기보다는, 대충 보면 쉽게 알 수 있다. 대강 말하자면, 제국은 그 제국이 접촉하는 대부분의 나라들보다 커야 하고, 다종족 내지는 다민족 국가여야 하며, 중앙의 정치적 권위에 대한 신복臣服을 확보해야 한다. 지역별 통치는 토착 지배자들에게 위임할 수도 있고 대리인이나 보좌관들을 보내 직접 할 수도 있다. 이런 기준으로 판단해 본다면, 신성로마제국은 흔히 받는 경멸적인 평가 그대로 신성하지도 않고 로마도 아니고 제국도 아니었다. 그것은 지역 지배자들의 권위와 정통성이 선출된 황제의 그것보다 더 확고하고 효율적인, 느슨한 국가연합체로 제국의 개념을 최대한 확장시켰다. 덕분에 막시밀리안 1세와 카를 5세 같은 대단히 유능한 지배자들도 황제 칭호를 얻게 되었다. 중세 중기에 비교적 작지만 응집력이 강한 국가의 왕들이 황제imperator sibi를 자칭한 데에는 그럴 만한 이유가 있었다. 이른바 황제라고 하는 거대 세력에게 복종하지 않겠다는 의지를 강조한 것이다. 도시국가들도 충분히 그럴 수 있었다.

신성하지도 않고 로마도 아니고 제국도 아닌 신성로마제국은 교황 레오 3세가 서기 800년 성탄절에 샤를마뉴에게 대관식을 거행해주면서 염두에 두었던, 그리고 이후 작가들의 마음속에 줄곧 남아 있던 바를 충실히 실천했다. 신성로마제국 황제는 기독교 세계 수호를 위한 조정자 역할을 해야 했다. 기독교 세계는 정치체가 아니라 신앙 차원의 공동체였다. 그 구성원은 기독교인들이었으며, 여기서 말하는 기독교 세계는 라틴어를 사용하는 서방 기독교 지역을 의미한다. 기독교 세계의 적은 800년에는 무어인이었고, 그 이후에는 오스만제국이었다. 물론 교황 실베스테르 2세가 당장 직면한 문제는 로마 북쪽에서 위협해오고 있는 롬바르디아인들이었다. 기독교인 통치자들에게 끝없는 전쟁에 휘둘리지 말고 평화를 추구하라고 간곡히 호소하는 여러 편의 에세이에서, 16세기 초에 활동한 네덜란드 인문학자 에라스뮈스는, 굳이 싸워야 한다면 군사적 에너지를 튀르크족 쪽으로 돌리라고 말한다.[3] 에라스뮈스의 의도를 공정하게 평가한다면 아무도 전쟁을 안 하는 것을 더 원한다는 이야기이겠다. 호엔슈타우펜왕가 출신으로 1229년 예루살렘을 비롯한 성지를 회복한 프리드리히 2세 황제처럼, 에라스뮈스도 외교와 재정적 유인책이 무력으로 할 수 없는 일을 해낼 것이라고 생각했다.

신대륙 아메리카, 정복과 식민화의 윤리

새로운 형태의 제국이 등장할 가능성을 연 것은 서인도제도와 아메리카 대륙의 발견 및 남아프리카 희망봉을 돌아 아시아로 가는 항로의 개척이었다. 고대 세계 대부분의 제국주의적 모험과 달리, 이 과정에서는 경제적·기술적·정치적 발전 수준이 현저히 다른 종족들이 맞닥뜨리는 사태가 벌어졌다. 그러면서 유럽 열강과 멀리 떨어져 있는 미지의 종족들과의 관계에 관한 문제가 제기됐다. 과거에는 그런 사례가 별로 없었다. 특히 그런 맞닥뜨림은 정착민과 식민지 개척자들이 원주민이 사냥·채집활동을 하던, 그러나 유럽적 의미에서 사유재산으로 간주되지는 않는 땅에 대해 소유권을 주장하는 것이 정당한가 하는 새로운 문제를 야기했다. 원주민과 서구에서 현지에 갓 도착한 사람들을 공히 규제할 공통의 실정법은 없는 것으로 간주됐다. 따라서 새로 온 문명인들이 덜 문명화된 원주민을 어떻게 다루어야 할 것인가 하는 문제는 자연법이나 만민법jus gentium의 원칙에 입각해 처리하는 것이 당연한 수순이었다. 만민법에는 그런 문제를 해결할 수 있는 근거가 일부 있었다. 전통적으로 가장 오래된 의문 두 가지는, 해적 및 기타 범죄자들을 법적 관할권 바깥에 있는 지역에서 체포했을 경우 그들에 대한 법률적 관할권은 누구에게 있는가, 그리고 이방인을 도와야 하는 의무란 과연 무엇인가였다. 원주민이 해적처럼 자연법을 위반한다면 징벌에 처할 수 있을 것이다. 징벌 내용에는 그들의 이른바 '자산'에 대한 몰수도 포함된다. 또 원주민들은 자연법을 위반하지는 않더라도 어려움에 처한 이방인들을 도와야 할 의무를 거부할 권리는 없었다. 문제의 이방인이 식민지를 개척하러 온 침탈자라도 마찬가지다.

이런 문제들에 대한 논란은 스페인에서 처음 시작됐다. 늘 그렇듯이 본국에서 말로 떠드는 공식 윤리와 멀리 떨어진 식민지에서 벌어지는 정복자와 식민지 개척자들의 실제 행동 사이에는 간극이 있었다. 원칙적으로 스페인 왕실은 신민臣民인 아메리카 인디언을 스페인 본토 농민과 같이 대우하기를 원했다. 말하자면 농노제식으로 보호자(사실상의 주인─옮긴이)에게 공물을 납부하거나 무급노동을 제공하게 하되 노예는 아닌 존재로 취급하라는 것이다. 대신 보호자는 그들에게 기독교를 가르치고 외부의 공격과 약탈로부터 보호해주어야 한다. 무어인으로부터 탈환한 땅에 거주하던 주민들에게 그랬던 것처럼, 그러한 법적·경제적 특권을 왕실이 선택한 자들에게 하사하는 것은 당연한 일로 간주됐다. 선택 대상은 대개 스페인 군인들이지만 아스테카왕국 황제 몬테수마의 딸들의 경우처럼 아메리카 인디언인 경우도 있었다. 이른바 엔코미엔다encomienda(스페인령 아메리카에서 정복자나 식민지 개척자가 원주민들에 대한 통치권을 본국으로부터 위임받아 행사하는 제도─옮긴이) 시스템은 20세기 초 멕시코가 독립할 때까지 지속됐다. 그것은 엄격히 말하면 일방적인 조치였다. 아메리카 인디언들은 열악한 처우와 유럽에서 유입된 신종 질병으로 수도 없이 죽어나갔다. 병에 대한 면역력이 없었던 탓이다.

식민지화의 윤리성에 대해 깊이 생각한 사람들 가운데 가장 유명한 사람은 16세기 초 스페인의 법률이론가 프란시스코 데 비토리아였다. 신부인 비토리아는 그야말로 박학다식한 인물이었다. 그는 1509~1523년 파리 대학에서 가르쳤고, 1526년부터 1546년 사망할 때까지 스페인 살라망카 대학에서 교수로 재직했다. 토마스 아퀴나스 신봉자로 도미니크수도회 소속이었던 비토리아는 종교개혁과 에라스뮈스 같은 인문주의자들(계몽된 가톨릭을 추구했지만 반종교개혁으로 무산됐다)에 대해 깊은 반감을 가지고 있었다. 스페인을 관할하던 신성로마제국 황제 카를 5세는 비토리아에게 자주 자문을 구했다. 특히 아메리카 인디언 처우 문제와 잉글랜드 왕 헨리 8세가 카를 5세의 작은 이모 아라곤 공주 캐서린과 이혼하려는 시도 등에 관한 자문이 많았다. 비토리아는 카를 5세에게 듣기 좋은 말만 하지는 않았다. 그는 절대주의의 열렬한 신봉자였지만, 권력자의 필요에 부응해 이성에 입각한 법의 원칙을 굽히는 일은 없었다. 그는 교황 알렉산데르 6세가 아메리카 발견지에 대한 소유권을 스페인에게 부여했다는 것을 근거로 스페인이 현지 인디언들에 대한 통치권이 있다는 주장을 부정했다. 교황은 세속적 지배권이 없다는 논리였다. 하물며 그런 소유권 부여의 근거가 되는 성聖과 속俗을 막론한 보편적 지배권은 받아들일 수 없는 것이었다. 교황의 세속적 권위는 신앙 수호라는 범위에서만 인정되는 것이었다. 교황은 왕이 이단설을 주장할 경우 폐위를 선언하고 그의 신민들에게 봉기를 촉구할 수 있다. 그러나 교황의 권위를 세속적 권력으로 확장하는 것은 불가하다.[4] 비토리아는 교황이 보편적인 세속적 지배권을 갖고 있기 때문에 다른 모든 세속적 통치자들은 그의 대리인에 불과하다는 논리에도 동의하지 않았다. 그러나 스페인이 새로 발견한 땅을 취득하고 거기 거주하는 원주민들을 복속시키는 것은 비교적 타당하다는 논리를 폈다. 물론 이런 논리는 스페인의 정복 행위에 대해 아무렇게나 해도 좋다는 식의 백지위임장을 주는 수준은 아니었다.

비토리아의 저작은 토미즘 이론 체계에 근거한 스콜라철학적 설명 방식 때문에 현대 독자들에게는 다소 생소한 느낌을 준다. 더더욱 그런 느낌을 갖게 되는 것은, 네덜란드와 영국이 제국주의 세력으로 부상한 이후 법과 국제법에 대한 새로운 사고방식이 등장했기 때문일 것이다. 이제 로마법과 만민법적 관념들은 점차 현실에서 멀어졌다. 그럼에도 불구하고 오늘날 진행되고 있는 인도주의적 개입에 대한 논의는 비토리아의 사상에서도 어느 정도 발견할 수 있다. 그는 자연법 자체를 위반한 자들을 징벌할 수 있는 보편적 권리는 존재하지 않지만 가능한 한 무고한 사람들을 보호해야 할 의무는 있다고 주장했다. 우리는 무고한 사람들이 도움을 청하지 않는 경우는 물론 도움을 거부할 경우에도 개입해야 할 의무가 있다는 것이다. 우리는 대부분 국내적 폭력 사태가 벌어질 경우 그런 관점을 견지한다. 비토리아의 논리에서 의문스러운 점은 그런 원칙보다는 사안별 사실관계에 관한 것이다. 훌륭한 도미니크수도회 회원인 비토리아는, 기독교인은 누구에게나 복음을 전파할 수 있는 전도권ius predicandi을 갖고 있다고 주장했다. 도미니크수도회가 설립된 목적도 전도 목적에 있었다. 전도를 하는 기독교인을 방해하는 자는 누구든 기독교인과 일종의 전쟁 상태에 들어가는 것이었다. 더구나 서인도제도의 스페인인들은 외교사절이었기 때문에 외교사절로 대우받아 마땅했다. 이런 교묘한 논리는 또다른 논거에 의해 더욱 발전됐다. 징벌적 침략은 무고한 사람들에게 추가적 해악을 끼치지 않고 개종자들에게도 위험이 되지 않는 경우에만 목적을 달성한다는 것이다. 이런 단서 조건에 의해 제기되는 두 가지 가능성—악한 자들을 축출하고 그들이 점유한 땅에 대한 지배권을 확보하는 것—가운데 첫번째는 실천 불가능한 것이었다. 따라서 두번째 경우만이 합법적이었다. 정복과 식민지화는 이런 식으로 토마스 아퀴나스가 말한 '정의로운 전쟁'을 새로운 영역으로 확장함으로써 정당화되었다. 이런 논리는 모든 사람을 설득하지는 못했지만 토미즘적 정통론으로 자리잡았다.

좀더 극단적인 관점은, 기독교를 믿지 않는 자들은 그 자체로 기독교 문명과 전쟁 상태에 있는 것이기 때문에 그들을 정복하고 노예화하는 것은 정당하다는 논리였다. 이런 포괄적인 정당화는 비토리아가 아퀴나스의 권위를 빌려 거부한 바로 그것이었다. 아퀴나스는 기독교를 믿지 않는 통치자도 합법적이며 그들이 불신자라는 이유만으로 전쟁을 벌이는 것은 허용할 수 없다고 주장했다. 이는 카리브해와 남아메리카의 통치자들에 대해서도 간섭을 해서는 안 된다는 것과 같은 의미다. 카리브해 인디언들은 노예로 타고났기 때문에 전쟁을 통해 그들을 노예화함으로써 원래의 당연한 상태로 돌려놓아야 한다는 주장은, 아리스토텔레스가 산발적으로 언급한 '인간 사냥'을 근거로 해야만 최소한의 설득력을 얻을 수 있었다. 실제로 16세기 스페인의 인문주의 철학자 후안 히네스 데 세풀베다는 아리스토텔레스의 주장을 근거로, 전쟁의 합법적 목표는 천성을 노예로 타고난 반항적인 원주민들을 원래의 노예 상태로 돌려놓는 것이라고 주장했다. 이런 주장은 일부에서 지지를 얻었지만 반론도 만만치 않았다. 16세기에 아메리카 선교사로 활동한 스페인 성직자 바르톨로메 데 라스카사스는 이미 1542년에 카리브해 인디언들에게 가해진 살육 행위에 대해 가슴 저미는 보고서를 작성했다. 여기서 그는 인디언들이 무고하고 온순한 존재이며, 스페인 정복자들은 탐욕과 야만에 물들어 있다는 점을 강조했다. 라스카사스의 주장은 더이상의 호응을 얻지는 못했다. 탐욕은 대개 인간으로 하여금 나쁜 논리는 받아들이고 좋은 논리는 거부하게 만들기 때문이다.

대단히 놀라운 사실은, 황제 카를 5세가 1550~1551년 이른바 '바야돌리드 논쟁Valladolid controversy'을 주관했다는 점이다. 스페인 바야돌리드에서 진행된 이 논쟁은 세풀베다와 라스카사스의 상반된 견해를 청취하기 위한 것이었다. 스페인은 신대륙에 식민지를 확보하게 되면서 자위권 행사 이외의 군사행동에 대해서도 정당성을 확보해야 할 필요를 느꼈다. 카를 5세는 정복을 법률적으로 정당화해줄 논리를 원했다. 그런 논리가 부재한 상태에서는 프랑스, 영국, 네덜란드가 신대륙에서의 스페인의 소유권을 인정하려 하지 않을 것이기 때문이다. 물론 그들은 스페인이 어떠한 법률적 구실을 내세워도 스페인의 식민지 획득을 권리로서 존중해줄 생각이 없었다. 교황이 신대륙의 절반에 대한 소유권을 스페인에게 수여한 것도 스페인의 필요를 충족시킬 수 없었다. 특히 비토리아 같은 가톨릭 문필가들도 교황의 소유권 수여는 무효라고 주장하는 마당이었다. 교황의 조치는 어떤 식으로 보아도 마땅치 않은 선물이었다. 신대륙의 절반만 소유해야 한다면 스페인은 태평양 무대에서 사실상 더이상의 활동이 차단되는 셈이기 때문이다. 영국 같은 개신교 국가들이 교황의 소유권 수여 조치를 현실로 인정할 가능성도 전무했다.

지배권과 소유권

16세기 중반부터 문인·학자들은 지배권과 소유권이라는 쌍둥이 문제에 몰두했다. 해상 제국들이 등장하면서 공해상에서 국가와 개인의 권리에 관한 문제, 그리고 그 연장선상에서 유럽인들의 기준으로 보기에 '미점유 상태' 내지 황무지인 지역의 외국인 및 외국의 권리에 관한 문제가 제기됐다. 국가가 공해상에서 행사하는 일부 지배권은 아주 오래된 것이었다. 고대 세계는 자국 선박을 해적으로부터 보호하는 국가의 행동을 합법적인 것으로 당연시했다. 해적처럼 인류의 적인 경우에는 어디서든 사고를 저지른 인물을 살해해도 괜찮았다. 그러나 해적에 대한 형사재판권이 어떤 국가가 공해에 대한 소유권을 주장할 수 있음을 의미하지는 않았다. 공해는 차단할 수 없는 영역이었다. 따라서 공해에 들어간 자들을 축출할 수도 없었다. 공해는 기본적으로 강이나 호수와는 달랐다. 육지로 둘러싸인 수역의 경우 통용되는 규범은, 주변 토지의 소유자가 강이나 호수의 중간 지점까지를 다른 소유자와 나눠 갖는다는 것이었다. 합법성을 규정하는 것은 관행이라는 원칙이 널리 통용됐다. 로마인들은 연안 수역에 대해, 그리고 지브롤터해협 양안의 땅을 확실히 장악함으로써 해협에 대해서까지 소유권을 주장할 수 있었을 것이다. 공해는 본질적으로 소유자가 없는 영역이었다. 어부들은 주인 없는 땅이나 적대적인 공동체에 들어가 있는 땅에서 사냥감을 쫓는 사냥꾼 같은 존재였다. 그런 땅은 사냥하는 사람들 모두의 집단 소유 같은 것이지만 특정인 누구의 소유도 아니었다. 공해를 항해할 수는 있지만 점거하는 것은 불가능했기 때문에 누구도 그에 대한 소유권이 없었다. 물론 공해를 통과하거나 거기서 어로 작업을 하는 것은 누구에게나 허용됐다.

남북 아메리카의 식민지화는 어떤 식의 정당화 논리가 동원되느냐에 상관없이 결국 일어나고 말았을 일이다. 그럼에도 불구하고 유럽에서 온 정착민들에 의한 식민지화는 원주민들이 농경까지는 아니더라도 사냥을 하던 땅에 대해 소유권을 행사하는 것이 합법적인가 하는 문제를 끈질기게 야기했다. 한 가지 관점은, 원주민들이 땅의 주인이고 정착민들은 그들에게 대가를 지불하고 토지를 구입하는 것이 윤리적 의무라는 것이었다. 다른 관점은, 원주민은 그들이 거주하는 토지에 대한 권리가 없고, 따라서 허락을 득할 필요 없이 그들에게 필요한 만큼의 땅만 남겨주고 토지를 획득하는 것은 합법적이라는 것이었다. 가장 중요한 문제는 왜 원주민이 어떤 식으로든 유럽 식민지 개척자들과 거래를 해야 하는가 하는 것이었다. 이에 대해서는 설득력 있는 답이 없었다. 아주 오래된 스토아철학의 원칙은 '자연법은 우리에게 이방인들이 우리의 남는 물건을 사용할 수 있도록 해주어야 한다고 말한다'는 것이다. 단, 그 때문에 우리의 생존이 위협받아서는 안 된다. 그러나 이런 원칙은 식민지 관련 문제에서는 거의 타당하지 않다. 스토아철학에서 말하는 '이방인'은 곤경에 처해 자원을 소유한 사람들의 자비에 의존할 수밖에 없는 경우를 전제로 하고 있기 때문이다. 식민지 개척자들은 의도 면에서나 사실관계 면에서, 난파한 항해자 혹은 날은 저물고 잘 곳은 없는 여행자 같은 존재가 아니었다. 문제는 스토아철학적 원칙을 견강부회했다는 점이다. 정착민은 기존 원주민이 사용하고도 남는 땅에 거주할 천부의 권리를 가졌다는 논리가 전개됐다. 야만족이 정착민을 추방하려고 들면 그들을 전쟁을 통해 복속시키는 것도 정당하다는 논리였다.

17세기 전반에 활동한 네덜란드 법학자 휘호 흐로티위스—비토리아보다 100년 뒤에 태어났으며, 국제법의 역사를 논할 때 항상 비토리아와 더불어 언급되는 인물이다—는 비토리아가 논거로 삼았던 스토아철학적 관점을 다시 강조하는 한편으로 13세기 중반 교황 인노켄티우스 4세가 공표한 원칙, 즉 문명화된 종족들은 야만인에 대한 천부적 지배권을 갖는다는 주장까지 끌어들였다. 물론 이런 주장은 비토리아는 수용하지 않았던 것이다. 그런데 흐로티위스의 최우선 관심사는 공해에 대한 지배권 주장을 반박하는 것이었다. 1609년 출간한 『해양자유론Mare liberum』에서 흐로티위스는 공해는 모든 통행자들이 사용하는 고속도로와 같다는 친숙한 주장을 제기했다. 따라서 어떤 나라도 공해에 대한 지배권을 주장할 수 없다는 것이다. 이런 시각은 충분히 설득력이 있지만 그가 이런 주장을 내세운 동기는 동인도제도에 대한 포르투갈의 권리 주장을 반박하기 위한 것이었다. 이 시기의 영국은 『해양자유론』에 제시된 원칙을 받아들이지 않았다. 영국인들의 시각은 영국제도를 둘러싸고 있는 바다는 영국 소유라는 것이었다. 영국과 네덜란드는 17세기의 상당 기간을 북해에서 서로 싸웠다. 18세기 초 영토주권은 해안에서 대포알이 도달할 수 있는 곳까지 미친다('3마일 한계 원칙')는 데에 모두가 동의함으로써 사실과 법리의 충돌 문제가 말끔하게 정리됐다. 3마일 한계 원칙은 제2차세계대전 때까지 일반적으로 인정됐다. 이 원칙을 대체하는 문제를 놓고는, 아이슬란드가 대구 어족자원 보호를 위해 영해를 확대하자 영국이 이를 인정하지 않으면서 양국 간에 발생한 어처구니없는 '대구전쟁cod wars'을 비롯해 여러 차례 충돌이 있었다. 1958년 처음 개최된 유엔해양법회의는 수차례 회의를 거치면서, 인접 수역에 있는 서로 다른 국가의 경제적 이해관계를 200해리까지 인정하는 일련의 규약을 만들어냈다.

호로티위스가 소유되고 있지 않거나 소유될 수 없는 대상에 대해 우리가 갖는 권리에 관해 온전한 원칙을 제시한 것은 1625년에 출간한 대작 『전쟁과 평화의 법 De jure belli ac pacis』을 통해서였다.[5] 새로 온 정착민들이 거주하게 된 토지의 소유권 획득에 관하여 호로티위스는 훗날 홉스와 로크가 답하는 내용의 기초를 제공했다. 토지는 경작을 하는 방식으로 이용해야만 소유권이 발생하며, 법률은 이를 인정해야 한다는 것이다. 홉스와 로크는 시민사회의 권리에 대해 시각이 매우 달랐지만 원주민의 권리에 대해서는 부정적이고 식민지 개척자들의 권리에 대해서는 우호적이라는 면에서는 동일했다. 두 사람이 그런 결과가 될 것이라고 얼마나 예상했는지는 논란의 여지가 있다. 다만 많은 논평가들은 두 사람이 그런 주장의 함의에 대해 충분히 유념하고 있었다고 평가했다. 홉스는 아메리카 인디언이 자연 상태에 살고 있다고 봤고, 그들의 처지를 비참하다고 묘사했다. 따라서 아메리카 인디언에 대해, 가능한 한 덜 잔인한 방식으로 정복해 안정적인 통치를 제공하면 사정이 훨씬 나아질 것은 당연하다는 논리였다. 그에 대해 저항하는 것은 비합리적인 행동으로, 위험하기 짝이 없는 무정부 상태를 '자유'

로 오해하는 것이었다. 홉스는 로크와 마찬가지로 부패하지 않고 효율적인 정부가 보장하는 안정적인 소유권이야말로 문명화된 삶의 핵심 요건이라고 확신했다.

로크는 태초에는 온 세상이 아메리카와 같았다고 믿었다. 이런 주장이 함의하는 바는 그가 『시민정부에 관한 두 가지 논문』 중 「둘째 논문」 5장에서 상세히 설명한 바와 같이, 소유권은 단순 소비재에서 시작해 토지로, 그리고 종국적으로는 화폐 등가물로까지 확대·발전되며, 이런 과정은 진보에 필수불가결하다는 것이었다. 노동이 소유권의 원천이라면, 인적 없는 황무지를 돌아다니며 사냥과 채집으로 근근이 먹고사는 아메리카 인디언들은 토지에 대한 소유권을 주장할 수 없다. 다만 그들이 잡은 사슴이나 채집한 도토리에 대한 권리는 주장할 수 있을 것이다. 그들이 식민지 정착 농민들이 점유한 토지에 접근하지 못하게 된다 해도 결코 손실은 아니다. 영국의 일용직 노동자가 아메리카 본토에서 '인구 많은 큰 나라의 왕' 노릇을 하는 자보다 의식주 면에서 낫기 때문이라는 것이다.[6] 로크의 주장은 두 가지 노림수를 동시에 충족시켰다. 그것은 우선 원주민인 인디언들에 대해서는 지금 그들이 추방당하고 있는 토지는 사실상 그들 소유가 아니었다는 의미이고, 영국 정부에 대해서는 식민지 개척자들의 소유권은 영국의 지주신사계급의 소유권보다 강력하다는 의미였다. 지주신사계급은 소유 토지를 가지고 직접 노동을 한다고 말하기는 어렵고 그저 사냥이나 즐기는 정도였기 때문이다. 인디언의 권리에 대해 동료들보다 동정적이었던 일부 아메리카 식민지 개척자들은 로크식 논리를 동원해, 신사계급의 권리가 법률적으로 유효하다면 인디언의 권리도 마찬가지라고 주장했다.

바야돌리드 논쟁의 핵심은 카리브해의 인디언들이 자치 능력이 있느냐 아니면 천성적으로 타고난 노예냐 하는 것이었다. 세풀베다는 그들이 타고난 노예라고 주장했다. 문명화된 스페인 사람을 남자, 성인, 온화한 인간이라고 한다면 그들은 여자, 유아, 사나운 족속이었다.[7] 세계를 그리스인과 야만인 또는 로마인과 야만인으로 나누던 고전적인 구분법이 이제 근대적 시각에 스며들어, 문명인이 문명인을 대하는 국제법적 의무와 비문명인을 대하는 의무는 다르다는 논리로 변질되기 시작한 것이다. 이런 구분법은 처음에 불신자들(비기독교인—옮긴이)을 도와야 할 의무가 있느냐고 하는 오래된 질문에 새롭게 답하기 위해 활용됐다. 중세의 작가들은 이를 놓고 편이 갈렸다. 일부에서는 키케로의 『의무에 관하여』에 나오는, 해적을 도와줄 필요는 없다는 구절을 논거로 삼아 불신자들은 도와줄 필요가 없다고 주장했다. 해적이 자연법을 벗어나 있는 것처럼 도덕률이 없는 불신자들도 마찬가지여서 기독교인이 그들을 도와야 할 이유가 없다는 논리였다. 비문명인은 문명인에게 최소한의 인도적 의무 외에는 아무것도 기대할 권리가 없었다. 그러나 스위스의 법학이론가 에머리히 바텔—1758년에 간행된 그의 저서 『국제법 Droit des nations』은 엄청난 영향을 미쳤다—이 문명인과 비문명인이라는 구분법을 동원한 것은 스페인의 중앙아메리카 정복을 옹호하기 위한 것이 아니라 규탄하기 위해서였다.[8] 바텔은 중앙아메리카에는 비기독교적일지는 몰라도 문명이라고 일컬을 만한 것이 존재한다고 주장했다. 그 때문에 그들을 정복하는 것은 불법적인 일이었다. 정복이 아메리카 원주민의 자연법 위반에 대한 징벌 행위로 정당화될 수 있다는 식의 흐로티위스의 관념을 바텔은 단호히 거부했다. 논거는 단순하지만 설득력이 있었다. 그런 논리라면 너도 나도 그런 짓거리를 할 수 있다는 것이었다. 예언자 무함마드는 종교적 신념을 추구하고자 아시아 일부를 정복했다. 자연법의 구체적 내용에 대한 국제적 합의가 없는 상태에서는 흐로티위스의 시각은 고결한 이념을 빌미로 강자가 약자를 정복하는 것을 무한정 용인하는 것과 다를 바 없었다. 물론 비토리아와 세풀베다라면 적어도 개명된 사람들 사이에는 그런 합의가 존재한다고 생각했을 것이다. 그러나 그럴 경우 개명된 사람이 누구인지에 대한 합의는 존재하는가 하는 문제가 다시 제기된다.

바텔은 영국이 북아메리카를 식민지화하는 것을, 거기에는 문명이라고 할 만한 것이 없다는 이유로 용인했다. 간단히 말하면 북아메리카의 야만인들은 땅을 경작해 소출을 내야 한다는 자연법상의 의무를 이행하지 못했다는 것이다. 그들은 소유물은 있으되 자연법상의 토지소유권은 없었다. 따라서 '정당한 한계 안에서 행해지는' 외부인의 정착을 방해할 권리도 없었다. 그러나 바텔은 뉴잉글랜드에 정착한 영국 출신 청교도들과 펜실베이니아에 자리잡은 퀘이커교도들이 나름으로 신경을 써서 원주민들로부터 토지를 구입하고 막무가내로 땅을 점거하지 않았다는 사실을 높이 평가했다. '정당한 한계'는 원주민 토지 점유자들에게 극도로 불리하게 해석될 수 있는 표현이었다. 바텔은 아메리카 법률이론가들에게 논거로 널리 인용됐다. 반면에 제퍼슨은 항상 인디언들은 토지소유 농민이 될 것이냐, 황무지로 내쫓겨 굶어죽을 것이냐 중에서 양자택일해야 한다고 주장했다. 실제로 인디언들을 캐나다로 추방한 다음 캐나다를 점령해 그들을 굶겨 죽여야 한다는 생각을 하기도 했다. 물론 제퍼슨이 이처럼 대단히 극단적인 생각을 한 것은 순수한 인종적 증오심에서가 아니라 영국이 미국독립전쟁 및 1812년 영미전쟁에서 인디언을 지원군으로 활용해 재미를 본 데 대한 반격 차원에서였다.[9] 바텔의 논리는 원주민에게 유리한 것이지만 그 특유의 지적 강점 탓에 오히려 그런 효과가 감소됐다. 그는 자연법lex naturae과 국제법(만민법)을 치밀하게 구분하고, 국제관습법의 상이한 요소들을 세밀하게 분별했다. 그 결과 고도로 발전한 국가들이 서로 거래하는 경우와 고도의 정치체 단계에 이르지 못한 단순한 사회에 사는 사람들과 거래하는 경우가 철저히 구분됐다. 단순한 사회는 '문명화'가 안 된 상태이고 조약을 체결·이행할 수 없기 때문에 그들과 접촉하는 더 발전된 사회가 보기에 적절한 방식으로 처우할 수 있다는 것이다. 문명인들은 도덕적으로 품위 있게 행동해야 할 의무가 있지만 그 이상은 아니었다. 존 스튜어트 밀이 문명화된 종족이 누릴 권리가 있는 자유와 '야만인들'에게 적합한 자비로운 압제를 구별한 것은 바로 그런 사고방식의 발로였다.[10]

문명화라는 사명

  문명인과 비문명인의 구별은 식민지화를 정당화하는 논리로 활용됐다. 그런 관념의 가장 오래된 형태는 역시 아리스토텔레스에서 연유한 것으로, 논리는 단순했다. 지배자와 피지배자 간에 존재하는 합리적 자치 능력의 상당한 격차가 지배자에게 전제적 권위를 부여한다는 것이다. 아리스토텔레스는 이런 논리를 토대로 폴리스 안에서 아무런 제약도 받지 않고 통치권을 행사하는 왕panbasileus의 조건을 상세히 논했다. 문명인과 비문명인 구별의 현대판은 제국주의 강대국들은 문명화되지 않은 종족들에게 문명화의 축복을 베풀 권리 내지는 의무가 있다는 식의 관념이다. 그런 축복은 다양한 형태로 나타났다. 최소한 기독교 국가들은 기독교 신앙에 대한 인식을 널리 퍼뜨려야 한다. 나아가 원주민들을 인류애와 합법성이라는 문명의 기준에 따라 통치해야 한다. 극단적인 경우에는 원주민들을 검은 피부의 유럽인으로 탈바꿈시켜 유럽의 문화와 유럽의 정치 이상에 대해 감사하는 마음을 갖게 만들어야 한다. 제국을 원주민을 문명화시키는 도구로 정당화하는 관념이 언제 생겨났는지는 단언하기 어렵다. 하지만 19세기 말 제국주의 사상에서 일종의 상식이 된 것은 분명하다. 그런 논리가 널리 확산된 것은 아프리카 쟁탈전의 결과였던 것으로 보인다. 당시 논란의 핵심은 아프리카의 인종적 측면이었다.

원주민을 문명화시킨다는 논리는 18세기 들어서는 진지한 사상가들의 옹호를 받기보다는 비판자들의 공격 대상이 됐다. 그러나 동인도회사 같은 거대 기업 옹호자들이나 평범한 식민지 정착민들의 사고와 발언에서는 당연한 논리로 자리잡고 있었다. 그 결과 반박 논리까지 등장했다. 몽테스키외 이후 문명은 서서히 발전하며 한 사회의 제도를 다른 사회에 이식하는 것은 지극히 어려운 일이고, 어떤 사회가 외부에서 들어온 제도를 고유한 것처럼 제대로 가동하기를 기대하는 것은 어리석은 일이라는 것은 누구나 아는 얘기가 됐다. 버크의 『프랑스혁명에 관한 성찰』은 은연중에 제국주의를 반대하는 논문으로 간주돼왔다. 버크 자신도 수년간 동인도회사의 인도 제국 창설 계획을 적극 공격했다. 그 바탕에 깔린 생각은 간단했다. '우리는 우리 자신의 사회를 단순한 이성적 계획에 입각해 개조할 수 없다. 하물며 전혀 낯선 다른 사회의 내부 문제에 개입했다가는 예기치 못한, 통제할 수도 없는 파급효과를 초래할 것이다. 그 효과는 물론 좋은 쪽보다는 나쁜 쪽일 가능성이 높다.' 어쨌든 식민지 개척자들의 행태를 보면 자기희생을 무릅쓰고 원주민 종족들의 복지를 염려하기보다는 폭압과 탐욕이 훨씬 두드러진다. 칸트가 『영구평화론 *Perpetual Peace*』에서 한 언급도, 말로는 원주민을 염려한다고 하면서 실제로는 학대하는 모순을 에둘러 지적한 것이다.[11]

이런 실질적인 반론들이 더 문명화된 종족과 덜 문명화된 종족이라는 구분을 약화시키지는 못한다. 물론 동인도회사의 행태에 대한 버크의 서술은 동인도회사의 관심사가 무역보다는 대규모 약탈과 강탈임을 분명히 보여주었다. 프랑스 계몽주의 철학자 드니 디드로는 그런 구분 자체를 조롱함으로써 문명화의 사명이라는 논리의 허구성을 직접적으로 폭로했다. 그는 문명화된 유럽과 문명화되지 않은 기타 지역이라는 대조적 구분은 유럽이 우월하다는 얘기가 아니라고 대놓고 말했다. 그의 『부갱빌 여행기 보유 *Supplément au Voyage de Bougainville*』(집필은 1770년대에 했지만 1796년에 가서야 책으로 나왔다)를 읽은 사람이라면 태연한 표정으로 '문명화의 사명mission civilisatrice'운운할 수는 없었다. 욕구를 철저히 억제하는 예수회 신부와 관대하고 성적으로도 자유로운 타히티섬 사람들의 만남을 코믹하게 묘사한 부분은, 어느 사회가 어느 사회보다 더 문명화되었는가는 합리적인 답변을 할 수 있는 문제가 아니라는 점을 다시 한번 날카롭게 보여준다.[12] 『부갱빌 여행기 보유』는 내용 대부분이 코믹한 것과는 거리가 멀다. 이 책은 유럽인들이 멀리 떨어져 있는 곳의 무고한 원주민들을 얼마나 많이 죽이고 타락시키고 질병을 옮겨주었는지를 분노에 찬 목소리로 공격한다. 원주민들은 우리 자신이 가진 악덕 같은 것들은 거의 모른 채 평화롭게 살고 있는 존재다.

제국주의가 진보 실현 과정에서 하는 역할, 그리고 그때의 진보란 어떤 종류의 진보인가가 심각한 논란거리가 되었다. 제국주의를 비판하는 사람들도 진보라는 관념 자체에 대해 반드시 회의적인 것은 아니었다. 회의적인 디드로의 경우는 자기 사회가 저지르는 온갖 어처구니없고 잔인한 짓거리들에 대해 인도주의적 관점에서 강한 혐오감을 표현한 것이다. 그러나 다른 사람들은 좀더 문명화된 국가가 다른 종족에게 진보를 강요할 권리가 있는가 하는 문제에 초점을 맞췄다. 이마누엘 칸트는 원칙적으로 제국주의 반대론자였다. 그러나 인류가 진보한다는 사실을 인정하고, 진보의 본질에 대해 강한 확신을 가지고 있었으며, 진보를 촉진하는 국가의 역할에 대해 정교한 이론을 발전시켰다. 칸트는 논문 『세계시민적 관점에서 본 보편사의 이념*Idea for a Universal History with a Cosmopolitan Purpose*』에서 역사의 핵심은 인류가 가능성으로서 가지고 있는 자질들을 완성하는 것이라고 주장한다. 그런데 그런 일은 어떤 특정인을 통해서 아니라 전체로서의 인류를 통해서만 이룰 수 있는 것이다. 자신의 자질을 최대한 활용하는 것은 각자에게 달린 문제다. 그러나 행복에 대한 자신의 관점을 기준으로 남을 행복하게 만들어주려고 하거나 특정 민족이 다른 민족에게 그와 같은 행위를 하려고 하는 것은 도덕적으로 혐오스러운 일이다. 한 민족이 진보를 이루기 위해서는 정치 공동체를 형성해야 한다. 그러나 그것을 형성하느냐 마느냐는 그 민족에 달린 문제다. 칸트는 페리클레스, 마키아벨리, 앨저넌 시드니의 공통점을 이루는 전통적 사고라고 할 수 있는, 건실한 공화국은 가능한 한 세력을 확대한다는 확신을 단호히 비난했다. 칸트는 1795년에 쓴 『영구평화론』에서 국제연맹 같은 것을 구성해 국제평화를 체계적으로 구축하는 방안을 제시했다.[13] 문명화의 사명이라는 것은 역사 속에 숨겨진 목적이지 우월한 위치에 있는 자들이 덜 우월한 위치에 있는 자들에게 강요해야 할 어떤 것이 아니었다. 존 스튜어트 밀은 종종 공리주의적 가치와 자유주의를 동시에 옹호함으로써 일종의 긴장 같은 것을 조성한다. 공리주의자라면, 결국 문명화가 안 됐거나 덜 된 종족을 제국주의 강국이 문명화시킬 수 있다면 마땅히 그래야 한다는 데 동의할 것이다. 그들은 그런 작업이 벤담의 주장처럼 자원 낭비가 아니라고 생각한다. 이런 입장은 20세기 들어 미국 외교 정책에서 두드러지게 나타나는, 민주주의 수출론의 선구라고 할 수 있다. 반면에 자유주의자라면, 칸트와 입장을 같이 하면서 도움을 청하지도 않은 사람들에게 문명에 대한 자신들의 관념을 강요하는 것은 외부인들이 할 일이 아니라고 주장할 것이다.

1853년 밀은 상원의 한 소위원회에 출석해 동인도회사의 인도 통치를 옹호했다. 그는 동인도회사의 통치가 '개선'의 통치였다고 말했다. 그가 말한 개선 가운데 많은 부분이 문자 보급 확대, 도로 포장, 철도 도입, 항만 시설 현대화 등등 누구나 예상할 수 있는 것이었다. 그러나 그가 염두에 둔 가장 주요한 개선은 동인도회사가 인도 주민들에게 합리적이고 부패하지 않은 자치를 학습시키는 기나긴 과정을 시작하고 있다는 것이었다. 그러기 위해 얼마나 많은 문화적 변질이 필요한지에 대해서는 밀은 말하지 않았다. 그러나 그는 인도 사회가 미신, 굴종, 부패로 얼룩져 있다는 아버지의 설명을 수용한 이후, 변화에는 시간이 걸린다고 확신했다. 밀은 『대의정치론』에서 자치의 필요성을 설명하면서 인도의 정치 문화는 자치 학습이 완성되기 이전에 좀더 아테네적이고 활기 넘치고 스스로를 향상할 수 있는 쪽으로 변해야 한다고 주장한다. 질의에 나선 상원 귀족 의원들은 그런 과제가 일단 완수되면 영국인들은 인도를 떠나야 한다는 밀의 주장을 듣고 더더욱 놀랐다. 인도가 스스로를 통치할 수 있다면 영국인들은 떠나야 한다, 영국의 역할이 정치교육을 제공하는 것이라면 일단 피교육생들이 자치를 할 준비가 되면 영국인은 더이상 있을 자리가 없다는 얘기였다. 제국의 사명을 스스로 거둬들여야 한다는 식의 주장에 대해 상원 소위원회는 이해할 수 없다는 반응을 보였는데, 이는 영국 정치인들이 제국을 원주민들이 합리적이고 스스로를 통치할 수 있는 자유민주주의자가 되도록 도와주는 존재라기보다 식민지 본국에 상업적·군사적 이익을 가져다주는 존재라는 전통적 관점에서 생각하고 있었음을 보여준다.

밀은 영국이 혼자서든 아니면 소수의 다른 유럽 국가들과 함께든 문명화의 사명을 가지고 있고, 그렇기 때문에 제국을 형성하고 확대할 권리가 있다는 식으로 말한 적이 한 번도 없다. 그는 어떤 민족이 다른 민족을 그들의 의사에 반하는 방식으로 문명화할 수 있다는 발상에 대해 심한 반감을 가지고 있었고, 정복에 대해서도 탐탁지 않게 여겼다. 그런데도 제국의 문제를 진지하게 옹호한 이유는, 정치·경제적으로 더 발전된 체제가 덜 발전된 체제에 대해 어떤 책임감을 느낀다면 그리스나 로마 방식으로 저개발사회를 착취하기보다는 그 사회의 개선을 위해 노력해야 할 의무가 있다고 봤기 때문이다. 밀은 특이하게도 저개발사회의 개선을 자치에 필요한 기술과 취향을 습득하는 것과 긴밀히 연결시켰다. 또 식민 통치에 대해 자신이 요구한 높은 도덕적 수준을 어떤 국가든 충족시킬 수 있을 것이라고 생각했다는 점에서 대단히 낙관적이었던 것 같다.

밀의 입장은 대단히 윤리적인 것이었다. 비슷해 보이지만 그와 정반대라고 할 수 있는 것이 마르크스의 입장이었다. 마르크스는 어떤 면에서 고의적으로 잔인한 태도를 취한다. 마르크스는 밀보다 훨씬 더 강하게 제국주의가 진보를 촉진하는 힘이라고 믿었다. 그러나 밀처럼 문제를 윤리적으로 접근하는 태도는 혐오했다. 제국주의자들이 움직이는 동기는 탐욕이었다. 동인도회사의 진실은 밀이 옹호한 바와 같은 모습이 아니라 중국인들에게 마약을 퍼먹여 이득을 보려고 아편전쟁까지 벌이는 행태였다. 마르크스는 미사여구로 치장을 했든 안 했든 결국 무력으로 해결될 문제에 대해 도덕적으로 접근하는 것은 무의미한 짓이라고 경멸했다. 이런 태도는 인류 전체의 관점에서 볼 때 영국이 식민주의 제국이라는 사실은 좋은 일이라는 주장을 강화했다. '더 문명화된' 영국이 인도와 중국의 사회, 경제, 정치적 변화를 강요할 수 있게 됐기 때문이다. 어떤 의미에서는 영국이 역사 발전 단계가 훨씬 앞섰기 때문에 후진국들을 발전된 세계에 강제로 편입시킴으로써 사회주의를 전 세계로 확산시키는 과정을 촉진하게 된다는 것이다. 이는 제국 일반을 옹호하는 논리와는 거리가 멀고, 유럽 문명이 우월하다는 찬사는 더더구나 아니다. 자본주의는 문명화된 경제체제가 아니었다. 그리고 역사의 진보에 이바지하는 제국들만이 그나마 최소한의 호의적인 평가를 누릴 수 있었다. 예를 들어 러시아제국은 독일의 혁명 가능성을 저하시켰다. 러시아는 유럽 전체를 통틀어 진보의 장애물이었으며 시급히 타도돼야 할 존재였다.

주요 정치이론가들 가운데 토크빌은 알제리 문제를 다룬 저술에서 프랑스 특유의 문명화의 사명이라는 이상에 대해 상세히 설명했다.[14] 토크빌은 영국이 제국주의적 야심이 없는 척하는 것은 위선이라고 생각했다. 제국을 합리화하는 영국의 신화—'얼떨결에' 세계의 절반을 정복하게 됐다는 식의 주장—는 현실에 의해 거짓임이 탄로났다. 영국은 이해가 걸릴 때마다 적극 개입에 나서 기존의 식민 세력을 축출했다. 북아메리카와 인도에서 프랑스 세력을 쫓아낸 것이 대표적인 사례다. 영국은 자신의 이해관계를 최대한 보장하면서 현지 주민들의 이익 같은 것은 아랑곳하지 않았다. 프랑스는 영국과의 경쟁에 전력투구하면서 알제리와 중동, 아프리카 등에서 세력을 확대함으로써만 최고 반열의 강대국이 될 수 있었다.『미국의 민주주의』를 쓴, 그리고 아메리카 인디언의 운명에 대해 동정을 표한 토크빌이 원주민을 대하는 프랑스의 방식을 옹호한 것은 당혹스러운 일이다. 그러나 존 스튜어트 밀과 비교하면 토크빌은 사회·정치적 변화에 따르는 비용 문제를 진지하게 생각했다. 밀은 인도 원주민들이 동인도회사의 통치를 받음으로써 잃은 것이 전혀 없다고 생각했다. 반면에 토크빌은 식민화된 종족들이 상당히 많은 손실을 봤다는 점을 확실히 인식하고 있었다. 역사의 진보는 비용을 지불하지 않을 수 없다. 따라서 프랑스가 아무런 고통도 주지 않고 알제리를 정복할 수는 없었다. 알제리 정복은 프랑스의 '영광'을 위한 정당한 열망이라는 논리로, 또 프랑스 문명의 이상을 전 세계에 확산시켜야 한다는 사명감에 의해 정당화되었다. 이것이 바로 문명화의 사명이라는 독트린의 참모습이었다. 40년 후, 총리까지 지낸 프랑스 정치인 쥘 페리가 동일한 논리를 꺼내들었다. 이런 주장은 1950년대에 식민지 해방이 가속화될 때까지 프랑스의 식민주의를 강화해주었고, 지금도 과거 아프리카 식민지 국가들과 프랑스의 긴밀한 관계를 뒷받침하고 있다고 할 수 있다.

　문명화의 사명이라는 개념에는 많은 난점이 있다. 첫째는 '문명화'와 '문명'의 구분이 모호하다는 점이다. 철도나 항만 시설의 경우 특별히 프랑스적인 것이라거나 미국, 독일 혹은 영국적인 것이라고 할 수 없다. 밀은 그런 것에 대해 단순히 '개선'이라고 규정했다. 그런 것들은 경제적 근대화를 위한 인프라일 뿐이다. 반면에 밀턴이나 헨리 제임스보다 라신이나 괴테를 선호하는 것은 다른 문제다. 그것은 프랑스, 독일, 영국 또는 미국의 문화다. 우리가 현재 '근(현)대화'와 '문명화'를 구분하고 있다고 해서 둘을 혼동하지 않는다고 안심할 수는 없다. 근대화를 다룬 수많은 문헌들이 아직도 경제적·기술적 최신화라는 협소한 의미의 근대화를 유럽의 자유와 민주주의를 차용한다는 의미의 근대화와 같은 개념으로 묶어서 사용하고 있다. 기술 발전은 자유민주주의에 대한 선호 없이도 얼마든지 달성할 수 있고, 고급문화 자체는 분명 자유민주주의와 무관하다. 그러나 이런 영역에 대한 혼란은 정치분석가들이 빠지기 쉬운 오류다. 또다른 큰 문제는 그런 관념이 자기모순에 직면하기 쉽다는 점이다. 우리가 문명화의 사명을 가지고 있다면 그런 사명의 행사 대상이 되는 민족은 상당히 빠른 속도로 문명화될 수 있어야 한다. 그러나 신속히 문명화될 수 있는 민족을 식민화의 대상으로 삼는 것은 설득력이 떨어진다. 그런 민족이라면 문명화의 이득을 인식해 자발적으로 그렇게 할 능력이 있기 때문이다. 역으로, 문명화의 대상으로 삼는 민족이 문명화된 서구보다 한참 뒤떨어진 수준이어서 자체의 사회·정치적 문제를 제대로 해결할 수 없고 타고난 종족적, 문화적 또는 인종적 열등성 때문에 후진성과 무정부 상태에 머무를 수밖에 없다면, 그런 민족을 강제로 문명화시키는 것은 네 살짜리 꼬마에게 고등수학을 억지로 가르치려 드는 것이나 마찬가지다.

고전적 인종주의와 '과학적 인종주의'

19세기 제국주의의 부산물이자 문명화의 사명이라는 발상이 낳은 파생물이 '과학적 인종주의scientific racism'였다. 인종주의 논리와 문명화의 사명

논리는 원칙적으로는 다른 담론 영역에 속해야 하지만 실제로는 그렇지 않다. 다시 말하면, 진지한 인종주의 이론은 왜 열등한 종족은 문명화된 민족들의 위계질서에서 항상 낮은 쪽에 위치하게 되는지, 또는 왜 그들은 그런 위계질서에 아예 끼지도 못하는지를 설명한다. 과학적 인종주의의 아버지로 간주할 수 있는 인물은 아리스토텔레스다. 다만 그는 현대 인종주의자들과 달리, 기후나 환경과는 무관한 유전적 열등성과 불리한 환경으로 말미암아 생성된 우연적 열등성을 구분하지 않았다. 두 가지 경우 모두 무제한적인 착취의 대상이 된다. 그러나 첫번째 경우는 강제적 문명화 대상에서 제외된다. 그리스인들만이 엄격한 의미의 정치적 삶을 누리기에 적합한 종족이다. 그러나 스키타이인과 페르시아인을 강제로 그리스적 문명에 동화시켜야 한다는 발상은 없다. 앨저넌 시드니가 "열등하고 나약한 아시아인과 아프리카인들은 자유에 대해 관심이 없거나 스스로를 다스릴 능력이 없기 때문에 아리스토텔레스를 비롯한 현인들은 '타고난 노예slaves by nature'라고 부르면서 금수보다 별로 나을 게 없는 존재로 간주했다"고 언급한 것도 같은 차원에서 한 얘기다.[15] '과학적 인종주의'에서 말하는 인종은 문명화 같은 문제와는 무관한 것으로 보인다. 따라서 열등하고 나약한 아시아인과 아프리카인들이 종국적으로 '우리와 똑같이' 될 수 있는가 하는 문제도 제기되지 않는다. 문명화의 사명이란 열등성과 위계질서가 일시적인 것이며 영구적인 것이 아님을 전제로 한다. 그렇지 않다면 문명화라는 교육을 통해 개선을 기대하는 것은 본질적으로 무망하기 때문이다. 어떤 식으로도 성취될 수 없는 기대라고 할 것이다. 저명한 아프리카 출신 시인, 사상가들은 자신들이 피부가 검은 프랑스인이 되었다는 사실(이들은 피부가 하얀 종주국의 프랑스인들보다도 프랑스 문화에 대한 이해가 훨씬 깊었다)에 대해 좋다고도 나쁘다고도 하지 못하는 입장이었다. 그러면서 흑인의 정체성을 추구하기 위해 프랑스 문화와 아예 절연해야 하는지, 아니면 프랑스 문화(최고 형태의 프랑스 문화는 모든 인류에게 적용될 수 있다)를 폭력을 동원해 확산시키는 불의와 잔인성만을 배척해야 하는지에 대해 문제를 제기했다.

과학적 인종주의가 정확히 어디서 유래했는지는 확실치 않다. 물론 일반적인 형태의 인종주의와 다른 종족에 대한 혐오감은 문자로 기록된 역사만큼이나 오래됐다. 명백히 근대적인 형태의 인종주의는 최소한 18세기로 거슬러올라간다. 당시 스웨덴의 위대한 자연과학자 린네는 인간이 아닌 유기체와 더불어 인종을 분류하는 작업에 착수했다. 19세기에는 라마르크와 다윈의 진화론에 힘입어 인종주의가 새로운 활력을 얻으면서 거의 형이상학적 색채를 띠게 된다. 인류사의 발전을 인종주의로 설명하려는 시도가 늘어났다. 한 가지 흥미로운 점은, 인종주의는 종종 유럽 백인이 주도권을 잡고 비백인과 비유럽인의 땅을 식민지로 만들어야 한다는 신념을 강화하는 역할을 하기도 했지만, 19세기에 과학적 인종주의를 사상적으로 정초한 인물은 오히려 정반대로 생각했다는 사실이다. 그가 바로 고비노 백작이다. 고비노는 프랑스 귀족으로 이란을 비롯한 여러 지역에서 외교관으로 활동했고, 한동안 토크빌의 비서로도 일했다. 그는 장단편소설을 여러 편 썼으며, 특히 1855년에 출판한 『인종 불평등론 *Essai sur l'inégalité des races humaines*』은 한참 후까지도 큰 주목을 받았다. 고비노는 엄격한 의미에서 반유대주의자였다. 그는 아랍인과 유대인을 똑같이 혐오했다. 또 민주주의와 당시 대두되던 대중정치를 날카롭게 비판했다. 그러나 제국주의적 모험이 대중의 욕망을 충족시켜주는 방편이라는 발상에 대해서는 아마도 극도로 혐오했을 것이다. 그럼에도 불구하고 『인종 불평등론』은 독일 작곡가 리하르트 바그너와 그의 사위인 영국 출신 독일 문필가 휴스턴 스튜어트 체임벌린으로부터 극찬을 받았다. 체임벌린은 후일 히틀러와 나치가 내세우게 되는 아리아인의 우월성이라는 독트린을 효과적으로 대중화시킨 인물

1140

이다.[16] 고비노는 새로운 인종질서 수립을 적극적으로 주창하지 않았다. 그는 인간의 의지 발현을 최대한 억제하고 신에 의존하려는 정적주의자이자 비관주의자였으며, 대단히 반동적인 인물이었다.

고비노가 제국을 혐오한 것은 인종주의적 사고에 철저했기 때문이다. 그는 제국은 불가피하게 서로 다른 종족 간 결혼으로 이어짐으로써 결국 고등 인종의 퇴화를 유발한다고 봤다. 그가 왜 그토록 제국에 대해 우려했는지는 잘 알 수 없다. 다만 그는 근대 프랑스인들이 순수했던 프랑크족 선조들보다 훨씬 열등하며, 이미 더 우려할 필요가 없을 정도로 퇴화한 상태라고 생각했다. 대부분의 인종주의 이론가들과 마찬가지로 고비노는 인종의 퇴화 원인에 대해 이렇다 할 설명을 제시하지 못했다. 때로는 피가 묽어진 아리아 종족이라도 다른 모든 종족보다는 우월하다는 확신을 가진 것처럼 보이고, 때로는 순수성이 가장 중요한 문제로서 모든 혼혈 민족은 모든 순수한 종족보다 열등하다고 생각하는 것 같다. 그의 입장을 구체적으로 분석하는 일은 호사 취미에는 도움이 되겠다. 하지만 고비노는 모든 형태의 인종주의는 필연적으로 자부심 넘치는 형태의 제국주의로 귀결되고, 불가피하게 경제적 착취와 정치적 압제에 이바지하게 된다는 가정이 반드시 참은 아니라는 것을 잘 보여준다. 인종주의는 고립주의로 귀결될 수도 있는 것이다.

레닌과 마르크스주의의 제국주의론

제국에 대한 이데올로기 차원의 반격과 민족주의 계열 반식민주의운동의 성공을 논하기에 앞서, 20세기의 대논쟁 가운데 하나를 정리하고 넘어가기로 하자. 그것은 현대 제국주의는 왜 등장했는가, 제국주의는 왜 후기 자본주의의 한 양상인가, 그리고 제국주의는 왜 그 자체로는 혐오스러울지라도 자본주의를 영구적으로 타도할 국제혁명에서 불가피한 본질적 단계인가 하는 문제에 관해 마르크스주의의 설명을 옹호하는 세력과 비판하는 세력 간에 벌어진 논쟁이다. 어떤 면에서 보면 그것은 문명화의 사명이라는 관념을 대단히 아이러니한 차원으로 옮겨놓는, 문명화의 사명에 관한 설명이다. 마르크스가 영국이 아시아에 수립한 제국은 진보적인 결과를 가져오는 반면 러시아제국은 퇴행적인 역할을 할 뿐이라고 대조적으로 규정한 것은, 진보적 민족주의와 반동적 민족주의를 대치시키는 것과 궤를 같이 한다. 널리 알려진 마르크스의 입장은 노동자에게는 조국이 없다는 것이었다. 자본은 조국이 없고, 이윤이 있는 곳이면 어디나 흘러들어간다. 프롤레타리아는 조국을 가질 능력이 없다. 프롤레타리아는 그 구성원들이 재산이 없다는 사실에 의해 규정되는 것인 만큼 프롤레타리아는 그 어떤 국가에 대해서도 그야말로 아무런 이해나 지분이 없었다.

이런 입장은 1914년 제1차세계대전이 발발했을 때 유럽과 미국 양쪽 모두에서 사회주의정당에 치명적인 사태를 초래했다. 한 국가의 노동자들이 다른 국가의 노동자들과 싸우지 않을 것이라는 사회주의정당들의 기대는 산산조각나고 말았다. 대부분의 사회주의자들이 각자가 속한 나라의 전쟁 노력을 지지하고 나선 것이다. 민족주의와 사회주의 계열의 국제주의가 대결할 때마다 민족주의가 승리했다. 마르크스와 엥겔스는 일부 민족주의에 대해 제한적인 지지를 보냈다. 민족적 정체성과 민족 단위의 정부를 열망하는 민족들은 장기적으로 노동자들의 이익을 촉진하는 세력이며 이는 진보적인 것이었다. 반면에 노동자들의 이익을 가로막는 민족들은 반동적인 것이었다. 1848년 독일에서 혁명이 일어났을 때 자유주의 계열 민족주의자들은 진보의 편에 선 반면 독일 편입을 거부한 덴마크인과 홀슈타인 주민들은 반동의 편에 섰다. 진보적 민족주의는 차르 체제인 러시아가 전 유럽에 전제주의 체제를 지속시키려는 시도를 좌절시켰고, 반동적인 형태의 민족주의는 지역주의를 강화하는 한편으로 경제적 변혁을 가로막았다. 20세기에 탈식민지화를 지지하고 추구하는 가장 강력한 세력은 사회주의가 아니라 민족주의 계열이었다. 따라서 진보적 형태의 민족주의와 반동적 형태의 민족주의라는 구분이 가능하다면 그것은 대단히 중요한 문제이고, 진보적 형태의 민족주의만이 지지받을 수 있을 것이다. 그러나 그런 구분은 쉽지 않다. 더구나 마르크스주의자들은 대부분 모든 형태의 민족주의를 사회주의를 저해하는 것이라고 공격하고 프롤레타리아국제주의를 적극 권장하는 입장을 고수했다.

마르크스주의 차원의 제국주의 이론은 마르크스 사망 후 20년이 지난 뒤에야 완전한 형태로 확립됐다. 그것은 다른 사상 계열과 마찬가지로, 마르크스주의자들이 현대 산업에서 거대 독점기업들이 등장하는 동시에 아프리카와 아시아를 놓고 식민지 쟁탈전이 벌어지는 현실에 관심을 가진 결과였다. 마르크스의 자본주의 경쟁에 대한 설명에는 현대의 경제 지형에서는 독점기업이 두드러진 현상이 될 것이라는 예측이 포함돼 있었다. 극심한 경쟁에 관한 그의 이론은 가장 많은 자원을 보유한 가장 왕성한 기업만이 경제 침체기를 이겨내고 호황기에 이윤을 얻게 된다는 예측을 내포한 것이었다. 금융자본과 산업자본의 유착도 예고되었는데, 그 경우 은행은 기업이 의존할 수밖에 없는 대출을 공급함으로써 산업을 통제하는 역할을 하게 된다. 마르크스주의자들은 독점기업의 등장을 자본집중화 확대라는 마르크스의 이론이 옳았음을 보여주는 증거로 간주했다. 후일의 경제이론가들이 보기에 독점기업의 등장은 자본주의 발전 과정의 일시적인 한 단계였다. 독점기업은 본의 아니게 규모가 작고 발 빠른 경쟁자들이 독점기업을 약화시킬 수 있는 조건을 창출한다. 공룡이 덩치가 훨씬 작은 포유류한테 지게 되는 것이다.

마르크스주의자와 비마르크스주의자 모두 저소비 내지는 수요 부족이 고도자본주의의 주요한 특징이 될 것이라는 생각에 빠져들었다. 독점기업은 이윤추구에 집착하면서 점점 더 많은 양의 자본을 투입했고, 그 결과 다수의 프롤레타리아는 점점 더 궁핍해졌다. 프롤레타리아의 구매력은 독점기업들이 제품을 팔아 이윤을 내기에는 턱없이 부족했다. 문제는 독점기업들이 필요로 하는 만큼의 이윤을 낼 시장을 확보할 수 있느냐였다. 이에 대한 답은 분명해 보였다. 이윤율이 아직은 높은 해외로 확장하는 길밖에 없었다. 레닌 같은 러시아인 관찰자에게는 돌아가는 사태가 이론의 예측과 맞아떨어지는 것으로 보였다. 해외 투자가들이 상트페테르부르크와 모스크바에 건설한 산업시설은 투자가들 본국의 그것보다 규모가 컸다. 더 큰 이윤을 얻기 위해 더 많은 자본이 투입되고 있었다. 레닌은 자신의 견해를 『제국주의론 *Imperialism: The Highest Stage of Capitalism*』에서 '자본주의의 최고 단계'라는 부제로 요약했다.[17] 그가 말하는 제국주의는 새로운 형태의 제국주의였다. 본국에서 정착민을 보내 식민지를 경영하는 방식의 제국주의를 말하는 것이 아니기 때문이다. 레닌이 철강산업 중심 도시인 펜실베이니아주 피츠버그에 살았다면 미국이 영국인들에 의해 다시 식민지화하고 있다고 생각했을 것이다. 미국의 제철공장들은 영국보다 규모가 훨씬 컸고, 공장 건설에 투자된 자금은 상당 부분 런던 금융가에서 조달됐기 때문이다. 레닌은 늘 그렇듯이 사회주의혁명이 러시아에서 성공할 수 있다고 생각할 수 있는 이유를 찾고 있었다. 러시아가 마르크스가 혁명이 발발할 것으로 예상한 서유럽 국가들보다 정치적으로 훨씬 불안정한 것은 분명한 사실이었다. 레닌은 러시아에 대한 투자는 유럽 자본주의의 성공에 핵심적인 요소이므로 러시아에서 정치적 격변이 일어나면 "자본주의의 사슬에서 가장 약한 고리를 끊어" 유럽 자본주의에 위기를 야기함으로써 프롤레타리아혁명을 초래할 것이라는 결론을 내렸다.

레닌은 이러한 주장의 이론적 기초를 J. A. 홉슨으로부터 차용했다. 홉슨은 영국의 급진파로 마르크스주의자는 아니고 좌파 자유주의자라고 할 만한 경제학자였다. 홉슨은 제국주의가 백인의 책무를 나눠지도록 요구받는 식민지 사람들에게 미치는 악영향을 싫어했다. 하지만 제국주의에 대한 그의 시각은, 이론적으로 말하면 제국주의가 부도덕한 것을 문제삼는 것이 아니라 제국주의가 치료하겠다고 주장하는 질병을 오히려 악화시킨다는 점에 주목하고 있다. 제국주의를 하는 기본 동기는 이윤율이 하락하는 상황에서 이윤을 더 확보하기 위한 것이고, 영국 같은 발전된 경제체제의 근본 문제는 노동자들의 구매력 저하라고 할 수 있다. 그러나 제국주의를 통해 확보된 이윤은 투자계급의 수중으로 들어가고, 저소비가 심화되는 위기를 해소하는 데는 아무런 역할도 하지 못했다. 동일한 증거를 가지고 여러 가지 다른 결론을 내릴 수도 있다. 그중 하나는 제국주의를 치장하는 언사의 역사에서 대단히 중요하다. 해외투자로 초과이윤을 확보하는 고용주들은 영국 본토 노동자들을 더 높은 임금을 주고 고용할 수 있다. 그렇게 되면 저소비가 완화되고 자본주의의 현 상황을 지속하는 것이 노동자들에게도 경제적으로 이익이 될 것이다. 발전된 산업사회의 노동자들이 역사가 부여한 혁명의 사명을 수행하려고 하지 않는 이유를 설명하기 위해 마르크스주의자들은 노동자들도 식민지의 동료 노동자들에 대한 착취를 통해 얻는 이익을 공유한다는 사실에 주목했다. 이런 설명에 대해 당연히 의구심을 가질 수 있다. 서유럽 제국주의에 대한 아주 간단한 설명이 그 어느 것 못지않게 설득력이 있다. 군사적 안보와 상업적 우위를 차지하기 위한 국가들 간의 경쟁이 과거 4세기 동안 해양 제국 건설 경쟁으로 이어졌다는 것이다. 미국이 서부로, 러시아가 동쪽으로 세력을 확장한 이유를 설명하는 데에도 안보와 이윤추구라는 동일한 논리가 충분히 적용될 수 있다.

탈식민지화, 민족주의, 종교

1492년 콜럼버스의 항해 이후 제국이 등장한 것보다 더 이상한 현상은 제국주의가 20세기 중반 들어 급속히 부도덕한 것으로 간주되었다는 사실이다. 1920년대에는 거대한 제국을 가지고 있다는 것이 자부심의 정당한 근거임을 의심하는 영국인은 거의 없었다. 국가는 학생들에게 세계지도에 빨간 색으로 표시된 대영제국 영토의 방대함—메르카토르도법으로 작성된 세계지도는 캐나다는 실제보다 훨씬 크게, 인도는 작게 표시하는 약점이 있기는 했다—에 대해 자부심을 갖도록 조장했다. 1950년대에는 남아 있는 영국 식민지들과 관련해 주요한 문제는 어떻게 하면 피해를 최소화하면서 독립시킬 것인가 하는 것이었다. 20세기 말이 되면 '제국'은 경멸적인 표현이 되었다. 1960년대에 프랑스 문필가들이 동포들에게 '새로운 제국 아메리카 nouvelle empire américaine'에 대해 경고한 것은 제국 수준의 힘을 행사하는 것은 당연히 나쁜 일이라는, 그리고 미국인들이 2차대전 종전 이후 노골적인 군사적 침략 대신 할리우드 영화와 대중음악을 통해 제국주의적 영향력을 행사한 것은 음흉한 술책이라는 입장에서였다. 프랑스의 향수와 패션, 요리가 일반적으로 높은 평가를 받는 이유가 강점이 있기 때문인 것처럼 미국의 대중문화가 높은 평가를 받는 이유도 강점이 있기 때문이라는 생각은 들어설 여지가 거의 없었다. 그렇게 생각했다면 '문화제국주의'니 '문화적 식민지화'니 하는 얘기는 나오지 않았을 것이다.

현대 제국주의는 민족국가 차원의 기획이다. 그리고 현대 제국주의가 몰락한 것은 어떤 면에서는 제국주의 세력이 식민지의 신민이 아닌 본국의 신민들에게 민족국가의 당당한 시민이 되고 싶다는 열망을 심어준 결과라고 할 수 있다. 민족의식의 대두 과정에서 한 가지 특이한 점은, 국제관계의 이론과 실제 양면에서 민족국가가 그토록 중요함에도 불구하고 민족을 구성하는 것이 무엇이냐, 또는 민족을 구성하는 일단의 사람들과 그들이 독립적인 주권국가를 형성할 권리 사이에 어떤 연관이 있느냐에 대한 합의가 거의 없다는 점이다. '한 종족'이라는 개념과 '한 민족'을 구성한다는 개념은, 구약성서 킹 제임스 버전이 보여주는 바와 같이, 분명 중첩되는 부분이 꽤 있다. 이스라엘인들은 선택된 종족이고 우대받는 민족이다. 그런 종류의 민족을 구성하는 요체는 혈통, 즉 신으로부터 첫번째 계약을 받은 아브라함의 후손이라는 점이다. 흔히 근대 민족국가는 16~17세기 유럽 왕정국가의 지배자들과 더불어 탄생했다고 한다. 그들은 권력을 집중화하는 한편 국가의 문제들을 잘 조직된 관료제를 통해 처리해나갔다. 그러나 그러한 왕정국가를 이데올로기적으로 옹호하는 세력이 민족을 운위할 때 염두에 둔 것은 신이 창조한 이스라엘 민족이었다. 그들은 절대왕정을 인간에 대한 신의 지배의 반영이라고 생각했다.[18]

그들은 언어적 동일성 내지 문화적 동일성을 정치체의 기초로 삼지 않았다는 점에서 현명했다. 많은 절대군주가 대부분의 신민들과는 다른 언어를 사용하고 있었기 때문이다. 영국 하노버왕조의 첫 두 국왕도 마찬가지였다. 오스트리아 제국의 경우처럼 왕조가 핵심 원칙이 되는 곳에서는 어떤 종류의 민족적 정체성도 권위의 요체가 될 수 없다. 실제로 민족주의가 대두되면서 오스트리아·헝가리 제국은 해체됐다. 민족적 정체성의 본질을 찾는 작업은 별로 보람이 없는 일이지만 민족적 정체성에 대한 느낌, 특히 민족적 정체성이 제대로 구현되지 못하고 있다는 느낌은 도저히 부인할 수 없는 현실이다. 1945년 이후의 탈식민지화 및 제국의 종언 과정에서 한 가지 확실한 진실이 있다면, 그것은 민족주의가 사회주의를 압도했다는 것이다. 식민 세력이 떠나면서 남긴 것은 대개 마르크스주의적인 것이든 토착적인 것이든 사회주의적 색채를 띤 정권이었다. 식민지 해방 이후의 많은 정권이 무능했다. 그리고 식민지에서 해방된 많은 국가들이 실패했다. 그러나 그들은 항상 사회주의적 야망의 실현보다 민족성 보전을 우위에 두었다. 아프리카의 경우 제국주의 열강에 의한 자의적인 국경 획정, 부족 중심의 정치 문화, 식민지 시대의 기억을 넘어서는 민족적 대단결의 부족 등이 엄청난 문제를 야기했다. 그런 상황에서 전 국가 차원의 강력한 제도권 세력은 대개 군이기 때문에, 민족적 정체성은 불행하게도 군부독재자들의 등장이라는 현상과 결합하게 되었다. 다른 곳으로 눈을 돌리면, 소련이, 동유럽과 중앙아시아를 장악한 소련 제국이 종언을 고한 사실은, 종족적 민족주의가 그동안 억압되었을 뿐이지 극복된 것은 아니라는 사실을 다시 한번 여실히 드러내 보여주었다. 사회주의 유고슬라비아 연방공화국이 6개의 독립국가—일부 국가는 로마자를 쓰고 일부 국가는 러시아와 동일한 키릴 문자를 쓰지만 언어는 모두 동일하다—로 쪼개진 것은 동일한 현상을 보여주는 증거였다.

  이쯤 되면 민족주의는 아주 잘못된 것이라는 느낌이 들지 모르겠다. 그러나 과연 그런지는 확실치 않다. 현대국가의 경제적 토대는 아주 복잡하다. 현대국가는 통합의 원리가 필요하다. 그래야 응집력을 발휘할 수 있고, 개인들이 준수하거나 준수하고 싶지 않은 법률을 마음대로 선택하는 사태를 막을 수 있다. 그런 통합의 원리 역시 정치적인 것이어야 하며 특정 가문 차원의 것이어서는 안 된다. 가문 차원의 충성심은 가문들로 하여금 그 구성원들을 좀더 효율적으로 보호할 수 있게 해준다. 그러나 그에 못지않게 한 가문이 다른 가문 내지는 사회 전체를 착취하게 만드는 부작용을 낳는다. 이탈리아 마피아는 마피아 구성원은 한 식구라는 관념을 강조한다. 그런 마피아가 이탈리아 전체에 미치는 해악은 아무리 강조해도 지나치지 않다. 민족주의는 가문이나 부족 차원을 뛰어넘을수록 바람직한 결과를 낳는다. 이런 시각이 바로 19세기 영국 역사학자 액튼 경이나 존 스튜어트 밀, 이탈리아 통일의 영웅 가리발디와 같은 좀더 급진적인 민족주의자들이 설파한 자유주의 성향의 민족주의의 토대였다. 한 사회는 정치체라는 우산이 있어야만 근대화로 전진할 수 있다. 진보에 필요한 자유주의적 정치체제는 통일적이고도 효율적인 법률 체계를 필요로 한다. 거기에는 영토 통제권이 당연히 포함되고 민족의식도 수반된다.

급진적 반제국주의

탈식민지화를 가능케 한 원동력은 대개 독립국가를 추구하는 식민지 인민의 열망이었다. 그들은 민족국가들로 구성된 세계의 당당한 일원으로서 독립된 국가에서 살고자 했다. 그러나 이것으로 탈식민지화의 모든 것이 설명되지는 않는다. 우리는 민족주의운동 내지는 민족주의적 관념을 중심으로 형성된 운동을 국가가 아니라 많은 국가들 속에서 살아가는 민족들을 지칭하는 용어로 표현한다. '아랍 민족주의'가 대표적인 예다. 그런데 탈제국 시대의 세계를 추구하는 열망 중에는 좀더 급진적인 형태가 있었다. 그런 열망들은 정치에 긍정적인 영향을 주기보다는 해당 국가의 정부와 논평가들에게 두려움을 주는 정도에 그쳤지만 지적인 차원에서는 지금도 강한 영향을 행사하고 있다. 아주 대표적이라고 할 수는 없지만 영향력 면에서는 강력한 두 사례가 프란츠 파농의 『대지의 저주받은 자들 *The Wretched of the Earth*』과 사이드 쿠틉의 『이정표 *Milestones*』 및 초기작 『이슬람의 사회정의 *Social Justice in Islam*』다. 파농도 쿠틉도 극단적인 반제국주의를 대표하는 인물은 아니다. 둘 다 독특한 개성을 보이고 있기 때문이다. 그러나 어떤 면에서는 두 사람 다 식민주의 열강이 어떻게 의도와 달리 지적이고 열정적인 식민지 신민들에게 상당한 교훈을 가르쳐주는 데 성공했는지를 잘 보여준다. 쿠틉의 경우에는 식민주의 세력이 준 그런 교훈을 잘

배운 결과 극렬한 형태의 반서구적 이슬람으로 돌아가게 되었다. 그는 파농을 포함해서 많은 식민지 지식인들이 다양한 방식으로 표현한 분노, 모욕감, 배신감 같은 것을 명료하게 표출했다. 식민지 지식인들은 선진 세계에 가입시켜주겠다는 제안을 진지하게 받아들였지만 결국 그런 제안은 가식이었음을 깨닫게 된다. 그들은 결국 항상 배제되었던 것이다.

파농은 1925년 카리브해의 프랑스령 마르티니크섬에서 태어났고, 2차 대전 당시 10대의 나이로 레지스탕스에 가담했다. 2차대전 종전 후에는 프랑스로 건너가 정신의학을 공부했다. 그러면서 정신의학적 소양을 활용해 백인 인종주의에 대한 반박에 나섰다. 여기에는 사르트르의 실존주의와 마르크스주의적 사회주의가 큰 영향을 미쳤다. 1952년에 낸 『검은 피부, 하얀 가면Black Skins, White Masks』은 전후 반식민주의 및 반인종주의운동의 획을 긋는 기념비적인 작품이었다.[19] 이 책은 프랑스 식민주의가 내건 문명화의 사명이라는 비전과 에메 세제르(마르티니크섬 출신 프랑스 흑인 시인이자 정치가―옮긴이)가 네그리튀드negritude(아프리카 흑인 문명의 정신과 문화적 유산을 일컫는 조어―옮긴이)라는 기치 아래 옹호했던 흑인 고유의 세계관과 문화라는 관념 모두를 타파하는 데 큰 역할을 했다. 사르트르가 『존재와 무』에서 이미 그랬던 것처럼 파농도 헤겔과 하이데거의 사상을 혼합함으로써 지배적인 백인 문화가 하얀 것을 미덕의 표지로, 검은 것을 악덕의 표지로 삼았으며, 그 결과 검은 피부를 가지고 태어난 사람들은 출생부터 낙인찍힌 존재라는 판단에 쉽게 도달했다. 이런 사상은 1960년대에 특히 미국 흑인 급진파들 사이에서 하나의 상식이 되었다. 그러나 거기에는 어떤 기원이 있었고, 파농은 그것을 처음으로 현대적인 형태로 명료하게 표현했던 것으로 보인다. 그는 피부와 가면의 긴장관계가 친숙한 형태의 식민주의 및 제국에 대한 반작용임을 잘 알고 있었다. 그러나 미국의 흑인 지식인들은 곧 자신들이 속한 사회가 일종의 내부적 제국주의로 말미암아 고통당하고 있다고 보고 아프리카계 미국인들을 내부적 식민주의의 희생자로 간주하게 된다.

파농은 파란만장한 삶을 요절(향년 36세―옮긴이)로 마감했다. 그는 1950년대에 프랑스 식민지인 북아프리카 알제리에서 정신과 의사로 일했지만 1957년 의사 일을 그만두고 알제리 민족해방운동에 투신했다. 1959년 원인을 알 수 없는 자동차 사고로 중상을 입었고, 1961년 백혈병으로 사망했다. 파농은 알제리 해방을 보지 못하고 죽었지만, 알제리 독립 이후 벌어진 치열한 내부 투쟁 과정에서 살해당하지 않았으리라 생각하기는 어렵다. 그는 사망 전에 두 권의 특이한 저서를 출간했다. 1959년 『알제리혁명 5년 *Year Five of the Algerian Revolution*』이 나왔고, 1961년 『대지의 저주받은 자들』이 출판됐다. 『대지의 저주받은 자들』에는 사르트르가 쓴 서문도 실렸는데, 그 때문에 독자들로서는 1960년대에 유행한 혁명의 꿈에 젖은 그저 그런 책 정도로 여길 수도 있었을 것이다. 그러나 이 책이 지속적인 지적 영향력을 발휘하는 것은, 혁명적인 정당의 과제와 탈식민지화 과정에서 민족주의가 점하는 위치를 날카롭게 분석했기 때문이다.

민족주의는 식민 세력이 본의 아니게 식민지 피지배자들에 준 위험한 선물이었다. 식민주의에 반대해 봉기를 추구하는 운동은 항상 민족해방운동으로 묘사됐다. 파농은 이것이 야기하는 문제를 잘 알고 있었다. 마르크스주의자인 파농은 알제리의 농민과 도시노동자들을 프랑스 본국 및 현지 거주 프랑스인들의 압제로부터 구출해 현지 자본가 엘리트들―그는 이들을 '민족 부르주아지'라고 표현했다―의 억압에 넘겨주고 마는 방식은 원치 않았다. 파농은 또 혁명이 있어야 한다면 민족해방운동이 될 것이라는 점을 잘 알고 있었다. 혁명은 알제리의 아랍인들이 프랑스 본국 백인들 및 알제리에 정착한 프랑스인들에 맞서 싸우는 인종전쟁이며 민족전쟁이었다. 여기서 독자들이 놀라게 되는 부분은 파농이 폭력을 단호히 용인한다는 점이다. 식민지 신민이 압제자 한 명을 죽이는 것은 압제자를 살해하는 행위를 통해 스스로를 해방하는 것이라는 주장은 사르트르가 서문에서 너무 지나치게 단순화한 것이기는 하지만, 파농의 입장은 놀라움을 주기에 충분했다. 이론적인 관점에서 볼 때 참으로 놀라운 것은 격정에 젖은 파농의 비애감 같은 것이다. 그가 우려하는 것은 탈식민지화 혁명의 과실을 민족 부르주아지가 접수하게 되는 상황이었다. 상황은 더 악화될 수도 있었다. 알제리혁명 과정에서 과연 그런 일이 벌어지고야 말았다. 군사독재 체제가 들어서고 이슬람주의 체제를 수립하려는 반군과 세속주의를 추구하는 군사정부 간에 수년간 내전이 계속됐다. 대부분의 알제리인들은 파농이 그토록 막고자 했던 자본주의 중심의 자유민주주의 방향으로 나아가는 것을 환영했을 것이다. 파농 입장에서는 그렇게 되면 알제리 노동자들도 자본주의 체제하의 모든 노동자들이 겪는 착취라는 운명에 시달릴 수밖에 없었다.

탈식민지화의 이론적 기초를 논의하면서 제국을 비판하는 그 어떤 이론가도 예상치 못했던 대목을 언급하지 않고 넘어가는 것은 옳지 않다. 그것은 불행하게도 '이슬람 원리주의Islamic fundamentalism'라고 일컬어지는 사조가 등장했다는 사실이다. 원리주의라는 딱지가 불행하다고 하는 이유는, 이슬람에서 코란의 지위는 기독교에서 성서의 지위와는 다르고, 코란은 '오류가 없다'는 주장이 이슬람 역사에서는 다른 종교와 비교가 안 될 만큼 엄청난 역할을 해왔기 때문이다. 물론 코란을 어떻게 읽어야 하느냐에 관해서는 수많은 주장이 있어 왔다. 이슬람 원리주의의 부상이 전혀 예측하지 못한 사태라는 것은 역사의 아이러니다. 제국과 제국주의 세력을 비판한 20세기의 급진파들은 거의 항상 철저한 세속주의자였다. 자본주의에 대한 마르크스의 설명, 그리고 그런 설명을 차용해 제국주의를 규명하는 작업에서 일부 결함이 있을 수는 있지만, 제국주의자와 식민주의자들이 식민지 자원—현지 주민의 육체노동도 포함된다—을 착취하려는 욕심을 가지고 있다는 것을 의심하는 사람은 아무도 없었다. 식민지 국가들을 '개선한다'는 식의 자유주의적 제국주의가 논리적으로는 상당한 결함이 있을지라도 거기서 말하는 '진보'는 세속적이고, 개인주의적이며, 경제적 합리주의에 입각한 것이다.

마르크스주의의 진보관과 자유주의의 진보관은 서로 인정하는 것 이상으로 공통점이 많다. 민족주의는 자유주의 내지 마르크스적 정치관과는 맥이 다르다. 양쪽이 전제하고 있는 보편주의를 공유하지 않기 때문이다. 민족주의의 유일한 보편적 가치는 각 민족의 복지를 절대적 가치로 인정해야 한다는 요구이다. 여기서 인정하는 주체는 다른 민족의 구성원들이 아니라 각 민족의 구성원들이다. 비공격적인 민족주의는 '각 민족에게 그들 자신만의 정치체를' 인정해야 한다고 강조한다. 여기서 각 민족이 어떤 형태의 정치체를 수립해야 하느냐는 논란의 대상이 아니고, 다만 외부 세력이 아닌 본인들이 주체가 되어 수립한다는 것이 중요하다. 그러나 공격적인 민족주의—민족의 역사적 운명은 정복전쟁에서 발견된다는 식의 시각을 내포하고 있다—는 다르다. 이런 종류의 공격성은 민족적 정체성의 중요성 및 민족의 독립을 강조하는 것과 완전히 별개라고 볼 수 있다. 물론 대부분의 민족은 전쟁을 통해 민족의식을 발전시켰고, 상호 간섭하지 않는 민족주의보다 공격적 민족주의가 압도적 우위를 점해온 것은 사실이다.

민족주의와 진보의 상관관계는 분명치 않다. 경제성장은 민족적 자부심의 원천이 되고, 경제적 후진성은 민족적 수치심의 근원이 될 수 있다. 여기서 불변의 상수는 민족과 그 구성원들의 특수성을 강조하는 태도다. 이로부터 이슬람주의적 자기주장으로 나아가는 것은 시간문제다. 무슬림 세계는 스스로를 정화하고 불신자들의 타락한 세계와 절연함으로써만 자존심을 회복할 수 있다는 관념을 이론적으로 발전시키는 데 핵심적인 역할을 한 인물이 사이드 쿠틉이었다. 쿠틉 자신은 무슬림 급진파인 인도 출신의 마울라나 마우두디의 영향을 받았다. 1930~1940년대에 발표된 마우두디의 저술은 지금까지도 파키스탄 급진주의의 기초를 이루고 있다. 영국은 인도 식민지인들에게 영국 통치하에서 안락하게 살아가고자 하는 소망보다는 민족적 자기결정권을 획득하겠다는 열망을 심어주는 데 종종 성공했다. 마우두디도 예외가 아니었다. 쿠틉은 영국 지배하의 이집트에서 살면서 서구의 자유주의적 세속주의는 허위이거나 자기기만이라고 확신하게 됐다. 서구는 신민인 여러 민족에게 교육과 경제 발전의 기회를 제공했고, 그러한 혜택은 세계시민의 보편적 권리인 것처럼 포장했다. 또 명목상으로는 그런 기회를 누리는 사람들에게 식민주의자들의 문화를 위해 자신들의 문화를 포기할 것을 요구하지도 않았다. 그러나 식민주의자들이 실제로 제공한 것은 문화적 죽음이었다. 쿠틉은 1906년 이집트의 가난한 농촌 지역에서 태어났다. 그러나 똑똑하고 학구적이었고, 집안은 그에게 좋은 교육을 시켜줄 수 있을 만큼 부유했다. 그는 10대 때 종교적 수련을 받았지만 20대가 되어서는 교사 자격증을 획득하고 이집트 교육부에서 10년 이상 공무원으로 일했다. 초년 시절에는 정치보다는 문학에 관한 글을 많이 썼다. 늦게 시작한 정치적 활동은 비극적으로 단명했다. 생애 마지막 10년의 대부분을 가말 압델 나세르 군사정권 치하의 교도소에서 보냈다. 1964년 석방되었지만 잠시 후 다시 체포돼 재판을 받고 1966년 처형당했다.

쿠틉은 항상 신앙심이 깊었지만 특히 유명해진 것은 제2차세계대전 이후였다. 여기에는 두 가지 특별한 계기가 작용했다. 1949년 쿠틉은 흔히 『이슬람의 사회정의』라는 제목으로 번역되는 책을 출간했다. 미국으로 유학을 가 교육학 석사를 취득하는 한편으로 이집트 교육부의 지시에 따라 미국의 교육제도를 연구하면서 집필한 책이었다. 쿠틉은 미국에서 서구 세계의 모습을 직접 접하면서 극도의 혐오감을 갖게 된다. 그러면서 예언자 무함마드가 다스린 것과 같은 방식으로 통치되는 세계에 대한 이슬람주의적 비전을 역사적 사실과는 무관하게 창안해냈다. 그는 미국 젊은이들, 특히 젊은 여성들의 방탕한 행태를 보고 충격을 받았다는 말들을 많이 한다. 그런 충격으로 말미암아 극단적 형태의 이슬람으로 기울었다는 것이다. 그러나 그는 비서구 세계의 많은 인사들이 그랬던 것처럼, 본인이 '현대화'라는 거짓 약속으로 간주하는 현실에 대해 반기를 든 것일 뿐이라는 진단도 똑같이 설득력이 있다. 많은 서구의 비판자들도 유사한 방식으로 현대성에 대해 반기를 들었다. 심지어 미국에서도 그랬다. 그런 '내부' 비판자들 중에서 가장 강력한 세력은 보수파였다. 이들은 종교적 확신의 상실에 분개하고, 추악한 산업사회의 삶에 적대적이었으며, 신앙인들조차 물들어가는 자유주의 및 개인주의에 대해 도덕적으로 극도의 반감을 보였다. '외부'에서 보면 현대화 주창자들이 식민지 인민에게 한 약속의 허구성은 더 뚜렷이 눈에 들어온다. 서구 세계가 발전시켜온 삶의 방식은 그런 방식을 공유할 수 있는 민족은 극소수라는 논리를 전제로 했다. 그런데 많은 비판자들이 보기에 그런 발전이 가능한 것은 한때 번영을 구가했던 인도와 중국 같은 나라들을 착취했기 때문이다. 경제적 차별에 시달리는 궁핍한 사회들의 시각에서 보면 서구의 꿈은 극소수 사람들만이 누릴 수 있다는 전제하에 가능한 얘기로 비쳤다. 동기와 연유가 무엇이든 간에 쿠틉은 결국 유달리 비타협적인 형태의 이슬람을 추구하는 쪽으로 경도됐다.

『이슬람의 사회정의』도 그렇고, 특히 『이정표』(영어 번역본 제목은 'Milestones' 대신 'Signposts'를 쓰기도 한다. 이 경우 무슬림 청년들에게 올바른 길을 제시하는 지침서라는 의미가 더 잘 드러난다)에서 주목을 끄는 부분은 세속적 민족주의와 공통된 양상이 많이 보인다는 점이다. 두 책 모두 비이슬람 세계에 대한 적대감으로 가득차 있다. 그러나 당면 과제가 무슬림 본국에서 이슬람 사회를 수호하는 것인지, 비이슬람 사회가 존재하지 않는 세상을 만들어야 한다는 것인지는 분명치 않다. 제국주의 내지 과거에 제국주의를 했던 서구 세계의 시각에서 보면, 두 책이 유럽인들이 '아시아인'을 멸시할 때 주요 근거로 동원한 열등하고 나약하며 타락했다는 비난을 서구에 그대로 적용했다는 것은 새로운 현상이다. 문제는 앞으로 어떻게 해야 하느냐이다. 쿠틉 본인의 주요 관심사는 조국인 이집트였던 것이 분명해 보인다. 그러나 『이슬람의 사회정의』에 전개된 논리의 행간을 읽어보면 중세와 그 이후 기독교의 선교 노력에 활기를 불어넣었던 것과 같은 형태로 이슬람을 보편화하려는 야심이 느껴진다. 신이 존재한다면 신은 한 분뿐이고, 율법도 하나뿐이다. 좋은 무슬림이 된다는 것은 그런 율법을 따르고 그 이외의 것은 따르지 않는 것이다. 쿠틉이 나세르 대령의 민족주의적 군사독재 체제를 지지하면서 여러 조건을 단 것은 놀라운 일이 아니다. 쿠틉이 지도적인 역할을 했던 이집트의 이슬람 운동단체 무슬림형제단Muslim Brotherhood은 영국으로부터의 독립운동을 지지했다. 그러나 그들은 이슬람공화국을 원한 것이지 군사독재를 원한 것은 아니었다. 쿠데타로 들어선 나세르 체제에 대한 쿠틉의 지지는 1~2년밖에 가지 못했다. 쿠틉은 군사독재 체제가 이슬람 율법 샤리아를 무슬림들에게 적용되는 이집트의 법률로 도입하지 않자 지지를 철회했다.

쿠틉을 지적인 차원에서 이슬람 과격파의 아버지로 간주하게 만든 논리는 『이정표』에서 전개됐다. 이 책은 쿠틉이 나세르 치하의 교도소에 수감돼 수년간 고초를 겪고 석방된 시점인 1964년에 출간됐는데, 초기작에 잠재적 형태로 들어 있기는 했지만 그의 관점에서 볼 때는 본인이 식민주의적 정신 구조에서 완전히 벗어나지 못한 상태였기 때문에 제대로 표현하지 못했던 주장을 명료하게 제시했다. 주장의 골자는 이슬람이야말로 유일하게 진정한 문명이라는 것이었다. 과거에 그는 자유주의 서구의 내부 보수파 비판자들과 같은 주장을 했었다. 즉 서구가 문명이라면 그런 문명은 원치 않는다는 것이다. 그런데 이번에는 서구가 문명이 아니라고 단언한 것이다. 이슬람이 유일한 문명이고, 모든 자힐리야 jahili('무지'라는 뜻의 아랍어로 이슬람에서는 '신에 대해 무지한 상태' 즉 '이슬람 출현 이전의 시기 혹은 그 상태'를 의미한다—옮긴이) 사회는 본질적으로 후진적이라는 얘기였다. 이는 설득력은 떨어지지만 1950~1960년대의 현대화 논쟁을 '서구화주의자들'에 대한 반박으로 돌려놓는 동시에 서구로부터의 독립을 유지하기 위해 소련으로부터 원조를 받아야 한다고 주장하는 세력 전체를 규탄하는, 나름으로는 세련된 논리였다. 사회주의 유물론은 자유주의적 개인주의의 대안이 아니었다. 양쪽 다 '후진적인' 것이었다. 세계는 상호 적대적인 두 진영, 즉 이슬람과 자힐리야 사회로 양분됐다. 샤리아 율법을 따르지 않는 사회는 모두 자힐리야 사회라는 것이다. 신앙의 자유는 종교가 달라도 정당하게 요구할 수 있는 것이라는 자유주의적 관점은 거부된다. 무슬림이 일반적인 경우처럼 모스크에 나가 예배를 올리고 메카 순례를 하고 단식을 하고 기도를 하는 사회라고 해도 무슬림에게 샤리아 율법이 적용되지 않으면 자힐리야 사회다. 코란은 이슬람은 자힐리야 사회를 용납하지 않는다고 분명히 밝히고 있기 때문에 이런 입장은 무슬림 국가임을 공언하면서도 샤리아를 제도화하지 않고 있는 체제에는 큰 문제를 야기한다. 소수 무슬림 주민이 있는 비무슬림 국가는 말할 것도 없다. 기독교 국가들(물론 그럴 힘이 있는 경우다)은 수 세기 동안 비기독교 국가들이 기독교인 신민들에게 신앙의 자유를 허용해야 한다고 주장해왔다. 때로는 한 걸음 더 나아가 소수 기독교 주민들에게 자체 문제는 기독교적인 방식으로 처리하도록 허용해야 한다고 요구했다. 쿠틉의 입장은 무슬림 주민들에게 법적·제도적 독립을 허용하지 않는 비무슬림 국가는 이슬람을 용납하지 않는다는 논리인 것처럼 보인다. 이렇게 되면 기독교 중심의 서구는 흥미롭게도 그리고 놀랍게도 스페인 정복자들의 눈에 비친 카리브해 인디언들과 같은 입장이 된다. 스페인 정복자들은 기독교인들은 당연히 편히 살 권리가 있고 그것을 어렵게 만드는 원주민 통치자는 폐위시켜 마땅하다는 주장을 폈다. 이런 점에서 일부 쿠틉 비판자들이 그의 주장에 대해 깊이 우려하는 이유는 쉽게 짐작할 수 있다.

　이 책은 넓은 의미의 정치사가 아닌 정치사상의 역사를 다루는 것이기 때문에 '정치적 이슬람'이 국제관계에 어떤 영향을 주게 되었는지를 여기서 따져볼 계제는 아니다. 우리는 사상이 미친 영향보다 사상 자체에 집중해왔다. 많은 논평가들이 이슬람은 유럽의 기독교와 달리 종교개혁이나 계몽주의를 겪은 적이 한 번도 없다고 지적했지만, 쿠틉의 사상은 16~17세기 급진파 개신교도들에게 활기를 불어넣었던 것과 똑같은 종류의 '성인聖人들의 통치'를 추구하는 스타일이다. 그런 기독교적 발상이 종교에 기초한 유토피아를 제도화하려는 특이한 시도를 일부 촉발한 것과 마찬가지로 쿠틉의 사상도 비슷한 결과를 낳았다. 분명한 차이는, 종교개혁 시기 유럽의 개신교도들이 추구한 유토피아는 식민지화와 치욕의 역사 같은 것이 전혀 개재되지 않은 것인 반면 쿠틉의 사상, 그리고 좀더 넓은 의미에서 현대 이슬람 급진파들의 사상은 그런 쓰라린 과거를 안고 태어났다는 점이다. 한 세기 전에 제국을 비판했던 논자라면 제국주의 라이벌들 간의 충돌이 유럽을 위험—1914년 1차대전 발발로 현실화됐다—에 빠뜨릴 것이라는 점을 중점적으로 강조했을 것이다. 반면에 오늘날의 비판자들은 3세기에 걸친 유럽 제국주의가 야기한 심리적·문화적 적개심과 왜곡에 초점을 맞춰야 할 것이다. 이런 전제하에서만 파농과 쿠틉의 주장을 계속 진지하게 성찰하는 작업은 정당화될 수 있을 것이다.

제24장
사회주의들

완전한 사회주의냐 복지국가냐

프롤레타리아국제주의에 대한 민족주의의 승리는 놀라운 일이 아니다. 정작 놀라운 일은 사회주의의 폐기 대상인 종교적 감정이 산업화와 도시화라는 세속화의 압력을 대단히 효과적으로 이겨냈다는 사실이다. 민족적·종족적 연대뿐 아니라 종교적 연대가 프롤레타리아의 연대보다 훨씬 돋보인다. 역설이 아닐 수 없다. 프롤레타리아민주주의와 국가의 소멸은 더이상 살아 있는 선택지가 아니라는 사실에 대해서는 보편적인 합의가 이루어진 상태다. 자본주의를 중심으로 하는 자유민주주의가 현재의 유일한 선택지인 것이다.[1] 그러나 성공적인 현대 국가라면 요람에서 무덤까지 시민의 복지를 책임져야 한다는 기대를 받고 있다. 19세기 관찰자들이 보았다면 서슴없이 사회주의국가라고 판단했을 국가형태다. 오늘날 복지의 근간을 형성하는, 공적 자금이 투입된 사회보장제도를 온전한 사회주의로 가는 단계라고 보는 사람은 유독 불만이 많은 보수파밖에 없다. 투표권은 더할 나위 없이 확대됐고, 기회의 평등은 모두가 동의하는 이상理想으로 자리잡았으며, 최고 수준의 정치 참여를 가로막는 인종, 계급, 성별의 장벽은 완전히 폐기됐다. 그러나 자유민주주의의 정체성을 어떤 식으로 규정하든 간에, 결코 마르크스와 '유토피아적 사회주의자들'이 원했던 스타일의 프롤레타리아독재나 압제적 국가의 폐기로 가는 형태라고 볼 수는 없다.

소련식 전체주의를 정당화하는 과정에서 마르크스의 사상과 마르크스주의의 역할이 오·남용되었다는 문제는 다른 곳에서 논의할 부분이다. 여기서 우리가 고찰하고자 하는 부분은, 마르크스와 엥겔스가 '유토피아적 사회주의'라고 폄훼했지만 다른 사람들은 모두 그냥 '사회주의'라고 보는 체제다. 이는 2차대전 이후 선진 산업사회의 요체의 일부가 된 다양한 형태의 개량주의적 사회주의 내지는 복지국가 사회주의를 규명하는 작업의 개념적 틀을 제공한다. 여기서 논의의 중심축은 '완전한 사회주의'는 현실적으로, 그리고 어쩌면 논리적으로 불가능하지만 '혼합형' 복지국가는 불가피한 선택이라는 것이다. 복지국가 개념을 거부하면서 복지국가 체제를 실제 능력보다 훨씬 잘못 운영하고 있는 국가들의 경우도 마찬가지다. 완전한 사회주의는 일종의 집단적인 경제적 합리성이 가능하다고 상정한다. 이는 경제의 중심에서 전지전능하게 통합 관리를 할 수 있는 지성을 전제로 할 때만 가능하다. 그리고 그런 지성이 법률과 통치라고 하는 강압적 시스템을 대신할 수 있다고 가정한다. 이는 자기모순에 가깝다. 설령 자기모순까지는 아니더라도, 중앙 계획의 강점에 대한 무조건적 합의를 전제로 한다. 노동자 자주관리, 주요 대기업의 사적 소유 철폐, '시장의 무정부 상태'의 중앙 계획으로의 대체 같은 사회주의의 핵심 요구들이 실현되지 않았다 하더라도 사회주의가 아니라고 하기는 어렵다. 그러나 그것은 어떤 면에서 사회−주의social-ism의 한 형태다. 개인의 복지에 대한 집단적 책임을 사회 및 그 운영 주체인 당대의 정부에게 부과한다는 의미에서 그렇다.

실패한 유토피아들

이 장에서 논의할 인물들은 거의 모두 (어느 정도는) 실패자였다. 로버트 오언은 노동생산물을 교환하는 국가 단위의 교환소를 결국 창설하지 못했고, 샤를 푸리에는 인간의 모든 특성이 완전히 충족되는 이상적 공동체(팔랑주)를 후원해줄 사람을 찾지 못했으며, 미하일 바쿠닌은 폭력 봉기를 통한 국가 폐기에 성공하지 못했고, 표트르 크로포트킨은 농업과 산업이 사이좋게 공존하면서 자주적 관리를 통해 유지되는 공동체 건설을 위해 국가의 소멸을 추구했으나 역시 실효를 보지 못했다. 에드워드 벨러미가 2000년 현재의 보스턴을 보았다면, 자신의 소설 『뒤를 돌아보면서Looking Backward』에 묘사한 것과 같은 조직화된 유토피아가 아니라 활기차기는 하지만 뻔뻔스럽기 그지없는 자본주의 도시에 불과하다고 생각했을 것이다. 반면에 벨러미식의 유토피아를 혐오한 윌리엄 모리스는 그에 대한 반박 차원에서 쓴 소설 『유토피아에서 온 소식News from Nowhere』에 묘사한 내용과 달리 영국 의회가 아직도 가동중이고 의사당도 분뇨 더미에 묻힌 상태가 전혀 아니라는 것을 보고 놀랄 것이다.[2] 존 스튜어트 밀 같은 지극히 냉철한 사회주의자들은 자치적인 협동조합이 상명하복식으로 관리되는 회사를 대체하지 못한 것을 보면 실망을 금치 못할 것이고, 페이비언 사회주의자들도 공공서비스 정신이 영국 사회 전반으로 확산돼 있지 않은 현실을 보면 참으로 답답한 마음일 것이다. 미국 같으면 사회주의 노동운동 지도자 유진 데브스는 자본주의 대기업들이 버젓이 살아 있는 것을 보고 심한 모욕감을 느꼈을 것이고, 새뮤얼 곰퍼스 역시 비폭력 노조운동이 자신이 예상한 만큼 노동자들에게 자본주의의 파이를 나눠주지 못했고, 노조 가입률은 계속 떨어지는 현실을 접하고 실망을 금치 못했을 것이다. 1945년 이후 복지국가를 옹호한 사람들—이들 중 일부는 1950년까지 달성한 것이 복지국가의 이상이 현실화될 수 있는 한계라고 생각했다—은 사회 공통의 필요를 집단적으로 해결하자는 이상에 대한 사회적 지지는 거의 없고 개인주의만 판치는 현실을 보면서 우려를 금치 못할 것이다.

지금까지 열거한 여러 경우에서 보는 것처럼 비마르크스 계열 사회주의자들이 원한 것은 다양하고, 그들이 추구하는 목표를 달성할 수 있는 방법도 다양하다. 사회주의의 역사를 살펴본 독자라면 사회주의자들의 공통점이 과연 무엇인지, 그리고 그들이 어떤 의미에서 단일한 운동으로 분류되는지 의아할 것이다. 어떤 식의 답변이든 사회주의를 지지하는 것이어야 설득력이 있을 것이다. 따라서 여기서 내가 내놓는 답변은 암시적 차원의 간단한 것일 수밖에 없다. 사회주의는 산업화 초기의 참상에 대한 격렬한 반감에서 태어났다. 그 선구는 농민반란으로 늘 제기되는 문제는 토지 균등 소유, 화폐 폐지, 영주 폐기 등이었다. 멀리 보면 그리스·로마 고전 시대의 사유에서도 그런 선구적 형태가 있었다. 아리스토텔레스가『정치학』에서 고찰한 이상 국가들의 공통점은 강력한 형태의 집단주의를 강조하는 한편으로 돈벌이에 대해서는 극심한 혐오감을 가지고 있다는 것이었다. 플라톤의『국가』는 독자들이 생각하는 것 이상으로 복합적인 시각을 제시한다. 국가의 수호자들은 재산을 보유하지 않는 상태에서 내핍생활을 하고 모든 것을 공유하는 공동체생활을 한다. 그러나 나머지 국가 구성원들은 농민이나 제화공 또는 선박 제조공 등으로 별다른 간섭 없이 생계를 유지하는 것으로 보인다. 그런데 보통 사람의 삶은 식욕이 가장 중요하며 정신 같은 것은 문제가 아니다. 그런 삶은 용인되기는 하지만 바람직하다는 평가를 받는 것은 아니다. 핵심 계층은 아내와 재산을 공유한다. 돈에 대한 반감은 많은 유토피아론의 일반적 특징이다. 토머스 모어의 『유토피아』에서도 황금은 변기나 노예를 묶는 사슬에 사용하는 것으로 나온다. 윌리엄 모리스의 소설 『유토피아에서 온 소식』에서도 황금에 대한 경멸은 유사한 형태로 등장한다. 이런 선구자들이 중요한 이유는 현대 사회주의의 등장을 예견했기 때문이 아니라, 사회주의자들은 미래에 자신들의 이상이 실현될 것으로 기대하고 사회가 진보할 것으로 믿었지만 그런 사회주의적 이상에는 사라진 황금기에 대한 향수 같은 것이 진하게 남아 있었다는 것을 말해주기 때문이다.

사회주의의 다양성

역사적으로 보면 사회주의는 산업화 초기에 야기된 도시 이주와 각종 비참함에서 생겨났다. 1세대 산업노동자들이 사회주의에 호감을 느낀 것은 놀라운 일이 아니다. 그들은 농지에서 쫓겨나 막 형성되기 시작한 산업도시의 열악한 조건 속으로 내팽개쳐졌다. 객관적으로 영양과 건강 상태를 말한다면 그들은 평균적으로 과거보다 나쁘지는 않았다. 우리가 초기산업화 도시들에 대해 섬뜩한 느낌을 갖는 것은 너무 많은 빈민을 좁은 공간에 몰아넣었기 때문인 측면이 크다. 주관적으로 보면 새로운 노동계급은 분노 속에서 방향감각을 상실한 상태였으며 혁명이 불러주면 달려갈 준비가 돼 있었다. 이런 양상은 이후의 노동계급보다 훨씬 심했다. 그러나 마르크스를 비롯한 많은 사람들이 사실과 정반대로 생각했다. 발전되고 자의식이 강한 프롤레타리아가 사회주의혁명을 이룩하리라고 생각한 것이다. 그러나 그런 모험에 기꺼이 나설 준비가 돼 있었던 것은 뿌리 뽑힌 1세대 노동계급뿐이었다. 게다가 혁명에 참여할 인적자원이 될 만한 사회계층은 시계공 같은 숙련된 장인들이었다. 이들은 경제적으로나 심리적으로 큰 위협을 느끼고 있었다. 자신들이 보유한 기술은 점점 쓸모없는 것이 되어가고 오래 지속돼온 사회적 유대는 지탱하기 어려워졌다. 그런 노동자들은 중립적인 의미에서 반동적이었다. 자신이 잃은 것, 잃을 것에 대한 반응이기 때문이다. 폭동 선동 세력과 구별되는 주요 사상가들은 대개 문필가였다. 그들이 글을 쓸 당시에는 지식인이거나 고도로 지적인 작업―밀의 경우 인도 경영―에 종사하고 있었다. 마르크스는 예외로 보아야 할 것이다. 사실상 마르크스는 친구인 엥겔스가 자기 아버지가 운영하는 방직공장에서 마지못해 일해 번 돈으로 생계를 유지했다.

산업화 초기의 비참하고 열악한 조건에 대해 사회주의자들만 분노한 것은 아니었다. 『공산당선언』에서 마르크스는 봉건귀족들이 신흥 부르주아지를 비난하는 행태에 대해 '봉건적 사회주의'라고 지칭했다. 아닌 게 아니라 토머스 칼라일과 존 러스킨 같은 사상가들도 종종 사회주의자로 간주되곤 했다. 두 사람은 빅토리아시대의 경제적 방임주의에 반대했으며, 응집력 있고 균질적인 사회를 예찬하고, 돈벌이를 경멸했으며, 노동 자체에 참된 기쁨이 있다는 식의 '노동의 복음'을 설파했다. 그러나 두 사람을 사회주의라고 칭하는 것은 그야말로 견강부회다. 칼라일은 프로이센의 프리드리히대왕을 예찬했고, 러스킨은 '구식 토리당 과격파'를 자처하는가 하면 스스로를 가장 붉은 색깔의 공산주의자로 칭하기도 했다. 두 사람을 사회주의에서 배제해야 하는 이유는 위계질서를 신봉했기 때문이다. 그리고 두 사람이 추구하는 사회 모델은 노골적으로 과거지향적이었다. 첫번째 이유는 결정적인 것은 아니다. 생시몽과 에드워드 벨러미도 위계적 관리 체계를 옹호했다. 두번째 이유가 비교적 결정적이다. 러스킨은 산업화를 혐오했다. 칼라일이 윤리적으로 수용할 수 있다고 본 경제질서는 13세기에 베리세인트에드먼즈 수도원 원장 샘슨이 수도원 재건 과정에서 실시한 체제를 모범으로 삼은 것이었다. 대부분의 사회주의 이론가들은 경제적 진보를 원했다. 그들은 산업화를 노동자를 극도의 육체적 고통에서 해방시켜줄 열쇠로 보았고, 기술 발전이 빈자들에 대한 착취나 부자들의 일탈이 아닌 좋은 방향으로 활용되기를 원했다. 반면에 많은 숙련노동자들은 기술 변화를 두려움의 시선으로 바라봤다. 당연히 그럴 만한 이유가 있었다. 사회주의의 핵심을 이루는 거의 유일한 요소는 사회적 목적을 위한 생산이라는 개념을 강조하는 것이라고 할 때, 사적 소유권의 무제약적 이윤추구에 대한 반감은 사회주의의 본질이라고 할 수 있다. 그러나 대부분의 사회주의자들에게 문제의 치료법은 산업화를 고도화시키는 것이지 산업화를 거부하는 것은 아니었다.

마르크스는 자본주의를 공격하면서 자본을 노동자의 피를 빠는 뱀파이어에 비교했다. 그러나 모든 사회주의자는 합법적으로 재산을 축적하고 원하는 대로 처분하는 것이 허용되는 세상, 가진 기술이나 공적 정신이 탁월해서가 아니라 자본을 소유하고 있다는 이유만으로 타인의 노동력을 통제하는 권한이 부여되는 사회는 개혁이 필요하다는 정도로 생각했다. 마르크스가 생산의 무정부 상태라고 부른, 호황과 불황의 예측 불가능한 순환에 대해 모두가 마르크스처럼 우려한 것은 아니었다. 밀은 후대의 길드사회주의 전통 내지 조합주의 계열 인사들처럼 생산자를 노동자와 관리자로 구별하는 것을 비난했다. 모리스는 인간이 자아를 실현하는 노동을 할 수 있기를 원했다. 복잡한 현대 경제에서 중앙 계획이라는 것은 거의 불가능하다는 사실이 널리 인식된 것은 20세기 마지막 사반세기 들어서였다. 초기 사회주의자들은 생산·분배·소비가 인간에게 필요한 전부이며, 적절한 조건에서 그렇게 할 수 있다는 것을 당연시했다. 그것이 어떻게 가능한지에 대한 극도의 상세한 설명이 19세기 미국 소설가 에드워드 벨러미의 『뒤를 돌아보면서』에 제시돼 있다. 지금 와서 보면 그런 도식들은 하나같이 모든 형태의 계획이 겪게 되는 운명을 겪었음을 알 수 있다. 즉 기술의 발전과 기호의 변화는 예측 불가능하기 때문에 결코 임의로 통제할 수 없다는 것이다.

마르크스는 경쟁관계에 있는 사람들을 '유토피아적 사회주의자'라고 비난했다. 이 말은 그들이 도덕적 설득을 통해 좀더 나은 사회를 만들 수 있다고 믿었으며, 혁명을 위한 폭력에 대해 극도의 거부감을 가졌다는 얘기다. 많은 비마르크스주의 계열 사회주의자들이 자본주의—마르크스 이전에는 사용되지 않은 용어다—는 모든 사람의 인간성 발현에 좋지 않고, 폭력은 문제를 악화시킨다고 생각한 것은 사실이다. 자본주의가 야기하는 폐해를 보는 시각은 사상가마다 달랐다. 마르크스는 자본가도 개별 인간으로 보면 아주 점잖은 사람일 수 있다고 주장했다. 다만 그들의 불행은 비인간적인 시스템의 대행자가 되었다는 데 있다는 것이다. 유토피아적 사회주의자들은 윤리적 차원이나 심리적 차원을 한층 강조하는 경향이 있었다. 로버트 오언이 사회적 기능과 무관하게 보상의 불평등이 존재하는 체제는 마땅히 받아야 할 몫보다 적게 받는 사람은 물론이고 더 많이 받는 사람들에게도 나쁘다고 생각한 것이 대표적인 사례다. 우리 모두는 지겹고 따분한 고역이 아니라 노동을 필요로 하며, 타인에게 얼마나 유용한 일을 했느냐에 따라 공정한 보상을 받아야 한다는 생각은 사회주의자들뿐 아니라 많은 사람들을 하나로 묶어준다. 그러나 그것이 모든 사회주의자를 하나로 묶어주는 것은 아니다.

부자, 빈자, 국가

두 가지 난제가 있다. 사회주의사회는 어떻게 통치되며, 사회주의는 어떤 경로를 통해 성취되는가 하는 것이다. 이에 대해서는 합의된 답이 없다.

거의 모든 사회주의자들은 국가를, 특히 관료제, 경찰, 군대, 강압적 통치 장치 일반을 혐오했다. 우리는 지금 현실에서 시행된 사회주의를 살펴보고 있는 것이 아니다. 소련을 73년간, 중국을 60여 년 동안 지배해온 마르크스식 독재에 관한 논의를 하고 있는 것은 더더구나 아니다. 우리는 지금 사회주의 이론의 고유한 논리를 고찰하고 있다. 기본 발상은 간단하다. 루소가 말한 것처럼 국가가 존립하는 이유는 충돌하는 이해관계와 공통의 이해관계가 존재하기 때문이다. 결과를 놓고 심각한 이해관계의 충돌이 있다. 부자들은 빈자들을 노예처럼 만들어 착취하고자 한다. 빈자들은 부자들의 재산을 몰수함으로써 부자들이 특권을 누리는 데 이용당하지 않고 스스로의 노력으로 살아가고자 한다. 그러나 이처럼 대립하는 두 계급도 공유하는 이해관계가 많다. 예를 들어 주변국가의 침입을 받지 않는 것이 모두에게 좋고, 국내적으로 폭력이나 도적질이 발생하지 않는 것이 좋다. 혁명적 사회주의자들이 주장하는 것처럼 계급 간의 적대감은 극히 첨예하고 도저히 타협에 이를 수 없는 것이라고 해도 공통의 이해관계는 분명히 존재한다. 마르크스는 현대국가는 부르주아지 공통의 이익을 관리하는 위원회에 불과하다고 주장했지만 그러면서 언급하지 않은—항상 무시한 것은 아니지만—부분이 있다. 프롤레타리아의 이익이 부르주아의 이익과 겹친다는 사실이다.[3]

루소가 지적했듯이 국가가 없으면 부자는 가난한 사람들에게 휘둘리게 될 것이다. 더욱 놀라운 것은 공리주의자인 벤담도 그런 지적을 했다는 사실이다. 재산을 보호한다는 것은 본질적으로 가진 자들의 재산을 갖지 못한 자들에 맞서 보호한다는 것이다. 이론적으로 법률은 소규모 자산가나 대규모 자산가 모두에게 똑같이 우호적이다. 그러나 실상을 들여다보면 '아주 적게 가진 자들'보다 '많이 가진 사람들'을 보호한다. 빈자들이 부자들의 재산을 몰수한다면 단기적으로는 분명 이익을 보겠지만 장기적으로는 그렇지 못할 것이다. 부자들은 단기적으로도 장기적으로도 손실만 보게 된다. 부자의 존재 자체를 불쾌하게 생각하는 사람에게는 부자들의 재산을 보호해주는 국가는 모두 경멸적인 의미에서 계급국가이며 개혁 대상이다. 개혁은 덜 가진 사회 구성원들에게 권력이 주어지지 않으면 일어나지 않는다. 따라서 귀족제나 군주제 체제를 민주화하는 것은 혁명을 통해 사회주의가 현실화되는 것을 원치 않는 사람들이 보기에는 사회주의를 가능케 하는 정치적 전제 조건이다. 부자들은 그런 가능성을 잘 알기 때문에 보통선거권 도입에 대해 두려움을 가지고 있었다. 그러나 결국은 만인의 예상과 달리, 보통선거권 도입으로 노동계급의 정치가 훨씬 개량적이고 점진적인 방향으로 나아간다는 것을 깨닫게 되었다. 영국의 경우 저명한 보수당 정치가 디즈레일리는 보수당에 투표하는 노동자에 대해 "조각가가 대리석에서 천사를 보는" 심정이라는 식으로 긍정적으로 평가했다. 지금 생각해보면 이는 놀라운 일이 아니다. 부자들이 재산을 보호받는 대신 공정한 대가를 기꺼이 치러야 한다는 것은 반론을 제기할 수 없는 논리다. 물론 공정한 대가가 무엇이냐는 또다른 문제다. 그러나 부자들은 재산 몰수를 피하고 싶어하고 가난한 사람들은 내전으로 더 많은 것을 잃을 것이기 때문에 모두가 이해관계의 타협점을 찾아야 한다. 이는 무제한적인 자유시장 상황을 방치하는 대신 세금제도를 강화해서 평등을 더 많이 확보하는 쪽으로 가야 한다는 논리가 될 수 있다. 그러나 자유주의자 내지 현명한 보수파는 그 정도에서 멈추려고 할 것이고, 사회주의자들은 그런 어중간한 타협은 타협에 불과하다고 생각할 것이다.

1168

유토피아적 사회주의자들

현대 사회주의는 로버트 오언, 앙리 드 생시몽, 샤를 푸리에 3인방과 더불어 시작된다. 사실관계로 보아도 그렇고 모든 역사적 평가로 보아도 그렇다. 생시몽에 대해서는 프랑스혁명을 다룬 장에서 어느 정도 살펴보았다. 오언은 영국 최초의 사회주의자였다. 1771년에 태어난 오언은 아홉 살의 나이에 가게 점원으로 일하면서 '어른' 같은 생활을 시작했다. 그러다가 장사 쪽에서 빠른 속도로 두각을 드러냈고, 결국 스코틀랜드 뉴래너크에 있는 방직공장의 지분을 보유한 지배인이 되었다. 거기서 그는 '하나의 아이디어'—제러미 벤담은 오언이 가진 것은 아이디어밖에 없다고 했다. 벤담은 오언의 이론적 재능을 낮게 평가했지만 오언이 동업자들의 지분을 사들이고자 했을 때는 자금 조달을 기꺼이 도와주었다—를 실천에 옮겼다. 여기서 '아이디어'로 표현된 오언의 생각은, 인간성은 환경의 영향에 따라 얼마든지 변할 수 있다는 것이었다. 누구나 적절한 보육과 교육을 받으면 인간성은 최고에서 최악까지 얼마든지 달라질 수 있다는 얘기다.[4] 이런 논리라면 오언은 벤담의 패놉티콘 구상에 나오는 감독자처럼 어떤 자비로운 세력이 주민을 철저히 통제하는 사회를 바람직하다고 주장했을 법도 하다. 그러나 실제로 오언이 한 일은 방직공장 노동자들이 비교적 괜찮은 오두막에서 거주하는 공동체를 창설한 것이다. 그곳의 위생 수준은 좋았고, 신선한 야채를 재배할 수 있는 텃밭도 있었다. 다만 일을 할 때는 세 변에 서로 다른 색깔을 칠한 삼각형 나뭇조각을 작업대에 올려놓고 상황에 따라 다른 변을 보여주는 방식으로 노동자들의 노동의 질을 감시했다. 오언은 신앙이나 지적 훈련보다는 인간적 품성을 강조했다. 사람마다 타고난 성향 내지 기질은 다 다르다. 지적 능력도 다르다. 따라서 그가 의도한 것은 협동적이고 의무에 충실한 동시에 공공의 복리를 우선시하는 품성이었다.

이상적 공동체를 지향하는 방직공장은 오언이 관심을 쏟는 동안에는 큰 성공을 거뒀다. 그 덕분에 오언은 유명 인사가 되었지만 동시에 지적으로나 정치적으로 큰 야심을 품게 된다. 특히 국민경제 전체를 아우르는 협동 시스템을 구축해야 한다는 생각을 하기 시작했다. 그러나 기독교에 대한 반감이 커지면서 본인의 핵심 의도에 집중하지 못하는 부작용이 생겼다. 원죄를 강조하고 최후의 심판 날에 하느님이 인간에게 적절한 보상과 징벌을 내린다고 주장하는 기독교는, 인간성은 외부의 영향에 따라 얼마든지 바뀔 수 있다는 오언의 믿음과는 양립하기 어려웠다. 기독교는 현대 산업사회와는 맞지 않았던 것이다. 오언이 경제 전체를 조직화하는 방법을 모색하면서도 미국 인디애나주 뉴하모니나 영국 햄프셔의 퀸우드 같은 지역에 소규모 유토피아 공동체를 창설하는 데 혼신의 노력을 기울였다는 것은 어떻게 보면 잘 이해가 안 가는 부분이다. 그러나 이는 거의 모든 초기 사회주의자들의 특징이었다. 중앙 계획을 통한 이상적 미래상을 제시한 에드워드 벨러미는 오히려 사회주의자의 전형과는 거리가 멀었다. 훨씬 전형적인 것은 거대한 규모의 조정과 지역별 자치 공동체들을 조화시키려는 시도였다. 그런 시도에 동력을 제공한 것은 화폐, 시장, 교환관계—싸게 사서 비싸게 팔려는 경쟁자들 간의 다툼—등을 기초로 하지 않는 새로운 형태의 경제적 조직화가 응집력 있는 국민경제 성취 과정에서 겪는 난점들을 해결하는 동시에 아사 사태나 강압에 대한 공포를 해소할 수 있다는 희망이었다.

오언은 처음에는 1815년 나폴레옹전쟁 종전 이후 영국에 몰아닥친 실업 문제를 해결할 방법을 찾아다녔다. 먼저 실업자들이 농사를 지어 식량 등을 자급자족할 수 있는 시범마을을 만들자고 제안했다. 이에 대해 영국의 문필가 윌리엄 코빗은 '빈민 공동체'를 만들려는 것이라며 혹평했다. 오언은 '가래를 사용한 경작'이 농업생산성의 기적을 가져올 것이라고 확신하고 있었지만, 다른 한편으로는 새로운 산업질서가 자본 사용 비용을 거의 제로로 만들어 풍요를 가져올 것이라는 생각을 하게 됐다. 그러나 고용주가 노동에 대해 얼마를 지불하느냐를 따지는 방식 외에 노동의 가치를 어떻게 측정할 수 있느냐 하는 문제가 있었다. 오언은 다른 많은 사람들처럼 모두가 자신이 한 노동 내역을 기록한 영수증을 받고 그것을 화폐처럼 사용해 필요한 것을 구입하는 시스템을 상상했다. 부모들끼리 일종의 조합을 만들어 돌아가면서 아기를 봐주는 시스템과 별로 다를 바 없었다. 그러나 그런 시스템을 좀더 복잡한 상황에 적용하면 완전히 실패할 것은 뻔했다. 그러나 여기서 흥미로운 점은 그 발상이다. 노동은 불가피한 것이지만 인간에게 만족을 줄 수 있다는 것이다. 우리가 소비하고 향유하는 모든 것은 일부는 자연 자원에서 오지만 대부분 인간의 노력이 가미된 것이다. 노동 서비스를 서로 교환하는 것은 본래적 현실을 반영하는 것인 반면, 노동을 돈과 교환하고 돈을 다시 생산물과 교환하는 방식의 교환관계는 그렇지 않다.

오언은 미국을 비롯한 여러 나라에서 운영된 많은 유토피아 공동체에 큰 영향을 미쳤다. 그는 개인적으로는 따뜻한 품성의 소유자였다. 그러나 그가 마르크스나 그 후계자들의 세계혁명에 대한 야심 같은 것은 전혀 가지고 있지 않았다는 평가는 아직 제대로 재조명받지 못하고 있다. 그는 한때 멕시코 황제에게 텍사스 땅 8000여 제곱킬로미터를 내주면 공동체주의적 실험을 성공해 보이겠다고 설득해보려고도 했다. 오언과 다른 사회주의자들의─특히 한편으로는 마르크스, 다른 한편으로는 바쿠닌과의─결정적인 차이는 사회주의의 이상을 실현하는 과정에서 절대 비폭력 노선을 취했다는 부분이다. 이 점에서 그의 당초 아이디어가 다시 한번 중요성을 드러낸다. 오언은 우리의 인간성은 "우리에 의해서가 아니라 우리를 위해서 만들어지는 것"이며 모름지기 사회는 "부도덕한 구세계"를 대신할 "도덕적인 신세계"에 어울리는 품성을 갖춘 시민을 만들어내야 한다고 확신했고,

처벌이나 폭력은 필요하지도 효과적이지도 않다고 생각했다.

오언이 굳이 상상력을 동원하지 않아도 모두가 더 행복해지는 세상을 원했다면, 샤를 푸리에는 사회주의가 인간성의 변화를 야기할 것이고 그러한 변화는 지금까지 우리가 몰랐고 상상도 하지 못한 종류의 행복을 가져다줄 것이라고 생각했다. 푸리에는 생시몽보다 연배가 약간 밑이다. 1772년에 태어나 1837년에 사망했다. 그는 말년의 상당 부분을 카페에서 자신이 꿈꾸는 팔랑주 건설에 투자를 해줄 사람이 나타나기를 기다리며 보냈다. 푸리에의 유토피아적 공동체 구상은 어떤 면에서 보면 썩 사회주의적인 것은 아니다. 그는 투자자들에게 공동체 수입의 35퍼센트를 배당해주겠다고 제안했다. 이는 당시 자본주의 체제에서 일반적으로 얻을 수 있는 이윤보다 훨씬 많은 것이었다. 푸리에는 또 불평등을 폐기하는 문제보다 빈곤, 특히 정서적 빈곤을 없애는 데 더 관심이 많았다. 그의 구상의 토대가 되는 이론은 대단히 특이하다. 그것을 개진한 책이 1808년에 출간된 『네 가지 운동의 이론과 인간의 일반적 운명 *The Theory of the Four Movements*』이다. 푸리에는 기성 윤리에 반기를 든 인물이었다. 그는 전통적인 윤리는 인간의 본성을 거스르는 것으로서 우리의 근원적인 요구와 조화를 이룰 수 없다고 생각했다. 의무는 인간이 발명해낸 것이며 자연이나 신의 진정한 말씀이 명한 바에 근거한 것이 아니었다. 신(유대교와 기독교에서 말하는 신과는 다른, 대단히 추상적인 신)은 우리에게 사회적 조건만 제대로 돼 있다면 우리를 개인으로서 그리고 전체사회의 구성원으로서 완벽하게 행복하게 만들어줄 욕망을 부여해주었다. 바로 이런 점에서 푸리에는 사회주의자, 즉 사회-주의자였다. 지금 우리의 열정이 우리에게 피해를 야기하는 것은 우리가 자아 중심의 경쟁을 추구하는 환경에서 살고 있기 때문이다. 그런 상황에서는 한 인간의 욕망의 만족은 다른 인간의 만족과 양립할 수 없다. 자기 절제의 시스템으로서의 윤리는 한 사람의 만족과 다른 사람의 만족이 충돌하는 것을 제한하기 위한 장치다.

치료법은 (푸리에가 파악한) 모든 감정을 만족시키기에 충분한 결사체를 설립하는 것이었다. 그렇게 되면 우리의 열정은 타인과 반목하는 원심력이기를 멈추고 남과 협력하는 구심력이 된다. 그런 구심력 역할을 하는 것이 이상적 공동체 '팔랑주 phalange' (영어로는 phalanstery. 고대 그리스 육군의 사각형 밀집 대형을 일컫는 팔란크스 phalanx에서 나온 말로, 원래는 결사체를 뜻한다―옮긴이) 였다. 푸리에는 하나의 팔랑주는 성인 1620명, 즉 그가 파악한 기질의 종류가 서로 다른 남녀 각 810명으로 구성돼야 한다고 주장했다. 푸리에의 책은 재미있고, 조화로운 집단적 실험이 주는 즐거움을 시적인 방식으로 강렬하게 표현하고 있지만, 서로 다른 기질을 가진 사람들을 적당한 수로 묶어서 적당한 장소에 모아놓으면 정확히 어떻게 무질서가 조화로 바뀌는지에 대한 설명은 썩 상세하게 내놓지 못하고 있다. 그 유명한 팔랑주 건설 지침을 보면 어디에 건설해야 할지―벨기에나 작센 같은 평지는 절대 안 된다고 했다. 유럽에서도 춥고 비가 잦은 북부보다는 기후가 온난한 남부를 적지라고 봤다―에 대해서는 아주 자세하게 밝히고 있는 반면, 거기 거주하는 구성원들이 서로 어떻게 협력해야 하는지에 대해서는 설명이 부실하다. 그러나 이런 문제는 진정으로 진보적인 세계를 추구하는 그의 시각에서는 큰 문제가 되지 않는다. 우리 각자에게 잠재돼 있던 욕망과 에너지가 분출돼 계산하고 절제하지 않아도 서로 잘 들어맞게 되기 때문이다. 19세기 미국에서는 유토피아 공동체가 많이 창설됐는데, 대부분 푸리에와 그 동시대인들로부터 정신적 자극을 받은 것이다. 그중 일부는 나중에 유토피아적 성격은 약해진 반면 경제적으로는 지탱 가능한 공동체로 변질됐다가 결국에는 전통적인 미국 사회 속으로 포섭되고 말았다.

푸리에가 인류 역사의 마지막 단계 8000년에 대해 공상으로 점철된 상을 제시한 것은 누가 봐도 터무니없는 일이다. 그런 만큼 존 스튜어트 밀 같은 냉철한 사상가들이 푸리에의 사상을 대단히 호의적으로 보고, 마르크스 조차 조심스럽게 검토했다는 사실은 잘 이해가 안 간다. 물론 당시 마르크 스로서는 미래 공산주의 체제에서 노동이 어떻게 인간적으로 만족을 줄 수 있는지에 대해 좀더 설득력 있는 설명을 제시할 필요가 있었다. 밀과 마르 크스는 역사의 마지막 단계에서 바다가 레모네이드로 변하고 여섯 개의 달 이 지구 주위를 돌며 사자가 풀을 뜯는다는 식의 푸리에의 주장들은 무시 했다. 두 사람이 관심을 보인 부분은 푸리에의 핵심적인 아이디어, 즉 '매 력적인 노동 travail attractif'이라는 개념이었다. 푸리에는 실크 중개상 겸 세 일즈맨으로 오래 활동했고, 장사 일을 아주 싫어했다. 그가 심리학적 이론 을 고안해낸 것은 노동을 상업적 경쟁사회에서의 노동과 정반대되는 것으 로 만들 목적에서였다고 상상하는 것은 사실은 아니지만 대단히 그럴 듯하 다. 사실이 아니라는 이유는 그가 제시한 팔랑주 논리의 핵심은 인간 본성 은 지극히 다양해서 극단적인 수준의 다양한 노동이 가능하다고 보기 때문 이다. 그러면서도 아담 스미스가 우려했던 것처럼 머리핀을 만드는 것과 같은 단순 반복 작업으로 사람을 멍하게 만드는 대신, 그들을 해방시켜 생 산적인 활동으로 열정적인 본성을 표현하게 만들 수 있다는 것이 그의 주 장이다.

이런 발상이 가져올 수 있는 심각한 문제는 '나비의 열정 papillonage'이라 는 표현으로 푸리에가 제기한 색다른 논리에 의해 극적으로 상쇄됐다. 이 것은 다양성에 대한 욕망, 즉 노동의 속도, 노동환경의 변화, 노동 종류의 변화를 추구하는 욕망이었다. 이는 누구나 한 시간 반 내지 두 시간 이상 계 속 똑같은 노동을 해서는 안 된다는 의미였다. 하루 14시간 노동은 본질적 으로 다채로움을 추구하는 인간 본성에 대한 모욕이었다. 나비의 열정을 충족시키는 방식으로 협력적인 노동이 가능한 팔랑주를 수립하라, 그러면 그 구성원들이 들판으로 달려나가 온갖 일에 열정적으로 달려드는 모습을 보게 될 것이다. 신세계를 정복하러 나선 사람들 같다고나 할까. 그들이 발휘하는 생산성은 어마어마할 것이고, 생활수준도 형언할 수 없을 정도로 호화스러워질 것이다. 이런 주장들에 대해 마르크스는 대단히 불쾌해하면서 교향곡을 작곡하거나 시를 쓰는 것과 같은 진정한 노동이 심각한 직업으로 전락했으며, 푸리에가 말한 매력적인 노동은 프랑스 여공 같은 발상이라고 불평했다. 푸리에가 토머스 모어 경의 후계자가 아닌 여러 가지 이유 가운데 가장 중요한 것은 성과 미식이라고 하는 육신의 쾌락을 강조했다는 점이다. 실제로 그는 진보적인 세계가 발전시키게 될 새로운 과학 중의 하나는 미식학이 될 것이라고 예언했다. 팔랑주 구성원들은 선구자인 스파르타인들처럼 공동 식사를 하겠지만 식단은 스파르타인 같은 소식과는 거리가 멀 것이다.

나는 이 책에서 어떤 사상가에게 영향을 준 사람은 누구라는 식으로 단정하는 것을 최대한 조심해왔다. 그런데 푸리에는 그를 스승으로 공언하는 많은 추종자를 가지고 있었다. 19세기에 미국에서 활동한 유토피아주의자들만이 아니라 프랑스 시인 앙드레 브르통을 비롯한 2차대전 종전 이후 사회주의 진영 무정부주의 계열 사상가와 작가들도 그런 부류에 속했다. 푸리에는 1960년대 말의 이른바 상황주의자들에게 영향을 미쳤다. 특히 1968년 파리 학생 시위 때 나온 저 유명한 "상상력에 힘을"이라는 슬로건은 마르크스주의적인 것이라기보다는 푸리에주의적인 것이다. 1968년 혁명을 주도한 학생들이 하이테크를 구가하는 프랑스에 대해 보인 반응처럼, 새롭게 산업화되어가는 세계에 대한 푸리에의 반응 역시 마르크스와 달리 여러 가지 면에서 모호했다. 그는 수작업, 그것도 대개는 아주 단순한 육체노동을 극찬했다. 노동은 아담의 저주가 아니라 적당히 조절만 하면 자기표현의 한 형식으로서 인간을 최상의 수준에 도달하게 만들어줄 수 있는 도구였다. 푸리에가 말한 것처럼 태양왕 루이 14세도 구두를 수선하는 일을 즐겼다. 그는 현대 산업에 대해서는 달갑지 않게 생각했을지 모른다. 그러나 본인의 말에 따르면, 생산성에 대해서만큼은 열광하는 스타일이었다. 따라서 푸리에의 비전을 토대로 우리가 어떻게 하이테크와 자기표현을 적절히 융합할 수 있는지는 지금의 독자들이 떠맡아야 할 몫이다.

푸리에는 기계 시대의 도래가 어떤 의미인지 알 수 없었다. 19세기 말까지 12명 혹은 24명 이상의 노동자를 고용한 업체에서 일하는 사람은 거의 없었다. 현대적인 의미의 공장은 그로부터 한참 뒤에 생겨난 것이다. 대규모 작업장은 석탄광산이나 방적 내지 방직공장이 고작이고, 그나마 기계식 공장도 아니었다. 그래서 엥겔스가 맨체스터—여성과 어린이가 면방직공장에서 일했다—가 아닌 버밍엄—소수의 숙련노동자가 바삐 일손을 놀리는 기계식 공장이 대부분이었다—에서 일했다면 그와 마르크스는 산업자본주의에 대해 사뭇 다른 설명을 제시했을 것이라는 얘기가 종종 나온다. 엥겔스는 매력적인 노동에 대한 기대를 현대 산업이 도달할 수 있는 생산성의 관점에서 재고해야 한다는 점을 마르크스보다 잘 알고 있었다. "여기 들어오는 자, 누구나 자율을 버릴지어다"라는 모토가 자동화공장 문 위에 적혀 있다는 식으로 엥겔스는 말했다. 농민의 등골이 휘어지도록 만드는 고역으로부터의 자유는 기계가 주는 선물이었다. 그러나 그런 자유에는 공장을 경영하고 조직해야 하는 필요에 따르는 종속이 수반되었다. 우리가 노동에서 기대할 수 있는 해방은 '필수적인 노동'을 줄이는 것이다. 그 결과 우리는 '자유 시간'이라는 확장된 여가를 누릴 수 있다. 잘나가는 서유럽 국가들의 경우 우리는 그런 여가를 확보했다. 그러나 아직 매력적인 노동이 이루어지는 세상을 만들어내지는 못했다. 노동으로부터의 자유는 노동에서의 자유와는 다르다.

푸리에를 별로 좋아하지 않을 것 같은데 높이 평가한 인물 가운데 한 사람이 존 스튜어트 밀이다. 그의 찬사는 여러 유보 조항을 단 조심스러운 것이었지만 그럴 만한 확고한 토대가 있었다. 밀은 노동계급이 자유롭고 평등한 시민이 되기 위한 능력을 발전시키려면 어떤 형태의 사회주의가 필요하다고 생각했다. 또 노동계급이 교육을 많이 받을수록 그런 시민이기를 요구할 것이라고 봤다. 그는 조심스럽게 논리를 전개했다. 왜냐하면 그가 사회주의를 소개하려던 시대는 1870년대였기 때문이다. 당시 사회주의는 가톨릭교회에 반대하는 불온한 사상, 폭력으로 얼룩진 파리코뮌, 무정부주의자 바쿠닌이 가담한 리옹 봉기 등과 긴밀히 연결돼 있다고 여겨졌기 때문이다. 밀은 또 새로운 형태의 사회·경제·정치적 조직화가 가능한 역사적 계기가 성숙됐다는 주장을 하고자 했다. 그것을 한마디로 요약하면 사회주의였다. 과거에 그는 노예제는 고대 세계에서는 적절한 제도였고, 인류를 진보의 단계로 올려놓는 데 중요한 역할을 했지만 지금은 용인할 수 없는 제도라는 견해를 옹호했었다. 그러면서도 영국의 인도 지배는 인도 인민을 지적인 자치가 가능한 정치적 단계로 올려놓는 것을 목적으로 잠시 행하는 전제정치일 뿐이라고 옹호했다. 문제는 빅토리아시대의 영국이 사회주의 실험을 할 수 있을 만큼 성숙해 있는가 하는 것이었다. 밀의 답변은 신중했다. 그가 이해하는 사회주의는 점진적인 방식으로만 달성할 수 있는 것이었다. 그러나 그 과정에서 현재의 사적 소유 시스템을 개혁하기 위해 할 수 있는 일이 많았다.

밀은 사회주의를 설명하면서 경제적 색채보다 정치적 색채를 강조했다. 그는 경제적 합리성이 아니라 시장이 제공할 수 없는 작업장에서의 자치를 원했다. 그는 생산의 무정부 상태에 대한 마르크스식 증오에 동의하지 않았다. 그는 자신에 대해 나이가 들면서 점점 민주주의자라기보다는 사회주의자에 가까워졌다고 표현했다. 그러나 이는 오해의 소지가 큰 발언이다. 밀이 말한 취지는 단순 다수결 원칙은 현대 정치를 그르치는 결과를 낳게 되고, 작업장에서의 자치는 현명한 유권자를 양성하는 데 도움이 될 것이라는 의미였다. 밀은 속으로는 그렇게 원했지만 영국이 급속히 생산자 협동조합 체제로 나아갈 것이라는 환상을 갖지는 않았다. 사적 소유의 폐기가 가능하다고 생각하지도 않았다. 그는 상속세 도입이 소유권을 확산시키고 불평등을 완화하는 방법이라고 주장했으며, 아일랜드 같은 곳에서 토지국유화 같은 정책을 실시함으로써 지주와 소작인 간에 형평을 달성할 수 있다고 주장했다. 그러나 밀이 기존의 자본주의 기업을 대체할 것이라고 가늠한 협동조합은 노동자들 소유이기는 하지만 역시 시장에서 경쟁을 해야 하는 조직이었다. 정통 마르크스주의자들은 그런 발상을 사회주의가 아닌 '노동자자본주의'라는 식으로 치지도외했다.

그런 발상의 논리는 간단명료했다. 인간은 전쟁이라는 폭력적이고 파괴적인 상황에서 자기희생과 협력을 할 수 있었다. 그러나 좀더 계몽된 인간이라면 파괴보다는 생산에서 그와 같은 윤리적 헌신을 할 수 있다. 이것이 바로 자유와 개성에 대해 적대적이었던 오귀스트 콩트가 제시한 것 가운데 지금도 유효한 통찰이다. 윤리가 생산 영역에 들어오면 생산성 이외의 사안들도 중요한 문제로 대두된다. 그중 하나가 소유주와 노동자의 관계다. 밀의 입장에서 볼 때 항상 남의 명령을 받는 위치에 있고, 자유롭고 합리적인 토론을 통해 자신의 운명을 결정할 위치에 있어 본 적이 없다는 것은 인간 존엄에 대한 모욕이었다. 급료를 많이 받는 노예도 노예다. 협력자 내지 동업자는 아무리 가난해도 자유로운 인간이다. 밀의 주장은 본질적으로, 명령을 받는 존재와 최소한 가끔씩이라도 스스로에게 명령을 내리는 존재는 다르다는 것이었다. 이런 구별은 정치제도는 물론이고 경제제도에도 보편화돼 있었다. 남녀를 불문하고 현대인이 군주의 신민이 아닌 시민이라면 공장 출입문 앞에서 자유를 내려놓을 수는 없는 노릇이다.

밀은 대단히 현실주의적인 인물이었다. 따라서 대부분의 노동을 순수하고 자유로운 자기표현으로 볼 수는 없었다. 가능성 차원에서라도 불가능한 얘기였다. 밀은 또 대단히 경험주의적인 인물이었다. 따라서 산업에서 이루어지는 협동의 결과를 인류의 자유로운 자기표현으로 볼 수도 없었다. 그는 마르크스처럼 생산을 예찬하는 스타일이 전혀 아니었다. 그럼에도 불구하고 밀은 명령을 받는 존재로서 살아가는 삶과 자유로운 다른 행위자들과 함께 앞으로 나아갈 길을 결정해가는 삶을 선명하게 구분했다. 협력자 내지 동업자 스타일의 인간이, 밀이 개명된 인류에게 어울리는 정치적 미래라고 본 복잡한 형태의 민주주의를 실천할 수 있는 능력도 앞설 것이다. 그런 민주주의 국가는 마르크스와 엥겔스의 기대처럼 결국은 소멸되는 것이 아니며, 명령하는 국가가 아니라 인민을 돕는 국가다.

무정부주의

사회주의자들의 국가에 대한 입장은 한 가지로 단언하기 어렵다. 그들은 협동을 예찬하고 강압을 혐오한다. 그러면서 대부분의 국가는 부자와 국가기구 운영자들에게 과다한 혜택을 베풀고 있다고 생각한다. 개량적 사회주의는 복지국가의 존재를 수용한다. 반면에 혁명적 사회주의는 국가기구를 장악해 자신의 비전을 실행하려고 한다. 반면에 순수한 '국가에 대한 증오'는 그런 차원을 훨씬 넘어선다. 그것이 사회주의 중에서도 국가를 증오하는 무정부주의(아나키즘) 계열의 본질이다. 그런데 여기서도 주의할 점이 있다. 러시아 귀족 출신 무정부주의자 표트르 크로포트킨은 어떤 상황에서도 따뜻한 품성을 잃지 않았기 때문에 그를 그저 국가를 증오한 인물로 보는 것은 잘못된 인상을 심어줄 수 있다. 그는 누구 또는 무엇을 증오하는 것과는 거리가 먼 인물이었다. 사회주의 계열 말고도 다양한 종류의 무정부주의자들이 있다. 20세기 말 학계에서는 사회주의 계열 무정부주의보다 자본주의 계열 무정부주의가 대세를 이루었다. 1974년에는 미국의 사회철학자 로버트 노직이 『무정부, 국가, 그리고 유토피아*Anarchy, State, and Utopia*』를 발표해 자본주의 계열 무정부주의를 열렬히 옹호함으로써 정치적 색깔이 다른 모든 비판자들에게 실망을 안겨주었다. 이 장에서는 사회주의 계열 무정부주의만을 다루는 것으로 논의를 끝내고자 한다.

무정부주의와 사회주의의 관계는 초보적인 수준에서 보면 분명하다. 국가가 존재하는 것은 가진 자들을 못 가진 자들로부터 보호하기 위한 것이다. 유산자나 무산자가 없다면 국가가 존립할 필요도 없을 것이다. 무정부주의적 세계관을 비판하는 쪽에서 늘 그랬듯이, 국가는 가진 자의 재산을 못 가진 자의 약탈로부터 보호하기 위해서만 존재하는 것이 아니라 물리적 약자를 물리적 강자로부터 보호하고 단순한 폭행과 구타뿐 아니라 성적 가해행위를 방지하기 위해서도 존재한다는 식의 반론을 제기할 수 있다. 바로 이 지점에서 실질적인 논란은 시작된다. 국가 없는 세계를 꿈꾸는 무정부주의자라면 한 걸음 더 나아가 자신이 선호하는 사회조직 형태가 사람들 간에 발생하는 폭력—폭력 통제는 국가의 최소한의 역할이다—을 어떻게 제거할 수 있는지 명확히 설명해야 한다.

미하일 바쿠닌은 현대의 가장 탁월한 무정부주의자일 것이다. 그는 러시아 귀족 출신이었다. 1814년에 태어난 그는 차르 니콜라이 1세의 폭압적인 체제와 숨막히는 종교적 분위기에 반기를 들었다. 그는 피히테와 헤겔을 읽었지만 마르크스보다 철학자적 기질은 약했다. 그는 마르크스를 잘 알고 있었으며 철두철미 권위주의적인 인물로 생각해 극도로 혐오했다. 바쿠닌은 프랑스의 상호주의자 피에르 조제프 프루동을 예찬했고, 마르크스처럼 천성적으로 경제를 중심에 놓는 스타일은 아니었다. 그는 혁명을 주창한 독일 시인 하인리히 하이네와는 다르지만 쉼 없이 지속적인 운동을 추구했다는 점에서 반란을 외치는 시인이라고 할 만한 인물이었다. 마르크스와 달리 바쿠닌은 혁명가들은 먼저 국가를 강화한 다음 국가의 도움 없이도 잘 돌아가는 합리적인 사회를 창출해야 한다고 생각하지 않았다. 그보다는 당장 국가를 파괴함으로써 자유로운 개인들을 위한 새로운 사회를 만들 에너지를 해방시켜야 한다고 주장했다. 바쿠닌 하면 떠오르는 것은 "파괴는 창조 행위이기도 하다"는 경구다. 그는 좌고우면 없이 새로운 질서가 꽃필 수 있도록 낡은 질서를 파괴하는 데 전력투구했다. 그 결과 오랜 세월을 감옥에서 보냈다. 그 탓에 일찌감치 건강이 상했고, 결국 1876년 62세로 사망했다.

무정부주의자들의 궁극적인 목표는 마르크스 및 그 추종자들의 그것과 동일했다. 자유롭게 연대한 노동자들이 자본가들에게 착취당하고 정부에 의해 강압당하지 않는 상태에서 자신들의 생산활동을 관리하는 사회를 이루는 것이었다. 바쿠닌도 개인주의적인 성향이 매우 강해서 어떤 조직의 요구를 순순히 받아들이지 않는 스타일이었지만 그가 추구한 목표와 윤리는 집단주의적인 것이었다. 본인도 그런 식으로 말은 했지만 그의 사상과 마르크스의 사상 사이에는 확실히 거리가 있다. 바쿠닌은 프루동의 상호주의 윤리에도 영향을 받았는데, 상호주의mutualism는 집단주의와는 다르다. 다만 극단적 개인주의 형태의 무정부주의를 주창한 독일 철학자 막스 슈티르너나 현대 미국 문필가들이 내세웠던 자본주의 계열 무정부주의와 비교한다면 집단주의에 가까운 편이라고 할 수 있다. 상호주의는 기본적으로 우리가 필요로 하는 것은 정의라고 하는 발상이다. 그리고 정의는 공정한 교환이라는 관념과 불가분의 관계에 있다. 자본주의가 불의하다는 것은 노동자들을 약탈당할 수 있는 사회적 관계 속에 강압적으로 몰아넣고, 대가로 받는 것 이상을 기여하도록 강제하기 때문이다. 그런 차원에서 프루동은 스스로 제기한 질문 '소유란 무엇인가'에 대해 "소유는 도둑질이다"라고 답했다. 개인들 간의 정의를 추구하는 사회주의자들과 노동과 보상의 합리적 배분을 강조하면서도 권리와 정의에 대해서는 관심이 없는 사회주의자들 간에는 딱 부러지게 설명할 수는 없지만 분명한 차이가 있다. 마르크스의 입장을 단순하게 해석한다면 그는 후자의 부류에 속하고 프루동은 전자에 속한다. 바쿠닌은 자신은 후자에 속한다고 생각했지만 사실은 전자에 속했다. 어쨌든 바쿠닌은 마르크스가 탁월한 재능을 보인 분석적 작업에는 별 소질이 없었다. 바쿠닌의 강점은 권위주의라면 일말의 끝자락까지도 가차없이 폭로하면서 노동계급에게 반란의 정신을 촉구하는 데 있었다. 바쿠닌과 마르크스는—다른 종류의 사회주의자들도 마찬가지였다—노동계급의 지지를 얻기 위해 치열하게 경쟁했다. 반란을 선동하는 그의 논리가 대단한 설득력을 가지고 있었음을 보여주는 것이 마르크스가 제1인터내셔널(국제 사회주의 노동자운동 조직—옮긴이) 본부를 런던에서 헤이그로, 그리고 다시 뉴욕으로 옮긴 사건이었다. 이는 바쿠닌 추종 세력의 인터내셔널 장악 시도를 차단하기 위한 조치였다.

　바쿠닌의 후계자들 중에서 가장 유명한 인물은 표트르 크로포트킨이었다. '귀족 무정부주의자' 크로포트킨은 차르 알렉산드르 3세 직속 근위사관학교 학생으로 처음 정치교육을 받았고, 생애의 대부분을 서유럽에서 망명생활로 보냈다. 크로포트킨은 바쿠닌의 반란의 열정에 지적 실체를 부여함으로써 지금까지도 무정부주의자들의 판테온에서 가장 매력적인 인물로 남아 있다. 그가 문필활동을 한 시기는 러시아 포퓰리스트들이 '행동을 통한 프로파간다'에 몰두하던 때였다. 그것은 차르 직속 비밀경찰들은 물론이고 궁극적으로는 차르 자체에 대한 암살 시도를 의미하는 것이었다. 크로포트킨은 평화주의자가 아니었다. 그는 러시아 상황에서는 국가 권위에 대한 폭력이 혁명적 사상은 물론이고 모든 개량주의적 사상에 대한 탄압을 돌파하는 자위권 행사로서 정당화된다고 생각했다. 그런 상황이 아닌 경우에는 폭력 행사를 자멸적인 행위로 간주했다. 그는 무정부주의에 제대로 훈련받은 과학자다운 지성을 가미했고, 저서『상호부조론*Mutual Aid*』를 통해 사회진화론의 주장들을 조직적으로 논파했다. 다윈의 진화론은 자본주의식 경쟁이나 '낙오자는 귀신이 잡아간다'는 식의 사회정책을 뒷받침해주는 것과는 거리가 멀고, 동물 세계에서는 오히려 협동과 상호부조가 자연스러운 일임을 밝혀낸 것이다. 그런 협동이 자연의 이치에 부합하는 것이라면 그에 따라 나오는 당연한 결론은, 국가가 방지하겠다고 주장하는 공격성과 경쟁은 오히려 비정상적인 상태이며, 인류가 스스로 삶을 책임지고 자연의 이치에 따라 협동적인 방식으로 살아가면 결국 소멸된다는 것이다. 그 과정에서 모두에게 영향력을 행사하는 국가나 마르크스가 생산을 조직화하는 데 필요한 실체라고 가정한 조직 같은 것은 필요치 않다. 오히려 공동체들의 느슨한 연합이 생존 수단 교환 촉진에 필요한 시스템을 발전시킬 수 있다. 많은 사회주의자들처럼 크로포트킨은 미래지향적이기보다는 다소 회고적인 스타일이었다. 그는 숙련노동자들은 공장식 생산과의 경쟁에서 살아남고, 우리는 원하는 대로 하는 일을 바꿀 수 있게 된다고(푸리에의 유토피아적 발상과 비슷하다), 농업과 수공업에 동시에 종사할 수도 있을 것이라고 낙관했다. 1917년 러시아혁명이 발발하자 크로포트킨은 조국 땅을 다시 밟을 수 있었다. 그러나 레닌의 볼셰비키가 수립한 독재 체제를 보고는 극도로 실망했다. 모든 형태의 무정부주의에 대해 극도의 반감을 가진 체제였기 때문이다.

벨러미와 모리스

많은 사회주의자들이 국가와 정치활동은 결국 소멸되고 합리적인 자주관리가 그 자리를 대신할 것이라고 생각했다. 그러나 사회주의 정치 현실은 말할 것도 없고 사회주의 이론에는 경제를 중앙집권적 방식으로 통제하는 것이 중요하다고 강조하는 조류가 존재했다. 물론 그런 통제가 반드시 전통적인 방식의 정치적 통제일 필요는 없다. 이론의 영역에서 한 가지 사례를 든다면 소설가 에드워드 벨러미가『뒤를 돌아보면서』에서 제시한, 지금은 좋아할 사람이 거의 없을 유토피아상을 꼽을 수 있겠다. 벨러미는 매사추세츠주에서 기자생활을 오래했다. 그는 매사추세츠주를 포함한 1880년대 초의 뉴잉글랜드 지역에서 산업화가 야기한 끔찍한 삶의 살태를 보고 깊이 절망했다. 노동자의 생활상도 그러하려니와 새로운 산업 시스템이 유발한 사회·경제적 불평등은 더할 나위 없이 극심했다. 벨러미는『뒤를 돌아보면서』의 첫 구절을, 19세기 미국을 승객이 너무 많아 미어터지는 역마차에 비유하는 것으로 시작한다. 바퀴 자국이 깊이 파여 위태위태한 길에서 그런 마차를 끄는 것은 말이 아니라 사람이다.[5] 탑승객들은 마차에서 떨어질 것 같으면 옆 사람을 꼭 붙잡고 떨어지지 않으려고 안간힘을 쓴다. 땅에 떨어진 일부는 어떻게 해서든 다른 사람을 떨어뜨리고 다시 올라타려고 애쓴다. 마차에 탄 사람들은 떨어질까봐 전전긍긍하고, 밑에 있는 사람들은 마차를 끄느라 기진맥진한 상태에 화가 머리끝까지 치밀어 있다.

여기서 문제를 해결할 수 있는 처방은 엄격한 평등주의밖에 없다. 1887년 출간된 벨러미의 유토피아 소설『뒤를 돌아보면서』는 평등주의 사회의 모습을 상세하게 묘사했다. 이는 미국 작가 워싱턴 어빙의 단편소설『립 밴 윙클Rip Van Winkle』을 변주한 것이다. 제목에 작품 줄거리가 요약돼 있다. 주인공 남자가 1887년 보스턴에서 깊은 잠에 빠졌다가 2000년에 깨어난다. 그는 의사인 리트 박사에 의해 깊은 잠에서 깨어나고 그의 안내를 받아 2000년의 유토피아 곳곳을 구경한다. 흥미로운 것은, 평등주의가 실현된 유토피아가 썩 평등주의적이지 않다는 사실이다. 그곳에는 한 명의 지도자가 있는데, 그는 총사령관인 동시에 기업 총괄책임자다. 그는 플라톤의 수호자처럼 모든 것을 알고 있고, 제너럴모터스를 경영하는 것은 미국을 경영하는 것이나 마찬가지라고 믿은 불도저 스타일의 회장 찰리 윌슨의 선구자다. 사회는 균일하지 않다. 기호와 교육, 직업에 많은 차이가 있다. 사회가 추구하는 평등이란 구매력의 평등이다. 물론 '구매'는 좀 잘못된 표현이기는 하다. 『뒤를 돌아보면서』에서는 누구나 매년 동일한 금액이 충전된 신용카드를 받는다. 그리고 다양한 금액으로 표시된 물건이 전시된 상점들—미국 전역을 통틀어 동일하며 어떤 도시나 똑같은 형태다—이 있다. 상점 점원들은 전시된 물품의 특성에 대해 설명을 해줄 수는 있지만 구매자에게 영향을 미치려고 해서는 안 된다. 벨러미는 상점, 광고, 경쟁을 혐오했다.

참으로 독특한 발상은 노동의 자유시장이 존재한다는 것이다. 누구나 동일한 금액(신용)이 충전된 카드를 지급받기 때문에 임금, 즉 '노동시간 당 금액'은 특정 직업에서 노동하려는 사람들을 적절히 불러모으는 데 맞춰져 있다. 험한 육체노동은 노동시간이 적지 않다면 지원자도 적어질 것이다. 괜찮은 직업은 노동시간을 상대적으로 늘리는 방식으로 규제한다. 인간으로서 해서는 안 될 일을 해야 생산할 수 있는 재화는 생산 자체를 하지 않는다. 이런 발상은 윤리적으로 아주 당연하다. 우리는 우리가 하고 싶어하지 않는 일을 남에게 요구해서는 안 된다. 이런 논리는 채식주의자들이 육식을 하는 친구들에게 너무도 끔찍해서 도저히 죽일 수 없는 동물을 어떻게 먹을 수 있느냐고 비난할 때 많이 사용하는 것이다. 이런 논리가 과연 사회주의적인 것인지는 논란의 여지가 있다. 벨러미는 그것을 민족주의라고 불렀는데, 이유는 그의 설명에 따르면, 미국인들은 사회주의자를 자처하는 사람들을 수염을 잔뜩 기른 무신론자이며 간통 같은 못된 짓거리나 하고 다니는 자들이라고 안 좋게 봤기 때문이다. 그러나 대부분의 사회주의의 핵심을 이루는 요소들은 다 들어가 있다. 협동이 경쟁을 대신하고, 경제는 탈화폐화되며, 노동은 가치의 직접적인 척도가 된다. 관리 총책임자가 장군처럼 느껴지기는 하지만 사회 전체적으로는 평화가 넘친다. 전쟁의 원인이 다 말소됐기 때문이다. "일하지 않는 자, 먹지도 말라"는 사회주의의 슬로건도 빼놓지 않고 언급된다. 빈둥거리며 노는 자들은 감옥에 가서 참회할 때까지 빵과 물만 먹고 살아야 한다.

이처럼 청결하고 합리적이며 기계적인 좋은 질서에 대한 구상을 접하고 윌리엄 모리스는 격분했다. 소설『유토피아에서 온 소식』을 단 3주 만에 완성한 것도 벨러미를 반박하기 위해서였다. 『뒤를 돌아보면서』는 대단한 성공을 거뒀다. 19세기 베스트셀러 가운데『톰 아저씨의 오두막Uncle Tom's Cabin』다음으로 많이 팔렸다. 소설을 읽고 토론하면서 그 메시지를 널리 전파하려는 벨러미 연구회가 우후죽순처럼 생겨났다. 그런데 이 소설에서 한 가지 아주 특이한 점은, 사회주의를 주창하는 내용인데도 미래의 이상향을 놀라울 정도로 개인주의적이고 중산층적인 분위기로 묘사해놓았다는 것이다. 2000년에 사는 보스턴 사람들은 공연장에 굳이 가지 않고도 지금의 케이블 방송 같은 오디오 시스템을 통해 음악회를 즐긴다. 벨러미는 20세기의 각종 발명품을 상상력으로 예견하는 능력이 탁월했다. 또하나 예를 들면, 공동체 레스토랑들이 있어서 개인집에는 이제 주방이 필요 없다. 레스토랑에서는 손님을 개인별 방에 모셔놓고 서빙을 한다. 사회주의의 중요한 측면 가운데 하나는 이웃들과 함께 하는 것을 즐기는 것이라는 생각을 벨러미는 전혀 하지 않은 것 같다. 벨러미의 이상향에 대해 윌리엄 모리스는 목가적인 전원을 그려내는 것으로 맞섰다. 등장인물들은 런던에서 템스강을 따라 천천히 걸어올라간다. 멀리 옛 의사당의 폐허가 보인다. 그들 옆으로 바지선들이 지나가는데, 이 배들은 악취도 배기가스도 내뿜지 않는 신비한 '동력'으로 움직인다. 바지선은 프랑스 보르도산 레드 와인을 운반하고 있다. 모리스는 사회주의가 이룬 성취 가운데 하나가 노동자들이 맥주를 안 마시게 된 것이라고 봤기 때문에 이런 설정을 한 것이다. 등장인물들은 어떤 꼬마가 금으로 만든 굴렁쇠를 굴리고 가는 것을 본다. 토머스 모어의『유토피아』에 나오는 것처럼 여기서도 금과 보석은 귀중품이 아니라 아이들 장난감 같은 하찮은 물건으로 간주되는 것이다. 등장인물들의 여행 끝머리에 노동자들이 모리스의 켈름스콧 자택에 모여 풍년에 감사하며 저녁을 함께하는 장면이 나온다. 여기서 다시금 자본주의의 성과를 토대로 자본가, 법률가, 정치인, 경찰이 없는 풍요로운 사회를 창출하려는 사회주의적 야심은 좋은 삶에 대한 회고적이고 전원적인 이미지에 대한 선호로 이어진다. 모리스는 마르크스가 제시하고자 했던 모든 것을 잘 알고 있었다. 그는『자본론』을 독파했고, 수시로 마르크스의 경제학을 지지한다고 공언했다. 그는 영국에 사회주의를 도입하기 위해서는 단기간이지만 선의의 폭력혁명이 필요하다는 주장에 대해 이론을 제기하지 않았다. 그러나 사회주의적 상상력을 촉진하는 것이 무엇이냐고 묻는다면 자본주의식 산업화가 말살하고 있는 과거 세계의 매력적인 양상들이라고 답했을 것이다.

페이비어니즘과 복지국가

1880년대에 영국에서 페이비언협회Fabian Society를 창설한 실용적인 성향의 인물들을, 마르크스의 경멸적 용어와는 다른 차원에서라도 '유토피아적(공상적)'이라는 범주에 넣기는 곤란하다. 소설가이자 문명비평가인 H. G. 웰스 같은 회원도 있다는 점을 고려하더라도, 그들은 실리적이고 냉철했으며 유토피아를 추구하는 일과는 거리가 멀었다. 게다가 처음에는 사회주의 성향도 아니었다. 그럼에도 불구하고 그들은 노동운동, 생산수단의 공유, 분배, 교환을 강조하는 정당에게 지적인 논거를 제공해주는 한편

유럽 사회주의의 중요한 분파로 자리잡았다. 미국 정치에는 그런 점진적인 사회주의 세력이 없다는 것이 대서양을 사이에 둔 유럽과 미국의 가장 큰 차이점 가운데 하나다. '페이비언Fabian'이라는 표현은 로마의 명장 파비우스의 전술을 지칭하는 것이다. 파비우스는 카르타고의 한니발 부대가 장거리 원정으로 힘이 다 빠질 때까지 대규모 접전을 계속 미루는 전략을 썼기 때문에 '꾸물거리는 자' 또는 '지연시키는 자'라는 별명을 얻었다. 로마인들은 그의 전술을 싫어했지만 로마군은 결국 한니발 군대를 물리쳤고 파비우스는 역사에서 영광스러운 자리를 차지했다. 페이비언들은 노동이 자기표현으로 고양될 수 있다는, 마르크스나 푸리에주의자들의 꿈 같은 것이 아니라 국가의 효율성과 사회정의를 믿었다. 그러나 그들의 사회정의관은 대단히 반자본주의적이었고, 시장이 결정하는 것은 무엇이든 옳다는 입장과 양립할 수 없는 것이었다. 그들은 사람들이 사회에 유용하게 기여한 정도에 따라 보상을 받아야 한다고 주장했고, 쓸모없는 힘든 노동과 불필요한 실업 모두를 없애고자 했다. 페이비언협회의 핵심 인물은 시드니 웨브와 베아트리스 웨브로, 이 부부는 영국 빈민들의 생활 실태를 조사해 사려 깊은 개선 처방을 제시함으로써 20세기 초 영국에 개량주의 노선이 확산되는 데 절대적인 영향력을 행사했다. 베아트리스 웨브가 자신과 남편에 대해 "부르주아적이고, 관료적이며, 자선을 중시한다"고 표현한 것은 페이비어니즘('페이비언사회주의' 또는 '페이비언주의'라고도 번역한다—옮긴이)의 윤리적 기초를 요약한 말이다.

페이비어니즘은 자연스럽게 복지국가로 연결된다. 물론 복지국가를 만들어내는 과정에는 다른 사람들, 특히 보수파의 기여도 많았다. 그런데 복지국가 수립은 그 중요성이 저평가돼온 측면이 많다. 복지국가를 보는 가장 일반적인 방식은 성공적인 복지 프로그램들이 자본주의 산업사회를 관리하는 국가의 정당성에 대한 위협을 감소시킨다는 것이다. 실제로 모든 사람들이 복지 프로그램을 통해 질병이나 실업, 노령과 같은 일상생활의 위험으로부터 보호받고 있다는 것을 알고 있다. 그러나 복지 프로그램은 복지국가가 해결하겠다고 한 문제 상황에서 오히려 국가에 대한 불만을 야기하거나 국가의 권위를 실추시킬 수도 있다. 실업수당, 건강보험 등등에 대한 지출은 느는데 경제는 어려워서 세수가 줄어드는 상황이 바로 그런 경우다. 약속하는 내용은 그럴 듯하지만 비용을 충당할 수 없는 보험제도를 좋아할 사람은 없다. 복지국가는 자유주의나 보수주의 스타일의 이전 사례들과는 아주 다르다. 복지국가 등장 이전 시기에 자유주의국가를 정당화하는 논리는 국가는 우리를 외국이나 내국인들의 공격으로부터 보호해준다는 것이었다. 국가는 재산권을 공권력으로 확실하게 뒷받침해주며, 노동과 임금의 교환을 비롯한 교환 행위를 촉진한다. 국가는 시민들에게 그런 국가를 유지하는 데 필요한 정도만큼의 세금 부담 및 기타 의무의 이행을 요구한다. 좀더 보수적인 관점의 국가 기능에는 종교제도의 유지도 포함됐다. 종교는 우리의 영혼을 구원하든 못하든 우리를 기존 권력에 복종하도록 사회화시키는 역할을 한다. 몽테스키외, 프랑수아 기조, 토크빌은 시민사회가 은연중에 스스로 알아서 하는 일이 대단히 많고, 그 때문에 국가는 시민의 복지에 대해 아주 작은 책임만 진다는 사실을 간파했다. 시민은 자신의 복지를 알아서 챙겨야 한다. 국가는 그들을 간호해주지도, 고용시켜주지도, 그리고 사실상 교육시켜주지도 않는다. 그런 과제는 자발적인 조직이 떠맡아야 하는 것이다.

그럼에도 불구하고 기근이나 전염병이 발생했을 경우에는 구제 조치를 취하는 것이 불가피했다. 국가가 어떤 이데올로기를 내세우건 간에 최소한의 생존을 지원하는 것은 이데올로기보다 급선무였다. 영국이 1840년대에 기근이 닥친 아일랜드 지역 신민들을 돕기를 꺼린 것(또는 돕지 못한 무능)은 이후 200년 가까이 불명예로 남았고, 다른 여러 나라 정부에도 어느 정도 교훈을 주었다. 19세기 말 이후 상황에서 새로 나타난 현상은 정부가 최소한이 아니라 일반적인 수준에서 시민의 복지를 '요람에서 무덤까지' 책임져야 한다는 의식이 확산된 것이다. 이런 주장이 처음부터 이론적인 요구로서 제시되었는지는 의심스럽다. 비스마르크가 1880년대에 프로이센에 건강·실업·노령보험을 도입한 것은 사회주의 정치조직과 노동조합의 정치활동을 불법화하는 '특단의 법률'이라는 채찍을 휘두르면서 던져준 일종의 당근이었다. 그런 사회보험이 없었다면 당시 독일은 조직화된 노동계급의 직접적인 공격에 직면했을지 모른다. 국가는 그런 혜택을 제공함으로써 불만을 감소시키는 한편으로 정치적 탄압을 용이하게 밀어붙일 수 있었던 것이다.

다른 맥락에서 보면, 공개시장에서 사회보험을 구매할 능력이 없는 사람들에게 그것을 제공해줄 수 있는 유일한 실체는 국가라는 의견이 점차 세를 넓혀갔다. 영국 시스템과 미국 시스템이 용어가 다르다는 것이 문제의 본질을 보여준다. 영국에서는 '국민보험national insurance', 미국에서는 '사회보장social security'이라는 표현을 쓴다. 전자는 사회보험의 메커니즘을 표현하는 것이고, 후자는 그 목적을 서술하는 용어다. 여기서 중요한 것은, 이런 제도가 과거의 자유주의국가관과 어떤 점에서 차별화되느냐 하는 부분과 사회주의로 가는 아주 작은 발걸음에 불과하다는 점이다. 사회보험은 하나의 교두보를 확보한 것이기는 하지만, 그 교두보는 아무리 발전해도 결국 한계가 있음이 드러나게 된다. 여기서 다시 페이비어니즘 얘기를 하면, 그들이 생각한 국가의 효율성이라는 개념은 국민경제는 바로 국가 차원의 것이라는 사상과 연결된 것이다. 이는, 경제는 시장관계에 의해 연결된 개인들의 상호작용의 총합이라고 하는 자유주의적 관점과는 전혀 다르다. 자유주의자들도 국가의 필요를 인정한다. 그리고 그 국가는 현대 세계에서는 민족국가다. 그럼에도 불구하고 개인의 복지는 국가가 추구할 과제에 속하지 않는다. 개인의 복지를 국가의 과제로 삼는 것은, 사회주의의 위험성을 경고한 경제학자 프리드리히 하이에크의 책 제목을 빌려서 말한다면 결국 '노예의 길'을 향해 큰 걸음을 내딛는 것이다.

복지국가를 옹호한 사상가들은 논리적 능수능란함에 있어서 좌우파의 반대자들만큼 뛰어나지는 못했다. 그러나 여기서 두 가지 옹호론은 언급해 둘 가치가 있다. 하나는 복지국가가 제대로 작동하려면 한두 가지 보험제도 이상의 것이어야 한다는 주장이다. 우리 모두는 위험을 분산시키고 규모의 경제를 통해 혜택을 볼 수 있을 만큼 큰 규모의 보험 체계가 핵심이라는 것을 알고 있다. 또 우리 모두는 단순성 확보 차원에서 개인별 필요를 고려하지 않는 균일한 체계의 결함을 감수한다. 생명보험에서 자동차보험에 이르기까지 동일한 논리가 적용된다. 그러나 병에 걸리거나 실업에 처할 위험이 거의 없다고, 자녀 교육비는 충분히 해결할 수 있다고 생각하는 사람들은 복지국가가 단순한 보험정책에 불과하다면 '손해 보는 장사'라고 여길 것이다. 그들은 국가가 제공하겠다고 주장하는 건강, 실업, 의료보험을 전혀 필요로 하지 않는다. 그들은 그런 위험에 처할 가능성이 대단히 낮기 때문에 개인적으로 안전장치를 마련하는 것이 국가가 대신하는 것보다 비용이 싸게 먹힌다. 게다가 그들은 보험회사에 지불하는 보험료에 더해 국가가 부과하는 세금을 내는 것을 아주 싫어할 것이다. 우리가 자기중심적이고 자기 이익만 챙긴다면, 그리고 자신이 얻을 대가만을 바라본다면 복지국가는 정당성을 잃고 말 것이다. 우리는 최소한 어느 정도의 이타주의를 마음으로 인정하고 개인적으로 큰 혜택을 볼 가능성은 그리 높지 않아도 기꺼이 기여에 동참하는 수준이 돼야 한다. 2차대전 종전 이후 활동한 영국의 사회학자 리처드 티트머스는 복지국가가 유지되려면 사회 전반의 자선 정신뿐 아니라 사회정의 의식이 확대돼야 한다고 주장했다. 그래야 실업수당 같은 것들을 법령에 따라 누리는 권리 이상의 것으로 볼 수 있게 되기 때문이다. 우리는 그런 것들을 정의의 명령으로 봐야 한다는 것이다.

실업수당은 보장책일 뿐만 아니라 어떤 권리를 인정해주는 것이다. 노동자들은 실업의 위험을 무릅쓰고 일하기 때문이다. 노동자들이 그렇게 하지 않는다면 경제는 효율적으로 돌아가기 어려울 것이다. 따라서 그런 위험을 무릅쓴다는 것 자체가 그들이 경제에 기여하는 부분이고, 실업수당은 바로 그에 대한 보상이다. 그것은 자선이 아니다. 보장책인 동시에 빚 갚음이기도 한 것이다. 그렇다고 해서 선의로 타인들에게 기부하는 일은 설 자리가 없다는 얘기는 아니다. 기부자와 수혜자의 관계에 대해 티트머스는 '선물 주기 관계'라는 표현을 쓰는데, 헌혈운동 같은 사례가 전형적인 경우다. 기부자는 익명의 수혜자에게 선물을 준다. 그것은 자비심에서 하는 행동이다. 복지국가가 완비되지 않은 경우라면 그런 이타적 행동을 촉진하기 위해서는 공적인 제도가 필요하다. 그러나 복지국가는 우리가 국가를 서로 모르는 사람들의 필요를 충족시켜주는 매개자로 생각할 때에만 완전한 정당성을 갖는다.[6] 자유주의국가의 이념형은 야경국가night watchman state였다. 야경국가는 국민의 안전과 재산을 보호하고, 계약을 법률적으로 지탱해주며, 경제활동을 촉진하되 생계는 시민 각자가 알아서 꾸려가게 함으로써 시민의 자유를 존중한다. 야경국가는 자유로운 시민사회가 강조하는 자립과 개성의 인정을 기본 정신으로 한다. 비슷한 양상의 보수주의 국가 모델은 야경국가 모델에 신민들의 물리적·정신적 복지를 국가가 가부장적 차원에서 보살펴준다는 과제를 추가했다. 또 윤리를 공권력으로 강제하는 것을 국가의 정당성을 과시하는 고유한 과제로 간주했다. 복지국가는 가부장적인 보수주의국가를 재현하는 것이라는 비판에 시달려왔고, 다른 한편으로는 자유주의국가를 적절한 한계 이상으로 확장함으로써 국가 자체의 사회적 토대를 저해하게 될 것이라는 비난도 받았다. 토크빌이 1848년 혁명 당시 최소한의 빈민 구제를 목적으로 한 정책에 대해 얼마나 적대적이었는지를 돌이켜보면 그런 비난이 어떤 의미인지 쉽게 알 수 있다.

그런 비판과 우려에 대한 반론으로 제기된 논리가 현대의 시민은 여러 차원으로 존재한다는 주장이다. 지금까지 이 책에서 강조한 한 측면은, 적극적인 시민의 이미지는 효율적으로 관리되지만 본질적으로는 종속적인 신민의 이미지와 늘 경쟁관계에 있었다는 것이다. 현대 복지국가가 새로운 종류의 시민을 창출한다면 우리는 그 시민이 세금 납부 이상의 행동을 통해 복지국가를 지지할 것으로 기대할 수 있을 것이다. 1950년대에 영국의 사회학자 T. H. 마셜은 시민권citizenship을 3단계로 나눠 설명함으로써 복지국가 이념을 정당화했다.[7] 첫번째 단계는 사회의 온전한 구성원으로서 법 앞의 평등을 요구하는 단계다. 이 단계의 시민은 투표권이 없을 수도 있고 고용이 보장돼 있지도 않지만 법률적으로 무가치한 존재는 아니다. 이어 두번째는 투표권 행사를 주장함으로써 정치적 시민으로서 당당히 서는 단계이고, 마지막 세 번째는 복지국가가 제공하는 다양한 사회적 권리를 요구하는 사회적 시민권 단계이다. 논리적인 순서가 항상 시간적 순서와 일치하는 것은 아니었다. 완전한 보통선거권이 서유럽에서 보편화되기 이전에 이미 모든 시민은 교육과 건강, 적절한 주거, 그리고 실업 상태나 은퇴 상황에서 최소한의 기본소득을 누릴 수 있어야 한다는 합의가 확대되고 있었다. 국가는 그런 권리를 확보하게 해줄 수 있는 유일한 수단이며, 세금 제도는 그에 필요한 자원을 확보할 수 있는 유일한 방법이었다. 우리가 일을 하는 동안 조금씩 걷어서 유아기나 질병, 노령 등등과 같이 지원이 필요한 사람들에게 재분해주는 것이다. 국가에 의한 복지와 개인이 알아서 하는 보험 사이에는 다양한 변종이 많이 존재한다. 그러나 대부분의 국가에서 개인의 사보험은 공공 부문의 지원에 크게 의존하고 있다.

그럼에도 불구하고 복지국가를 사회주의의 방향으로 큰 발전을 이룬 것이라고 보기는 어렵다. 몇 가지 이유가 있다. 복지국가의 평등주의적 요소는 복지국가 옹호자들이나 그 비판자들이 생각하는 것보다 훨씬 미미하다. 복지국가는 가난한 사람들을 더 부유하게, 부자들을 더 가난하게 만들려고—이것이 사회주의의 핵심 요소다—하지 않는다. 복지국가는 사람들이 건강할 때 병에 걸릴 경우를 대비하도록, 직장이 있을 때 돈을 떼어두었다가 실업에 대처할 수 있도록, 성인들이 자신과 남의 자녀들의 교육에 기여할 수 있도록 돕는다. 여기에는 자녀들이 미래에 다시 세금을 내서 부모 세대의 연금 지급을 돕는다는 기대가 깔려 있다. 이는 소득을 여러 단계의 삶에 고루 배분하는 정치이지 계급들 간에 배분하는 장치가 아니다. 복지국가와 사회주의의 또다른 중요한 차이는 사회보험은 노동과 노동관계를 변혁하려는 의도를 가진 것이 아니라는 점이다. 고용주와 피고용인은 19세기 같았으면 생각할 수 없는 수준으로 세금을 낸다. 그리고 여전히 유산자는 재산을 몰수당하지 않고, 이윤을 내는 것은 불법이 아니며, 협동조합식 공동 관리가 위계적인 경영을 대신하지도 않는다.

복지국가에 대환 평가는 양극단 가운데 어느 한쪽으로 쏠리기 쉽다. 한쪽 극단은 아무것도 달라진 게 없다는 평가다. 복지국가가 전제하고 있는 자본주의 체제는 여전히 자본주의 체제라는 이유에서다. 또 한 극단은 현대 세계는 극도로 달라졌다는 평가다. 현대의 정부들은 국민소득의 3분의 1 이상을 지출하며, 150년 전 같았으면 가혹하다고 여겨졌을 수준의 세금을 부과하면서 '요람에서 무덤까지' 시민의 안전을 책임지겠다고 주장한다는 이유에서다. 확실히 복지국가 자본주의의 정치는 과거의 경제·사회체제들과는 다른 문제들을 야기한다. 물론 비슷한 측면도 있음을 인정하지 않을 수 없다. 아테네의 민주주의는 전사한 아테네인의 미망인과 자녀들을 지원했다. 현대국들도 전쟁미망인을 돌보는 것으로 복지 프로그램을 시작한 뒤 점차 정책 영역을 넓혀왔다. 그러나 국민소득의 상당 부분을 처분할 수 있는 국가의 능력과 국민의 최소한의 생존에 필요한 정도 이상으로 많은 자원을 창출해낼 수 있는 경제의 능력에는 엄청난 차이가 있다. '복지주의 welfarism'는 대단히 희석된 형태의 사회주의여서 도저히 사회주의라고 할 수 없다. 그러나 유럽과 미국이 1880년대에서 1940년대까지 직면했던 폭력적인 계급전쟁의 위험을 항구적으로 해결한 해법이었음은 분명하다.

인본주의적 마르크스주의와 시민사회의 재발견

'복지주의'는 두 가지 흥미로운 문제를 제기한다. 전후 복지국가를 비판한 자유주의 급진파 및 신보수주의 내지는 신자유주의 세력은 물론이고 1950~1960년대를 풍미한 인본주의적 마르크스주의운동 계열에서도 제기한 문제다. 해나 아렌트의 영향을 받았고 그녀처럼 정치적 색깔을 특정하기 어려운 정치사상가들도 문제 제기에 참여했다. 첫번째 문제는 복지국가가 정치를 사실상 무력화시켰느냐 하는 것이다. 두번째 문제는 새로운 형태의 정치 결사가 정치적 삶을 다시 활성화하거나 공동체의 삶에 활기를 불어넣어 새로운 형태의 정치생활을 가능케 할 것인가이다.

이 두 가지 문제는 공교롭게도 시민사회 개념을 강조하는 방식으로 나타났다. 앞서 살펴본 대로 마르크스는 헤겔로부터 국가(입법을 통해 규칙을 제정하고 강제하는 메커니즘)는 시민사회(사회에 활력을 부여하는 경제·사회적 관계)와 대비되는 시스템이라는 발상을 차용했다. 청년 마르크스는 경제·사회적 관계가 점차 자치적인 힘을 강화하는 방식으로 국가를 시민사회로 흡수하고 있다고 생각했다. 청년 마르크스를 예찬하는 사람이라면 소련권 공산당들이 관료적이고 부패했으며 보수적일 뿐 아니라 사실상 청년기 마르크스의 꿈을 고약하게 조롱하는 체제임을, 고통스럽지만 인정하지 않을 수 없었다. 마르크스 초기 저작의 '인본주의적' 요소가 학자들에게 알려진 것은, 1920~1930년대에 그의 미출간 원고 및 일부만 출간됐던 원고 전체를 러시아의 마르크스주의 이론가 다비드 랴자노프가 모스크바에서 편집해 출판하면서부터였다. 헤겔주의적이고 철학적·사변적 색채가 강한 초기 저작은 마르크스 자신의 후기 저작과 성격과 흐름이 일치한다고 보기가 매우 어려웠다. 하물며 마르크스가 역사과학(역사적유물론)과 함께 사상의 모든 영역에 타당하게 적용될 수 있는 방법론 체계(변증법적유물론)를 창안했다는 스탈린주의적 시각과 일치한다고 보기는 아예 불가능했다. 스탈린주의의 그런 허풍을 마르크스가 접했다면 헛소리라고 치부했을 것이고, 그러면 스탈린은 당연히 마르크스를 죽여버렸을 것이다.

1960년대 서구에서 '사물이 인간을 내몰고 있다'는 느낌은, 공산권의 국가사회주의를 경멸하지만 자본주의도 경멸하는 비판자들의 의식을 지배하는 가장 중요한 요소가 됐다. 그 때문에 전체로서의 경제 시스템의 비합리성에 대한 마르크스의 우려에 동조하던 문필가들도 일상의 노동생활에서 직면하게 되는 개별적인 참상에 눈을 돌리게 됐다. 화이트칼라의 권태로운 일과 정신을 무력화시키는 조립라인의 지루한 노동이 집중 조명된 것이다. 독일 출신 미국 사회사상가 허버트 마르쿠제처럼 철학적으로 노련한 비판자들은 마르크스의 핵심 통찰을 고수하면서 급진파 대학생 세대에게 체제를 규탄하라고 가르쳤다. 우리는 체제에 지배당하고 있다는 주장이었다.

난점은 그런 사회 분석과 짝이 맞는 설득력 있는 정치학이 부재하다는 것이었다. 마르쿠제는 한때 학생, 지식인, 소수 종족 집단 및 제3세계 혁명가들이 연대하면 초월에 도달할 수 있다고 생각했다. 그러나 그런 논리는 대중을 잠시 환상에 젖게 하는 이미지에 불과했다. 그것은 자본주의는 사회주의를 건설할 능력과 의지를 갖춘 산업 프롤레타리아를 양성함으로써 오히려 스스로 무덤을 파게 될 것이라는 마르크스의 입장과는 아무 관계가 없는 얘기였다. 그런 희망 섞인 주장과 상상력을 권력화하려는 헛된 시도에 종지부를 찍은 것은 진지한 논박이 아니라 20년에 걸친 높은 인플레이션, 산업계의 불황, 현대 복지국가 유지에 필요한 세금 수준에 대한 불만의 광범위한 확산이었다. 인플레이션 저하와 경제성장 시대의 도래는 불만을 가라앉히는 데 큰 역할을 했다. 그러나 복지국가의 기초가 되는 사회계약에 대해 좀더 건전한 이해를 확산시키고 새로운 형태의 사회적 협동 및 산업 관리에 대한 오랜 열망을 되살리는 데에는 아무 역할도 하지 못했다.

사회주의의 꿈이 그저 꿈으로 머문 데에는 두 가지 요소가 중요한 역할을 했다. 첫째는 공산권이 1980년대 말에 내부적 요인에 의해 자체적으로 붕괴했다는 사실이다. 공산주의라는 딱딱한 외피 속에 시민사회적 제도를 구축하지 못한다면 동유럽 공산주의 체제는 결국 붕괴되고 말 것이라고 줄곧 경고해온 비판자들의 말은 옳은 것으로 입증됐다. 인간의 얼굴을 한 사회주의를 건설하려는 시도는 1956년 헝가리, 그리고 1968년 체코에서 소련 탱크에 의해 진압됐다. 2차대전 말기 적군(혁명 이후의 러시아 군대―옮긴이)에 의한 해방의 기억에 체제 정당성의 상당 부분을 의존했던 동유럽 정권들은 국가의 부패가 만인을 실망시키면서 정당성을 상실해갔다. 반면에 서독은 번영과 좋은 정부의 대명사로 떠올랐다. 하의상달식 자주관리라고 하는 마르크스의 이상은 차우셰스쿠의 루마니아처럼 국민에 대한 착취를 일삼다가 실패한 상명하복식 관료제 국가들보다는 미국 중서부에서 훨씬 잘 실현됐다. 특이한 것은 '현실로 존재하는 사회주의'는 결국 내부적 요인으로 붕괴했지만 그 과정에서 유혈 사태는 없었다는 점이다. 이후 갑자기 번영을 누린다든가, 돌연 다원적 민주주의로 도약한다든가 하는 사태가 일어나지 않는 것은 별로 놀라운 일이 아니다. 시민사회 옹호론자들은 민주주의는 토크빌이 말한 습속이라는 의미에서 협동적인 관계, 법의 지배 등등과 같은 사회적 인프라가 필요하다는 주장을 해왔는데, 과연 옳은 지적이었다. 역으로, 시민사회 옹호론자들은 그런 습속을 습득할 필요를 느끼게 해줄 효율적인 국가의 필요성을 저평가했다고 보는 회의론자들은, 사회주의국가의 붕괴가 자본주의를 중심으로 하는 자유민주주의가 아니라 부정축재와 패거리 정치로 귀결되는 경우가 많다는 점에 주목했다. 시민의 권리와 시장경제에 대한 강력한 규제를 중시하는 효율적이고 책임감 있는 정부가 21세기의 미래를 안전하게 해주는 유일한 관건이라고 할 수도 있겠다. 그러나 모두가 그렇게 생각하는 것은 아니다. 특히 모두의 단기적 이해관계가 그 사회의 장기적 복지와 아무런 마찰 없이 일치하는 것은 아니다. 어떤 은행가가 있는데 자기 은행이 8개월 후면 파산한다는 것을 잘 알고 있다고 치자. 그렇다면 은행이 파산하기 전에 수백만 내지 수천만 달러를 챙길 수 있다는 것도 잘 알고 있을 것이다. 러시아 같은 나라에서는 국가 테러리즘과 개인의 이기심이 75년 동안 절묘한 조화를 이룬 탓에 권력자가 막대한 부를 독점하는 도둑 정치가 생겼다. '내가 떠난 다음에 대홍수가 일어나든 말든 après moi le deluge'이라는 의식이 만연할 수 있겠는데, 문제는 '내가 떠난 다음에'가 아닐 수 있다는 점이다.

사회주의 이상의 붕괴의 두번째 측면에 대해서는 지금까지 평자들의 언급이 별로 없었다. 독일 경제학자 베르너 좀바르트는 20세기 초 미국에는 왜 사회주의가 없는지를 논한 부분에서는 옳았지만 앞으로 미국에도 사회주의가 등장할 것이라고 예측한 부분에서는 틀렸다. 사회주의자들의 소망의 대부분은 자본주의라는 틀 안에서 성취될 수 있는 것이었다. 이는 복지국가의 자본주의가 19세기에는 누구도 생각지 못했던, 그리고 1950년 이전에는 극소수만이 가능하다고 봤던 일정 수준의 번영과 안보는 물론이고 누구도 예상하지 못했던 새로운 형태의 직업 선택의 자유를 제공했기 때문에 가능했다. 20세기 말의 산업사회는 19세기의 그것과는 전혀 다른 양상으로 변모했다. 창의적인 아이디어와 정보가 중요한 요소가 된 것이다. 찰리 채플린의 영화 〈모던 타임스〉에서 희화적으로 묘사된 생산라인은 사라졌다. 좋은 아이디어가 조직화보다 더 중요해졌다. 그리고 신생 기업은 몇 달 만에 생겼다가 해체되고 다시 생겨났다가 증발할 수 있다. 물론 그런 기업들이 결국은 단순한 아이디어보다 훨씬 손에 잡히는 어떤 것을 창출한다. 수많은 트럭과 자동차들이 지금도 조립라인에서 쏟아져나온다. 그리고 '저부가가치 금속 제조업'은 우리 눈에는 안 보이지만 지금도 제3세계에서 계속되고 있다. 미국 동해안과 서해안에서 활동하는 세련된 논평가들 눈에는 잘 안 보이지만 저 먼 내륙지역에서는 아직도 온갖 고된 노동이 삶의 현장인 것과 마찬가지다. 그러나 노동과 유희가 거의 구분되지 않는 상태를 의미하는 '매력적인 노동'을 실현하고자 하는 사회주의적 열망은 자본주의 안에서 어느 정도 실현되었다. 그리고 그런 여건을 가장 잘 활용할 능력을 갖춘 사람은 교육을 많이 받은 젊은이들인데, 그들은 과거 같았으면 아마 사회를 격렬히 비판하는 급진파가 되었을 것이다.

마르크스가 '비생산적 노동'이라고 생각한 것은 직접적으로 쓸모 있는 물품을 생산하지 않지만 경제에서 항상 중요한 역할을 했던 것을 말한다. 그런데 그런 노동이 이제는 직접적으로 생산적인 노동보다 훨씬 중요한 역할을 하게 된 것이다. 마르크스는 자본가와 그들을 옹위하는 정치인들이 노동자들이 견뎌야 하는 고역의 양을 줄이는 것이 자기들 이익에 도움이 된다는 결론을 내릴 것이라고는 상상하지 못했다. 그는 힘겨운 고역이라는 노동의 이미지에 집중했다. 『자본론』에서 가장 감동적인 대목은, 저임금 장시간 노동이 일반화된 공장에서 작업하는 여성 재봉사에서부터 철도에서 위험할 정도로 장시간 근무하는 신호원까지 다양한 노동자들의 모습을 묘사한 부분이다. 그러나 그런 작업도 양이 과다하지 않고, 어떻게 어떤 속도로 일해야 할지에 대해 노동자들에게 자율적 결정권을 부여한다면 그렇게 끔찍한 일은 아니다. 마르크스는 그 어느 쪽도 자본주의 체제에서는 충족될 수 없다고 봤다. 지금도 여전히 지루하고 힘겨운 고역에 해당하는 노동이 많이 존재한다. 그러나 그런 것은 보편적인 현상이 아니며 특히 화이트칼라적인 작업환경에서는 일의 험악한 정도는 상당히 줄어든 상태다. 예를 들어 콜센터에서 일하는 것은 재미있는 일은 아니다. 그러나 사무실에서 하는 일은 많은 경우 그 자체로 재미가 있고 사회적 상호작용의 기회를 많이 제공한다. 역으로, 장거리 트럭 운전사들은 그토록 혐오하는 과다한 사회적 상호작용이라는 부담을 면할 수 있다. 장거리 운전은 나름의 재미가 있고, 훨씬 그럴 듯한 직업보다 더 많은 자율성을 누릴 수 있다. 간단히 말하면, '매력적인 노동'이 나쁜 의미의 유토피아적 열망이라는 생각은 잘못된 것이다. 생산수단의 소유권 변화가 유토피아적 열망을 성취하는 데 필수적인 요건이라는 생각도 마찬가지다. 기술의 변화, 생산성 향상으로 확보된 여가, 노조의 기업 관리체제 변혁 등은 정도의 차이는 있지만 인도주의적인 차원에서 바람직한 효과를 낳고 있다. 그리고 서로 다른 사회에서, 또 동일한 사회의 서로 다른 영역에서 다양한 취향이 최대한 발현되는 것이 자본 소유 주체가 누구냐 하는 것보다 훨씬 큰 차이를 만들어낸다.

이제 조심스럽게 결론을 내려야 할 때다. 인간은 역사적인 존재다. 먼 미래에 대한 희망 못지않게 과거에 대한 기억에 큰 영향을 받는다. 지금까지 살펴본 것처럼 그런 소망들 가운데 하나는 내버려야 한다고 재촉하면 반드시 반론에 부딪히게 된다. 세계 곳곳에서 정치의 탈세속화가 시작되기 직전에 세속화의 불가피성을 논한 글을 쓴 논평가들이 반론에 직면했던 것과 비슷하다. 어쨌거나 사회주의적 열망의 중요한 한 가지는 그 수명을 다했다. 생산수단의 공적 소유 및 분배가 번영에 불가결한 요소라는 믿음, 그리고 작업장을 인도적이고 재미있는 장소로 만들고자 했던 시도는 더이상 지탱할 수 없게 됐다. 그렇다고 해서 현재의 유럽, 중국, 또는 미국식 자본주의가 역사의 종언 상태라는 의미는 아니다. 그런 것이 역사의 종언이 아니기를 우리는 간절히 소망해야 한다.

제25장
마르크스주의, 파시즘, 독재

전체주의, 스탈린주의, 파시즘, 비합리주의

이 장에서는 제23장에서 언급한 대중의 비합리성에 대한 우려와 20세기 중반 유럽 정치를 망친 독재에 대한 옹호 논리를 정리하는 것으로 시작하고자 한다. 그런 다음 마르크스의 사상을 왜곡해 스탈린과 소련 공산당 지배를 뒷받침한 과정을 살펴보고, 독일과 이탈리아에서 전개된 파시즘을 고찰하고자 한다. 일부 흥미로운 사상가들을 제대로 평가하려면, 비합리주의적인 정치를 지지하는 행위와 우리의 정치적 삶에서 비합리적 감정의 무게를 분석하는 행동을 철저히 구분해야 한다. 나는 나치즘이 사악하고 비합리적이라는 데에는 전혀 이의가 없지만 조르주 소렐의 지적 통찰력은 올바로 평가하고자 한다. 그는 좌우를 막론하고 비합리주의의 초석을 깔았다고 간주할 수 있다. 끝으로 토크빌이 말한 부드러운 전제정치, 그리고 스탈린주의와 나치즘의 공포를 피하고 나면 결국에는 올더스 헉슬리가 『멋진 신세계』에서 그려낸 완벽한 사회적 통제에 굴복하게 될 것이라는 우려에 대해 짚어볼 것이다. 많은 비판자들이 나중에 알고 보니 오웰의 『1984년』이 『멋진 신세계』만큼 미래를 잘 예측하지 못했다고 생각했다.[1] 헉슬리 본인도 현실이 자신의 작품을 급속히 닮아가는 데 대해 충격을 금치 못했다.

여기서 '전체주의'는 항상 인용부호가 많이 따라다니는 단어로서 '독재, 일당 지배, 정치적 반대파를 포함해 모든 적에 대한 조직적 폭력 행사, 국가 테러를 일상적 통치 도구로 동원하는 행위, 지배 정당이 창설·운영하는 경우를 제외한 모든 조직과 기관에 대한 파괴 또는 어용화 작업, 공적인 것과 사적인 것을 구분하는 선을 조직적으로 흐려버리는 행위, 그리고 이 모든 것을 삶의 모든 측면에 대한 정치 엘리트의 총체적 통제를 확보하는 방향으로 밀어붙이는 일련의 정치 현상'을 간단히 지칭하는 용어로 이해해야 한다. 인용부호는 전체주의라는 개념이 소비에트 체제와 나치 체제에 공통되는 특징을 뽑아낸 것이라는 지난 세기의 관념에 대한, 그리고 전체주의 개념을 다른 맥락에서 오용하는 데 대한 우려를 표시하는 것이기도 하다.

비합리주의

2차대전 종전 이후 정치이론은 죽었다는 얘기가 종종 떠돌았다. 그렇게 말하는 이유 가운데 하나는 합리적인 정치인이 되고자 했던 사람들이 세계를 휩쓴 비합리성의 파도 앞에서 무기력해졌기 때문이다. 우리가 어떻게 스스로를 다스려야 하는가는 물어볼 필요가 없었다. 아무도 들으려 하지 않으니까. 대중은 늘 선동가의 선동을 선호한다. 20세기는 지도자 숭배와 정당 숭배, 공포 통치, 강제수용소의 세기였으며, 현대 기술을 야만적인 목적에 오용하는 시대였다. 특히 정복과 대량 학살이 두드러졌다. 그런 무시무시한 힘 앞에서 정치윤리를 논하는 것은 쓰나미를 앞에 두고 기상학의 윤리를 논하는 것과 마찬가지로 아무 소용없는 일이었다. 여기서 역설적인 것은, 대중의 비합리성의 표출로 분석돼온 전체주의의 세 패러다임—소련의 스탈린주의, 독일의 나치즘, 이탈리아 파시즘—가운데 두 가지에 대해 지식인들이 크나큰 매력을 느꼈다는 사실이다. 나치즘에도 지식인 옹호자들이 있었다. 비록 잠시지만 철학자 마르틴 하이데거가 그랬고, 법이론가 카를 슈미트는 훨씬 오랫동안 나치즘을 편들었다. 마르크스주의—가장 수준이 떨어지는 스탈린주의적 형태의 마르크스주의도 마찬가지다—는 사회, 경제, 정치의 다양한 측면을 포괄하는 이론이었다. 나치즘은 대부분 비이론적이고 반지성적이었다. 반면에 이탈리아 파시즘은 대중사회의 본질, 자본주의경제의 취약성, 민주주의의 실패, 현대 일반의 좌절 등에 대한 무시할 수 없는 분석을 활용했다. 다만 '파시즘'이라는 용어는 분석적인 차원의 개념이라기보다는 멸칭이 되었기 때문에 파시즘운동이 기초로 삼은 정치사회학과 정치심리학의 강점들은 관심의 대상이 되지 못하고 잊혔다.

정치이론이 죽었다는 말이 떠도는 한편으로 20세기는 이데올로기의 세기라는 말도 나왔다. 그런 맥락에서 '이데올로기'는 청중에게 사고를 촉구하기보다는 청중을 선동해 행동에 나서게 하는 힘을 가진 일련의 관념을 의미한다. 이데올로기와 대중의 비합리성 사이에 모종의 관계가 있다는 것은 명백하다. 월터 리프먼은 여론은 지적인 주장보다는 그림 같은 이미지로 보여주는 것에 민감하다고 지적했다. 행동을 촉발하는 관념 체계들은 생생한 그림을 그려서 보여주는 방식으로 작동한다.[2] 행동은 현 상태를 방어하는 것일 수도 있고, 신화적인 과거나 유토피아적인 미래를 추구하는 것일 수도 있다. 이데올로기는 정도의 차이는 있지만 세속주의적인 것일 수도 있고, 기독교의 천년왕국처럼 대단히 종교적인 것일 수도 있다. 이데올로기는 행동을 추구하는 것이어야 한다. 이데올로기의 본질에 대한 논의가 진행된 시대적 맥락은 전체주의 체제의 등장과 몰락, 그리고 그런 체제의 유지에 힘을 보탠 이데올로기 창출에 중요한 역할을 한 지식인들의 문제였다. 지식인들은 보통 사람과 다를 바 없이 전체주의의 헛소리에 무비판적으로 놀아났을 뿐 아니라 새로운 형태의 헛소리를 만들어내는 데 비상한 재능을 보였다. 많은 사회학자들이 설득력이 있다고 보는 전체주의에 대한 설명은, 주기적으로 급격한 사회 변화가 있을 때마다 촉발되는, 비합리적인 것이 급작스럽게 정치적인 삶 속으로 밀려들어오는 현상이라는 것이다. 20세기의 경우 그런 체제가 득세한 것은 급격하고 혼돈스러운 산업화, 1차대전의 끔찍한 공포, 종전 후 국경 재획정에 따른 신생 국가들의 탄생 등등으로 말미암아 대중이 방향감각을 상실했기 때문이다.

1933~1945년 독일을 지배한 나치 체제의 가장 특이한 양상은, 유대 민족을 지구상에서 말살할 목적으로 600만 명이나 되는 유대인들을 산업적인 방식으로 살해한 것이었다. 따라서 반유대주의 내지는 인종주의가 파시즘적 전체주의의 중요한 특징이라고 생각할 수도 있겠다. 그러나 마르크스주의적 전체주의는 다르다. 세계를 아군과 적군으로 나누는 방식은 파시즘의 중요한 특징이었다. 그러나 인종주의의 깊이와 강도는 나라마다 달랐다. 인종주의가 노리는 타깃도 마찬가지다. 무솔리니 정권은 잔인하고 독재적이었지만 1938년 이탈리아가 나치 독일과 동맹을 체결할 때까지는 반유대주의적인 면모를 보이지 않았다. 이탈리아의 유대인들은 1943년 9월 이탈리아가 연합국에 항복하고 독일군이 이탈리아를 점령할 때까지는 홀로코스트를 면했다. 그럼에도 불구하고 인종주의는, 극단적인 민족주의를 근거로 삼고 내부와 외부의 강력한 적들과 싸워야만 한다는 신념에 불타는 이데올로기라면 자연스럽게 수반되는 논리다. 두 차례 세계대전 사이의 유럽에서 적으로 가장 자주 운위된 대상은 특정 인종이 아니라 '국제 볼셰비즘'이었다. 유럽과 미국의 보수파들이 이탈리아, 독일, 스페인의 파시즘에

매력을 느낀 것은 바로 그 때문이다. 인종주의와 반공주의를 연결시킨 것은, 볼셰비즘은 유대인의 음모라는 나치의 주장이었다. 나치 과격파들은 볼셰비즘을 아리아인을 해치려는 유대인들의 음모의 사회주의 버전이라고 봤다. 그 음모의 자본주의 버전은 은행과 국제금융을 장악하려는 시도였다. 스탈린은 우파로부터 많은 논리를 차용했는데, '뿌리 없는 세계시민rootless cosmopolitans', 즉 유대인을 공격한 것도 그 한 사례다.

소련식 전체주의에서 비합리적인 대중의 역할을 논하는 것은 어려운 문제다. 마르크스주의는 결코 반지성적이지 않았고, 지지자들에게 차가운 머리가 아닌 뜨거운 피를 가지고 생각하라고 권장한 적도 없다. 마르크스가 설파한 유물론이 어떤 종류의 것인지 또는 트로츠키 지지자들을 괴롭힌 문제—소련은 국가자본주의사회인가 아니면 왜곡된 노동자국가인가—가 무엇인지를 놓고 논쟁을 벌여본 사람이라면, 누구나 마르크스주의는 과도하게 지적이라는 결론을 내릴 가능성이 높다. 마르크스주의자들은 사회·정치적 삶에서 관념의 역할을 과대평가하고, 지적인 엄밀성에 지나치게 집착한다. 게오르기 플레하노프, 율리 마르토프, 레닌과 같은 러시아 1세대 사회민주주의자들은 참으로 박학다식하고 사려 깊고 이론적으로 세련됐다. 그리고 그런 마르크스주의가 소련이 1991년 붕괴될 때까지 공언했던, 문제를 처리하는 기준이었다.

마르크스주의와 파시즘의 대조는 명백하다. 파시즘은 조국에 대한 철저한 충성을 요구하고 사적 정서와 공적 영역에 대한 자유주의적 구분에 대해 대단히 적대적이라는 점에서 노골적인 전체주의였다. 프랑코 총통 집권 시기 스페인 전역의 공공건물에는 "모든 것을 조국을 위하여Todos por la patria"라는 표어가 붙어 있었다. 또 무솔리니는 파시스트 추종자들을 통해 이탈리아 사회에 대한 완전한 통제를 제도화하고 있다고 주장했다. 파시즘 체제의 실상은 혼란스럽고 부패했지만, 완벽한 통제를 강력히 추구했다는 사실은 부정하기 어렵다. 얼핏 보면 마르크스 추종자들은 파시즘의 모든 측면에 대해 적대적이었다. 마르크스는 반유대주의 성향을 스스럼없이 내보이기는 했지만 그것은 마음에 들지 않는 자들에게 모욕을 주는 방식에 불과했다. 마르크스주의는 보편주의적인 독트린이지 인종주의적인 독트린이 아니다. 마르크스주의는 기독교처럼 유대인도 이방인도, 그리스인도 야만인도, 노예도 자유민도 없는 세상을 꿈꾼다. 과격해진 대중이 국가를 위해 열광적으로 자신을 희생한다는 발상도 마르크스주의자에게는 아무 의미가 없다. 프롤레타리아에게는 어떤 조국도 없기 때문이다. 그리고 혁명 이후의 사회에는 국가가 존재하지 않을 것이다. 그런 사회가 어떤 리더십을 갖게 될 것인지는 말하기 어렵지만 혁명 이후에 카리스마적인 지도자가 집권한다는 발상은 말이 안 되는 얘기다. 합리적으로 조직된 노동자들의 자주관리 결사들이 삶이 요구하는 대로 모든 일을 처리하겠지만 지도자니 추종자니 하는 것은 없을 것이다. 조지 오웰의 디스토피아 소설『동물농장』은 그런 이상을 스탈린주의가, 그리고 소련 이외의 지역에서는 스탈린 추종자들이 어떻게 타락시켰는지를 고발하는 풍자인 동시에, 마르크스가 그려낸 공산주의 유토피아에 매력을 느끼는 비마르크스주의자들의 헛된 기대에 대한 강력한 질타다. 오웰이 다른 곳에서 말한 것처럼 프롤레타리아 통치 같은 것은 없다. 기껏해야 프롤레타리아였던 자들이 집권 세력으로 변신한 정부가 있을 뿐이다.

하지만 전체주의에 대한 설명들은 마르크스주의를 공언하는 소련, 나치 독일, 파시스트 이탈리아의 공통적인 특징을 강조한다. 독점 권력을 보유한 정당을 통한 대중 동원, 지도자 숭배, 노조 같은 모든 중간급 비국가 조직들을 파괴하고 유사 정치조직으로 대체하는 것, 프라이버시를 말살해 가정도 국가에서 벗어난 피난처가 될 수 없게 만드는 행위, 법의 지배를 자의적인 폭력이 대신하는 것, 테러를 기본 통치 수단으로 사용하는 체제 등등이 바로 그런 공통점이다. 우리는 앞서, 무력 이외에 달리 어떤 방식으로 통제해야 할지 모르는 문제들에 대해 폭력적으로 폭발하는 것은 '대중'의 자연스러운 정치적 표현이라는 오르테가 이 가세트의 통찰을 살펴봤다. 그런데 전체주의를 분석하는 이론가들은 그 다음에 벌어지는 두번째 단계를 강조한다. 대중의 폭발은 자유주의 내지는 민주주의 체제를 끝장내는 결과를 가져올 수도 있고, 전쟁의 결과로 말미암아 모든 형태의 권위가 붕괴된 데 대한 반작용일 수도 있다. 그러나 전체주의 체제에서 대중은 엘리트들에게 완전히 장악된다. 전체주의는 대중사회의 한 현상이다. 그러나 대중은 전체주의국가에서 자율적인 역할을 갖지 못한다. 이탈리아 파시즘을 철학적으로 옹호한 조반니 젠틸레를 제외하고 전체주의를 설명하는 논자들은 하나같이 보통 사람은 엘리트들이 마음대로 주무르는 소재라고 지적한다. 그들을 전투부대로 가공해 조종하는 것은 개별 지도자 또는 당이다.

'전체주의'라는 표현은 무솔리니의 이탈리아에서 파시스트 이론가들이 긍정적인 의미로 사용했지만, 그런 용어를 주로 사용한 것은 냉전 시기 정치논평가들이었다. 그런데 이들은 나치 체제와 스탈린 체제가 사회를 통제함에 있어 어느 정도 효율성을 발휘했다(사실은 아니다)는 식으로 평가하거나, 마르크스주의와 나치즘은 똑같이 역겨운 체제라는 식의 도덕적 판단을 정치 분석에 슬며시 개입시켰고, 이에 대해서는 그 당시나 이후에도 당연히 비판을 받았다. 마르크스주의와 나치즘의 핵심이 끔찍한 체제를 동일한 방식으로 지탱하는 것이라면 독트린으로 보고 검증하기보다는 정치적 위협으로 간주해 타도해야 할 대상일 것이다. 나치 독일이 1945년 패망한 이후 스탈린의 러시아는 서방의 유일한 적이 되었다. 전체주의 얘기가 한창일 때 에드먼드 버크가 프랑스혁명을 공격한 것에 대한 관심이 새삼 불붙은 것은 놀라운 일이 아니다. 버크 역시 프라이스나 페인을 비롯한 인사들이 주장한 정치적 합리주의를 진심에서 우러나온 것이기는 하지만 잘못된 정치관으로 취급하다가 갑자기, 형사처벌로 근절하지 않으면 영국에 혼란과 유혈 사태를 몰고 올 전염병으로 간주했다. 그러나 해나 아렌트가 협소한 정치적 이유로 마르크스주의의 세계관과 파시즘의 세계관의 차이를 애매모호하게 흐려버리려고 했다는 발상은 그야말로 설득력이 없다. 그녀가 소련과 나치 독일의 유사성에 관심을 가진 것은 확실하지만, 그것은 기본적으로 소련에 대한 냉전적 적대감 때문이 아니라 대중사회의 성장에 따라 불가피하게 제기되는 위협에 대해 독특한 형태의 정치적 자유를 옹호하려는 열망 때문이었다. 고독한 군중 속에 매몰된 개인들은 좌우 전체주의의 일꾼으로 동원되기가 너무도 쉬웠다. 게다가 자유민주주의는 자유란 과연 무엇인가를 이미 잊었기 때문에 방어 수단이 거의 없었다.

당장 이 자리에서는 그러저러한 논란을 논외로 할 수 있겠다. 지금 우리는 전체주의와 관련된 이데올로기적 토대 및 소비에트 러시아, 나치 독일, 파시스트 이탈리아의 실상을 지나간 과거의 돌이킬 수 없는 사실로 간주하고 그 연원을 추적해 볼 수 있다. 파시즘은 얼핏 봐도 상당한 난점이 있다. 첫째, 파시즘은 일반적으로 반지성주의 성향이 강하다. 이것이 파시즘을 합리적으로 분석하는 데 장애물이 되지는 않는다. 정신분석은 우리의 행태 깊숙이 숨어 있는 비합리적인 요소들을 밝혀냈다고 주장하지만 그런 요소들이 어떤 것이고, 우리는 왜 그에 대해 모르고 있는지를 규명하는 것 자체는 합리적 설명 모델이다. 성적 만족은 이성과는 거의 관계가 없다. 그러나 왜 우리가 그런 만족을 자주 느끼지 못하는지, 어떻게 하면 더 잘할 수 있는지에 관한 설명은 역시 이성이 떠맡아야 할 과제다. 같은 논리로, 파시즘의 비합리적인 요소들과 그런 요소들이 무엇이며, 왜 중요한지를 합리적으로 설명하는 작업은 구별돼야 한다. 파시스트 사상가들이 정치가 왜 어떤 수준에서는 최소한 비합리적으로 진행되어야 하는지를 설명한 것도 그런 차원에서 충분히 이해할 수 있는 일이다.

둘째로, 파시즘에는 핵심 독트린이라고 할 만한 것이 거의 없다. 그래서 분석가들은 골치를 썩게 된다. 마르크스주의자가 계급투쟁, 프롤레타리아 민주주의, 국가의 소멸을 믿지 않는다면 도저히 마르크스주의자라고 할 수 없을 것이다. 그런데, 파시스트에 대해 그런 식으로 얘기하기는 매우 어렵다. 지도자를 불신하고 국가를 충성의 대상이 아니라고 간주하는 사람이라면 분명 파시스트라고 할 수 없을 것이다. 그러나 수많은 사람들이 조국에 헌신하고 있고 지도자가 극히 중요하다고 생각하지만 몸속에 파시즘적인 요소라고는 전혀 없다. 세번째 난점은 대부분의 파시즘이 민족주의를 극도로 강조한다는 것이다. 하지만 국수주의에 동조하는 사람은 누구나 조국에 헌신하는 마음을 갖고 있다. 이탈리아인으로서 훌륭한 파시스트라면 이탈리아와 이탈리아인들에 대해 독일과 독일인 또는 영국과 영국인보다 훨씬 좋게 생각할 것이다. 그가 파시즘 사상가라면, 최소한 이탈리아에 대한 애정은 일단 내려놓고, 독일인과 영국인이 그토록 외국보다 조국을 선호하는 것이 왜 탓할 문제가 아니라 당연한 일인지에 대해 설명해야 할 것이다. 국수주의는 파시즘 국가들 간의 협력을 이론과 실천 양면에서 제약하고, 파시즘 국제연합의 가능성을 저해한다. 그러나 국수주의는 원칙적으로 보면, 다른 부모가 제 자식을 애지중지하는 것을 알면서도 자기 자식을 더 사랑하는 부모와 같다.

끝으로, '파시즘'이라는 표현은 멸칭이 되었다는 말을 해야겠다. 누구를 파시스트라고 하면 이제 그 사람과는 합리적인 대화를 하지 않겠다고 선언하는 것과 마찬가지다. 파시즘이 그런 반응을 촉발할 만한 구석이 많다는 것을 부인하지 않으면서도 파시즘과 유사한 어떤 것 내지는 파시즘에 대해 논리적인 설명을 제시하는 인물들—대표적인 경우로 프랑스의 조르주 소렐, 독일의 로베르트 미헬스, 이탈리아의 조반니 젠틸레를 들 수 있다—이 있었다. 파시스트가 아닌 사람들 중에서도 그런 인물들의 저작에 적잖이 공감한 사람이 많았고, 실제로 들어볼 만한 내용이 있었다. 성향이 전혀 다른 무솔리니와 레닌 모두 1922년 소렐 사망 이후 그를 기리는 기념비를 세우려고 했다는 것은 정치사상사의 아이러니가 아닐 수 없다. 여기서는 레닌이 소련 전체주의 또는 좀더 정확히 말하면 스탈린주의식 독재의 기초를 놓게 되는 과정에서부터 논의를 시작하기로 한다. 그런 다음 나중에 다시 파시즘 이야기로 돌아갈 것이다.

마르크스주의에서 스탈린주의로

마르크스주의가 전체주의국가의 신조가 된 것은 불가피한 일은 아니었다. 스탈린주의 국가를 창시한 것은 레닌이고 이론과 실천 양면에서 트로츠키의 기여도 많다고 말하는 것은, 두 사람이 그런 국가를 창설하려고 했다는 것이 아니라 좋든 싫든 그 기초를 놓았다는 얘기다. 그 기초란 완전히 마르크스주의 전통 속에 있는 것도 아니고 완전히 그 바깥에 있는 것도 아니었다. 블라디미르 일리치 울리야노프(보통 'V. I. 레닌'이라고 한다)는 러시아 하급 관리의 차남이었다. 1870년에 태어나 1924년 비교적 이른 나이로 사망했다. 레닌은 죽기 2년 전 암살범의 공격으로 중상을 입었는데, 이후 건강을 회복하지 못했다. 그의 위대한 업적은 혁명정당이라는 개념을 창안하고 발족시킨 것이었다. 이는 마르크스도 완전한 형태로 개념화하지 못한 것이다. 레닌은 형이 차르 알렉산드르 3세 암살 음모에 연루된 혐의로 1887년 처형당하면서 혁명가의 길을 걷게 됐다. 러시아 혁명가들은 당시 마르크스주의의 영향을 그리 크게 받고 있지 않았다. 그들은 사회주의자라기보다는 포퓰리스트에 가까웠다. 정부에 대한 테러로 목표를 달성하려고 했고, 농민과 도시 노동자의 봉기를 통해 불안한 정부를 타도하고 인민 정부를 수립할 수 있다고 믿었다.

레닌은 전업 혁명가가 되기는 했어도 봉기를 선도하는 스타일은 아니었다. 1895년이 되면 그는 이미 노련한 마르크스주의자로 변신해 있었고, 차르 정부의 주목을 받게 되면서 망명의 길을 떠났다. 레닌은 1902년 러시아를 떠났다가 1905년 혁명 때 돌아왔지만 1907년 2차 두마(의회—옮긴이)가 해산당하면서 다시 망명했다. 그가 러시아에 돌아온 것은 1917년이 되어서였다. 독일군 당국은 그가 독일 지역을 자유롭게 통과하도록 허용했다. 그의 존재가 러시아의 전쟁 추진 노력을 약화시킬 것이라고 봤기 때문이다. 독일군 당국의 예측은 정확했다. 레닌은 알렉산드르 케렌스키가 이끄는 중도파 정부를 타도하는 사회주의혁명을 일으켜야 한다고 줄곧 강조했는데, 이것이 러시아혁명을 야기하는 결정적인 역할을 했다. 중도파 정부는 독일과의 굴욕적인 휴전협정 체결, 내전, 기근, 수많은 경제 실책 등이 이어지면서 붕괴됐고, 레닌은 단호한 리더십을 발휘해 소련을 수립했다. 소련 체제는 1980년대 말 붕괴될 때까지 지속됐다. 레닌은 소련이 공식 출범한 직후 사망했다. 그는 좋은 방향으로든 나쁜 방향으로든 역사상 위대한 국가 건설자 가운데 하나였다. 그런 레닌을 마키아벨리라면 어떻게 생각했을지 궁금하다.

레닌의 위대한 발명품은 혁명정당revolutionary party이라는 개념이었다. 여기에는 설명이 필요하다. 그리고 그 설명에는 레닌식 마르크스주의의 또 다른 핵심 요소 두 가지가 포함된다. 첫째 요소는 이미 살펴보았다. 러시아의 상황을 세계 자본주의의 맥락에서 잘 살펴야 한다는 주장이다. 그는 『제국주의론』에서 제시한 분석을 통해 러시아가 "자본주의의 사슬에서 가장 약한 고리를 끊어" 세계 자본주의를 타도하는 데 주도적인 역할을 할 수 있다고 생각했다. 이후 벌어진 일련의 사태는 그런 생각이 얼마나 위험한지를 보여주었다. 그런 주장은 이단적인 것이기도 했다. 1890년대에 정통 마르크스주의를 지도한 것은 엥겔스와 카를 카우츠키였다. 두 사람은 런던의 같은 집에 살면서 마르크스의 유고와 명성을 보급·유지하는 한편으로 제2인터내셔널을 조직했다. 두 사람은 마르크스의 사상을 엄격히 준수했다. 그중에서도 가장 엄격한 부분이 최고도로 발전된 국가에서 먼저 사회주의 혁명이 달성된다는 시각이었다. 영국, 네덜란드, 미국이 그런 기회를 잡는 다면 거의 피를 흘리지 않는, 어쩌면 조용한 혁명을 이루게 될 것이었다. 노동자들이 의회라는 수단을 이용해 실권을 잡는 방식이다. 독일은 사정이 달랐다. 자유주의와 의회민주주의가 비교적 활성화되지 못했기 때문이다. 그러나 독일의 전제정권도 비교적 덜 조용한 방식으로 아래로부터의 타도를 통해 종언을 고할 것이 거의 분명했다. 엥겔스와 카우츠키는 혁명이 일어난다고 확신했다. 다만 그것이 얼마나 폭력적일 것이냐는 또다른 문제였다. 에두아르트 베른슈타인의 개량주의는 독일 사회주의정당은 노동자의 권리와 복지국가를 촉진하는 데 주안점을 둔 개량주의적 정당으로 바뀌고, 그렇기 때문에 번창하는 것이라고 봤다. 베른슈타인은 카우츠키를 대단히 싫어했다. 베른슈타인의 '점진주의'는 영국의 뉴 리버럴New Liberals이 추구하는 개량주의와 구별되지 않았고, 정통 마르크스주의자들에게 경멸당했다. 레닌은 카우츠키 편에 서서 수정주의자들과 맞섰지만 러시아혁명의 전망에 대해서는 독자적인 노선을 취했다.

자본주의는 전 세계적인 규모로 진행되기 때문에 서유럽 자본주의의 건강성은 외국 투자에서 얼마나 이윤을 남기느냐에 달려 있었다. 러시아에서 혁명이 성공하면 그 여파는 유럽 전체로 파급될 것이었다. 러시아가 왜 혁명의 적지인가에 대해 레닌은 정치적으로는 날카로운 면모를 보여줬지만 경제적으로는 순진했다. 당시 러시아는 국가로서 정당성을 결여하고 있다. 인민은 공포 때문에 그저 복종하고 있는 상태이지 차르에 대한 애정이나 체제의 권위에 대한 신뢰가 있는 것은 아니다. 레닌은 또 러시아가 뒤늦게 산업화에 뛰어들었고, 노동자들은 좀더 현대적인 조건—대규모 공장과 좀더 현대적인 기계 설비—에서 일하고 있기 때문에 계급의식이 높고 혁명의 여건이 더 성숙돼 있다고 생각했다. 이런 시각은 노동자의 불만은 항상 자본주의 초기에 가장 심하다는 점을 고려할 때 설득력이 떨어진다. 레닌은 러시아 노동자들의 혁명 잠재력에 대한 평가에서는 옳았지만 그들이 혁명에 나설 이유에 대한 진단에서는 틀렸다. 그들이 불만을 갖게 된 것은 도시의 작업장으로 급속히 내몰렸기 때문이지 거기서 직면하게 된 현대적인 기술 때문이 아니었다. 같은 시기 미국의 노동 상황도 거의 같은 이유로 말미암아 놀라울 정도로 폭력적인 양상을 보이고 있었다.

레닌은 혁명적인 의식이 고양됐다고 생각했지만 그 의식의 정체는 아마도 변화에 대한 보수적 혐오였을 것이다. 그렇다고 해도 그가 추구한 정치적 핵심은 타당했다. 그는 러시아혁명을 이뤄낼 수 있었고, 그것은 세계적인 차원으로 발전할 가능성이 있었다. 그것은 협소한 정치적 의미의 혁명이고, 러시아 혁명가들의 노력만으로 러시아에서 사회주의사회를 제도화하는 것은 불가능할 것이었다. 레닌도 '한 국가 차원에서 사회주의를' 창조해낼 수 있다고 생각한 적이 없다. 정통 마르크스주의자는 그런 프로젝트 자체가 말이 안 된다고 생각했다. 가능한 것은 정치혁명을 이루는 것이었다. 그리하여 그 경제적 성과가 다른 지역으로 파급돼나가면서 곳곳에서 혁명을 야기하게 된다는 것이다. 이는 사회주의는 한 국가 차원에서는 성취할 수 없고 국제적 차원에서 추구해야 할 사안이라는 논리를 강화한 것이었다.

자본주의의 사슬에서 가장 약한 고리를 찾아내는 것이 하나의 혁신이라면 영구혁명론은 두번째 혁신이었다. 러시아에서 불을 붙이면 유럽에 대화재로 번질 수 있다는 발상과 더불어 레닌은 러시아혁명이 '부르주아혁명'—목표는 입헌공화국 창설이다—으로 시작하지만 좌파의 압력에 의해 사회주의혁명으로 전환될 수 있다고 주장했다. 그 모델이 된 것은 1789년 프랑스혁명에서 급진파가 점점 세를 키워나간 사례였다. 핵심적인 문제는 그에 필요한 시간이었다. 마르크스가 제시한 혁명에 대한 분석을 기준으로 한다면, 사회가 사회주의혁명을 이룩할 수 있는 지점까지 발전해 가는 데 걸리는 시간과 과정을 단순하게 설정하는 것은 불가능하다. 다만 발전 과정이 상당히 오래 걸릴 것이라는 예상은 충분히 할 수 있다. 영국이 1688년 이후 부르주아적 정치제도와 함께 자본주의경제를 발전시킨 역사 내지는 1776년 이후 미국이 발전해온 역사를 모델로 본다면, 부르주아지가 주도권을 잡고 자본주의가 발전하기까지는 수 세기가 걸린다. 이는 레닌이 염두에 둔 것이 아니었다.

소련을 예찬하는 사람들은 차르 체제를 타도한 1917년 3월혁명은 러시아판 부르주아혁명이며, 알렉산드르 케렌스키 정부를 무너뜨린 같은 해의 11월혁명은 사회주의혁명이라고 주장했다. 이런 시각은 이론을 위한 이론을 고수하자는 것이 아닌 한 아무 강점이 없다. 3월혁명과 11월혁명 사이 8개월 동안 경제 발전은 마이너스였다. 러시아 경제는 전쟁 특수가 멈추면서 곤두박질쳤고, 보급품 부족과 굶주림에 시달리는 병사들은 집으로 돌아가 땅이라도 강탈할 요량으로 전장을 이탈했다. 1917년 이후 레닌은 10년 전 생각과는 다른 태도를 보였다. 차르가 의회의 요구를 수용하자 볼셰비키는 자유주의자들을 도와 권력을 장악하고, 그들의 무능을 활용해 인민을 급진화시켜서 사회주의혁명을 이룩해야 한다고 주장한 것이다. "우리가 그들을 지지하는 것은 교수대의 밧줄이 사형수를 지탱하는 것과 같다." 1917년 레닌은 권력을 장악함으로써 사회주의혁명을 이룩했지만 그 혁명은 엉뚱한 나라, 엉뚱한 조건에서 성사된 것이었다.

레닌은 나중에 한 국가에서 사회주의를 수립할 수 있다는 가능성을 인정했다. 다른 대안이 없었기 때문이다. 그는 모두가 실패한 곳에서 권력을 장악하고 유지했다. 그리고 자신의 성공을 설명할 수 있는 유일한 지적인 틀로서는 그것을 해명하는 것이 불가능했다. 뭔가를 포기할 수밖에 없었다. 그래서 포기한 것은 사회주의는 국제적 차원에서 동시에 진행돼야 한다는 독트린이었다. 문제는 레닌이 왜 성공했고, 그럼으로써 후대에 남긴 것이 무엇이냐이다. 당 관련 독트린이 핵심이다. 레닌은 1903년 전 세계 당조직에 엄청난 영향을 미치게 되는 팸플릿을 썼다. 그것이 바로『무엇을 할 것인가 What Is to Be Done?』이다. 무엇을 할 것인가라는 질문에 대한 답은 소수 정예 혁명운동가들이 노동자와 농민을 하나로 묶는 혁명적 정당을 결성해야 한다는 것이었다. 이는 식민지의 민족해방운동, 그리고 공개조직이든 비밀조직이든 모든 공산주의정당에 모범답안 같은 지침이 되었다. 당은 민주집중제 democratic centralism를 채택해야만 했다. 이는 각급 당 지도자는 민주적으로 선출하되 정책은 중앙에서 입안하고, 모든 당원은 그 정책을 익히고 따른다는 원칙이다. 볼셰비키식 세포조직은 그때나 지금이나 모든 비밀조직에 공통되는 요소이지만, 민주집중제(민주적 중앙집권주의—옮긴이)는 볼셰비키 특유의 독트린이다.

민주집중제는 마르크스는 인정했지만 다른 사람들은 꺼린 논리, 즉 노동계급을 혁명의 전위와 일반 구성원으로 나누는 것을 전제로 하는 것이었다. 당은 전위가 되어서 대중 속에서 선동선전활동을 하면서 실제 혁명을 주도할 순간이 오기를 기다려야 한다. 많은 민주사회주의자들은 이런 시각을 혐오했다. 그들은 오랜 교육과정을 거쳐 압도적인 대중적 기반을 확보하는 광범위한 정당을 원했다. 트로츠키도 결국 레닌의 전위 구상을 받아들이기는 하지만 처음에는 대단히 적대적이었다. 그는 전위론이 노동계급의 부재 상황을 당이 대체하게 될 것이라고 생각했고, 민주집중제가 힘을 발휘하면 어떤 결과가 될지를 정확히 예측했다. 당은 다시 중앙위원회가 대체하고, 중앙위원회는 결국 제1서기가 대체하게 된다는 얘기다. 제1서기는 스탈린이다.

여기서 우리의 관심은 스탈린이 처음에는 정치국 내 급진파와, 나중에는 보수파와 손을 잡아 주도권을 확보함으로써 종국에는 소련의 무소불위의 독재자가 되는 복잡한 과정을 살펴보는 데 있지 않다. 우리가 집중하고자 하는 것은 세 가지 문제다. 첫째는 마르크스주의는 전체주의라는 결과를 낳게 되는 씨앗을 배태하고 있는가이다. 둘째는 레닌식 마르크스주의는 그러한가 하는 문제다. 마지막 셋째는 마르크스주의자가 아직도 관심을 보이는 전체주의 양상은 어떤 것인가 하는 문제다. 여기서 대부분의 마르크스주의자는 전체주의라 개념 자체를 혐오한다는 반론은 일단 논외로 한다. 모든 유토피아 사상은 전체주의의 싹을 포함하고 있다. 이런 판단을 기초로 오스트리아 출신 영국 철학자 칼 포퍼는 『열린 사회와 그 적들 *The Open Society and Its Enemies*』이라는 대작을 썼는데, 1권은 플라톤이 야기할 수 있는 위험을, 2권은 헤겔과 마르크스가 초래할 수 있는 위험을 강조했다. 이런 시각을 가진 사상가는 포퍼만이 아니었다. 영국 정치사상가 이사야 벌린의 자유주의는 러시아 마르크스주의의 유토피아적 소망과의 절연을 발판으로 한 것이었고, 버트런드 러셀이 1930년대에 자신은 왜 파시스트도 마르크스주의자도 아닌가에 관해 쓴 짧은 에세이들도 같은 메시지를 담고 있다. 16세기 초 레이덴의 얀이 독일 뮌스터에서 일으킨 반란을 연구한 영국 역사학자 노먼 콘의 『천년왕국의 추구 *The Pursuit of the Millennium*』는 사건들의 기록인 동시에 은연중 천년왕국이라는 종교적 소망을 정치적 프로그램으로 변환시키려는 시도에 대한 경고였다.

마르크스주의를 레이덴의 얀과 같은 종교적 급진파들의 신조와 동일한 범주의 독트린으로 취급하는 것을 마르크스주의에 대한 비우호적인 행동으로 볼 일은 아니다. 러셀이 『독일 사회민주주의 *German Social Democracy*』에서 마르크스주의에 대해 진단한 내용은 지금 봐도 놀랍다. 이 책은 1896년에 출간됐는데, 그때 이미 러셀은 마르크스는 경제학자라기보다는 예언자로서 더 인상적이며, 마르크스주의는 과학이라기보다는 종교에 가깝다고 봤다. 유토피아와 전체주의를 긴밀하게 연결하는 것은 대단히 설득력 있는 논리다. 유토피아는 총체적 해결책이다. 유토피아의 매력은 거기 사는 사람들이 완벽한 삶을 누리도록 하기 위해 모든 구체적인 사항에 대해 철저한 계획을 제시한다는 것이다. 유토피아가 2차대전 이후 정치논평가들이 말하는 의미에서 전체주의적인 것은 아니다. 유토피아는 질서를 모든 사람이 자신이 진실로 원하는 것을 함으로써 자연스럽게 생겨나는 결과라고 본다. 따라서 그것을 유지하는 데 폭력은 필요치 않다. 그러나 유토피아의 이상은 실제 프로젝트가 되면 위험을 야기한다. 그중 하나가 총체적인 해결책을 가지고 있는 사람들은 자신들의 구상이 수정되는 꼴을 보려고 하지 않거나 유토피아적 구상의 현실성에 대한 이의 제기를 용납하려 하지 않는다는 것이다. 반대자들에 대한 이러한 태도는 결국 잔학한 양상으로 변질될 수 있다. '반대자들은 광명을 거부하며 죄를 짓고 있는 것이고, 따라서 기이할 정도로 사악하거나 심히 미친 자들이다. 어느 쪽이든 인간 이하로 취급하는 수밖에 없다.' "미친개들을 쏴 죽여라." 1930년대 소련 모스크바에서 공개재판 때마다 검찰측이 내린 지시다. 로베스피에르가 내세운 '미덕의 공화국 Republic of Virtue'은 이미 그런 피의 숙청의 선례를 더할 나위 없이 선명한 형태로 제공했다.

마르크스주의가 자체 안에 전체주의 정치의 씨앗을 갖고 있다고 보는 두 번째 논리는 레닌식 마르크스주의와 좀더 직접적인 관련이 있다. 마르크스주의는 자체적으로 긴장을 유발하는 독트린이다. 마르크스주의는 과학이라고 자처하지만 혁명에 대한 과학이기 때문에 완고한 현실을 엄격히 존중하는 동시에 현실을 변화시키는 급진적 노동계급의 능력을 깊이 신뢰한다. 마르크스는 젊어서는 후자를 강조하고, 만년에는 전자를 강조했다. 『프랑스내전 The Civil War in France』에서 파리코뮌의 결과에 대해 조심스러운 예측을 한 것, 그리고 실제 봉기가 일어나기 전에 쓴 편지들에서는 훨씬 더 조심스러운 입장을 보인 것이 그 예라고 할 수 있다. 혁명 성공의 전망이 없는 상황에서 노동자들이 자기희생을 감수하는 것은 아무 이득이 없는 행동이라는 것이다. 만년의 마르크스가 혁명의 때가 무르익었다고 생각했을지는 예단하기 어렵다. 다만 레닌의 도박은 실패할 운명이라고 생각했을 것이 분명하다.

이것은 미묘한 논제다. 레닌은 상황 변화에 신속하고 명민하게 대응하는 스타일이었기 때문에 한마디로 단언하는 것은 자칫 부당한 평가가 되기 때문이다. 마르크스의 원래 사상을 레닌이 수정한 부분은 하나같이 의지의 역할을, 그리고 역사를 좀더 빨리 전진시켜야 한다는 점을 강조하는 방향으로 돼 있다. 러시아는 농업이 압도적인 사회였다. 많은 농민들은 1862년에 비로소 농노에서 해방된 사람들이었다. 문자 해독률은 유럽 최저 수준이었고, 농민층에게는 자급자족이 아닌 상업 영농의 전통은 전혀 없었다. 마르크스 자신은 부르주아사회가 노동자들에게 자기관리와 자치 훈련을 시켜준다고 생각했고, 러시아를 전제 체제하의 농민 사회라고 봤다. 폭력이 비일비재하고, 글을 읽고 쓸 줄 모르고, 미신에 가득찬 사회라는 것이다. 마르크스는 러시아 여성 혁명가 베라 자술리치에게 보낸 유명한 편지에서 러시아가 자본주의를 우회해 자본주의 이전 농민 공동체 단계에서 일거에 탈자본주의적인 협동조합식 사회주의로 이행할 가능성을 시사했다. 그러나 그것 역시 유럽이 그 과정을 도와줘야 가능한 일이었다. 러시아 단독으로 할 수 있는 일이 아니고, 주변국들의 견제를 거슬러서는 더더구나 할 수는 없는 일이었다.[3] 전위로서의 당, 의지력에 대한 강조, 그리고 반문맹 단계의 후진국에서 마르크스가 가장 발전된 국가들에서만 가능하다고 본 비전을 성취하겠다는 결의는 공세적인 지도부와 소극적인 일반 당원 사이의 충돌을 해소하기 위한 처방이다.

레닌이 창설한 비밀경찰 체카(KGB의 전신—옮긴이)를 정당화하고 조직화한 것은 마르크스주의가 아니었고, 즉결처형과 굴라크(강제노동수용소—옮긴이) 설립, 그리고 스탈린 집권기에 벌어진 온갖 소름끼치는 사태들에 영감을 준 것도 마르크스주의가 아니었다. 비밀경찰은 차르 체제 러시아의 유산이었다. 다만 훨씬 악랄하고, 훨씬 효율적이며, 영향력 면에서 훨씬 광범위해졌을 뿐이다. 테러에 의존하면서 즉흥적으로 살인까지 할 수 있는 권한을 부여받은 비밀경찰을 가동하는 행태에는 지적 연원과 상황적 원인이 있었다. 상황적 원인은 볼셰비키혁명 성공 이후 벌어진 내전에서 볼셰비키들이 간신히 승리했다는 사실이다. 볼셰비키 반대 세력인 백군 지도부가 토지개혁 프로그램으로 농민층의 호의를 사는 정치감각이 있었다면 그들은 내전에서 승리했을 것이다. 그러나 백군의 잔학한 행태로 말미암아 적군과 볼셰비키가 도덕적으로 우월한 위치를 점하게 되었다. 성공에 필요한 만큼 폭력을 동원할 수 있다는 논리는 마르크스주의적인 것이었다. 다만 그것은 마르크스주의뿐 아니라 혁명적인 좌파라면 공히 물려받은 유산이었다. 그들은 프랑스혁명 당시의 공포정치를 수긍하게 되었고, 어떤 종류의 폭력이 얼마나 허용되는지에 대해 시각을 공유하고 있었다.

장기적으로는 상황이 어찌되든 당장의 과제는 혁명 자체를 안착시키는 것이었다. 폭력이 윤리적으로 옳지 못하다는 것은 명백했다. 그러나 혁명 반대 세력은 혁명에 대항해 테러를 자행하는 것에 전혀 거리낌이 없었고, 혁명가들은 혁명 수호를 위해 끔찍한 테러를 저지르는 것에 거리낌을 가질 수 없었다. 트로츠키가 '적색'테러와 '백색'테러를 구분한 것은 유명하다. 적색테러는 진보적인 것으로서 단기 전술 중에서도 최단기 전술이라는 식으로 정당화되었다. 반면에 백색테러는 그저 만행일 뿐이었다. 레닌과 트로츠키의 생각처럼 혁명이 영구적이라는 입장을 견지할 경우 변화의 속도에 따라 적들이 새로 만들어지고, 테러는 그 자체로 더 많은 적을 만들 위험이 있다. 그렇게 되면 정치적 무기로서의 테러는 테러 자체를 먹고살아 가게 된다. 폭력으로 얼룩진 러시아의 역사, 의회식 대의정치 전통의 부재, 소련에 대한 외부의 위협 등등 모든 것이 나름의 역할을 했다. 그러나 한 체제를 마르크스주의의 열망과 완전히 반대되는 방향으로 끌고 갈 만한 소지가 마르크스주의 전통 안에 있느냐 하는 것이 문제라면, 그것은 혁명을 통해 변화를 추구하려는 열정이지 폭력 그 자체에 대한 낭만적 열광은 아니다.

마르크스주의자라면 누구나 수단이 목적이 되는 것은 재앙이라고 생각했을 것이다. 획일적인 이데올로기가 지배하는 당이 비밀경찰의 도움을 받아 정치를 독점했고, 이어 그 당은 스탈린 수중에 장악됐다. 방대한 제국 안에서 벌어지는 세세한 일까지 주도면밀하게 지휘하는 스탈린의 능력은 놀라운 것이었지만, 입지 확보를 위해 요인 암살과 대량 학살을 동시에 저지르면서 일말의 거리낌도 없었다는 사실 역시 놀라운 것이었다. 여기서 스탈린이 러시아 인민에게 저지른 범죄의 내역을 시시콜콜 논할 수는 없다. 그러나 신민들의 삶을 자질구레한 부분까지 완벽하게 통제하고자 한 사람이 있었다면 그것은 바로 스탈린이었다. 그리고 자기 이외의 모든 인간을 소모품으로 간주한 자가 있었다면 그것 역시 스탈린이었다. 지금까지 그 비슷한 야심을 가진 통치자는 많았다. 우리의 관심은 마르크스주의가 스탈린의 비행에 쉽게 악용될 소지가 있었느냐 하는 것이다. 유토피아주의, 양심의 결여, 오로지 계급투쟁의 관점에서만 사고하는 경향 등등이 당이 그 지지자들을 상대로 전쟁을 벌이는 기괴한 상황을 연출한 것이다. 모든 것이 나름의 역할을 했다. 스탈린주의 독재를 과거의 독재 체제와, 그리고 두 차례 세계대전 사이에 유럽에서 집권한 우파독재 체제와 구별시켜 주는 또 한 가지 특징이 있다. 이상하게도 신학적인 냄새가 난다는 것이다. 우파독재자들은 권력 장악이 최우선 관심사이고, 이데올로기의 통일성보다는 지도자를 중심으로 한 총화 단결을 강조했다. 청소년기에 신학교에서 공부했기 때문인지 디테일에 대한 집착 때문인지 알 수는 없지만, 스탈린이 현실 정치와 별 관계가 없는 문제들에 대한 올바른 당 노선 정립에 집착하는 것은 지금 생각해보면 참으로 기이하다. 스탈린은 거의 교황 수준의 영향력을 행사했다. 일단 그가 선언하면 그걸로 끝이었다. 그리고 본인이 무오류라고 직접 선언한 적은 없지만 주변으로부터 그런 대우를 받았다. 예를 들어 1930년대 초에는 개량주의적 사회민주주의자들에 대해 사회적 파시스트라고 했다가 1930년대 말에는 인민전선의 동맹자라고 선언했을 때에 아무 문제 제기가 없었다. 독트린에 대한 집착은 영화 제작과 오페라 작사에까지 영향을 미쳤다. 영화감독 세르게이 에이젠슈테인과 작곡가 드미트리 쇼스타코비치도 예외가 될 수 없었다.

그 씨앗을 뿌린 것은 레닌이었다. 레닌은 반대를 용납할 시간이 없었다. 그는 혁명정당이 효율성을 발휘하려면 고도의 통일성을 유지해야 한다는 합리적인 견해를 갖고 있기도 했지만 마르크스주의는 과학이므로 마르크스주의에는 화학만큼이나 언론의 자유를 논할 여지가 없다는 식의 한층 덜 합리적인 시각도 갖고 있었다. 화학에도 언론의 자유가 대단히 많고, 과학 이론은 반대자들의 뒤통수에 총알을 박아넣는 방식으로 비판을 따돌리는 것이 아님은 두말할 나위도 없다. 그러나 두 가지 분명한 사실이 큰 영향을 미쳤다. 첫째는 레닌의 1917년 11월혁명 성공은 대단히 놀라운 일이었고, 그 때문에 그의 사상이 여러 지역의 마르크스주의자들 사이에서 감히 도전하기 어려운 높은 지위를 차지하게 됐다는 사실이다. 마르크스주의자들은 비레닌주의자로 남기보다는 레닌주의자가 되는 새로운 방법을 찾았을 것이다. 지하 혁명정당에 적합한 행동 양식들이 도처의 공산주의정당에 부과됐고, 숙청과 당 노선의 급격한 변화(당원들은 이를 일종의 교리로 무조건 받아들여야 했다), 지도자 숭배 같은 행태가 일반화됐다. 또한 스탈린 독재가 확립되자 스탈린식 리더십 모델이 코민테른(공산주의 국제연합—옮긴이)에

가맹한 각국 공산당의 전범으로 자리잡았다. 물론 당을 통제하는 패턴은 나라마다 조금씩 달랐고, 폭력의 수준, 잔학성의 정도, 갱단식 행태의 강도도 다양했다. 그러나 소련의 '제국'에 버금가는 영향력과 유사 신학이라고 할 만한 '마르크스주의-레닌주의-스탈린주의'가 하나로 결합되면서 티토의 유고슬라비아를 제외한 모든 공산주의 정권은 독특하면서도 거의 전체주의적인 성격을 띠게 됐다. 티토 정권은 소련 노선에서 이탈했지만 자유민주주의 체제라고 오인해서는 안 된다.

파시즘

우리는 앞서 전체주의 개념이 공산주의 체제와 파시즘 체제의 차이를 흐려버리는, 특히 스탈린주의와 나치즘의 차이를 모호하게 만드는 이데올로기적 도구가 된다는 이유로 공격을 받았다는 얘기를 했다. 따라서 우리는 '부드러운' 전체주의를 논하기에 앞서 먼저 파시스트 전체주의의 특징을 살펴보아야 하겠다. 파시즘의 기원에 대해서는 논란이 많다. 비합리주의적 권위주의자인 조제프 드 메스트르는 파시즘의 원조까지는 아니더라도 선구자 정도로 평가되었다. 독일 사상가 요한 고트프리트 폰 헤르더가 서로 거의 모르는 문화들이 인류의 정체성을 창출하는 데 중요한 역할을 한다고 강조한 것은 비합리주의적 민족주의의 기초로 간주됐다. 그러나 몇 가지 결정적인 요소가 19세기 말과 20세기 초에 하나로 버무려졌다고 보는 것이 좀더 설득력이 있다. 그런 요소들은 서로 영향을 미쳤기 때문에 각각의 특징을 밝히는 것은 명확한 인과관계를 설명하는 차원이라기보다는 지적 편의를 위한 것이다. 그것은 인종주의, 민족주의, 비합리주의, 반자유주의로 정리할 수 있다.

많은 논평가들이 이런 요소들이 서로 다른 종류의 정치적 비전에 똑같이 등장할 수 있다고 한 것은 올바른 지적이다. 예를 들어 제국주의는 인종주의적인 동시에 자유주의적일 수 있다. 약소 종족의 이익에 진정으로 깊은 관심을 갖고 그들의 문제를 우수 종족 입장에서 관리해주는 한편으로 그들에게 자기 문제를 자유주의적인 방식으로 자체적으로 관리하는 방법을 가르쳐주려고 한다는 점에서 그렇다. 자유주의적 민족주의는 보편적인 현상일 뿐만 아니라 특히 19세기 오스트리아·헝가리 제국에서는 가장 강렬하지는 않을지라도 가장 두드러진 형태의 민족주의였다. 반대로 대부분의 사회주의적 민족주의는 국가사회주의(나치즘—옮긴이)와는 조금도 닮은 점이 없었다. 반자유주의Antiliberalism는 개념적으로 더 큰 난점을 야기한다. 반자유주의가 파시즘을 구성하는 한 요소라는 사실은 항상 파시즘에 대한 분석을 복잡하게 만들었다. 사회주의 역시 반자유주의적이고 반자본주의적인 탓에 왕왕 파시즘과 구별하기 어려웠기 때문이다. 게다가 20세기 자유주의도 이탈리아 파시즘식 조합국가를 용인함으로써 적어도 어떤 필자는 미국의 뉴딜 정책을 '자유주의적 파시즘'의 한 사례라고 규정할 정도였다.[4]

폭력

파시즘을 구성하는 요소들은 폭력을 선호하는 운동 방식과 결합될 때 특히 파시즘적 성격을 띠게 된다. 폭력은 종종 파시즘 또는 파시즘의 원형을 보여준 작가들이 주장한 비합리주의와 연결된다. 여기서 주의가 필요하다. 인간 정신의 내면 깊숙이 자리잡은 비합리성의 '발견'이, 비합리성은 우리의 적에 대한 폭력으로 분출되는 것이 가장 바람직하다는 결론으로 귀결될 필요는 없다는 것이다. 문명의 외피는 놀라울 정도로 취약하다는 통찰은 자유주의적 가치에 대한 불가피한 옹호로 이어지기도 한다. '합리적-합법적' 국가의 정통성에 관한 베버의 논의에는 그런 측면이 많고, 프로이트의『문명과 그 불만Civilization and Its Discontents』에는 더 많이, 빌프레도 파레토의 정치사회학에는 일부 들어가 있다. 프로이트를 읽으면서 자신의 열망을 누그러뜨리게 된 자유주의자는 정치에서 어느 정도의 합리성에 도달하는 것조차 고통스럽고 힘든 일로 보게 된다. 폭력에 호소하다가 자기 파괴에 도달하지 않으려면 많은 직접적인 쾌락을 포기해야 하기 때문이다. 그러나 지연된 쾌락도 쉽게 오지는 않는다. 그렇다고 자기통제와 만족을 유예하는 것이 별 의미가 없다는 얘기는 아니다. 의식 표면 가까이를 어슬렁거리는 정서들이 얼마나 폭력적인지를 철저히 인식할수록 우리는 좀 더 과감하게 그것을 제어하는 방법을 찾을 수 있다.

1930년대에 많은 논평가들이 파시즘의 매력을, 자기통제를 완화하고 인류의 잠재적 공격성을 배출하는 통로를 제공해준다는 차원에서 진단했다. 러셀과 듀이가 1930년대에 「나는 왜 공산주의자가 아닌가Why I Am Not a Communist」라는 제목으로 유명해진 짧은 에세이를 썼는데, 원래 제목은 「나는 왜 공산주의자나 파시스트가 아닌가Why I Am Not a Communist or a Fascist」였다. 그리고 러셀도 듀이도 반란을 추구하는 마르크스주의와 반란을 추구하는 파시즘의 공통된 매력은 폭력성이라는 점을 당연시하고 있었다. 두 사람이 주목하고 독자들에게 가까이 해서는 안 된다고 촉구한 것은 바로 그 폭력의 매력이었다. 그런 반응이 나온 것은, 지금은 기억에서 거의 잊혀졌지만, 1930년대에는 공산주의와 파시즘에 합리적인 매력이 있었음을 의미한다. 1950년 이후의 서유럽과 1940년 이후의 미국은 역사적 기준에 따르면 놀라울 정도로 잘 조직화됐고 번영을 누렸다. 오늘날 기존의 사회·경제질서가 너무도 엉망이어서 정통적인 정치적 수단으로는 치유가 안 된다고 생각하는 사람은 거의 없다. 그러나 1930년대 미국의 경우는 실업률이 25퍼센트로 치솟았고, 경제 시스템은 수리가 불가능할 정도로 망가진 것처럼 보였다. 중부 유럽과 동부 유럽은 상황이 더 나빴다. 경제적 곤궁만이 아니었다. 1차대전 이후 탄생한 많은 나라들이 정통성이 결여된 상태에서 좌우 간의 싸움으로 갈가리 찢겼다. 그 주민들은 자유민주주의를, 전쟁에서 승리한 연합국이 베르사유조약을 통해 자신들에게 강요한 사기라고 봤다. 모든 것을 때려 부수고 다시 시작하는 것도 현실성 있는 정책 처방은 아니지만 파괴의 대상이 된 사회·정치 시스템은 합리적인 인간이라면 거의 찬성할 수 없는 수준인 경우가 많았다. 무솔리니가 이탈리아 의회민주주의를 간단히 궤멸시킨 것도 인민과 동떨어진 부패한 지도자들은 시민의 충성심을 얻을 수 없으며, 급속한 산업화와 신통치 않은 참전 성과가 사회를 얼마나 불안하게 하는지를 잘 보여주는 사례였다.

인종주의, 민족주의, 반자유주의

현대적 의미의 인종주의가 지식인들—또는 지식인에 가까운 사람들—의 심각한 우려 대상이 된 것은 19세기 후반에 들어서였다. 그러나 어떤 면에서 인종주의는 인간 정신 특유의 결함 같은 것이기도 하다. 야만인은 천성적으로 정치적 삶을 영위하기에 부적합하며, 그리스인들에 의해 노예가 되는 것이 적절할 수도 있다는 아리스토텔레스의 확신은 오랜 전통을 가진 발상이다. 구약에 나오는 이스라엘 민족은 야훼로부터 인종 청소를 하라는 지시를 받지만 오늘날 우리가 생각하는 것과 같은 '종족적 차별' 때문은 아니었다. 신의 의도는 자신이 선택한 민족을, 자신이 아닌 다른 신들을 섬기는 부족들이 차지하고 있는 지역에 정착시키려는 것이었다. 따라서 그런 부족들은 신의 섭리의 희생자였다. 토머스 페인은 『이성의 시대』에서 야훼의 인종 말살 성향을 아주 날카롭게 지적했다. 그러나 그것은 본질적으로 합리주의적이고 인도주의적인 차원의 접근이었다. 페인의 관점에서 보면 야훼의 행동은 무의미한 잔학 행위였다. 그러나 야훼의 동기는 인종주의적인 것이 아니라 종교적인 것이었다. 게다가 어떤 경우든 사막 거주 부족들 간의 분쟁이 2000년 후 산업화된 유럽 사회의 정치에 주는 시사점이라고 할 만한 것은 없다.

두 차례 세계대전 사이에 급부상한 파시즘에서 큰 역할을 차지하는 인종주의는 두 가지 연원을 가지고 있었다. 하나는 유럽의 해외 팽창 이후 지속된, 산업화 이전 단계 사회들과의 만남이고, 또하나는 그보다 훨씬 오래된 반유대주의 전통이다. 나치의 인종주의는 1차적으로 반유대주의적이고, 2차적으로 인종주의적이지만 과학적 인종주의에서는 우선순위가 역전됐다. 미국에서는 아프리카 출신 흑인들의 열등성이라고 하는 문제에 관심이 집중됐다. 노예제라는 '특수한 제도'가 미국 정치를 40년 동안 지배했고 1861∼1865년 내전(남북전쟁―옮긴이)의 한 요인이 되었기 때문이다. 20세기 말의 과학적 인종주의는 이제 19세기에 앵글로색슨족이 차지했던 문화적, 지적, 경제적 정점의 자리를 유대인과 동아시아인이 거머쥐었다고 볼 정도로 반유대주의적 편견과는 거리가 멀다. 미국의 이민 정책은 80년 전만 해도 중국인과 유대인에 대해 지극히 적대적이었다.[5] 히틀러는 자신의 반유대주의적 편견과 구별되는 인종주의 이론을 고비노의 사도이자 바그너의 사위인 휴스턴 스튜어트 체임벌린에게서 배웠다. 그 골자는 순수한 아리아 종족이 인종의 위계에서 정점에 서 있다. 다른 인종 간의 통혼은 특정 인종에게는 치명적인 것이다, 유럽에서 유대인을 축출하는 것만이 유럽인의 세계 지배를 확보할 수 있는 길이다, 등이었다. 독일의 반유대주의는 11세기 말 제1차 십자군전쟁 때의 유대인 박해 및 대량 학살로까지 거슬러올라갈 만큼 역사가 길었다. 그리고 독자적인 것인 동시에 19세기 말에 독일로 파고든 러시아적 형태의 반유대주의의 영향을 받은 것이기도 했다. '멸절주의'는 독일적인 것이라기보다는 러시아적인 것이었으며, 모든 사회계층으로 퍼져나갔다. 비교적 리버럴했던 러시아의 마지막 차르 니콜라이 2세조차도 그런 생각을 했는데, 다만 모든 유대인을 당장 한꺼번에 죽여버릴 수는 없지 않겠느냐는 입장으로 돌아섰을 뿐이다. 나폴레옹시대에 독일에서는 한때 유대인의 생계활동에 대한 법률적 규제가 폐기될 것처럼 보였지만 나폴레옹이 몰락하면서 규제가 되살아났다. 마르크스의 아버지가 루터교로 개종한 것도 프로이센이 유대인의 변호사 개업을 금지하는 법령을 다시 도입한 것과 깊은 관련이 있다. 러시아 국내 정치는 19세기 말 서유럽의 상황을 악화시켰다. 유대인에 대한 박해로 러시아와 동유럽 유대인들이 대거 오스트리아와 독일로 몰려들었기 때문이다. 포퓰리스트 정치인들은 손쉽게 권력을 잡는 방식으로 노동계급의 반유대주의를 선동했다. 그러나 파시즘은 인종주의적 요소가 거의 또는 전혀 없어도 이데올로기적으로 지탱 가능했다. 앞에서 언급한 것처럼 무솔리니는 아리아인의 순수성이라는 환상 같은 것에는 관심이 없었다. 1930년대 말에 가서 반유대주의적인 정책을 채택한 것도 히틀러의 압력을 더는 견딜 수 없었기 때문이다.

파시즘의 두번째 사상적 요소는 1880년대 이후 지속된 '피와 땅blood and soil' 운동으로, 인종주의적 색채만 없었다면 중요한 역할을 했겠지만 항상 인종주의와 결부되었다. 피와 땅 운동 자체는 프랑스와 독일 민족주의의 중요한 구성 요소였다. 그런 전통을 가장 명료하게 표현한 것은 프랑스인들이었다. 대표적인 경우가 샤를 모라스와 모리스 바레스다. 그리고 파시즘 정치이론이라는 명칭에 걸맞은 논리를 제시한 인물을 들자면, 이탈리아인인 젠틸레를 제외하고는 거의 프랑스인이었다. 바레스는 소설가이자 정치가로, 프랑스 한림원 회원이었다. '뿌리 뽑힌 사람들deracine'이라는 개념을 만든 것이 바레스였다. 타고난 조국의 환경을 떠났기 때문에 변덕스럽고 자기중심적이고 국가와 민족의 통합에 위협이 되는 개인을 일컫는 표현이다. 유대인은 뿌리 뽑힌 사람들의 대표적인 사례이고, 프랑스 민족에 위협이 되는 대표적인 사례였다. 독자들은 바레스와 스탈린처럼 유대인의 '뿌리 없는 코즈모폴리터니즘'에 대해 불평하는 사람들은 왜 약속받은 땅에서 살기를 간절히 원했던 민족이 뿌리가 뽑히게 되었는지 그 이유를 먼저 생각해보지 않는지 의아할 것이다. 그들은 그러지 않았다. 바레스는 수정주의적 사회주의자로 정치활동을 시작했지만 드레퓌스 사건(1894년 유대계 프랑스 장교 드레퓌스가 독일 측에 군사정보를 넘겨주었다는 간첩 혐의를 둘러싸고 좌우가 극심하게 대립한 사건—옮긴이)을 거치면서 급격히 우파로 기울었고, 이후 파리 지역구 의원으로 진출해 민족주의를 대변했다.

프랑스 민족주의는 급진적인 프랑스혁명에서 시작됐다. 그런데 그 민족주의를 보수적인 반혁명적 이상—호전적이고 배외적이며 반유대주의적인 동시에 인권을 옹호하는 전통에 적대적인—으로 바꿔놓은 것이 바레스였다. 바레스는 1862년에 태어나 1차대전이 끝난 지 몇 년 안 되는 1923년에 사망했다. 그러나 바레스보다 여섯 살 어린 동시대인 샤를 모라스는 1930년대의 대립과 충돌을 겪으면서 나치의 괴뢰정권인 비시 정부의 수반 페탱을 열렬히 옹호하다가 해방(연합군의 프랑스 탈환—옮긴이)을 맞으면서 종신형에 처해졌다. 바레스와 모라스의 차이는 두 사람의 사상을 단일한 어떤 것으로 분명한 딱지를 붙이기 어렵다는 것을 말해준다. 바레스는 군주제에 반대한 반면 모라스는 의회는 없는 대신 분권화된 군주제의 부활을 원했다. 바레스는 열렬한 가톨릭 신자였지만 모라스는 민족주의 성향 탓에 가톨릭을 반대하는 방향으로 나아갔다. 고전기 그리스에 대한 열정도 마찬가지였다. 아테네냐 예루살렘이냐 하는 이분법적 논쟁에서 모라스는 단연코 아테네 편을 들었다. 모라스는 기독교 자체를 유대교라는 모태에 의해 낙인찍힌 종교라고 보았다. 그의 인생 역정은 국수주의적인 파시스트들이 직면한 한 가지 문제를 잘 보여준다. 그는 프랑스 자유주의자들 및 당대의 사회주의자들에 대한 극도의 적대감으로 말미암아 조국의 적들 편에 서게 됐다. 그러면서도 극렬 반독反獨주의자였으며 당시의 이탈리아를 경멸했다. 그러나 어쩔 수 없이 무솔리니와의 동맹을 옹호하고 1940년에는 패배주의자로 전락했다. 1945년 그토록 혐오하던 독일의 프랑스 점령을 지원했다는 혐의로 수감됐다.

'피와 땅' 운동은 민족주의 성향이 강했다. 파시즘에 대한 설명이 대부분 민족주의를 파시즘의 핵심이라고 보는 것은 올바른 지적이다. 그러나 모라스의 인생 역정에서 보듯이, 사실로서의 민족과 이상으로서의 민족이 얼마나 합치되는가에 대해서는 파시스트들의 마음속에도 늘 의구심이 있었다. 1930년대 영국의 파시스트들은 반유대주의에 휩쓸리고 미적지근한 영국식 자유주의 정치체제를 혐오한 나머지 나치 독일을 조국으로 여기는 지경에 이르렀다. 영국은 어쩌다 보니 자신들이 국민으로 속하게 된 나라라는 식이었다. '피와 땅'의 논리에 충실하다고 해서 곧바로 민족주의로 나아가는 것도 아니다. 훨씬 지역주의적인 방향으로 치달을 수도 있다. 모라스가 분권화된 군주제를 열망한 데에도 그런 측면이 있다. 대대로 물려받아 사는 땅에 대한 애착을 가진 사람들은 저 멀리 화려한 수도에서 노닥거리는 정치 지도부는 제 이익만 추구하는 부패 집단이고 시골을 도와줄 마음 같은 것은 없다고 생각하기 쉽다. 민족주의자가 민족은 다양한 지역과 생활양식을 한데 모은 총합이라고 생각하는 쪽으로 기우는 것은 일반적인 행태는 아니지만 불가능한 것도 아니다. 그러나 지역 단위의 향토애는 국가라고 하는 분할 불가능하고도 단일한 총체성을 위태롭게 할 수 있다는 것이 일반적인 견해다.

파시즘이 부정적인 정서에 강한 영향을 받았다는 사실은 놀라운 일이 아니다. 파시즘이 상황에 따라 좌파의 운동이 될 수도 있고 우파의 운동이 될 수도 있는 것처럼 보이는 것도 놀라운 일이 아니다. 파시즘의 적은 의회 중심의 자유민주주의이며, 의회 중심의 자유민주주의는 사회주의자와 보수주의자들은 물론이고 논쟁을 거쳐야 하는 통치를 참지 못하는 급진파와 혁명가들의 공격에 대단히 취약하다. 조르주 소렐의『폭력론』은 부정적 정서가 급격히 대두한 한 가지 이유를, 독일 사민당 당원이었던 로베르트 미헬스가 무솔리니 지지로 돌아선 것은 또다른 이유를 말해준다. 파시스트와 민족주의자는 분명한 타도 대상이 있었다. 국가를 개인보다 덜 중요하게 보는 19세기식 자유주의가 그것이다. 말하자면 자유주의국가는 개인의 권리를 보호해준다는 사실로부터 정당성을 획득했다. 개인이 국가의 보호를 받을 권리가 국가가 개인의 충성을 받을 권리보다 우선했다. 헤겔은 이러한 대립을, 현대국가는 자유주의 입헌국가여야 하지만 개인과 개인의 권리는 국가의 피조물이라고 주장하는 방식으로 교묘하게 처리하고 넘어가려고 했다. 이런 논리는 개인주의와 국가주의의 균형을 맞추려는 불안정한 시도였고, 헤겔 비판자들도 그렇게 지적했다. 국수주의자들과 그 비슷한 부류들은 그런 식으로 얼버무리려는 유혹에 넘어가지 않았다. 그들은 자유주의가 오류라는 것을 알고 있었다. 그들은 헤겔의 개념을 차용하면서 전쟁은 국가의 '윤리적 건강'을 보전한다는 사상과 더불어 조합주의corporatism까지 흡수했다.

비판자가 왼쪽에 서 있는지 오른쪽에 서 있는지 분명치 않을 때가 종종 있다. 소렐이 바로 그런 경우다. 그의『폭력론』은 심지어 지금까지 이성을 과도하게 신뢰하지 말라는 경고로 읽혔다. 우리가 인간 이성의 취약성을 확실히 꿰뚫어본다면 그런 약점이 발현되지 않도록 예방할 수 있다. 우리가 신화적 사유형식에 얼마나 많이 지배되고 있는지를 제대로 인식한다면 우리는 이성을 발휘해 우리의 행위를 적절히 통제할 수 있다. 소렐에 우호적인 논평가들은 그를 프로이트 지지자로 간주한다. 인간을 비합리적인 충동에 휘둘리기 쉬운 존재로 보면서, 이성을 통해 우리의 비합리성을 어느정도 제어할 수 있다고 보는 합리주의적 낙관론을 배격하기 때문이다. 프로이트는 인간을 행복하게 만들고자 하는 의도는 전혀 없다고 했지만 신경증적 비참함을 '보통의 불행'으로 완화해주려고 애썼다는 점에서, 소렐도 대대적인 비합리성을 흔히 있는 상식의 실패로 대체하고자 한 것으로 볼수 있다.

비합리주의

이런 이해 방식은 설득력이 있다기보다는 소렐을 좀더 좋게 봐주는 것이다. 왜냐하면 그를 흥미 있게 만드는 것은 그의 이상한 특이함이기 때문이다. 소렐은 사상적 경향을 특정하기 어려운 사상가다. 그는 1847년에 태어나 1922년에 사망했다. 페르피냥에 있는 명문 공과대학 에콜 폴리테크니크에서 공부하고 프랑스 토목건설부에서 반평생을 엔지니어로 재직했으며, 퇴직 후 정치이론가로 변신했다. 정통 마르크스주의자로 출발했지만, 모라스식의 군주제에서 봉기를 강조하는 레닌의 공산주의까지 반부르주아적이고 반민주주의적인 다양한 사상을 흡수했다. 소렐의 관심 영역은 방대했고, 소크라테스의 재판, 사적유물론의 본질, 마르크스주의의 역사에 관한 흥미로운 책도 썼다. 적의 정체는 그의 사상에서 유일하게 명확한 요소로서, 그것은 바로 자본주의와 자유민주주의였다. 소렐이 『폭력론』을 쓴 것은 1908년으로, 당시 그는 프랑스의 아나코생디칼리즘anarcho-syndicalism에 매력을 느끼고 있었다. 아나코생디칼리즘은 무정부주의와 노동조합 지상주의를 결합한 명칭에서 드러나듯이, 자본주의를 폐기하고 국가를 자치적인 노동자조직들로 대체하고자 하는 좌파 사회주의운동이었다. 변화를 촉발하는 뇌관은 프롤레타리아 총파업이었다. 프롤레타리아 총파업이라는 '신화'는 『폭력론』의 핵심이지만, 소렐은 끊임없이 그리스 고전 시대를 반추하면서 영감을 얻을 정도로 본질적으로는 반동적인 사상가였다.

그가 현대 자본주의를 증오한 것은 부와 복지의 불평등에 대한 증오라기보다는 대량생산 위주의 산업화 시대가 되면서 장인 정신의 본능이 말살된 것에 대한 증오였다. 문제는 장인 정신의 이상을 현대 세계에서 복원할 방법이 있느냐 하는 것이었다. 그의 답변은 노동자운동이 신화, 즉 기존 자본주의 질서를 단번에 폭력적으로, 광범위하게 타도한다는 신화를 현실화시키는 쪽으로 나아가야 한다는 것이었다. 그런 신화에 대한 소렐의 생각 중에서도 자본주의의 완전 타도는 번영의 시기에 이루어진다는 주장은 특히 흥미롭다. 노동자와 자본가가 자신감에 넘쳐 죽기 살기로 싸울 경우에만 끝장을 보는 투쟁이 가능하고, 그것이 본질적인 문제라고 소렐은 생각했다. 그 투쟁은 적대감이 없는 전쟁이어야 했다. 자본주의 질서는 노동자들에게 타도해야 할 거대한 장애물로 여겨질 수밖에 없다. 그러나 자본가들을 사악한 개인 내지는 괴롭혀야 할 대상으로 보아서는 안 된다. 자본가를 생산관계의 '담지자'로 보는 마르크스의 설명에도 그런 관점이 들어 있다. 그러나 노동과 자본의 투쟁이 판을 바꿀 만큼 결정적인 것이기는 하지만 개인적인 감정이 개입돼서는 안 된다고 한 소렐의 간절한 호소 같은 것은 마르크스의 설명에는 없다.

소렐의 신화 만들기가 어떤 면에서 반동적이라는 얘기는 설명이 필요하다. 얼핏 보기에 자본주의를 공격하면서 자본주의를 노동조합 중심의 무정부주의로 대체하자는 주장은 진보적인 이상이다. 그러나 소렐이 진정으로 관심을 가진 것은 장인 정신이라는 윤리를 회복하는 것이었다. 그리고 그런 윤리는 행복과 여가를 확보하고 헛된 노고를 합리적인 방식으로 최소화해야 한다는 마르크스의 주장을 부연하는 수준과는 거리가 멀었다. 소렐이 마르크스주의를 '사회시社會詩'라는 말로 칭송한 것은 의미심장하다. 그는 마르크스를 합리주의자로 생각하지 않았다. 그는 사회주의 유토피아에 대한 마르크스의 그림을 미완의 청사진이라고 주장하면서 정서적 열망을 자극하고 행동을 촉진하는 마르크스의 능력을 높이 평가했다. 소렐도 행동을 촉진하기 위해 나섰다. 그런 정신적 틀에서 소렐은 미국식 자본주의를 산업계 지도자들이 공세적이고 진취적이라는 이유로 높이 평가했다. 그들은 호메로스 스타일의 영웅이었고, 프리드리히 니체의 타고난 사도였다.[6] 소렐은 화해나 복지국가 또는 실질임금 상승 및 노동시간 절감을 위한 노동조합의 역할을 원하지 않았다. 그가 원한 것은 죽어야 끝이 나는 투쟁이었다.

이런 비전이 어떻게 무솔리니에게 흡인력을 발휘할 수 있을까(실제로 그랬다). 파시즘 정치이론의 핵심 요소는 국가를 모든 사람이 경제에서 행사하는 다양한 역할을 중심으로 정치적 대표 시스템이 형성되는 조합국가corporate state로 본다는 것이다. 20세기 초의 많은 비판자들에게 자본주의는, 이 기업과 저 기업의 협력 따위는 고려치 않고 저 혼자만 돈을 많이 벌겠다고 아등바등하는 시스템은, 번영을 가져올 수 없다는 것이 분명해 보였다. 비사회주의자들은 사적 소유를 폐기한다는 발상에 대해 못마땅해했고, 많은 사회주의자들은 경제 전체를 하나의 기업처럼 운영하려는 것은 비현실적이라는 데에 동의했다. 좌우를 막론하고 기능적 대표를 위한 다양한 형태가 고안된 것은 노동자들을 정치적 결정 과정에 끌어들이는 동시에 경제활동을 시장으로서는 불가능한 방식으로 조정하는 것을 목표로 한 것이었다. 그 대표적인 사례가 노동자 신디케이트(조합―옮긴이)였다. 현실 파시즘 체제에서 노동자 신디케이트는 정부가 노동자들을 통제하고 어떤 상황에서든 정부에 유리한 쪽으로 움직이게 만드는 메커니즘이 되었다. 약간 정신 나간, 그러나 그 진정성만큼은 이해해줄 만한 조합주의 실험이 1차 대전 직후인 1919년 유고슬라비아 피우메―지금은 리예카라고 부른다―에서 실시됐다. 시인이자 파시스트 지식인인 가브리엘레 단눈치오가 이탈리아와 유고슬라비아의 영유권 분쟁 지역인 피우메를 점령하고 조합주의 정부를 수립해 짧은 기간 독재를 실시한 것이다. 이 정부는 노동자, 경영자, 전문가 등등을 대표하는 9개 조합으로 구성됐고, 그중 10분의 1은 단눈치오의 구상에 따라 시인, 몽상가, 고고한 정신의 소유자에게 할당됐다. 이 실험은 저절로 붕괴되기 전에 외부의 무력에 의해 중단됐다. 무솔리니는 단눈치오를 흠모했고 그에게 공작 작위를 내렸지만, 단눈치오가 파시즘 정치—이탈리아 파시즘 미학과는 다르다—에 미친 지적 영향은 미미했다.

이탈리아 파시즘의 대표적인 두 이론가는 알프레도 로코와 조반니 젠틸레였다. 파시즘이 헤겔, 생시몽, 마르크스, 니체, 소렐 등에서 조금씩 따와 합성한 사상이라는 것을 두 사람은 잘 알고 있었고, 그런 점에 대해 불편해하지도 않았다. 로코는 이탈리아 파시즘 이너서클의 일원이었기 때문에 그만큼 영향력이 컸다. 반면에 젠틸레는 철학자로서는 로코보다 훨씬 탁월했지만 무솔리니가 편히 읽을 수 있는 수준은 아니었다. 파시즘 독트린의 본질은 파시즘이 폐기하고자 했던 19세기식 자유주의를 뒤집어놓은 것과 같았다. 그러나 파시즘 이론의 정점은 우리의 예상을 완전히 빗나가는 주장이었다. 젠틸레는 파시즘이 현대인에게 제공하는 것은 진정한 자유라고, 자유주의가 주는 것보다 더 높고 더 생동감 넘치는 자유라고 주장했다. 어쨌거나 자유는 자유다. 당시 사람들은, 파시즘 옹호 논리는 한계 내에서의 자유는 좋지만 최우선 순위는 역시 질서라는 식의 보수적인 것이라고 생각했을지 모른다. 그러나 젠틸레는 그런 주장을 하지 않는다. 그의 주장은 파시즘은 19세기 자유방임식 자유주의가 할 수 없는 방식으로 자유를 성취할 수 있다는 것이었다.

그의 사상을 요약하면 이렇다. 자유주의는 모든 사람을 어찌할 바를 모르는 고독한 존재로 만들었다. 자유주의적 개인주의는 집단적인 기획에 전

심전력을 다함으로써 동료 인간들과 하나가 되고자 하는 인간의 깊은 욕망을 좌절시켰다. 이런 비판은 수많은 가톨릭 계열 사상가들이 자유주의에 대해 가한 것이었다. 그런데 이탈리아 파시즘은 바티칸과 이데올로기적으로 좋은 관계를 유지함으로써 당대의 시간과 공간에 잘 적응해나갔다. 의회민주주의는 오류였다. 자유주의는 정치적 평등을 잘못 인식함으로써 누구나 자신이 사회를 이끌어갈 만한, 진정으로 재능 있는 사람이라고 생각할 여지를 주었다. 그 결과 정치적으로 깜냥이 안 되는 자들이 제 잇속만 챙기는, 부패하고 불투명한 정치 시스템을 장악했고, 시민들은 정치에서 소외됐다. 고삐 풀린 자본주의도 동일한 불만의 대상이 될 수 있었다. 그리고 오늘날 실제로 그러하다. 노동자들은 어렵사리 생계를 유지하기 위해 노동을 했고, 소유주들은 돈을 최대한 많이 벌기 위해 기업을 운영했다. 그러나 어느 쪽도 사회적 책임감 같은 것을 통해 활력을 얻지는 못했다. 필요한 것은 사회적 결속을 회복하고 남보다 앞서려는 욕망을 공적인 헌신으로 바꾸어주는 제도들이었다. 그런 사회에서는 영웅적인 지도자만이 국가의 수반이 될 수 있고, 사회 지도급 인사들은 진정한 엘리트다. 파시즘의 전체주의적 성격에 대해서도 젠틸레는 대단한 자부심을 가지고 있었다. 파시즘은 사회적 삶의 전체성을 옹호하는 정신적 독트린이었기 때문이다.[7]

조합주의

여기서 제기되는 문제는 자유주의적 조합주의liberal corporatism와 파시즘을 어떻게 구별할 것인가이다. 많은 관찰자들은 1930년대 중반 루스벨트 대통령이 뉴딜 정책 촉진을 위해 급조한 경제기구들이 이탈리아 파시즘의 그것과 다르지 않다고 말했다. 독립기관 수준의 각종 위원회와 외청外廳이 우후죽순처럼 생겨났다. 생산을 좀더 조직화하고 실업을 줄이기 위한 조치였다. 파시스트들이 경제적 자립―자급자족을 달성함으로써 국민경제가 세계경제의 변동에 따른 충격에 흔들리지 않게 만드는 것―을 강조한 것은 미국식 보호주의와는 근본적으로 다른 차원이었지만 그보다 더 열정적이지는 않았다. 그런데 국민적 자급자족에 대한 파시즘의 열정 뒤에는 국수주의, 그리고 경제는 항상 전시체제여야 한다는 발상이 숨어 있었다. 반면에 미국식 보호주의는 잘못된 경제이론을 토대로, 무엇을 어떻게 해야 할지 모르는 상황에서 뭐라도 해야 한다는 식의 조급함에서 생겨난 것이었다. 19세기 자유주의경제는 조직적이고 통합적인 메커니즘이 결여돼 있으며, 20세기에는 그런 메커니즘을 국가가 제공해야 한다는 사상이 19세기의 자유방임식 자유주의와 뉴딜 정책의 자유주의를 구분하는 선이었다. 그러나 자유주의적 조합주의는 사촌처럼 보이는 파시즘식 조합주의와는 매우 달랐다.

그것은 틈새를 찾아야 한다는 '조합국가'의 필요성을 수용하는 차원도 아니고, 현대국가를 관리하는 엘리트는 능력을 기준으로 선발해야 한다는 소망 차원도 아니다. 미국에서도 이탈리아에서도 그런 소망이 진실한 것인 적은 없었다. 두 나라 모두 국가 지도부는 친구들을 요직에 앉혔고, 이들은 무능 그 자체만 아니면 자리를 보전했다. 소련에서 미국까지 모든 현대 사회에서 경영자혁명이 일어나고 있다는 생각은 1930년대에는 상식이었으며, 거기에는 어느 정도 진실이 담겨 있었다. 경영자혁명이 한 사회가 생산수단의 사적 소유를 인정하느냐보다 더 중요한 요소라는 주장은 진실이 아니었다. 경영자혁명이 한 사회가 소련식 일당독재냐 미국식 다당제 민주주의냐보다 더 중요하다는 발상 역시 진실이 아니었다. 그러나 대규모 산업의 성장이 경영 방식과 정부와의 관계를 어느 정도 같은 방향으로 수렴시키는 결과를 가져왔다는 생각은 제한적인 수준에서나마 진실이었다. 그런 통찰은 최초의 '산업사회' 이론가인 생시몽의 공적으로 돌릴 수 있겠다. 우리는 지금 일종의 조합국가에서 살고 있다. 조합국가란 '규제받는 자본주의'의 다른 말이다.

가장 중요한 점은, 소련식 전체주의와 파시즘 전체주의에는 똑같이 있지만 자유주의 조합국가에는 없는 것이 일당 지배 국가라는 사실이다. 두 당이 집권을 놓고 경쟁하는 양당제 국가와 일당 지배를 표방하는 국가의 정치에는 엄청난 차이가 있었고, 지금도 마찬가지다. 일당 지배 국가에서는 개인들이 독자적인 정치조직을 꾸려나갈 여지도, 기존 구조의 변화를 촉구할 수 있는 공간도 없다. 파시즘은 경쟁 세력과의 열띤 토론을 추구하는 이데올로기가 아니다. 따라서 우리는 젠틸레가 주장한, 이탈리아 파시즘은 자유주의로는 불가능한 방식으로 개인을 자유롭게 만들었다는 역설에 다시 맞닥뜨리게 된다. 젠틸레는 우리가 모르고 있지는 않았지만 과거에는 제대로 활용되지 않았던 두 가지 구별을 강조했다. 첫째는 파시즘—무솔리니의 파시즘—을 민족주의로부터 떼어내는 것이다. 파시즘은 민족 개념을 극도로 중시하지만 그 자체가 민족주의의 한 형태는 아니었다. 젠틸레가 비판한 의미에서의 민족주의는 민족을 개인에 선행하는 실체로 보았고, '피와 땅' 운동에서는 개인이 마주할 수밖에 없는 확고부동한 사실임을 강조했다. 이런 관점에서 보면 바레스와 모라스는 민족주의자라고 할 수 있지만 훌륭한 파시스트는 아니었다. 파시즘에서 민족은 민족을 구성하는 개인들의 지속적인 재창조 과정에서 탄생하는 것이다. 젠틸레는 훌륭한 헤겔주의자답게 파시즘 국가를 '인륜적 국가'라고 당당히 선언했다.

두번째 구분은 다음과 같은 통찰에서 도출된 것이다. 오도된 민족주의의 권위 개념은 위에서 아래로 내려가는 스타일이었다. 민족이 세계의 엄연한 사실로서 개인에게 영향을 미치는 것과 마찬가지로 국가 지도자들 속에 구현된 권위는 개인 위에 있는 것이었다. 개인은 그것을 그저 위계적 사실로서 직면하게 될 뿐이다. 반면에 파시즘의 권위는 개인으로부터 위로 올라 갔다가 다시 국가에서 아래로 내려온다. 그것은 자유주의와 구식 보수주의 가 공통적으로 오해하고 있는 일종의 순환 과정이다. 젠틸레는 파시즘 국 가의 기초는 무력이냐 동의同意냐라는 질문에 대한 무솔리니의 답변을 인 용했다. 양자는 불가분의 것이라는 게 무솔리니의 답변이었다. 이 역시 훌 륭한 헤겔주의식 독트린으로 읽을 수 있겠다. 우선, 국가는 국가에 동의하 는 개인들을 떠나서 홀로 존재할 수 없으며 그런 동의가 있기 때문에 비로 소 국가라는 것이다. 그리고, 개인에 대한 국가의 요구는 무력을 기초로 하 며, 개인들이 국가를 강압적 실체로 생각하지 않는다면 자신들의 동의를 집중시킬 대상을 상실하게 된다는 것이다. 바로 여기서 파시즘은 개인에게 진정한 자유를 준다는 젠틸레의 신념이 생겨난다. 올바른 국가 속에서만 자유는 가능하고, 개인의 권리가 확보된다는 것이다.

이런 주장이 설득력이 없다는 것은 너무도 분명하다. 물론 가장 중요한 것은 그런 이론과 파시즘의 실제와의 괴리였다. 권위주의적 국민국가에 대한 신新헤겔주의식 이론은 국가가 구현하는 가치들에 대한 자발적 합의 를 전제로 한다. 이는 다시 '역사는 점차 합리화되어 가는 사회·정치제도 들 속에서 스스로를 전개하기 때문에 개인은 자신의 삶을 점점 더 만족스 러워하게 된다'―만족스러워하는 이유를 논리적으로 설명하려면 철학자 가 나서야 할 것이다―는 헤겔적 신념을 토대로 한 것이다. 이런 시각은 1875~1930년에 활동한 신헤겔주의 정치이론가들의 정치적 지향이 현실 에서는 매우 다양하게 나타나는 이유였다. 그들 중에 자유방임식 자유주 의자는 없었지만 단순 보수파보다는 온건한 조합주의 성향의 자유주의자 가 더 많았다. 파시즘의 실제는 젠틸레의 철학적 파시즘 옹호론에 대한, 그 어떤 철학적 관점에서 쓸 수 있는 것보다도 훨씬 신랄한 논평이었다. 파시 즘을 비판한 인사들은 스콰드리스티squadristi(파시스트당의 무장 전위 활동대. 보통 '검은 셔츠단'이라고 한다—옮긴이)에게 두드려 맞거나 살해당했다. 파시즘 세력 집권 후 비판자들은 장기 투옥됐다. 일 두체Il Duce('영도자'라는 말로, 무솔리니의 별칭이다—옮긴이) 본인의 자신감 넘치는 과장된 제스처와 걸음걸이도 좌와 우를 초월해 완전히 새로운 형태의 민족주의를 구현했다는 주장을 표현하는 것이라기보다는 일종의 협박이었다.

나치즘

그럼에도 불구하고 이탈리아 파시즘과 독일 나치즘, 그리고 스탈린식 공산주의를 '전체주의'라는 딱지 하나로 묶는 것은 오류다. 나치즘은 거의 전적으로 비지성적인 기획이었고, 반유대주의는 나치즘을 구성하는 핵심 요소의 하나였다. 이는 스탈린주의나 파시즘에는 해당되지 않는 얘기다. 세 체제의 공통점은 독일 법학자 카를 슈미트가 '정치적인 것의 본질'이라고 규정한 것, 즉 세계를 아군과 적군으로 가르는 행태였다.[8] 1888년에 태어나 1985년 97세로 사망한 슈미트는 하이데거와 더불어 나치를 지지한 극소수 일급 지식인 가운데 한 명이었다. 하이데거는 나치즘에 대한 본인의 환상과 배치되는 나치 체제에서 프라이부르크 대학 총장으로 10개월간 밀월을 즐겼다. 반면에 슈미트는 제3제국 시기에 나치 법률 관련 조직에서 복무했으며, 특히 히틀러 열성 지지자들이 나치 조직 내 급진파 반대자들을 살해한 '장검의 밤night of the long knives' 사건을 옹호하는 글을 썼다. 2차 대전 종전 이후 슈미트는 5년간 교수 및 집필활동을 금지당했다. 그러나 생전에 이미 미국 보수파들에게 숭배의 대상이 되었다.

슈미트가 나치를 지지한 행동에서 엿볼 수 있는 측면은, 압제적인 체제가 평소 같으면 파리 한 마리 죽이지 못할 지식인들에게 얼마나 매력적일 수 있는가가 아니었다. 그보다는 슈미트가 1차대전 종전 이후 사회주의, 의원내각제, 입헌국가 체제를 비판한 많은 독일인들과 비슷하게 갖고 있었던 생각을 나치가 현실로 실천한다는 측면이었다. 슈미트의 생각 속에는, 모든 체제는 독재적인 요소가 존재할 수밖에 없으며, 카리스마적인 지도자는 그 어떤 의회 체제보다 더 진실한 인민의 대표자이고, 모든 권위에는 초월적 요소가 있다는 발상이 담겨 있었다.[9] 이런 관념들은 엄청난 재앙을 야기했고, 따라서 기본적으로 바보 같은 발상이라고 단정하기에 앞서 우리는, 1차대전 종전 무렵 레닌과 트로츠키는 1917년 볼셰비키 쿠데타를 진정한 프롤레타리아 사회주의혁명으로 잘못 규정했고, 냉철한 경제학자 조지프 슘페터도 한동안 오스트리아에서 절대왕정이 복원되고 이미 사망한 오스트리아·헝가리 제국의 낡은 귀족 중심 체제가 부활할지 모른다는 생각을 했다는 사실을 기억할 필요가 있다. 피폐해진 중부 유럽 국가들의 완전한 재건이 가능하다는 것이 당시의 상식이었다. 반면에 규제받는 자본주의와 자유민주주의가 결합될 가능성은 훨씬 적어 보였다. 독재가 가장 중요한 요소이며, 일상적 법질서 배후에서 탈법적 권력을 무자비하게 행사할 누군가가 필요하다고 강조하는 독트린이 위험하다는 것은 더 논할 필요가 없다. 그러나 그런 독트린의 생소함을 과장하지는 말아야 한다. 젠틸레의 경우를 살펴볼 때 그랬던 것처럼, 우리는 그런 독트린들이 관념이 아닌 현실로 등장한 체제에 반영된 정도나 권력에 눈먼 기회주의 정치인들의 행동에 영향을 미친 정도를 과장해서는 안 된다. 다만 스탈린 전제 체제가 레닌이 이미 왜곡시켜 놓은 마르크스주의를 악용한 것과 마찬가지로 파시즘 전제 체제도 본질적으로는 상당한 타당성이 있는 사상들을 이용해먹었다는 사실을 분명히 인식해야 할 것이다.

부드러운 전체주의?

연합국들은 2차대전을 자유민주주의 수호를 위해 파시즘과 싸운 전쟁이라고 선전했다. 그러나 진정한 민주주의 국가들이 완전한 전체주의 독재 체제에 맞서 싸운 전쟁이라고 믿어주기에는 두 가지 점이 석연치 않다. 스탈린 체제는 히틀러 체제 못지않게 폭압적이었고, 히틀러 정권보다 먼저 제노사이드를 정책 도구로 사용했다. 소련이 내건 국제주의는 허울일 뿐이었다. 2차대전 종전 이후 자신의 이익을 위해 동유럽 위성국가들을 희생시킨 것을 보면 충분히 알 수 있는 사실이다. 소련은 나치 독일 못지않게 독재적이었고, 독일보다 더 진정한 일당독재 국가였다. 공산당이 국가와 경제를 좌우하는 메커니즘의 핵심이었기 때문이다. 나치당은 그 정도는 아니었다. 그렇다고 해서 소련이 2차대전에서 가장 큰 부담을 짊어졌고, 군과 민간 양쪽에서 막대한 인명 손실을 보았다는 사실을 부정하는 것은 아니다. 유럽 동부전선에서 두 독재 체제가 피 튀기는 싸움을 벌인 것이 서방 민주주의 연합국들에게는 이익이 됐다. 소련 지도부와 보통의 러시아인들은 2차대전을 늘 이런 시각으로 봤고, 지금도 서구 열강은 두 적대국이 무지막지한 규모로 상호 살육전을 벌이는 것을 흐뭇하게 수수방관했다는 식으로 불평한다.

반면에 서방 연합국들의 자기 이미지, 특히 1946년 냉전 시작 이후의 이미지는 적어도 미국, 영연방, 프랑스는 '전체주의'에 맞서 싸운 자유민주주의의 수호자라는 것이었다. 이 무렵 '전체주의'는 더이상 무제한적인 독재 국가권력을 표방하는 파시스트들의 신조를 의미하는 용어가 아니고, 소비에트 공산주의와 그것을 모델로 한, 또는 소련이 조종하는 체제들의 가장 혐오스러운 양상을 포괄하는 용어로 변질됐다. 이렇게 용어를 논쟁의 소지가 많은 방식으로 사용하면서 모종의 이론적 야심이 투영된 용법도 등장했다. 플라톤이 전체주의자였다는, 별로 설득력이 없는 칼 포퍼의 비난도 그런 유에 속한다. 포퍼 비판자들은 전체주의는 매스컴과 국민을 세세한 부분까지 통제할 수 있는 수단을 갖춘, 현대 기술사회가 아니고서는 생각할 수 없는 개념이라고 주장했다. 고대사회에서는 그런 통제 자체가 불가능했다는 것이다. 비판자들은 또 전체주의운동―그리고 파시즘 사회이론―은 자유주의를 배격하려는 시도로 이해해야 한다고 주장했다. 그리스 고전시대에는 격퇴해야 할 자유주의라는 게 아예 없었고, 짓밟아야 할 개인의 사적 세계도 없었다는 것이다.

2차대전이 끝난 1945년 이후 전체주의를 바라보는 시각에서 가장 흥미로운 부분들 가운데 하나는 '부드러운' 전체주의라고 불러도 될 만한 현상―'부드러운 전제정치'에 대한 토크빌식 우려의 변종이다―에 대한 관심이 되살아났다는 점이다. 부드러운 전체주의soft totalitarianism의 원료라고 할 만한 것이 등장한 것은 훨씬 이전의 일이었다. 20세기 최초의 디스토피아 소설인 예브게니 자마친의 『우리들We』은 작가의 모국어인 러시아어로 썼지만 1924년 뉴욕에서 영어 번역본으로 처음 출간됐다. 지금 우리의 논의라는 맥락에서 보면, 작품에 묘사된 전체주의 체제는 썩 '부드러운' 것은 아니다. 전능한 독재자가 '은혜로운 분'으로 일컬어지기는 하지만 그가 지배하는 국가―'단일제국'―는 조지 오웰의 『1984년』에 버금갈 정도로 강압에 의존하고 있기 때문이다. 대부분의 일을, 물론 프로파간다로 처리한다. 거기에는 굴라크는 없지만 폭력은 존재한다. 스탈린처럼 대량 학살에 의존하지 않고도 완벽한 통제를 실현하는 세계를 그린 『우리들』은 『1984년』보다 한 걸음 더 나아가 단일제국은 개성을 거의 말살하고 교묘한 방법으로 모든 주민이 자신을 하나, 즉 '우리'로 생각하게 만들었다고 묘사한다. 『1984년』과 마찬가지로 단일제국을 위협하는 것은 성적 유혹이다. 거기에 빠지면 '나는 나만의 개성이 있는 존재'라는 강한 자의식을 갖게 되는 것이다. 어느 정도의 확신을 가지고 "나는"이라고 말할 수 있는 사람은 체제의 권위에 대해 의문을 품기 십상이다. 올더스 헉슬리의 『멋진 신세계』는 『우리들』보다 한 수 위다. 작품에 등장하는 미래의 신세계는 출생 전에 유전자 조작을 통해 체제에 최적화된 개인을 생산하고 소비재와 간편한 섹스, '감각영화', 행복감을 유발하는 약물 소마를 제공함으로써 주민들을 마취시키는 방식으로 반란을 차단한다.

『멋진 신세계』는 진정으로 부드러운 전체주의의 결정판이다. 모든 사람이 자신이 원하는 것을 하지만 모두가 원하는 것은 사전에 권력에 의해 그렇게 원하도록 조건화된 것이다. 이는 트로츠키가 상상한, 인류가 모든 지능을 가진 개인이 아리스토텔레스처럼 똑똑하고, 그중에서도 탁월한 자는 우리가 상상할 수 있는 것보다 더 똑똑한 상태에 도달하게 되는 유토피아가 아니다. 그것은, 위대한 소설가와 극작가들이 제기한 고통스러운 질문들은 억압당하고 대신 즉각적인 욕구 충족만 제공되는 유토피아다. 응답받지 못한 사랑이라는 낭만적인 고뇌는 제거되고 언제나 맛볼 수 있는 섹스가 그 자리를 대신한다. 모든 죽음도 공포를 상실한다. 삶에 염증을 내는 순간 안락하게 죽을 수 있기 때문이다. 아이들이 종종 그런 것처럼 불행이나 불만을 느낀다면 소마를 잠깐 맛보면 다시 기분 좋은 상태로 돌아가게 된다. 이 작품에서 악인 주인공으로 등장하는 유럽 지역 통제 담당자 무스타파 몬드는, 사람들은 소유할 가치가 있는 것들을 포기했는데 본인은—셰익스피어, 성서, '헨리 포드는 뭘 아는 분' 같은 책들을—포기하지 않았다는 소문이 돌고 있다는 사실을 알고 있다. 버트런드 러셀도 한때 그랬듯이 그 역시 그런 상태가 자신을 제외한 모두에게 좋은 것이라고 생각한다.

1950~1960년대의 불안은 풍요로운 서구 자유민주주의 체제가 『멋진 신세계』의 변종으로 변질되기 시작했다는 점이다. 막후에서 모든 것을 조종하는 자도 없고 오즈의 마법사도 없었다. 하지만 자유민주주의, 좀더 정

확히 말하면 자유민주주의 체제를 실행하고 있는 풍요로운 사회들은 그런 조종자가 용의주도하게 만들어낸 세계를 본의 아니게 구현했다는 비난을 받았다. 어떻게 그렇게 되었느냐에 대한 가장 흥미로운 설명은 풍요가 '평균화'를 야기했다는 것이다. 우리는 정상적이고 이성적이며 양식 있는 사람은 어떤 사람이고 무엇을 하며 무엇을 원하는지에 대해, 교육을 통해서가 아니라 상업광고를 통해서 집단적 합의를 만들어냈다. 그런 정서에 대한 기념비적인 저작이 데이비드 리스먼의 『고독한 군중』이라면, 풍요로운 민주주의사회에서 진정한 정치적 선택을 저해하는 상황에 대해 좀더 강력한 공격을 가한 것은 허버트 마르쿠제였다. 마르쿠제는 36세 때 나치의 박해를 피해 독일에서 미국으로 망명한 뒤 만년에는 자기 나이의 3분의 1도 안되는 어린 대학생들의 정신적 스승이 되었다.

프로이트의 정신분석학적 통찰과 마르크스의 경제 분석을 결합시킨 그는, 미국 사회가 삶을 진정으로 만족스러운 것(프랑크푸르트학파 중에서도 급진파가 주장하는 마르크스와 프로이트식 기준에 맞는 '만족스러운 것'이다)으로 만드는 방식이 아니라 현대 세계에 대한 반란으로 귀결되었어야 할 정신적 에너지를 비합리적이고 반인간적인 사회·정치질서—외교정책은 핵 억지력을 기초로 하고, 경제는 광고업자들이 우리 내부에 만들어내는 '가짜 욕구'를 만족시켜주는 쓰레기를 생산함으로써 유지되는 체제다—에 순응하는 방향으로 허비함으로써 역사의 명령을 저버리고 말았다고 개탄했다. 마르쿠제는 대표작 『일차원적 인간 One-Dimensional Man』에서 인간의 역사가 당연히 갔어야 할 길에서 벗어난 데 대한 깊은 불만과, 정치에 냉담해진 모든 사람이 어떤 식으로든 하나가 되면 가능할 미래에 대한 놀라울 정도로 낙관적인 설명을 결합시켰다.

『일차원적 인간』을 비롯한 저서들의 매력은 일당 지배 국가, 비밀경찰, 지도자 숭배, 테러, 사적인 것과 공적인 것의 구분에 대한 말살 같은 것이 없이도 온전한 통제가 가능한 사회상을 제시했다는 것이다. 비판자들은 '체제'를 비난하는 노장 급진파 사상가들과 그들을 따르는 어린 대학생들을 비웃었다. 그러나 체제라는 표현에는 정연한 논리가 담겨 있었다. 전통적인 당대의 보수적 사회학은 급진파들만큼이나 참여자들 모르게 막후에서 작동하는 사회체제라는 개념을 중시했다. 다만 둘 사이의 크나큰 차이는, 보수적 사회학은 그런 체제를 긍정적으로 바라본다는 것이었다. 그런 점에서 미국 사회학자 탈콧 파슨스의 구조기능주의적 분석이 의도한 것은 양육 습관, 교육, 정치적 사회화 등등이 서로 잘 맞아떨어지면서 심리적으로 잘 통합되고, 사회적으로 유능하며, 정치적으로 체제 충성도가 높은 시민을 만들어내는 과정을 밝히는 것이었다.[10] 그런 설명이 회의론자에 의해 완전히 달라질 수 있다는 것을 알기는 어렵지 않다. 물론 마르쿠제 같은 지적 자산을 갖추지 못한 사람이라면 마르쿠제처럼 열정적으로 완전히 다른 설명을 제시하지는 못했을 것이다. 그러나 상황에 대한 설명이 완전히 바뀌었을 때 부드러운 전체주의사회라는 개념은 대단히 흠결이 많은 것으로 드러났다. 무소불위의 지도자나 일당 지배 국가, 비밀경찰, 조직적인 테러 같은 것이 없다는 것은 진짜 전체주의사회와는 엄청나게 다른 점이다. 나치 독일과 스탈린주의 러시아의 끔찍함은 바로 정치적 선택이 불가능하다는 것, 그리고 독재와 폭력, 대규모의 정치적 살인, 어디든 도사리고 있는 비밀경찰이 적나라한 현실이라는 데 있었다. 그런데 그런 것들을 제거하자 남는 것은 결국 우리 대부분은 별로 흥미로운 존재가 아니라는 불만이다. 그런 현상을 연구하는 학자들에게야 흥미롭겠지만…… 우리는 대부분 전통적인 취향과 직업을 가지고 습관적으로 살아가며, 자녀들에게 희망을 걸기도 하고 그들의 미래를 우려하기도 하고, 늘 뻔한 정당에 투표하며, 지상낙원이 임박했다고는 전혀 생각하지 않는다는 것은 진실일 것이다. 어쩌면 끔찍한 진실일 수도 있겠다. 그러나 비밀경찰이 언제 들이닥칠지 모른다는 공포 없이 뭔가 다른 것을 해보겠다는 선택을 할 수 있다는 사실을 결코 가벼이 여겨서는 안 된다. 풍요로운 사회에서 매일 반복되는 일상을 나치 독일과 소련의 그 끔찍함과 비교하는 것은 잘못이다.

제26장
현대 세계의 민주주의

고대 민주주의와 현대 민주주의

이 장의 구성은 간단하다. 우선 고대 세계의 민주주의와 오늘날의 민주주의의 차이점을 다시 정리한 다음, 민주주의를 정치조직의 문제를 훨씬 넘어서는 사회 전체의 성격 문제로 보는 민주주의 이론가들, 그리고 '통치를 누가 하는가?'라는 문제에 답하기 위한 일련의 제도로 보는 이론가들을 나눠서 살펴보고자 한다. 여기서 민주주의를 포괄적으로 보는 입장과 협소한 의미로 보는 시각을 대표하는 인물로 존 듀이와 조지프 슘페터를 꼽고자 한다. 슘페터의 설명 뒤에는 막스 베버의 현대 산업사회의 정치에 대한 비전과 '지도자민주주의' 개념이 버티고 있다. 듀이의 설명에는 미국의 정치 경험과 현대성modernity의 본질에 대한 이론이 개재돼 있다.

듀이와 슘페터는 20세기 전반기에 저술활동을 했다. 당시 민주주의 국가들은 독재가 지배하는 세계와 직면해 있었다. 2차대전 종전 후 모든 게 변했고, 세계의 대부분은 민주주의가 바람직한 체제라는 것을 당연시했다. 여기서 서로 다른 두 종류의 이론적 성찰이 출현했다. 하나의 흐름은 슘페터의 '현실주의적' 민주주의 이론을 민주주의가 좀더 현실주의적이 되도록 만드는 방향으로 확장시켰다. 이를 가장 간명하게 설명한 것은 역시 로버트 달의 『민주주의 이론 서설A Preface to Democratic Theory』(1956)로, 특히 다원적 민주주의의 모든 문제를 지극히 솔직하게 논의한 것이 강점이다. 또다른 흐름은 지금도 진행되고 있는, 자유주의 국가 개념 자체의 결함에 대한 비판이다. 참여민주주의를 옹호하는 사람들은 마르크스주의의 개념을 빌려 20세기 말 민주주의 체제의 불평등한 양상들을 비난했지만, 자유민주주의는 시민에게 자신의 삶을 영위하는 일에 참여할 기회를 너무도 적게 제공한다는 식의 불평을 더 많이 했다. 20세기 말 현재 영어권에서 나온 정치이론 가운데 가장 중요한 저작은 존 롤스의 『정의론A Theory of Justice』이었다. 『정의론』과 그 속편 격인 『정치적 자유주의Political Liberalism』는 자유주의 원칙을 민주주의의 필수 요소로 만들었다. 이런 이야기를 고대 아테네인들이 들었다면 깜짝 놀랐을 것이다. 일부는 소크라테스를 사형에 처한 것을 후회했을지 모르지만 남들에게 그럴 권리가 없다는 것을 설득하기는 쉽지 않았을 것이다. 민주주의가 자유주의를 압도하지 않을까 우려했던 토크빌과 존 스튜어트 밀도 놀랐을 것이다. 두 사람은 민주주의가 원래부터 자유주의의 동맹자라는 식의 논리에 쉽게 설득당하지 않았을 것이다. 이 장은 존 롤스의 저작을 살펴보는 것으로 끝을 맺지만 일단 우리에게 익숙한 고대 민주주의와 현대 민주주의의 대비로 시작하고자 한다.

폴리비오스, 마키아벨리, 루소, 매디슨 같은 다양한 유형의 사상가들은 현대 자유민주주의—그 전형은 미국이다—를 자격 미달의 민주주의라고 보지는 않았을 것이다. 매디슨은 '순수한' 민주주의와 '대의제' 민주주의라는 제퍼슨의 구별을 수용했다. 선거권이 확대되면서 규모가 큰 공화국은 대의제민주주의가 되었다는 것이다. 자유민주주의가 고대 민주주의보다 덜 '순수한' 것은 자유민주주의 결함이 아니다. 순수한 민주주의는 의회가 선동가들에게 놀아나면서 파벌주의와 변덕에 물들었다. 또 사회의 극소수만이 소유하고 있는 지혜를 충분히 활용하지 못했고, 결단을 내린 지도자를 무지한 의회가 사후에 비난함으로써 지도자의 행동반경을 축소시켰다. 자유민주주의는 비전제적이고 자유로우며 대중적인 혼합정체―이런 표현을 사용하는 사람은 아무도 없겠지만―이다. '비전제적'이라고 하는 이유는 다수의 권력이 절대적이지 않고 헌법의 견제를 받기 때문이다. 자유민주주의가 '대중적'이라고 하는 이유는 정부가 대중 일반에게 책임을 지기 때문이다. 또 '혼합정체'라고 하는 것은 일인의 지배, 소수의 지배, 다수의 지배를 대통령이나 총리가 이끄는 행정부, 수백 명으로 구성된 의회와 결합시켰기 때문이다. 여기서 일반 유권자들에게는 적극적인 주도권은 허용되지 않는다. 유권자의 권력은 통치자들을 퇴출시킬 수 있는 힘이고, 그 영향력은 통치자들이 유권자가 퇴출시킬 수 있는 힘을 가지고 있다는 사실을 아는 데서 나온다. 국가수반이 대통령이냐 입헌군주냐 하는 것은 중요한 문제가 아니다. 실질적인 행정부의 수반이 인민에게 책임을 지느냐 하는 것이 대단히 중요하다. 자유민주주의가 '자유로운' 체제라고 하는 것은 보통 사람들에게 어느 정도의 지적, 정신적 자유와 직업 선택의 자유를 주기 때문이다. 고대 세계에서는 꿈도 꿀 수 없었던 일이다. 오늘날 많은 나라들이 자유민주주의 체제를 유지하고 있는 모습을 본다면, 지난 2500년 동안 명멸했던 정치사상가들은 대부분 대단한 성취라고 생각할 것이다. 다만 현명한 정치적 수완이 발휘해야 할 역할과 순전히 운에 맡겨야 할 부분에 대해서 의견 차이를 보였을 것은 분명하다.

자유민주주의는 정치적 평등이라는 고대 민주주의의 이상을, 현대국가의 모든 시민은 자기 이익을 균등하게 고려받을 권리가 있다는 이상만큼 강하게 실천하지 않는다.[1] 아테네 민주주의의 기본이 되는 이상은 정치적 평등이었다. 자격을 갖춘 시민은 모두 동일한 몫의 정치권력을 가져야 한다는 것이다. 글자 그대로 데모스(보통 시민—옮긴이)가 통치해야 한다—따라서 시민들은 폴리스의 운명을 좌우할 결정을 집단적으로, 그리고 직접 할 수 있다—는 관념과 각 개인의 이익이 균등하게 고려돼야 한다는 관념은 큰 차이가 있다. 각인의 이익을 균등하게 고려한다는 것은 분명히 평등주의적인 이상이다. 그리고 각인의 이익이 균등하게 고려되게 하는 가장 좋은 방법은 모든 사람이 자신에게 영향을 주는 결정에 대해 발언권을 행사하게 하는 것이다. 아테네인들도 이런 논리를 간과하지 않았다. 그들은 가난한 다수의 이익을 보호하고 귀족이나 참주 가문이 빈자들을 노예로 만드는 것을 방지하고자 했다. 그러나 모든 사람의 이익을 균등하게 고려하는 것과 권력 행사를 평등하게 하는 것은 동일한 문제가 아니다. 자비로운 독재자라면 모든 사람의 이익을 균등하게 고려할 것이다. 그러나 자비로운 독재가 민주주의는 아니다. 아테네인들은 의사 결정에서 균등한 몫을 원했다. 그들은 이것을 모든 사람의 이익이 균등하게 고려되는 것보다 훨씬 더 강력하게 원했다.

아테네인들이 추첨으로 공직자를 뽑고 공직자를 아주 빈번히 교체한 것은 권력의 평등을 달성하기 위한 조치였다. 아테네적 의미의 민주주의는 현대 세계에는 도저히 불가능하다는 말들을 종종 한다. 이는 거짓이다. 제도화하기가 여간 까다롭지 않을 뿐이지 불가능한 것은 아니다. 우리가 그런 시도를 하는 것을 토머스 제퍼슨의 혼령이 본다면 매우 흡족해할 것이다. 미국 보수주의 칼럼니스트 윌리엄 F. 버클리는 하버드대 교수들의 통치를 받느니 보스턴 시 전화번호부 맨 앞에 이름이 실린 300명의 통치를 받는 것이 낫다는 발언을 한 적이 있다. 이는 대단히 급진적인 생각도 아니었다. 미국 의회를 구성하는 535명의 직업 정치인과 영국 하원을 구성하는 635명의 직업 정치인보다는 제비뽑기로 선발된 500명에게 통치받는 것을 선호할 수도 있는 것이다. 그렇게 된다면 정치적 평등에 대한 아테네식 견해를 실천하는 것이라고 할 수 있다. 특정 시민 개인은 현실 권력을 행사할 기회가 많지 않지만 각인은 다른 누구와도 동일한 기회를 갖는다. 미국식 의회나 영국식 하원만 제비뽑기로 구성할 필요도 없다. 입법을 고안하고 그 결과를 행정을 통해 집행하는 것과 다른, 입법과 행정을 감시하고 승인하는 기구도 같은 방식으로 선출할 수 있다. 그러나 결국에는 복잡한 입법 문제는 표결로 결론을 내게 된다는 반론에 대해서는, 결국에는 누구나 당신 관련 사건 평결을 담당하는 배심원이 되어 당신을 종신형에 처할 수 있다는 반박도 충분히 가능하다. 복잡한 사태는 도처에서 발생한다. 그리고 그런 사태를 어렵게 헤치고 나아가다 보면 문제는 데모스의 무지─선출된 입법가들의 무지보다 더 나쁠 것은 없다─가 아니라, 배심원들이 판사와 변호사에게 큰 영향을 받는 것과 마찬가지로 현대의 에클레시아(고대 아테네의 민회─옮긴이)는 전문가인 행정부 공무원들의 안내에 크게 의존할 수밖에 없기 때문에 법률상의 민주주의가 사실상의 관료 전제 내지는 전문가 독재로 쉽게 변질될 수 있다는 점이다. 이와 유사하게, 배심원단이 종종 사안을 잘 알고 조리정연한 배심원 일인에 의해 좌우지되는 경우가 종종 있는 것처럼 현대의 에클레시아는 투키디데스가 이른바 '아테네는 페리클레스 치하에서 이론적으로는 민주정이었지만 실제로는 군주제였다'고 한 것과 같은 양상이 될 수 있다.

현대 민주주의는 권력 행사 면에서는 아테네식 평등의 이상을 공유하지 않는다고 할 수 있겠지만 평등의 형식을 간절하게 추구하는 태도는 아테네인들이 보았다면 비웃었을 정도다. 특히 중요한 것이 여성의 선거권을 보장한 것이다. 19~20세기에 민주주의의 발전이라는 개념은 사실상 선거권의 확대였다. 처음에는 재산이 없는 남성에게, 그리고 그보다 훨씬 늦게 여성에게도 선거권이 부여됐다. 프랑스에서 여성이 투표권을 획득한 것은 1944년, 스위스에서는 1971년이었다. 현대 민주주의는 아테네적인 것과는 거리가 멀지만 투표권은 평화시에는 돈을 벌어 가족을 부양하고 전시에는 나가 싸우는 남성의 역할—여자는 집에만 있어야 했다—을 반영한 것이라는 전통에 입각한 것이었다. 재산, 신분, 성별, 교육 정도에 관계없이 일정한 나이가 되면 남녀 누구에게나 동일한 선거권을 주는 보통선거는 절대 작은 문제가 아니다. 현대 민주주의가 직업 정치인들에 의한 통치와 사실상 동일한 것이라면 보통선거는 그들로 하여금 책임을 지게 만든다. '다수'에게는 아니더라도 적어도 이익을 제대로 반영해주지 않을 경우 다음 선거에서 자신을 외면할 것이라고 생각하는 유권자들에게는 책임을 진다. 그렇게 해서 개별 투표자들의 힘이 평등해지는 것은 아니다. 부동표 성향 투표자들의 영향력은 커지고 항상 다수당이나 소수당 편에 서는 사람들의 영향력은 작아진다. 그러나 유권자들이 집단적인 힘을 행사하기로 작심할 경우에는 '다수'가 '소수'보다 큰 힘을 갖게 된다. 1인 1표제는 제러미 벤담의 "각인은 하나로 간주되며, 누구도 하나 이상으로 간주되지 않는다"는 원칙을 글자 그대로 실천한 것이다.

이익이 균등하게 대표되는 것—보통선거를 통해 달성할 수 있다—과 누구에게나 중요한 결정에 동등하게 참여할 기회가 주어지는 것—보통선거를 통해 달성할 수 없다—은 구별해야 한다. 첫번째 목표조차도 많은 다른 조건이 적절히 구비될 경우에만 달성할 수 있다는 점을 인식해야 한다. 현실의 민주주의가 다수를 구성하는 사람들의 이익은 동등하게 대표하고 소수를 구성하는 사람들의 이익은 완전히 무시하기 쉽다는 것은 너무도 명백하다. 미국 남부에서 흑인들을 고된 노동에 시달리게 한 법적, 사회적, 경제적 장애들은 흑인에게 투표권을 준다고 해서 제거될 수 있는 것이 아니었다. 그것은 1950년대 들어 여론이 변화하면서 가능해졌다. 똘똘 뭉친 다수 백인들은 흑인 주민들의 이익을 무시하는 쪽으로 투표했을 것이다. 이는 영국령 북아일랜드 얼스터에서 똘똘 뭉친 다수 프로테스탄트계 주민들이 수십 년 동안 소수 가톨릭계 주민들의 이익을 무시하는 쪽으로 투표한 것과 흡사하다. 사회적 조건이 제대로 돼 있지 않으면 우리는 결국 다수의 독재를 맞게 된다.

고대 민주주의 개념과 현대 민주주의 개념의 또다른 놀라운 차이는, 페리클레스가 당대 아테네인의 탁월한 장점이라고 말했던, 공적인 문제에 적극 참여하는 자세가 규모가 큰 풍요사회에서는 실현되기 어렵다는 것이다. 이런 현실에 대해 보통시민은 몰라도 많은 논평가들은 일종의 손실이라고 느낀다. 좀더 많은 참여가 가능한 민주주의 체제를 만들려는 관심이 1960년대에 급증한 것은 시민이 정치적 책임을 방기했다는 의식에서 비롯됐다. 직업 정치인들이 정치활동을 독점하도록 놓아둠으로써 시민들이 공적인 문제에 대한 '소유권'을 상실했다는 것이다. 다른 주장도 있다. '역사가 없는 나라는 행복하다'는 격언은 아마도 주민들이 아무 걱정 없이 정치보다는 보상이 많이 따르는 관심사에 집중할 수 있는 국가는 행복한 상태라는 의미일 것이다. 그럼에도 불구하고 우리는 그런 축복받은 상태는 보통선거권이 있어서 시민이 직업 정치인들에게 국가 운영의 책임을 맡은 것은 그들이라는 사실을 항상 일깨워줄 수 있어야만 지속 가능하다고 생각한다. 동시에 일정 수 이상의 시민들이 정치 담당 계층의 활동에 지속적인 관심을 갖고 필요할 경우에는 동료 시민들을 각성시킬 수 있어야만 한다.

존 듀이와 '사회적' 민주주의

19세기 말이면 민주주의는 이미 도덕적 이상으로서 어느 정도 힘을 얻고 있었다. 일부 비판자들은 여전히 '민주주의'를 더럽고 가난한 다수의 동의어로 사용했지만, 모든 사람은 의젓한 삶을 살면서 자신의 개성을 어느 정도는 존중받을 동등한 권리를 가지고 세상에 태어났다고 하는 관념이 상식이 된 것이다. 다른 한편으로, 영국에서 참정권이 서서히 확대되고, 미국에서는 좀더 빠른 속도로 확대됐다는 것은 민주주의가 '우중의 지배'로 타락하지는 않을 것임을 입증하는 것이었다. 민주주의는 예기치 못한 양상을 보이기도 했다. 미국의 경우 많은 도시에서 보스가 선거와 공직 추천을 좌지우지하는 파벌 정치가 판을 쳤다. 뇌물을 받더라도 좋은 데 쓴 경우를 일컫는 '정직한 부당이득'이라는 표현이 생길 만큼 부패가 심했지만 그렇다고 단두대가 등장할 정도는 아니었다. 민주주의는 1차대전 이전에 이미 더욱 많은 지지를 확보했다. 군국주의적 전제정치와 자유민주주의의 대립은 일상적인 정치 논쟁의 단골 메뉴였다. 현대적인 민주주의와 전근대적인 전제정치 및 귀족정의 차이를 강조하면서 민주주의의 이상을 간명하고도 인상적으로 제시한 사람은 존 듀이였다. 듀이는 미국 동북부 버몬트주에서 남북전쟁 발발 직전인 1859년에 태어나 92년 후인 1952년 뉴욕에서 사망했다. 미국을 대표하는 철학자를 꼽는다면 단연 존 듀이다. 그가 사망했을 때 뉴욕타임스는 "미국은 듀이 교수가 말해줄 때까지는 자신이 무슨 생각을 하고 있는지 모른다"고 썼다. 이는 평생을 좌우의 적들과 투쟁했지만 별로 성공하지 못한 그의 심사를 제대로 짚은 평은 아니었다. 듀이는 미국이 농장과 소도시가 대부분인 사회에서 산업적으로나 군사적으로 세계 최강 대국으로 변신하는 과정을 몸으로 겪었다. 그는 산업과 군사 분야의 발전이라는 엄연한 사실에 대해서는 별 충격을 못 느꼈지만 현대 세계의 가능성에 대해서는 엄청난 관심을 가졌다. 그런 가능성을 '위대한 공동체great community'를 통해 실현하는 것이야말로 그가 포괄적인 의미에서 '민주주의'라고 지칭한 내용이었다.[2]

듀이는 자유주의자였지만 자유민주주의에서 '자유주의적인' 요소에 대해 명시적으로 발언한 것은 만년에 들어서였다. 그는 미국적 의미에서 자유주의자였다. 허버트 스펜서나 본인에게 영향을 받은 미국 보수주의자들이 옹호하는 야경국가가 아니라 능동적인 국가의 가능성을 신뢰한 것이다. 듀이는 『자유주의와 사회적 행동Liberalism and Social Action』(1935년)에서 자유를 자기실현이라는 '적극적인' 개념으로 파악했고, '그냥 내버려두라'는 소극적인 의미의 자유는 구식 자유방임 및 완고한 개인주의에 대한 잘못된 신념과 짝을 이루는 것으로 봤다.[3] 그는 확고하고도 주도면밀하게 보호되는 시민적 자유가 민주주의라고 지칭할 수 있는 것의 본질임을 당연한 것으로 여겼다. 특히 말년에는, 그것을 너무도 당연시했다고 고백할 정도다. 조지프 매카시 상원 의원을 기억하는 미국인은 말할 것도 없고, 미국인이 아닌 사람들도 그런 낙관론에 적잖이 놀랄 것이다. 그런 입장은 듀이의 정치사상에서 핵심 개념은 자유가 아니라 민주주의라는 의미였다. '민주주의의 과다'라는 발상은 듀이가 생각하는 민주주의에서는 말이 안 되는 얘기다. 이런 입장은 밀이나 토크빌과는 사뭇 결이 다른 것이다. 두 사람은 개인의 자유를 위해 민주주의를 규제하고자 했다. 새로운 공화국을 건설할 당시 민주주의에 대한 일종의 장벽을 설치하고 있다고 생각한 미국 건국의 아버지들과도 다른 시각이다.

듀이는 또 민주주의의 본질을 유권자들이 자기의 '주인들'을 몰아낼 능력이 있고, 그것을 통해 그들에 대해 어느 정도 통제력을 행사한다는 데 있다고 보는 민주주의 관념도 배격했다. 지적으로나 정치적으로 듀이의 동료라고 할 수 있는 사람들은 T. H. 그린과 L. T. 홉하우스 같은 동시대 영국인들이었다. 이들 역시 민주주의를 합리적으로 통치되는 사회, 구성원 모두를 풍부한 공동체적 삶에 온전히 참여하게 만듦으로써 그들의 열망을 충족시키는 사회의 정치적 측면이라고 생각했다. 듀이도 낙관론에 기울었던 시기에는 홉하우스처럼 개인은 사회에 맞서 보호돼야 하는 것이 아니라 사회의 온전한 구성원이 되게 만들어주어야 한다는 쪽으로 생각했다. 다만 낙관적 성향이 좀 약해진 시기에는 개인이 동료 개인들의 불합리한 편견, 과다한 열정, 단순한 오류 등으로 인해 피해를 보지 않도록 하는 보호 장치도 필요하다고 강조했다. 듀이는 세력이나 계층 간의 적대감에 대해서는 별로 논하지 않았다. 대기업 소유주를 비롯해 미국 정치인들에게 뒷돈을 대주는 세력의 탐욕, 부패, 무능에 대해서는 가차없이 비판했지만 민주주의 정치를 순화된 계급전쟁으로 보지는 않았다. 그는 유럽과 미국의 차이를 실제보다 과장되게 생각했고, 미국을 계급으로 분할된 사회로 보지 않았다. 따라서 영국 노동당이나 유럽 사회민주주의정당과 같은 의미의 노동당은 현실화될 수 없을뿐더러 미국에 맞지도 않는다고 생각했다. 그렇다고 당대의 정치인들—'보따리장수'라고 부르며 경멸했다—을 신뢰하는 것은 전혀 아니었다.

여기서도 알 수 있듯이 듀이는 민주주의를 정치조직의 문제나 일상적 의미의 정치로 보지 않았다. 민주주의 개념은 정치를 넘어서는 영역들로 확장되었다. 듀이보다 제도를 더 중시하는 이론가들은 민주주의 정치가 지속되려면 민주적인 문화가 바탕이 되어야만 한다는 것을, 그리고 민주주의 정치제도들은 그 자체로 존재하는 것이 아니라 사회·경제적 삶 전체에 바람직한 영향을 미치기 위한 것이라는 점을 기꺼이 인정할 것이다. 그러나 많은 사람들은 현대 정치의 주제는 경제적 격차이며, 민주주의의 핵심은 부자와 빈자의 운명을 가르는 격차를 좁히는 것이라고 주장한다. 반면에 듀이는 『공중과 그 문제들*The Public and Its Problems*』에서 분명히 밝히고 있는 것처럼, 지적인 차원에서 민주주의를 문제 해결의 메커니즘이라고 보고 평화적인 계급투쟁의 도구라고 생각하지 않는다.[4] 정치체제란 다른 기구나 조직들이 충족시켜주지 못하는 욕구와 필요를 충족시켜주고, 다른 기구나 조직들이 야기하는 부작용을 제거한다는 의미에서 '공중'을 보살피는 것이어야 한다.

이는 민주주의와 '미국적인 방식'을 동일시하는 전통에 서 있는 관점이다. 물론 듀이는 현실로서의 미국적 방식이 아니라 미국인들이 자신들의 이상에 충실하게 살아갈 경우에 가능한 미국적 방식을 염두에 두고 있었다. 그런 이상은 협소한 국가 단위 차원의 이상만도 아니었다. 미국은 현대성과 현대의 가능성들을 대표한다는 면에서 다른 사회들보다 제약이 덜했기 때문이다. 듀이는 때로 이런 주장을 극단까지 밀어붙였다. 아주 초기에 발표한 에세이 「민주주의와 기독교 *Democracy and Christianity*」에서 그는 사회가 진화할수록 기독교의 세계관은 사회적 태도 속으로 편입되고, 교회는 공동체로 흡수되며, 종교는 더이상 특별한 활동이 아니라 온전한 민주주의적 삶의 한 측면이 될 것이라는 놀라운 주장을 제기했다. 당시는 도금시대Gilded Age(남북전쟁 이후 경제가 급성장하면서 금권정치가 판을 치던 1865~1890년을 일컫는 말—옮긴이) 주의회들의 행태와 지상의 하느님 나라 간의 격차가 너무도 커서, 누구나 현실 제도를 외면하고 듀이가 후일 '위대한 공동체'라고 부르는 가능성의 상태를 꿈꾸던 시대였다.[5]

이렇게 폭넓은 차원으로 이해된 민주주의를 어떤 종교적 이상이라고 말할 수 있다면 그 이상의 성격은 완전히 세속적인 것이었다. 개별 교회의 독립과 자치를 강조하는 회중파會衆派의 독실한 신자였던 어머니의 영향을 많이 받고 자란 듀이는 제도화된 종교에 대해 적대적이었다. 제도권 종교는 이상과 현실을 분리하고, 우리의 선한 자아와 악한 자아를 구분하며, 천상에서 누릴 복락과 현세에서 겪는 고해를 대조해 강조함으로써 삶에 별 도

움이 안 된다고 봤기 때문이다. 듀이는 아우구스티누스 스타일과는 거리가
멀었다. 1930년대에 듀이는 민주주의자는 '종교적 세계관'이라고 할 수 있
는 것을 갖겠지만, 이때 '종교적'이라는 표현은 일종의 문화적 세계관을 뜻
하는 것이므로 교회가 제한하거나 관리하는 어떤 것으로 여겨지는 '종교'
와는 무관한 것이어야 한다고 주장했다. 현실에 있어서도 그는 미국 헌법
에 규정된 교회(종교—옮긴이)와 국가의 분리를 열렬히 옹호했고, 특정 신앙
을 가진 교사들이 공립학교 교실에 들어가는 것을 완강하게 반대했다. 듀
이의 이론은 논리의 문제로까지 극단화되지는 않았다. 논리의 문제라는 차
원에서 본다면 듀이는 인간 실존의 본질은 동등한 사람들로 구성되는 공동
체 속에서 살아가는 삶이라고 생각했다. 여기서 동등하다는 것은 능력이나
취향, 재능 또는 재산이 동등하다는 의미가 아니라 정신적 평등을 말하는
것이었다. 말하자면 신의 눈으로 본 평등을 세속화시킨 개념이었고, 그것
을 간단히 이름 짓는다면 민주주의였다.

　듀이는 정치를 총탄 없는 계급전쟁이라고 생각하지 않은 것과 마찬가지
로 유권자를 이익만을 계산하는 경제적 행위자로 생각하지도 않았다. 실
용주의적인 분석가들은 오랜 기간 정치적 행동을 '합리적 경제인rational
economic man'과 유사한 합리적 선택 모델의 관점에서 설명하려고 애썼다.
듀이는 비판자들이 '원자적 개인주의atomistic individualism'라고 칭하는, 현
대 합리적선택이론의 선구라고 할 수 있는 태도에 적대감을 보였다. 원자
적 개인주의는 시민을 합리적 효용을 극대화하려는 소비자 같은 존재로 보
았다. 듀이는 일종의 공동체주의자였고, 개인을 철저히 사회적인 존재라고
생각했다. 이는 20세기 초 사회·정치사상의 전형이었다. 새로운 사회학적
통찰들은 '원자적' 개인주의를 낡은 것으로 보이게 만들었다. 밀과 같은 사
상가들이 정치에 대해 본인들이 공식적으로 인정하는 심리학 이론들이 허
용하는 것 이상으로 복잡한 태도를 보였다는 점은 인정할 수 있다. 그러나

사회·정치이론이 경제학의 추상화 작업을 모델로 삼을 수 있다는 것은 일반적인 상식은 아니었다. 경제학에서도 그런 방식은 제도경제학과 역사 경제학의 전성기에나 가능했다. 개인이 사회적 존재임을 강조하는 것은 상식이지만 그 이론적 기초는 사상가마다 달랐다. 듀이는 헤겔의 세례를 받은 철학자로 출발했다. 그는 개인이 진정한 인간, 진정한 개인이 되는 것은 자신이 속한 사회(상상 속에서라도 여기서 벗어나려면 인위적인 노력이 있어야 한다)의 도덕적, 정신적, 지적 자원을 활용하고 거기에 참여함으로써만 가능하다고 생각했다. 우리는 별개의 생물학적 개체이지만 우리의 생물학적 동질성이 우리의 인간으로서의 동질성은 아니다. 우리가 세상에 태어날 때는 인간 개체로 변화할 태세가 돼 있지만 아직 그 자체로 인간 개체는 아니다. 경험이 원료에 작용을 해야 한다. 따라서 우리는 자신을 다른 사람들 및 주변 환경과 구별하는 법을 배우면서 우리의 사고와 행동에 책임을 지는 법을 배운다. "나는 ~라고 생각한다"는 표현이 바로 그런 상황을 의미한다. 따라서 '우리'가 없는 '나'는 존재할 수 없다.

이런 입장에서 출발해 민주주의는 현대 공동체의 삶의 본질이라는 결론까지 도달하는 길은 멀지만 놀라울 정도로 곧다. 공동체들은 공동의 관심사를 관심을 갖고 해결하기 위해 존재한다. 우리가 그런 공동의 관심사를 더 잘 다룰 수 있게 될수록 우리의 공동체적 유대는 깊고 풍부해질 수 있다. 나쁜 공동체들도 있다. 도적의 무리가 그러한 예다. 도적떼가 나쁜 것은 다른 공동체들 및 더 큰 규모의 공동체와 불화하기 때문이다. 좋은 공동체는 협력 관계를 증진시킨다. 현실에서 우리는 다양한 다수의 공동체에 속하며, 우리의 다양한 관심사에 따라 이 공동체의 구성원이라는 사실이 더 중요하기도 하고 저 공동체의 구성원이라는 사실이 덜 중요하기도 하다. 이런 공동체와의 유대는 삶이 풍부하고 다양해질수록 더 넓고 깊어진다. 듀이가 자신의 주장을 압축한 명제 중에 민주주의는 '위대한 공동체' 또는

'공동체들의 공동체'라는 말이 있다. 우리는 우리가 속한 다른 공동체의 구성원이기 때문에 충족할 수 없는, 또는 나쁜 영향을 받게 되는 이해관계를 떠맡아 처리해주는 제도들에 대해 '국가'라는 명칭을 부여한다.[6] 듀이의 이런 주장은 독특하다고 할 것은 없다. 데이비드 트루먼을 필두로 한 정치학자들이 제기한 '이익집단이론interest-group theory' 같은 현실주의적인 논리로도 설명이 가능한 내용이기 때문이다.[7] 듀이가 그래도 독특하다고 할 수 있는 부분은 그런 주장을 민주주의가 작동해야 할 세계의 본질에 대한 독특한 설명과 연결시켰다는 점이다. 그는 의사 결정 담당자들에게 권한을 부여하고 그들에게 책임을 지게 하는 메커니즘으로 설계된 선거나 투표에는 관심이 없었다. 그는 민주주의를 과학의 절차와 유사한 어떤 것을 가지고 실질적인 문제들을 해결하는 것으로 보았다. 공동체는 무엇을 해야 할지 알아야 하고, 개별 구성원들과 마찬가지로 공동체의 필요(욕구)와 자원을 꼼꼼히 살펴서 '성장'의 길을 찾아야 한다. 듀이는 공동체주의자일 뿐아니라 최근에 '숙의민주주의deliberative democracy'라고 일컬어지기 시작한 개념의 창시자였다. 민주주의의 실제는 한 공동체가 자신이 필요로 하는 것이 무엇인지, 그리고 그것을 어떻게 충족시킬 것인지를 파악하고 해결해나가는 것이다.[8]

듀이는 플라톤이 말한 철인왕philosopher-king 같은 역할은 사양했다. 그는 동료 시민들에게 어떤 노선을 걸어야 하는지를 말해주는 것이 철학자로서 자신이 할 일이라고 생각하지 않았다. 그는 특정 이슈에 대해 어떻게 생각하는지를 밝히는 논쟁적인 글을 쓰는 데는 거침이 없었지만 한 시민으로서 다른 시민들에게 의견을 밝히는 식이었다. 누구라도 할 수 있는 일이다. 왕이란 구시대의 유물이고 어떤 종류의 전제정치도 인간의 발전에 장애가 되는 시대다. 반면에 철학은 일종의 문화비평으로서, 철학자들이 결단을 요하는 당대의 시급한 문제들과는 어느 정도 거리를 둔 상태에서 활동할 수 있는 영역이었다. 철학자는 전문가가 아니었고, 전문적인 조언을 해줄 수 있는 위치에 있지도 않았다. 차가 고장나면 기계공이 필요하지 철학자가 필요하지 않다. 하수관이 막히면 배관공을 불러야 하는 것과 같은 이치다. 철학자가 쓸모를 발휘할 수 있는 분야는 현대인이 직면하게 되는 딜레마와 기회들이 어떤 것인지를 명료하게 밝혀줌으로써 대중이 스스로 사고하는 것을 돕는 일이다. 따라서 듀이의 과제는 동료 시민들을 위해 도덕적·정치적 성찰의 논리―다소 폭넓은 의미에서의 논리다―를 제시하는 것이지 자기주장을 강요함으로써 그들의 성찰을 차단하는 것이 아니었다. 철학자는 민주주의사회에서 특별한 지위를 가지고 있지 않다는 듀이의 시각은 하등 이상할 게 없다. 그러나 진실로 그렇게 믿고 행동했다는 것이 그의 특이점이었다.

민주주의가 투표 및 정부의 선출과 퇴출을 핵심으로 하는 일련의 정치적 장치가 아니라 현대 세계에서 합리성과 과학적 시각을 토대로 지탱되는 공동체적 삶의 이상理想을 일컫는 명칭이라면, 민주주의가 어떻게 작동하는지에 대해 좀더 상세한 설명이 필요하다. 가장 중요한 측면은 교육의 역할이다. 듀이는 자신의 철학에 대한 최고의 안내서는 『민주주의와 교육 *Democracy and Education*』(1916)이라고 직접 말한 바 있다.[9] 이 책의 구성을 플라톤과 루소의 대화 방식으로 하고 자신이 중재자 겸 조정자―루소보다는 '자연' 개념에 덜 집착하는 정도의 루소에 가까운 모습이다―로 등장한 것이 우리가 알아야 할 모든 것을 말해준다. 플라톤은 보통 사람을 위해서 사고하고자 하는 엘리트를 교육시키기를 원한다. 이는 쓸데없는 짓이다. 왜냐하면 자립이라고 하는 현대의 이상과 전혀 맞지 않고, 누구에게 책임지지 않는 엘리트는 타락하기 마련이기 때문이다. 반대로 루소는 우리가 필요로 하는 모든 관념은 우리 안에 잠재돼 있으며 그것을 밖으로 드러내주기만 하면 된다고 본다. 반면에 듀이는 세계가 더욱 복잡해지고 경제적 삶이 점점 가족이라는 자연적인 단위를 벗어나는 상황에서 아이들은 더욱 정교하고 명확한 교육을 받아야만 공동체(개인과 어느 정도 거리는 있지만 개인들 간의 협력으로 돌아간다) 구성원으로서 제 기능을 할 수 있다고 말한다. 교사는 아이의 자아로부터 관심과 이해를 이끌어내야 한다. 그러나 아이들은 교사를 필요로 하고, 교사들은 민주주의사회의 건설자이다. 우리는 혼자 힘으로 사고해야 한다. 루소는 그것을 원했고, 플라톤은 원하지 않았다. 그러나 사고는 배워야만 하는 일종의 기술이다.

듀이는 늘 인간은 문제를 해결하는 존재라고 주장했다. 이것이 바로 그가 주창한 실용주의pragmatism가 의미하는 바다. 인간은 문제를 해결하고, 인간이 제시한 해결책은 다시 문제를 만들어내며, 이 문제들은 또다시 해결을 요한다. 듀이는 그런 과정을 '적응'이라고 불렀는데, 그 때문에 독자들은 오해를 했다. 적응이라는 용어가 고착된 환경에 수동적으로 순응하는 것을 의미하는 것처럼 느껴졌기 때문이다. 그러나 이는 듀이의 취지와는 아주 거리가 멀다. 왜냐하면 환경이란 우리가 추구하는 목표들과 마찬가지로 고착된 것이 아니기 때문이다. 따라서 듀이는 자신이 추구하는 것을 일반적으로 표현하는 유일한 용어는 '성장growth'이라고 주장한다. 그러나 '성장'이 어떤 결과를 가져오는 것인지를 구체적으로 밝히지 않음으로써 반세기 동안 비판자들을 열받게 했다. 그는 정원사는 어떤 고정된 목표를 열심히 추구하지 않고도 어떤 식물이 잘 자랄지 그러지 못할지를 안다고 생각했다. 마찬가지로 우리들 한 사람 한 사람도 우리의 신념과 태도의 변화가, 또는 우리의 삶이 흘러가는 모습이 '성장'인지 아닌지를 잘 알고 있다는 것이다. 듀이는 또 민주주의를 '실험적인' 것이라고 말함으로써 다시 한번 독자들의 오해를 샀다. 테크노크라시technocracy, 즉 과학자의 독재를 옹호하는 주장으로 받아들여진 것이다. 그런데 우리는 대개 과학과 예술 또는 기술적인 것과 미학적인 것을 대조적으로 보지만 듀이는 그런 이분법

1262

을 거부했다. 그는 훗날 철학의 역할은 진리를 추구하는 것이라기보다는 경험을 촉진하는 것이라고 생각하게 됐다. 과학도 우리가 공리적인 목적을 위해 세계를 통제할 수 있도록 해줌으로써 경험을 촉진하는 역할을 한다. 마찬가지로 예술도 경험의 정체를 환히 드러내주는 방식으로 경험을 촉진한다. 물론 예술은 과학적 이해와 경쟁을 하거나 과학적 이해를 도외시하는 것이 아니라 경험과 씨름하는 또다른 방식이다. 민주주의는 어찌 보면 우리가 최대한 풍부하게 자신을 체험해주기를 기다리고 있는 존재라는 발상은 듀이의 현대성 개념을 강화해준다. 민주주의는 사교성에 대한 낡은, 미신적인, 전통에 얽매인, 협소한 이해를 초월했을 때 비로소 등장한다. 좀더 구체적으로 말하자면, 민주주의는 시민들이 세계와 세계의 부富—순수하게 물질적인 것보다는 정서적, 지적, 정신적 차원의 풍부함까지를 포함하는 개념이다—에 동등하게 접근할 자격이 있는 존재로 이해될 때 비로소 사회적으로 실천되는 것이다. 듀이는 당신은 낙관론자냐 비관론자냐는 질문을 받았을 때 일반적인 문제들에 대해서는 대단한 낙관론자이지만 특정한 모든 문제에 대해서는 철저한 비관론자라고 답한 바 있다. 민주주의는 그런 세계관을 한마디로 요약한 것이다. 민주주의는 현대의 삶의 이상이지만 도처에서 실현되는 양상을 보면 극도로 불충분하고 결함이 많다.

듀이는 그의 모든 독자들에게 설득력을 발휘하지 못했다고 말하는 것은 사실관계를 폄하하는 평가다. 듀이보다 30년 연하로 당대 미국을 대표하는 언론인이자 지식인이었던 월터 리프먼은 듀이가 보통 시민의 능력을 너무도 과신한다고 생각했다. 리프먼은 급진파로 출발했다. 1912년 대통령 선거 이후에는 심지어 사회주의자인 뉴욕주 포킵시 시市 시장을 도왔을 정도다. 그러나 1920년대 들어 점차 보수화됐다. 리프먼의 저서 『여론 Public Opinion』과 『대중이라는 환상 The Phantom Public』은 듀이의 시각을 암암리에 비판하는 내용이었다. 두 책 다 듀이의 『공중과 그 문제들』

보다 먼저 나왔는데, 뒤에 나온『공중과 그 문제들』도 듀이가 강조한 '공중'에 대한『대중이라는 환상』의 비판을 깔끔하게 해결해주지는 못했다. 리프먼이 제도적 장치들을 신뢰한 것은 전문가 조언 집단을 영향력을 가진 위원회 형태로 가동할 가능성을 염두에 둔 것이었다. 물론 그런 전문가 위원회는 대중과 정치권의 압력을 초월하는 것이어야 했다. 1930년대에 들어 리프먼은 안정적이고 초월적인 정치적 진실의 연원을 찾는 과정에서 전통적인 자연법 이론에 의존하게 됐다. 이는 듀이가 공감할 수 있는 것과는 완전히 거리가 먼 것이다. 신학자이자 개신교 목사인 라인홀드 니부어는 듀이를 리프먼보다 더 노골적으로 비판했다. 저서『도덕적 인간과 비도덕적 사회Moral Man and Immoral Society』를 비롯해 1930년대에 발표한 글들은 듀이를 좀더 아우구스티누스 신학적 입장에서 비판하는 내용이었다. 대중이 반복된 토론의 결과로 남들과 공통되는 자신의 이익을 파악하고 그에 따라 행동한다는 듀이의 낙관론은 니부어가 보기에는 순진한 것이었다. 이익의 충돌은 대단히 심각했다. 이익 충돌은 토론을 통해 완화되기보다는 악화되는 경우가 많았다. 결국 토론을 통한 합의는 불가능하므로 우리는 정치는 권력 행사와 불가분의 관계에 있다는 현실을 냉철히 받아들여야 한다. 이는 대개 특정 집단의 이익이 강압적인 방식을 통해 다른 집단의 이익보다 우선시된다는 의미다. 강압은 삶의 현실이다. 우리는 어떤 집단이 그나마 정의를 담보하고 있는지 판단을 내리고 그 편에 서서 싸워야 한다.[10]

조지프 슘페터

듀이의 주장을 제대로 박살낸 것은 직접적인 비판자들이 아니라 조지프 슘페터였다. 슘페터는 대표작『자본주의 사회주의 민주주의Capitalism,

Socialism and Democracy』에서 놀라울 정도로 역동적이고 독창적인 논의를 전개했다.[11] 슘페터의 비판이 더욱 효과적이었던 것은 듀이라는 이름을 한 번도 언급하지 않으면서 민주주의에 대한 이런저런 도덕적 옹호론을 '고전적인 학설'이라는 꼬리표를 단 주머니에 모두 쓸어담고 나서 자신의 '현실주의적' 이론과 비교해 얼마나 결함이 많은지를 보여주는 방식을 택했기 때문이다. 이런 방식은 지극히 불공정한 것이지만 모럴리스트와 리얼리스트의 차이를 설득력 있게 보여주었다. 슘페터는 오스트리아 빈의 상류층 출신으로 만 50세가 채 안 된 1932년 미국으로 이주했다. 하버드 대학 교수로 활동한 그는 당대를 대표하는 경제학자였으며, 제자들 중에는 1급 경제학자가 다수 배출됐다. 1차대전 종전 직후 오스트리아 재무장관으로 재직해 정부 쪽 사정을 아주 잘 아는 슘페터는 민주주의를 냉철하면서도 회의적인 방식으로 분석했다. 듀이와는 너무도 다른 방식이었다. 슘페터는 훗날 '엘리트민주주의론 the elite theory of democracy'이라는 이름을 얻는 학파의 아버지였다. 물론 본인은 그런 표현은 쓰지 않고 '현실주의적' 이론이라고만 했다.

슘페터의 의도는 민주주의에 대한 분석적 설명을 제시하는 것이 아니었다. 『자본주의 사회주의 민주주의』는 마르크스의 『자본론』에 대한 일종의 반박이었다. 이 책은 자본주의의 본질을 설명하는 한편으로, 자본주의는 왜 모종의 사회주의로 진화하게 될 것인지에 대해, 그리고 혁명이나 반란, 전체주의와는 거리가 먼 사회주의에 적합한 정부 형태들은 왜 결국 자유주의적 자본주의에 적합한 정부 형태들과 거의 동일한지에 대해 설명했다. 1942년 초판이 출간된 『자본주의 사회주의 민주주의』는 어려운 시기에 감상주의와 미신이 자유민주주의를 약화시킬 수 있다는 합리적인 불안감을 표현하고 있다. 그런 만큼 슘페터의 트레이드마크인 명료함, 노련함, 날카로움이 어우러진 논리 전개는 긴박감을 더한다. 민주주의를 민주주의로 만드는 본질에 대한 그의 설명은 사실상 이후 70년 동안 정치학의 상식으로 자리잡았다. 다만 민주주의론보다 더 독창적인 그의 사상들 상당 부분이 잊혀진 것은 유감이다. 여기서 나는 그런 사상들—슘페터가 '현실주의'라고 강조한 부분을 오히려 약화시키는 내용이다—을 복원해보고자 한다.

'현실주의적' 설명을 제시하기 위해 먼저 슘페터는 민주주의에 대한 '고전적인' 학설이라고 지칭한 것에 대해 논한다. 고전적인 학설을 구성하는 모든 요소를 두루 갖춘 사상가는 없지만 슘페터는 특정인들을 고전적 학설의 주창자라고 스스럼없이 낙인찍는다. 그러나 듀이는 고전적인 학설의 요소들을 충분히 구비하고 있는 만큼 슘페터의 비판은 열렬한 듀이 지지자들조차 깊이 새겨들어야 한다고 말할 수 있다. 민주주의에 대한 고전적인 학설은 '민주주의는 공적인 토론과 일반 시민의 투표를 수단으로 해서 공동선을 달성하기 위한 방법'이라는 견해로 규정된다. 이는 대중의 의지가 공동선이 무엇인지를 파악한 뒤 대중의 대표자들을 내보내 공동선에 대한 입장을 정책으로 만들게 한다는 얘기다. 이는 다분히 루소가 주장한 일반의지를 연상시키는 만큼, 여기서 슘페터가 염두에 둔 인물은 루소라고 볼 수 있다. 루소는 어떤 통치체제하에서든 법이 정당성을 갖출 수 있는 조건을 논한 것이라고 반박하는 비판자들은 세부적인 면에 집착함으로써 슘페터의 핵심 논점을 놓치고 있는 셈이다. 슘페터는 몇 가지 공격 대상을 노리고 있는데, 그중 일부는 서로에게 일종의 대안이 된다.[12]

고전적 학설에 대한 슘페터의 반론 하나는 공동선이 루소적인 방법이 작동하는 데 필요한 만큼 확실히 눈에 보이지 않는다는 것이다. 이런 설명만 놓고 보면 슘페터가 공동선이라는 것은 아예 없다고 생각하는지는 분명치 않다. 충분히 그럴 소지가 있다. 슘페터가 이론을 전개한 시기에는 도덕철학자들 사이에서는 윤리적 기준이라는 것이 과연 실재하는지에 대한 회의가, 정치학자들 사이에서는 공익 내지는 공동선이라는 것이 과연 실재하는지에 대한 회의가 만연해 있었기 때문이다. 따라서 공동선이 잘 보이지 않는다는 얘기는 공동선이 무엇이든 모든 관찰자가 합의할 수 있는 어떤 것은 아니라는 반론과 다를 바 없다고 할 수 있다. 루소 자신은 공동의 이익이 거의 있을 수 없는 사회—근대 산업사회도 분명 이런 경우다—도 존재한다고 생각했다. 왜냐하면 개인과 계급 간의 적대감이 너무 커서 공동의 이익을 찾는 일이 마치 표범과 염소의 공동의 이익을 찾는 것과 같은 수준이기 때문이다. 민주주의에 대한 고전적인 학설에 대한 슘페터의 또다른 반론은 전권을 가진 특정 개인이 만인이 바람직하다고 동의하는 결과를 만들어내는 경우도 종종 있다는 것이다. 그러나 주민 전체는 말할 것도 없고 의사 결정권을 가진 어떤 집단도 그에게 표를 주지는 않는다. 슘페터가 사례로 든 것은 프랑스와 교황청이 맺은 협약이었다. 당시 나폴레옹은 아무도 그럴 수 없는 상황에서 적극 나서 협약을 성사시켰다. 이는 분명한 공동선이 존재해도 민주적 절차로 달성할 수는 없다는 것을 말해준다.[13]

고전적 학설에 대한 좀더 강력한 반론은 대중사회 이론의 핵심 요소인 보통 사람의 정치적 능력에 대한 회의를 다시 불러일으킨다. 정치적인 결과에 대해 확고하고도 지적인 인식을 갖는 것은 일반 투표자의 능력을 넘어서는 일이라는 것이다. 일반 유권자의 신념이나 욕구는 고착된 것이 아니며, 유권자 자신이나 다른 어떤 사람이 분명히 단언할 수 있는 것도 아니다. 고전적 학설은 주도권을 행사하는 집단을 처음부터 잘못 설정한다. 정치적 의사 결정을 유권자 내지는 투표자 다수의 문제라고 보고, 그들이 어떤 견해에 도달한 다음 그런 견해를 자신을 대신하는 대표자들에게 행동으로 옮기라고 지시한다는 것이다. 이는 현실에서 일이 진행되는 방식과는 정반대되는 얘기다. 훌륭한 경제학자답게 슘페터는 우리에게 정치와 유사한 소비재의 사례를 생각해보라고 권한다. 우리는 집에 앉아서 자동차와 같은 어떤 물건의 사양을 자세히 연구한 다음, 그것을 만들 수 있는 제조업자를 찾아가지 않는다. 기업가는 광고업자가 우리를 설득해서 사게 만들 수 있는 물건을 먼저 구상한다. 그런 다음 자본과 노동력을 조달해 그 물건을 제조하고 일정한 값을 매겨 우리에게 제시한다. 이러저러하게 만들면 소비자가 구매하고 싶어질 것이라는 기업가의 추정이 맞아떨어지면 큰돈을 번다. 그렇지 않다면 파산한다. 슘페터는 자신의 경제이론에서 그 유명한 '창조적 파괴' 개념을 동원해 기업가 정신이야말로 창조적 파괴의 원천이며 경제성장의 관건이라고 주장했다. 그 비슷한 논리가 민주주의에 대한 그의 설명에서도 핵심적인 위치를 차지하는 것은 놀라운 일이 아니다.

고전적인 학설은 현실에서 운용되고 있는 민주주의에 대한 설득력 있는 설명이나 민주주의가 앞으로 어떤 방향으로 운용될지에 대한 일관된 설명을 제공할 수 없다. 고전적인 학설은 유권자에게 비현실적인 수준의 지식과 독립성을 요구한다. 특히 유권자에게 공동선을 추구하라고 요구하는 것은 없을지도 모르는, 있다고 해도 잘 보기 어려운 어떤 것을 추구하라고 요구하는 것과 같다. 그렇게 본다면 이제 민주주의에 대한 현실주의적 이론이 등장해야 하는 이유가 마련된 것이다. 다만 그에 앞서 한 가지 고찰할 부분이 있다. 슘페터는 어떤 정치체가 민주주의 체제이려면 보통선거권이 어느 정도나 확보돼야 하는지 논할 필요가 있다거나, 어떤 체제가 민주주의 체제가 아니라는 결론을 내리려면 선거와 선거를 거치면서 시간이 얼마나 지나야 한다거나 하는 얘기는 일절 하지 않는다. 슘페터는 민주주의란 '인민'이 공동선에 대한 견해를 형성하고 자신들의 대표를 내보내 그 견해를 실행에 옮기도록 하는 시스템이라는, 민주주의에 대한 가상의 이미지를 먼저 던져놓는다. 그러고 나서 그런 이미지를 정반대의 것으로 대체하는 것이 바로 '현실주의'다.

민주주의에 대한 고전적 정의에는 암묵적으로 도덕적 평가가 담겨 있었다. 민주주의는 공동선을 달성하기 위한 의사 결정 방법이고, 그렇기 때문

1268

에 다른 체제와 달리 합법성을 갖는다는 것이다. 반면에 민주주의에 대한 현실주의적 정의는 그런 식의 윤리적 평가는 배제하면서, 민주주의적 방법은 엘리트가 인민의 표를 얻기 위해 경쟁적으로 싸워서 의사 결정권을 획득하는 방법이라고 말한다.[14] 슘페터는 또 민주주의가 하나의 방법에 불과하다면 그 자체로는 증기기관차 이상의 가치를 가질 수 없다고 주장함으로써 윤리적 함의 자체를 부정해버린다. 이런 주장은 설득력이 없다. 근면과 은행 강도는 둘 다 돈을 버는 방법이지만 그렇다고 근면이 은행 강도보다 바람직할 것이 없다는 얘기는 아니기 때문이다. 이런 식의 비판에 대해 슘페터가 실제로 반론을 제기한 적은 없다. 민주주의에서의 경쟁은 결정권을 획득하는 하나의 방식이고, 암살도 마찬가지다. 전자는 미덕이고 후자는 악덕이라는 것은 너무도 분명하다. 결국 슘페터가 말하는 현실주의의 요체는 '첫째, 엘리트가 권력을 행사하는 것은 불가피한 일이다. 둘째, 민주주의 체제에서의 엘리트란 권력 획득을 위해 유권자들을 대상으로 표 얻기 경쟁을 해야 하는 직업 정치인들이다'라는 것이다. 이는 대단히 타당한 분석이어서 민주주의를 인민의 표를 얻기 위한 경쟁적 투쟁이라고 본 슘페터의 정의는 미국 정치 분석에서 전범의 자리를 굳혔다.

민주주의에 대한 '현실주의적' 이론은 겉보기보다는 한층 복잡하다. 슘페터는 몰도덕주의적 관점에서 '민주주의적'이라는 것은 '좋다'는 의미가 아니라 '선거를 통해 자리를 얻는다'는 의미라고 강조한다. 어떤 정치인이 공정한 선거를 통해 권력을 획득했더라도, 그는 끔찍한 총리나 대통령 또는 국회의원일 수 있다. 민주주의적으로 선출되었다는 것이 능력을 보증해주는 것은 아니다. 미국과 영국의 유권자들은 습관적으로 자기네 정치인들을 경멸한다. 물론 자신이 찍어준 정치인은 예외로 하는 경우도 있다. 이는 사회 전체의 교육 수준이나 보건의료 수준은 강하게 비판하면서도 자기 동네의 학교나 자기가 다니는 병원의 의사는 그렇지 않다고 예외로 해주는 것과 비슷하다. 슘페터는 선거가 무능의 보증수표라고 말하지 않는다는 점에서 많은 엘리트 이론가들과 다르다. 그는 오르테가 이 가세트 같은 비관적인 귀족주의자가 아니라 현실주의자다. 민주주의 체제에는 좋은 정치인, 나쁜 정치인, 그저 그런 정치인이 있다. 그리고 그들은 서로 다른 방식으로, 서로 다른 문제에 있어서 좋기도 하고 나쁘기도 하고 그저 그렇기도 하다. 어떤 정치인은 유권자에게 구애하는 데는 천재지만 예산 균형을 맞추는 일에는 젬병이다. 또 어떤 정치인은 선거 유세는 그저 그런 수준이지만 정부 각 부를 관리하는 데는 탁월하다. 슘페터는 경제활동과의 비교를 통해 권력을 추구하는 엘리트와 표를 던지는 일반인을 철저히 구분한 것이 어떤 의도에서였는지를 다시 한번 강조한다. 소비자는 자동차를 디자인하고 제조업자를 고용하지 않는다. 소비자는 제조업자들의 구매 권유에 반응할 따름이다. 정치도 마찬가지다. 이니셔티브는 위에서 나오는 것이고, 유권자들은 정치인들의 구매 권유에 반응하는 것이다.

이는 모두에게 좋은 일이다. 그리고 정치체제의 작동 과정에 다른 방식으로는 불가능했을 어떤 일관성을 부여한다. 슘페터는 민주주의의 결정적인 특징들을 제한함으로써 독자에게 계속 충격을 안겨준다. 다만 사려 깊은 독자라면 그가 분명히 밝히지 않은 많은 것을 행간을 통해 읽어낼 수 있다. 슘페터에게 민주주의란 권력을 장악한 엘리트가 군주와의 관계가 아니라 유권자와의 관계를 통해서 권한을 부여받을 경우에 존립한다. 대표적인 경우가 영국이다. 1834년경 이전에는 군주가 의회의 신임을 받는 총리를 해임해도 큰 부작용이 없었다. 그 이후에는 군주는 의회의 신임을 받는 인물을 총리로 임명해야 하며, 직접 정책을 결정하려고 해서는 안 된다는 관행이 당연시되었다. 당시 영국의 유권자 수는 성인 남성 인구의 14퍼센트, 전체 성인 인구의 7퍼센트였다. 이 점을 슘페터는 잘 알고 있었다. 문제는 얼마나 많은 사람이 투표를 하느냐가 아니라 그들의 표가 권력을 잡을 사람을 결정한다는 사실이었다. 슘페터는 경제학자인데다 정치인과 기업가를 비교하기를 좋아했기 때문에—그는 "내가 표를 거래하는 것은 기업가들이 석유를 거래하는 것이나 마찬가지다"라는 정치인의 말을 인용함으로써 독자들을 충격에 빠뜨리기도 했다—정치체제를 경제체제와 흡사하다고 여겼을 것으로 생각하기 쉽다. 실제로 많은 독자들이 그렇게 생각했다. 그러나 아니다. 유권자가 통치자들을 정당화한다. 이는 경제학적인 개념이 아니다. 왕권신수설은 신이 통치자 위 머리에 왕관을 씌워준다고 주장했다. 민주주의 이론은 신의 목소리vox Dei가 아닌 인민의 목소리vox populi가 결정권을 갖는다고 주장한다. 인민이 하는 일은 통치하는 것이 아니라 저 사람들이 아닌 이 사람들의 머리에 왕관을 씌워주는 것이다. 왕관을 씌워주는 것이 '인민의 투표'인 한에 있어서는 그 인민이 얼마나 많은 사람으로 구성돼 있느냐는 별로 신경쓰지 않아도 될 일이다.

슘페터는 민주주의가 자유주의적 가치와 양립하려면 사회, 종교, 문화적 합의가 있어야 한다는 점을 간파했다. 그런 합의는 민주주의 자체로는 창출해낼 수 없는 것이다. 그런 합의는 정치권력 행사에 헌법적 제약을 가한다. 제약은 미국의 경우처럼 성문헌법에 구현돼 있는 경우도 있고, 영국처럼 그렇지 않은 경우도 있다. 소수 종파와 소수민족 보호 조항이 가장 중요한 부문에 속한다. 슘페터는 민주주의적으로 도출된 결정들을 이상의 실현과 동일시하는 경향이 있는 독자들에게, 소수 종파와 소수민족을 보호한 것은 오히려 인민에게 책임을 지지 않는 지배 엘리트들이었던 경우가 종종 있다는 사실을 상기시켰다. 그런 경우 다수가 지배하는 체제라면 오히려 소수를 해코지하려는 과다한 욕망을 촉진시켰을 것이다.[15] 종교적으로나 민족적으로 분열된 국가에서 그런 헌법 조항들에 대한 합의에 도달하는 것은 불가능할 수 있다. 그러나 일단 합의가 가동되고 종파 갈등을 언급하는 것이 금지되면 일상의 정치가 가능해진다. 그럴 경우에도 헌법 조항들은 결국 휴지조각에 불과할 수 있다. 이런 평가는 북아일랜드, 르완다, 중동의 상당 부분 등 서로 멀리 떨어진 사회들에서 충분히 입증된 바 있다.

현실에서 운용되고 있는 민주주의는 갈등 해결 방법에 대한 합의의 틀 안에서 이익의 충돌과 정책을 둘러싼 갈등이 존재한다는 점을 사실상 인정한다. 지도자가 되고자 하는 경쟁 집단이 존재하지 않는다면 정치라는 것은 없는 것이고, 그들이 투표 이외의 방법으로 권력을 획득한다면 그것은 민주주의가 아닐 것이다. 마찬가지로 경쟁을 통해 인민의 표를 얻는 방식으로 권력을 획득하는 정치인들이 허수아비에 불과하거나 누구에게도 책임지지 않는 비공식 권력의 소유자들에게 조직적으로 무시당하거나 훼방을 받는다면 민주주의는 존재하지 않는다. 갑자기 현재의 러시아가 생각난다. 선출된 정부가 실제로 통치를 한다고 가정하면, 민주주의를 성공적으로 운영하는 요체는 역시 경쟁 과정에서 인정되는 것에 분명한 한계가 있어야 한다는 것이다. 예를 들어 미국 헌법은 많은 금지 조항을 두고 있다. 특히 종교 문제와 노예제의 합법성(남북전쟁 이후) 관련 주장 등을 규제하고, 비교적 최근에는 윤리적 분위기가 서서히 변하면서 다양한 형태의 인종차별과 성차별을 금지하고 있다. 좁은 의미의 헌법적 규제는 그 정도만 가능하다. 그러나 여론, 또는 좀더 크게 말하면 대중의 정치적 도덕성에 대한 요구는 더 큰 역할을 한다. 앨라배마 주지사 조지 월리스는 1950년대에 자신보다 훨씬 인종차별주의적인 후보에게 패한 쓰라린 경험을 되새기며 "이제는 깜둥이들한테 안 당합니다"라는 유세 구호를 내걸었는데, 지금 같으면 그날로 정치생명이 끝날 일이다.

슘페터의 필수조건 리스트의 또다른 항목들은 용인할 수 있는 체제의 필수 조건이라기보다는 완벽한 체제가 되기 위한 처방에 가깝다. 그것은 체제의 정당성을 보장하는 규제라기보다는 정치체제가 잘 작동하도록 돕는 것이다. 예를 들어 그는 민주주의는 정치계급을 필요로 한다고 말했다. 그가 말하는 정치계급의 구성원들은 정치적 좌절을 당해도 사회적으로나 심리적으로 앙심 같은 것을 품지 않고 느긋하게 견딜 줄 알아야 한다. 평생을 정치로 살아온 사람들은 보통 사람들보다 직위 상실을 대단한 시련으로 받아들인다. 정치는 노블레스 오블리주 정신을 갖춘 사람들이 가장 잘한다. 그들은 선거운동 과정의 야단법석과 통치의 중압감을 공공선을 위해 떠맡아야 할 책임으로 여긴다. 이런 얘기는 19세기 말 영국 지배계급을 이상화한 것으로서 그들의 공직에 대한 실제 욕망과 그것을 상실했을 때 겪는 참담함 같은 현실을 간과한 주장이다. 대부분의 영미권 선출직 정치인들이 필사적이라고 할 만큼 자리에 연연하는 현실과도 안 맞고, 베버의 입장을 계승해 민주주의는 직업 정치인의 통치라고 본 본인의 정확한 판단과도 잘 부합하지 않는다.

슘페터는 서로 다른 정당의 정치인들에게도 봉사할 수 있고, 특정 정치 신조에 얽매이지 않는 불편부당한 공무원 집단이 존재해야 한다고 강조한다. 여기서 이런 주장의 긍정적 모델이 된 것은 다시 19세기 말의 영국이다. 부정적 모델은 독일 바이마르공화국이다. 바이마르공화국 관료 다수는 신설 공화국에 열정이 없었을 뿐더러 경우에 따라서는 배신 행위까지 서슴지 않았다. 슘페터의 주장에서 논란이 되는 부분은 현대국가는 시민들에게 국가가 약속한 서비스를 제대로 공급해줄 수 있는 유능한 관료 조직이 필요하다는 발상이 아니라, 특정한 모델의 관료제만을 고집한다는 점이다. 유럽의 관측통들은 2차대전 이전의 미국 연방정부 관료들을 매우 아마추어적이고 촌스러운 집단으로 봤다. 그러나 이는 어떤 면에서는 각 주가 하는 일이 매우 많고 연방정부가 하는 일은 별로 없다는 현실을 제대로 이해하지 못한 데서 비롯된 오해였다. 뉴딜 정책 집행과 2차대전 발발에 따라 관리 경험이 풍부한 노련한 고위급 공무원이 필요해졌을 때는 그런 인사들을 신속히 충원할 수 있었던 것이다.

그럼에도 불구하고 슘페터는 기본적으로 효율에는 관심이 없었다. 그의 관심은 정당성에 있었다. 이는 그의 민주주의론에서 한 가지 중요한 요소로 귀결되는데, 그 요소는 추후 진행되는 미국적 현실에 입각한 모든 논의와는 전혀 연결이 되지 않는다. 그 부분이 슘페터가 진정으로 의도한 바의 핵심인 만큼 여기서 잠시 살펴보기로 한다. 그는 미국의 정치 현실과는 너무 동떨어지게도 유권자들은 일단 어떤 정부를 선출했으면 정부가 통치를 하도록 내버려두어야 한다고 주장했다. 이 지점에서 정치와 경제의 유사점은 완전히 사라진다. 슘페터의 주장이 훗날 많은 학자들에게 깊은 인상을 심어준 부분은 투표가 물건을 구입하는 행위와 같다고 한 발상이다. 유권자들은 표로 정책을 사고, 정치인들은 정책—좀더 정확히 말하면 정책에 대한 약속—을 팔아 표를 얻는다는 것이다. 그러나 잠시만 생각해봐도 그런 비유에는 몇 가지 허점이 있음을 알 수 있다. 5년 동안 필요한 식량, 의복, 가재도구 등등을 한 번에 구입하는 소비자는 없다. 그런 물건들을 2~3종의 세트로 묶고 그중에서 하나만 선택하라고 하면 그렇게 할 소비자도 없다. 그러나 2~3개 정당이 선거판에 나서는 시스템하에서는 유권자는 그렇게 할 수밖에 없다. 이에 대해 두 가지 반론이 있다. 하나는 중간선거를 통해 유권자들이 정당에게 어떤 정책을 더 또는 덜 공격적으로 추진하라거나 경쟁 정당의 정책을 수용하라거나 하는 식의 압력을 가할 수 있게 함으로써 여론에 민감한 정당이 유연성을 회복한다고 주장하는 것이다. 실제로 정책 보따리는 여론의 압력에 따라 지속적으로 재구성된다. 또다른 반론은, 정당과 정책에 대한 투표를 물건을 구매하는 행위와 같은 것으로 생각하는 것은 바람직하지 않다는 사실을 인정하는 것이다. 첫번째 반론은 슘페터가 말한 현실주의가 미국 정치의 작동 방식에 대한 현실론을 의도한 것이라면 완전히 실패한다는 의미다. 두번째 반론은 슘페터가 압력단체에 대해 얼마나 적대적이었는지를 잘 보여준다. 실제로 그는 민주주의에서 유권자의 역할은 통치자들 머리에 왕관을 확고하게 씌워주는 것이지 중간중간에 그들에게 압력을 가하는 것이 아니라는 점을 유권자들이 이해해주기를 원했다. 현실론자 입장에서 보면 이는 비현실적인 충고였다. 유권자들이 그런 식으로 행동할 것이라고 가정하는 것은 비현실적이고, 가장 민주주의적인 현대 국가라고 하는 미국에서는 특히나 비현실적이다. 전후 미국이론가들이 제도를 중시하는 슘페터의 현실주의적 민주주의론을 멀리하지 않으면서도 다른 한편으로는 압력단체를 민주주의의 정당성을 강화하는 요소로 적극 수용한 것은 놀라운 일이 아니다.

로버트 달과 다두정

그런 식의 분석을 가장 격조 있게 제시한 것이 1956년 미국 정치학자 로버트 달이 쓴 고전적인 소책자 『민주주의 이론 서설A Preface to Democratic Theory』이다. 달은 '현실주의'에 대한 욕망을 차마 저버리지 못해 민주주의 개념을 재정립했다. 민주주의는 '인민에 의한 지배', 즉 민주정이 아니라 '많은 사람들에 의한 지배', 즉 다두정多頭政이라는 것이다. 달은 실제로 통치행위를 하는 사람은 소수라는 사실을 당연시하면서 슘페터가 정당성에 대한 집착 때문에 보지 못한 논점 세 가지를 주장했다. 첫째는 정치체제에서 다수와 감정의 강도 양쪽 모두에 민감하게 반응하는 것은 미덕이라는 것이다. 미국식 다두정polyarchy이 그 예였다. 글자 그대로의 다수의 지배란 현실에서 이루어지고 있지도 않고 바람직하지도 않았다. 다수가 소수에게 양보하지 않는다면 내전이 일어날 것이다. 다수도 감정의 강도도 그 자체로 도덕적으로 훌륭한 것은 아니다. 사람들은 인종차별이라는 악습을 아주 당연한 것으로 여길 수 있다. 이는 달이 직접 소개한, 당시 특히 적절했던 사례다. 그럼에도 불구하고 다수와 감정의 강도를 진지하게 받아들이지 않으면 아리스토텔레스가 말하는 분쟁 상태가 야기될 것이다. 두번째 논점은 정치는, 다양한 다수 주민의 상호 충돌하는 요구들을 지속적으로 수용하는 과정이기는 하지만 그 이면에는 불연속적 선거 과정이 자리잡고 있다는 점이 대단히 중요하다는 것이다. 관료와 조직화된 집단의 대표들이 서로 협상을 하는 과정을 통제할 수 있는 선출직 정치인들이 없다면 누구나 수긍할 수 있는, 협상 진행의 기본 조건을 규정할 방법이 없게 된다. 세번째 논점은 현대사회는 다원적이라는 것, 즉 경제적 이익, 문화적 취향, 민족적·인종적·종교적 정체성이 서로 다른 수많은 사회집단으로 구성돼 있다는 것이다. 이쪽에는 가난한 다수가 있고, 저쪽에는 지배층이 되고자 하는 소수가 있는 구조가 아니다. 그런 차이들이, 서로 다른 민족 집단 또는 종교 집단에는 부자와 빈자, 급진파와 보수파가 모두 구성원으로 포함돼 있다는 의미에서 '상호 교차'하는 것이라면, 구성원들은 특정 이익을 상식선 이상으로 세게 밀어붙이지는 않을 것이다.

부정적인 사례도 충분히 존재한다. 20세기 상당 기간에 북아일랜드에서 보아온 것처럼, 경제적으로 우월한 개신교계 다수가 경제적으로 열악한 가톨릭계 소수에 맞서 단일 블록을 형성하면 타협은 무망하고 억압이 횡행할 가능성이 높다. 결국 민주주의가 아닌 내전으로 치달을 수 있다. 다두정 개념의 좋은 점 가운데 하나는 불이익을 당하는 집단이 정치체제의 다른 부분에 적절히 접근할 수 있는지를 따져볼 수 있게 해준다는 것이다. 『민주주의 이론 서설』은 이에 대해 미국 흑인의 경우를 들어 너무 낙관적으로 전망했다는 것이 약점이다. 그러나 자신의 약점이 어느 정도인지를 반추해볼 수 있는 기준을 제시했다는 것은 상당한 강점이었다.[16] 달이 제시한 다두정의 최대 강점은 서로 다른 수많은 이해관계를 수용할 능력이 있다는 점이다. 그러나 그 과정은 느리고, 이유가 어떻든 간에 기성 체제에서 전략적 위치를 점한 사람들에게 주로 보상이 돌아가는 경향이 있다는 점을 달 본인도 인정했다. '거부점veto point'을 가진 개인이나 집단은 자기 이익에 반하는 정책이 실현되는 것을 막을 수 있는 불균형한 능력을 확보하고, 따라서 시급한 변경을 용인해주는 대가로 불합리하고 불균형한 양보를 요구하고 또 얻어낼 수 있다. 수많은 입법 과정에서 부도덕한 상·하원 의원들―사실상 이들의 특기는 열악한 처지에 있는 유권자들을 조직적으로 등쳐먹는 일이다―의 양보를 얻어내기 위해 정부가 대가를 치를 수밖에 없는 현실은 유권자들을 분노케 하는 많은 일들 가운데 하나다. 그럼에도 불구하고 모든 거부점이 도덕적으로 혐오스러운 것은 아니다. 예를 들어 헌법의 종교 차별 금지 조항 덕분에 그 수혜자들은 자신의 종교를 적대시하는 입법에 대해 거부권을 행사할 수 있다(이에 대해 반대할 사람은 거의 없다).

민주주의 이론의 언저리

자유민주주의는 1945년 이후 더더욱 매력적으로 보이게 됐다. 2차대전 당시 전쟁 상대였던 체제들과, 그리고 전후에는 경쟁 체제들과 비교되면서 우위가 돋보였기 때문이다. 파시즘은 완전히 악으로 낙인찍혔고, 나치즘도 완전히 악으로 낙인찍혔다. 공산주의정당이 프랑스와 이탈리아에서 강세를 보였지만 자유민주주의 체제에 대한 현실적인 도전은 되지 못했다. 프랑스는 특히 인도차이나의 식민지를 상실하고 곧 북아프리카 알제리까지 내줘야 할 상황에 대한 군부의 불만이 거세져 골머리를 앓는 상태였다. 그러나 1960년대와 1970년대 초에 두 가지 감정이 점차 거세졌다. 첫째는 풍요가 인생에 의미―교육 수준도 높아지고 여가도 늘어난 사회가 추구하고자 한 의미―를 주지 못했다는 자각이다. 또하나는 사회란 그저 비합리적이라는 느낌이었다. 분석적으로 설명하기는 어렵지만 그냥 느낌으로 확실히 알 수 있는 문제였다. 그런 불만들 중에서도 가장 온건한 형태는 참여가 좀더 확대된 사회에 대한 소망에 불을 지폈다. 여성이 가정생활의 조건에 대해 더 많은 발언권을 갖고, 아이들이 교육 여건에 대해 더 많은 발언권을 갖고, 노동자들이 작업장 여건 및 고용주들과 함께 생산하는 물품에 대해 더 많은 발언권을 갖는 사회를 요구하는 목소리였다. 가장 선동적인 형태의 불만은 사회의 총체적인 변혁을 요구하는 쪽으로 극단화됐다. 전쟁과 제국주의, 이윤추구와 착취, 성적 욕구불만, 그리고 소외를 낳는 지겨운 일상생활 모두에 종지부를 찍어야 한다는 발상이었다.

시민의 참여가 더욱 확대되는 사회에 대한 열망은 부분적으로는 민주주의의 핵심적 이상을 새롭게 정의하는 것으로, 부분적으로는 사회참여로 나타났다. 그들이 추구한 이상은, 우리는 우리 사회에 대한 소유권을 완전히 행사해야 하며 사회는 가진 자와 못 가진 자로 양분돼서는 안 된다, 특히 더욱 중요한 것은 결정하는 자와 결정을 받아들여야만 하는 자로 나뉘어서는 안 된다는 것이다. 신은 특권층이 그렇지 않은 사람들의 등을 밟고 말에 올라타라고 인간을 창조한 게 아니라는 앨저넌 시드니의 주장은 평등주의를 주창하는 오래된 진술이었다. 그런 것이 듀이의 민주주의사회 관념의 토대를 이루었지만 좀더 비관적인 베버의 사도들은 그런 이상은 불가능하다고 평가절하했다. 이들이 보기에는, 권력의 소유가 부와 지위의 과다한 불평등을 낳지 않아도(대개 과다한 불평등을 야기한다) 사회는 항상 대중과 엘리트, 명령을 내리는 자와 명령을 받는 자로 양분되기 마련이다. 베버 반대파들은 '이 세상은 누구 것인가?'라는 간단한 질문을 던졌다. '이 학교는 누구 것인가?'라는 질문에는 대개 '그것은 교사와 지역 교육 당국의 것임은 물론이고 학생들의 것이기도 하다'라는 답이 나온다. '작업장은 누구 것인가?'라고 물으면 '그것은 소유주와 경영자의 것임은 물론이고 노동자들의 것이기도 하다'라는 답이 나온다. '가정은 누구 것인가?'에 대해 '아버지의 것만은 아니다'라는 수준을 넘어서면 문제는 더욱 복잡해진다. 논점은 다양한 모든 부문에서 돌아가는 상황에 대한 결정권을 우리가 가져야 하며, 결정한 것에 대해서는 우리가 책임을 져야 한다는 것이다. 흔히 하는 얘기로, 노동자들은 경영진이 잘못 내린 결정의 결과를 고스란히 떠안고, 부인과 아이들은 남편과 아버지가 잘못 내린 결정의 결과를 군소리 없이 감내한다. 책임 없는 권한이 나쁜 것이라면 권한마저 없는 나약한 처지는 더 나쁘다.

참여 확대의 윤리적 논거는 성인은 스스로 의사 결정을 해야 한다는 주장으로 요약된다. '학생의 힘'의 경우는 성장은 스스로 의사 결정을 하는 법을 배우는 것으로 정리된다. 말 그대로의 자치(스스로 의사 결정을 하는 것 — 옮긴이)는 국가 단위에서는 불가능할지라도 가정, 작업장, 학교 같은 조직에서는 할 수 있다. 참여의 효용을 강조하는 논리는 아주 단순하다. 권위를 행사하는 자가 아무리 자비롭다고 해도 권위 행사의 대상이 되는 사람들의 생각을 무시할 때가 있다. 그럴 경우 사람들이 한바탕 말썽을 부릴 수 있다면 권위를 행사하는 자는 그들의 필요와 소망에 잘 귀기울인다는 것이다. 이것이 보통선거권이 필요하다는 핵심 논리인데, 가정, 작업장, 학교 같은 조직은 규모가 비교적 작기 때문에 좀더 직접민주주의적인 형태를 전제하고 있다. 제퍼슨이 그토록 사랑했던 버지니아 대학을 자치를 요구하는 학생들(스튜던트 파워Student Power)에게 넘겨줄 정도로까지 소공화국 개념을 확대하고자 했을지는 알 수 없다.

노동자들이 평소 의사 결정에 참여하는 작업장은 합의에 따라 순조롭게 돌아간다. 독일 산업계는 이런 희망을 확인해주는 것처럼 보였다. 작업장 민주주의라는 주장은 생산수단의 사회화를 요구하는 마르크스주의의 논리가 아니다. 마르크스주의의 야심은 사회 전체가 하나의 총체로서 합리적으로 작동돼야 한다는 것이었다. 이는 사회가 합리적으로 조직화돼 있어서 그 구성원들에게 인간적인 삶을 온전히 보장해 줄 경우에만 가능하다고 마르크스는 생각했다. 그러나 어떻게 그렇게 되는지에 대해서는 자세히 밝힌 적이 없다. 지구 차원의 합리성이 작업장민주주의와 맥을 같이하는 것인지는 분명치 않다. 합리성이 민주주의를 낳는 것인지는 더더욱 불분명하다. 엥겔스가 자동화공장 문 위에 "여기 들어오는 자, 누구나 자율을 버릴지어다"라는 모토가 적혀 있다고 한 것은 지나가는 말로 한 것이 아니다. 지역 단위 제도와 작업장에서 참여를 확대하려는 자유주의적인 욕구는 생산의 엔진이라고 할 수 있는 사회의 합리성을 부차적인 위치에 놓이게 만든다. 밀이 『사회주의에 관하여』에서 노동자 협동조합을 옹호한 것은 노동자들이 자신이 일하는 기업을 감독하는 데에만 초점을 맞춘 것으로서, 시장 이외의 방식을 통해 서로 다른 기업 간에 조절이 이루어지는 상황 같은 것은 염두에 두지 않은 얘기다. 1945년 이후 영어권에서 참여민주주의를 옹호한 가장 영향력 있는 선언은 마르크스주의와는 아무 관련이 없었다. 1962년 발표된 「포트 휴런 선언Port Huron Statement」은 미국 신좌파 학생운동을 주도한 민주사회학생연합Students for a Democratic Society/SDS의 교리문답 같은 것이었다.[17] 이 단체는 존 듀이가 오랫동안 의장을 맡았던 산업민주주의연맹League for Industrial Democracy에서 갈라져나온 조직이었다.

이 팸플릿이 주장하는 바는 간단했다. 세계를 명령을 내리는 자와 명령을 받는 자로 양분하는 것은 도덕적으로 용인할 수 없다. 보통 사람들은 일하고 교육받는 제도에 대한 통제권을 박탈당했다. 새로운, 좀더 지역에 기반을 둔 민주주의적 통제의 형태들이 필요하다는 것이다. 노동자 협동조합은 대부분의 제도—특히 학교와 대학—에 적용할 수 있는 모델이었다. 「포트 휴런 선언」의 주장은 독자들의 심금을 울렸고, 팸플릿을 읽지 않은 사람들에게도 영향을 미쳤다. 사실 파급효과는 그보다 훨씬 컸다. 많은 마르크스주의자들이 지역 차원의 민주주의와 점진적 민주주의를 옹호하는 논리를 마르크스 자신의 저술에서 찾기 시작할 정도였다. 유럽에서 가톨릭주의와 마르크스주의를 화해시키려는 시도는 가톨릭적 다원주의와 마르크스주의적 다원주의가 만나는 지점들을 찾으려는 노력과 결부됐고, 작업장민주주의workplace democracy는 그중 하나였다. 다른 사조들이 합세하지 않았다면 한 대학원생이 쓴 팸플릿이 그렇게 엄청난 영향력을 미치지는 못했을 것이다.

민주사회학생연합의 부침과 그들이 주도한 베트남전 반대운동은 정치사상사보다는 정치사의 영역에 속한다. 그러나 더 많은 민주주의에 대한 요구가 분출하는 동시에 기성 권위의 대부분을 공격하는 과정은 이론적인 차원에서도 관심의 대상이 된다. 심지어 참여민주주의에 우호적인 비판자들조차 그것이 부정적인 의미에서 유토피아적이었다는 점을 마지못해 인정했다. 로버트 달의 『혁명 이후?*After the Revolution?*』는 뉴욕 시장이 시민 한 사람 한 사람을 직접 만나려면 먹지도 마시지도 잠을 자지도 않을 경우 한 사람당 1년에 8초 정도 대면할 수 있다는 점을 지적했다. 1년은 3100만 초가 조금 넘고 성인 뉴욕 시민은 400만 명쯤 되기 때문이다.[18] 이런 계산을 제시한 것은 참여민주주의를 말도 안 되는 소리로 치지도외하기 위해서가 아니라 제도를 어떻게 설계할 것인가에 대해 진지한 성찰을 촉구하기 위한 것이었다. 실질적인 것은 거의 안 나왔다. 작업장민주주의가 시행되면 노동자가 혜택을 볼 것이라고 생각됐지만, 노동자들 사이에서도 다른 사회계층에서도 작업장민주주의에 대한 열망 같은 것은 전혀 없다는 사실이 드러난 것이다. 대학생과 노동자가 자신들의 목소리를 더 잘 듣게 만들기 위해 총장과 경영자의 사무실을 점거하겠다고 나설 수는 있다. 그러나 대학이나 고용 현장을 지속적으로 관리하는 과정은 또다른 문제였다.

참여민주주의를 옹호하는 리버럴한 입장에서 총체적 혁명에 대한 갈망으로 발전해가는 과정은, 1968년 봄과 여름에 프랑스 대학생들이 파리 길거리에서 경찰과 맞서 싸우는 대목에서 1848년의 유럽을 연상시켰다. 그러나 이런 유비類比는 적확한 것은 아니다. 1960년대는 번영의 시대인 반면 1848년은 흉년과 기아가 말도 못하게 심각했던 시기였다. 1960년대의 더 큰 민주주의에 대한 열망은 이미 보통선거권, 공정선거, 언론의 자유가 확보돼 있는 국가들에서 분출됐다. 반면에 1848년의 봉기는 대부분 외국의 전제정치에 대항하는 민족주의 반란의 형태를 띠었다. 20세기 유럽에서 1848년 버전이 되풀이된 유일한 곳은 체코슬로바키아였다. 1968년 체코 정부는 '인간의 얼굴을 한 사회주의'를 구현하고자 개혁을 시도했지만 소련군에게 무력으로 진압당했다. 이처럼 서유럽과 미국에서 일시적으로 봉기가 일어났다는 사실은 현대국가의 정당성이 대부분의 사람들이 생각하는 것보다 불안정하다는 것을 보여주었다는 의미가 있다. 자유민주주의의 대안은 없지만 자유민주주의가 사람들의 열정을 불러일으키지는 못했다. 인민의 목소리는 신의 목소리는 아니지만 정당성의 유일한 원천이라는 생각에 진지하게 동의한다면, 보통 사람이 현대국가를 진심을 다해 지지하지 않는 현상은 문제가 아닐 수 없다. 그렇다고 당장 혁명이나 독재가 출현할 것은 아니겠지만 당대의 정부가 자신감을 가지고 활기차게 통치할 수 있는 힘을 저해하는 것은 불가피하다.

정치적 자유주의: 존 롤스

이제 최근 들어 철학적으로 가장 인상적인, 현대 세계의 정당한 사회·정치·경제제도 전체를 포괄적으로 설명하려는 시도를 살펴보아야 할 시점이다. 미국 정치철학자 존 롤스는 대작 『정의론*A Theory of Justice*』(1971 — 옮간이)에서 '공정으로서의 정의'를 설명했는데, 그 강렬한 핵심 발상은 '우리가 "무지無知의 베일"을 쓰고 있다고 전제하고 어떤 사회·경제 시스템—무지의 베일이란 특정 시스템 속에서 지금 또는 앞으로 내가 어떤 위치에 있을지를 전혀 모르는 상태를 가상해서 말하는 것이다—을 원하느냐는 질문을 받는다면 가장 가난한 사람들(최소 수혜자—옮긴이)이 최대한 잘되는 시스템을 선택할 것'이라는 것이다. 따라서 정의로운 사회란 가장 가난한 사람이 최대한 잘되는 사회다. 이런 발상은 강렬하지만 많은 논란을 불러일으킬 수 있는 가설이었다. 대부분의 사람들이 언뜻 생각하기에는 정의로운 사회란 평균적인 개인이 최대한 잘되는 사회다. 루소도 『사회계약론』에서 그렇게 말하고 있다. 그러나 자세히 생각해보면 내가 평균보다 못한 상태일 경우에는 어떻게 되나 하는 고민이 생긴다. 이에 대해 루소는 평균보다 훨씬 부유하거나 훨씬 가난한 사람이 없도록 불평등이 거의 없어야 한다고 주장하는 방식으로 문제를 해결하고자 한다. 그러나 롤스는 가장 가난한 사람이 최대한 잘되는 사회가 공정한 사회라는 말로 답한다.

루소 비판자들은 루소가 불평등의 해악에 너무 신경을 쓴 나머지 불평등의 해악을 없애기 위해 너무 많은 것을 희생했다고 불평한다. 좀더 불평등한 사회가 루소가 옹호한 스파르타 같은 사회들보다 더 번영하고 활기차고 느긋하고 살기에 쾌적할 수 있다. 우리가 재능 있고 활력 넘치는 사람들에게 재주를 한껏 발휘할 수 있도록 인센티브를 주고 거기서 나오는 성과의 일부를 어린이, 노약자를 비롯한 최소 수혜자 일반에게 분배하는 방법을 찾아낸다면 엄격한 평등이 확보되지 않아도 가장 가난한 사람들이 더 잘될 것이다. 잘 설계되고 민주주의적으로 통치되는 복지국가는 최소 수혜자를 보호할 수 있는 동시에 우월적 위치에 있는 사람들에게 기회를 부여한다. 『정의론』은 이런 생각을 공식화하면서도 평등의 강점을 무시하지 않는다. 롤스는 자신이 사회에서 어떤 위치를 차지하게 될지 모르는 합리적인 개인이라면 불평등은 가장 가난한 사람이 최대한 잘되도록 만들어줄 수 있는 경우에 한해서 정당하다는 데 동의할 것이라고 주장했다.[19] 극적인 발상이다. 루소의 경우와 마찬가지로 여기서도 출발점은 평등이다. 그러나 루소와 반대로 롤스는 부자가 더 부자가 되는 것을 허용함으로써 가장 가난한 사람이 더 잘될 수 있다면 우리는 빈자가 최대한 잘되게 만들어줄 수 있는 정도의 불평등을 허용해야 한다고 주장한다.

이런 주장이 경제정의와 관련된 이론들에 어떤 영향을 미치는지는 지금 우리의 논의 범위를 넘어서는 문제다. 자유민주주의와의 관계가 우리의 주제다. 롤스는 '부자'와 '빈자'라는 상대적인 개념을 품위를 유지할 수 있는 삶의 수단을 얼마나 가질 수 있는가라는 관점에서 정의했다. 부자가 번영을 누리도록 허용하면 빈자가 더 많은 것을 갖게 된다는 식으로 경제 논리를 적용하기는 쉽다. 로크가 토지의 사적 소유를 옹호한 논리가 바로 그런 식이었다. 제퍼슨도 아메리카 원주민과 협상할 때 로크의 논리를 차용했다. 그러나 시민적 권리, 정치적 권리의 문제에서는 참고할 만한 사례가 없다. 가장 근사近似한 사례라고 할 수 있는 것은 영국과 미국에서 널리 알려진, 참정권을 단박에 확대하기보다 한 번에 한 단계씩 넓혀가는 것이 좋다는 19세기식 논리다. 일시적으로 특정한 사람들에게 좀더 많은 정치적 권리를 허용함으로써 모든 사람의 권리가 손실을 보게 되는 대격변으로부터 나머지 다수를 보호할 수 있다는 것이다. 이런 주장은 경제 논리와는 정반대다. 그런 점에서 우리는 빈자의 번영을 위해 평등을 뒤로 물려야 한다는 발상을 하게 된다. 반면 정치의 경우 우리는 일시적인 불평등을 용인하면서 단계적으로 정치적 권리의 절대적 평등을 이뤄야 한다는 발상을 하게 된다. 정치적 권리는 근본적인 평등을 구현하는 것으로서 모든 사람은 다른 모든 사람과 동등한 권리를 갖는다는 식으로 표현된다.

정치적 권리, 그리고 좀더 일반적으로는 시민적 권리를 보장하는 문제는 경제적 번영보다 우선해야 할 사안이다. 롤스는 개인이 갖는 불가침의 권리는 사회가 제도화하는 권리에 반영돼 있다고 말한다. 역으로 표현하면 자유민주주의는, 표현이 좀 어색하기는 하지만, '비非권리들'을 제도화해야 한다. 롤스는 정부가 어떤 것인지에 대해 자세히 설명하지는 않았지만 막스 베버가 정의한 강제적 메커니즘 같은 것으로 보고 있는 듯하다. 정부는 우리를 외부의 공격이나 학대로부터 보호해줌으로써, 그리고 사회적 협력을 통해 이득을 산출할 수 있도록 하는 장치들을 법적으로 뒷받침함으로써 엄청난 도움을 준다. 그러나 이데올로기적으로나 종교적으로 과다한 흥분 상태에 있는 지도자들 수중에 들어가면 다수의 지지를 받든 소수의 지지만 받든 정부는 끔찍한 악을 행할 수 있다. 권리에 관한 이론은 우리가 다른 사람들에게 평소 같으면 하기 싫을 일을 하라고 요구할 수 있는 경우에 관한 이론이다. 내가 너의 차를 빌렸다고 치자. 너는 내가 사전에 동의했을 경우 내가 그 차를 계속 몰고 싶어하든 그렇지 않든 간에 차를 돌려받을 권리가 있다. 반대로, 우리가 아무리 원한다 해도, 또 그렇게 하는 것이 우리를 아무리 행복하게 해준다 해도, 다른 사람들에게 어떻게 하라고 요구할 권리가 없는 사안도 많다. 대표적인 경우가 우리가 다른 사람들이 이렇게 해주었으면 하는 투표와 기도다.

여기서 다수의 독재라고 하는 해묵은 문제가 해결되기 시작한다. 대부분의 자유주의자는 민주주의를 다수결에 의한 통치로 정의하고 다수가 할 수 있는 일을 제한하는 방법들을 찾았다. 롤스에게, 그리고 특히 그의 추종자들에게 권리를 침해하는 투표는 아예 투표가 아니다.[20] 우리는 지금 과거의 사상가들이 그랬던 것처럼 다수의 권리와 소수의 권리의 균형을 맞추려는 것이 아니라, 권리를 보호하려고 할 따름이다. 권리를 침해하는 투표는 민주적인 투표가 아니다. 민주주의라는 호칭에 걸맞은 유일한 형태의 민주주의는 자유민주주의다. 왜냐하면 투표는 만인의 동등한 자유를 존중한다는 조건하에서 행사되는 경우에만 존중받을 자격이 있기 때문이다. 그리고 민주주의라고 칭하는 이유는 만인의 표가 다 중요하기 때문이다. 흑백 인종 분리나 소수 유대인 박해를 찬성하는 투표는 '민주적'이라고 일컬을 수 없다. 전체 주민의 90퍼센트가 10퍼센트의 유대인을 박해하는 데 찬성하는 투표를 한다고 해도 그것은 민주적인 투표가 아니다. 비판자들은 민주주의에 대한 이러한 정의가 미국의 헌법제도를 지나치게 중시하고 아테네 이후의 포퓰리즘적 전통은 너무 등한시한 결과라고 불평한다. 필자도 할 수 있는 불평이지만 거기에는 중요한 사상이 들어 있다. 다수의 지배를 정당화하는 일은 쉽지 않다. 강도 두 놈이 당신의 지갑을 노리고 다가온다고 하자. 놈들이 표결을 해보자고 한다고 해서 범죄 혐의가 줄어드는 것은 아니다. 강도들이 당신에게 당신의 지갑을 슬쩍하겠다는 데 대해 반대표를 던져도 좋다고 해도 마찬가지다. 당신은 이미 2표 대 1표로 패한 것이다. 여기서 문제가 되는 것은 강도들이 총을 들고 있다는 사실이다. 국가도 세금의 형태로 주민의 소득을 거둬갈 때 동일한 위치에 있다고 생각할 수도 있다. 그게 아니라는 것을 논증하려면 국가가, 어떤 체제든 관계없이, 그런 강압적 행동을 할 수 있게 해주는 근거에 대한 정교한 스토리가 있어야 한다. 그것이 민주주의에 민감한 스토리라면, 남들이 당신에게 기대할 권리가 있는 무엇, 그리고 당신이 남들에게 기대할 권리가 있는 무엇을 거론할 것이다. 서로에 대해 동등한 권리를 가진 시민이라는 개념을 도입하면, 우리는 도덕적으로 수용할 수 있는 유일한 형태의 민주주의는 자유민주주의라는 생각에 근접하게 된다.

그것은 자유민주주의만을 민주주의라고 할 수 있다는, 논란의 소지가 큰 관점이다. 여기서 난점은 근본 발상이 잘못됐다는 것이 아니다. 90퍼센트의 주민이 악하게 행동하기로 작심한다면 그들은 그렇게 행동할 권리가 없고, 우리도 그들에게 동조할 의무가 없다는 것은 분명하다. 오히려 그런 식으로 주장하는 것은 민주주의는 말 그대로 데모스의 권위라는 아테네식 관점과 대의민주주의가 중요하다('악당들을 퇴출시킬' 수 있고, 퇴출 위협을 통해 우리의 통치자들을 올바로 행동하도록 압박할 수 있다)는 현대식 관점 둘 다를 무시하는 것이다. 나아가 민주주의의 요체는 형편이 열악한 시민들이 수적 우세로써 부유하고 문벌 좋은 세력이 누리는 우위를 상쇄할 수 있다는 것이라는 일반적인 관점도 무시하는 것이다. 슘페터의 민주주의에 대한 정의에는 어떤 정부가 인종차별적 입법을 할 경우 정부 당국자들이 인민의 표를 얻기 위한 경쟁에서 승리하는 방식으로 권한을 획득한 것이라면 '민주적인' 입법 조치라는 의미가 내포돼 있다. 그렇다고 우리가 거기에 동조해야 하는 것은 아니다. 현대 민주주의 체제는 실제에 있어서 지금까지 알려진 그 어떤 형태의 정부보다 개인의 자유를 더 존중하고 종교적 박해나 인종차별 같은 행위를 하지 않는다. 그러나 모든 미덕을 한데 모아 '민주주의'라는 딱지를 붙이게 되면 지적 명료성이 떨어진다. 19세기 자유주의자들은 다수의 편협한 성향을 우려했고, 민주주의에 대해 항상 우호적이지는 않았다. 자유주의자들은 다수의 지배와 인권에 대한 감수성을 철저히 구분하고자 한다. 시민적 자유의 잠식을 이유 불문하고 '대중'이 자기네 편이라고 주장함으로써 정당화하는 반자유주의자들도 마찬가지다.

이제 현대 서구 세계의 특수성에 대해 살펴볼 차례다. 출생 시점의 우리의 기대 수명은 고대 아테네인보다 네 배나 길다. 우리는 그들보다 더 안전하고, 더 건강하고, 더 잘 먹고 잘 입고 있다. 아테네인은 수소폭탄까지 동원되는 핵전쟁으로 날아갈 위기 같은 것은 겪지 않았다. 그런 상황은 우리 선조들은 겪지 않았던, 우리만이 직면한 위기다. 한편 우리는 물리적으로는 훨씬 안전하고 일반적인 전쟁이나 질병으로 죽을 위험도 훨씬 덜하다. 우리는 현대적인, 자유주의적인 의미에서 훨씬 자유롭다. 특정한 사회적 위치에 덜 고착되고, 종교적 신념을 바꾸거나 남들이 보기에 이상하거나 부도덕한 방식으로 행동한다고 해서 박해를 받을 가능성도 거의 없다. 그렇게 행동할 경우 타인들의 반감을 살 수는 있지만 소크라테스처럼 독배를 들어야 하는 것은 아니다. 우리가 살고 있는 세계의 이런 모든 상황이 우리의 정치가 민주주의이기 때문은 아니다. 일부는 현대 민주주의 제도가 정착되기 훨씬 이전부터 인정돼왔던 권리의 문제이고, 또 일부는 때로는 자유주의 정부하에서, 때로는 19세기 독일 같은 권위주의 체제하에서 이루어진 기술 발전의 결과다.

민주주의는 좋은 것이다. 그러나 유일하게 좋은 것은 아니다. 그리고 사람들이 '민주주의'라고 말할 때 정치적 민주주의가 유일한 민주주의도 아니고, 가장 대표적인 민주주의도 아닐 것이다. 참여민주주의를 열렬히 주창하는 사람들은 우리가 공공선을 추구하는 모든 조직에 더 많이 참여하는 사회는 더 행복한 사회가 될 것이라고 주장했다. 옳은 말이다. 그런 사회는 특히 범죄는 더 적고 교육은 더 잘 되고 환경은 더 매력적인 곳이 될 것이다. 그런데 참여민주주의 주창자들은 사친회에서부터 빈민 점심 배달 자원봉사 조직에 이르기까지 비공식적이고 비정치적인 참여가 이미 많이 이루어지고 있다는 사실을 종종 간과했다. 그런 조직을 운영하는 데에도 하나같이 정치적 기술과 지성이 필요하다. 결정을 내려야 하고, 과제를 나눠주어야 하고, 책임을 공정하게 분담하고, 일이 잘못되면 책임을 져야 한다. 참여민주주의 주창자들은 일상생활에 참여적인 색채가 많다는 점도 종종 간과했다. 영화관 앞에 길게 늘어선 줄은 즉석에서 특정 감독이나 배우의 강점을 논하는 세미나로 돌변하기도 하고, 선의에 충만한 스포츠 관람객들이 감동적인 장면을 연출하기도 한다. 이렇게 모든 삶의 방식에는 '소속감'이 배어 있는데, 그 대부분은 비정치적인 것이다. 선택을 해야 할 경우가 있다. 오스카 와일드가, 그답지 않게 진지하게, 사회주의는 우리의 저녁 시간을 너무 많이 잡아먹기 때문에 힘든 일이 될 것이라고 한 것은 바로 그런 선택을 염두에 두고 한 말이다. 참여민주주의에 대해서도 어느 정도는 같은 얘기를 할 수 있을 것이다. 고대인이 누렸던 자유와 아테네식 민주주의에 대해서도 물론 마찬가지다.

따라서 페르시아인들이 결국은 아테네인들을 물리쳤을까라는 질문에 대한 답변은 다층적이다. 우리는 아테네보다 참여도 적고 전반적인 정치화도 덜한 사회를 선택했다. 이는 아마도 현명한 선택일 것이다. 그런데 우리는 개인의 자유와 통치자들의 변덕에 대한 견제권을 페르시아인들이 막연히 아는 것보다 훨씬 더 확실하게 보장했다. 이는 분명히 현명한 선택이다. 우리는 정치권력을 평등화해야 한다는 이상에 대해서는 아테네인들보다 애착이 덜하지만 지배계급의 세습이라는 관념에 대해서는 대체로(완전히는 아니라고 하더라도) 적대적이다. 계급전쟁은 현재 대부분의 지역에서 거의 찾아볼 수 없다. 부자가 경제라는 케이크에서 부당한 몫을 가져간다고 해도 과거처럼 전쟁포로를 노예로 삼거나 아프리카에서 노예사냥을 하거나 핑커톤 탐정사무소를 고용해 파업 노동자들에게 총격을 가하는 식으로 하지는 않는다. 평등주의적 성향이 강한 사람이 보기에는 민주주의 선거제도는 공식적으로 정치적 평등인데 교육, 복지, 소득에서는 극단적인 불평등이 지속되고 있는 현실이 당혹스럽고도 화나는 일이 아닐 수 없다. 그런데 정치적 평등을 통해 챙길 게 별로 없는 사람들에게는 그런 것이 관찰자들이 생각하는 것보다 별로 큰 문제로 여겨지지 않는다. 우리가 고대인들의 자유와 비전제적이고 자유로우며 대중적인 혼합정체가 보호하는 현대인의 자유를 조합한 체제를 언제까지 지켜나갈 수 있을지에 대해 여전히 큰 문제들이 많이 남아 있는 것이다.

제27장
세계 평화와 인류의 미래

이 책이 다루는 범위는 매우 넓다. 그러나 초점은 서유럽인들이, 그리고 서유럽 민족들이 건립한 국가들이 스스로를 통치하는 문제에 대해 어떻게 생각해왔느냐였다. 여기서 발생하는 역설은 우리―현대 서구인인 '우리'―가 정치에 대해 고대 그리스와 로마 세계로부터 물려받은 언어로 말하고 있고, 그런 언어를 맥락이 전혀 다른 사회들에 적용하고 있다는 사실이다. 앞선 4개 장에서는 논의의 지리적 범위가 '북대서양 연안'을 넘어서는 방향으로 확대됐다. 이번 마지막 장에서는 우리가 점점 작아지는 세계를 통치할 능력이 있는지에 대해 살펴볼 것이다. 우리는 그리스 도시국가의 정치로 논의를 시작했다. 그리스 도시국가들이 마케도니아의 필리포스왕과 그 아들 알렉산드로스대왕에게 무너진 것은 폴리스보다 큰 규모의 정치제도를 발전시키지 못했기 때문이라는 얘기(완전히 타당한 평가는 아니다)를 종종 한다. 오늘날에는 민족국가 단위로 처리할 수 없는 큰 문제들을 해결하려면 지구 차원의 새로운 정치질서가 필요하다는 말도 나온다. 이번 마지막 장은 그런 문제들이 얼마나 위험한 것이며, 이는 새로운 초국가적 정치질서로써만 해결 가능한 것인가 하는 문제를 제기한다. 앞으로의 논의는 길고도 구체적인 고찰—매스미디어에서는 정확한 인식 없이 편협한 방식으로 간단히 다루어지고 있다—이 필요하기 때문에 지금까지 수없이 논란이 많았던 문제들을 기본적인 것만 소개하는 자리가 될 것이다. 이제 우리가 마지막으로 물어야 할 것은 종교 분쟁, 경제 갈등 또는 통제받지 않는 핵무기의 확산이 국제적 차원의 대규모 폭력 사태로 귀결될 위험이 얼마나 큰가, 환경 악화를 중단시키지 못할 경우 세계가 '서서히 비참하게' 종말을 맞을 위험은 얼마나 큰가, 그리고 그런 위험들을 효과적으로 통제하려면 우리는 스스로를 국가나 국제 수준이 아닌 지구촌 수준에서 통치해야 하는 가이다. 이런 질문들은 다음과 같은 말로 간단히 정리할 수 있다. '국가가 가족과 비공식 집단이 처리할 수 없는 문제를 처리하기 위해 존립한다면, 개별 국가로서는 불가능한 문제들을 처리하려면 세계국가 내지 세계정부를 창설해야 하는가?'

세속화의 실패

놀라울 정도로 많은 필자들이, 우리가 현재 지구 차원의 종교전쟁이라는 위험에 처해 있다고 우려한다.[1] 사회학자와 정치이론가들로서는 놀랍게도, 종교는 산업화, 풍요, 민주주의, 문화적 다원주의 등등 종교를 소멸시킬 것으로 예상된 힘들에 꿋꿋이 저항해왔다. 세속화는 이루어지지 않았다. 좀더 조심스럽게 말하면 서유럽 대부분에서는 이루어졌지만 다른 지역에서는 폭넓게 확산되지 못했다. 세속화는 여러 가지 양상을 의미한다. 가장 넓은 의미로 보자면 과학의 등장과 더불어 전통적인 종교적 신념이 토대를 잃는 것이다. 최근까지 민족주의, 파시즘, 공산주의 같은 세속적 이데 올로기가 아닌 종교적 열정이 세계평화를 위협할 것이라고 본 사상가는 거의 없었다. 이제 세속화에 대한 두 가지 시각을 짚어보기로 하자. 첫번째 시각은 전통적인 신앙의 죽음과 더불어 종종 '인간의 종교'로 표현됐던 것과 같은 대체물이 필요해진다는 입장이다. 두번째 시각은 대체물은 필요하지 않으며 전통적인 신앙은 그냥 서서히 사라져갈 것이라는 입장이다. 종교의 대용품을 제공하려는 시도가 실패하고 종교가 조용히 사라져주기를 거부하면서, 근본주의의 득세와 근본주의의 위험에 대한 문제가 제기되고 있다.

프랑스혁명 이전에는 '시민들이 기독교인이 아니어도 사회가 번영을 누릴 수 있다'고 발언하는 것은 수용될 수 없을 뿐 아니라 위험천만한 일이었다. 신이 존재하는지 존재하지 않는지 알 수 없다는 식의 불가지론을 공공연히 주장했다가는 사회적으로 추방되거나 최악의 경우 형법의 적용을 받아 고통스러운 죽음을 맞았다. 마키아벨리 같은 회의론자들은 세속주의자가 아니었다. 그는 성공적인 체제라면 '시민 종교'가 필요하다고 생각했고, 루소도 마찬가지였다. 루소는 이 문제뿐 아니라 마키아벨리의 여러 면모를 그대로 따랐다.[2] 루소는 기독교는 저 세상을 강조하기 때문에 시민 종교 역할을 할 수 없다고 생각했다. 그러나 마키아벨리가 보기에는 문제가 되는 것은 기독교의 교리가 아니라 교황청의 부패였다. 그러나 역시 루소와 달리, 마키아벨리는 인간의 문제를 보살피는 신에 대한 믿음이 인간존재의 본질에 속한다고 생각하지는 않았던 것으로 보인다. 의미 있는 삶을 사는 데 초월적인 보증 같은 것은 필요치 않다는 얘기다. 그럼에도 불구하고 로마인들은 군인들이 점을 치는 행위를 조롱해서는 안 되고, 시민들은 집집마다 모시는 수호신을 인정하고 존중해야 한다고 강조했다. 올바른 입장이다. 성공적인 정치체제에는 시민 종교가 필요했던 것이다. 이는 기독교인이 아닌 어떤 사상가라도 인정했을 견해였다. 여기서 중요한 점은 신앙을 옹호한다기보다는 집단적 의례儀禮가 갖는 가치를 중시했다는 사실이다. 그런 의례들은 말할 것도 없이 일상적인 현실을 초월하는 어떤 힘의 존재에 대한 믿음을 토대로 한 것이었다. 그러나 기독교 입장에서 보면 그런 믿음은 이교적인 미신이었고, 고대의 많은 철학자들 눈에는 심오한 진실을 담고 있을 수도 있고 그렇지 않을 수도 있는 신화로 여겨졌다. 이교 의례는 보이지 않는 힘이 노력하는 인간을 대하는 태도를 신성시하거나 그런 힘이 인간에게 우호적이 되도록 유도하려고 애썼지만 심오한 신학적 분석은 추구하지 않았다. 그래도 그것들은 일종의 종교다. 그런 의미에서 마키아벨리는 세속주의자는 아니었다.

세속화는 프랑스혁명 기간에 현실적인 문제로 떠올랐다. 혁명가들은 제도화된 기독교를 폐기하고 합리주의적인 시민 종교로 대체하려고 애썼다. 그러나 가톨릭이 대중의 마음을 지배하고 있는 현실을 뒤흔들지도 못했고, 나름의 입지를 확보하지도 못했다. 가장 놀라운 현상은 로베스피에르가 추진한 '지고의 존재 숭배운동'이었다. 토머스 칼라일은 이를 '미신' 숭배라고 비아냥거렸다.[3] 칼라일은 이 운동을 저급한 코미디로 여겼지만 혁명가들의 적은 기독교가 아니라 프랑스 가톨릭교회라는 것을 잘 알고 있었다. 가톨릭교회는 사회적 위계질서와 정치적 절대주의의 버팀목으로서, 부자가 마음 편히 가난한 사람들을 착취하는 데 도움을 주고, 가난한 사람들을 부자와 권력자들이 법률적·물리적 질곡 상태로 몰아넣을 수 있도록 정신적 질곡 상태에 가둬놓았다. 이런 비판이 전통적인 반성직자주의anticlericalism로 거기에 반종교적인 색채는 없었다. 반성직자주의가 타도 대상으로 삼는 것은 고위급 성직자들의 기생적 행태, 그리고 기생적 교회와 기생적 국가의 결탁이었다. 그들은 초기 기독교교회 방식으로 검소하게 살아가는 정화된 사제들이 운영하는 개혁교회를 원했다. 많은 가난한 교구

사제들이 이에 동의했다. 반성직자주의는 300년 전 프로테스탄트 종교개혁에서 중요한 역할을 했고, 다시 그보다 300년 전에는 알비파 이단으로 확산됐었다. 그런 반성직자주의에 합리주의와 미신에 대한 경멸이 더해지면서 모든 형태의 계시종교에 대한 적대감이 형성됐다. 물론 모든 형태의 유신론에 대한 적대감은 아니었다. 토머스 페인의 『이성의 시대』는 그런 주제를 다룬 영어권의 대표작이다.

반성직자주의의 정치적 파급 효과를 서술한 것은 토크빌의 『구체제와 프랑스혁명』이었다. 많은 귀족과 지식인들이 미신을 경멸했다. 그들은 진정한 회의론자였고, 그들의 회의주의는 부유하다는 이유로 교회를 증오한 급진파에게 영향을 주었다. 토크빌은 군주제, 교회, 귀족은 공존 번영하든지 공도동망하든지 둘 중 하나라는 전통적인 견해를 주장하면서, 귀족계급이 오히려 종교에 대한 증오를 확산시킴으로써 사회적 지위 유지에 치명적인 결과를 자초했다고 지적했다. 귀족계급은 자기 목을 내리칠 기요틴을 날카롭게 갈고 있었던 것이다.[4] 토크빌의 지적은 과장이다. 대부분의 회의주의자는, 우주는 비인격적이고 인간사에 개입하지 않지만 그럼에도 불구하고 자비로운 신이 주재한다고 믿는 이신론자였다. 그리고 그들이 혁명에 미친 영향은 토크빌이 생각한 것보다 작았다. 사상보다는 돈이 문제였다. 교회의 수입과 부는 1789년 겨울 국가 자산으로 귀속됐고, 성직자들은 국가에서 봉급을 받는 피고용인으로 전락했다. 1792년 8월에는 수도회와 수도원은 활동이 금지되거나 폐쇄됐다. 혁명이 더욱 급진적으로 치달았을 때에야 타도 대상에 변화가 생겼다. 1793년 가을 기독교 신앙생활이 불법화됐다. 국가로서의 프랑스는 세속화된 것이다. 그럼에도 불구하고 세속화에는 한계가 있었다. 이성이 다시 숭배 대상으로 등장한 것이다. 몰락하기 두 달 전 로베스피에르는 프랑스인들에게는 이성 이상의 것이 필요하다는 것을 깨닫고 지고의 존재 숭배운동을 제도화했다. 그러나 그런 운동은 먹히지 않았다.

인간의 종교

　로베스피에르의 실패에도 불구하고 19세기 프랑스 사상가들은 '인간의 종교'와 그것을 제도화하는 문제를 구체화하기 위해 엄청난 노력을 기울였다. 인간의 종교라는 개념은 생시몽의 『새로운 기독교 *The New Christianity*』에서 시작돼 오귀스트 콩트의 실증주의에서 다채로운 모습으로 발전했다. 그 기본 발상은 쉽게 받아들일 수 있다. 즉 다른 동물과 달리 인간은 실존의 의미를 묻는 존재라는 것이다. 인간이 늘 그런 질문을 하지는 않는다. 인간은 한 시점에 어떤 과제에 몰두하고, 습관이든 애정이든 돈을 벌기 위해서든 또는 재미로든 어떤 일을 하는 존재다. 그러나 인생이 무엇인가라는 의문이 생기면 답을 원한다. 종교와 종교 대용품들은 답을 제공한다. 그런 의미에서 스탈린 체제에서 정교화된 마르크스주의는 대용품으로서의 종교였고, 종교적 기능을 수행했다. 문제는 전통적인 기독교나 신의 섭리를 강조하는 답변이 설득력이 없어졌을 때 답을 제공하는 것이 무엇이냐였다. 오늘날 우리는 종교개혁 시대의 유럽을 괴롭혔던 문제 때문에 더욱 불안해하고 있다. 종교 문제에 대한 이견이 폭력을 넘어 내전과 국제전으로 번지는 것을 어떻게 막을 수 있을 것인가 하는 문제다. 19세기 사상가들은 종교 분쟁이 다시 일어날 것이라고는 예상하지 않았다. 그래서 신앙의 열정이 너무 강한 사람들을 차분하게 만들기보다는 신앙의 대용품을 찾는 데 더 관심을 쏟았다.
　오귀스트 콩트의 실증주의는 인간의 종교의 완결판이었다. 그것은 진보의 종교였다. 그 신조는 우리는 인류를 지적, 정신적, 도덕적, 생산적으로 최대한 고양시키는 역사·사회적 프로젝트의 참여자라는 것이었다. 거기에 적극 참여한다면 개인의 삶과 운명을 초월하는 프로젝트 속에서 전통적인 기독교의 프로젝트가 그랬던 것과 동일한 방식으로 총족감을 얻게 될 것이다. "타인들을 위해 살자"는 슬로건을 내세워 이기심을 지나치게 억압하는 것은 콩트 특유의 성향이다. 그러나 개인이 인류의 진보라는 대의를 위해 살아가는 데서 충족감을 얻는다는 발상은 프랑스 지성계에 대해 상당한 호감을 가졌던 존 스튜어트 밀뿐만 아니라 찰스 킹슬리와 프레더릭 해리슨 같은 빅토리아시대 사상가들도 지지했다. 특히 해리슨은 성공은 못했지만 영국에서 실증주의를 보급하기 위해 아주 오랜 세월 공을 들였다.[5]

실증주의는 교회 스타일의 장식물을 많이 고안해냈지만 결코 개인의 신조나 정치적 신조로서 기독교를 대체할 것 같아 보이지는 않았다. 밀은 콩트가 제시한 새 종교의 규정들은 평생 단 한 번도 웃어본 적이 없는 사람만이 만들 수 있는 것이라고 혹평했다. 그럼에도 불구하고 60년 동안 실증주의는 지적인 중산층 사람들에게 매력을 발휘했다. 이들은 현대사회는 파편화돼 있고, 개인주의적이며, 물질주의적이고, 불공정하다고 우려하면서도 마르크스가 주장한 것과 같은 봉기를 지지할 수는 없는 사람들이었다. 실증주의는 프랑스 사조이지만 가장 흥미롭고 설득력 있는 실증주의 정치이론은 미국에서 나왔다. 허버트 크롤리는 1908년 출간한 『미국인의 삶의 전망*The Promise of American Life*』에서 동료 미국인들에게 개인의 권리는 집단적인 목적에 의해 뒷받침돼야 하고, 미국이 진정한 국가가 되려면 효율과 정의를 통합하는 과제를 국가의 본질적인 프로젝트로 삼아야 한다고 설파했다.[6] 이는 미국의 영토 팽창을 신의 명령으로 본 '명백한 운명Manifest Destiny' 논리를 (거의) 탈군사화한 것으로, 그 자체로 시민 종교의 한 형태였다. 그러나 색깔은 아주 다르다. 크롤리가 사실상 미국인들에게 국가라는 것을 진지하게 생각해달라고 촉구한 데에는 많은 이유가 있었다. 그것은 미국인들은 사회가 추구하는 집단적인 노력에서 정의가 요구하는 역할을 수행할 경우에만 진정으로 행복하다고 말하기 위한 실증주의적 수사였다. 경제활동은 그들의 집단적이고 협력적인 본성을 강화하는 방향으로 조직화돼야 한다고 크롤리는 생각했다. 그가 20세기 초 미국 철도 국유화를 주장하는 (단순히 경제적인 논거가 아니라) 정신적인 논거를 제공한 것은 대단히 콩트적인 행동이지만 완전히 놀라운 일은 아니었다. 생시몽 추종자들은 프랑스 철도 도입에 큰 역할을 했고, 수에즈운하를 건설한 생시몽의 제자 페르디낭 드 레셉스는 초기에 생시몽 사상 전파에 힘썼다. 파나마운하 건설을 구상한 것도 생시몽이었다.

프랑스적 전통의 지적 정점은 에밀 뒤르켐의 정치사회학이었다. 뒤르켐에게 종교의 본질은 개인이 자신보다 위대한 영적인 힘과 대면하고 있다는 느낌이었다. 사회학적으로 분석해 보면 그런 힘은 사회 자체였고, 종교의 신화들은 가장 단순한 것에서부터 가장 복잡한 것에 이르기까지 사회 전체의 영적인 힘에 대한 인간의 느낌을 표현한 것이었다. 사회의 본질은 도덕적 속성에 있는 것이지 개인들의 집합체라고 하는 외양에 있는 것이 아니었다. 어떤 스포츠 팀이 있다고 할 때 팀원들이 각인의 의지와는 거의 무관하게 팀의 열기에 마음이 심하게 움직여 전의를 불태우는 경우를 생각해보라. 또는 헤로도토스가, 페르시아의 크세르크세스 대왕에게 스파르타인들은 크세르크세스의 노예들보다 자기네 사회의 법률 nomoi을 더 두려워한다고 말했다고 소개한 스파르타의 영웅 데메라토스를 생각해보라. 여기서 뒤르켐이 현대 정치에 주는 교훈으로 제시한 것은 그다지 대단한 것은 아니었다. 그는 일종의 시장사회주의—또는 윤리적인 자본주의—가 경제와 정치적 삶에 정신적 깊이를 더해줄 수 있기를 기대했다.[7] 현대사회의 종교적 기초는 개인의 존엄이다. 개인에 대한 존중은 계약관계에 대한 존중, 나아가 시장에 대한 존중을 강화한다. 그러나 시장은 정치적 틀에 의해 규제되어야 한다. 정치적 틀은 시장을 거기서 산출되는 결과가 자의적이지 않고 공정하게 되도록 만들어줌으로써 시장의 정신적 본질에서 벗어나지 않게 하는 기제다. 뒤르켐은 노동자와 고용주로 구성된 길드 같은 조직이 생긴다면 노동을 단순한 생계수단이 아닌 도덕적 책무의 문제로 여길 수 있게 해줄 것이라고 추정했다. 현대 사회주의(또는 복지국가 자본주의)는 단순히 복지만 추구하기보다는 정신적인 의도를 가지고 있다. 종교적 색채가 강한 현대 공동체주의자들의 주장은 한 세기 전에 뒤르켐이 했던 얘기와 매우 흡사하다.[8] 그들이 추구하는 정치는 현재의 자유주의 및 사회적 가치관의 상실에 대한 불만에도 불구하고 뒤르켐이 추구한 것보다 더 대단한 것으로 보이지 않는다. 이는 타박이 아니다. 대단하지 않은 정치가 오히려 사회적 수요를 충족시키고, 시민들을 서로에 맞서 무기를 드는 방향으로 끌고 가지 않기 때문이다.

종교가 불필요해질 때

지금까지 소개한 불안들은 근거가 없는 것이며, 전통적인 종교적 신앙과 제도들이 없어도 아쉬울 게 없다는 견해는 흔히 접할 수 있다. 그러나 이에 대해 마르크스와 엥겔스는 이견을 보였다. 두 사람의 관계를 고려할 때 극히 드문 경우다. 경건주의 계열 개신교 집안 출신인 엥겔스는 인류는 어떤 실존의 철학을 필요로 한다고 생각했다. 반면에 현실적인 이유로 기독교로 개종한 유대계 불가지론자의 아들인 마르크스는 종교 문제에 대해서는 잘 알지도 못하고 관심도 없었다. 조직화된 종교는 일단 사회가 합리적으로 조직되고 나면 필요 없어질 것이다. 종교 대용물도 불필요했다. 종교가 존재하는 것은 세상의 불행에 대해 인간에게 위로를 주기 위해서다. 불행이 존재하지 않는다면 종교는 설 자리를 잃을 것이고, 누구도 종교가 사라진 것에 대해 아쉬워하지 않을 것이다. 마르크스는 헤겔에 심취했지만 절대자에 대한 열망 같은 것은 전혀 없었다. 이것은 어찌 보면 놀랍게 느껴질 수 있다. 정신이 인류 역사에서 완전한 자기 인식에 도달한다고 하는 헤겔의 설명은, 태초의 에덴동산, 인간의 타락, 이어지는 기나긴 고난, 그리고 결국에는 구원이라는 유대교-기독교 신화와 구조가 동일하다는 말들을 많이 한다. 특히 마르크스도 4단계의 신화를 제시했다는 얘기는 더 많다. 원시 공산제로 시작해 사적 소유의 발명과 더불어 타락이 생기고 재산은 있지만 불행한 인간의 역사가 계속되다가 성숙한 공산주의로 막을 내린다는 역사 단계론이 그것이다. 마르크스는 그런 유사성에 대해서는 알지도 못했고 관심도 없었던 것으로 보인다.

우리는 행복한 인간은 종교적 신앙도 종교의 철학적 대용물도 필요치 않다는 마르크스의 확신을 다른 식으로 해석하기보다는, 세계 대부분의 지역에서 세속화는 일어나지 않았다는 참으로 놀라운 사실에 주목해야 하겠다. 과학 지식의 폭발과 과학을 응용한 기술의 발전은 종교적 신앙의 입지를 약화시키지 않았다. 가장 현대적이고 가장 강력한 자유민주주의 체제는 세속화와는 아주 거리가 멀다. 미국은 "우리는 하느님을 믿는다"라는 국가적 모토를 화폐에 새겨놓고, 공적인 영역에서도 그런 신념을 진지하게 표현하고 있다. 교회와 국가의 분리는 미국 헌법에 제도화돼 있고, 연방대법원이 면밀히 감시하고 있다. 그러나 1950~1960년대의 냉전은 '하느님을 거부하는 공산주의'와 대항해 싸운 전쟁이었고, 기독교(또는 '유대교-기독교 전통' 내지는 좀더 넓은 의미의 '신앙')는 미국 사회·정치질서에 축복을 주는 것으로 이해됐다. 미국에서 무신론자라고 떠드는 사람은 선거를 통해 국회의원이 될 수 없고, 대통령 후보들은 건강보험이나 인프라 구축 등에 관한 정책을 고안할 때 엄숙한 표정으로 '하느님의 인도하심을 간절히 기원합니다'라는 말을 습관적으로 한다. 이처럼 종교적 신앙이 사회적으로 세를 넓힌 것은 교회와 국가의 분리가 우리가 생각하는 것보다 훨씬 규제력이 떨어진다는 의미다. 영국의 18세기 국교제 폐지 옹호론자들은 그런 상황을 일찍이 예견했고, 토크빌도 그런 사태가 올 것이라는 점을 강조했다. 반성직자주의가 활개를 치는 것은 권위주의적인 교회와 권위주의적인 정부가 한통속일 경우다. 이는 개신교의 종교개혁에 대항한 16~17세기 가톨릭의 반종교개혁 시기에 유럽의 많은 지역에서 확인되는 사실이다. 미국에서는 종교 분쟁에 대한 처방이 다른 부문의 분쟁에 대한 처방, 특히 사업 실패에 대한 처방과 매우 흡사했다. 딴 데 가서 교회를 개척해 새로운 신도를 모으라는 식이었다.

미국은 대단히 종교적인 사회다. 여기서 '종교적'이라는 것은 신학자들보다는 사회학자들이 생각하는 의미에서 종교적이라는 뜻이다. 미국에는 유대교인, 무슬림, 힌두교인, 불교도, 애니미즘 신자 같은 소수 종파 신봉자가 꽤 되는 것은 물론이고, 기독교 교회들도 놀라울 정도로 다양하다. 여기에는 '예수그리스도후기성도교회' 소속으로 구약과 기타 많은 부분에서 정통 기독교와 견해를 달리하는 모르몬교도들도 포함된다. 신학적 토론에 관심이 많은 미국인은 거의 없다. 그들은 생시몽과 콩트가 기대한 것처럼 우주가 자기편이라고 믿는다. 그러나 그렇게 생각하는 이유는 생시몽과 콩트가 더이상 불가능할 것이라고 본, 초자연적 존재에 대한 상당한 믿음 때문이었다.

많은 비유럽 종교들은 전통적인 기독교와 너무도 달라서 세속화라는 개념을 적용하기가 곤란해 보인다. 초자연적 존재에 대한 정교한 설명을 구비한 종교가 그 사회에 존재하지 않는다면, 과학이 치고 들어오면 맥을 못 추게 될 신앙이 무엇인지를 특정하기가 더 어렵다. 19세기 말 이후 일본은 경제와 산업을 근대화하고, 교육제도는 프로이센을 모델로 했으며, 1914년 이전의 독일제국과 흡사한 의회제도를 도입했다. 그러나 천황이 신神이라는 대중의 신앙은 약화되지 않았다. 그 한 이유는, 천황의 신성은 그리스도의 신성이 아니라 기독교 공인 이전 다신교 시대의 로마 황제의 신성과 유사하기 때문이다. 그런 사회를 '세속화한다'는 것은 가톨릭이 지배하는 유럽을 세속화하는 것과는 다르다.

하이테크와 종교적 신앙이 공존하는 것을 보고 놀라워한다면 번지수를 잘못 짚은 것이다. 철학자와 사회학자는 우리의 신앙과 우리의 경제, 정치, 기술이 논리적 단일성을 이루어야 한다고 생각하는 경향이 강하다. 그러나 사실을 들여다보면 전혀 그렇지 않다. 2차대전 말 일본 가미카제 자살특공대 조종사들은 천황을 상대편인 미국 해군 수병 및 조종사들과 다른 시각으로 봤다. 그러나 양쪽의 전투력은 종교 내지는 유사종교적인 신념에 따라 차이가 나는 것이 아니었다. 아야툴라 호메이니의 이란과 사담 후세인의 이라크 간에 장기간 계속된 전쟁에서 이란군은 종교적 열정 때문에 인명 손실을 너무 많이 입었다. 그러나 무신론으로 무장한 2차대전 시기의 소련 적군이나 세속주의를 추구하는 이라크 바트당 군대도 그에 못지않게 인명 손실을 너무 많이 봤다. 어느 쪽의 육군 또는 공군의 전투력도 종교적 신념이나 그런 신념의 부재 때문에 영향을 받지는 않았다.

간단히 말하면, 최근 200년 동안 제도권 교회의 입지가 약했고, 계속 약해져온 영국 같은 사회에서는 전통적인 신앙의 제도적 대용품이라고 할 만한 것이 발전되지 못했고, 사회적으로 그런 수요도 없었다. 시민들은 선동가들에게 현혹되지도 않았고, 위험한 기획에 가담하지도 않았고, 그렇다고 유별나게 스스로에 만족하게 된 것도 아니었다. 전통적인 종교적 신앙에서 떨어져 나가면 시민들은 즉각 파시즘이나 그와 유사한 이데올로기에 현혹될 것이라는 생각은 틀렸다. 종교적 신앙이 있다고 해서 그런 신조나 헛소리에 현혹되지 않을 것이라는 보장도 없다. 사회 전반에 종교적 신념 같은 것이 없으면 정치적 상식이 잘 통할 것이라는 보장 역시 없다. 핵심은 현대화가 예상과 달리 종교적 신념에 별로 영향을 주지 못했다는 것이다. 과학적 신념과 종교적 신앙의 충돌을 대부분의 종교인들은, 철학자들의 추정과 달리, 문제라고 생각하지 않는다. 종교적 신앙이 형이상학적 확신을 아주 조금만 내포하고 있는 경우에는 과학과 종교의 충돌은 거의 일어나지 않는다. 그 점은 그런대로 좋은 소식이지만 현대화가 종교적 신앙의 극렬한 양태를 없애버릴 것이라는 낙관론도 틀렸음이 입증되고 있다. 종파 분쟁은 여전히 건재하다.

근본주의

이제 근본주의라고 하는 골치 아픈 주제를 논해야 할 때다. 골치 아프다고 한 이유는 '근본주의'가 대개 개념 내용이 거의 없는 멸칭이기 때문이다. 근본주의라는 용어는 처음에는 사실상 성서의 무오류성과 모든 신자가 목회자라고 믿는 프로테스탄트 기독교인들에게만 적용되는 개념이었다. 한 사람과 성서만 있으면 교회가 된다는 주장이었다. 그런데 무슬림에게 이 용어가 적용되면 전혀 다른 현상을 지칭하는 말이 된다. 민족적이고 종족적인 이유로 현대화와 서구에 반대하는 형태의 이슬람 정치를 주장하는 사람들을 지칭하는 용어가 되는 것이다. 근본주의라는 용어를 쓰지 않는다면 우리의 의문은 다시 다음과 같이 표현할 수 있을 것이다. '우리는 종교적 충돌 또는―새뮤얼 헌팅턴이 사용해 유명해진 표현을 쓴다면― "문명" 충돌의 결과로 끝없는 전쟁에 빠져들 위험에 처해 있는가?'

최근 정치의 놀라운 양상 가운데 하나인 테러리즘의 급부상에 대해서는 대개 종교적 요인이 강한 분쟁의 특수성을 조명하는 식의 설명이 많다. 그런 분쟁이 처음 시작된 것은 아마도 종교개혁 시기의 유럽에서였을 것이다. 그러나 이런 설명은 모든 테러리즘에 해당되는 것이 아니다. 1차대전 발발 20년 전의 테러리즘은 종교적 연원이나 종교적 의도 같은 것은 전혀 없었다. 무정부주의자, 사회주의자, 분노한 민족주의자들은 테러를 러시아의 차르에서 미국의 산업자본가 또는 '부르주아 사회' 일반에 이르는 광범위한 타도 대상과 싸울 수 있는 최고의 또는 유일한 무기로 간주했다.[9] 대부분의 정치적 맥락에서 보면 분쟁은 홉스가 제시했던 분석을 따른다. 즉 '합리적인 행위자가 폭력을 사용하는 것은 어떤 목적을 달성하기 위해서'다. 보복 위협은 그런 행위자들을 어느 정도 억지할 수 있고, 그들이 목숨을 걸지 않고도 확보할 수 있는 이득을 내주면 완전히 누그러질 것이다. 19세기 말 20세기 초의 무정부주의자들도 동의하지 않지는 않았을 시각이다. 합리적인 인간은 상호 위협을 통해 폭력을 줄이고, 정부가 주민을 소외시키지 않는 것은 주민들의 폭력적인 반응을 두려워하기 때문이며, 주민이 정부에 복종하는 것도 같은 이유에서다. 국제적으로 '상호전멸전략mutually assured destruction'은 미국과 소련이 평화를 유지하는 토대였다. 일방은 핵 선제공격을 하면 다른 일방이 전면적으로 보복할 것임을 잘 알고 있다. 따라서 어느 쪽도 선제공격의 유혹을 느끼지 않는다는 것이다. '상호전멸전략'의 약자가 MAD('미쳤다'는 영어 단어와 철자가 동일하다—옮긴이)라는 것은 그것이 동반자살 약속과 같은 것임을 말해준다. 그러나 논리는 흠잡을 데 없고, 효과도 바람직하다. 상호 억지라는 우산 아래서 개인들과 국가들은 서로 협력할 수 있다. 그러나 모든 것은 관련 당사자들이 합리적이야 하는 점에 달렸다. 상호 억지가 작동하려면 당사자들이 어떤 행동이 초래할 결과와 영향을 미리 계산하는 존재여야 한다. 일반적으로 테러리스트들은 죽음이나 수감의 위험이 너무 클 경우 행동이 억지될 것이라고 간주된다. 그러나 억지라는 개념에 내포돼 있는 끔찍함을 외면해서는 안 된다. 테러활동과 반테러 작전이 야기하는 최악의 결과에는 무고한 시민이 당하는 '부수적 피해 collateral damage'라는 것이 있다. 정부는 테러리스트의 가족을 인질로 잡거나 죽이고 싶은 유혹을 느끼고, 테러리스트들은 정부 관리나 그 가족에 대해 동일한 행동을 하고 싶은 충동을 느낀다.

종교개혁을 통해 유럽이 배운 것은 억지라는 것이 통하지 않는 경우가 종종 있다는 사실이다. 당시의 종교적 폭력의 두 가지 양상은 현재의 문제를 이해하는 데 좋은 참고가 된다. 첫째, 깊은 확신을 가진 자들은 대의를 위해 기꺼이 목숨을 바쳤다는 사실이다. 로마의 박해에 직면한 초기 기독교인들이 그랬던 것처럼 순교를 감수하는 것이다. 둘째, 어떤 종교의 가르침을 진심으로 신봉하는 자들은 불신자와 이단을 말살하는 것을 그 자체로 선이라고 봤다. 불신자와 이단을 다 죽여버리겠다고 위협하는 것은 협상전술이 아니었다. 그들을 말살하는 것이 최종 목표인 것이다. 순교를 기꺼이 감수하는 사람들에게는 협박이 안 먹힌다. 적을 절멸시키겠다고 하는 사람들에게는 대안을 놓고 협상을 한다는 것이 통하지 않는다. 자살폭탄 공격자들은 비타협적인 목표를 가지고 있으며 협박으로 행동이 억지되지 않는다. 그들은 1969~1998년 영국 정부를 상대로 전투를 벌였던 아일랜드공화군 IRA과는 전혀 다르다. 자살폭탄 공격자들이 독일 인구의 30퍼센트를 죽게 만든 16~17세기 종교전쟁의 기억을 떠오르게 하는 것은 놀라운 일이 아니다.

그럼에도 불구하고 종교적 요인이 강한 테러리즘이 세계대전으로 번질 것 같지는 않다. 테러리즘은 광범위한 공포와 불편을 야기했고, 경찰력이 허술한 국가들에서는 대량 살상이 흔한 일이 됐다. 그러나 테러리즘은 문명들 간의 전쟁이 아니다. 문명 충돌 내지는 종교 충돌이라는 개념이 표면적으로 설득력을 갖는 것은 20세기가 비타협적인 적들 간의 폭력 충돌로 큰 고통을 겪었기 때문이다. 나치 독일과 공산 러시아가 싸웠고, 냉전 시기에는 미국 및 그 동맹국들과 소련 및 그 동맹국들 간에 분쟁이 심화됐다. 지금 벌어지고 있는 많은 분쟁에는 종교적 뿌리가 있다. 물론 항상 다른 요인들도 중첩돼 있다. 아랍과 이스라엘의 분쟁은 종족적이고 종교적인 성격의 것임이 자명하지만 동시에 땅과 자원을 놓고 벌이는 분쟁이기도 하다. 유고슬라비아가 여러 나라로 쪼개진 가장 큰 요인은 기독교계 주민과 무슬림 주민 간의 종족 분쟁이었다. 그 결과는 역겨운 내전으로 번졌다.

그러나 종족 간의, 종교 간의 대치는 고질적일 뿐 아니라 새로운 세계대전의 시발점이라는 견해는 설득력이 없다. 런던, 뉴욕, 파리의 관찰자는 중동을 시야의 중심에 놓고 거기에서부터 이슬람 테러리즘이 문제가 되는 다른 나라들을 바라본다. 이런 자세는 우리의 시선을 왜곡시킨다. 종교 분쟁은 다른 종교 간 분쟁 못지않게 같은 종교 내 종파 간 분쟁도 극심하다. 발칸반도의 정교회 기독교인과 가톨릭교도들은 서로를 무슬림만큼 적대적으로 대했다. 이슬람교 수니파와 시아파는 기독교인이 그들을 대하는 것보다 서로에 대해 더 적대적이다. 북아일랜드는 30년 동안 저강도 내전을 겪었다. 그 기본 이유는 종파 간 다툼으로 알려져 있다. 지금까지 설명한 분쟁 가운데 문명 간의 분열에서 비롯된 것은 하나도 없다. 그런 분열이 주요 강대국 간 전쟁으로 이어질 가능성도 없다.

그렇다고 완전히 안심할 수는 없지만 몇 가지 수치를 꼽아보면 도움이 된다. 2차대전 때 몇 명이 죽었는지 정확히 알 수는 없지만 러시아인 3000만 명 이상, 독일인 800만 명 이상이 사망한 것은 분명하다. 발트해와 우크라이나 사이에서는 약 1400만 명이 살해됐고, 그중 3분의 1 이상이 유대인이었다. 현대 유럽에서 전쟁이 일어나면 핵무기를 사용하지 않아도 전체 주민 4억 4000만 명 가운데 최소 20퍼센트가 사망할 것으로 추정된다. 대규모 전쟁 가능성이 없다는 명제에 그나마 안심하는 것은 우리가 어느 정도의 사상자 발생에 대해서는 크게 염려하지 않기 때문이다. 그렇다고 세계가 안전한 곳이라는 의미는 아니다. 여행도 쉽고, 다수—수백 또는 수천 명—의 인명을 살상할 수 있는 수단을 얼마든지 구할 수 있는 세상에서 완전히 안전한 곳은 어디에도 없다. 물론 어느 지역이든 테러 공격으로 죽을 위험성은 사고사나 기타 일반적인 피살로 죽을 가능성보다 훨씬 낮다. 사람이 많이 몰리는 장소는 혼란과 불안을 야기하고자 하는 자들에게는 매력적으로 비치기 때문에 대도시, 비행기, 대중교통수단 등은 분명히 공격 대상이 된다. 그리고 종교적 광신은 확신범(테러리스트)을 키운다. 물론 광신자들에 의한 대량 살인은 그것을 전쟁으로 오해하지 않더라도 충분히 끔찍한 일이다. 30년전쟁이 끔찍할 정도로 파괴적이었던 이유는 종교나 왕조 유지, 영토 확보를 위해 서로 싸우는 통치자들이 조직화된 군대를 동원했기 때문이다. 군대가 행군을 하면서 현지에서 군량을 조달하고 모든 것을 파괴함으로써 민간인들은 기근과 질병으로 죽어나갔다. 현대의 종교적 광신도 끔찍하기는 하지만 그것이 지구 차원의 위험이 되려면 자살도 불사하는 광신자들이 우선 무장이 잘된 국가를 장악해야 한다. 그야말로 무시무시할 정도의 대량 살상이 가능한 무기를 보유한 나라는 국가는 러시아와 미국이 유이한데, 그 어느 쪽도 광신자들 손아귀에 장악될 가능성은 희박하다.

세계화

이제 우리가 위험한 세계에서 살고 있다는 현실을 짚어볼 차례다. 첫째, 우리는 21세기의 또 한 가지 불안을 고려해야 한다. 그것은 세계화로 야기된 정치적 긴장이다. 마르크스주의 계열이든 다른 계열이든 사회주의는 서유럽과 미국에서 진행된 산업화라는 대격변에 대한 반작용이었다. 한 국가

안에서 일어나는 일과 전 세계적으로 일어나는 일을 비교할 때는 조심해야 한다. 그러나 세계화에 대한 반작용이 초기 산업화에 대한 반작용과 마찬가지로 적대적인 경우가 많았다는 것은 놀라운 일이 아니다. 그런 적대감은 많은 나라들이 지금도 초기 산업화 단계를 힘들게 겪고 있는 상태여서 더욱 심했다. 이코노미스트들은 변화에 따르는 불공정과 불행보다 변화가 주는 혜택을 강조한다. 그러나 주민들이 전체적으로, 그리고 평균적으로 소득이 높아지고 평균수명이 길어지고 교육 수준이 올라가도 많은 개인은 고통을 겪고 있을 수 있다. 혼란에 따르는 비참함을 강조하는 세계화 비판자들은 GNP 증가를 중시하는 사람들과는 다른 시각에서 문제를 본다.

잘나가는 사람들도 '더 잘할 수 있었는데'라는 생각에 사로잡히면 불행할 수 있다. 사회학자들이 '기대 상승의 혁명revolutions of rising expectations'이라고 칭하는 현상은 정치사상가들을 곤혹스럽게 만든다. 그런 혁명의 대표 사례로 종종 거론되는 것이 프랑스혁명이다.[10] 최근에 일어난 커뮤니케이션 혁명으로 우리는 서로를 더 잘 알게 됐다. 그리고 미국이 세계 대중문화에서 압도적인 역할을 함으로써 급속한 경제성장을 하고 있는 나라들에서도 많은 사람들이 자신을 과거의 가난했던 자화상이 아니라 서구의 유복한 동시대인들과 비교할 수 있게 됐다. 동시대의 미국인보다 덜 부유하다는 사실이 세상은 불공정하다는 일종의 억울함 같은 것을 불러일으킬 수 있다. 그런 감정은 그래도 지금이 할아버지나 아버지 세대보다는 낫다는 사실만으로 해소되지 않는다. '준거집단이론'은 우리가 주관적으로 행복하다고 느끼느냐 불행하다고 느끼느냐는 비교를 누구와 하느냐가 중요하다는 것을 말해준다. 이 책을 읽는 정도의 사람들이라면 자신이 몽골 유목민이나 인도에서 거리 청소를 하는 불가촉천민보다 얼마나 잘사는지에 대해서는 생각하지 않는다. 그러나 왜 자신이 고등학교 때 알던 별로 똑똑하지 못한 변호사보다 월급을 적게 받는지에 대해서는 의문을 갖는다. 그러나 주변에서 그런 억하심정을 풀어주려고 다독여줄 경우에는 자기보다 형편이 못한 사람들에 대해 생각하기도 한다. 이런 단순한 사실을 노회한 정치인은 적절히 이용할 줄 안다.

우리 시대의 두려움은 세계화가 국가적 차원과 세계적 차원의 정치적 불안을 동시에 야기할 수 있다는 것이다. 게다가 어느 한쪽의 불안은 다른 쪽의 불안을 악화시킨다. 세계의 빈곤층은 마르크스와 그 추종자들이 사용한 용어의 의미에서 '국제적 프롤레타리아'를 구성한다는 얘기를 종종 한다. 그들이 카를 마르크스가 살았던 유럽 산업화사회들의 국경을 넘어 단결하는 산업 노동자가 아니라면 프롤레타리아의 혁명적 역할을 완수할 수 있을지 모른다. 세계적 차원의 착취 시스템의 희생자로서 잠재적으로 착취자들에 맞서 봉기를 일으키는 역할 말이다. 이것이 프란츠 파농의 『대지의 저주받은 자들』에 활기를 불어넣은 사상 가운데 하나였다. 그런 사상의 매력은 분명하다. 그러나 마르크스가 말한, 한 국가 내의 프롤레타리아 봉기에 대한 구상을 가지고 세계적 차원의 봉기를 추론하는 것은 문제가 많다.

단일국가 내에서 일어나는 상황에 대한 마르크스주의 이론은 비교적 신뢰할 만하지만 그것을 전 세계 차원으로 확대 해석하는 것은 위험하다. 마르크스주의 스토리의 핵심은 장악해야 할 하나의 국가가 있고, 그 국가를 장악하는 것이 프롤레타리아 봉기의 목표라는 것이다. 그러나 세계는 글자 그대로 아나키, 즉 정부가 없는 상태다. 따라서 장악해야 할 국가도 없다. 다시 정리해보자. 마르크스주의 스토리의 핵심은 생산력이 발전할수록 프롤레타리아의 수가 증가한다는 것이다. 기계에 의한 생산이 증대하면 산업 생산에 투입되는 사람들의 비율이 증가한다. 그런 과정은 글로벌한 단계에서 진행되는 것은 아니다. 글로벌 경제가 무엇이라고 정의하기도 어렵다. 일부 공장들은 아직도 1840년 맨체스터의 그것들과 너무도 흡사하지만 대부분은 그렇지 않다. 현대 글로벌 경제를 뒷받침하고 있는 금융 장치들도 마르크스가 상상했던 것과는 너무도 다르다. 선진국의 세계화 반대 시위자들의 분노에 불을 지피는 것은 원시적인 공장에서 이루어지는 어린이노동과 여성노동, 노동자들의 건강이나 교육, 복지에 아무 책임도 지지 않는 무자비한 고용주들, 노동자들이 노조를 결성해 고용주로부터 좀더 좋은 노동조건을 얻어내려는 시도를 탄압하는 정치체제 등이다. 그런 경우가 너무 많은 것은 분명하다. 그러나 전형적인 것은 아니며, 보편적인 것은 더더구나 아니다. 많은 경우가 1840년의 영국과는 전혀 다르고, 첨단기술을 투입한 조립공장에서 고부가가치 제품을 생산한다. 반면에 '아웃소싱'을 하는 서비스의 경우에는 세련된 말씨의 도시 출신 대졸자들을 고용한다. 가난에 찌든 농촌 부모들에게 팔려 노예 같은 조건에서 일하는 어린이들이 아니다.

노동자들과 소유주(노동자들이 일하는 공장을 소유하고 경영한다) 간의 고전적인 적대관계도 세계화된 세계에서는 존재하지 않는다. 현대식 공장의 소유주들은 공장에서 1만 6000킬로미터 떨어진 곳에 사는 경우가 많다. 프롤레타리아의 고전적인 무기인 파업은 상대가 다국적기업일 경우 효과가 전만 못하다. 생산시설을 쉽게 다른 지역으로 이전할 수 있기 때문이다. 헤겔이 상상했던, 자본가가 유동자금을 '쉽게 넣고 쉽게 빼는' 존재로 규정되는 세계가 바로 지금 우리가 사는 세계다. 마르크스는 노동자 연대가 거의 불가피하다고 전제했다. 함께 일하는 노동자들은 노조를 꾸리기 쉽다고 생각한다는 것이다. 특히 물리적으로 가까이 있다는 것, 싸워서 이긴 투쟁의 기억을 공유하고 있다는 것, 주변에서 믿을 수 있는 사람과 그렇지 않은 사람이 누구인지 잘 안다는 것 등등이 조직화의 좋은 조건이다. 그런 전망은 마르크스가 죽기 전에 이미 낡은 것이 되었고, 지금은 현실과 전혀 다르다. 마르크스는 또 새로운 커뮤니케이션 수단—철도 같은 물리적인 것일 수도 있고 신문 같은 지적인 것일 수도 있다—덕분에 노동자들이 노동자 공동의 이익이 무엇인지 깨닫고 그것을 중심으로 단결할 수 있게 된다고 생각했다. 비판자들은 그런 자원은 노동자들만이 아니라 자본가와 정부에게도 똑같이 유용한 것이라고 늘 주장해왔다. 자본가들은 서로 합병할 수 있고, 정부는 군대를 좀더 쉽게 동원할 수 있게 됐다. 매스미디어는 프로파간다를 통해 노동자들을 오도하고, 기죽이고, 노동자 조직을 와해시킬 수 있다. 정부는 그런 일을 잘 못할 수 있다. 그런데 인터넷과 휴대폰 같은 뉴미디어의 등장으로 다수의 사람들을 도시 폭동에서 대규모 봉기까지 온갖 행동에 신속히 동원하는 것이 가능해졌다. 다만 뉴미디어가 마르크스가 기대한 혁명과 유사한 행동을 촉진할지 여부는 또다른 문제다.

이런 현실 진단들이 곤궁한 개발도상국 노동자들이 글로벌 프롤레타리아를 형성할 것인가 하는 질문에 답을 주지는 않는다. 다만 그들이 하나가 된다고 해도 전 세계 차원의 혁명을 성취할 수는 없다는 점은 분명히 말해준다. 따라서 두 가지 의문이 남는다. 첫째는 개도국 노동자들이 도대체 프롤레타리아를 형성하기는 할 것인가이다. 둘째는 그들에게 마르크스가 상상했던 것과 다른 가능성은 없는가 하는 것이다. 첫번째 질문에 대한 답변은 노, 두번째 질문에 대한 답변은 예스다. 고전적인 프롤레타리아는 생산수단과의 관계에 의해 규정됐다. 그런 관계의 고전적인 형태는 가진 것 없는 비숙련노동자와 일하지 않는 자본가 소유자의 관계였다. 그런데 지금은 타이완의 숙련노동자와 파키스탄의 카펫 공장에서 일하는 12살짜리 어린이 사이에 공통점이라고는 아무것도 없다. 두 사람은 너무도 다른 방식으로 고용주와 관계를 맺고 있고, 이를 통해 다시 세계시장과 관계를 맺고 있기 때문에 마르크스식 드라마를 몰고 갈 동력 자체가 없다. 나라마다 충분히 악용할 수 있을 만큼 강력한 적대관계들이 있다. 그런데 모든 나라가 단기간에 번영을 거머쥔 저 동아시아 국가들처럼 성공하기는 어렵다. 그러나 개발도상국들의 가장 가난한 주민들이 글로벌 프롤레타리아를 형성하는 것은 아니다. 노동자와 자본가의 충돌과는 다른 형태의 폭력적인 충돌이 발생할 가능성은 많다. 개도국 내에서도 그렇고, 최악의 경우 어지간한 규모의 민족국가들 간에 충돌이 빚어질 수 있다. 그것은 이란·이라크전쟁이나 미국이 최근에 치른 전쟁들과 비슷한 양상일 것으로 보이지만 글로벌 프롤레타리아 봉기는 아니다.

민족주의

산발적인 폭력은 전쟁이 아니다. 물론 그 피해자들로서는 그야말로 끔찍한 사태다. 심지어 테러리스트 집단이 전쟁이라고 칭하는(테러의 대상이 되는 쪽에서도 '전쟁'이라는 표현을 사용한다) 행동을 한다고 해도 전쟁은 아니다. 전쟁이란, 정확히 말하면, 한 국가가 다른 국가를 상대로 무력 수단을 체계적이고 조직적으로 사용하는 행위다. 같은 논리로, 내전은 특정 국가를 장악하거나 개조하고자 하는 분파 집단들이 무력을 체계적이고 조직적으로 사용하는 행위다. 실패한 국가에서는 내전과 단순 약탈의 구분이 불가능한 경우도 있다. 현재 가장 큰 평화 위협 요인을 제공하고 있는 것은 실패한 국가들이다. 그러나 여기서 위협이라고 하는 것은 그런 국가들이 다른 국가들에 대해 폭력 수단을 행사할 수 있기 때문은 아니다. 기본적으로 그런 국가들은 지리멸렬해서 무력을 효과적으로 사용할 수도 없다. 그들이 야기하는 위험은 국가가 붕괴돼 혼란이 생기고 그에 따라 인도주의적 재앙이 발생하기 때문이다. 선진 세계는 그런 재앙을 막기 위해 개입하지 않을 수 없는 상황이 된다. 하나의 개입은 다른 국가나 테러리스트 집단의 추가 개입을 야기함으로써 고통과 유혈 사태를 오히려 확대시킬 위험이 있다. 그런데, 개입 역시 대규모 전쟁으로 번질 위험은 없다. 20년 전 한 초강대국의 개입은 다른 초강대국의 보복 개입을 유발할 위험이 컸다. 그러나 지금은 개입을 선호하는 성향을 가진 초강대국은 하나뿐이어서 그런 위험은 훨씬 줄었다.

초강대국 간의 경쟁이 사라진 상황에서 강대국들 간에 핵전쟁이 일어날 가능성을 우려할 필요는 없겠다. 그러나 문제는 내전 내지는 내전에 준하는 사태가 이웃 나라들로까지 번져 지역 전체가 불안정해지는 상황이다. 이는 한 대륙의 상당 부분에까지 영향을 미칠 수 있다. 과거에 콩고와 앙골라의 내전이 그랬고, 소말리아 내전이 그런 지경까지 확대될 수 있는 상황이다. 그런 상황에서는 국제 문제에 대한 현실주의적 접근과 인도주의적 접근이 첨예하게 충돌한다. 현실주의적 접근은 선진국들에게 자기네 사회의 사활적 이익이 걸린 문제냐 아니냐만을 따져서 행동하라고 요구한다. 반면에 인도주의적 접근은 수백만 명이 불행하게도 잘못된 장소에서 태어나 산다는 이유만으로 학살당할 위기에 처해 있는 것을 그냥 두고볼 수는 없다고 생각한다. 남수단에서 벌어지는 강간, 아사, 살인이 영국이나 미국에 거의 위협이 되지 않는다고 강조하는 현실주의적 접근은 역겨울 정도로 냉혹한 태도로 보일 수 있다. 그러나 현실주의자들은 무분별한 개입은 훨씬 더 많은 사람들을 강간, 아사, 살인의 희생자로 만들 수 있다고 반박한다. 인도주의적 재앙이 제기하는 정치적 문제를 해결하는 방법은 다음과 같이 간단히 정리할 수 있다. '현지 정부가 무력할 경우 세계정부 같은 형태의 정치적 제도들이 평화와 번영을 약속해줄 수 있는가?'

각종 분쟁 중에서도 가장 큰 위험은 구식 민족주의에서 비롯된다. 한 가지 위험은 국수주의 정부가 기존 국경선을 넘어 같은 민족을 끌어안으려고 할 때 발생한다. 또다른 위험은, 특정 민족주의운동이 다민족 정부를 침해하거나 분할하려 하고 해당 정부는 그런 운동을 차단하고자 할 때 발생한다. 첫번째 경우는 히틀러가 체코슬로바키아를 공격하는 빌미가 됐다. 소련의 해체는 두 가지 위험이 발생할 수 있는 길을 터줬다. 시각에 따라 러시아군이 체첸에 주둔하고 있는 것은 러시아 국수주의가 체첸의 정당한 욕구를 분쇄하려는 행위라고 볼 수도 있고, 체첸 민족주의자들이 러시아를 분할하려는 시도 때문이라고 볼 수도 있다. 2차대전 종전 이후 중동 정치에서는 두 가지 경우가 혼재돼 왔다. 이스라엘 건국이 미친 영향을 논외로 한다면, 영국, 프랑스, 미국 같은 제국주의 세력에 대항해 '아랍 민족주의' 또는 '이슬람 민족주의'를 확산시키는 데 있어서 주도권을 잡으려는 이런저런 나라들의 시도가 중동 정치의 핵심 사안이었다. 그것이 특히 위험한 이유는 세계 원유 공급 중심지라는 중동의 입지가 지역정치를 전 세계적 차원의 문제로 비화시켜왔기 때문이다. 원유 없는 중동을 상상할 수 있는 독자라면 중동이 산산조각나도 외부 강대국들은 무관심한 상황을 상정해볼 수 있다.

아랍과 이란을 비롯한 중동의 민족주의는 세계정치 판도를 계속 불안정하게 만들 것이다. 그러나 그 때문에 주요 강대국들 간에 전쟁이 일어날 위험은 거의 없다. 그렇다고 중동의 민족주의가 야기하는 공포와 불안을 대수롭지 않게 보는 것도 아니고, 그로 말미암아 폭력이 자국 내로 번지는 것을 막기 위해 조치를 취하는 민주주의 국가들에서 시민적 자유가 침해되는 상황을 과소평가하는 것도 아니다. 예를 들어 알카에다의 공격 대상은 줄곧 사우디아라비아였지만 메카에 칼리프 국가를 수립하는 것을 방해하는 것은 미국이라는 확신 때문에 미국과 그 동맹국들은 그들의 공격 대상이 됐다. 부수적 피해 규모가 클 수 있다. 무고한 사람들이 자신과는 아무 관계도 없는 이유로 살해당할 수 있을 뿐 아니라, 부수적 피해를 막기 위한 조치가 그들의 정상적인 생활양식을 손상시킬 수도 있다. 지난 50년의 역사를 보면 민족주의적 분노는 그 타도 대상이 문제가 되는 지역을 장악하고 있는 식민주의(또는 신식민주의) 강대국일 경우에는 자체적으로 한도가 있는 반면, 종교와 민족주의가 불가분의 관계로 얽힌 경우에는 차원이 다르다는 것을 알 수 있다.

보통 민족주의적 열망에는 당연히 한도가 있다. 그런 점에서 1950년대 케냐 무장단체 마우마우 Mau-Mau의 봉기는 영국의 식민 지배, 특히 영국 백인 정착민들의 지배로부터 벗어나는 것이 목표였다. 이와 유사하게 다른 반식민주의 봉기도 식민 세력을 더이상 지탱할 수 없게 만듦으로써 식민 지배로부터 벗어나려는 시도였다. 봉기 주도 세력이 장악한 국가들은 현재 대부분 합법성이 결여돼 있고, 경제는 국내적으로는 인구 증가에 따른 수요를 맞추지 못하고, 대외적으로는 경쟁 압력에 시달리는 상태다. 그러나 그렇다고 해서 민족해방의 과업을 완수하지 못했다는 의미는 아니다. 외세는 축출됐고, 민족정부가 수립됐기 때문이다. 미국이 모든 악의 근원이라는 이유로 미국에 대해 가하는 테러 공격은 다르다. 테러리스트들은 조국 해방을 목표로 하는 것이 아니라 해방된 조국이 엉뚱한 자들 손아귀에 들어가 있는 것을 문제삼는다. 미국을 '전 세계적인 차원의' 식민 세력이라고 하는 것은 미국이 종교를 무시하고 현세만을 중시하는 물질주의 문화의 원천이라는 의미다. 그런 의미에서 미국의 힘은 군사적인 것이라기보다는 정신적인 것이고, 따라서 1945~1975년 실제 식민 강대국들을 축출했을 때처럼 퇴출시킬 방법이 없다. 대단히 이상한 점은, 전쟁을 유발할 소지가 가장 큰 요인은 아주 구식의 것이라는 사실이다. 국경선이 확정돼 있지 않은 상태에서 무장이 잘된 강국들이 국경선을 바로잡으려고 나서면 전투로 번질 수 있다. 그런 점에서 인도는 파키스탄 및 중국과 해결해야 할 문제가 남아 있다. 이는 한 가지 사례에 불과하다.

핵전쟁이라는 악몽

테러리즘의 폭력과 민족주의로 인한 폭력이 제3차세계대전은 아니다. 그런 폭력은 문명의 종말을 예고하는 징조가 아니다. 그런 폭력 탓에 화려한 도시들의 삶이 덜 매력적이 되기는 하지만 남수단이나 우간다 북부의 삶보다 덜 매력적이 되는 것은 아니다. 난민 유입 경로만 생각해봐도 금세 알 수 있는 얘기다. 이제 끝으로 훨씬 큰 규모의 인명 살상이 현실화될 가능성이 농후한 두 가지 문제를 살펴볼 차례다. 하나는 우리가 세계정부 같은 것을 만들어 핵 홀로코스트를 막지 못하면 인류는 전멸할 것이라는 문제이고, 또하나는 핵 홀로코스트가 없더라도 인류는 지금 본의 아니게 계속 독을 마시고 있는 것인지 모른다는 문제다. 우리 인류는 스스로를 전멸시킬 운명이라는 두려움이 널리 확산된 것은 20세기 초부터였다. 그런 두려움은 히로시마와 나가사키에 원자탄을 투하하면서 시작된 것은 아니다. 1차대전을 겪으면서 사려 깊은 많은 사람들은 인류는 스스로를 파괴할 운명이라는 결론을 내리게 됐다. 그런 확신은 두 가지 사태, 즉 산업화된 전쟁 방식과 인간의 폭력 본능은 통제 불가능이라는 우려가 중첩되면서 생겨났다. 산업화된 전쟁 방식이 빚은 참상은 1860년대 미국 남북전쟁에서 처음 모습을 드러냈다. 남북전쟁은 처음에는 용감한 보병이 착검을 하고 적 참호로 돌격해 적군이 두번째 일제사격을 하기 전에 궤멸시키는 스타일로 시작했다. 그러나 후장식 소총과 성능 좋은 야포가 등장하면서 참호를 파고 숨은 적군을 향해 무작정 돌진하는 방식은 자살행위나 다름없는 것이 돼버렸다. 병사들은 참호 파는 삽 대신 무기를 먼저 내버렸다. 1차대전은 고성능 폭약과 기관총의 가공할 위력을 보여주었다. 폭격기는 너무 늦게 실전에 투입돼 1차대전 자체의 향방에는 별 영향을 주지 못했지만 그 잠재력만큼은 충분히 과시했다. 나약한 인간은 치명적인 기계들 앞에서 속수무책일 수밖에 없었다.

전투 중 사망자보다 종전 무렵 발생한 스페인 독감으로 훨씬 많은 사람이 사망했다. 그러나 1차대전은 정치적 사유에 막대한 영향을 미쳤다. 문명화된 민족들이 그토록 열정적으로, 그토록 많은 사람을 서로 죽이는 모습을 본 충격 탓에 지크문트 프로이트는 인간은 '죽음의 본능'을 가지고 태어난다는 생각을 하게 됐다.[11] 프로이트의 입장은 아우구스티누스보다 더 암울하지는 않더라도 홉스보다는 암울했다. 자기 파괴적인—또는 무작정 파괴적인—충동이 인간 정신 깊숙한 곳에 자리잡고 있고, 그에 대한 사회적 통제도 거의 불가능하다고 본 것이다. 죽음에 대한 욕망은 두 가지 강력한 본능 가운데 하나였다. 다른 하나는 성적인 충족에 대한 욕망이다. 이런 시각에 큰 영향을 받은 사상가가 버트런드 러셀이었다. 러셀은 오랜 세월 군국주의와 전쟁에 반대하는 운동을 했고, 인간의 파괴성을 제어할 수 있는 세계정부 같은 것을 바람직한 해법으로 봤다.

인간의 선천적 공격성 및 공격을 자기 파괴로 변질시키는 성향에 관한 문제는 논의에 어려움이 많다. 인간의 행동에 대한 정신분석학적 해석은 논란의 소지가 많고, 정신분석학에 대해 인류가 스스로의 존립을 덜 위협하도록 만들 수 있는 해법에 대한 통찰을 기대하는 이론가가 있는가 하면 정신분석학은 본질적으로 정치에 대해 아무것도 말해주지 못한다고 주장하는 이론가가 있다. 프로이트는 모호했다. 1930년에 출간된 『문명과 그 불만』은 문명적인 생활을 위해 필요한 본능의 억압을 우리가 순순히 받아들이기 어렵다는 부분을 짚은 에세이지만 그 핵심은 불명확했다. 프로이트가 개인들은, 홉스의 말처럼 '인간은 인간에게 늑대homo homini lupus'이므로, 서로 해를 끼치지 않도록 억제되어야 한다고 주장한 것은 분명하다. 그러나 그는 홉스보다 강한 어조로 개인들은 그런 억제 기제를 내면화하고 가장 깊은 개인적인 욕망과 사회적 삶의 필요 사이에서 발생하는 긴장을 수긍하며 살아가야 한다고 강조했다. 독일어 책 원제를 '문화 속의 불만 Unbehagen in der Kultur'이라고 한 것도 '불만 내지 불안'이 핵심 개념이기 때문이다.

공격성은 천성적인 것이어서 인간의 통제 범위를 벗어난다는 견해를 기초로 정치이론을 수립한 사람은 없다. 이유는 분명하다. 그러나 인간은 자멸할 운명까지는 아니더라도 공격성이 굉장히 강하고 분노한 상태에서는 오산하기 쉽기 때문에, 스스로를 끝장낼 수단을 보유하고 있다면 우리의 기대수명은 줄어든다. 이런 예상을 더욱 심각하게 만든 것이 핵분열의 발견이었다. 우리는 지금 인류 전체를 몇 차례나 전멸시키고도 남을 수단을 보유하고 있다. 1950~1960년대에 있었던 핵전쟁의 위험에 대한 논의의 상당 부분은 인간의 파괴적인 충동이 인류사의 막을 내리는 것은 시간문제라는 전반적인 인식을 반영한 것이었다. 버트런드 러셀은 대부분의 필자들보다 더 극단적이고 더 발언력이 강했다. 그렇다고 독창적인 것은 전혀 아니었다.[12] 인간이 본능적인 자멸 충동 같은 것은 없고, 민족적 자존심이나 종족적 우월감, 종교적 확신 같은 비합리적인 힘에 쉽게 휩쓸리는 정도의 공격성(전쟁으로 표출된다)만 있다고 해도 역시 문제는 심각하다. 교훈을 얻는 것은 어렵지 않다. 투쟁 본능을 촉발하는 상황에서 인간의 판단력은 흐려진다. 우리는 분쟁 비용은 과소평가하고 승리 가능성은 과대평가한다. 우리는 서로 싸울 운명까지는 아니지만 싸울 개연성이 위험할 정도로 높다. 사려 깊은 정치라면 그런 취약점을 최소화하는 조치를 취해야 한다. 전쟁을 미화하고 민족주의 내지 제국주의 정책을 추구함으로써 긴장을 고조시키고 유혈 사태를 유발하지 말아야 한다. 사려 깊은 정치인이라면 다른 민족에 대한 자국민의 적대감을 가라앉히기 위해 애써야 한다. 이런 주장에 대해, 다른 나라들도 똑같이 자제력을 발휘한다는 보장이 없다면 사려 깊은 정치인은 공격자들의 손쉬운 먹잇감이 되지 않도록 국민을 충분히 무장시켜야 한다는 우울한 반론이 나온다. 그럴 경우 상대편도 우리가 공격할 기회를 엿보고 있다고 생각하는 것은 불가피하다. 미국 전략공군사령부(1992년 해체)의 모토는 "평화는 우리의 임무다"였다. 비논리적인 얘기로 들릴 수도 있겠지만 억지의 논리를 표현한 말이다.

평화주의와 세계정부

지금까지 살펴본 논리는 억지이론에 흔히 등장하는 얘기들이다. 우리는 일단 평화주의의 평화 유지 처방을 살펴본 다음 억지이론에 대해 좀더 상세히 고찰할 것이다. 일단 평화주의 사상의 두 조류를 구분한 다음 세계정부를 옹호하는 논리를 살펴보고 마지막으로 인류가 '서서히 비참하게' 종말을 맞을 것이라는 비교적 최근의 우려에 대해 평가해보기로 하자. 평화주의Pacifism는 보통 절대론적 평화주의와 결과론적 평화주의 두 버전으로 나뉜다. 절대론적 입장은 철두철미 비폭력을 지향한다. 톨스토이와 간디의 입장이 그랬다. 톨스토이는 한쪽 뺨을 맞거든 다른 쪽 뺨을 내주라는 예수의 당부에서 비롯된 기독교 전통에 입각한 평화주의였다. 간디는 악에 대한 수동적 저항이라는 힌두교 전통에 입각해 사티아그라하satyagraha(비폭력 무저항운동 — 옮긴이)를 영국 지배자들에 대항하는 강력한 정치적 무기로 삼았다. 두 사람 다 불의를 행하는 것이 불의를 당하는 것보다 나쁘다는 소크라테스의 주장과 동일선상에 서 있다. 극단적인 평화주의는 공격받기 쉽다. 타인을 보호하기 위한 싸움도 하지 않으려는 평화주의자는 사람들을 죽게 내버려두었든가 그들이 적의 손에 학대당하는 것을 수수방관했다는 양심의 가책을 받아 마땅하다는 것이다. 그런 결과를 감내하는 평화주의자들도 있다. 또다른 평화주의자들은 그런 상황을 피하기 위해 수동적 저항이라는 방법을 구상한다. 그러나 수동적 저항은 우리한테서 뭔가를 얻어내려고 하지만 우리의 협조를 받지 못하면 달리 도리가 없는 적일 경우에만 효과를 본다는 심각한 난점이 있다. 영국은 인도를 현지 주민들의 협조를 얻어 지배하고자 했다. 인도 주민을 죽이는 것이 목표가 아니었던 것이다. 그러나 우리를 그냥 죽이려고 하는 적은 수동적 비협조로는 저지할 수 없다. 나치의 멸절 위협에 직면한 유대인들에게 그런 정도의 저항은 아무런 효과도 없었을 것이다.

좀더 일반적인 시각, 즉 폭력은 최후의 수단이라는 원칙에도 '평화주의'라는 딱지가 붙었다.[13] 버트런드 러셀의 관점은 절대론적 평화주의와는 다른 평화주의였다. 그는 이마누엘 칸트, 루소, 레날(18세기 후반에 활동한 프랑스 역사가이자 철학자—옮긴이)로 거슬러올라가는 오랜 자유주의 사유 전통 속에서 있었다. 러셀의 관점 역시 익숙한 문제들을 제기한다. 대부분의 평화주의자는 폭력으로 인한 죽음을 최소화하려는 결과론적 평화주의를 주창한다. 그러나 사상자를 단기적으로 최소화하는 데 목표를 둘 것이냐 장기적으로 최소화하는 데 목표를 둘 것이냐로 갈등을 겪게 되고, 불확실한 계산 때문에 많은 문제에 봉착한다. 얼핏 보면 전쟁 예방 차원의 선제공격을 지지하는 것은 평화주의적 입장과는 거리가 멀어 보인다. 그러나 어떤 상황에서는 선제공격이 장기적으로 폭력으로 인한 사망자 수를 최소화한다고 믿을 수도 있다. 단연 대표적인 경우로는 1946년 버트런드 러셀이 한 행동을 꼽을 수 있다. 소련이 핵무기를 획득하기 전에 소련과 단기전을 벌여 유럽에서 항구적인 평화를 확보함으로써 핵전쟁을 예방할 수 있다고 생각한 것은 전적으로 비합리적인 발상은 아니었다. 물론 그러려면 미국이 소련을 굴복시키기 위해 핵무기를 사용해야 했고, 러셀은 그런 조치가 필요하다는 의견을 피력했다. 선제공격을 지지한 것이다. 그는 그 과정에서 많은 사상자가 발생할 것이라는 예측에 동의했지만 소련과 서구가 훗날 유럽에서 핵전쟁을 벌이게 될 경우보다는 그 수가 훨씬 작다고 강조했다. 러셀은 핵전쟁은 필연이라고 봤다. 지금에 와서 얘기지만, 그런 핵전쟁은 일어나지 않았을 것임을 우리는 알고 있다. 미국이 선제공격 방식의 계산에 설득 당했다면 수백만 명이 무의미하게 죽었을 것이다.

이 사례가 그런 식의 계산들 전체에 종지부를 찍는 반론은 아니다. 우리는 타키투스가 인용한 스코트족 족장 칼가쿠스의 '로마인은 황폐한 세상을 만들어놓고 평화라고 부른다'는 말[14] ─타키투스의 창작일 가능성이 높다─에 공감하면서도 로마인들이 잔혹한 단기 군사적 수단으로 유럽에서 장기적인 폭력 사태를 감소시켰다고 생각할 수 있다. 그런 관점에서 항상 야기되는 한 가지 문제는 불확실성이다. 또다른 문제는 목숨을 빼앗아야 할 사람들과 구하려는 사람들을 윤리적으로 어떻게 설득력 있게 비교 판단하느냐이다. 너무도 많은 철학자들이 그랬던 것처럼 러셀도 거창한 숫자와 거창한 추상화에만 관심을 두는 경향이 있었다. 우리는 1억 명을 죽이지만 '문명'을 구할 수 있다는 식이었다. 많은 사람들은, 목숨을 잃게 될 지금 여기에 있는 인간들의 운명과 아직 태어나지 않은 가정 상태의 인간들의 운명을 비교 평가하는 것은 불가능하다고 생각한다. 신은 동일하게 불편부당한 눈으로 과거와 현재와 미래를 면밀히 살피실 것이다. 19세기 영국의 공리주의자 헨리 시지윅은 독자들에게 윤리는 '우주의 관점'을 취하지만 우주가 어떤 관점을 가지고 있다고 해도 정치가 그 관점을 취할 수는 없다고 말했다.[15] 산 사람들의 이해관계가 아직 태어나지 않은 사람들의 이해관계보다 중요하다. 다만 산 사람들이 사후에 일어날 일에 대해 걱정을 하는 경우라면 예외다. 이는 환경보호와 관련된 정치에서 극히 중요한 의미를 갖는다. 물론 폭력에 의한 죽음과 관련된 정치에서도 무의미하지는 않다.

억지와 MAD

이런 문제들은 일단 논외로 하고 이제 억지deterrence라는 문제를 살펴보자. 전쟁 가능성을 최소화하기 위해 최후의 수단인 전쟁 발발 직전까지 최선을 다하려는 평화주의자는 자신이 느끼는 전쟁에 대한 증오심 같은 것을 전혀 느끼지 못하는 공격자들을 억지해야 하는 문제에 봉착한다. 1930년대 영국의 재무장을 마지못해 지지한 사람들도 바로 그런 문제에 부딪혔다. 육·해·공군이 장비와 보급을 더 잘 갖추면 영국은 전쟁으로 치달을 가능성이 높아질 것인가, 아니면 독일 군국주의자들에게 장기전으로 가면 너희가 패하거나 굳이 너희가 목표를 달성하고자 한다면 치르지 않아도 될 대가까지 치러야 할 것이라는 점을 분명히 보여줌으로써 억지력을 발휘할 것인가? 당시 도덕철학자들보다 정치인들이 더욱 절감했던 난제는 국민들에게 차마 사용하고 싶지 않은 무력을 증강하기 위해 세금을 더 내라고 설득하기가 쉽지 않다는 점이었다. 특히 평화주의 성향의 국민에 대해서는 특별한 일이 발생하기 전까지는 재무장을 설득하기가 참으로 어려웠을 것이다.

평화주의자가 직면하게 되는 또다른 문제는 그들이 추구하는 최선의 정책이 상당한 이중성을 전제로 한다는 점이다. 억지는 우리가 억지하고자 하는 적이 우리가 협박을 실천에 옮길 것이라고 믿거나 그럴지 모른다고 두려워할 경우에만 효력을 발휘한다. 말하자면 전쟁을 꺼릴수록 더 호적적인 모습을 보여야 한다는 얘기다. 이런 아이러니는 핵무기의 발명으로 더 중요해졌다. 1920년대 이후 필자들은 민간인을 상대로 한 고폭탄은 문명의 죽음이라며 절망했다. 안 맞는 말이다. 하지만 미국과 소련의 전면적인 핵전쟁은 대단히 유사한 상황으로 치달을 가능성이 높았다. 그런 차원에서 어느 쪽이든 상대방이 아마겟돈으로 이어질 선제공격을 못 하도록 억지해야 한다는 논리가 등장했다. 이어 한쪽이 상대방에게 나는 너를 박살낼 수단을 보유하고 있을 뿐만 아니라 여차하면 주저 없이 사용하겠다는 '확신'을 심어주어야 한다는 논리가 나왔다.

이것이 나중에 MAD, 즉 상호전멸전략 mutually assured destruction 으로 알려지게 되는 논리다. 이에 따라 미국과 소련은 공식적으로는 심각한 군사 공격이 있을 경우 상대를 전멸시키겠다는 확고부동한 자세를 유지했다. 그에 따라 지구촌 곳곳이 심각한 피해를 입을 것은 자명했다. MAD의 논리는 흠잡을 데는 없지만 불안하다. 대부분의 세계 입장에서 보면 공격을 당하는 국가가 보복을 하는 것은 그냥 나쁜 일이다. 피해자들은 이미 죽었거나 죽어가고 있다. 수백만 명이 더 죽는다고 그 사람들이 살아나지는 않는다. 공격당한 국가가 합리적이라면 항복해야 한다. 더이상의 죽음과 파괴는 무의미하기 때문이다. 그러나 상대가 합리적으로 행동할 것이라는 것을 알면 억지 수단의 가치는 소멸된다. 상대에게 네가 공격하면 반드시 보복한다는 확신을 심어주는 것이 핵심이기 때문이다. 따라서 MAD는 말 그대로 '미친 짓'이다. 아니, 좀더 조심스럽게 표현하면, 어느 쪽이든 상대방에게 합리적 억지력을 발휘하기 위해서는 비합리적으로 반응할 것이라는 확신을 심어주어야 한다. 하지만 상대의 도발이 있을 경우 비합리적으로 파괴적인 미치광이처럼 행동할 것이라는 인상을 주는 것이 신중하고 사려 깊은 정치인의 처신이라는 것은 아이러니다. 핵과 관련해 현상 유지에 반대하는 많은 사람들이 정치인보다 미치광이가 문제라고 생각한 것은 놀라운 일이 아니다. 물론 지금까지는 그들 생각이 틀렸다. 그런데 그런 사정을 잘 아는 정치인이 바로 리처드 닉슨 미국 대통령이었다. 북베트남이 자신이 미치광이(앞뒤의 '비속어는 삭제한' 표현이다)라는 것을 깨닫기를 희망한다고 공언한 것은 당장이라도 프놈펜을 박살내 북베트남을 협상 테이블로 끌어내겠다는 의미였다.

세계정부

　인류를 끝장내는 방식으로 모든 전쟁을 종식시키는 전쟁의 위험성에 대한 해결책을 추구한 많은 사상가들은 세계정부라는 만병통치약에 매료됐다. 그런 발상 자체는 정치이론과 마찬가지로 아주 오래됐다. 고대 그리스 사상가 이소크라테스는 그리스 도시국가들을 괴롭혀온 고질적인 전쟁의 유일한 해결책은 도시국가 모두를 질서 정연하게 관리할 수 있는 '우산정부 umbrella government'라고 주장했다. '보편군주 universal monarch'라는 개념은 중세 초기 이탈리아 시인 단테에 의해 재발견됐다. 그러나 그 근대적인 형태의 논리는 홉스에서 시작해 칸트에서 가장 명료한 양태로 완성됐다고 봐야 할 것이다. 군주 옹립 필요성을 강조한 홉스의 논리는 개인들을 규제할 강력한 힘이 부재하면 개인들은 이득이나 공포심 때문에 또는 그저 자신의 우월성을 과시하기 위해 서로 공격하고 싶은 유혹을 느낀다는 것이었다. 그 다음 단계로 자연스럽게 제기되는 질문은, 민족국가들─전체로 보면 무정부 상태다─도 스스로를 규제할 한 명의 최상위 군주가 필요한가, 그리고 실제로 그렇다고 생각하는가이다.

　홉스의 관점에서 볼 때 이에 대한 답변은 국가는 자연 상태의 개인과 같은, 서로 '죽이려는' 욕망에 유혹당하지 않는다는 것이다. 적을 죽이거나 무력화시키는 개인은 보복을 두려워할 필요가 없다. 반면에 국가는 개인처럼 완전하고도 갑작스럽게 파괴되는 경우가 드물다. 따라서 상호 억지가 가능한 정도면 충분할 것이다. 비교적 약한 국가도 침략국에게 어지간히 손상을 가함으로써 침략국으로 하여금 약소국 완전 정복은 밑지는 장사임을 깨닫게 할 수 있다. 물론 리히텐슈타인이나 안도라 같은 초미니 국가에는 해당되지 않는 얘기지만 프랑스나 영국 같은 규모의 민족국가에는 설득력이 있다. 이 경우에도 논리에 한계는 있다. 이데올로기적 열정에 휩쓸리는 민족국가나 오판을 잘 하는 지도자가 통치하는 민족국가는 자기 이익을 사려 깊게 생각한다면 회피해야 할 전쟁에 쉽사리 빨려들기 때문이다. 약간 결이 다른 발상은 18세기 말이 되어야 등장한다. 이마누엘 칸트의 『영구 평화론』(1795)에서 세계정부가 아니라 평화를 유지하는 국가들의 연맹체에 관한 비전이 제시된 것이다. 이보다 더 나은 형태의 아이디어는 지금까지 나오지 않았다. 칸트의 기본적인 생각은 각 민족은 자치권을 갖지만 다른 많은 권리들과 마찬가지로 자치권을 무제약적으로 행사할 경우 끝없는 갈등과 전쟁을 야기할 수 있다는 것이었다. 세계정부는 실현 불가능할 뿐 아니라—국제법의 규제를 제일 많이 받아야 할, 크고 위험한 나라들은 절대로 주권을 양도하려 하지 않는다—민족의 자치권을 침해한다는 점에서 도덕적이지도 않다. 크게 보면, 공리주의자들은 세계정부를 원하거나 세계 정부가 불가능할 경우 차선책으로 '국가들의 연맹체a league of nations'를 원한다. 이것이 국제관계에 대한 공리주의적 접근의 도덕적 맹점이라고 칸트는 생각했다(존 롤스도 최근 각 민족의 권리를 새롭게 규정한 작업에서 비슷한 입장을 보였다). 공리주의적 접근은 자유로운 행위자는 그들의 자유가 존중될 경우에만 합법적으로 통치될 수 있다는 진실을 심각하게 받아들이지 않는다. 국내적으로는 입헌국가만이 합법적이다. 마찬가지 논리로 국제연맹은 합법적이지만 지구 차원의 전제정치는 합법적이지 않다.

국제연맹은 모든 합법적인 국가들을 서로 법률적 관계에 있는 것처럼 하나로 묶는다. 각국은 자체 문제 통치에 있어서는 독립적이지만 연맹의 다른 모든 회원국들과 묶여 있기 때문에 특정 회원국에 대한 공격은 국제법적으로 범죄다. 이런 시각은, 그리고 이런 시각만이 연맹 소속 다른 회원국들에 의한 군사 개입을 정당화한다. 220년 전에 나온 칸트의 논문을 읽어보면 당시 이미 지금의 UN 헌장 5조("안전보장이사회가 취하는 방지조치 또는 강제조치의 대상이 되는 유엔 회원국에 대해서는 총회가 안보리의 권고에 따라 회원국으로서의 권리와 특권의 행사를 정지시킬 수 있다."―옮긴이)를 선명한 형태로 표현해놓은 것을 발견하고 놀랄 것이다. 그러나 놀랄 필요는 없다. 국제 평화 유지 조약은, 조약 서명국들은 자신에게만 해당되는 문제에 대해서는 자치권을 갖되 다른 서명국의 자치권을 침해할 경우에는 제재를 받아야 한다는 발상을 전제로 하고 있으며, 이는 홉스와 거의 동시대를 살았던 대륙의 스콜라 학자들도 분명히 표명하고 있는 견해이기 때문이다. 더 중요한 문제는 사고를 친 개별 민족국가에 대해 가하는 규제의 종류와 범위에 관한 것이다. 소리 소문 없이 자국 내 유대계 주민을 살해하는 국가는 주변국을 공격하는 것은 아니지만 우리가 그냥 놓아두어야 하는 행위를 하고 있는 것은 아니다. 한국가는, 다른 나라 사람 모두가 무분별한 짓이라고 생각한다 해도, 합법적으로 할 수 있는 일이 많다. 제노사이드는 그런 경우에 속하지 않는다. 칸트와 롤스는 그럴 가능성을 차단하기 위해 노심초사한다. 칸트는 연맹 회원국은 진정으로 합법적인 공화정 체제여야 한다는 점을 강조하는 방식을 취하고, 롤스는 회원국들이 '질서가 잘 유지된 상태'여야 한다는 단서를 단다.[16] 지금의 UN 헌장은 그런 단서를 담고 있지 않고, 필자를 포함해 많은 비판자들이 보기에는 국가주권은 불가침이라는 주장에 너무 많은 양보를 하고 있다.

인도주의적 개입

이제 우리는 하나의 난제에 도달했다. 현대 세계를 위협하는 것은 경제적 세계화로 야기된 군사적 재앙이 아니다. 문제는 중동에서, 그리고 우리가 사는 곳 가까이에서 민족주의적 열망과 종교적 열정이 결탁함으로써 유발되는 불안과 경제적 손실이지 군사적 재앙이 아니다. 핵 강국들 간의 전쟁은 세계 일부 지역에서 발생할 수 있다. 지금까지 인도와 파키스탄은 저강도의 소규모 분쟁을 빚어왔지만 그 이상으로 사태가 확대되지는 않았다. 그러나 북한은 남한을 압박한 결과에 대해 오판할 수 있고, 인도와 파키스탄도 치명적인 실수를 범할 수 있다. 그렇다고 전 지구 차원의 재앙으로 번질 것 같지는 않지만 지역 수준에서는 형언할 수 없는 공포가 될 것이다. 세계정부를 창설해야 한다는 열망이 식은 것은 소련의 붕괴로 인류의 존재를 끝장낼 수 있는 양대 초강대국이 그런 행동을 할 위험성이 제거되면서부터였다. 그러나 아직 두 가지 문제가 남아 있다. 첫째는 자국민의 인권을 침해하거나 최소한의 안전과 복지를 보장해주지 못하는 국가들의 문제에 개입해야 한다는 압력이다. 둘째는 환경 악화가 집단안보를 중심으로 한 UN 수준을 넘어서는 일종의 국제정부 창설을 불가피하게 만들 가능성이다. 이것은 지난 2000년 동안의 정치적 사유에서 한 번도 거론된 적이 없는, 진짜 새로운 사태다. 물론 지역 단위의 환경 악화는 인류 역사에서 늘 존재했던 문제다.

인도주의적 개입을 촉구하는 압력은 개인과 국가는 차원이 전혀 다르다는 지점에서 시작된다. 자기만 바라보는 부양가족도 없는 개인이라면 이웃에게 피해를 주지 않는 한 무분별하게 행동해도 놓아두는 수밖에 없다. 그러나 국가는 타인의 권리를 침해하지 않고 사적인 영역에서 무분별하게 행동할 수 없다. 국가는 사적인 영역이 없다. 국가는 영토주권을 주장하고 국민의 복지를 위해 일한다는 것을 정당성, 즉 국민에게 복종을 요구할 자격의 근거로 삼는 일련의 제도이다. 인권의 세계에서는 시민이 정부에 대해 갖는 권리들이 있다. 고문받지 않을 권리에서부터 공정한 재판을 받을 권리, 그리고 교육, 건강, 사회보장을 비롯해 좀 더 넓은 차원의 복지 관련 권리에 이르기까지 타인을 해치려는 악의가 없는 행동은 얼마든지 할 권리가 있는 것이다. 그런 권리들을 어떻게 확보할 수 있느냐 하는 문제는 쉽게 답할 수 있는 성질의 것이 아니다. 민족은 자치권을 갖는다는 칸트의 주장을 수용하는 사람이라면 죽기 일보 직전인 경우를 제외하고 특정 국가 주민들에 대한 지원은 해당 국가가 요청할 경우에만 허용된다는 답변 쪽으로 마음이 기울 것이다. 반면에 국가는 수많은 구성원으로 돼 있고, 그들 모두가 세상을 같은 눈으로 바라보지 않는다는 사실을 기억하는 사람이라면 국민에게 제 구실을 못하는 국가는 요청받지 않은 개입을 면할 정당성을 상실한다는 쪽으로 생각이 기울 것이다.[17]

또다른 불안도 있다. 핵전쟁에 의한 인류 전멸에 대한 공포가 아니라 어설픈 개입이 모두를 더 어렵게 만들고, 외부의 개입에 대한 반발심이 테러리즘과 비공식적 전쟁을 키우는 온상이 될 것이라는 불안감이다. 충분히 근거가 있는 우려다. 반면에 행동에 나서지 않는 것은 아이가 물에 빠져 죽어가는데 옷이 젖을까봐 뛰어들어 구해주지 않는 방관자의 행태처럼 보인다. UN 헌장 5조의 강제조치는 정치인들로 하여금 거짓된 주장을 하게 만든다. 5조에서 허용하는 군사행동은 자위권 행사에 국한된다. 따라서 인도주의적 개입 옹호파는 실패한 국가는 자국민뿐 아니라 이웃나라도 위태롭게 할 수 있다—항상 설득력 있는 주장은 아니다—고 주장하지 않을 수 없다. 개입 반대파는 개입하지 않으면 현지 주민은 고통을 겪겠지만 그 때문에 다른 나라가 위협을 받는 것은 아니며, 개입은 오히려 사태를 악화시킬 뿐이다—경우에 따라 개입 옹호 논리와 마찬가지로 설득력이 떨어진다—라고 주장한다. 주민들의 요구에 부응하지 못하는 국가는 외부 개입을 면할 주권을 상실한다는 주장은 세계의 모든 정부가 거부한다. 불편부당한 세계 양심의 조직으로서 보편적인 존경을 받는 국제군을 유지하는 것도 쉽지 않다. 재정적으로 부자 나라들의 비용 분담을 끌어내기도 어렵고, 정치적으로도 누구를 제재할 것인가에 대한 합의를 도출하기 어려우며, 조직 자체가 문제가 된 나라처럼 부패에 빠질 위험도 크기 때문이다.

인도주의적 개입은 국제윤리와 국가 현실 양면에서 계속 커다란 미해결 문제로 남을 것이 분명하다. 무고한 양민을 학대로부터 구조해야 한다는 의무는 개입론자들에게 도덕적 우위를 선사하는 반면 효과적인 개입이 어려운 현실은 조심스럽게 개입 반대론자들의 손을 들어준다. 이런 문제가 소련이 붕괴하고 핵전쟁의 악몽이라는 본질적인 문제가 사라진 이후 국제관계이론가들의 골머리를 앓게 했다. 단순히 실질적인 문제—여러 나라가 필요한 것들을 모아 효율적으로 전달할 수 있느냐 등등—외에도 정치적 사유의 역사에서 선례를 찾아볼 수 없는 불안들이 존재한다. 문화 간의 어색한 접촉에 대한 두려움은 지금 우리가 겪고 있는 것처럼 선조들을 불안하게 하지는 않았다. 스페인 침략자들이 카리브해와 남아메리카 원주민들의 권리를 침해하고 있는 것이 아닌가 하는 문제가 제기됐을 때 일반적인 답변은 원주민들이 오히려 무고한 양민의 권리를 침해하고 있다는 것이었다. 식인 풍습—남아메리카 북부 연안 거주 원주민 칼리나(카리브)족을 비난하는 가장 큰 이유였다—은 지역의 문화적 선택이므로 개입할 문제가 아니라는 견해는 16~17세기의 관념이 아니었다. 오늘날 우리는 어떤 지역문화가 여성을 어떻게 처우하는가와 같은 문제들에 있어서 좀더 신중하게 행동한다. 19세기 중반 인도 주둔 영국군 총사령관 찰스 네이피어 장군은 남편의 시체와 함께 아내를 산 채로 화장하는 현지 풍습에 대해 관련자를 교수형에 처하겠다고 했지만, 현재 여성 외성기 일부 절단 풍습에 대해서는 그런 식의 반응까지는 나오지 않고 있다. 상식은, 모든 것은 문화적 선택의 문제라는 주장과 모든 이성적인 존재의 가슴에는 자연법이 각인돼 있다는 주장 사이에 실질적인 타협점이 존재하다고 본다. 제노사이드는 인간이 생각할 수 있는 그 어떤 도덕률에도 위배된다. 반면에 건강보험을 민간에 맡기기보다 국가가 운영하는 것, 또는 철도를 민간에 맡기기보다 국가가 운영하는 것은 실용적 관점에서 지역별로 선택할 문제다. 잘못된 선택을 하면 비용이 많이 들겠지만 인도주의적 재앙 수준까지 갈 문제는 아니다. 우리의 통치자와 국회의원들이 일상적으로 무능하다고 해서 우리 나라가 실패한 나라가 되는 것도 아니다. 우리 모두는 많은 결함을 가진 국가에서 살고 있다. 다행인 것은 우리들 대부분은 실패한 국가에서 살고 있지는 않다는 사실이다.

환경 악화

끝으로 '서서히 비참하게' 다가올 수 있는 종말에 대해 살펴보자. 우리는 핵 폭풍 속에서 순식간에 재로 변하거나 그 이후 따라오는 핵겨울 때문에 굶어죽지는 않았다. 하지만 인간은 세계를 거주할 수 없는 곳으로 만들고 있으며, 자연 자원을 놓고 벌어질 수 있는 전쟁으로 미래는 더욱 암울할 것이라는 두려움에 사로잡히게 됐다. 이는 인류가 지금까지 만든 그 어떤 것보다도 강력한, 세계정부에 가까운 국제적 제도를 필요로 하는 문제일 수 있다. 페르시아제국은 자연 재앙에 취약했다. 다리우스대왕의 1차 그리스 해상 원정대는 보스포루스해협에서 폭풍을 만나 궤멸됐다. 자연은 인간의 활동에 취약했다. 숲은 남벌로 잘려나갔고, 토양은 유실됐다. 그러나 지금 자연이 인간의 활동에 취약한 정도는 사상 유례가 없는 수준이고, 우리가 직면하고 있는 자연 재앙도 자연 재앙이라기보다는 인간 활동의 결과다.

에드먼드 버크가 그 용기와 열정을 높이 평가한 아메리카 식민지 개척자들은 전인미답의 숲을 개간해 농장을 일군 농민이거나 북극해와 남극해까지 사냥감을 쫓아간 고래 사냥꾼이었다.[18] 인간이 알고 정착을 한 땅보다 알지 못하고 정착이 안 된 땅이 더 많았다. 자연은 인간에게 위협이거나 영감의 원천이었지만 길들여지지 않은 상태였다. 세계의 인구는 1750년 당시 6억 5000만~9억 명으로 인간이 이용할 수 있는 세계의 자원은 사실상 무궁무진했다. 이코노미스트들은 '무궁무진'이 인간이 정착하고 문명을 이룬 나라들이 보유한 자원이라는 면에서 보면 진실과는 거리가 멀다는 것을 알고 있었다. 1776년 애덤 스미스는 『국부론』에서 경제 발전에 걸림돌이 되는 요인으로서 경작지 문제를 논했으며, 토지의 한계생산력 감소가 경제에 미치는 영향을 잘 알고 있었다. 전체로서의 지구가 인구와 소비 규모를 제약한다는 발상은 아직 없었다. 비옥한 토지의 부족은 국민경제의 큰 문제였다. 개별 민족국가들이 병립한 세계에서 국경을 넘어 땅을 가질 수는 없었기 때문이다. 유일한 방법은 '주인 없는' 해외 지역을 식민지로 만드는 것이었다.

세계의 인구는 현재 약 70억 명이다. 전문가들의 계산에 따르면 90억 명으로 정점을 찍을 것으로 추정되는데, 많은 평론가들은 그 정도면 지구의 '수용 능력'을 넘어서는 것으로 본다. 70억 명도 1인당 소비량은 1750년보다 엄청나게 많기 때문에 전체 인구가 환경에 주는 부담은 기하급수적으로 커지고 있다. 일부 논자들은 자연은 사라졌다고 말한다. 자연에 대한 개념이 바뀐 것은 분명하다. 우리는 더이상 주변 세계를 가정을 꾸리고 신이 우리에게 부여한 목적을 깨달아가는, 신의 창조의 표지가 담긴 세계로 보지 않는다.[19] '환경environment'이라는 단어는 우리가 야생을 길들이기보다는 에덴동산 같은 곳을 맡아서 관리하고 있다는 느낌을 준다. 두 가지 분명한 문제는 우리가 지금 우리의 생명 유지 장치를 파괴하고 있는가, 그리고 그런 과정을 중단시키려면 새로운 정치적 제도들이 필요한가 하는 것이다. 첫번째 문제에 대한 답은 "예스, 그러나 아직 돌이킬 수 없는 단계는 아니다"이고, 두번째 질문에 대한 답은 "노"다. 인구 증가와 기술변화가 맞물리면서 야기된 파급효과를 자세히 살펴보면 인류가 이미 자연에 가한, 그리고 앞으로 50년 동안 가할 손상에 대해 낙관적일 수 없다. 자연 자원 감소는 이중적인 차원에서 대단히 걱정스럽다. 한편으로는 기근과 질병이 발생할 위험이 있고, 다른 한편으로는 감소하는 자연 자원에 대한 확보 경쟁이 치열해질 경우 광범위한 군사적 분쟁으로 귀결될 개연성이 대단히 높다. 중동과 아시아, 아프리카 일부 지역에서 수자원 확보를 놓고 군사적 충돌이 벌어질 가능성은 쉽게 상상해볼 수 있다. 원유 확보를 놓고 충돌이 벌어질 가능성은 훨씬 더 쉽게 상상할 수 있다.

원유 자원 고갈은 다층적인 의미에서 심각하다. 싸고 풍부한 연료 및 화학 산업 원료의 감소는 최근 100년 동안 석유에 의존해온 선진국 경제를 재편하게 될 것이다. 석유 사용은 환경을 손상시킨다. 다른 화석연료와 마찬가지로 석유는 매연과 이산화탄소를 다량 배출함으로써 지구온난화를 유발하는 것을 비롯해 여러 가지 재앙을 야기할 수 있다. 줄어드는 원유 자원 확보 경쟁은 대규모 국제분쟁을 야기할 수 있다. 많은 주요 국가들은 자체 원유 자원이 없다. 현재의 경제 규모를 줄인다고 해도 그마저 자체적으로 감당할 수 있는 나라도 거의 없다. 영국과 미국이 한 세기 동안 추구해온 대외 정책은 중동 여러 나라에서 원유 자원을 확보하는 데 초점을 맞춘 것이었다. 일본이 동아시아를 지배하려고 시도한 것도 원유 확보가 주요 동기였다. 버트런드 러셀은 1920년대 초 레온 트로츠키가 조지아(옛 그루지야—옮긴이)에 공산주의 체제를 이식하겠다고 공언하자 과거 방식으로 조지아의 유전을 장악하려는 꼼수라고 비판했고, 트로츠키는 격분했다. 이데올로기, 종교적 차이, 문화적 오해 등이 대규모 전쟁을 야기하지 않는다면 원유가 그렇게 만들 것이다.

그럼에도 불구하고 재앙을 피하기 위해 대단한 제도적 혁신이 반드시 필요한 것은 아니다. UN 헌장에 구현돼 있는 집단 안보 체제를 충분히 진지하게 실천하는 정도면 적당할 것이다. 실제로 대규모 분쟁이 임박하면 각국은 당연히 더욱 진지해질 것이다. 인류가 저지른 환경 손상을 어떻게 줄일 것인가 하는 문제는 여전히 남아 있다. 여기서 우리는 그 문제를 해결해야 할 주체가 인류라면 인류를 에워싸고 있는 정치체제가 그 해법이어야 한다는 식으로 생각하기 쉽다. 그러나 지금까지의 모든 역사를 보면 전혀 그렇지 않다. 고전기 그리스의 폴리스들은 자신이 발을 딛고 서 있는 땅에 대한 애착이 참으로 남달랐다. 그러나 그들은 숲을 베어냈고, 곡물 재배로 토지의 비옥도를 떨어뜨렸으며, 염소를 방목해 산 경사면을 자갈밭으로 만들어버렸다. 바로 여기서 '공유지의 비극'이 시작된다. 집단 소유인 자원은 누구도 신경써서 관리하려고 하지 않는다. 농촌을 가장 잘 돌보는 사람은 농부들이다. 자원에 대한 장기적 이해관계 때문에 주변 환경을 아름답게 꾸미는 것까지는 아니지만 잘 보전하기 때문이다. 아리스토텔레스는 모두의 것은 아무도 돌보지 않는다고 말했다. 환경이 취약한 것은 손상되기 쉬운 요소들로 구성돼 있지만 누구의 소유도 아니기 때문이다.[20] 야생동물과 가축을 비교해 보라. 가축은 부족한 경우가 없지만 야생종은 매년 멸종해간다.

누구에게도 소유권이 없거나 소유하기 어려운 자원—공기를 생각해보라—을 보호하려면 규제가 필요하다. 항상 어떤 이득이 있기 때문에 정부는 국제조약의 맹점을 파고들고, 부패하거나 무능한 국가에서는 오염원 배출자(집단)들이 규제를 무시하려고 한다. 그러나 필요한 규제 메커니즘을 고안해낼 능력을 갖춘 국제적 차원의 규제기관은 충분히 있다. 그리고 그런 메커니즘이 어떤 것인지는 구체적인 부분에서는 문제가 복잡해지지만 개요는 명확하다. 지금 인류에게 결여된 것은, 효율적인 규제에 따른 부담을 공평하게 나눠지겠다는 합의, 자기 몫의 책임을 적극 이행하겠다는 의지, 그리고 일부 지역의 경우 규제를 현실적으로 집행할 능력이다. 좀더 나은 로컬 거버넌스와 좀더 심각한 지구촌 차원의 위기감과는 다른 차원의 글로벌 정부가 있어야만 그런 문제들을 해결할 수 있다는 생각은 유토피아적이다. 현지 관료들의 무지와 부패는, 이미 과업 해결에 실패하고 있는 중앙정부보다 훨씬 멀리 있는 권위를 하나 더 들이민다고 해서 개선될 수 있는 것이 아니다. 그런 중앙정부를 억지로 선의의 외부자들로 대체한다고 해서 환경이 회복될 것 같지도 않다. 전쟁보다 환경에 나쁜 것은 없다. 부패와 무지를 제거하면서 서서히 좀더 나은 관리와 통제를 실천하는 것만이 인류를 살릴 수 있다. 달리 방법이 없다.

예상이 현실적이어야 한다고 해서 포부까지 낮게 가질 필요는 없다. 정치를 이론화한 작업과 정치이론가들을 역사적으로 소개한 책들은 일상 정치를 위대하고 독특한 사상가들의 비전과 비교함으로써 단조롭고 지루한 것으로 만들 위험이 있다. 그러나 플라톤이 제시한 안경을 통해 세상을 보는 사람은 거의 없다. 우리는 운이 좋아서인지 홉스를 놀라게 만들었던 정치질서에 대한 위협들에 대해서는 걱정하지 않는다. 물론 핵무기의 발명 때문에 우리는 골치 아프게도 홉스의 상호 억지 논리에 대한 통찰에 관심을 갖게 됐다. 산업 프롤레타리아의 운명에 대한 마르크스의 예측은 일종의 서사시다. 지역별로 조금씩 다른 주차 규정은 그런 게 아니다. 그나마 지금은 훨씬 많은 사람들이 정치에 관심을 갖고 있다. 이동성과 커뮤니케이션이 극히 제한적이었던 고대 세계에서는 도저히 생각할 수 없었던 일이다. 지금은 훨씬 많은 사람들이 좋은 삶에 대한 나름의 개념을 가지고 자율적이고 당당한 삶을 영위하고 있다. 그들은 국민인 동시에 시민이다. 그들의 시민으로서의 권리는 전통적인 의미의 정치적인 것보다는 대부분 사회적인 것이기는 하지만, 법이 공정하게 집행되고 질서가 잡힌 나라가 그렇게 많다는 것, 그리고 시민들이 자신의 삶의 주인이라는 것은 대단한 정치적 성취다. 그러한 인류의 성공 가운데 일부는 우리 선조들은 전혀 몰랐던 기술에 힘입은 바 크다. 우리가 선조들보다 도덕적으로 우월하거나 본질적으로 똑똑하거나 판단력이 뛰어난 것은 아니다. 하지만 제대로 된 정치적 틀이 없었다면 1945년 이후 세계가 거둔 그 모든 성공은 달성할 수 없었을 것이다. '실패한 국가들'의 이런저런 운명이 그것을 우리에게 말해준다.

스스로를 다스리는 기술은 여전히 취약하다. 자치는 폭력을 자행하거나 경제적 또는 환경적 재앙에 굴복하면 제대로 이루어지지 못한다. 자치는 게으름과 권태에 빠질 수도 있다. 어쩌면 우리는 결국 실존을 가정생활에 국한시키는 선택을 하면서 『멋진 신세계』를 원할지도 모른다. 불안한 정치에는 눈을 감고 안락함을 관리하는 정도를 택하는 것이다. 어쨌거나, 이제 정치적 사유의 역사를 다룬 이 책의 마지막 페이지를 덮을 때다. 지금까지 우리의 목표는 위대하고 독특한 사상가들이 어떤 생각을 했는지를 이해하는 것이었다. 각 민족과 그들이 건설한 국가의 미래가 어떻게 될지 예측하는 일은 지금껏 단 한 번도 우리에게 도움이 된 적이 없다. 우리가 아는 한, 미래는 항상 예기치 못한 사태로서 다가오기 때문이다.

이 책은 주제 관련 2차 문헌은 직접 다루지 않았기 때문에 이 자리를 빌려 스승, 동료, 친구, 제자들에게 많은 빚을 졌음을 고백한다. 먼저 우리 프로젝트가 최종 결실을 볼 수 있도록 도와준 W. W. 노턴 출판사의 로비 해링턴과 밥 웨일, 도널드 램 선생에게 깊은 감사를 드린다. 세 분은 집필 과정에서 격려와 채근을 아끼지 않았다. 작업을 하는 동안 세이디 라이언 시모노비치, 비키 페인, 도리스 그라보프스키, 샘 에번스로부터 많은 도움을 받았다. 앤드루 멜런 재단은 스탠퍼드 대학교 행태과학응용연구센터에서 1년 동안 생산적인 연구를 할 수 있도록 지원해주었다. 옥스퍼드 대학 뉴칼리지는 2009~2010년 선임연구원 자리를 마련해주었고, 프린스턴 대학교는 방문연구원 연구실을 제공해주었다. 관계자 분들께 고맙다는 말씀을 전한다.

나는 50년 전 옥스퍼드 대학교에서 이사야 벌린 교수님의 강의를 들으면서 정치사상사에 관한 그분의 글쓰기 방식에 매료됐고, 허버트 하트 교수님과 대화를 나누면서는 이후 내 평생의 과제가 된 사회철학과 법철학에 관한 명료한 사유의 기준을 깨달았다. 전반적으로나 특정 주제와 관련해 참으로 귀한 도움을 준 동료들이 생각난다. 줄리아 애너스, 브라이언 배리, 제리 코언, 재닛 콜먼, 모리스 크랜스턴, 존 던, 로널드 드워킨, 피터 유번, 모리스 골드스미스, 이언 햄프셔몽크, 마이클 이그나티에프, 테리 어윈, 모리스 캐플런, 스티븐 루크스, 프라탑 메타, 데이비드 밀러, 토머스 네이글, 캐럴 페이트먼, 필립 페티, 마크 필립, 제니퍼 피츠, 존 플라메나츠, 존 포콕, 멜빈 리히터, 존 롭슨, 마이클 로젠, 래리 시덴톱, 퀜틴 스키너, 존 스코루프스키, 찰스 테일러, 리처드 턱, 마우리지오 비롤리, 나디아 우르비나티, 버나드 윌리엄스, 로버트 워클러, 셸던 울린 등등. 에식스 대학교와 옥스퍼드 대학교, 프린스턴 대학교에서 근무한 40여 년 동안 수많은 동료와 학생들 덕분에 유쾌한 지적 환경에서 가르치고 연구할 수 있었다. 그들은 때로 내게 자기네 방식으로 세상을 보도록 설득했지만, 그것 말고 책의 내용에 대해서는 아무 책임이 없다. 특히 사실관계 오류와 해석에 문제가 있다면 전적으로 필자의 책임이다.

제12장 토머스 홉스

1 Hobbes, "The Verse Life", *Human Nature and De Corpore Politico*, 224쪽에 수록.

2 *Aubrey's Brief Lives*, 148쪽.

3 같은 책, 149쪽.

4 Clarendon, *A Brief View and Survey*; Nicholas Tyacke, "Tory Oxford", *History of the University of Oxford*, 897쪽에 수록.

5 *Aubrey's Brief Lives*, 150쪽.

6 Hobbes, "A Review and Conclusion," *Leviathan*, 707~8쪽.

7 Hobbes, *Leviathan*, 344쪽.

8 Shapin과 Schaffer, *Leviathan and the Air-Pump*, recounts the argument with Boyle.

9 Hobbes, *Leviathan*, 117쪽.

10 Hobbes, *Behemoth*, 3쪽.

11 Hobbes, *Leviathan*, 718쪽.

12 같은 책, 252쪽.

13 같은 책, 82쪽.

14 같은 책, 83쪽.

15 같은 책, 147~49쪽.

16 같은 책, 147~48쪽.

17 Shapin과 Schaeffer, *Leviathan and the Air-Pump*.

18 Hobbes, "A Review and Conclusion," 727쪽.

19 같은 곳.

20 같은 곳.

21 Hobbes, *Leviathan*, 80~82쪽.

22 같은 책, 107쪽.

23 같은 책, 171쪽.

24 같은 책, 111~12쪽.

25 같은 책, 120쪽.

26 같은 책, 129~30쪽.

27 같은 곳.

28 같은 책, 185쪽.

29 같은 책, 168~70쪽.

30 같은 책, 183쪽.

31 같은 책, 217쪽.

32 "Review and Conclusion", 718~21쪽에 강조되어 있다.

33 Hobbes, *Leviathan*, 251~52쪽.

34 같은 책, 228쪽 이하.

35 같은 책, 266쪽.

36 같은 책, 271쪽.

37 *Aubrey's Brief Lives*, 157쪽.

38 Hobbes, *Leviathan*, 169쪽.

제13장 존 로크와 혁명

1 Ashcraft, *Revolutionary Politics and Locke's Two Treatises of Government*, 여러 군데.

2 Peter Laslett, *Two Treatises of Government*의 서론, 3쪽.

3 Locke, *Second Treatise*의 서문, *Two Treatises of Government*, 137쪽에 수록.

4 Price, "Sermon on the Love of Our Country," *Political Writings*, 189~90쪽

에 수록.

5 Burke, *Appeal from the New Whigs to the Old Whigs*, *The Portable Burke*, 146~47쪽에 수록.

6 Locke, *Second Treatise*(6절), 271쪽.

7 같은 책(3절), 268쪽.

8 Locke, *A Letter concerning Toleration*, *Selected Political Writings*, 129~30 쪽에 수록.

9 Locke, *Political Essays*, 120~21쪽.

10 Locke, *Letter concerning Toleration*, 158쪽.

11 특히 Daniel Bell, *The Cultural Contradictions of Capitalism*를 보라.

12 Locke, *Second Treatise*(3절), 268쪽.

13 같은 책(9절), 272쪽.

14 같은 책(27쪽), 287~88쪽.

15 Filmer, *Patriarcha and Other Writings*(7절), 9쪽.

16 Locke, *Second Treatise*(15절), 277쪽.

17 같은 책(27절), 288쪽.

18 같은 책(31절), 290쪽.

19 Locke, *First Treatise*(42절), 170쪽.

20 Locke, *Second Treatise*(32절), 290쪽.

21 같은 책(37절), 294쪽.

22 같은 책(41절), 297쪽.

23 같은 책(34절), 291쪽.

24 같은 책(139절), 361~62쪽.

25 Locke, *First Treatise*(43절), 171쪽.

26 John Rawls, *A Theory of Justice*, 68~93쪽.

27 Locke, *Second Treatise*(235절), 421~42쪽.

28 Locke, *Political Essays*, 216쪽.

제14장 공화주의

1   Rousseau, *The Social Contract*(2.6), 67쪽.

2   Harrington, *The Commonwealth of Oceana*, 72쪽 이하.

3   같은 책, 20쪽.

4   같은 책, 8~9쪽.

5   Coke, "Dr. Bonham's Case", *Selected Writings*, 1:264~83에 수록.

6   Harrington, *Oceana*, 15쪽.

7   같은 책, 52쪽.

8   Hume, "Whether the British Government Inclines More to an Absolute Monarchy or a Republic", *Political Essays*, 28~32쪽에 수록.

9   Editor's introduction to Sidney, *Discourses concerning Government*, xvi쪽.

10 반면 Blair Worden은 "매우 명료하고 기품과 학식이 넘치는 책"이라고 상찬했다. Burns와 Goldie 엮음, *Cambridge History of Political Thought, 1450~1700*, 460쪽에 수록.

11 Sidney, *Discourses*, 259쪽.

12 같은 책, 20쪽.

13 같은 책, 174~75쪽.

14 같은 책, 511쪽.

15 Constant, "The Liberty of the Ancients Compared with That of the Moderns", *Political Writings*, 327~28쪽에 수록.

16 Montesquieu, *The Spirit of the Laws*, xliii~xlv쪽.

17 같은 책, 3쪽.

18 같은 책, 4쪽.

19 같은 책, 7쪽.

20 같은 책, 168쪽.

21 같은 책, 10~11, 21쪽.

22 같은 책, 131~33쪽.

23 같은 책, 26쪽.

24 같은 책, 22쪽.

25 Constant, "Liberty of the Ancients," 327~28쪽.

26 Montesquieu, *The Spirit of the Laws*, 17~18쪽.

27 같은 책, 18쪽.

28 같은 책, 156~66쪽.

29 같은 책, 160쪽.

제15장 루소

1 Rousseau, *Confessions*, bks. 11 and 12, 533~644쪽.

2 Rousseau, *The Social Contract*(3.6), 129쪽.

3 Rousseau, *Discourse on the Origin of Inequality among Men, Rousseau's Political Writings*, 12~14쪽.

4 Rousseau, *Émile*, 321~31쪽.

5 Rousseau, *Inequality*의 서문, 4쪽.

6 Rousseau, *Confessions*, 339~44쪽.

7 Rousseau, *Inequality*, 4~11쪽.

8 같은 책, 9~10쪽.

9 같은 책, 4쪽.

10 같은 책, 38~39쪽.

11 같은 책, 6쪽.

12 같은 책, 16쪽.

13 같은 책, 22쪽.

14 같은 책, 20쪽.

15 같은 책, 22쪽.

16 같은 책, 23쪽.

17 Kant, *Groundwork for the Metaphysics of Morals*, 40~41쪽.

18 Rousseau, *Inequality*, 38~39쪽.

19 Ferguson, *An Essay on the History of Civil Society*.

20 Rousseau, *Inequality*, 34쪽.

21 같은 책, 16~19쪽.

22 같은 책, 44쪽.

23 Rousseau, *Émile*, 5~6쪽.

24 같은 책, 62~64쪽.

25 Wollstonecraft, *A Vindication of the Rights of Men and A Vindication of the Rights of Woman*, 156~73쪽.

26 Rousseau, *Social Contract*(1.1), 85쪽.

27 같은 책(1.3), 88쪽.

28 같은 책(1.5), 91쪽.

29 같은 책(1.6), 92쪽.

30 같은 책(1.6), 93쪽.

31 같은 책(2.5), 104쪽.

32 같은 책(1.6), 93쪽.

33 같은 책(1.7), 96쪽.

34 이른바 Geneva Manuscript를 보라. 같은 책, 153쪽 이하.

35 같은 책(1.7), 95쪽.

36 같은 책(2.5), 104쪽.

37 같은 책(2.1), 98쪽.

38 같은 책(3.2), 122~23쪽.

39 같은 책(2.7), 107~10쪽.

40 같은 책(4.4), 154쪽 이하.

41 같은 책(3.17), 144쪽.

제16장 미국 건국

1 Maistre, *Works*, 84~85쪽.

2 Bailyn, *Ideological Origins of the American Revolution*; Wood, *The Radicalism of the American Revolution*.

3 Burke, *Appeal, The Portable Burke*; 488~89쪽에 수록.

4 Jefferson, *Political Writings*, 64쪽.

5 같은 책, 148쪽.

6 같은 책, 102쪽.

7 Rawls, "The Idea of an Overlapping Consensus," *Political Liberalism*, 133쪽 이하에 수록.

8 Jefferson, *Political Writings*, 62쪽 이하.

9 같은 책, 62쪽.

10 같은 책, 64~66쪽.

11 같은 책, 216~17쪽.

12 텍사스가 미국 건국에서 제퍼슨이 한 역할을 했다고 주장한다면 이렇게 말하기는 어려울 것이다.

13 Jefferson, *Political Writings*, 102쪽 이하.

14 같은 책, 104쪽.

15 같은 책, 110쪽.

16 Madison과 Hamilton과 Jay, *The Federalist Papers*(47편), 303~8쪽.

17 Jefferson, *Political Writings*, 360~61쪽.

18 *Federalist*(10편), 128쪽.

19 Jefferson, *Political Writings*, 217쪽.

20 *Federalist*(18편), 160~61쪽.

21 같은 책(10편), 123쪽.

22 같은 책, 124쪽.

23 Dahl, "Madisonian Democracy", *A Preface to Democratic Theory*, 4쪽 이하에 수록.

24 Burke, *Speech to the Electors of Bristol, Portable Burke*, 155~56쪽에 수록.

25 Madison, *Vices of the Political System*, Kurland와 Lerner 엮음, *The Founders' Constitution* vol. 1, 5장, doc. 16에 수록.

26 *Federalist*(39편), 254~45쪽.

27 Tocqueville, *Democracy in America*, 233쪽.

28 영장 없는 수색 및 압수 금지를 골자로 한 헌법 수정 조항의 원천.

29 Jefferson, *Political Writings*, 99쪽.

제17장 프랑스혁명과 그 비평가들

1 Burke, *Pre-Revolutionary Writings*, 206~69쪽.

2 같은 책, 116~92쪽.

3 Kurland와 Lerner 엮음, *The Founders' Constitution*, vol. 1(재출간본), 13장, doc. 7에 수록.

4 Burke, *Reflections on the Revolution in France*, 164쪽.

5 Price, *Political Writings*, pp. 176쪽 이하.

6 Burke, *Reflections*, 26쪽.

7 Jefferson이 Lafayette에게 보낸 편지, *Political Writings*, 197~202쪽에 수록.

8 Burke, *Reflections*, 77쪽.

9 같은 책, 96쪽.

10 같은 책, 87쪽.

11 같은 책, 21쪽.

12 같은 책, 56쪽 이하.

13 Burke, *Pre-Revolutionary Writings*, 218~20쪽.

14 *Thomas Paine Reader*, 116쪽.

15 같은 책, 256쪽.

16 같은 책, 211쪽.

17 같은 책, 218쪽.

18 같은 책, 260쪽.

제18장 헤겔: 근대국가-정신의 구현

1 Findlay, *Hegel*, 327쪽.

2 Hegel, *The Philosophy of History*, 456~57쪽.

3 Kojève, *Introduction to the Reading of Hegel*; Fukuyama, *The End of History and the Last Man*.

4 Hegel, *Elements of the Philosophy of Right*의 서문, 23쪽.

5 같은 책(addition to 258절), 279쪽.

6 같은 책, 67~116쪽.

7 Hegel, *Phenomenology of Spirit*(78~96절), 111~19쪽.

8 같은 책(197~201절), 119~22쪽.

9 같은 책(354~60절), 377~80쪽.

10 Hegel, *Philosophy of Right*, 23쪽.

11 Constant, *Political Writings*, 326~27쪽.

12 Hegel, *Philosophy of Right*, 23쪽.

13 같은 책, 35쪽.

14 같은 책, 87쪽.

15 같은 책, 88쪽.

16 Mill, *On Liberty*, 16쪽.

17 Hegel, *Philosophy of Right*(67절), 97쪽.

18 같은 책(44절, add.), 76쪽.

19 같은 책(105~41절), 135~86쪽.

20 같은 책(160절), 200쪽.

21 같은 책(161절, add.), 201쪽.

22 같은 책(188절), 226쪽.

23 같은 책(250절), 270쪽.

24 같은 책(244절, add.), 266~67쪽.

25 같은 책(245, 248절), 267, 269쪽.

26 같은 책(270절, note), 290~304쪽.

27 같은 책, (324절), 361쪽.

28 같은 책, (342절 이하), 372쪽 이하.

29 같은 책, (329절, add.), 365~66쪽.

제19장 공리주의: 제러미 벤담, 제임스 밀, 존 스튜어트 밀

1 Bentham, *Handbook of Political Fallacies*; Armitage, *The Declaration of Independence*, 79~80쪽.

2 Bentham, *An Introduction to the Principles of Morals and Legislation*, 1~5장, *Utilitarianism and Other Essays*, 65~111쪽에 수록.

3 Bentham, Hart, *Essays on Bentham*, 51쪽에 인용되어 있다.

4 J. Mill, *Political Writings*, 3~42쪽.

5 같은 책, 291쪽.

6 J. S. Mill, *Autobiography*, 77~80쪽.

7 같은 책, 25~40쪽.

8 같은 책, 30~31쪽.

9 같은 책, 111쪽 이하("A Crisis in My Mental History").

10 같은 책, 116~17쪽.

11 J. S. Mill, *Essays on Politics and Culture*, 77~120, 173~213쪽에 수록.

12 J. S. Mill, *Autobiography*, 202~4쪽.

13 J. S. Mill, "Of the Geometrical or Abstract Method", *System of Logic*, bk. 6, 8장, *The Collected Works*, 8:887~894에 수록.

14 J. S. Mill, "Of Ethology or the Science of the Formation of Character," bk. 6, 5장, *Collected Works*, 8:861~74에 수록.

15 J. S. Mill, "On the Probable Futurity of the Labouring Classes", *Principles of Political Economy*, bk. 4, 7장, *Collected Works*, 3:759~96에 수록; "Chapters on Socialism," 같은 책, 5:707~53에 수록.

16 J. S. Mill, "The Spirit of the Age," *Essays on Politics and Culture*, 1~44쪽에

수록.

17 같은 책, 36~40쪽.

18 J. S. Mill, *System of Logic*, bk. 6, 12장, 7절, *Utilitarianism and Other Essays*, 139~40쪽에 수록.

19 J. S. Mill, "Bentham", *Utilitarianism*, 171~73쪽에 수록.

20 같은 책, 171~72쪽.

21 J. S. Mill, "Civilization", *Essays on Politics and Culture*, 47쪽 이하에 수록.

22 같은 책, 274~75쪽.

23 같은 책, 278쪽.

24 같은 책, 304~6쪽.

25 Putnam, *Bowling Alone*.

26 J. S. Mill, *On Liberty*, 8~11쪽.

27 같은 책, 17쪽.

28 같은 책, 64~65쪽.

29 같은 책, 106~18쪽.

30 같은 책, 117~21쪽.

31 J. S. Mill, *Representative Government, Collected Works*, 19:458~59에 수록.

32 J. S. Mill, *The Subjection of Women*, 238~39쪽.

제20장 토크빌과 민주주의

1 Pitts, *A Turn to Empire*, 200쪽 이하.

2 Jardin, *Tocqueville*, 88쪽 이하.

3 같은 책, 52~53쪽.

4 *Recollections*로 번역되었다.

5 J. S. Mill, *Letters, Collected Works*, 15:517~18에 수록.

6 Brogan, *Alexis de Tocqueville*, 501쪽.

7 Tocqueville, *Democracy in America*, pt. 1, 233쪽.

8 같은 책, pt. 2, 684~96쪽.

9 같은 책, 803쪽 이하.

10 J. S. Mill, "The State of Society in America", *Collected Works*, 18:98~100에 수록.

11 Tocqueville, *Democracy*, pt. 2, 494쪽.

12 같은 책, pt. 1, 14쪽 이하("Author's Introduction").

13 같은 책, 14~16쪽.

14 Craiutu와 Jennings 엮음, *Tocqueville on America after 1840*에 유용하게 정리되어 있다.

15 Tocqueville, *Democracy*, pt. 1, 201~2, 223~34쪽.

16 같은 책, 391~97쪽.

17 같은 책, 405~6쪽.

18 Craiutu와 Jennings 엮음, *Tocqueville on America*, 26~39쪽.

19 Tocqueville, *Democracy*, pt. 2, 587쪽.

20 같은 책, 591~600쪽.

21 같은 책, 684쪽.

22 같은 곳.

23 같은 책, 805쪽.

24 같은 책, 806쪽.

25 J. S. Mill, *Letters, Collected Works*, 15:518에 수록.

26 J. S. Mill, *Representative Government, Collected Works*, 19:565에 수록.

27 Tocqueville, *The Old Regime and the Revolution*, 225~30쪽.

28 같은 책, 156~60쪽.

제21장 카를 마르크스

1 Kapp, *The Life of Eleanor Marx*, 1:300.

2 Marx, *The German Ideology, Early Political Writings*, 123쪽에 수록.

3 Marx가 그의 아버지에게 보낸 편지, 1837년 11월 10일자, *Selected Writings*, 12쪽에 수록.

4 Marx, *Economic-Philosophical Manuscripts*, *Selected Writings*, 84쪽에 수록.

5 같은 책, 85~95쪽.

6 같은 책, 89쪽.

7 Marx와 Engels, *The Communist Manifesto*, 233쪽.

8 Marx, *Critique of Hegel's Philosophy of Right*, *Selected Writings*, 32~40쪽.

9 같은 책, 34~35쪽.

10 Marx and Engels, *Manifesto*, 219쪽.

11 같은 책, 220쪽.

12 Marx, *Capital*, vol. 1, *Selected Writings*, 525쪽에 수록.

13 Marx, *The Eighteenth Brumaire of Louis Bonaparte*, *Selected Writings*, 329쪽 이하에 수록.

14 같은 책, 346~47쪽; *Manifesto*, 221쪽.

15 Marx, *German Ideology*, 123쪽 이하.

16 Marx, *Critique of the Gotha Programme*, *Selected Writings*, 615쪽에 수록.

17 Marx, "Marginal Notes on Bakunin's *Statism and Anarchy*", *Selected Writings*, 608쪽에 수록.

제22장 20세기 그리고 그 너머

1 Goldhagen, *Hitler's Willing Executioners: Ordinary Germans and the Holocaust*.

2 Bell, *The End of Ideology*.

3 Lipset, *Political Man*, viii쪽.

4 Schumpeter, *Capitalism, Socialism, and Democracy*, 21~23장.

5 특히 Kornhauser, *The Politics of Mass Society*를 보라.

6   J. S. Mill, "Civilization", *Essays on Politics and Culture*, 47쪽에 수록.

7   J. S. Mill, *On Liberty*, 81~82쪽.

8   Ortega y Gasset, *The Revolt of the Mases*가 대표적인 책이다.

9   Tocqueville, *Democracy in America*, pt. 2, 803쪽 이하.; Sennett, *The Fall of Public Man*.

10 Lippmann, *Public Opinion*, 12~19쪽; Arendt, *The Human Condition*, 320쪽 이하.

11 특히 Putnam, *Bowling Alone*을 보라.

12 Sombart, *Why Is There No Socialism in the United States?*

13 Gramsci, *The Modern Prince*.

14 Russell, *The Scientific Outlook*에서. 현대의 공동체주의자들이 『멋진 신세계』의 모토인 "공동체, 일치, 안정"을 기억하고 있을지 참으로 궁금하다.

15 J. S. Mill, *Utilitarianism, John Stuart Mill and Jeremy Bentham*, 280~81쪽에 수록.

16 Plato, *The Apology of Socrates, Last Days of Socrates*, 66쪽에 수록.

17 Freud, *Civilization and Its Discontents*; Marcuse, *Eros and Civilization* 및 *One-Dimensional Man*.

18 Ruskin, *Fors Clavigera*, 1871년 5월, *Selected Writings*, 27:86에 수록.

19 Ortega y Gasset, *Revolt*, 76~77, 115쪽 이하.

20 Weber, "The Types of Legitimate Domination", *The Theory of Social and Economic Organization*, 324쪽 이하에 수록.

21 Weber, "Politics as a Vocation" 및 "Science as a Vocation", *From Max Weber*, 77~156쪽에 수록.

22 Schumpeter, *Capitalism, Socialism, and Democracy*, 284~302쪽.

23 Michels, *Political Parties*, 32쪽 이하.

24 Michels, *First Lectures in Political Sociology*.

25 Mills, *The Power Elite*, 25~27쪽; Dahl, *Who Governs?*

제23장 제국과 제국주의

1   Aristotle, *The Politics*(1.4~7), 15~19쪽.

2   Kipling, "The White Man's Burden", *McClure's Magazine*, 1899년 2월.

3   Erasmus, *The Complaint of Peace*, *The Education of a Christian Prince*, 109쪽에 언급되어 있다.

4   Vitoria, *Political Writings*, 88쪽 이하.

5   *The Rights of War and Peace*로 번역되어 있다.

6   Locke, *Second Treatise*(41절), *Two Treatises of Government*, 296~97쪽에 수록.

7   *The Politics*(1.4~6), 14~19쪽에서 일부 표현을 차용했다.

8   Vattel, *The Law of Nations*(208절), 128쪽.

9   Jefferson, *Political Writings*, 520~25, 539쪽.

10   J. S. Mill, *On Liberty*, 16쪽.

11   Kant, *Perpetual Peace, Political Writings*, 102~7쪽에 수록.

12   Diderot, *Supplement to the Voyage of Bougainville, Political Writings*, 47쪽에 수록.

13   Kant, *Perpetual Peace* 및 *Idea for a Universal History with a Cosmopolitan Purpose, Political Writings*에 수록.

14   Tocqueville, *Writings on Empire and Slavery*.

15   Sidney, *Discourses concerning Government*, 9쪽.

16   Gobineau, *The Inequality of the Human Races*; Houston Stewart Chamberlain, *Foundations of the Nineteenth Century*.

17   Lenin, *Imperialism: The Highest Stage of Capitalism, Selected Works*, 667~766쪽에 수록.

18   Bossuet, *Politics Drawn from the Very Words of Holy Scripture*, 9쪽 이하.

19   Fanon, *Black Skins, White Masks*.

제24장 사회주의들

1   Fukuyama, *The End of History and the Last Man*의 주장을 차용했다.

2   Owen, *A New View of Society*; Bakunin, *Statism and Anarchy*; Bellamy, *Looking Backward*; Morris, *News from Nowhere*; Kropotkin, *The Conquest of Bread*; Fourier, *The Theory of the Four Movements*.

3   Marx와 Engels, *The Communist Manifesto*, 221쪽.

4   Owen, *A New View of Society* 및 *Report to the County of Lanark*.

5   Bellamy, *Looking Backward*, 3~6쪽.

6   Ignatieff, *The Needs of Strangers*.

7   Marshall, *Citizenship and Social Class and Other Essays*.

제25장 마르크스주의, 파시즘, 독재

1   Orwell, *Animal Farm*; 1984. Huxley, *Brave New World*; 헉슬리는 『멋진 신세계』 발표 27년 만인 1958년 출간한 문명비판적 수필집 『다시 찾아본 멋진 신세계 *Brave New World Revisited*』에서 이에 대한 충격을 표시했다.

2   Lippmann, *Public Opinion*, 1~32쪽.

3   Marx to Zasulich, *Selected Writings*, 623~27쪽에 수록.

4   Goldberg, *Liberal Fascism*.

5   Herrnstein과 Murray, *The Bell Curve*.

6   Sorel, *Reflections on Violence*, 230쪽 이하.

7   Gentile, "What Is Fascism", *Origins and Doctrine of Fascism*, 53~55쪽에 수록.

8   Schmitt, *The Concept of the Political*, 20쪽 이하.

9   Schmitt, *Political Theology*, 36쪽 이하.

10 Parsons, *The Social System*.

제26장 현대 세계의 민주주의

1 Dworkin, *Freedom's Law*의 서론, 1~35쪽.

2 Westbrook, *John Dewey and American Democracy*, 319쪽 이하.

3 Dewey, *Liberalism and Social Action, Later Works*, 11:1~65에 수록.

4 Dewey, *The Public and Its Problems, Later Works*, 2:324~50에 수록.

5 Dewey, "Christianity and Democracy", *Early Works*, 4:3~10에 수록.

6 Dewey, *Public and Its Problems*, 282쪽 이하.

7 Truman, *The Governmental Process*.

8 Dewey, *Public and Its Problems*, 328쪽.

9 Dewey, *Democracy and Education, Middle Works*, vol. 9에 수록.

10 Lippmann, *Public Opinion* 및 *The Phantom Public*; Niebuhr, *Moral Man and Immoral Society*.

11 Schumpeter, *Capitalism, Socialism, and Democracy*, 235~302쪽.

12 같은 책, 252~55쪽.

13 같은 책, 256쪽.

14 같은 책, 242, 246, 269쪽 이하.

15 같은 책, 241~42쪽.

16 Dahl, *A Preface to Democratic Theory* compare *Who Governs?* 및 *After the Revolution?*과 비교해보라.

17 In Hayden, *The Port Huron Statement*, 45쪽 이하.

18 Dahl, *After the Revolution?*, 153쪽 이하.

19 Rawls, *Theory of Justice*, 194~200쪽.

20 Dworkin, *Freedom's Law*, 1~35쪽.

제27장 세계 평화와 인류의 미래

1 이런 문제를 처음 제기한 것은 Huntington, *The Clash of Civilizations*인데, 최

근에는 이슬람 테러리즘을 논한 책이 많이 나왔다.

2 Machiavelli, *Discourses on Livy*(1.11~15), 145~60쪽; Rousseau, *Social Contract*(4.8), 166~73쪽.

3 Carlyle, *The French Revolution*, 791쪽.

4 Tocqueville, *The Old Regime and the Revolution*, 202~9쪽.

5 J. S. Mill, *Auguste Comte and Positivism, Collected Works*, 10:263 이하에 수록.

6 Croly, *The Promise of American Life*; Forcey, *The Crossroads of Liberalism*.

7 Durkheim, *Professional Ethics and Civic Morals*.

8 Bellah, *Habits of the Heart*.

9 Goldman, "Anarchism: What It Really Stands For", *Anarchism and Other Essays*, 33~44쪽에 수록.

10 프랑스혁명을 이런 식으로 설명한 대표적인 사례로 Tocqueville, *The Old Regime*, 217~24쪽을 들 수 있다.

11 Freud, *Beyond the Pleasure Principle*.

12 Russell, *Has Man a Future?*

13 Ceadel, *Thinking about Peace and War*.

14 Tacitus, *The Agricola*, 98쪽. 라틴어 원문은 *solitudinem faciunt et pacem appellant*.

15 Sidgwick, *The Methods of Ethics*, 382쪽.

16 Rawls, *Law of Peoples*, 4쪽 이하, 63쪽.

17 Beitz, *The Idea of Human Rights*, 97~101, 201~12쪽.

18 Burke, "Conciliation with America", *Pre-Revolutionary Writings*, 218~20쪽.

19 Merchant, *Reinventing Eden*, 1~8쪽.

20 Aristotle, *The Politics*(2.5), 35~38쪽.

Aquinas, Thomas. *Political Writings*. Edited by R. W. Dyson. Cambridge: Cambridge University Press, 2002.

————. *St. Thomas Aquinas on Politics and Ethics*. Edited and Translated by Paul Sigmund. New York: Norton, 1988.

Arendt, Hannah. *The Human Condition*. Chicago: University of Chicago Press, 1958.

————. *The Origins of Totalitarianism*. New York: Harcourt, Brace, 1966.

Aristophanes. *Clouds, Wasps, Peace*. Edited by Jeffrey Henderson. Cambridge: Harvard University Press, 1998.

Aristotle. *The Ethics of Aristotle*. Edited by J. A. K. Thomson. Harmondsworth: Penguin, 1959.

————. *The Politics and The Constitution of Athens*. Edited by Stephen Everson. Translated by Jonathan Barnes. Cambridge: Cambridge University Press, 1996.

Armitage, David. *The Declaration of Independence: A Global History*. Cambridge: Harvard University Press, 2007.

Ashcraft, Richard. *Revolutionary Politics and Locke's Two Treatises of Government*. Princeton: Princeton University Press, 1986.

Aubrey, John. *Brief Lives*. Edited by Oliver Lawson Dick. Harmondsworth: Penguin, 1962.

Augustine. *The City of God against the Pagans*. Translated by R. W. Dyson. Cambridge: Cambridge University Press, 2001.

————. *Confessions*. Translated by Henry Chadwick. Oxford: Oxford

University Press, 1991.

Bailyn, Bernard. *Ideological Origins of the American Revolution*. Cambridge: Harvard University Press, 1967.

Bakunin, Mikhail. *Statism and Anarchy*. Edited by Marshall Shatz. Cambridge: Cambridge University Press, 1990.

Baron, Hans. *In Search of Florentine Civic Humanism*. Princeton: Princeton University Press, 1988.

Beerbohm, Max. *Seven Men*. Harmondsworth: Penguin, 1954.

Beitz, Charles. *The Idea of Human Rights*. New York: Oxford University Press, 2009.

Bell, Daniel. *The Cultural Contradictions of Capitalism*. New York: Basic Books, 1976.

——. *The End of Ideology*. Glencoe, Ill.: Free Press, 1960.

Bellah, Robert. *Habits of the Heart*. Berkeley: University of California Press, 1996.

Bellamy, Edward. *Looking Backward*. New York: Random House, 1951.

Bentham, Jeremy. *Handbook of Political Fallacies*. Edited by Harold Larrabee. New York: Harper Torchbooks, 1962.

Bentham, Jeremy, and John Stuart Mill. *John Stuart Mill and Jeremy Bentham: Utilitarianism and Other Essays*. Edited by Alan Ryan. Harmondsworth: Penguin, 1987.

Berlin, Isaiah. *Four Essays on Liberty*. Oxford: Oxford University Press, 1969.

Black, Antony. *Political Thought in Europe, 1250~450*. Cambridge: Cambridge University Press, 1992.

Bloom, Allan. *The Closing of the American Mind*. New York: Simon and Schuster, 1987.

Bossuet, Bernard. *Politics Drawn from the Very Words of Holy Scripture*. Edited by Patrick Riley. Cambridge: Cambridge University Press, 1990.

Brogan, Hugh. *Alexis de Tocqueville: A Life*. New Haven: Yale University Press,

2007.

Brown, Peter. *Augustine of Hippo*. London: Faber & Faber, 1966.

Burke, Edmund. *The Portable Burke*. Edited by Isaac Kramnick. New York: Viking, 1999.

———. *Pre-Revolutionary Writings*. Edited by Ian Harris. Cambridge: Cambridge University Press, 1993.

———. *Reflections on the Revolution in France*. Edited by L. G. Mitchell. World's Classics. Oxford: Oxford University Press, 2009.

Burns, J. H., ed. *Cambridge History of Medieval Political Thought, 350~1450*. Cambridge: Cambridge University Press, 1988.

Burns, J. H., and Mark Goldie, eds. *Cambridge History of Political Thought, 1450~1700*. Cambridge: Cambridge University Press, 1991.

Calvin, Jean, and Martin Luther. *Luther and Calvin on Secular Authority*. Edited and translated by Harro Hopfl. Cambridge: Cambridge University Press, 1991.

Carlyle, R. W., and A. J. Carlyle. *A History of Medieval Political Theory in the West*. 6 vols. Edinburgh: Blackwood, 1950.

Carlyle, Thomas. *The French Revolution*. New York: Modern Library, 1934.

Cartledge, Paul. *Thermopylae: The Battle That Changed the World*. Woodstock: Overlook Press, 2006.

Ceadel, Martin. *Thinking about Peace and War*. Oxford: Oxford University Press, 1987.

Chamberlain, Houston Stewart. *Foundations of the Nineteenth Century*. New York: H. Fertig, 1968.

Cicero, Marcus Tullius. *On Duties*. Edited by M. T. Griffin and E. M. Atkins. Cambridge: Cambridge University Press, 1991.

———. *On the Commonwealth and On the Laws*. Edited by James E. G. Zetzel. Cambridge: Cambridge University Press, 1999.

Clarendon, Henry Hyde, Earl of. *A Brief View and Survey of the Dangerous*

참고문헌 1359

and Pernicious Errors to Church and State, in Mr Hobbes's Book Entitled Leviathan. Oxford, 1676.

Cohn, Norman. *The Pursuit of the Millennium*. London: Secker and Warburg, 1957.

Coke, Edward. *The Selected Writings and Speeches of Sir Edward Coke*. Edited by Steve Sheppard. Vol. 1. Indianapolis: Liberty Fund, 2003.

Constant, Benjamin. *Political Writings*. Edited by Biancamaria Fontana. Cambridge: Cambridge University Press, 1988.

Craiutu, Aurelian, and Jeremy Jennings, eds. *Tocqueville on America after 1840: Letters and Other Writings*. New York: Cambridge University Press, 2009.

Croly, Herbert. *The Promise of American Life*. Cambridge: Harvard University Press, 1965.

Dahl, Robert. *After the Revolution?* New Haven: Yale University Press, 1970.

———. *A Preface to Democratic Theory*. Chicago: University of Chicago Press, 1956.

———. *Who Governs?* New Haven: Yale University Press, 1961.

Dante. *The Inferno of Dante*. Translated by Robert Pinsky. New York: Farrar, Straus and Giroux, 1994.

———. *Monarchy*. Edited and translated by Prue Shaw. Cambridge: Cambridge University Press, 1996.

Dewey, John. "Christianity and Democracy." In *The Early Works, 1882~1898*. Vol. 4. Carbondale: Southern Illinois University Press, 1971.

———. *A Common Faith*. In *The Later Works, 1925~1953*. Vol. 9. Carbondale: Southern Illinois University Press, 1986.

———. *Democracy and Education*. Vol. 9 of *The Middle Works, 1899~1924*. Carbondale: Southern Illinois University Press, 1980.

———. *Liberalism and Social Action*. In *Later Works, 1925~1953*. Vol. 11. Carbondale: Southern Illinois University Press, 1991.

————. *The Public and Its Problems*. In *The Later Works, 1925~1953*. Vol. 2. Carbondale: Southern Illinois University Press, 1984.

Diderot, Denis. *Political Writings*. Edited by Robert Wokler. Translated by John Hope Mason. Cambridge: Cambridge University Press, 1992.

Durkheim, Émile. *Professional Ethics and Civic Morals*. Translated by Cornelia Brookfield. London: Routledge & Kegan Paul, 1957.

————. *Suicide*. Edited by George Simpson. Translated by John Spaulding. Glencoe, Ill.: Free Press, 1951.

Dworkin, Ronald. *Freedom's Law: The Moral Reading of the American Constitution*. Cambridge: Harvard University Press, 1996.

Erasmus, Desiderius. *The Education of a Christian Prince*. Edited and translated by Lisa Jardine. Cambridge: Cambridge University Press, 1997.

————. *The Praise of Folly*. Edited and translated by Robert Adams. New York: Norton, 1989.

Fanon, Frantz. *Black Skins, White Masks*. New York: Grove Press, 1967.

————. *The Wretched of the Earth*. New York: Grove Press, 1963.

Ferguson, Adam. *An Essay on the History of Civil Society*. Edited by Fania Oz-Salzberger. Cambridge: Cambridge University Press, 1995.

Filmer, Henry. *Patriarcha and Other Writings*. Edited by Johann P. Sommerville. Cambridge: Cambridge University Press, 1991.

Findlay, J. N. *Hegel: A Re-examination*. London: Allen and Unwin, 1958.

Forcey, Charles. *The Crossroads of Liberalism: Croly, Weyl, Lippmann, and the Progressive Era, 1900~1925*. New York: Oxford University Press, 1961.

Fortescue, John. *On the Laws and Governance of England*. Edited by Shelley Lockwood. Cambridge: Cambridge University Press, 1997.

Fourier, Charles. *The Theory of the Four Movements*. Cambridge: Cambridge University Press, 1996.

Frank, Robert H. *Passions within Reason: The Strategic Role of the Emotions*. New York: Norton, 1988.

Freud, Sigmund. *Beyond the Pleasure Principle and Other Writings*. Translated by John Reddick. Introduction by Mark Edmundson. London: Penguin, 2003.

———. *Civilization and Its Discontents*. Translated by James Strachey. New York: Norton, 2010.

Fukuyama, Francis. *The End of History and the Last Man*. New York: Free Press, 1992.

Garnsey, Peter. *Thinking about Property: From Antiquity to the Age of Revolution*. Cambridge: Cambridge University Press, 2007.

Gentile, Giovanni. *Origins and Doctrine of Fascism*. Edited and translated by A. James Gregor. New Brunswick: Transaction Books, 2004.

Gibbon, Edward. *Decline and Fall of the Roman Empire*. Edited by D. M. Womersley. London: Penguin, 2002.

Gobineau, Arthur de. *The Inequality of the Human Races*. New York: H. Fertig, 1967.

Goldberg, Jonah. *Liberal Fascism: The Secret History of the American Left, from Mussolini to the Politics of Meaning*. New York: Doubleday, 2007.

Goldhagen, Daniel. *Hitler's Willing Executioners: Ordinary Germans and the Holocaust*. New York: Knopf, 1996.

Goldman, Emma. *Anarchism and Other Essays*. New York: Dover Books, 1969.

Gramsci, Antonio. *The Modern Prince and Other Essays*. Translated by Louis Marx. New York: International Publishers, 1967.

———. *Pre-prison Writings*. Edited by Richard Bellamy. Translated by Virginia Cox. Cambridge: Cambridge University Press, 1994.

Grotius, Hugo. *The Rights of War and Peace*. Edited by Richard Tuck. 3 vols. Indianapolis: Liberty Fund, 2005.

Harrington, James. *The Commonwealth of Oceana and A System of Politics*. Edited by J. G. A. Pocock. Cambridge: Cambridge University Press, 1992.

Hart, H. L. A. *Essays on Bentham*. Oxford: Oxford University Press, 1982.

Haskins, Charles Homer. *The Renaissance of the Twelfth Century*. New York: Harvard University Press, 1955.

Haydn, Tom. *The Port Huron Statement: The Visionary Call of the 1960s Revolution*. New York: Thunder's Mouth Press, 2005.

Hayek, Friedrich A. von. *The Road to Serfdom*. Chicago: University of Chicago Press, 1944.

Hegel, Georg Wilhelm Friedrich. *Elements of the Philosophy of Right*. Edited by Allen W. Wood. Translated by H. B. Nisbet. Cambridge: Cambridge University Press, 1991.

──────. *Hegel's Phenomenology of Spirit*. Translated by A. V. Miller. Oxford: Oxford University Press, 1977.

──────. *The Philosophy of History*. Edited by C. J. Friedrich. Translated by J. Sibree. New York: Dover, 1956.

Herodotus. *The Histories*. Translated by Aubrey de Selincourt. Harmondsworth: Penguin, 2005.

Herrin, Judith. *The Formation of Christendom*. Princeton: Princeton University Press, 1987.

Herrnstein, Richard J., and Charles Murray. *The Bell Curve: Intelligence and Class Structure in American Life*. New York: Free Press, 1994.

Hobbes, Thomas. *Behemoth*. Edited by Stephen Holmes. Chicago: University of Chicago Press, 1990.

──────. *Human Nature and De Corpore Politico*. Edited by J. C. A. Gaskin. Oxford: Oxford University Press, 2008.

──────. *Leviathan*. Edited by Richard Tuck. Cambridge: Cambridge University Press, 1991.

Hogg, James. *The Private Memoirs and Confessions of a Justified Sinner*. London: Oxford University Press, 1969.

Hume, David. *Enquiries concerning Human Understanding and concerning the Principles of Morals*. Edited by Selby-Bigge. 3d ed. Oxford: Oxford University Press, 1975.

―――. *Political Essays*. Edited by Knud Haakonssen. Cambridge: Cambridge University Press, 1994.

Huntington, Samuel. *The Clash of Civilizations and the Remaking of World Order*. New York: Simon and Schuster, 1996.

Huxley, Aldous. *Brave New World and Brave New World Revisited*. Foreword by Christopher Hitchens. New York: HarperCollins, 2004.

Ibn Khaldun. *The Muqaddimah: An Introduction to History*. Edited by N. J. Dawood. Translated by Franz Rosenthal. Princeton: Princeton University Press, 2005.

Ignatieff, Michael. *The Needs of Strangers*. London: Chatto & Windus, 1984.

Jardin, André. *Tocqueville: A Biography*. Translated by Lydia Davis, with Robert Hemenway. New York: Farrar Straus Giroux, 1988.

Jefferson, Thomas. *Political Writings*. Edited by Joyce Appleby and Terence Ball. Cambridge: Cambridge University Press, 1999.

John of Salisbury. *Policraticus*. Edited and translated by Cary U. Nederman. Cambridge: Cambridge University Press, 1996.

Kant, Immanuel. *Groundwork for the Metaphysics of Morals*. Edited and translated by Allen W. Wood. New Haven: Yale University Press, 2002.

―――. *Political Writings*. Edited by Hans Reiss. Translated by H. B. Nisbet. Cambridge: Cambridge University Press, 1991.

Kantorowicz, Ernst. *Frederick the Second, 1194~1250*. Translated by E. O. Lorimer. New York: R. R. Smith, 1931.

Kapp, Yvonne. *The Life of Eleanor Marx*. 2 vols. London: Lawrence & Wishart, 1972.

Kojève, Alexandre. *Introduction to the Reading of Hegel: Lectures on the Phenomenology of Spirit Assembled by Raymond Queneau*. Edited by Allan Bloom. Translated by James J. Nichols Jr. New York: Basic Books, 1969.

Kornhauser, William. *The Politics of Mass Society*. Glencoe, Ill.: Free Press, 1959.

Kropotkin, Peter. *The Conquest of Bread*. Edited by Paul Avrich. London: Allen Lane, 1972.

Kurland, Philip B., and Ralph Lerner, eds. *The Founders' Constitution*. 5 vols. Chicago: University of Chicago Press, 1987.

Lane Fox, Robin. *Pagans and Christians*. New York: Knopf, 1987.

Lenin, V. I. *What Is to Be Done?* Edited by Robert Service. Translated by Joe Fineberg and George Hanna. Harmondsworth: Penguin, 1988.

Lippmann, Walter. *The Phantom Public*. New Brunswick: Transaction, 1993.

———. *Public Opinion*. New York: Harcourt, Brace, 1922.

Lipset, Seymour Martin. *Political Man: The Social Bases of Politics*. Garden City, N.Y.: Doubleday, 1960.

Locke, John. *Political Essays*. Edited by Mark Goldie. Cambridge: Cambridge University Press, 1997.

———. *The Selected Political Writings of John Locke*. Edited by Paul Sigmund. New York: Norton, 2005.

———. *Two Treatises of Government*. Edited by Peter Laslett. Cambridge: Cambridge University Press, 1998.

Luther, Martin. *Selected Political Writings*. Edited by J. M. Porter. Philadelphia: Fortress Press, 1974.

Machiavelli, Niccolo. *Discourses on Livy*. Edited by Max Lerner. New York: Random House, 1950.

———. *The Prince*. Translated by Quentin Skinner and Russell Price. Cambridge: Cambridge University Press, 1988.

Madison, James. *Writings*. Edited by Jack Rakove. New York: Library of America, 1999.

Madison, James, Alexander Hamilton, and John Jay. *The Federalist Papers*. London: Penguin, 1987.

Maistre, Joseph de. *The Works of Joseph de Maistre*. Edited and translated by Jack Lively. London: Allen and Unwin, 1965.

Man, John. *The Gutenberg Revolution: The Story of a Genius and an Invention That Changed the World*. London: Review, 2002.

Marcuse, Herbert. *Eros and Civilization: A Philosophical Inquiry into Freud*. Boston: Beacon, 1966.

————. *One-Dimensional Man: Studies in the Ideology of Advanced Industrial Society*. Boston: Beacon, 1964.

Marshall, T. H. *Citizenship and Social Class and Other Essays*. Cambridge: Cambridge University Press, 1950.

Marsilius of Padua. *Defensor Pacis*. Translated by Alan Gewirth. Afterword by Cary.J. Nederman. New York: Columbia University Press, 1991.

————. *Writings on the Empire: Defensor Minor and De Translatione Imperii*. Edited by Cary J. Nederman. Cambridge: Cambridge University Press, 1993.

Marx, Karl. *Selected Writings*. Edited by David McLellan. 2nd ed. Oxford: Oxford University Press, 2000.

Marx, Karl, and Friedrich Engels. *The Communist Manifesto*. London: Penguin, 2002.

McLuhan, Marshall. *The Gutenberg Galaxy: The Making of Typographic Man*. Toronto: University of Toronto Press, 1962.

Merchant, Carolyn. *Reinventing Eden: The Fate of Nature in Western Culture*. London: Taylor and Francis, 2003.

Michels, Robert. *First Lectures in Political Sociology*. Translated by Alfred de Grazia. New York: Arno Press, 1974.

————. *Political Parties: A Sociological Study of the Oligarchical Tendencies of Modern Democracy*. Translated by Eden and Cedar Paul. Introduction by Seymour Martin Lipset. New York: Collier, 1962.

Mill, James. *Political Writings*. Edited by Terence Ball. Cambridge: Cambridge

University Press, 1992.

Mill, John Stuart. *Autobiography*. Edited by J. M. Robson. Harmondsworth: Penguin, 1989.

―――. *The Collected Works of John Stuart Mill*. 32 vols. Toronto: University of Toronto Press, 1963~96.

―――. *Considerations on Representative Government*. Edited by A. D. Lindsay. London: Everyman's Library, 1962.

―――. *Essays on Economics and Society*. Vols. 4~5 of Collected Works. Toronto: University of Toronto Press, 1967.

―――. *Essays on Politics and Culture*. Edited by Gertrude Himmelfarb. Garden City, N.Y.: Doubleday, 1963.

―――. *On Liberty and The Subjection of Women*. Edited by Alan Ryan. London: Penguin, 2006.

―――. *Principles of Political Economy*. Vols. 2~3 of Collected Works. Toronto: University of Toronto Press, 1965.

Mills, C. Wright. *The Power Elite*. New York: Oxford University Press, 1956.

Montaigne, Michel de. *Complete Essays*. Edited and translated by M. A. Screech. London: Penguin, 1991.

Montesquieu. *The Spirit of the Laws*. Edited and translated by Anne M. Cohler, Basia Carolyn Miller, and Harold Samuel Stone. Cambridge: Cambridge University Press, 1989.

More, Thomas. *Utopia*. Edited by George M. Logan. Translated by Robert M. Adams. Cambridge: Cambridge University Press, 2006.

Morris, William. *News from Nowhere*. Edited by Kishnan Kumar. Cambridge: Cambridge University Press, 1995.

Napier, William. *History of Sir Charles Napier's Administration of the Province of Scinde*. London: Chapman and Hall, 1851.

Nicholas of Cusa. *The Catholic Concordance*. Edited and translated by Paul E. Sigmund. Cambridge: Cambridge University Press, 1991.

Nicolet, Claude. *The World of the Citizen in Republican Rome*. Berkeley: University of California Press, 1988.

Niebuhr, Reinhold. *Moral Man and Immoral Society*. New York: Scribner, 1932.

Nietzsche, Friedrich. *On the Genealogy of Morality*. Edited by Keith Ansell-Pearson. Translated by Carol Diethe. Cambridge: Cambridge University Press, 1994.

Nozick, Robert. *Anarchy, State, and Utopia*. New York: Basic Books, 1974.

Ockham, William of. *A Short Discourse on the Tyrannical Government over Things Divine and Human*. Edited by Arthur Stephen McGrade. Translated by John Kilcullen. Cambridge: Cambridge University Press, 1992.

Ortega y Gasset, José. *The Revolt of the Masses*. New York: Norton, 1932.

Orwell, George. *Animal Farm; 1984*. Introduction by Christopher Hitchens. Orlando, Fla.: Harcourt, 2003.

Owen, Robert. *A New View of Society and Other Writings*. Edited by Gregory Claeys. London: Penguin, 1991.

Paine, Thomas. *Thomas Paine Reader*. Edited by Michael Foot and Isaac Kramnick. London: Penguin, 1987.

Parsons, Talcott. *The Social System*. Glencoe, Ill.: Free Press, 1951.

Pitts, Jennifer. *A Turn to Empire: The Rise of Imperial Liberalism in Britain and France*. Princeton: Princeton University Press, 2005.

Pizan, Christine de. *The Book of the Body Politic*. Edited and translated by Kate Langdon Forhan. Cambridge: Cambridge University Press, 1994.

———. *The Book of the City of Ladies*. Edited and translated by Rosalind Brown-Grant. Harmondsworth: Penguin, 1999.

Plato. *Gorgias*. Edited by Chris Emlyn-Jones. Translated by Walter Hamilton. Harmondsworth: Penguin, 2004.

———. *Gorgias, Menexenus, Protagoras*. Edited by Malcolm Schofield. Translated by Tom Griffith. Cambridge: Cambridge University Press, 2010.

─────. *The Last Days of Socrates*. Edited by Harold Tarrant. Translated by Harold Tarrant and Hugh Tredennick. Harmondsworth: Penguin, 2003.

─────. *Phaedrus and Letters VII and VIII*. Translated by Walter Hamilton. Harmondsworth: Penguin, 1973.

─────. *The Republic*. Edited by G. R. F. Ferrari. Translated by Tom Griffith. Cambridge: Cambridge University Press, 2000.

Pocock, J. G. A. *The Machiavellian Moment: Florentine Political Thought and the Atlantic Republican Tradition*. Princeton: Princeton University Press, 1976.

Polybius. *The Rise of the Roman Empire*. Edited by F. W. Walbank. Translated by Ian Scott-Kilvert. Harmondsworth: Penguin, 1979.

Popper, Karl. *The Open Society and Its Enemies*. London: Routledge, 1945.

Price, Richard. *Political Writings*. Edited by D. O. Thomas. Cambridge: Cambridge University Press, 1991.

Putnam, Robert D. *Bowling Alone: The Collapse and Revival of American Community*. New York: Simon and Schuster, 2000.

Qutb, Sayyid. *Milestones*. Indianapolis: American Trust Publications, 1990.

─────. *Social Justice in Islam*. Translated by John B. Hardie. New York: Octagon Books, 1970.

Rawls, John. *The Law of Peoples, with The Idea of Public Reason Revisited*. Cambridge: Harvard University Press, 1999.

─────. *Political Liberalism*. New York: Columbia University Press, 1993.

─────. *A Theory of Justice*. Cambridge: Harvard University Press, 1971.

Redhead, Brian. *Political Thought from Plato to NATO*. London: BBC Publications, 1987.

Rousseau, Jean-Jacques. *Confessions*. London: J. M. Dent, 1962.

─────. *Émile*. Translated by Barbara Foxley. London: J. M. Dent, 1974.

─────. *Rousseau's Political Writings*. Edited by Alan Ritter and Julia Conaway Bondanella. Translated by Julia Conaway Bondanella. New York:

Norton, 1988.

————. *The Social Contract and Other Later Political Writings*. Edited and translated by Victor Gourevitch. Cambridge: Cambridge University Press, 1997.

Ruskin, John. *Fors Clavigera: Letters to the Workmen and Labourers of Great Britain*. In *Selected Writings*. Vol. 27. London: George Allen, 1907.

Russell, Bertrand. *Autobiography*. Boston: Little, Brown, 1967.

————. *German Social Democracy*. Nottingham: Spokesman Books, 2000.

————. *Has Man a Future?* London: Allen and Unwin, 1961.

————. *The Scientific Outlook*. New York: Norton, 1931.

Schmitt, Carl. *The Concept of the Political*. Edited and translated by George Schwab. Foreword by Tracy B. Strong. Chicago: University of Chicago Press, 1996.

————. *Political Theology*. Edited and translated by George Schwab. Cambridge: MIT Press, 1985.

Schumpeter, Joseph. *Capitalism, Socialism, and Democracy*. New York: Harper and Row, 1950.

Sennett, Richard. *The Fall of Public Man*. New York: Knopf, 1976.

Shapin, Steven, and Simon Schaffer. *Leviathan and the Air-Pump: Hobbes, Boyle, and the Experimental Life*. Princeton: Princeton University Press, 1989.

Sidgwick, Henry. *The Methods of Ethics*. Indianapolis: Hackett, 2007.

Sidney, Algernon. *Discourses concerning Government*. Edited by Thomas G. West. Indianapolis: Liberty Fund, 1990.

Skinner, Quentin. *The Foundations of Modern Political Thought*. Cambridge: Cambridge University Press, 1978.

Sombart, Werner. *Why Is There No Socialism in the United States?* White Plains, N.Y.: Arts and Sciences Press, 1976.

Sorel, Georges. *Reflections on Violence*. Edited by Jeremy Jennings.

Cambridge: Cambridge University Press, 2000.

Tacitus. *The Agricola and the Germania*. Translated Harold Mattingly. Harmondsworth: Penguin, 1970.

Thucydides. *The Peloponnesian War*. Edited and translated by Steven Lattimore. Indianapolis: Hackett, 1998.

Tierney, Brian. *The Crisis of Church and State, 1050~1300*. Toronto: University of Toronto Press, 1988.

Tocqueville, Alexis de. *Democracy in America*. Edited by Isaac Kramnick. Translated by Gerald Bevan. London: Penguin, 2003.

─────. *The Old Regime and the Revolution*. Edited by Francois Furet and Francoise Melonio. Translated by Alan S. Kahan. 2 vols. Chicago: University of Chicago Press, 2001.

─────. *Recollections*. Edited by J. P. Mayer. Translated by George Lawrence. Garden City, N.Y.: Doubleday, 1970.

─────. *Writings on Empire and Slavery*. Edited and translated by Jennifer Pitts. Baltimore: Johns Hopkins University Press, 2001.

Truman, David B. *The Governmental Process: Political Interests and Public Opinion*. New York: Knopf, 1958.

Tyacke, Nicholas, ed. *Seventeenth-Century Oxford*. Vol. 4 of *The History of the University of Oxford*. Oxford: Clarendon Press, 1997.

Ullman, Walter. *A History of Political Thought in the Middle Ages*. Harmondsworth: Penguin, 1970.

Vattel, Emmerich de. *The Law of Nations*. Indianapolis: Liberty Fund, 2007.

Vitoria, Francisco de. *Political Writings*. Edited by Anthony Pagden. Translated by Jeremy Lawrence. Cambridge: Cambridge University Press, 1992.

Waal, Frans B. M. de. *Good Natured: The Origins of Right and Wrong in Humans and Other Animals*. Cambridge: Harvard University Press, 1996.

Weber, Max. *From Max Weber*. Edited and Translated by H. H. Gerth and C. Wright Mills. London: Routledge and Kegan Paul, 1948.

————. *The Theory of Social and Economic Organization*. Edited by Talcott Parsons. New York: Free Press, 1969.

Westbrook, Robert. *John Dewey and American Democracy*. Ithaca: Cornell University Press, 1991.

Wolin, Sheldon S. *Politics and Vision: Continuity and Innovation in Western Political Thought*. Princeton: Princeton University Press, 2004.

Wollstonecraft, Mary. *A Vindication of the Rights of Men and A Vindication of the Rights of Woman*. Edited by Sylvana Tomaselli. Cambridge: Cambridge University Press, 1995.

Wood, Gordon S. *Empire of Liberty: A History of the Early Republic, 1789~1815*. Oxford: Oxford University Press, 2009.

————. *The Radicalism of the American Revolution*. New York: Knopf, 1992.

Xenophon. *Conversations of Socrates*. Edited by Robin Waterfield. Translated by Hugh Tredennick and Robin Waterfield. London: Penguin, 1990.

Zamyatin, Evgeny. *We*. Translated by Mirra Ginsburg. New York: Viking, 1972.

옥스퍼드 대학 출판부는 '초간단 입문서very short introductions' 시리즈를 발행하고 있다(그중 일부를 한국에서 '첫단추 시리즈'라는 이름으로 발행하고 있다). 각 권이 이 책 1개 장의 3~4배 분량이니 그에 비하면 이 책은 '초초간단 입문서'라고 할 수 있 겠다. 옥스퍼드 초간단 입문서 시리즈 중에서 꼭 읽어봐야 할 것으로는 다음을 꼽을 수 있다.

Paul Cartledge, *Ancient Greece*(고대 그리스)

Jennifer Roberts, *Herodotus*(헤로도토스)

Christopher Taylor, *Socrates*(소크라테스)

Julia Annas, *Plato*(플라톤)

Jonathan Barnes, *Aristotle*(아리스토텔레스)

Henry Chadwick, *Augustine*(아우구스티누스)

Scott Hendrix, *Martin Luther*(마르틴 루터)

Peter Marshall, *The Reformation*(종교개혁)

Mark Noll, *Protestantism*(프로테스탄티즘)

Quentin Skinner, *Machiavelli*(마키아벨리)

Richard Tuck, *Hobbes*(홉스)

John Dunn, *Locke*(로크)

Robert Wokler, *Rousseau*(루소)

Peter Singer, *Hegel*(헤겔)

Harvey Mansfield, *Tocqueville*(토크빌)

Peter Singer, *Marx*(마르크스)

Terrell Carver, *Engels*(엥겔스)

William Doyle, *Aristocracy*(귀족정)

Colin Ward, *Anarchism*(무정부주의)

Stephen Howe, *Empire*(제국)

Leslie Holmes, *Communism*(공산주의)

Malise Ruthven, *Fundamentalism*(근본주의)

Kevin Passmore, *Fascism*(파시즘)

Malise Ruthven, *Islam*(이슬람)

Steven Grosby, *Nationalism*(민족주의)

Bernard Crick, *Democracy*(민주주의)

Richard Bellamy, *Citizenship*(시민권)

훌륭한 교과서는 많다. 어떤 책을 선택할 것이냐는 취향의 문제다. 하지만 Sheldon S. Wolin의 *Politics and Vision*(정치학과 비전, 2nd ed., Princeton)은 최근 반세기 동안 널리 호평을 받은 책이다. 비교적 최근에 나온 것 중에서는 3권짜리 *A History of Political Thought*(정치사상의 역사, Janet Coleman vols. 1 and 2, Iain Hampsher-Monk vol. 3, Blackwell)가 독보적이다. 이 정도를 넘어서면 전문 학자 수준의 책들로 대부분 여러 권으로 돼 있고 필진도 여러 명이다. *Cambridge History of Political Thought*(케임브리지 정치사상사) 시리즈는 현재 *Greek and Roman Political Thought*(그리스와 로마의 정치사상), *Medieval Political Thought*(중세 정치사상), *Political Thought, 1450~1700*(정치사상: 1450~1700년), *Eighteenth-Century Political Thought*(18세기 정치사상), *Twentieth-Century Political Thought*(20세기 정치사상)가 나와 있고, 나머지 기간을 다룬 책들도 곧 나올 예정이다. 케임브리지 대학교 출판부가 발행하는 '케임브리지 개론 시리즈Cambridge Companions'도 참고할 만하다. 특히 고대 그리스 정치사상, 소크라테스, 플라톤, 아리스토텔레스, 아우구스티누스, 아퀴나스, 단테, 마키아벨리, 홉스, 로크, 루소, 존 스튜어트 밀을 소개한 편이 읽을 만하다. *Hobbes's Leviathan*(홉스의 리바이어던, ed. Patricia Springborg)과 *Plato's Republic*(플라톤의 국가, ed. G. R. F. Ferrari)처럼 단일 저작을 분석한 편도 매우 훌륭하다. *Blackwell Companion to Greek and Roman Political Thought*(블랙웰 그리스 로마 정치사상 개론)은 특히 귀중한 자료집이라 할

만하다.

제1장: 독자들은 원문이 궁금하겠다. 펭귄 클래식Penguin Classics 시리즈는 지금까지 75년 동안 철학, 역사, 문학 분야 고전들을 학술적으로 믿을 만하고 읽기 쉽게 소개하는 작업을 해왔다. 헤로도토스의 『역사』는 Aubrey de Selincourt의 번역(*The Histories*)으로, 투키디데스의 『펠로폰네소스전쟁사』는 Rex Warner의 번역으로 나와 있다. 펠로폰네소스전쟁은 현재 우리 시대의 학자들도 연구에 깊은 관심을 기울이고 있다. Donald Kagan의 1권짜리 *The Peloponnesian War*(펠로폰네소스전쟁, Penguin, 2004)는 시대를 초월한 교훈을 주려는 투키디데스의 의도에 충실한 입장을 취하고 있다. 아테네 민주주의에 대해서는 19세기 중반 이후 수많은 연구가 있었다. 비교적 오래된 연구서 중에서는 A. H. M. Jones의 *Athenian Democracy*(아테네 민주주의, Blackwell, 1957)가 역동적이면서도 포괄적이다. 반면에 Paul Cartledge의 *The Spartans: The World of the Warrior-Heroes of Ancient Greece*(고대 그리스의 전사 영웅 스파르타인, Random House, 2004)는 아테네의 경쟁자로서 동시대와 그 이후 지금까지 서구인들을 매료시킨 스파르타를 생생하고도 균형 있게 설명한다. 플라톤 이전 정치이론에 대해서는 케임브리지 텍스트 시리즈 *Early Greek Political Thought from Homer to the Sophists*(초기 그리스 정치사상: 호메로스에서 소피스트까지)에 잘 소개돼 있다. 펭귄 클래식의 *The Last Days of Socrates*(소크라테스의 최후)에는 플라톤의 대화편 『에우튀프론』, 『변명』, 『크리톤』, 『파이돈』이 실려 있다. 역시 펭귄 클래식에서 나온 *Conversations of Socrates*(소크라테스의 대화편, Penguin Classics)에는 소크라테스가 주인공으로 등장하는, 소크라테스 계열 크세노폰의 저술 전체가 실려 있다. 소크라테스의 재판과 처형을 다룬 최근 저술 가운데는 Robin Waterfield의 *Why Socrates Died*(소크라테스는 왜 죽었는가, Norton, 2009)가 탁월하다. I. F. Stone의 *The Trial of Socrates*(소크라테스 재판, Little, Brown, 1986)는 아테네의 민주주의자들이 소크라테스에 대해 적대감을 가진 이유가 있다는 부분을 강조한다.

제2장: 나는 보통 인용문은 정치사상사 관련 케임브리지 텍스트 시리즈(*Cambridge Texts in the History of Political Thought*)를 활용했다. 번역이 썩 좋고 더 읽어볼

만한 문헌에 대한 소개 및 연대기 정보가 풍부하기 때문이다. 그 정도만 충실히 소화해도 훌륭한 연구자가 될 수 있겠다. 펭귄 클래식판 『고르기아스』, 『법률』, 『국가』도 훌륭하다. 특히 『국가』는 Melissa Lane의 해제를 달아 재편집했다. 펭귄 클래식판 *Phaedrus and Letters VII and VIII*(파이드로스와 일곱번째, 여덟번째 편지)는 오랫동안 저 유명한 『일곱번째 편지』를 접할 수 있는 유일한 영역본이었다. 『정치가』는 케임브리지 텍스트 시리즈로 나와 있다. 플라톤에 관한 2차 문헌은 너무도 방대하기 때문에 몇 가지만 골라 소개하기 어렵다. Julia Annas의 *Introduction to Plato's Republic*(플라톤의 국가 입문, Oxford, 1981)이 역시 읽을 만하고, Ernest Barker, *Greek Political Theory*(그리스 정치이론, Methuen, 1918)도 못지않다. 반면에 플라톤을 공격한 칼 포퍼의 『열린 사회와 그 적들』(Routledge, 1945)은 이제 포퍼 당대의 분위기를 말해주는 장도의 의미가 있다고 보겠다. 특정 주제에 대한 상세한 설명은 케임브리지 개론 시리즈를 참고하는 것이 좋다. 특히 케임브리지 플라톤 개론(*The Cambridge Companion to Plato*)에 실린 Trevor Saunders의 플라톤 후기 정치이론 관련 논문은 『법률』의 논지를 강력히 옹호한다.

제3장: 『니코마코스 윤리학』은 여러 가지 점에서 아리스토텔레스의 정치이론에 대한 최고의 입문서다. 번역본은 최근에 나온 펭귄 클래식 개정판을 포함해 수도 없이 많다. 주석서 중에서는 Richard Mulgan의 *Aristotle's Political Theory*(아리스토텔레스의 정치이론, Oxford, 1977)가 명쾌하고 많은 도움이 된다. Ernest Barker의 *The Political Thought of Plato and Aristotle*(플라톤과 아리스토텔레스의 정치사상)은 나온 지 한 세기가 지났지만 여전히 읽을 만한 가치가 있다. David Keyt와 Fred Miller가 편찬한 *The Blackwell Companion to Aristotle's Politics*(블랙웰 아리스텔레스 정치학 개론, Oxford, 1991)에는 광범위한 주제에 관해 사실관계를 명확히 밝힌 논문들이 실려 있다. Richard Kraut의 *Aristotle: Political Philosophy*(아리스토텔레스 정치철학, Oxford, 2002)는 훌륭한 입문서다.

제4장: F. W. Walbank는 2008년 99세로 별세할 때까지 평생을 폴리비오스의 명성을 보전하는 데 힘썼다. 펭귄 클래식에서 나온 *The Rise of the Roman Empire*(로마제국의 출현)를 편찬했고, 치밀하기 이를 데 없는 폴리비오스의 『역사』 주석서(*A*

Historical Commentary on Polybius)와 비교적 짧은 해설서 *Polybius*(California, 1972)를 저술했다. 키케로에 대해서는 어디서 시작해야(또는 끝내야) 할지 알 수가 없다. 그의 편지와 연설문은 줄곧 문학적 전범으로 간주돼왔으며, 수많은 독자의 사랑을 받았다. 펭귄 클래식에서 나온 *Letters to Atticus and Letters to Friends* (아티쿠스에게 보낸 편지와 친구들에게 보낸 편지)는 지금은 절판됐지만 펭귄 클래식의 *Cicero: Selected Works*(키케로 선집)에는 많은 편지와 연설문이 실려 있다. 키케로의 정치학을 분석한 방대한 해설서로는 Neal Wood의 *Cicero's Social and Political Thought*(키케로의 사회·정치사상, California, 1988)가 유일하지만 신뢰하기는 어려운 책으로 보인다. 키케로 정치사상의 배경을 생생하게 설명한 책으로는 Ronald Syme의 *The Roman Revolution*(로마혁명, Oxford, 1939)을 꼽을 수 있다. 로마의 일반 시민이 실제로 어떤 정치적 역할을 했는가 하는 어려운 문제에 대해서는 Claude Nicolet의 *The World of the Citizen in Republican Rome*(공화정 로마와 시민들의 세계, California, 1980)을 꼭 읽어보기를 권한다.

제5장: 아우구스티누스의 『고백록』은 필독서다. Henry Chadwick(Oxford World's Classics)의 영역본이 훌륭하다. 캐임브리지 텍스트 시리즈로 나온 *Augustine: The City of God against the Pagans*(아우구스티누스: 신국과 이교도) 외에 *Augustine: Political Writings*(아우구스티누스 정치 저작집)는 그가 일상에서 또 현실 정치적인 이유로 동료, 교구 신자, 행정 당국 관계자들과 접촉하는 모습을 생생하게 보여준다. 전기도 꽤 많다. 하지만 Peter Brown의 *Augustine of Hippo*(히포의 아우구스티누스, rev. ed., California, 2000)가 단연 압권이다. Garry Wills의 *Saint Augustine*(성 아우구스티누스, Penguin Lives, 1999)은 비교적 짧지만 열정적이다. Wills는 『고백록』의 '전기'라고 할 수 있는 *Augustine's Confessions: A Biography*(Princeton, 2011)도 썼다. 옥스퍼드 초간단 입문 시리즈로 나온 Henry Chadwick의 *Augustine: A Very Short Introduction*은 역시 대가가 쓴 책답지만 『신국』에 아우구스티누스의 정치이론이 담겨 있다는 평가에 대해서는 부정적인 입장을 취하고 있다.

제6장: *The Cambridge History of Medieval Political Thought*(케임브리지 중세 정치사상사)는 풍부한 자료의 보고 같은 책이다. 『정치가들』은 케임브리지 텍스트 시리

즈 *John of Salisbury: Policraticus*로 나와 있다. Brian Tierney의 *Crisis of Church and State, 1050~1350*(교회와 국가의 위기: 1050~1350년)은 그냥 보면 뜻을 알기 어려운 옛 문헌들을 해제를 달아 읽기 쉽게 만든 선집으로 까다로운 분야를 탐색하는 데 큰 도움이 된다. 역시 Tierney가 *The Idea of Natural Rights*(자연권의 이념, Scholars Press, 1997)와 Richard Tuck이 쓴 *Natural Rights Theories*(자연권 이론, Cambridge, 1979)는 빼놓을 수 없는 참고서다. Peter Garnsey의 *Thinking about Property: Antiquity to the Age of Revolution*(소유권의 사상사: 고대에서 혁명의 시대까지, Cambridge, 2007)과 Francis Oakley의 *Natural Law, Laws of Nature, Natural Right*(자연법, 자연법칙, 자연권, Continuum, 2005)도 이해에 큰 도움이 된다. Walter Ullman의 *A History of Political Thought: The Middle Ages*(중세 정치사상사, Penguin, 1965)는 중세 왕권 및 교회와 국가의 권위에 관한 이론들을 다룬 그의 방대한 저작들 중에서 논란의 소지는 있지만 가장 읽기 쉬운 소개서다.

제7장: 아퀴나스와 관련해 가장 중요한 참고서적은 *St. Thomas Aquinas on Politics and Ethics*(아퀴나스의 정치·윤리 사상, Norton Critical Editions, 1988)다. 아퀴나스의 사상적 연원을 밝히기 위해 책의 절반 이상을 아리스토텔레스와 아우구스티누스의 글들 및 16세기에서 현대까지의 관련 주석들을 세심하게 발췌해 소개했다. 케임브리지 텍스트 시리즈는 아퀴나스 본인의 글을 더 많이 게재하고 있다. 아퀴나스 전반을 다룬 책들 중에서는 Anthony Kenny의 *Aquinas*(Hill & Wang, 1980)가 정보도 많고 박진감이 넘친다. John Finnis의 *Aquinas, Moral, Political and Legal Theory*(아퀴나스: 윤리, 정치·법이론, Oxford, 1988)는 자연법에 대한 관심이 다시 높아지는 최근의 경향을 반영한 대표적인 책이다.

제8장: 일반사를 다룬 책이기는 하지만 Barbara Tuchman의 *A Distant Mirror: The Calamitous Fourteenth Century*(먼 거울: 재앙의 14세기, Random House, 1978)는 필자가 8장에서 다룬 이론가들의 사상적 배경을 특히 생생하게 소개한다. 여기서도 *The Cambridge History of Medieval Political Thought*가 필독서다. *Cambridge Companion to Dante*(케임브리지 단테 개론)는 단테의 정치학 이해에 큰 도움이 된다. A. P. D'Entreves의 *Dante as a Political Thinker*(정치사상가

단테, Oxford, 1952)는 『제정론』의 중요성을 낮게 평가한다. 반면에 Antony Black 의 *Political Thought in Europe, 1250~1450*(유럽의 정치사상: 1250~1450년, Cambridge, 1992)은 『제정론』에 대해 열정적인 논의를 전개하며, 우리 책 8장 전체를 이해하는 데도 도움이 된다. Ernst Kantorowicz의 *The King's Two Bodies*(왕의 두 신체, Princeton, 1957)는 그 자체로 흥미진진할뿐더러 중세 왕권 개념 논의에 핵심적인 책이다. 『평화 옹호자』는 케임브리지 텍스트 시리즈로 나와 있다. 『평화 옹호자』를 마르실리우스가 직접 요약한 책(*Defensor minor*)과 오컴의 『폭군 통치에 관한 소고』, 니콜라우스 쿠사누스의 『보편적 화합에 관하여』도 케임브리지 텍스트 시리즈로 출간돼 있다.

제9장: 크리스틴 드 피장의 『정치체에 관한 책』은 케임브리지 텍스트 시리즈로, 『부인들의 도시에 관한 책』은 펭귄 클래식판으로 나와 있다. 모어의 『유토피아』 및 『우신예찬』을 포함한 에라스뮈스 선집은 노턴 비평판으로 볼 수 있는데, 해제가 아주 좋고, 2차 문헌 선별 및 참고문헌과 연대기 소개가 충실하다. 『유토피아』와 『우신예찬』은 펭귄 클래식판으로도 나와 있다. 케임브리지 텍스트 시리즈에는 『유토피아』와 에라스뮈스의 『그리스도교 군주 교육론』이 수록돼 있다. 9장이 다루는 기간 전체를 망라한 책으로는 르네상스와 종교개혁을 다룬 Quentin Skinner의 *Foundations of Modern Political Thought*(근대 정치사상의 기초, 전 2권, Cambridge, 1979)가 대표적이다. M. A. Screech가 영역한 펭귄 클래식판 몽테뉴 『수상록』은 지금도 많은 사랑과 높은 평가를 받고 있다. 최근에 나온 Sarah Bakewell의 *How to Live*(어떻게 살 것인가, Chatto & Windus, 2010)는 대단히 흥미로운 책이다.

제10장: *Luther and Calvin on Secular Authority*(루터와 칼뱅: 세속적 권위 관련 논집)와 *The Radical Reformation*(급진적 종교개혁)은 케임브리지 텍스트 시리즈다운 수준을 자랑한다. 하지만 전자는 다소 길이가 짧아서 J. M. Porter의 *Luther: Selected Political Writings*(루터 정치 관련 선집, Fortress Press, 1974)와 John Dillenberger가 편찬한 *Martin Luther: Selections from His Writings*(마르틴 루터 선집, Doubleday, 1961)와 *John Calvin: Selections from His Writings*(장 칼뱅 선집, Doubleday, 1971)를 같이 보는 것이 좋다. Sheldon S. Wolin의 *Politics and*

Vision(정치학과 비전)은 루터와 칼뱅에 대한 깊이 있는 설명을 제공한다. Quentin Skinner의 *The Foundations of Modern Political Thought*(근대 정치사상의 기초) 2권 *The Age of the Reformation*(종교개혁 시대)은 필독서다. *The Cambridge History of Political Thought, 1450~1700*(케임브리지 정치사상사: 1450~1700년)은 역시 문제를 학문적으로 파악하는 데 꼭 필요한 길잡이다.

제11장: 『군주론』은 케임브리지 텍스트 시리즈(*Machiavelli: The Prince*)로 나와 있다. 노턴 비평판 *The Prince*(군주론)에는 『로마사 논고』 발췌문도 실려 있어 도움이 된다. 『군주론』과 『로마사 논고』는 옥스퍼드 월드 클래식판과 펭귄 클래식판으로도 나와 있다. 오래전 미국 모던 라이브러리 출판사에서 나온 책(*The Prince and the Discourses: Modern Library No. 65*)은 『군주론』과 『로마사 논고』를 한 권에 담았다. 주석서는 넘쳐난다. 정치이론가들은 20세기 들어 마키아벨리의 이름을 가지고 싸워왔지만 Janet Coleman이 *A History of Political Thought* 2권(중세에서 르네상스까지)에서 제시한 설명은 논란의 여지가 거의 없다. Quentin Skinner의 옥스퍼드 초간단 입문서 시리즈 *Machiavelli*는 대단히 훌륭하다. *Foundations of Modern Political Thought*(근대 정치사상의 기초)에서 Skinner가 전개한 논의도 반드시 읽어봐야 할 부분이다. 옥스퍼드대 출판부가 발행하는 Founders of Social and Political Thought(사회·정치사상의 선구자들) 시리즈의 하나인 Maurizio Viroli의 *Machiavelli*는 아주 좋다. 같은 필자가 쓴 마키아벨리 전기 *Niccolo's Smile: A Biography of Machiavelli*(마키아벨리의 미소, Farrar, Straus, Giroux, 2000)는 흥미진진하다.

제12장: 『시민에 관하여』와 『리바이어던』은 케임브리지 텍스트 시리즈로 나와 있다. 『리바이어던』은 노턴 비평판 *Leviathan*(Norton Critical Edition)이 특히 좋다. *Cambridge Companion to Hobbes*(케임브리지 홉스 개론)와 뒤에 나온 *Cambridge Companion to Leviathan*(케임브리지 리바이어던 개론)은 추가로 읽어볼 만한 좋은 참고서다. 주석서는 수없이 많다. Quentin Skinner의 *Visions of Politics*, vol. 3(정치학의 비전 3권, Cambridge, 2003)에는 홉스에 관한 선구적인 논문들이 실려 있다. Skinner는 *Hobbes and Republican Liberty*(홉스와 공화주의적 자유, Cambridge,

2008)와 *Reason and Rhetoric in the Philosophy of Hobbes*(홉스 정치학의 이성과 수사학, Cambridge, 1996)에서 동일한 주장을 상세히 논한다. *Liberty before Liberalism*(자유주의 이전의 자유, Cambridge, 1998)에도 관련 내용이 명쾌하게 제시돼 있다. 옥스퍼드 초간단 입문서 시리즈로 나온 Richard Tuck의 *Hobbes*는 특히 유용하다. Noel Malcolm의 *Aspects of Hobbes*(홉스의 다양한 측면들, Oxford, 2002)는 홉스 이해에 크나큰 도움이 된다. 나온 지 오래됐지만 Leo Strauss가 쓴 *The Political Philosophy of Hobbes*(홉스의 정치철학, Oxford, 1936)는 지금 봐도 독창적이고 흥미롭다.

제13장: 가장 좋은 『시민정부에 관한 두 가지 논문』 판본은 Peter Laslett이 편집한 케임브리지 텍스트 시리즈 *Locke: Two Treatises of Government*다. 텍스트 자체는 물론이고 해제도 훌륭하다. 노턴 비평판으로 나온 Paul Sigmund의 *Locke's Political Writings*(로크 정치 관련 선집)는 『시민정부에 관한 두 가지 논문』 입문과 『관용에 관한 서신』과 같은 추가 텍스트 이해에 매우 유용하다. 케임브리지 텍스트 시리즈에는 *Locke: Political Essays*(로크 정치 에세이집)가 있는데 로크의 정치 사상 발전 과정을 파악하는 데 매우 유용하다. David Wootton이 편찬한 *Locke: Political Writings*(로크 정치 관련 선집, Penguin, 1975)는 로크의 『관용에 관한 서신』과 기타 에세이들을 싣고, 요긴한 해제를 길게 붙였다. 훌륭한 주해서가 많다. 특히 John Dunn의 *The Political Thought of John Locke*(존 로크의 정치사상, Cambridge, 1969)와 Richard Ashcraft의 *Revolutionary Politics and Locke's Two Treatises of Government*(혁명 정치와 로크의 『시민정부에 관한 두 가지 논문』)가 좋다. 당대에 엄청난 인기를 끌었던 C. B. Macpherson의 *The Political Theory of Possessive Individualism*(소유적 개인주의의 정치이론)에서도 로크가 중심인물로 등장한다. 로버트 필머의 『가부장권』은 케임브리지 텍스트 시리즈로 나와 있다. 필머의 사상에 대한 신중한 평가는 James Day의 *Sir Robert Filmer and English Political Thought*(로버트 필머경과 영국 정치사상, Toronto, 1979)와 Gordon Schochet의 *Patriarchalism and Political Thought*(가부장주의와 정치사상, Blackwell, 1975)를 참조하라.

제14장: J. G. A. Pocock은 거의 혼자 힘으로 정치사상가로서의 제임스 해링턴에 대

한 관심을 부활시켰다. Pocock이 쓴 *Machiavellian Moment: Florentine Political Thought and the Atlantic Republican Tradition*(마키아벨리언 모멘트: 피렌체 정치사상과 대서양 공화주의 전통, Princeton, 1975)과 그가 편찬한 *The Political Writings of James Harrington*(제임스 해링턴 정치 저작집, Cambridge, 1977)은 해링턴이 '신사층의 몰락' 이외에도 중요한 논의를 많이 했음을 보여준다. Pocock은 앨저넌 시드니에 대해서는 거의 언급하지 않았다. 그런데 비교적 최근에 나온, Jonathan Scott의 2권짜리 시드니 전기(Cambridge, 1988~91)와 Alan Houston의 *Algernon Sidney and the Republican Heritage in England and America*(앨저넌 시드니와 영미의 공화주의 유산, Princeton, 1991)가 시드니에 대해 제대로 된 소개와 평가를 내놓았다. *Cambridge History of Political Thought, 1450~1700*(케임브리지 정치사상사: 1450~1700년)에 실린 Blair Worden의 영국 공화주의 관련 논의는 필독을 요한다. Worden은 공화주의를 『정부론』보다 훨씬 간결 명료하게 설명한 시드니의 *Court Maxims*(정치 소론) 원고를 발굴해 케임브리지 텍스트 시리즈로 처음 출간하는 데에도 결정적인 역할을 했다. 『정부론』은 리버티 클래식Liberty Classics 출판사판(1990)으로도 나와 있는데, Thomas G. West가 쓴 서문이 유용하다. 몽테스키외의 『법의 정신』은 케임브리지 텍스트 시리즈로 출간돼 있다. 『페르시아인의 편지』는 펭귄 클래식판으로 볼 수 있다. Émile Durkheim의 *Montesquieu and Rousseau, Pioneers of Sociology*(몽테스키외와 루소: 사회학의 개척자들, Michigan, 1961)와 Raymond Aron의 *Main Currents in Sociological Thought*(사회학 사상의 주요 흐름 1권, Penguin, 1989)는 몽테스키외가 왜 중요한지에 대해 각자의 방식으로 흥미로운 설명을 제시한다. Judith Shklar의 *Montesquieu*(Oxford, 1987)는 간결하면서도 훌륭한 설명서이고, Robert Shackleton의 *Montesquieu*(Oxford, 1961)는 지금도 여전히 몽테스키외 전기의 결정판이라고 할 수 있다.

제15장: 마키아벨리가 그러하듯이 루소도 종종 우리 시대 정치 논쟁에서 일종의 대표선수 역할을 한다. 전체주의적 민주주의의 창시자로 등장하기도 하고, 정신분석적 통찰의 선구자, 원형原型마르크스주의자, 과거에 대한 향수에 사로잡힌 인물 등으로 묘사되기도 한다. 루소의 정치 관련 저술은 『사회계약론』 외에도 방대하기 때문에 케임브리지 텍스트 시리즈에서는 두 권으로 편집돼 나왔다. 『사회계약론』과 『정

치경제학론』『폴란드 정부론』은 2권에 들어 있다. 노턴 비평판 *Rousseau's Political Writings*(루소 정치 관련 선집)는 대단히 유용하다. 다만 편찬자가 루소를 '참여민주주의자'로 확신하고 있는 부분은 그대로 수용해서는 안 되겠다. Maurice Cranston의 3권짜리 루소 전기 *Early Life, The Noble Savage, The Solitary Self*(초년기, 고귀한 야만인, 고독한 자아, Allen Lane, 1983~93)는 전형적인 지성사 중심 전기다. 주해서 중에서는 Judith Shklar의 *Men and Citizens*(인간과 시민, Cambridge, 1969)가 훌륭하고, *The Cambridge Companion to Rousseau*(케임브리지 루소 개론)에는 유익한 내용이 아주 많다. Robert Wokler가 쓴 옥스퍼드 초간단 입문서 시리즈는 아주 짧은 분량에 놀라울 정도로 풍부한 내용을 담고 있다. Marshall Berman의 *The Politics of Authenticity*(진정성의 정치학, Verso, 2009)는 인간 심성의 화가를 자처한 루소를 균형 있게 평가하고 있다. 루소의 정치학에 대해서는 James Miller의 *Rousseau: Dreamer of Democracy*(민주주의를 꿈꾼 루소, Hackett, 1995)가 잘 설명하고 있다. 루소의 『고백록』과 『신 엘로이즈』도 당연히 필독서다.

제16장: 미국 건국을 다룬 역사학자와 전기 작가는 부지기수인 만큼 그중 몇 권을 선택한다는 것은 심히 부당한 처사일 수 있다. 『연방주의자』는 펭귄 클래식에서 나온 것을 비롯해 수많은 판본이 있다. 케임브리지 텍스트 시리즈는 사료적 가치가 높은 다량의 편지를 포함해 토머스 제퍼슨의 정치 관련 저술을 *Jefferson: Political Writings*(제퍼슨 정치 선집)라는 제목으로 내놓았다. 미국의 고전이 된 문헌을 발행하는 비영리 출판사 라이브러리 오브 아메리카Library of America에서 나온 *Thomas Jefferson: Writings*(제퍼슨 선집)도 그에 못지않다. 지적인 맥락과 정치적인 맥락을 균형 있게 배려한 역사적 저술로는 Gordon S. Wood의 저서들이 질적으로나 양적으로 단연 탁월하다. *The American Revolution*(미국독립혁명, Modern Library, 2002)은 해당 주제를 생생한 필치로 다루고 있고, *The Radicalism of the American Revolution*(미국독립혁명의 급진주의, Knopf, 1992)은 미국 건국기를 수놓은 지적, 정치적 논쟁들을 집중 조명하고 있으며, *Empire of Liberty*(자유의 제국, Oxford, 2009)는 미국독립혁명을 1815년까지 확대해 조망한다. Robert Middelkauf의 *The Glorious Cause*(미국독립혁명의 대의, Oxford, 2006)는 혁명의 기원과 혁명 그 자체를 다룬다. 제임스 매디슨에 대해서는 Jack Rakove의 *James*

Madison and the Creation of the American Republic(제임스 매디슨과 미국의 창건, Little, Brown, 1990)이 필독서다. 매디슨이 작성한 *Notes on the Debates in the Federal Convention of 1787*(787년 연방헌법 제정 회의 논쟁 기록, Adrienne Koch 편집, Norton, 1987)—본인은 이런저런 부작용을 고려해 생전에 출간하지 않다가 임종 직전에 출판을 결심했다—은 흥미로운 읽을거리다. 매디슨의 사상을 가장 쉽게 소개한 자료집은 라이브러리 오브 아메리카에서 Jack Rakove 편찬으로 나온 *James Madison: Writings*(제임스 매디슨 선집)다.

제17장: 에드먼드 버크의 『프랑스혁명에 관한 성찰』은 수많은 판본이 있다. 펭귄 클래식판은 Conor Cruise O'Brien의 해제, 옥스퍼드 월드 클래식 판은 Leslie Mitchell의 해제가 달려 있는데, 둘 다 읽어볼 만한 가치가 있다. O'Brien이 열정을 담아 쓴 *The Great Melody: A Thematic Biography of Edmund Burke*(에드먼드 버크 전기, Chicago, 1992)도 마찬가지다. 케임브리지 텍스트 시리즈에는 *Pre-Revolutionary Writings*(버크의 프랑스혁명 이전 시기 저술 선집)도 있다. François Furet의 *Penser la révolution Française*(프랑스혁명을 생각한다)는 *Interpreting the French Revolution*(프랑스혁명의 해석, Cambridge, 1985)이라는 제목으로 영역본이 나와 있다. 훌륭한 이야기체 역사서로는 William Doyle의 *The Oxford History of the French Revolution*(옥스퍼드 프랑스혁명사)을 꼽을 수 있다. 토머스 페인에 대해서는 수많은 전기 작가와 주석가들이 소개했다. 특히 Mark Philp이 쓴 *Paine*(페인, Oxford, 2007)과 그보다 훨씬 상세한 Craig Nelson의 *Thomas Paine, Enlightenment, Revolution, and the Birth of Modern Nations*(토머스 페인, 계몽주의, 혁명, 그리고 근대국가의 탄생, Penguin, 2006)가 주목할 만하다. 페인의 정치 분야 저술은 Mark Philp이 편찬한 *Rights of Man, Common Sense, and Other Political Writings*(인간의 권리, 상식, 기타 정치 관련 저술, Oxford, 2008)와 Michael Foot, Isaac Kramnick이 공편한 *Thomas Paine Reader*(토머스 페인 선집, Penguin Classics)에서 접할 수 있다. 두 책 모두 해제가 아주 좋다. *The Works of Joseph de Maistre*(조제프 드 메스트르 저작집, Allen and Unwin, 1965)는 Jack Lively가 그의 정치 관련 저작을 선별해 번역하고 해제를 붙였다. 『프랑스에 대한 고찰』은 케임브리지 텍스트 시리즈에 텍스트가 실려 있는데 이사야 벌린의 해제가 달려

있어서 한결 읽기 좋다. 리처드 프라이스와 조지프 프리스틀리의 정치 관련 저작은 케임브리지 텍스트 시리즈(*Price: Political Writings, Priestley: Political Writings*)로 나와 있다.

제18장: 케임브리지 텍스트 시리즈 『법철학』 영역본(*Hegel: Elements of the Philosophy of Right*)이 특히 좋다. 꽤 오래된 T. M. Knox의 영역본도 여전히 권할 만하다. 같은 시리즈의 *Hegel: Political Writings*(헤겔: 정치 관련 선집)는 독일 헌법에서 1831년 선거법 개정까지 이런저런 이슈에 대한 헤겔의 생각을 보여준다. 다시 말하거니와, 칼 포퍼의 『열린 사회와 그 적들』은 흥미롭기는 하지만 헤겔에 대한 제대로 된 주석이라기보다는 독일관념론이 2차대전 기간에 오명을 뒤집어쓴 상황을 반영하는 책으로서 의미가 있다. 반면에 헤겔의 프로젝트를 마르크스와 하이데거의 관점에서 재구성한 것에 가까운 Alexandre Kojève의 *Introduction to the Reading of Hegel*(헤겔 독해 입문, Basic Books, 1969)은 출간 이후 엄청난 영향을 미쳤다. Francis Fukuyama의 *The End of History and the Last Man*(역사의 종언, Free Press, 1992)도 코제브의 책에서 큰 영향을 받았다. 정치 분야에 초점을 맞춘 냉철한 주석으로는 Shlomo Avineri의 *Hegel's Theory of the Modern State*(헤겔의 근대국가 이론, Cambridge, 1972)가 탁월하다. Allen Wood의 *Hegel's Ethical Thought*(헤겔의 윤리 사상, Cambridge, 1998)는 값진 논문이다. Charles Taylor의 *Hegel*(Cambridge, 1972)과 *Hegel and Modern Society*(헤겔과 근대 사회, Cambridge, 1975)는 헤겔의 사상 및 헤겔이 언급한 주제와 관련된 저자의 흥미롭고 독창적인 관점을 쉽게 접할 수 있는 책이다. Raymond Plant의 *Hegel*(Allen & Unwin, 1975)도 그에 못지않다. Fred Beiser가 편찬한 *The Cambridge Companion to Hegel*(케임브리지 헤겔 개론)에 실린 논문 몇 편은 헤겔의 정치사상을 이해하는 데 큰 도움을 준다.

제19장: 제러미 벤담의 『정부에 관한 소론』은 *Bentham: A Fragment on Government*(Ross Harrison 편찬)라는 제목으로 케임브리지 텍스트 시리즈에 올라 있다. Harrison이 쓴 *Jeremy Bentham*(Routledge, 1983)은 훌륭한 입문서다. Bhiku Parekh의 *Bentham's Political Thought*(벤담의 정치사상, Croom Helm, 1973)

는 나온 지 꽤 됐지만 많은 참고가 된다. Parekh는 존 스튜어트 밀에서 H. L. A. Hart 이후까지 나온 벤담 관련 논평을 모은 4권짜리 선집 *Jeremy Bentham, Critical Assessments*(제러미 벤담 비판적 평가, Routledge, 1993)도 편찬했다. 제임스 밀의 「정치론」 및 그에 관한 머콜리의 공박은 케임브리지 텍스트 시리즈 *James Mill: Political Writings*(제임스 밀 정치 관련 선집)에 실려 있다. *History of British India*(영국령 인도의 역사)를 비롯한 제임스 밀의 저서는 미국의 비영리 재단 리버티 펀드Liberty Fund가 운영하는 'online library of liberty'에서 다운받을 수 있다. 최근에 나온 제임스 밀 전기는 없지만 Alexander Bain의 *James Mill: A Life*(제임스 밀의 생애, Routledge, 1992)는 읽기가 썩 좋다. 존 스튜어트 밀에 대해서는 논평가와 전기작가들이 수많은 책을 냈다. 역시 Alexander Bain의 *John Stuart Mill*로 시작하는 것이 좋겠다. John Robson의 *The Improvement of Mankind*(인류 개조론, Toronto, 1968)와 Nadia Urbinati의 *J. S. Mill on Democracy*(J. S. 밀의 민주주의론, Chicago, 2002)도 훌륭하다. 밀의 철학을 잘 개관한 책으로는 John Skorupski의 *John Stuart Mill*(Routledge, 1989)을 꼽을 수 있다. Nicholas Capaldi의 *John Stuart Mill*(Cambridge, 2004)은 지성사적으로 훌륭한 전기다. *Autobiography*(자서전), *Utilitarianism*(공리주의), *On Liberty*(자유론), *The Subjection of Women*(여성의 예속) 같은 밀의 주저는 모두 펭귄 클래식으로 출간돼 있다. 케임브리지 텍스트 시리즈는 자유론, 여성의 예속, *Chapters on Socialism*(사회주의에 관하여)을 한데 묶고 Stefan Collini의 해제를 달아 출간했다. 노턴 비평판에는 자유론, 여성의 예속, *Spirit of the Age*(시대정신)가 실려 있다. Gertrude Himmelfarb가 편찬한 *Essays on Culture and Society*(문화와 사회에 관한 에세이 선집)는 오래전 절판됐지만 자료집으로서 소중하다. John Skorupski가 편찬한 *The Cambridge Companion to Mill*(케임브리지 존 스튜어트 밀 개론)은 중요 에세이를 다수 게재하고 있다. 끝으로, John Skorupski의 *Why Read Mill Today?*(Routledge, 2006)는 우리가 왜 지금 밀을 읽어야 하는지를 잘 보여준다.

제20장: 『미국의 민주주의』는 영어로 많이 번역됐다. 가장 최근의 것은 James Schleifer(Liberty Fund, 2009)의 4권짜리 불영 대역본이다. Gerald Bevan이 옮긴 펭귄 클래식판에는 Isaac Kramnick의 훌륭한 해제와 함께 토크빌의 미국 북서 변경

지역 탐사 기록 *Quinze jours au desert*(2주간의 황무지 기행) 및 오네이다 호湖 여행기가 실려 있다. 노턴 비평판은 본문은 Henry Reeve의 옛날 번역(최초의 영역본)을 사용했지만 Isaac Kramnick의 훌륭한 해제와 함께 『미국의 민주주의』에 대한 당대 및 현대의 해석을 선별적으로 소개해 이해에 도움이 된다. 라이브러리 오브 아메리카에서 나온 Arthur Goldhammer의 번역본은 읽기 쉬우면서도, 용의주도하게 쓴 원문에 충실한 것으로 유명하다. Harvey Mansfield와 Delba Winthrop 공역본(Chicago, 2000)은 번역도 좋고 주석과 해제도 훌륭하다. 수많은 주석서와 전기 중에서 Andre Jardin의 *Tocqueville: A Biography*(토크빌 전기)는 필독서다. Hugh Brogan의 *Alexis de Tocqueville: A Life*는 토크빌의 사상 거의 모두를 철저히 비판하면서도 토크빌에 대해서는 놀라울 정도로 호감이 가게 만드는 희한한 책이다. Harvey Mansfield가 쓴 옥스퍼드 토크빌 초간단 입문서는 다양한 주제를 짧은 분량으로 요령 있게 소개했다. L. A. Siedentop의 *Tocqueville*(Oxford, 1994)은 절판됐지만 최고의 상세한 안내서라고 할 수 있다. Cheryl Welch의 *Tocqueville*(Oxford, 2001)도 그에 못지않다. Cheryl Welch는 *The Cambridge Companion to Tocqueville*(케임브리지 토크빌 개론)도 편찬했다. 토크빌의 제국주의에 관한 설명으로는 Jennifer Pitts의 *A Turn to Empire*(제국주의로의 전환, Princeton, 2006)가 훌륭하다. Pitts가 편찬한 토크빌 선집 *Writings on Empire and Slavery*(제국과 노예제에 관하여, Johns Hopkins, 2001)도 꼭 참고해야 할 자료집이다. 새로 나온 『구체제와 프랑스혁명』영역본 중에서는 케임브리지 텍스트 시리즈(Arthur Goldhammer 번역)가 훌륭하다. 1848년 혁명을 기록한 토크빌의 『회고록』영역본은 *Recollections: The French Revolution of 1848*(J. P. Mayer, W. P. Ker 공역, Transaction Publishers, 1987)이라는 제목으로 나와 있다.

제21장: 마르크스에 관한 책은 무궁무진하다. 어디서부터 시작해야 좋을지 모를 정도다. 그러나 실용적으로 보면 역시 David McLellan이 편찬한 *Karl Marx, Selected Writings*(카를 마르크스 선집)가 헤겔주의적인 초기 입장에서부터 러시아혁명의 가능성을 논한 최후의 사상까지를 일목요연하게 파악할 수 있는 최고의 자료집이다. McLellan의 *Karl Marx*(Viking, 1975)는 가장 표준적인 카를 마르크스 전기로 현재 4판이 나와 있다. Francis Wheen의 *Karl Marx: A Life*(카를 마르크스 전

기, Norton, 2000)는 읽기 아주 편하다. Isaiah Berlin의 *Karl Marx: His Life and Environment*(칼 마르크스, 그의 생애와 시대, Oxford, 2002)는 지금은 좀 낡은 느낌이 있지만 대단히 읽기 쉽고 당대의 산물로서 흥미로운 책이다. Leszek Kolakowski의 *Main Currents of Marxism*(마르크스주의의 주요 흐름, Norton, 2008)은 3세기 로마 철학자 플로티노스에서 허버트 마르쿠제까지를 사례로 들면서 마르크스주의 및 마르크스주의의 난제들을 탁월하게 짚어낸 작품이다. 펭귄 클래식판 『공산당선언』은 Gareth Stedman-Jones의 훌륭한 해제가 강점이다. 마르크스의 가정생활에 대해서는 Yvonne Kapp가 두 권짜리 *Life of Eleanor Marx*(마르크스의 딸 엘레아노어의 삶, Lawrence & Wishart, 1972~76)에 가슴 아픈 필치로 정리해 놓았다. 엥겔스에 대해서는 Tristram Hunt가 *Marx's General*(엥겔스 평전: 프록코트를 입은 공산주의자, Metropolitan, 2009)를 통해 지성사적으로나 전기적으로 잘 정리해놓았다. 주석서 중에서는 Shlomo Avineri의 *Social and Political Thought of Karl Marx*(카를 마르크스의 사회·정치사상, Cambridge, 1968)가 공정하고도 너그러운 자세로 마르크스를 소개한다. G. A. Cohen의 *Karl Marx's Theory of History: A Defence*(카를 마르크스의 역사이론 옹호, Oxford, 1980)는 소기의 목적을 달성하는 데는 완전히 실패했지만 대단히 잘 쓴 책이다. 반면에 Jon Elster의 긴 해설서 *Making Sense of Marx*(마르크스 이해하기, Cambridge, 1985)와 짧은 해설서 *An Introduction to Karl Marx*(카를 마르크스 입문, Cambridge, 1986)는 마르크스를 존중하면서도 비판적으로 분석한다.

제22장: 20세기와 21세기 초의 정치 관련 논의를 간단히 요약하기 어려운 데에는 많은 이유가 있다. 그중 하나는 대중을 염두에 둔 저술과 교수들이 서로를 위해 쓴 저서들 사이에 간극이 너무 크다는 점이다. 따라서 우리는 대표적인 책들만 소개하고자 한다. '엘리트 이론'을 정초한 저작은 가이타노 모스카의 『지배계급』—James Meisel의 *The Myth of the Ruling Class*(지배계급의 신화, Ann Arbor, 1962)에 실려 있다—, 빌프레도 파레토의 『정신과 사회』(*The Mind and Society*, Dover Books, 1962), 로베르트 미헬스의 『정당론』(*Political Parties*, Transaction, 1999)이다. Raymond Aron이 *Main Currents in Sociological Thought*(사회학 사상의 주요 흐름) 2권에서 뒤르켐, 파레토, 베버에 관해 논한 부분은 관련 사조를 이해하는 데 엄청난 도움이

된다. William Kornhauser의 *The Politics of Mass Society*(대중사회의 정치, Free Press, 1959)는 복잡다기한 논란을 일목요연하게 정리한 좋은 시도다. 20세기 인간이 현대사회의 '거대함'에 주눅이 들었다는 주제를 다룬 책으로는 듀이와 리프먼의 영향을 받은 Graham Wallas의 *The Great Society*(위대한 사회, Macmillan, 1936)를 꼽을 수 있다. C. 라이트 밀스의 *The Sociological Imagination*(사회학적 상상력, Oxford, 1959)은 『파워 엘리트』와 좋은 짝을 이루는 저서다. 리프먼의 저서 *Drift and Mastery*(흐름과 통제), 『여론』, 『대중이라는 환상』(모두 Transaction Books에서 출판됐다)은 대단히 냉철하면서도 열정이 넘친다.

제23장: Richard Tuck의 *The Rights of War and Peace*(전쟁의 권리와 평화의 권리, Oxford, 1999)는 비토리아에서 바텔까지 23장의 주제를 풍성하게 설명하는 좋은 입문서다. 바르톨로메 데 라스카사스의 대표작 *De los Indios*(인디언에 관하여)의 영역본 *A Short Account of the Destruction of the Indians*(인디언 말살에 관한 간략한 보고서, Reada Classic, 2009)는 최근 재출간됐다. 비토리아의 정치 관련 저술은 케임브리지 텍스트 시리즈(*Vitoria: Political Writings*)로 나와 있는데, Anthony Pagden과 Jeremy Laurance의 편집과 해제가 썩 좋다. 아메리카 인디언들을 상대로 한 전쟁이 정의로운 것이라는 세풀베다의 논문은 스페인어 원문으로만 출판돼 있지만 바야돌리드 논쟁은 Anthony Pagden이 쓴 *The Fall of Natural Man*(자연인의 타락, Cambridge, 1982)에 잘 소개돼 있다. 바텔의 『국제법』 영역본(*Law of Nations*)은 Woodbine Cottage Publications 출판사에서 2011년 페이퍼백으로 출간했다. 서구 제국주의에 대한 회의론에 관해서는 Sankhar Muthu의 *Enlightenment against Empire*(계몽 대 제국, Princeton, 2003)에 잘 소개돼 있다. 아프리카와 아시아 원주민들에게 일상적으로 잔학 행위를 한 것이 어떤 면에서 유럽인들끼리 동일한 잔학 행위를 하는 결과를 낳았다는 주장은 Hannah Arendt의 *Origins of Totalitarianism*(전체주의의 기원)의 여러 주제 가운데 하나다. 사이드 쿠틉은 많은 논란을 불러일으켰지만 진지한 연구의 대상이 되기도 했다. 후자의 예가 Roxanne Euben의 *Enemy in the Mirror*(거울 속의 적, Princeton, 1999), 전자의 예가 Paul Berman의 *Liberalism and Terror*(자유주의와 테러, Norton, 2003) 및 *Liberalism and Terror*의 종결판에 해당하는 *The Flight of the Intellectuals*(지식인

의 도피, Melville House, 2010)다. *The Flight of the Intellectuals*는 쿠틉을 둘러싼 논쟁과 소동이 무의미하다고 주장하지는 않는다. 다만 쿠틉의 생각에는 대단히 위험한 부분이 많다는 것이다. 특히 그의 반유대주의는 매우 끔찍하다.

제24장: 비교적 오래된 책들 중에서 G. D. H. Cole의 *History of Socialist Thought* (사회주의사상사, 전 5권, Macmillan, 1953~60)가 읽기도 쉽고 상세한 정보가 많다. 1권 *The Forerunners*(선구자들)는 1789년부터, 5권 *Socialism and Fascism*(사회주의와 파시즘)은 1939년까지를 다룬다. Frank E. Manuel의 *The Prophets of Paris*(파리의 예언자들, Harvard, 1962)는 콩도르세, 튀르고, 생시몽, 콩트를 해부한다. Frank E. Manuel이 Fritzie Manuel과 함께 쓴 *Utopian Thought in the Western World*(서구 세계의 유토피아 사상, Harvard, 1979)는 고대 그리스에서 시작돼 '프로이트-마르크스주의'로 끝난다. 푸리에의 『네 가지 운동의 이론과 인간의 일반적 운명』은 케임브리지 텍스트 시리즈로 나와 있다. 윌리엄 모리스의 『유토피아에서 온 소식』도 케임브리지 텍스트 시리즈로 나와 있다. 로버트 오언의 *New View of Society and Report to the County of Lanark*(새로운 사회관과 래나크 보고서)는 펭귄 클래식판으로 나와 있다. '프로이트-마르크스주의'를 대표하는 것은 Eric Fromm의 *The Sane Society*(건전한 사회, Rinehart, 1955)다. Richard Titmuss의 *Essays on the Welfare State*(복지국가 논집, Macmillan, 1962)와 *The Gift Relationship*(선물 주기 관계, Allen & Unwin, 1970)은 복지국가에 대한 고전적인 옹호론이다. Michael Ignatieff의 *The Needs of Strangers*(낯선 자들의 욕구, Chatto & Windus, 1984)는 아주 잘 쓴 책이다. 사회주의적 평등주의에 대한 흥미롭고도 간결한 옹호론으로는 G. A. Cohen의 *Why Not Socialism?*(사회주의는 왜 안 되는가?, Princeton, 2010)을 보라.

제25장: 해나 아렌트의 *The Origins of Totalitarianism*(전체주의의 기원, Harcourt Brace, 1951)은 *Anti-Semitism*(반유대주의), *Imperialism*(제국주의), *Totalitarianism*(전체주의) 3권으로 돼 있는데, 대단히 읽을 만한 가치가 있다. 25장의 주제를 정치학적으로 가장 잘 설명한 책은 Carl Friedrich와 Zbigniew Brzezinski가 쓴 *Totalitarian Dictatorship and Autocracy*(전체주의 독재와 전제정치, 2d ed., Harvard, 1965)다. 루소와 전체주의를 힘들여 연결시킨 것은 J. L. Talmon의

The Origins of Totalitarian Democracy(전체주의적 민주주의의 기원, Norton, 1970)다. 나치 독일의 역사를 다룬 최근의 책들은 대단히 인상적이다. Ian Kershaw 의 *Hitler: A Biography*(히틀러 전기, Norton, 2008)는 히틀러 전기의 결정판이라 고 할 수 있는 2권짜리 저서를 축약한 책이다. Richard J. Evans의 *The Third Reich Trilogy*(제3제국 3부작, Penguin, 2004~9)는 사실관계가 풍부하고 구체적이지 만 그 참상은 읽는 내내 가슴을 답답하게 한다. Alan Bullock이 히틀러와 스탈린의 삶을 비교해 서술한 *Hitler and Stalin*(Knopf, 1992)은 사실관계 파악에 큰 도움 을 준다. 레닌, 트로츠키, 스탈린에 대해서는 Bertram Wolfe의 *Three Who Made a Revolution*(혁명을 이룩한 세 사람, Dial Press, 1948)이 고전적인 책이다. Isaac Deutscher의 Stalin(Oxford, 1967)은 그가 쓴 3권짜리 트로츠키 전기 *The Prophet Armed*(무장한 예언자), *The Prophet Unarmed*(무장해제된 예언자), *The Prophet Outcast*(추방된 예언자, Oxford, 1954~63)와 짝을 이룬다. Evans의 제3제국 3부 작에 비견될 만한 소련사는 아직 나오지 않았다. Geoffrey Hosking의 *History of the Soviet Union*(소련사, Fontana, 1985)과 트로츠키가 1936년에 쓴 *The Revolution Betrayed*(배반당한 혁명, Pathfinder Press, 1972)는 극좌적 시각을 반영한다.

제26장: 존 듀이에 대한 관심은 최근 20년 동안 꾸준히 증가했다. 가장 포괄적 인 설명을 제공하는 책은 Robert Westbrook의 *John Dewey and American Democracy*(존 듀이와 미국 민주주의, Cornell, 1992)다. 이 책은 민주주의의 '사 회적' 이상이 쇠퇴했다고 개탄한 *The Revolt of the Elites and the Betrayal of Democracy*(엘리트의 반란과 민주주의의 배신, Norton, 1995)의 필자 Christopher Lasch의 영향을 많이 받았다. 로버트 달은 *Democracy and Its Critics*(민주주의 와 그 비판자들, Yale, 1989), *On Democracy*(민주주의에 관하여, Yale, 1998), *On Political Equality*(정치적 평등에 관하여, Yale, 2006)를 통해 민주주의 제도의 가 능성을 꾸준히 탐사해 왔다. 슘페터의 '엘리트 간의 경쟁' 개념을 비판한 책 중에서는 Carole Pateman의 *Participation and Democratic Theory*(참여와 민주주의이론, Cambridge, 1970)가 여전히 유효하다. '민주주의'는 자유주의적 권리를 수반하는 것 이어야 한다는 입장을 옹호한 책들 중에서는 R. W. Dworkin의 *Freedom's Law*(자 유의 법, Harvard, 1996), *Is Democracy Possible Here?*(민주주의는 여기서 가능한

가?, Princeton, 2006), 기념비적인 저서 *Justice for Hedgehogs*(고슴도치들을 위한 정의론, Harvard, 2011)가 대표적이다.

제27장: 세계 평화와 인류의 미래를 주제로 한 책들은 시시각각 쏟아져나오고 있을 정도여서 선택이 불가능하다. 핵 억지와 세계정부 관련 논의는 Ronald Clark의 *The Life of Bertrand Russell*(버트런드 러셀의 일생, Penguin, 1975)로 시작하는 것이 좋다. 존 롤스의 The Law of Peoples(만민법)에 관해서는 철학자들이 철저하고도 수많은 논의를 전개했다. Rex Martin과 David Reidy가 편찬한 *Rawls's Law of Peoples: A Realistic Utopia?*(롤스의 만민법, 현실주의적 유토피아인가?, Blackwell, 2006)는 대표적인 학자들의 논평을 일목요연하게 모아놓았다. Benjamin Barber의 *Jihad vs. McWorld*(지하드 대 맥월드, Ballantine 1996)는 2001년 9·11 테러 이전에 출간됐지만 지금도 그 사건을 언급할 때 많이 인용된다. Jared Diamond의 *Collapse*(문명의 붕괴, Viking, 2006)는 전작 *Germs, Guns, and Steel*(총, 균, 쇠, Norton, 1999)의 개념틀을 토대로 생태 재앙 관련 난제들을 제기한다.

지은이 앨런 라이언

1940년 런던에서 태어났다. 서양 정치사상 및 정치이론 분야의 세계적인 권위자 가운데 한 사람으로 꼽히는 석학이다. 특히 존 스튜어트 밀과 현대 자유주의 발전 과정에 관한 연구는 독보적이다. 영국학림원 회원으로 모교인 옥스퍼드 대학교(뉴칼리지 학장), 미국 프린스턴 대학교와 스탠퍼드 대학교 교수를 지냈다. 주저인 『존 스튜어트 밀의 철학』 『버트런드 러셀: 정치적 삶』 『존 듀이와 미국 자유주의의 정점』을 비롯해 많은 저서와 논문이 있다.

옮긴이 남경태

1960년에 서울에서 태어나 서울대학교 사회학과를 졸업했다. 1980년대에는 사회과학 고전들을 번역하는 데 주력하다가 1990년대부터는 인문학의 대중화에 관심을 두고 역사와 철학에 관한 책들을 쓰거나 번역했다. 2014년 12월 23일, 번역중이던 『정치사상사』를 남겨두고 작고했다. 『개념어 사전』 『누구나 한번쯤 철학을 생각한다』 『종횡무진 한국사』 『종횡무진 서양사』 『종횡무진 동양사』 등을 저술했으며, 『이토록 철학적인 순간』 『빛나는 로마 역사 이야기』 『고대 세계의 70가지 미스터리』 『1.5평의 문명사』 등을 우리말로 옮겼다.

옮긴이 이광일

번역가. 한국일보 논설위원, 연세대 독문과 강사를 지냈다. 『생각의 역사 II: 20세기 지성사』 『엥겔스 평전: 프록코트를 입은 공산주의자』 『아무도 말하지 않는 미국 현대사』 『모든 정부는 거짓말을 한다: 20세기 진보 언론의 영웅 이지 스톤 평전』을 비롯해 역사, 인문·사회과학, 철학, 소설, 전기, 동화 등 다양한 분야의 영어책과 독일어책을 번역했다.

정치사상사
헤로도토스에서 현재까지

1판 1쇄 2017년 11월 30일 | 1판 6쇄 2022년 7월 21일

지은이 앨런 라이언 | 옮긴이 남경태 이광일
책임편집 구민정 | 편집 장영선 | 디자인 윤종윤 이원경 | 저작권 박지영 형소진 이영은 김하림
마케팅 정민호 이숙재 박치우 한민아 박지영 안남영 김수현 정경주
브랜딩 함유지 함근아 김희숙 박민재 박진희 정승민
제작 강신은 김동욱 임현식 | 제작처 영신사

펴낸곳 (주)문학동네 | 펴낸이 김소영
출판등록 1993년 10월 22일 제2003-000045호
주소 10881 경기도 파주시 회동길 210
전자우편 editor@munhak.com | 대표전화 031) 955-8888 | 팩스 031) 955-8855
문의전화 031) 955-2689(마케팅) 031) 955-2671(편집)
문학동네카페 http://cafe.naver.com/mhdn
인스타그램 @munhakdongne | 트위터 @munhakdongne
북클럽문학동네 http://bookclubmunhak.com

ISBN 978-89-546-4911-7 03340
* 한국출판문화산업진흥원의 출판콘텐츠 창작자금을 지원받아 제작되었습니다.

www.munhak.com